BIOLOGIA

para um planeta sustentável

2ª edição

Caro leitor:

Visite o site **harbradigital.com.br** e tenha acesso aos **objetos digitais** especialmente desenvolvidos para esta obra. Para isso, siga os passos abaixo:

- acesse o endereço eletrônico **www.harbradigital.com.br**
- clique em **Cadastre-se** e preencha os **dados** solicitados
- inclua seu **código de acesso**:

B74B5F01ABED0D3B8A6D

Seu cadastro já está feito! Agora, você poderá desfrutar de conteúdos especialmente desenvolvidos para tornar seu estudo ainda mais agradável.

Requisitos do sistema

- O Portal é multiplataforma e foi desenvolvido para ser acessível em *tablets*, celulares, *laptops* e PCs.
- Resolução de vídeo mais adequada: 1024 x 768.
- É necessário ter acesso à internet, bem como saídas de áudio
- Navegadores: Google Chrome, Mozilla Firefox, Internet Explorer 9+, Safari ou Edge.

Acesso

Seu código de acesso é válido por 3 anos a
seu
l

BASE NACIONAL COMUM CURRICULAR – BNCC

Competências Gerais da Educação Básica

1. Valorizar e utilizar os conhecimentos historicamente construídos sobre o mundo físico, social, cultural e digital para entender e explicar a realidade, continuar aprendendo e colaborar para a construção de uma sociedade justa, democrática e inclusiva.
2. Exercitar a curiosidade intelectual e recorrer à abordagem própria das ciências, incluindo a investigação, a reflexão, a análise crítica, a imaginação e a criatividade, para investigar causas, elaborar e testar hipóteses, formular e resolver problemas e criar soluções (inclusive tecnológicas) com base nos conhecimentos das diferentes áreas.
3. Valorizar e fruir as diversas manifestações artísticas e culturais, das locais às mundiais, e também participar de práticas diversificadas da produção artístico-cultural.
4. Utilizar diferentes linguagens – verbal (oral ou visual-motora, como Libras, e escrita), corporal, visual, sonora e digital –, bem como conhecimentos das linguagens artística, matemática e científica, para se expressar e partilhar informações, experiências, ideias e sentimentos em diferentes contextos e produzir sentidos que levem ao entendimento mútuo.
5. Compreender, utilizar e criar tecnologias digitais de informação e comunicação de forma crítica, significativa, reflexiva e ética nas diversas práticas sociais (incluindo as escolares) para se comunicar, acessar e disseminar informações, produzir conhecimentos, resolver problemas e exercer protagonismo e autoria na vida pessoal e coletiva.
6. Valorizar a diversidade de saberes e vivências culturais e apropriar-se de conhecimentos e experiências que lhe possibilitem entender as relações próprias do mundo do trabalho e fazer escolhas alinhadas ao exercício da cidadania e ao seu projeto de vida, com liberdade, autonomia, consciência crítica e responsabilidade.
7. Argumentar com base em fatos, dados e informações confiáveis, para formular, negociar e defender ideias, pontos de vista e decisões comuns que respeitem e promovam os direitos humanos, a consciência socioambiental e o consumo responsável em âmbito local, regional e global, com posicionamento ético em relação ao cuidado de si mesmo, dos outros e do planeta.
8. Conhecer-se, apreciar-se e cuidar de sua saúde física e emocional, compreendendo-se na diversidade humana e reconhecendo suas emoções e as dos outros, com autocrítica e capacidade para lidar com elas.
9. Exercitar a empatia, o diálogo, a resolução de conflitos e a cooperação, fazendo-se respeitar e promovendo o respeito ao outro e aos direitos humanos, com acolhimento e valorização da diversidade de indivíduos e de grupos sociais, seus saberes, identidades, culturas e potencialidades, sem preconceitos de qualquer natureza.
10. Agir pessoal e coletivamente com autonomia, responsabilidade, flexibilidade, resiliência e determinação, tomando decisões com base em princípios éticos, democráticos, inclusivos, sustentáveis e solidários.

BIOLOGIA

para um planeta sustentável

2ª edição

Armênio Uzunian

**Mestre em Ciências, na área de Histologia,
pela Universidade Federal de São Paulo.**

Médico pela Universidade Federal de São Paulo.

**Professor e supervisor de Biologia,
em cursos pré-vestibulares na cidade de São Paulo.**

Ernesto Birner

**Licenciado em Ciências Biológicas
pelo Instituto de Biociências da Universidade de São Paulo.**

Professor de Biologia na cidade de São Paulo.

Direção Geral: Julio E. Emöd
Supervisão Editorial: Maria Pia Castiglia
Programação Visual: Mônica Roberta Suguiyama
Editoração Eletrônica: Neusa Sayuri Shinya
Auxiliar Depto. Editorial: Isabela de Paula Silva
Ilustrações: Luis Moura
Mônica Roberta Suguiyama
Vagner Coelho
Capa: Mônica Roberta Suguiyama
Fotografias da Capa: Shutterstock
Impressão e Acabamento: Gráfica e Editora Terrapack

CIP-BRASIL. CATALOGAÇÃO NA PUBLICAÇÃO
SINDICATO NACIONAL DOS EDITORES DE LIVROS, RJ

U99b
2. ed.

Uzunian, Armênio
Biologia para um planeta sustentável / Armênio Uzunian, Ernesto Birner. - 2. ed. - São Paulo : HARBRA, 2022.
576 p. : il. ; 28 cm

Inclui bibliografia
ISBN 978-85-294-0559-9

1. Biologia (Ensino Médio) - Estudo e ensino. I. Birner, Ernesto. II. Título.

21-74949 CDD: 570.71
CDU: 573(075.3)

Meire Gleice Rodrigues de Souza – Bibliotecária – CRB-7/6439

BIOLOGIA PARA UM PLANETA SUSTENTÁVEL – 2.ª edição

Rua Mauro, 400 – Vila da Saúde
04055-041 – São Paulo – SP
Tel.: (0.xx.11) 5084-2482. Fax: (0.xx.11) 5575-6876
Site: www.harbra.com.br

ISBN 978-85-294-0559-9

Impresso no Brasil *Printed in Brazil*

APRESENTAÇÃO

A contribuição de vocês, jovens estudantes, é fundamental para a obtenção de um planeta sustentável. Graças à sua participação, podemos garantir que o futuro do planeta Terra será auspicioso. Com base nessa visão otimista é que os autores desta obra valorizaram conteúdos essenciais da Biologia para a resolução de problemas atuais, sempre priorizando a contextualização dos temas e a participação ativa de vocês, estudantes.

Também investimos com todo o rigor nas competências e habilidades da nova Base Nacional Comum Curricular (BNCC) e procuramos executar interdisciplinaridades na medida do necessário, integrando os conhecimentos relacionados às Ciências da Natureza.

Para facilitar o desenvolvimento dos temas, os textos foram enriquecidos com seções que apresentam características próprias, como está detalhado em *Conheça sua Obra!* nas próximas páginas.

Organizamos esta nova edição para habilitá-los como cidadãos participativos, fazendo-os capazes de enfrentar os desafios da vida e compreender a importância das conquistas científicas.

Esperamos, sinceramente, que vocês, estudantes, ao lerem as páginas deste livro, percebam a importância da Biologia para a preservação da biodiversidade e manutenção de um planeta sustentável.

Os desafios não são só nossos, mas de toda a sociedade, à procura de um mundo cada vez melhor para se habitar. E os beneficiados seremos todos nós e os inúmeros seres vivos presentes em nossa biosfera.

Grande abraço,

Os autores

CONHEÇA SUA OBRA!

ORGANIZAÇÃO!

Em linguagem acessível e cientificamente correta, todo o conteúdo de Biologia destinado ao Ensino Médio foi organizado em 10 unidades e 31 capítulos.

MOTIVAÇÃO!

Na abertura de cada capítulo, um texto em linguagem jornalística aborda determinado aspecto da questão socioambiental, sempre ligado ao conteúdo do capítulo.

OPINIÃO!

Seu ponto de vista! apresenta perguntas para o aluno se posicionar sobre vida, ética, relações sociais, chamando-o a expressar--se com consciência crítica.
Competências gerais da BNCC: 4, 6 e 8.

À margem, o quadro **Anote!** destaca detalhes e informações relevantes que o aluno deve considerar.

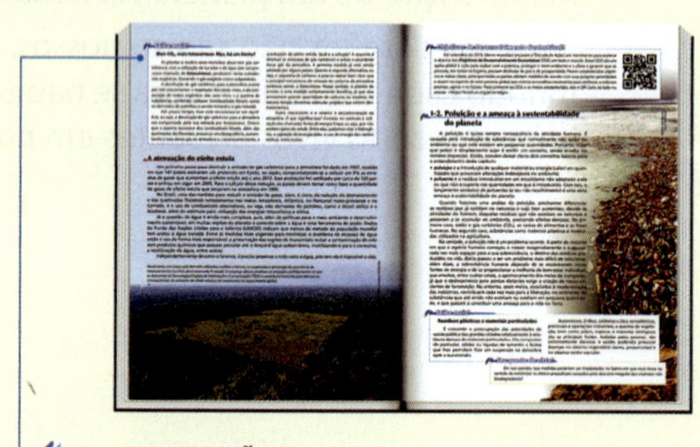

FARTAMENTE ILUSTRADO!

Iconografia esmerada, com diferentes tipos de imagens, complementa o texto e auxilia na compreensão e retenção das informações apresentadas.

INFORMAÇÃO!

Destacados do corpo principal do texto, os quadros intitulados **Saiba mais!** apresentam aprofundamentos do tema, em linguagem extremamente acessível.

CONEXÕES!

O quadro **Estabelecendo conexões!** relaciona os temas abordados no capítulo com outras áreas do conhecimento, cotidiano, tecnologia e saúde.
Competência geral da BNCC: 1.

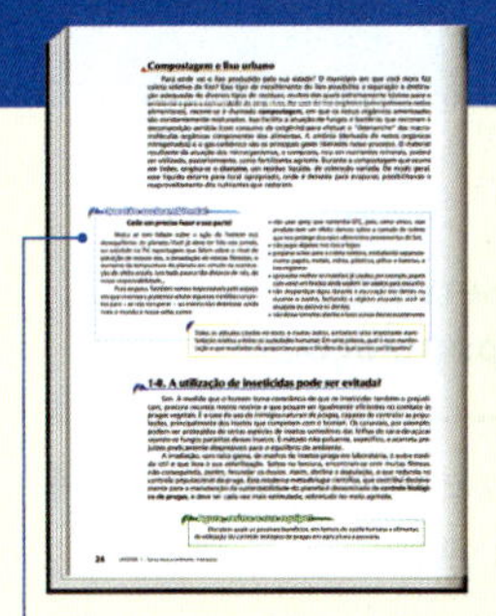

CONSCIENTIZAÇÃO!

Estimular a discussão, defender ideias e promover a conscientização sobre importantes temas ligados ao meio ambiente, à sustentabilidade e ética & cidadania são os objetivos principais do quadro **Questão socioambiental**. **Competência geral da BNCC: 7.**

DIÁLOGO E COOPERAÇÃO!

Agora, reúna a sua equipe! apresenta sugestão de atividade ou discussão em grupo, a fim de promover o respeito ao outro e à diversidade de conhecimentos. **Competências gerais da BNCC: 3, 9 e 10.**

PRODUÇÃO DE CONHECIMENTO!

Atividades de pesquisa a serem desenvolvidas por meio das tecnologias digitais de informação são sugeridas no quadro **Você na net!** **Competência geral da BNCC: 5.**

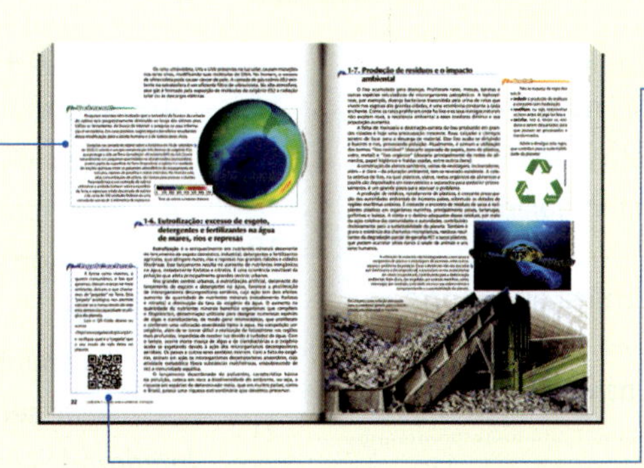

QR CODE

Colocados à margem do texto, os códigos são utilizados para direcionar o leitor à descoberta de mais conhecimento! **Competência geral da BNCC: 5.**

INVESTIGAÇÃO!

Uma das ferramentas importantes das ciências é a atividade prática, que leva à reflexão, investigação de causas, elaboração de hipóteses e resolução de problemas. O quadro **Desvende & Avalie!** busca desenvolver essas habilidades. **Competência geral da BNCC: 2.**

AVALIAÇÃO

Ao fim do capítulo, as seções **A caminho do ENEM** e **Teste seus conhecimentos** apresentam atividades para avaliar a aquisição do conhecimento. Uma oportunidade para recapitular os principais conceitos abordados.

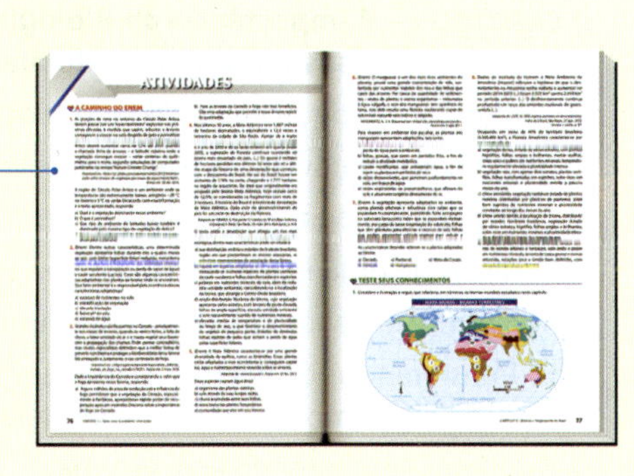

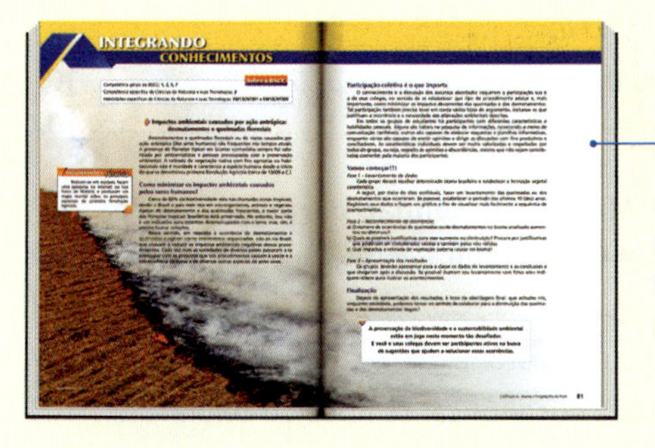

INTEGRANDO CONHECIMENTOS

Ao final de cada unidade, um projeto a ser desenvolvido em grupos visa promover a integração dos conhecimentos adquiridos, estimular a criatividade e o interesse pela busca de soluções.

SUMÁRIO

REPRODUÇÃO, EMBRIOLOGIA E HISTOLOGIA ANIMAL 171

unidade 3

OS ORGANISMOS MAIS SIMPLES 211

PERSPECTIVAS PARA O FUTURO

Um rio nunca é o mesmo em dois instantes sucessivos. Essa é uma frase resumida do filósofo grego Heráclito de Éfeso. E o seu significado é simples: nada é eterno, tudo muda. Natureza, seres vivos, conquistas tecnológicas, conhecimentos científicos, comportamento dos seres humanos, conquistas da Medicina para a prevenção e o tratamento de doenças, são memoráveis exemplos de que mudanças ocorrem, desde o surgimento da vida em nosso planeta.

Seguindo a lógica da teoria da evolução darwiniana, modificações sempre ocorrem e adaptações preexistentes contribuem para a sobrevivência nos diversos ambientes de vida. O mesmo ocorre com nossa espécie e as conquistas que realiza rotineiramente. Quem diria que, um dia, cientistas conseguiriam pousar na Lua, e, recentemente, em lançamento de uma nave espacial a Marte, conseguiriam produzir oxigênio naquele planeta a partir de moléculas de gás carbônico? E nossas vidas, como têm se comportado ao longo das décadas? Têm sofrido modificações? Quais serão as nossas perspectivas ao longo deste século, tanto em termos profissionais como de sobrevivência?

GEORGE RUDY/SHUTTERSTOCK

Desafios da tecnologia

Os recursos tecnológicos e de comunicação social de que dispomos atualmente revelam a extraordinária modificação comportamental que atravessamos. A comunicação propiciada pela internet e pelos meios de contato interpessoal é reveladora do progresso tecnológico que experimentamos dia após dia.

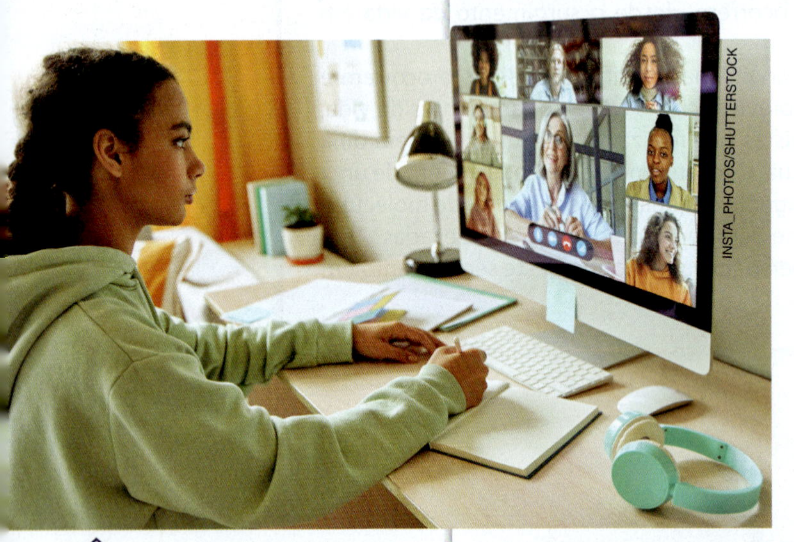
INSTA_PHOTOS/SHUTTERSTOCK

Durante a pandemia de coronavírus-19, quando as escolas estiveram fechadas, os recursos tecnológicos nos permitiram continuar com as aulas, mesmo que à distância, assim como com o trabalho.

Inúmeras vezes as pessoas recorrem a fontes de consulta conhecidas, no sentido de solucionar dúvidas resultantes do aprendizado, quer nas escolas, quer em ambiente residencial. A Medicina, inclusive, progrediu e modificou-se sobremaneira, ao favorecer a chamada "teleconsulta", ou seja, ao propiciar, mesmo à distância, que um profissional da área médica atenda seu paciente de modo não presencial.

E você, estudante, qual é a sua expectativa futura? O que aguarda nos próximos anos, ao longo de sua vida, relativamente à profissão a ser desempenhada, ou em relação a medidas que adotará em termos de sobrevivência pessoal e da possível família que poderá organizar? O sistema educacional brasileiro tem tentado adaptar-se, nos últimos anos, a todos esses desafios. O mesmo vale para você, ao tentar adaptar-se aos desafios que a vida oferece por meio da aquisição de conhecimentos que lhe permitam realizar seus sonhos profissionais, de diversidade, de respeito ao próximo e ao meio ambiente. Tudo isso visando à sustentabilidade do ambiente que o cerca e que lhe permitirá prosseguir em sua trajetória rumo a uma vida de plenas realizações, profissionais e sociais.

LIGHTSPRING/SHUTTERSTOCK

A vida lhe apresentará inúmeros desafios. Converse sobre suas dúvidas e ansiedades com seus professores, familiares e pessoas honestas com mais experiência do que você. Reflita e trace sua rota!

A contribuição da ciência aos desafios do futuro

Os desafios representados por pandemias que atingiram a espécie humana, tais como a gripe espanhola de 1918, que ceifou milhões de vidas, e a atual, causada pelo vírus SARS-CoV-2, que ao se iniciar no final do ano de 2019 continua a preocupar as autoridades médicas e de saúde pública, são exemplos do que você terá que considerar em sua trajetória rumo ao futuro. Como proceder, de agora em diante, ao considerar esses desafios? Que contribuições o estudo da Biologia pode lhe oferecer, no sentido de amenizar as dificuldades que sobrevirão? Que profissão adotar em termos de enfrentamento desses desafios? Será que a saída será desempenhar a profissão de médico, de enfermeiro, psicólogo, biólogo, cientista, profissional da comunicação ou recorrer a alguma outra tarefa que possa realizar o sonho de realização pessoal quanto à futura expectativa de vida?

Ao refletir sobre o futuro, é necessário sempre lembrar da importância da participação diária como cidadão, da aplicação do aprendizado ao longo da vida estudantil, de recorrer a conhecimentos úteis que lhe permitam a "construção de uma bagagem" que lhe auxiliará na resolução dos desafios futuros. Para isso, é fundamental a convivência com os outros participantes do seu grupo, a consolidação e respeito às ideias, mesmo que divergentes, no sentido de se chegar a um consenso que nos habilite transitar pelas diversas fases futuras da vida profissional e familiar.

ILLUSTREAM/SHUTTERSTOCK

FRIENDS STOCK/SHUTTERSTOCK

Reflita sobre seu projeto de vida. Quais são suas principais características pessoais? Com quais disciplinas você tem mais afinidade? Como você imagina que será seu dia de trabalho?

Biologia, uma importante área das Ciências da Natureza

O respeito à questão socioambiental, à diversidade e às escolhas pessoais de cada participante, a reflexão sobre a vida propriamente dita e em sociedade são aspectos que também permitem caracterizar o estudo da Biologia como área do conhecimento que permite favorecer a sobrevivência de nossa espécie frente a um mundo diversificado e em constante modificação, seja ambiental, tecnológico ou mesmo comportamental. É essa a perspectiva que nos norteou na presente obra, que foi organizada e escrita exatamente pensando em você, estudante, e em como auxiliá-lo com conhecimentos que levará para toda a sua vida.

Os desafios sempre estarão presentes. Uma maneira valiosa de enfrentá-los é a participação constante na aquisição de conhecimentos e a procura por soluções conjuntas que favoreçam a melhor sobrevivência possível a todos os participantes. Sempre atentos aos desafios que a vida nos proporciona. Afinal, como se disse no início desse texto, um rio nunca é o mesmo em dois instantes sucessivos. Do mesmo modo, a vida nunca será a mesma ao longo da nossa caminhada. Para auxiliá-lo, esta obra procura oferecer conhecimentos que permitirão atingir suas conquistas profissionais e pessoais ao longo da vida.

A MELHOR MANEIRA DE PREVER O FUTURO É CRIÁ-LO!

PROSTOCK-STUDIO/SHUTTERSTOCK

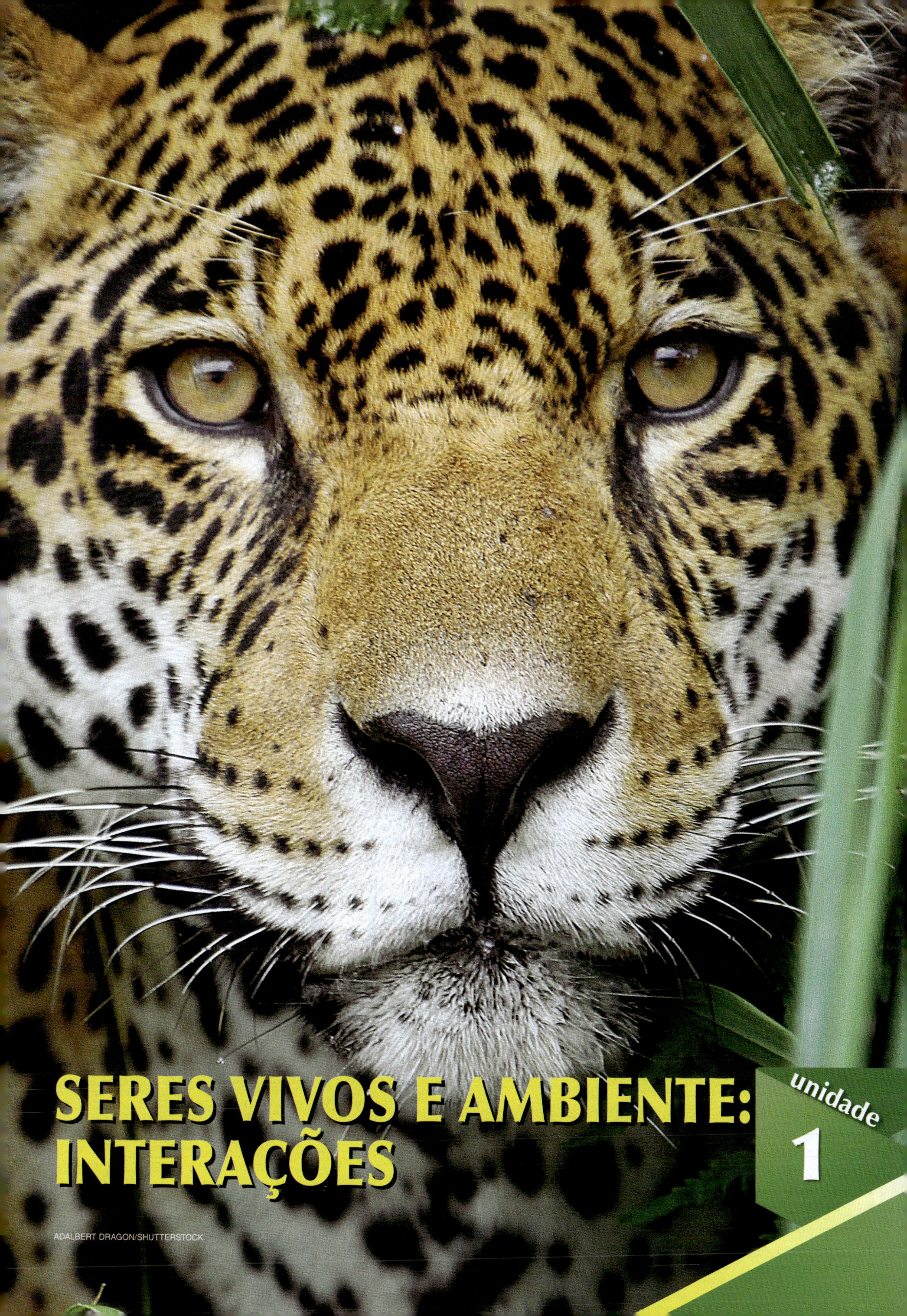

unidade 1

SERES VIVOS E AMBIENTE: INTERAÇÕES

ADALBERT DRAGON/SHUTTERSTOCK

CAPÍTULO 1

Problemas ambientais: nossa "pegada" na Terra

Queimadas florestais constituem uma das principais preocupações no estudo da mudança climática conhecida como **aquecimento global**, devido ao excesso de gás carbônico atmosférico. Alguns cientistas estimam que essa ocorrência poderá causar, por exemplo, inundação de muitas cidades, desaparecimento de ilhas, alteração no ciclo das chuvas, com reflexos na produção agrícola mundial, substituição gradual da Floresta Amazônica por cerrado, acidificação dos oceanos com riscos para a vida marinha.

Em nosso país, assim como em alguns outros, a exemplo de Austrália, Estados Unidos e certos países europeus, essa ocorrência coloca em risco várias atividades ecológicas. Por exemplo, a umidade da atmosfera amazônica é uma das responsáveis pelos popularmente conhecidos "rios voadores", nuvens carregadas de umidade que geram chuva nas regiões Centro-Oeste e Sudeste brasileiras.

As previsões para a vida na Terra podem não ser boas, mas são – como o próprio nome indica – visões antecipadas do que pode ocorrer se não fizermos nada. Também está em nossas mãos contribuir para a preservação do planeta: pequenas ações – uso racional da energia elétrica, estímulo à utilização das energias fotovoltaica (solar) e eólica (energia gerada pelos ventos) entre tantas outras – são algumas delas. São medidas que minimizam impactos socioambientais e melhoram as condições de vida em todos os âmbitos (local, regional e/ou global) e garantem a sustentabilidade do planeta.

Seu ponto de vista!

Em sua opinião, que medidas adicionais, além das citadas no texto, poderiam ser adotadas no sentido de amenizar as consequências decorrentes das alterações ambientais que resultaram no incremento do aquecimento global?

TOA55/SHUTTERSTOCK

1-1. A temperatura da Terra está aumentando!

Depois de surgir vida na Terra, muitos microrganismos e, muito tempo depois, algas e vegetais passaram a remover gás carbônico atmosférico e realizar o processo de fotossíntese. Foi uma valiosa contribuição desses seres autótrofos na manutenção do equilíbrio entre liberação e absorção de CO_2.

Atualmente, o aumento do teor de gás carbônico e outros gases organiza uma camada atmosférica gasosa que contribui para retenção de mais calor gerado pela radiação solar que atinge nosso planeta. E essa retenção de gases contribui decisivamente para o aquecimento do planeta, ou seja, incrementa o aquecimento global.

Perceba que essa camada de gases atua como se fosse o vidro de estufas para plantas, que deixa passar a radiação solar e retém dentro delas o calor. Daí chamarmos a esse processo de **efeito estufa**. Alguns gases, entre eles o gás carbônico, aumentam esse efeito.

É preciso deixar bem claro que o aquecimento da Terra foi e continua sendo fundamental para o desenvolvimento da vida em nosso planeta. Sem ele, a Terra congelaria. Então, por que o receio do efeito estufa? O problema é que a espessura da camada de gases está aumentando, devido principalmente à crescente emissão de gás carbônico proveniente da queima de combustíveis fósseis (derivados de petróleo, carvão mineral e gás natural) e das queimadas de florestas, notadamente nas regiões tropicais. Mais calor retido provoca aumento exagerado da temperatura terrestre.

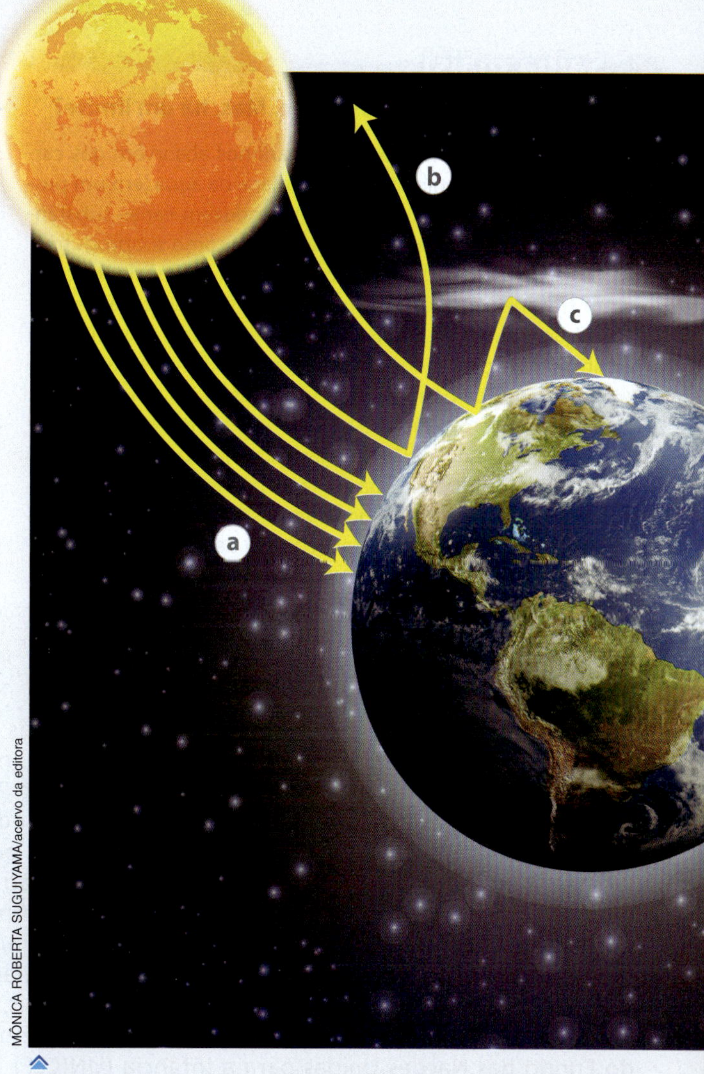

MÔNICA ROBERTA SUGUIYAMA/acervo da editora

Figura 1-1. Efeito estufa. (a) Parte da radiação solar atinge a superfície terrestre sob a forma de calor. (b) Grande parcela desse calor é refletida e retida pelo "cobertor" de gases que circunda a atmosfera. (c) O calor retido aquece a Terra, transformando-a em uma estufa.

Anote!

O gás metano (CH_4) é 21 vezes mais potente do que o CO_2 na retenção do calor gerado pela luz do Sol. É, portanto, um gás de estufa. É gerado em aterros sanitários e no tubo digestório de animais como o boi e a vaca.

Esse aumento da temperatura terrestre se reflete igualmente nas regiões polares, o que pode causar o derretimento do gelo nelas existente, o que compromete a sobrevivência de inúmeras espécies animais, como, por exemplo, a dos ursos polares, além do consequente aumento do volume da água oceânica.

FLORIDA-STOCK/SHUTTERSTOCK

Saiba mais!

Mais CO_2, mais fotossíntese. Mas, há um limite?

As plantas e muitos seres marinhos absorvem gás carbônico e, com a utilização da luz solar e da água (em um processo chamado de **fotossíntese**), produzem várias substâncias orgânicas, liberando o gás oxigênio como subproduto.

A devolução de gás carbônico para a atmosfera ocorre por três mecanismos: a respiração dos seres vivos, a decomposição de restos orgânicos dos seres vivos e a queima de substâncias contendo carbono (combustíveis fósseis como os derivados de petróleo, o carvão mineral e o gás natural).

Até pouco tempo, esse ciclo encontrava-se em *equilíbrio*, ou seja, a devolução do gás carbônico para a atmosfera era compensada pela sua retirada por fotossíntese. Ocorre que a queima excessiva dos combustíveis fósseis, além das queimadas das florestas, provocou um desequilíbrio, aumentando a taxa desse gás na atmosfera e, consequentemente, a acentuação do efeito estufa. Qual é a solução? A resposta é diminuir as emissões de gás carbônico e retirar o excedente desse gás da atmosfera. A primeira medida já está sendo adotada por alguns países. Quanto à segunda alternativa, ou seja, o *sequestro de carbono*, é preciso deixar bem claro que o *principal* mecanismo de retirada do carbono da atmosfera continua sendo a *fotossíntese*. Nesse sentido, o plantio de árvores é uma medida extremamente benéfica, já que elas armazenam grande quantidade de carbono na madeira. Ao mesmo tempo, devemos estimular projetos que evitem desmatamentos.

Outro mecanismo é o relativo à *descarbonização* da atmosfera. O que significa isso? Consiste no estímulo à utilização das chamadas *fontes de energia limpa*, ou seja, que não emitem gases de estufa. Entre elas, podemos citar o hidrogênio, a captação de energia solar, o uso de energia dos ventos (eólica), entre outras.

A atenuação do efeito estufa

Um primeiro passo para diminuir a emissão de gás carbônico para a atmosfera foi dado em 1997, ocasião em que 141 países assinaram um protocolo em Kyoto, no Japão, comprometendo-se a reduzir em 5% as emissões de gases que aumentam o efeito estufa até o ano 2012. Esse protocolo foi ratificado por cerca de 120 países e entrou em vigor em 2005. Para o cálculo dessa redução, os países devem tomar como base a quantidade de gases de efeito estufa que lançaram na atmosfera em 1990.

No Brasil, uma das medidas para reduzir a emissão de gases, além, é claro, da redução do desmatamento e das queimadas florestais notadamente nas matas Amazônica, Atlântica, no Pantanal mato-grossense e no Cerrado, é o uso de combustíveis alternativos, ou seja, não derivados do petróleo, como o álcool etílico e o biodiesel, além do estímulo para utilização das energias fotovoltaica e eólica.

Já a questão da água é ainda mais complexa, pois, além de políticas para o meio ambiente e desenvolvimento sustentável, em muitas regiões do planeta o controle sobre a água é uma ferramenta de poder. Dados do Fundo das Nações Unidas para a Infância (UNICEF) indicam que menos da metade da população mundial tem acesso à água tratada. Entre as medidas mais urgentes para minimizar o problema de escassez de água estão o uso de forma mais responsável; a preservação das regiões de mananciais; evitar a contaminação do solo com produtos químicos que possam percolar até o lençol-d'água subterrâneo, inutilizando-o para o consumo; a reutilização da água, entre outras.

Independentemente de como o faremos, é preciso preservar a todo custo a água, pois sem ela é impossível a vida.

Atualmente, em nosso país têm sido utilizados satélites e drones, na supervisão e prevenção de ocorrência de desmatamentos (na foto, desmatamento florestal). O emprego desses artefatos se enquadra perfeitamente no que se denomina de Tecnologias Digitais de Informação e Comunicação (TDIC) e contribuirá bastante para atenuar as consequências do aumento do efeito estufa e do incremento do aquecimento global.

PARALAXIS/SHUTTERSTOCK

Objetivos de Desenvolvimento Sustentável!

Em setembro de 2019, líderes mundiais lançaram a "Década da Ação", um movimento para acelerar o alcance dos **Objetivos de Desenvolvimento Sustentável** (ODS) em todo o mundo. Esses ODS são um apelo global à ação para acabar com a pobreza, proteger o meio ambiente e o clima e garantir que as pessoas, em todos os lugares, possam desfrutar de paz e de prosperidade. Foram estabelecidos objetivos e metas claras, para que todos os países adotem medidas de acordo com suas próprias prioridades e atuem no espírito de uma parceria global que orienta as escolhas necessárias para melhorar a vida das pessoas, agora e no futuro. Para conhecer os ODS e as metas estabelecidas, leia o QR Code ao lado ou acesse <https://brasil.un.org/pt-br/sdgs>.

1-2. Poluição e a ameaça à sustentabilidade do planeta

ROMAN MIKHAILIUK/SHUTTERSTOCK

A poluição é quase sempre consequência da atividade humana. É causada pela introdução de substâncias que normalmente não estão no ambiente ou que nele existem em pequenas quantidades. Portanto, dizer que poluir é simplesmente sujar é emitir um conceito, senão errado, no mínimo impreciso. Então, convém deixar claros dois conceitos básicos para o entendimento deste capítulo:

- **poluição** é a introdução de qualquer material ou energia (calor) em quantidades que provocam alterações indesejáveis no ambiente;
- **poluente** é o resíduo introduzido em um ecossistema não adaptado a ele ou que não o suporta nas quantidades em que é introduzido. Com isso, o lançamento excessivo de poluentes (e seu não recolhimento) é uma séria ameaça à sustentabilidade do planeta.

Quando fazemos uma análise da poluição, precisamos diferenciar os *resíduos que já existiam na natureza* e cujo teor *aumentou*, devido às atividades do homem, daqueles *resíduos que não existiam na natureza e passaram a se acumular no ambiente, exercendo efeitos danosos*. No primeiro caso, estão o gás carbônico (CO_2), os restos de alimentos e as fezes humanas. No segundo caso, substâncias como materiais plásticos e inseticidas utilizados na agricultura.

Na verdade, a poluição não é um problema recente. A partir do instante em que a espécie humana começou a crescer exageradamente e a ocupar cada vez mais espaços para a sua sobrevivência, o destino dos resíduos produzidos na vida diária passou a ser um problema mais difícil de solucionar. Além disso, a sobrevivência humana depende de se encontrarem novas fontes de energia e de se proporcionar a melhoria do bem-estar individual, que envolve, entre outras coisas, o aprimoramento dos meios de transporte, já que o deslocamento para pontos distantes exige a criação de meios eficientes de locomoção. No entanto, esses meios, associados à modernização das indústrias, contribuem cada vez mais para a liberação, no ambiente, de substâncias que até então não existiam ou existiam em pequena quantidade, e que passam a constituir uma ameaça para a vida na Terra.

Saiba mais!

Resíduos plásticos e materiais particulados

É crescente a preocupação das autoridades de saúde pública das grandes cidades relativamente à existência danosa de materiais particulados. São compostos de partículas sólidas ou líquidas de tamanho e forma que lhes permitem ficar em suspensão na atmosfera após a sua emissão.

Automóveis, ônibus, caldeiras a óleo, termelétricas, processos e operações industriais, a queima da vegetação, bem como pólen, esporos e materiais biológicos são as principais fontes. Inaladas pelas pessoas, são extremamente danosas à saúde, podendo provocar doenças no sistema respiratório (asma, pneumonias) e no sistema cardio-vascular.

Seu ponto de vista!

Em sua opinião, que medidas poderiam ser implantadas no bairro em que você mora no sentido de minimizar os efeitos prejudiciais causados pelo descarte irregular dos materiais não biodegradáveis?

1-3. Como evitar a inversão térmica que ocorre no inverno?

Principalmente nos meses de inverno, constata-se nas grandes cidades um fenômeno atmosférico preocupante que traz sérios problemas de saúde aos habitantes, sobretudo graves problemas respiratórios, crises asmáticas, tosse, rinites e laringites. O nome desse fenômeno é **inversão térmica**. Veja como é fácil entender como ele ocorre: normalmente, as camadas inferiores de ar sobre uma cidade são mais quentes do que as superiores, e tendem a subir, carregando a poeira que se encontra em suspensão. Os ventos carregam os poluentes para longe da cidade.

No entanto, em certas épocas do ano, as camadas inferiores ficam mais frias que as superiores. O ar frio, mais denso, não sobe; por isso, não há circulação vertical, e a concentração de poluentes aumenta. Se houver, além disso, falta de ventos, um denso "manto" de poluentes se mantém sobre a cidade por vários dias (veja a Figura 1-2). Aumentam os casos de problemas respiratórios e de ardor ocular e verifica-se um desconforto físico generalizado.

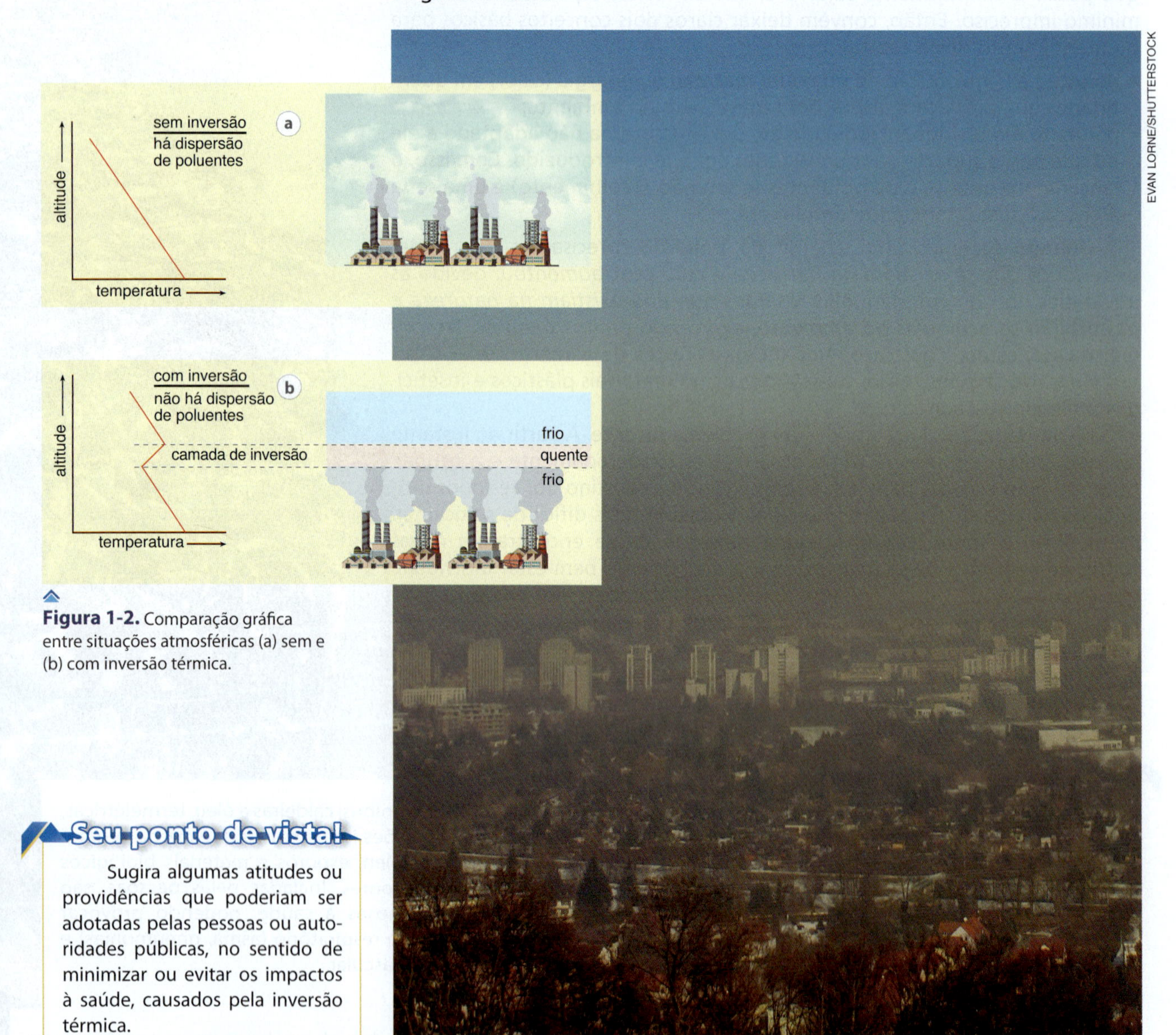

Figura 1-2. Comparação gráfica entre situações atmosféricas (a) sem e (b) com inversão térmica.

Note a poluição atmosférica sobre a cidade, em consequência da inversão térmica (Cracóvia, Polônia).

Seu ponto de vista!

Sugira algumas atitudes ou providências que poderiam ser adotadas pelas pessoas ou autoridades públicas, no sentido de minimizar ou evitar os impactos à saúde, causados pela inversão térmica.

1-4. Ácidos sulfúrico e nítrico na chuva ácida das grandes cidades

A queima de combustíveis fósseis (carvão e petróleo) libera grandes volumes de óxidos de enxofre e de nitrogênio. Na atmosfera, essas substâncias sofrem oxidação e se convertem em ácido sulfúrico e ácido nítrico. Estes se dissolvem em água e estão presentes nas chuvas ácidas que se precipitam sobre as grandes cidades e, com frequência, em pontos distantes dos locais onde são formadas.

A chuva ácida é uma das principais consequências da poluição do ar. Normalmente, a água da chuva é ácida e o pH é de aproximadamente 5,5, como resultado da formação de ácido carbônico decorrente da reação de gás carbônico com água na atmosfera. Para a vegetação, entre outros danos, a chuva ácida acarreta amarelecimento das folhas e/ou diminuição da folhagem.

Desvende & Avalie!

Leia o QR Code abaixo e faça a atividade de experimentação sobre o efeito da chuva ácida no crescimento vegetal.

Analise seus resultados e, com base nas respostas às perguntas propostas, produza um relatório com a síntese dos objetivos da experimentação e seus resultados.

GARMONCHEG/SHUTTERSTOCK.

Não só organismos vivos, mas também monumentos e veículos das cidades, são corroídos pelos ácidos sulfúrico e nítrico presentes na chuva ácida. (Na foto, estátua do apóstolo São Paulo, seriamente danificada pela chuva ácida, na cidade de Roma, Itália.)

1-5. Alterações na camada de ozônio

Detectou-se nos últimos anos, durante o inverno, um grande *buraco* na camada de ozônio, logo acima do Polo Sul. Esse buraco chegou a equiparar-se, em extensão, à América do Norte. Verificou-se que a camada de ozônio também estava diminuindo em espessura acima do Polo Norte e em outras regiões do planeta, incluindo o Brasil. Acredita-se que os maiores responsáveis por essa destruição sejam gases chamados CFC (clorofluorcarbonos), substâncias usadas como gases de refrigeração, em aerossóis (*sprays*) e como matérias-primas para a produção de isopor. Os CFC (hidroclorofluorcarbonos), que também atuam como gases de estufa, se decompõem nas altas camadas da atmosfera e destroem as moléculas de ozônio, prejudicando a filtração da radiação ultravioleta. Atualmente, tem-se utilizado o HCFC (hidroclorofluorcarbonos), menos agressivo à camada de ozônio.

Os *raios ultravioleta*, UVa e UVb presentes na luz solar, causam mutações nos seres vivos, modificando suas moléculas de DNA. No homem, o excesso de ultravioleta pode causar câncer de pele. A camada de gás ozônio (O_3) existente na estratosfera é um eficiente filtro de ultravioleta. Na alta atmosfera, esse gás é formado pela exposição de moléculas de oxigênio (O_2) à radiação solar ou às descargas elétricas.

Você na net!

Pesquisas recentes têm indicado que o tamanho do buraco da camada de ozônio tem progressivamente diminuído ao longo dos últimos anos. Utilize as ferramentas de busca da internet e pesquise se essa informação é verdadeira. Em caso positivo, sugira alguns benefícios resultantes dessa modificação para a saúde humana e a de outros seres vivos.

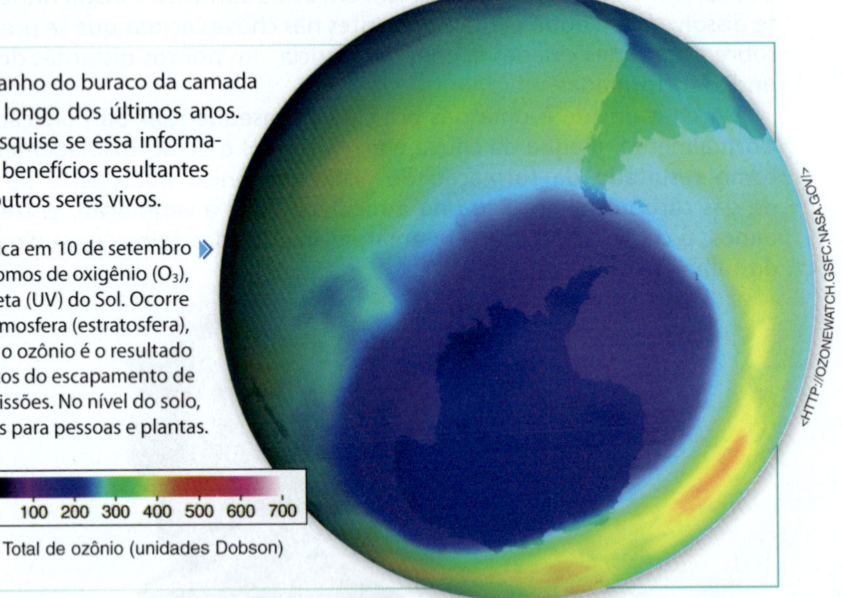

Variações na camada de ozônio sobre a Antártica em 10 de setembro de 2020. O ozônio é um gás composto por três átomos de oxigênio (O_3), que protege a vida na Terra da radiação ultravioleta (UV) do Sol. Ocorre naturalmente em pequenas quantidades na alta atmosfera (estratosfera), porém perto da superfície da Terra (troposfera) o ozônio é o resultado de reações químicas entre os poluentes atmosféricos do escapamento de veículos, vapores de gasolina e outras emissões. No nível do solo, altas concentrações de ozônio são tóxicas para pessoas e plantas. Para medirmos a concentração de ozônio utilizamos a unidade Dobson: sobre a superfície da Terra, a espessura média da camada de ozônio é de cerca de 300 unidades Dobson ou uma camada de ozônio de 3 milímetros de espessura.

1-6. Eutrofização: excesso de esgoto, detergentes e fertilizantes na água de mares, rios e represas

Eutrofização é o enriquecimento em nutrientes minerais decorrente do lançamento de esgoto doméstico, industrial, detergentes e fertilizantes agrícolas, que atingem mares, rios e represas nas grandes cidades e cidades litorâneas. Esse lançamento resulta no aumento de nutrientes inorgânicos na água, notadamente fosfatos e nitratos. É uma ocorrência inevitável da poluição que afeta principalmente grandes centros urbanos.

Nos grandes centros urbanos, a eutrofização artificial, decorrente do lançamento de esgotos e detergentes na água, favorece a proliferação de microrganismos decompositores aeróbios, cuja ação tem dois efeitos: aumento da quantidade de nutrientes minerais (notadamente fosfatos e nitratos) e diminuição da taxa de oxigênio da água. O aumento na quantidade de nutrientes minerais beneficia organismos que compõem o *fitoplâncton*, denominação utilizada para designar numerosas espécies de algas e cianobactérias, de modo geral microscópicas, que proliferam e conferem uma coloração esverdeada típica à água. Há competição por oxigênio, além de se tornar difícil a realização de fotossíntese nas regiões mais profundas, impedidas de receber luz devido à turbidez da água. Com o tempo, ocorre morte maciça de algas e de cianobactérias e o oxigênio acaba se esgotando devido à ação dos microrganismos decompositores aeróbios. Os peixes e outros seres aeróbios morrem. Com a falta de oxigênio, entram em ação os microrganismos decompositores anaeróbios, cuja atividade metabólica libera substâncias malcheirosas, empobrecendo de vez a comunidade aquática.

O lançamento desordenado de poluentes, característica básica da poluição, coloca em risco a *biodiversidade* do ambiente, ou seja, a riqueza em espécies de determinado meio, que em muitos países, como o Brasil, possui uma riqueza extraordinária que devemos preservar.

"Pegada" na Terra!

A forma como vivemos, o quanto consumimos, o lixo que geramos, deixam marcas no meio ambiente, deixam o que chamamos de "pegadas" na Terra. Essa "pegada" ecológica nos permite calcular se o nosso modo de vida está dentro da capacidade ecológica do planeta.

Leia o QR Code abaixo ou acesse <http://www.pegadaecologica.org.br/> e verifique qual é a "pegada" que o seu modo de vida deixa no planeta.

1-7. Produção de resíduos e o impacto ambiental

O lixo acumulado gera doenças. Proliferam ratos, moscas, baratas e outras espécies veiculadoras de microrganismos patogênicos. A leptospirose, por exemplo, doença bacteriana transmitida pela urina de ratos que vivem nos esgotos das grandes cidades, é uma ocorrência constante a cada enchente. Como os ratos proliferam onde há lixo e os seus inimigos naturais não existem mais, a resistência ambiental a esses roedores diminui e sua população aumenta.

A falta de manuseio e destinação correta do lixo produzido em grandes cidades é hoje uma preocupação crescente. Ruas, calçadas e córregos servem de local para a descarga de material. Esse lixo acaba se dirigindo a bueiros e rios, provocando poluição. Atualmente, é comum a utilização dos termos "lixo reciclável" (descarte separado de papéis, itens de plástico, vidro, metal) e "lixo orgânico" (descarte principalmente de restos de alimentos, papel higiênico e fraldas usadas, entre outros itens).

A construção de aterros sanitários, usinas de reciclagem, incineradores, além – é claro – da educação ambiental, tem-se revelado excelente. A coleta seletiva de lixo, na qual plásticos, vidros, restos orgânicos de alimentos e papéis são depositados em reservatórios e separados para posterior processamento, é um grande passo para atenuar o problema.

A produção de resíduos, notadamente de plásticos, é crescente preocupação das autoridades ambientais de inúmeros países, sobretudo os dotados de regiões marítimas costeiras. É crescente o encontro de resíduos de sacos e recipientes plásticos em organismos marinhos, principalmente peixes, tartarugas, golfinhos e baleias. A coleta e o destino adequados desses resíduos, por meio da ação coletiva das comunidades e autoridades, contribuirão decisivamente para a sustentabilidade do planeta. Também é grave a existência dos chamados microplásticos, resíduos resultantes da degradação parcial de garrafas PET e sacos plásticos, que podem acarretar sérios danos à saúde de animais e aos seres humanos.

Anote!

Não se esqueça da regra dos três R:

- **reduzir** a produção de resíduos e consumir com moderação;
- **reutilizar**, ou seja, reaproveitar os itens antes de jogá-los fora e
- **reciclar**, isto é, enviar os resíduos a serem descartados para que possam ser processados e transformados.

Adote e divulgue esta regra, que contribui para a sustentabilidade do planeta!

Reduzir
Reutilizar
Reciclar

BARKS/SHUTTERSTOC

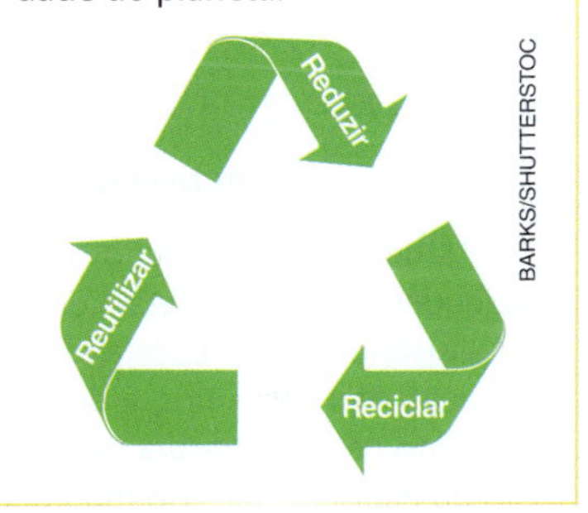

A utilização de materiais não biodegradáveis, como sacos e recipientes de plástico e embalagens de alumínio, entre outros, agrava o problema da poluição. Essas substâncias não são atacadas por detritívoros e decompositores, e acumulam-se nos ecossistemas em níveis insuportáveis, contribuindo para a deterioração ambiental. Além disso, são engolidos por animais marinhos, como, tartarugas, por exemplo, colocando em risco sua sobrevivência e comprometendo a sustentabilidade do planeta.

Reciclagem: uma solução atenuante para o problema gerado pela poluição provocada pela espécie humana.

Compostagem e lixo urbano

Para onde vai o lixo produzido pela sua cidade? O município em que você mora faz coleta seletiva de lixo? Esse tipo de recolhimento do lixo possibilita a separação e destinação adequadas de diversos tipos de resíduos, muitos dos quais extremamente tóxicos para o ambiente e para a comunidade de seres vivos. No caso do lixo orgânico (principalmente restos alimentares), recorre-se à chamada **compostagem**, em que os restos orgânicos amontoados são constantemente misturados. Isso facilita a atuação de fungos e bactérias que recorrem à decomposição aeróbia (com consumo de oxigênio) para efetuar o "desmanche" das macromoléculas orgânicas componentes dos alimentos. A amônia (derivada de restos orgânicos nitrogenados) e o gás carbônico são os principais gases liberados nesse processo. O material resultante da atuação dos microrganismos, o composto, rico em nutrientes minerais, poderá ser utilizado, posteriormente, como fertilizante agrícola. Durante a compostagem que ocorre em lixões, origina-se o **chorume**, um resíduo líquido, de coloração variada. De modo geral, esse líquido escorre para local apropriado, onde é deixado para evaporar, possibilitando o reaproveitamento dos nutrientes que restaram.

Questão socioambiental

Cada um precisa fazer a sua parte!

Muito se tem falado sobre a ação do homem nos desequilíbrios do planeta. Você já deve ter lido nos jornais, ou assistido na TV, reportagens que falam sobre o nível de poluição de nossos rios, a devastação de nossas florestas, o aumento da temperatura do planeta em virtude da acentuação do efeito estufa. Isso tudo parece tão distante de nós, de nossa responsabilidade...

Puro engano. Também somos responsáveis pelo espaço em que vivemos e podemos adotar algumas medidas concretas para – se não recuperar – ao menos não deteriorar ainda mais o mundo à nossa volta, como:

- não usar *spray* que contenha CFC, pois, como vimos, esse produto tem um efeito danoso sobre a camada de ozônio que nos protege dos raios ultravioleta provenientes do Sol;
- não jogar dejetos nos rios e lagos;
- preparar o lixo para a coleta seletiva, embalando separadamente papéis, metais, vidros, plásticos, pilhas e baterias, e lixo orgânico;
- aproveitar melhor os materiais já usados; por exemplo, papéis com verso em branco ainda podem ser usados para rascunho;
- não desperdiçar água durante a escovação dos dentes ou durante o banho, fechando o registro enquanto você se ensaboa ou escova os dentes;
- não deixar torneiras abertas e luzes acesas desnecessariamente.

Todas as atitudes citadas no texto, e muitas outras, embutem uma importante manifestação relativa a todas as sociedades humanas. Em uma palavra, qual é essa manifestação e que resultados ela proporciona para a biosfera da qual somos participantes?

1-8. A utilização de inseticidas pode ser evitada?

Sim. À medida que o homem toma consciência de que os inseticidas também o prejudicam, procura recursos menos nocivos e que possam ser igualmente eficientes no combate às pragas vegetais. É o caso do uso de *inimigos naturais de pragas*, capazes de controlar as populações, principalmente dos insetos que competem com o homem. Os canaviais, por exemplo, podem ser protegidos de certas espécies de insetos comedores das folhas da cana-de-açúcar usando-se fungos parasitas desses insetos. É método não poluente, específico, e acarreta prejuízos praticamente desprezíveis para o equilíbrio do ambiente.

A irradiação, com raios gama, de machos de insetos-praga em laboratório, é outra medida útil e que leva à sua esterilização. Soltos na lavoura, encontram-se com muitas fêmeas, não conseguindo, porém, fecundar os óvulos. Assim, declina a população, o que redunda no controle populacional da praga. Essa moderna metodologia científica, que contribui decisivamente para a manutenção da sustentabilidade do planeta é denominada de **controle biológico de pragas**, e deve ser cada vez mais estimulada, sobretudo no meio agrícola.

Agora, reúna a sua equipe!

Discutam quais os possíveis benefícios, em termos de saúde humana e alimentar, da utilização do controle biológico de pragas em agricultura e pecuária.

ATIVIDADES

A CAMINHO DO ENEM

1. (Enem) A indústria têxtil utiliza grande quantidade de corantes no processo de tingimento dos tecidos. O escurecimento das águas dos rios causado pelo despejo desses corantes pode desencadear uma série de problemas no ecossistema aquático.

Considerando esse escurecimento das águas, o impacto negativo inicial que ocorre é o(a)

a) eutrofização.
b) proliferação de algas.
c) inibição da fotossíntese.
d) fotodegradação da matéria orgânica.
e) aumento da quantidade de gases dissolvidos.

2. (Enem) A coleta das fezes dos animais domésticos em sacolas plásticas e o seu descarte em lixeiras convencionais podem criar condições de degradação que geram produtos prejudiciais ao meio ambiente (Figura 1).

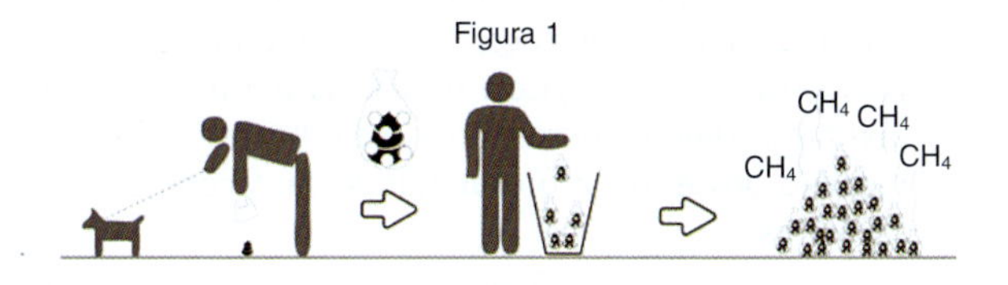

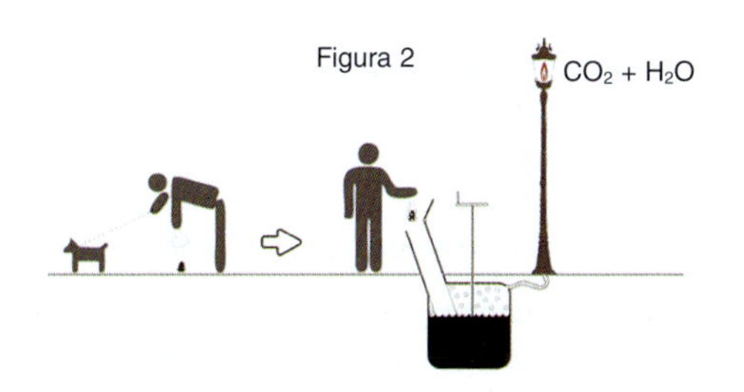

A Figura 2 ilustra o Projeto Park Spark, desenvolvido em Cambridge, MA (EUA), em que as fezes dos animais domésticos são recolhidas em sacolas biodegradáveis e jogadas em um biodigestor instalado em parques públicos, e os produtos são utilizados em equipamentos no próprio parque.

Uma inovação desse projeto é possibilitar o(a)

a) queima de gás metano.
b) armazenamento de gás carbônico.
c) decomposição aeróbica das fezes.
d) uso mais eficiente de combustíveis fósseis.
e) fixação de carbono em moléculas orgânicas.

3. (Enem) Algumas toneladas de medicamentos para uso humano e veterinário são produzidas por ano. Os fármacos são desenvolvidos para serem estáveis, mantendo suas propriedades químicas de forma a atender a um propósito terapêutico. Após o consumo de fármacos, parte de sua dosagem é excretada de forma inalterada, persistindo no meio ambiente. Em todo o mundo, antibióticos, hormônios, anestésicos, anti-inflamatórios, entre outros, são detectados em concentrações preocupantes no esgoto doméstico, em águas superficiais e de subsolo. Dessa forma, a ocorrência de fármacos residuais no meio ambiente pode apresentar efeitos adversos em organismos aquáticos e terrestres.

Adaptado de: BILA, D. M.; DEZOTTI, M. Fármacos no meio ambiente. *Química Nova*, v. 26, n. 4. ago. 2003.

Qual ação minimiza a permanência desses contaminantes nos recursos hídricos?

a) Utilização de esterco como fertilizante na agricultura.
b) Ampliação das redes de coleta de esgoto na zona urbana.
c) Descarte dos medicamentos fora do prazo de validade em lixões.
d) Desenvolvimento de novos processos nas estações de tratamento de efluentes.
e) Reúso dos lodos provenientes das estações de tratamento de esgoto na agricultura.

TESTE SEUS CONHECIMENTOS

1. A maneira pela qual os alimentos são produzidos, distribuídos e consumidos não apenas alimenta as pandemias de fome e obesidade, mas também gera de 25% a 30% das emissões de gases prejudiciais ao planeta. Somente a produção de gado é responsável por mais da metade desses gases, na forma de flatulência carregada de metano (CH_4), além de CO_2, quando as florestas são desmatadas para acomodar o gado.

Adaptado de: COLLUCCI, C., Governos devem se preparar para pandemia tripla. *Folha de S.Paulo*, São Paulo, 1º fev. 2019. Caderno Saúde/Ambiente, p. B6.

Os gases citados no texto (CH_4 e CO_2) estão diretamente relacionados à ocorrência atual de preocupante fenômeno ecológico que pode ocasionar aumento generalizado da temperatura de nosso planeta, denominado:

a) eutrofização.
b) destruição da camada de ozônio.
c) aquecimento global.
d) biomagnificação trófica.
e) efeito cumulativo.

2. (Santa Marcelina – SP – adaptada) Um estudo realizado por pesquisadores do Brasil e dos Estados Unidos verificou que, na Amazônia, cada hectare de manguezal contém uma quantidade de carbono duas vezes maior que a mesma área de floresta. Em um estudo anterior, a mesma equipe havia quantificado o gás carbônico que esses ecossistemas liberam para o ar quando devastados – em geral, para dar lugar a pastagens ou fazendas de camarão. No Nordeste, a conversão de 1 hectare de manguezal em fazenda de camarão emite cerca de 10 vezes mais gás carbônico do que a queima de 1 hectare de floresta continental. Esse volume de carbono é equivalente ao acumulado no solo do mangue durante mais de 180 anos.

Manguezal armazena mais carbono que floresta. *Disponível em:* <http://revistapesquisa.fapesp.br>. *Acesso em:* out. 2018. Adaptado.

Qual problema ambiental é intensificado com a liberação de grandes quantidades de gás carbônico pela devastação do manguezal? Cite outro gás que também contribui para o agravamento desse problema.

3. O governo norte-americano anunciou um plano abrangente para reduzir a regulamentação das emissões de metano, um dos gases que mais contribuem para o aquecimento global. No geral, o dióxido de carbono é o mais significativo dos gases relacionados ao aquecimento global, mas o metano vem logo abaixo. Persiste na atmosfera por período menor, mas seu efeito é mais forte. De acordo com algumas estimativas, o metano tem 80 vezes mais poder de retenção de calor do dióxido de carbono, em seus primeiros 20 anos na atmosfera.

Adaptado de: FRIEDMAN, L.; DAVENPORT, C. EUA afrouxam regras sobre o metano, gás relacionado ao aquecimento global. *Folha de S.Paulo*, São Paulo, 31 ago. 2019. Caderno Ambiente, p. B6.

Os gases metano e dióxido de carbono, citados no texto, por se relacionarem à retenção de calor atmosférico, são também conhecidos como causadores do atual e popularmente denominado:

a) efeito cumulativo.
b) ressurgência térmica.
c) eutrofização.
d) efeito estufa.
e) amplificação térmica.

4. (Unichristus – CE) "A região russa do Círculo Polar Ártico sofreu uma explosão de calor impressionante, e a superfície dos glaciais se reduziu a um terço, chegando ao mínimo histórico", apontou Tishkovets. Há muitas estações meteorológicas nessa vasta região do país, e a maioria registrou vários recordes de temperatura neste verão.

Disponível em: <https://noticias.uol.com.br/meio-ambiente/ultimas-noticias/redacao/2018/08/19/aquecimento-global-na-russia-e-25-vezes-mais-intenso-que-a-media-no-mundo.htm>. *Acesso em:* 8 ago. 2018.

Estão descritos na notícia aspectos diretamente relacionados

a) ao aumento do efeito estufa.
b) à diminuição do efeito estufa.
c) ao aumento da magnificação trófica.
d) à diminuição da magnificação trófica.
e) à diminuição da eutrofização.

5. Um esforço mundial para restaurar florestas pode ser uma maneira simples e barata de retirar carbono da atmosfera. Pesquisadores descobriram que há 1,7 bilhão de hectares de áreas desmatadas, nas quais 1,2 bilhão de árvores poderiam crescer sem prejudicar regiões agrícolas ou urbanas. Em cerca de 50 a 100 anos, estas árvores poderiam remover 200 bilhões de toneladas de carbono – 2/3 de todas as emissões relacionadas a atividades humanas. No entanto, todos os anos estamos lançando na atmosfera milhões de toneladas a mais de carbono, de maneira que o plantio de novas árvores é apenas parte da solução, já que uma outra medida seria o corte drástico da emissão de gases de estufa, além de proteger as árvores que seriam plantadas.

Disponível em: <https://www.nature.com/nature/articles?type=nature-briefing>. *Acesso em:* 5 jul. 2019.

O gás comumente mais relacionado ao que se denomina de efeito estufa e o processo bioenergético que seria executado nos cloroplastos das árvores plantadas a partir da absorção desse referido gás da atmosfera, estão corretamente citados em:

a) amônia; respiração aeróbia.
b) gás carbônico; síntese proteica.
c) gás nitrogênio; respiração aeróbia.
d) gás carbônico; fotossíntese.
e) gás oxigênio; fotossíntese.

6. A poluição tem se agravado com o crescimento da população humana mundial e a consequente produção de resíduos dela decorrentes na vida diária das pessoas.

a) Cite alguns exemplos de resíduos produzidos pelo homem e que, por não serem biodegradáveis, acumulam-se nos ambientes e agravam a poluição. Que medidas poderiam ser sugeridas no sentido de reduzir o impacto causado por esses resíduos nos ecossistemas?
b) Cite os dois termos atualmente utilizados na designação do lixo produzido nas grandes cidades no dia a dia das pessoas.

7. Por que se diz que a poluição gasosa decorrente da liberação dos óxidos de enxofre e de nitrogênio acentua a acidez da água das chuvas e ocasiona episódios de chuva ácida? Cite algumas consequências dessa chuva ácida nos equipamentos das grandes cidades e nos seres vivos de modo geral.

8. Esgotos (contendo fezes humanas), detergentes e fertilizantes agrícolas que atingem a água de represas, lagos e rios podem propiciar a ocorrência de eutrofização causada por esses dejetos, cuja consequência é a morte de seres aeróbios, como os peixes que vivem nesses ambientes. A respeito desse assunto e utilizando seus conhecimentos, responda:

a) Qual é o significado de eutrofização, relativamente a ambientes aquáticos (rios, lagos e represas)? Cite a principal consequência decorrente desse fenômeno, relacionada à proliferação de seres vivos, como, por exemplo, algas microscópicas e bactérias.
b) Explique em poucas palavras por que, em consequência da eutrofização, pode ocorrer a morte de seres aeróbios.

9. Atividades humanas lesivas ao ambiente têm gerado impactos negativos sobre a atmosfera, a hidrosfera e a litosfera. Uma dessas atividades é a queima excessiva de combustíveis fósseis, o desmatamento e a utilização de termelétricas geradoras de energia elétrica. Todas essas ações resultam em gases relacionados ao incremento do aquecimento global atualmente observado. Por outro lado, o impacto ambiental decorrente de acidentes relativos à descarga de petróleo em águas marinhas também é preocupante em termos de atenuação do excesso de emissão de gases de estufa, principalmente o gás carbônico (CO_2), uma vez que essa descarga e o escurecimento da água acarretam:

a) aumento da liberação de oxigênio por microrganismos componentes do fitoplâncton.
b) liberação excessiva de sais de nitrato e fosfato que eutrofizam o meio aquático marinho.
c) diminuição da captação de gás nitrogênio e sua fixação por microrganismos do fitoplâncton.
d) prejuízo à fotossíntese executada pelo fitoplâncton devido à pequena penetração de luz na água.
e) incremento da fotossíntese executada pelo fitoplâncton com liberação excessiva de gás metano.

10. (Unesp) **Mortandade de peixes e coloração da água do Rio Tietê preocupam no interior de SP**

A água de cor estranha e o cheiro forte estão preocupando quem mora perto do rio. Pescadores estão voltando para casa com as redes vazias.

"O que você está vendo são os peixes mortos. Mas não morrem só peixes, morre toda uma cadeia abaixo dos peixes, que são outros microrganismos, pequenos crustáceos, pequenos moluscos que são alimentos dos peixes", explica o biólogo Arif Cais, professor voluntário aposentado da Unesp de São José do Rio Preto.

Disponível em: <https://g1.globo.com>.
Acesso em: 11 maio 2019. Adaptado.

A reportagem faz referência ao fenômeno de eutrofização. Nesse fenômeno, um dos eventos que precedem e um dos eventos que sucedem a mortandade dos peixes são, respectivamente:

a) despejo de esgotos nas águas e decomposição aeróbica.
b) proliferação de microrganismos aeróbicos e decomposição anaeróbica.
c) redução da matéria orgânica disponível e mortandade de crustáceos e moluscos.
d) turvação da água e redução da matéria orgânica disponível.
e) produção de gás sulfídrico e proliferação de microrganismos aeróbicos.

11. (Unichristus – CE) Um problema recorrente relatado diversas vezes em várias situações continua, de forma silenciosa e intensa, a atacar a água da Lagoa Paulino. A principal causa é o aporte contínuo de esgoto que vem pela rede de águas pluviais e é despejado sem dó na lagoa. Junte-se a isso a quantidade enorme de sedimentos existentes, além do fato de a lagoa ser muito rasa.

Disponível em: <http://setelagoas.com.br/noticias/cidade/21658>.
Acesso em: 10 set. 2018.

O processo de poluição das águas, relatado no texto anterior é denominado

a) eutrofização.
b) maré vermelha.
c) efeito estufa.
d) magnificação trófica.
e) amplificação trófica.

12. (Fuvest – SP) A combinação entre baixa biodiversidade, altas concentrações de poluentes e baixas concentrações de oxigênio dissolvido, que é verificada nos rios que passam por grandes centros urbanos no Brasil, deve-se principalmente à(ao)

a) descarte de garrafas PET e sacolas plásticas, aumentando a cadeia de produção de microplásticos.
b) aumento de intervenções de engenharia, como a construção de pontes e dragagens.
c) aquecimento da água do rio, devido ao aumento da temperatura média nas metrópoles.
d) descarte de esgoto doméstico e industrial sem tratamento.
e) ocorrência mais frequente de longos períodos de estiagem, aumentando a evaporação.

13. (Unesp) Desde a escolha do Rio de Janeiro para sede dos Jogos Olímpicos e Paraolímpicos de 2016, inúmeras reportagens sobre a qualidade das águas da Baía de Guanabara e da Lagoa Rodrigo de Freitas foram veiculadas pelos meios de comunicação. Dentre as preocupações, estão os episódios de mortandade de peixes na lagoa, local das provas de remo e canoagem da Rio 2016.

Considerando o processo de eutrofização, explique por que o despejo de esgoto nas águas da lagoa reduz a concentração de oxigênio na água e explique qual é a variação esperada no tamanho das populações dos organismos vertebrados e no tamanho das populações dos microrganismos anaeróbicos que compõem o ecossistema da lagoa.

14. (Unigranrio – RJ) Na busca pela minimização dos danos causados ao meio ambiente pelo excesso de lixo produzido e pela exploração exagerada dos recursos naturais, surgiram algumas alternativas importantes de ação preventiva, como a redução, a reutilização e a reciclagem. Estas ações, são chamadas de "a política dos 3 Rs".

Adaptado de: <https://www.infoescola.com/desenvolvimento-sustentavel>.

Os 3 Rs da sustentabilidade devem ser entendidos por ordem de importância. Logo, a sequência CORRETA desta importância é:

a) reciclar, reutilizar e reduzir.
b) reduzir, reciclar e reutilizar.
c) reduzir, reutilizar e reciclar.
d) reutilizar, reduzir e reciclar.

15. O lixo produzido nas grandes cidades é um importante fator de degradação ambiental. Várias doenças, entre elas a leptospirose, são consequência da destinação inadequada do lixo urbano. A respeito do assunto descrito no texto e utilizando seus conhecimentos:

a) Cite algumas medidas que poderiam ser adotadas no sentido de atenuar o problema representado pela destinação inadequada do lixo produzido nas grandes cidades.
b) Qual é o significado de compostagem e chorume? Qual é a sua utilidade no tratamento do lixo?

16. A microvespa *Trichogramma* sp. introduz seus ovos nos ovos de borboletas, cujas lagartas se alimentam das folhas de plantas de algodão. Os embriões da microvespa se alimentam do conteúdo desses ovos e impedem que as larvas de borboleta se desenvolvam. Assim, é possível reduzir a densidade populacional das borboletas até níveis que não prejudiquem a cultura.

Adaptado de: ENEM, Ciências da Natureza, 2011.

a) O texto se refere a uma atividade desenvolvida por pesquisadores no sentido de controlar pragas agrícolas que afetam cultivos vegetais de interesse humano. Que denominação é dada a esse método de controle de pragas agrícolas?
b) Um método alternativo, ainda hoje utilizado por muitos agricultores, é a pulverização de defensivos agrícolas nos cultivos vegetais. Cite possíveis prejuízos decorrentes da utilização de métodos químicos no controle de pragas agrícolas.

CAPÍTULO 2

A importância da Biologia para a sustentabilidade do planeta

A importância da preservação e da conservação da biodiversidade é a garantia da sustentabilidade do planeta. **Sustentabilidade**, esta é a palavra que ouviremos cada vez mais. Está relacionada à sobrevivência futura da nossa e de diversas outras espécies que habitam nosso planeta. Para isso, é necessário utilizar corretamente os recursos energéticos disponíveis. De acordo com o *Atlas de Energia Elétrica do Brasil*, da ANEEL (Agência Nacional de Energia Elétrica), "Quase todas as fontes de energia – hidráulica, biomassa, eólica, combustíveis fósseis e energia dos oceanos – são formas indiretas de energia solar. Além disso, a radiação solar pode ser utilizada diretamente como fonte de energia térmica e de eletricidade". Então, o que estamos esperando? Que tal utilizarmos bicicletas para nos deslocar? Que tal utilizarmos biomassa, a energia dos ventos e dos oceanos na geração de eletricidade? Com isso, deixaríamos de promover desmatamentos e alagamentos para a geração de energia hidráulica.

O estudo da Biologia propicia uma ótima oportunidade para avaliarmos o quanto nós, seres humanos, podemos fazer para contribuir para a sobrevivência da nossa e das demais espécies do planeta Terra.

Seu ponto de vista!

Vários países, entre eles o Brasil, têm sofrido o que se denomina de "crise energética", que se acentua de acordo com exigências decorrentes das atividades humanas diárias. Em sua opinião, que estímulos poderiam ser adotados por governantes e pela sociedade, no sentido de minimizar os efeitos das crises energéticas que afetam as sociedades?

MAECHING CHAIWONGWATTHANA/SHUTTERSTOCK

2-1. Alternativas de sustentabilidade: biocombustíveis, energia fotovoltaica e energia eólica

A energia fotovoltaica, com a transformação da energia solar em energia elétrica, é uma excelente alternativa que tem sido cada vez mais utilizada em muitos países e, claro, no Brasil, por inúmeras empresas e residências, considerando a radiação solar que incide em nosso País, praticamente o ano inteiro. Por outro lado, a utilização dos ventos na geração de energia elétrica, conhecida como energia eólica, tem sido estimulada principalmente nos estados do Nordeste brasileiro, nos quais a intensidade dos ventos em várias épocas do ano é extremamente aproveitável. Essas novidades energéticas contribuem para a garantia da ocorrência de *sustentabilidade* do planeta.

Biocombustíveis têm-se revelado excelente alternativa energética aos derivados do petróleo, no que se refere à redução da emissão de gás carbônico. Álcool etílico, produzido por microrganismos a partir do açúcar da cana e do milho, bem como o *biodiesel*, obtido no processamento dos óleos de soja, mamona, dendê e palma, são alguns exemplos. A queima dessas substâncias libera gás carbônico que, ao ser absorvido por novas plantas constantemente cultivadas para a produção desses biocombustíveis, proporciona um equilíbrio entre absorção e liberação do gás carbônico. Cada vez que as plantas efetuam o processo de fotossíntese, elas de certo modo absorvem o gás carbônico gerado na queima daquelas substâncias, resultando em equilíbrio entre produção e absorção daquele gás.

Matriz energética

Leia o QR Code abaixo ou acesse <https://www.epe.gov.br> e conheça a matriz energética brasileira.

(a) Parque eólico: alternativas que contribuem para a sustentabilidade do planeta e (b) painéis fotovoltaicos para a captação da radiação solar.

KEWIKO/SHUTTERSTOCK

FOKKE BAARSSEN/SHUTTERSTOCK

2-2. O que a Biologia estuda?

Entender a vida em sua diversidade de formas e níveis de organização permite a você, estudante, atribuir importância à natureza e seus recursos. Para isso, conhecimentos relacionados à biodiversidade e à origem da vida são fundamentais para o estudo da Biologia. A propósito, você já parou para se perguntar o que é Biologia e o que ela estuda? Essa palavra vem de duas outras: *bio*, que significa **vida**, e *logos*, que quer dizer **estudo**. Então, a Biologia é a ciência que estuda a vida e, claro, aqueles em que ela se manifesta, ou seja, os **seres vivos**.

Mais atraente do que conceituar vida, porém, é caracterizar os seres vivos, procurando neles alguns sinais de vida. Você é capaz de dizer, em poucas palavras, quais as diferenças que existem, por exemplo, entre o seu cão e uma pedra? Vamos ajudá-lo nessa tarefa.

Excetuando a presença de alguns átomos, tanto no seu cão como na pedra, podemos garantir que a vida possui uma série de características próprias, indiscutíveis. Os movimentos de inspiração e expiração executados pelo tórax do animal e os sinais elétricos emanados do seu cérebro e captados com o auxílio de um aparelho especial, o eletrencefalógrafo, são duas dessas características. Você seria capaz de reconhecer outros sinais de vida provenientes de seu cão?

Na Tabela 2-1 organizamos as principais características dos seres vivos. Deixamos a você a tarefa de compará-las com as dos seres inanimados, como a pedra.

Tabela 2-1. Principais características dos seres vivos.

	PAPEL BIOLÓGICO
Composição química	Todos os seres vivos são formados por moléculas orgânicas indispensáveis à sobrevivência, entre elas os ácidos nucleicos, as proteínas, os carboidratos (ou glicídios) e os lipídios.
Organização celular	Excetuando os vírus – seres acelulares –, os seres vivos da Terra atual possuem a célula como unidade fundamental da vida. Há seres vivos formados apenas por uma célula – os unicelulares – e os que são constituídos por diversas células – os multicelulares (células não organizadas em tecidos, como nos fungos) e os pluricelulares (células especializadas formam tecidos).
Metabolismo	Metabolismo é o conjunto das reações químicas que ocorrem em um ser vivo. O **metabolismo energético** está relacionado à liberação da energia necessária à sobrevivência; o **metabolismo plástico** ou **estrutural** é aquele no qual ocorre a construção dos tecidos. Cabe ao **metabolismo de controle** a regulação de todas as atividades que ocorrem na célula.
Reprodução	Por meio de diversas modalidades de reprodução, os seres vivos são capazes de produzir descendentes.
Mutação	Os seres vivos e o ambiente nem sempre foram como são hoje. Alterações no material genético, que afetam os gametas, podem ser transmitidas aos descendentes gerando variabilidade.
Adaptação	Os seres vivos são capazes de se ajustar continuamente às características do meio.
Excitabilidade	Habilidade de responder a estímulos provenientes do meio.

2-3. Níveis de organização em Biologia

Um dos modos de começar o estudo da Biologia é pela ideia de **níveis de organização**. Por meio dela, podemos compreender que a organização biológica está estruturada em diversos níveis hierárquicos, cada qual servindo como ponto de partida para a formação do seguinte.

Do átomo ao organismo

Todos os seres vivos da Terra atual são constituídos por **átomos**, que se unem para formar **moléculas** fundamentais para a sobrevivência. Por sua vez, moléculas orgânicas complexas juntam-se para a formação de **organelas**, estruturas encontradas no interior das **células** dos seres vivos (veja a Figura 2-1). A reunião de células com características quase sempre comuns leva à formação de um **tecido**. Tecidos diferentes se reúnem em um **órgão**. Diferentes órgãos, envolvidos em uma tarefa comum, originam um **sistema**. A integração de vários sistemas leva ao **organismo**.

Átomo

A menor parte de um elemento, que mantém todas as propriedades químicas desse elemento.

Molécula

Conjunto de átomos.

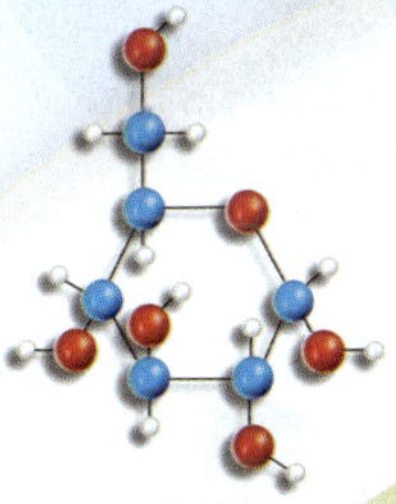

Organela

Componente da célula, encarregado de executar determinada função (também chamado de organoide ou orgânulo.)

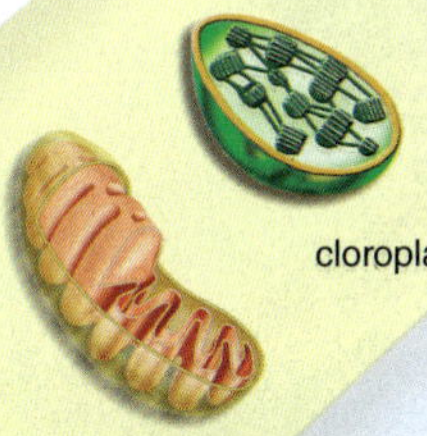

cloroplasto

mitocôndria

Célula

Entidade encontrada na maioria dos seres vivos da Terra atual e constituída, de modo geral, por membrana plasmática, citoplasma e núcleo.

célula vegetal

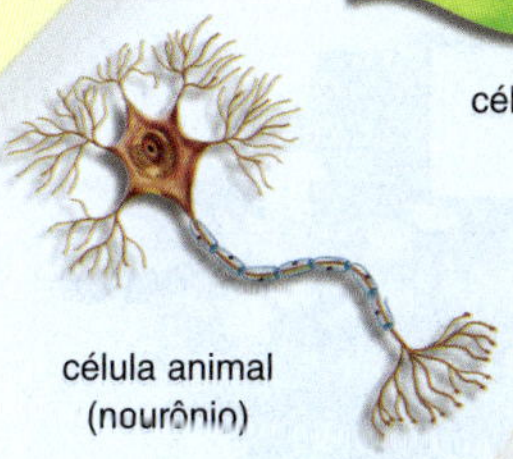

célula animal (neurônio)

Tecido

Comumente conceituado como um conjunto de células semelhantes na forma e na função.

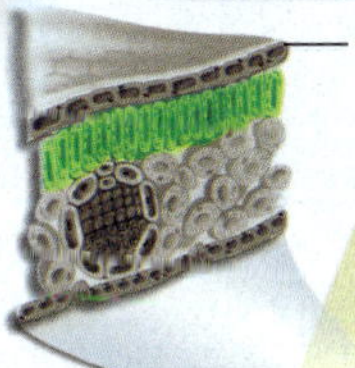

epiderme

tecido nervoso

Órgão

Conjunto de tecidos.

folha

cérebro

Sistema

Conjunto de órgãos envolvidos na execução de determinada tarefa.

sistema foliar

sistema nervoso

Organismo

Qualquer ser capaz de executar um conjunto de reações químicas metabólicas responsáveis pela sobrevivência, pelo crescimento e pela reprodução.

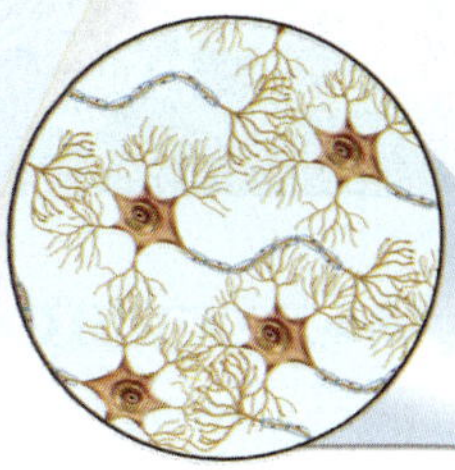

planta

animal

Figura 2-1. Do átomo ao organismo. (Cores-fantasia. Ilustrações fora de escala.)

Saiba mais!

Entre o organismo de uma onça-pintada e o da bactéria causadora da cólera, por exemplo, há uma semelhança. Em ambos, o nível de organização celular está presente, bem como alguns tipos de organoides, moléculas e átomos. No entanto, há muitas diferenças. O organismo da bactéria é formado por uma única célula: é um organismo **unicelular**. A onça-pintada é **pluricelular**. Como consequência, a bactéria não forma sistemas nem órgãos nem tecidos. Nela, o organismo se confunde com a célula. Os vírus, como o SARS-COV-2, causador da pandemia Covid-19, por exemplo, são organismos **acelulares**, formados por moléculas e átomos. Como vemos, nem todos os níveis de organização estão presentes nos organismos atualmente existentes na Terra.

Do organismo à biosfera

Em geral, os organismos não vivem isolados – eles se reúnem, interagem com outros organismos e com o meio em que vivem. Assim, um conjunto de organismos da mesma espécie que habita determinada área perfeitamente delimitada, em certa época, constitui uma **população**. As jaguatiricas existentes no Pantanal Mato-grossense constituem uma população dessa espécie de mamíferos naquele ambiente. O conjunto de todas as populações de espécies diferentes encontradas em um ambiente constitui uma **comunidade**. No Pantanal, as jaguatiricas, os jaburus, as garças, as capivaras, os jacarés, as sucuris, as bactérias, os fungos e os vegetais, entre outros, constituem a comunidade de seres vivos da região. A comunidade é a parte *biótica* (viva) do ambiente. A reunião da comunidade com os componentes *abióticos*, ou seja, com os componentes não vivos (ar, água, luz, sais, solo etc.), do meio ambiente constitui um **ecossistema**. O Pantanal Mato-grossense pode ser considerado um grande ecossistema natural em que todos os seres vivos da comunidade interagem entre si e com os componentes abióticos (veja a Figura 2-2). Outros exemplos de ecossistema podem ser citados: o Oceano Atlântico, diversas regiões da Floresta Amazônica, o Saara etc.

Uma visão global da Terra atual revela a existência de diversos ecossistemas naturais. A reunião de todos eles constitui a **biosfera**.

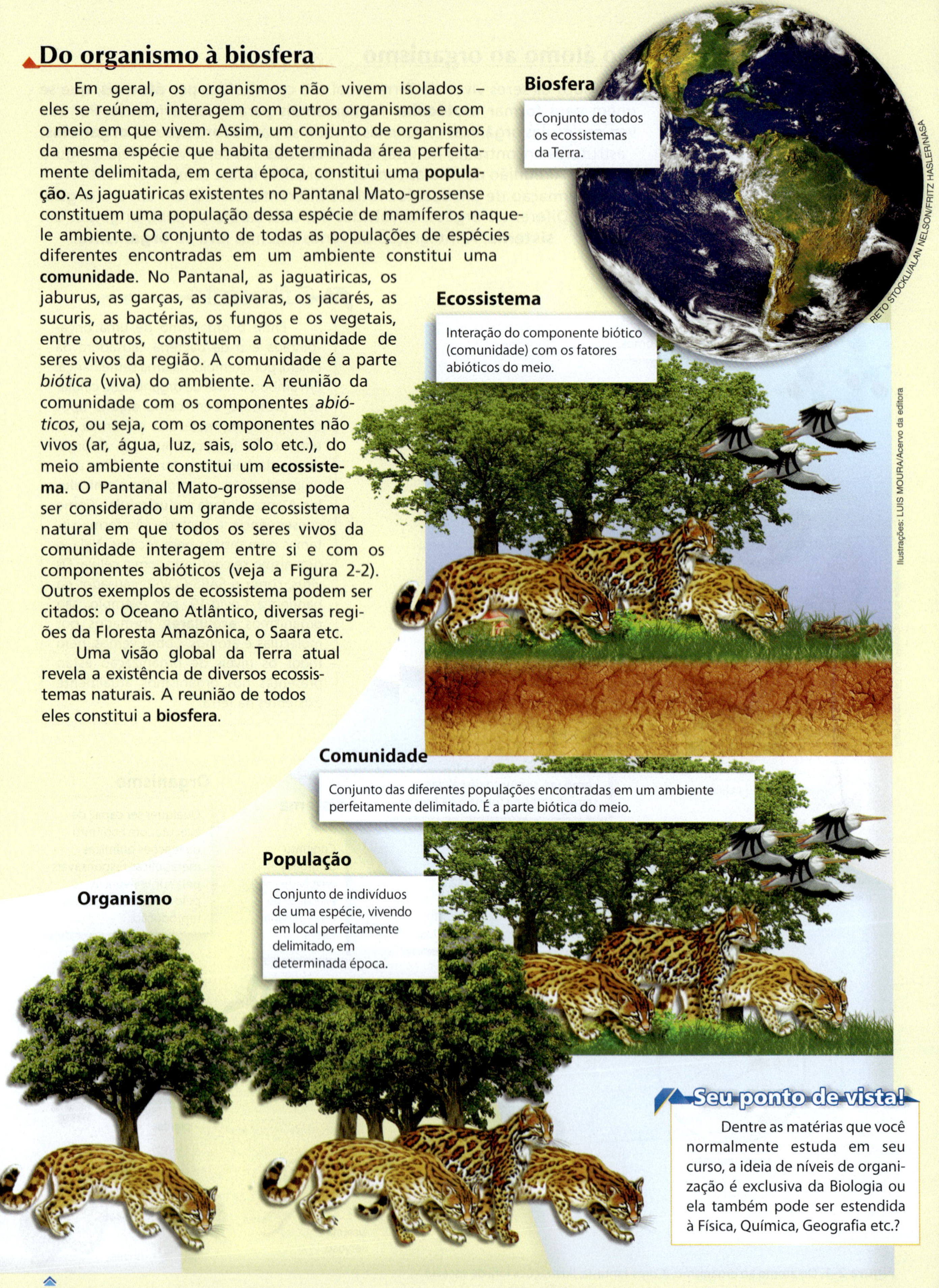
Biosfera
Conjunto de todos os ecossistemas da Terra.
RETO STOCKLI/ALAN NELSON/FRITZ HASLER/NASA
Ecossistema
Interação do componente biótico (comunidade) com os fatores abióticos do meio.
Ilustrações: LUIS MOURA/Acervo da editora
Comunidade
Conjunto das diferentes populações encontradas em um ambiente perfeitamente delimitado. É a parte biótica do meio.
População
Conjunto de indivíduos de uma espécie, vivendo em local perfeitamente delimitado, em determinada época.
Organismo

Seu ponto de vista!

Dentre as matérias que você normalmente estuda em seu curso, a ideia de níveis de organização é exclusiva da Biologia ou ela também pode ser estendida à Física, Química, Geografia etc.?

Figura 2-2. Os níveis de organização da Ecologia. (Cores-fantasia. Ilustrações fora de escala.)

2-4. Alguns conceitos importantes em Ecologia

Os organismos da Terra não vivem isolados; interagem uns com os outros e com o meio ambiente. Ao estudo dessas interações chamamos **Ecologia**. O termo *ecologia*, cuja criação é atribuída ao naturalista alemão Ernest Haeckel, em 1869, deriva do grego *oikos*, que significa "casa" ou "lugar para viver" e, segundo o ecólogo Eugene P. Odum, possui o significado de "estudo de organismos em sua casa".

Ao conjunto formado pelos organismos de determinada *espécie*, que vivem em um lugar perfeitamente delimitado e em uma certa época, é dado o nome de **população**. Ao conjunto de todas as populações que se encontram em interação em determinado meio dá-se o nome de **comunidade**. É a parte **biótica**, ou seja, o conjunto de todos os seres *vivos*, de espécies diferentes, encontrados no meio. Muitos ecologistas norte-americanos preferem usar o termo **biota** para se referir à *comunidade* e, entre os ecologistas europeus, é utilizado o termo **biocenose**.

O local (o espaço) onde os organismos de determinada *espécie* vivem é chamado de ***habitat*** – é a "residência" dos organismos, o seu lugar de vida. Já o local onde determinada *comunidade* vive é chamado de **biótopo**. Por exemplo, o *habitat* das piranhas é a *água doce*, como, por exemplo, a do Rio Amazonas ou dos rios do complexo do Pantanal; o *biótopo* Rio Amazonas é o local onde vivem todas as populações de organismos vivos desse rio, entre elas, a de piranhas.

Nicho ecológico é o modo de vida dos organismos de determinada espécie em seu ambiente de vida. O nicho inclui, evidentemente, o *habitat*, mas, além disso, envolve as necessidades alimentares, a temperatura ideal de sobrevivência, os locais de refúgio, as interações com os "inimigos" e com os "amigos", os locais de reprodução etc. Uma ideia que precisa ficar clara é que nicho ecológico não é um espaço; portanto, não é ocupado fisicamente. Por exemplo, considerando-se que o *habitat* da piranha é a água doce de um rio amazônico, o seu *nicho ecológico* corresponde a o que ela come (ela é predadora), as alterações ambientais que ela provoca com suas excreções etc.

SZASZ-FABIAN JOZSEF/SHUTTERSTOCK

Apesar de algumas formigas e pulgões terem o mesmo *habitat*, eles não têm o mesmo nicho ecológico: os pulgões são parasitas, alimentam-se da seiva das plantas e as fêmeas são vivíparas; as formigas cortam folhas da vegetação para alimentar os fungos dos quais se alimentam no formigueiro e sua reprodução envolve a deposição de ovos pela rainha.

O conjunto formado por uma *comunidade* e pelos componentes **abióticos**, não vivos, do meio (a água, os gases, a luz, o solo etc.) com os quais ela interage é denominado **ecossistema**.

A Terra possui três tipos de ambiente: terrestre, marinho e de água doce. Em cada um desses grandes ambientes, podemos imaginar a existência de subdivisões artificialmente construídas, com a finalidade única de facilitar o estudo da vida nesses locais.

Uma *transição* entre duas ou mais comunidades distintas, pertencentes a diferentes ecossistemas, é chamada **ecótone**. É o caso da área de transição existente, por exemplo, entre o campo e um lago. Considera-se que na área de transição de dois ecossistemas, ou seja, no ecótone, há maior diversidade em espécies.

A Terra é um grande ambiente de vida. Em uma fina camada do planeta, incluindo água, solo e ar, encontram-se os seres vivos. A **biosfera** é a reunião de todos os ecossistemas existentes na Terra e engloba a *hidrosfera* (a água existente no planeta), a *atmosfera* (os gases que circundam o planeta) e a *litosfera* (a crosta rochosa).

Certas regiões da biosfera apresentam o mesmo tipo de clima, temperaturas parecidas e praticamente o mesmo regime de chuvas todos os anos. Então, não é de estranhar que, nessas regiões, haja comunidades vegetais semelhantes. Os ecologistas agrupam essas regiões em uma categoria denominada de **bioma**. Cada bioma, então, corresponde a uma grande subdivisão artificial da biosfera terrestre.

O componente biótico dos ecossistemas

De acordo com o modo de obtenção de alimento, a comunidade de um ecossistema, de maneira geral, é constituída por três tipos de seres:

- **produtores:** os seres autótrofos quimiossintetizantes (bactérias) e fotossintetizantes (bactérias, algas e vegetais). Esses últimos transformam a energia solar em energia química nos alimentos produzidos.

Independentemente da forma e do tamanho, os organismos autótrofos fotossintetizantes transformam a energia solar em energia química.

LOVELYDAY12/SHUTTERSTOCK

JROSSPHOTO/SHUTTERSTOCK

Leões são consumidores secundários e zebras são consumidores primários.

MARI SWANEPOEL/SHUTTERSTOCK

- **consumidores**
  - **primários:** os seres herbívoros, isto é, que se alimentam dos produtores (algas, plantas etc.);
  - **secundários:** os carnívoros que se alimentam de consumidores primários (os herbívoros);
  - Poderá ainda haver consumidores **terciários** ou **quaternários**, que se alimentam, respectivamente, de consumidores secundários e terciários.

Consumidores que se alimentam de produtores e de outros consumidores são onívoros. Por outro lado, consumidores que ocupam posições finais em uma cadeia de alimentos são também denominados de **consumidores de topo**.

- **decompositores:** as bactérias e os fungos que se alimentam dos restos alimentares dos demais seres vivos. Esses organismos (muitos microscópicos) têm o importante papel de devolver ao ambiente nutrientes minerais que existiam nesses restos alimentares e que poderão, assim, ser *reutilizados* pelos produtores.

NITO/SHUTTEERSTOCK

Exemplo de fungos decompositores sobre laranja.

Cadeias alimentares, teias alimentares e níveis tróficos

Nos ecossistemas, existe um fluxo de energia e de nutrientes como elos interligados de uma cadeia, uma **cadeia alimentar**. Nela, os "elos" são chamados de **níveis tróficos** e incluem os produtores, os consumidores (primários, secundários, terciários etc.) e os decompositores.

Veja a cadeia alimentar esquematizada na Figura 2-3: as plantas convertem a energia luminosa do Sol em energia química contida em compostos orgânicos. O preá, alimentando-se de plantas, transfere para si energia química e os nutrientes presentes nos vegetais. A jararaca, ao comer o preá, obtém dele energia e nutrientes. O mesmo ocorre com a seriema e o lobo-guará. O lobo-guará é, portanto, um consumidor de último nível trófico dessa cadeia alimentar, sendo denominado também de consumidor de topo. Com a morte de qualquer um desses elementos, decompositores obterão sua energia e nutrientes ao decompô-los em minerais, que serão novamente utilizados por plantas ao converter a energia luminosa do Sol em energia química na fotossíntese.

Figura 2-3. Exemplo de cadeia alimentar. Os decompositores, porque promovem a decomposição da matéria orgânica, são considerados *saprófitos* ou *sapróvoros*. (Cores-fantasia. Ilustrações fora de escala.)

Nos ecossistemas existem diversas cadeias alimentares. A reunião de todas elas constitui uma **teia alimentar**. Em uma teia, a posição de alguns consumidores pode variar de acordo com a cadeia alimentar da qual participam (veja a Figura 2-4).

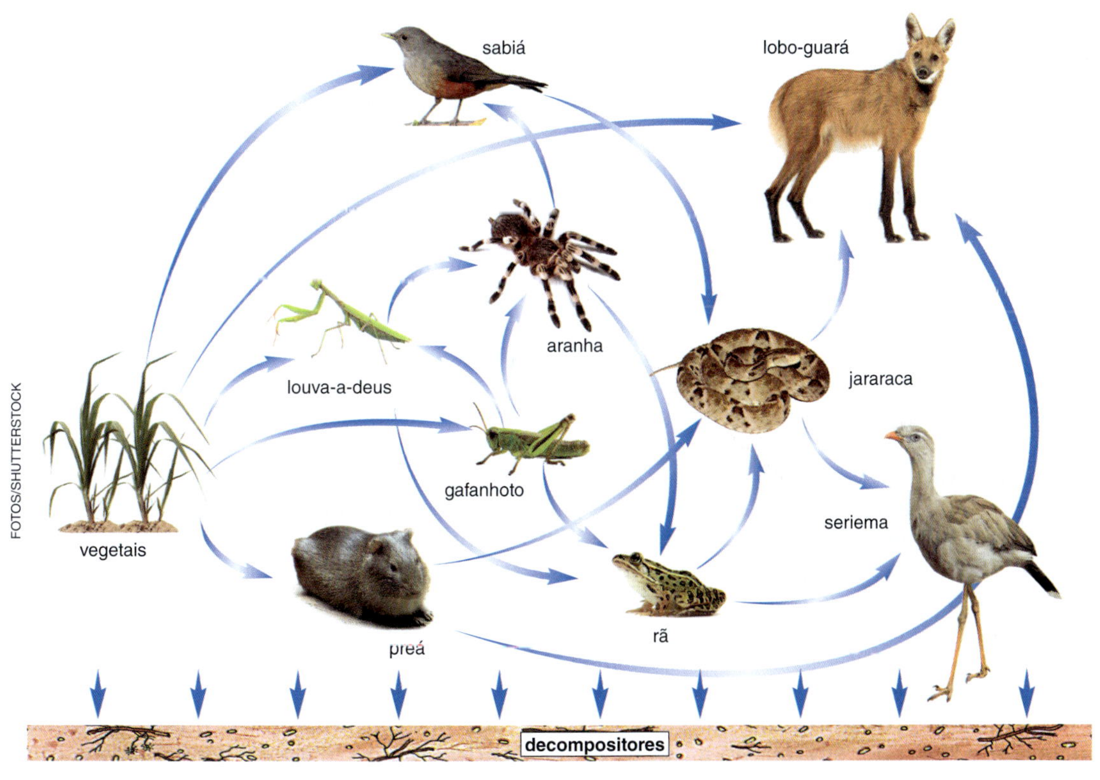

Figura 2-4. Um exemplo de teia alimentar brasileira. Perceba que o lobo-guará, por exemplo, participa de várias cadeias alimentares e ocupa diferentes níveis tróficos. Preá e gafanhoto atuam como consumidores primários, apenas. (Cores-fantasia. Ilustrações fora de escala.)

Questão socioambiental

A interferência da espécie humana nos ambientes

A fragmentação de um *ambiente* anteriormente contínuo é um fenômeno frequente quando se analisa o histórico de ocupação humana em todos os lugares do mundo. No Brasil, antes mesmo da chegada dos colonizadores portugueses, as matas já apresentavam um alto grau de degradação, devido principalmente à ação dos povos antigos que anteriormente habitavam a região.

Ao longo dos últimos 1.000 anos, as florestas das regiões temperadas vêm sendo substituídas por áreas de agricultura e urbanização. Atualmente, entretanto, o desmatamento nos trópicos tem ocorrido em áreas maiores e em ritmo bastante acelerado.

As consequências desse tipo de ação podem variar desde a degradação total de determinada área pela substituição de suas matas naturais por megalópoles ou incansáveis áreas agropastoris até o surgimento de áreas de aspecto heterogêneo, apresentando manchas dos mais diversos tipos de uso e ocupação das terras.

A fragmentação de áreas naturais tem consequências assustadoras à manutenção da biodiversidade que anteriormente se encontrava em equilíbrio em um meio contínuo, podendo (*a*) limitar o seu potencial de dispersão e colonização dos remanescentes de vegetação natural, ocasionando extinções por vezes irreversíveis, (*b*) diminuir a disponibilidade de recursos, (*c*) reduzir o tamanho de determinada população, confinando-a em uma área e submetendo-a a pressões genéticas capazes de ocasionar o desaparecimento da espécie, entre outras. A importância da Ecologia de Paisagens justifica-se justamente nessa nova composição "heterogênea", cada vez mais presente em regiões ocupadas pelo homem. Em vez de se considerar apenas os diversos aspectos dos fragmentos naturais e suas relações de conectividade (...), esta ciência propõe, em última análise, maior aprofundamento no estudo da paisagem como um todo, a fim de se verificar a influência dos diferentes tipos de uso e ocupação das terras no entorno dos fragmentos naturais.

Fonte: TEIXEIRA, A. M. G.
Um voo panorâmico sobre a Ecologia de Paisagens.

Uma das alternativas propostas por cientistas ambientais na possível solução representada pela fragmentação de *habitats* é o estabelecimento de "corredores ecológicos" que possibilitem a livre movimentação de espécies animais entre os fragmentos. Qual é o principal benefício resultante dessa conduta, em termos da manutenção das espécies em amplos ambientes florestais?

2-5. Transferências de energia e ciclagem de elementos quimicos na biosfera

Transferência contínua de energia entre os componentes bióticos das comunidades e, ao mesmo tempo, intensa e constante ciclagem de elementos químicos é o que caracteriza a biosfera e os ecossistemas nela existentes. São atividades nas quais o componente biótico dos ecossistemas é muito importante.

A energia é essencial para a sobrevivência dos seres vivos que pertencem a uma dada comunidade de um ecossistema. De maneira geral, em um ecossistema, existem seres capazes de realizar fotossíntese – é por meio dela que a energia oriunda do Sol é capturada pelos organismos fotossintetizantes e transformada em energia química, contida nos alimentos orgânicos sintetizados. Os consumidores, dependendo de sua posição na cadeia trófica, alimentam-se de organismos autótrofos ou de heterótrofos e, durante a realização de suas reações metabólicas, a energia capturada se transforma em calor, que é dissipado pelo ecossistema. Assim, a energia descreve um **fluxo unidirecional**, um dos grandes princípios da Ecologia geral.

Por outro lado, os elementos químicos dos ecossistemas são constantemente reciclados e reutilizados pelos seres vivos. Assim, enquanto a energia executa fluxo unidirecional nos ecossistemas, os elementos químicos, ou seja, a matéria participa de ciclos de reutilização contínuos, uma vez que constituem elementos finitos, que devem ser devolvidos aos ecossistemas, graças à ação dos decompositores.

Assim, o que caracteriza os ecossistemas é a interação constante entre os componentes biótico e abiótico, em campos, florestas, oceanos e mesmo em rios poluídos, nos quais, com frequência, os produtores são ausentes. E é claro que um ecossistema não é perfeitamente delimitado, fechado, em relação a outro, vizinho. Certo grau de relacionamento pode existir entre eles. Um gavião que vive em uma mata pode perfeitamente pescar uma traíra que vive em um lago. Periodicamente, detritos orgânicos provenientes da mata podem ser levados para o lago, "devolvendo", assim, a matéria orgânica que os animais da mata, a exemplo do gavião, retiram do ecossistema representado pelo lago. Há, então, um sistema de troca entre as comunidades dos ecossistemas, o que garante o equilíbrio entre elas. Portanto, é fundamental entender que a biosfera é uma natureza única e, por ser única, seria muito trabalhoso compreendê-la em detalhes.

A divisão artificial da biosfera em ecossistemas facilita o estudo da interação dos componentes bióticos, assim como ajuda a compreender o intenso fluxo de energia e ciclos de elementos químicos que ocorrem nesses ambientes.

Agora, reúna a sua equipe!

Discutam as importantes ocorrências que caracterizam os ecossistemas. Na opinião da equipe, em qual dessas ocorrências é fundamental, na biosfera terrestre, a participação da energia solar? Que seres dos ecossistemas estão mais diretamente relacionados com a absorção da energia solar?

Pirâmides ecológicas: quantificando os ecossistemas

É habitual fazer-se uma avaliação quantitativa do que acontece nos ecossistemas, por meio da construção de diagramas ou gráficos em forma de **pirâmides**. As mais comuns são as pirâmides de **números**, de **biomassas** e de **energia**.

Em muitas cadeias alimentares de predatismo, o número de produtores é maior que o de consumidores primários que, por sua vez, são mais abundantes que os consumidores secundários e assim sucessivamente. Chamamos de **pirâmide de números** ao diagrama que representa esse tipo de cadeia (veja a Figura 2-5).

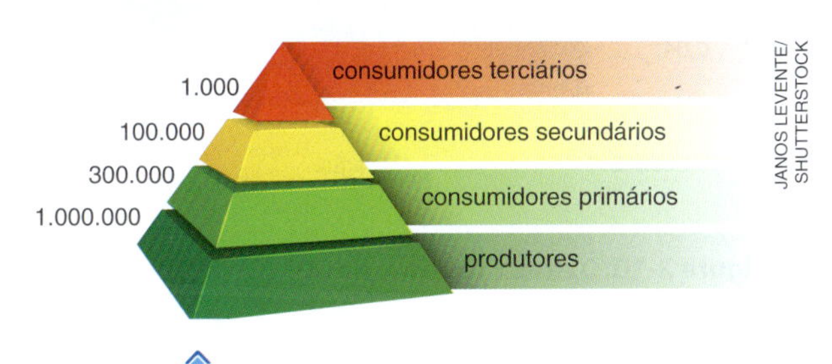

Figura 2-5. Uma pirâmide de números mostra a quantidade de indivíduos de cada nível trófico.

Quando a cadeia alimentar envolve a participação de parasitas, os últimos níveis tróficos são mais numerosos. A pirâmide de números, então, fica invertida.

Veja na Figura 2-6 como fica a pirâmide invertida, representada de forma plana, outra maneira de construí-la, além da forma tridimensional.

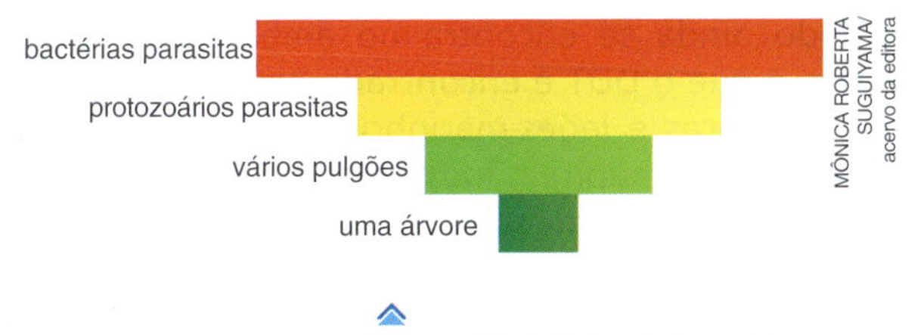

Figura 2-6. Pirâmide invertida.

Pode-se também pensar em **pirâmides de biomassa**, em que é computada a massa corpórea (biomassa) e não o número de cada nível trófico da cadeia alimentar. O resultado será similar ao encontrado na pirâmide de números: os produtores terão a maior biomassa e constituem a base da pirâmide, decrescendo a biomassa nos níveis superiores (veja a Figura 2-7).

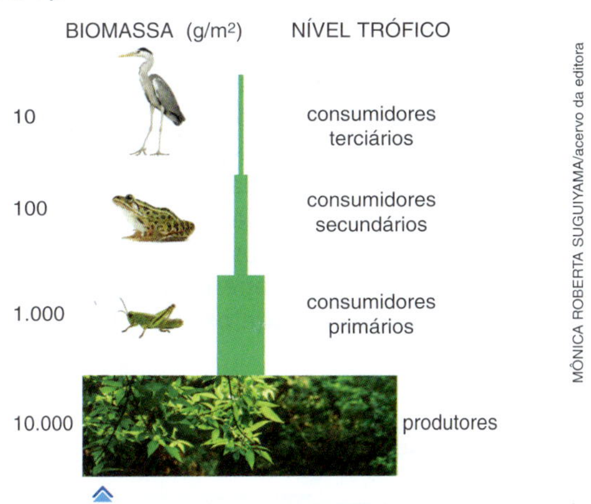

Figura 2-7. Pirâmide de biomassa. (Cores-fantasia. Ilustração fora de escala.)

Seu ponto de vista!

Em sua opinião, pode-se considerar a utilização da matéria orgânica existente na biomassa vegetal uma forma indireta de aproveitamento da energia solar? Justifique sua resposta.

No entanto, o diagrama que melhor reflete o que se passa ao longo da cadeia alimentar é a **pirâmide de energia**. Em cada nível trófico, há grande consumo de energia nas reações metabólicas. Há liberação de energia sob a forma de calor, que é dissipado pelo ecossistema. A energia restante é armazenada nos tecidos. Os produtores consomem, para sua sobrevivência, grande parte da energia por eles fixada na fotossíntese. Sobra pouco para o nível dos consumidores primários, que utilizarão, no seu metabolismo, boa parte da energia obtida dos produtores.

Isso limita o número dos níveis tróficos a quatro ou, no máximo, cinco e explica a biomassa geralmente decrescente nas cadeias alimentares. Portanto, a quantidade de energia disponível é sempre menor, porque se deve descontar o que é gasto pelas atividades próprias dos organismos de cada nível trófico (veja a Figura 2-8).

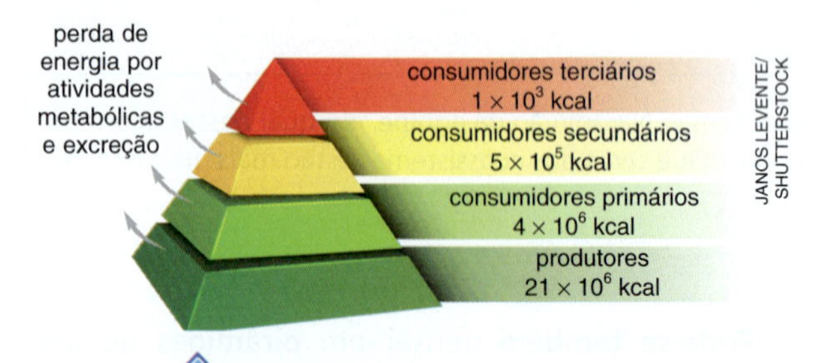

Figura 2-8. Pirâmide de energia: cada nível trófico utiliza uma parcela da energia para as atividades metabólicas dos organismos que dele fazem parte. O restante fica disponível para o nível seguinte.

Eficiência ecológica é a porcentagem de energia transferida de um nível trófico para outro, em uma cadeia alimentar. De modo geral, essa eficiência é, aproximadamente, de apenas 10%, ou seja, cerca de 90% da energia total disponível em determinado nível trófico não é transferida para o seguinte, sendo consumida na atividade metabólica dos organismos do próprio nível ou perdida como resto. Em certas comunidades, porém, a eficiência pode chegar a 20%. Note, na Figura 2-9, que os produtores conseguem converter, de modo geral, apenas 1% da energia solar absorvida em produtividade primária bruta.

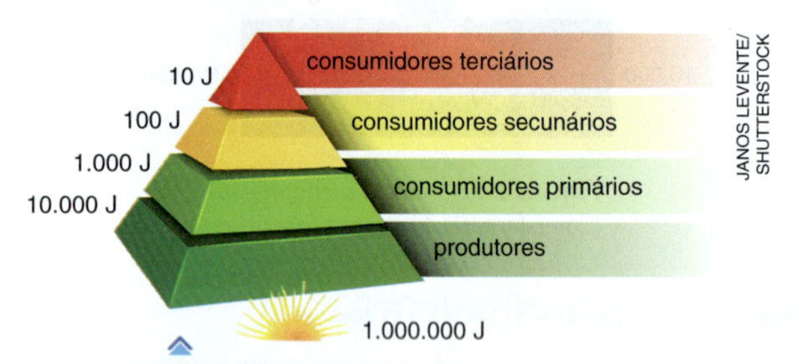

Figura 2-9. Energia nos diversos níveis tróficos, a partir de 1.000.000 J de luz solar. A pirâmide de energia nunca pode ser invertida, como pode ocorrer com as de número e de biomassa.

Biomagnificação trófica ou amplificação trófica

Certas substâncias químicas são associadas a importante fenômeno de acumulação ao longo dos níveis tróficos de uma cadeia alimentar. Essa bioacumulação de modo geral é relacionada à deposição dessas substâncias em tecidos e células, exercendo efeitos danosos nos consumidores em que se acumulam. É o caso do inseticida organoclorado DDT e do metilmercúrio, uma substância decorrente do lançamento de mercúrio em rios e lagos. O acúmulo dessas substâncias nos componentes dos últimos níveis tróficos de uma cadeia alimentar é denominado de **biomagnificação trófica** ou **amplificação trófica**.

O DDT (diclorodifeniltricloroetano) é um inseticida organoclorado que apresenta *efeito cumulativo* nos ecossistemas, por ser biodegradado lentamente. Possui grande afinidade pelo tecido gorduroso dos animais e é de difícil excreção. A pulverização dessa substância em uma lavoura, com o intuito de combater uma praga de gafanhotos, faz com que cada inseto acumule nos tecidos uma taxa de DDT maior do que existia no corpo de cada vegetal do qual ele se alimentou. Uma rã, ao comer alguns desses insetos, terá uma concentração maior do inseticida do que havia no corpo de cada gafanhoto. A jararaca, ao comer algumas rãs, terá nos seus tecidos uma concentração de DDT maior do que havia em cada rã. Isso acaba provocando um acúmulo indesejável de DDT nos gaviões, comedores de cobras, que atuam como consumidores de último nível trófico (veja a Figura 2-10).

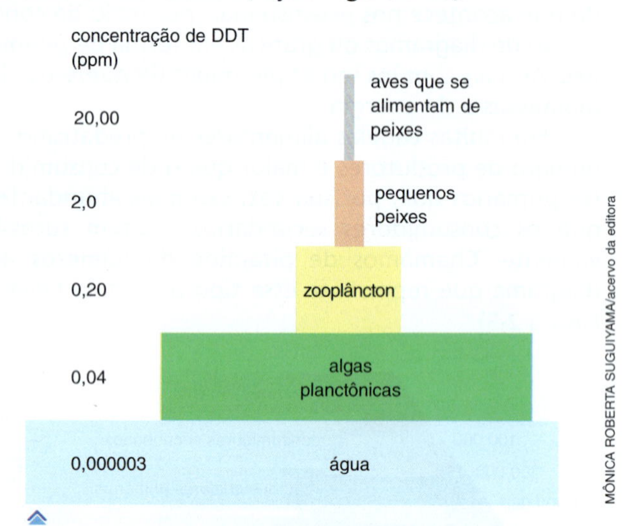

Figura 2-10. O efeito cumulativo do DDT. (Cores-fantasia. Ilustrações fora de escala.)

A era do DDT em culturas agrícolas trouxe resultados surpreendentes, praticamente dobrando a produção de alimentos. Ainda hoje é utilizado em alguns países tropicais, no controle do pernilongo transmissor da malária. No entanto, o aparecimento cada vez mais frequente de insetos resistentes e o efeito cumulativo que passou a se perceber nos demais seres vivos condenaram o uso do DDT, pelo menos nos países desenvolvidos. Sua complexa estrutura química dificulta a ação decompositora dos microrganismos do solo. A meia-vida dessa substância é de cerca de vinte anos – ou seja, após esse período, metade do DDT aplicado ainda se encontra no ambiente. Por esse motivo é que o DDT é encontrado em tecidos gordurosos de focas e leões-marinhos de regiões polares, seres vivos que habitam locais distantes dos que receberam a aplicação dessa substância. O espalhamento do DDT ocorre pela água e, ao longo da teia alimentar marinha, acaba atingindo esses consumidores de último nível trófico.

A produtividade e o ecossistema

A atividade de um ecossistema pode ser avaliada pela **produtividade primária bruta** (PPB), que corresponde ao total de matéria orgânica produzida em gramas, durante certo tempo, em determinada área ambiental.

Descontando desse total a quantidade de matéria orgânica consumida pela comunidade, durante esse período, na respiração (R), temos a **produtividade primária líquida** (PPL), que pode ser representada pela equação: PPL = PPB – R

A produtividade de um ecossistema depende de diversos fatores, entre os quais os mais importantes são a luz, a água, o gás carbônico e a disponibilidade de nutrientes.

Em ecossistemas estáveis, com frequência, a produção (P) iguala ao consumo (R). Nesse caso, vale a relação P/R = 1.

A produtividade primária refere-se à atividade dos produtores de um ecossistema. Ao se referir à atividade dos consumidores, fala-se em **produtividade secundária**, um termo relacionado à acumulação de matéria orgânica nos tecidos dos consumidores do ecossistema.

$$\text{produção secundária (PS)} = \text{alimento ingerido (AI)} - \left[\text{perdido nas fezes (F)} + \text{urina (U)} + \text{perda de calor no metabolismo (respiração) (R)}\right]$$

2-6. Fatores limitantes do ecossistema

Existe um conjunto de fatores físicos considerados limitantes da sobrevivência dos seres componentes dos ecossistemas. Entre eles, quatro são de máxima importância:

- **luz** – utilizada para a realização da fotossíntese, para a visão e para os fenômenos ligados aos fotoperiodismos;
- **temperatura** – é o fator que regula a distribuição geográfica dos seres vivos. O trabalho enzimático, entre outros fatores, está diretamente relacionado à temperatura;
- **água** – é fator limitante de extrema importância para a sobrevivência de uma comunidade. Além de seu envolvimento nas atividades celulares, não podemos nos esquecer da sua importância na fisiologia vegetal (transpiração e condução das seivas). É dos solos que as raízes retiram a água necessária para a sobrevivência dos vegetais;
- **disponibilidade de nutrientes** – é outro fator limitante que merece ser considerado, notadamente em ambientes marinhos.

Anote!

O teor de água do ambiente limita a distribuição geográfica de muitos animais e vegetais (lembre-se do caso dos desertos).

Estabelecendo conexões!

Os nutrientes e a ressurgência

É conhecido o exemplo do litoral peruano onde o teor de nutrientes mostra-se muito elevado. Isso se deve ao fenômeno da *ressurgência* provocado pela corrente fria de Humboldt. Essa corrente marinha, proveniente do Sul, se aquece, à medida que percorre o litoral peruano. Ao subir à temperatura de 4 °C, a massa de água atinge a densidade máxima e afunda. Isso provoca o deslocamento de outra massa de água que estava nas regiões profundas do mar, trazendo nutrientes que lá estavam retidos para a região superficial. É como se os nutrientes estivessem ressurgindo, após longo tempo de permanência no fundo do mar.

O fato beneficia o fitoplâncton que, tendo mais nutrientes à disposição, prolifera, aumentando a biomassa. Isso, por sua vez, favorece o aumento do zooplâncton, ou seja, haverá mais alimento para os peixes, cuja quantidade de indivíduos sofrerá um extraordinário aumento. Perceba, assim, que o aumento no teor de nutrientes na água provoca um aumento na produtividade do fitoplâncton, o que leva ao aumento da produtividade pesqueira da região.

No Brasil, litoral do Cabo Frio (RJ), há uma corrente de ressurgência responsável pela elevada produtividade da região, em virtude da ação da *corrente do Brasil*, que banha a região. Nas proximidades de Vitória (ES), a ressurgência de nutrientes no chamado Vórtice (redemoinho) de Vitória, também em consequência da corrente do Brasil, é responsável pela elevada produtividade nas águas daquela região.

Com base em seus conhecimentos, por que o fitoplâncton pode ser considerado a base alimentar dos ecossistemas aquáticos?

Desvende & Avalie!

Leia o QR Code abaixo e faça a atividade de experimentação sobre a montagem de um ecossistema artificial.

2-7. Ciclos biogeoquímicos

O trajeto de uma substância do ambiente abiótico para o mundo dos seres vivos e o seu retorno ao mundo abiótico completam o que chamamos de **ciclo biogeoquímico**. O termo é derivado do fato de que há um movimento cíclico de elementos que formam os organismos vivos ("bio") e o ambiente geológico ("geo"), onde intervêm mudanças químicas. Em qualquer ecossistema existem tais ciclos.

Em qualquer ciclo biogeoquímico existe a retirada de elemento ou substância de sua fonte, sua utilização por seres vivos e posterior devolução para a sua fonte.

Ciclo da água

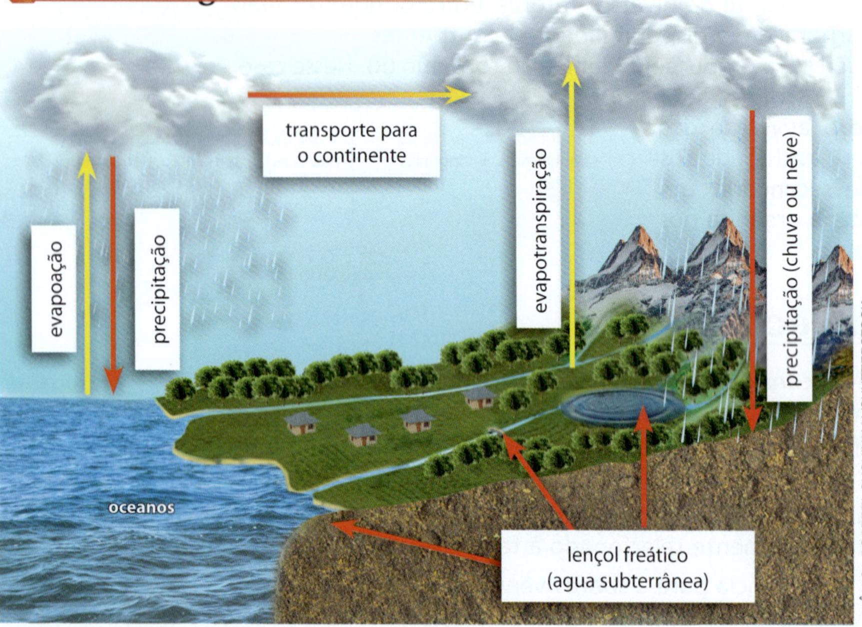

Figura 2-11. O ciclo da água: evaporação, transpiração e precipitação são os principais eventos. (Cores-fantasia. Ilustrações fora de escala.)

A evaporação – da água do solo, dos oceanos, rios e lagos – e a transpiração vegetal e animal enriquecem a atmosfera de vapor-d'água. Condensando-se, a água retorna a suas fontes por precipitação. A precipitação sobre o mar é cerca de três vezes superior àquela ocorrida sobre a terra. Caindo nas massas terrestres, a água pode infiltrar-se no solo, ser absorvida pelos vegetais, empregada na fotossíntese, consumida pelos animais e, finalmente, transpirada. Pode, ainda, correr pelos lençóis subterrâneos, unir-se a rios e, eventualmente, ir aos mares, onde novamente evapora, fechando o ciclo (veja a Figura 2-11).

Ciclo do carbono

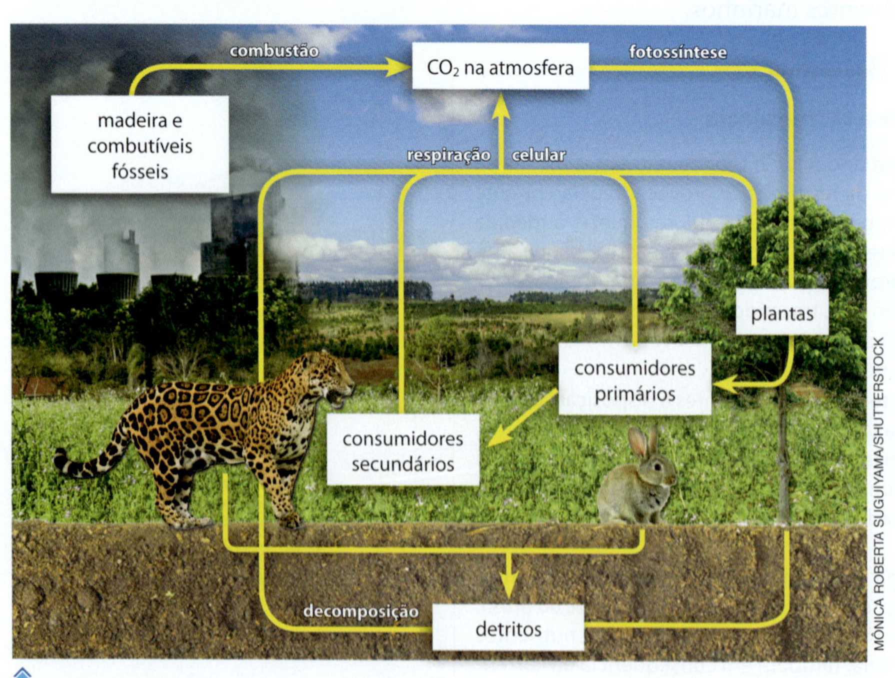

Figura 2-12. O ciclo do carbono: organismos fotossintetizantes fixam o CO_2 em compostos orgânicos que serão utilizados por outros organismos (fotossintetizantes ou não). Por meio da respiração dos organismos e da queima de combustíveis fósseis, o CO_2 é devolvido para a atmosfera. (Cores-fantasia. Ilustrações fora de escala.)

O carbono existente na atmosfera, na forma de CO_2, entra na composição das moléculas orgânicas dos seres vivos a partir da fotossíntese, e a sua devolução ao meio se dá pela respiração aeróbia, pela decomposição e pela combustão da matéria orgânica fóssil ou não (veja a Figura 2-12).

Você na net!

O aquecimento da Terra foi e continua sendo fundamental para o desenvolvimento da vida em nosso planeta. Sem ele, a Terra congelaria. Então, por que o receio do aquecimento global? O que está levando a uma aceleração desse aquecimento? Utilize as ferramentas de busca da internet e pesquise a resposta a essas perguntas.

Ciclo do nitrogênio

Assim como o carbono, o nitrogênio é outro elemento indispensável para os seres vivos, e faz parte de moléculas de aminoácidos, proteínas, ácidos nucleicos etc. Cerca de 79% do volume de ar contido na atmosfera é composto de N_2 (nitrogênio gasoso, molecular) e nessa forma ele não é utilizável biologicamente. Para isso, precisa ser transformado em compostos que possam ser absorvidos e aproveitados pelos seres vivos.

Apenas algumas bactérias e as cianobactérias conseguem fazer a chamada **fixação biológica do nitrogênio**, que consiste em convertê-lo em amônia (NH_3), sendo prontamente absorvida por alguns vegetais e utilizada para a síntese dos compostos orgânicos nitrogenados. No solo, no entanto, outras bactérias transformam a amônia em nitritos (NO_2^-) e nitratos (NO_3^-), em um processo denominado **nitrificação**.

Essas três substâncias são utilizadas pelos vegetais para a elaboração de seus compostos orgânicos nitrogenados. Ao longo da teia alimentar, esses compostos nitrogenados são utilizados pelos animais. A decomposição bacteriana e a excreção animal liberam resíduos nitrogenados simples, que são convertidos em amônia, que pela nitrificação é reconvertida em nitritos e nitratos.

Outras espécies de bactérias transformam nitratos em N_2, em um processo denominado **denitrificação** (ou desnitrificação), devolvendo, assim, o nitrogênio gasoso (N_2) para a atmosfera (veja a Figura 2-13).

Saiba mais!

A ação das bactérias

É notável a participação de bactérias em praticamente todo o ciclo do nitrogênio. Na *fixação biológica*, entram as *fixadoras de nitrogênio*. Entre as mais importantes, citamos as do gênero *Rhizobium*, que vivem em nódulos de raízes de *leguminosas*, como o feijão e a soja. Entre os agricultores é comum a utilização dessas plantas para o enriquecimento de solos com nutrientes nitrogenados, em uma prática conhecida como "adubação verde" (não confunda com a chamada adubação orgânica em que restos de alimentos, assim como estrume de vaca ou galinha, são utilizados para o enriquecimento mineral do solo).

A **nitrificação**, realizada por espécies de bactérias diferentes das fixadoras, e que vivem livremente nos solos, é efetuada em duas etapas. Na primeira, a amônia é convertida em *nitrito*, e envolve a participação de bactérias do gênero *Nitrosomonas*. Na segunda, o nitrito é convertido em *nitrato*, sendo realizada por bactérias do gênero *Nitrobacter*. Nesses dois processos ocorre consumo de oxigênio. Ambas são bactérias quimiossintetizantes.

A **denitrificação** é executada por outras espécies de bactérias que vivem livres no solo. É um processo anaeróbio e consiste na reconversão de nitritos, nitratos e mesmo amônia em nitrogênio molecular (N_2).

A **amonificação** é outro processo do qual participam bactérias, que transformam os resíduos nitrogenados excretados pelos animais em amônia. O cheiro que sentimos em um banheiro de beira de estrada deve-se à ação amonificante de bactérias, que atuam na ureia por nós excretada. A amônia vai para o solo e beneficia os vegetais ao ser transformada por bactérias nitrificantes em nitritos e nitratos.

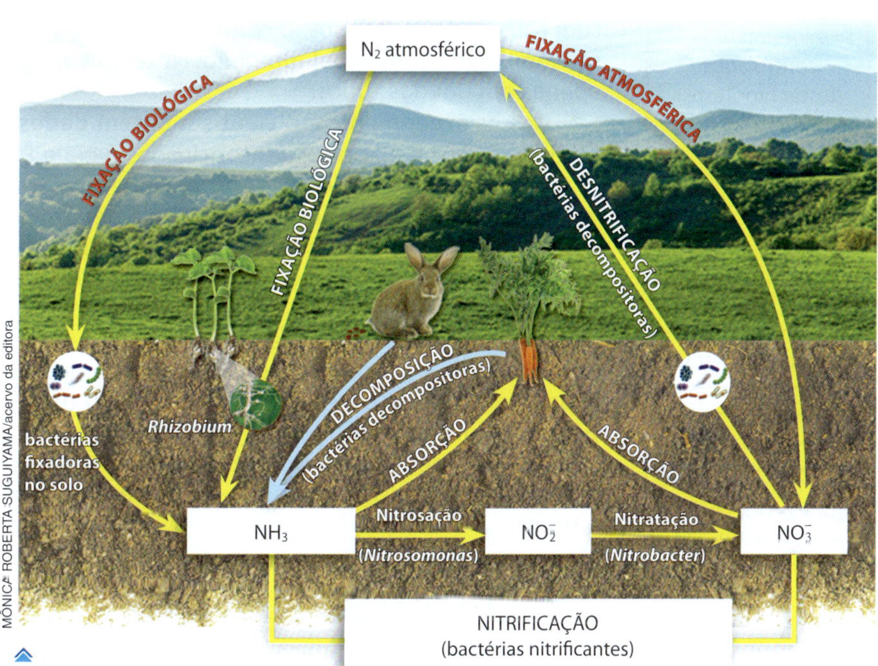

Figura 2-13. O ciclo do nitrogênio. (Cores-fantasia. Ilustrações fora de escala.)

Anote!

Um procedimento bastante utilizado em agricultura é a **"rotação de culturas"**, na qual se alterna o plantio de não leguminosas (o milho, por exemplo), que retiram do solo os nutrientes nitrogenados, com leguminosas (feijão), que devolvem esses nutrientes para o meio.

O plantio de leguminosas é frequentemente denominado de **adubação verde**, uma vez que essas plantas liberam nutrientes nitrogenados para o solo, graças à ação de bactérias fixadoras de nitrogênio. Já a **adubação orgânica** é obtida com a utilização de restos de vegetação. É comum, também, a utilização do chamado **composto**, decorrente da ação de microrganismos decompositores sobre a matéria orgânica, para o enriquecimento do solo, ou mesmo a utilização de **fertilizantes industriais**.

Outros ciclos

Leia o QR Code abaixo e conheça os ciclos do oxigênio e do fósforo.

2-8. A investigação científica

A Biologia é uma ciência e, como tal, procura esclarecimentos, respostas. O biólogo, enquanto cientista, observa os fatos relacionados aos seres vivos e procura explicá-los. Analisa, coleta dados, questiona, levanta hipóteses, procura soluções. Nossa vida depende em grande parte das pesquisas realizadas, dos cientistas que buscam a solução para muitas doenças, como, por exemplo, a cura para a AIDS ou para a esclerose múltipla.

A capacidade de observação da realidade é facultada a todas as pessoas. Mas, em geral, essa observação é feita de forma aleatória, não organizada. Porém, para o trabalho de investigação científica, é preciso que essa observação seja objetiva, precisa e com método. Frequentemente é preciso utilizar instrumentos capazes de coletar dados mais precisos do que aqueles que nossos sentidos conseguem obter.

Diferentes pesquisadores podem abordar um mesmo problema de formas diversas, mas todos procuram resolvê-lo utilizando um mesmo método, o chamado **método científico**.

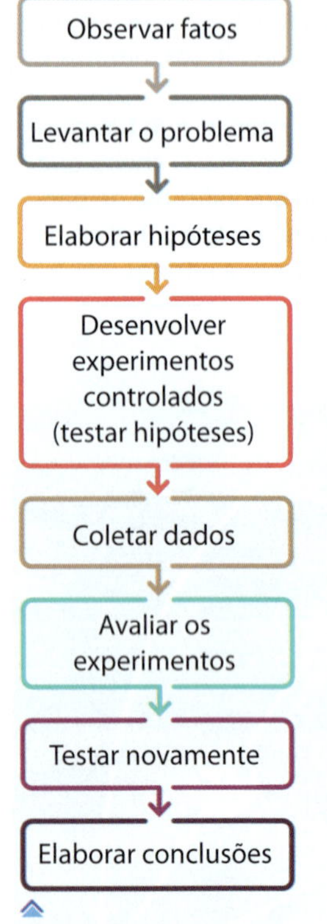

Figura 2-14. Etapas do método científico.

Tudo começa com a **observação dos fatos** e a formulação de uma pergunta ou levantamento de um **problema** para o qual se procura a resposta. Ao tentar elucidar esse problema, o cientista propõe uma possível resposta, propõe uma **hipótese**. Para saber se sua hipótese é verdadeira, o biólogo utiliza-se de **experimentos controlados**, nos quais ela possa ser testada.

Em qualquer experimento controlado, sempre é preciso haver dois grupos: o *controle* e o *experimental*. Por exemplo, se o pesquisador quiser demonstrar a influência da luz na fotossíntese, basta utilizar dois tubos de ensaio, de igual tamanho, contendo água saturada com gás carbônico e uma planta aquática, ambos hermeticamente fechados com rolhas. Um dos tubos, o controle, ficará sob iluminação constante, enquanto o outro será embalado com papel-alumínio. Note que a única condição que varia é a luz, presente apenas em um dos tubos.

Desses experimentos, o cientista **obtém dados** que, analisados, confirmam ou não a hipótese inicial e elabora suas **conclusões** (veja a Figura 2-14).

Caso os dados obtidos confirmem sua hipótese, o cientista realiza os experimentos várias vezes a fim de se certificar. Em caso negativo, é necessário levantar novas hipóteses e testá-las até que o problema seja solucionado.

Muitas vezes a resolução de um problema é obtida com o levantamento de várias hipóteses, esclarecimentos, evidências, que levam à formulação de uma explicação mais completa do problema. Levam à formulação de uma **teoria**. Além de explicar determinada questão, a teoria é importante porque pode auxiliar a prever resultados em outros experimentos. Mas ela não é imutável: como tudo em ciência, ela pode ser modificada a partir de novas evidências.

A experimentação é um passo fundamental no método científico. Do trabalho persistente dos pesquisadores pode depender a sobrevivência de muitas espécies, incluindo a nossa.

2-9. Origem do Universo e da vida no planeta Terra

Como surgiu a vida no ambiente terrestre? E como ela evoluiu? Para responder a essas duas questões, pode-se recorrer a argumentos científicos ou não. Ainda é comum a crença segundo a qual a vida teria sido originada e evoluiu a partir da ação de um Criador. Por outro lado, existem muitas evidências científicas, muitas delas apoiadas por procedimentos experimentais, de que a vida surgiu e evoluiu de maneira lenta e progressiva, com a participação ativa de inúmeras substâncias e reações químicas, de processos bioenergéticos e, claro, com a participação constante do ambiente. O estudo científico da origem da vida e da evolução biológica, esta unificadora das diversas áreas biológicas, é um dos mais fascinantes desafios da Biologia atual.

Os cientistas supõem que, há cerca de 10 bilhões a 20 bilhões de anos, uma massa compacta de matéria explodiu – o chamado *Big Bang* –, espalhando seus inúmeros fragmentos que se movem até hoje pelo Universo. Esses cientistas acreditam que os fragmentos se deslocam continuamente e, por isso, o Universo estaria em contínua expansão.

À medida que esses fragmentos se tornavam mais frios, os átomos de diversos elementos químicos, especialmente hidrogênio e hélio, teriam sido formados.

O Sol teria se formado por volta de 5 bilhões a 10 bilhões de anos atrás. O material que o formava teria sofrido compressões devido a forças de atração gravitacional, e ele teria entrado em ignição, liberando grande quantidade de calor. Com isso, outros elementos, derivados do hélio e do hidrogênio, teriam se formado. Da fusão de elementos liberados pelo Sol, com grandes quantidades de poeira e gases, teriam se originado inúmeros planetas, entre eles a Terra.

Atualmente, há duas correntes de pensamento entre os cientistas com relação à origem da vida na Terra: uma, que teria surgido a partir de outros planetas (**panspermia**), e outra, que teria se desenvolvido gradativamente em um longo processo de mudança, seleção e evolução na própria Terra.

Abiogênese (geração espontânea) *versus* biogênese

O filósofo Aristóteles (384-322 a.C.) acreditava que a luz do Sol, o material em decomposição ou o lodo poderiam, sob certas condições favoráveis, originar vida. Para ele, certos *princípios ativos* ou *forças vitais* poderiam determinar o surgimento de vida. O ovo de galinha originaria um filhote, devido a um "princípio organizador" que formava apenas esse tipo de ave. Cada tipo de ovo teria um "princípio organizador" diferente. Essas ideias embasaram a chamada origem da vida por **geração espontânea**, que vigorou até meados do século XIX. Quadros famosos do século XII retratavam o surgimento de gansos a partir de frutos de árvores que existiam nas proximidades de mares, e pessoas relatavam ter visto carneiros surgindo de árvores que produziam frutos parecidos com melões.

Paracelso (1493-1541), famoso médico do século XV, relatava que, por geração espontânea, ratos, camundongos, rãs e enguias surgiam de uma mistura de ar, água, palha e madeira podre.

Van Helmont (1579-1644), médico belga, tinha uma receita para gerar organismos por geração espontânea. Em uma caixa, ele colocava uma camisa suja e germe de trigo e dizia que, em 21 dias, nasceriam camundongos. Nesse caso, o "princípio ativo" seria o suor presente na camisa suja.

Havia, portanto, a crença de que a vida surgiria a partir de água, lixo e sujeira, uma ideia que foi denominada **abiogênese** (*a* = sem + *bio* = vida + *génesis* = origem).

No século XVII, o biólogo italiano Francesco Redi (1626-1697) tentou negar as ideias de geração espontânea. Ele acreditava na **biogênese**, ou seja, que *a vida só era produzida por vida preexistente*. Pesquisando sobre a origem de larvas de insetos que apareciam em carnes em putrefação, tentou provar que as larvas só apareciam se a carne fosse contaminada por ovos depositados por insetos que nela pousassem (veja a Figura 2-15).

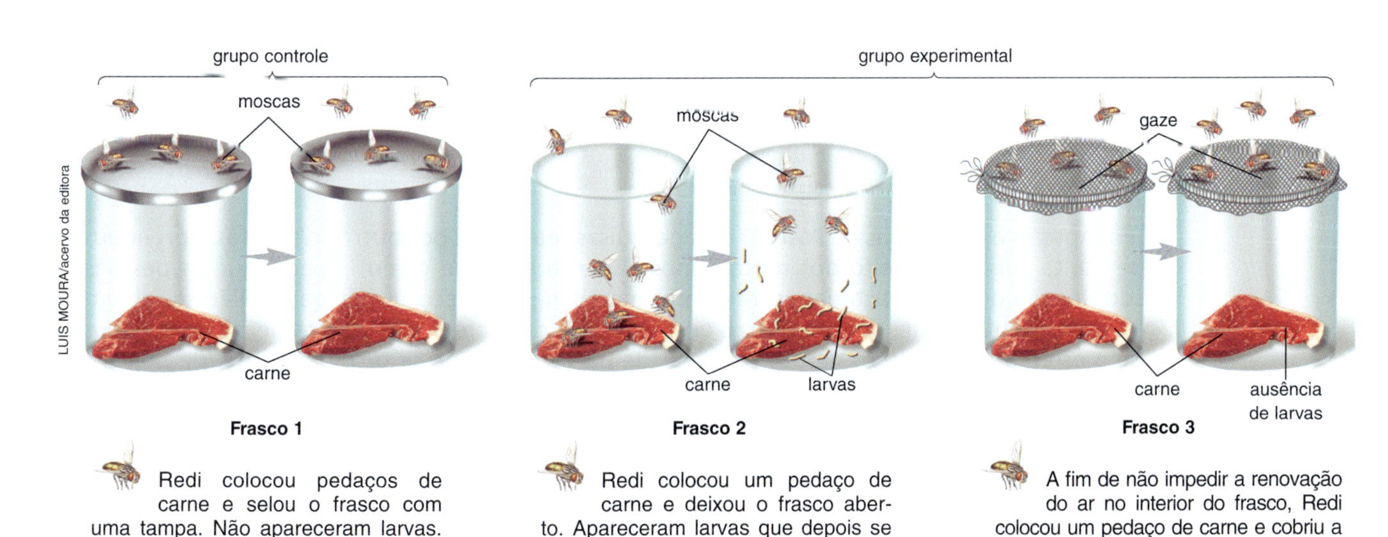

Redi colocou pedaços de carne e selou o frasco com uma tampa. Não apareceram larvas. Não se formaram insetos.

Redi colocou um pedaço de carne e deixou o frasco aberto. Apareceram larvas que depois se transformaram em insetos.

A fim de não impedir a renovação do ar no interior do frasco, Redi colocou um pedaço de carne e cobriu a boca com uma gaze de malha finíssima. Não apareceram larvas na carne. Os insetos, atraídos pelo cheiro da carne, pousavam na gaze e depositavam seus ovos nela. Larvas formadas a partir dos ovos tentavam penetrar pelo tecido, em direção à carne, mas eram removidas.

Figura 2-15. Experimento controlado realizado por Francesco Redi para invalidar as ideias sobre geração espontânea. Esta experiência confirmou a hipótese de que as moscas eram responsáveis pela presença de larvas na carne em decomposição.

No século XVIII, em que já se sabia da existência de microrganismos, o pesquisador Needham efetuou uma série de experimentos com caldo de carne previamente aquecido, na tentativa de demonstrar a ocorrência de geração espontânea. Depois de alguns dias, o caldo ficava turvo pelo aparecimento de microrganismos, fato que, para o pesquisador, indicava a ocorrência de geração espontânea. Outro pesquisador, Spallanzani, tentando refutar a ideia de Needham, fervia o caldo de carne e o colocava em frascos hermeticamente fechados. O caldo não se turvava. Parecia que a ideia de geração espontânea era realmente falsa. Needham, então, contra-atacou, dizendo que a fervura tinha destruído o *princípio ativo* existente na carne. Essa disputa só terminou com os trabalhos de Pasteur que você verá a seguir.

Os experimentos de Pasteur

Em meados do século XIX, Louis Pasteur (1822-1895), cientista francês, elaborou uma série de experimentos que acabaram de vez com a ideia de geração espontânea e confirmaram a ideia de biogênese.

Pasteur preparou um caldo contendo água, açúcar e lêvedo (fungos) em suspensão, colocando-o em dois tipos de frasco:

- alguns frascos tinham um longo pescoço reto;
- outros tinham também longos pescoços, mas estes foram recurvados para que tivessem a forma de um "pescoço de cisne".

Os frascos com os caldos foram fervidos e deixados abertos. Queria assim mostrar que o ar poderia entrar livremente em todos eles.

Resultado: somente os frascos com pescoço reto tinham microrganismos no interior do caldo. Os de "pescoço de cisne" permaneceram estéreis por todo o tempo. Por quê? Ao recurvar os pescoços dos frascos, ele permitia a passagem livre do ar. Os microrganismos, porém, depositavam-se com a sujeira no pescoço recurvado e não contaminavam o caldo que ficava, assim, estéril.

Até hoje, no Instituto Pasteur, em Paris, os frascos originais, contendo os caldos feitos por Pasteur, continuam livres de microrganismos (veja a Figura 2-16).

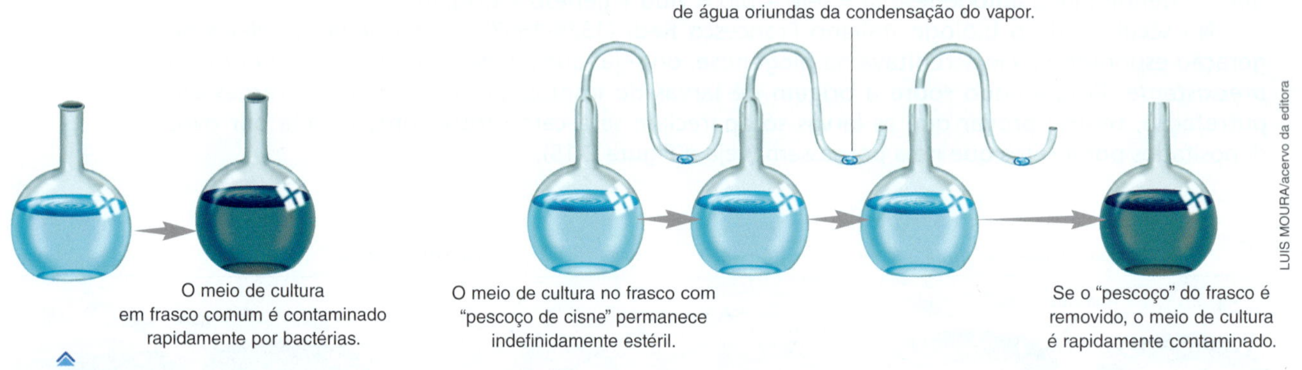

Figura 2-16. Ilustração representativa dos experimentos de Pasteur.

Após as experiências de Pasteur e as pesquisas realizadas por outros cientistas, aprendeu-se muita coisa a respeito dos mecanismos das infecções, de como impedir que as pessoas adquirissem doenças bacterianas. Mulheres morriam por infecções pós-parto. Não se sabiam as causas. Lentamente, porém, com os ensinamentos de Pasteur e de outros cientistas, passou-se a esterilizar os objetos de uso nas salas de parto, tomando-se o cuidado, até, de pulverizar substâncias antimicrobianas nas paredes das salas cirúrgicas. Reduziu-se enormemente a taxa de mortalidade entre as parturientes. Começou a se generalizar a ideia de que a vida só se origina de vida preexistente, na Terra atual, e que o ar está cheio de microrganismos que contaminam objetos, alimentos e podem causar doenças.

A hipótese de Oparin e Haldane

Na década de 1920, o bioquímico russo Aleksander Ivanovich Oparin (1894-1980) e o geneticista inglês John Burdon S. Haldane (1892-1964), de maneira independente, propuseram a hipótese de que, inicialmente, a atmosfera da Terra seria formada por uma mistura de gases (metano, amônia e hidrogênio, entre outros) e muito vapor-d'água. Sendo continuamente atingida por descargas elétricas e atravessada por raios solares, teria havido a produção de determinados compostos orgânicos a partir dessas substâncias inorgânicas supostamente existentes na primitiva atmosfera terrestre.

O resfriamento gradual do planeta fez aparecer reservas de água no estado líquido (rios, lagos, oceanos). Graças aos violentos temporais que se abatiam sobre a Terra, os compostos orgânicos teriam sido levados aos oceanos primitivos, onde teriam formado um "caldo" de substâncias orgânicas, como se fosse uma "sopa quente", que constituiu o ponto de partida para a origem da vida, há cerca de 3,6 bilhões de anos (veja a Figura 2-17). À medida que as primeiras moléculas orgânicas se formaram, elas teriam se reunido com outras moléculas orgânicas em conjuntos cada vez maiores até se formarem aglomerados envoltos por uma espécie de membrana, chamados **coacervatos**. Claro que nunca ninguém viu tudo isso acontecer, por isso se tratava de uma hipótese, que deveria ser testada por um experimento. É o que veremos a seguir.

Anote!

Atualmente, acredita-se que a atmosfera primitiva da Terra teria composição diferente da imaginada por Oparin e Haldane. Seria constituída de gás carbônico (CO_2), monóxido de carbono (CO), nitrogênio (N_2) e vapor-d'água (H_2O), além de metano (CH_4), amônia (NH_3) e hidrogênio (H_2).

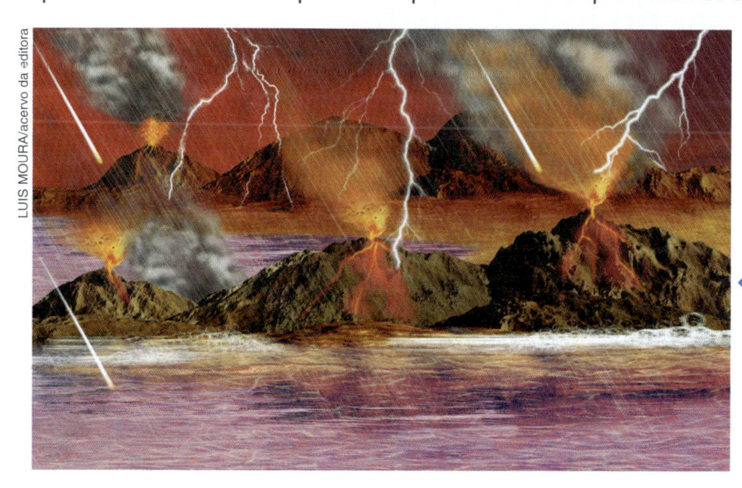

LUIS MOURA/acervo da editora

Figura 2-17. O ar da Terra primitiva continha hidrogênio, água, metano e amônia, e era constantemente bombardeado por descargas elétricas e pela radiação ultravioleta do Sol. Fortes temporais arrastam aos oceanos primitivos os primeiros compostos orgânicos.

O experimento de Miller e Urey

Em 1950, dois pesquisadores americanos, Stanley Lloyd Miller (1930-2007) e Harold Clayton Urey (1893-1981) montaram um aparelho no qual simularam as supostas condições da primitiva atmosfera terrestre.

Inicialmente, obtiveram com seu experimento substâncias orgânicas de pequeno tamanho que, com o passar do tempo, se combinaram formando substâncias orgânicas mais complexas, mergulhadas em um caldo que simulava a "sopa" imaginada por Oparin. Claro que não viram nada parecido com um coacervato subindo pelas paredes de vidro do aparelho! Mas, pelo menos, estava esclarecida a hipótese sugerida por Oparin e por Haldane para a formação das primeiras substâncias orgânicas complexas que teriam constituído o ponto de partida para a origem da vida na Terra (veja a Figura 2-18).

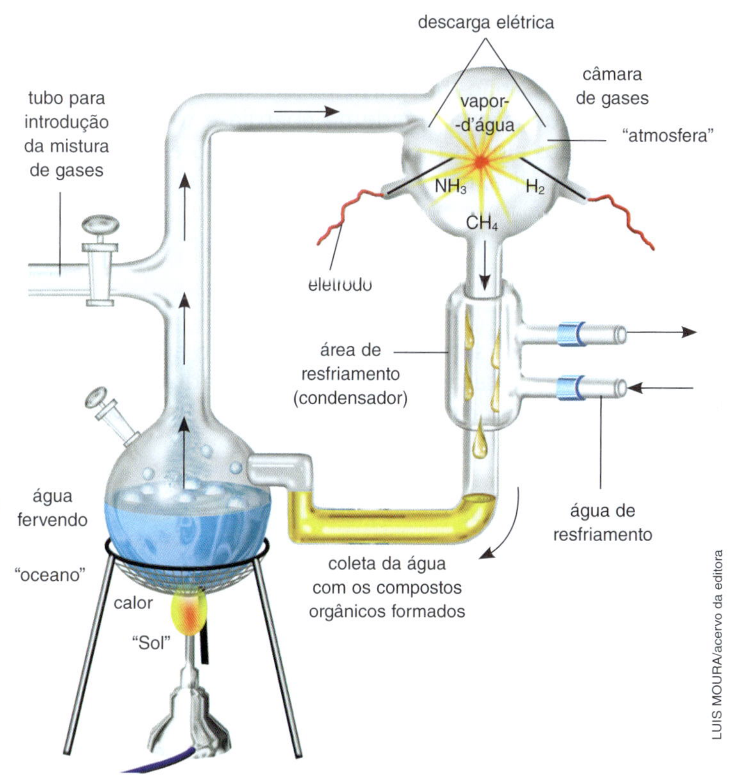

LUIS MOURA/acervo da editora

Figura 2-18. Experimento conduzido por Stanley Miler e Harold Urey. Observe que há uma câmara em que foram colocados vapor-d'água e gases (amônia, hidrogênio e metano), simulando a suposta atmosfera nas etapas iniciais da vida na Terra. Essa câmara foi bombardeada por descargas elétricas (como se fossem raios). Um condensador com água resfriava os gases e provocava "chuvas". As gotas dessa "chuva", com quaisquer outras moléculas porventura formadas na "atmosfera", eram recolhidas para outra câmara, o "oceano primitivo", de onde eram coletadas periodicamente e analisadas. (Cores-fantasia. Ilustração fora de escala.)

A teoria da origem extraterrestre da vida

Os cientistas Fred Hoyle (1915-2001) e Chandra Wickramasinghe divulgaram na década de 1970 uma ousada hipótese, conhecida como **panspermia**, de que a vida poderia ter surgido na Terra por meio de bactérias e vírus trazidos do espaço extraterrestre. Presentes em cometas e meteoros que bombardeavam a Terra há cerca de 4 bilhões de anos, esses seres teriam colonizado nosso planeta e iniciado a origem da vida. Para esses e outros cientistas, esse processo continua ocorrendo até os dias de hoje.

Recentemente, essa hipótese foi ressuscitada por astrônomos americanos que acreditam que meteoritos originados de outros planetas solares transportam formas simples de vida. O problema representado pela radioatividade existente no espaço seria minimizado, segundo eles, pela espessa camada protetora componente das rochas nas quais os microrganismos estão contidos.

2-10. Hipóteses sobre a evolução do metabolismo

Com base na ideia dessas formas primitivas de vida, os cientistas sugeriram, então, que as primeiras células se formaram, lentamente, possuindo metabolismo próprio.

Hipótese heterotrófica

As formas primitivas de vida teriam sido circundadas por uma membrana protetora e, em seu interior, um caldo primitivo celular apresentava um metabolismo simples. Assim, sugere-se que os primeiros organismos celulares vivos da Terra teriam sido procariontes primitivos, *formas vivas extremamente simples*, semelhantes às bactérias conhecidas atualmente, que possuíam metabolismo anaeróbio, ou seja, obtinham a energia necessária para a vida a partir de reações que não utilizavam oxigênio – possivelmente faziam fermentação, um processo primitivo e anaeróbio de liberação de energia.

Procarionte: organismo cuja organização celular não apresenta núcleo diferenciado.

Na **fermentação**, a "quebra" de moléculas orgânicas é parcial, não há participação do oxigênio, libera-se pequena quantidade de energia e também são produzidos alguns resíduos. Um exemplo é a fermentação alcoólica, cuja reação simplificada é:

$$\underset{\text{glicose}}{C_6H_{12}O_6} \rightarrow \underset{\text{álcool etílico}}{2\,C_2H_5OH} + \underset{\text{gás carbônico}}{2\,CO_2} + \text{energia}$$

A **fotossíntese** sem dúvida possibilitou o aumento progressivo das taxas de gás oxigênio na atmosfera terrestre. Uma equação que ilustra esse processo bioenergético é:

$$\underset{\text{gás carbônico}}{6\,CO_2} + \underset{\text{água}}{12\,H_2O} + \text{luz} \xrightarrow{\text{clorofila}} \underset{\text{glicose}}{C_6H_{12}O_6} + \underset{\text{água}}{6\,H_2O} + \underset{\text{oxigênio}}{6\,O_2}$$

A ocorrência de fotossíntese realizada por seres autótrofos dotados de clorofila proporcionou o surgimento da **respiração aeróbia**. Nesse processo, a utilização de oxigênio na oxidação de compostos orgânicos possibilitou a obtenção de maior quantidade de energia. O ar é modificado pela vida. A equação que ilustra esse processo bioenergético é:

$$\underset{\text{glicose}}{C_6H_{12}O_6} + \underset{\text{oxigênio}}{6\,O_2} + \underset{\text{água}}{6\,H_2O} \rightarrow \underset{\text{gás carbônico}}{6\,CO_2} + \underset{\text{água}}{12\,H_2O} + \text{energia}$$

Quimiossíntese é uma modalidade de produção de matéria orgânica em autótrofos que não utilizam a luz solar. Ocorre tipicamente em bactérias que vivem nas profundezas dos oceanos e também no interior de rochas. Nessa modalidade bioenergética, os microrganismos utilizam substâncias inorgânicas que, ao serem oxidadas, liberam a energia que será utilizada na síntese de glicose, com utilização de gás carbônico. Um exemplo de quimiossíntese é o realizado por bactérias nas quais ocorre oxidação de compostos de enxofre. Nessa reação há liberação de energia que será utilizada na síntese de glicose, segundo as equações simplificadas a seguir:

$$HS^- + 2\,O_2 \rightarrow SO_4^{-2} + \text{energia}$$

$$\downarrow$$

$$\underset{\text{gás carbônico}}{CO_2} + \underset{\text{água}}{H_2O} + \text{energia} \rightarrow \underset{\text{composto orgânico}}{(CH_2O)n}$$

Hipótese autotrófica

À medida que a vida "dava certo", os primeiros heterótrofos bem-sucedidos começaram a se multiplicar. Provavelmente, devido a mutações no material genético, algo aconteceu que possibilitou a algumas células a capacidade de produzir o seu próprio alimento a partir de gás carbônico e de água do ambiente, *utilizando a luz solar como fonte de energia para a síntese de matéria orgânica*.

Surgiram, assim, os primeiros seres autótrofos: os primeiros seres *fotossintetizantes*, provavelmente cianobactérias. Isso deve ter ocorrido há cerca de 3,6 bilhões de anos.

Autótrofo: organismo que consegue sintetizar glicose a partir da fotossíntese.

ATIVIDADES

A CAMINHO DO ENEM

1. (Enem) O mercúrio é um metal muito utilizado, em indústrias e garimpos, para extração de ouro. As perdas decorrentes da má utilização desse metal atingem os ecossistemas aquáticos e chegam ao homem quando este come peixes pescados em ecossistemas contaminados. O processo que torna o peixe prejudicial à saúde humana é chamado bioacumulação, na qual a concentração do mercúrio aumenta em cada organismo ao longo da cadeia alimentar trófica, de modo que o homem consome alimento com alta concentração de mercúrio e, portanto, com alta toxicidade. A utilização de métodos de reaproveitamento do mercúrio nas atividades industriais e mineradoras constitui importante medida de controle da poluição causada por esse metal e é capaz de reduzir as consequências nefastas para a biota aquática e para a saúde humana. Suponha que um curso d'água esteja contaminado por mercúrio proveniente de local onde se desenvolvam atividades de garimpo. Nesse caso, ao se examinarem os seres que vivem nesse ambiente aquático, é possível encontrar

a) maior concentração de mercúrio nos consumidores primários da cadeia alimentar.
b) baixíssima concentração de mercúrio no pescado consumido pelos seres humanos.
c) maior concentração de mercúrio nos animais que estão no topo da cadeia alimentar.
d) alta concentração de mercúrio nos seres que compõem o zooplâncton e o fitoplâncton.
e) ausência de mercúrio nas plantas aquáticas, pois elas são seres que estão fora da cadeia trófica.

2. (Enem) O nitrogênio é essencial para a vida e o maior reservatório global desse elemento, na forma de N_2, é a atmosfera. Os principais responsáveis por sua incorporação na matéria orgânica são microrganismos fixadores de N_2, que ocorrem de forma livre ou simbiontes com plantas.

Adaptado de: ADUAN, R. E. *et al. Os grandes ciclos biogeoquímicos do planeta.* Planaltina: Embrapa, 2004.

Animais garantem suas necessidades metabólicas desse elemento pela

a) absorção do gás nitrogênio pela respiração.
b) ingestão de moléculas de carboidratos vegetais.
c) incorporação de nitritos dissolvidos na água consumida.
d) transferência da matéria orgânica pelas cadeias tróficas.
e) protocooperação com microrganismos fixadores de nitrogênio.

3. (Enem) Um pesquisador investigou o papel da predação por peixes na densidade e tamanho das presas, como possível controle de populações de espécies exóticas em costões rochosos. No experimento, colocou uma tela sobre uma área da comunidade, impedindo o acesso dos peixes ao alimento, e comparou o resultado com uma área adjacente na qual os peixes tinham acesso livre. O quadro apresenta os resultados encontrados após 15 dias de experimento.

ESPÉCIE EXÓTICA	ÁREA COM TELA		ÁREA SEM TELA	
	Densidade (indivíduos/m^2)	Tamanho médio dos indivíduos (cm)	Densidade (indivíduos/m^2)	Tamanho médio dos indivíduos (cm)
Alga	100	15	110	18
Craca	300	2	150	1,5
Mexilhão	380	3	200	6
Ascídia	55	4	58	3,8

O pesquisador concluiu corretamente que os peixes controlam a densidade dos(as)

a) algas, estimulando seu crescimento.
b) cracas, predando especialmente animais pequenos.
c) mexilhões, predando especialmente animais pequenos.
d) quatro espécies testadas, predando indivíduos pequenos.
e) ascídias, apesar de não representarem os menores organismos.

4. (Enem) Ao percorrer o trajeto de uma cadeia alimentar, o carbono, elemento essencial e majoritário da matéria orgânica que compõe os indivíduos, ora se encontra em sua forma inorgânica, ora se encontra em sua forma orgânica. Em uma cadeia alimentar composta por fitoplâncton, zooplâncton, moluscos, crustáceos e peixes ocorre a transição desse elemento da forma inorgânica para a orgânica. Em qual grupo de organismos ocorre essa transição?

a) fitoplâncton
b) zooplâncton
c) moluscos
d) crustáceos
e) peixes

5. (Enem) Recentemente, um estudo feito em campos de trigo mostrou que níveis elevados de dióxido de carbono na atmosfera prejudicam a absorção de nitrato pelas plantas. Consequentemente, a qualidade nutricional desses alimentos pode diminuir à medida que os níveis de dióxido de carbono na atmosfera atingirem as estimativas para as próximas décadas.

Adaptado de: BLOOM, A. J. *et al.* Nitrate assimilation is inhibited by elevated CO_2 in field-grown wheat. *Nature Climate Change*, n. 4, Apr . 2014.

Nesse contexto, a qualidade nutricional do grão de trigo será modificada primariamente peia redução de

a) amido.
b) frutose.
c) lipídios.
d) celulose.
e) proteínas.

6. (Enem) Uma grande virada na moderna história da agricultura ocorreu depois da Segunda Guerra Mundial. Após a guerra, os governos haviam se deparado com um enorme excedente de nitrato de amônio, ingrediente usado na fabricação de explosivos. A partir daí as fábricas de munição foram adaptadas para começar a produzir fertilizantes tendo como componente principal os nitratos.

Adaptado de: SOUZA. F. A. *Agricultura natura orgânica como instrumento de fixação biológica e manutenção do nitrogênio no solo*: um modelo sustentável de MDL. *Disponível em:* <www.planetaorganico.com.br>. *Acesso em:* 17 jul. 2015.

No ciclo natural do nitrogênio, o equivalente ao principal componente desses fertilizantes industriais é produzido na etapa de

a) nitratação.
b) nitrosação.
c) amonificação.
d) desnitrificação.
e) fixação biológica do N_2.

7. (Enem) A cada safra, a quantidade de café beneficiado é igual à quantidade de resíduos gerados pelo seu beneficiamento. O resíduo pode ser utilizado como fertilizante, pois contém cerca de 6,5% de pectina (um polissacarídeo), aproximadamente 25% de açúcares fermentáveis (frutose, sacarose, e galactose), bem como resíduos de alcaloides (compostos aminados) que não foram extraídos no processo.

Adaptado de: LIMA, L. S. *et al.* Utilização de resíduo oriundo da torrefação do café da agricultura em substituição à adubação convencional. *ACSA – Agropecuária Científica no Semiárido*, v. 10, n. 1, jan.-mar., 2014.

Esse resíduo contribui para a fertilidade do solo, pois

a) possibilita a reciclagem de carbono e nitrogênio.
b) promove o deslocamento do alumínio, que é tóxico.
c) melhora a compactação do solo por causa da presença de pectina.
d) eleva o pH do solo em função da degradação dos componentes do resíduo.
e) apresenta efeitos inibidores de crescimento para a maioria das espécies vegetais pela cafeína.

8. (Enem) Os botos-cinza (*Sotalia guianensis*), mamíferos da família dos golfinhos, são excelentes indicadores da poluição das áreas em que vivem, pois passam toda a sua vida — cerca de 30 anos — na mesma região. Além disso, a espécie acumula mais contaminantes em seu organismo, como o mercúrio, do que outros animais da sua cadeia alimentar.

Adaptado de: MARCOLINO. B. *Sentinelas do mar. Disponível em:* <http://cienciahoje.uol.com.br>. *Acesso em:* 1º ago. 2012.

Os botos-cinza acumulam maior concentração dessas substâncias porque

a) são animais herbívoros.
b) são animais detritívoros.
c) são animais de grande porte.
d) digerem o alimento lentamente.
e) estão no topo da cadeia alimentar.

TESTE SEUS CONHECIMENTOS

1. Atualmente têm sido utilizadas novas fontes de energia no sentido de evitar a geração de resíduos poluentes que prejudicam a saúde do ambiente e das pessoas. Cite as três modalidades de energia que se enquadram nesse conceito.

2. Cite alguns benefícios decorrentes da utilização da energia solar, em termos de transformação energética. Por que se diz que a utilização de energia solar é "ecologicamente correta"?

3. (Unesp – adaptada) O Brasil é o maior produtor mundial de cana-de-açúcar, que, hoje, é o insumo básico de uma ampla variedade de produtos e serviços de valor agregado, como o etanol e a bioeletricidade. A principal atratividade do etanol é o grande benefício para o meio ambiente: estima-se que, em substituição à gasolina, seja possível evitar até 90% das emissões de gases do efeito estufa. Já a bioeletricidade, mais novo e importante produto do setor sucroenergético, é produzida a partir do bagaço e da palha da cana-de-açúcar, permitindo o aproveitamento desses resíduos para a geração de energia.

Adaptado de: <www.unica.com.br>.

Uma das razões pelas quais a combustão do etanol é benéfica ao meio ambiente é o fato de ele ser obtido de fonte renovável. Explique por que a queima de um combustível de fonte renovável, como o etanol, em comparação à queima de combustíveis fósseis, contribui para uma menor concentração de CO_2 na atmosfera. Justifique se a produção de bioeletricidade a partir da utilização da palha e do bagaço da cana-de-açúcar aumenta ou diminui essa concentração de CO_2 na atmosfera.

4. Estudos recentes efetuados por biólogos especialistas em vida marinha indicam que no casco de tartarugas vivem vários minúsculos animais de diferentes espécies, dentre eles muitos vermes. Esses animais são transportados pelos répteis e recorrem a diversas fontes de alimentos nos locais por onde as tartarugas passam.

Considerando os níveis de organização da Biologia, o conjunto de animais das diferentes populações vivendo no casco das tartarugas refere-se ao nível de organização:

a) população.
b) ecossistema.
c) comunidade.
d) sistema.
e) biosfera

5. Em diferentes horários ao longo de vários dias foram encontrados em determinado ambiente: sapos, corujas, lagartixas, sabiás, morcegos, beija-flores, saracuras, jacus, gambás, formigas, cupins, grama batatais. Todos esses seres vivos constituem uma relevante parcela da porção biótica do meio e, em termos de níveis de organização abordados em Biologia, o conjunto desses seres vivos corresponde a um(a):

a) comunidade.
b) espécie.
c) biosfera.
d) população.
e) ecossistema.

6. (PUC-Campinas – SP) Em um levantamento dos indivíduos presentes em um costão rochoso foram encontradas oito espécies, sendo contados 83 mariscos, 62 cracas, 45 caramujos, 25 algas verdes, 30 algas pardas, 6 estrelas-do-mar, 18 ouriços-do-mar e 11 anêmonas.

Este levantamento apresentou

a) um ecossistema e oito comunidades.
b) uma comunidade e oito populações.
c) um ecossistema e uma população.
d) uma comunidade e uma população.
e) um ecossistema e sete populações.

7. Um vírus mortal para a lagarta-do-cartucho (*Spodoptera frugiperda*), considerada a pior praga da cultura do milho por se alimentar das folhas da planta, é a principal matéria-prima de um bioinseticida para a lavoura, desenvolvido pela Embrapa Milho e Sorgo, de Sete Lagoas (MG). O vírus, da espécie *Baculovirus spodoptera* ataca somente a lagarta, que é a fase larval de uma mariposa e não faz mal à saúde de seres humanos ou à de qualquer outro animal. (...) Os estragos no milho começam quando a mariposa coloca os ovos na folha e eclodem as lagartas, depois de dois a três dias. Elas começam a se alimentar da planta, sem provocar sua morte, principalmente atacando o cartucho do milho, que é a parte formada por folhas sobrepostas em forma cônica, presentes principalmente quando a planta está na fase de crescimento.

Adaptado de: Bioinseticida mata de fome praga que ataca milho. *Revista Pesquisa FAPESP*, São Paulo, ano 18, n. 256, p. 17, jun. 2017.

Em termos da composição de uma cadeia alimentar típica, lagartas-do-cartucho, da espécie *Spodoptera fugiperda*, ao se alimentarem de folhas de milho atuam como:

a) consumidoras de segunda ordem.
b) decompositoras de matéria orgânica.
c) produtoras de matéria orgânica por fotossíntese.
d) consumidoras de terceira ordem.
e) consumidoras de primeira ordem.

8. (Fuvest – SP) Em um cerrado campestre bem preservado, ocorre a teia trófica representada no esquema.

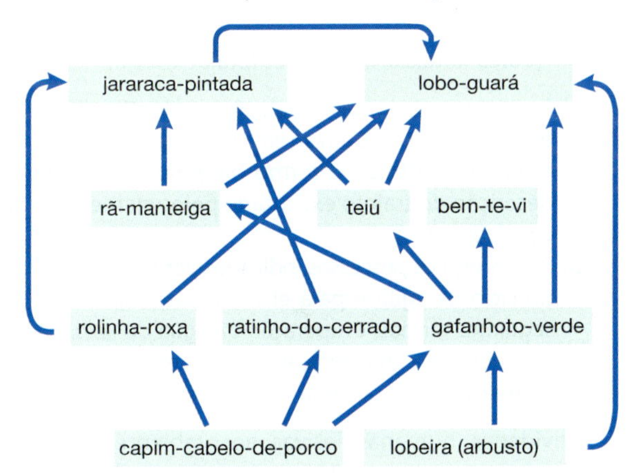

a) Cite uma espécie dessa teia alimentar que ocupa mais de um nível trófico, especificando quais são eles.
b) Cite cinco espécies de uma cadeia alimentar que faça parte dessa teia. Desenhe um esquema da pirâmide de energia desse ambiente.
c) Com relação à dinâmica dessa teia alimentar, descreva o efeito indireto da extinção local do bem-te-vi sobre a população do predador de topo dessa teia (ou seja, aquele que preda sem ser predado por nenhum outro componente da teia). Caso o capim-cabelo-de-porco venha a sofrer uma grande queda em sua biomassa, qual interação biológica seria esperada entre os consumidores primários que se alimentam desse recurso?

9. (Unicamp – SP)

Fonte: <http://www2.uol.com.br/folhadesaopaulo/C6>. *Acesso em:* 2 jul. 2016.

a) Construa uma teia alimentar completa que inclua os organismos retratados na figura.
b) Considerando que insetos são, em geral, pobres em gorduras e açúcares, qual é a principal fonte de energia oriunda da ingestão de formigas? O que acontece com esse nutriente no estômago humano?

10. (Unifesp) Na costa oeste da América do Norte, as comunidades marinhas que ocupam a zona rochosa entremarés são biologicamente diversas. Nessa zona, ocorrem mexilhões da espécie *Mytilus californianus*, que é dominante e concorre fortemente por espaço com as demais espécies presentes. A estrela-do-mar *Pisaster ochraceus* é o principal predador de *Mytilus californianus*, além de outros organismos, como ilustra a teia alimentar em que a espessura das setas é proporcional à frequência de alimentação.

Robert Paine, pesquisador da Universidade de Washington, realizou um experimento no qual examinou o efeito da remoção de *Pisaster ochraceus* sobre o número das demais espécies presentes nessa zona ao longo de dez anos. Os resultados são apresentados no gráfico.

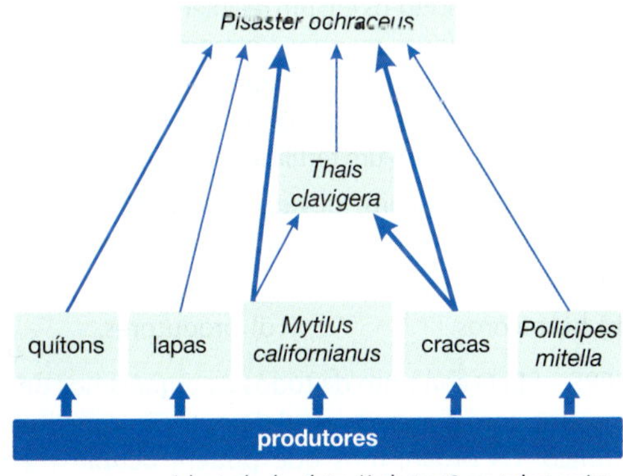

Adaptado de: <http://csls-text3.c.u-tokyo.ac.jp>.

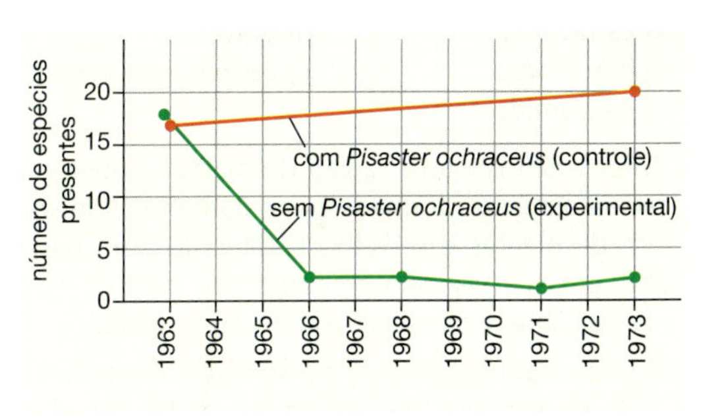

Adaptado de: Campbell Biology, 2009.

a) Em qual nível trófico da teia alimentar a energia química disponível é menor? Justifique sua resposta.
b) Por que a retirada de *Pisaster ochraceus* interferiu no número de espécies presentes na zona entremarés em que o experimento foi realizado?

11. (Univag – MT) A fotografia mostra um periquito comendo uma goiaba diretamente da goiabeira.

CAIO PEZZO/SHUTTERSTOCK

Suponha que nessa goiaba existam pequenas larvas de insetos (bichos-da-goiaba), as quais são ingeridas pelo periquito juntamente com a fruta.

Com relação aos níveis tróficos existentes nessa cadeia alimentar, pode-se afirmar que

a) as larvas e o periquito compartilham um mesmo nível trófico.
b) a goiaba pertence ao segundo nível trófico e a goiabeira pertence ao primeiro nível trófico.
c) o periquito se comporta como consumidor secundário e terciário.
d) o periquito ocupa apenas um nível trófico.
e) as larvas são classificadas como decompositores.

12. (Unesp) Os métodos de sustentabilidade estão sendo utilizados cada vez mais. Um deles consiste na compostagem, procedimento que resulta na produção de adubo orgânico. Para a compostagem, é possível utilizar o lixo da cozinha e do jardim, misturando-os em um recipiente. É necessário ter duas vezes mais resíduos marrons (serragem, folhas secas, papelão e folhas de jornal) do que verdes (frutas, vegetais, grama, borra de café). Após algumas poucas semanas, os resíduos transformam-se em um fertilizante natural para nutrir o solo.

Esse processo ocorre devido à ação de organismos que fazem parte de uma cadeia alimentar, atuando como

a) decompositores.
b) herbívoros.
c) predadores.
d) produtores.

13. (FPS – PE) O conjunto de todos os organismos de um ecossistema com o mesmo nível de nutrição constitui um nível trófico. Os organismos que podem ocupar mais de um nível trófico são chamados:

a) carnívoros.
b) herbívoros.
c) consumidores.
d) onívoros.
e) decompositores.

14. (Fatec – SP) Em uma região de mata, foi observada uma cadeia alimentar formada por gafanhotos que se alimentam de plantas e servem de alimento para passarinhos, que, por sua vez, são predados por gaviões. Sobre essa cadeia alimentar, assinale a alternativa correta.

a) Os passarinhos pertencem ao nível trófico dos consumidores primários, pois se alimentam dos gafanhotos.
b) O aumento da população de gaviões, nessa região, acarretará a consequente redução populacional das plantas.
c) Os gafanhotos atuam na fixação do gás nitrogênio da atmosfera, transformando-o em nitratos aproveitados pelos vegetais.
d) A diminuição da população de passarinhos, nessa região, acarretará a consequente redução populacional dos gafanhotos.
e) As bactérias atuam como decompositores dos gafanhotos, transformando a matéria orgânica morta em carboidratos.

15. (UFPR) Dois componentes ligados à vida são energia e matéria, porém a diferença entre esses dois componentes em uma cadeia alimentar é que:

a) a matéria pode ser reciclada; a energia, não.
b) a matéria está presente em todos os seres vivos; a energia, não.
c) a matéria pode ser interconvertida em diferentes formas (moléculas); a energia, não.
d) a energia se mantém estável em todos os níveis tróficos, enquanto a matéria aumenta.
e) a energia é um componente restrito aos organismos chamados produtores, mas a matéria está presente em todos eles.

16. A vida na Terra depende da constante *reciclagem* e *reutilização* de materiais entre os componentes vivos e não vivos da biosfera. É um longo e constante ir e vir de elementos químicos, ao contrário do que ocorre com a energia. A matéria executa *ciclos*, enquanto a energia *flui unidirecionalmente* pela biosfera e a ela não mais retorna. O esquema a seguir mostra um desses ciclos biogeoquímicos, o da água.

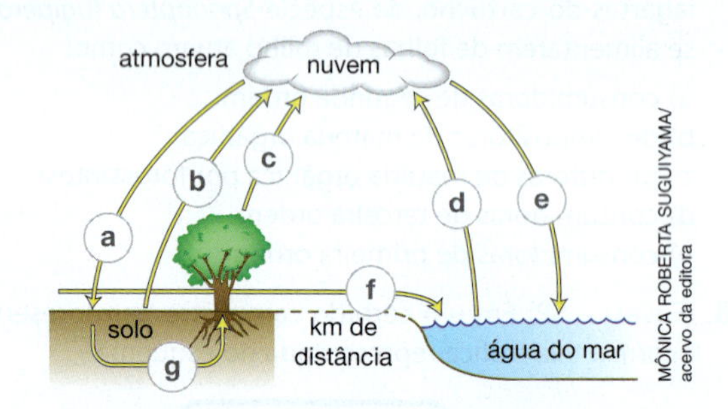

(Cores-fantasia. Ilustrações fora de escala)

a) Conceitue em poucas palavras o significado de ciclo biogeoquímico, utilizando o esquema acima como modelo. Justifique o termo biogeoquímico, usado na descrição do trajeto executado pelos elementos químicos da biosfera.
b) Reconheça os processos indicados por letras que ocorrem no ciclo da água e para elaborar sua resposta utilize os seguintes termos: evaporação da água do solo, precipitação, absorção, transpiração vegetal, evaporação da água do mar, corrente de água do continente para o oceano.

17. Atividades humanas lesivas ao ambiente têm gerado impactos negativos sobre a atmosfera, a hidrosfera e a litosfera. Uma dessas atividades é a queima excessiva de combustíveis fósseis, o desmatamento e a utilização de termelétricas geradoras de energia elétrica. Todas essas ações resultam em gases relacionados ao incremento do aquecimento global atualmente observado. No sentido de minimizar os efeitos desses impactos e, assim, reduzir a emissão e o aumento da concentração de gases relacionados ao efeito estufa na atmosfera, notadamente o gás carbônico (CO_2), é recomendável incentivar:

a) lançamento de resíduos de petróleo nas águas oceânicas.
b) plantio apenas de vegetais capazes de fixar nitrogênio atmosférico.
c) sequestro de carbono por meio do estímulo ao reflorestamento.
d) lançamento de resíduos radioativos nos lixões das cidades.
e) emissão de gases relacionados à chuva ácida, como o ácido sulfúrico.

18. (UEA – AM) A compreensão dos ciclos da matéria nos ecossistemas do planeta permite que o ser humano formule as melhores soluções para impactos ambientais cada vez mais preocupantes.

Na natureza, o desequilíbrio verificado no ciclo do elemento carbono relaciona-se

a) ao efeito acumulativo de poluentes ao longo das cadeias alimentares.
b) à intensificação do efeito estufa.
c) à degradação da camada de ozônio na atmosfera.
d) à eutrofização dos ambientes aquáticos.
e) à inversão térmica nas grandes cidades.

19. (Unicesumar – PR) Os principais gases de efeito estufa são: ...**I**...., produzido principalmente pela pecuária e tratamento de resíduos, que contribui com 24% das emissões líquidas; ....**II**..., resultante principalmente da queima de combustíveis fósseis, que responde por 64% das emissões; e ....**III**..., proveniente da adubação do solo, com 12% das emissões líquidas (dados da Revista Pesquisa FAPESP de setembro de 2018).

As lacunas **I**, **II** e **III** correspondem, correta e respectivamente, a:

a) dióxido de carbono – óxido nitroso – metano
b) óxido nitroso – dióxido de carbono – metano
c) metano – dióxido de carbono – óxido nitroso
d) metano – óxido nitroso – dióxido de carbono
e) óxido nitroso – monóxido de carbono – metano

20. (Unichristus – CE) "A região russa do Círculo Polar Ártico sofreu uma explosão de calor impressionante, e a superfície dos glaciais se reduziu a um terço, chegando ao mínimo histórico", apontou Tishkovets. Há muitas estações meteorológicas nessa vasta região, e a maioria registrou vários recordes de temperatura neste verão.

Disponível em: <https://noticias.uol.com.br/meio-ambiente/ultimas-noticias/redacao/2018/08/19/aquecimento-global-na-russia-e-25-vezes-mais-intenso-que-a-media-no-mundo.htm>. *Acesso em:* 8 ago. 2018.

Estão descritos na notícia aspectos diretamente relacionados

a) ao aumento do efeito estufa.
b) à diminuição do efeito estufa.
c) ao aumento da magnificação trófica.
d) à diminuição da magnificação trófica.
e) à diminuição da eutrofização.

21. (Cesmac – AL) Dados da Agência Espacial Americana (NASA) dão conta de que as emissões de gás carbônico na atmosfera são as maiores em 650.000 anos. Tais emissões contribuem para o aquecimento global porque:

a) provocam o derretimento total das calotas polares.
b) interferem nas estações do ano e no ciclo da água.
c) diminuem a dissipação do calor da Terra para a atmosfera.
d) produzem danos à camada de ozônio da atmosfera.
e) afetam os oceanos gerando graves tempestades.

22. (Fema – SP) **Terra corre risco de entrar em "efeito estufa" irreversível**

O planeta precisa urgentemente de uma transição para uma economia verde porque a contaminação por combustíveis fósseis ameaça empurrar a Terra para um duradouro e perigoso estado de "efeito estufa", alertaram pesquisadores.

Disponível em: <https://noticias.uol.com.br>. *Acesso em:* 6 ago. 2018.

Além da queima de combustíveis fósseis, que resulta na produção de CO_2, outros fatores, também associados à atividade humana, levam à produção de gases de efeito estufa, como o gás metano, que tem poder de aquecimento global muitas vezes maior que o CO_2.

Uma das principais causas da produção de metano, associada à atividade humana, é

a) o uso de mercúrio em áreas de garimpo para extração do ouro.
b) o uso de agrotóxicos para eliminação de pragas das lavouras.
c) a emissão de clorofluorcarbonetos pelas indústrias de aparelhos de refrigeração.
d) a ampliação de áreas de reflorestamento para atender às indústrias de papel e celulose.
e) a criação de ruminantes para a produção de carne e leite.

23. (Etec) Fundamental à manutenção da vida na Terra, o ciclo biogeoquímico do carbono na natureza está representado simplificadamente no esquema.

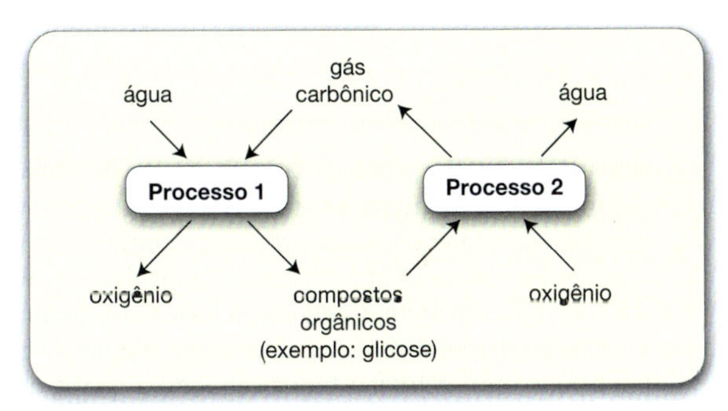

Sobre esse esquema é correto afirmar que

a) os processos 1 e 2 são realizados pelos animais e vegetais na decomposição da matéria orgânica.
b) os processos 1 e 2 são realizados pelos animais e vegetais na produção de compostos orgânicos.
c) os processos 1 e 2 são realizados pelos animais na absorção e na eliminação do gás carbônico.
d) o processo 1 é realizado pelos animais na combustão da matéria orgânica.
e) o processo 1 é realizado pelos vegetais na produção da matéria orgânica.

24. (Famerp – SP) O esterco de galinha contém fezes e excretas nitrogenadas, que podem ser utilizadas para adubar o solo. As plantas cultivadas nesse solo não são diretamente beneficiadas pelo esterco porque as substâncias orgânicas contidas nele passam primeiramente pela

a) nitrificação e depois pela decomposição, gerando o nitrato, que é absorvido pelos vegetais.
b) decomposição e depois pela nitrificação, gerando o nitrato, que é absorvido pelos vegetais.
c) decomposição e depois pela nitrosação, gerando o nitrito, que é absorvido pelos vegetais.
d) nitratação e depois pela nitrosação, gerando o nitrato, que é absorvido pelos vegetais.
e) nitrosação e depois pela nitratação, gerando o nitrito, que é absorvido pelos vegetais.

25. (UFRGS – RS) Em relação ao ciclo do nitrogênio nos ecossistemas, é correto afirmar que

a) a biofixação ocorre tipicamente pela associação de fungos com plantas leguminosas.
b) o processo denominado nitrificação refere-se à transformação da amônia em nitrato.
c) o nitrogênio, em répteis, além da decomposição, é eliminado pela excreção de amônia.
d) os nitritos são solúveis em água e facilmente absorvidos pelas raízes das plantas.
e) as bactérias do gênero *Rhizobium* são responsáveis pelo processo de desnitrificação no solo.

26. (Uncisal) O experimento representado a seguir foi um dos primeiros utilizados para explicar, em meados do século XVII, a origem dos seres vivos.

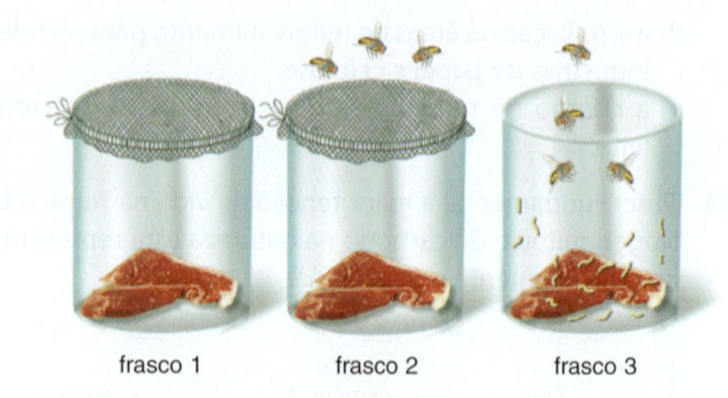

Disponível em: <http://odalismgenera.blogspot.com>. *Acesso em:* out. 2019.

Nesse experimento, pedaços de carne foram deixados, por determinado período de tempo, em três diferentes frascos de vidro: um totalmente fechado, outro coberto com uma gaze fina e o terceiro aberto. Após alguns dias, observou-se que surgiram vermes apenas no frasco aberto, no qual moscas podiam entrar e sair. Esse experimento foi muito importante para refutar a teoria segundo a qual a origem dos insetos ocorria por

a) abiogênese.
b) panspermia.
c) criacionismo.
d) seleção natural.
e) evolução química.

27. (Uece) Evidências científicas apontam que a Terra se originou há 4,5 bilhões de anos. Em relação às teorias sobre a origem da vida na Terra, é correto afirmar que

a) Louis Pasteur (1822-1895), médico francês, realizou experimentos em frascos de vidro, do tipo pescoço de cisne, para demonstrar que a abiogênese era uma teoria equivocada.
b) Aristóteles, filósofo da antiguidade, acreditava que alguns seres vivos apareciam por geração espontânea, seguindo o princípio da biogênese.
c) Francesco Redi (1626-1697), biólogo italiano, demonstrou que larvas de moscas que surgiam em pedaços de carne em decomposição nasciam de ovos colocados por organismos já existentes, corroborando a abiogênese.
d) Jean Baptist van Helmont (1577-1644), médico e químico belga, produziu uma receita para o nascimento de camundongos por biogênese, misturando camisas sujas e grãos de trigo.

28. (UFRGS – RS) Cientistas encontraram compostos de ferro, cianeto e monóxido de carbono em meteoritos que bombardearam a Terra durante sua formação, o que pode fornecer pistas sobre a origem da vida no planeta. Essa composição assemelha-se à hidrogenase, enzima que quebra o hidrogênio: "É possível que esses complexos de cianeto, ferro e monóxido de carbono tenham sido precursores para as ações das enzimas e depois incorporados a proteínas", acredita Karen Smith, pesquisadora sênior de Boise.

Adaptado de: <https://revistagalileu.globo.com/Ciencia/Espaco/noticia/2019/06/venenoem-meteoritos-fornece-pistas-sobre-origem-da-vida-na-terra.html>. *Acesso em:* 12 jun. 2019.

Em relação às teorias de origem da vida no planeta Terra, é correto afirmar que

a) a notícia reforça a possibilidade da vinda de seres vivos de outros planetas, tal como postulado por Pasteur em 1860.
b) a teoria da biogênese argumenta que os primeiros seres vivos surgiram a partir da matéria inanimada.
c) os primeiros seres vivos que surgiram na Terra foram os coacervatos, formados por um agregado de moléculas inorgânicas.
d) a teoria da geração espontânea sustenta que os seres vivos surgiram a partir de moléculas orgânicas da atmosfera primitiva.
e) os experimentos de Redi com pedaços de carne, no século XVII, corroboram a teoria da biogênese.

29. (Funepe – SP) A hipótese da biogênese é a que possui maior aceitação quando se trata da origem dos seres vivos. No entanto, se todos os seres vivos surgem de outro preexistente, como teria surgido o primeiro? Ao menos três possibilidades têm sido levantadas para sanar esta dúvida.

A respeito das teorias sobre a origem da vida e do primeiro ser vivo, assinale a alternativa **incorreta**.

a) Segundo a hipótese de Oparin e Haldane, os primeiros seres vivos surgiram de moléculas orgânicas que teriam se formado a partir da combinação de compostos inorgânicos existentes na atmosfera primitiva.
b) Segundo a abiogênese, os seres vivos eram gerados espontaneamente da matéria bruta.
c) Por volta de 1860, os experimentos realizados por Louis Pasteur contribuíram para reforçar a hipótese da biogênese.
d) De acordo com o experimento realizado por Stanley L. Miller, em 1953, a Terra primitiva continha naquela época amônia (NH_3), hidrogênio (H_2), oxigênio (O_2), metano (CH_4) e vapor d-'água.
e) Segundo a panspermia, os seres vivos não se originaram na Terra, mas em outros planetas, e foram trazidos para cá por meio de esporos ou formas de resistência, aderidos a meteoritos ou cometas.

30. (Uece) Relacione, corretamente, as teorias sobre a origem da vida com suas respectivas características, numerando os parênteses abaixo de acordo com a seguinte indicação:

1. abiogênese
2. biogênese
3. panspermia
4. evolução molecular

( ) Afirma que a vida na Terra teve origem a partir de seres vivos ou de substâncias precursoras da vida proveniente de outros locais do cosmo.
( ) Surgiu a partir de evidências irrefutáveis de testes rigorosos realizados por Redi, Spallanzani, Pasteur e outros que chegaram à conclusão de que seres vivos surgem somente pela reprodução de seres da sua própria espécie.
( ) Considera que a vida surgiu por mecanismos diversos como, por exemplo, a partir da lama de lagos e rios, além da reprodução.
( ) A vida é resultado de um processo de evolução química em que compostos inorgânicos se combinam, originando moléculas orgânicas simples que se combinam produzindo moléculas mais complexas, até o surgimento dos primeiros seres vivos.

A sequência correta, de cima para baixo, é:

a) 4, 1, 3, 2.
b) 3, 2, 1, 4.
c) 1, 4, 2, 3.
d) 2, 3, 4, 1.

Importância da preservação da biodiversidade: populações e comunidades

CAPÍTULO 3

A ocorrência de intensas queimadas em vários ecossistemas brasileiros no ano de 2020, sobretudo nas matas do Pantanal mato-grossense, em Mato Grosso do Sul (MS), colocou em risco não somente a vegetação, mas, igualmente, a fauna existente naquele bioma. Várias populações de animais terrestres nativos da região, tais como as araras-azuis e onças-pintadas, e também os aquáticos, ficaram sem os ambientes naturais em que habitavam, o que pode comprometer a biodiversidade local e afetar a composição das comunidades dos vários ecossistemas existentes naquela formação ecológica.

A dinâmica das populações e comunidades pantaneiras é uma das mais marcantes do território brasileiro. Várias medidas foram adotadas no sentido de coibir a ocorrência das queimadas, inclusive com auxílio governamental, a fim de preservar um dos nossos mais importantes ambientes naturais, cujas espécies merecem ser conhecidas por todos os habitantes de nosso país. Ao final da ocorrência das queimadas, espera-se que, graças ao processo de sucessão ecológica secundária, que estudaremos neste capítulo, possa haver a reconstituição, embora não totalmente original, das características das populações e comunidades, tanto animais como vegetais, dessa formação ecológica de nosso País.

Seu ponto de vista!

Em sua opinião, em que medida a atuação de entidades ambientais e governamentais pode contribuir para amenizar as consequências da devastação nos ecossistemas?

ALEXANDR JUNEK IMAGING/SHUTTERSTOCK

3-1. Populações: densidade e crescimento

Densidade, taxa de natalidade, taxa de mortalidade e **taxa específica de crescimento** são os parâmetros normalmente utilizados na avaliação do crescimento de qualquer população. Indivíduos podem nascer, crescer, reproduzir-se e morrer, mas, somente a uma população, como um todo, são associados os parâmetros acima.

O tamanho de uma população pode ser avaliado pela **densidade**.

Densidade: avaliação do tamanho populacional

$$\textbf{Densidade} = \frac{\text{número de indivíduos de uma população}}{\text{unidade de área ou volume ocupado}}$$

A relação acima corresponde à avaliação da densidade de uma população. A densidade populacional pode sofrer alterações. Mantendo-se fixa a área de distribuição, a população pode aumentar devido a nascimentos ou a imigrações. A diminuição da densidade pode ocorrer como consequência de mortes ou de emigrações.

Taxas de alteração

As taxas de alteração, principalmente as de **mortalidade** e de **natalidade**, são importantes medidas de avaliação do tamanho populacional.

Representando por N a taxa de natalidade, por M a taxa de mortalidade, por E a emigração e por I a imigração, podemos dizer que:

- a população está em crescimento quando

$$N + I > M + E$$

- a população está diminuindo quando

$$N + I < M + E$$

- a população está estabilizada quando

$$N + I = M + E$$

Curva S: crescimento logístico e equilíbrio populacional

A curva de crescimento logístico, também conhecida como **curva S**, simboliza o crescimento populacional padrão. É o comportamento esperado para a maioria das populações existentes na natureza. Ela é caracterizada por uma fase inicial de crescimento lento, em que ocorre o ajuste dos organismos ao meio de vida. A seguir, ocorre um rápido crescimento, do tipo exponencial, que culmina com uma fase de estabilização, na qual a população não mais apresenta crescimento.

Pequenas oscilações em torno de um valor numérico máximo acontecem, e a população, então, permanece em estado de equilíbrio (veja a Figura 3-1).

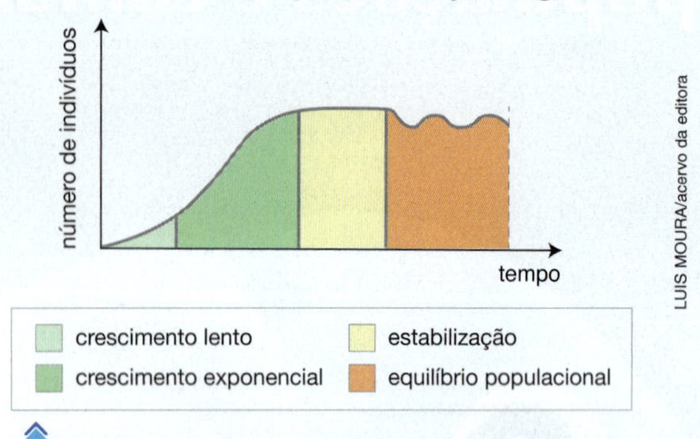

Figura 3-1. Curva S: crescimento populacional padrão.

Curva J: crescimento populacional intenso e geométrico

Certas populações crescem de modo explosivo, abruptamente, graças à disponibilidade de recursos no ambiente. É o que ocorreu com a praga de gafanhotos que acometeu a Argentina no ano de 2020. A **curva J** é típica desse tipo de crescimento, e ocorre em populações de algas, por exemplo, nas quais há um crescimento explosivo, geométrico, em razão do aumento das disponibilidades de nutrientes do meio. Esse crescimento explosivo é seguido de queda brusca do número de indivíduos, pois, em decorrência do esgotamento dos recursos do meio, a taxa de mortalidade é alta, podendo, até, acarretar a extinção da população no local (veja a Figura 3-2).

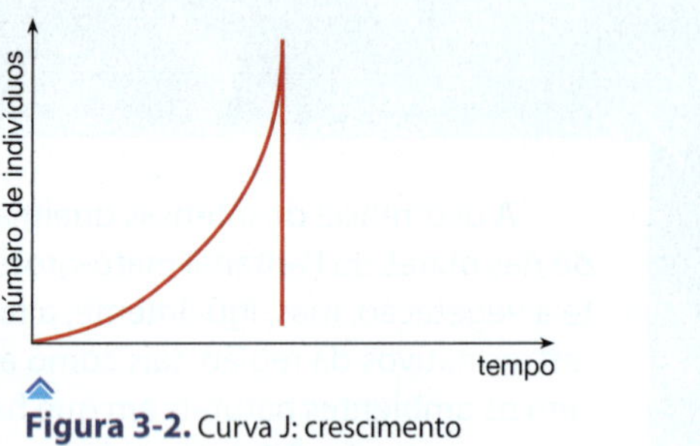

Figura 3-2. Curva J: crescimento explosivo e extinção em massa.

Potencial biótico e resistência ambiental: regulação do crescimento populacional e capacidade limite

Em qualquer população, a tendência é haver um crescimento exponencial permanente, sem limites, graças à capacidade reprodutiva dos indivíduos. Essa, porém, não é a realidade. Há barreiras naturais a esse crescimento sem fim. A disponibilidade de espaço e de alimentos, o clima e a existência de predatismo, parasitismo e competição são fatores de *resistência ambiental* (ou do meio) que regulam o crescimento populacional.

O tamanho populacional acaba atingindo um valor numérico máximo permitido pelo ambiente, a chamada **capacidade limite**, também denominada **capacidade de carga** (veja a Figura 3-3).

Os chamados **fatores dependentes da densidade** são aqueles que impedem o crescimento populacional excessivo, devido ao grande número de indivíduos existentes em uma dada população: as disputas por *espaço*, *alimento*, *parceiro sexual* acabam levando à diminuição da taxa reprodutiva e ao aumento da taxa de mortalidade. O *predatismo* e o *parasitismo* são dois outros fatores dependentes da densidade, na medida em que predadores e parasitas encontram mais facilidade de se espalhar entre os indivíduos de uma população numerosa.

Os **fatores independentes da densidade** não estão relacionados ao tamanho populacional. Afetam a mesma porcentagem de indivíduos, não importando o número deles. Entre esses fatores, o *clima* desempenha importante papel regulador.

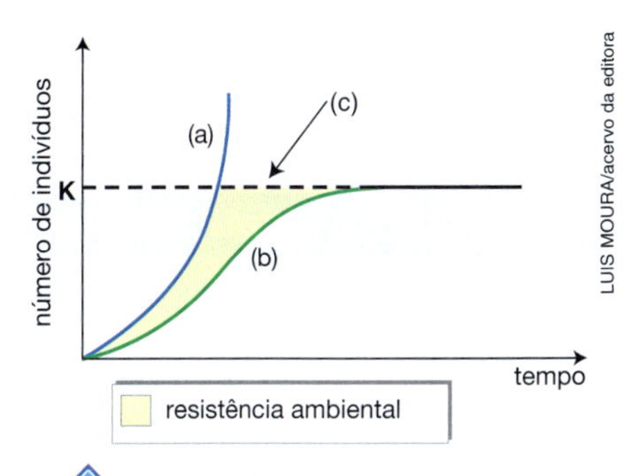

Figura 3-3. A curva (a) representa o potencial biótico da espécie; a curva (b) representa o crescimento populacional padrão; (c) é a capacidade limite do meio. A área entre (a) e (b) representa a resistência ambiental. K indica a capacidade limite do meio.

Variações violentas das condições climáticas podem atingir diretamente certas populações de animais ou de plantas, até destruí-las. Seria o caso de um inverno rigoroso ou de uma seca extremamente forte, como as que acontecem no Nordeste brasileiro. Inundações ou ondas excepcionalmente fortes de calor possuem o mesmo efeito. De modo indireto, o frio pode diminuir a quantidade de alimentos disponíveis, provocando migrações em certas populações, comuns em algumas espécies de aves e de mamíferos.

Capacidade limite da espécie humana

Após as revoluções agrícola e industrial, é a revolução tecnológica que favorece o crescimento populacional da espécie humana. Internet e meios de comunicação, associados ao desenvolvimento da medicina, permitem que o homem ocupe centros urbanos e, assim, possa incrementar seu tamanho populacional.

O crescimento populacional da espécie humana ocorreu de maneira explosiva nos últimos séculos. Se as atuais taxas de crescimento persistirem, estima-se que a população humana atingirá 10 bilhões de pessoas em 2050.

Esse incremento do tamanho populacional humano tem muito a ver com a evolução cultural e tecnológica da nossa espécie e com os nossos hábitos de sobrevivência. O homem deixou de ser caçador-coletor há cerca de 10.000 anos, abandonou o nomadismo e passou a se fixar em locais definidos da Terra, constituindo grupos envolvidos com o cultivo de plantas e a criação de animais de interesse alimentar. A taxa de natalidade aumentou e, excetuando épocas de guerras, pestes e catástrofes ambientais (terremotos e tsunamis), o crescimento populacional humano passou a ser uma realidade.

Pouco a pouco, no entanto, estão sendo avaliados os riscos do crescimento populacional excessivo. Poluição crescente, aquecimento global, secas e queimadas florestais, destruição da camada de ozônio, chuva ácida e outros problemas são evidências do desgaste que o planeta vem sofrendo.

3-2. Relacionamentos entre os seres vivos na comunidade

Nos ecossistemas, a interação entre os membros de uma espécie ou entre espécies diferentes componentes das comunidades é intensa. Os relacionamentos podem resultar em benefícios, prejuízos ou, ainda, podem ser neutros. As interações que ocorrem entre organismos da mesma espécie são **intraespecíficas** e as que ocorrem entre organismos de espécies diferentes são **interespecíficas**.

As interações interespecíficas podem ser dois tipos:

- **interações harmônicas ou positivas**, em que há apenas benefício para uma ou para ambas as espécies; e
- **interações desarmônicas ou negativas**, em que há prejuízo pelo menos para uma das espécies.

A Tabela 3-1 resume as características dos principais tipos de interações biológicas na comunidade.

Tabela 3-1. Principais interações biológicas na comunidade.

INTERAÇÕES BIOLÓGICAS INTRAESPECÍFICAS (ENTRE ORGANISMOS DA MESMA ESPÉCIE)		
Tipo	**Características**	**Exemplos**
Sociedade	Indivíduos unidos comportamentalmente. Divisão de trabalho.	Formigas, abelhas, cupins, babuínos.
Colônia	Indivíduos unidos fisicamente ("grudados" uns aos outros). Pode ou não haver divisão de trabalho.	Algas clorofíceas, bactérias, cianobactérias, caravelas, esponjas, corais.
Competição intraespecífica	Indivíduos da mesma espécie competem por alimento, espaço, parceiro sexual ou por outro recurso do meio.	Carunchos da espécie *Tribolium castaneum* no interior de um pacote de grãos de milho; bactérias de determinada espécie crescendo em meio de cultivo; pés de laranjas-pera plantados próximos uns dos outros.

INTERAÇÕES BIOLÓGICAS INTERESPECÍFICAS (ENTRE ORGANISMOS DE ESPÉCIES DIFERENTES)			
	Tipo	**Conceito**	**Simbologia**
Harmônicas (positivas)	Cooperação (mutualismo facultativo)	Benefício para ambos. Não obrigatória.	+/+
	Mutualismo	Benefício para ambos. Obrigatória.	+/+
	Comensalismo ▪ inquilinismo ▪ epifitismo	Benefício apenas para o comensal.	+/0
Desarmônicas (negativas)	Parasitismo ▪ esclavagismo	Prejuízo para o hospedeiro. Prejuízo para a espécie explorada.	+/– +/–
	Predação ▪ herbivorismo	Prejuízo para a presa.	+/–
	Amensalismo ▪ antibiose	Prejuízo para a espécie inibida, sem ou com benefício para a espécie inibidora.	0/– +/–
	Competição	Prejuízo para ambas as espécies.	–/–

Observação: o sinal (+) indica benefício, (–) indica prejuízo e (0) indica que a espécie não é afetada.

Relações entre organismos da mesma espécie

Embora sejam termos pouco valorizados atualmente, as *sociedades*, as *colônias* e a *competição intraespecífica* são exemplos de interações que ocorrem entre organismos da *mesma espécie*, ou seja, são *intraespecíficas*.

Sociedade

Na sociedade, os organismos reúnem-se em grandes grupos, nos quais existe um grau elevado de hierarquia e divisão de trabalho, o que aumenta a eficiência do conjunto em termos de sobrevivência da espécie.

É o caso das sociedades permanentes de formigas, cupins, abelhas etc. Nesses casos, tem-se detectado a presença de substâncias conhecidas como *feromônios*, verdadeiros hormônios "sociais" que atuam como reguladores da diferenciação das diversas castas. Entre as formigas, uma rainha de vida longa é a responsável pela produção de feromônios que mantêm as operárias estéreis. A difusão dessas substâncias dá-se boca a boca, a partir do encontro das operárias que frequentemente visitam a rainha e distribuem o hormônio esterilizador por todas elas. Isso evita o surgimento de novas rainhas e uma consequente desorganização social, com efeitos danosos para todo o grupo.

MIKEBLACK/SHUTTERSTOCK

Nas abelhas, a interação entre os indivíduos é caracterizada como sociedade.

Estabelecendo conexões!

Feromônios: uma promessa

Na maioria dos insetos, a procura para o acasalamento ou a simples comunicação entre os indivíduos é feita pela liberação de substâncias químicas voláteis conhecidas como feromônios. São verdadeiros "hormônios de comunicação social".

Os cientistas estão pesquisando formas de atrair insetos indesejáveis, colocando feromônios específicos em armadilhas dotadas de inseticidas. Os insetos são atraídos pelos feromônios, ficam presos nas armadilhas e morrem, deixando, assim, de prejudicar as colheitas.

Tentativas bem-sucedidas de utilização dessas substâncias têm sido feitas, por exemplo, com a mariposa que põe ovos em maçãs. Os ovos originam lagartas que destroem a "fruta". O uso das armadilhas com feromônios, nesse caso, tem funcionado eficientemente.

Um ponto importante a destacar é que os feromônios são altamente específicos. A sua utilização para o controle de uma espécie não interfere em outras.

Por que é possível dizer que a utilização de feromônios específicos, como no caso relatado no texto, não interferirá com outras espécies de insetos, dentre elas as que são consideradas úteis para a agricultura?

Colônia

Na colônia, organismos da mesma espécie encontram-se fundidos uns aos outros fisicamente, constituindo um conjunto coeso. Há colônias móveis, como as de caravela (pertencente ao filo dos cnidários) e as de algas filamentosas. E há colônias fixas, como as de esponjas e as de pólipos (polipeiros), existentes nos recifes de coral.

VIDEOTRINKETS/SHUTTERSTOCK

O coral é um exemplo de colônia de cnidários.

Competição intraespecífica

Verifica-se competição intraespecífica toda vez que os organismos de determinada espécie disputam o espaço e o alimento disponíveis, bem como, no caso dos animais, os parceiros sexuais. Duas plantas de milho, situadas bem próximas uma da outra, competirão por espaço, água, nutrientes minerais e luz. Carunchos da espécie *Tribolium castaneum* competirão por alimento e espaço no interior de pacote contendo grãos de milho ou de amendoim.

Relações entre organismos de espécies diferentes

Em qualquer comunidade, organismos de espécies diferentes interagem, com benefícios ou prejuízos para uma delas ou ambas. Essas relações interespecíficas são determinantes para o sucesso da biodiversidade nos ecossistemas e contribuem decisivamente para a sustentabilidade do meio.

Interações harmônicas: com benefícios, sem prejuízos

Cooperação (protocooperação ou mutualismo facultativo)

Na cooperação, os organismos das duas espécies são beneficiados e a interação não é obrigatória. Um exemplo de interação não obrigatória, que poderia ser considerada **cooperação** ou **mutualismo facultativo**, é o que ocorre entre o caranguejo *paguro* (também conhecido como **ermitão** e que vive protegido no interior de conchas vazias de caramujos) e uma ou várias *anêmonas*, que ele coloca sobre a concha. As anêmonas servem de camuflagem, aumentando a capacidade predatória do desajeitado paguro, e recebem, em troca, os restos da alimentação do caranguejo.

Outro exemplo é o de pulgões praticamente "colados" aos brotos tenros de uma laranjeira ou de uma roseira. Eles introduzem seus estiletes bucais no floema da planta hospedeira e atuam como parasitas. Pela região anal, liberam o excesso de líquido coletado, na forma de gotículas açucaradas. Isso atrai formigas, que recolhem as gotas para sua alimentação. Em troca, as formigas protegem os pulgões das joaninhas, que são suas predadoras. Esse tipo de interação também pode ser chamado de mutualismo facultativo.

Em nossas matas, é comum a ocorrência de cooperação (que também pode ser considerada mutualismo facultativo) entre árvores imbaúbas e formigas. As formigas vivem no interior dos pecíolos ocos das longas folhas e atacam animais que, inadvertidamente, tocam na planta. Em troca, as formigas obtêm alimento proteico produzido por glândulas existentes na base do longo pecíolo.

Anote!

Existe uma tendência atual de considerar simbiose qualquer tipo de interação biológica na comunidade. No entanto, há quem prefira dizer que simbiose é apenas a interação biológica harmônica. Houve época em que se considerava simbiose sinônimo de mutualismo.

MARIMARIA/SHUTTERSTOCK

Nos liquens, as algas recebem umidade, proteção e substâncias inorgânicas do fungo que, em troca, alimenta-se da matéria orgânica produzida pelas algas.

PANGCOM/SHUTTERSTOCK

No pasto, entre a garça-vaqueira (*Bubulcus ibis*) e o boi ocorre comensalismo: ao caminhar, o boi desloca pequenos animais que servem de alimento para a garça, que se beneficia, enquanto para o boi nessa ação não há benefício nem prejuízo.

Epífita (bromélia) apoiada sobre tronco de árvore na Floresta Amazônica.

GUENTERMANAUS/SHUTTERSTOCK

Mutualismo

Trata-se de uma interação obrigatória com *benefício mútuo* para as espécies. Por exemplo:

- no tubo digestório de ruminantes (bois e vacas), vivem bactérias produtoras de substâncias que atuam na digestão da celulose obtida por aqueles animais. Em troca, as bactérias obtêm amônia, produzida no metabolismo das células dos ruminantes, e sintetizam os aminoácidos necessários para a sua sobrevivência;
- nas micorrizas, ocorre a interação entre fungos e raízes de muitos vegetais. Os fungos ampliam a capacidade de absorção de nutrientes para diversas plantas vasculares que, em troca, fornecem alimento orgânico para os fungos;
- os liquens, associação entre algas e fungos ou fungos e cianobactérias, ilustram um dos mais conhecidos exemplos de simbiose mutualística. A alga realiza fotossíntese e fornece oxigênio e alimento orgânico para o fungo; este, por sua vez, provê à alga substâncias inorgânicas fundamentais para a sua sobrevivência, oriundas do fenômeno da decomposição. O mesmo tipo de benefício mútuo ocorre quando fungos se associam a cianobactérias.

Comensalismo

Nessa interação biológica, há benefício apenas para uma das espécies. Para a outra, não há benefício nem prejuízo. Um exemplo é o comensalismo de transporte (também denominado de *foresia*) entre peixes conhecidos como rêmoras, que se prendem a tubarões e aproveitam os restos da alimentação destes, para os quais não há prejuízo.

Epifitismo

Muitas orquídeas e bromélias são *epífitas*, apoiam-se, de modo geral, em regiões elevadas de troncos de árvores, beneficiando-se da maior disponibilidade de luz para a realização de fotossíntese. Suas hospedeiras não são prejudicadas (não há parasitismo) nem beneficiadas. Considerando que nessa interação há benefício para uma das espécies (a *epífita*), sem prejuízo nem benefício para a outra (a árvore), ainda é comum caracterizá-la como uma modalidade de comensalismo.

Inquilinismo

O inquilinismo é uma modalidade de comensalismo na qual o comensal costuma viver no interior do corpo do hospedeiro, *sem prejudicá-lo nem beneficiá-lo*. É o caso das bactérias *Escherichia coli*, que vivem no interior do intestino grosso do homem, e de certas espécies de peixes que vivem nas porções finais do tubo digestório de pepinos-do-mar.

Interações desarmônicas: com prejuízos e benefícios

Predação (predatismo) e herbivorismo

A predação (predatismo) corresponde à relação em que uma espécie (a do predador) usa outra (a da presa) como fonte de alimento, provocando sua morte. É o tipo predominante de relação na teia alimentar, garantindo a transferência de matéria orgânica para os níveis tróficos mais elevados.

O **herbivorismo** é considerado por alguns autores um tipo de predação e ocorre, por exemplo, com vacas e bois que se alimentam de capim, ou lagartas que se alimentam de folhas de palmeiras. Nessas interações, há benefício para o predador (o herbívoro) e prejuízo para a presa.

Presa-predador

Leia o QR Code abaixo e conheça um exemplo clássico de ciclo populacional entre linces e lebres.

ONDREJ PROSICKY/SHUTTERSTOCK

No predatismo, o predador é beneficiado e a presa é prejudicada.

Parasitismo

Diferentemente de um predador, que mata sua presa para depois alimentar-se dela, o parasita *explora* seu hospedeiro durante seu ciclo de vida. As lesões provocadas pelo parasita, no entanto, podem levar o hospedeiro à morte, causando ou não também a morte do parasita. No **endoparasitismo**, o hospedeiro abriga o parasita em seu interior. Trata-se, quase sempre, de parasitismo obrigatório. É o que ocorre quando o *Trypanosoma cruzi*, os plasmódios da malária, os vermes tipo *Ascaris*, *Taenia* e muitas bactérias provocam doenças no homem. Quando o parasitismo é externo, permitindo ao parasita a mudança de hospedeiro, fala-se em **ectoparasitismo**. São exemplos os insetos hematófagos (como a pulga), carrapatos, mosquitos, *Aedes aegypti*, percevejos etc.

AFANASIEV ANDRII/SHUTTERSTOCK

Carrapatos são exemplos de ectoparasitas.

Anote!

Embora em termos individuais se diga que ocorre prejuízo para presas e para hospedeiros, as interações de predadores e presas, bem como as de parasitas e hospedeiros, são importantes na manutenção do equilíbrio populacional das espécies envolvidas.

Saiba mais!

Espécies exóticas (invasoras), competição e ausência de predadores e parasitas

O caramujo africano da espécie *Achatina fulica* foi introduzido por criadores no Brasil nos anos 1980, como alternativa ao consumo de *escargot*. Competiu com sucesso por espaço e alimento com espécies nativas e, como não há predadores naturais dessa espécie nos ambientes que invadiu, o seu número aumentou assustadoramente por todo o país. É considerada uma espécie exótica, que se transformou em uma "praga agrícola" por destruir grandes áreas de vegetação nativa e plantas consumidas por seres humanos.

Esse exemplo mostra que nos ecossistemas há equilíbrio entre as populações de presas, predadores, parasitas, hospedeiros e competidores. Mostra, também, que a introdução de uma espécie exótica, não nativa do ambiente, provoca desequilíbrios na teia alimentar, com eventual eliminação de espécies nativas.

REAL_LIFE_STUDIO/SHUTTERSTOCK

Competição interespecífica

A competição interespecífica quase sempre se refere à disputa por alimento, espaço, luz para a fotossíntese etc. Esse tipo de interação é bem ilustrado em laboratório, quando se cultivam microrganismos em tubos de ensaio contendo meios de cultivo. *Paramecium aurelia* e *Paramecium caudatum*, quando cultivados separadamente em condições idênticas às dos meios de cultivo, mostram um padrão de crescimento equivalente. Cultivados juntos, em um mesmo meio, os paramécios da espécie *P. aurelia* apresentam um crescimento populacional muito mais intenso que o da outra espécie, que acaba por se extinguir (veja a Figura 3-4).

Figura 3-4. Vivendo separadas, as populações das duas espécies de paramécios crescem normalmente. Cultivadas juntas, há prejuízo para ambas. Note que o número máximo de indivíduos não é atingido quando as duas populações crescem juntas.

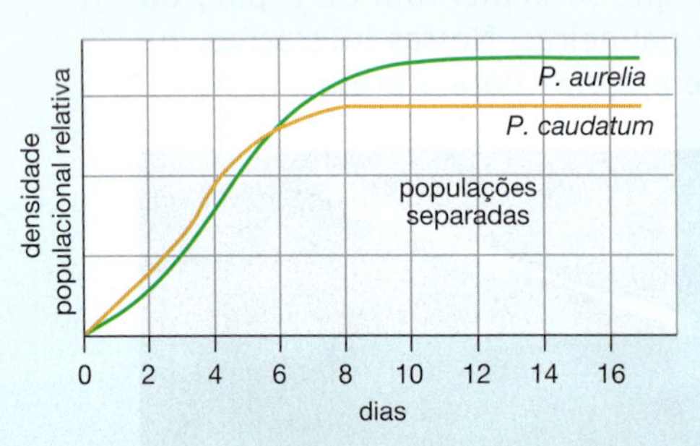

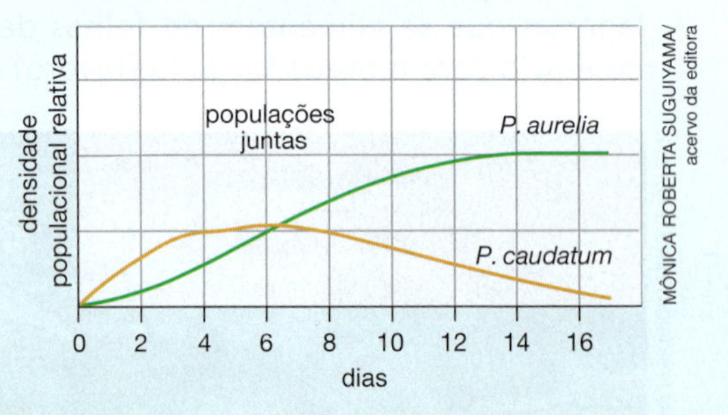

MÔNICA ROBERTA SUGUIYAMA/ acervo da editora

Esclavagismo ("parasitismo social" ou "sinfilia")

No esclavagismo, também denominado "parasitismo social" ou "sinfilia", uma espécie, a "exploradora", beneficia-se dos serviços de outra, a "explorada", que é prejudicada.

É o caso de certos pássaros, como o chupim, que botam ovos no ninho de outra espécie, e esta passa a chocá-los como se fossem seus. Algumas espécies exploradoras chegam a jogar fora os ovos que estavam no ninho da espécie explorada. Outro exemplo é o de certas formigas que "roubam" larvas de formigueiros de outras espécies: com isso, obtêm recursos para aumentar mais o número de indivíduos, os quais incrementam o exército de trabalhadores.

Anote!

Na *antibiose*, ocorre a inibição do crescimento de uma espécie por substâncias liberadas por outra. Fungos do gênero *Penicillium*, crescendo no mesmo meio de cultivo em que existem bactérias, liberam o antibiótico *penicilina*, que mata as bactérias.

Amensalismo

O amensalismo (ou *antibiose* para alguns autores) é uma modalidade de interação em que uma espécie inibe o desenvolvimento de outra por meio da liberação de "substâncias tóxicas". O exemplo mais notável de amensalismo ocorre nas chamadas *marés vermelhas*: a proliferação excessiva de certas algas planctônicas (dinoflagelados, pertencentes ao filo das *dinofíceas*) resulta na liberação de toxinas que acarretam a morte de crustáceos, moluscos e peixes, sendo prejudiciais até mesmo para o homem. Nessa interação não há benefício para as algas.

ALFRED ROWAN/ SHUTTERSTOCK

Dinoflagelados são seres unicelulares de grande importância ecológica. Possuem pigmentos nos cloroplastos que lhes conferem a cor marrom característica. Quando em grandes quantidades, ocasionam o fenômeno da "maré vermelha".

3-3. Mudanças na comunidade ao longo do tempo: sucessão ecológica

Toda comunidade é dinâmica e, ao longo do tempo, pode sofrer modificações na composição das espécies que a constituem. Fenômenos climáticos extremos, assim como as intervenções frequentes do homem na natureza, constituem exemplos que podem interferir na composição da comunidade e alterar sua estrutura física e de espécies.

A **sucessão ecológica** é a sequência de mudanças pelas quais passa uma comunidade ao longo do tempo.

Incêndios florestais, secas intensas, terrenos decorrentes de abertura de estradas, desmoronamento, rupturas de barragens, campos de cultivo abandonados etc. constituem excelente material de estudo da sucessão, pelo menos nas fases iniciais.

Sucessão primária: da ausência de comunidade até a comunidade clímax

Uma rocha vulcânica nua pode um dia vir a abrigar uma floresta? Sim. Essa possibilidade está ligada ao processo de **sucessão ecológica**, também denominada **primária** por começar do zero, ou seja, sem haver anteriormente uma comunidade no local. É um fenômeno de ocupação progressiva de um espaço, com as seguintes etapas:

- em uma primeira etapa, conhecida como **ecese**, há a invasão do meio por organismos pioneiros de, modo geral **liquens**; esses organismos produzem substâncias ácidas que desfazem a rocha lentamente, formando um solo rudimentar que favorece a instalação de novos seres, como musgos e samambaias simples;
- em uma segunda fase, a **sere**, há um período de alterações rápidas da comunidade, em que os próprios organismos modificam o meio pela sua atividade penetrante no solo. Isso, aliado à ação contínua dos ventos, da água e da variação da temperatura, acaba criando condições para a instalação de outros grupos de seres vivos. Ocorrem substituições graduais de seres vivos por outros, com mudanças completas na composição da comunidade e das características do solo;
- depois de ocorrerem alterações frequentes durante muito tempo, pode ser atingida a terceira fase, a de **clímax**, representada, por exemplo, por uma floresta exuberante. Essa fase é caracterizada pela estabilidade e maturidade da comunidade, quando poucas alterações são verificadas;
- na fase de clímax, de maneira geral, a *produção* (*P*) se iguala ao *consumo* (*R*). Nessas condições, vale a relação $\frac{P}{R} = 1$;
- no *clímax*, as alterações promovidas pelos fatores físicos (água, ventos, temperatura) são pequenas. A diversidade biológica permanece praticamente constante, podendo haver pequenas alterações na composição da comunidade, que logo atinge novamente o estado de equilíbrio. Nessa fase, a *homeostase*, o estado de equilíbrio dinâmico da comunidade, é mantida ao longo do tempo, de maneira análoga à que ocorre em um organismo que atingiu a maturidade.

T. SCHNEIDER/SHUTTERSTOCK

Musgos crescendo em uma fenda vulcânica.

A competição é intensa ao longo de todo o processo de sucessão. A substituição de espécies por outras que desempenham a mesma função no ecossistema é uma das características marcantes da sucessão. Espécies pioneiras, próprias da primeira etapa, são substituídas por outras, mais especializadas.

No decorrer do processo de sucessão, observa-se uma *tendência de aumento*:

- da biomassa total da comunidade;
- da diversidade em espécies e, como consequência, da quantidade de nichos ecológicos;
- da produtividade primária bruta;
- da taxa respiratória.

Em contrapartida, verifica-se uma *diminuição*:

- da disponibilidade de nutrientes, uma vez que eles são retidos nos corpos dos organismos componentes da comunidade. Na fase de clímax, representada, por exemplo, por uma floresta tropical, o ciclo de nutrientes é tão rápido que o solo acaba retendo pequena quantidade dos minerais, uma vez que eles são constantemente utilizados pelos vegetais;
- da produtividade primária líquida, que tende a zero no estado de clímax, em função do elevado consumo energético existente na comunidade nessa fase $\left(\frac{P}{R} = 1\right)$.

Sucessão secundária: recomeço de uma comunidade

Um lago pode um dia vir a ser uma mata? Sim. O lago vai sendo ocupado por material proveniente da erosão de suas margens e de regiões vizinhas. O lago vai desaparecendo lentamente, surge um solo que é, aos poucos, invadido por sementes de plantas provenientes de matas vizinhas. Começa um processo de alterações frequentes na composição da comunidade, que culmina em uma fase de clímax, semelhante ao que acontece na sucessão primária.

O mesmo ocorre em uma mata ou região florestal atingida por uma queimada ou derrubada da vegetação e, depois, abandonada. Com o tempo, se o ambiente permanecer intocado, a sequência da sucessão pode ocorrer, inicialmente com invasão de gramíneas, depois plantas herbáceas e arbustivas e, por fim, pode ser reconstituída uma mata ou floresta, mas, de modo geral, de composição em espécies diferente da que existia originalmente. Esses eventos recebem a denominação de **sucessão secundária** porque sucedem à comunidade anteriormente existente, com o estabelecimento de uma nova comunidade, frequentemente de composição diferente da que existia anteriormente.

Anote!

Nem sempre o clímax é representado por uma floresta. A vegetação herbácea de um campo pode desempenhar esse papel. O mesmo podemos afirmar com relação às sucessões que acontecem em meio aquático. Uma represa recém-construída passa por sucessão: a água é invadida, inicialmente, por algas do fitoplâncton, que inauguram uma nova comunidade. A fase de sere envolve a participação de inúmeros microrganismos heterótrofos, que conduzem a represa a um estado estabilizado de equilíbrio dinâmico.

Questão socioambiental

Solidariedade, um conceito ecológico

Estudos envolvendo interações entre indivíduos de algumas comunidades podem apresentar resultados inesperados. Durante uma pesquisa realizada na Universidade de Regensburg, Alemanha, cientistas se surpreenderam com o comportamento solidário de uma colônia de formigas. Foram introduzidas, na colônia, formigas infectadas por um fungo; as formigas saudáveis, em vez de as rejeitarem, empenharam-se em retirar os esporos de fungo das formigas doentes e aumentar a higiene do ninho. Como resultado, não apenas a infecção dos fungos não aumentou nas formigas que estavam saudáveis como, ainda, estas ficaram mais resistentes à infecção.

Em outro continente, na cidade de Detroit, EUA, um estudo realizado com casais de idosos, observados durante cinco anos, mostrou que quando o idoso cuida, não apenas do parceiro, mas de familiares, amigos e vizinhos, quer realizando ações concretas (incluindo ajuda financeira), quer realizando pequenas gentilezas, sua saúde apresentava melhoras mais significativas do que aqueles que apenas recebiam o cuidado de outras pessoas.

Independentemente de sua idade, reavalie o seu comportamento do dia a dia e verifique se você não pode realizar ações solidárias, cuidar de pessoas próximas a você – independentemente da idade que tenham – e, com isso, possivelmente, melhorar a sua própria vida.

Desvende & Avalie!

Leia o QR Code abaixo e faça a atividade de experimentação sobre tamanho populacional de uma espécie.

ATIVIDADES

A CAMINHO DO ENEM

1. (Enem) O fenômeno da piracema (subida do rio) é um importante mecanismo que influencia a reprodução de algumas espécies de peixes, pois induz o processo que estimula a queima de gordura e ativa mecanismos hormonais complexos, preparando-os para a reprodução. Intervenções antrópicas nos ambientes aquáticos, como a construção de barragens, interferem na reprodução desses animais.

Adaptado de: MALTA. P. Impacto ambiental das barragens hidrelétricas. *Disponível em:* <http://futurambiental.com>. *Acesso em:* 10 maio 2013.

Essa intervenção antrópica prejudica a piracema porque reduz o(a)

a) percurso da migração.
b) longevidade dos indivíduos.
c) disponibilidade de alimentos.
d) período de migração da espécie.
e) número de espécies de peixes no local.

2. (Enem) As cutias, pequenos roedores das zonas tropicais, transportam pela boca as sementes que caem das árvores, mas, em vez de comê-las, enterram-nas em outro lugar. Esse procedimento lhes permite salvar a maioria de suas sementes enterradas para as épocas mais secas, quando não há frutos maduros disponíveis. Cientistas descobriram que as cutias roubam as sementes enterradas por outras, e esse comportamento da "ladroagem" faz com que uma mesma semente possa ser enterrada dezenas de vezes.

Disponível em: <http://chc.cienciahoje.uol.com.br>. *Acesso em:* 30 jul. 2012.

Essa "ladroagem" está associada à relação de

a) sinfilia.
b) predatismo
c) parasitismo.
d) competição.
e) comensalismo.

3. Não é comum chamar micróbios de "talentosos", mas foi assim que os cientistas se referiram a um novo grupo de bactérias encontradas em esponjas marinhas. As bactérias pertencem a um raro tipo, com grande material genético e extensa capacidade de produzir substâncias químicas naturais. (...) Essas bactérias, do gênero *Entotheonella*, vivem associadas a uma espécie de esponja, a *Theonella swinhoei*. E elas têm o potencial de criar a próxima geração de muitas drogas antibióticas e anticâncer, como tem sido o caso de outras bactérias. (...) O que faz bactérias e esponjas conviverem juntas? "O benefício para as bactérias nessa simbiose é provavelmente a provisão de um *habitat* rico em nutrientes em contraste com a água do mar. Para a esponja, tem sido mostrado, no caso de outras espécies, que as bactérias servem de defesa química contra predação ou crescimento excessivo, disse Joern Piel, do Instituto de Microbiologia do ETH de Zurique, Suíça".

BONALUME NETO, R. Bactérias em esponjas marinhas podem gerar novas drogas. *Folha de S.Paulo*, São Paulo, 1º mar. 2014. Saúde + ciência, p. C9.

Relativamente à simbiose entre as bactérias e esponjas, citadas no texto, pode-se dizer que corresponde a uma modalidade de:

a) competição interespecífica, uma vez que ambas as espécies são prejudicadas na interação.
b) mutualismo ou protocooperação, a depender da existência ou não de obrigatoriedade na interação.
c) predação, uma vez que as esponjas atacam as bactérias que vivem em seu interior e delas se alimentam.
d) comensalismo, considerando que apenas as esponjas se beneficiam da interação, sendo indiferente para as bactérias.
e) parasitismo, uma vez que as bactérias se alimentam de substâncias orgânicas produzidas pelas esponjas, que são prejudicadas na interação.

4. (Enem) Os ecossistemas degradados por intensa atividade agrícola apresentam, geralmente, diminuição de sua diversidade e perda de sua estabilidade. Nesse contexto, o uso integrado de árvores aos sistemas agrícolas (sistemas agroflorestais) pode cumprir um papel inovador ao buscar a aceleração do processo sucessional e, ao mesmo tempo, uma produção escalonada e diversificada.

Adaptado de: <http://saf.cnpgc.embrapa.br>. *Acesso em:* 21 jan. 2012.

Essa é uma estratégia de conciliação entre recuperação ambiental e produção agrícola, pois

a) substitui gradativamente as espécies cultiváveis por espécies arbóreas.
b) intensifica a fertilização do solo com o uso de técnicas apropriadas e biocidas.
c) promove maior diversidade de vida no solo com o aumento da matéria orgânica.
d) favorece a dispersão das sementes cultivadas pela fauna residente nas áreas florestais.
e) cria condições para o estabelecimento de espécies pioneiras com a diminuição da insolação sobre o solo.

5. (Enem) No quadro, estão apresentadas informações sobre duas estratégias de sobrevivência que podem ser adotadas por algumas espécies de seres vivos.

	ESTRATÉGIA 1	ESTRATÉGIA 2
Hábitat	Mais instável e imprevisível	Mais estável e previsível
Potencial biótico	Muito elevado	Baixo
Duração da vida	Curta e com reprodução precoce	Longa e com reprodução tardia
Descendentes	Muitos e com tamanho corporal pequeno	Poucos e com tamanho corporal maior
Tamanho populacional	Variável	Constante

Na recuperação de uma área desmatada deveriam ser reintroduzidas primeiramente as espécies que adotam qual estratégia?

a) Estratégia 1, pois essas espécies produzem descendentes pequenos, o que diminui a competição com outras espécies.
b) Estratégia 2, pois essas espécies têm uma longa duração da vida, o que favorece a produção de muitos descendentes.

c) Estratégia 1, pois essas espécies apresentam um elevado potencial biótico, o que facilita a rápida recolonização da área desmatada.

d) Estratégia 2, pois essas espécies estão adaptadas a hábitats mais estáveis, o que corresponde ao ambiente de uma área desmatada.

e) Estratégia 2, pois essas espécies apresentam um tamanho populacional constante, o que propicia uma recolonização mais estável da área desmatada.

TESTE SEUS CONHECIMENTOS

1. O aumento ou diminuição na quantidade de indivíduos de uma população depende da interação de alguns fatores que possibilitem essa ocorrência.

a) Quais são as duas taxas frequentemente associadas às alterações do tamanho populacional?

b) O tamanho de uma população pode ser avaliado pela densidade. Represente a equação que simboliza a densidade populacional.

2. Nascimentos (N), mortes (M), imigração (I) e emigração (E) são importantes parâmetros relativos a crescimento, diminuição e estabilização do tamanho populacional. Represente as três equações relacionadas a

a) crescimento populacional;

b) diminuição populacional;

c) estabilização do tamanho populacional.

3. Considere o gráfico a seguir, cujas curvas representam o crescimento hipotético de populações:

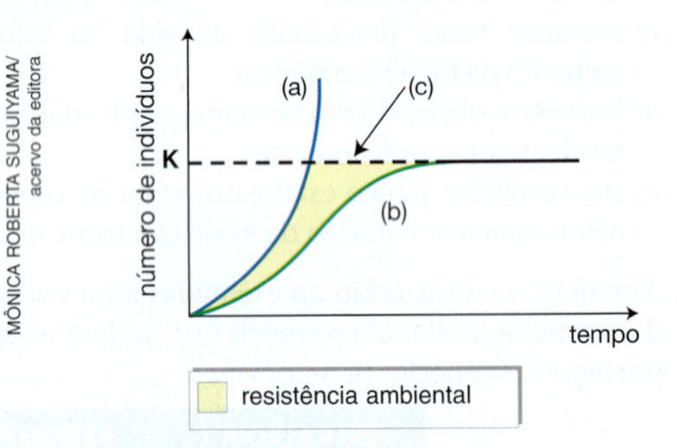

a) Reconheça as curvas *a* e *b*. O que representa a área entre as curvas *a* e *b*, apontada pela seta *c*?

b) Qual é o significado do valor K, indicado no eixo das ordenadas?

c) Cite os fatores de resistência ambiental que comumente regulam o crescimento populacional excessivo de uma espécie.

4. (UFRGS – RS) Em relação às densidades populacionais dos ecossistemas, é correto afirmar que

a) as populações aumentam independentemente das condições ambientais.

b) os limites ambientais provocam aumento das taxas de mortalidade e diminuição das taxas de natalidade.

c) os gráficos que expressam o tamanho de populações em relação ao tempo formam curvas ascendentes contínuas.

d) as espécies de vidas curtas têm baixas taxas reprodutivas.

e) essas densidades são sempre maiores do que teoricamente possível.

5. (FGV) Cientistas monitoraram uma população de roedores, constituída por poucos indivíduos, que se instalou em uma área com abundância de recursos. O gráfico representa possíveis curvas de crescimento dessa população de roedores ao longo do tempo.

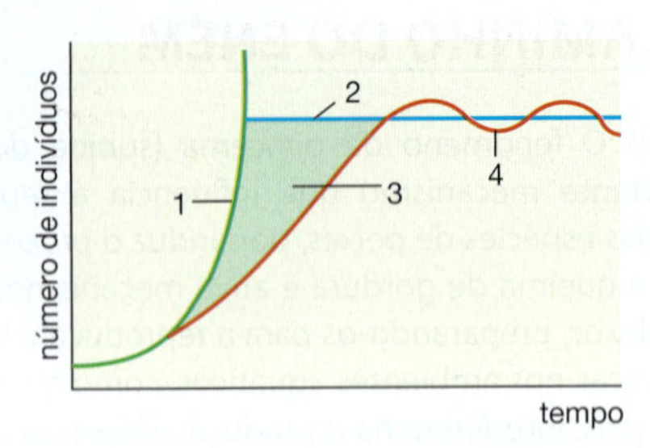

Adaptado de: <http://educacao.globo.com>.

No gráfico, a atuação de predadores que se alimentam dos roedores e o potencial biótico dessa população são representados, respectivamente, pelos números:

a) 1 e 4.
b) 2 e 3.
c) 3 e 1.
d) 4 e 2.
e) 4 e 3.

6. (Famerp – SP) Muitas aves pequenas e grandes atuam no processo de dispersão de sementes, afetando a evolução de certas árvores da Mata Atlântica. O gráfico mostra como aves pequenas e aves grandes selecionam sementes de diferentes tamanhos.

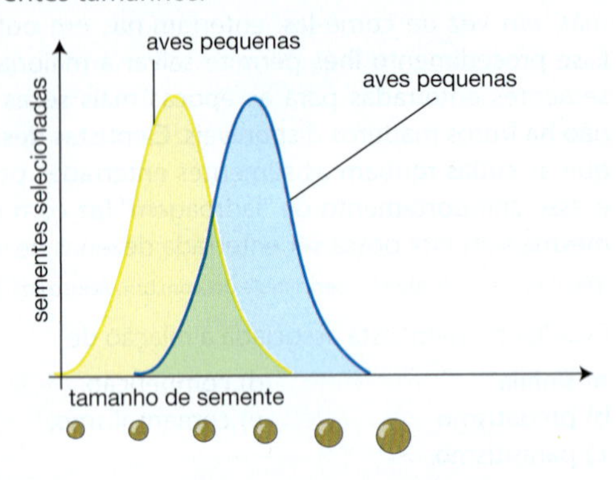

Adaptado de: Folha de S. Paulo, 31 maio 2013.

a) A relação ecológica estabelecida entre as aves e as árvores é harmônica ou desarmônica? Por quê?

b) Considerando os dados fornecidos, explique como o desaparecimento das aves grandes poderia aumentar o número de espécies de plantas produtoras de sementes pequenas.

7. O esquema a seguir relaciona os três tipos de Interações intraespecíficas.

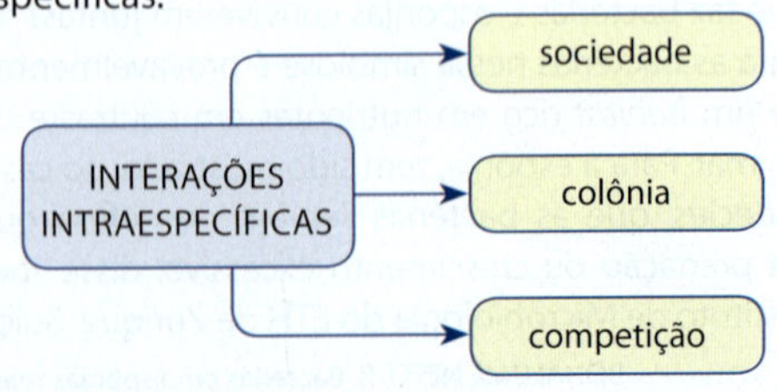

a) Cite a diferença que existe entre colônia e sociedade, em termos ecológicos.

b) Por quais recursos disponíveis ou comportamentais pode ocorrer a competição intraespecífica em uma população?

8. (UEA – AM) As interações ou relações ecológicas são estudadas para melhor compreensão das dinâmicas das populações nos diversos ecossistemas do planeta. Nesses estudos, a definição quanto à organização de seres vivos em colônias é baseada, sobretudo, no fato de os seus integrantes

a) serem hermafroditas.
b) desempenharem as mesmas funções na organização.
c) estarem unidos anatomicamente.
d) pertencerem a espécies diferentes.
e) serem organismos unicelulares.

9. (Fuvest – SP) O tapiti é um coelho nativo do Brasil, habitante típico de campos, cerrado ou, mesmo, bordas das matas. Tem hábitos noturnos e, durante o dia, fica escondido em meio à vegetação ou em tocas. Alimenta-se de vegetais, especialmente brotos e raízes. A quantidade desses animais está cada vez menor pela presença da lebre europeia, que foi introduzida no Brasil. A lebre europeia também se alimenta de vegetais, e tanto o tapiti como a lebre são caças apreciadas por jaguatiricas e onças.

a) Represente esquematicamente a teia alimentar mencionada no texto.
b) Cite duas interações interespecíficas apontadas no texto e justifique sua resposta.

10. O esquema a seguir relaciona as modalidades de interações interespecíficas:

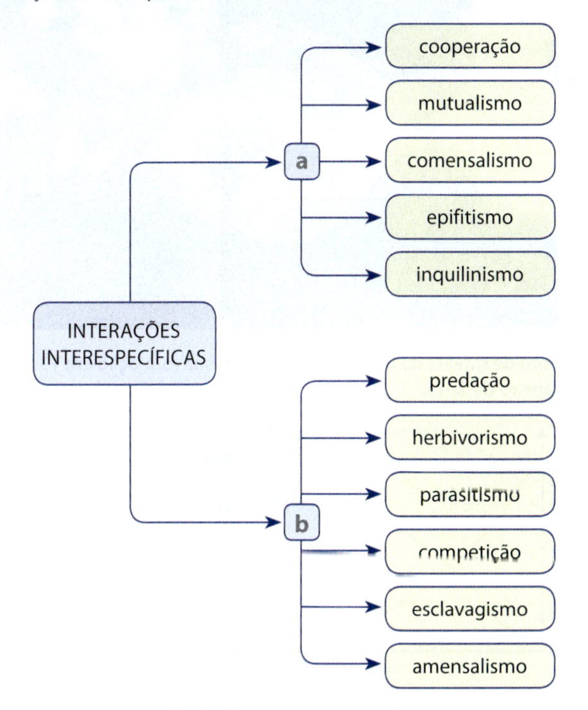

a) Que termos devem ser utilizados para substituir as letras **a** e **b** no esquema?
b) Cite a diferença que existe entre cooperação (protocooperação) e mutualismo.
c) Em que difere o comensalismo puro do epitifismo e do inquilinismo?
d) Entre predação e herbivorismo há uma importante diferença. Qual é?

11. (Udesc) Diferentes organismos em uma comunidade biológica interagem entre si, o que se denomina de *relações ecológicas*, existindo diferentes tipos delas. Em uma relação, na qual um indivíduo usa restos da alimentação de outro indivíduo sem prejudicá-lo, tem-se uma relação:

a) interespecífica do tipo protocooperação.
c) intraespecífica do tipo sociedade.
c) interespecífica do tipo sociedade.
d) intraespecífica do tipo colônia.
e) interespecífica do tipo comensalismo.

12. Cientistas brasileiros descobriram que o forte odor exalado por algumas espécies de anfíbios é produzido por bactérias e seria uma forma de atrair parceiros. Exemplo notável de simbiose, tais bactérias ajudam na hora do acasalamento. Considerando que as bactérias também obtêm benefícios ao viverem na pele dos anfíbios, por exemplo, obtendo restos de substâncias nutritivas nela existentes, essa interação positiva para ambos os participantes, de natureza benéfica e não obrigatória, constitui um exemplo de:

Adaptado de: MOON, P. Bactérias podem ajudar anfíbios a ficar mais "cheirosos" para os parceiros. *Folha de São Paulo*, São Paulo, 5 fev. 2019. Ciência, p. B6.

a) comensalismo.
b) cooperação.
c) parasitismo.
d) amensalismo.
e) competição.

13. (UFRGS – RS) Assinale a alternativa que apresenta exemplos de interações ecológicas interespecífica positiva, interespecífica negativa e intraespecífica, respectivamente.

a) colônia – predação – parasitismo
b) comensalismo – competição – sociedade
c) mutualismo – inquilinismo – sociedade
d) competição – parasitismo – colônia
e) amensalismo – competição – colônia

14. (FMJ – SP) Duas espécies de plantas, X e Y, foram analisadas numa condição diferente da natural: cinquenta plantas da espécie Y receberam sobre seus caules as plantas da espécie X por um período de 2 anos e nenhuma delas morreu. Os resultados das taxas de crescimento das duas espécies foram indicados em um gráfico. As linhas pontilhadas representam os crescimentos reais, caso não houvesse contato entre elas.

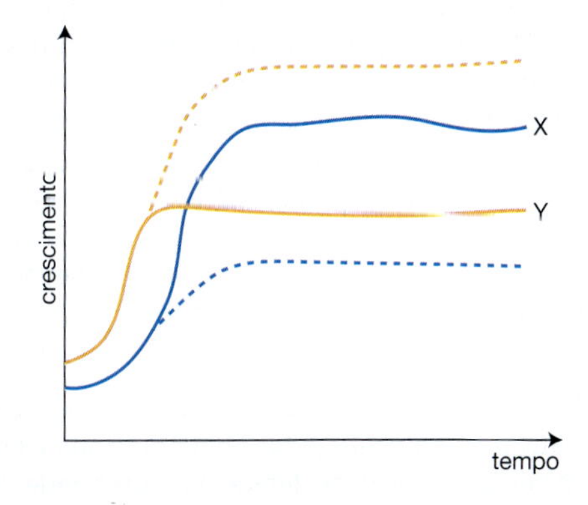

De acordo com os resultados, é correto afirmar que a interação ecológica entre as espécies X e Y é de

a) mutualismo.
b) parasitismo.
c) canibalismo.
d) epifitismo.
e) protocooperação.

15. (FPP – PR) Observe o gráfico a seguir.

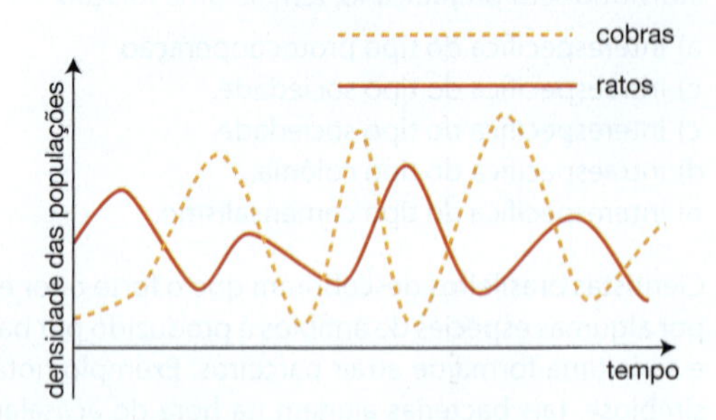

Disponível em: <Educação.globo.com/biologia/assunto/ecologia/dinâmica-de-populações.html>. *Acesso em:* 3 ago. 2019.

A relação existente entre cobras e ratos pode ser classificada como

a) competição.
b) comensalismo.
c) mutualismo.
d) predatismo.
e) parasitismo.

16. Raízes de plantas de sorgo, milho e painço, entre outras, liberam no solo substâncias químicas conhecidas como estrigolactonas, que atuam como moléculas de sinalização para sementes de outras plantas. Sementes dessas outras plantas, ao reconhecerem as moléculas de estrigolactonas, germinam sobre as raízes das plantas que produzem essas substâncias e extraem de suas hospedeiras água e nutrientes minerais e orgânicos (sobretudo os produzidos pela fotossíntese executada pelas hospedeiras). Assim, percebe-se que há indubitável prejuízo às plantas produtoras das estrigolactonas, enquanto há benefício para as que dela se aproveitam.

Adaptado de: HARRO, B. Can witchweed be wiped out? *Science*, Washington, v. 362, n. 6420, p. 1248-1249, 14 Dec. 2018.

A relação ecológica que ocorre entre as plantas produtoras de estrigolactonas citadas no texto e as que germinam sobre suas raízes, prejudicando-as, é exemplo de:

a) mutualismo.
b) competição interespecífica.
c) comensalismo.
d) parasitismo.
e) amensalismo.

17. (Unesp) Leia a notícia.

O Projeto de Lei nº 5.989 de 2009, que originalmente pretende liberar a aquicultura com tilápias e carpas (espécies não nativas no Brasil) em reservatórios de usinas hidrelétricas, tramita agora no Senado. (...) Facilitar o uso de espécies não nativas na aquicultura em reservatórios de usinas hidrelétricas pode ser altamente prejudicial aos ambientes aquáticos brasileiros, já que as represas recebem rios afluentes. Desse modo, os peixes criados ali (...) poderiam chegar a diversos ambientes do país por esse caminho.

Unespciência, maio 2017.

a) Supondo que antes da introdução de espécies não nativas o ambiente já havia atingido sua carga biótica máxima (capacidade limite ou capacidade de carga), explique por que a presença dessas espécies não nativas de peixes pode ser prejudicial aos ambientes aquáticos naturais brasileiros.
b) Além das espécies não nativas de peixes, que outros organismos, associados a essas espécies, podem juntamente ser introduzidos nesses ambientes aquáticos? Explique o impacto que esses organismos podem causar no tamanho das populações de peixes locais.

18. (Unicesumar – PR) Em um processo de sucessão ecológica, as comunidades que se instalam sofrem mudanças em sua estrutura no que se refere à diversidade de espécies, à biomassa e à teia alimentar. No decorrer desse processo,

a) a teia alimentar diminui em complexidade conforme a comunidade se aproxima do clímax.
b) a teia alimentar aumenta em complexidade, mas diminui em biomassa.
c) conforme a diversidade de espécies diminui, a biomassa tende a aumentar.
d) ocorre uma diminuição da diversidade de espécies e da biomassa.
e) a diversidade de espécies inicial é baixa e tende a aumentar, ficando estável no clímax.

19. (Fepar – PR) No final de 2014, ao sul de Tonga, o vulcão submarino Hunga Tonga-Hunga Ha'apai entrou em erupção pela segunda vez em menos de 5 anos, originando uma ilha rochosa com quase 2,5 km de comprimento e 90 m de altura. Com apenas dois meses, ainda permanecia aquecida e já se observava o início de uma sucessão ecológica com a chegada das primeiras espécies pioneiras.

PLEIADES-1A © 2015 CNES DISTRIBUTION AIRBUS DS

Foto de satélite da ilha Tonga logo após sua formação em 19 de janeiro de 2015.

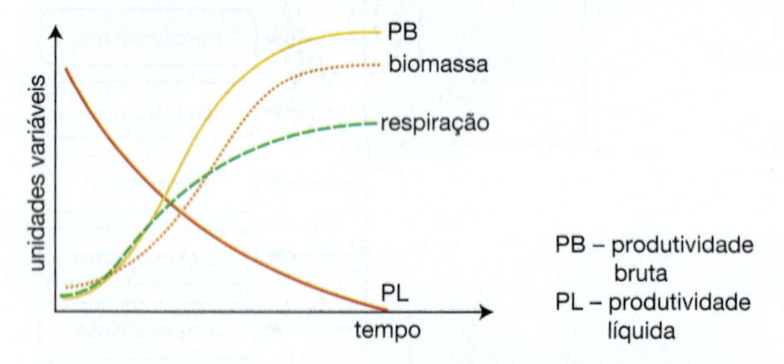

A sucessão ecológica corresponde às mudanças graduais e progressivas num ecossistema até que esse atinja uma comunidade com o máximo de desenvolvimento possível. Durante tal processo, ocorre a colonização de uma área e mudanças na composição da comunidade, que vai sendo substituída por outra mais complexa.

a) Que tipo de sucessão ecológica deve ocorrer na ilha Hunga Tonga? Justifique sua resposta.
b) Analise o gráfico acima e justifique as duas curvas de produtividade (PB e PL), de acordo com os princípios básicos da sucessão ecológica, aplicados ao caso da ilha Hunga Tonga.

CAPÍTULO 4

Biomas e fitogeografia do Brasil

A Mata Atlântica é uma das florestas mais ricas em diversidade de espécies e também uma das mais ameaçadas do planeta. Originalmente, o bioma ocupava mais de 1,3 milhão de km^2 em 17 estados do território brasileiro, estendendo-se por grande parte da costa do país. Cobria cerca de 15% do total do território brasileiro, o que inclui 17 estados (Alagoas, Bahia, Ceará, Espírito Santo, Goiás, Mato Grosso do Sul, Minas Gerais, Paraíba, Paraná, Pernambuco, Piauí, Rio de Janeiro, Rio Grande do Norte, Rio Grande do Sul, Santa Catarina, São Paulo e Sergipe), dos quais 14 são costeiros. Hoje, restam apenas 12,4% da floresta que existia originalmente e, desses remanescentes, 80% estão em áreas privadas. Ela é a casa da maioria dos brasileiros, abriga cerca de 72% da população, sete das nove maiores bacias hidrográficas do país e três dos maiores centros urbanos do continente sul-americano. E a floresta possibilita atividades essenciais para a nossa economia – como agricultura, pesca, geração de energia, turismo e lazer.

Estima-se que existam na Mata Atlântica cerca de 20 mil espécies vegetais (35% das espécies existentes no Brasil, aproximadamente), incluindo diversas espécies endêmicas e ameaçadas de extinção. Em relação à fauna, o bioma abriga cerca de 850 espécies de aves, 370 de anfíbios, 200 de répteis, 270 de mamíferos e 350 de peixes.

Adaptado de: (1) <https://mma.gov.br/biomas/mataatl%C3%A2ntica_emdesenvolvimento>. *Acesso em:* 18 set. 2020;
(2) <http://www.inpe.br/noticias/noticia.php?Cod_Noticia=5115>. *Acesso em:* 19 ago. 2020

Seu ponto de vista!

Durante muito tempo, foram plantadas pelas prefeituras árvores que não são nativas da Mata Atlântica em cidades dessa região. Sugeriu-se que essas árvores, como a tipuana (*Tipuana tipu*), que podem atingir 15 m de altura e de lindas flores amarelas, fossem arrancadas para que, em seu lugar, fossem plantadas árvores nativas da Mata. Qual é sua opinião sobre essa proposta?

Flores de *Tipuana tipu*.

UWE BERGWITZ/ SANJIV SHUKLA/SHUTTERSTOCK

4-1. Importantes biomas da biosfera terrestre

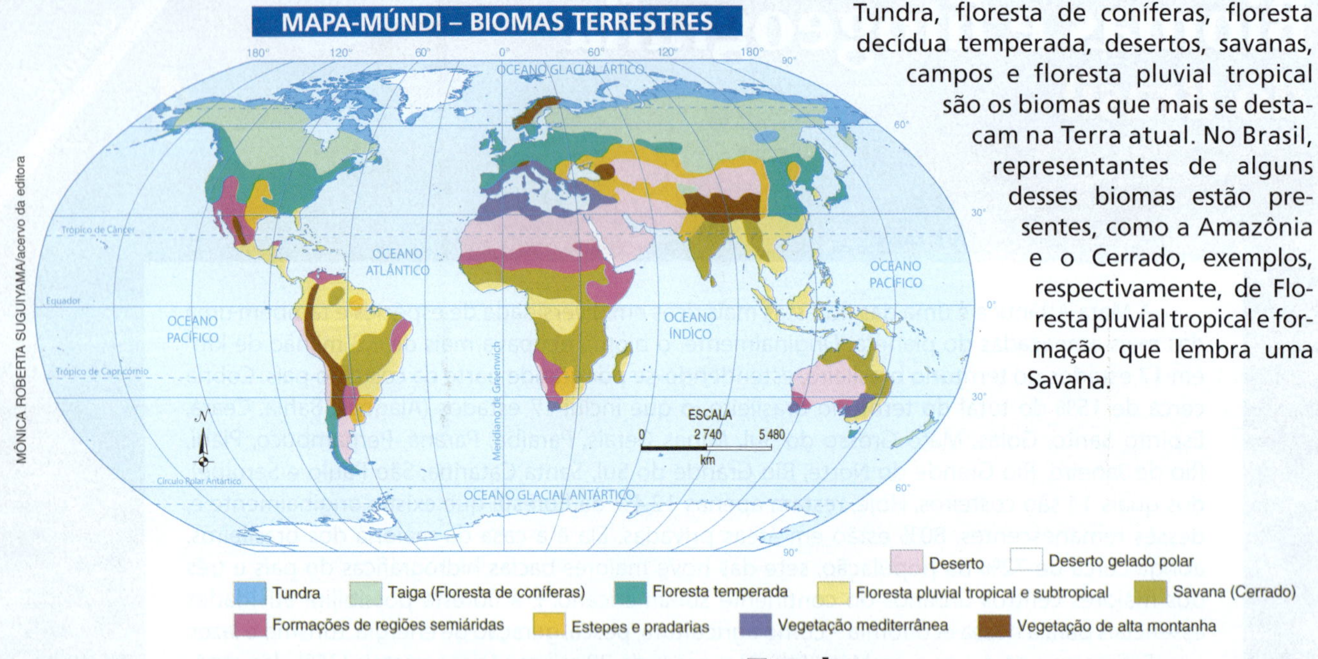

MÔNICA ROBERTA SUGUIYAMA/acervo da editora

Tundra, floresta de coníferas, floresta decídua temperada, desertos, savanas, campos e floresta pluvial tropical são os biomas que mais se destacam na Terra atual. No Brasil, representantes de alguns desses biomas estão presentes, como a Amazônia e o Cerrado, exemplos, respectivamente, de Floresta pluvial tropical e formação que lembra uma Savana.

Anote!

Nas montanhas do Himalaia e nas dos Andes, a tundra é o bioma predominante. Esse fato ilustra o princípio de que o ambiente das elevadas altitudes simula o das elevadas latitudes.

OLEG SENKOW/SHUTTERSTOCK

Tundra.

Tundra

É um bioma de latitudes elevadas ao norte do planeta, próximo ao Círculo Polar Ártico. Não há árvores, a vegetação é rasteira, de tamanho pequeno, formada principalmente por liquens, musgos e abundantes plantas herbáceas. As temperaturas são extremamente baixas, até –20 °C, no longo inverno (cerca de dez meses) e baixas, cerca de 5 °C, no curto verão, que é a estação em que as plantas se reproduzem rapidamente e na qual proliferam milhares de insetos. O solo permanentemente congelado – *permafrost* – fica a poucos centímetros abaixo da vegetação.

É nesse bioma que se encontram ursos-polares, caribus e renas (comedores de liquens), lemingues e a coruja do Ártico. Anfíbios e répteis são praticamente inexistentes. Muitos animais, caribus são um bom exemplo, migram para o Sul durante o outono, à procura de alimento e refúgio.

Taiga: predominância de coníferas.

SINELEV/SHUTTERSTOCK

Floresta de coníferas (taiga)

Esse bioma está localizado no hemisfério Norte, imediatamente ao sul da tundra. A forma vegetal dominante desse bioma são as coníferas (gimnospermas), pinheiros que portam estruturas de reprodução conhecidas por cones. São também comuns algumas angiospermas decíduas, isto é, árvores que perdem folhas no outono, permanecendo nuas ao longo de todo o inverno.

A fauna é muito pobre, formada principalmente por linces, lebres, raposas, pequenos roedores e algumas aves. Os caribus migradores da tundra também são encontrados à procura de comida e abrigo entre as árvores.

Floresta decídua temperada

No hemisfério Norte, é encontrada ao sul da floresta de coníferas. É um bioma típico de regiões em que as estações do ano são bem definidas, com uma primavera chuvosa que propicia a exuberância da vegetação, verão quente e inverno rigoroso. O solo é fértil. A vegetação é estratificada, isto é, as árvores distribuem-se por níveis, existindo as de porte elevado formando um dossel (nome dado à cobertura formada pelas árvores de maior porte) uniforme, vindo a seguir as de tamanho progressivamente menor, até as plantas herbáceas. Há uma razoável diversidade de animais, incluindo praticamente todos os grupos conhecidos. A principal característica das árvores é a caducidade das folhas, isto é, em meados do outono, as folhas mudam de cor, inicialmente amarelecem, depois ficam acastanhadas e, a seguir, caem.

ONDREJ PROSICKY/SHUTTERSTOCK

Floresta decídua temperada: riqueza de árvores caducifólias.

Desertos

Baixa precipitação pluviométrica (cerca de 250 mm anuais), altas temperaturas e vegetação esparsa altamente adaptada a condições de clima seco caracterizam os desertos. Espalhados por várias partes da Terra, sua flora é específica e formada quase sempre por cactáceas que possuem inúmeras adaptações à falta de água (caules suculentos, espinhos, raízes amplamente difundidas pelo solo etc.). Durante o dia, a temperatura é extremamente elevada e as noites são frias, podendo a temperatura atingir zero grau Celsius. Muitos locais do deserto não possuem nenhuma vegetação, enquanto em outros notam-se arbustos, cactos e alguma vegetação rasteira. Poucos animais, tais como raposas, "ratos-cangurus" e alguns anfíbios e répteis, com pronunciada atividade noturna, escondem-se durante o dia em buracos ou sob pedras.

FILIPE B. VARELA/SHUTTERSTOCK

Deserto.

Floresta pluvial tropical

Chuva abundante, temperatura elevada o ano inteiro e clima úmido são fatores que favoreceram a formação de exuberantes matas em regiões tropicais da América do Sul (Floresta Amazônica, por exemplo), África, Sudeste da Ásia e alguns pontos da América do Norte. A vegetação é altamente estratificada, existem árvores de diversos tamanhos, a biodiversidade é magnífica. A parte fértil do solo é pouco espessa em função da rápida reciclagem de nutrientes. Há uma infinidade de fungos em associações com raízes, as conhecidas *micorrizas*. Em virtude dessa rápida reciclagem e da pequena espessura do solo fértil, pode-se dizer que a fertilidade dessas florestas deve-se à vegetação arbórea exuberante.

HORIA BOGDAN/SHUTTERSTOCK

Interior da floresta pluvial tropical da Costa Rica. Observe a vegetação estratificada.

Savana na Tanzânia.

Savanas, campos e estepes

Esses biomas correspondem às formações típicas da África, aos cerrados brasileiros (que incluem vários subtipos) e aos diversos tipos de campos distribuídos pela Terra, entre os quais os nossos pampas gaúchos.

Nas savanas, a vegetação não é exuberante, existindo praticamente dois estratos, o arbóreo – que é esparso – e o herbáceo. A fauna é típica para cada região, sendo bem conhecida a africana, formada por mamíferos de grande porte, tais como elefantes, girafas, leões e zebras, bem como algumas aves famosas, como os avestruzes.

Anote!

Nossos cerrados, semelhantes a formações savânicas africanas, encontram-se atualmente bastante degradados, servindo para o cultivo de espécies com fins alimentares, principalmente a soja.

Com relação aos campos, bioma em que predomina a vegetação herbácea, os localizados na América do Norte encontram-se atualmente bastante alterados, sendo utilizados para o cultivo de plantas destinadas à alimentação do homem, tais como soja, milho etc. No Brasil, os pampas gaúchos (chamados também de estepes) correspondem a locais cuja vegetação é predominantemente formada por gramíneas, prestando-se à criação de equinos e bovinos.

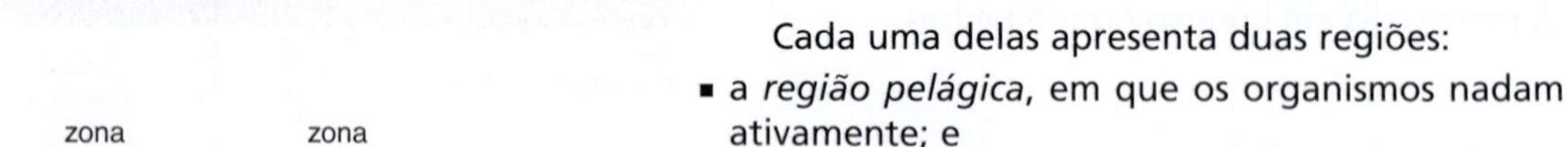

4-2. Oceanos também podem ser considerados biomas

Oceanos e mares também podem ser considerados biomas? Sim. A principal característica a eles associada é a estabilidade. Neles, três regiões se destacam: **região litorânea** (ou nerítica), assentada sobre a **plataforma continental** (0 a 200 m de profundidade) e seguida de uma **região oceânica** (mar aberto). Veja a Figura 4 -1.

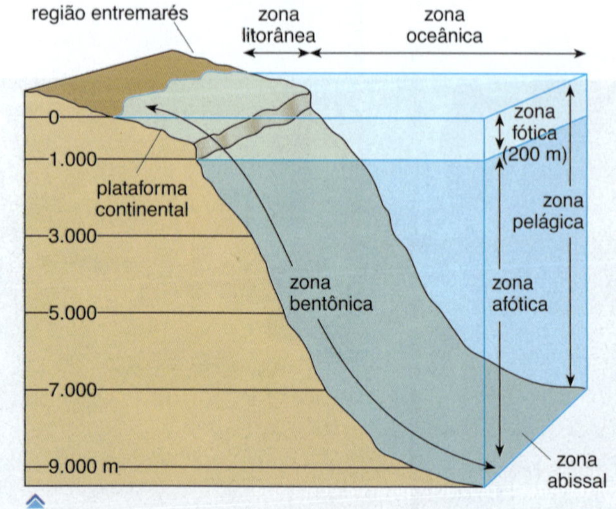

Figura 4-1. Esquema das zonas marinhas.

Cada uma delas apresenta duas regiões:

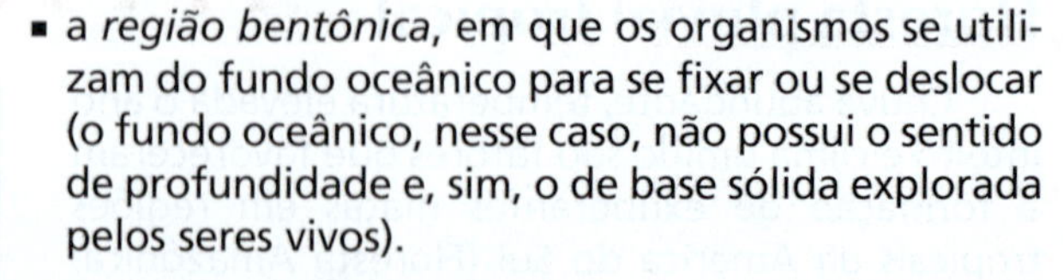

- a *região pelágica*, em que os organismos nadam ativamente; e
- a *região bentônica*, em que os organismos se utilizam do fundo oceânico para se fixar ou se deslocar (o fundo oceânico, nesse caso, não possui o sentido de profundidade e, sim, o de base sólida explorada pelos seres vivos).

A vida oceânica depende da profundidade de penetração da luz na água. Fora da plataforma continental, a profundidade do oceano aumenta consideravelmente. Há pontos em que ela alcança 11.000 m (na plataforma continental, a média de penetração de luz, ou seja, a zona fótica, é de 200 m). Os organismos que vivem em grandes profundidades dependem dos que habitam regiões superficiais. Seres vivos errantes e detritos que caem de regiões superiores constituem o alimento dos habitantes das chamadas regiões abissais.

Plâncton, bentos e nécton: comunidades marinhas

Os habitantes do mar fazem parte de diferentes comunidades; na verdade, divisões da comunidade maior que existe nos oceanos. As principais são: o **plâncton**, o **bentos** e o **nécton**.

Plâncton

O **plâncton** é constituído principalmente de organismos microscópicos livres e flutuantes na massa de água. Sua locomoção a longas distâncias é devida ao próprio movimento das marés. De modo geral, a existência do plâncton é condicionada à profundidade de penetração da luz, a chamada **região fótica**, que normalmente chega até cerca de 200 metros.

É comum considerar o plâncton como formado por dois grandes componentes: o **fitoplâncton**, composto de organismos autótrofos (algas microscópicas e cianobactérias), produtores de alimento, e o **zooplâncton**, constituído por diferentes grupos de animais, geralmente microscópicos, sendo os mais importantes os microcrustáceos. O zooplâncton é o elo da cadeia alimentar que une o fitoplâncton e os demais seres vivos dos oceanos.

CHOKSAWATDIKORN/SHUTTERSTOCK

Elementos do zooplâncton, observados ao microscópio óptico.

Bentos

O **bentos** é uma comunidade constituída por organismos que habitam a base sólida do mar, o chamado fundo oceânico. Dele fazem parte dois tipos de organismo: os **fixos** (ou **sésseis**), como esponjas, corais, cracas, algas macroscópicas, e os **móveis** (ou **errantes**), como caramujos, caranguejos e lagostas.

Nécton

O **nécton** é a comunidade formada por organismos nadadores ativos. É o caso de peixes, tartarugas, baleias, focas, lulas etc.

BANGTALAY/SHUTTERSTOCK

Corais, como os do gênero *Alcyonacea* da foto, são seres bentônicos, ou seja, que se apoiam no assoalho do oceano.

STEFAN PIRCHER/SHUTTERSTOCK

Nadadores ativos, como o tubarão-branco (*Carcharodon carcharias*) são seres nectônicos.

4-3. Principais biomas de água doce

Grande parte da biosfera terrestre é hoje ocupada por água, um meio no qual a vida surgiu há bilhões de anos e expandiu-se para o meio terrestre. O volume de água existente nos mares é muito superior ao das coleções de água doce. A principal diferença entre esses dois ambientes aquáticos é o *teor de sais*, muito pequeno na água doce, ao redor de 1%. Outra diferença reside na *instabilidade* apresentada pelos ecossistemas de água doce. As características físicas e químicas, como temperatura, salinidade e pH, apresentam grande variação.

Em alguns aspectos, no entanto, o mar e a água doce apresentam similaridades. Uma delas está relacionada às categorias de seres vivos componentes das comunidades: a água doce também possui plâncton, bentos e nécton. Há, porém, algumas peculiaridades nesse ambiente, principalmente quando levamos em conta a existência de movimento da massa de água. Assim, podemos pensar em dois tipos de ambiente aquático, quanto a essa característica: *águas paradas* e *águas correntes*. À primeira categoria pertencem os lagos, lagoas, charcos, açudes e represas. Os rios, riachos, córregos e correntezas fazem parte da segunda.

4-4. Os biomas brasileiros (fitografia do Brasil)

O Brasil possui enorme extensão territorial e apresenta climas e solos muito variados. Em função dessas características, há uma evidente diversidade de biomas, definidos sobretudo pelo tipo de cobertura vegetal.

MAPA-MÚNDI – BIOMAS TERRESTRES

IBGE. *Disponível em:* <https://www.ibge.gov.br/geociencias/informacoes-ambientais/estudos-ambientais/15842-biomas.html?=&t=acesso-ao-produto>. *Acesso em:* 20 abr. 2021.

Caatinga

Caatinga: riqueza em xerófitas.

- Abundância de cactáceas. O restante da vegetação é constituído por árvores e arbustos caducifólios, ou seja, que perdem as folhas nas estações secas. O nome Caatinga significa mata branca e recebe esse nome em razão do aspecto esbranquiçado dos caules sem folhas durante o período de seca.
- Xerofitismo (conjunto de caracteres apresentados por vegetais de clima seco).
- Temperaturas elevadas. A água é fator limitante. Chuvas escassas (300 a 800 mm/ano). Rios secam no verão.
- 10% do território nacional (800.000 km^2).
- Vegetais típicos: mandacaru, xique-xique, umbu, pau-ferro, juazeiro, barriguda, coroa-de-frade.
- Estados do Maranhão, Piauí, Ceará, Rio Grande do Norte, da Paraíba, de Pernambuco, de Sergipe, de Alagoas, da Bahia e norte de Minas Gerais.

Cerrado

- Vegetação tipo savana. Árvores esparsas, de tronco retorcido, casca grossa, folhas espessas, ou seja, com características de região seca, conduzindo a um aparente xeromorfismo. Há também vegetais com características de higrofitismo.
- Solo ácido, arenoargiloso, rico em alumínio e pobre em nutrientes. Oligotrofismo do solo.
- A água não é fator limitante. O lençol subterrâneo é profundo (18 m). Estação seca de 5 a 7 meses. Chuvas regulares na estação chuvosa. Temperatura alta.
- No início, ocupava 25% do território nacional (1.500.000 km^2). Hoje, está bastante alterado para fins agrícolas.
- Vegetais típicos: araticum, barbatimão, copaíba, ipê-amarelo, pequizeiro-do-cerrado, pau-terra, fruta-de-lobo, cajueiro-do-cerrado (as raízes alcançam 18 m de comprimento em direção ao lençol freático).
- Estados de Minas Gerais, Goiás, Mato Grosso, Mato Grosso do Sul, Tocantins e São Paulo.

Cerrado: árvores com troncos retorcidos e cascas espessas.

Anote!

Nas plantas do Cerrado, podem ser encontradas diversas estruturas subterrâneas, tais como bulbos, rizomas, tubérculos e xilopódios. Estes últimos, dotados de substâncias de reserva, correspondem a estruturas de natureza caulinar ou radicular, dos quais surgem raízes que podem ou não se aprofundar, bem como folhas e inflorescências, que se exteriorizam.

Mata Atlântica

- Vegetação exuberante que lembra a Floresta Amazônica. Árvores altas, higrofitismo e epifitismo (orquídeas).
- Região úmida em função dos ventos que sopram do mar. Pluviosidade intensa (na cidade de Itapanhaú, SP, chove cerca de 4.500 mm/ano, ou seja, chove praticamente todos os dias).
- Região devastada. Área original: 1,3 milhão de km^2 (aproximadamente15% do território nacional). Hoje, estima-se que restam apenas 12,4% da área original.
- Vegetais típicos: manacá-da-serra, cambuci, guapuruvu, angico, suinã, ipê-roxo, pau-brasil.
- O bioma Mata Atlântica abrange ecossistemas como a Mata de Araucárias e também o Manguezal.

A Mata Atlântica apesar de bastante devastada, ainda apresenta diversos estratos, desde árvores muito altas (como a da foto, em que se veem raízes tabulares), passando pelas de tamanho intermediário, até o estrato herbáceo.

DIRK M. DE BOER/SHUTTERSTOCK

Você na net!

Pesquise, em fontes confiáveis na internet, qual é a árvore típica da Mata Atlântica e que constitui um símbolo da flora brasileira. Pesquise também o nome do animal primata que é endêmico da Mata Atlântica e que, com a diminuição drástica de extensão do bioma, corre sério risco de extinção.

Biomas atualmente agregados à Mata Atlântica

Mata de Araucárias (floresta ombrófila densa)

- Atualmente considerada componente da Mata Atlântica.
- Vegetação constituída por árvores altas (pinheiro-do--paraná), arbustos (samambaias, xaxim) e gramíneas.
- Temperaturas baixas no inverno.
- Chuvas abundantes.
- Região intensamente devastada nos últimos anos (atualmente, a porcentagem de matas preservadas não chega a 2%, sendo que esse índice já foi de 60%!).
- Estados do Paraná, de Santa Catarina e do Rio Grande do Sul

NELSON AKIRA ISHIKAWA/SHUTTERSTOCK

Araucaria angustifolia, também conhecida como pinheiro-do--paraná, é uma gimnosperma que pode chegar a 50 m de altura e 2,5 m de diâmetro.

KLEY'ON KAMOGAWA/SHUTTERSTOCK

Mata de Araucárias: a mata original de pinheiros hoje está muito reduzida.

Manguezal

- Faixa estreita paralela ao litoral, também considerada uma extensão da Mata Atlântica.
- Vegetação composta de poucas espécies. Adaptações à falta de O_2 e ao alto teor de água no solo. Raízes respiratórias (pneumatóforos) que afloram do solo e absorvem oxigênio diretamente do ar.
- Caules de escora.

Anote!

As comumente denominadas "raízes de sustentação" das árvores de *Rhizophora mangle*, típicas dos nossos manguezais, na verdade são caules modificados e, hoje, recebem o nome de "**caules de sustentação**", graças aos trabalhos da Professora Dra. Nanuza Luiza de Menezes, da USP.

LUIS WAR/SHUTTERSTOCK

Manguezal: santuário ecológico.

ALEX RODRIGO BRONDANI/SHUTTERSTOCK

Pampas: uniformidade da vegetação.

Pampas

- Vegetação constituída predominantemente por gramíneas. Pastagens.
- Distribuição regular de chuvas.
- Estações bem demarcadas.
- Estado do Rio Grande do Sul.

LUCAS LEUZINGER/SHUTTERSTOCK

Complexo do Pantanal: maravilha da natureza.

Pantanal

- Vegetação adaptada a solos encharcados. Fauna abundante, encontram-se principalmente capivaras, jacarés e jaburus (também conhecidos por tuiuiús, aves pernaltas, símbolos da região pantaneira).
- Região constituída de áreas de cerrados, florestas secas e zonas alagadas.
- 4,5% do território nacional (393.000 km^2).
- Vegetais típicos: guatambu, jenipapo, pau-de-novato, carandá (palmeira), guaçatonga, ingá.
- Região Centro-Oeste do Brasil (estados do Mato Grosso e Mato Grosso do Sul).
- Bioma sujeito a extensas queimadas nos períodos de seca prolongada.

CAIO PEDERNEIRAS/SHUTTERSTOCK

Vista aérea da Floresta Amazônica, perto da cidade de Novo Airão, estado do Amazonas.

Amazônia

- Vegetação densa, distribuída por diversos andares ou estratos. Plantas higrófitas. Folhas amplas e brilhantes. O estrato herbáceo é constituído por plantas de pequeno porte que vivem em condições de baixa luminosidade. No segundo estrato, encontram-se arbustos e pequenas palmeiras. A seguir, dois estratos arbóreos intercalados. O último estrato é o das *lianas*, constituído por epífitas (bromélias, orquídeas, musgos e samambaias) e trepadeiras (filodendros).
- Solos geralmente rasos (parte fértil do solo pouco espessa), bem drenados, intensamente lixiviados e ácidos, pobres em nutrientes, do tipo arenoargilosos. Algumas manchas de solo com terra preta (conhecida como terra de índio), humoso e rico em nutrientes.
- Temperatura regularmente elevada. Pluviosidade intensa.
- Grande quantidade de nichos ecológicos. Riqueza em espécies vegetais (cerca de 2.500). Elevada produtividade bruta: cerca de 30 toneladas/ha/ano.
- Elevada intensidade de decomposição de matéria orgânica no solo, na camada denominada serapilheira, gerando nutrientes que são rapidamente absorvidos pela vegetação, constituindo um ciclo de decomposição/absorção extremamente dinâmico. Por isso, a remoção da floresta para fins agrícolas é prejudicial e conduz o solo ao empobrecimento.
- 40% do território brasileiro (3.500.000 km^2). Nos últimos anos tem sido submetida a intensos desmatamentos e queimadas, motivo de preocupação de autoridades brasileiras e mundiais.
- Vegetais típicos: cacau, castanha-do-pará, cupuaçu, guaraná, jatobá, maçaranduba, seringueira, mogno, sumaúma.
- Estados do Acre, Amazonas, Pará, de Rondônia, do Amapá e de Roraima.

Você na net!

São muitos os projetos e ações que visam à preservação do meio ambiente. Utilize as ferramentas de busca da internet e pesquise sobre a Lei 12.651/2012 (Art. 61-A) que estabelece Áreas de Preservação Permanente (APP). O que são essas áreas?

Mata dos Cocais: região de transição entre Amazônia, Cerrado e Caatinga

- Ecossistema que, atualmente, é considerado região de transição entre três outros.
- Temperatura média anual elevada.
- Vegetais típicos: palmeiras tipo babaçu e carnaúba.
- Chuvas abundantes.
- Estados do Maranhão e Piauí.

FABIO COLOMBINI

Zona de Cocais: babaçu e carnaúba.

Questão socioambiental

Animais em via de extinção

O crescimento da população humana mundial é uma realidade. Outra realidade é a necessidade cada vez maior de espaço para satisfazer as exigências de sobrevivência de nossa espécie. Os desmatamentos e a conquista de espaço fatalmente conduzem à eliminação de *habitats* anteriormente ocupados por inúmeras espécies. É conhecido o exemplo dos bisões americanos, dizimados pelos colonizadores. Hoje, essa espécie existe praticamente apenas em zoológicos ou áreas protegidas.

No Brasil, a situação não é diferente. A Mata Atlântica, por exemplo, possui hoje apenas cerca de 7% de sua formação original. É evidente que sua fauna corre riscos incalculáveis. Mas a Mata Atlântica não é o único ambiente brasileiro com risco de extinguir sua fauna, conforme se vê no mapa abaixo.

Fonte: INSTITUTO BRASILEIRO DE GEOGRAFIA E ESTATÍSTICA.

Identifique no mapa acima que espécies animais estão ameaçadas de extinção no estado em que você vive. Que políticas públicas poderiam ser adotadas para a sobrevivência dessas espécies?

ATIVIDADES

A CAMINHO DO ENEM

1. As porções de terra no entorno do Círculo Polar Ártico devem passar por um "esverdeamento" explosivo nas próximas décadas, à medida que capim, arbustos e árvores começarem a crescer no solo despido de gelo e *permafrost* devido ao aquecimento global. As áreas com florestas no Ártico devem aumentar cerca de 52% até 2050 quando a chamada linha de árvores – a latitude máxima onde a vegetação consegue crescer – variar centenas de quilômetros para o norte, segundo simulações de computador publicadas na revista "Nature Climate Change".

Disponível em: <http://g1.globo.com/natureza/noticia/2013/04/artico-pode-sofrer-invasao-de-vegetacao-por-causa-de-aquecimento.html>. *Acesso em:* 28 abr. 2016.

A região do Círculo Polar Ártico é um ambiente onde as temperaturas são extremamente baixas, atingindo –20 °C no inverno e 5 °C no verão. De acordo com essa informação e o texto apresentado, responda:

a) Qual é a vegetação dominante nesse ambiente?

b) O que é *permafrost*?

c) Que tipo de ambiente de latitudes baixas também é dominado pelo mesmo tipo de vegetação do Ártico?

d) Por que o "esverdeamento" do Ártico poderia ser prejudicial para o planeta?

2. (Enem) Dentre outras características, uma determinada vegetação apresenta folhas durante três a quatro meses ao ano, com limbo (superfície foliar) reduzido, mecanismo rápido de abertura e fechamento dos estômatos (estruturas que regulam a transpiração ou perda de vapor de água) e caule suculento (cactos). Essas são algumas características adaptativas das plantas ao bioma onde se encontram. Que fator ambiental é o responsável pela ocorrência dessas características adaptativas?

a) escassez de nutrientes no solo

b) estratificação da vegetação

c) elevada insolação

d) baixo pH do solo

e) escassez de água

3. Grandes incêndios são frequentes no Cerrado – principalmente nos meses de inverno, quando os ventos fortes, a falta de chuva, a baixa umidade do ar e a massa vegetal seca favorecem a propagação das chamas. Pode parecer contraditório, mas muitos especialistas defendem que a melhor forma de prevenir o problema e proteger a biodiversidade desse bioma tão ameaçado é, justamente, o uso controlado do fogo.

Disponível em: <http://agencia.fapesp.br/especialista_defende_manejo_de_fogo_no_cerrado/17303/>. *Acesso em:* 2 maio 2016.

Dada a importância do Cerrado e considerando o valor que o fogo apresenta nesse bioma, responda:

a) Alguns milhões de anos de evolução sob a influência do fogo permitiram que a vegetação do Cerrado, especialmente a herbácea, apresentasse rápido poder de recuperação após um incêndio. Discorra sobre a importância do fogo no Cerrado.

b) Para as árvores do Cerrado o fogo não traz benefícios. Cite uma adaptação que permite a essas árvores resistir às queimadas.

4. Nos últimos 30 anos, a Mata Atlântica teve 1,887 milhão de hectares desmatados, o equivalente a 12,4 vezes o tamanho da cidade de São Paulo. Apesar de a maior parte dessa perda de vegetação ter ocorrido entre 1985 e o ano de 2000 e de as taxas estarem em queda desde 2005, a supressão de floresta continua ocorrendo no bioma mais devastado do país. (...) Os quase 2 milhões de hectares perdidos nos últimos 30 anos são só a última etapa da história de uma devastação que começou com a descoberta do Brasil. No sul do Brasil houve um aumento de 116% no corte, chegando a 1.777 hectares na região de araucárias. Da área que originalmente era ocupada pelo bioma Mata Atântica, hoje restam cerca de 12,5%, se considerados os fragmentos com mais de 3 hectares. A história do Brasil é a história da devastação da Mata Atlântica. Cada ciclo de desenvolvimento do país foi um ciclo de destruição da floresta.

Adaptado de: GIRARDI, G. País perde 12 cidades de SP em Mata Atlântica. *O Estado de S. Paulo,* São Paulo, 25 maio 2016. Metrópole, p. A18.

O texto relata a devastação que atingiu um dos mais importantes biomas brasileiros. A respeito dessa formação ecológica, dentre suas características pode ser citada a:

a) sua distribuição, restrita a estados do Sudeste brasileiro, região em que predominam as árvores araucárias, as principais representantes da vegetação desse bioma.

b) riqueza em espécies adaptadas ao clima seco da região, destacando-se inúmeras espécies de plantas cactáceas de caule suculento e folhas transformadas em espinhos.

c) pobreza em nutrientes minerais do solo, além da reduzida umidade ambiental, considerando-se a localização do bioma, que abrange o Centro-Oeste brasileiro.

d) ampla distribuição litorânea do bioma, cuja vegetação apresenta vários estratos, com árvores de porte elevado, folhas de ampla superfície, elevada umidade ambiental e solo razoavelmente suprido de nutrientes minerais.

e) elevadas médias de temperatura e de pluviosidade ao longo do ano, o que favorece o desenvolvimento de vegetais de pequeno porte, dotados de diminutas folhas repletas de pelos que evitam a perda de água pelas superfícies foliares.

5. (Enem) A Mata Atlântica caracteriza-se por uma grande diversidade de epífitas, como as bromélias. Essas plantas estão adaptadas a esse ecossistema e conseguem captar luz, água e nutrientes mesmo vivendo sobre as árvores.

Adaptado de: <www.ib.usp.br>. *Acesso em:* 23 fev. 2013.

Essas espécies captam água do(a)

a) organismo das plantas vizinhas.

b) solo através de suas longas raízes.

c) chuva acumulada entre suas folhas.

d) seiva bruta das plantas hospedeiras.

e) comunidade que vive em seu interior.

6. (Enem) O manguezal é um dos mais ricos ambientes do planeta, possui uma grande concentração de vida, sustentada por nutrientes trazidos dos rios e das folhas que caem das árvores. Por causa da quantidade de sedimentos – restos de plantas e outros organismos – misturados à água salgada, o solo dos manguezais tem aparência de lama, mas dele resulta uma floresta exuberante capaz de sobreviver naquele solo lodoso e salgado.

NASCIMENTO, M. S. V. *Disponível em:* <http://chc.cienciahoje.uol.com.br>. *Acesso em:* 3 ago. 2011.

Para viverem em ambiente tão peculiar, as plantas dos manguezais apresentam adaptações, tais como:

a) folhas substituídas por espinhos, a fim de reduzir a perda de água para o ambiente.
b) folhas grossas, que caem em períodos frios, a fim de reduzir a atividade metabólica.
c) caules modificados, que armazenam água, a fim de suprir as plantas em períodos de seca.
d) raízes desenvolvidas, que penetram profundamente no solo, em busca de água.
e) raízes respiratórias ou pneumatóforos, que afloram do solo e absorvem oxigênio diretamente do ar.

7. (Enem) A vegetação apresenta adaptações ao ambiente, como plantas arbóreas e arbustivas com raízes que se expandem horizontalmente, permitindo forte ancoragem no substrato lamacento; raízes que se expandem verticalmente, por causa da baixa oxigenação do substrato; folhas que têm glândulas para eliminar o excesso de sais; folhas que podem apresentar cutícula espessa para reduzir a perda de água por evaporação.

As características descritas referem-se a plantas adaptadas ao bioma:

a) Cerrado.
b) Pampas.
c) Pantanal.
d) Manguezal.
e) Mata de Cocais.

8. Dados do Instituto do Homem e Meio Ambiente da Amazônia (Imazon) reforçam a hipótese de que o desmatamento na Amazônia tenha voltado a aumentar no período 2014-2015 (...) foram 3.322 km^2 contra 2.044 km^2 no período anterior. (...) O desflorestamento continua produzindo um terço das emissões nacionais de gases-estufa (...).

Adaptado de: LEITE, M. ONG registra aumento no desmatamento. *Folha de S.Paulo*, São Paulo, 27 ago. 2015. Ciência + saúde, p. B7.

Ocupando em torno de 40% do território brasileiro (3.500.000 km^2), a Floresta Amazônica caracteriza-se por ser constituída de:

a) vegetação densa, dotada de vários estratos, com plantas higrófitas, folhas amplas e brilhantes, muitas epífitas, solos rasos e pobres em nutrientes minerais, temperatura regularmente elevada e pluviosidade intensa.
b) vegetação rasa, com apenas dois estratos, plantas xerófitas, folhas transformadas em espinhos, solos ricos em nutrientes minerais e pluviosidade restrita a poucos meses do ano.
c) clima semiárido, vegetação herbácea dotada de plantas rasteiras distribuídas por planícies de pastoreio, solos bem supridos de nutrientes minerais e pluviosidade constante ao longo dos meses do ano.
d) clima úmido devido à localização do bioma, distribuído por estados litorâneos brasileiros, vegetação dotada de vários estratos, higrófita, folhas amplas e brilhantes, solos ricos em nutrientes minerais e pluviosidade elevada e distribuída ao longo dos meses do ano.
e) vegetação predominantemente savânica, dotada apenas de estrato arbóreo e herbáceo, solo ácido e pobre em nutrientes minerais, árvores de casca grossa e tronco retorcido, estações seca e úmida bem definidas, com elevada temperatura ambiental.

TESTE SEUS CONHECIMENTOS

1. Considere a ilustração a seguir, que relaciona, em números, os biomas mundiais estudados neste capítulo:

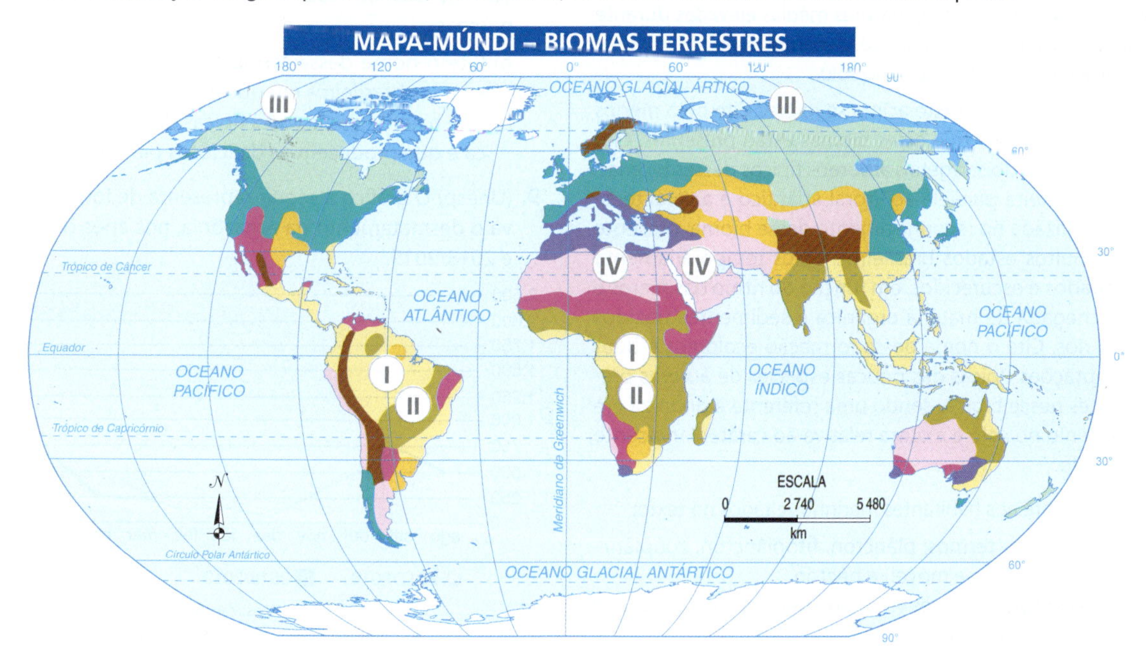

Em alguns países da África e em alguns estados brasileiros, esse tipo de formação ecológica possui vegetação de aspecto semelhante, embora a fauna seja própria de cada país.

a) A que bioma o texto acima se refere? Que número indica esse bioma no mapa anterior?

b) No Brasil, a formação ecológica que pertence a esse bioma recebe outra denominação. Qual é essa denominação?

2. Tundra e taiga são dois biomas próximos, localizados no hemisfério Norte, de latitude elevada. Consulte a ilustração da questão anterior e:

a) Indique o número que simboliza esses dois biomas.

b) Qual é a principal característica da tundra, relativa ao tipo de vegetação nela presente? Cite um conhecido animal habitante desse bioma.

c) A taiga possui outra denominação, que é referente a um grupo vegetal arborescente, cujas árvores são muito conhecidas na região. Qual é a outra denominação atribuída à taiga? A que grupo vegetal a denominação se refere? Cite o nome popular que as árvores desse grupo recebem. No Brasil, há árvores que pertencem a esse grupo vegetal?

3. a) Qual é o bioma indicado pelo número IV no mapa anterior? Cite características típicas, relacionadas à precipitação pluviométrica, temperatura e vegetação, nesse bioma. Cite pelo menos duas adaptações presentes nos vegetais que vivem nesses biomas, relacionadas às carências hídricas desses ambientes.

b) Comparando a vegetação das savanas com a dos campos e estepes, chama a atenção uma importante diferença, relativa aos estratos da vegetação. Qual é essa diferença?

4. Ainda com relação ao mapa anterior, são indicados dois biomas de vegetação exuberante. Um deles abrange praticamente toda a costa atlântica brasileira. O outro abrange a Região Norte do Brasil. Em ambos, a vegetação distribui-se em vários estratos. Plantas higrófitas. Muitas epífitas. Pluviosidade intensa. Temperaturas médias elevadas durante o ano. Elevada intensidade de decomposição de matéria orgânica e muita serapilheira no solo.

a) A quais biomas o texto acima se refere? Cite pelo menos dois estados em que esses biomas estão presentes. Cite pelo menos dois vegetais arbóreos típicos desses biomas.

b) Faixa estreita paralela ao litoral atlântico é a característica utilizada no reconhecimento desse bioma, presente em muitos estados brasileiros. Solos temporariamente alagados e escurecidos, em função do ritmo das marés e da chegada de matéria orgânica e sedimentos trazidos por rios. Cite o nome dessa formação ecológica e duas adaptações típicas das poucas espécies de árvores presentes nesse bioma, sendo uma referente à pobreza em oxigênio no solo e a outra relativa ao caráter lamacento do solo.

5. Relativamente aos habitantes marinhos citados no texto:

a) Conceitue os termos: plâncton, fitoplâncton, zooplâncton, bentos (fixo e móvel) e nécton.

b) Cite exemplos de seres vivos que pertencem a cada uma dessas comunidades.

c) A existência do fitoplâncton é restrita à zona eufótica marinha. Qual é o significado de zona eufótica? Por que o fitoplâncton é restrito à zona eufótica?

6. (Uece) O Cerrado, vegetação representativa, principalmente da Região Centro-Oeste do Brasil, caracteriza-se por plantas adaptadas a condições climáticas às quais estão submetidas. Considerando as particularidades do Cerrado, assinale a opção que identifica plantas típicas desse bioma, em relação a espécies vegetais características de outros biomas brasileiros.

a) Galhos tortuosos e cascas duras e grossas.

b) Ausência de folhas em épocas de seca.

c) Glândulas foliares que eliminam o excesso de sal.

d) Elevado porte e copa fechada.

7. (Adamantina – MG) A fitofisionomia atual do Cerrado brasileiro formou-se em decorrência do clima seco e das queimadas naturais. Algumas características adaptativas das plantas desse bioma, que lhes permitem sobreviver sob essas duas condições, são

a) raízes tabulares, que evitam a desidratação, e caules com superfície oleosa, que protege contra a ação do fogo.

b) raízes fasciculadas superficiais, que absorvem a água após chuvas esporádicas, e folhas largas, calibrosas e não inflamáveis.

c) folhas transformadas em espinhos para evitar a desidratação, e caules produtores de látex, que atua como isolante contra a ação do fogo.

d) caules tortuosos, que protegem contra a desidratação, e sistema radicular aéreo, que permite maior absorção de oxigênio durante as queimadas.

e) raízes profundas, que absorvem água do subsolo, e órgãos subterrâneos ricos em botões vegetativos, que permitem o brotamento após o fogo.

8. Formação ecológica localizada na Região Sul do Brasil, hoje abrangida pela Mata Atlântica. As árvores dessa região, componentes de um importante grupo vegetal, são produtoras dos deliciosos pinhões, muito apreciados pelas pessoas.

a) Cite o nome dessa formação ecológica e os principais estados brasileiros em que está presente.

b) Cite o nome das árvores típicas dessa formação ecológica e que produzem os deliciosos pinhões.

9. (Unesp) O gráfico a seguir representa de forma comparativa o desmatamento na Amazônia, nos anos de 2017/2018 e 2018/2019.

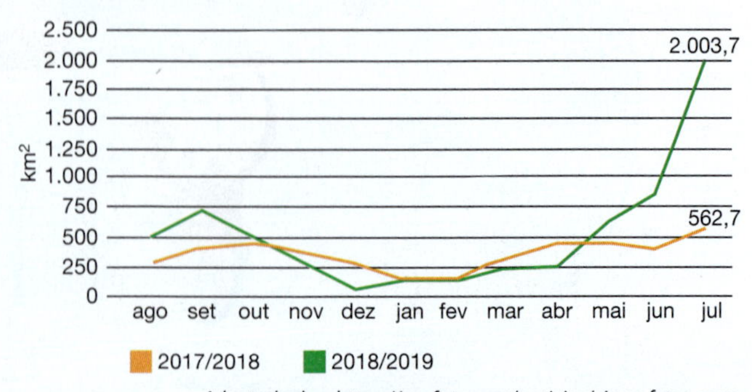

Adaptado de: <https://aosfatos.org/noticias/cinco-fatos-para-entender-como-e-monitorado-o-desmatamento-na-amazonia>.

Se o ritmo de desmatamento continuar, isso trará consequências como o

a) aumento da poluição do ar devido à falta de oxigênio.
b) alagamento dessa região devido ao aumento das chuvas.
c) desenvolvimento de solo fértil e protegido para o plantio.
d) desaparecimento de espécies vegetais e animais típicos.

10. (Unicamp – SP) Plantas têm papel crucial na ciclagem de carbono e de água no ambiente, captando e liberando o gás carbônico atmosférico e transferindo água do solo para o ar. Os gráficos abaixo representam padrões anuais de variação nas concentrações de vapor-d'água do ar e de gás carbônico em regiões ocupadas por duas florestas tropicais distintas, A e B.

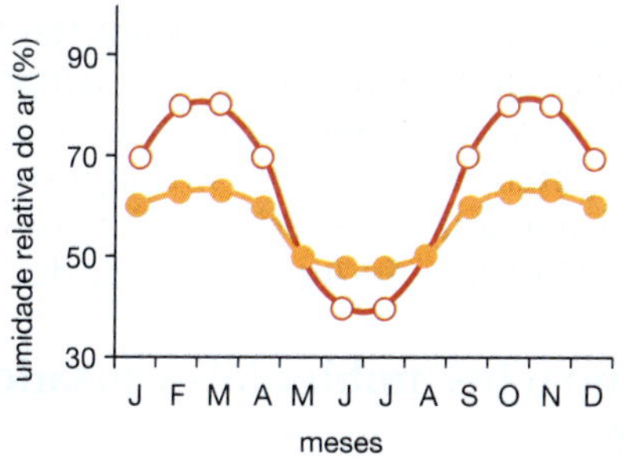

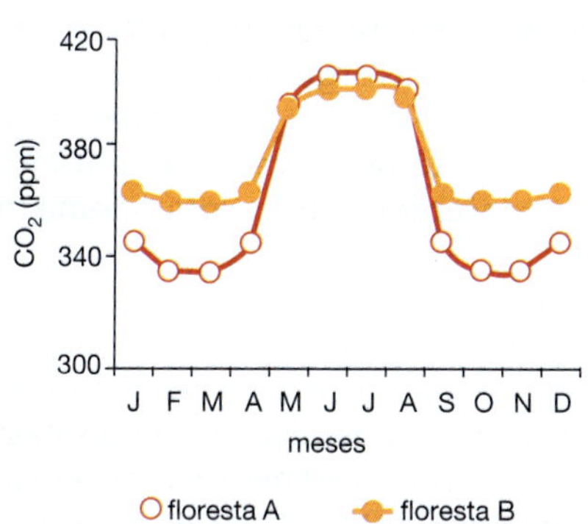

As variações mostradas ocorrem como consequência da presença das florestas. A precipitação nas duas áreas ocorre no período quente do ano (setembro a abril). Além disso, a concentração de CO_2 atmosférico seria de 380 ppm se não houvesse cobertura vegetal.

a) Considerando que a transpiração tem relação direta com o consumo hídrico, qual das duas florestas tem maior dependência de disponibilidade de água? Considerando que a fotossíntese e a respiração determinam o padrão anual de variação de CO_2, qual das duas florestas tem maior produção anual de biomassa? Justifique suas respostas.
b) Em um cenário de redução no regime de chuvas, o que aconteceria com as concentrações de vapor-d'água do ar e de CO_2 nas regiões ocupadas pelas florestas? Justifique sua resposta.

11. Localizada entre os estados do Maranhão e do Piauí, é considerada área de transição entre a Amazônia e a Caatinga. Temperatura média anual elevada, chuvas frequentes e vegetação típica, representada por duas espécies de palmeiras de importância econômica. Atualmente é considerada formação ecológica limítrofe de três outros biomas.

a) A que região ou formação ecológica o texto se refere?
b) Cite os nomes das duas espécies de palmeiras presentes nesse bioma e a respectiva importância econômica decorrente da extração de seus derivados.

12. (Fuvest – SP) A tabela lista características bióticas e abióticas associadas a alguns biomas brasileiros.

BIOMA	TIPO DE VEGETAÇÃO PREDOMINANTE	VOLUME DE CHUVAS	ZONA CLIMÁTICA
I	arbóreo	moderado a grande	tropical, subtropical
II	herbáceo	moderado	temperada
III	arbóreo	grande	equatorial, tropical
IV	arbóreo, arbustivo e herbáceo	moderado	tropical, subtropical

Escolha a alternativa que lista os biomas corretos, na ordem em que aparecem nas linhas da tabela (I a IV).

a) I – Floresta Amazônica; II – Cerrado; III – Mata Atlântica; IV – Caatinga.
b) I – Floresta Amazônica; II – Pampas; III – Mata Atlântica; IV – Cerrado.
c) I – Mata Atlântica; II – Cerrado; III – Floresta Amazônica; IV – Caatinga.
d) I – Mata Atlântica; II – Pampas; III – Floresta Amazônica; IV – Cerrado.
e) I – Pampas; II – Mata Atlântica; III – Cerrado; IV – Floresta Amazônica.

13. (UPF – RS) A grande variedade de biomas brasileiros reflete a enorme riqueza da flora e da fauna que temos. Porém, essa exuberante diversidade biológica vem sendo dramaticamente afetada pelas atividades humanas. Buscando preservar essa biodiversidade, uma das ações adotadas no Brasil foi a criação de áreas de preservação ambiental protegidas por lei. Uma dessas áreas é a APP.

Sobre o significado da sigla e a função da APP, é **correto** afirmar que

a) a sigla significa Área de Preservação Particular, e sua função é preservar somente a biodiversidade da flora e da fauna.
b) a sigla significa Área de Proteção Pública, e sua função é preservar as florestas nativas, permitindo a exploração sustentável desses recursos.
c) a sigla significa Área de Proteção Permanente, e sua função é preservar exclusivamente os recursos hídricos e a vida aquática.
d) a sigla significa Área de Preservação Pública, e sua função é preservar a fauna silvestre, favorecendo a reprodução de pequenos animais.
e) a sigla significa Área de Preservação Permanente, e sua função é preservar os recursos hídricos, a paisagem, a biodiversidade e os solos.

INTEGRANDO CONHECIMENTOS

Sobre a BNCC

Competência gerais da BNCC: **1, 2, 5, 7**

Competência específica de Ciências da Natureza e suas Tecnologias: **3**

Habilidades específicas de Ciências da Natureza e suas Tecnologias: **EM13CNT301 e EM13CNT309**

Impactos ambientais causados por ação antrópica: desmatamentos e queimadas florestais

Desmatamentos e queimadas florestais ou de matas causados por ação antrópica (dos seres humanos) são frequentes nos tempos atuais. A presença de florestas típicas em biomas conhecidos sempre foi valorizada por ambientalistas e pessoas preocupadas com a preservação ambiental. A retirada de vegetação nativa com fins agrícolas ou habitacionais não é novidade e caracteriza a espécie humana desde o início do que se denominou primeira Revolução Agrícola (cerca de 10000 a.C.).

RECUPERANDO A *História*

Reúnam-se em equipes, façam uma pesquisa na internet ou nos livros de História e produzam um mapa mental sobre os principais aspectos da primeira Revolução Agrícola.

Como minimizar os impactos ambientais causados pelos seres humanos?

Cerca de 60% da biodiversidade está nas chamadas zonas tropicais, sendo o Brasil o país mais rico em microrganismos, animais e vegetais. Apesar do desmatamento e das queimadas frequentes, a maior parte das florestas tropicais brasileiras está preservada. No entanto, isso não é um indicativo para estarmos despreocupados com o tema, mas, sim, é preciso buscar soluções.

Nesse sentido, em resposta à ocorrência de desmatamentos e queimadas surgiram vários movimentos organizados, não só no Brasil, que visavam a reduzir os impactos ambientais negativos desses procedimentos. Cada vez mais as sociedades de diversos países passaram a se preocupar com os prejuízos que tais procedimentos causam à saúde e à sobrevivência da nossa e de diversas outras espécies de seres vivos.

BRASTOCK/SHUTTERSTOCK

Participação coletiva é o que importa

O conhecimento e a discussão dos assuntos abordados requerem a participação sua e a de seus colegas, no sentido de se estabelecer que tipo de procedimento adotar e, mais importante, como minimizar os impactos decorrentes das queimadas e dos desmatamentos. Tal participação também precisa levar em conta vários tipos de argumento, inclusive os que justificam a ocorrência e a necessidade das alterações ambientais descritas.

Em todos os grupos de estudantes há participantes com diferentes características e habilidades pessoais. Alguns são hábeis na pesquisa de informações, recorrendo a meios de comunicação confiáveis; outros são capazes de elaborar esquemas e planilhas informativas, enquanto vários são capazes de emitir opiniões e dirigir as discussões com fins produtivos e conciliadores. As características individuais devem ser muito valorizadas e respeitadas por todos do grupo, ou seja, respeito às opiniões e discordâncias, mesmo que não sejam consideradas coerentes pela maioria dos participantes.

Vamos começar!!!

Fase 1 – Levantamento de dados

Cada grupo deverá escolher determinado bioma brasileiro e estabelecer a formação vegetal característica.

A seguir, por meio de sites confiáveis, fazer um levantamento das queimadas ou dos desmatamentos que ocorreram. Se possível, estabelecer o período dos últimos 10 (dez) anos. Registrem seus dados e façam um gráfico a fim de visualizar mais facilmente a sequência de acontecimentos.

Fase 2 – Reconhecimento de ocorrências

a) O número de ocorrências de queimadas ou de desmatamentos no bioma analisado aumentou ou diminuiu?
b) Quais as possíveis justificativas para esse aumento ou diminuição? Procure por justificativas que poderiam ser consideradas válidas e também pelas não válidas.
c) Que impactos a retirada de vegetação poderia causar no bioma?

Fase 3 – Apresentação dos resultados

Os grupos deverão apresentar para a classe os dados do levantamento e as conclusões a que chegaram após a discussão. Se possível ilustrem seu levantamento com fotos e/ou indiquem vídeos para ilustrar os acontecimentos.

Finalização

Depois da apresentação dos resultados, é hora da abordagem final: que atitudes nós, enquanto sociedade, podemos tomar no sentido de colaborar para a diminuição das queimadas e dos desmatamentos ilegais?

A preservação da biodiversidade e a sustentabilidade ambiental estão em jogo neste momento tão desafiador.
E você e seus colegas devem ser participantes ativos na busca de sugestões que ajudem a solucionar essas ocorrências.

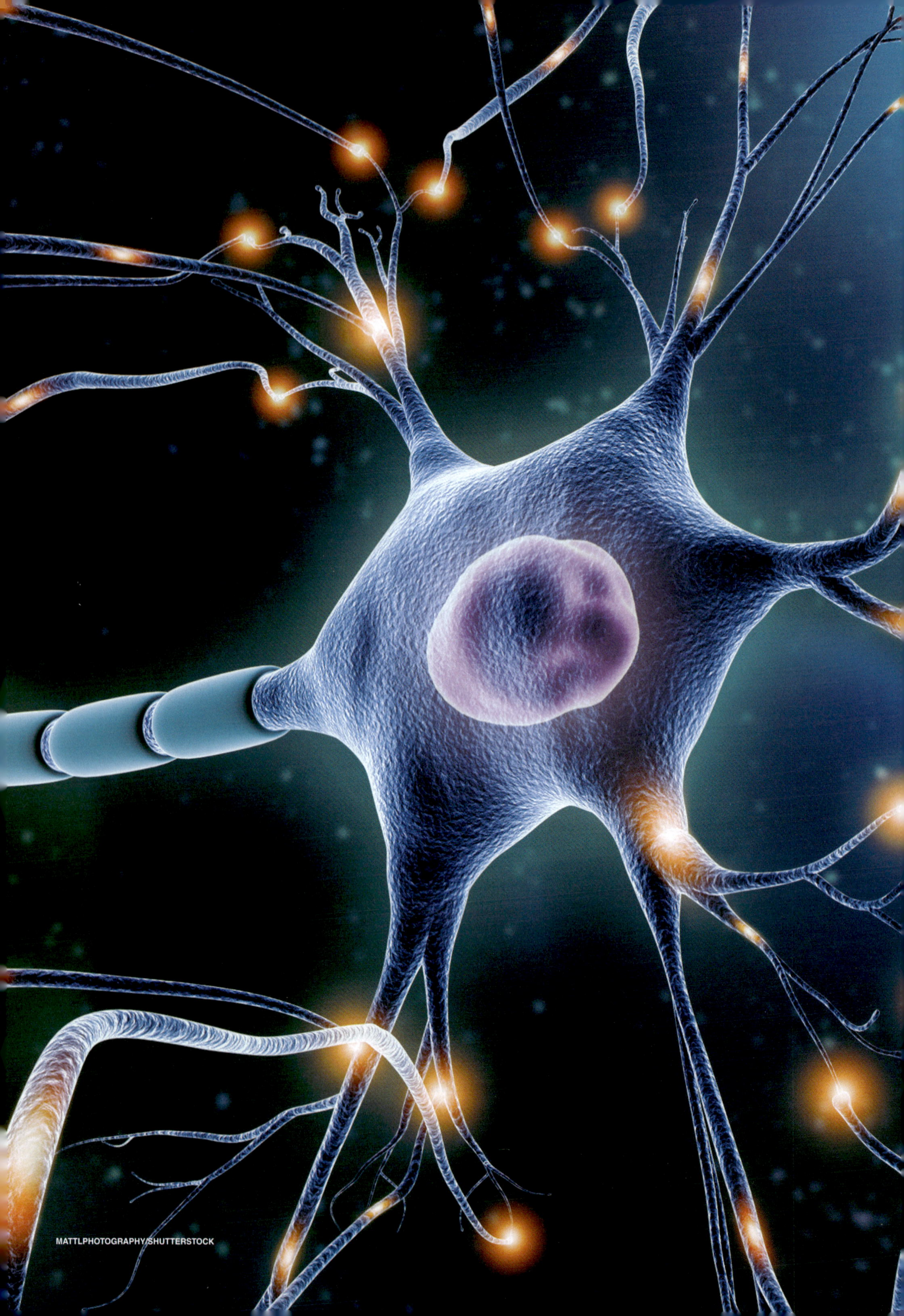

MATTLPHOTOGRAPHY/SHUTTERSTOCK

unidade
2
O ESTUDO DA CÉLULA

CAPÍTULO 5

Vida e composição química

As células musculares do coração humano, bem como os músculos que movimentam nosso corpo, utilizam energia química que possibilita a contração dessa musculatura. A energia utilizada nessa atividade é derivada do que se conhece como metabolismo energético, do qual participam importantes moléculas de um conhecido açúcar que utilizamos em nossa vida diária, a glicose e, muitas vezes, também moléculas de lipídios.

Nas atividades musculares cardíacas e esqueléticas, há intenso consumo de oxigênio (O_2), essencial para a liberação de energia química que possibilita o trabalho das células musculares cardíacas e as que movimentam nosso esqueleto. Além disso, é fundamental lembrar da participação da água na manutenção de nosso equilíbrio interno, de nossa saúde, já que moléculas de água são participantes das reações químicas que liberam energia, com utilização das substâncias citadas. É recomendável a ingestão diária de, pelo menos, 2 litros de água por dia, o que auxilia a formação de enzimas digestivas, produção de saliva e suco gástrico. Com o corpo hidratado, sais minerais e vitaminas chegam mais rapidamente a todas as células do nosso corpo. A água também participa da regulação da temperatura corporal e na desintoxicação do organismo, pois facilita a eliminação de toxinas pelos rins e pelo suor.

O recebimento de água potável é um direito do cidadão. Água de boa qualidade reduz a ocorrência de diarreias e cólera, por exemplo, entre tantas doenças.

Da mesma forma, um esgotamento sanitário adequado, com coleta e destino final conveniente dos resíduos, promove a interrupção da chamada "cadeia de contaminação", com o consequente decréscimo do número de casos de febre tifoide e hepatites, por exemplo.

Seu ponto de vista!

Dados do IBGE apontam que em 2019 cerca de 85,5% dos domicílios brasileiros apresentavam rede geral de abastecimento de água e apenas 68,3% deles possuíam esgotamento sanitário (rede geral ou fossa séptica ligada à rede). Em sua opinião, a universalização do saneamento básico no Brasil é possível? Em caso afirmativo, o que falta para isso?

ESB PROFESSIONAL/SHUTTERSTOCK

5-1. Componentes químicos dos seres vivos e da Terra

Embora haja semelhança entre os elementos químicos presentes na Terra e nos seres vivos, há também diferenças (veja a Figura 5-1). Na Terra, pouco mais de 98% da composição química é representada por cerca de oito elementos químicos, com predominância do oxigênio e do sílicio. Nos seres vivos, 99% da composição química tem como base seis elementos químicos, com predominância do oxigênio e do hidrogênio.

Figura 5-1. Composição química aproximada (a) da crosta da Terra e (b) dos seres vivos.

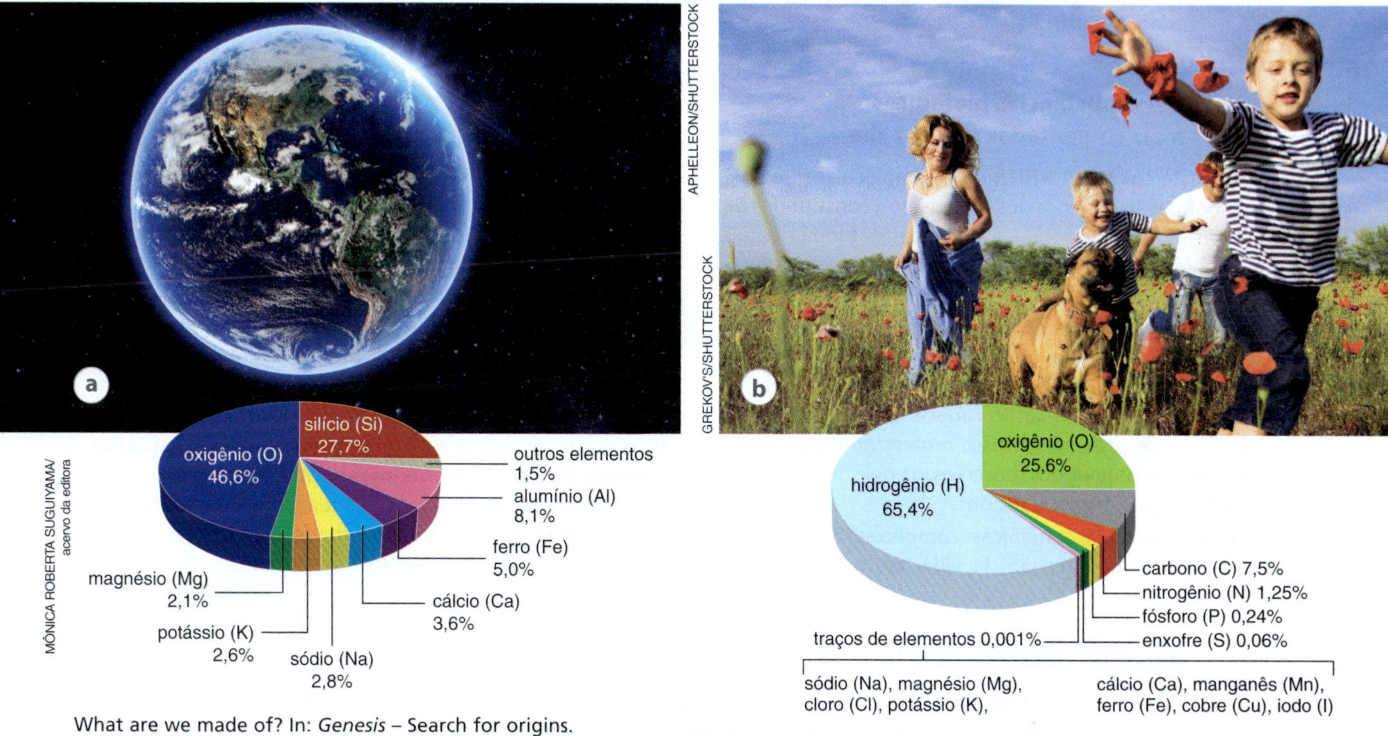

What are we made of? In: *Genesis* – Search for origins.
Disponível em: <genesismission.jpl.nasa.gov/educate/bead_activity/sa_bead.activ.pdf>. *Acesso em*: 7 mar. 2013.

Moléculas biológicas presentes nos seres vivos

Imagine que você pegasse um fígado de boi, cru, e o batesse em um liquidificador. A seguir, entregasse o caldo a um químico, que faria uma análise e reconhecesse quais substâncias estariam presentes na pasta. Sabe qual seria o provável resultado? Algo parecido com a relação ao lado.

Componentes orgânicos
- aminoácidos
- proteínas
- ácidos nucleicos
- carboidratos (açúcares)
- lipídios (gorduras)
- vitaminas

Componentes inorgânicos
- água
- sais inorgânicos

A pasta que utilizamos para análise química foi derivada de uma fatia de fígado bovino. Será que o resultado seria o mesmo se utilizássemos um pedaço de outro ser vivo qualquer, como, por exemplo, um caldo obtido a partir de uma cultura de bactérias, ou de fígado humano, ou de uma folha de abacateiro? Provavelmente sim. O que certamente ocorreria é que as mesmas substâncias apareceriam em quantidades diferentes. Ou seja, a composição relativa das substâncias (a proporção de cada uma delas) não seria a mesma. Veja a Tabela 5-1, que relaciona a **porcentagem média** da massa dos principais constituintes que aparecem em células animais e em células vegetais.

Tabela 5-1. Porcentagem média dos principais constituintes de células animais e vegetais.

	CONSTITUINTES	CÉLULAS ANIMAIS	CÉLULAS VEGETAIS
Inorgânicos	água	60,0%	75,0%
	substâncias minerais	4,3%	2,45%
Orgânicos	proteínas	17,8%	4,0%
	lipídios	11,7%	0,5%
	carboidratos	6,2%	18,0%

Dados compilados pelos autores.

Anote!

Seis são os elementos mais frequentes nos seres vivos: CHONPS. Eles participam da maioria das moléculas biológicas que passaremos a estudar.

Dos grãos da soja, extrai-se óleo utilizado na culinária.

NNATTALI/SHUTTERSTOCK

Analisando a Tabela 5-1, pode parecer estranho que nas células vegetais haja uma pequena porcentagem de lipídios, uma vez que a maior parte dos temperos empregados em culinária são preparados com óleos vegetais. Vamos lembrar que a quantidade apresentada na tabela é uma porcentagem média, ou seja, a média das porcentagens encontradas nas diferentes partes de um ser vivo. No preparo de óleos vegetais, como, por exemplo, o de soja, ou de milho etc., utiliza-se, preferencialmente, determinado componente do corpo da planta no qual se encontra em maior abundância o óleo (neste exemplo, utilizam-se os grãos).

Saiba mais!

As substâncias biológicas mais comentadas no dia a dia

- **Ácidos nucleicos (DNA e RNA):** macromoléculas que contêm a informação genética dos organismos, constituídas de uma sucessão de nucleotídeos, as unidades fundamentais dessas moléculas. São as moléculas características do material genético – genes – dos seres vivos.
- **Aminoácidos:** compostos orgânicos que contêm um grupo amina (–NH_2) e um grupo carboxila (–COOH) ligados ao mesmo átomo de carbono (os aminoácidos podem se ligar uns aos outros formando cadeias que darão origem às moléculas de proteínas). Nosso organismo é repleto de moléculas de proteínas nos músculos, na pele, no cérebro e em muitos outros órgãos e tecidos.
- **Proteínas:** moléculas orgânicas complexas com importante papel na manutenção da vida, tanto com função reguladora quanto com função estrutural ou de defesa (anticorpos). São compostas de aminoácidos.
- **Carboidratos:** substâncias às quais pertencem os açúcares, formadas por carbono, hidrogênio e oxigênio. Glicose, sacarose e lactose são alguns exemplos.
- **Lipídios:** compostos orgânicos constituintes das membranas celulares e importantes como reserva energética. Os lipídios mais comuns são os óleos, as gorduras (as do tecido adiposo, por exemplo) e as ceras.
- **Sais minerais:** derivados de elementos químicos específicos e que aparecem na composição química das células sob duas formas: imobilizados (em carapaças e esqueletos, por exemplo) e dissolvidos em água, constituindo íons de extrema importância para a atividade química das células (por exemplo, o cálcio, o sódio e o potássio).

5-2. Água: solvente universal

Será que existe vida e água no estado líquido em Marte ou em Vênus? Por que será que a água é necessária para existir vida como a conhecemos? A água possui algumas propriedades, entre elas a fundamental capacidade de dissolver a maioria das substâncias conhecidas (por isso é chamada ***solvente universal***), além de contribuir para o transporte de íons, sais minerais e várias moléculas orgânicas hidrossolúveis.

Outras propriedades da água são **polaridade**, **coesão** (união de uma molécula de água com outra), **adesão** (ligação de uma molécula de água com molécula de outra substância, por exemplo, um aminoácido), **tensão superficial**, **capilaridade** e **elevado calor específico**.

A água eliminada pelo suor evapora graças ao calor retirado da superfície do corpo do atleta, o que contribui para a manutenção de sua temperatura ideal.

FERNANDO CALMON/SHUTTERSTOCK

Grandes variações de temperatura podem causar danos ao organismo e, novamente, a água desempenha papel importante para minimizar esses efeitos, ou seja, a água favorece a termorregulação do nosso corpo. Esse papel está relacionado ao seu elevado **calor específico** – *a quantidade de energia que deve ser absorvida por 1 g de uma dada substância para alterar a sua temperatura em 1 grau Celsius*. Novamente, a polaridade da água contribui para essa propriedade. Devido às pontes de hidrogênio que unem as moléculas de água, uma grande quantidade de energia deve ser fornecida para romper essas pontes. Lembre-se disso toda vez que você suar ao correr, por exemplo. A elevada quantidade de energia liberada pelas suas células musculares durante a corrida deve ser prontamente dissipada, evitando um indesejável aumento da temperatura corporal. Graças à evaporação das moléculas de água do suor, fenômeno que consome muita energia, a elevação da temperatura é minimizada e você, afinal, mantém sua temperatura estável.

Estabelecendo conexões!

A água dos lagos e oceanos não congela totalmente

Você já aprendeu quais e como são os diferentes estados físicos da matéria: sólido, líquido e gasoso. Também aprendeu que no estado sólido a densidade da matéria é, geralmente, maior do que no estado líquido. Porém, a água é uma das poucas substâncias conhecidas que, no estado sólido, possui menor densidade em relação ao estado líquido. Enquanto outros materiais se contraem ao serem congelados, a água congelada sofre um aumento de volume e possui menor densidade em relação à água líquida. A causa desse comportamento reside nas pontes de hidrogênio. À temperatura de 0 °C, as moléculas de água atingem um estado de afastamento máximo, ficam bloqueadas e formam uma rede cristalina, que constitui o gelo. Essa expansão faz com que o gelo possua menor densidade e flutue (veja a figura abaixo).

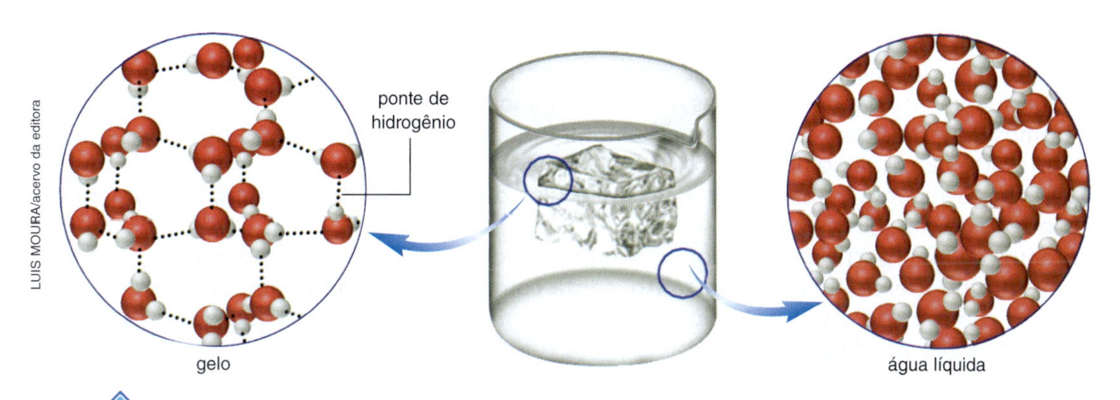

Em virtude da disposição das moléculas, supondo-se amostras de mesmo volume, há menos moléculas no gelo do que na água líquida, o que o torna menos denso do que a água (razão pela qual ele flutua em uma mistura de gelo e água líquida). (Cores-fantasia. Ilustrações fora de escala.)

Imagine que essa propriedade da água não existisse e toda a água presente em ecossistemas aquáticos congelasse. Qual seria a consequência, nesse caso, em termos de existência de vida nesses ambientes totalmente congelados?

A água e o transporte de substâncias nos organismos

Nas células dos seres vivos, no sangue humano e na seiva dos vegetais há inúmeras substâncias dissolvidas em água. A água é uma molécula polar e, graças a essa polaridade, formam-se pontes de hidrogênio com outras substâncias polares, o que torna a água um **solvente praticamente universal** nos seres vivos. Como isso ocorre?

Suponha que você coloque uma pequena quantidade de sal de cozinha em um copo com água. Os cristais do sal são constituídos por compostos iônicos de cloreto de sódio que ao serem expostos à água se dissociam, ou seja, se separam em seus dois componentes – íons sódio e cloreto – por conta da atração elétrica que as moléculas de água exercem sobre eles. A porção negativa da molécula de água – representada pelo oxigênio – atrai o sódio, que é carregado positivamente, enquanto a porção positiva da água – representada pelo hidrogênio – atrai o cloreto, carregado negativamente. Dizemos, então, que a água separou o sódio do cloreto e atuou como solvente (veja a Figura 5-2). Essa propriedade química da água explica o transporte de substâncias também polares, tais como sais minerais, açúcares e aminoácidos, que a ela se ligam e são transportadas para dentro ou para fora das células.

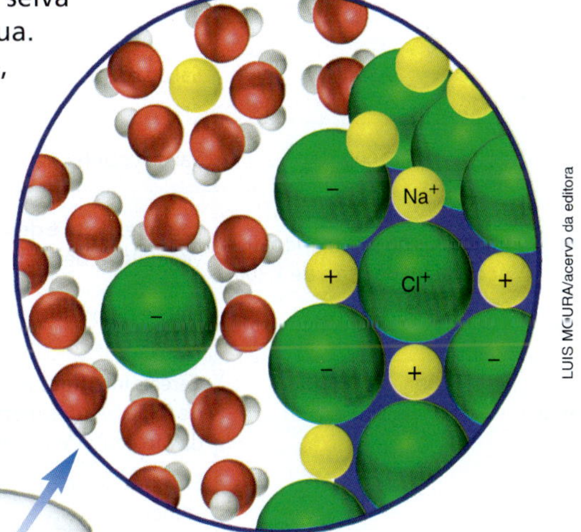

Figura 5-2. Quando dissolvemos um cristal de sal de cozinha (NaCl) na água, o polo positivo da molécula de água (H^+) atrai o ânion cloreto (Cl^-), enquanto o oxigênio (polo negativo) atrai o cátion sódio (Na^+). (Cores-fantasia. Ilustrações fora de escala.)

5-3. Elementos químicos e os sais minerais

Você já deve ter visto pessoas adubando plantas com **sais minerais** dissolvidos em água, assim como deve ter ouvido que os médicos orientam as mães a darem "soro" contendo sais para crianças que se encontram desidratadas. Se você examinar a composição dos alimentos que comemos, poderá perceber que a maioria deles possui certa quantidade de sais minerais. Eles participam da vida dos seres vivos de duas maneiras principais: na forma imobilizada e dissolvidos na forma iônica.

Na forma imobilizada, insolúveis, participam da estrutura do esqueleto de animais. Por exemplo: o carbonato de cálcio na concha dos caramujos e o fosfato de cálcio nos ossos.

Atuando na forma de íons, muitos sais são extremamente importantes para a vida dos seres vivos. Por exemplo:

- a contração dos músculos do nosso corpo depende da existência de íons de cálcio e de potássio;
- o funcionamento das nossas células nervosas depende da existência de íons de sódio, potássio e cálcio;
- átomos de ferro ligam-se à proteína hemoglobina, presente em células sanguíneas e favorecem o transporte de oxigênio aos tecidos;
- átomos de magnésio fazem parte de moléculas de clorofila nos vegetais, fundamentais para o processo de fotossíntese;
- átomos de iodo participam de hormônios produzidos pela glândula tireóidea;
- a prática de exercícios físicos, portanto, conta com a participação de importantes elementos químicos, como o sódio e o potássio, presentes em líquidos isotônicos, que devem ser consumidos durante essas atividades.

Necessidades diárias de sais minerais para a saúde

Os animais não produzem em seu organismo sais minerais. Apesar de necessários em pequenas quantidades, eles são vitais para um organismo saudável e devem ser obtidos pela dieta, ou até mesmo dissolvidos na água que bebemos. Sua deficiência pode causar, entre outros comprometimentos, desmineralização dos ossos, fraqueza, prejuízo no desenvolvimento das glândulas sexuais (veja a Tabela 5-2).

Tabela 5-2. Necessidade diária de alguns sais minerais, sua fonte de obtenção e os principais sintomas de sua deficiência.

	NECESSIDADE DIÁRIA (em mg)	FONTES DE OBTENÇÃO	ATUA NA/NO	SUA DEFICIÊNCIA ACARRETA
Potássio	2.500	Carnes, leite, frutas.	Transmissão de impulsos nervosos, balanço hídrico, equilíbrio ácido-base.	Paralisia, fraqueza muscular.
Sódio	2.500	Sal de cozinha.	Equilíbrio ácido-base, equilíbrio hídrico, transmissão dos impulsos nervosos.	Câibras, apatia, redução do apetite.
Cloro	2.000	Sal de cozinha.	Formação do suco gástrico, equilíbrio ácido-base.	Apatia, redução do apetite, câibras.
Cálcio	1.000 (mulheres na pós-menopausa necessitam de cerca de 1.300)	Legumes, leite e derivados, vegetais verdes, tomates.	Transmissão de impulsos nervosos, formação dos ossos, coagulação sanguínea, contração muscular.	Osteoporose, convulsões, crescimento prejudicado.
Fósforo	800	Leite e derivados, aves, carnes, cereais.	Formação dos ossos, equilíbrio ácido-base.	Desmineralização dos ossos, fraqueza, perda de cálcio.
Magnésio	350	Cereais integrais, vegetais de folhas verdes (participa da molécula de clorofila).	Ativação de enzimas que participam da síntese de proteínas.	Crescimento prejudicado, distúrbios comportamentais, fraqueza, espasmos.
Zinco	15	Encontrado em muitos alimentos.	Constituinte de enzimas digestivas.	Crescimento prejudicado, glândulas sexuais pequenas.
Ferro	homens: 14 mulheres: 29 mulheres pós-menopausa: 11	Ovos, carnes, legumes, cereais integrais, vegetais verdes.	Participa da molécula de hemoglobina e de enzimas envolvidas no metabolismo energético.	Anemia.
Flúor	2	Água fluoretada, chá, frutos do mar.	Estrutura óssea.	Queda dos dentes.
Iodo	0,14	Frutos e peixes do mar, muitos vegetais, sal iodado.	Constituição dos hormônios fabricados pela glândula tireóidea.	Bócio ("papeira").

Dados compilados pelos autores.

5-4. Compostos orgânicos: átomos de carbono sempre presentes

Carboidratos

No momento em que você lê este capítulo e procura entender o seu conteúdo, suas células nervosas estão realizando um trabalho e, para isso, utilizam a energia liberada a partir da oxidação de moléculas de um carboidrato chamado **glicose**. A glicose pertence ao grupo dos carboidratos, juntamente com a **sacarose**, o **amido**, o **glicogênio** e a **celulose**, entre outras substâncias. A *principal* função biológica dessa categoria de compostos orgânicos é a liberação de energia para o trabalho celular, sendo a glicose o principal fornecedor de energia para a célula. O amido e o glicogênio destacam-se pelo seu papel de reservatório de energia. A celulose é uma substância de função estrutural, sendo encontrada na parede das células vegetais.

Anote!

O nome **carboidratos** (houve época em que eram chamados de hidratos de carbono) foi utilizado quando se pensava que essas substâncias seriam formadas por uma combinação de átomos de carbono com água e essa ideia foi reforçada pela fórmula geral $(CH_2O)n$. Como, porém, há outras substâncias que se enquadram nessa fórmula e não são carboidratos, denomina-se, atualmente, esse grupo de substâncias simplesmente de **glicídios**.

Massas, pães e bolos são ricos em glicídios.

TIMOLINA/SHUTTERSTOCK

Classificação dos carboidratos

Uma classificação simplificada dos carboidratos, ou glicídios, consiste em dividi-los em três categorias principais: **monossacarídeos**, **oligossacarídeos** e **polissacarídeos**.

Monossacarídeos

Os monossacarídeos são carboidratos simples, de fórmula molecular $(CH_2O)n$, em que *n* é no mínimo 3 e no máximo 8. São os verdadeiros açúcares, solúveis em água e, de modo geral, de sabor adocicado. Os de menor número de átomos de carbono são as *trioses* (contêm três átomos de carbono). Os biologicamente mais conhecidos são os formados por cinco átomos de carbono (chamados de *pentoses*, como a ribose e a desoxirribose) e os formados por seis átomos de carbono (*hexoses*, como glicose, frutose e galactose).

Oligossacarídeos

Os oligossacarídeos são açúcares formados pela união de dois a seis monossacarídeos, geralmente hexoses. O prefixo *oligo* deriva do grego e quer dizer *pouco*. Os oligossacarídeos mais importantes são os dissacarídeos.

São açúcares formados pela união de duas unidades de monossacarídeos, como, por exemplo, sacarose, lactose e maltose. São solúveis em água e possuem sabor adocicado. Para a formação de um dissacarídeo, ocorre reação entre dois monossacarídeos, havendo liberação de uma molécula de água. É comum utilizar o termo **desidratação intermolecular** para esse tipo de reação, em que resulta uma molécula de água durante a formação de um composto originado a partir de dois outros.

Veja o caso do dissacarídeo *sacarose*, que é o açúcar mais utilizado para o preparo de doces, sorvetes, para adoçar refrigerantes não dietéticos e o "cafezinho". Sua fórmula molecular é $C_{12}H_{22}O_{11}$. Esse açúcar é resultado da união de uma frutose e uma glicose.

Polissacarídeos

Como o nome sugere (*poli* é um termo derivado do grego e quer dizer *muitos*), os polissacarídeos são compostos macromoleculares (moléculas gigantes), formados pela união de muitos (centenas) monossacarídeos. Os três polissacarídeos mais conhecidos são *amido*, *glicogênio* e *celulose*.

Ao contrário da glicose, os polissacarídeos dela derivados não possuem sabor doce nem são solúveis em água.

Saiba mais!

Carboidratos estruturais

A celulose é um carboidrato com importante papel estrutural na parede das células vegetais. Para os animais, a ingestão de celulose é importante para a formação do bolo fecal.

Já a quitina, um carboidrato cuja molécula se assemelha à da celulose, é importante na formação do esqueleto externo dos artrópodes, grande grupo animal em que estão incluídos os insetos e os crustáceos, por exemplo, e também na parede celular de alguns fungos.

Poucos animais conseguem digerir quitina, um carboidrato estrutural presente, por exemplo no esqueleto externo do besouro rinoceronte (alguns deles podem chegar a 15 cm de comprimento).

MARK BRANDON/SHUTTERSTOCK

Lipídios

As duas substâncias mais conhecidas dessa categoria orgânica são as **gorduras** e os **óleos**. Se, por um lado, esses dois tipos de lipídios preocupam muitas pessoas por estarem associados a altos índices de colesterol no sangue, por outro, eles exercem importantes funções no metabolismo e são fundamentais para a sobrevivência da maioria dos seres vivos. Um dos papéis dos lipídios é funcionar como eficiente reserva energética. Ao serem oxidados nas células, geram praticamente o dobro da quantidade de calorias liberadas na oxidação de igual quantidade de carboidratos. Outro papel dos lipídios é atuar como isolante térmico, notadamente nos animais que vivem em regiões frias. Depósitos de gordura favorecem a flutuação em meio aquático; os lipídios são menos densos que a água.

Além desses dois tipos fundamentais de lipídios, existem outros que devem ser lembrados pelas funções que exercem nos seres vivos, entre eles as ceras e os fosfolipídios:

- as **ceras** existentes na superfície das folhas dos vegetais e nos esqueletos de muitos animais invertebrados (por exemplo, os insetos e os carrapatos) funcionam como material impermeabilizante. Não devemos nos esquecer dos depósitos de cera que se formam em nossos condutos auditivos externos com função protetora;
- os **fosfolipídios** são importantes componentes das membranas biológicas (membrana plasmática e de muitas organelas celulares);

Composição química dos lipídios

Os lipídios são compostos orgânicos insolúveis em água. Dissolvem-se bem em solventes orgânicos, como o éter e o álcool. A estrutura química molecular dos lipídios é muito variável. Vamos dar a você uma noção da composição química de óleos e gorduras e alguns dos principais componentes desse grupo.

- **Óleos e gorduras** – pertencem à categoria dos ésteres e são formados por meio da reação de um álcool, chamado *glicerol*, com ácidos orgânicos de cadeia longa, conhecidos como *ácidos graxos* (veja a Figura 5-3). A exemplo do que ocorre com os carboidratos, a reação do glicerol com os ácidos graxos é de condensação, havendo liberação de moléculas de água. Como o glicerol é um triálcool (possui três terminações OH na molécula), três ácidos graxos a ele se ligam, formando-se o chamado *triglicerídio*. Nos seres vivos, existem diversos tipos de triglicerídios, uma vez que são muitos os tipos de ácidos graxos deles participantes.

Nesses pedaços de carne bovina, as partes mais claras, situadas entre os músculos (em vermelho), ou ao seu redor, são formadas por depósitos gordurosos, popularmente chamados de "sebo".

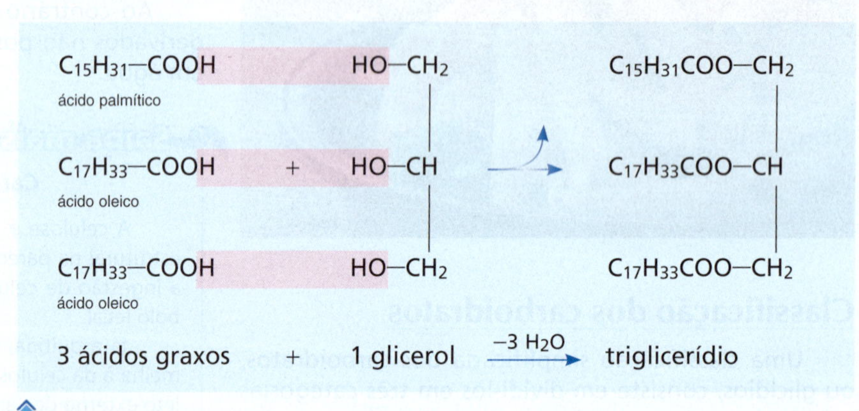

Figura 5-3. Reação química que conduz à síntese de um triglicerídio.

Com relação aos ácidos graxos que participam de um triglicerídio, lembre-se de que são substâncias de cadeia longa. Em uma das extremidades de cada ácido graxo há uma porção ácida (a "cabeça"), seguida de uma longa "cauda" formada por uma sequência de átomos de carbono ligados a átomos de hidrogênio (veja a Figura 5-4).

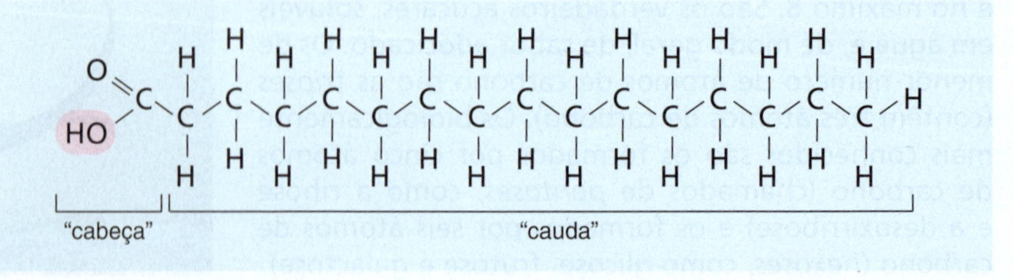

Figura 5-4. O caráter hidrofóbico dos lipídios é consequência de sua estrutura em que em uma das extremidades há uma porção ácida, seguida por uma longa sequência de carbonos (C) ligados a hidrogênios (H).

Nos chamados **ácidos graxos saturados**, todas as ligações disponíveis dos átomos de carbono são ocupadas por átomos de hidrogênio. Já nos **ácidos graxos insaturados**, nem todas as ligações do carbono são ocupadas por hidrogênios; em consequência, forma-se o que em química é conhecido como *dupla-ligação* entre um átomo de carbono e o seguinte (motivo pelo qual o ácido graxo recebe a denominação de *insaturado*). Nos **ácidos graxos poli-insaturados** há mais de uma dupla-ligação.

Anote!

De modo simplificado, chamamos gorduras aos lipídios sólidos e óleos, aos lipídios líquidos.

- **Fosfolipídios** – as membranas biológicas são constituídas por fosfolipídios. Nos fosfolipídios há apenas duas moléculas de ácidos graxos – de natureza apolar – ligadas ao glicerol. O terceiro componente que se liga ao glicerol é um *grupo fosfato* (daí a denominação *fosfolipídio*) que, por sua vez, pode estar ligado a outras moléculas orgânicas. Assim, cada fosfolipídio contém uma porção hidrofóbica – representada pelos ácidos graxos – e uma porção hidrofílica – correspondente ao grupo fosfato e às moléculas a ele associadas. Um fato notável é que, ao serem colocadas em água, as moléculas de fosfolipídios podem assumir o formato de uma esfera, conhecida como *micela*: as porções polares, hidrofílicas, distribuem-se na periferia, enquanto as caudas hidrofóbicas ficam no interior da micela, afastadas da água (veja a Figura 5-5(a)).

  Nas células, os fosfolipídios das membranas biológicas (membrana plasmática e de muitas organelas) dispõem-se formando *bicamadas*. As porções hidrofílicas ficam em contato com a água dos meios interno e externo celular, enquanto as hidrofóbicas situam-se internamente na membrana, afastadas da água, o que faz lembrar um sanduíche de pão de forma (veja a Figura 5-5(b)).

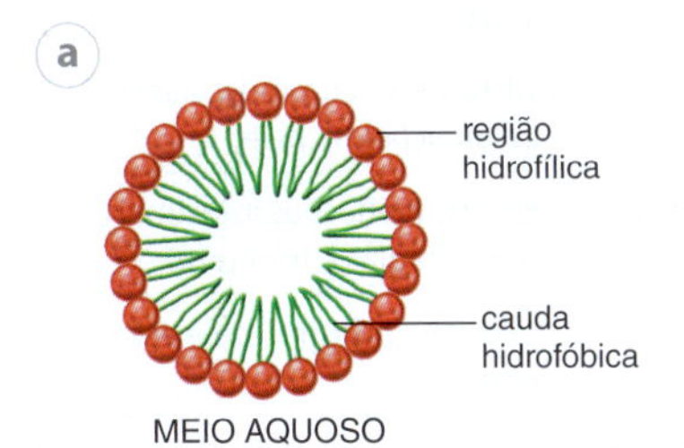

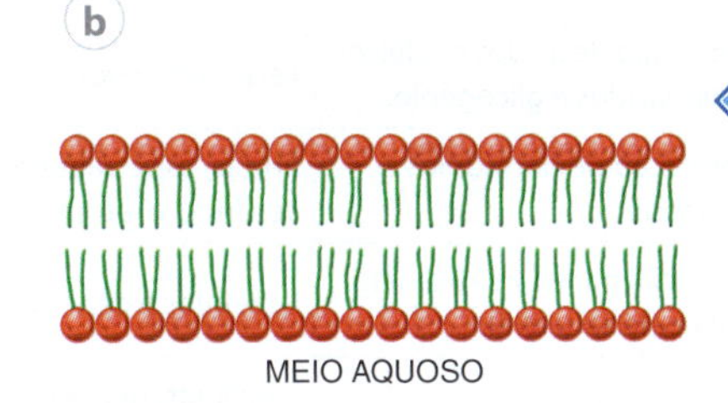

LUIS MOURA/acervo da editora

Figura 5-5. (a) Micela. Note que a porção hidrofóbica fica voltada para o centro da esfera. Nas membranas, (b) a camada bilipídica tem a porção hidrofílica em contato com o meio aquoso. (Cores-fantasia. Ilustrações fora de escala.)

Saiba mais!

Colesterol: bom ou mau?

O colesterol não "anda" sozinho no sangue. Ele se liga a uma proteína e, dessa forma, é transportado. Há dois tipos principais de combinação: o HDL, que é popularmente conhecido como **bom colesterol**, e o LDL como **mau colesterol**. Essas siglas derivam do inglês e significam lipoproteína de alta densidade (HDL – *High Density Lipoprotein*) e lipoproteína de baixa densidade (LDL – *Low Density Lipoprotein*).

O LDL transporta colesterol para diversos tecidos e também pode ser depositado, formando placas que dificultam a circulação do sangue, daí a denominação *mau colesterol*. Já o HDL faz exatamente o contrário, isto é, transporta colesterol das artérias principalmente para o fígado, onde ele é inativado, justificando o termo *bom colesterol*.

FANGIZZZ/SHUTTERSTOCK

Fumo, sedentarismo, *stress* e alguns alimentos, como o camarão, propiciam o aumento do mau colesterol.

Anote!

O colesterol não existe em vegetais, o que não significa que devemos abusar dos óleos vegetais, porque, afinal, a partir deles (ácidos graxos) nosso organismo produz colesterol.

5-5. Vitaminas: sem elas, muitas deficiências

As vitaminas formam um grupo muito especial de substâncias orgânicas que, em geral, não são fabricadas pelo nosso organismo, mas precisam ser obtidas por meio da alimentação. Nem sempre as vitaminas são obtidas na forma em que elas são usadas no nosso corpo; elas podem ser obtidas na forma de provitaminas, isto é, substâncias que darão origem às vitaminas.

As vitaminas podem ser divididas em dois grupos: as hidrossolúveis (solúveis em água) e as lipossolúveis (solúveis em gordura).

A falta de vitaminas acarreta uma situação chamada **avitaminose** ou **doença de carência**. Para que essa situação não ocorra, é necessário ter uma alimentação variada em que entrem todas as fontes de vitaminas de que precisamos. Veja a Tabela 5-3.

Tabela 5-3. Principais vitaminas e sua fonte de obtenção.

CLASSIFICAÇÃO	NOME	FUNÇÃO	FONTE	SINTOMAS DA DEFICIÊNCIA
Hidrossolúvel	B_1 (tiamina)	Ajuda a retirar energia dos carboidratos.	Carnes, cereais, verduras e legumes.	Beribéri (inflamação e degeneração dos nervos).
	B_2 (riboflavina)	Ajuda na quebra de proteínas e carboidratos.	Laticínios, carnes, cereais e verduras.	Fissuras na pele e fotofobia.
	B_3 ou PP (niacina ou nicotinamida)	Atua no metabolismo energético.	Nozes, carnes e cereais.	Pelagra (lesões na pele, diarreia e distúrbios nervosos).
	B_5 (ácido pantotênico)	Atua no metabolismo energético.	Carnes, laticínios, cereais e verduras.	Anemia, fadiga, dormência nas mãos e nos pés.
	B_6 (piridoxina)	Ajuda na quebra de proteínas e glicose.	Fígado, carnes, peixes, trigo, leite e batata.	Dermatite, atraso no crescimento, sintomas mentais e anemia.
	B_9 (ácido fólico)	Ajuda a construir DNA e proteínas.	Vegetais, laranja, nozes, legumes e cereais.	Anemia e problemas gastrintestinais.
	B_{12} (cobalamina)	Formação de ácidos nucleicos e de aminoácidos.	Carnes, ovos e laticínios.	Anemia perniciosa e distúrbios do sistema nervoso.
	P (rutina)	Fortalece a parede de vasos sanguíneos.	Legumes e verduras.	Pode causar o aparecimento de varizes.
	H (biotina)	Formação de ácidos nucleicos, aminoácidos e glicogênio.	Legumes, verduras e carnes.	Distúrbios neuromusculares e inflamações na pele.
	C (ácido ascórbico)	Formação de hormônios e colágeno.	Frutas, especialmente as cítricas, verduras e legumes.	Escorbuto (lesões intestinais, hemorragias e fraqueza).
Lipossolúvel	A (retinol)	Essencial para a visão e para uma pele saudável.	Laticínios e cenoura.	Cegueira noturna, pele escamosa e seca.
	D (calciferol)	Absorção de cálcio e fósforo.	Laticínios, gema de ovo, vegetais ricos em óleo.	Raquitismo e enfraquecimento dos ossos.
	E (tocoferol)	Previne problemas nas membranas celulares.	Óleos vegetais, nozes e outras sementes.	Possivelmente anemia e esterilidade.
	K (filoquinona)	Coagulação sanguínea.	Fígado, gorduras, óleos, leite e ovos.	Hemorragias.

Dados compilados pelos autores.

Questão socioambiental

Cálcio: essencial à saúde

No nosso organismo, o cálcio representa um elemento imprescindível para o bom funcionamento de nossos sistemas nervoso, muscular e esquelético. Quando, por falta de uma nutrição adequada ou por problemas de saúde, vemos diminuído o cálcio plasmático, as reservas existentes nos ossos podem ser requisitadas.

Em comunidades carentes, é comum encontrarmos pessoas que apresentam grave deficiência de cálcio, principalmente entre as crianças. Para viabilizar a melhoria na qualidade da alimentação desses indivíduos, foi desenvolvido um suplemento alimentar à base de pó de casca de ovo. Assim, aquilo que antes seria considerado lixo aparece como determinante na manutenção da saúde da população.

Para a fixação de cálcio e de fósforo nos ossos a vitamina D é essencial. Para isso, exposição à luz do Sol, pelo menos 20 minutos por dia, estimula a produção dessa vitamina, cuja síntese é iniciada na pele e é encerrada nos rins. A vitamina D estimula a absorção de cálcio pelo intestino e, por meio do sangue, esse elemento químico é enviado aos ossos.

- Enquanto algumas pessoas desperdiçam comida, em 2021 cerca de 11 pessoas morriam por fome por minuto no mundo, segundo a organização humanitária Oxfam. Analise o seu dia a dia: ao final das refeições, você deixa comida no prato que será jogada fora?
- Em sua casa, que quantidade de alimentos é descartada ao final de um dia? Seria suficiente para alimentar uma pessoa?

5-6. Proteínas: união de aminoácidos

CACIO MURILO/SHUTTERSTOCK

A carne é rica em proteínas que contêm aminoácidos úteis para o seu organismo.

Aminoácidos são os componentes básicos de qualquer molécula de proteína. As proteínas são compostos orgânicos relacionados ao metabolismo de construção. Durante as fases de crescimento e desenvolvimento do indivíduo, há um aumento extraordinário do número de suas células, aliado a um intenso processo de diferenciação celular em que as células passam a exercer funções especializadas, originando tecidos e órgãos.

As proteínas possuem um papel fundamental no crescimento, já que muitas delas desempenham **papel estrutural** nas células, isto é, são componentes da membrana plasmática, das organelas dotadas de membrana, do citoesqueleto, dos cromossomos etc. E para produzir mais células é preciso mais proteínas. Sem elas não há crescimento normal. A diferenciação e a realização de diversas reações químicas componentes do metabolismo celular dependem da participação de **enzimas**, uma categoria de proteínas – sem elas, a diferenciação não acontece.

O combate a microrganismos causadores de doenças no ser humano muitas vezes é feito a partir da produção de proteínas de defesa, chamadas **anticorpos**. Sem eles, nosso organismo fica extremamente vulnerável.

Certos **hormônios**, substâncias reguladoras das atividades metabólicas, também são proteicos. É o caso da insulina, que controla a taxa de glicose sanguínea.

Anote!

Crescimento é o aumento da massa, do tamanho e do comprimento do indivíduo. Desenvolvimento associa-se ao processo de diferenciação que acompanha o crescimento.

Veja na Tabela 5-4 alguns tipos de proteína.

Tabela 5-4. Algumas proteínas e suas funções.

FUNÇÃO DA PROTEÍNA	EXEMPLOS	ONDE SÃO ENCONTRADAS
Estrutural	Colágeno	Nos ossos, tendões, cartilagens e na pele.
	Queratina	Agente impermeabilizante da superfície epidérmica da pele de vertebrados; formação de anexos córneos (escamas de répteis, penas, pelos, unhas etc.).
De defesa	Anticorpos	Na corrente sanguínea dos vertebrados.
Transportadora	Hemoglobina	Na corrente sanguínea dos vertebrados e de alguns invertebrados (transporta oxigênio).
Reguladora	Hormônio insulina	No sangue (é hormônio regulador do teor de glicose sanguínea).
De contração	Actina e miosina	Nos músculos.
De armazenamento	Ovoalbumina	Na clara do ovo.
Enzimas	Zeína	Na semente do milho.
	Pepsina	No estômago.
	Ptialina	Na saliva.

Aminoácidos: constituintes de peptídios e proteínas

As proteínas são macromoléculas formadas por um agregado de moléculas menores conhecidas como aminoácidos. A maioria dos seres vivos, incluindo o ser humano, utiliza somente 20 tipos diferentes de aminoácidos para a construção de suas proteínas. Com eles, cada ser vivo é capaz de produzir centenas de proteínas diferentes e de tamanho variável.

Como isso é possível, a partir de um pequeno número de aminoácidos?

Imagine um brinquedo formado por peças de plástico, encaixáveis umas nas outras, sendo as cores em número de vinte, diferentes entre si. Havendo muitas peças de cada cor, como você procederia para montar várias sequências de peças de maneira que cada sequência fosse diferente da anterior? Provavelmente, você repetiria as cores, alternaria muitas delas, enfim, certamente inúmeras seriam as combinações e todas diferentes entre si. O mesmo raciocínio é válido para a formação das diferentes proteínas de um ser vivo, a partir de um conjunto de vinte diferentes aminoácidos.

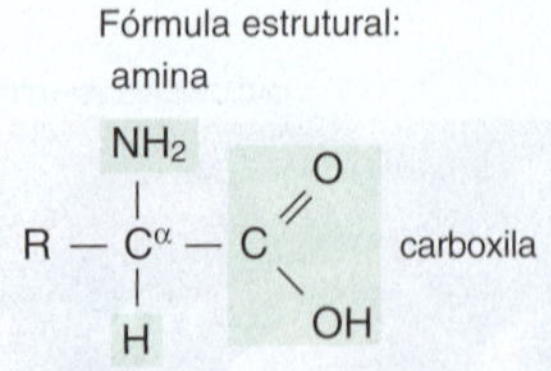

Fórmula estrutural:
amina

$$R-C^{\alpha}H(NH_2)-COOH$$

carboxila

Figura 5-6. Porções comuns (em verde) e variável (R) de um aminoácido.

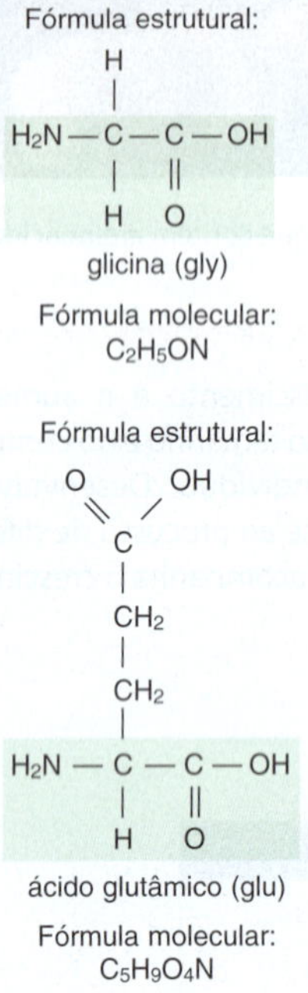

Fórmula estrutural:

$$H_2N-CH_2-COOH$$

glicina (gly)

Fórmula molecular:
C_2H_5ON

Fórmula estrutural:

$$HOOC-CH_2-CH_2-CH(NH_2)-COOH$$

ácido glutâmico (glu)

Fórmula molecular:
$C_5H_9O_4N$

Figura 5-7. Fórmulas estruturais de 2 dos 20 aminoácidos que utilizamos. Em verde, a porção comum.

Estrutura dos aminoácidos

Da massa corporal de um homem adulto, cerca de 10 kg são proteínas. Desse total, aproximadamente 300 g são substituídos diariamente. Parte desses 300 g é reciclada e reutilizada, e o restante deve ser reposto com os alimentos que ingerimos todos os dias.

Cada aminoácido é diferente de outro, porém todo aminoácido possui um átomo de carbono, ao qual estão ligados uma **carboxila**, uma **amina** e um **hidrogênio**. A quarta ligação é a porção variável, representada por **R**, e pode ser ocupada por um hidrogênio ou por um metil ou por outro radical (veja a Figura 5-6). Na Figura 5-7 damos o exemplo de dois aminoácidos – a glicina e o ácido glutâmico – que fazem parte da constituição de nossas proteínas.

Queijos, derivados do leite e da soja, são alimentos ricos em proteínas.

MARGOUILLAT PHOTO/SHUTTERSTOCK

União de aminoácidos: ligação peptídica

Do mesmo modo que em um trem cada vagão está engatado ao seguinte, em uma proteína cada aminoácido está ligado a outro por uma **ligação peptídica**. Por meio dessa ligação, o grupo amina de um aminoácido une-se ao grupo carboxila do outro, havendo a liberação de uma molécula de água. Dois aminoácidos unidos formam um dipeptídio (veja a Figura 5-8). A ligação de um terceiro aminoácido ao dipeptídio origina um tripeptídio que, então, contém duas ligações peptídicas. Se um quarto aminoácido se ligar aos três anteriores, teremos um tetrapeptídio, com três ligações peptídicas. Com o aumento do número de aminoácidos na cadeia, forma-se um **polipeptídio**, denominação utilizada até o número de 70 aminoácidos. A partir desse número considera-se que o composto formado é uma **proteína**.

Anote!

Polipeptídios e proteínas são polímeros, isto é, compostos formados pela ligação de inúmeras moléculas menores. Os aminoácidos são os monômeros, os "bloquinhos" de construção das proteínas.

grupo R · grupo carboxila · grupo amina · grupo R · ligação peptídica

$$H_2N-CH_2-COOH + H_2N-CH(CH_3)-COOH \longrightarrow H_2N-CH_2-CO-NH-CH(CH_3)-COOH + H_2O$$

glicina · alanina · glicilalanina (dipeptídio)

ligação peptídica

$$H_2N-CH_2-CO-NH-CH(CH_3)-COOH + H_2N-CH(CH_2SH)-COOH \longrightarrow H_2N-CH_2-CO-NH-CH(CH_3)-CO-NH-CH(CH_2SH)-COOH + H_2O$$

glicilalanina · cisteína · glicilalanilcisteína (tripeptídio)

Figura 5-8. Na ligação peptídica, o grupo carboxila de um aminoácido reage com um hidrogênio do grupo amina do outro. O carbono do primeiro aminoácido se une ao nitrogênio do segundo. Da reação entre aminoácidos sempre resulta uma molécula de água. No tripeptídio, existem duas ligações peptídicas e três aminoácidos unidos.

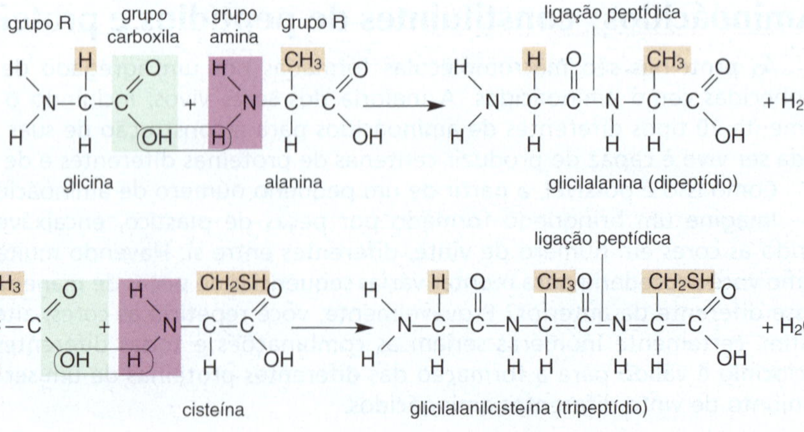

Alguns aminoácidos são naturais, outros são essenciais

Todos os seres vivos produzem proteínas. No entanto, nem todos produzem os 20 tipos de aminoácido necessários para a construção das proteínas. O ser humano, por exemplo, é capaz de sintetizar no fígado apenas 11 dos 20 tipos de aminoácido. Esses 11 aminoácidos são considerados **naturais** para a nossa espécie. Os outros 9 tipos, os que não sintetizamos, são os **essenciais** e devem ser obtidos de quem os produz (plantas ou animais). É preciso lembrar que determinado aminoácido pode ser essencial para uma espécie e ser natural para outra.

Anote!

Os 9 aminoácidos essenciais para o ser humano são: isoleucina, leucina, lisina, metionina, fenilalanina, triptofano, treonina, histidina e valina.

Saiba mais!

Veja a figura abaixo. Note que o arroz e o feijão contêm 6 dos aminoácidos essenciais para o homem.

O arroz não contém lisina nem isoleucina, presentes no feijão. Já o feijão não contém metionina nem triptofano, presentes no arroz.

O ideal é, então, fazer, em uma refeição, uma mistura de arroz e feijão.

MARIAMARMAR/SHUTTERSTOCK

A estrutura das proteínas

Uma molécula de proteína tem, grosso modo, o formato de um colar de contas. O fio fundamental da proteína, formado por uma sequência de aminoácidos (cuja sequência é determinada geneticamente), constitui a chamada **estrutura primária** da proteína (acompanhe pela Figura 5-9).

Ocorre, porém, que o papel biológico da maioria das proteínas depende de uma forma espacial muito mais elaborada. O fio fundamental pode se apresentar enrolado sobre si mesmo, resultando em um filamento espiralado que conduz à **estrutura secundária**, mantida estável por ligações que surgem entre os aminoácidos.

Novos dobramentos da espiral conduzem a uma nova forma, globosa, mantida estável graças a novas ligações que ocorrem entre os aminoácidos. Essa forma globosa representa a **estrutura terciária**.

Anote!

A estrutura terciária da enzima é responsável por sua função.

Em certas proteínas, cadeias polipeptídicas em estrutura terciária globosa unem-se, originando uma forma espacial muito mais complexa. Essa nova forma constitui a **estrutura quaternária** dessas proteínas.

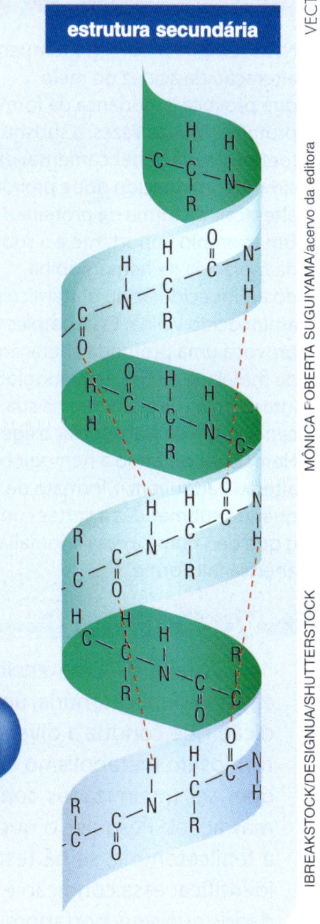

VECTORMINE/SHUTTERSTOCK

MÔNICA FOBERTA SUGUIYAMA/acervo da editora

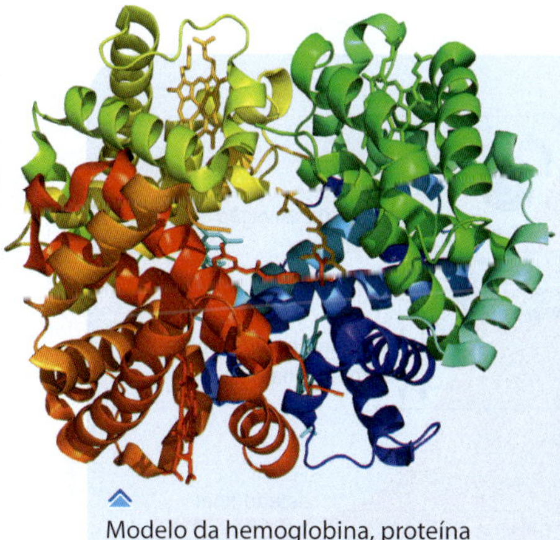

Modelo da hemoglobina, proteína responsável por transportar oxigênio nos eritrócitos humanos. Observe sua estrutura quaternária.

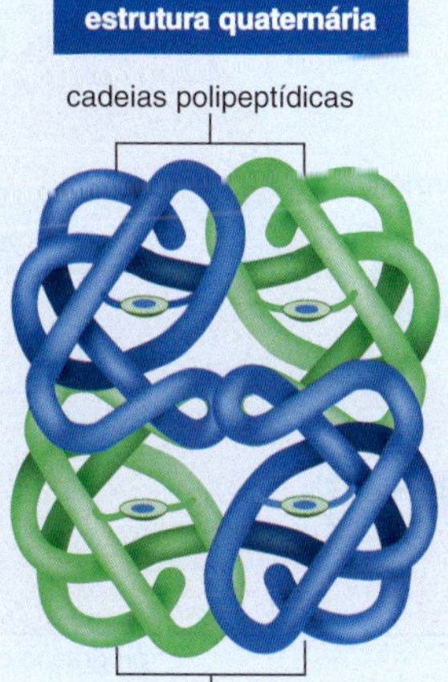

IBREAKSTOCK/DESIGNUA/SHUTTERSTOCK

Figura 5-9. Representação ilustrativa das diferentes estruturas de uma proteína.

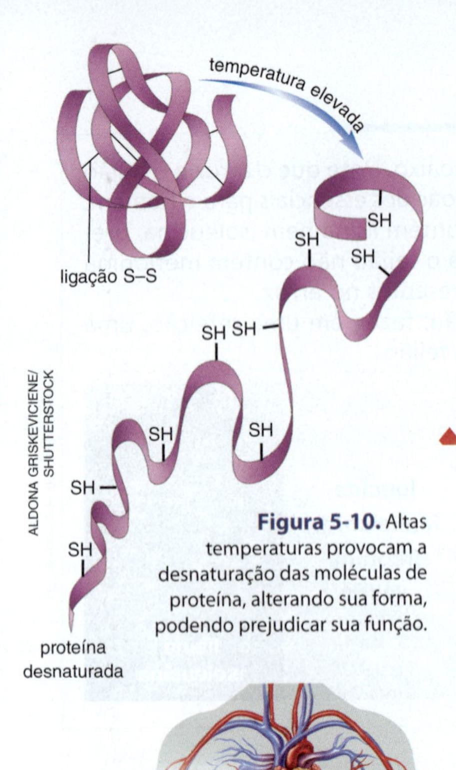

Figura 5-10. Altas temperaturas provocam a desnaturação das moléculas de proteína, alterando sua forma, podendo prejudicar sua função.

LIGHTSPRING/SHUTTERSTOCK

Nem sempre, porém, é a temperatura ou a alteração da acidez do meio que provoca a mudança da forma da proteína. Muitas vezes, a substituição (determinada geneticamente) de um simples aminoácido pode provocar alteração da forma da proteína. Um exemplo importante é a substituição, na molécula de hemoglobina, do aminoácido ácido glutâmico pelo aminoácido valina. Essa simples troca provoca uma profunda alteração na forma da molécula inteira de hemoglobina, interferindo diretamente na sua capacidade de transportar oxigênio. Hemácias contendo a hemoglobina alterada adquirem o formato de foice, quando submetidas a certas condições, o que deu nome a essa anomalia de anemia falciforme.

Você na net!

A falta de uma enzima é a causa de fenilcetonúria, uma condição que conduz a diversos distúrbios do metabolismo, que podem ser minimizados com algumas ações. Pesquise o que causa a fenilcetonúria, se há teste para identificar essa condição e os cuidados que seus portadores precisam tomar.

Desnaturação

O aquecimento de uma proteína a determinadas temperaturas promove a ruptura das ligações internas entre os aminoácidos, responsáveis pela manutenção das estruturas secundária e terciária. Os aminoácidos não se separam, não se rompem as ligações peptídicas, porém a proteína fica "desmantelada", perde a sua estrutura original. Dizemos que ocorreu uma **desnaturação** proteica, com perda da sua forma original (veja a Figura 5-10). Dessa maneira, a função biológica da proteína pode ser prejudicada.

Enzimas: catalisadores orgânicos

A vida depende da realização de inúmeras reações químicas que ocorrem no interior das células e também fora delas (em cavidades de órgãos, por exemplo). Por outro lado, todas essas reações dependem, para sua realização, da existência de determinadas enzimas. As **enzimas** são substâncias do grupo das proteínas e atuam como *catalisadores* de reações químicas. **Catalisador** é uma substância que *acelera* a velocidade de ocorrência de certa reação química.

Muitas enzimas possuem, além da porção proteica propriamente dita, constituída por uma sequência de aminoácidos, uma porção não proteica. A parte proteica é a **apoenzima** e a não proteica é o **cofator**. Quando o cofator é uma molécula orgânica, é chamado de **coenzima**.

O mecanismo de atuação da enzima se inicia quando ela se liga ao reagente, mais propriamente conhecido como *substrato*. É formado um complexo enzima-substrato, *instável*, que logo se desfaz, liberando os produtos da reação e a enzima, que permanece intacta embora tenha participado da reação.

Mas para que ocorra uma reação química entre duas substâncias orgânicas que estão na mesma solução é preciso fornecer certa quantidade de energia, geralmente na forma de calor, que favoreça o encontro e a colisão entre elas. A energia também é necessária para romper ligações químicas existentes entre os átomos de cada substância, favorecendo, assim, a ocorrência de outras ligações químicas e a síntese de uma nova substância a partir das duas iniciais.

Essa energia de partida, que dá um "empurrão" para que uma reação química aconteça, é chamada de **energia de ativação** e possui determinado valor.

A enzima provoca uma *diminuição da energia de ativação necessária para que uma reação química aconteça* e isso facilita a ocorrência da reação (veja a Figura 5-11).

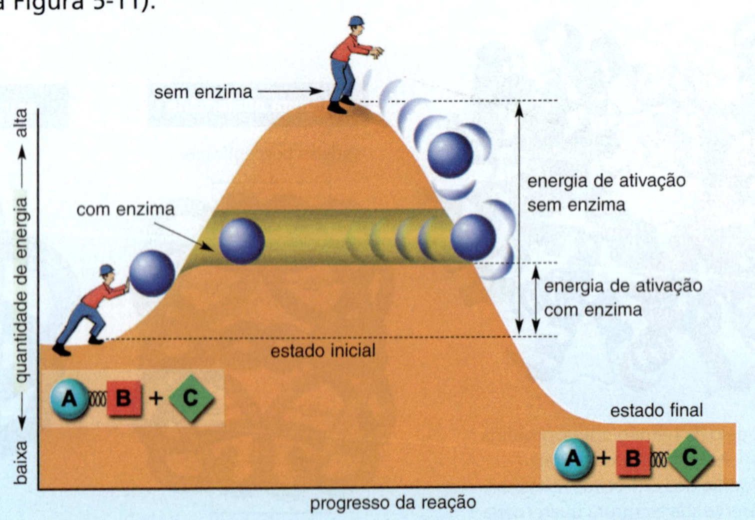

Figura 5-11. Energia de ativação com e sem enzimas.

POSTLETHWAIT, *J. et al. Biology*! Bringing science to life. USA: McGraw-Hill, 1991. p. 78.

Mecanismo "chave e fechadura" e as enzimas

Na catálise de uma reação química, as enzimas interagem com os substratos, formando com eles, temporariamente, o chamado complexo enzima-substrato.

Na formação das estruturas secundária e terciária de uma enzima (não esqueça que as enzimas são proteínas), acabam surgindo certos locais na molécula que servirão de encaixe para o alojamento de um ou mais substratos, do mesmo modo que uma chave se aloja na fechadura (veja a Figura 5-12(a)).

Esses locais de encaixe são chamados de **sítios ativos** e ficam na superfície da enzima. Ao se encaixarem nos sítios ativos, os substratos ficam próximos uns dos outros e podem reagir mais facilmente.

Assim que ocorre a reação química com os substratos, desfaz-se o complexo enzima-substrato. Liberam-se os produtos e a enzima pode ser novamente utilizada para a formação de outros complexos.

A descrição acima sugere que, assim como em uma fechadura, a forma da enzima e os seus sítios ativos são rígidos. Não é bem assim. Atualmente, acredita-se que, ao haver o ajuste dos substratos nos sítios ativos, ocorre uma mudança na forma da enzima. Essa mudança melhora a interação entre a enzima e os substratos que, mais próximos uns dos outros, podem reagir mais facilmente. É como se a chave pudesse sofrer uma deformação assim que fosse introduzida na fechadura, aumentando a interação entre elas e otimizando o seu funcionamento (veja a Figura 5-12(b)).

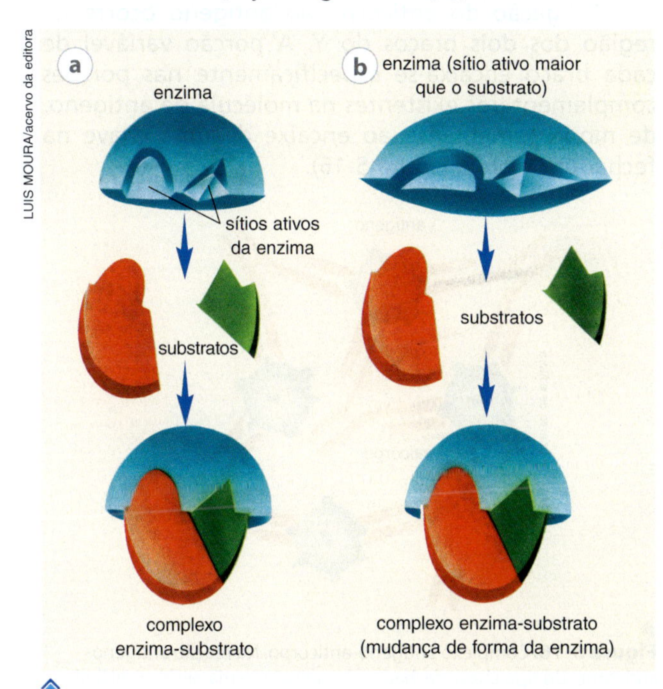

Figura 5-12. Modelo "chave e fechadura". Em (a), há interação da enzima com os subtratos. Em (b), há deformação da enzima, favorecendo sua ação.

Anote!

Uma enzima não é consumida durante a reação química que ela catalisa.

Fatores que influenciam a ação das enzimas

A **temperatura** e o **pH** (índice da acidez ou da alcalinidade do meio) são dois dos mais importantes fatores que regulam a atividade das enzimas.

A maioria das enzimas possui uma atividade máxima dentro de uma faixa de temperatura. Nas células humanas, a temperatura ótima de ação das enzimas está em torno de 35 °C a 40 °C. Na Figura 5-13, perceba que a cada 10 °C de aumento de temperatura, a taxa da reação enzimática dobra até um determinado ponto (por **taxa da reação enzimática** entenda a quantidade de produto formado por unidade de tempo). Valores altos de temperatura, no entanto, podem levar à desnaturação das enzimas e, portanto, à sua desativação.

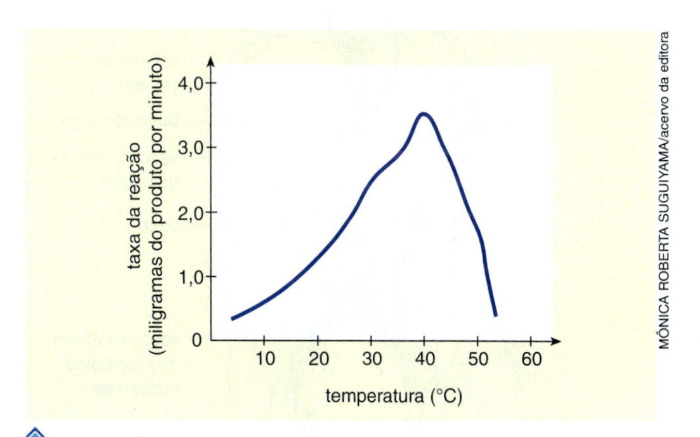

Figura 5-13. Atividade enzimática em função da temperatura. A maioria das enzimas possui valor de pH ótimo de ação, ou seja, um valor de pH em que sua atuação é a melhor possível. Entre as enzimas humanas, o pH ótimo para a maioria delas está entre 6,0 e 8,0.

Desvende & Avalie!

Leia o QR Code ao lado e faça a atividade de experimentação sobre o efeito da temperatura na estrutura das proteínas.

Proteínas de defesa e o sistema imunológico

Diariamente, nosso organismo é invadido por uma infinidade de partículas estranhas chamadas **antígenos**, provenientes do ar que respiramos, da água que bebemos e dos alimentos que comemos. Também somos invadidos, sem perceber, por bactérias, vírus, fungos e protozoários, muitos deles causadores de doenças e produtores de toxinas que podem prejudicar seriamente nosso organismo, e até causar a morte. Qual é a reação do nosso organismo ante essa ameaça proveniente do meio ambiente? Utilizamos o nosso **sistema imunológico** (ou **imunitário**) para combater os agentes estranhos ao nosso corpo e adquirir **imunidade** (o termo provém do latim *immune*, que significa *livre de*). Veja a Figura 5-14.

Anote!

Antígeno é qualquer substância reconhecida como estranha pelo sistema de defesa de um organismo, podendo ser uma molécula de proteína, de polissacarídeo e até mesmo um ácido nucleico.

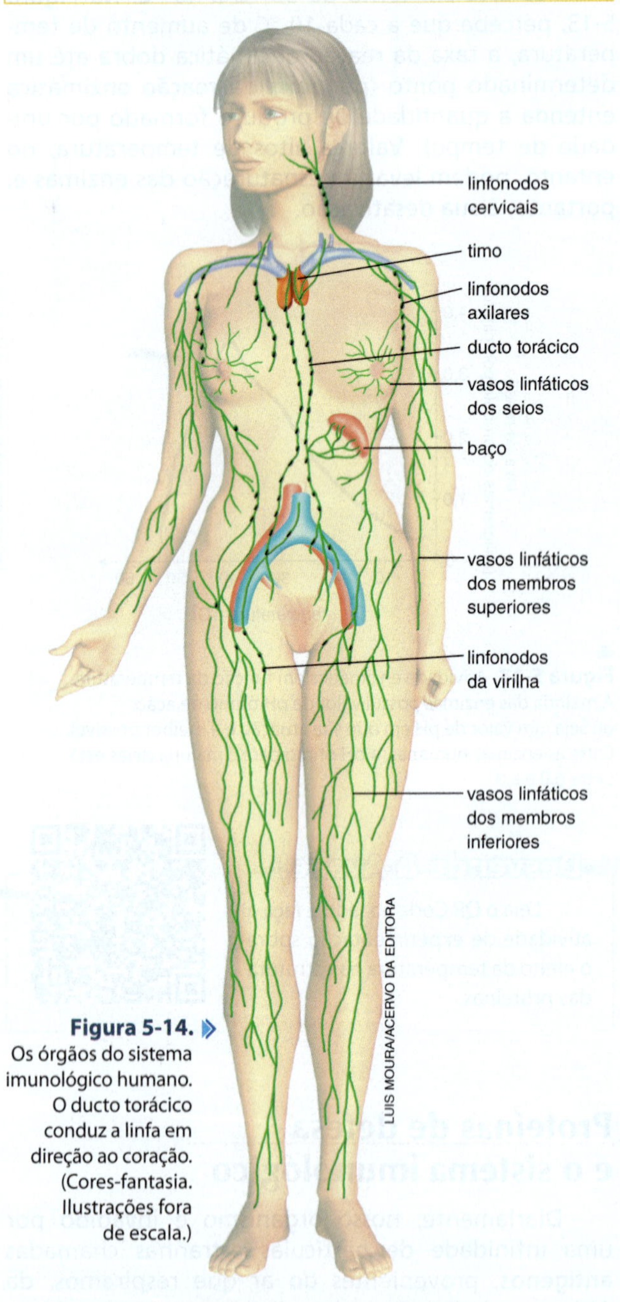

Figura 5-14. Os órgãos do sistema imunológico humano. O ducto torácico conduz a linfa em direção ao coração. (Cores-fantasia. Ilustrações fora de escala.)

O sistema imunológico é constituído por um verdadeiro arsenal formado por alguns órgãos, como o baço e o timo, células brancas do sangue, os nódulos linfáticos (ou linfonodos), e uma infinidade de substâncias químicas, destacando-se, entre elas, as proteínas de defesa conhecidas como anticorpos. Os anticorpos pertencem à categoria de proteínas conhecidas como *imunoglobulinas* (representadas por Ig).

A ligação do antígeno com o anticorpo

A molécula proteica de um anticorpo é complexa e possui o aspecto da letra Y. É formada por quatro cadeias de polipeptídios, duas de pequeno peso molecular e as outras duas de alto peso molecular (veja a Figura 5-15).

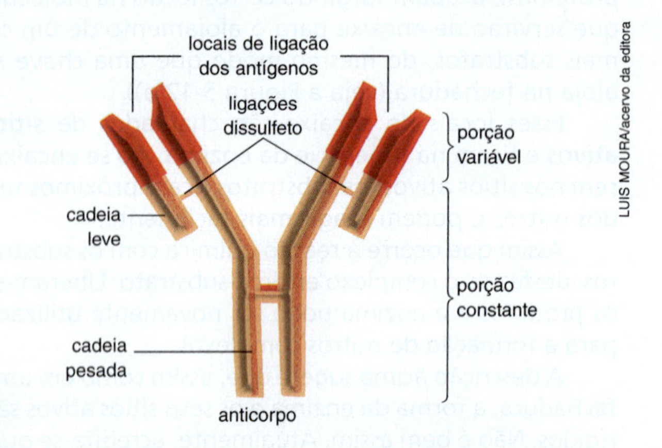

Figura 5-15. A molécula de anticorpo se assemelha à letra Y. A porção variável é específica para cada anticorpo.

Cada cadeia polipeptídica possui uma porção variável, que é a parte da molécula que difere de um anticorpo para outro. Os dois braços do Y são os locais que se ligam ao antígeno. A cauda do Y é o local de ligação do anticorpo a locais específicos da célula de defesa.

A ligação do anticorpo ao antígeno ocorre na região dos dois braços do Y. A porção variável de cada braço encaixa-se especificamente nas porções complementares existentes na molécula de antígeno, de modo semelhante ao encaixe de uma chave na fechadura (veja a Figura 5-16).

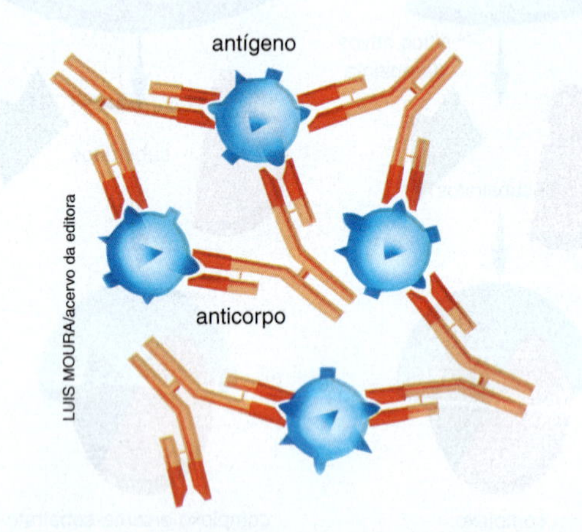

Figura 5-16. Complexo antígeno-anticorpo. Na reação antígeno-anticorpo, do tipo chave-fechadura, as porções variáveis da molécula do anticorpo se encaixam em porções complementares do antígeno, inativando-o.

Uma vez ligados um ao outro, o *anticorpo* inativa o *antígeno* e o **complexo antígeno-anticorpo** formado pode ser englobado por uma célula fagocitária, por exemplo, um glóbulo branco, que destruirá o complexo.

As proteínas e a nossa alimentação

O desenvolvimento saudável de uma criança depende do fornecimento de proteínas de qualidade. Por proteínas de qualidade entende-se as que possuem todos os aminoácidos essenciais para a nossa espécie. A maturação cerebral depende do fornecimento correto, na idade certa, das proteínas de alto valor nutritivo. Pobreza de proteínas na infância acarreta sérios problemas de conduta e de raciocínio na idade adulta.

A doença conhecida como Kwashiorkor, em que a criança apresenta abdômen e membros inchados, alterações na cor dos cabelos e precário desenvolvimento intelectual, é uma manifestação de deficiência proteica na infância e mesmo em adultos.

As autoridades mundiais estão cada vez mais preocupadas com a correta alimentação dos povos que, frequentemente, não dispõem de acesso fácil aos alimentos proteicos.

Em muitas regiões do mundo, as pessoas recorrem a alimentos ricos em carboidratos (excelentes substâncias fornecedoras de energia), porém pobres em aminoácidos.

Elas engordam, mas apresentam deficiência em proteínas. O ideal é incentivar o consumo de mais proteínas e obter, assim, um desenvolvimento mais saudável do organismo.

As proteínas mais "saudáveis", de melhor qualidade, são as de origem animal. As de maior teor em aminoácidos essenciais são encontradas nas carnes de peixe, de vaca, de aves e no leite.

Um aspecto importante a ser considerado no consumo de cereais é que eles precisam ser utilizados sem ser beneficiados. No arroz sem casca e polido, o que sobra é apenas o amido, e o mesmo ocorre com os grãos de trigo no preparo da farinha. Deve-se consumir esses alimentos na forma integral, já que as proteínas são encontradas nas películas que envolvem os grãos. Mais recentemente, tem-se incentivado o consumo de arroz *parboilizado* (do inglês, *parboil* = ferventar), isto é, submetido a um processo em que as proteínas da película interna à casca aderem ao grão. Outra grande fonte de proteínas é a soja e todos os seus derivados.

Em média, a necessidade diária de energia para um adolescente de 16 anos é de cerca de 3.000 calorias. Admitindo que você deva ingerir por dia aproximadamente 55% de carboidratos, 30% de gorduras e 15% de proteínas, das calorias ingeridas, então, cerca de 1.650 calorias deverão ser provenientes de carboidratos, 900 de gorduras e cerca de 450 de proteínas.

Se você exceder a ingestão diária indicada de calorias, o excesso será armazenado em seu organismo na forma de gordura. Se ingerir menos calorias do que a necessidade diária, então, o seu organismo passará a queimar as reservas armazenadas e você tenderá a emagrecer. Uma pessoa que deseja manter a sua massa corporal deve consumir exatamente as calorias que gastar durante a atividade diária. Por exemplo, se para você, estudante, a necessidade diária energética – que inclui atividade física, metabolismo basal e crescimento do organismo – é de 2.500 calorias, então você deve ingerir exatamente essa quantidade para se manter com a massa corporal inalterada.

Agora, veja a Tabela 5-5 para saber a quantidade de calorias de alguns alimentos.

Anote!

Valor calórico dos alimentos

- Carboidratos: 1 grama libera cerca de 4 calorias
- Gorduras: 1 grama libera cerca de 9 calorias
- Proteínas: 1 grama libera cerca de 4 calorias

Gasto de energia

Leia o QR Code abaixo e tenha acesso a uma relação dos gastos energéticos para algumas atividades diárias. A partir dela você poderá estabelecer qual é a sua necessidade diária de calorias.

Tabela 5-5. Valor calórico de alguns alimentos e bebidas.

ALIMENTOS E BEBIDAS	CALORIAS
Açúcar comum (colher de chá, 10 g)	40
Arroz com feijão (2 colheres de sopa, 40 g)	75
Banana-prata (unidade,55 g)	55
Bife de alcatra frito (2 fatias, 100 g)	220
Copo de leite integral (240 mL)	149
Pão francês (50 g)	135

Dados compilados pelos autores.

5-7. Por que vacinar é importante: imunizações

As células produzidas pelos órgãos componentes do sistema imunológico atuam na produção de anticorpos. Estes, por sua vez, combatem antígenos existentes nos micróbios causadores de infecção ou nas substâncias tóxicas por eles liberadas.

Passada a infecção, de modo geral, permanece apenas um pequeno número de *células de memória*, isto é, células de defesa que poderão, caso ocorra outra infecção provocada pelo mesmo agente infeccioso, produzir os anticorpos específicos de modo que efetuem um combate rápido e eficiente. Esse processo de **imunização ativa natural** funciona com a maioria das doenças infecciosas provocadas por vírus e bactérias.

É comum, hoje, a utilização do termo **resposta imunológica humoral** para se referir à produção de anticorpos pelas células de defesa, sobretudo as conhecidas células linfócitos B.

Muitos vírus e bactérias, porém, são bastante agressivos e é inimaginável esperar que uma pessoa contraia a doença para depois ficar imune a ela. Assim, pensando-se em termos de prevenção de uma doença infecciosa, recorre-se à **imunização ativa artificial** a partir da **vacinação** das pessoas.

Vacina induz a produção de anticorpos protetores

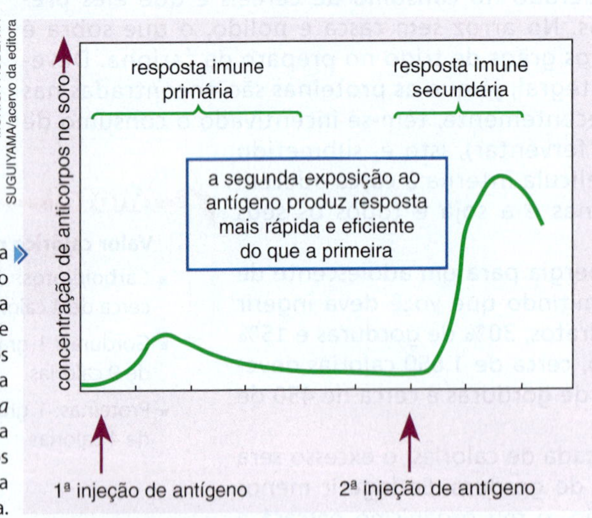

Figura 5-17. A primeira injeção de antígeno provoca a chamada *resposta primária*, em que a produção de anticorpos é pequena. A segunda injeção provoca a *resposta secundária*, em que a quantidade de anticorpos produzidos é maior e a resposta é mais rápida.

A quantidade de anticorpos produzidos durante o processo de imunização ativa artificial é ilustrada pela Figura 5-17.

De maneira geral, a primeira inoculação de antígenos em uma pessoa provoca o que se chama de *resposta imune primária* aos antígenos. Os anticorpos surgem depois de 3 a 14 dias da inoculação, atingem certa concentração no sangue, declinando a seguir. Uma segunda inoculação de antígenos, algum tempo depois, provoca a chamada *resposta imune secundária*, muito mais rápida e produtora de maior quantidade de anticorpos em relação à resposta primária.

Produção de vacinas

Para a produção de vacinas, microrganismos patogênicos são multiplicados em condições especiais no laboratório e, posteriormente, esses microrganismos são mortos ou enfraquecidos de modo que não sejam capazes de provocar doenças, mantendo, porém, a capacidade de atuar como antígenos.

Utiliza-se apenas uma fração do microrganismo, aquela que contém os antígenos, como componente da vacina (como na produção de vacina contra a meningite meningocócica, em que são utilizados fragmentos das membranas que revestem as bactérias) ou substâncais tóxicas, alteradas, produzidas por uma bactéria (como na vacina antitetânica, preparada com toxinas alteradas da bactéria que provoca o tétano).

Soroterapia: tratamento com anticorpos prontos

Certos antígenos são tão agressivos que não é possível aguardar a produção natural de anticorpos para combatê-los. Nesses casos, recorre-se à **imunização passiva**, ou seja, injetam-se anticorpos específicos para combater os antígenos agressivos no organismo doente (pessoas ou animais). Por exemplo: quando ocorrem ferimentos profundos na pele, em regiões em que há bactérias do tétano, é fundamental a injeção de soro antitetânico contendo anticorpos que possam inativar rapidamente as toxinas produzidas pelas bactérias.

Anote!

No leite materno existem inúmeros anticorpos. A amamentação é um tipo de imunização passiva natural.

Saiba mais!

O soro possui finalidade curativa. A vacina é preventiva.

Para a produção de anticorpos contra a toxina do tétano, por exemplo, utilizam-se animais.

Inoculam-se doses pequenas da toxina tetânica no cavalo que, em resposta, produz os anticorpos. Esses anticorpos do sangue do cavalo são extraídos e com eles prepara-se o soro que poderá ser injetado nas pessoas, quando necessário (veja a Figura 5-18). Note que os anticorpos não foram produzidos pela pessoa ferida.

A sua duração no sangue da pessoa que os recebe é pequena, limitando-se ao tempo necessário para inativar as toxinas produzidas pelas bactérias.

O soro, portanto, possui finalidade curativa e não preventiva.

Esse produto também é usado contra venenos de serpentes, escorpiões e aranhas.

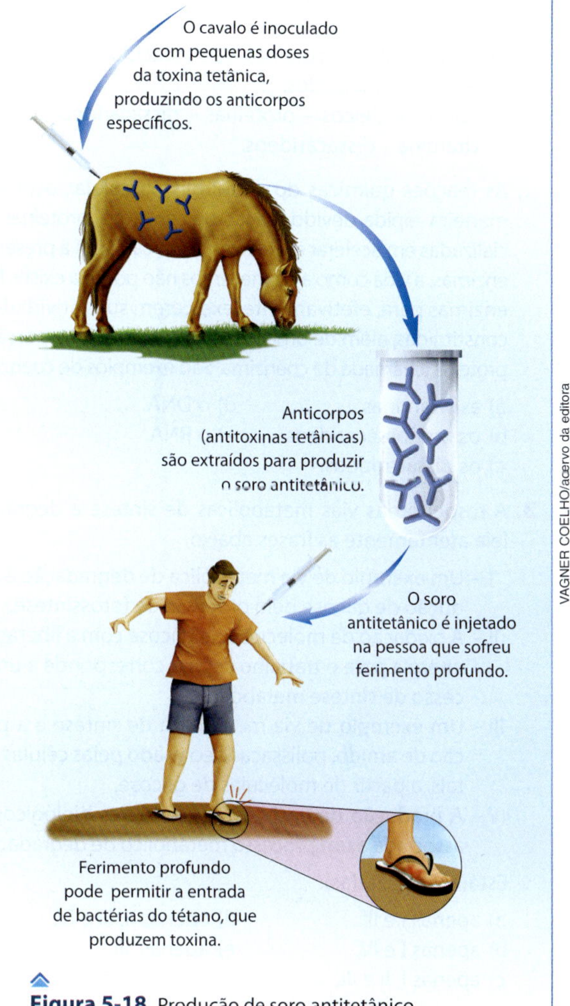

Figura 5-18. Produção de soro antitetânico. (Cores-fantasia. Ilustrações fora de escala.)

A origem do termo "vacina"

O termo vacina foi empregado pela primeira vez pelo médico inglês Edward Jenner, em 1796, ao efetuar um célebre experimento relacionado à varíola, uma grave doença virótica que hoje já não existe.

Jenner percebeu que ordenhadores que tinham contato com vacas que apresentavam varíola bovina – mais suave que a varíola humana – pegavam varíola bovina, mas não pegavam varíola humana.

Então, em certo dia, ele retirou pus de feridas variólicas de um ordenhador e inoculou em um menino de 8 anos de idade, fazendo pequenos arranhões na pele da mão com uma agulha contendo material contaminado. O menino contraiu a varíola bovina.

Meses depois, Jenner inoculou no menino material proveniente de lesões da varíola humana. O menino não contraiu varíola humana. Tinha sido imunizado pela primeira inoculação com vírus de varíola bovina.

O experimento deu certo porque os vírus causadores das duas moléstias são muito parecidos.

Vacina e vacinação são dois termos derivados da palavra latina *vacca*, referindo-se ao animal a partir do qual toda essa série de experimentos teve início.

ATIVIDADES

A CAMINHO DO ENEM

Leia o texto abaixo e responda aos testes de **1** a **3**.

A atividade metabólica é, basicamente, de natureza química, ou seja, envolve a interação de átomos e moléculas. A célula é uma unidade altamente organizada que realiza suas numerosas reações químicas de maneira rápida e eficiente, seguindo vias metabólicas diferentes. O efeito total das vias metabólicas é a *síntese* ou a *degradação* de moléculas e o consumo ou liberação de energia. Entre as moléculas usadas no metabolismo celular, podemos destacar proteínas, lipídios, carboidratos, ácidos nucleicos e água.

1. Em torno de vinte tipos de ..... estão para as ..... assim como as letras do alfabeto estão para as palavras.

Um grupo de letras pode ser disposto para formar uma palavra específica. Modificando-se uma só letra em uma palavra, pode-se fazer com que ela perca todo o sentido. Assim, o conceito de "pedra" é muito claro na nossa língua, enquanto "pudra" não tem nenhum significado. Analogamente, a troca ou substituição de um ..... por outro, pode tornar uma ..... "sem sentido" para a célula. No entanto, a adição ou remoção de uma ou duas letras à palavra pode alterar substancialmente o sentido sem torná-la sem sentido. Assim a palavra "caso" pode ter outro sentido ao acrescentarmos a letra a, originando "acaso". Analogamente uma ..... pode se transformar em outra pela remoção ou adição de um ou alguns ......

Os termos que completam corretamente os espaços em branco são, pela ordem,

a) monossacarídeos – vitaminas – aminoácido – proteína – proteína – aminoácidos.

b) aminoácidos – proteínas – aminoácido – enzima – vitamina – monossacarídeos.

c) proteínas – vitaminas – monossacarídeo – proteína – vitamina – aminoácidos.
d) aminoácidos – proteínas – aminoácido – proteína – proteína – aminoácidos.
e) ácidos nucleicos – proteínas – dissacarídeo – enzima – vitamina – dissacarídeos.

2. As reações químicas do metabolismo celular ocorrem de maneira rápida devido à ação das enzimas, proteínas especializadas em acelerar as reações químicas. Sem a presença de enzimas, a vida como a conhecemos não poderia existir. Muitas enzimas para, efetivamente, exercerem suas atividades são constituídas, além de uma parte proteica, de uma porção não proteica, chamada de coenzima. São exemplos de coenzimas:

a) as vitaminas.
b) os monossacarídeos.
c) os dissacarídeos.
d) o DNA.
e) o RNA.

3. A respeito das vias metabólicas de síntese e degradação, leia atentamente as frases abaixo.

I – Um exemplo de via metabólica de degradação é a produção de glicose pelo processo de fotossíntese.
II – A oxidação de moléculas de glicose com a liberação de energia para o trabalho celular corresponde a um processo de síntese metabólica.
III – Um exemplo de via metabólica de síntese é a produção de amido, polissacarídeo usado pelas células vegetais, a partir de moléculas de glicose.
IV – A produção de enzimas, catalisadores biológicos, está associada a um processo metabólico de degradação.

Está(ão) correta(as):

a) apenas I e III.
b) apenas I e IV.
c) apenas I, II e III.
d) apenas II, III e IV.
e) apenas III.

TESTE SEUS CONHECIMENTOS

1. O esquema abaixo é uma comparação das porcentagens de elementos químicos presentes na crosta terrestre e no corpo humano.

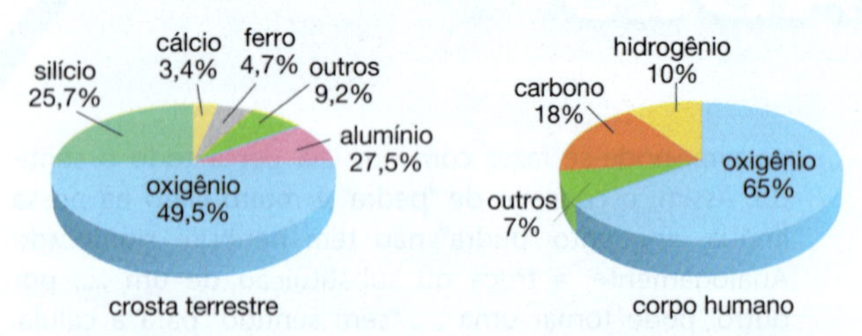

a) Qual é o elemento químico mais abundante tanto na crosta terrestre como no corpo humano?
b) Um dos elementos químicos, fundamental na composição de moléculas orgânicas do corpo humano e também nas dos demais seres vivos não é indicado na composição da crosta terrestre. Qual é esse elemento químico? Cite pelo menos duas substâncias orgânicas que contêm esse elemento químico.

2. Cerca de 97% da água da Terra está nos oceanos. Nos seres vivos, é uma das substâncias mais abundantes. Pode-se dizer, sem medo de errar, que sem água não há vida. Essa frase pode ser justificada recorrendo às propriedades dessa substância. Utilizando os seus conhecimentos sobre as propriedades da água, responda:

a) O que significa dizer que a molécula de água é polar e que entre moléculas de água existe coesão? Cite as outras quatro propriedades da molécula de água, descritas no texto deste capítulo.
b) O que significa dizer que, "nos seres vivos, a água é solvente praticamente universal e meio de transporte"?

3. (Uece) Considerando as propriedades da água, assinale a afirmação verdadeira.

a) Coesão, adesão e tensão superficial originam o fenômeno da capilaridade, que é o movimento ascendente da água por distâncias pequenas em um tubo de vidro ou em uma parede celular.
b) Adesão é a forte atração mútua das moléculas de água entre si, que é resultante das ligações de hidrogênio.
c) Coesão é força que atrai as moléculas de água para superfícies sólidas, devido à grande aderência da água por outras substâncias que têm, em sua molécula, grande quantidade de átomos de oxigênio e nitrogênio, tais como vidro, celulose, argila e proteínas.
d) Tensão superficial é a característica que confere à camada superficial da água o comportamento elástico, propriedade causada pelas forças de adesão entre as moléculas de água, cuja resultante é diferente na interface com o ar.

4. Vários elementos químicos componentes de sais inorgânicos possuem papel fundamental para a sobrevivência dos seres vivos. Dentre esses elementos, destacam-se, por exemplo, os que atuam no trabalho das células musculares do coração, os das células nervosas do cérebro humano e aquela que é fundamental no processo de fotossíntese dos vegetais.

a) Cite os elementos químicos que atuam no trabalho de células cardíacas e musculares.
b) Cite o elemento químico fundamental no processo de fotossíntese.

5. Carboidratos são substâncias químicas de fundamental importância na geração de energia que possibilita a manifestação de vida. São encontrados em diversos alimentos e também participam da construção de paredes celulares nos vegetais.

a) Cite as três categorias de carboidratos e, para cada uma delas, pelo menos dois exemplos.
b) Carboidratos macromoleculares são os formados pela união de centenas de monossacarídeos. Dois deles exercem importante função de reserva energética, sendo um deles em vegetais e o outro em animais, e também no homem. Quais são esses dois carboidratos complexos?

6. Embora alguns tipos de lipídios constituam motivo de preocupação para muitas pessoas, são substâncias orgânicas que exercem importantes funções no metabolismo, sendo essenciais para a sobrevivência da maioria dos seres vivos.

a) Quais são as duas substâncias mais conhecidas dessa categoria de componentes orgânicos nos seres vivos?
b) Qual é o significado de ácidos graxos saturados e ácidos graxos insaturados? Qual dos dois tipos é mais benéfico à saúde?

7. Sem vitaminas, inúmeras deficiências fisiológicas e orgânicas ocorrem nos seres humanos. Embora haja uma grande variedade dessas substâncias, sua presença é fundamental para a manutenção da saúde.

a) Cite as vitaminas que, ausentes da alimentação diária das pessoas, acarretam anomalias tais como: escorbuto, cegueira noturna, hemorragias, distúrbios do sistema nervoso e beribéri.

b) Uma importante vitamina é relacionada à deposição de cálcio nos ossos e sua ausência causa uma anomalia caracterizada por deficiência de formação e enfraquecimento da estrutura dos ossos. Qual é essa vitamina? Cite o principal mecanismo que possibilita a síntese dessa vitamina pelo organismo humano. Cite a anomalia que conduz à deficiência de formação e enfraquecimento ósseo.

8. (UVV – ES) Um médico recebeu, em seu consultório, um paciente adulto com quadro de sangramento sob a pele, formando manchas escuras e eventuais episódios de sangramento nasal. O paciente informou que o problema começou a ocorrer há alguns meses, agravando-se nas últimas semanas.

Foi realizada uma série de exames e os resultados descartaram a possibilidade de se tratar de uma doença autoimune ou de hemofilia, embora o paciente apresente deficiência na síntese de proteínas que atuam como fatores de coagulação sanguínea.

Com base nesses resultados, o paciente foi diagnosticado com deficiência nutricional em uma vitamina específica.

Assumindo que o diagnóstico do médico está correto, o paciente em questão apresenta um quadro de deficiência nutricional em:

a) Vitamina A, que tem os cereais integrais como sua principal fonte.
b) Vitamina B_{12}, cuja deficiência pode causar xeroftalmia (secura nos olhos).
c) Vitamina D, cuja deficiência pode causar escorbuto.
d) Vitamina E, que previne a ocorrência de beribéri e anemia.
e) Vitamina K, cujas principais fontes são vegetais verdes folhosos.

9. (UFJF-PISM – MG) Segundo o Instituto Mineiro de Endocrinologia, embora o Brasil seja um país com abundância de dias ensolarados, diversos fatores têm dificultado a exposição ao sol dos seres humanos, tais como o estilo de vida moderno nas grandes cidades, o sedentarismo, o receio de danos à pele e o uso de protetor solar. Esses fatores têm causado um problema generalizado de deficiência de vitamina D na população.

a) Por que o receio dos danos do sol à pele e o uso do protetor solar podem ter relação com a deficiência de vitamina D na população?
b) Por que é importante que crianças em fase de crescimento tomem sol regularmente?
c) O que são vitaminas lipossolúveis?

10. (Cederj) As proteínas são polímeros lineares formados por ligações peptídicas entre resíduos de aminoácidos. Trata-se, provavelmente, do tipo de biomolécula com maior diversidade de funções. Entretanto, uma das classes de moléculas apresentadas a seguir não possui constituição proteica, a saber:

a) enzimas.
b) anticorpos.
c) hormônios.
d) vitaminas.

11. (Unichristus – CE) **Excesso de proteínas pode aumentar risco de insuficiência cardíaca, alerta estudo**

Dietas ricas em proteínas são bastante populares, no entanto adverte a American Heart Association (AHA), dos Estados Unidos, que nem todas as proteínas são iguais e benéficas. Para não correr riscos, a entidade médica norte-americana recomenda consumi-las com cuidado e moderação.

Disponível em: <https://gauchazh.clicrbs.com.br/saude/noticia/2018/>. *Acesso em:* 11 ago. 2018.

Sobre as substâncias noticiadas anteriormente, depreende-se que são formadas por

a) unidades de glicose unidas por ligações peptídicas.
b) aminoácidos unidos por ligações peptídicas.
c) ácidos graxos unidos por ligações glicosídicas.
d) aminoácidos unidos por ligações glicosídicas.
e) polissacarídios unidos por ligações pépticas.

12. Proteínas são macromoléculas participantes de praticamente todos os órgãos humanos e de vários outros seres vivos. O crescimento saudável do ser humano e outros seres vivos é extremamente dependente dessa classe de compostos orgânicos.

a) Como constituem macromoléculas, em sua composição participam importantes unidades que, ao se unirem umas às outras, conduzem à formação de uma proteína. Quais são essas unidades?
b) Cite os três importantes papéis desempenhados pelas proteínas no homem e em inúmeros outros seres vivos.

13. Aminoácidos são unidades fundamentais para a produção de moléculas complexas, as proteínas. Essas unidades estão presentes em praticamente quaisquer alimentos de origem animal a que as pessoas recorrem em suas dietas.

a) A união de aminoácidos que permite a formação dos complexos moleculares proteicos é uma atividade fundamental para a ocorrência de síntese desses complexos. Como é denominada a união que permite a ocorrência de ligação entre dois aminoácidos.
b) Qual é o significado dos termos aminoácidos naturais e aminoácidos essenciais? Cite pelo menos dois exemplos de aminoácidos essenciais para o homem.

14. (UVV – ES) Ter a devida atenção com a saúde e com a forma física é importante para a longevidade com bem-estar físico e mental. Nesse contexto, o conhecimento nutricional dos alimentos torna-se fundamental para que as pessoas possam entender os rótulos dos alimentos, fazerem escolhas adequadas para manutenção de sua saúde. Os rótulos de alimentos industrializados trazem informações sobre o valor calórico e a quantidade de carboidratos, proteínas, lipídios, vitaminas entre outras tantas que são úteis na seleção dos alimentos.

Adaptado de: UZUNIAN, A.; BIRNER, E. *Biologia – volume único*. 4. ed. São Paulo: Harbra, 2013.

Com base no seu conhecimento sobre a química da vida, assinale a afirmativa correta.

a) As vitaminas formam um grupo especial de substâncias inorgânicas que não são fabricadas pelo nosso organismo.

b) Os lipídios são compostos orgânicos solúveis em água, mas não dissolvem bem em solventes orgânicos, como o éter e o álcool.

c) A principal função biológica dos carboidratos é a liberação de energia para o trabalho celular, sendo a glicose o principal componente estrutural das células.

d) Os lipídios não possuem funções no metabolismo, mas são fundamentais para a sobrevivência da maioria dos seres vivos, funcionando como eficiente reserva energética.

e) As proteínas são compostos orgânicos relacionados ao metabolismo de construção, exercendo papel fundamental no crescimento, pois muitas delas possuem papel estrutural nas células.

15. A estrutura de uma proteína, bem como sua forma espacial, são características de grande importância no desempenho de suas funções.

a) Com relação à forma espacial das proteínas, cite os possíveis arranjos estruturais que podem ocorrer nos seres vivos nessas moléculas.

b) Qual é o significado do termo desnaturação proteica? Cite um fator que pode conduzir a uma desnaturação proteica.

16. Determinada categoria de proteínas exerce valiosa função ao permitir a ocorrência mais eficiente e rápida de reações químicas nas células ou em vários compartimentos dos seres vivos, a exemplo do que ocorre no tubo digestório humano.

a) Qual é essa categoria de proteínas? Em termos químicos, como é denominada a ação de uma substância que favorece a ocorrência de reações químicas? Uma substância que pertence a essa categoria proteica costuma ligar-se ao reagente no qual atuará, então, cite o nome dado a esse reagente no qual atuará essa molécula proteica.

b) Cite os dois importantes fatores que influenciam a ação dessa importante categoria de substâncias proteicas.

17. (UFPR) Em relação às proteínas, carboidratos (glicídios) e ácidos nucleicos que são componentes moleculares dos seres vivos, faça o que se pede.

a) Cite dois carboidratos com função de reserva energética, um presente em plantas e outro em animais (identificando essa associação).

b) Quais são as unidades constituintes fundamentais das proteínas?

c) Quais são os dois tipos de ácidos nucleicos encontrados nas células?

18. (Unichristus – CE) Os soros mais usados em 2018 foram para picadas de cobra da espécie Jararaca. Manuel da Silva Viana, 37 anos, morador da comunidade Terra Preta, na região de várzea, foi uma vítima desse tipo de cobra. Ele conta que foi subir em uma árvore de açaizeiro quando a serpente picou o braço direito. O paciente fez o tratamento com soro específico e deverá receber alta em breve.

Disponível em: <https://g1.globo.com/pa/santarem-regiao/noticia/2019/01/22/21-casos-de-picadas-de-cobras-e-escorpioes-sao-registrados-em-15-dias-no-hms-veja-orientacoes.ghtml>. *Acesso em:* 2 fev. 2019.

Nesse caso, foi realizada uma imunização do tipo

a) passiva e natural, com introdução de antígenos específicos no organismo do paciente.

b) passiva e artificial, com introdução de anticorpos específicos no organismo do paciente.

c) passiva e artificial, com introdução de antígenos específicos no organismo do paciente.

d) ativa e artificial, com introdução de anticorpos específicos no organismo do paciente.

e) ativa e natural, com introdução de antígenos específicos no organismo do paciente.

19. (UPF – RS) Vacinar é uma das formas mais efetivas e de menor custo para reduzir a mortalidade infantil, conforme a Organização Mundial da Saúde. No entanto, tem havido um movimento contrário à vacinação, entre outros motivos, devido à suposta relação entre vacinas e casos de autismo. A comunidade científica mundial vem apresentando estudos demonstrando a inexistência dessa relação e existe a comprovação científica de que o conhecimento sobre como o sistema imunológico funciona tem permitido o desenvolvimento de muitas vacinas e soros que salvam milhões de vidas todos os anos.

Sobre o processo de imunidade, assinale a alternativa **incorreta**.

a) A imunidade passiva é adquirida quando um indivíduo recebe anticorpos prontos, resultando numa proteção rápida, mas temporária.

b) A imunidade ativa pode ser obtida por meio de soros, desde que seja reativada por reforços periódicos ao longo da vida do indivíduo.

c) A imunidade passiva natural é caracterizada pela passagem de anticorpos de mãe para filho, por meio da placenta e pelo leite materno.

d) A imunidade ativa ocorre quando o organismo é estimulado a produzir anticorpos em resposta à exposição ao antígeno.

e) A imunidade ativa pode ser obtida de forma natural, quando o indivíduo contrai a doença, ou de forma artificial, por meio da vacinação.

20. (Facisb – SP) Ao longo de um ano, Fernanda recebeu a primeira dose de uma vacina contra determinado vírus, recebeu a segunda dose desta mesma vacina e foi picada por uma cobra, necessitando de tratamento imediato com soro antiofídico. Nos gráficos, as curvas mostram a variação na concentração de anticorpos no sangue de Fernanda ao longo daquele ano.

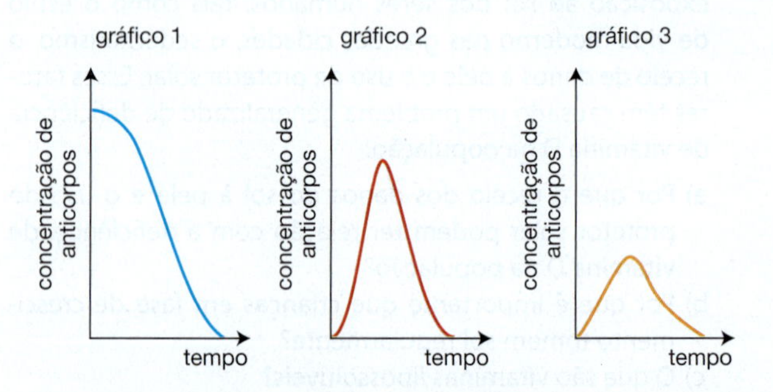

A concentração de anticorpos no sangue de Fernanda, em relação à primeira dose da vacina, à segunda dose da vacina e à aplicação do soro antiofídico, corresponde, respectivamente, aos gráficos

a) 1, 3 e 2.
b) 2, 1 e 3.
c) 3, 2 e 1.
d) 1, 2 e 3.
e) 2, 3 e 1.

21. (Unievangélica – GO) Qual das alternativas apresentadas a seguir descreve a relação da vacina com o tipo de imunidade desenvolvida por pessoas que passaram pelo processo de vacinação?

a) A vacina é formada por fragmentos de proteínas do microrganismo a ser combatido e tem por finalidade desenvolver imunidade inata.
b) Os antígenos utilizados na vacina vão proporcionar o desenvolvimento de imunidade ativa do tipo adaptativa.
c) A vacina é constituída de microrganismos vivos e tem por finalidade, desenvolver imunidade passiva do tipo adaptativa.
d) Os antígenos utilizados na vacina vão proporcionar o desenvolvimento de imunidade natural do tipo ativa.

22. (Fasa – SP) Obtenção de soro contra o veneno de animais peçonhentos:

1 – São feitos a partir dos próprios venenos. A extração de venenos é feita em um serpentário.

2 – Depois disso, o antígeno é processado, diluído e filtrado e encaminhado para uma fazenda de criação de cavalos.

3 – Lá, é injetado no cavalo, que fica de quarentena para produzir os anticorpos necessários para o combate aos malefícios do veneno. Em seguida, o sangue é retirado do cavalo e as hemácias são separadas do plasma. O plasma é a parte necessária para a produção do soro, como podemos observar na figura a seguir.

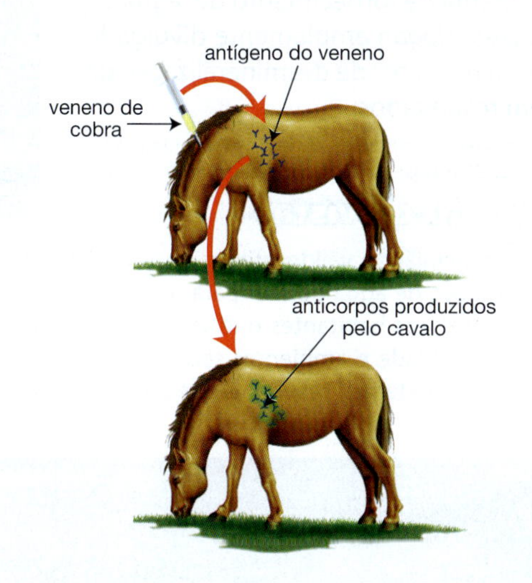

LUIS MOURA/acervo da editora

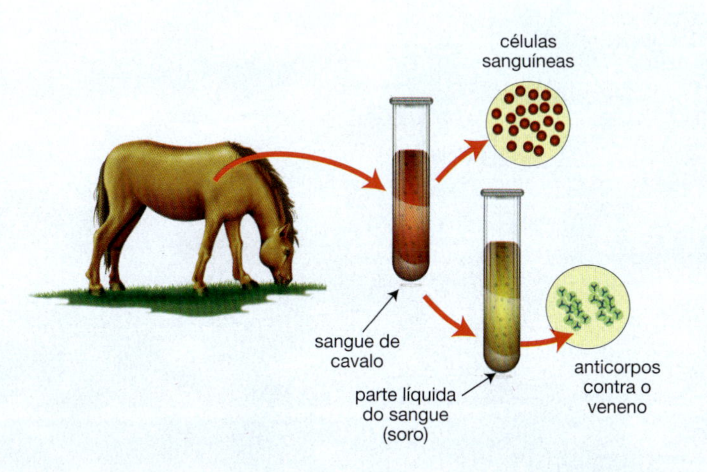

O soro e a vacina são substâncias que agem como imunizadores do organismo. De acordo com a figura e outros conhecimentos sobre o assunto, marque a alternativa correta.

a) As vacinas são produzidas para tratarem os pacientes nos acidentes por mordidas de cobras, pois contêm os anticorpos específicos.
b) O soro é o tratamento mais indicado no caso dos acidentes por mordidas de cobras, pois estimulam a produção de anticorpos.
c) As vacinas contêm os antígenos específicos, que estimulam o sistema imunológico na produção de anticorpos.
d) O soro confere ao paciente uma imunização permanente, pois ao estimular o sistema imunológico, esse forma células de memória.
e) As vacinas são geralmente usadas para o tratamento imediato dos pacientes, pois os anticorpos produzidos por ela são destruídos pelo sistema imunológico após combate ao antígeno.

23. A produção de uma vacina demanda tempo. Várias fases de experimentação são necessárias, que foram respeitadas para a produção de vacinas contra sarampo, poliomielite, tuberculose e rubéola, entre outras moléstias que afligem o ser humano. No ano de 2020, foi estabelecida a urgente metodologia para a produção de uma vacina contra o vírus SARS-CoV-2, causador da pandemia denominada de Covid-19. Com a utilização de vacinas, estimula-se a ocorrência de imunização das pessoas que as receberam. Portanto, vacinas são recursos imunizantes.

a) Ao ocorrer vacinação, o sistema de defesa das pessoas normalmente passa a produzir importantes proteínas de defesa. Como são denominadas essas proteínas de defesa?
b) A que tipo de imunização a vacinação se relaciona, natural ou artificial? Qual é a diferença existente entre esses dois conceitos?
c) Qual é a diferença entre soro e vacina? Por que se diz que a vacinação é preventiva e o soro é curativo?

24. (Suprema – RJ) No Brasil, um grupo de pesquisadores dos Hospitais Sírio-Libanês e Israelita Albert Einstein em parceria com a Universidade de São Paulo (USP) desenvolveram um estudo para utilização do plasma sanguíneo na atenuação dos sintomas de infectados pelo coronavírus. A infusão se dá da mesma forma que uma transfusão sanguínea, com a infusão do plasma convalescente que será introduzido nos adoecidos pelo vírus.

Disponível em: <https://demaisinformacao.com.br/plasmaconvalescente-para-tratamento-do-covid-19/>. *Acesso em:* 9 out. 2020

De acordo com o texto, o transplante de plasma de um paciente já recuperado da doença poderá ser eficiente no tratamento da doença. A utilização do plasma se baseia no mesmo princípio da fabricação de:

a) soros, pois o plasma a ser transplantado contém anticorpos contra o coronavírus.
b) vacinas, pois o plasma a ser transplantado contém anticorpos contra o coronavírus.
c) soros, pois o plasma a ser transplantado contém substâncias capazes de estimular a produção de anticorpos pelo organismo receptor.
d) vacinas, pois o plasma a ser transplantado contém substâncias capazes de estimular a produção de anticorpos pelo organismo receptor.

CAPÍTULO 6

Membrana celular, permeabilidade e citoplasma

Água é um bem natural escasso no Nordeste semiárido brasileiro, decorrente da baixa pluviosidade, irregularidade das chuvas e à estrutura geológica da região, entre outros fatores. A utilização de dessalinizadores, aparelhos que retiram o excesso de sais e de outros minerais da água, tem sido uma prática bastante difundida pelos governos estaduais, no sentido de melhorar a qualidade das águas de subsolo, principalmente as oriundas de poços.

A retirada de sais da água é feita por membranas (em um processo chamado osmose reversa, como veremos neste capítulo), o que dá ao equipamento índices espantosos de eficiência, em que uma água extremamente salinizada, ao ser tratada, passa a conter apenas traços de sais em sua composição. Torna-se, praticamente, uma água destilada.

A reposição de sais no organismo das pessoas normalmente é feita por meio da alimentação do dia a dia e da ingestão de líquidos. Segundo a Organização Mundial da Saúde (OMS) a população do semiárido nordestino é acostumada a ingerir águas com teores salinos muito acima do recomendado.

Ao passar, de uma hora para outra, a ingerir água com baixos teores de sais, essa população poderá entrar em um processo de desmineralização, O programa de fornecimento de "água de primeiro mundo" à população, com o uso de dessalinizadores (*slogan* amplamente divulgado pelos governos), poderá vir a ser acusado, futuramente, como um vetor de desmineralização da população se os parâmetros ótimos de eficiência não forem respeitados.

Adaptado de: SUASSUNA, A. *Água Potável no Semiárido:* escassez anunciada. *Disponível em:* <https://www.fundaj.gov.br/index.php/artigos-joao-suassuna/9245-agua-potavel-no-semi-arido-escassez-anunciada>. *Acesso em:* 9 jun 2021.

Seu ponto de vista!

Em sua opinião, é válido utilizar o procedimento de dessalinização de água do mar para o fornecimento de água potável aos habitantes que vivem em regiões de baixa pluviosidade e ambientes secos? Que benefícios e prejuízos poderiam resultar desse procedimento químico?

6-1. A fábrica celular

Se algum dia você entrar em uma fábrica de automóveis, perceberá a complexidade, representada por máquinas, peças e colaboradores, para a montagem de um veículo automotor. Em uma célula, hoje de visualização perfeitamente possível, ocorre a mesma atividade, ou seja, um intenso trabalho para fazer com que seus portadores permaneçam vivos e ativos.

6-2. A Citologia tem história

A palavra célula deriva do latim *cellula*, que significa *pequeno compartimento*. Em 1665, Robert Hooke foi o primeiro cientista a descrever uma célula, ao observar ao microscópio "pequenas cavidades" existentes em um pedaço de cortiça.

As primeiras células vivas foram vistas, algum tempo depois, pelo naturalista holandês Anton Van Leeuwenhoek. Utilizando um instrumento dotado de lentes de aumento, Leeuwenhoek observou minúsculos seres unicelulares que pululavam em gotas de água colhidas de uma lagoa. Até então, não se tinha a ideia de que todos os seres vivos da Terra eram formados por células. Esse princípio só foi estabelecido em 1839 pelo fisiologista alemão Theodor Schwann que, após muitos estudos e observações, firmou o conceito de que *todos os seres vivos são constituídos de células*. Faltava compreender, no entanto, como eram originadas novas células. Essa descoberta coube ao médico alemão Rudolf Virchow que, depois de exaustivas observações, concluiu que *todas as células são provenientes de células preexistentes*, princípio, posteriormente, confirmado por Louis Pasteur em seus magníficos experimentos, visando à comprovação da inexistência de geração espontânea. Assim surgiu a **Teoria Celular**, que se fundamenta nos princípios estabelecidos por Schwann e Virchow.

THE GRANGER COLLECTION

CREATIVE COMMONS

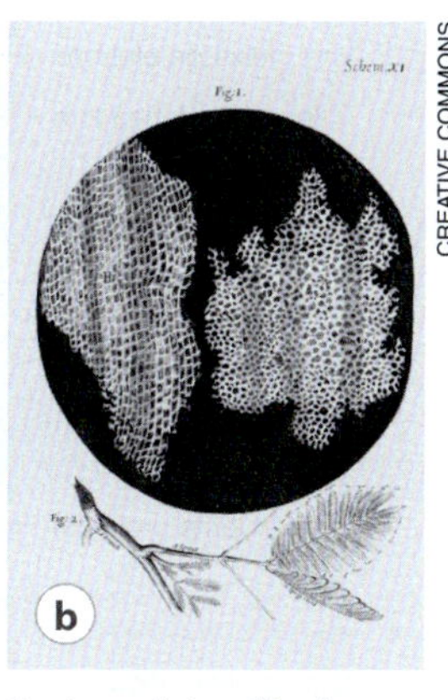

O microscópio utilizado por Hooke (a) e a ilustração da cortiça observada por ele (b).

Tamanho celular

Você sabe qual é o tamanho de uma célula? Leia o QR Code abaixo e descubra como as dimensões em Biologia podem variar de fração de micrômetro a vários metros.

Saiba mais!

Vírus são acelulares

Nem todos os seres vivos da Terra atual são formados por células. É preciso considerar que os vírus, seres vivos causadores de importantes doenças no homem, nos animais e nas plantas, são acelulares. O SARS-CoV-2, vírus causador da Covid-19, pandemia que afetou milhões de pessoas a partir de 2019, é um microrganismo acelular. Isso quer dizer que não possui muitas das estruturas presentes em uma célula. Por exemplo, não possui ribossomos, retículo endoplasmático, sistema golgiense, mitocôndrias, cloroplastos, lisossomos, entre outras.

Vírus são seres microscópicos, reconhecidos por instrumentos poderosos de visualização, como os microscópios eletrônicos. São microrganismos dotados apenas de envoltórios que protegem o material genético presente no seu interior, material genético que pode ser representado por molécula(s) de DNA ou de RNA.

ORPHEUS FX/SHUTTERSTOCK

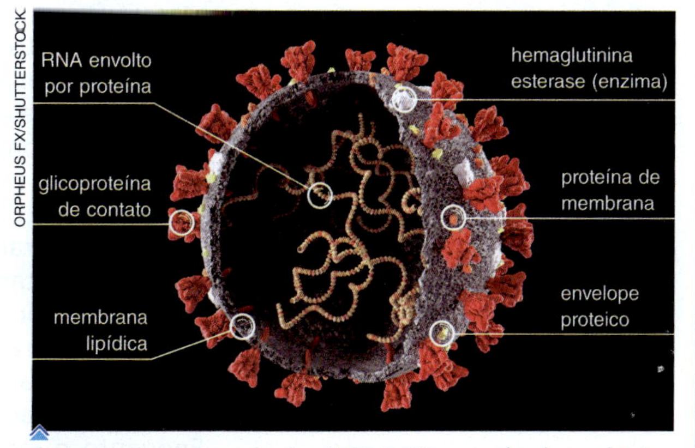

Ilustração da estrutura do vírus SARS-CoV-2, causador da pandemia que ficou conhecida como Covid-19.

Microscópios

Anote!

Para entender o que é **poder de resolução**, faça o seguinte: desenhe dois pontos em um papel, distanciados 1 centímetro um do outro. Desenhe outros dois pontos, agora distanciados 1 milímetro. Você consegue ainda enxergá-los? E se você aproximar mais ainda os dois pontos? Provavelmente você não os distinguirá mais, parecerão um só. O olho humano tem pequeno poder de resolução, já um bom microscópio amplia esse poder.

Certas células são grandes o suficiente para serem vistas pelos nossos olhos. O óvulo humano, por exemplo, tem cerca de 130 μm de diâmetro, o tamanho do ponto final desta frase. As maiores células conhecidas são os óvulos das aves (gema), se bem que a maior parte deles é material inerte, não vivo, representado pelo vitelo (reserva nutritiva para o desenvolvimento do embrião), que preenche praticamente todo o interior da célula.

O olho humano, porém, não é capaz de enxergar estruturas celulares de pequenas dimensões. Para isso, é preciso recorrer a microscópios, valiosos instrumentos que ampliam o tamanho dos objetos. Os mais comuns são os **microscópios fotônicos (de luz** ou **ópticos)**, que se utilizam de uma fonte de luz e de um conjunto de lentes para ampliar o tamanho das estruturas que se quer observar.

Microscópios de boa qualidade ampliam objetos até cerca de 1.200 vezes. No entanto, a principal qualidade do microscópio de luz não reside tanto na ampliação, mas no **poder de resolução**, ou seja, na habilidade de "tornar visíveis" detalhes muito pequenos, como a distância mínima em que dois pontos podem ser distintos um do outro.

A Figura 6-1(a) mostra um microscópio de luz, com alguns de seus componentes. Com ele é possível ver células vivas.

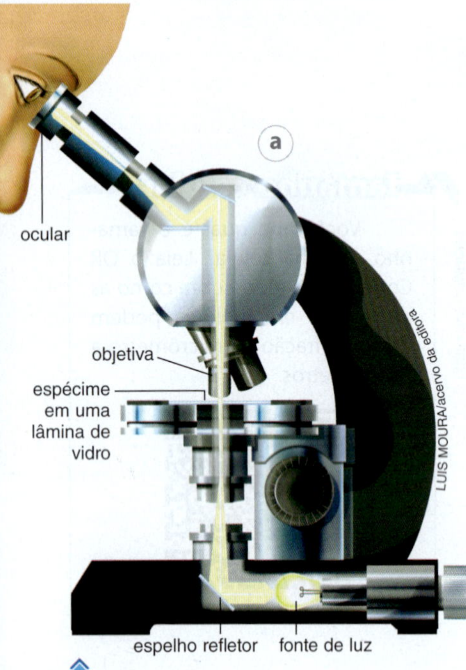

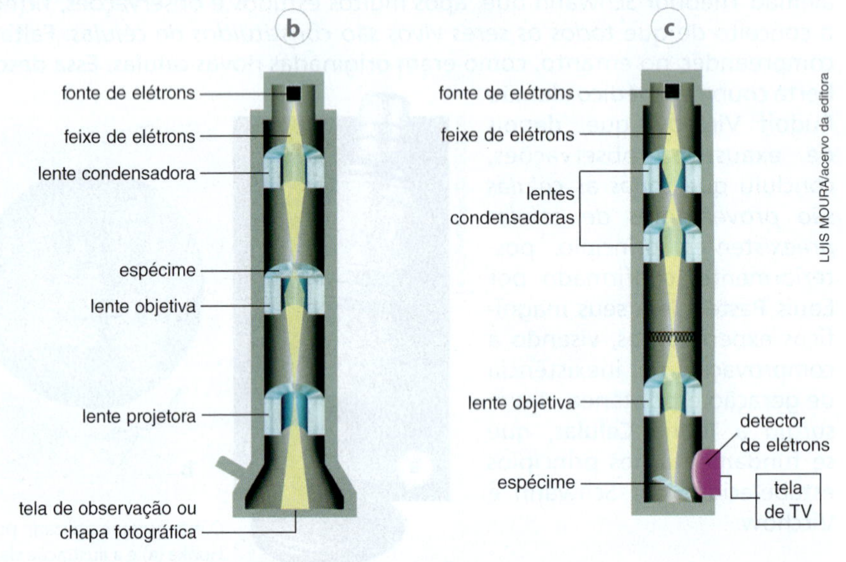

Figura 6-1. Esquemas de (a) microscópio fotônico (de luz ou óptico), (b) microscópio eletrônico de transmissão e (c) microscópio eletrônico de varredura. (Cores-fantasia. Ilustrações fora de escala.)

No entanto, como a maioria das células é transparente, a luz as atravessa e fica difícil distinguir as estruturas de seu interior. A saída encontrada pelos biólogos foi a utilização de corantes, que destacam certas estruturas. Porém, muitas das substâncias utilizadas matam a célula. A descoberta de corantes vitais, que não interferem na vida da célula, possibilitou a visualização de certas estruturas celulares, mantendo-as vivas.

Em 1932 foi inventado o **microscópio eletrônico de transmissão**, que aumenta consideravelmente o poder de resolução. Nesse tipo de microscópio, além de complexas lentes, são utilizados feixes de elétrons que ampliam o poder de resolução para algo próximo do diâmetro de uma molécula de água.

A imagem gerada por um microscópio eletrônico de transmissão não pode ser vista diretamente, pois o feixe de elétrons é altamente energético. Deve ser canalizado para o interior de um tubo de "vácuo" e dirigido por lentes especiais para o objeto a ser visualizado, que é atravessado pelos elétrons e atinge uma película fotográfica ou uma tela fluorescente e, assim, a imagem é ampliada e visualizada.

Enquanto o melhor microscópio de luz tem poder de resolução 500 vezes maior que o do olho humano, o microscópio eletrônico de transmissão aumenta nosso poder de resolução mais de 10.000 vezes.

As fotos obtidas com o microscópio eletrônico de transmissão mostram imagens planas, imensamente aumentadas, de estruturas celulares e de tecidos. Com o **microscópio eletrônico de varredura**, as fotos evidenciam detalhes principalmente da superfície externa de células e tecidos, com profundidade, aparentemente tridimensionais, com áreas claras e escuras.

JAMES CAVALLINI/SCIENCE SOURCE/FOTOARENA

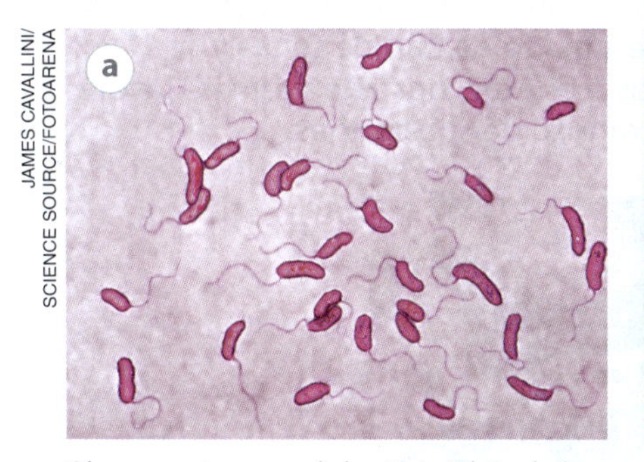

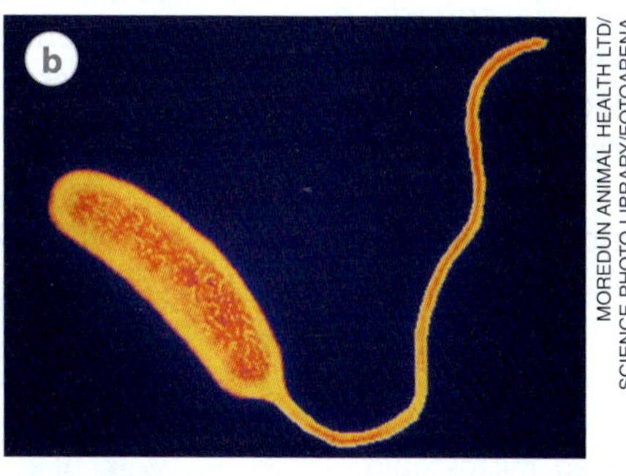

MOREDUN ANIMAL HEALTH LTD/SCIENCE PHOTO LIBRARY/FOTOARENA

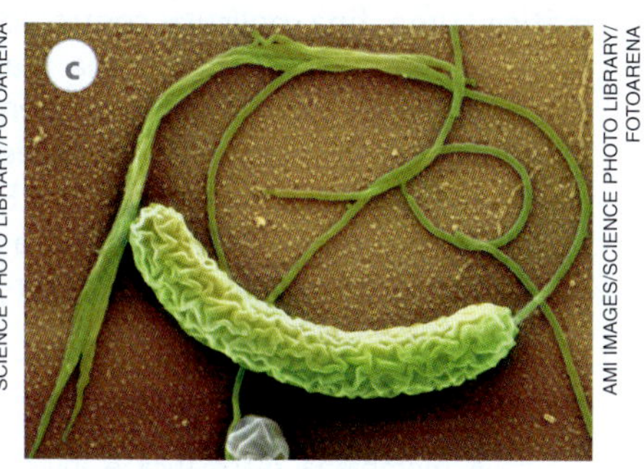

AMI IMAGES/SCIENCE PHOTO LIBRARY/FOTOARENA

Observe as imagens da bactéria *Vibrio cholerae*, causadora de infecção intestinal, caracterizada por uma diarreia importante, que pode ser fatal se não tratada. Em (a), temos essa bactéria vista ao microscópio óptico (aumento de 1.850 vezes). Em (b) e (c), ao microscópio eletrônico de transmissão (aumento de 9.000 vezes) e de varredura, respectivamente.

6-3. Procariótica e eucariótica: os tipos de célula

Atualmente, considera-se a existências de três tipos de células: bacteriana, animal e vegetal. Os componentes comuns aos três modelos são: membrana plasmática, hialoplasma (citosol), ribossomos e cromatina (material genético celular). A célula bacteriana, a mais simples das três, não possui núcleo organizado, o material genético representado pela cromatina fica disperso no citosol e as únicas organelas imersas no hialoplasma são os ribossomos, estruturas desprovidas de envoltório membranoso. Por esse motivo, diz-se que a célula bacteriana é *procariótica* (do grego, *pró* = antes + *káryon* = núcleo). Externamente à membrana plasmática, existe uma *parede celular* (ou *membrana esquelética*), de constituição química exclusiva da célula bacteriana.

Nas células animal e vegetal, mais complexas, existe núcleo organizado (o material genético encontra-se envolvido por uma *membrana nuclear*, também chamada *carioteca*). No hialoplasma, além dos ribossomos, há várias organelas envolvidas por membrana. São células *eucarióticas* (do grego, *eu* = propriamente dito). Elas estão presentes em fungos, algas, protozoários, animais e vegetais (veja a Figura 6-2).

Anote!

Citoplasma é o nome dado ao conjunto formado pelo hialoplasma e os organoides celulares. Organoides também podem ser denominados de orgânulos ou organelas.

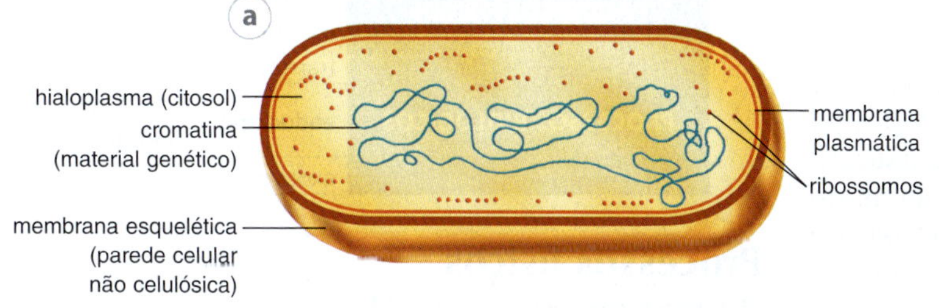

Figura 6-2. Os modelos celulares. (a) A célula bacteriana é procariótica. As células (b) animal e (c) vegetal são eucarióticas. (Cores-fantasia. Ilustrações fora de escala.)

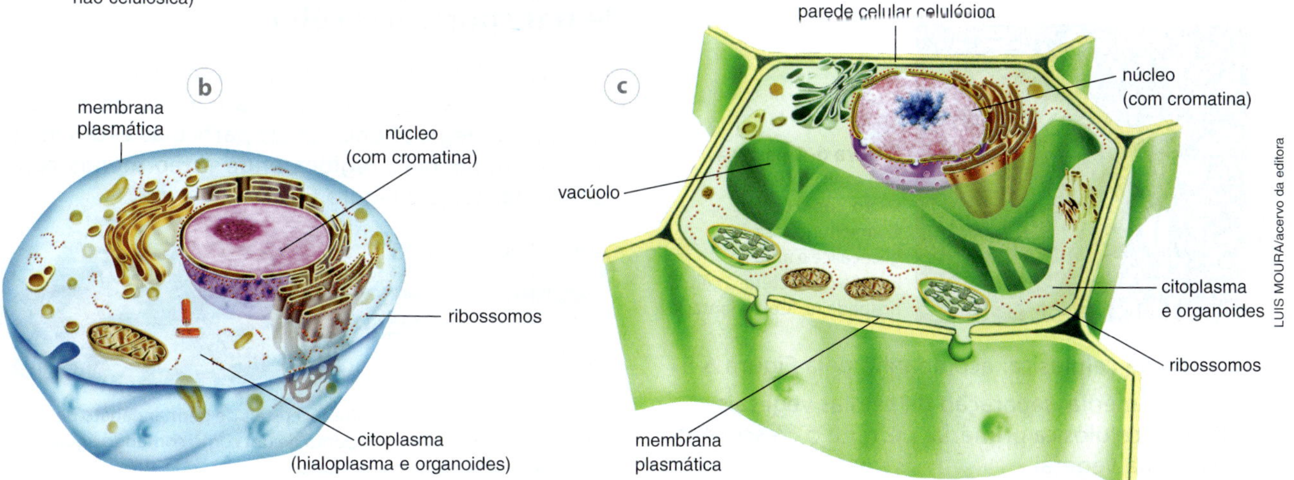

6-4. Os revestimentos celulares

Qualquer célula é envolvida pela membrana plasmática, uma fina película controladora da entrada e saída de materiais. A membrana plasmática de muitas células animais, por exemplo, as hemácias, é revestida externamente por um material conhecido como **glicocálice** (também chamado de glicocálix). Em células vegetais, há um envoltório extra, a membrana esquelética celulósica (ou parede celulósica), que reforça a parede celular como se fosse um muro adicional.

Anote!

A membrana plasmática é invisível ao microscópio comum (microscópio óptico), mas foi observada e estudada ao microscópio eletrônico.

- **Membrana plasmática** – a constituição química da membrana plasmática é lipoproteica, isto é, formada de fosfolipídios e proteínas. Os lipídios formam uma camada dupla e contínua, no meio da qual se encaixam moléculas de proteína (veja a Figura 6-3).

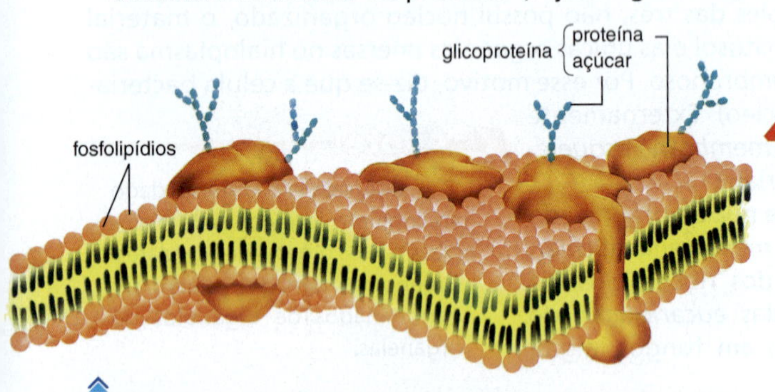

Figura 6-3. Membrana plasmática: o Modelo do Mosaico Fluido sugerido por Singer e Nicholson. (Cores-fantasia. Ilustração fora de escala.)

- **Glicocálice ou glicocálix** – essa estrutura externa à membrana plasmática, presente em alguns tipos de célula, é constituída quimicamente por polissacarídeos ligados a proteínas e lipídios. É continuamente renovada e considera-se que esse envoltório facilite a comunicação entre células (veja a Figura 6-4).

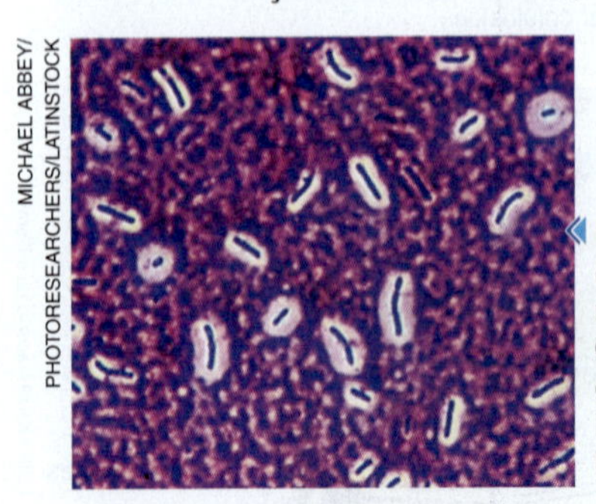

MICHAEL ABBEY/ PHOTORESEARCHERS/LATINSTOCK

Figura 6-4. Bactérias (em azul) vistas ao microscópio óptico. O envoltório rosa é o glicocálice e atua na ligação da bactéria a célula hospedeira. (Cores-fantasia.)

- **Membrana celulósica:** acompanhe pela Figura 6-5.
  - Lamela média: separação de células vegetais.
  - Parede celulósica primária: permite o crescimento da célula vegetal.
  - Parede celulósica secundária: presente nas células vegetais diferenciadas, com ou sem deposição de lignina (enrijecimento da parede celular).
  - Plasmodesmos: conexão dos citoplasmas, favorecimento do trânsito de substâncias.

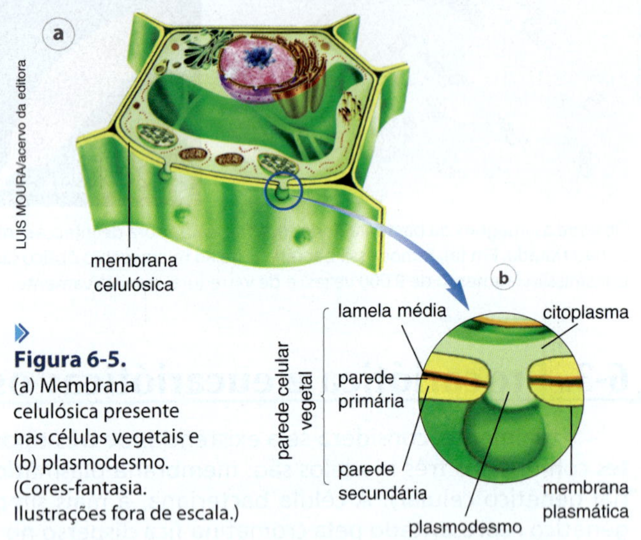

LUIS MOURA/acervo da editora

Figura 6-5. (a) Membrana celulósica presente nas células vegetais e (b) plasmodesmo. (Cores-fantasia. Ilustrações fora de escala.)

Entrada e saída de substâncias através da membrana plasmática

A entrada e a saída de diferentes tipos de substância da célula ocorrem através da membrana plasmática e ocorrem por meio de processos *físicos* ou *biológicos* (veja a Tabela 6-1).

Tabela 6-1. Transporte pela membrana.

PROCESSOS FÍSICOS	difusão	
	osmose	
PROCESSOS BIOLÓGICOS	transporte ativo	
	endocitose	fagocitose
		pinocitose
	exocitose	

Processos físicos de transporte nas células

- **Difusão:** moléculas e átomos apresentam um movimento constante, contínuo e ao acaso, ocorrendo sempre **de regiões onde essas partículas estão mais concentradas para regiões onde estão menos concentradas** (veja a Figura 6-6).

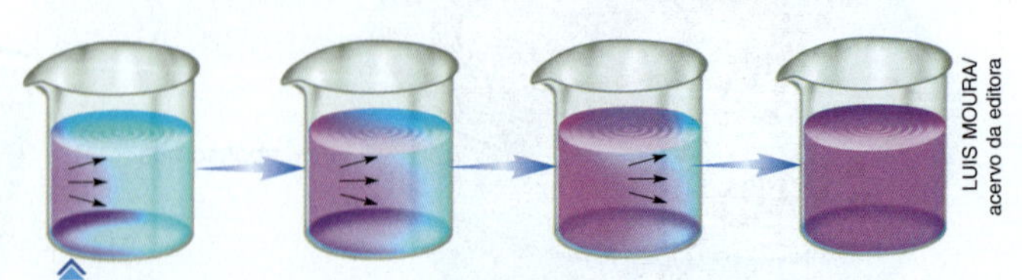

LUIS MOURA/ acervo da editora

Figura 6-6. Exemplo de difusão: cristais de permanganato de potássio, colocados em um ponto de um corpo contendo água, difundem-se em todos os sentidos.

- *Difusão simples:* espalhamento de partículas, de um local em que estão muito concentradas para outro de menor concentração.
- *Difusão facilitada:* difusão em que certas proteínas carregadoras da membrana plasmática "ajudam" o ingresso ou a saída de determinadas substâncias na célula (veja a Figura 6-7).

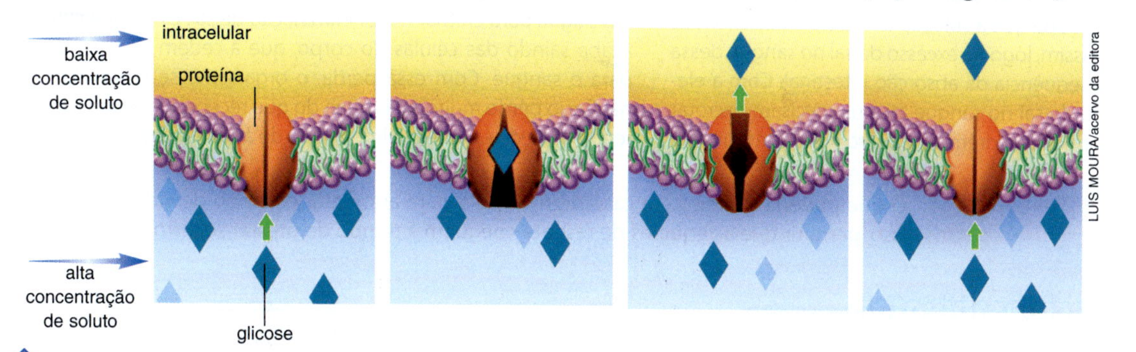

Figura 6-7. Exemplo de difusão facilitada. A molécula de glicose se liga à proteína, cuja forma é alterada de modo a constituir um canal de passagem de açúcares para dentro e para fora da célula. (Cores-fantasia. Ilustrações fora de escala.)

- **Osmose:** é a difusão de moléculas de *solvente*, através de uma membrana semipermeável, de um local com maior concentração de água para outro com menor concentração. Membrana semipermeável é aquela que deixa passar a água (o solvente), mas não o soluto (as moléculas de substâncias que estão dissolvidas na água). Os poros que ela possui são suficientemente pequenos para não serem atravessados pelo soluto, mas deixam passar a água (veja a Figura 6-8).
  - *Osmose em células animais*: quando a célula animal é colocada em um meio hipertônico, o movimento da água se dá para fora da célula; quando em um meio hipotônico, o movimento da água é para dentro da célula; quando em meio isotônico, o movimento da água ocorre nos dois sentidos. (veja a Figura 6-9).

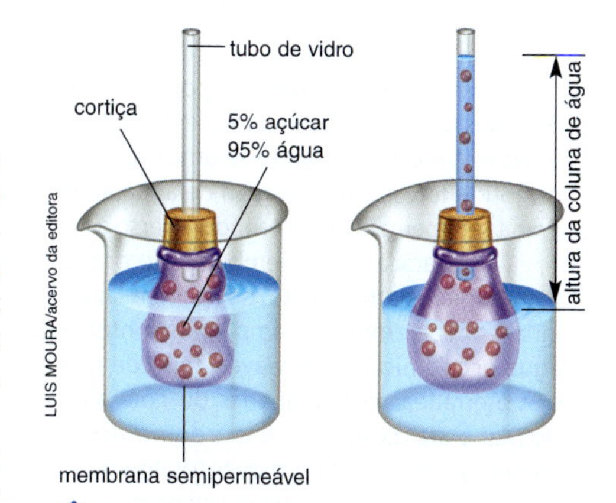

Figura 6-8. Experimento demonstrativo da osmose. (Cores-fantasia. Ilustrações fora de escala.)

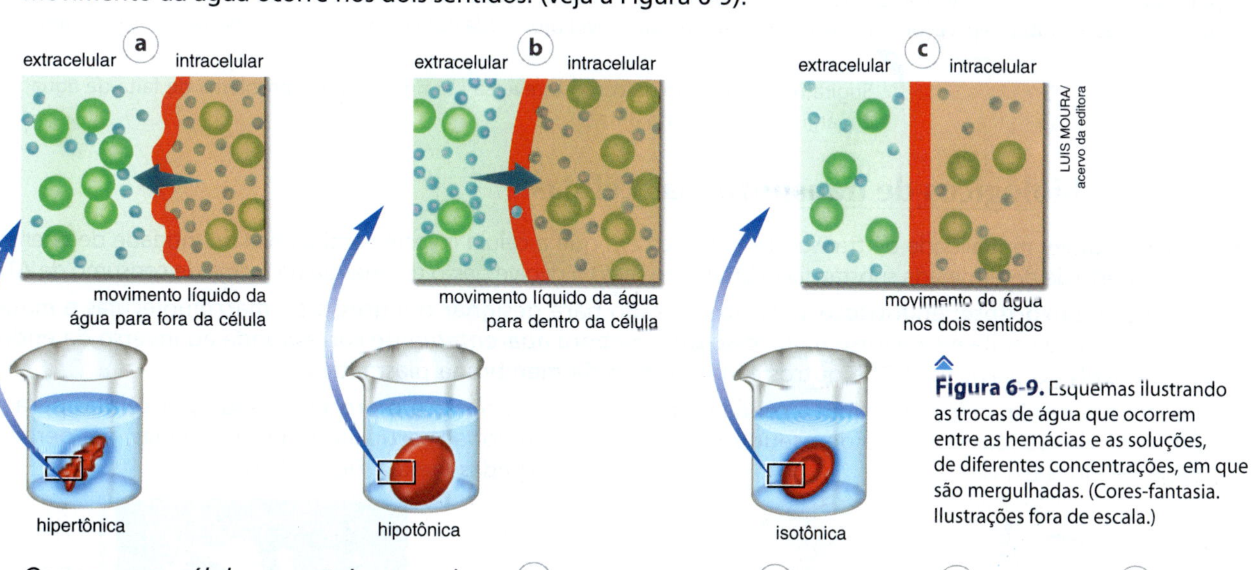

Figura 6-9. Esquemas ilustrando as trocas de água que ocorrem entre as hemácias e as soluções, de diferentes concentrações, em que são mergulhadas. (Cores-fantasia. Ilustrações fora de escala.)

  - *Osmose em células vegetais:* quando a célula vegetal é colocada em meio hipotônico, devido à resistência da membrana celulósica a célula vegetal não arrebenta; quando a célula vegetal é colocada em meio hipertônico, a célula fica *plasmolisada*; quando a célula vegetal perde água por evaporação, ela fica *murcha* (veja a Figura 6-10).

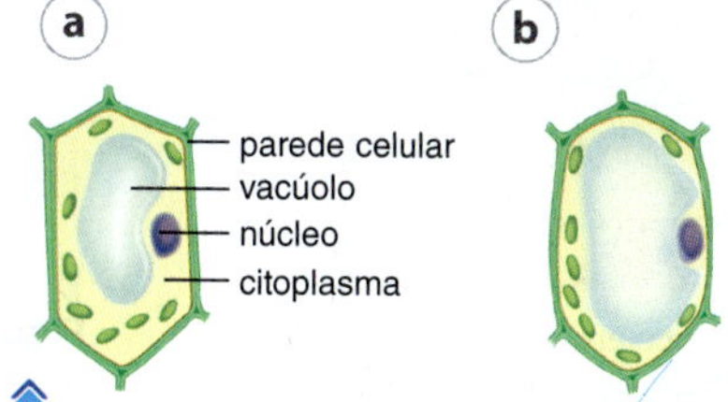

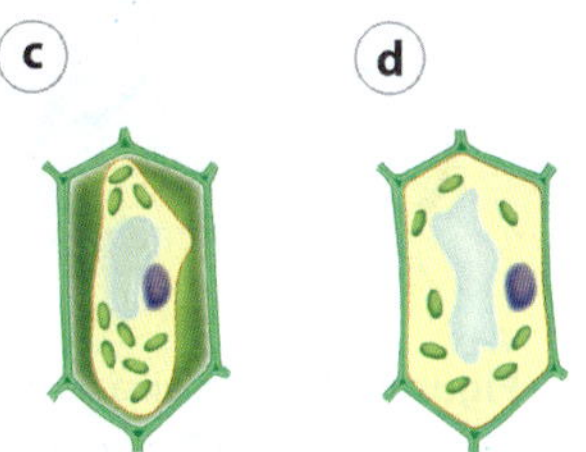

Figura 6-10. Células vegetais: (a) flácida (estado natural), (b) túrgida (estado de enchimento máximo), (c) plasmolisada e (d) murcha ao ar. (Cores-fantasia.)

Estabelecendo conexões!

Náufragos no alto-mar

Vamos imaginar o que acontece a um náufrago que engole o equivalente a 2 L de água do mar. Nos oceanos, a água é muito mais concentrada que a solução existente no interior das células humanas. Assim, logo há excesso de sal no sangue dessa pessoa, como consequência da absorção intestinal. Com a elevada concentração de sal no sangue, os rins precisam excretar sal em grande quantidade. Porém, o trabalho dos rins é limitado: só conseguem eliminar sal a um certo ritmo e com uma concentração bem menor que a da água do mar, que é dependente da quantidade de água que existe no sangue. Então, é necessário mais água para efetuar maior eliminação de sal. Essa água extra acaba saindo das células do corpo, que a cedem por osmose para o sangue. Com essa perda, o organismo se desidrata, o náufrago perde muito mais água do que recebe. Ele acaba morrendo de sede em meio à imensidão de água do oceano!

O que poderia ser feito em caso de naufrágio para aumentar o tempo de vida e, com isso, permitir que as equipes de resgate cheguem a tempo de prestar socorro?

Questão socioambiental

Osmose reversa

Osmose reversa é um processo de tratamento de água que remove a maioria dos componentes orgânicos e até 99% de todos os íons. Também reduz em até 99,9% os vírus, as bactérias e os coloides. Usando-se uma pressão superior à pressão osmótica, força-se a passagem de água através de uma membrana semipermeável no sentido inverso ao da osmose natural.

A separação por membrana ou osmose reversa é uma tecnologia relativamente nova, com aplicações industriais infindáveis, permitindo ampliar as fontes de suprimento de água economicamente viáveis tais como: águas superficiais e subterrâneas contaminadas ou com alta salinidade, água do mar e até mesmo efluentes domésticos e industriais. Essa tecnologia possibilita remover totalmente os contaminantes das águas, permitindo sua reciclagem, reduzindo o consumo e evitando assim a poluição do meio ambiente.

O uso da tecnologia de separação por membrana para purificação de água para diálise, centros de tratamento de queimaduras e outras aplicações médicas, atualmente faz parte dos equipamentos de muitos hospitais de primeira linha e também pode ser empregado pelas indústrias farmacêuticas para produzir água para injetáveis e medicamentos.

A dessalinização de água superficial e subterrânea de alta salinidade é a aplicação mais comum de tratamento de água por osmose reversa, porém não é a única. O alto teor de sais é apenas um dos problemas que a tecnologia de membrana pode solucionar de maneira eficiente e econômica. Um exemplo é a presença de cor, o que é inaceitável em mananciais para água potável, não apenas por razões estéticas, mas principalmente porque a cor é uma indicação da presença de precursores de THM (trihalometanos), conhecidos por apresentar propriedades carcinogênicas.

No passado, em regiões em que a única fonte de água disponível era o mar, seu uso para produção de água potável era possível apenas por destilação, processo proibitivo em termos de custo energético. Hoje, a osmose reversa permite o uso da água do mar a um custo que permite que a água potável produzida com essa tecnologia abasteça cidades inteiras.

Sugira uma aplicação da osmose reversa para minimizar o problema de falta de água em algumas regiões do Brasil.

Processos biológicos de transporte nas células

- **Transporte ativo:** modalidade de transporte biológico em que a célula investe considerável quantidade de energia no transporte de determinada substância existente no meio. Envolve gasto de energia na forma de consumo de ATP.
- **Endocitose e exocitose: endocitose** é termo utilizado para designar o ingresso de macromoléculas e materiais maiores na célula e **exocitose** é processo que, embora *aparentemente* corresponda ao inverso da endocitose, envolve a participação de outros componentes da membrana plasmática.
  - *Fagocitose* é o processo pelo qual a célula engloba partículas sólidas por meio de **pseudópodes**. (veja a Figura 6-11)
  - *Pinocitose* é o processo usado por células para englobar partículas muito pequenas, em geral líquidas (veja a Figura 6-12).

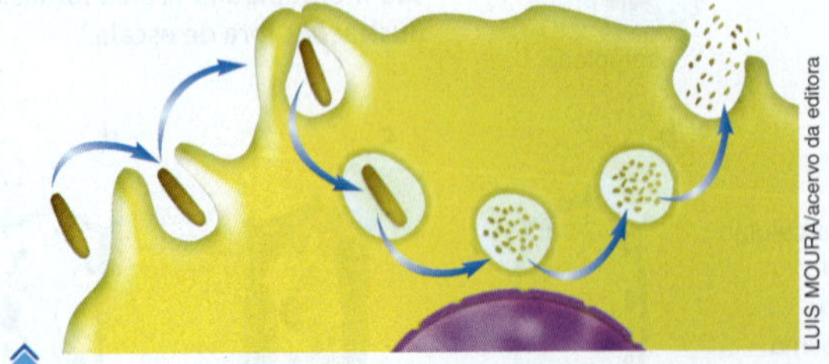

Figura 6-11. Esquema de glóbulo branco envolvendo bactérias. Após a ocorrência de digestão intracelular, os resíduos não digeridos são eliminados da célula por clasmocitose ("defecação" celular). (Cores-fantasia. Ilustrações fora de escala.)

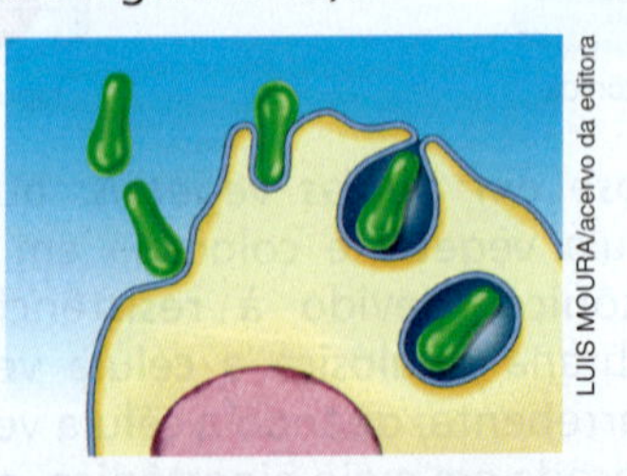

Figura 6-12. Pinocitose: a membrana invagina-se, permitindo o englobamento de partículas pequenas. Chamamos de *pinocitose reversa* o processo de *eliminar* partículas muito pequenas ou líquidas. (Cores-fantasia. Ilustrações fora de escala.)

6-5. A célula eucariótica

As células animal e vegetal possuem setores semelhantes aos de uma fábrica. Um limite celular, representado pela **membrana plasmática**, separa o conteúdo da célula, o citoplasma, do meio externo. O **citoplasma**, constituído por **organelas** (ou **organoides**) e **hialoplasma** (ou **citosol**), um material viscoso, representa o setor produtivo. Um **núcleo**, contendo o material genético, representa a "diretoria" da célula. A Figura 6-13 ilustra as estruturas que compõem uma célula.

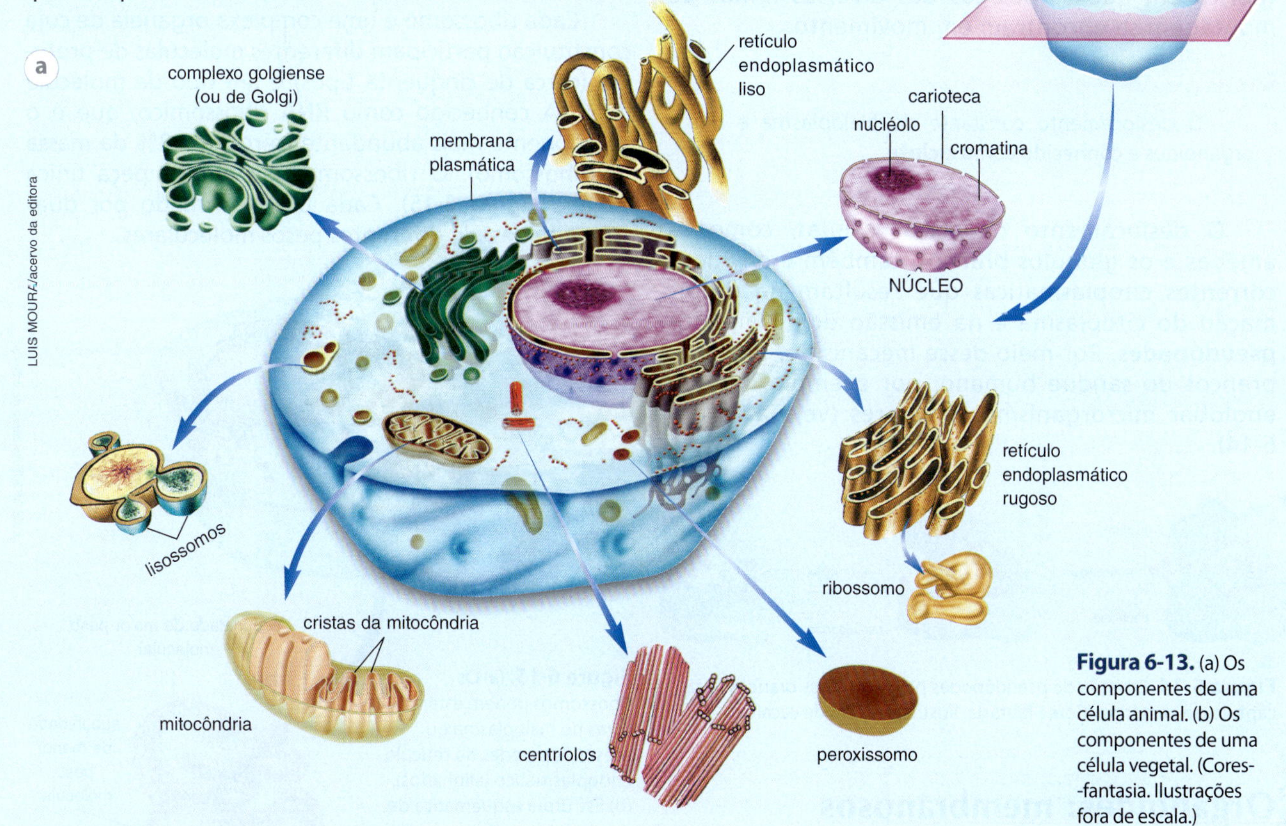

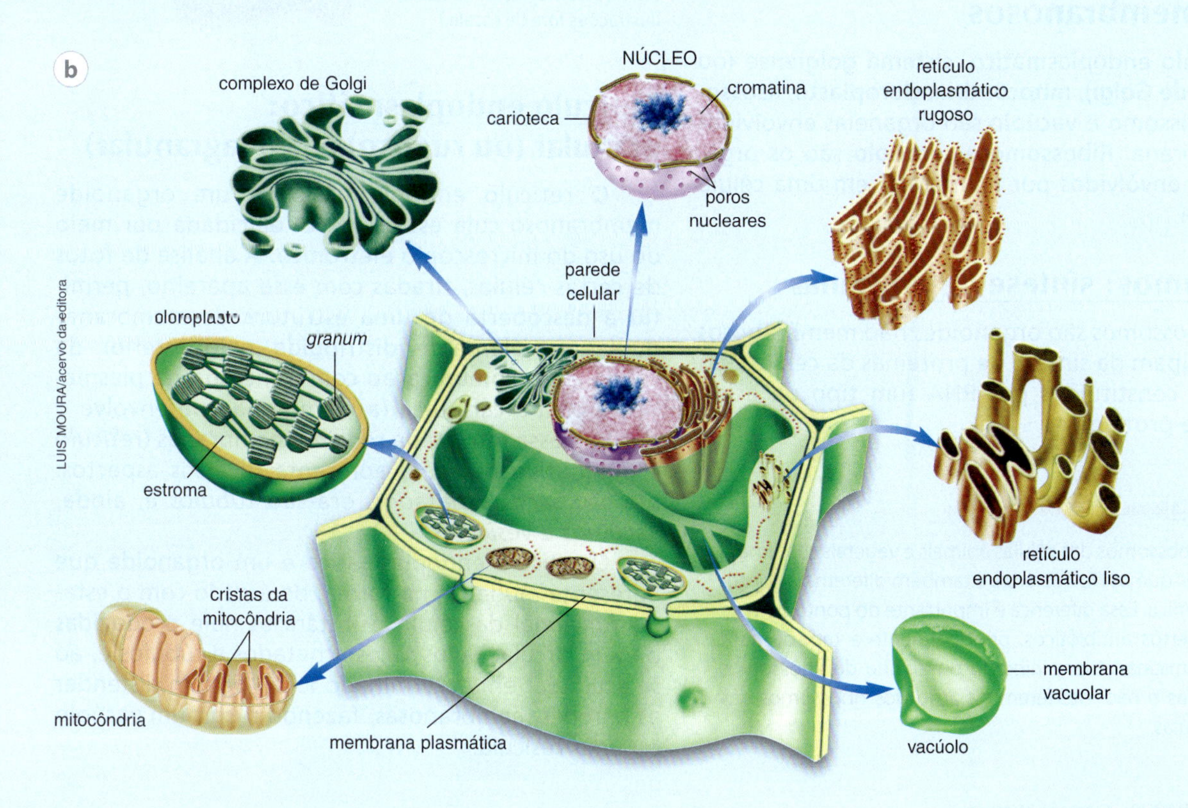

Figura 6-13. (a) Os componentes de uma célula animal. (b) Os componentes de uma célula vegetal. (Cores-fantasia. Ilustrações fora de escala.)

Hialoplasma (citosol): movimentação constante

A abundância de água no hialoplasma (citosol) favorece o espalhamento de substâncias e a realização de reações químicas. Observam-se deslocamentos constantes de organoides, a exemplo de uma fábrica em que as pessoas das diversas linhas de montagem se encontram em movimento.

Anote!

O deslocamento constante do hialoplasma e dos organoides é conhecido como **ciclose**.

O deslocamento de certas células, como as amebas e os glóbulos brancos, também é devido a correntes citoplasmáticas que resultam na deformação do citoplasma e na emissão dos chamados **pseudópodes**. Por meio desse mecanismo, glóbulos brancos do sangue humano, por exemplo, podem englobar microrganismos invasores (veja a Figura 6-14).

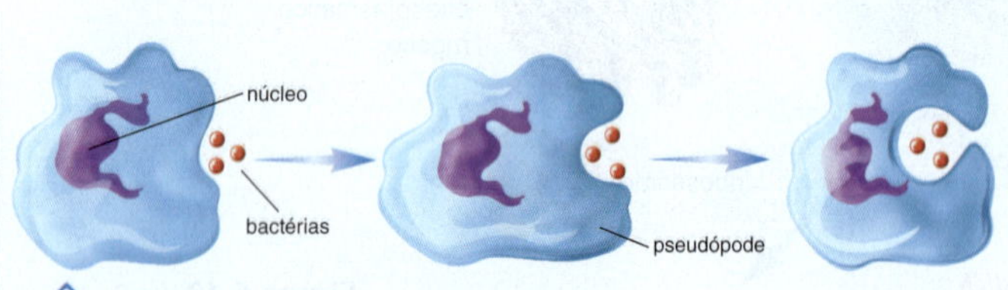

Figura 6-14. Emissão de pseudópodes pelos glóbulos brancos para captura de bactérias. (Cores-fantasia. Ilustrações fora de escala.)

Organoides: membranosos e não membranosos

Retículo endoplasmático, **sistema golgiense** (ou **complexo de Golgi**), **mitocôndria**, **cloroplasto**, **lisossomo**, **peroxissomo** e **vacúolo** são organelas envolvidas por membrana. **Ribossomo** e **centríolo** são os orgânulos não envolvidos por membrana em uma célula eucariótica.

Ribossomos: síntese de proteínas

Os ribossomos são organoides não membranosos que participam da síntese de proteínas da célula. São orgânulos constituídos por RNA (um tipo de ácido nucleico) e proteínas.

Anote!

Os ribossomos das células animais e vegetais costumam ser maiores que os de bactérias e também diferem na constituição química. Essa diferença é importante do ponto de vista médico. Certos antibióticos, principalmente a tetraciclina e a estreptomicina, atuam inibindo o trabalho de ribossomos de bactérias e não interferem na ação dos ribossomos das nossas células.

Podem ser encontrados nas células:

- livres, dispersos pelo hialoplasma;
- aderidos às paredes externas do retículo endoplasmático;
- presos uns aos outros por uma fita de RNA, formando conjuntos conhecidos como *polissomos* (também chamados de *polirribossomos*).

Cada ribossomo é uma complexa organela de cuja constituição participam diferentes moléculas de proteína (cerca de cinquenta tipos) e um tipo de molécula de RNA conhecido como RNA ribossômico, que é o componente mais abundante (cerca de 60% da massa do ribossomo). O ribossomo não é uma peça única (veja a Figura 6-15). Cada um é formado por duas subunidades, de diferentes pesos moleculares.

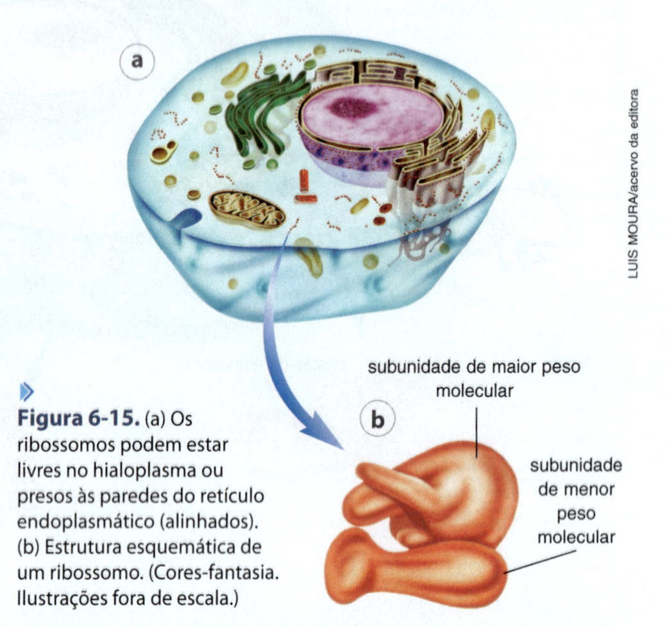

Figura 6-15. (a) Os ribossomos podem estar livres no hialoplasma ou presos às paredes do retículo endoplasmático (alinhados). (b) Estrutura esquemática de um ribossomo. (Cores-fantasia. Ilustrações fora de escala.)

Retículo endoplasmático: granular (ou rugoso) e liso (agranular)

O retículo endoplasmático é um organoide membranoso cuja estrutura foi elucidada por meio do uso do microscópio eletrônico. A análise de fotos de certas células, tiradas com esse aparelho, permitiu a descoberta de uma estrutura de membranas duplas, amplamente distribuída pelo interior da célula e em comunicação com a membrana plasmática e com a carioteca (a membrana que envolve o núcleo). Essa intrincada rede de membranas (*retículo* é diminutivo de *rede*) apresenta diversos aspectos: ora são *sacos achatados*, ora são *túbulos* e, ainda, *vacúolos* e *vesículas*.

O retículo endoplasmático é um organoide que apresenta mudança na forma, de acordo com o estado funcional da célula. Substâncias nele produzidas podem circular pelos sacos achatados e túbulos e, ao se acumular em determinado local, podem distender as paredes membranosas, fazendo surgir um vacúolo ou uma vesícula.

Em muitas células, o retículo endoplasmático possui inúmeros ribossomos aderidos às faces externas das membranas. Esse conjunto constitui o **retículo endoplasmático rugoso** (ou **granular** ou **granuloso**), também chamado de **ergastoplasma**. No caso de não haver ribossomos aderidos às membranas, o *retículo* é denominado **liso** (ou **agranular** ou **não granuloso**). Veja a Figura 6-16.

Em células produtoras de muitas enzimas digestivas, as do pâncreas humano, por exemplo, a microscopia eletrônica revela uma riqueza extraordinária em retículo rugoso, o que mostra a intensa síntese de proteínas que ali se realiza.

Saiba mais!

O retículo endoplasmático liso tem como funções:

- **transporte de materiais** pelo interior da célula e mesmo para fora dela. O retículo corresponde, nesse sentido, aos corredores internos da fábrica;
- **armazenamento de substâncias**. É comum em células vegetais, em que os grandes vacúolos são considerados porções dilatadas do retículo;
- **regulação osmótica**. O retículo retira substâncias do hialoplasma, armazenando-as, o que altera a concentração interna da célula e favorece a ocorrência de osmose;
- **síntese de diversas substâncias**. Alguns tipos de lipídio são produzidos no retículo liso de células do ovário humano.

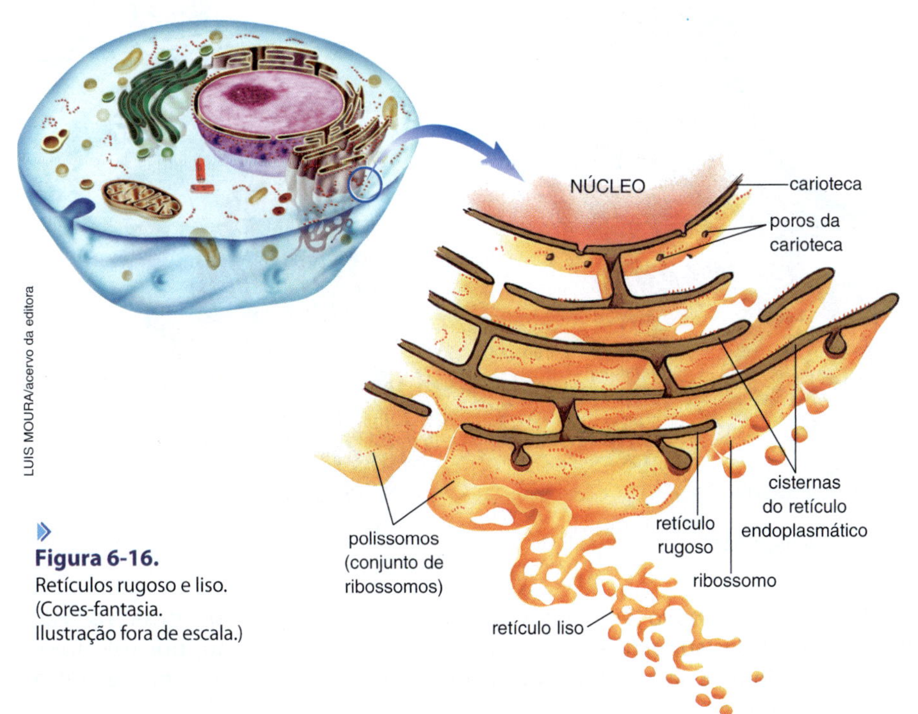

Figura 6-16. Retículos rugoso e liso. (Cores-fantasia. Ilustração fora de escala.)

Vacúolos

Os vacúolos das células vegetais são interpretados como regiões expandidas do retículo endoplasmático. Em células vegetais jovens observam-se algumas dessas regiões, formando pequenos vacúolos isolados uns dos outros. Mas, à medida que a célula atinge a fase adulta, esses pequenos vacúolos se fundem, formando-se um único, grande e central, com ramificações que lembram sua origem reticular. A expansão do vacúolo leva o restante do citoplasma a ficar comprimido e restrito à porção periférica da célula. Assim, a função do vacúolo é regular as trocas de água que ocorrem na osmose.

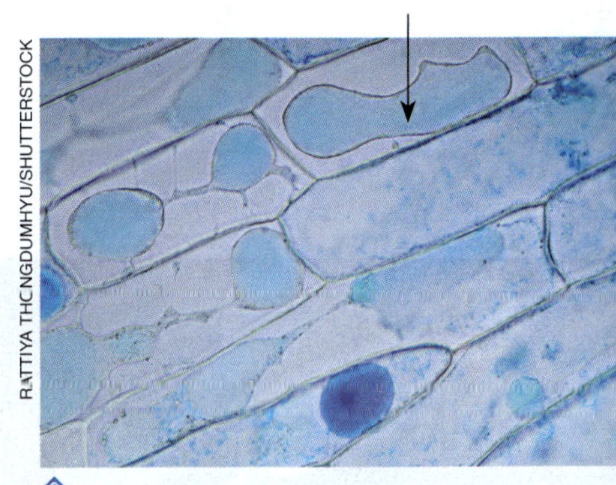

Células de cebola vistas ao microscópio óptico. A seta indica um grande vacúolo.

Sistema golgiense (ou complexo de Golgi): "empacotamento" e secreção

Toda fábrica possui um setor de embalagem, empacotamento e expedição do que produz. Na célula, esse papel cabe ao sistema golgiense, ou aparelho de Golgi, ou complexo de Golgi (em homenagem a Camillo Golgi, seu descobridor).

É um conjunto formado por vários grupos de sacos achatados, empilhados, chamados *dictiossomos*, e lembram uma série de cinco ou mais pratos fundos empilhados.

Nas margens de cada conjunto é comum haver vesículas, muitas ainda em formação. Um fato chama a atenção: muitas vezes o sistema golgiense aparece ligado ao retículo endoplasmático, o que sugere que o retículo seja o originador de dictiossomos.

Anote!

Secreção é a expulsão de substâncias produzidas por uma célula e que serão utilizadas em outra parte do organismo.

As funções do sistema golgiense são:

- *recepção das proteínas produzidas no ergastoplasma*. O principal papel do sistema golgiense é receber essas proteínas, "empacotá-las" em vesículas de secreção e efetuar sua expulsão (veja a Figura 6-17).

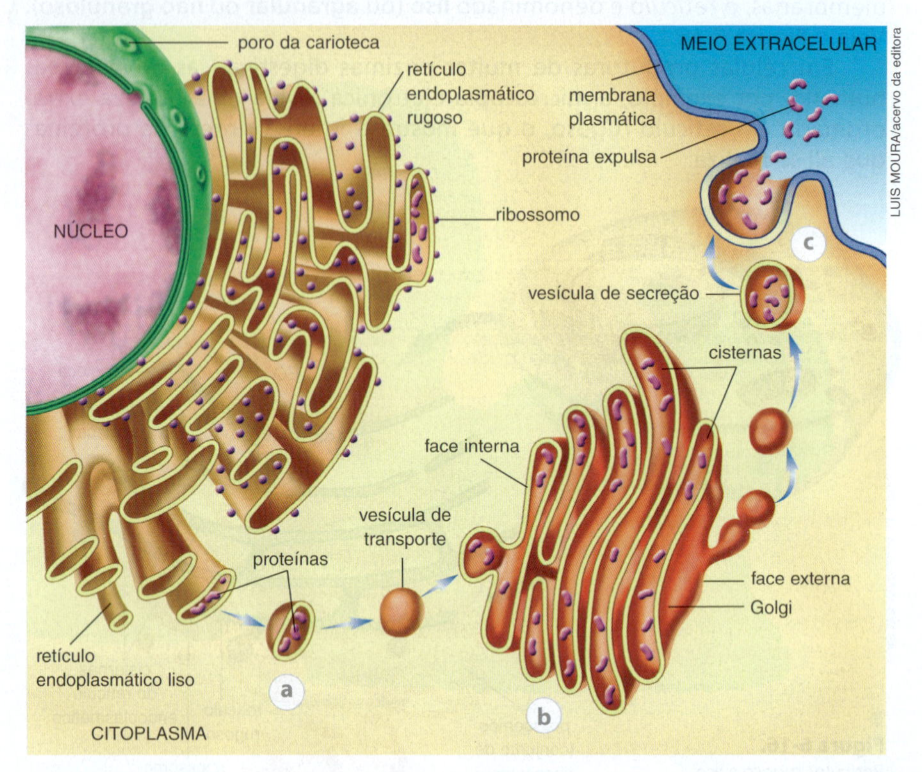

Figura 6-17. (a) Proteínas produzidas nos ribossomos, lançadas no retículo endoplasmático, são envolvidas em vesículas e transferidas para o sistema golgiense. (b) Essas proteínas serão identificadas ou transformadas no sistema golgiense e novamente reunidas em vesículas para atuar dentro (enzimas, por exemplo) ou (c) fora da célula (enzimas digestivas). Da face externa brotam as vesículas de secreção. (Cores-fantasia. Ilustração fora de escala.)

- *Produção de muco em certas células*. Muco é uma substância viscosa, protetora das superfícies internas de alguns órgãos como, por exemplo, os intestinos. Essa substância é formada por uma parte proteica e outra polissacarídica.
- *Formação do acrossomo em espermatozoides*. Nos mamíferos, cada espermatozoide possui um capuz (veja a Figura 6-18), o *acrossomo*, repleto de enzimas que perfurarão os revestimentos do ovócito na fecundação. As enzimas são produzidas no ergastoplasma e transferidas para o Golgi, que se transforma no acrossomo, o qual libera a sua secreção na hora certa.

CNRI/SCIENCE PHOTO LIBRARY/FOTOARENA

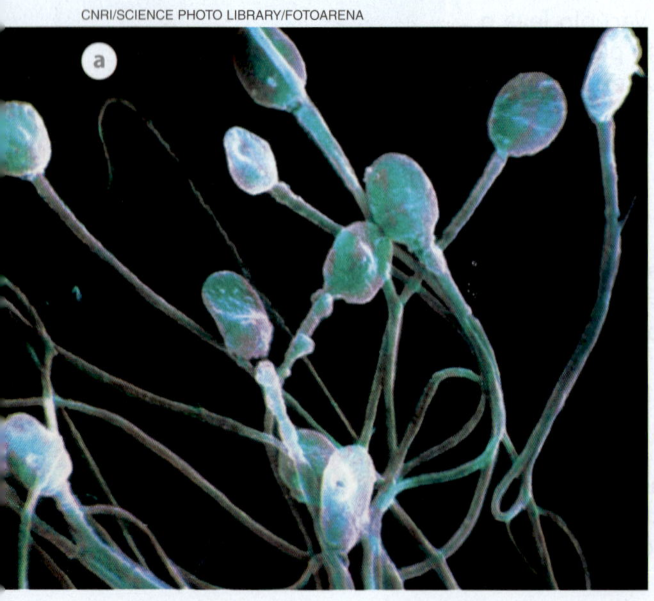

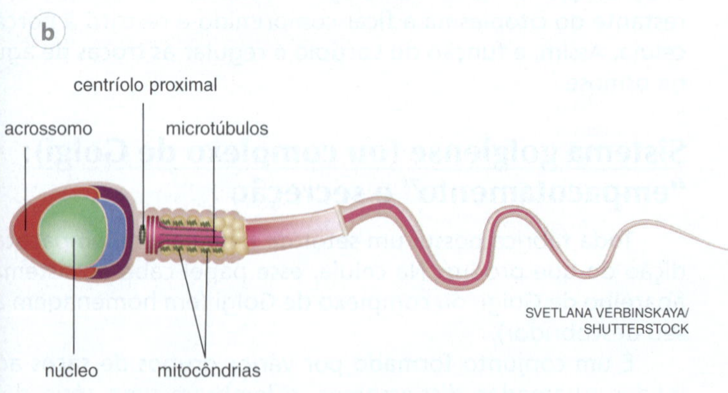

Figura 6-18. (a) Espermatozoides vistos ao microscópio eletrônico de varredura (aumento de 2.500 vezes) e (b) suas principais partes. (Cores-fantasia. Ilustração fora de escala.)

Lisossomos: digestão enzimática intracelular

Lisossomos são organoides membranosos, com formato esférico, e que contêm enzimas digestivas. Acredita-se que essas vesículas sejam originadas de brotamentos a partir de dictiossomos do sistema golgiense (veja a Figura 6-19). Recentemente, foi esclarecido que mesmo em células vegetais existem lisossomos, embora não tão notáveis como nas células animais.

Anote!

O principal papel do lisossomo está relacionado à digestão de partículas fagocitadas por certas células, assim como à destruição da chamada "sucata celular", materiais celulares não utilizados, envelhecidos e que devem ser destruídos.

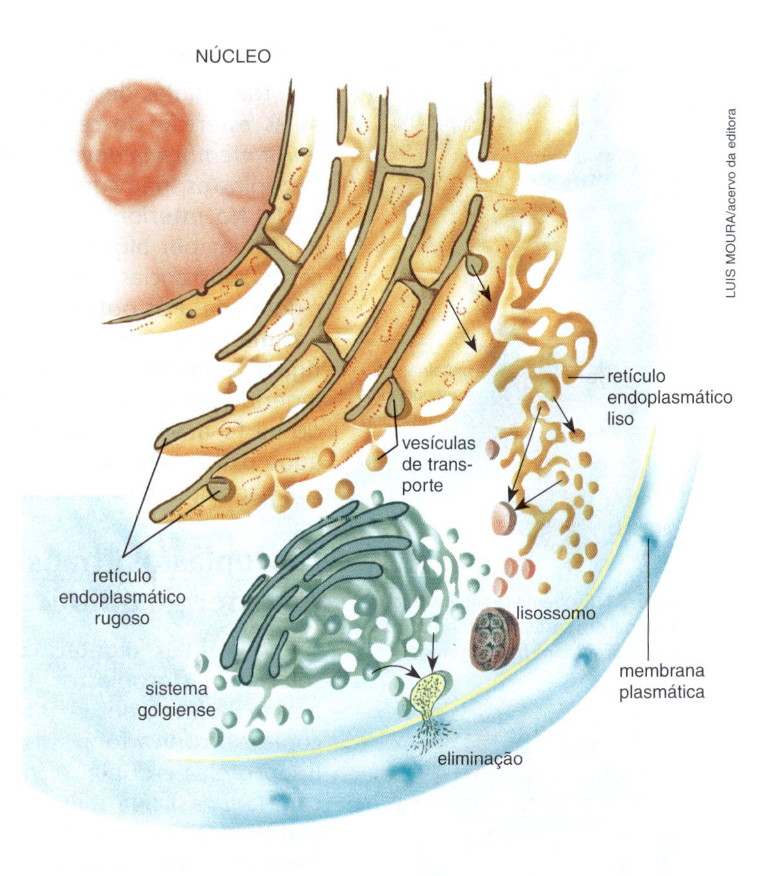

Figura 6-19. Interação de retículo, sistema golgiense e lisossomos. As proteínas produzidas pela célula são descarregadas ou, se forem enzimas de uso interno, ficam nos lisossomos que são formados no sistema golgiense. (Cores--fantasia. Ilustração fora de escala.)

Nos glóbulos brancos é possível verificar o trabalho dos lisossomos no combate a microrganismos invasores. Pela emissão de pseudópodes, o glóbulo branco fagocita bactérias. Forma-se um *fagossomo* (também chamado de *vacúolo alimentar*) dentro do glóbulo branco. Lisossomos se aproximam e se fundem ao fagossomo, despejando suas enzimas sobre as bactérias. A fusão do fagossomo com os lisossomos forma o *vacúolo digestivo*, também conhecido como *lisossomo secundário*. Ocorre a digestão dos microrganismos. Das partículas provenientes da digestão, algumas podem ser aproveitadas pela célula. O restante permanece no *vacúolo digestivo*, agora chamado de *vacúolo residual*, que se funde à membrana plasmática e efetua a eliminação dos restos celulares, também chamada **clasmocitose**.

Mitocôndrias: energia para a célula

A energia necessária para a realização do trabalho celular provém dos "combustíveis" energéticos que ingerimos, principalmente açúcares. Esses "combustíveis" terão de ser trabalhados pela célula, e a maior parte da liberação da energia neles contida ocorre nas mitocôndrias. Cada mitocôndria é um orgânulo globoso ou mais alongado, semelhante a um amendoim com casca. Ao microscópio eletrônico, evidencia-se sua ultraestrutura, que mostra uma membrana lipoproteica dupla; a parte interna é amplamente pregueada, formando as chamadas *cristas mitocondriais*. Entre as cristas, existe um material amorfo, fluido, conhecido como *matriz* (veja a Figura 6-20). Nela há DNA, RNA e ribossomos. As mitocôndrias constituem as baterias da fábrica celular. Em seu interior ocorre a maior parte da respiração aeróbia (com utilização de oxigênio). É importante lembrar que, de maneira geral, mitocôndrias existentes nas células humanas possuem origem materna, uma vez que, na fecundação, mitocôndrias do espermatozoide, presentes na cauda do gameta, não penetram no ovócito. Portanto, o material genético existente no interior das mitocôndrias é de origem materna.

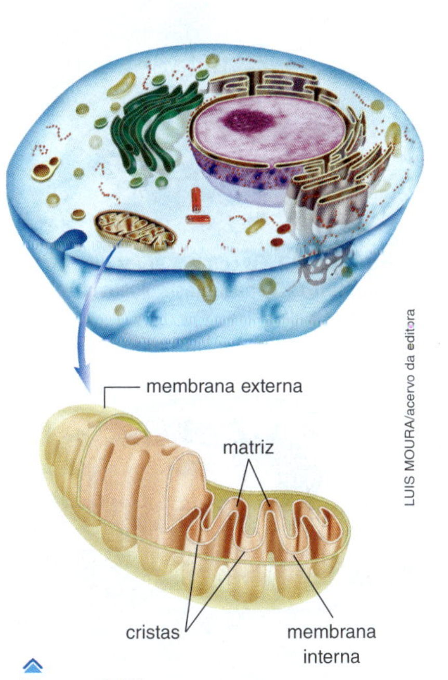

Figura 6-20. Componentes da mitocôndria. As cristas são formadas pelo pregueamento da membrana interna desse organoide. (Cores-fantasia. Ilustrações fora de escala.)

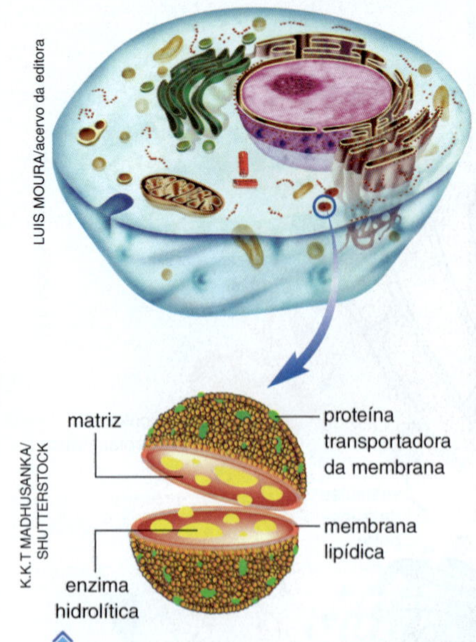

Figura 6-21. Esquema tridimensional de célula animal em corte, ilustrando como seriam visualizados os peroxissomos.

Peroxissomos: formação de água oxigenada

Nas células de fígado humano, os **peroxissomos** são pequenas organelas esféricas de cerca de 0,5 a 1,2 μm de diâmetro, dotadas de *uma única membrana envolvente* e que, diferentemente das mitocôndrias e dos cloroplastos, não contêm material genético nem ribossomos (veja a Figura 6-21). No interior dessas organelas ocorre intensa utilização de oxigênio molecular por algumas enzimas, que removem átomos de hidrogênio de certas substâncias orgânicas, durante reações em que há formação de água oxigenada. Por outro lado, a água oxigenada produzida é utilizada pela enzima *catalase* para inativar substâncias tóxicas existentes em células do fígado e dos rins. Sabe-se, por exemplo, que cerca de 25% do álcool etílico ingerido por uma pessoa é destruído por enzimas peroxissômicas, resultando na formação de aldeídos. Se começar a haver excesso de formação de água oxigenada (que também é tóxica) nessas células, a catalase efetua a sua decomposição em oxigênio e água.

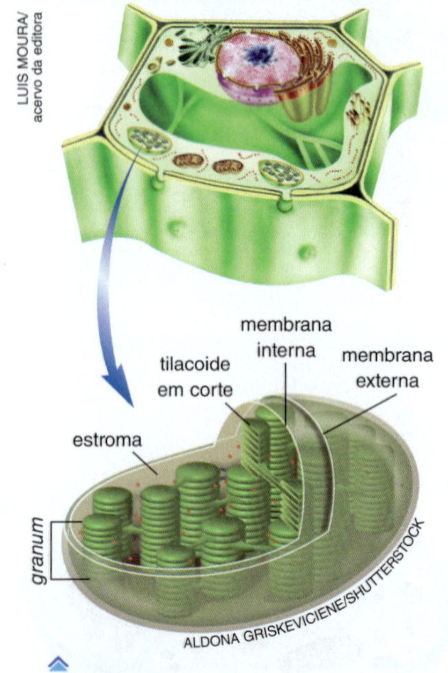

Figura 6-22. Os componentes do cloroplasto. (Cores-fantasia. Ilustrações fora de escala.)

Cloroplastos: transformar energia solar em energia química

As células vegetais contêm organoides que são verdadeiras baterias solares: os cloroplastos. Embora a forma desses orgânulos seja extremamente variável, nos vegetais é mais comum a esférica. Por meio da microscopia eletrônica foi possível descobrir também sua estrutura. A membrana lipoproteica é dupla. A interna é pregueada e forma **lamelas** (que significam *lâminas*) que mergulham no *estroma* (semelhante à matriz na mitocôndria). De cada lamela maior brotam, em certos pontos, pilhas de lamelas menores, semelhantes a moedas.

Cada "moeda" é chamada de **tilacoide**. O conjunto de tilacoides é chamado de *granum* (do latim, *granum* = grão). O conjunto de *granum* é conhecido como *grana* (veja a Figura 6-22).

Os cloroplastos estão envolvidos com a fotossíntese. Para que o processo se realize, é importante a participação de moléculas de *clorofila*, que se localizam nos grana. Nos Capítulos 8 e 23, estudaremos as diferentes etapas e a fisiologia da fotossíntese. Assim como ocorre nas mitocôndrias, nos cloroplastos também existe material genético próprio.

Centríolos: divisão celular

Os centríolos são organelas não envolvidas por membrana e que participam do processo de divisão celular. Nas células de fungos complexos, plantas complexas (gimnospermas e angiospermas) e nematoides não existem centríolos. Eles estão presentes na maioria das células de animais, algas e plantas, como as briófitas (musgos) e pteridófitas (samambaias).

Estruturalmente, são constituídos por um total de nove trios de microtúbulos proteicos, que se organizam em cilindro (veja a Figura 6-23).

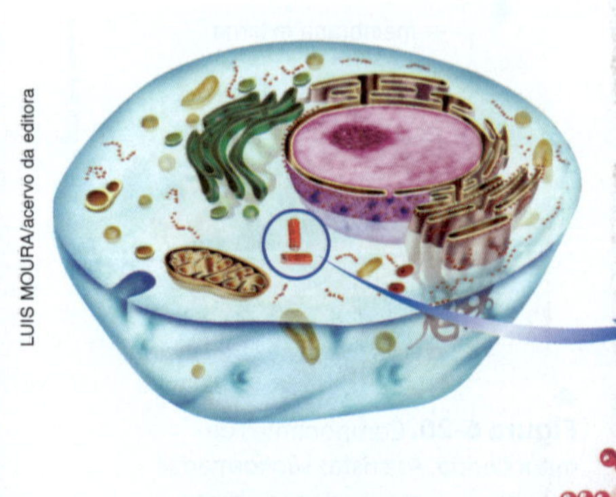

Figura 6-23. Centríolos. Note o arranjo dos nove trios de microtúbulos proteicos. A região central é desprovida de proteínas. Questiona-se, hoje, a existência de material genético nessas organelas. (Cores-fantasia. Ilustrações fora de escala.)

São autoduplicáveis no período que precede a divisão celular, migrando, logo a seguir, para polos opostos da célula.

Uma das providências que a fábrica celular precisa tomar é a construção de novas fábricas, isto é, sua multiplicação. Isso envolve a elaboração prévia de uma série de "andaimes" proteicos, o chamado **fuso de divisão**, formado por inúmeros filamentos de microtúbulos.

Embora esses microtúbulos não sejam originados dos centríolos, e sim de uma região da célula conhecida como **centrossomo**, é comum a participação deles no processo de divisão de uma célula animal. Já em células de vegetais complexos, como não existem centríolos, sua multiplicação se processa sem eles.

Cílios e flagelos: locomoção celular e remoção de impurezas

São estruturas móveis, encontradas externamente em células de diversos seres vivos.

Os **cílios** são curtos e podem ser relacionados à locomoção ou à remoção de impurezas.

Nas células que revestem a traqueia humana, por exemplo, os batimentos ciliares empurram impurezas provenientes do ar inspirado, trabalho facilitado pela mistura com o muco que, produzido pelas células traqueais, lubrifica e protege a traqueia. Em alguns protozoários, como o paramécio, por exemplo, os cílios são utilizados para a locomoção.

Os **flagelos** são longos e também se relacionam à locomoção de certas células, como a de alguns protozoários (por exemplo, o tripanossomo causador da doença de Chagas) e a do espermatozoide.

Estruturalmente, cílios e flagelos são idênticos. Ambos são cilíndricos, exteriores às células e cobertos por membrana plasmática. Internamente, cada cílio ou flagelo é constituído por um conjunto de nove pares de microtúbulos periféricos de tubulina, circundando um par de microtúbulos centrais. É a chamada estrutura 9 + 2.

Tanto cílios como flagelos são originados de uma região organizadora no interior da célula, conhecida como **corpo basal** ou **cinetossomo**. Em cada corpúsculo basal há um conjunto de nove trios de microtúbulos (em vez de duplas, como nos cílios e flagelos), dispostos em círculo. Nesse sentido, a estrutura do corpúsculo basal é semelhante à de um centríolo. Veja a Figura 6-24.

Paramécio. Note a presença de grande quantidade de cílios. Seu tamanho pode variar de alguns micra até 5 mm. (Cores-fantasia.)

STEVE GSCHMEISSNER/SCIENCE PHOTO LIBRARY /SPL DC/LATINSTOCK

Figura 6-24. (a) Cílio (em destaque, corpo basal) e (b) cílios das células de brônquio humano. (Cores-fantasia. Ilustrações fora de escala.)

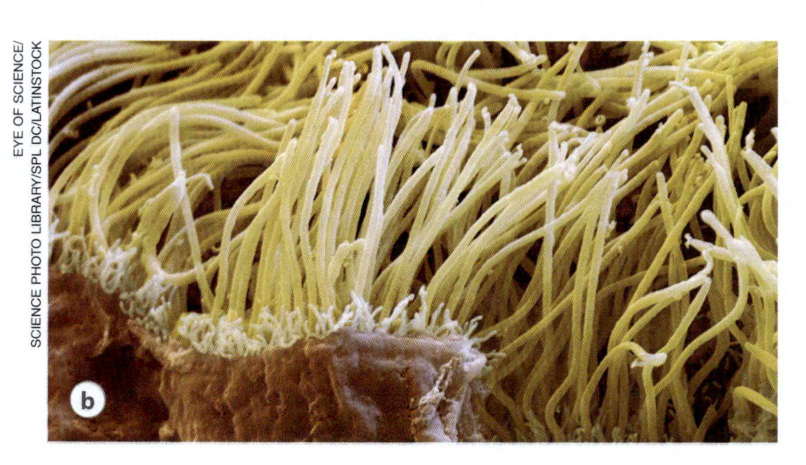

EYE OF SCIENCE/ SCIENCE PHOTO LIBRARY/SPL DC/LATINSTOCK

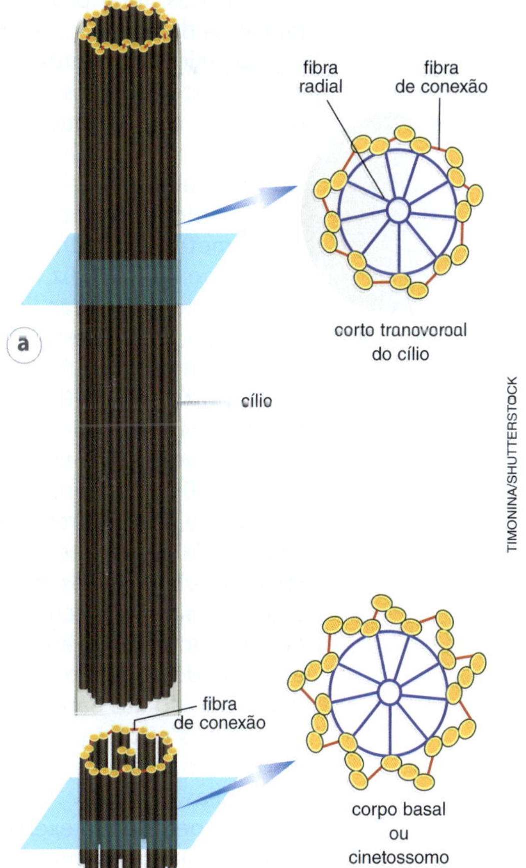

TIMONINA/SHUTTERSTOCK

Citoesqueleto: armação celular

Um verdadeiro "esqueleto" formado por vários tipos de fibras de proteínas cruza a célula em diversas direções, dando-lhe consistência e firmeza (veja a Figura 6-25).

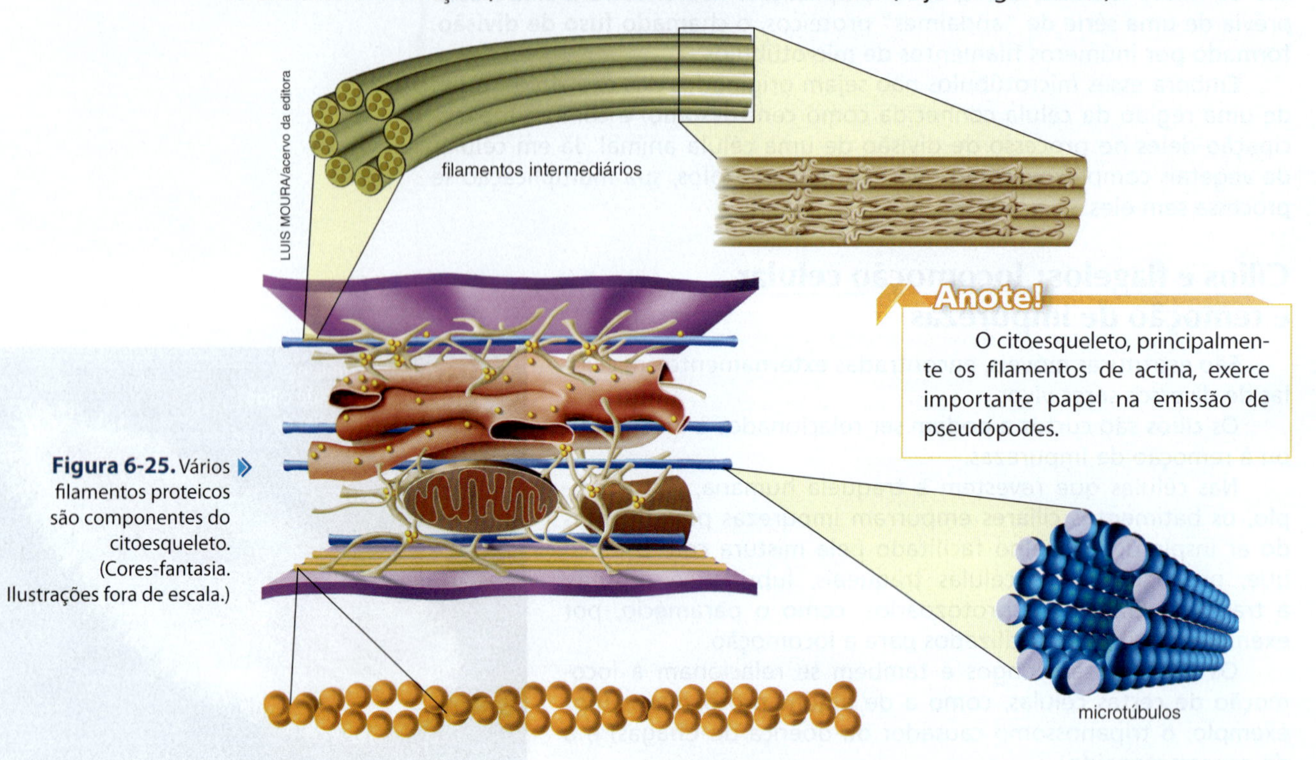

Figura 6-25. Vários filamentos proteicos são componentes do citoesqueleto. (Cores-fantasia. Ilustrações fora de escala.)

Anote!

O citoesqueleto, principalmente os filamentos de actina, exerce importante papel na emissão de pseudópodes.

Essa "armação" é importante se lembrarmos que a célula animal é desprovida de uma membrana rígida, como acontece com a membrana celulósica das células vegetais.

Entre as fibras proteicas componentes desse "citoesqueleto" podem ser citados os **microfilamentos de actina**, os **microtúbulos** e os **filamentos intermediários**.

Os **microfilamentos** são os mais abundantes, constituídos da proteína contrátil **actina** e encontrados em todas as células eucarióticas. São extremamente finos e flexíveis, chegando a ter de 3 a 6 nm (nanômetros) de diâmetro, cruzando a célula em diferentes direções, embora se concentrem em maior número na periferia, logo abaixo da membrana plasmática. Muitos movimentos executados por células animais e vegetais são possíveis graças aos microfilamentos de actina.

Os **microtúbulos**, por sua vez, são filamentos mais grossos, de cerca de 20 a 25 nm de diâmetro, que funcionam como verdadeiros andaimes de todas as células eucarióticas. São, como o nome diz, tubulares, rígidos e constituídos por moléculas de proteínas conhecidas como **tubulinas**, dispostas helicoidalmente, formando um cilindro. Um exemplo desse tipo de filamento é o que organiza o chamado *fuso de divisão celular*. Nesse caso, inúmeros microtúbulos se originam e irradiam a partir de uma região da célula conhecida como **centrossomo** (ou **centro celular**) e desempenham papel extremamente importante na movimentação dos cromossomos durante a divisão de uma célula.

Os **filamentos intermediários** são assim chamados por terem um diâmetro intermediário – cerca de 10 nm – em relação aos outros dois tipos de filamentos proteicos.

Nas células que revestem a camada mais externa da pele existe grande quantidade de um tipo de filamento intermediário conhecido como **queratina**. Um dos papéis desse filamento é impedir que as células desse tecido se separem ou rompam ao serem submetidas, por exemplo, a um estiramento. Além de estarem espalhadas pelo interior das células, armando-as, moléculas de queratina promovem uma "amarração" entre elas em determinados pontos, o que garante a estabilidade do tecido no caso da ação de algum agente externo que tente separá-las. Esse papel é parecido ao das barras de ferro que são utilizadas na construção de uma coluna de concreto.

Outras células possuem apreciável quantidade de outros filamentos intermediários. É o caso das componentes dos tecidos conjuntivos e dos neurofilamentos encontrados no interior das células nervosas.

O citoesqueleto exerce importante papel na emissão de pseudópodes ("falsos pés"), particularmente em algumas células de defesa do nosso organismo.

6-6. A célula procariótica bacteriana

Em uma bactéria a célula possui dois envoltórios: a *membrana esquelética* e a *membrana plasmática*. A membrana esquelética não é celulósica; a membrana plasmática apresenta constituição molecular idêntica à de qualquer célula. Internamente, os componentes celulares da bactéria são: *hialoplasma*, *ribossomos*, espalhados pelo hialoplasma, e *cromatina*, material genético que se apresenta como uma longa molécula de DNA com formato de anel filamentoso, mergulhada no hialoplasma. O filamento de cromatina corresponde ao cromossomo bacteriano. Essas estruturas são indispensáveis, constituindo um conjunto mínimo de componentes de uma célula. Por isso, dizemos que o modelo representado pela bactéria aproxima-se do modelo de uma célula mínima.

A célula bacteriana não possui carioteca separando o material genético do hialoplasma. Pela ausência de carioteca, diz-se que a célula bacteriana é **procariótica** (veja a Figura 6-26). É uma célula sem núcleo diferenciado, com material de comando – a cromatina – disperso pelo hialoplasma. Tampouco existem organoides envolvidos por membrana. Não há, portanto, mitocôndrias, cloroplastos, retículo endoplasmático, complexo de Golgi etc. Os únicos organoides citoplasmáticos são os ribossomos, estruturas não envolvidas por membrana.

Anote!

As **células procarióticas** – isto é, que não possuem carioteca, nem orgânulos envolvidos por membrana – são características dos seres procariotos (bactérias e cianobactérias).

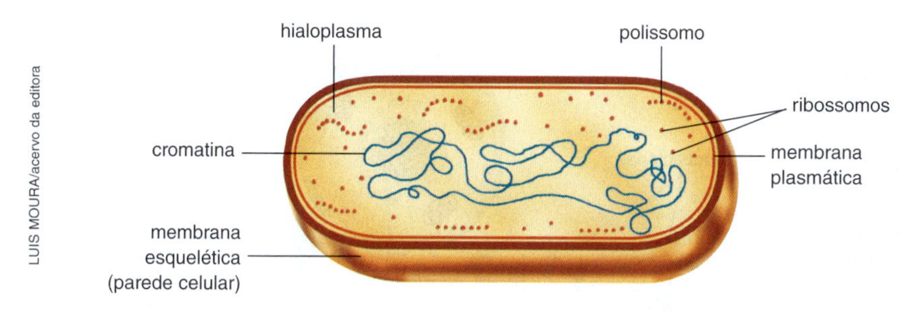

Figura 6-26. Esquema de célula bacteriana, baseado em foto obtida com microscópio eletrônico. (Cores-fantasia. Ilustração fora de escala.)

Saiba mais!

Cromatina e cromossomos

Cromatina e cromossomos correspondem, em essência, ao mesmo material – DNA e proteínas. No entanto, essas duas denominações são usadas apenas com o intuito de expressar graus diferentes de organização desse mesmo material. Assim, *cromatina* refere-se ao material genético menos organizado, mais disperso. Quando esse material se apresenta organizado sob a forma de orgânulos visíveis e contáveis – geralmente durante o processo de divisão celular –, usa-se a expressão *cromossomos*.

Tabela 6-2. Comparação entre as células bacteriana, animal e vegetal.

ESTRUTURA	CÉLULA BACTERIANA	CÉLULA ANIMAL	CÉLULA VEGETAL
Parede celular	Presente (glicopeptídica).	Ausente.	Presente (celulósica).
Membrana plasmática	Presente.	Presente.	Presente.
Hialoplasma	Presente.	Presente.	Presente.
Flagelos	Podem existir.	Podem existir.	Existem apenas em gametas de algumas plantas.
Retículo endoplasmático	Ausente.	Presente.	Presente.
Ribossomos	Presentes.	Presentes.	Presentes.
Microtúbulos	Ausentes.	Presentes.	Presentes.
Centríolos	Ausentes.	Presentes.	Geralmente ausentes; presentes apenas em algas e vegetais pouco complexos.
Sistema golgiense	Ausente.	Presente.	Presente.
Mitocôndria	Ausente.	Presente.	Presente.
Cloroplasto	Ausente.	Ausente.	Presente.
Peroxissomos	Ausentes.	Presentes.	Podem estar presentes.
Lisossomos	Ausentes.	Presentes.	Presentes, porém mais raros.
Vacúolos	Ausentes.	Pequenos ou ausentes.	Presentes, grandes e centrais em células adultas.
Cromatina	Presente, sob a forma de anel circular de DNA.	Presente, filamentosa, composta de DNA e proteínas	Presente, filamentosa, composta de DNA e proteínas.
Núcleo	Ausente (não organizado).	Presente (organizado).	Presente (organizado).

Saiba mais!

Lynn Margulis: a hipótese endossimbiótica

A citologista Lynn Margulis é autora da hipótese de que, no passado, células eucarióticas teriam fagocitado células menores de bactérias respiradoras. A convivência das duas teria sido tão proveitosa que as bactérias teriam se transformado nas mitocôndrias das células maiores.

Outras células teriam ingerido tanto bactérias respiradoras como cianobactérias, capazes de fazer fotossíntese. Nova simbiose passou a ocorrer e as cianobactérias ingeridas passaram a constituir os cloroplastos da célula eucariótica.

Essa hipótese possui uma base de sustentação lógica. Tanto cloroplastos quanto mitocôndrias possuem material genético próprio, na forma de pequenas moléculas de DNA e RNA. Também possuem ribossomos, o que lhes permite efetuar sínteses proteicas e ter, assim, uma atividade autônoma em relação à célula hospedeira. Não conseguiriam, porém, viver isolados da célula, assim como esta também não conseguiria viver sem as organelas. Dessa forma, teriam surgido, segundo Margulis, os primeiros organismos celulares eucariotos.

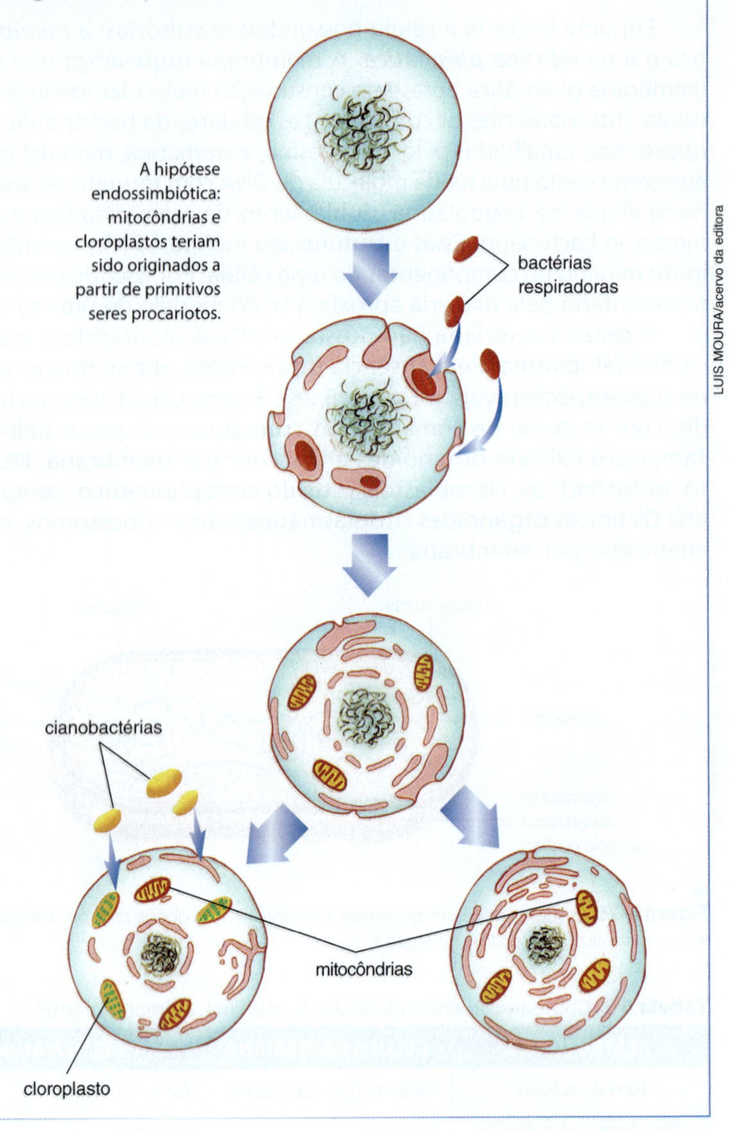

A hipótese endossimbiótica: mitocôndrias e cloroplastos teriam sido originados a partir de primitivos seres procariotos.

ATIVIDADES

A CAMINHO DO ENEM

1. (Enem) Uma cozinheira colocou sal a mais no feijão que estava cozinhando. Para solucionar o problema, ela acrescentou batatas cruas e sem tempero dentro da panela. Quando terminou de cozinhá-lo, as batatas estavam salgadas, porque absorveram parte do caldo com excesso de sal. Finalmente, ela adicionou água para completar o caldo do feijão.

O sal foi absorvido pelas batatas por

a) osmose, por envolver apenas o transporte do solvente.
b) fagocitose, porque o sal transportado é uma substância sólida.
c) exocitose, uma vez que o sal foi transportado da água para a batata.
d) pinocitose, porque o sal estava diluído na água quando foi transportado.
e) difusão, porque o transporte ocorreu a favor do gradiente de concentração.

2. (Enem) O nível metabólico de uma célula pode ser determinado pela taxa de síntese de RNAs e proteínas, processos dependentes de energia. Essa diferença na taxa de síntese de biomoléculas é refletida na abundância e características morfológicas dos componentes celulares. Em uma empresa de produção de hormônios proteicos a partir do cultivo de células animais, um pesquisador deseja selecionar uma linhagem com o metabolismo de síntese mais elevado, dentre as cinco esquematizadas na figura.

Qual linhagem deve ser escolhida pelo pesquisador?

a) I b) II c) III d) IV e) V

Legenda:

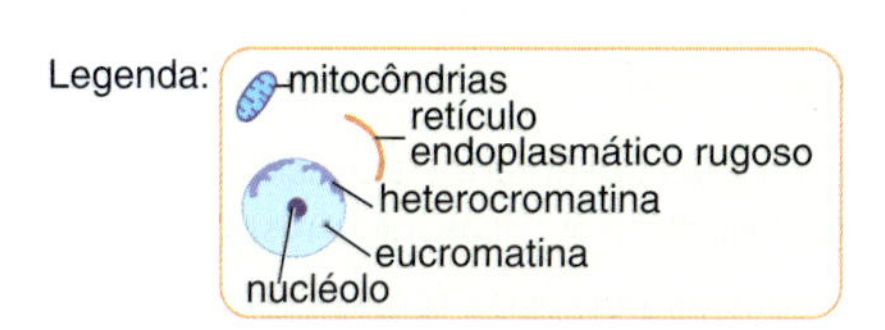

Linhagens:

I
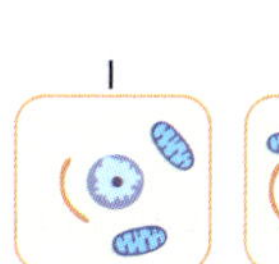
II
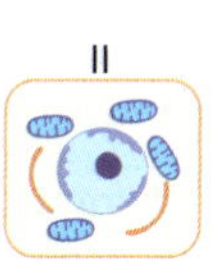
III
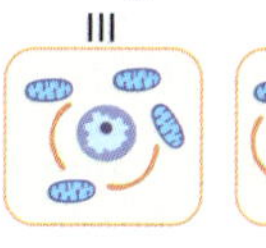
IV
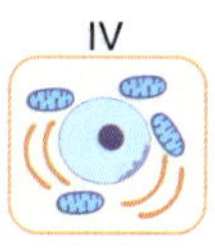
V
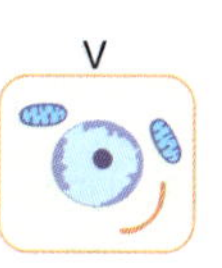

3. (Enem) As proteínas de uma célula eucariótica possuem peptídios-sinais, que são sequências de aminoácidos responsáveis pelo seu endereçamento para as diferentes organelas, de acordo com suas funções. Um pesquisador desenvolveu uma nanopartícula capaz de carregar proteínas para dentro de tipos celulares específicos. Agora ele quer saber se uma nanopartícula carregada com uma proteína bloqueadora do ciclo de Krebs *in vitro* é capaz de exercer sua atividade em uma célula cancerosa, podendo cortar o aporte energético e destruir essas células.

Ao escolher essa proteína bloqueadora para carregar as nanopartículas, o pesquisador deve levar em conta um peptídio-sinal de endereçamento para qual organela?

a) núcleo
b) mitocôndria
c) peroxissomo
d) complexo golgiense
e) retículo endoplasmático

TESTE SEUS CONHECIMENTOS

1. (Univesp) A unidade fundamental da vida é a célula, pois está presente em quase todos os organismos vivos do nosso planeta. A respeito dos organismos vivos que são acelulares, assinale a alternativa correta.

a) bactérias
b) vírus
c) fungos
d) parasitas
e) protozoários

2. Associe as personalidades citadas de **1** a **4** com as frases relacionadas de **a** a **d**.

1) Robert Hooke
2) Theodor Schwann
3) Anton Van Leeuwenhoek
4) Rudolf Virchow

a) As células são provenientes de células preexistentes.
b) Minúsculos seres unicelulares pululavam em gotas de água colhidas de uma lagoa.
c) Observação, em microscópio, das "pequenas cavidades" existentes em um pedaço de cortiça.
d) Todos os seres vivos são constituídos por células (obs.: na época em que essa frase foi dita, não se sabia, ainda, da existência dos vírus, que são acelulares).

3. Microscópio de luz (óptico), microscópio eletrônico de transmissão e microscópio de varredura são instrumentos que auxiliam os cientistas a visualizar estruturas celulares e de tecidos. Cite a principal vantagem decorrente do uso desses instrumentos (em termos do poder de resolução) e, em poucas palavras, cite a diferença existente entre eles.

Utilize as ilustrações abaixo para responder às questões **4** e **5**:

a
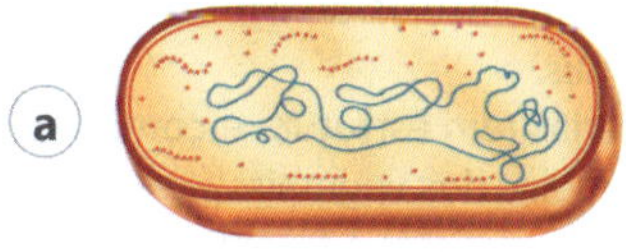
b

c
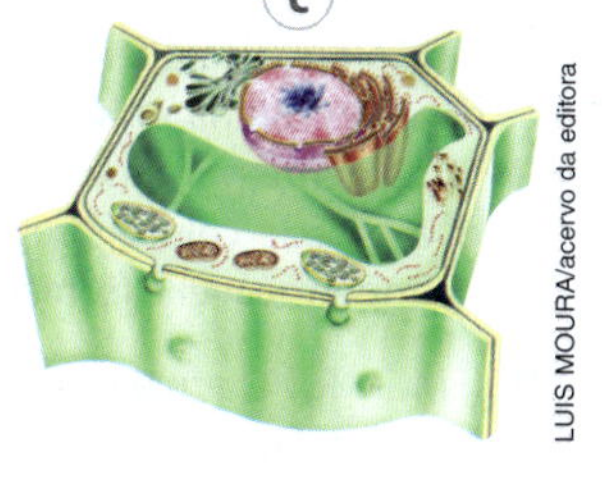

LUIS MOURA/acervo da editora

4. a) Indique a ilustração que representa esquema de célula procariótica. Em que grupo de organismos esse tipo celular é encontrado?

b) Indique a(s) ilustração(ões) que representa(m) célula(s) eucariótica(s). Em que grupo de organismos esse tipo celular é encontrado?

5. a) Cite a principal característica que difere a célula ***a***, em relação às representadas em ***b*** e ***c***.

b) Existe um grupo de seres vivos microscópicos cuja organização estrutural difere acentuadamente em relação às células representadas na ilustração. Qual é esse grupo de seres vivos microscópicos? Qual é a denominação comumente utilizada, quanto à estrutura organizacional, na caracterização desses seres?

c) Qual é o significado do termo citoplasma e em qual dos três tipos celulares está presente? Cite a organela não revestida por membrana que está presente nos três tipos celulares.

6. Qualquer célula é revestida por um envoltório de composição química universal e que separa o conteúdo interno celular do meio externo.

a) Cite a denominação desse envoltório celular.
b) Qual é a composição química desse envoltório celular? Explique, em poucas palavras, o modelo desse envoltório, atualmente aceito e cite o nome dos pesquisadores que o sugeriram.
c) Na célula vegetal existe envoltório adicional, ausente em célula animal. Que denominação é dada a esse envoltório adicional e qual é sua composição química?

7. (UEA – AM) Todas as células possuem uma membrana plasmática que mantém a integridade de seu conteúdo citoplasmático. Existem seres vivos que apresentam, além dessa membrana, uma parede celular que confere resistência e proteção às células. A membrana plasmática e a parede celular são caracterizadas, respectivamente, como:

a) impermeável e permeável.
b) permeável e semipermeável.
c) semipermeável e permeável.
d) impermeável e semipermeável.
e) semipermeável e impermeável.

8. (Fema – SP) Todas as células possuem envoltórios para separar o seu conteúdo interno do meio externo. Sobre esses envoltórios, pode-se afirmar que:

a) a membrana plasmática é uma estrutura fluida e permeável que permite a passagem livre de água e proteínas.
b) o glicocálix é formado por moléculas de açúcar e está presente nas células vegetais.
c) a parede celular das bactérias tem estrutura e composição química diferente daquelas dos vegetais.
d) a membrana plasmática dos protistas é formada primariamente por uma espessa camada de peptidoglicano.
e) a parede celular presente nos fungos é uma estrutura impermeável e formada por moléculas de glicogênio.

9. (FMC – RJ) O atual modelo de membrana, denominado de Mosaico Fluido, foi proposto por Singer e Nicholson em 1972, devido a sua estrutura química e propriedade de ser fluida. Segundo esse modelo, a membrana é formada por uma bicamada de fosfolipídios

a) coberta por duas camadas de proteínas onde somente os lipídios podem se movimentar.
b) com proteínas inseridas onde apenas as proteínas podem se movimentar.
c) coberta por duas camadas de proteínas onde somente as proteínas podem se movimentar.
d) com proteínas inseridas onde tanto os lipídios quanto as proteínas podem se movimentar.
e) coberta por duas camadas de proteínas onde as proteínas e os lipídios podem se movimentar.

10. Na célula ocorre com frequência entrada e saída de substâncias, graças à existência de estruturas equivalentes a "portões", que regulam as trocas entre a célula e o meio que a circunda. O trânsito de substâncias para dentro e para fora da célula é intenso e ocorre por meio de processos físicos e biológicos.

a) Cite os processos físicos e biológicos celulares que regulam a entrada e a saída de substâncias.
b) Qual é a principal diferença existente entre esses dois processos?

11. Relativamente aos transportes biológicos nas células, responda:

a) Qual é a principal característica do transporte ativo?
b) Qual é o exemplo mais conhecido de ocorrência de transporte ativo?
c) Qual é a modalidade de energia utilizada pela célula na realização do transporte ativo?

12. Hemácias humanas foram acrescentadas a três tubos de ensaio contendo soluções de concentração desconhecida. Após certo tempo, a verificação do conteúdo dos tubos revelou os seguintes resultados

tubo 1 – as hemácias apresentavam-se enrugadas;
tubo 2 – as hemácias mantiveram volume normal;
tubo 3 – as hemácias estavam rompidas.

Em outro experimento, células vegetais foram acrescentadas em três frascos contendo soluções desconhecidas e, após certo tempo, os resultados foram os seguintes:

frasco 1 – as células estavam túrgidas;
frasco 2 – as células estavam plasmolisadas;
frasco 3 – as células mantiveram-se inalteradas quanto ao volume normal.

Em vista dos resultados observados e considerando os termos: hipotônica, hipertônica e isotônica, responda:

a) Em que soluções as hemácias foram mergulhadas nos tubos 1, 2 e 3?
b) Em que soluções as células vegetais foram mergulhadas nos frascos 1, 2 e 3?

13. (UEA – AM) A salga da carne é uma forma muito antiga de conservação desse alimento. Isso ocorre porque muitos microrganismos decompositores, como fungos e bactérias, ao entrar em contato com a carne que está envolvida pelo sal, tendem a

a) ganhar água por osmose e com isso sofrem lise celular e morrem.
b) perder água por osmose e com isso morrem por desidratação.
c) ganhar sais minerais por difusão simples e com isso sofrem lise celular e morrem.
d) perder sais minerais por transporte ativo e com isso murcham e morrem.
e) ganhar sais minerais por osmose e com isso morrem por ficarem muito concentrados.

14. (Unicesumar – SP) Hemácias humanas e células vegetais foram imersas em uma solução com concentração de soluto mais baixa do que a de seu conteúdo citoplasmático, ou seja, em uma solução hipotônica. Pode-se prever que

a) ambos os tipos de células vão murchar, por causa do fenômeno da osmose.
b) ambos os tipos de células vão murchar, por causa do fenômeno da difusão facilitada.
c) ambos os tipos de célula vão aumentar de volume, mas a chance das células vegetais se romperem é maior do que a das hemácias.
d) ambos os tipos de célula vão aumentar de volume, mas a chance das hemácias se romperem é maior do que a das células vegetais.
e) as hemácias aumentarão de volume, mas as células vegetais vão murchar, porque possuem parede celular.

15. (FPS – PE) Certas substâncias entram na célula e saem dela por meio de bolsas que se formam na membrana plasmática. Uma célula humana é capaz de englobar, por dia, quantidades de líquidos maiores várias vezes do que seu próprio volume. Esse tipo de processo de englobamento refere-se a:

a) exocitose.
b) pinocitose.
c) fagocitose.
d) osmose.
e) plasmólise.

Utilize a ilustração abaixo para responder às questões **16** a **19**.

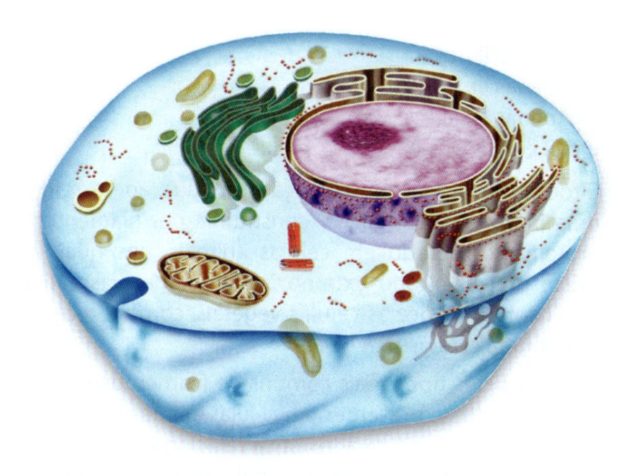

16. a) Cite as organelas revestidas por membrana e as não revestidas por membrana presentes no esquema.

b) A célula ilustrada é procariótica ou eucariótica? Justifique sua resposta.

17. a) Qual das organelas presentes na ilustração é responsável pela liberação de energia por meio do processo metabólico conhecido como respiração aeróbia?

b) Na ilustração, está ausente uma importante organela comum a células vegetais e de algas, e cuja atuação lembra o que ocorre em uma bateria solar, ou seja, nessa organela ocorre a transformação de energia solar em energia química. Qual é essa organela celular ausente na ilustração?

18. a) Cite a organela revestida por membrana presente na ilustração e cuja importante atividade é relacionada à síntese de proteínas, com a participação de outra organela, que não é revestida por membrana.

b) Em uma das organelas representadas na ilustração ocorre o empacotamento e posterior eliminação de substâncias produzidas, sobretudo na organela membranosa do item anterior. Qual é essa organela empacotadora de substâncias produzidas?

c) Uma das organelas representadas na ilustração possui em seu interior inúmeras enzimas digestivas. Qual é essa organela revestida por membrana?

19. a) Na ilustração, está representada importante estrutura, ausente em células de vegetais complexos, e cuja principal atividade é a participação na divisão celular. Qual é essa estrutura?

b) Estruturas móveis, encontradas externamente em células de diversos seres vivos, algumas curtas e relacionadas à locomoção de seres unicelulares, e outras, longas, que favorecem o deslocamento de seres unicelulares e espermatozoides, não estão representadas na ilustração. Cite quais são essas estruturas.

20. (Uerj) Nos últimos anos, estudos mostraram que, em neurônios de pacientes com Alzheimer, uma enzima desencadeia a fragmentação de determinada organela citoplasmática. Essa fragmentação resulta em alterações no empacotamento e encaminhamento de proteínas para o exterior da célula.

Nomeie a organela citoplasmática fragmentada nos casos dos pacientes com Alzheimer e apresente uma função dessa organela relacionada à reprodução humana.

21. (Fuvest – SP) Analise o esquema de uma célula adulta.

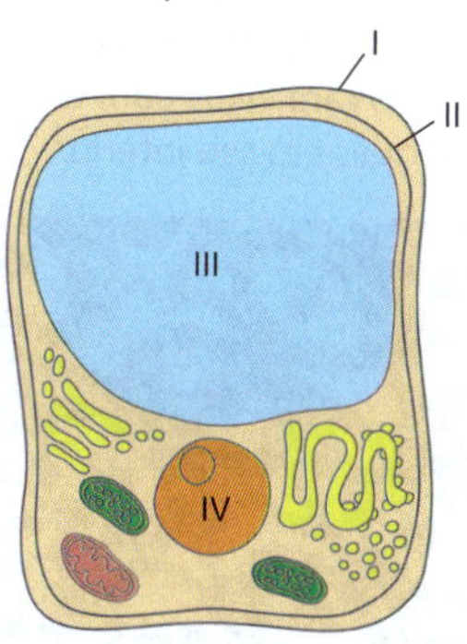

As estruturas I, II, III e IV caracterizam-se pela presença, respectivamente, de

a) glicídio, lipídio, água e ácido nucleico.
b) proteína, glicídio, água e ácido nucleico.
c) lipídio, proteína, glicídio e ácido nucleico.
d) lipídio, glicídio, ácido nucleico e água.
e) glicídio, proteína, ácido nucleico e água.

22. (UFU – MG) É uma organela proeminente em células vegetais mais velhas; suas funções incluem armazenamento, quebra de subprodutos e hidrólise de macromoléculas. A qual organela celular refere-se a descrição acima?

a) cloroplasto.
b) mitocôndria.
c) peroxissomo.
d) vacúolo central.

23. (FMC – RJ) As organelas celulares desempenham funções específicas e, dependendo da célula onde se encontram, algumas ficarão mais desenvolvidas. Nos linfócitos B, as organelas que precisam estar em maior quantidade e mais bem desenvolvidas, para que possam exercer sua função no sistema imune, são:

a) retículo endoplasmático agranular e complexo de Golgi.
b) polissomos livres e mitocôndrias.
c) retículo endoplasmático granular e complexo de Golgi.
d) polissomos ligados e lisossomos.
e) retículo endoplasmático granular e retículo endoplasmático agranular.

24. (Cesmac – AL) A ingestão de álcool em excesso no carnaval acaba por sobrecarregar o fígado, responsável, dentre outras funções, pela detoxificação do sangue. Para sustentar tal gasto energético, as células do fígado apresentam grande número de mitocôndrias, organelas caracterizadas por apresentarem:

a) membrana simples lipoproteica.
b) DNA próprio, proveniente de herança materna.
c) presença de cromoplastos e leucoplastos.
d) produção de enzimas digestivas.
e) síntese de ATP por via anaeróbia.

25. (Uece) As organelas presentes em células eucarióticas que contêm enzimas oxidases, responsáveis por decompor aminoácidos e lipídios, e enzima catalase, responsável por livrar a célula de resíduos tóxicos, são denominadas de

a) ribossomos.
b) peroxissomos.
c) centrossomos.
d) retículos endoplasmáticos.

26. (Famerp – SP) A imagem ilustra um corte transversal da membrana plasmática de uma célula da traqueia humana, na qual se observam cílios com estruturas circulares agrupadas duas a duas em seu interior.

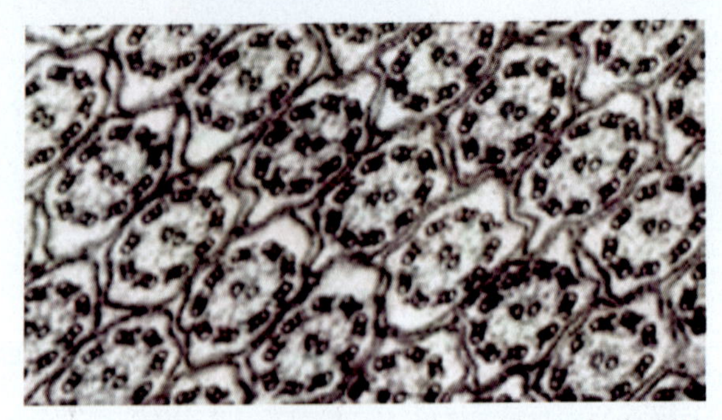

JUNQUEIRA, L. C.; CARNEIRO, J. *Biologia celular e molecular*, 2013.

a) Quais organelas celulares são importantes para que as estruturas observadas realizem os movimentos ciliares? Justifique sua resposta.

b) Justifique por que um homem que não forme as proteínas que integram essas estruturas pode apresentar problemas respiratórios e também infertilidade.

27. (UFRGS – RS) Os cílios e os flagelos de células eucarióticas são estruturas responsáveis pela locomoção e organizam-se a partir de microtúbulos especializados. Considere as seguintes afirmações sobre cílios e flagelos.

I – Ambos, em corte transversal, têm a mesma estrutura interna, com nove conjuntos duplos de microtúbulos periféricos e dois microtúbulos centrais.

II – Os centríolos de células eucarióticas apresentam estrutura idêntica aos cílios e flagelos.

III – Os cílios e os flagelos são originados do corpúsculo basal que apresenta nove conjuntos triplos de microtúbulos periféricos.

Quais estão corretas?

a) Apenas I.
b) Apenas II.
c) Apenas III.
d) Apenas I e III.
e) I, II e III.

28. Citoesqueleto é a denominação utilizada ao se referir a uma importante "armação" constituída por filamentos de proteína, sobretudo em células animais, nas quais não existe um envoltório externo à membrana plasmática e que confere rigidez às células vegetais, como é o caso da membrana celulósica.

a) Cite os três tipos mais comuns de filamentos proteicos normalmente presentes em células animais.

a) Uma importante característica relacionada a esses filamentos proteicos é comum a células de defesa do organismo humano, bem como em certos seres unicelulares nos quais o deslocamento ocorre graças a essa propriedade. Qual é essa característica?

29. (Unitau – SP) Assinale a alternativa CORRETA acerca do citoesqueleto.

a) O citoesqueleto tem papel importante, dando forma, sustentação e resistência à célula.

b) Dos componentes do citoesqueleto, os microfilamentos, formados por actina e miosina, auxiliam na formação dos desmossomos.

c) Formados por estruturas cilíndricas de proteína tubulina, os filamentos intermediários evitam o estiramento da célula.

d) O citoesqueleto está presente nas células de todos os seres vivos, possibilitando a mobilidade e a sustentação.

e) Os filamentos de actina são bastante rígidos, constituídos por tubulina, que forma longos filamentos de estrutura oca.

Núcleo, interfase, mitose e meiose

CAPÍTULO 7

Será que é fácil ingressar na sala de comando de uma empresa, na qual se encontra o diretor-geral e, por meio de argumentações lógicas, convencê-lo a modificar condutas relativas ao dia a dia da corporação que ele dirige? Pois bem, essa atitude intervencionista já é realizada no núcleo de uma célula, a central de comando celular.

A partir de 2012, alguns cientistas aprimoraram o denominado procedimento CRISPR-CaS-9, por meio do qual é possível interferir no material genético que existe ao longo dos cromossomos. A metodologia tem como base, inicialmente, o reconhecimento de genes disfuncionais ou que são responsáveis por causar anomalias, tais como câncer de mama, por exemplo.

Por meio da utilização de tecnologia científica que tem como base a utilização de uma molécula de RNA e de uma enzima, a Cas-9, é possível corrigir o suposto defeito gênico causador na anomalia. A referida molécula de RNA e a enzima são introduzidas no núcleo da célula afetada e, ao funcionar como se fosse uma tesoura, a enzima Cas-9 efetua o corte do gene anômalo. A seguir, a molécula de RNA induz a produção de um segmento de DNA correto, o que possibilita a cura do referido câncer de mama. Esse procedimento é também denominado de edição de genes. O Prêmio Nobel de Química de 2020 foi atribuído a Emmanuelle Charpentier e Jennifer Doudna, as principais idealizadoras do procedimento.

Como se vê, hoje é possível interferir na central de comando celular, o que afeta o comportamento dos "diretores", na verdade as moléculas de DNA componentes dos genes que comandam a vida diária de uma célula e exercem seu papel na diretoria, ou seja, no núcleo celular.

Seu ponto de vista!

Em sua opinião, é ético interferir nos genes de uma pessoa com a finalidade de evitar que transfira aos seus descendentes uma possível doença genética?

MONKEY BUSINESS IMAGES/ SHUTTERSTOCK

7-1. Núcleo: local de trabalho da diretoria celular

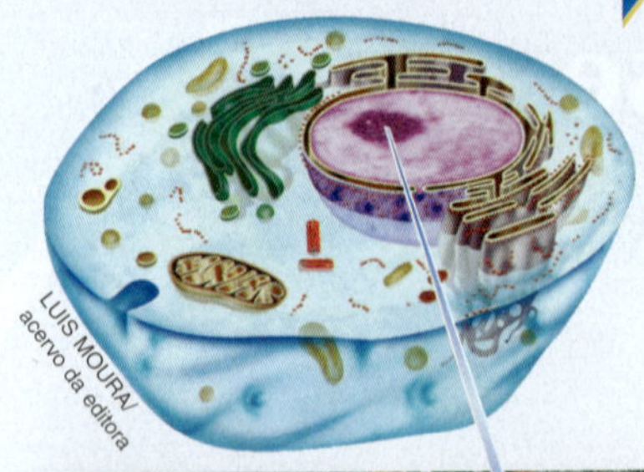

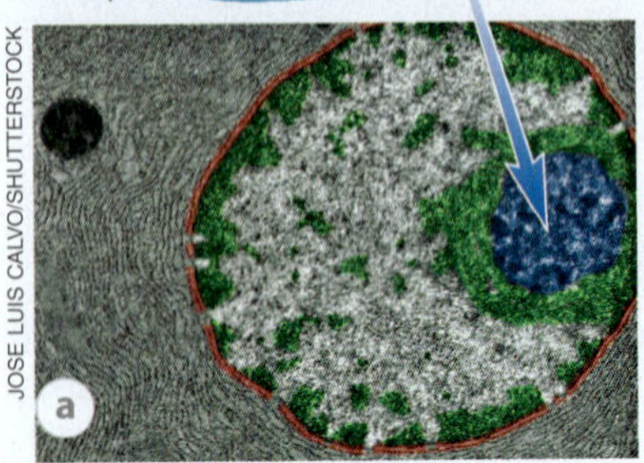

Figura 7-1. (a) Micrografia eletrônica evidenciando em azul o nucléolo da célula. A ampliação da superfície da carioteca (em vermelho) mostra a existência dos poros e também de ribossomos aderidos a ela. Em verde, cromatina. A composição química da carioteca é semelhante à da membrana plasmática. Pelos poros há passagem de diversas substâncias em ambos os sentidos. (Cores-fantasia.)

Carioteca é a membrana que separa o núcleo do citoplasma. É uma dupla camada lipoproteica na qual existem vias de passagem, poros, que facilitam ingresso e saída de substâncias e moléculas, como é o caso da passagem para o citoplasma de moléculas de RNA produzidas no núcleo. Ribossomos encontram-se aderidos na face citoplasmática da carioteca e, muitas vezes, nota-se uma continuidade entre a membrana nuclear e o retículo endoplasmático (veja a Figura 7-1).

Cromatina, cromossomos e genes: o comando celular

Nucleoplasma é o material viscoso existente no interior do núcleo e local de ocorrência de várias reações químicas, assim como ocorre no hialoplasma. No nucleoplasma de uma célula que não se encontra em divisão, ficam mergulhados vários filamentos de **cromatina** ou **cromonema**. Em cada filamento de cromatina existem moléculas de DNA associadas a proteínas, entre as quais se destacam as **histonas**.

Genes são as unidades de informação constituídas de moléculas de DNA componentes da cromatina, ou seja, são as unidades de informação genética de todos os seres vivos.

Na fase em que a célula eucariótica não se encontra em divisão, os filamentos de cromatina encontram-se desenrolados, espiralando-se intensamente durante o período em que a célula entra em divisão, passando a ser chamados de **cromossomos** (veja a Figura 7-2). Antes da espiralação, esses filamentos se duplicam, isto é, a informação genética faz cópias de si mesma. Por isso, após a condensação, cada cromossomo mostra-se como na foto "b". Podemos dizer, então, que cromossomos e filamentos de cromatina correspondem ao mesmo material, com aspectos diferentes, dependendo da fase em que a célula é estudada.

O termo *cromossomo* (*crom(o)* = cor; *som(o)* = corpo) tem origem nas pesquisas com células em divisão, realizadas por citologistas. Para melhor visibilidade, eram utilizados corantes especiais que permitiam verificar a presença desses organoides em forma de bastonetes nas células estudadas.

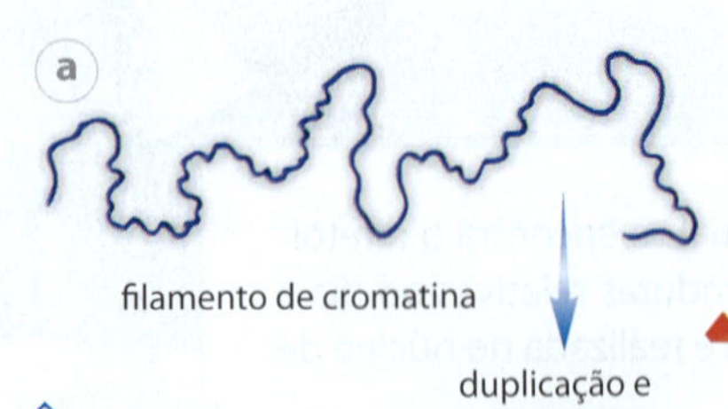

Figura 7-2. Cromossomo e filamento de cromatina correspondem à mesma estrutura, com aspectos diferentes, dependendo da fase em que a célula é estudada. À direita, cromossomo condensado, típico de uma célula prestes a se dividir. (Cores-fantasia.)

Nucleossomo: DNA associado a proteínas histonas

Nucleossomo é o conjunto formado por uma molécula de DNA que se enrola ao redor de oito unidades de histona (proteína). Cada nucleossomo fica separado de outro por uma molécula de histona intermediária (veja a figura 7-3). Essa informação foi obtida em estudos feitos com microscopia eletrônica.

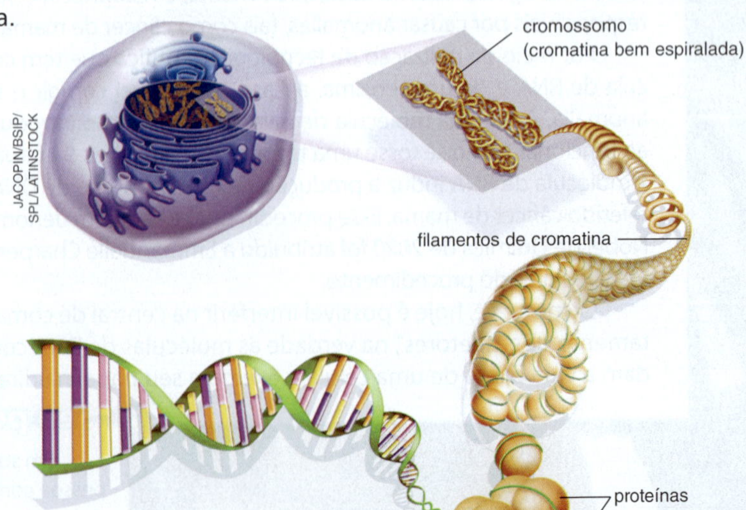

Figura 7-3. Ilustração de célula com destaque para um cromossomo. O cromossomo é, na verdade, a cromatina bem espiralada, que é formada por proteínas e DNA, que na imagem está em primeiro plano, mostrando suas bases. Note, embaixo, à direita, o nucleossomo,, constituído por DNA associado a proteínas histonas. (Cores-fantasia. Ilustração fora de escala.)

Heterocromatina: espiralada, genes inativos; eucromatina: desespiralada, genes ativos

Se você pudesse observar um filamento de cromatina durante a fase em que a célula não se encontra em divisão (fase denominada de interfase), perceberia que certos trechos ficam permanentemente espiralados, enquanto outros permanecem desespiralados. As regiões espiraladas constituem a **heterocromatina**, enquanto as desespiraladas correspondem à **eucromatina**.

Nos trechos de heterocromatina, os nucleossomos ficam próximos uns dos outros, compactamente unidos, e os genes neles existentes permanecem inativos. Nos de eucromatina, os nucleossomos permanecem afastados uns dos outros, expondo os genes que podem, assim, "trabalhar" (veja a Figura 7-4).

É interessante notar que, na fase em que a célula está em divisão, as regiões de eucromatina também se espiralam, dando um aspecto uniforme, de bastão cromossômico, à cromatina.

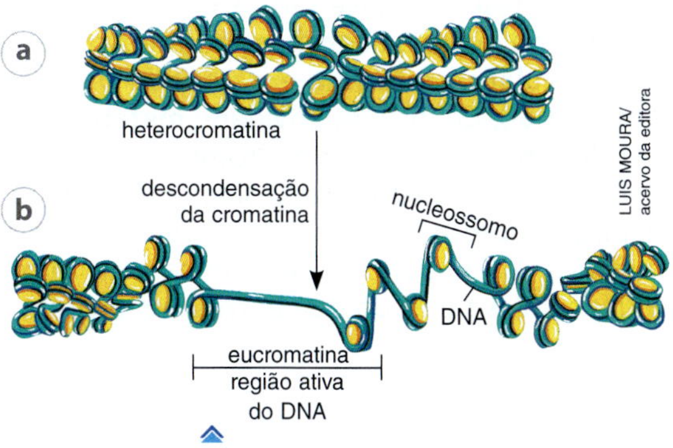

Figura 7-4. (a) Nas regiões de heterocromatina, há condensação dos filamentos e os genes ficam inativos. (b) Nas regiões de eucromatina, os filamentos estão desespiralados e os genes são ativos. (Cores-fantasia.)

Nucléolos: corpúsculos ricos em RNA ribossômico

Na fase em que a célula eucariótica não se encontra em divisão é possível visualizar vários **nucléolos**, associados a algumas regiões específicas da cromatina. Cada *nucléolo* é um corpúsculo esférico, não membranoso, de aspecto esponjoso quando visto ao microscópio eletrônico, rico em *RNA ribossômico* (a sigla RNA provém do inglês *RiboNucleic Acid*). Esse RNA é um ácido nucleico produzido a partir do DNA de regiões específicas da cromatina e se constituirá em um dos principais componentes dos ribossomos encontrados no citoplasma. É importante saber que, ao ocorrer a espiralação cromossômica, os nucléolos vão desaparecendo lentamente. Isso acontece durante os eventos que caracterizam a divisão celular. O reaparecimento dos nucléolos ocorre com a desespiralação dos cromossomos, no final da divisão do núcleo. Veja a Figura 7-5.

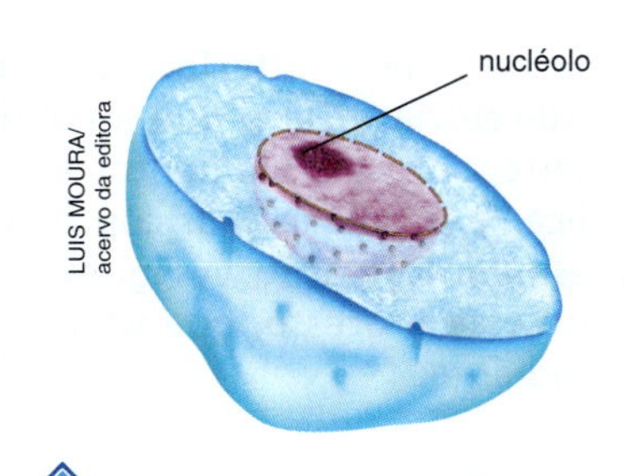

Figura 7-5. Célula em que se evidenciam o núcleo e um nucléolo. (Cores-fantasia.)

7-2. DNA: componente dos genes

O DNA (do inglês *DesoxirriboNucleic Acid*) é uma macromolécula constituída pelo ácido desoxirribonucleico. É a molécula portadora das informações de comando da célula, ou seja, constituinte dos genes, na grande maioria dos seres vivos. O DNA é um longo filamento, cuja estrutura lembra uma escada retorcida (veja a Figura 7-6). É comum dizer que esse ácido nucleico forma uma dupla-hélice. Ao longo dela, há uma sequência de informações.

Cada trecho de DNA que contém informação é conhecido como **gene**. Assim, em um cromossomo há genes encarregados das mensagens que determinarão as características do ser vivo, como, por exemplo, cor do olho, tipo sanguíneo, habilidade de dobrar a língua longitudinalmente, capacidade de produzir anticorpos protetores etc.

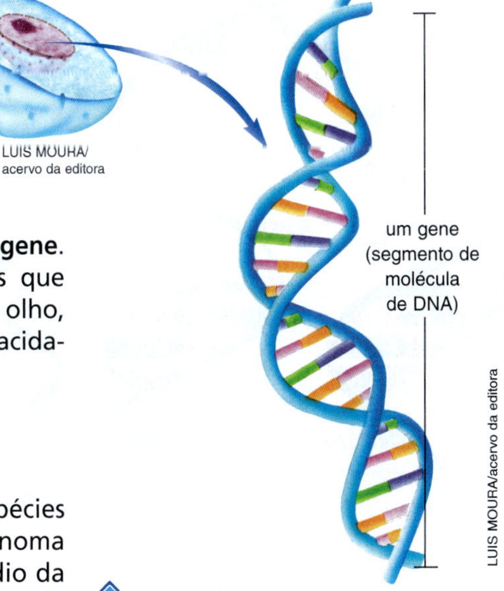

Figura 7-6. Gene e molécula de DNA. (Cores-fantasia. Ilustração fora de escala.)

Genoma: conjunto de genes de uma espécie

Genoma é o número total de genes presentes em células de espécies de seres vivos. É a informação genética total de um organismo. O genoma de vários seres – homem, cana-de-açúcar, milho, arroz, rato, plasmódio da malária, abelha, algumas espécies de bactérias e o vírus SARS-CoV-2 – já foi reconhecido e mapeado.

7-3. Interfase e mitose: a vida das células eucarióticas

Interfase e **mitose** são os dois grandes períodos da vida da maioria das células eucarióticas, ou seja, do **ciclo celular**. A interfase é o período de modo geral mais longo, de intensa atividade metabólica, no qual a célula não se divide e os cromossomos estão desespiralados. Na mitose, os cromossomos estão espiralados, carioteca e nucléolos desaparecem e ocorrem eventos em sequência que culminam na formação de duas células-filhas da que entrou em divisão.

Anote!

Essas fases da célula, de duração variável, são sucessivas: após a interfase, ocorre a divisão, a qual, depois de concluída, é seguida de novo período interfásico para cada célula-filha, e assim por diante.

Duplicação do DNA: semiconservativa, ocorre na interfase

É durante a **interfase** que a célula duplica a sua "diretoria". Claro que a molécula de DNA componente de cada filamento de cromatina deve se duplicar e produzir duas cópias idênticas, portando a mesma informação. A Figura 7-7 ilustra resumidamente esse processo, que você verá com mais detalhes adiante.

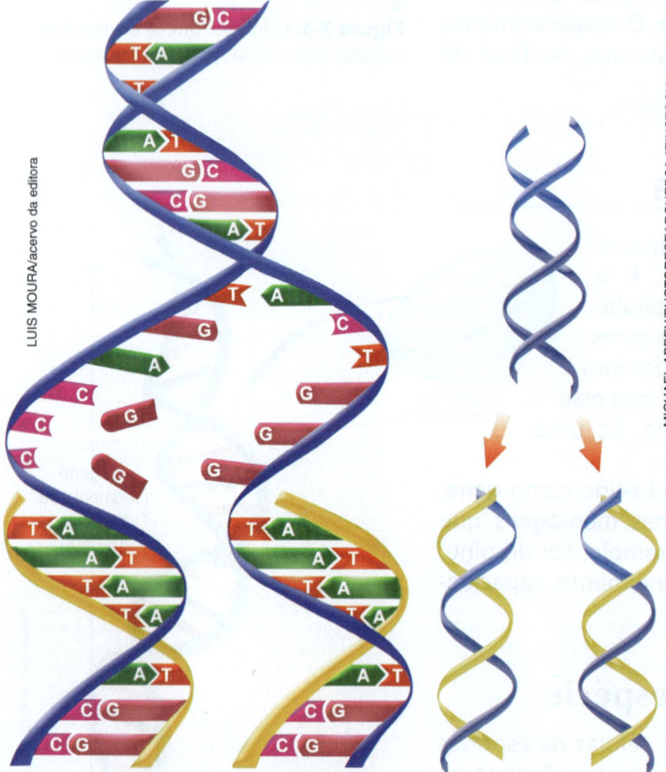

Figura 7-7. Duplicação semiconservativa do DNA. Cada molécula-filha possui uma fita velha (azul) e uma fita nova (amarela). (Cores-fantasia. Ilustração fora de escala.)

A molécula de DNA lembra uma escada retorcida. Dizemos que é uma dupla-hélice. Ao ocorrer a duplicação, a escada destorce, separam-se suas duas metades, cada qual servindo de molde para a produção de nova metade complementar. Novos nucleotídeos são adicionados até que se formem duas duplas-hélices, ou seja, duas moléculas de DNA. Perceba que, em cada molécula produzida, um dos filamentos é velho e o outro é novo. Por esse motivo, diz-se que a duplicação da molécula de DNA é *semiconservativa*.

Interfase: intenso metabolismo, duplicação do material genético

A **interfase** é o período de intensa atividade metabólica que precede qualquer divisão celular. Nesse período, há a preparação para a divisão celular, que envolve a duplicação da cromatina, material responsável pelo controle da atividade da célula. Todas as informações existentes ao longo da molécula de DNA são passadas para a cópia, como se correspondessem a uma cópia fotográfica da molécula original. Em pouco tempo, cada célula formada na divisão receberá uma cópia exata de cada cromossomo da célula que se dividiu.

As duas cópias de cada cromossomo permanecem juntas por certo tempo, unidas pelo centrômero comum, constituindo duas cromátides de um mesmo cromossomo. Na interfase, os centríolos também se duplicam (veja a Figura 7-8).

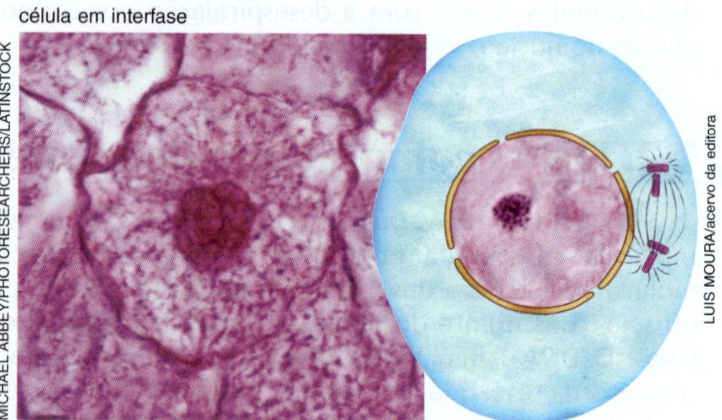

Figura 7-8. A interfase, que precede a mitose, é um período de intensa atividade celular. (Cores-fantasia. Ilustrações fora de escala.)

G_1, S, G_2: as fases da interfase e pontos de checagem

Houve época em que se falava que a interfase era o período de "repouso" da célula. Hoje, sabemos que na realidade a interfase é um período de intensa atividade metabólica no ciclo celular: é nela que se dá a duplicação do DNA, crescimento e síntese. Costuma-se dividir a interfase em três períodos distintos: G_1, S e G_2.

O intervalo de tempo em que ocorre a duplicação do DNA foi denominado de S (de *síntese*) e o período que o antecede é conhecido como G_1 (G, provém do inglês *gap*, que significa "intervalo"). O período que sucede o S é conhecido como G_2 (veja a Figura 7-9).

Anote!

Nas células, existe uma espécie de "manual de verificação de erros" que é utilizado em algumas etapas do ciclo celular e que é relacionado aos chamados **pontos de checagem.** Em cada ponto de checagem a célula avalia se é possível avançar ou se é necessário fazer algum ajuste, antes de atingir a fase seguinte. Muitas vezes, a escolha é simplesmente cancelar o processo ou até mesmo conduzir a célula à morte.

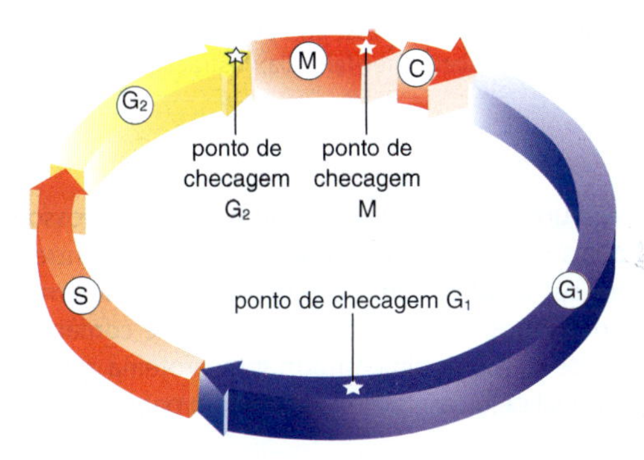

Figura 7-9. Esquema ilustrando a duração relativa dos períodos do ciclo celular (interfase e mitose). As fases da mitose têm duração curta se comparadas aos períodos da interfase. A célula também possui pontos próprios em que há controle do processo de divisão celular, os chamados **pontos de checagem.** (Na imagem, M = mitose e C = citocinese, partição celular).

Estabelecendo conexões!

Representação gráfica de dados – ciclo celular

O ciclo celular todo, incluindo a *interfase* (G_1, S e G_2) e a *mitose* (M) – prófase, metáfase, anáfase e telófase –, pode ser representado em um gráfico no qual se colocam a quantidade de DNA na ordenada (*y*) e o tempo na abscissa (*x*). Vamos supor que a célula que vai se dividir tenha, no período G_1, uma quantidade 2*c* de DNA (*c* é uma unidade arbitrária). O gráfico da variação de DNA, então, seria semelhante ao da figura ao lado.

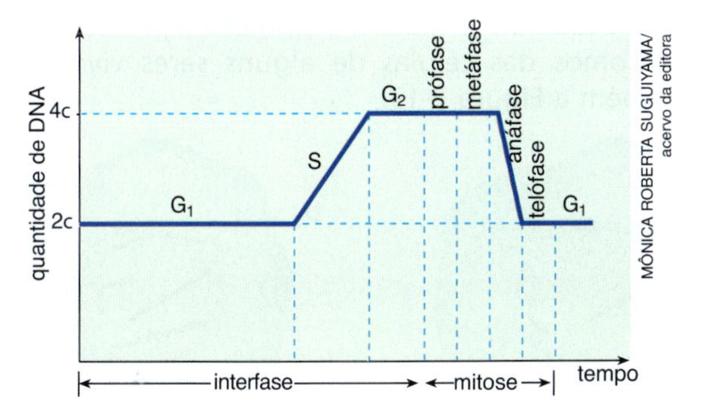

Variação da quantidade de DNA durante o ciclo celular.

No gráfico acima, que etapas do ciclo celular possuem quantidade 2c de DNA?

Cromátides: filamentos-irmãos de um mesmo cromossomo

É durante a interfase que a célula duplica sua "diretoria". Todas as informações contidas nos filamentos cromossômicos devem ser duplicadas. No caso do cromossomo, as duas cópias não se separam de imediato. Permanecem ligadas uma à outra por uma região chamada **centrômero** (ou constrição primária).

Observando-se o cromossomo nesse momento, vê-se que é formado por dois filamentos unidos pelo centrômero. Cada filamento-irmão é uma **cromátide.** As duas cromátides são componentes de um mesmo cromossomo (veja a Figura 7-10).

Figura 7-10. Cromossomos duplicados, cromátides e a constrição primária ou centrômero. (Cores-fantasia. Ilustrações fora de escala.)

Posição do centrômero

Leia o QR Code abaixo e conheça os quatro tipos de cromossomo conforme a localização de seu centrômero.

Cromossomos

Nas células diploides, os dois cromossomos de cada tipo são chamados de cromossomos **homólogos.**

Temos, então, na espécie humana, 23 pares de cromossomos homólogos nas células do corpo, excetuando, claro, os gametas. Em cada par homólogo existe uma correspondência, região por região, dos genes que ele contém. Cada par de genes correspondentes atua no mesmo caráter. Por exemplo, um específico par de genes determina a produção ou não do pigmento melanina na pele, outro atua na cor dos olhos e assim por diante.

Os genes que ocupam posições correspondentes em cada homólogo e que atuam na mesma característica são conhecidos como genes **alelos** (veja a Figura 7-11).

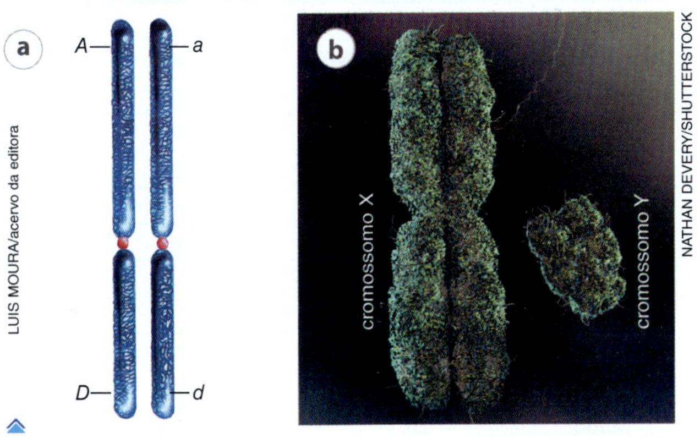

Figura 7-11. (a) Par de cromossomos homólogos: *A* é alelo de *a*; *D* é alelo de *d*. (b) Os pares de cromossomos são numerados. Na espécie humana, o 23º par é dos cromossomos sexuais (XX nas fêmeas e XY nos machos).

Separação das cromátides-irmãs somente na divisão celular

A separação completa das cromátides-irmãs e sua transformação em cromossomos-filhos ocorrem apenas durante a divisão celular. Em uma célula humana com 46 cromossomos, que esteja prestes a se dividir, existe um total de noventa e duas cromátides, pois cada cromossomo é formado por duas delas.

Durante a divisão, para formar duas células-filhas iguais à célula-mãe, as cromátides-irmãs se separam, formando dois lotes de 46 cromossomos. Cada célula-filha receberá, desse modo, um lote completo de 46 cromossomos ao final da divisão (veja a Figura 7-12, que ilustra a trajetória de um cromossomo hipotético ao longo de um ciclo celular).

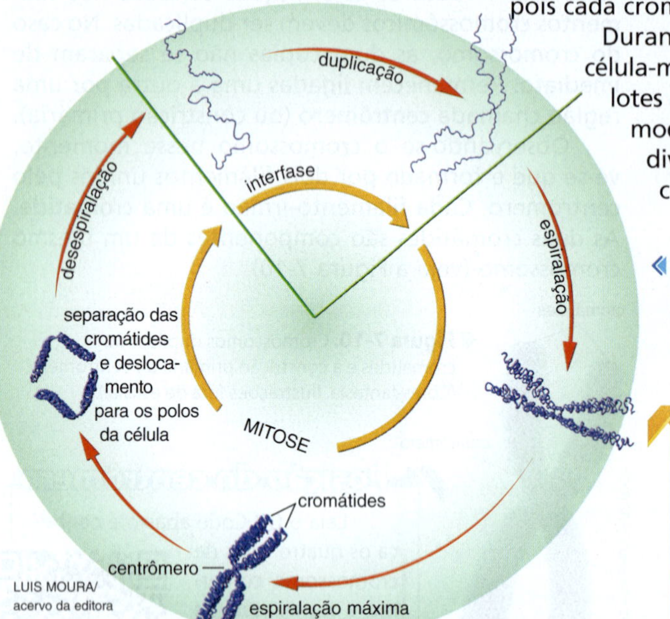

Figura 7-12. Ciclo cromossômico, do início da interfase ao final da divisão celular. Em uma célula humana, cada um dos 46 cromossomos apresentará esse comportamento ao longo do ciclo celular. (Cores-fantasia. Ilustrações fora de escala.)

Anote!

Em uma célula humana comum, há 46 cromossomos, nos quais se localizam cerca de 30.000 genes. Entre eles, podem ser citados, como exemplo, os que determinam a cor dos olhos, ou a cor da pele, e os que comandam a síntese de hemoglobina, importante proteína sanguínea responsável pelo transporte de oxigênio para os tecidos.

7-4. Células haploides e diploides

Cada espécie de ser vivo possui em suas células certo número de tipos de cromossomo. Os tipos (cada um contendo uma sequência específica de genes) dos cromossomos em uma célula são evidenciados quando se encontram espiralados.

No homem, as células *somáticas* (responsáveis por todas as funções orgânicas relacionadas à sobrevivência) e as *germinativas* (responsáveis pela formação dos gametas) possuem 23 pares de cromossomos – ou 46 cromossomos –, dois de cada tipo. Chamamos de **diploides** (do grego, *diploos* = duplo) as células que possuem dois cromossomos de cada tipo. Se representarmos por n o número de tipos de cromossomos, então, uma célula diploide será representada por $2n$. No caso do homem, $2n = 46$.

Já nas células reprodutivas – os *gametas* –, existe apenas um cromossomo de cada par. Ou seja, o *espermatozoide* e o *ovócito secundário* (os gametas humanos) contêm, cada um, 23 cromossomos apenas, um de cada tipo. Cada gameta é uma célula **haploide** (do grego *haploos*, simples) e é representado por $n = 23$.

A Tabela 7-1 mostra o número *diploide* de cromossomos das células de alguns seres vivos. Veja também a Figura 7-13.

Tabela 7-1.
Número diploide de croossomos de algumas espécies.

ESPÉCIE	Nº DE CROMOSOMOS (CÉLULA DIPLOIDE)	REPRESENTAÇÃO
Homem	46	$2n = 46$
Chimpanzé	48	$2n = 48$
Boi	60	$2n = 60$
Cachorro	78	$2n = 78$
Sapo	22	$2n = 22$
Cavalo	64	$2n = 64$
Jumento	62	$2n = 62$
Drosófila	8	$2n = 8$
Pernilongo	6	$2n = 6$
Feijão	22	$2n = 22$
Tabaco	24	$2n = 24$
Milho	20	$2n = 20$
Tomate	24	$2n = 24$

Dados compilados pelos autores.

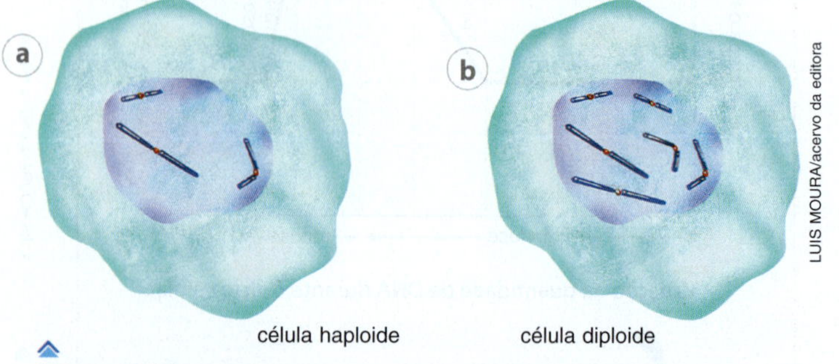

Figura 7-13. (a) Célula haploide com $n = 3$ e (b) diploide com $2n = 6$. Consulte a Tabela 7-1 e verifique a que tipo de organismo corresponde esse número de cromossomos. (Cores-fantasia. Ilustrações fora de escala.)

7-5. Divisão celular

Do mesmo modo que uma fábrica pode ser multiplicada pela construção de várias filiais, também as células se dividem e produzem cópias de si mesmas.

Nos eucariotos há dois tipos de divisão celular: **mitose** e **meiose**.

Na mitose, a divisão de uma "célula-mãe" gera *duas* "células-filhas" geneticamente idênticas e com o mesmo número cromossômico que existia na célula-mãe. Uma célula n produz duas células n, uma célula $2n$ produz duas células $2n$ etc. Trata-se de uma divisão *equacional*.

Já na meiose, a divisão de uma "célula-mãe" $2n$ gera *quatro* "células-filhas" n, geneticamente diferentes. Neste caso, como uma célula $2n$ produz *quatro células n*, a divisão é chamada *reducional*.

Mitose: divisão celular equacional (símbolo: E!)

A mitose é um processo contínuo de divisão celular, mas, por motivos didáticos, para melhor compreendê-la, vamos dividi-la em fases: **prófase**, **metáfase**, **anáfase** e **telófase**. Alguns autores costumam citar uma quinta fase – a **prometáfase** – intermediária entre a prófase e a metáfase. O final da mitose, com a separação do citoplasma, é chamado de **citocinese**.

Fases da mitose

A seguir, vamos descrever as diferentes fases da mitose para uma célula $2n = 4$.

Prófase

- Os cromossomos começam a ficar visíveis devido à espiralação (veja a Figura 7-14).
- O nucléolo começa a desaparecer.
- Organiza-se em torno do núcleo um conjunto de fibras (nada mais são do que microtúbulos) originadas a partir dos centrossomos, constituindo o chamado **fuso de divisão** (ou fuso mitótico). Embora os centríolos participem da divisão, não é deles que se originam as fibras do fuso. Na mitose em célula animal, as fibras que se situam ao redor de cada par de centríolos opostas ao fuso constituem o **áster** (do grego, *áster* = estrela).
- O núcleo absorve água, aumenta de volume e a carioteca se desorganiza.
- No final da prófase, curtas fibras do fuso, provenientes dos centrossomos, unem-se aos centrômeros. Cada uma das cromátides-irmãs fica ligada a um dos polos da célula. Note que os cromossomos ainda não estão alinhados na região equatorial da célula, o que faz alguns autores designarem essa fase de prometáfase.

Anote!

A formação de um novo par de centríolos é iniciada na fase G_1, continua na fase S e na fase G_2 a duplicação é completada. No entanto, os dois pares de centríolos permanecem reunidos no mesmo centrossomo. Ao iniciar-se a prófase, o centrossomo parte-se em dois e cada par de centríolos começa a dirigir-se para polos opostos da célula que irá entrar em divisão.

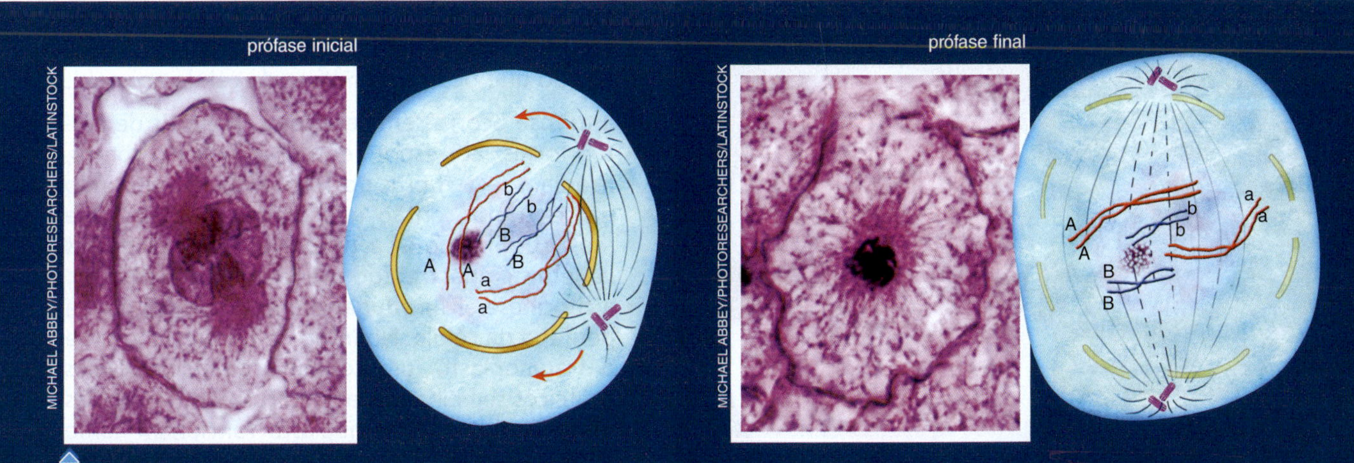

Figura 7-14. Célula em dois momentos de prófase. (Nos esquemas que acompanham cada foto, as letras – A, a, B, b – foram empregadas apenas com o intuito de melhorar a identificação dos pares de cromossomos homólogos.) (Cores-fantasia. Ilustrações fora de escala.)

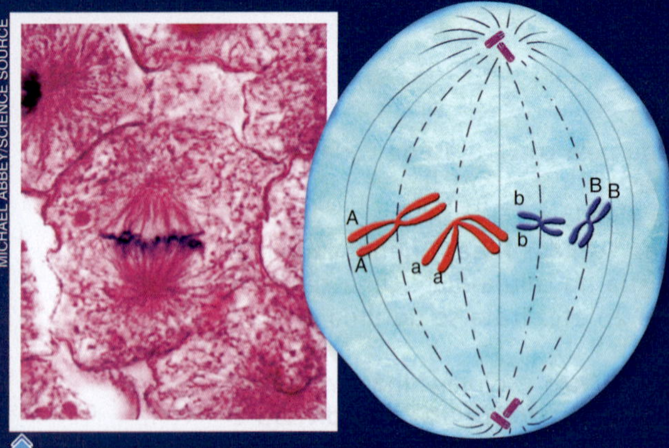

Figura 7-15. Metáfase. (Cores-fantasia. Ilustração fora de escala.)

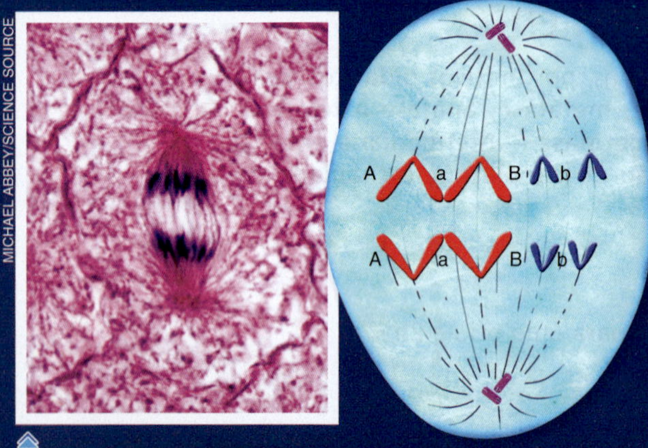

Figura 7-16. Anáfase. (Cores-fantasia. Ilustração fora de escala.)

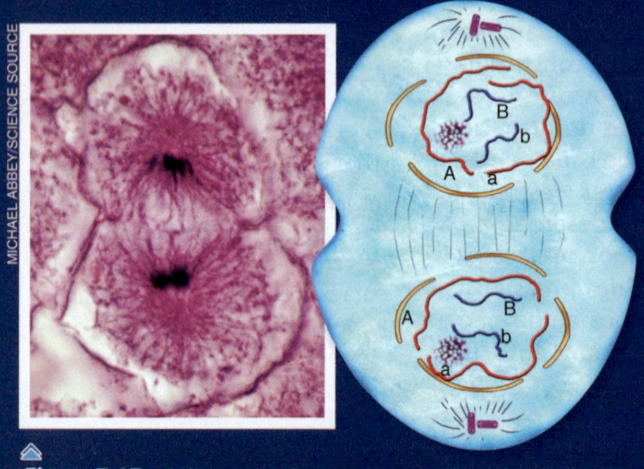

Figura 7-17. Telófase. (Cores-fantasia. Ilustração fora de escala.)

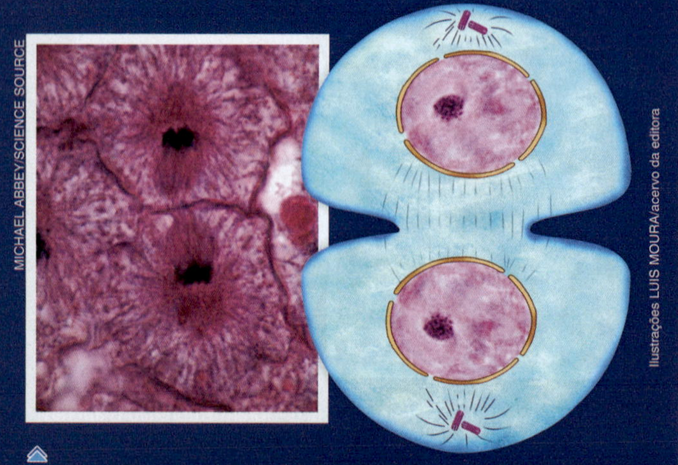

Figura 7-18. Citocinese. (Cores-fantasia. Ilustração fora de escala.)

Metáfase

- Os cromossomos atingem o máximo em espiralação, encurtam e se localizam na região equatorial da célula (veja a Figura 7-15).
- Com a carioteca já desfeita, os cromossomos, localizados na região equatorial da célula, prendem-se às fibras do fuso pelos centrômeros.

Anáfase

- No início da anáfase ocorre a duplicação dos centrômeros, separando-se as cromátides-irmãs, agora cromossomos.
- As fibras do fuso começam a encurtar (veja a Figura 7-16).
- Em consequência, cada lote de cromossomos-irmãos é puxado para os polos opostos da célula.
- Como cada cromátide passa a ser um novo cromossomo, pode-se considerar que a célula fica temporariamente tetraploide.

Telófase

- Os cromossomos iniciam o processo de desespiralação (veja a Figura 7-17).
- Os nucléolos reaparecem nos novos núcleos celulares.
- A carioteca se reorganiza em cada núcleo-filho.
- Cada dupla de centríolos já se encontra no local definitivo nas futuras células-filhas.

Citocinese

A partição em duas cópias é chamada de **citocinese** e ocorre, na célula animal, de fora para dentro, isto é, como se a célula fosse estrangulada e partida em duas (citocinese centrípeta). Há uma distribuição de organelas pelas duas células-irmãs. Perceba que a citocinese é, na verdade, a divisão do citoplasma. Essa divisão pode ter início já na anáfase, dependendo da célula. (Veja a Figura 7-18.)

Mitose na célula vegetal

Na mitose de células de vegetais complexos (gimnospermas e angiospermas), basicamente duas diferenças podem ser destacadas, em comparação ao que ocorre na mitose da célula animal:

- a mitose ocorre sem centríolos. A partir de certos locais, correspondentes aos centrossomos, irradiam-se as fibras do fuso. Uma vez que não há centríolos, então não existe áster. Por esse motivo, diz-se que a mitose em células desses vegetais é **anastral** (do grego, *an* = negativo);
- a **citocinese é centrífuga**, ocorre do centro para a periferia da célula. No início da telófase forma-se o **fragmoplasto**, um conjunto de microtúbulos proteicos semelhantes aos do fuso de divisão. Os microtúbulos do fragmoplasto funcionam como andaimes que orientam a deposição de uma *placa celular* mediana semelhante a um disco,

originada de vesículas fundidas do sistema golgiense. Progressivamente, a placa celular cresce em direção à periferia e, ao mesmo tempo, no interior das vesículas, ocorre a deposição de algumas substâncias, entre elas pectina e hemicelulose, ambas polissacarídeos. De cada lado da placa celular, as membranas fundidas contribuem para a formação, nessa região, das membranas plasmáticas das duas novas células e que acabam se conectando com a membrana plasmática da célula-mãe. Em continuação à formação dessa *lamela média*, cada célula-filha deposita uma parede celulósica primária, do lado de fora da membrana plasmática. A parede primária acaba se estendendo por todo o perímetro da célula. Simultaneamente, a parede celulósica primária da célula-mãe é progressivamente desfeita, o que permite o crescimento de cada célula-filha, cada qual dotada, agora, de uma nova parede primária. Então, se pudéssemos olhar essa região mediana de uma das células, do citoplasma para fora, veríamos, inicialmente, a membrana plasmática, em seguida a parede celulósica primária e, depois, a lamela média. Eventualmente, uma parede secundária poderá ser depositada entre a membrana plasmática e a parede primária. Veja a Figura 7-19.

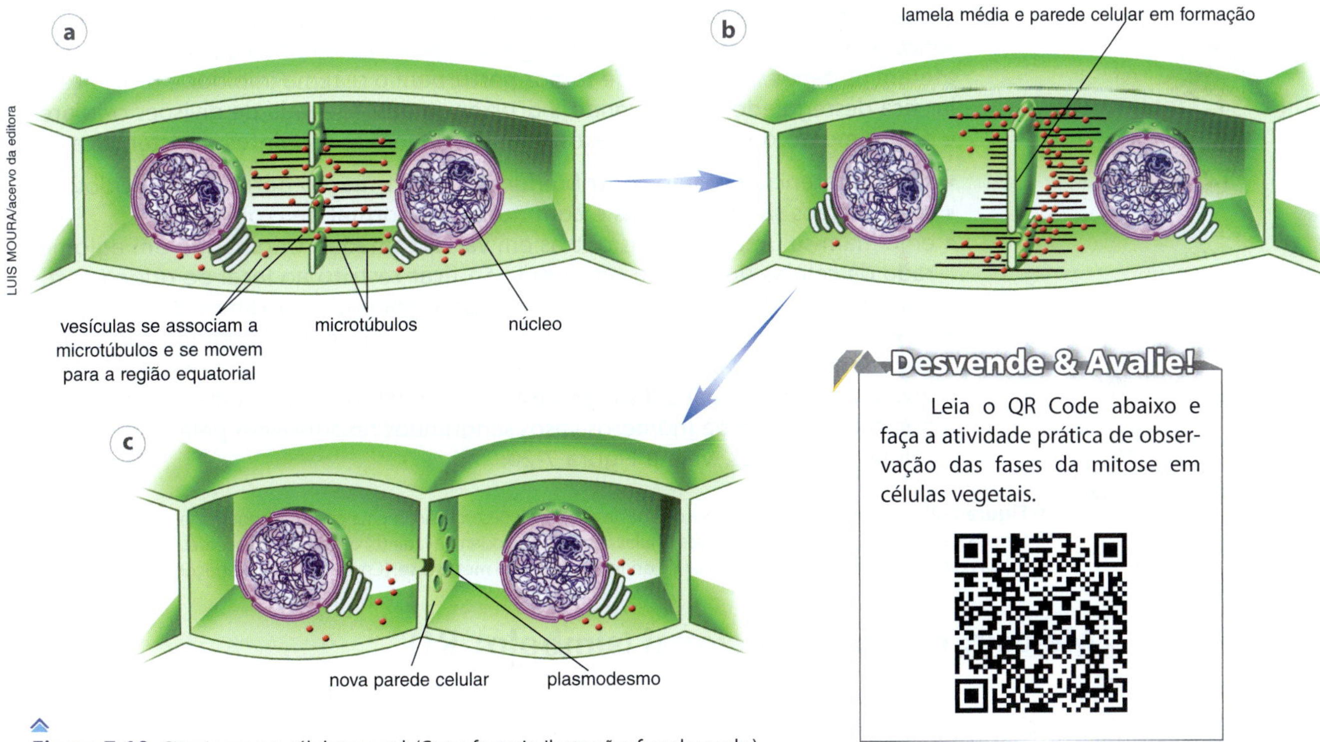

Figura 7-19. Citocinese em célula vegetal. (Cores-fantasia. Ilustrações fora de escala.)

Para que serve a mitose?

A mitose é um tipo de divisão muito frequente entre os organismos da Terra atual. Nos unicelulares, serve à reprodução assexuada e à multiplicação dos organismos. Nos pluricelulares, ela repara tecidos lesados, repõe células que normalmente morrem e também está envolvida no crescimento.

No homem, a pele, a medula óssea e o revestimento intestinal são locais onde a mitose é frequente. Nos vegetais, a mitose ocorre em locais onde existem tecidos responsáveis pelo crescimento, por exemplo, na ponta das raízes, na ponta dos caules e nas gemas laterais.

Controle do ciclo celular

Vimos, no começo deste capítulo, que a interfase é o período de intensa atividade metabólica e o de maior duração do ciclo celular. Células nervosas e musculares, que não se dividem por mitose, mantêm-se permanentemente em interfase, estacionadas no chamado período G_0. Nas células que se dividem ativamente, a interfase é seguida da mitose, culminando na citocinese. Sabe-se que a passagem de uma fase para a outra é controlada por *fatores de regulação* – de modo geral proteicos – que atuam nos chamados *pontos de checagem* do ciclo celular. Entre essas proteínas, destacam-se as *ciclinas*, que controlam a passagem da fase G_1 para a fase S e da G_2 para a mitose. Se em alguma dessas fases houver alguma anomalia, por exemplo, algum dano no DNA, o ciclo será interrompido até que o defeito seja reparado e o ciclo celular possa continuar. Caso contrário, a célula será conduzida à apoptose (morte celular programada). Outro ponto de checagem é o da metáfase, promovendo a distribuição correta dos cromossomos pelas células-filhas. Perceba que o ciclo celular é perfeitamente regulado, está sob controle de vários genes e o resultado final é a produção e diferenciação das células componentes dos diversos tecidos do organismo. Os pontos de checagem correspondem, assim, a mecanismos que impedem a formação de células anômalas (reveja a Figura 7-9).

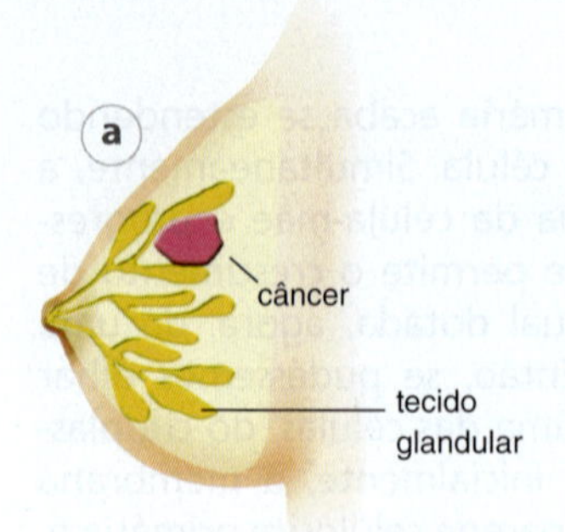

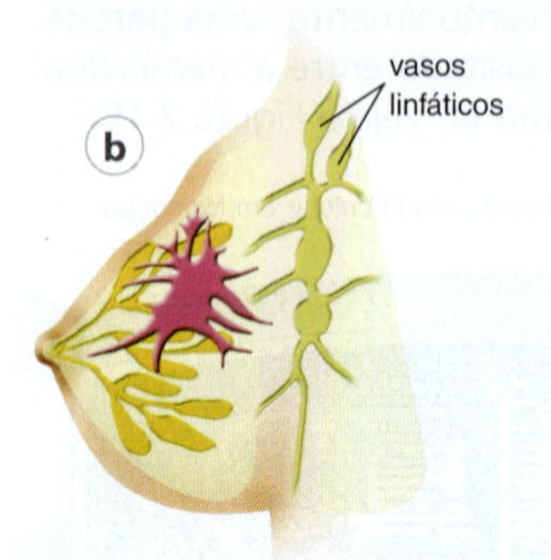

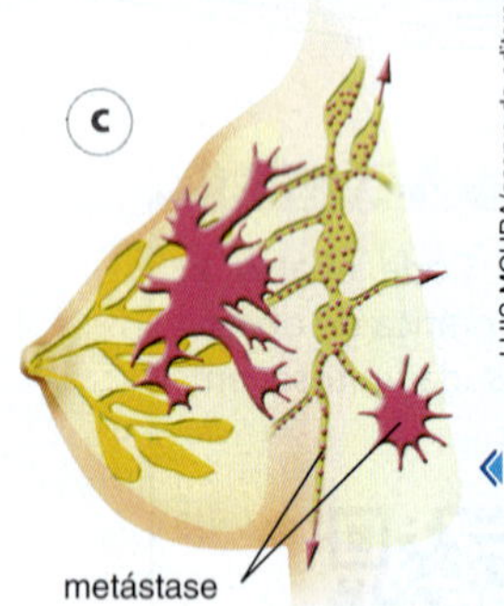

Câncer: mitoses desenfreadas

A origem de células cancerosas está associada a anomalias na regulação do ciclo celular e à perda de controle da mitose. Alterações do funcionamento dos genes controladores do ciclo celular, em decorrência de mutações, são relacionadas ao surgimento de um câncer. Duas classes de genes, os *proto-oncogenes* e os *genes supressores de tumor*, são os mais diretamente relacionados à regulação do ciclo celular. Os *proto-oncogenes* são responsáveis pela produção de proteínas que atuam na estimulação do ciclo celular, enquanto os *genes supressores de tumor* são responsáveis pela produção de proteínas que atuam inibindo o ciclo celular. Dizendo de outro modo: os *proto-oncogenes*, quando ativos, estimulam a ocorrência de divisão celular, e os *genes supressores de tumor*, quando ativos, inibem a ocorrência de divisão celular. O equilíbrio na atuação desses dois grupos de genes resulta no perfeito funcionamento do ciclo celular. Mutações nos *proto-oncogenes* os transformam em *oncogenes* (*genes causadores de câncer*). As que afetam os *genes supressores de tumor* perturbam o sistema inibidor e o ciclo celular fica desregulado, promovendo a ocorrência desordenada de divisões celulares e o surgimento de células cancerosas, que possuem as seguintes características:

- são indiferenciadas, não contribuindo para a formação normal dos tecidos;
- seus núcleos são volumosos e com número anormal de cromossomos;
- empilham-se umas sobre as outras em várias camadas, originando um aglomerado de células que forma um *tumor*. Se ficar restrito ao local de origem e for encapsulado, diz-se que o tumor é benigno, podendo ser removido;
- nos tumores malignos, ocorre a *metástase*, ou seja, as células cancerosas abandonam o local de origem, espalham-se, por via sanguínea ou linfática, e invadem outros órgãos. Esse processo é acompanhado por uma *angiogênese*, que é a formação de inúmeros vasos sanguíneos responsáveis pela nutrição das células cancerosas. Veja a Figura 7-20.

Figura 7-20. Uma única célula cancerosa que passa a se dividir desordenadamente pode dar origem a (a) um tumor maligno (um câncer de mama, por exemplo). Essas células cancerosas podem invadir (b) os tecidos adjacentes. (c) A migração de células cancerosas para além do seu local de origem é chamada **metástase**. (Cores-fantasia. Ilustrações fora de escala.)

Meiose: divisão reducional (símbolo: R!)

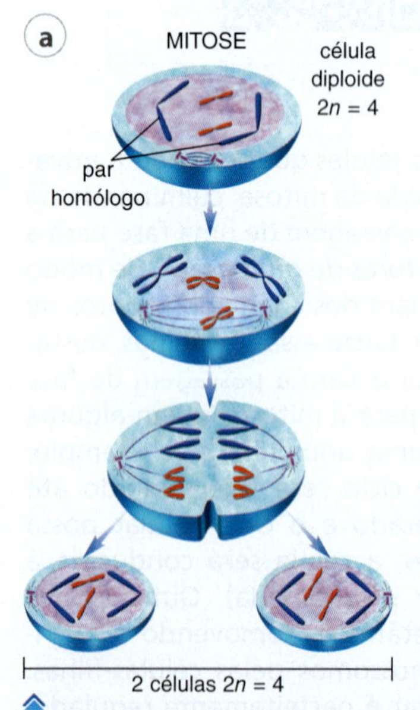

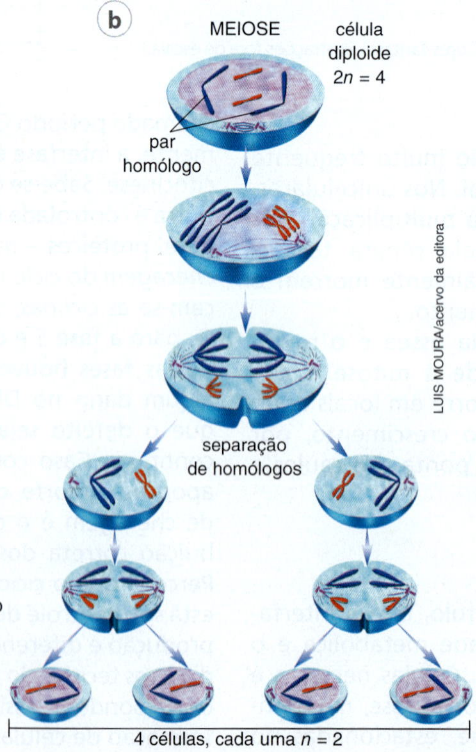

Figura 7-21. Na mitose (a), não há separação dos homólogos: uma célula $2n = 4$ gera duas células $2n = 4$. Na meiose (b), os homólogos se separam: uma célula $2n = 4$ forma quatro células haploides, cada qual $n = 2$. (Cores-fantasia. Ilustrações fora de escala.)

Diferentemente da mitose, em que uma célula *diploide*, por exemplo, se divide formando duas células também *diploides* (divisão equacional), a meiose é um tipo de divisão celular em que uma célula diploide produz quatro células haploides, sendo por esse motivo uma divisão reducional (veja a Figura 7-21).

Um fato que reforça o caráter reducional da meiose é que, embora compreenda duas etapas sucessivas de divisão celular, os cromossomos só se duplicam uma vez, durante a interfase – período que antecede tanto a mitose como a meiose. No início da interfase, os filamentos de cromatina não estão duplicados. Posteriormente, ainda nessa fase, ocorre a duplicação, ficando cada cromossomo com duas cromátides.

Fases da meiose

A redução no número cromossômico da célula é importante fator para a conservação do lote cromossômico das espécies, pois com a meiose formam-se gametas com metade do lote cromossômico. Quando da fecundação, ou seja, do encontro de dois gametas, o número de cromossomos da espécie se restabelece.

Podemos estudar a meiose em duas etapas, separadas por um curto intervalo, chamado intercinese. Em cada etapa, encontramos as mesmas fases estudadas na mitose, ou seja, prófase, metáfase, anáfase e telófase (veja a Tabela 7-2).

Vamos supor uma célula $2n = 2$ e estudar os eventos principais da meiose nessa célula. Acompanhe o texto pelas Figuras 7-22 e 7-23.

Tabela 7-2. Fases da meiose.

Meiose I (primeira divisão meiótica)	▪ Prófase I ▪ Metáfase I	▪ Anáfase I ▪ Telófase I
INTERCINESE (INTERVALO ENTRE AS DUAS ETAPAS)		
Meiose II (segunda divisão meiótica)	▪ Prófase II ▪ Metáfase II	▪ Anáfase II ▪ Telófase II

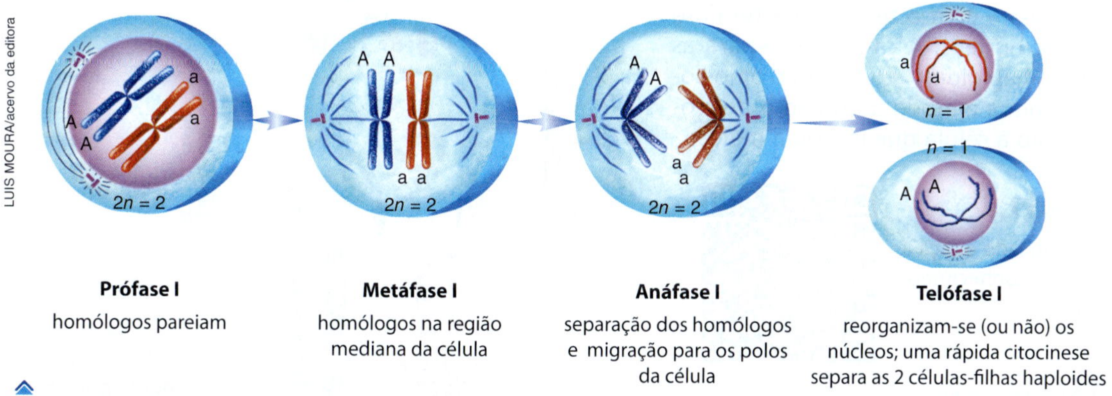
LUIS MOURA/acervo da editora
2n = 2
n = 1
Prófase I
homólogos pareiam
Metáfase I
homólogos na região mediana da célula
Anáfase I
separação dos homólogos e migração para os polos da célula
Telófase I
reorganizam-se (ou não) os núcleos; uma rápida citocinese separa as 2 células-filhas haploides

Figura 7-22. Fases da meiose I. (Cores-fantasia. Ilustrações fora de escala.)

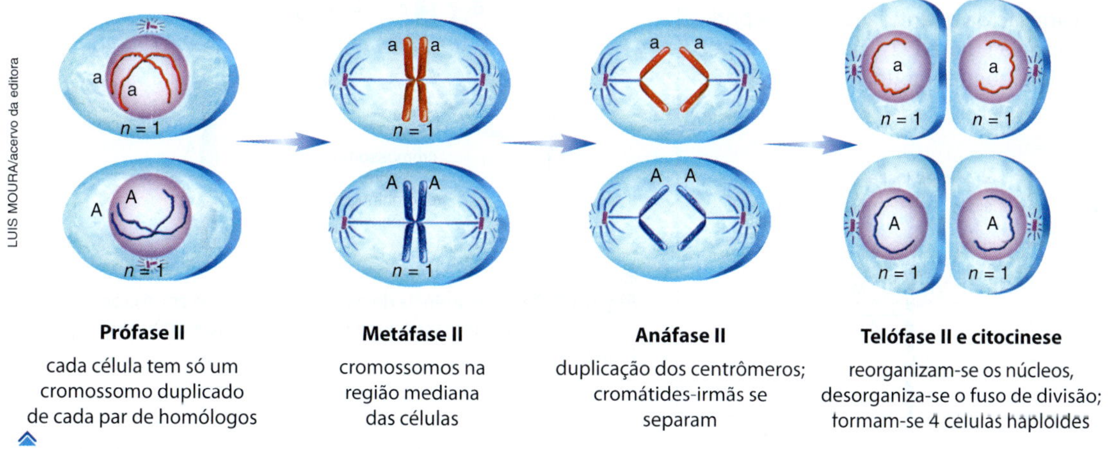
LUIS MOURA/acervo da editora
n = 1
Prófase II
cada célula tem só um cromossomo duplicado de cada par de homólogos
Metáfase II
cromossomos na região mediana das células
Anáfase II
duplicação dos centrômeros; cromátides-irmãs se separam
Telófase II e citocinese
reorganizam-se os núcleos, desorganiza-se o fuso de divisão; formam-se 4 células haploides

Figura 7-23. Fases da meiose II. (Cores-fantasia. Ilustrações fora de escala.)

Meiose I (primeira divisão meiótica)

- **Prófase I** – os cromossomos homólogos duplicados pareiam devido à atração que ocorre entre eles. Formam-se os bivalentes (2 cromossomos pareados) ou tétrades (cada cromossomo com duas cromátides, total de 4 cromátides), o que garantirá a correta separação dos cromossomos homólogos e a ocorrência de *crossing-over*, ou seja, permutação entre cromátides homólogas, que será visto adiante.
- **Metáfase I** – os cromossomos homólogos pareados se dispõem na região mediana da célula; cada cromossomo está preso a fibras de um só polo.
- **Anáfase I** – o encurtamento das fibras do fuso separa os cromossomos homólogos, que são conduzidos para polos opostos da célula; não há separação das cromátides-irmãs. Quando os cromossomos atingem os polos, ocorre sua desespiralação, embora não obrigatória, mesmo porque a segunda etapa da meiose vem a seguir. Às vezes, nem mesmo a carioteca se reconstitui.
- **Telófase I** – no final dessa fase, ocorre a citocinese, separando as duas células-filhas haploides. Segue-se um curto intervalo, a **intercinese**, que precede a prófase II.

Meiose II (segunda divisão meiótica)

- **Prófase II** – cada uma das duas células-filhas tem apenas um lote de cromossomos duplicados. Nesta fase os centríolos duplicam novamente e nas células em que houve formação da carioteca, esta começa a se desintegrar.
- **Metáfase II** – como na mitose, os cromossomos prendem-se pelo centrômero às fibras do fuso, que partem de ambos os polos.
- **Anáfase II** – ocorre duplicação dos centrômeros; só agora as cromátides-irmãs separam-se (lembrando a mitose).
- **Telófase II** e **citocinese** – com o término da telófase II reorganizam-se os núcleos. A citocinese separa as quatro células-filhas haploides, isto é, sem cromossomos homólogos e com a metade do número de cromossomos em relação à célula que iniciou a meiose.

Desvende & Avalie!

Leia o QR Code ao lado e faça a atividade prática para reconhecimento das fases da meiose.

Saiba mais!

Variação da quantidade de DNA na meiose

Na meiose, a variação da quantidade de DNA pode ser representada como na Figura 7-24, partindo-se, por exemplo, de uma célula que tenha uma quantidade 2*c* de DNA em G_1.

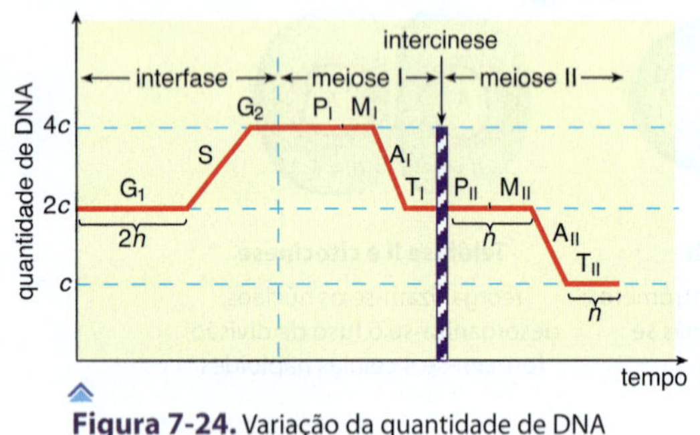

Figura 7-24. Variação da quantidade de DNA durante a interfase e a meiose.

Crossing-over: permutação entre cromátides homólogas e variabilidade

A principal característica da meiose é a geração de variabilidade. A geração de variabilidade é bastante acentuada por meio da ocorrência de ***crossing-over***, também denominado **permutação**.

O *crossing* – ou permutação – é um fenômeno que envolve cromátides homólogas. Consiste na quebra dessas cromátides em certos pontos, seguida de uma troca de pedaços correspondentes entre elas.

As trocas provocam o surgimento de novas sequências de genes ao longo dos cromossomos. Assim, se em um cromossomo existem vários genes combinados segundo certa sequência, após a ocorrência do *crossing* a combinação pode não ser mais a mesma. Então, quando se pensa no *crossing*, é comum analisar o que aconteceria, por exemplo, quanto à combinação entre os genes alelos *A* e *a* e *B* e *b* no par de homólogos, ilustrado na Figura 7-25.

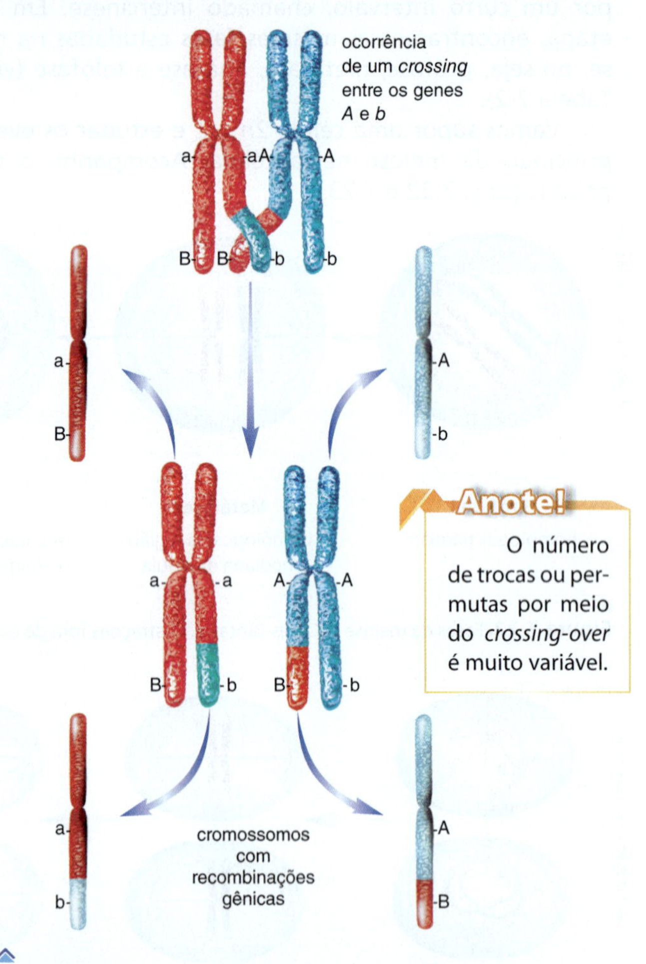

Figura 7-25. A ocorrência de permuta ou *crossing* entre cromátides homólogas (não irmãs) conduz a novas combinações gênicas. (Cores-fantasia.)

Anote!

O número de trocas ou permutas por meio do *crossing-over* é muito variável.

Anote!

A meiose é, enfim, um tipo de divisão celular que persistiu entre os seres vivos, sendo um mecanismo gerador de variabilidade. Esse tipo de divisão possibilita gerar diferenças entre indivíduos de uma espécie, sobre os quais se dá a ação seletiva do ambiente, fundamental no processo de evolução biológica de qualquer espécie.

Nessa combinação, os genes *A* e *b* encontram-se em um mesmo cromossomo, enquanto a e *B* estão no cromossomo homólogo. Se a distância entre *A* e *b* for considerável, será grande a chance de ocorrer uma permuta. E, se tal acontecer, uma nova combinação gênica poderá surgir.

As combinações *AB* e *ab* são novas. São recombinações gênicas que contribuem para a geração de maior variabilidade nas células resultantes da meiose. Se pensarmos na existência de três genes ligados em um mesmo cromossomo (*A*, *b* e *C*, por exemplo), as possibilidades de ocorrência de *crossings* dependerão da distância em que esses genes se encontram – caso estejam distantes, a variabilidade produzida será bem maior.

Outro processo que conduz ao surgimento de variabilidade na meiose é a *segregação independente dos cromossomos*. Imaginando-se que uma célula com dois pares de cromossomos homólogos (1 e 1', 2 e 2') se divida por meiose, as quatro células resultantes ao final da divisão poderão ter a seguinte constituição cromossômica: (1 e 2), (1 e 2'), (1' e 2) e (1' e 2').

A variabilidade genética existente entre os organismos das diferentes espécies é muito importante para a ocorrência da evolução biológica. Sobre essa variabilidade é que atua a seleção natural, favorecendo a sobrevivência de indivíduos dotados de características genéticas adaptadas ao meio. Quanto maior a variabilidade gerada na meiose, por meio de recombinação gênica permitida pelo *crossing-over*, maiores as chances para a ação seletiva do meio.

Gametogênese: mitose e meiose em ação

A **gametogênese**, ou seja, a produção de células sexuais no organismo humano, é um processo em que ocorrem os dois tipos de divisão celular estudados (veja a Figura 7-26).

Figura 7-26. Gametogênese: as diversas fases características da espermatogênese e da ovulogênese. (Cores-fantasia. Ilustrações fora de escala.)

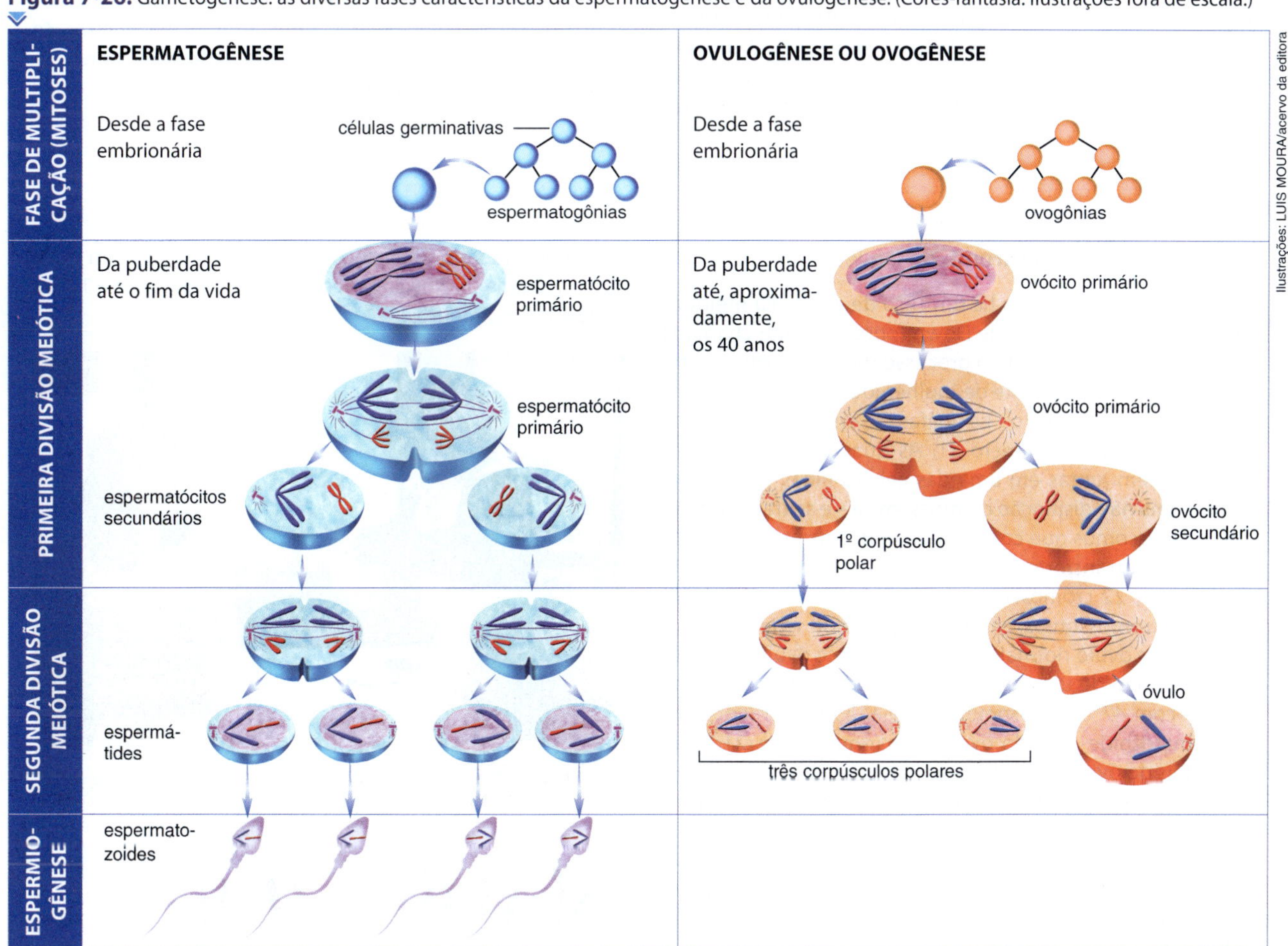

A gametogênese masculina, chamada **espermatogênese**, começa na fase embrionária, em que as células diploides germinativas do testículo do embrião multiplicam-se ativamente por mitose. As células assim formadas são as **espermatogônias** ou **espermatócitos jovens**.

Entre o nascimento e a puberdade há um período de atividade lenta nas mitoses formadoras de células jovens. Na puberdade, o processo mitótico é retomado. Formam-se constantemente mais espermatócitos jovens (espermatogônias), que passam por um curto período de crescimento e se transformam em **espermatócitos primários** (ou espermatócitos I). Então, começa a meiose. Cada espermatócito primário efetua a primeira divisão meiótica, originando dois **espermatócitos secundários** (ou espermatócitos II), que farão, em seguida, a segunda divisão meiótica. Originam-se quatro células haploides, as **espermátides**, que, passando por um processo de diferenciação celular, conhecido como **espermiogênese**, transformam-se em **espermatozoides**.

Assim, se imaginarmos 1.000 espermatogônias crescendo e se transformando em espermatócitos primários, e se esses 1.000 espermatócitos terminarem a meiose, então serão formados 4.000 espermatozoides.

No homem, a espermatogênese se processa desde o início da puberdade até o fim da vida. Na mulher, a **ovulogênese** (gametogênese feminina) é um pouco diferente. Toda menina já nasce com um número limitado de ovogônias. Isso quer dizer que as mitoses cessam cedo nas células germinativas dos ovários.

Do nascimento até a puberdade, as ovogônias passam por um longo período de crescimento e acumulam reservas, constituindo-se, então, em **ovócitos primários** (ou ovócitos I).

A partir da puberdade, recomeça a meiose que foi iniciada e interrompida no período fetal na prófase I, mas, em geral, somente um ovócito primário por mês fará meiose. Os demais permanecem dormentes.

O ovócito primário completa a primeira meiose e – outra diferença em relação à espermatogênese – surge apenas um **ovócito secundário** (ou ovócito II) grande, sendo a outra célula menor e chamada de **primeiro corpúsculo polar** (ou primeiro glóbulo polar). Se o ovócito secundário completar a meiose, forma-se um **óvulo** apenas, funcional, e outro corpúsculo polar. O primeiro corpúsculo polar também pode completar a segunda meiose, formando-se mais dois corpúsculos polares.

Assim, ao final da ovulogênese humana, que se completa com a fecundação (veja *Anote!* abaixo), forma-se apenas um gameta funcional, o **óvulo**, e mais três células que degeneram, os **corpúsculos polares**.

Anote!

Na espécie humana, a ovulação não corresponde à saída de um óvulo do ovário. O que se libera, na verdade, é o ovócito secundário e o primeiro corpúsculo polar. Somente se houver penetração do espermatozoide no ovócito secundário é que este completa a meiose e se transforma em óvulo. Simultaneamente, são formados os três corpúsculos polares. Após a fusão dos *núcleos* do espermatozoide e do óvulo forma-se o **zigoto**, o ponto de partida para um novo organismo.

Estabelecendo conexões!

A síndrome de Down

Na espécie humana há um caso de anomalia meiótica que resulta na síndrome de Down (popularmente chamada de mongolismo). Durante o processo de meiose que ocorre no ovário, principalmente de mulher idosa, pode acontecer uma falha na meiose I ou na anáfase II, envolvendo um dos homólogos do par número 21. As duas cromátides-irmãs permanecem juntas em uma das células-filhas – caracterizando uma não disjunção cromossômica – e se transformam em cromossomos que continuarão juntos na mesma célula, que poderá transformar-se no óvulo funcional. Esse óvulo terá, então, 22 cromossomos mais dois de número 21. No total, 24 cromossomos, em lugar dos 23 que seriam esperados em um óvulo normal. Se o núcleo desse óvulo juntar-se com o núcleo de um espermatozoide normal, forma-se um zigoto com 47 cromossomos, ou seja, 23 provenientes do espermatozoide e 24 do óvulo. Os cromossomos 21 serão três (dois do óvulo e um do espermatozoide). Essa anomalia é conhecida como "trissomia do 21" e é responsável pela síndrome de Down.

Quantas pessoas portadoras da síndrome de Down você conhece? Muito provavelmente poucas, ou até mesmo nenhuma. Essa é uma realidade muito comum entre os brasileiros e pode levar a uma falsa impressão de que estes casos são bastante raros.

Para termos uma ideia da incidência dessa síndrome, a cada gravidez, independentemente da idade materna, a chance de se ter um bebê portador de Down é de aproximadamente 1,3 para cada 1.000 nascimentos, fazendo com que, anualmente, 8 mil bebês nasçam com esta condição. Como a maioria das mulheres tem filhos com idade inferior a 35 anos, aproximadamente 80% das crianças portadoras dessa síndrome nascem de mulheres jovens. Já para as futuras mamães com idade superior a 35 anos, as chances de gerar um bebê com síndrome de Down aumentam muito, chegando a 1 para cada 400 nascimentos.

KRAKENIMAGES.COM/SHUTTERSTOCK

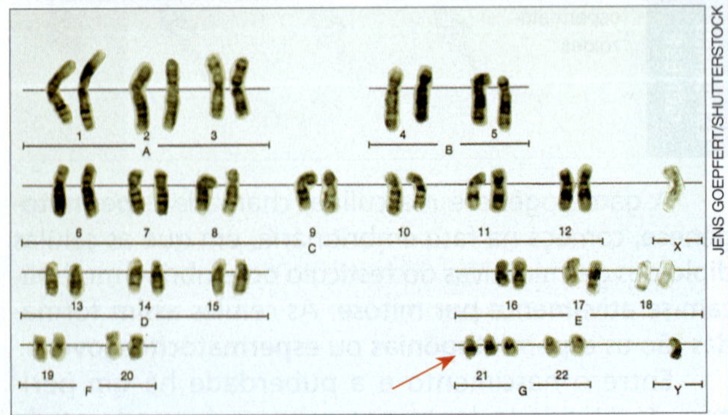

JENS GOEPFERT/SHUTTERSTOCK

Cariótipo de uma pessoa com síndrome de Down. Note que há três cromossomos 21 (trissomia do 21).

Os portadores de síndrome de Down podem fazer praticamente tudo. Se você tivesse um filho portador dessa síndrome, que tipo de atividade você conhece que poderia ser realizada por ele?

7-6. Fecundação: retorno à diploidia

Já vimos que a meiose é uma divisão celular reducional. De uma célula diploide formam-se quatro células haploides. Por outro lado, é preciso reconstituir o número diploide de cromossomos típicos de cada espécie. A **fecundação** restitui a diploidia ao promover o encontro de um lote cromossômico haploide paterno com outro lote haploide materno (veja a Figura 7-27). Então, o processo da meiose é oposto ao da fecundação.

Cariótipo

É possível realizar um estudo dos tipos de cromossomo de uma célula por meio da montagem fotográfica de cada um dos tipos cromossômicos. Leia o QR Code ao lado e conheça como isso é feito!

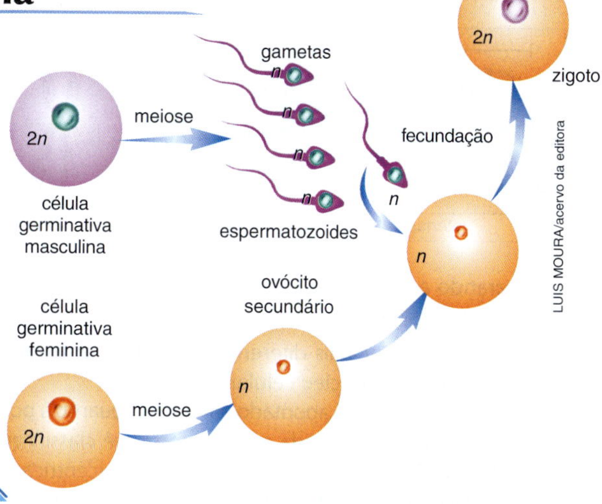

Figura 7-27. Meiose e fecundação são fenômenos opostos. Enquanto a meiose é uma divisão formadora de células haploides a partir de células diploides, a fecundação restabelece a diploidia. (Cores-fantasia. Ilustrações fora de escala.)

ATIVIDADES

A CAMINHO DO ENEM

1. A mitose nas células animais e de vegetais complexos é extremamente semelhante quando se olha apenas para o material genético, porém apresenta algumas diferenças quanto a alguns processos e componentes celulares. Considerando seus conhecimentos sobre o tema, uma importante diferença que é constatável é:

a) presença de lamela média na célula vegetal.
b) ausência de centríolos na célula animal.
c) presença de centríolos na célula vegetal.
d) ausência de fibras do fuso na célula animal.
e) presença de centrômeros apenas na célula animal.

2. Considere a imagem a seguir, que corresponde a uma das etapas da divisão de uma célula 2n = 4

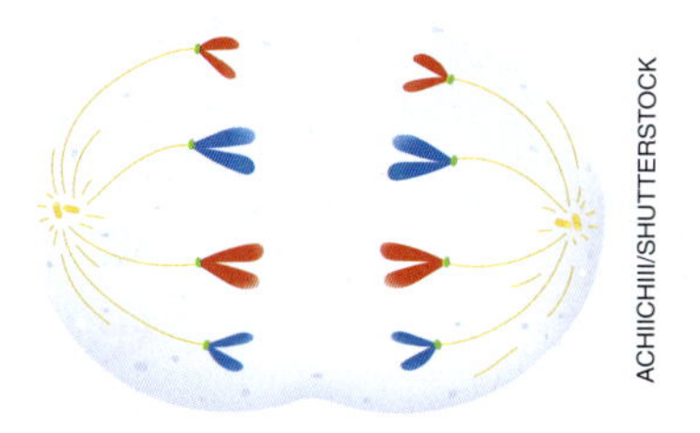

Ao analisar a imagem e o evento que nela é ilustrado, percebe-se que a célula estava na:

a) prófase da mitose.
b) metáfase da meiose.
c) telófase da mitose.
d) anáfase da mitose.
e) anáfase da meiose I.

3. (Enem) No ciclo celular atuam moléculas reguladoras. Dentre elas, a proteína p53 é ativada em resposta a mutações no DNA, evitando a progressão do ciclo até que os danos sejam reparados, ou induzindo a célula à autodestruição.

Adaptado de: ALBERTS. B. *et al. Fundamentos da biologia celular.* Porto Alegre: Artmed, 2011.

A ausência dessa proteína poderá favorecer a

a) redução da síntese de DNA, acelerando o ciclo celular.
b) saída imediata do ciclo celular, antecipando a proteção do DNA.
c) ativação de outras proteínas reguladoras, induzindo a apoptose.
d) manutenção da estabilidade genética, favorecendo a longevidade.
e) proliferação celular exagerada, resultando na formação de um tumor.

TESTE SEUS CONHECIMENTOS

1. Central de comando da célula eucariótica, o núcleo celular é constituído de um material viscoso, o nucleoplasma, no qual está mergulhada a cromatina – material genético constituído de filamentos desespiralados – característica da interfase. Na fase de divisão da célula cada filamento de cromatina espirala intensamente e recebe outra denominação. Na verdade, é o mesmo material, em duas etapas diferentes da vida celular.

a) Que denominação recebe cada filamento de cromatina na fase em que a célula está em divisão?
b) Heterocromatina e eucromatina são regiões observáveis em um filamento de cromatina na fase em que a célula não se encontra em divisão. Como caracterizar essas regiões do filamento de cromatina nessa fase da vida celular?

2. Observe as figuras abaixo:

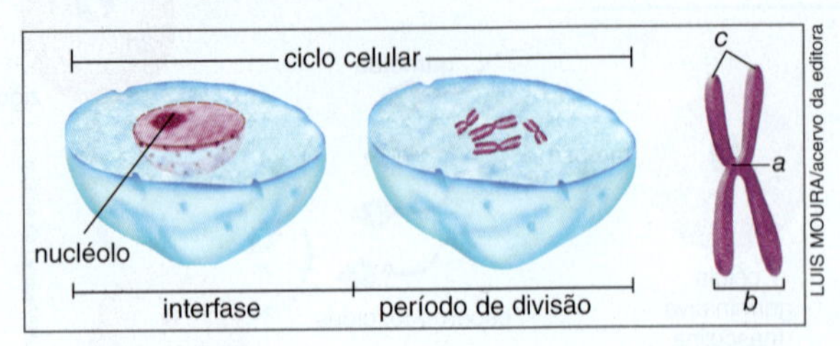

Comparando a célula que está em interfase com a que se encontra em divisão:

a) Cite as duas principais diferenças existentes entre elas, relativamente ao núcleo celular.

b) Reconheça o que está apontado em *a*, *b* e *c*. Quanto à posição da estrutura apontada em *a*, como você classificaria a estrutura *b*: acrocêntrica, telocêntrica, metacêntrica ou submetacêntrica? Justifique brevemente sua resposta.

3. (Unicamp – SP) Em relação a um organismo diploide, que apresenta 24 cromossomos em cada célula somática, pode-se afirmar que

a) seu código genético é composto por 24 moléculas de DNA de fita simples.

b) o gameta originado desse organismo apresenta 12 moléculas de DNA de fita simples em seu genoma haploide.

c) uma célula desse organismo na fase G_2 da interfase apresenta 48 moléculas de DNA de fita dupla.

d) seu cariótipo é composto por 24 pares de cromossomos.

4. (Famema – SP – adaptada) O ciclo celular corresponde ao conjunto de transformações que ocorre em uma célula desde sua formação até o momento em que sofre mitose e origina duas células-filhas idênticas. Esse ciclo celular é composto por duas etapas: a interfase e a mitose. A interfase é dividida em três fases, G_1, S e G_2, e a mitose é dividida em quatro fases: prófase, metáfase, anáfase e telófase.

a) Em qual das sete fases do ciclo celular a célula sofre intenso crescimento? Em qual das sete fases é possível verificar cromossomos condensados ao máximo?

b) No início do desenvolvimento embrionário de muitos animais, o ciclo celular normalmente consiste na fase S e na divisão celular. Que fenômeno marcante ocorre na fase S do ciclo celular?

5. (Unifip – MG) Processo que ocorre nos seres vivos, através do qual uma célula, chamada célula-mãe, se divide em duas (mitose) ou quatro (meiose) células-filhas. Este processo conduz:

a) toda a informação genética relativa à espécie.

b) parcial informação genética relativa à espécie.

c) não transmite a informação genética relativa à espécie.

d) toda informação genética relativa e não relativa à espécie, devido à diversidade.

e) parcial informação genética relativa à espécie, devido à diversidade.

6. (Unimontes – MG) Divisão celular é o processo que ocorre nos seres vivos através do qual uma célula-mãe pode dividir-se em duas ou quatro células-filhas. Todas as alternativas abaixo representam funções da divisão celular, **EXCETO**

a) reconstituição celular.

b) transmissão de caracteres genéticos entre gerações celulares.

c) produção de vacinas e/ou medicamentos.

d) transmissão do impulso nervoso.

7. (Uerj) Normalmente, não se encontram neurônios no cérebro em plena divisão celular. Entretanto, no Mal de Alzheimer, grandes quantidades dessas células iniciam anormalmente o ciclo de divisão. Estudos mostram que até 10% dos neurônios nas regiões atingidas por tal degeneração tentaram iniciar a divisão celular. Contudo, nenhum deles conseguiu terminá-la, pois não foi observado o sinal mais característico da consumação da divisão de uma célula: cromossomos alinhados no meio dos neurônios.

Nomeie o tipo de divisão celular ao qual o texto faz referência e a fase dessa divisão correspondente ao alinhamento dos cromossomos.

8. (UFV – MG) Na divisão celular mitótica, a anáfase é caracterizada pela

a) ligação do fuso mitótico aos cromossomos e seu posicionamento no equador da célula.

b) desorganização do envoltório celular e formação do fuso mitótico.

c) separação e migração das cromátides-irmãs para os polos opostos da célula.

d) descondensação dos cromossomos e reorganização do envoltório celular.

9. (Unifai – SP) As figuras ilustram três diferentes fases da mitose celular.

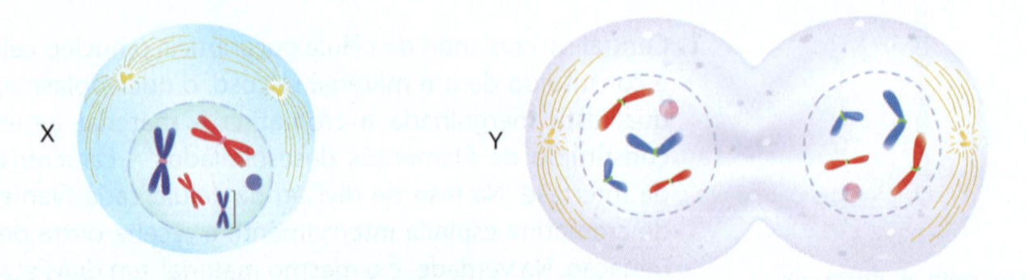

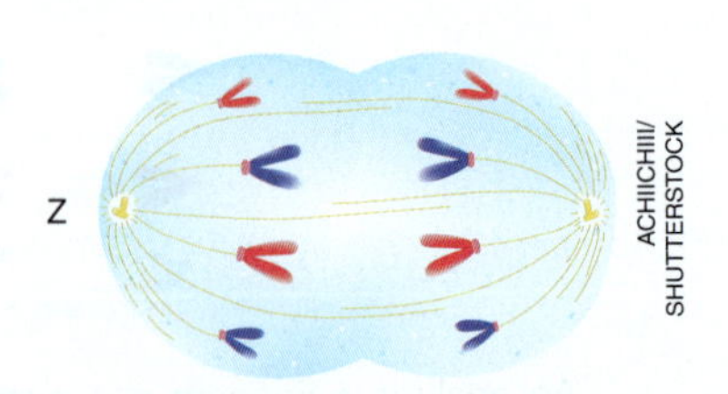

As fases X, Y e Z representam, respectivamente,

a) interfase, metáfase e anáfase. Na fase Z ocorre a separação das cromátides-irmãs.

b) metáfase, telófase e interfase. A fase Z é a intermediária e possui maior ação dos centríolos.

c) prófase, telófase e anáfase. Na fase Y ocorre a reorganização da carioteca.

d) interfase, telófase e metáfase. Na fase X é onde ocorre a duplicação dos cromossomos.

e) prófase, citocinese e metáfase. A fase Y é a última e indica a formação das células-filhas.

10. (Unespar – PR) As células somáticas dividem-se originando outras células por um processo denominado mitose. Sobre as fases da mitose, assinale o que for **CORRETO.**

a) Na prófase, os cromossomos homólogos emparelham-se.
b) Na telófase, em cada polo da célula, encontram-se n cromossomos duplicados.
c) Na anáfase, ocorre separação do centrômero.
d) Na prófase, surge a placa equatorial formada pelos cromossomos duplicados e não-emparelhados.
e) Na metáfase, as fibras do cinetócoro de cada cromátide-irmã irradiam-se para o mesmo polo da célula.

11. (Uncisal – AL) O gráfico a seguir mostra a quantidade de DNA presente no núcleo de uma célula humana ao longo do tempo de um ciclo celular, incluindo-se um período de mitose. No gráfico, a quantidade de DNA é expressa em uma unidade arbitrária X, e os momentos (tempo) são indicados pelas letras A a G.

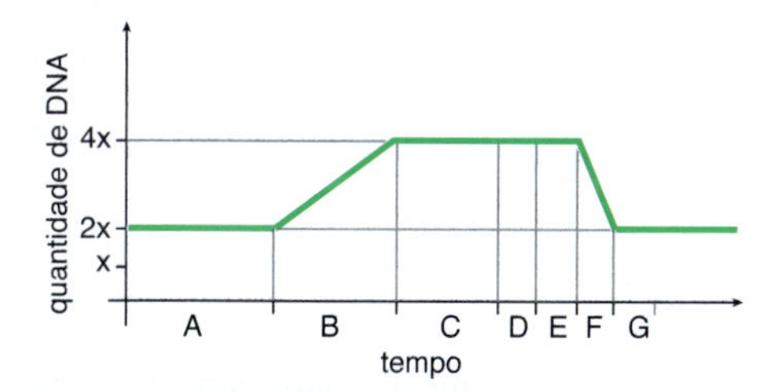

No ciclo celular mostrado no gráfico,

a) ocorre a mitose no momento G, quando as células-filhas apresentam a metade dos cromossomos da célula-mãe no início da interfase.
b) cada cromossomo apresenta dois filamentos cromossômicos idênticos ao final do momento B.
c) ocorre a formação de cromátides-irmãs e ruptura da carioteca no momento F.
d) os cromossomos homólogos passam a existir a partir do momento E.
e) ocorre a citocinese no momento A.

12. (Famema – SP) O cariograma a seguir foi obtido a partir do linfócito de um indivíduo cromossomicamente normal, cuja mitose foi bloqueada utilizando-se a colchicina.

OMNERE/SHUTTERSTOCK

a) Qual é o sexo biológico do indivíduo representado no cariograma? Quantos cromossomos foram herdados de cada um dos pais desse indivíduo?
b) Cada cromossomo é formado por uma molécula de DNA e não são idênticos. Em termos moleculares, o que faz os cromossomos serem diferentes entre si? De que forma a colchicina bloqueia uma mitose?

13. (Ufes) Foi noticiado no jornal *A Gazeta* do dia 28 de junho de 2015: "Capixabas têm mais câncer que o resto do Brasil – Taxas em 2014 no estado foram maiores que a média nacional". Ainda segundo a reportagem, no Espírito Santo, 91 novos casos de câncer de pele foram diagnosticados, toda semana, em 2014. (...) a exposição ao sol sem proteção ao longo da vida são alguns dos fatores que aumentam o risco desse tipo de câncer.

LACERDA, R. Capixabas têm mais câncer que o resto do Brasil. *A Gazeta*, Vitória, 28 jun.2015. Vida & Família, p. 6-8.

a) Indique o nome e a importância do processo de divisão celular, cujo desequilíbrio é responsável pelo desenvolvimento do câncer.
b) A figura abaixo apresenta, fora de ordem, as fases do processo de divisão celular envolvido no desenvolvimento do câncer. Nomeie essas fases e caracterize a fase III.

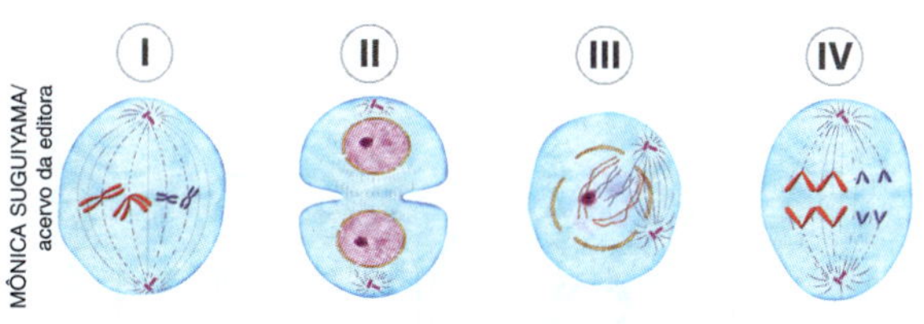

MÔNICA SUGUIYAMA/ acervo da editora

c) A reportagem aponta o câncer de pele como o mais frequente no Brasil, em especial no Espírito Santo. O principal fator de risco para esse tipo de câncer é a exposição excessiva ao sol, sobretudo para as pessoas de pele e olhos claros. Esse risco se agrava na região tropical pelo fato de a camada de ozônio ser mais fina sobre essa região, onde a maior parte do Brasil, incluindo o estado do Espírito Santo, está situada. Explique qual é a relação entre a redução da camada de ozônio e o aumento do número de casos de câncer de pele.

14. Os indivíduos não são coisas estáveis. Eles são efêmeros, duram pouco. Os cromossomos também caem no esquecimento, como as mãos num jogo de cartas, pouco depois de serem distribuídas. Mas, as cartas, em si, sobrevivem ao embaralhamento. As cartas são os *genes*. Eles apenas trocam de parceiros e seguem em frente. É claro que eles seguem em frente. É essa a sua vocação. Eles são os replicadores e nós, suas máquinas de sobrevivência. Quando tivermos cumprido a nossa missão, seremos descartados. Os genes, porém, são os cidadãos do tempo geológico: os genes são para sempre. E, cada vez que eles participam de um conhecido tipo de divisão celular, eles trocam de lugar, como as cartas trocam de mãos, a cada rodada.

DAWKINS, R. *O gene egoísta*. São Paulo: Companhia das Letras, 2008.

Baseando-se nas informações do texto e nos seus conhecimentos sobre a divisão celular, responda:

a) A que tipo de divisão celular o autor se refere ao dizer que "os genes trocam de lugar em um conhecido tipo de divisão celular"?
b) Que processo permite a ocorrência de "troca de lugar" na divisão celular a que se refere o texto? Qual é a consequência desse processo em termos de variabilidade nas células resultantes desse tipo de divisão celular?

15. (Fuvest – SP) Considere os eventos a seguir, que podem ocorrer na mitose ou na meiose:

I – Emparelhamento dos cromossomos homólogos duplicados.

II – Alinhamento dos cromossomos no plano equatorial da célula.

III – Permutação de segmentos entre cromossomos homólogos.

IV – Divisão dos centrômeros resultando na separação das cromátides-irmãs.

No processo de multiplicação celular para reparação de tecidos, os eventos relacionados à distribuição equitativa do material genético entre as células resultantes estão indicados em

a) I e III, apenas.
b) II e IV, apenas.
c) II e III, apenas.
d) I e IV, apenas.
e) I, II, III e IV.

16. (Unesp) As figuras *A* e *B* representam duas fases de uma divisão celular que ocorreu em uma célula animal com $2n = 6$ cromossomos.

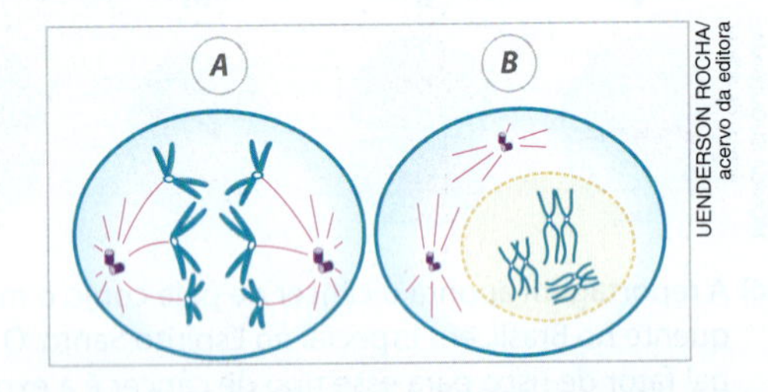

a) Identifique o tipo de divisão celular que ocorreu e justifique sua resposta, utilizando uma das figuras.
b) Caso haja uma alteração ambiental, explique por que o fenômeno que ocorreu em *B* é importante para o ser vivo que o realiza.

17. (Unicesumar – PR) Uma célula de linhagem germinativa de um animal diploide possui em um dos seus pares cromossômicos um lócus gênico A, que contém os alelos **A** e **a.** A célula replicou seu DNA e a seguir iniciou o processo de meiose. Considerando que NÃO ocorreu permutação, é correto afirmar que nesse processo meiótico o alelo **A** vai se separar do alelo **a**

a) na anáfase da primeira divisão meiótica.
b) na anáfase da segunda divisão meiótica.
c) na prófase da primeira divisão meiótica.
d) na prófase da segunda divisão meiótica.
e) no zigóteno da primeira divisão meiótica.

18. (A. Einstein – SP) Uma célula animal foi analisada ao microscópio, o que permitiu visualizar 4 cromossomos duplicados se deslocando para cada um dos polos da célula. Sabendo que a ploidia do animal é $2n = 8$, a célula analisada encontra-se em

a) anáfase II da meiose.
b) metáfase da mitose.
c) anáfase da mitose.
d) anáfase I da meiose.
e) metáfase I da meiose.

19. (UFU – MG) O processo de meiose está relacionado à formação de células haploides. Nesse processo existem duas fases conhecidas como meiose I e meiose II.

Indique, para as afirmativas abaixo, (V) verdadeira, (F) falsa ou (SO) sem opção.

1 ( ) Na anáfase II, ocorre a separação de cromátides-irmãs.

2 ( ) O *crossing-over*, típico das prófases I e II, aumenta a variabilidade genética.

3 ( ) Ao final da meiose II, as células terão a mesma quantidade de DNA que as das células da prófase II.

4 ( ) Centrômeros são locais de quebra e troca de fragmentos de cromossomos.

20. (Cesmac – AL) Considerando o processo de divisão celular, analise a figura abaixo.

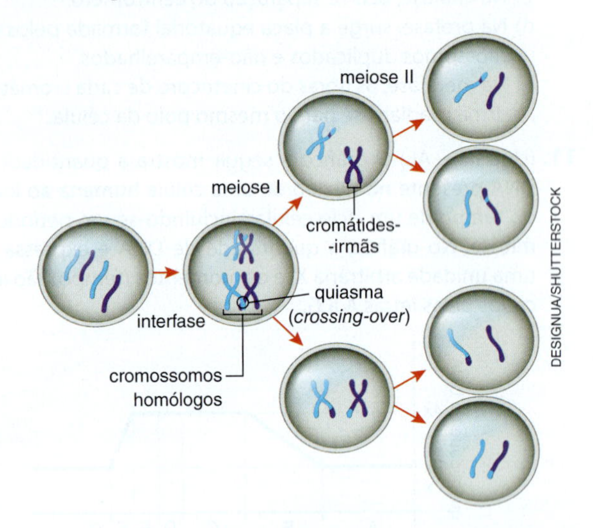

Podemos concluir que a variabilidade genética, durante o processo de divisão celular, é o resultado:

a) da troca de segmentos entre cromátides-irmãs de cromossomos não-homólogos durante a prófase da meiose I.
b) do fuso acromático na anáfase da meiose II, que separa de forma ordenada cromossomos homólogos para pólos opostos.
c) da separação aleatória de cromossomos homólogos na anáfase da meiose I e do *crossing-over* dos mesmos na meiose II.
d) da replicação do ADN (ou DNA), que gera mutações genéticas aleatórias em cromossomos homólogos na fase G_1.
e) da recombinação de cromátides não-irmãs de cromossomos homólogos na prófase I e separação aleatória dos mesmos na anáfase I.

21. (UFRGS – RS) Pessoas que apresentam síndrome de Down são em geral trissômicas para o cromossomo 21. Esse problema ocorre predominantemente devido à não disjunção do par cromossômico na:

a) anáfase I da meiose.
b) prófase II da meiose.
c) metáfase da mitose.
d) telófase I da meiose.
e) metáfase II da meiose.

22. (UFPR – adaptada) Células eucarióticas que estão se dividindo ativamente passam por uma série de estágios, conhecidos conjuntamente como ciclo celular, e a quantidade de DNA contido nessas células pode variar ao longo desses estágios.

a) Uma célula humana diploide que está na prófase da mitose tem quantos cromossomos, quantas cromátides e quantas fitas de DNA cromossômico? Justifique sua resposta.
b) Uma célula humana que sofreu meiose dá origem a células-filhas. Cada célula-filha contém quantos cromossomos, quantas cromátides e quantas fitas de DNA cromossômico? Justifique sua resposta.

23. (Unifesp – SP) Durante a prófase I da meiose, pode ocorrer o *crossing-over* ou permuta gênica entre os cromossomos das células reprodutivas.

a) Explique o que é *crossing-over* e sua importância para as espécies.
b) Considerando que a maioria das células de um organismo realiza divisão celular mitótica para se multiplicar, justifique o fato de as células reprodutivas realizarem a meiose.

24. (Fema – SP) A imagem representa uma célula germinativa e quatro gametas gerados por ela.

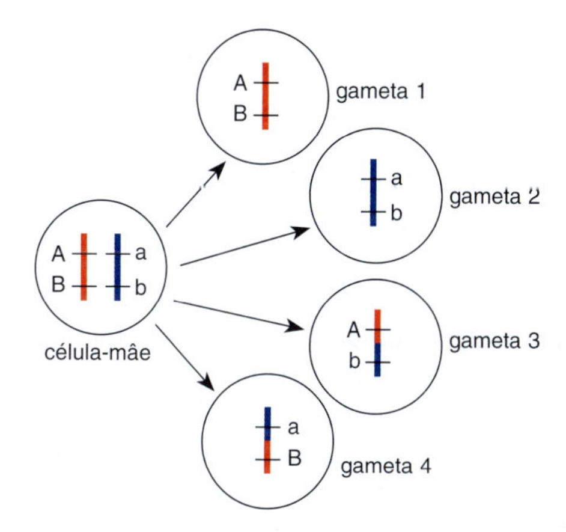

Nesse processo,

a) houve permutação durante a meiose, dando origem a gametas recombinantes.
b) a formação dos gametas 1 e 2 conclui-se na meiose I e a dos gametas 3 e 4 na meiose II.
c) os quatro alelos do mesmo gene segregaram de modo independente.
d) não ocorreu *crossing-over*, visto que cada cromossomo manteve-se com dois alelos.
e) os gametas 3 e 4 se formaram a partir de cromossomos não homólogos.

25. (Unichristus – CE) Observe o esquema a seguir, que corresponde à realização de gametogênese humana.

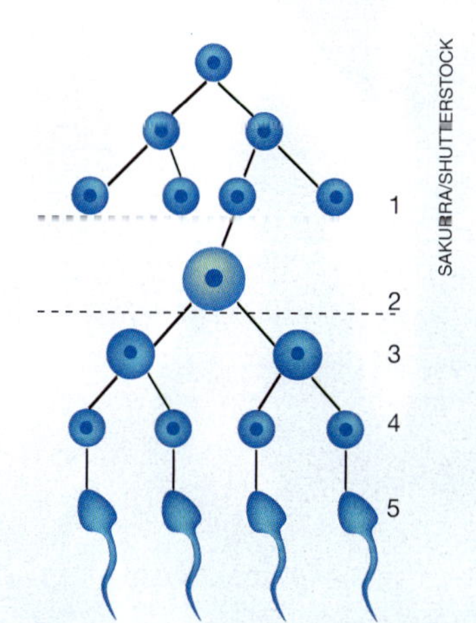

No processo de espermatogênese humana esquematizado, são consideradas haploides as células indicadas pelos números

a) 1, 2 e 3.
b) 2, 3 e 4.
c) 3, 4 e 5.
d) 1, 4 e 5.
e) 2, 4 e 5.

26. (Fameca – SP) A figura representa, de forma simplificada, a gametogênese humana masculina.

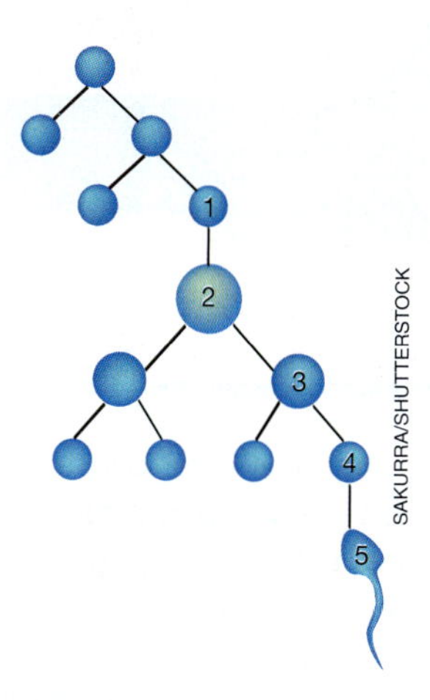

Ao se avaliar a quantidade de cromossomos contida no núcleo de cada célula numerada, pode-se concluir que

a) a célula 1 tem a metade do número de cromossomos que a célula 2.
b) a célula 2 tem o mesmo número de cromossomos que a célula 3.
c) a célula 4 tem o mesmo número de cromossomos que a célula 5.
d) a célula 3 tem o dobro do número de cromossomos que a célula 4.
e) a célula 5 tem a metade do número de cromossomos que a célula 4.

27. (Ifsuldeminas – MG) A cromatina é associada a proteínas e constitui parte do material genético das células. O núcleo é responsável pelo metabolismo e pela divisão da célula. O ciclo celular é o conjunto de processos que ocorre numa célula viva entre duas divisões celulares. Ele consiste na interfase e na mitose. A mitose propriamente dita compreende a divisão do núcleo e a citocinese – divisão do citoplasma. Quanto aos componentes do núcleo e dos processos de divisão mitótica e meiótica e aspectos deles decorrentes, assinale a **alternativa correta**.

a) Tanto na mitose quanto na meiose as células-filhas são geneticamente iguais à célula-mãe.
b) A mitose é uma divisão celular que originará quatro células com o número de cromossomos reduzido pela metade.
c) Num óvulo da espécie humana, oriundo da meiose, existem 22 cromossomos autossomos mais o cromossomo sexual X.
d) Os cromossomos homólogos pareados encontram-se no equador de uma célula em divisão. Isso caracteriza a metáfase mitótica.

28. (FAG – PR) Na montagem de um cariótipo nós encontramos 44, XX cromossomos. A qual organismo esse cariótipo, provavelmente, pertence?

a) A uma cebola.
b) A um homem.
c) A uma drosófila.
d) A uma mulher.
e) A um cavalo.

CAPÍTULO 8

Metabolismos energético e de controle

Algumas vezes consumidos nas vésperas de provas para "ajudar a ficar acordado", outras por atletas que vão participar de provas de resistência, os energéticos vêm ganhando espaço nas prateleiras e na mídia. Longe de representarem um problema à saúde quando consumidos esporadicamente e em quantidades razoáveis (o consumo intenso e por períodos prolongados pode, por exemplo, aumentar a chance de osteoporose), os energéticos são compostos, fundamentalmente, de grande quantidade de carboidratos, cafeína e taurina.

Atualmente, a maior parte dos consumidores de energéticos, entretanto, é formada pelos "baladeiros" que perceberam que os carboidratos são responsáveis por uma dose extra de energia, e, principalmente, que a cafeína atua ligando-se aos receptores de adenosina (que controla a atividade cerebral) gerando com isso um aumento de excitação nos neurônios. Quando a hipófise percebe a variação, acredita que o corpo está sendo submetido a uma emergência, e libera adrenalina que coloca o corpo em estado de alerta. Daí vem a taurina, que aumenta o ritmo cardíaco e, combinada à cafeína, passa a sensação de enorme aumento da energia do corpo.

Mas é aí que mora o perigo. Nas baladas, os energéticos são tomados em combinação com drinques alcoólicos, pois diminuem o efeito depressivo do álcool. Sem sentir a sonolência e lentidão impostas pelo álcool, o "baladeiro" ingere uma quantidade de álcool muito superior à que normalmente faria. Mas o energético não corta o efeito do álcool, apenas disfarça... E o "baladeiro", apesar de ter ultrapassado o seu limite, acredita que está em plena condição para dirigir. Está "aceso", fala muito, mas seus reflexos estão "derrubados" pelo álcool.

Seu ponto de vista!

O que você faria se um amigo seu tivesse ingerido bebida alcoólica e decidisse dirigir um veículo automotivo?

8-1. Metabolismo: síntese, decomposição e controle

Metabolismo é o conjunto de reações químicas e de transformação de substâncias químicas que ocorre em uma célula. Inclui a síntese de moléculas (**anabolismo**), a degradação de moléculas (**catabolismo**) e o controle da atividade celular (com atuação do material genético), todas com a participação de enzimas. O metabolismo depende da liberação de energia e sua utilização nos diversos procedimentos celulares.

Toda vez que o metabolismo servir para a *construção* de novas moléculas que tenham uma finalidade biológica, falamos em **anabolismo**. Por exemplo: a realização de exercícios que conduzem a um aumento da massa muscular de uma pessoa envolve a síntese de proteínas nas células musculares.

Por outro lado, a *decomposição* de substâncias, que ocorre, por exemplo, no processo de respiração celular, com a liberação de energia para a realização das atividades celulares, constitui uma modalidade de metabolismo conhecida como **catabolismo**.

O metabolismo de controle conta com a participação do material genético celular, constituído por moléculas de ácidos nucleicos, DNA e RNA, cuja ação regula o trabalho celular, mantendo-o sempre ativo, assunto que será abordado no final do capítulo.

Durante o catabolismo, que ocorre nos processos energéticos com utilização de glicose no processo de respiração celular, a energia liberada poderá ser canalizada para a síntese de outras substâncias, que ocorre no anabolismo.

Na maioria dos seres vivos, a liberação da energia contida nas moléculas de glicose pode ocorrer por meio de dois processos: a **respiração celular aeróbia** e a **fermentação**.

Anote!

Nas trocas gasosas, que ocorrem em nossos pulmões – *respiração orgânica* –, o oxigênio que ingressa no sangue é enviado aos tecidos e utilizado na respiração celular aeróbia.

Na respiração aeróbia, a "quebra" da glicose é total, há a participação do oxigênio, libera-se muita energia e os resíduos produzidos são o gás carbônico e a água (veja a Figura 8-1).

glicose + oxigênio + água → gás carbônico + água + energia

$C_6H_{12}O_6$ $6\ O_2$ $6\ H_2O$ $6\ CO_2$ $12\ H_2O$

Figura 8-1. Equação da respiração aeróbia.

Na fermentação, a "quebra" da glicose é parcial, não há participação do oxigênio, libera-se pequena quantidade de energia e também são produzidos alguns resíduos. Na fermentação alcoólica, por exemplo, os resíduos produzidos são o álcool etílico (etanol) e o gás carbônico (veja a Figura 8-2).

glicose → álcool etílico + gás carbônico + energia

$C_6H_{12}O_6$ $2\ C_2H_5OH$ $2\ CO_2$

Figura 8-2. Equação da fermentação alcoólica.

A fermentação, devido à sua simplicidade, é considerada o mecanismo mais primitivo de obtenção da energia armazenada nos combustíveis biológicos. Na Terra atual, os seres vivos que fazem respiração aeróbia podem também fermentar, se faltar oxigênio. São poucos os organismos exclusivamente fermentadores, como, por exemplo, a bactéria do tétano.

Passo essencial: conseguir glicose

Muitos seres vivos conseguem fabricar a glicose que utilizam nos processos de liberação de energia. Entre eles se destacam desde seres simples, como algumas bactérias e algas, até alguns mais complexos, como as samambaias, os pinheiros e os eucaliptos. Esses organismos são produtores de glicose por meio de um processo chamado de **fotossíntese**.

Seres vivos que conseguem sintetizar glicose a partir da fotossíntese são chamados de **autótrofos** (*trofos* significa *nutrição*; *auto* possui o significado de *a si mesmo* – *autótrofos*, portanto, são os seres que nutrem a si mesmos, isto é, produzem seu próprio alimento).

Todos os demais seres vivos precisam consumir a glicose contida nos alimentos extraídos de algum outro ser vivo.

Os seres vivos que não conseguem produzir glicose, devendo obtê-la pronta a partir de outra fonte, são chamados de **heterótrofos** (*hetero*, termo grego que significa *outro, diferente*), isto é, que se nutrem de outro.

8-2. Fotossíntese: glicose e oxigênio

A **fotossíntese** é um processo de conversão de energia solar em energia química armazenada em alimentos orgânicos.

Por esse processo, todos os dias as plantas fotossintetizantes absorvem a luz do Sol e, utilizando substâncias simples do meio, como o gás carbônico e a água, produzem a matéria orgânica que serve como reservatório de energia, liberando, como subproduto, oxigênio para o ar.

As plantas retiram o gás carbônico do ar, e a água, de modo geral, é retirada do solo pelas raízes. Para absorver a luz do Sol, todas as plantas fotossintetizantes, sem exceção, possuem o pigmento clorofila, de cor verde, que funciona como uma verdadeira "antena" captadora de energia solar. Mesmo nas plantas cuja cor não é verde, há considerável quantidade de clorofila. É que outros pigmentos, de diferentes colorações, por existirem em maior quantidade, mascaram a cor verde da clorofila.

O armazenamento de substâncias orgânicas é muito importante para a planta, principalmente em ocasiões em que ela não pode fazer fotossíntese, o que acontece à noite e em dias muito nublados, em que a quantidade de luz é insuficiente. Assim, a reserva energética contida na matéria orgânica por elas produzida durante o dia é vital para sua sobrevivência. Por outro lado, a produção de matéria orgânica na fotossíntese é fundamental para a sobrevivência dos demais seres vivos que, direta ou indiretamente, dependem das plantas para sobreviver.

Ao fazerem fotossíntese, as plantas renovam o ar que respiramos. Cada vez que elas retiram certo volume de CO_2 do ar, igual volume de O_2 é liberado, renovando continuamente os estoques de oxigênio necessários para a respiração aeróbia das próprias plantas e da maioria dos demais seres vivos do planeta.

A fotossíntese é um complexo processo no qual estão envolvidas várias reações químicas, cada qual contando com a participação de diversas enzimas (veja a Figura 8-3).

$$\text{gás carbônico} + \text{água} + \text{luz} \xrightarrow{\text{clorofila}} \text{glicose} + \text{água} + \text{oxigênio}$$

$$6\,CO_2 \quad 12\,H_2O \quad C_6H_{12}O_6 \quad 6\,H_2O \quad 6\,O_2$$

Figura 8-3. Equação geral da fotossíntese.

POPPIX/SHUTTERSTOCK
Se você tiver em casa um vaso com *Tradescantia*, pode estar certo de que essa planta está fazendo fotossíntese.

Cloroplastos: local em que ocorre a fotossíntese

Nos organismos mais simples, como as cianobactérias, a fotossíntese ocorre no **hialoplasma**, que é onde se encontram dispersas as moléculas de clorofila, associadas a uma rede interna de membranas, que são extensões da membrana plasmática. Recorde que cianobactérias são procariontes e não possuem organelas dotadas de membranas. Por outro lado, nos organismos autótrofos eucariontes a fotossíntese ocorre totalmente no interior dos **cloroplastos**.

Cloroplastos: lamelas e tilacoides

Os cloroplastos são verdadeiras "fábricas" – são os locais de síntese de matéria orgânica durante a fotossíntese. Nas plantas, são pequenos, com diâmetro médio da ordem de 3 a 10 μm e comprimento de 3 a 8 μm.

Há cerca de 50 cloroplastos por célula. Cada um possui envoltório formado por duas capas membranosas de constituição química lipoproteica, de modo idêntico à membrana plasmática ou à de qualquer organoide membranoso da célula. A observação dessa organela ao microscópio eletrônico revela que a membrana interna é pregueada e origina uma rede que se estende para o interior do cloroplasto, constituindo um sistema de **lamelas**.

De intervalo a intervalo, em certos pontos das lamelas, surgem bolsinhas com formato achatado, conhecidas como **tilacoides**, que são os locais em que se situam os pigmentos responsáveis pela captação da energia solar.

Os tilacoides costumam aparecer empilhados, formando um conjunto que lembra moedas colocadas uma em cima da outra. Esse conjunto é chamado de ***granum***. Verifique na Figura 8-4 a grande quantidade de *grana* (plural de *granum*) presente no cloroplasto representado.

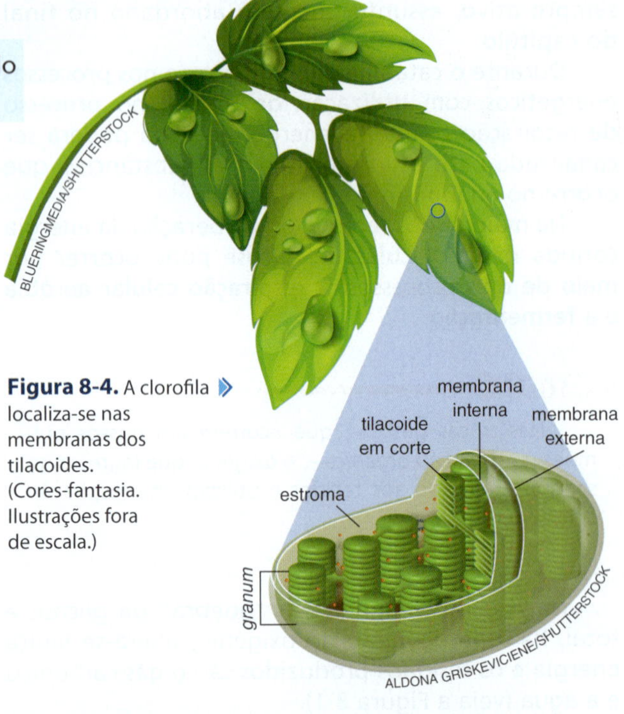

Figura 8-4. A clorofila localiza-se nas membranas dos tilacoides. (Cores-fantasia. Ilustrações fora de escala.)

O espaço entre as lamelas é preenchido por um material semelhante ao existente no hialoplasma, e que é conhecido como **estroma**. Nos tilacoides estão arranjados os "pigmentos-antenas", verdadeiros coletores de energia solar. No estroma, ficam as enzimas necessárias para a realização das reações químicas típicas de uma das fases da fotossíntese e que levarão à síntese de carboidratos.

É importante citar que moléculas de clorofila, isoladas do cloroplasto, não conseguem efetuar sozinhas a fotossíntese.

Clorofilas: absorção de luz solar

A fotossíntese só pode ocorrer em seres vivos cujas células possuam pigmentos capazes de reter a energia proveniente da luz do Sol.

Entre os pigmentos capazes de absorver a energia luminosa destaca-se a clorofila, de cor verde (veja a Figura 8-5). Outros pigmentos funcionam como acessórios na captação da energia solar e complementam o papel desempenhado pela clorofila na fotossíntese. Entre esses pigmentos acessórios podemos citar os carotenoides, de cor amarelo-alaranjado, encontrados, por exemplo, na cenoura.

KSJ 520305/SHUTTERSTOCK

A clorofila e os carotenoides estão presentes nas folhas das árvores, mas o que mais vemos durante o ano é a cor verde das folhas. Com a chegada do outono e as baixas temperaturas, a planta diminui drasticamente a produção de clorofila e as folhas passam a refletir o amarelo e o laranja dos pigmentos carotenoides.

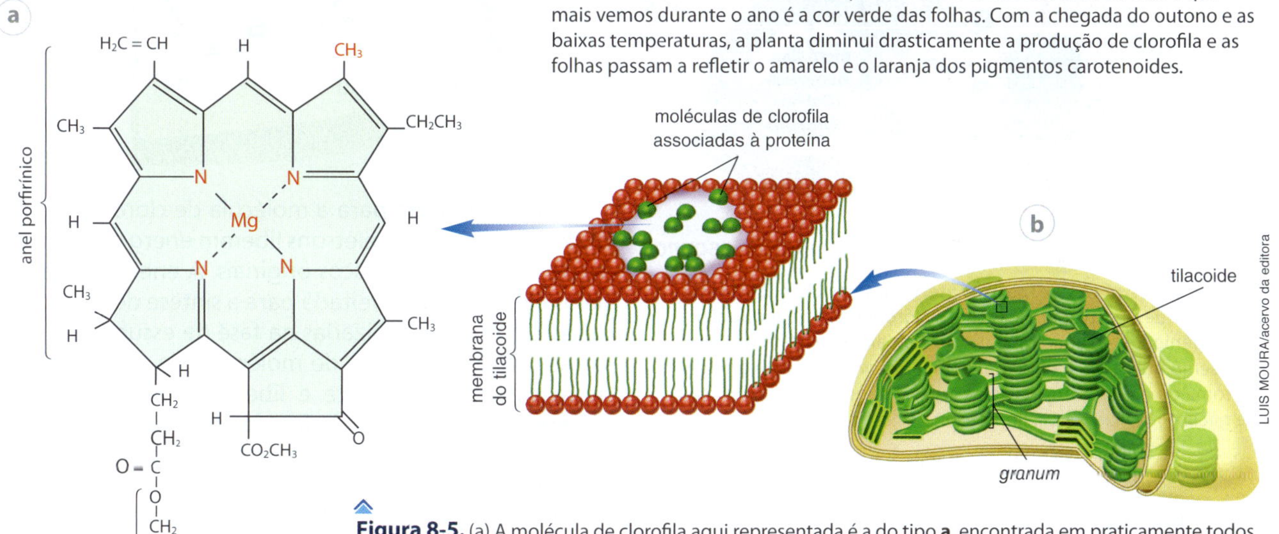

Figura 8-5. (a) A molécula de clorofila aqui representada é a do tipo **a**, encontrada em praticamente todos os seres autótrofos fotossintetizantes. Na clorofila do tipo **b**, existente em muitos vegetais, a modificação é a substituição do radical CH_3 por um CHO. Note a porção alcoólica (fitol) e o anel porfirínico, contendo, no centro, um átomo de magnésio. (b) Observe que, nos tilacoides, a molécula de clorofila se encontra inserida na dupla camada lipoproteica da membrana. (Cores-fantasia. Ilustrações fora de escala.)

Pigmentos fotossintetizantes e luz em interação

No processo de fotossíntese, por quem é coletada a energia luminosa? Lembre-se de que dissemos que diversos tipos de pigmento, entre eles a clorofila, funcionam como verdadeiras "antenas" coletoras da energia contida na luz do Sol, e que pigmentos são moléculas formadas por diversos átomos. Quando a luz atinge os pigmentos, ocorrem a absorção de energia e um aumento de teor energético dos átomos. Dizemos que os átomos assim energizados ficam "excitados".

Nos átomos excitados, certos elétrons tendem a saltar para níveis mais elevados de energia, mas imediatamente tendem a voltar para os níveis anteriores que ocupavam antes de serem excitados. Nesse retorno, liberam a energia absorvida sob a forma de calor ou de uma radiação visível.

8-3. Fotossíntese: fases de claro e de escuro

A fotossíntese ocorre em duas grandes etapas, que envolvem várias reações químicas: a primeira é a **fase de claro** (também chamada de fase fotoquímica) e a segunda é a **fase de escuro** (também conhecida como fase química).

Anote!

A fase de escuro da fotossíntese não precisa ocorrer no escuro. O que o nome quer indicar é que ela ocorre mesmo na ausência de luz – ela só precisa de ATP e $NADPH_2$ para ocorrer.

Em linhas gerais, os eventos principais da fotossíntese são a **absorção** da energia da luz pela clorofila ①; a **redução** de um aceptor de elétrons chamado NADP, que passa a $NADPH_2$ ②; a formação de **ATP** ③ e a **síntese** de glicose ④ (veja a Figura 8-6).

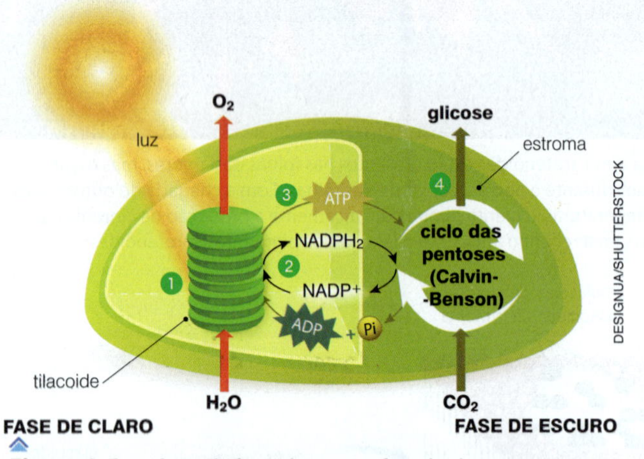

Figura 8-6. As fases da fotossíntese. Na fase de claro, que ocorre nos tilacoides, participam a água e a clorofila. Ocorre produção de oxigênio (que é liberado para o meio), além de ATP e $NADPH_2$, que serão utilizados na fase de escuro. Nessa fase, que ocorre no estroma do cloroplasto, participa o gás carbônico, com produção de glicose no ciclo de Calvin-Benson.

Anote!

NADP é uma substância derivada da vitamina do complexo B, a niacina, também chamada de nicotinamida. A diferença em relação ao NAD, que participa da respiração, é que no NADP existe um grupo fosfato a mais.

Fase de claro ou fotoquímica

Essa fase ocorre na membrana dos tilacoides e dela participam um complexo de pigmentos existente nos *grana*, aceptores de elétrons, moléculas de água e a luz. Como resultado dessa fase temos a produção de oxigênio, ATP (a partir de ADP + Pi) e também a formação de uma substância chamada $NADPH_2$. Tanto o ATP quanto o $NADPH_2$ serão utilizados na fase de escuro.

Na fase de claro, a luz penetra nos cloroplastos e atinge o complexo de pigmentos, ao mesmo tempo em que provoca alterações nas moléculas de água. De que maneira essa ação da luz resulta em produtos que podem ser utilizados na segunda fase da fotossíntese?

Um dos acontecimentos marcantes da fase de claro é a chamada **fotofosforilação**. Ao ser atingida pela luz do Sol, a molécula de clorofila ① libera elétrons (acompanhe pela Figura 8-7). Esses elétrons são recolhidos por determinadas moléculas orgânicas chamadas de *aceptores de elétrons* ②, que os enviam a uma cadeia de citocromos ③ (substâncias associadas ao sistema fotossintetizante e que são assim chamadas por possuírem cor). Dos citocromos, os elétrons são enviados de volta à clorofila.

Figura 8-7. Representação simplificada da etapa de fotofosforilação cíclica.

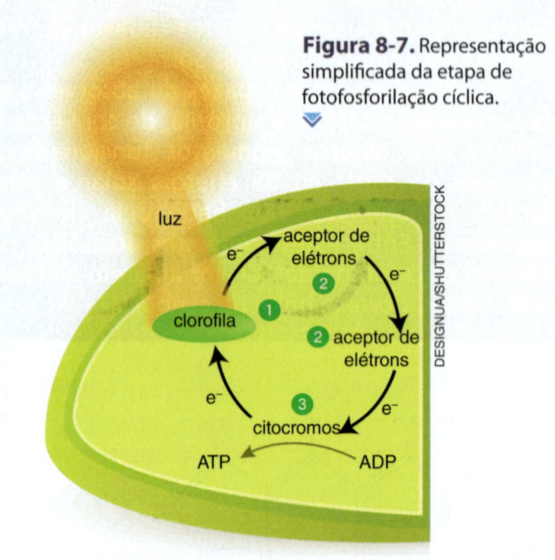

Ao retornarem para a molécula de clorofila, a partir dos citocromos, os elétrons liberam energia, voltando aos seus níveis energéticos originais. A energia liberada pelos elétrons é aproveitada para a síntese de moléculas de ATP, que serão utilizadas na fase de escuro da fotossíntese. Assim, a síntese de moléculas de ATP ao longo desse ciclo de transporte e liberação de energia dos elétrons é denominada de **fotofosforilação**.

Ao mesmo tempo que este ciclo de transporte de elétrons ocorre, moléculas de água – ao serem atingidas pela luz do Sol – sofrem "fotólise". A **fotólise** da água (que, simplificadamente, pode ser considerada uma "quebra de moléculas de água") libera prótons e moléculas de oxigênio. Os prótons são captados por moléculas de NADP, que se convertem em $NADPH_2$, para posterior participação na fase de escuro da fotossíntese. Por fim, as moléculas de oxigênio, O_2, são liberadas para o ambiente.

Fase de escuro ou química

Nessa fase, a energia contida nos ATP e os hidrogênios dos $NADPH_2$ serão utilizados para a construção de moléculas de glicose. A síntese de glicose ocorre durante um complexo ciclo de reações (chamado **ciclo das pentoses** ou **ciclo de Calvin-Benson**), do qual participam vários compostos simples.

Durante o ciclo, moléculas de CO_2 unem-se umas às outras formando cadeias carbônicas que levam à produção de glicose. A energia necessária para o estabelecimento das ligações químicas ricas em energia é proveniente do ATP, e os hidrogênios que promoverão a redução dos CO_2 são fornecidos pelos $NADPH_2$ (veja a Figura 8-8).

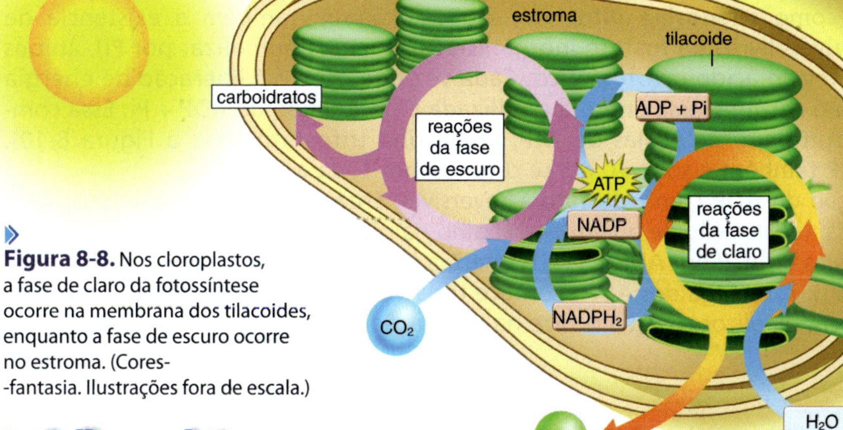

Figura 8-8. Nos cloroplastos, a fase de claro da fotossíntese ocorre na membrana dos tilacoides, enquanto a fase de escuro ocorre no estroma. (Cores-fantasia. Ilustrações fora de escala.)

Desvende & Avalie!

Leia o QR Code abaixo e faça a atividade de experimentação sobre o consumo de gás carbônico na fotossíntese.

Analise seus resultados e, com base nas respostas às perguntas propostas, produza um relatório com a síntese dos objetivos da experimentação e seus resultados.

Saiba mais!

Comparação entre fotossíntese e respiração

CARACTERÍSTICAS	FOTOSSÍNTESE	RESPIRAÇÃO
Energia (ε)	Armazenamento de ε nas ligações dos átomos de carbono da glicose, com utilização da luz do Sol.	Liberação de ε por rompimento das ligações entre os átomos de carbono da glicose.
Substâncias consumidas	CO_2 e H_2O	glicose e O_2
Substâncias liberadas	O_2 e glicose	CO_2 e H_2O

A Figura 8-9 relaciona as atividades da mitocôndria na respiração e do cloroplasto na fotossíntese.

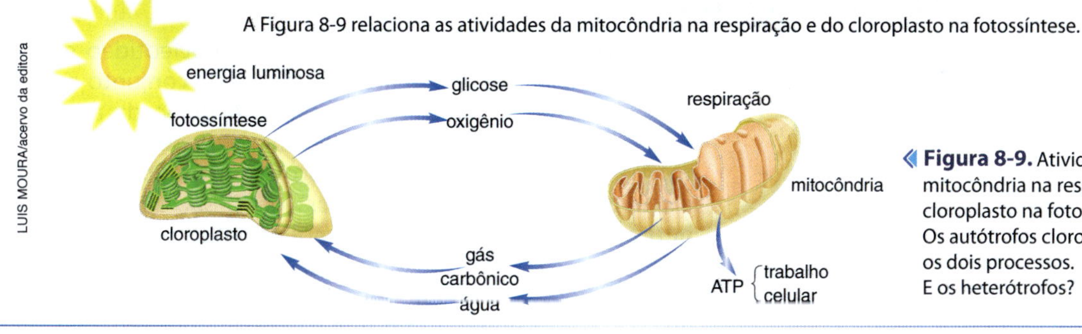

Figura 8-9. Atividades da mitocôndria na respiração e do cloroplasto na fotossíntese. Os autótrofos clorofilados realizam os dois processos. E os heterótrofos?

8-4. Bactérias: fotossíntese e quimiossíntese

Os seres autótrofos, como as plantas, as algas e as bactérias denominadas de cianobactérias, realizam a fotossíntese que acabamos de descrever e que pode, simplificadamente, ser representada pela equação química

$$CO_2 + 2\ H_2O + luz \xrightarrow{clorofila} (CH_2O) + H_2O + O_2$$

em que (CH_2O) representa o carboidrato produzido. Outra modalidade de fotossíntese é a realizada por algumas espécies de bactérias, em que a água não é a fonte doadora de hidrogênios. A bactéria *Chlorobium*, por exemplo, utiliza H_2S (sulfeto de hidrogênio) e a clorofila é a *bacterioclorofila*, um pigmento diferente em relação ao existente nas plantas. Esse tipo de fotossíntese não resulta em oxigênio, mas em enxofre, conforme se pode conferir na equação

$$CO_2 + 2\ H_2S + luz \xrightarrow{bacterioclorofila} (CH_2O) + H_2O + 2\ S$$

Outra modalidade de autotrofismo é a **quimiossíntese**, também realizada por bactérias, em que a fonte de energia não é a luz do Sol, mas a liberada em uma reação química inorgânica. É o que ocorre na bactéria *Nitrosomonas*. Ao efetuar a oxidação da amônia, segundo a reação química

$$2\ NH_3 + 3\ O_2 \rightarrow 2\ NO_2^- + 2\ H_2O + energia,$$

essa bactéria utiliza a energia liberada para a síntese de matéria orgânica.

8-5. ATP: bateria energética da atividade celular

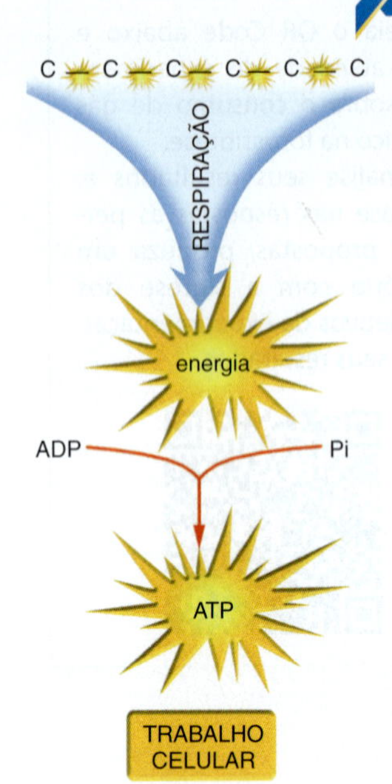

Figura 8-10. A energia que une os átomos de carbono é liberada na respiração aeróbia e armazenada em moléculas de ATP. (Cores-fantasia.)

Cada vez que ocorre a desmontagem da molécula de glicose, a energia não é simplesmente liberada para o meio.

A energia é transferida para outras moléculas (chamadas de **ATP**), que servirão de reservatórios temporários de energia, "bateriazinhas" que poderão liberar "pílulas" de energia nos locais em que estiverem.

No citoplasma das células é comum a existência de uma substância solúvel conhecida como **adenosina difosfato, ADP**. É comum também a existência de radicais solúveis livres de **fosfato inorgânico** (que vamos simbolizar por **Pi**), ânions monovalentes do ácido ortofosfórico. Cada vez que ocorre a liberação de energia na respiração aeróbia, essa energia é utilizada para a união de ADP + Pi. Essa combinação resulta em moléculas de **ATP, adenosina trifosfato** (veja a Figura 8-10). Como o ATP também é solúvel, ele se difunde por toda a célula.

A ligação do ADP com o fosfato é reversível. Então, toda vez que é necessária energia para a realização de qualquer trabalho na célula, ocorre a conversão de algumas moléculas de ATP em ADP + Pi e a energia liberada é utilizada pela célula (veja a Figura 8-11). A recarga dos ADP acontece toda vez que há liberação de energia na desmontagem da glicose, o que ocorre na respiração aeróbia ou na fermentação.

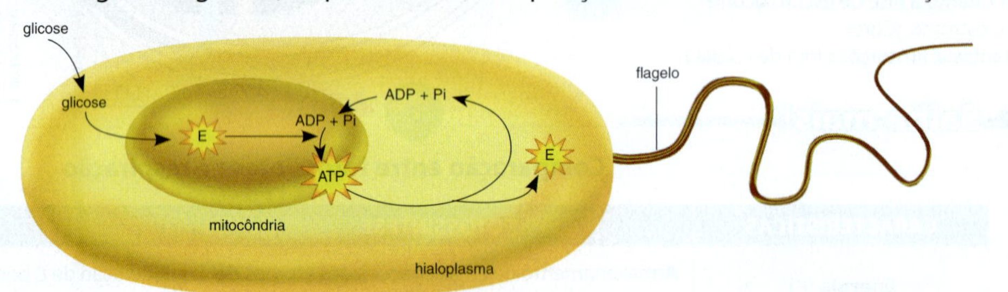

Figura 8-11. A energia para movimentar um flagelo de uma célula, por exemplo, vem da transformação de moléculas de ATP em ADP + Pi. (Cores-fantasia. Ilustração fora de escala.)

ATP: estrutura, fosfato e adenosina

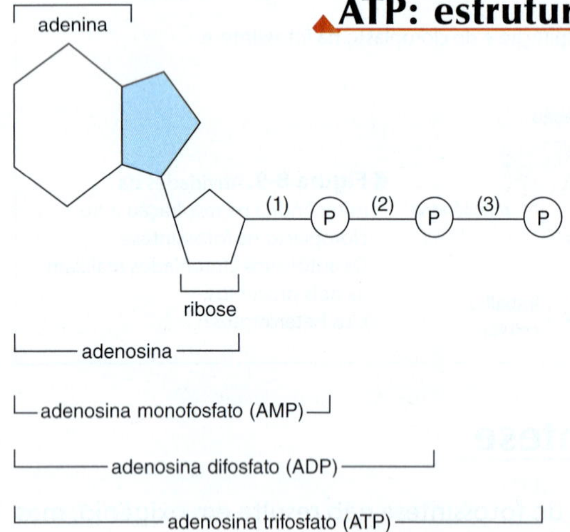

O ATP é um composto derivado de nucleotídeo em que a adenina é a base e o açúcar é a ribose. O conjunto adenina mais ribose é chamado de *adenosina*. A união da adenosina com três radicais fosfato leva ao composto *adenosina trifosfato*, ATP (veja a Figura 8-12). As ligações que mantêm o segundo e o terceiro radicais fosfato presos no ATP são altamente energéticas (liberam cerca de 7 kcal/mol de substância).

Assim, cada vez que o terceiro grupo fosfato se desliga do conjunto, ocorre a liberação da energia que o mantinha unido ao ATP. É essa energia que é utilizada quando andamos, falamos, pensamos ou realizamos qualquer trabalho celular.

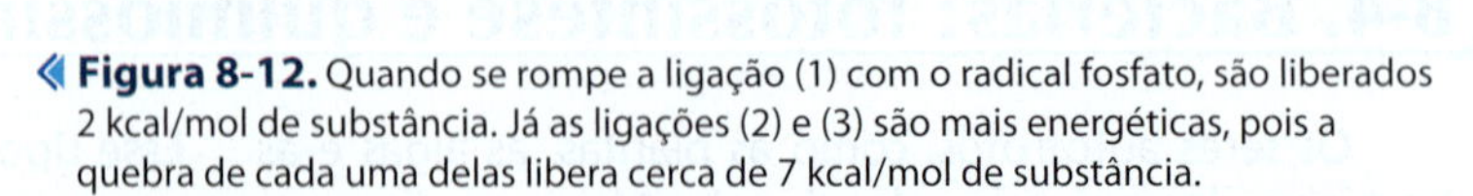

Figura 8-12. Quando se rompe a ligação (1) com o radical fosfato, são liberados 2 kcal/mol de substância. Já as ligações (2) e (3) são mais energéticas, pois a quebra de cada uma delas libera cerca de 7 kcal/mol de substância.

8-6. Fases da respiração aeróbia

A vida depende da ocorrência constante de transformações energéticas. Na fotossíntese, a energia do Sol é transformada em energia química armazenada nas ligações que unem, por exemplo, os átomos da molécula de glicose. Na respiração aeróbia, a energia das ligações químicas é liberada e uma porção dela é transferida a moléculas de ATP para que possa ser aproveitada pela célula. A energia não é criada, mas se transforma de uma modalidade em outra.

A respiração aeróbia envolve várias etapas, sendo que a primeira ocorre no hialoplasma e é conhecida como **glicólise** (*lysis* é um termo grego que significa *dissolução*, *destruição*, *quebra*); as outras acontecem inteiramente no interior das mitocôndrias.

Glicólise: início da respiração aeróbia

Nessa fase, em que não ocorre a participação de moléculas de O_2, a glicose é desmontada em duas moléculas de ácido pirúvico, ao final de uma longa sequência de reações químicas, e o saldo energético resultante da glicólise é de duas moléculas de ATP.

Como resultado da oxidação da molécula de glicose, elétrons e hidrogênios são captados por uma substância chamada NAD, que se reduz em $NADH_2$. Essa substância participará, posteriormente, de uma das subfases que acontecerão na mitocôndria (veja a Figura 8-13).

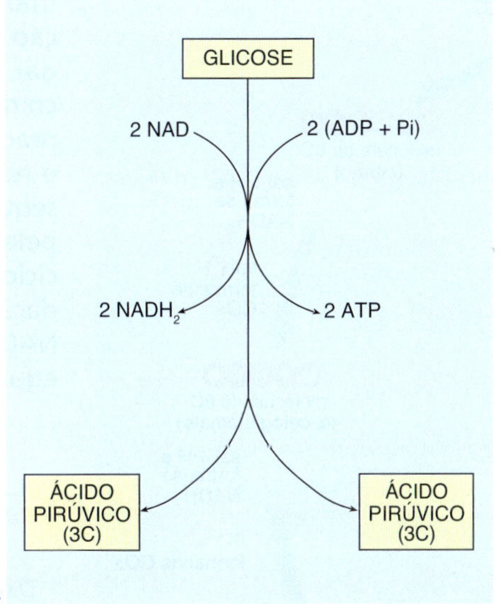

Figura 8-13. A glicólise.

Anote!

NAD é a sigla de Nicotinamida Adenina Dinucleotídeo, substância que atua como coenzima. Da sua estrutura constam dois nucleotídeos, em um dos quais entra a base nitrogenada adenina e no outro entra a substância nicotinamida, que é derivada de uma vitamina do complexo B, a niacina. O modo quimicamente correto de representar o NAD oxidado é NAD^+ e o NAD reduzido é $NADH^+ + H^+$. Para as finalidades deste livro, porém, vamos representá-los simplesmente como NAD e $NADH_2$.

Oxidação do ácido pirúvico

Na matriz da mitocôndria, ocorre a seguinte sequência de acontecimentos, que resultarão em muitas moléculas de ATP:

- *ingresso do ácido pirúvico na mitocôndria*. Cada molécula de ácido pirúvico, contendo três átomos de carbono, entra na mitocôndria;
- *transformação do ácido pirúvico em ácido acético*. O ácido pirúvico perde uma molécula de CO_2 (em um processo conhecido como *descarboxilação*) e se converte em ácido acético, contendo dois átomos de carbono;
- *formação de acetilcoenzima A*. O ácido acético se une a uma substância chamada coenzima A (CoA) e se transforma em *acetilcoenzima A* (*acetilCoA*). Há, também, a produção de um $NADH_2$ a partir de hidrogênios liberados na oxidação do ácido pirúvico (veja a Figura 8-14).

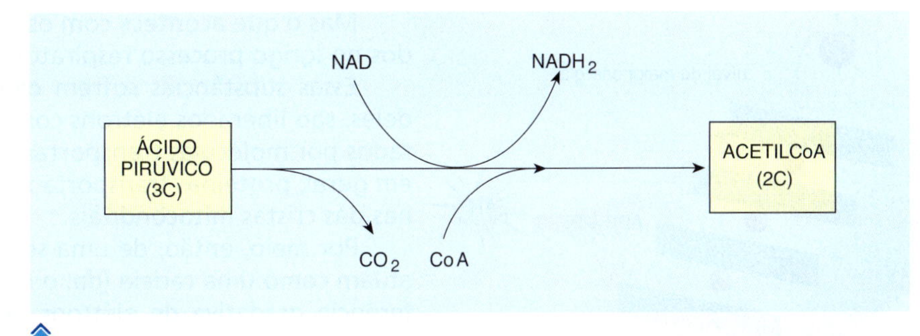

Figura 8-14. Cada molécula de ácido pirúvico, formada no hialoplasma, entra na mitocôndria e sofre modificação, levando à formação de moléculas de acetilcoenzima A.

Ciclo de Krebs

A molécula de acetilCoA, formada a partir de cada molécula de ácido pirúvico, é o ponto de partida do ciclo de Krebs. Além da glicose, vários aminoácidos podem gerar moléculas de ácido pirúvico e, portanto, de acetilCoA, ao serem degradados. Já os ácidos graxos formam moléculas de acetilCoA diretamente, sem passar pelo estágio intermediário de ácido pirúvico (veja a Figura 8-15).

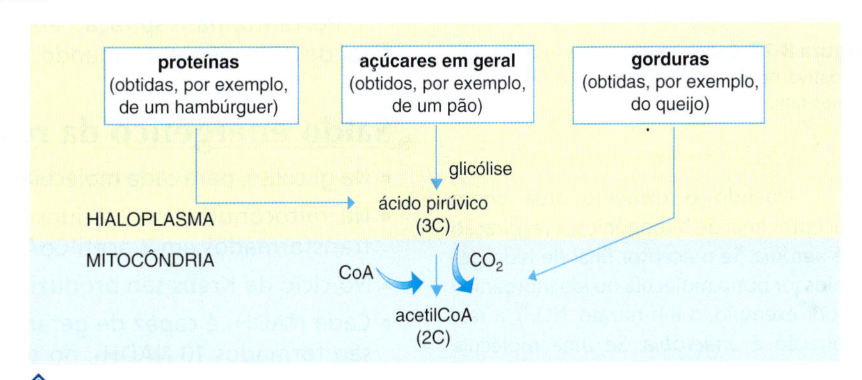

Figura 8-15. Moléculas de acetilCoA podem ser formadas de glicose, aminoácidos e, até mesmo, de ácidos graxos.

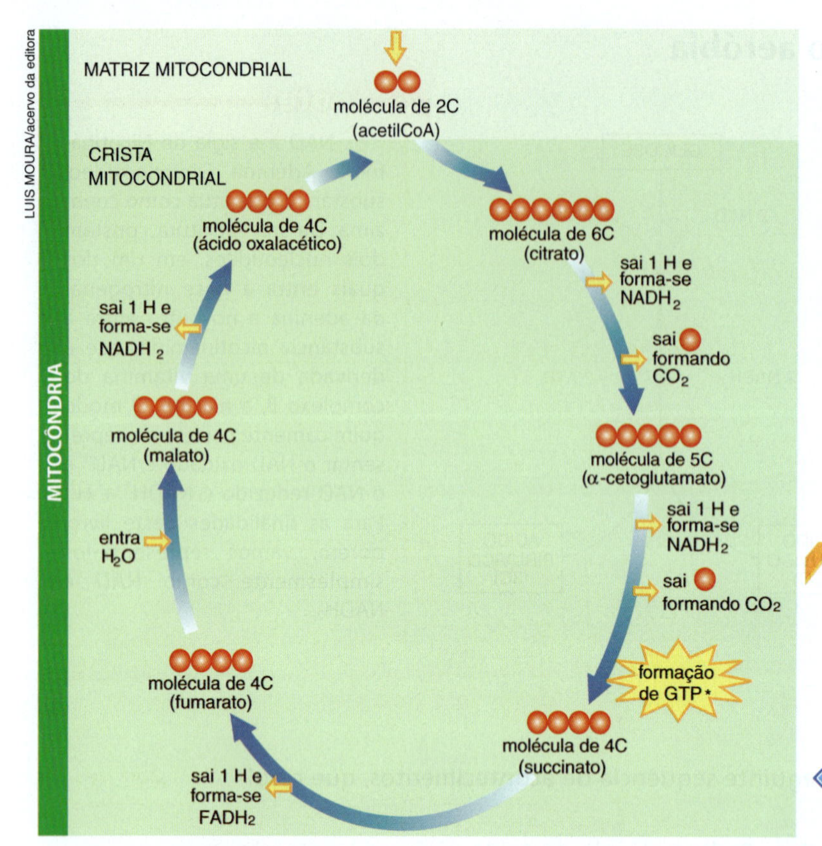

* GTP = uma molécula equivalente, energeticamente, ao ATP.

Na etapa inicial do ciclo, há a reação entre acetilCoA e ácido oxalacético (molécula de 4C), resultando na formação do ácido cítrico (molécula de 6C) – daí este ciclo ser conhecido também como ciclo do ácido cítrico. Após várias reações, a molécula de ácido oxalacético é recuperada para ser utilizada em nova sequência do ciclo de Krebs. Acompanhe pela Figura 8-16 alguns detalhes desse ciclo. Observe as várias reações de oxidação (com saída de H) e a formação de $NADH_2$, $FADH_2$, CO_2 e GTP (uma molécula equivalente, energeticamente, ao ATP).

Anote!

FAD é a sigla de Flavina Adenina Dinucleotídeo. É um dinucleotídeo contendo riboflavina, uma vitamina do complexo B.

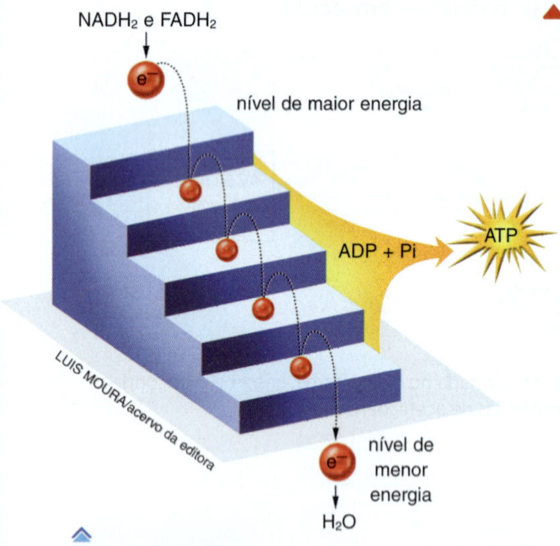

Figura 8-16. Ciclo de Krebs. Observe que o ácido oxalacético presente no início do ciclo é recuperado ao final.

$NADH_2$ e $FADH_2$

nível de maior energia

ADP + Pi

ATP

LUIS MOURA/acervo da editora

nível de menor energia

H_2O

Figura 8-17. Cadeia respiratória e fosforilação oxidativa: nelas, ocorre a produção de ATP e H_2O. (Cores-fantasia.)

Anote!

Quando o oxigênio atua como aceptor final de hidrogênios, a respiração é *aeróbia*. Se o aceptor final de hidrogênios for outra molécula ou íon inorgânico (por exemplo, o íon nitrato, NO^{-3}), a respiração é *anaeróbia*. Se uma molécula orgânica for o aceptor de hidrogênios, então trata-se de *fermentação*.

Cadeia respiratória e fosforilação oxidativa

Mas o que acontece com os $NADH_2$ e o $FADH_2$ que foram formados no longo processo respiratório?

Essas substâncias sofrem **oxidação**, ou seja, liberam H^+. Além deles, são liberados elétrons com alto nível energético, que são captados por moléculas transportadoras, conhecidas como **citocromos** – em geral, proteínas transportadoras que se encontram nas membranas das cristas mitocondriais.

Por meio, então, de uma sequência desses transportadores, que atuam como uma cadeia (daí o nome **cadeia respiratória**), há a transferência gradativa de elétrons de um nível de maior energia para outro de menor energia. A cada passagem para outro nível, é liberada energia que é canalizada para a produção de ATP, o que ocorre por uma reação de fosforilação (adição de fosfato inorgânico, Pi) do ADP.

Já os H^+ liberados das moléculas de $NADH_2$ e $FADH_2$ unem-se ao oxigênio e formam água ao final do processo (veja a Figura 8-17).

Portanto, na respiração aeróbia, o oxigênio atua como *aceptor final* de hidrogênio, formando, como resultado, moléculas de H_2O.

Saldo energético da respiração aeróbia

- Na glicólise, para cada molécula de glicose resultam 2 ATP e 2 $NADH_2$.
- Na mitocôndria, os 2 ácidos pirúvicos formados na glicólise são transformados em 2 acetilCoA e 2 $NADH_2$.
- No ciclo de Krebs são produzidos 6 $NADH_2$, 2 $FADH_2$ e 2 ATP livres.
- Cada $NADH_2$ é capaz de gerar, na cadeia respiratória, 3 ATP. Como são formados 10 $NADH_2$, no total são gerados 30 ATP.
- Cada $FADH_2$ é capaz de gerar, na cadeia respiratória, 2 ATP. Como são formados 2 $FADH_2$, então são gerados mais 4 ATP.

Acompanhe pela Tabela 8-1 as várias etapas da quebra da glicose e o saldo energético de todo o processo. O ATP gerado nesse processo atravessa as membranas das mitocôndrias e difunde-se pelo citoplasma, podendo ser utilizado pela célula.

Tabela 8-1. Quantidade de moléculas de ATP produzidas por molécula de glicose utilizada.

FASE	ONDE OCORRE	MOLÉCULAS DE ATP FORMADAS
glicólise	hialoplasma	2
ciclo de Krebs	matriz mitocondrial	2
cadeia respiratória $NADH_2$ $FADH_2$	membrana da crista mitocondrial	 30 4
total de moléculas de ATP por molécula de glicose utilizada		**38**

Dados compilados pelos autores.

Mitocôndria: matriz e cristas

O ciclo de Krebs e a cadeia respiratória (e a fosforilação oxidativa a ela associada) poderiam acontecer no hialoplasma? Sim, poderiam. Mas, então, qual a vantagem de se realizarem dentro das mitocôndrias? A grande vantagem é a rapidez da ocorrência das reações químicas em um "recinto" fechado. No hialoplasma, os reagentes estariam espalhados, o seu encontro seria dificultado e, como consequência, o processo da respiração aeróbia seria muito lento.

O número de mitocôndrias por célula é muito variável, sendo maior naquelas que apresentam intensa atividade de liberação de energia para o trabalho celular, como é o caso das células musculares e das células nervosas.

Anote!

O ciclo de Krebs ocorre na matriz mitocondrial e a cadeia respiratória, nas cristas da mitocôndria.

Saiba mais!

Célula sem mitocôndria pode respirar?

Pode. Nas bactérias, organismos procariotos, não há organoides membranosos. As reações correspondentes à glicólise e ao ciclo de Krebs ocorrem no hialoplasma, e as relacionadas à cadeia respiratória (e à fosforilação oxidativa a ela associada) são efetuadas nos *mesossomos*, que correspondem a dobras existentes em certos locais da membrana plasmática.

Ali, as substâncias envolvidas na ocorrência dessas duas últimas fases estão organizadas de modo semelhante ao que ocorre nas cristas mitocondriais das células dos eucariotos, e a respiração aeróbia se processa normalmente.

8-7. Fermentação: sem oxigênio

A fermentação é um processo de liberação de energia que ocorre **sem a participação do oxigênio**. É importante perceber que as reações químicas da fermentação são equivalentes às da glicólise. A desmontagem da glicose é parcial, são produzidos resíduos de tamanho molecular maior que os produzidos na respiração e o rendimento em ATP é pequeno.

Nos seres vivos, dois tipos de fermentação são mais comuns, a **fermentação alcoólica** e a **fermentação láctica**.

Fermentação alcoólica: leveduras em ação

Na fermentação alcoólica, as duas moléculas de ácido pirúvico produzidas são convertidas em álcool etílico (também chamado *etanol*), com liberação de duas moléculas de CO_2 e formação de 2 moléculas de ATP (veja a Figura 8-18).

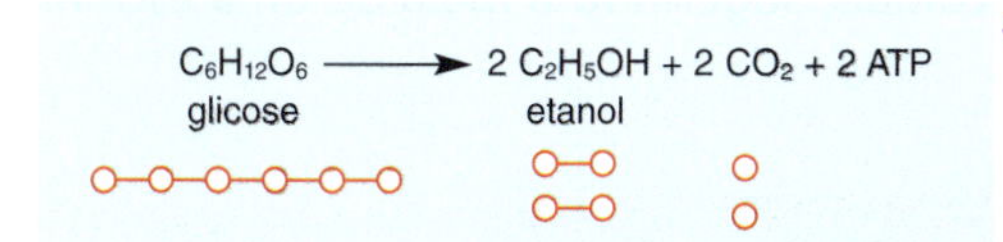

Figura 8-18. Esquema de fermentação alcoólica. Note que, ao final, os 6 átomos de carbono (representados por ○) da molécula de glicose estão distribuídos nas duas moléculas de etanol (de 2 carbonos cada) e nas duas moléculas de gás carbônico (de 1 átomo de carbono cada).

Esse tipo de fermentação é realizado por diversos organismos, destacando-se os chamados "fungos de cerveja", da espécie *Saccharomyces cerevisiae*. O homem há tempos aproveita a atividade fermentadora desses fungos para a produção de bebidas (cerveja, vinho, cachaça) e pão. Mais recentemente, tem-se utilizado esses fungos para a produção industrial de álcool combustível.

Os fungos que fermentam são também capazes de respirar aerobicamente, no caso de haver oxigênio no meio de vida. Com isso, a glicose por eles utilizada é mais profundamente transformada e o saldo em energia é maior (38 ATP) do que os 2 ATP obtidos na fermentação.

Fermentação láctica

Anote!

Durante a fermentação láctica, não há produção de gás carbônico (lembre-se de que na produção de coalhada não há formação de bolhas gasosas, como na cerveja). Nos vinhos "maduros" e na aguardente, o CO_2 já se desprendeu totalmente. Na água ou nos refrigerantes gaseificados, o CO_2 é adicionado pelo fabricante.

Você na net!

Utilize as ferramentas de busca da internet e pesquise sobre câibra e fadiga muscular. Qual é a diferença entre essas duas situações? Depois da realização de intensos exercícios, você sente fadiga muscular ou câibra?

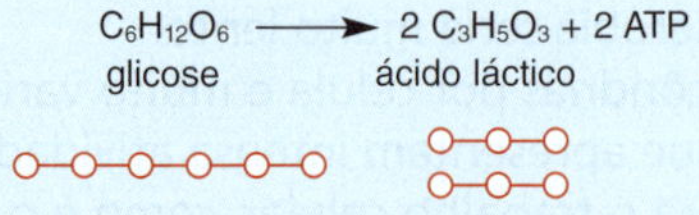

A fermentação láctica é executada por diversos organismos, entre eles lactobacilos (bactérias), que transformam o leite em coalhada. Nesse processo, o açúcar do leite, a lactose, é inicialmente desdobrado, por ação enzimática que ocorre fora das células bacterianas, em glicose e galactose. A seguir, os monossacarídeos entram nas células, onde ocorre a fermentação. Cada molécula de ácido pirúvico é convertida em ácido láctico, que também contém três átomos de carbono.

A acidez decorrente da produção de ácido láctico aumenta e isso provoca a alteração da forma das proteínas do leite que, precipitando-se no meio, acarretam o aumento de consistência, característico da coalhada. O soro que fica na parte superior é água, que existia no leite, com alguns sais minerais e outras substâncias dissolvidas (veja a Figura 8-19).

$$\underset{\text{glicose}}{C_6H_{12}O_6} \longrightarrow \underset{\text{ácido láctico}}{2\ C_3H_5O_3} + 2\ ATP$$

Figura 8-19. Esquema de fermentação láctica, em que, ao final do processo de degradação da glicose, temos a formação de duas moléculas de ácido láctico (de 3 átomos de carbonos cada, representados por ○) e 2 ATP.

8-8. Ácidos nucleicos

base NH_2 — fosfato — OH — açúcar — OH no RNA — H no DNA

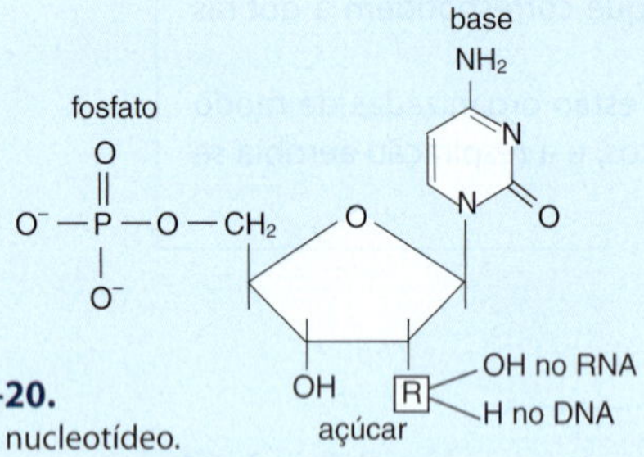

Figura 8-20. A unidade nucleotídeo.

Os ácidos nucleicos são macromoléculas formadas por unidades menores chamadas nucleotídeos. Cada nucleotídeo, por sua vez, é formado por outras 3 unidades: um açúcar (ribose ou desoxirribose), um radical "fosfato" e uma base nitrogenada (Figura 8-20).

Sequências de desoxirribonucleotídeos são constituintes do DNA, **ácido desoxirribonucleico**. Ribonucleotídeos em sequência formam o RNA, **ácido ribonucleico**.

O DNA se diferencia do RNA por possuir o açúcar desoxirribose e os nucleotídeos adenina, citosina, guanina e timina. No RNA, o açúcar é a ribose e os nucleotídeos são adenina, citosina, guanina e uracila (a uracila entra no lugar da timina). Veja a Figura 8-21.

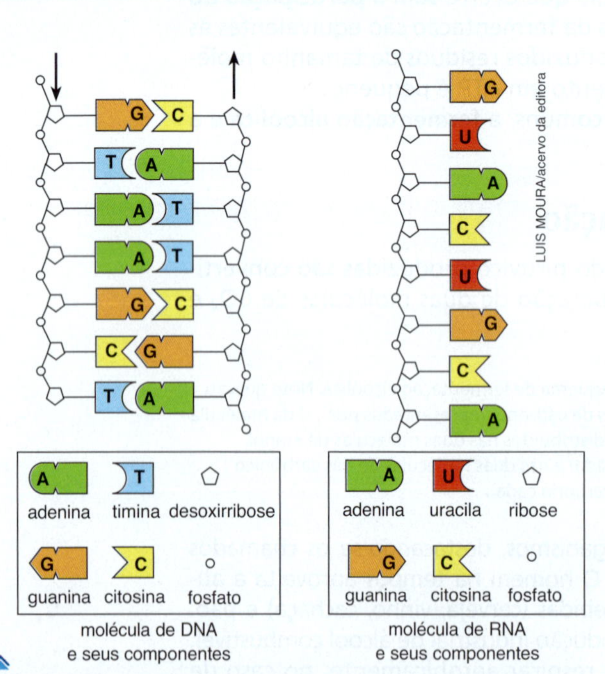

Figura 8-21. Na molécula de DNA, o açúcar é a desoxirribose e existe a base timina. No RNA, o açúcar é a ribose e no lugar da timina entra a uracila. (Cores-fantasia.)

DNA

A partir de experimentos feitos por vários pesquisadores e utilizando os resultados da complexa técnica de *difração com raios X*, Watson e Crick concluíram que, no DNA, as cadeias complementares são helicoidais, sugerindo a ideia de uma escada retorcida.

Anote!

O DNA é o constituinte químico dos genes, os determinantes das características hereditárias de todos os seres vivos.

Nessa "escada", os corrimãos são formados por fosfatos e desoxirribose, enquanto os degraus são constituídos pelos pares de bases nitrogenadas (veja a Figura 8-22 a seguir).

As duas cadeias de nucleotídeos do DNA são unidas uma à outra por ligações chamadas de *pontes* (ou *ligações*) *de hidrogênio*, que se formam entre as bases nitrogenadas de cada fita.

O pareamento de bases ocorre de maneira precisa: *uma base púrica se liga a uma pirimídica* – adenina (A) de uma cadeia pareia com timina (T) da outra e guanina (G) pareia com citosina (C).

O DNA *controla toda a atividade celular*. Ele possui a "receita" para o funcionamento de uma célula. Toda vez que uma célula se divide, a "receita" deve ser passada para as células-filhas. Todo o "arquivo" contendo as informações sobre o funcionamento celular precisa ser duplicado para que cada célula-filha receba o mesmo tipo de informação que existia na célula-mãe. Para que isso ocorra, é fundamental que o DNA sofra "autoduplicação".

Figura 8-22. (a) A "escada" retorcida representativa da molécula de DNA. (b) Pareamento das bases nitrogenadas, formando a dupla-hélice da molécula de DNA. (Cores-fantasia.)

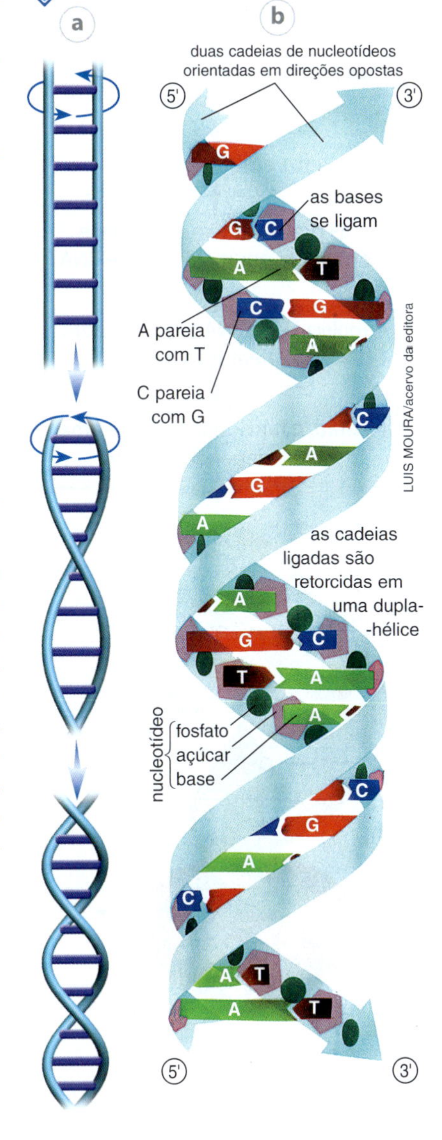

A autoduplicação (replicação) do DNA

O esclarecimento da estrutura da molécula de DNA levou à compreensão do seu mecanismo de duplicação. Veja como isso ocorre:

- O primeiro passo para a autoduplicação (replicação) do DNA é o "desenrolamento" da dupla-hélice, separando-se os pares de bases complementares de cada fita. Isso é feito com a participação de enzimas denominadas *helicases*, que promovem a quebra das pontes de hidrogênio que unem os pares de bases.
- Cada fita separada funciona, agora, como molde para a produção de uma fita complementar. Nos eucariontes, com o auxílio de enzimas conhecidas como DNA *polimerases*, e iniciando-se em certo ponto, nucleotídeos em solução no nucleoplasma vão sendo encaminhados para o pareamento com nucleotídeos complementares nas fitas-moldes: nucleotídeos de *adenina* são encaminhados para o pareamento com os de *timina*. Nucleotídeos de *timina* são levados para o pareamento com os de *adenina* da fita-molde. O mesmo acontece com nucleotídeos de *citosina*, que são levados para o pareamento com os de *guanina*. E nucleotídeos de *guanina* são conduzidos para o pareamento com os de *citosina* da fita-molde. Isso acontece até que para cada fita-molde original uma nova fita complementar seja construída (veja a Figura 8-23).

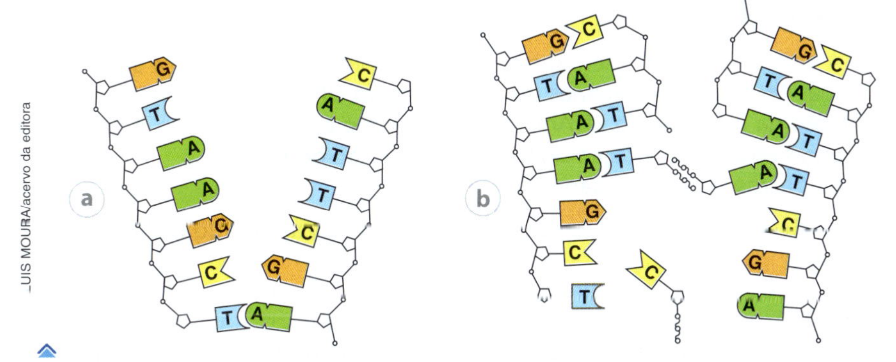

Figura 8-23. Duplicação da molécula de DNA. Em (a), separação das fitas complementares. Em (b), pareamento dos nucleotídeos com as fitas-moldes. Note que as novas moléculas de DNA formadas são exatamente iguais à molécula original. (Cores-fantasia.)

- Terminado o processo de pareamento de bases, duas novas moléculas de DNA se formaram, com uma importante particularidade: em cada uma das moléculas, *uma das fitas é inteiramente nova, a outra é a original* que *serviu de molde* (veja a Figura 8-24).
- A duplicação do DNA é, portanto, *semiconservativa*, ou seja, em cada nova molécula formada, um filamento é velho e o outro é novo.
- Completada a autoduplicação, cada molécula de DNA contendo a "receita" de funcionamento de toda a atividade celular é encaminhada, como parte integrante de cromossomos, para uma célula-filha que está sendo formada no processo de divisão celular.

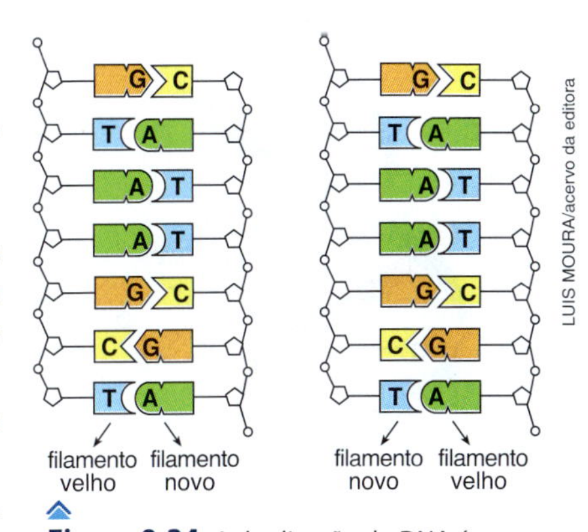

Figura 8-24. A duplicação do DNA é semiconservativa. De cada molécula formada, um dos filamentos é velho e o outro é novo. (Cores-fantasia.)

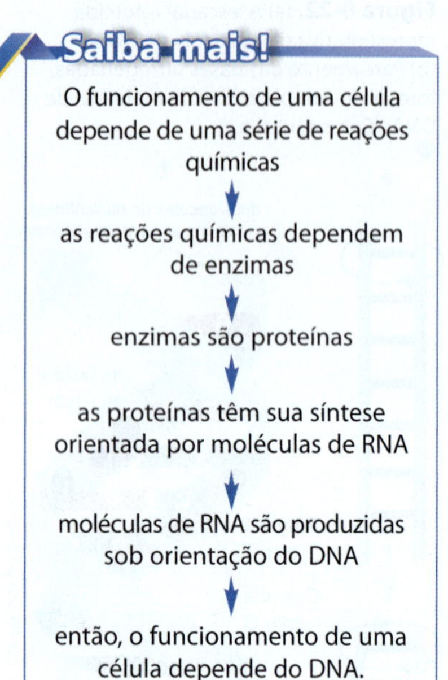

Saiba mais!

O funcionamento de uma célula depende de uma série de reações químicas

↓

as reações químicas dependem de enzimas

↓

enzimas são proteínas

↓

as proteínas têm sua síntese orientada por moléculas de RNA

↓

moléculas de RNA são produzidas sob orientação do DNA

↓

então, o funcionamento de uma célula depende do DNA.

A mensagem do DNA é passada para o RNA

O material genético representado pelo DNA contém uma mensagem em código que precisa ser decifrada e traduzida em proteínas, muitas das quais atuarão nas reações metabólicas da célula. A mensagem contida no DNA deve, inicialmente, ser passada para moléculas de RNA que, por sua vez, orientarão a síntese de proteínas. O *controle* da atividade celular pelo DNA, portanto, é indireto e ocorre por meio da fabricação de moléculas de RNA, em um processo conhecido como **transcrição**.

Anote!

O processo de síntese de RNA a partir de DNA é chamado de **transcrição**.

RNA

As moléculas de RNA são constituídas por uma sequência de *ribonucleotídeos*, formando uma cadeia (fita) simples (veja a Figura 8-25).

Existem três tipos básicos de RNA, que diferem um do outro no peso molecular: o **RNA ribossômico**, representado por RNAr (ou rRNA), o **RNA mensageiro**, representado por RNAm (ou mRNA), e o **RNA transportador**, representado por RNAt (ou tRNA).

O **RNA ribossômico** é o de maior peso molecular e constituinte majoritário do ribossomo, organoide relacionado à síntese de proteínas na célula. O **RNA mensageiro** é o de peso molecular intermediário e atua conjuntamente com os ribossomos na síntese proteica. O **RNA transportador** é o mais leve dos três e encarregado de transportar os aminoácidos que serão utilizados na síntese de proteínas.

LUIS MOURA/acervo da editora

Figura 8-25. O RNA é ácido nucleico de fita (cadeia) simples. (Cores-fantasia.)

Transcrição: a síntese de RNA

A síntese de RNA (mensageiro, por exemplo) se inicia com a separação das duas fitas de DNA. Apenas uma das fitas do DNA serve de molde para a produção da molécula de RNAm. A outra fita não é transcrita. Essa é uma das diferenças entre a duplicação do DNA e a produção do RNA.

As outras diferenças são:

- os nucleotídeos utilizados possuem o açúcar *ribose* no lugar da desoxirribose;
- há a participação de nucleotídeos de *uracila* no lugar de nucleotídeos de timina. Assim, se na fita de DNA que está sendo transcrita aparecer adenina, encaminha-se para ela um nucleotídeo complementar contendo uracila;
- se no DNA aparecer citosina, o nucleotídeo complementar do RNA será guanina. Caso seja guanina, o nucleotídeo do RNA será citosina. Finalmente, a base timina, exclusiva do DNA, terá como base complementar a adenina no RNA;
- a enzima que intervém no processo de polimerização de RNAm é a RNA *polimerase* (veja a Figura 8-26);
- a produção de RNA ribossômico e a de RNA transportador é feita com a participação de outras duas RNA polimerases.

Em uma célula eucariótica, o RNAm produzido destaca-se de seu molde e, após passar por um processamento, atravessa a carioteca e se dirige para o citoplasma, onde se dará a síntese proteica. Com o fim da transcrição, as duas fitas de DNA se unem novamente, refazendo-se a dupla-hélice.

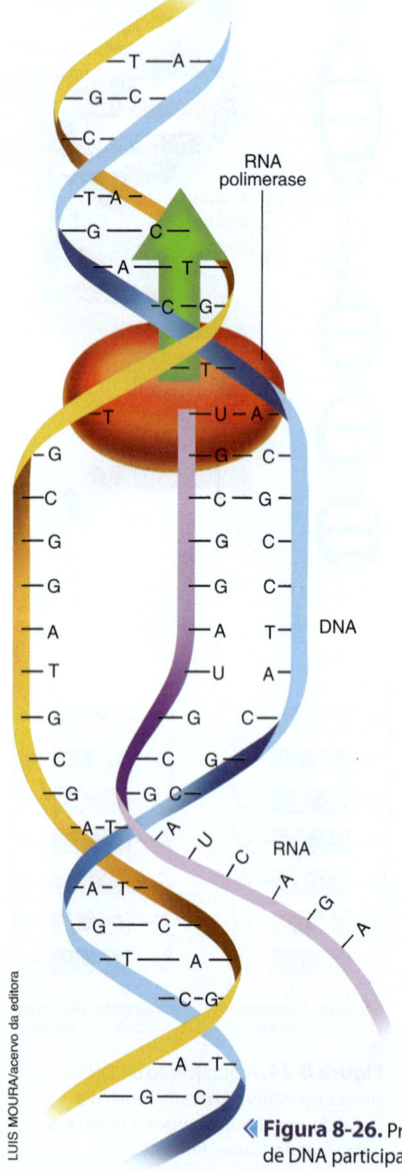

Figura 8-26. Produção de RNA: só uma das fitas de DNA participa. (Cores-fantasia. Ilustrações fora de escala.)

8-9. O código genético

A mensagem genética contida no DNA é formada por um alfabeto de quatro letras que correspondem aos quatro nucleotídeos: A, T, C e G. Com essas quatro letras é preciso formar "palavras" que possuam o significado de "aminoácidos". Cada proteína corresponde a uma "frase" formada pelas "palavras", que são os aminoácidos. De que maneira apenas quatro letras do alfabeto do DNA poderiam ser combinadas para corresponder a cada uma das vinte "palavras" representadas pelos vinte aminoácidos diferentes que ocorrem nos seres vivos?

Uma proposta brilhantemente sugerida por vários pesquisadores, e depois confirmada por métodos experimentais, foi a de que a cada três letras (uma trinca de bases) do DNA corresponderia uma "palavra", isto é, um aminoácido. Nesse caso, haveria 64 combinações possíveis de três letras, o que seria mais do que suficiente para codificar os vinte tipos diferentes de aminoácidos (matematicamente, utilizando o método das combinações, seriam, então, 4 letras combinadas 3 a 3, ou seja, $4^3 = 64$ combinações possíveis).

O código genético do DNA se expressa por *trincas* de bases, que foram denominadas **códons**. Cada códon, formado por três letras, corresponde a certo aminoácido.

No entanto, surge um problema. Como são vinte os diferentes aminoácidos, há mais códons do que tipos de aminoácidos! Deve-se concluir, então, que há aminoácidos que são especificados por mais de um códon, o que foi confirmado. A Tabela 8-2 a seguir especifica os códons de RNAm que podem ser formados e os correspondentes aminoácidos que especificam.

Anote!

Um códon equivale a uma trinca de bases do DNA ou do RNA mensageiro. Por exemplo: o códon AAA corresponde à colocação do aminoácido lisina na proteína.

Anote!

A correspondência existente entre o trio de bases do DNA, o trio de bases do RNA e os aminoácidos por eles especificados constitui uma mensagem em código que passou a ser conhecida como "código genético".

Tabela 8-2. Os códons de RNAm e os aminoácidos que especificam.

PRIMEIRA LETRA	SEGUNDA LETRA: U	SEGUNDA LETRA: C	SEGUNDA LETRA: A	SEGUNDA LETRA: G	TERCEIRA LETRA
U	UUU, UUC – Phe UUA, UUG – Leu	UCU, UCC, UCA, UCG – Ser	UAU, UAC – Tyr UAA Parada UAG Parada	UGU, UGC – Cys UGA Parada UGG – Trp	U C A G
C	CUU, CUC, CUA, CUG – Leu	CCU, CCC, CCA, CCG – Pro	CAU, CAC – His CAA, CAG – Gln	CGU, CGC, CGA, CGG – Arg	U C A G
A	AUU, AUC, AUA – Ile AUG – Met (Início)	ACU, ACC, ACA, ACG – Thr	AAU, AAC – Asn AAA, AAG – Lys	AGU, AGC – Ser AGA, AGG – Arg	U C A G
G	GUU, GUC, GUA, GUG – Val	GCU, GCC, GCA, GCG – Ala	GAU, GAC – Asp GAA, GAG – Glu	GGU, GGC, GGA, GGG – Gly	U C A G

Abreviações dos aminoácidos:

Ala – alanina	Cys – cisteína	His – histidina	Met – metionina	Thr – treonina
Arg – arginina	Gln – glutamina	Ile – isoleucina	Phe – fenilalanina	Trp – triptofano
Asn – asparagina	Glu – ácido glutâmico	Leu – leucina	Pro – prolina	Tyr – tirosina
Asp – ácido aspártico	Gly – glicina	Lys – lisina	Ser – serina	Val – valina

O códon AUG, que codifica para o aminoácido metionina, também significa **início de leitura**, ou seja, é um códon que indica aos ribossomos que é por esse trio de bases que deve ser iniciada a leitura do RNAm.

Note que três códons não especificam nenhum aminoácido. São os códons UAA, UAG e UGA, chamados **códons de ponto final** (parada) durante a "leitura" do RNA pelos ribossomos, na síntese proteica.

Diz-se que o código genético é **degenerado**, porque cada "palavra" (entenda-se aminoácido) pode ser especificada por mais de uma trinca, e **universal**, pois em todos os organismos da Terra atual ele funciona da mesma maneira, quer seja em bactérias, quer seja em um abacateiro, quer seja no homem.

8-10. Tradução: síntese de proteínas

Tradução é o nome utilizado para designar o processo de síntese de proteínas. Ocorre no citoplasma com a participação, entre outros, de RNA e de aminoácidos.

Quem participa da síntese de proteínas?

O RNA produzido que contém uma sequência de bases nitrogenadas transcrita do DNA é um RNA mensageiro. No citoplasma, ele será um dos participantes da síntese de proteínas, juntamente com outros dois tipos de RNA, todos de fita simples e produzidos segundo o mesmo processo descrito para o RNA mensageiro:

> **Anote!**
>
> Cístron (gene) é o segmento de DNA que contém as informações para a síntese de um polipeptídio ou proteína.

- RNA ribossômico, RNAr. Associando-se a proteínas, as fitas de RNAr formarão os *ribossomos*, orgânulos responsáveis pela leitura da mensagem contida no RNA mensageiro;
- RNAs transportadores, RNAt. Assim chamados porque serão os responsáveis pelo transporte de aminoácidos até o local onde se dará a síntese de proteínas junto aos ribossomos. São moléculas de RNA de fita simples, de pequeno tamanho, contendo, cada uma, cerca de 75 a 85 nucleotídeos. Cada fita de RNAt torce-se sobre si mesma, adquirindo o aspecto indicado na Figura 8-27.

Duas regiões se destacam em cada transportador: uma é o local em que se ligará o aminoácido a ser transportado e a outra corresponde ao *trio de bases complementares* (chamado **anticódon**) do RNAt, que se encaixará no códon correspondente do RNAm.

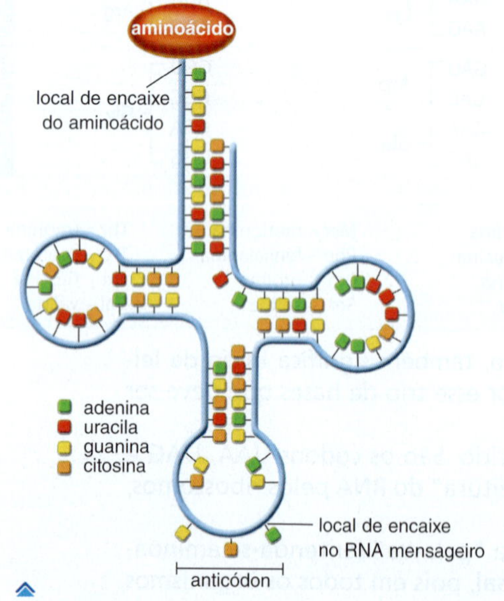

Figura 8-27. Modelo esquemático de uma molécula de RNA transportador. (Cores-fantasia.)

Tradução

A **tradução** é um processo no qual haverá a leitura da mensagem contida na molécula de RNAm pelos ribossomos, decodificando a linguagem de ácido nucleico para a linguagem de proteína.

Cada RNAt em solução liga-se a determinado aminoácido, formando-se uma molécula chamada *aminoacil-RNAt*, que conterá, na extremidade correspondente ao anticódon, um trio de bases que se encaixará ao respectivo códon do RNAm. Para entendermos bem esse processo, vamos admitir que ocorra a síntese de um peptídio contendo apenas sete aminoácidos, o que se dará a partir da leitura de um RNAm contendo sete códons (21 bases nitrogenadas). A leitura (tradução) será efetuada por um ribossomo que se deslocará ao longo do RNAm.

Esquematicamente, na síntese proteica teríamos (acompanhe pelo quadro abaixo):

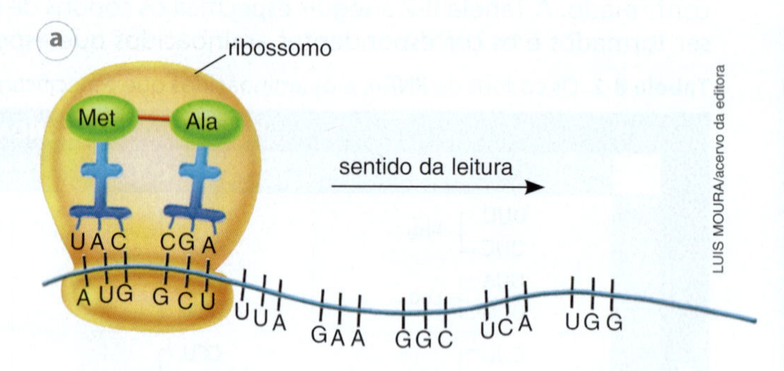

a) No citoplasma, um ribossomo se liga ao RNAm na extremidade correspondente ao início da leitura. Dois RNAt, carregando seus respectivos aminoácidos (*metionina* e *alanina*), prendem-se ao ribossomo. Cada RNAt liga seu trio de bases (anticódon) ao trio de bases correspondentes ao códon do RNAm. Uma ligação peptídica une a *metionina* à *alanina*.

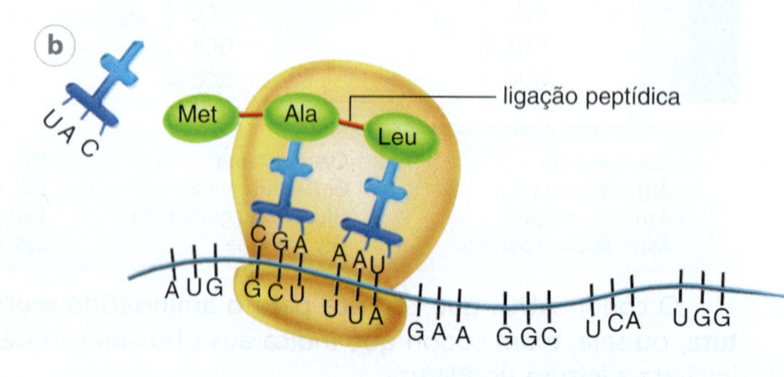

b) O ribossomo se desloca ao longo do RNAm. O RNAt que carregava a metionina se desliga do ribossomo e fica livre no citoplasma, podendo ligar-se a outra metionina. Um terceiro RNAt, carregando o aminoácido *leucina*, une seu anticódon ao códon correspondente do RNAm. Uma ligação peptídica é feita entre a *leucina* e a *alanina*.

Os polirribossomos

Em algumas células, certas proteínas são produzidas em grande quantidade. Por exemplo, a observação de glândulas secretoras de certos hormônios de natureza proteica (que são liberados para o sangue, indo atuar em outros órgãos do mesmo organismo) mostra, em certos locais, uma fileira de ribossomos efetuando a leitura do mesmo RNA mensageiro. Assim, grandes quantidades da mesma proteína são produzidas.

Esse processo lembra muito o que acontece em uma fábrica de televisores em que uma série de aparelhos é produzida ao longo de uma esteira rolante, à medida que as peças vão sendo encaixadas pelos funcionários durante o processo de produção (veja a Figura 8-28).

Ao conjunto de ribossomos, atuando ao longo de um RNAm, dá-se o nome de **polirribossomos**.

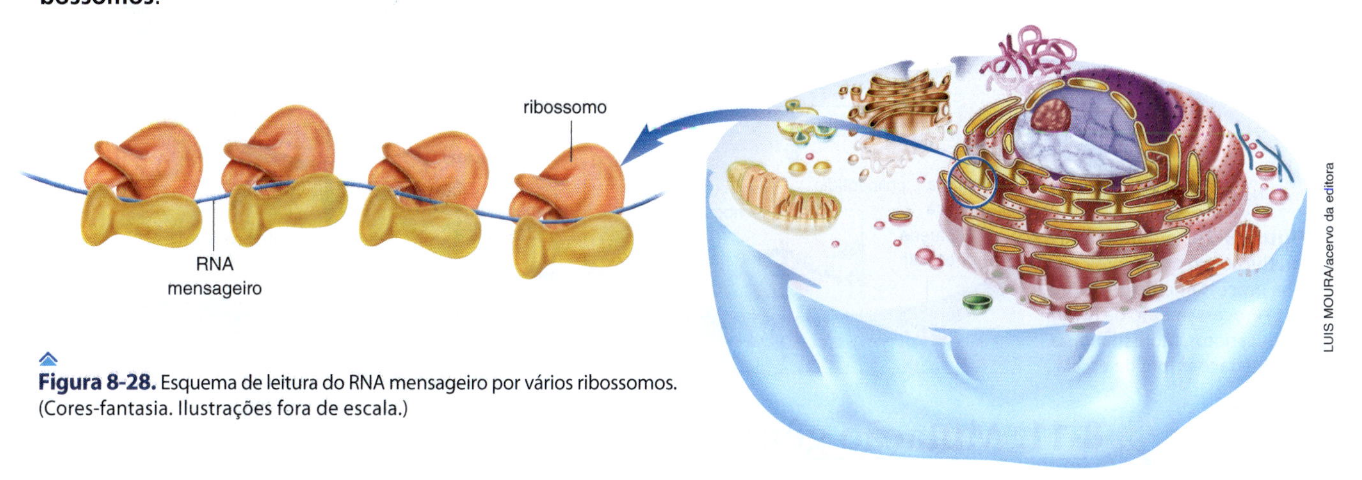

Figura 8-28. Esquema de leitura do RNA mensageiro por vários ribossomos. (Cores-fantasia. Ilustrações fora de escala.)

O processamento do RNAm em eucariotos: introns e exons

Nos eucariotos, o RNAm, antes de ser enviado ao citoplasma para participar da síntese proteica, passa por um *processamento*. Isso ocorre porque, ao longo da fita de DNA que gerou o RNAm – chamado de transcrito primário (ou pré-RNA) – nem toda sequência de bases representa a mensagem para a síntese de um polipeptídio ou proteína. Explicando melhor: ao longo da fita de DNA a ser transcrita existem algumas sequências de bases, conhecidas como **introns**, que representam sequências não codificantes, e outras, os **exons**, que são as sequências realmente codificantes e que resultarão em uma proteína (ou polipeptídio).

Assim, depois que o RNAm (o transcrito primário) é produzido, ele passa por um processamento em que os introns são removidos, por ação de um complexo de natureza enzimática, que, ao mesmo tempo, promove a união dos fragmentos contendo os exons. Os biólogos moleculares denominam essa ação de remover introns e unir exons de "*splicing*" (que, na língua inglesa, possui o significado de *emendar ou unir fragmentos*). Do mesmo modo, o complexo de ação enzimática (na verdade, uma reunião de ribonucleoproteínas) que atua no processamento é denominado de *spliceossomo*. Agora, um fato notável: nos eucariotos, é comum ocorrer o *"splicing" alternativo*. O que significa isso? Na verdade, a junção dos exons, após a remoção dos introns, pode ser feita em diferentes combinações, cada uma delas resultando em polipeptídios (ou proteínas) diferentes. Por meio desse mecanismo alternativo, os cerca de 30.000 genes humanos, por exemplo, poderiam codificar a síntese de cerca de 120.000 tipos diferentes de RNAm processados! É conhecido o fato de que células de glândulas humanas – a tireoide, por exemplo – efetuam o processamento do mesmo transcrito primário diferentemente, conduzindo, assim, à produção de hormônios diferentes.

A título de comparação, é preciso dizer que na grande maioria dos procariotos (bactérias) o processamento do RNAm é praticamente inexistente. Relembre que nesses seres as células não possuem núcleo organizado. O RNAm produzido (o transcrito primário) contém em sua sequência a informação para a síntese de várias proteínas. Outra importante diferença reside no fato de que, à medida que a transcrição vai acontecendo, ao mesmo tempo ocorre a síntese proteica. Os ribossomos aderem ao RNAm e promovem a tradução da mensagem, o que conduz à síntese de várias proteínas em série.

A Figura 8-29 resume o que ocorre em células de eucariotos e procariotos em termos da produção de RNAm e síntese de proteínas.

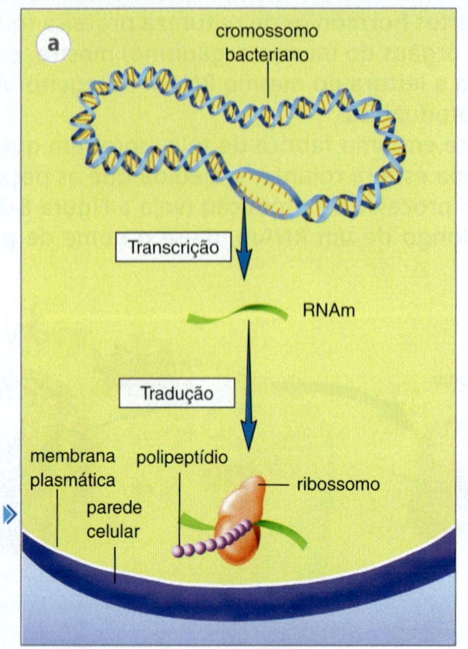

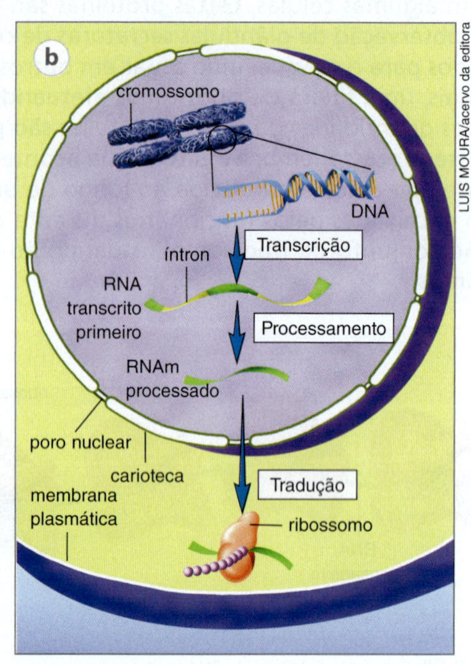

RAVEN. P. H. *et al. Biology*. 7. ed. New York: McGraw-Hill, 2005.

Figura 8-29. (a) Transcrição e tradução em procariotos: não há processamento de RNAm. (b) Processamento de RNAm em eucariotos. (Cores-fantasia. Ilustrações fora de escala.)

8-11. Mutação gênica

Todos os dias, as suas células produzem proteínas que contêm aminoácidos em uma certa sequência. Imagine, por exemplo, que em certo dia uma célula da epiderme de sua pele produza uma proteína diferente. Suponha também que essa proteína seja uma enzima que atue em uma reação química que leva à produção de um pigmento amarelo, em vez do pigmento normalmente encontrado na pele, a melanina. Essa célula se multiplica e, de repente, aparece uma mancha amarelada em sua pele. Provavelmente, essa enzima pode ter sofrido uma alteração em sua sequência de aminoácidos, tendo havido a substituição de um aminoácido por outro, o que acarretou uma mudança em seu mecanismo de atuação e, como consequência, levou à produção de um pigmento de cor diferente. Agora, como a sequência de aminoácidos em uma proteína é determinada pela ação de um certo gene, é possível que tenha acontecido uma alteração na sequência de bases no gene que conduz à síntese do pigmento.

Essa alteração na sequência de bases na molécula de DNA constituinte do gene é que se chama de **mutação gênica**.

Saiba mais!

A mutação e suas consequências

Se a alteração na sequência de aminoácidos na proteína não afetar o funcionamento da molécula e não prejudicar o organismo, de modo geral ela passa despercebida, é indiferente.

Outras vezes, a alteração leva a um favorecimento. Imagine, por exemplo, que certa célula do seu intestino passe a produzir uma enzima chamada celulase, capaz de digerir a celulose dos vegetais que você come. Provavelmente, a mutação que levou a esse erro será vantajosa para você, que poderá eventualmente até alimentar-se de papel picado!

Muitas vezes, porém, a mutação pode ser prejudicial. Na anemia falciforme, a substituição do aminoácido ácido glutâmico pelo aminoácido valina, em uma das cadeias da hemoglobina, conduz a uma alteração na forma da proteína toda. Essa alteração muda o formato do glóbulo vermelho, que passa a ser incapaz de transportar oxigênio. Outra consequência, grave, é que hemácias com formato de foice grudam umas nas outras nos capilares sanguíneos, o que pode provocar obstruções no trajeto para os tecidos.

As mutações são hereditárias

Dependendo da célula em que a mutação ocorre, ela pode ser transmitida à descendência. Nas suposições que fizemos, relacionadas ao pigmento da pele e à enzima celulase, evidentemente que não ocorrerá a transmissão dos genes mutantes para os seus filhos.

Trata-se de *mutações somáticas*, ou seja, ocorreram em células não envolvidas na confecção de gametas.

Já a mutação que conduziu à anemia falciforme deve ter ocorrido, no passado, em células da *linhagem germinativa* de algum antepassado. O gene anômalo, então surgido, deve ter sido transportado por um gameta e daí se espalhou pela espécie humana.

As causas das mutações

De maneira geral, as mutações ocorrem como consequência de erros no processo de duplicação do DNA. Acontecem em baixíssima frequência. Muitas delas, inclusive, são corrigidas por mecanismos especiais, de determinado gene.

Há, no entanto, certos agentes do ambiente que podem aumentar a taxa de ocorrência de erros genéticos. Entre esses agentes mutagênicos podemos citar: benzopireno e alcatrão, que são substâncias existentes no fumo, os raios X, a luz ultravioleta, o gás mostarda, ácido nitroso e alguns corantes existentes nos alimentos. Não é à toa que, em muitos países, é crescente a preocupação com a diminuição da espessura da camada do gás ozônio (O_3), que circunda a atmosfera terrestre. Esse gás atua como filtro de luz ultravioleta proveniente do Sol. Com a diminuição da sua espessura, aumenta a incidência desse tipo de radiação, o que pode afetar a pele das pessoas. Ocorrem lesões no material genético, que podem levar a certos tipos de câncer de pele.

Estabelecendo conexões!

Obesidade, certos tipos de câncer e distúrbios psiquiátricos, entre outros, estão na mira dos estudos dos cientistas que acreditam que a ação de certas substâncias pode estar envolvida no silenciamento ou na liberação de genes em muitos animais e, inclusive, na espécie humana.

Pesquisas recentes sugerem que o funcionamento dos genes pode ser modificado por meio da ação de substâncias químicas, e, mais importante, sem alterar a sequência de bases, ou seja, sem causar mutações no material genético. Essa é a base do que hoje é denominado de ***epigênese*** ou ***epigenética*** (do grego *epi* = = sobre, em cima de).

Quanto ao mecanismo dessa ação, discute-se, hoje, a participação de substâncias relacionadas à dieta humana. Por exemplo, trabalhos realizados pela geneticista Emma Whitelaw evidenciaram que ratas prenhes alimentadas com uma dieta rica em vitamina B_{12} (presente em carnes, ovos e laticínios), ácido fólico e soja tiveram filhotes não obesos, muito embora possuíssem o gene para obesidade. Sabe-se, também, que o principal mecanismo envolvido no silenciamento ou na liberação do trabalho gênico reside na ação de grupos metil. São pequenas moléculas que, ligando-se a determinada sequência de bases de DNA, podem promover o seu silenciamento, enquanto a remoção dessas moléculas libera o gene, que pode, então, voltar a funcionar normalmente. O mais curioso nesses trabalhos é que esse tipo de ação pode ser herdado, ou seja, transmitido de geração a geração.

Que procedimentos poderiam ser adotados no sentido de esclarecer as pessoas quanto às consequências advindas da ingestão incorreta, excessiva e desnecessária de determinados nutrientes? Por meio de quais mecanismos atuais essas informações poderiam ser obtidas?

ATIVIDADES

A CAMINHO DO ENEM

1. (Enem) Pesquisadores conseguiram estimular a absorção de energia luminosa em plantas graças ao uso de nanotubos de carbono. Para isso, nanotubos de carbono "se inseriram" no interior dos cloroplastos por uma montagem espontânea, através das membranas dos cloroplastos. Pigmentos da planta absorvem as radiações luminosas, os elétrons são "excitados" e se deslocam no interior de membranas dos cloroplastos, e a planta utiliza em seguida essa energia elétrica para a fabricação de açúcares. Os nanotubos de carbono podem absorver comprimentos de onda habitualmente não utilizados pelos cloroplastos, e os pesquisadores tiveram a ideia de utilizá-los como "antenas", estimulando a conversão de energia solar pelos cloroplastos, com o aumento do transporte de elétrons.

Adaptado de: Nanotubos de carbono incrementam a fotossíntese de plantas. *Disponível em:* <http://lques.unicamp.br>. *Acesso em:* 14 nov. 2014.

O aumento da eficiência fotossintética ocorreu pelo fato de os nanotubos de carbono promoverem diretamente a

a) utilização de água.
b) absorção de fótons.
c) formação de gás oxigênio.
d) proliferação dos cloroplastos.
e) captação de dióxido de carbono.

2. (Enem) Em uma aula sobre metabolismo energético, foi apresentado um experimento clássico realizado por Engelmann. Um recipiente contendo bactérias aeróbias e uma alga verde filamentosa foi submetido à iluminação de uma fonte de luz, representada pelo microespectro. Após a explicação, um aluno esquematizou na lousa o resultado do referido experimento.

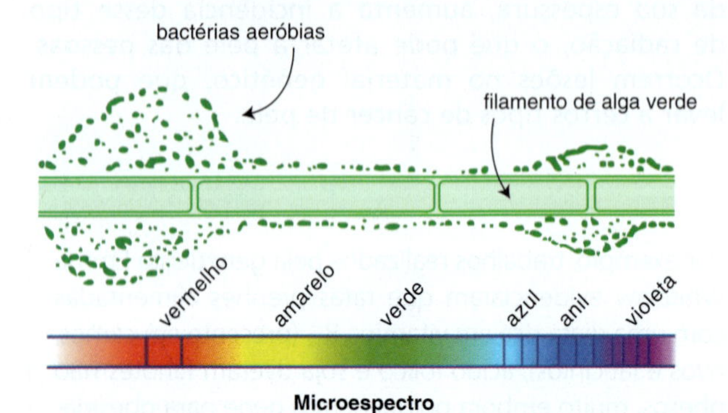

Considerando a figura, a faixa do microespectro em que a alga possui maior taxa de realização fotossintética é a do:

a) anil.
b) verde.
c) violeta.
d) amarelo.
e) vermelho.

3. (Enem) Normalmente, as células do organismo humano realizam a respiração aeróbica, na qual o consumo de uma molécula de glicose gera 38 moléculas de ATP. Contudo, em condições anaeróbicas, o consumo de uma molécula de glicose pelas células é capaz de gerar apenas duas moléculas de ATP.

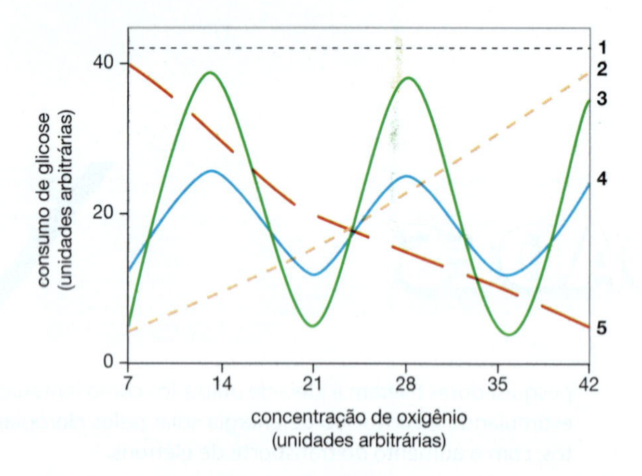

Qual curva representa o perfil de consumo de glicose, para manutenção da homeostase de uma célula que inicialmente está em uma condição anaeróbica e é submetida a um aumento gradual da concentração de oxigênio?

a) 1
b) 2
c) 3
d) 4
e) 5

4. (Enem) O esquema representa, de maneira simplificada, o processo de produção de etanol utilizando milho como matéria-prima.

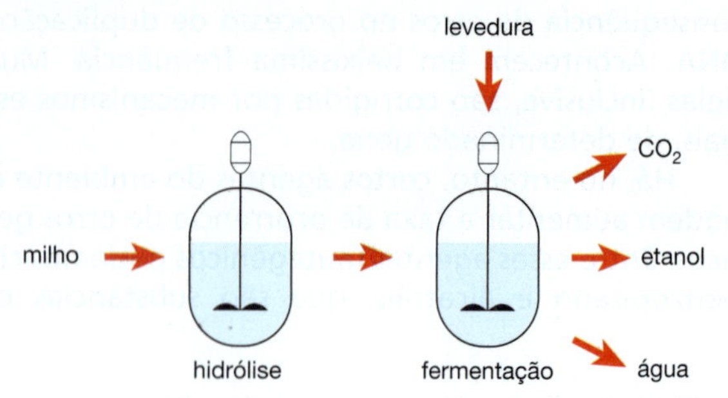

A etapa de hidrólise na produção de etanol a partir do milho é fundamental para que

a) a glicose seja convertida em sacarose.
b) as enzimas dessa planta sejam ativadas.
c) a maceração favoreça a solubilização em água.
d) o amido seja transformado em substratos utilizáveis pela levedura.
e) os grãos com diferentes composições químicas sejam padronizados.

5. (Enem) O 2,4-dinitrofenol (DNP) é conhecido como desacoplador da cadeia de elétrons na mitocôndria e apresenta um efeito emagrecedor. Contudo, por ser perigoso e pela ocorrência de casos letais, seu uso como medicamento é proibido em diversos países, inclusive no Brasil. Na mitocôndria, essa substância captura, no espaço intermembranas, prótons (H^+) provenientes da atividade das proteínas da cadeia respiratória, retornando-os à matriz mitocondrial. Assim, esses prótons não passam pelo transporte enzimático na membrana interna.

Adaptado de: GRUNDLINGH, J. *et al.* 2,4-Dinitrophenol (DNP): a Weight Loss Agent with Significant Acute Toxicity and Risk of Dealh. *Journal of Medical Toxicology*, v. 7, 2011.

O efeito emagrecedor desse composto está relacionado ao(à)

a) obstrução da cadeia respiratória, resultando em maior consumo celular de ácidos graxos.
b) bloqueio das reações do ciclo de Krebs, resultando em maior gasto celular de energia.
c) diminuição da produção de acetil-CoA, resultando em maior gasto celular de piruvato.
d) inibição da glicólise, resultando em maior absorção celular da glicose sanguínea.
e) redução da produção de ATP, resultando em maior gasto celular de nutrientes.

6. (Enem) Em uma das etapas do processo de produção de iogurte, esquematizado na figura, ocorre a mudança da consistência característica do leite, de líquido para gel.

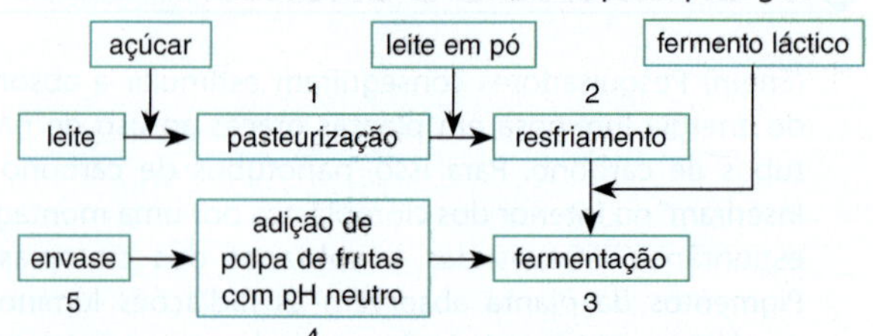

Adaptado de: ROBERT, N. R. *Disponível em:* <www.respostatecnica.org.br>. *Acesso em:* 26 fev. 2012.

Em qual etapa ocorre essa mudança de consistência?

a) 1 b) 2 c) 3 d) 4 e) 5

7. (Enem) Os dois tipos de moléculas primariamente envolvidos no controle das atividades químicas das células são os ácidos nucleicos e as proteínas. O esquema abaixo representa um modelo presente nos sistemas biológicos que possibilita às células produzirem as proteínas.

DNA ⟶ RNA ⟶ proteínas

Ocorre que o DNA, segundo o modelo de Watson-Crick, possui os mesmos componentes essenciais dispostos no mesmo padrão estrutural fundamental. Então, que estrutura determina a produção de proteínas tão diferentes como a insulina e a queratina?

a) Os ribossomos, pois são formados por RNA ribossômico e proteínas (insulina, queratina ou qualquer outra proteína).
b) Os RNAs transportadores, pois atuam como ponte entre os aminoácidos e o RNA mensageiro.
c) Os RNA mensageiros produzidos pelo processo de transcrição no citoplasma e traduzidos nos ribossomos, também presentes no citoplasma.
d) O fato de que cada tipo de célula usa um "dicionário" próprio do código genético. Dessa forma, a célula da pele produz a queratina, a célula pancreática, a insulina.
e) A sequência de bases nitrogenadas do RNA mensageiro, que é formado a partir de uma hélice do DNA, por meio de um processo chamado de transcrição.

TESTE SEUS CONHECIMENTOS

1. (PUC – RS) Cada vez que uma molécula de glicose é quebrada, a energia pode ser liberada para o meio ou transferida para moléculas de ATP (adenosina trifosfato). Assinale V (verdadeiro) ou F (falso) para as afirmações sobre o ATP.

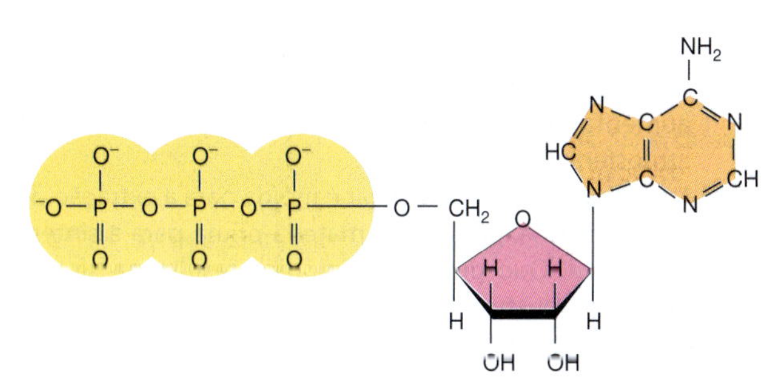

( ) Pode ser produzido durante a fase escura da fotossíntese.
( ) É produzido ao longo do processo de respiração celular.
( ) Tem menor valor energético que o ADP (adenosina difosfato).
( ) Possui (ou apresenta) sua maior concentração energética nas ligações entre os fosfatos.
( ) Sua pentose é uma desoxirribose.

O correto preenchimento dos parênteses, de cima para baixo, é

a) F – V – F – V – F
b) F – V – V – F – V
c) V – F – V – F – F
d) V – F – F – V – V

2. (Fema – RS) A figura mostra as regiões de um cloroplasto.

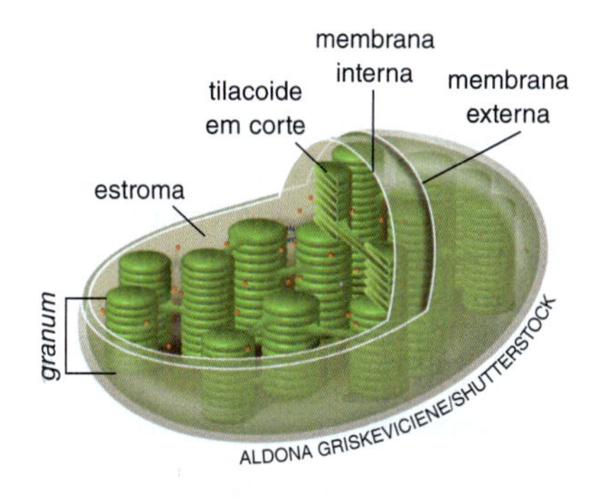

As etapas da fotossíntese que ocorrem na membrana tilacoide e no estroma são, respectivamente,

a) fotólise da água e absorção de luz.
b) absorção de luz e produção de ATP.
c) conversão de CO_2 em glicídios e transporte de elétrons.
d) produção de ATP e conversão de CO_2 em glicídios.
e) transporte de elétrons e fotólise da água.

3. (FMABC – SP) Uma quantidade surpreendente de famílias de herbicidas atua direta ou indiretamente em reações fotoquímicas. Esses herbicidas inibem o fluxo de elétrons no fotossistema II e, além disso, capturam os elétrons do fotossistema I, necessários para a redução do NADP+ a NADPH.

Adaptado de: MARCHI, G. *et al. Herbicidas:* mecanismos de ação e uso. 2008.

A figura mostra a relação entre as etapas fotoquímica e química que ocorrem no interior dos cloroplastos.

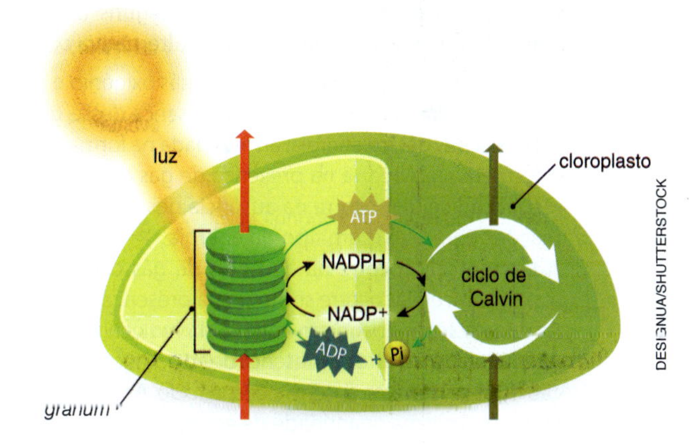

A aplicação de um herbicida que captura os elétrons necessários à redução do $NADP^+$ a NADPH nos cloroplastos terá como consequência a interrupção da

a) liberação de moléculas de O_2.
b) fotólise da água.
c) captação de luz pela clorofila.
d) entrada de CO_2 nos cloroplastos.
e) síntese de moléculas de glicose.

4. (UVV – ES) As células são estruturas dinâmicas e em constante atividade, sendo necessários, para tal, a obtenção e o consumo de energia. A obtenção de energia nas células ocorre por processos de respiração celular, os quais podem ser anaeróbio (também denominado fermentação) ou aeróbio.

Considere seus conhecimentos sobre o assunto e assinale a alternativa correta.

a) A respiração aeróbia é um processo energeticamente menos eficiente em comparação com a fermentação.
b) A respiração aeróbia consiste na transformação de uma molécula de glicose em seis moléculas de oxigênio.
c) A respiração aeróbia está composta por três etapas, como: glicólise, ciclo de Krebs e cadeia respiratória.
d) A respiração aeróbia se inicia no citoplasma e continua no interior do retículo endoplasmático rugoso.
e) A fermentação resulta na produção de 38 moléculas de ATP que são responsáveis pelo armazenamento de energia.

5. (A. Einstein – SP) O ácido pirúvico é sintetizado no citoplasma e é utilizado em uma sequência de reações químicas em que há formação de moléculas de $NADH_2$, $FADH_2$, ATP e CO_2. As duas primeiras moléculas, que são aceptoras de hidrogênio, sofrem oxidação, ou seja, liberam hidrogênio, cujos elétrons são captados por uma sequência limitada de citocromos. Do último citocromo, a transferência de elétrons é captada pelo oxigênio. Essas transferências de elétrons são relevantes para a síntese de moléculas de ATP, que são fundamentais no metabolismo celular.

O texto faz referência às reações químicas que ocorrem no interior

a) do retículo endoplasmático.
b) das mitocôndrias.
c) do complexo golgiense.
d) dos lisossomos.
e) dos cloroplastos.

6. (Famerp – SP) A fermentação lática e a respiração celular são reações bioquímicas que ocorrem em diferentes condições nas células musculares, gerando alguns produtos similares. Sobre essas reações assinale a alternativa correta.

a) A fermentação ocorre na ausência de gás oxigênio e a respiração celular ocorre somente na presença desse gás. As duas reações geram energia, armazenada na forma de ATP.
b) A fermentação ocorre na presença de gás carbônico e a respiração celular ocorre na ausência desse gás. As duas reações geram ATP, um tipo de energia.
c) A fermentação ocorre na ausência de gás oxigênio e a respiração celular ocorre somente na presença desse gás. As duas reações absorvem energia da molécula de ATP.
d) A fermentação ocorre na presença de ácido lático e a respiração celular ocorre na ausência desse ácido. As duas reações liberam a mesma quantidade de energia na forma de ATP.
e) A fermentação ocorre na presença de gás oxigênio e a respiração celular ocorre na ausência desse gás. As duas reações geram energia, armazenada na forma de ATP.

7. (FPS – PE) Quase todos os seres vivos empregam o oxigênio num processo que libera energia para as suas atividades. Na figura abaixo, está representado qual tipo de processo de obtenção de energia?

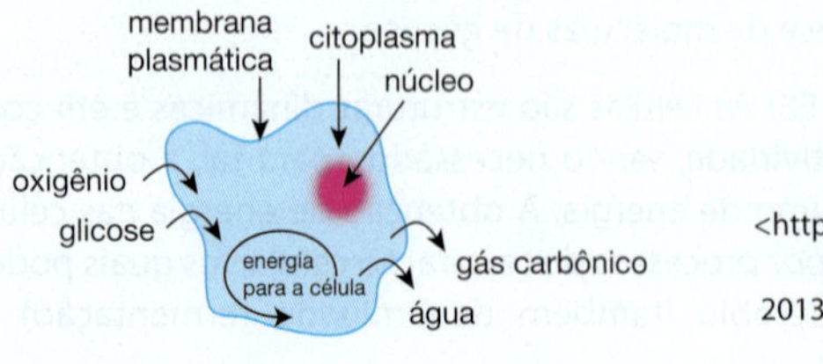

Adaptado de: <http://ciencias-mix.blogspot.com/2013/01/respiracao-celular.html>.

a) fermentação láctea
b) quimiossíntese
c) fermentação alcoólica
d) fotossíntese
e) respiração celular

8. (UFJF – MG) A fotossíntese é um processo essencial à vida, cuja equação simplificada pode ser vista abaixo:

$$\underset{\text{gás carbônico}}{CO_2} + \underset{\text{água}}{2\,H_2O} \xrightarrow{\text{luz}} \underset{\text{glicídio}}{C(H_2O)} + \underset{\text{gás carbônico}}{O_2} + \underset{\text{água}}{H_2O}$$

a) Qual é a organela celular que ocorre em vegetais, responsável pelos processos bioquímicos da equação apresentada?
b) Quais são as quatro etapas da fotossíntese?
c) Diferencie organismos autotróficos de organismos heterotróficos.

9. (Unesp) O Brasil é o maior produtor mundial de cana-de-açúcar, que, hoje, é o insumo básico de uma ampla variedade de produtos e serviços de valor agregado, como o etanol e a bioeletricidade. A principal atratividade do etanol é o grande benefício para o meio ambiente: estima-se que, em substituição à gasolina, seja possível evitar até 90% das emissões de gases do efeito estufa. Já a bioeletricidade, mais novo e importante produto do setor sucroenergético, é produzida a partir do bagaço e da palha da cana-de-açúcar, permitindo o aproveitamento desses resíduos para a geração de energia.

Adaptado de: <www.unica.com.br>.

a) Uma das razões pelas quais a combustão do etanol é benéfica ao meio ambiente é o fato de ele ser obtido de fonte renovável. Explique por que a queima de um combustível de fonte renovável, como o etanol, em comparação à queima de combustíveis fósseis, contribui para uma menor concentração de CO_2 na atmosfera. Justifique se a produção de bioeletricidade a partir da utilização da palha e do bagaço da cana-de-açúcar aumenta ou diminui essa concentração de CO_2 na atmosfera.
b) Nas usinas, a cana-de-açúcar é moída para a extração do caldo de cana, ou garapa, matéria-prima para a síntese do etanol. Que processo biológico resulta na síntese desse combustível a partir da garapa? Além do etanol, que gás é produzido ao longo desse processo?

10. (FCM – MG) Leia o texto abaixo.

O mundo dos tomates possui uma imensa gama de formas, tamanhos e sabores. Um novo estudo usa tecnologia de ponta de sequenciamento de DNA para finalmente identificar os fundamentos genéticos dessas diferenças.

Scientific American, ano 19, n. 212, 2020.

Em relação a esse DNA, é CORRETO afirmar que é:

a) diferente em cada célula de um tomateiro.
b) encontrado no núcleo, na mitocôndria e no cloroplasto das células.
c) filamento duplo que se apresenta unido somente por triplas ligações.
d) filamento duplo que se junta com outros filamentos e forma um gene.

11. (Univas – MG) A molécula de DNA contém milhares de unidades de nucleotídeos, sendo que cada um deles contém um grupo fosfato, uma pentose e uma base nitrogenada. A molécula de DNA é uma dupla-hélice que contém o código genético para a produção de proteínas. Com base nos conhecimentos sobre código genético, pode-se afirmar que

a) um códon (ou trinca de bases) pode codificar diferentes tipos de aminoácidos.
b) existem 20 tipos de códons para codificar centenas de tipos de aminoácidos.
c) os aminoácidos determinam os tipos de códons que compõem o material genético.
d) existem centenas de tipos de códons para codificar os 20 tipos de proteínas.
e) um aminoácido pode ser codificado por mais de um tipo de códon.

12. (Fuvest – SP) A frase a seguir foi retirada do famoso artigo de James Watson e Francis Crick no qual eles propõem uma estrutura para o DNA:

Não pudemos deixar de notar que __________ que postulamos imediatamente sugere um possível mecanismo para a cópia do material genético.

WATSON & CRICK (1953), *Nature*, 171, 737-738. Tradução livre.

A lacuna é corretamente preenchida por

a) "a dupla-hélice".
b) "a DNA polimerase".
c) "o pareamento específico".
d) "os nucleotídeos".
e) "o esqueleto fosfato-açúcar."

13. (FMABC – SP) A figura ilustra, de maneira simplificada, o processo de duplicação da molécula de DNA. Nesse processo ocorre a abertura da fita dupla original do DNA para formação de dois novos filamentos, por meio da polimerização de nucleotídeos.

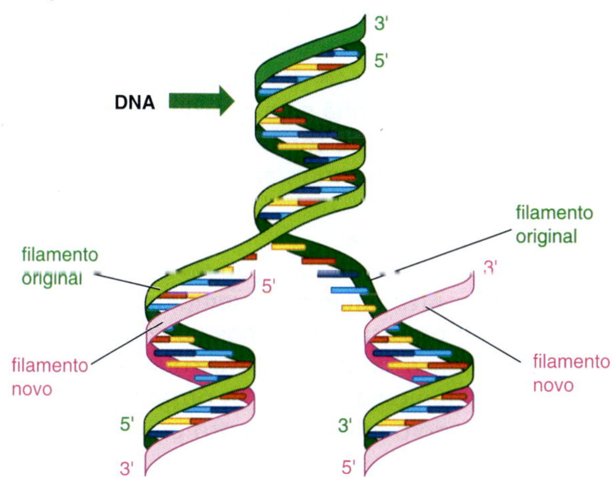

Adaptado de: <https://medium.com>.

Esse processo de duplicação apresenta como característica fundamental

a) gerar uma fita dupla de DNA formada por dois filamentos totalmente novos.
b) ocorrer sempre no sentido 5' — 3' nos dois filamentos novos.
c) ser promovido por meio de proteínas estruturais presentes no DNA, as histonas.
d) depender da alteração constante da sequência de bases nitrogenadas presentes nos nucleotídeos.
e) ser realizado pelos ribossomos do citoplasma.

14. A maioria dos vírus conhecidos apresenta RNA de fita simples como material genético, que pode ser utilizado diretamente como RNA mensageiro para síntese das proteínas virais. No entanto, no processo de replicação desses vírus, é comum a ação da RNA polimerase RNA-dependente (RpRd) para síntese de uma fita negativa, a qual serve de molde para novas fitas positivas de RNA mensageiro, conforme ilustra o esquema a seguir.

Disponível em: <https://pt.wikipedia.org>.

a) Como é denominada a síntese de proteínas a partir das informações contidas nas fitas de RNA mensageiro? Quais são as duas organelas citoplasmáticas das células eucariontes responsáveis por esse processo?
b) A que grupo de biomoléculas pertence a RNA polimerase RNA-dependente (RpRd)? De que modo a temperatura pode interferir negativamente na função dessa biomolécula?

15. (USJT – SP) A figura mostra a síntese de moléculas de RNA a partir do DNA no interior de uma célula. Essas moléculas de RNA recém-sintetizadas estão associadas a vários ribossomos, constituindo uma estrutura denominada polirribossomos.

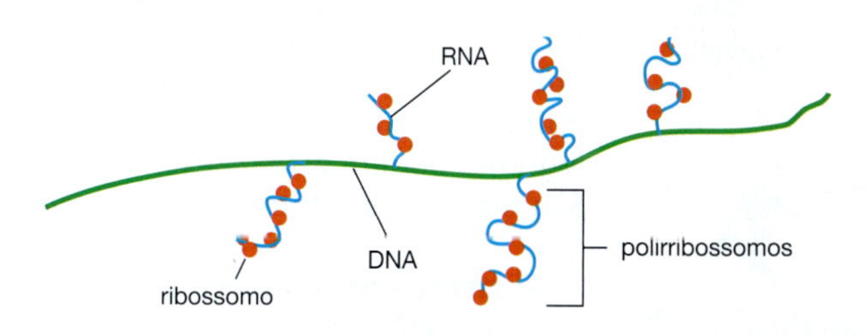

Adaptado de: <https://pt.khanacademy.org>.

a) Como é denominada a síntese de moléculas de RNA a partir do DNA? Que tipo de RNA está sendo sintetizado na figura?
b) Em qual grupo de organismos ocorre o conjunto de processos simultâneos observados na figura? Justifique a sua resposta.

INTEGRANDO CONHECIMENTOS

Sobre a BNCC

Competências gerais da BNCC: **5** e **8**

Competência específica de Ciências da Natureza e suas Tecnologias: **3**

Habilidades específicas de Ciências da Natureza e suas Tecnologias: **EM13CNT302, EM13CNT310**

Alimentação e seus impactos na saúde

No que consiste uma boa alimentação?

Alguns têm o privilégio de ter a mesa farta, mas há muitos outros que pouco têm para se alimentar. Mas será que aqueles que não passam necessidade sabem como se alimentar corretamente? Principalmente para pessoas que desempenham extraordinário trabalho cerebral – por exemplo, estudantes que se preparam para as diversas provas de ingresso a Faculdades, Universidades e Enem –, essa certamente é uma pergunta relevante, cuja resposta, se bem compreendida, será um fator a mais de sucesso. Isso é ainda mais importante quando, atualmente, nosso conhecimento é obtido por meio de diferentes mídias e tecnologias digitais de informação e comunicação (TDIC).

Um princípio deve ficar bem claro: trabalho cerebral exige muita glicose (fornecimento de energia) e oxigênio (gás que atua no processo de respiração aeróbia). Assim, fontes saudáveis de glicose (os carboidratos de que nos alimentamos no dia a dia) e de ferro (como, por exemplo, carnes vermelhas e fígado, consumidos moderadamente) devem ser privilegiadas. Por que o ferro? Lembrar que o íon ferro é constituinte da molécula de hemoglobina, localizada no interior dos glóbulos vermelhos (eritrócitos) sanguíneos, transportadora de oxigênio para os tecidos e, claro, para os neurônios, as células constituintes do sistema nervoso. Então, um bom trabalho cerebral requer quantidades suficientes desses dois nutrientes básicos.

Respostas aos impactos à saúde: como solucionar?

1. Frutas, verduras e legumes devem fazer parte da sua rotina alimentar.

Ingira frutas, verduras e legumes diariamente! Esses alimentos são ótimas fontes de fibras, vitaminas, minerais e fitoquímicos (polifenóis, carotenoides, flavonoides, dentre outros), excelentes antioxidantes que protegem nossas células contra danos. As frutas podem entrar nos lanches intermediários das suas refeições (pela manhã e pela tarde) e as verduras e legumes podem estar presentes no seu almoço e jantar. Prefira consumir as frutas da época! São mais frescas, têm maior quantidade de nutrientes e preço mais acessível.

2. Alimentos para o cérebro e para potencializar sua memória

- Frutas vermelhas – possuem potente ação antioxidante, prevenindo ou retardando o surgimento de doenças degenerativas cerebrais, como o Alzheimer, por exemplo;
- oleaginosas – possuem minerais, como magnésio e potássio, vitaminas do complexo B e a vitamina E em sua composição, auxiliando a manter a saúde cardiovascular adequada, o que permite a distribuição correta de sangue e oxigênio para todos os órgãos;
- abacate – também tem ação antioxidante, prevenindo o envelhecimento precoce do nosso organismo;
- chia – favorece o funcionamento dos neurônios e melhora a atividade cerebral;
- peixes – o consumo de peixes, sobretudo salmão, sardinha, atum e arenque, auxilia no aumento do aporte de ômega 3 ao nosso organismo, favorecendo a saúde do coração e do cérebro;
- ovo – possui colina, vitamina importante para as funções e sinapses nas células nervosas cerebrais.

Participação coletiva é o que importa

O conhecimento e a discussão dos assuntos abordados nesta Unidade requerem a sua participação e a de seus colegas. É fundamental ter em mente quais são os nutrientes funda-

VICTORIA KH/SHUTTERSTOCK

mentais para um bom trabalho celular, assim como a discussão e o esclarecimento do papel das diferentes organelas citoplasmáticas e do núcleo de uma célula eucariótica, notadamente as do nosso organismo.

Estabelecer grupos de discussão

Diferentes características e habilidades pessoais constituem importantes elementos que possibilitam uma boa discussão. Você e alguns de seus colegas de classe podem ser hábeis na procura de informações; outros podem recorrer a diferentes mídias e tecnologias digitais de informação e comunicação (TDIC) confiáveis; outros, ainda, podem ser hábeis na elaboração de esquemas, tabelas e planilhas informativas. Todas as habilidades devem ser valorizadas, com o devido respeito às diferentes opiniões!

Vamos começar!!!

Fase 1 – Levantamento dos tipos de alimentos existentes no seu entorno

Cada região da cidade em que você reside possui características peculiares quanto ao tipo de alimentos *in natura* vendidos em feiras, mercados, frutarias e locais de alimentação, como, por exemplo, restaurantes. Registrem em papel, *tablets* ou celulares, os diferentes componentes alimentares presentes em seus locais de venda.

Fase 2 – Reconhecimento de ocorrências

Elaborem uma tabela que contenha informações relevantes dos alimentos consumidos por você, seus colegas e familiares. Essa tabela deve conter o tipo de alimento e o nutriente nele predominante, por exemplo, carboidratos, proteínas, aminoácidos, lipídios, sais minerais e água.

Fase 3 – Impactos celulares resultantes do consumo de alimentos

a) Pesquisem as eventuais ocorrências resultantes do consumo exagerado dos nutrientes presentes nos alimentos ingeridos.
b) Identifiquem as organelas celulares que estão relacionadas com os nutrientes dos alimentos ingeridos. Por exemplo, que nutrientes são mais ativos em mitocôndrias, retículo rugoso e sistema golgiense?
c) Em seu grupo de discussão, procurem estabelecer o correto papel do núcleo celular na regulação das atividades metabólicas de suas células. Por meio de quais moléculas orgânicas os componentes do núcleo celular comandam as atividades celulares?
d) Por meio de informações obtidas em fontes confiáveis na mídia e nas tecnologias digitais de informação e comunicação (TDIC), identifiquem as principais ocorrências do consumo exagerado de nutrientes presentes nos diferentes alimentos rotineiramente consumidos.

Fase 4 – Apresentação dos resultados

Os grupos deverão apresentar para a classe os dados do levantamento e as conclusões a que chegaram após a discussão.

Se for possível a participação de profissionais da área da saúde, nutrólogos e nutricionistas, esses poderiam abordar qual é a melhor conduta a ser adotada no sentido de evitar ocorrências indesejáveis para o nosso organismo no caso da ingestão excessiva ou inadequada de nutrientes.

Finalização

Depois da apresentação dos resultados, é hora da abordagem final: quais são as possíveis recomendações (viáveis!) que poderiam ser sugeridas para as autoridades públicas de sua cidade ou estado, relativamente a alimentos saudáveis e benéficos à saúde, principalmente na alimentação destinada a estudantes? Aproveitem para discutir sobre as possíveis ações a serem recomendadas para o poder público com o objetivo de dar maior importância à realização rotineira de exercícios físicos por parte da população em geral para a boa manutenção da saúde.

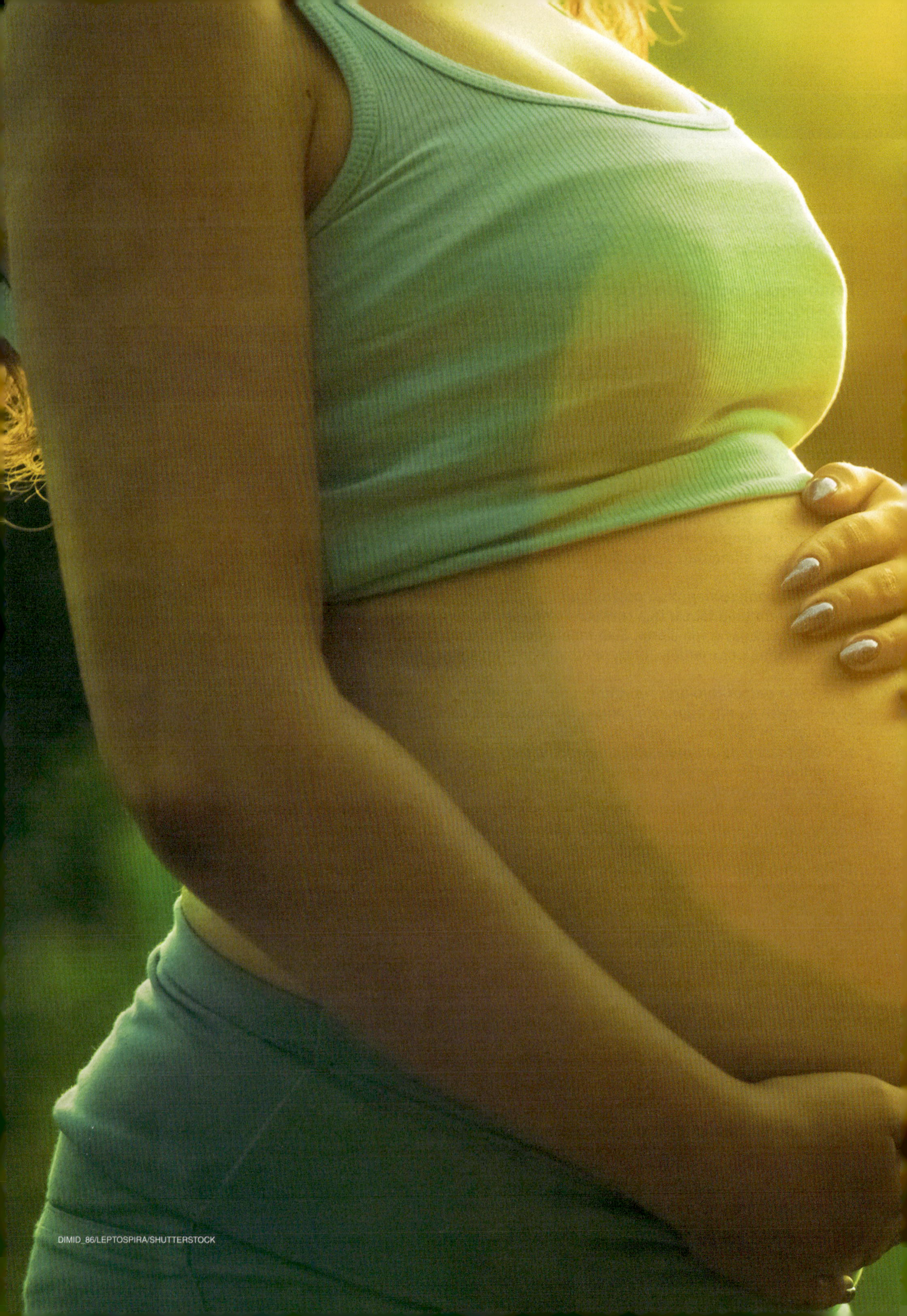

DIMID_86/LEPTOSPIRA/SHUTTERSTOCK

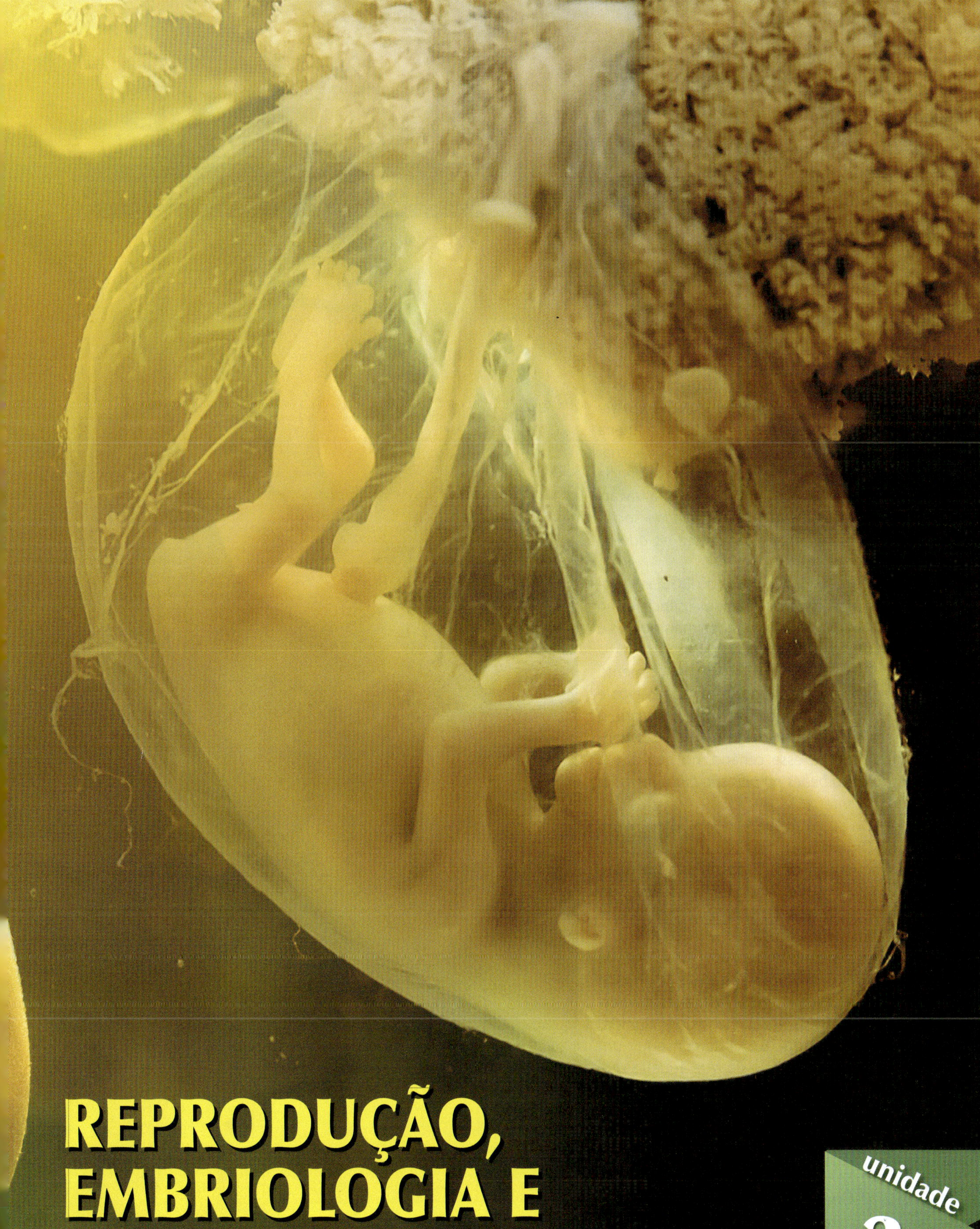

REPRODUÇÃO, EMBRIOLOGIA E HISTOLOGIA ANIMAL

unidade 3

CAPÍTULO 9

Reprodução e embriologia animal

A gravidez precoce muda a realidade das adolescentes pelo Brasil, com impactos que podem ser sentidos por toda a vida. Mas a percepção desses impactos não é igual para todas as jovens. Algumas até enxergam esse acontecimento de maneira mais positiva, como uma forma de criar novas perspectivas para a vida na ausência de incentivo ao estudo e profissionalização. *E quanto maior for a desigualdade social, mais presente estará a gravidez na adolescência.*

De acordo com dados do IBGE, as maiores taxas de gravidez na adolescência estão entre jovens de 10 a 19 anos mais pobres e com menor escolaridade. (...)

Além disso, a falta de conhecimento sobre o uso de métodos contraceptivos e de como adquiri-los e o acesso precário a esses métodos em algumas regiões contribuem para esse cenário, no qual *um a cada cinco bebês no país são filhos de mães adolescentes*. (...)

De acordo com relatório apresentado pela Organização das Nações Unidas (ONU) em novembro de 2020, as mães adolescentes tendem a abandonar a escola para criar os filhos, o que significa uma maior dificuldade para estudar e encontrar um emprego bem remunerado. Quase metade das mães com idades entre 10 e 19 anos se dedica exclusivamente às tarefas domésticas e tem três vezes menos oportunidades (6,4% contra 18,6%) de conseguir um diploma universitário do que aquelas que adiaram a maternidade. (...)

FACULDADE DE MEDICINA DA UFMG. *Desigualdade social aumenta risco de gravidez na adolescência. Disponível em:* <https://www.medicina.ufmg.br/desigualdade-social-aumenta-risco-de-gravidez-na-adolescencia/>. *Acesso em:* 28 jul. 2021.

Seu ponto de vista!

A gravidez na adolescência acaba por aumentar as desigualdades de gênero, uma vez que são ***as adolescentes*** que ficam grávidas e, com isso, acabam sendo mais prejudicadas do que os adolescentes que se tornam pais.

Se você ficasse grávida (ou se minha namorada engravidasse), estaria preparada(o) para assumir as responsabilidades de criar um filho? Seria importante para você ter o apoio dos seus amigos e de sua família nesse período? E você o teria?

9-1. Mecanismo de perpetuação das espécies

Ao mecanismo pelo qual os seres vivos se multiplicam é dado o nome de **reprodução**. Em muitos seres vivos, ela envolve a formação de células específicas para essa finalidade, chamadas gametas. Neles, estão contidas as informações genéticas necessárias para o desenvolvimento de um novo ser, com as características próprias de sua espécie.

Há duas modalidades básicas de reprodução: a **assexuada** e a **sexuada**.

Na reprodução **sexuada**, existe grande possibilidade de surgimento de variabilidade genética entre os descendentes. Isso se deve à ocorrência de dois eventos fundamentais: meiose e fecundação. No tipo mais frequente de reprodução sexuada, os novos indivíduos originam-se de dois gametas, na maioria das vezes vindos de indivíduos diferentes.

Na reprodução **assexuada**, as chances de ocorrer variabilidade entre os descendentes são menores. De modo geral, os descendentes são geneticamente iguais, já que o tipo de divisão celular utilizado é a mitose. Um único indivíduo origina seus descendentes. Nesse caso, a única fonte de variabilidade é a ocorrência casual de **mutações**, que pode levar a diferenças individuais entre os componentes de uma população.

Os dois tipos de reprodução ocorrem em praticamente todos os grupos de seres vivos. Nos mais primitivos, de pequena complexidade, como as esponjas, por exemplo, a reprodução assexuada é mais comum, embora também seja constatada em grupos mais complexos, como nos equinodermos (estrelas-do-mar), protocordados (ascídias) e inúmeros vegetais. Nesses últimos grupos, a reprodução sexuada é mais frequente.

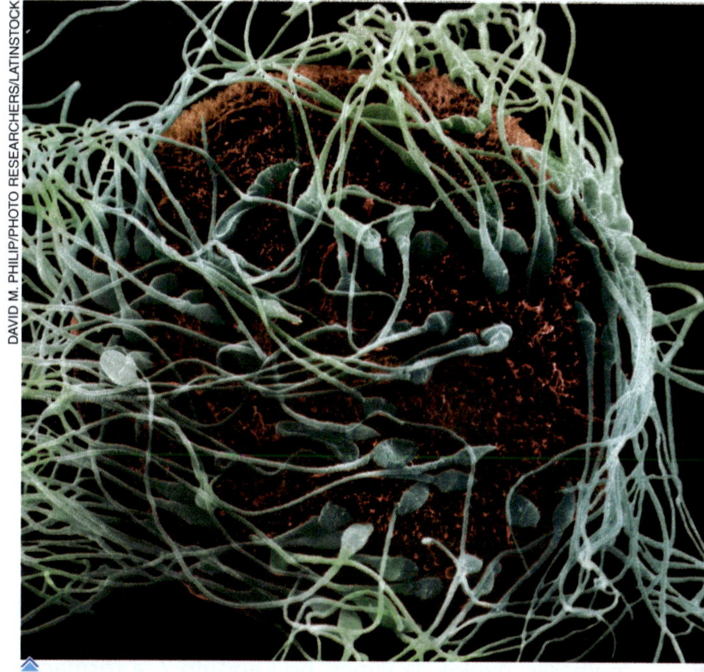

DAVID M. PHILIP/PHOTO RESEARCHERS/LATINSTOCK

Micrografia (em microscópio eletrônico de varredura) de espermatozoides próximos à superfície de um ovócito humano (aumento desconhecido).

Reprodução assexuada

Os tipos mais comuns de reprodução assexuada são: propagação vegetativa dos vegetais, brotamento, cissiparidade e regeneração (quando leva à formação de outros indivíduos). Aos indivíduos produzidos assexuadamente por um único ser vivo dá-se o nome de **clone**. A Tabela 9-1 ilustra as principais características dessas modalidades de reprodução.

Tabela 9-1. Tipos de reprodução assexuada.

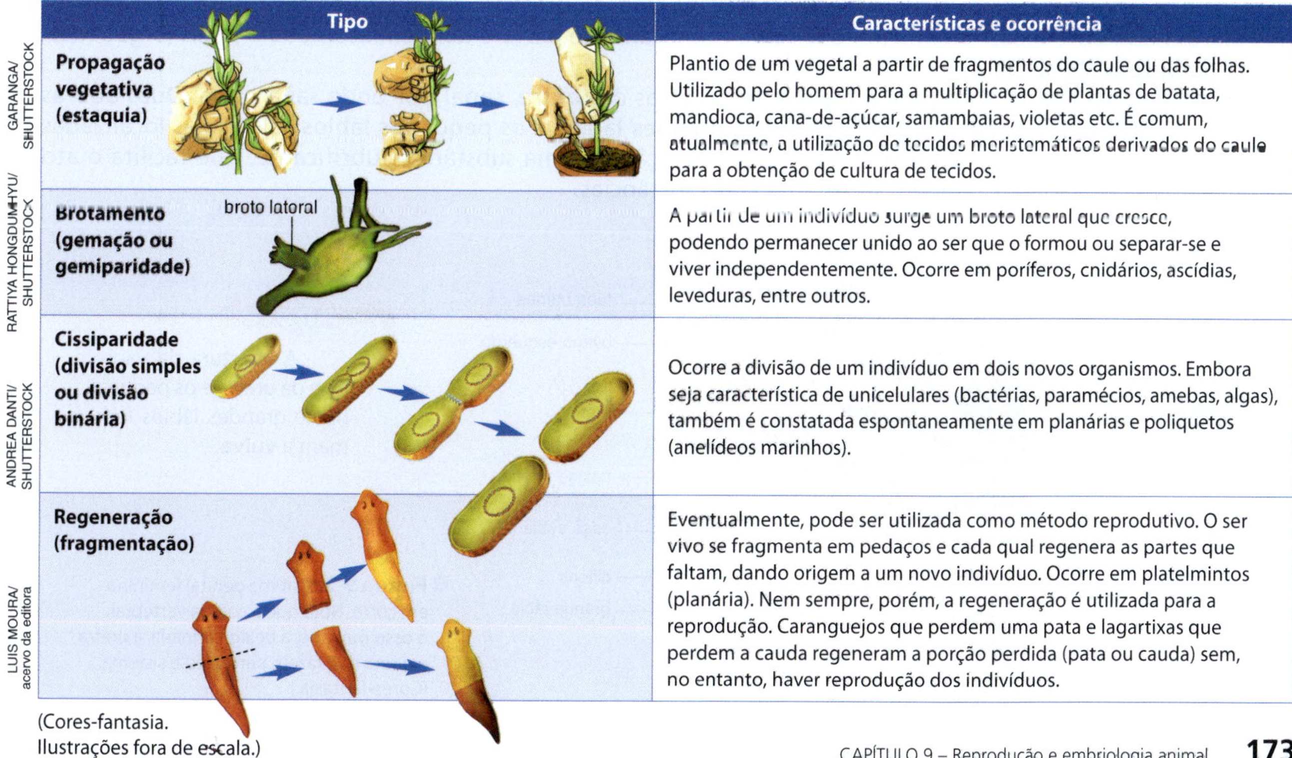

Tipo	Características e ocorrência
Propagação vegetativa (estaquia)	Plantio de um vegetal a partir de fragmentos do caule ou das folhas. Utilizado pelo homem para a multiplicação de plantas de batata, mandioca, cana-de-açúcar, samambaias, violetas etc. É comum, atualmente, a utilização de tecidos meristemáticos derivados do caule para a obtenção de cultura de tecidos.
Brotamento (gemação ou gemiparidade)	A partir de um indivíduo surge um broto lateral que cresce, podendo permanecer unido ao ser que o formou ou separar-se e viver independentemente. Ocorre em poríferos, cnidários, ascídias, leveduras, entre outros.
Cissiparidade (divisão simples ou divisão binária)	Ocorre a divisão de um indivíduo em dois novos organismos. Embora seja característica de unicelulares (bactérias, paramécios, amebas, algas), também é constatada espontaneamente em planárias e poliquetos (anelídeos marinhos).
Regeneração (fragmentação)	Eventualmente, pode ser utilizada como método reprodutivo. O ser vivo se fragmenta em pedaços e cada qual regenera as partes que faltam, dando origem a um novo indivíduo. Ocorre em platelmintos (planária). Nem sempre, porém, a regeneração é utilizada para a reprodução. Caranguejos que perdem uma pata e lagartixas que perdem a cauda regeneram a porção perdida (pata ou cauda) sem, no entanto, haver reprodução dos indivíduos.

(Cores-fantasia. Ilustrações fora de escala.)

Reprodução sexuada

Em geral, na reprodução sexuada dos seres vivos pluricelulares eucariontes (aqueles em que as células possuem membrana nuclear e organelas envolvidas por membrana), dois gametas (células haploides) fundem-se para dar origem a um novo organismo diploide (2*n*). Os gametas podem ser iguais na forma e no tamanho (isogamia) ou não (heterogamia ou anisogamia), como nos seres humanos.

Nos animais, a geração adulta é diploide e produz gametas por meiose (veja a Figura 9-1). Ocorre a fecundação e é gerado um zigoto e, por mitoses sucessivas, forma-se um novo indivíduo adulto. A meiose é denominada de *gamética* (destina-se a produzir gametas) ou *final* (de modo geral, coincide com a maturidade do indivíduo adulto). Ocorre em algumas espécies de algas e em todos os animais.

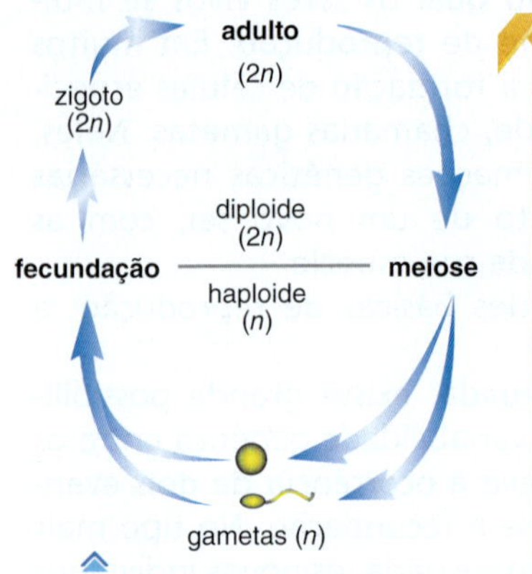

Figura 9-1. Esquema de ciclo de vida diplonte.

Anote!

Quando os organismos apresentam sexos separados, eles são chamados de **dioicos** (duas "casas"). Já aqueles em que os diferentes gametas são produzidos por um único organismo são chamados de **monoicos** (uma "casa").

9-2. Sistema genital

Na espécie humana, para que se dê a formação de um novo indivíduo, é necessário que haja o encontro dos gametas e a formação de um zigoto. No homem, esses gametas são chamados de espermatozoides e nas mulheres, óvulos. Já vimos, no Capítulo 7, a formação dessas células por meio dos processos de espermatogênese e ovulogênese, respectivamente.

Vamos, a seguir, acompanhar a descrição dos sistemas genitais humanos a fim de entender o caminho que os gametas percorrem até a formação do zigoto.

Sistema genital feminino

Na mulher, os **ovários** são responsáveis pela produção de óvulos e hormônios – estrógeno e progesterona – em resposta ao comando da hipófise. Como pode ser visto na Figura 9-2, cada ovário fica localizado perto de uma **tuba uterina**, uma estrutura em forma de funil que, durante a ovulação, recolhe o ovócito e o conduz até o útero.

O **útero** é um órgão com espessas paredes musculares e com uma camada interna, o endométrio, ricamente vascularizada. O embrião se implanta nessa camada, em que continua o seu desenvolvimento. A parte final do útero, que se abre na **vagina**, é chamada de **cérvix** ou **colo do útero**. A vagina é uma estrutura com paredes musculares finas, porém bastante fortes, que serve como canal de parto e também acomoda o pênis (órgão masculino) durante o ato sexual.

Note que a vagina se abre para o meio externo atrás da uretra, canal por onde sai a urina. Duas dobras de pele revestem e protegem a região genital: os **grandes lábios** e os **pequenos lábios**. Glândulas localizadas ao redor da entrada vaginal são responsáveis pela secreção de uma substância lubrificante, que facilita o ato sexual. As paredes vaginais também secretam essas substâncias.

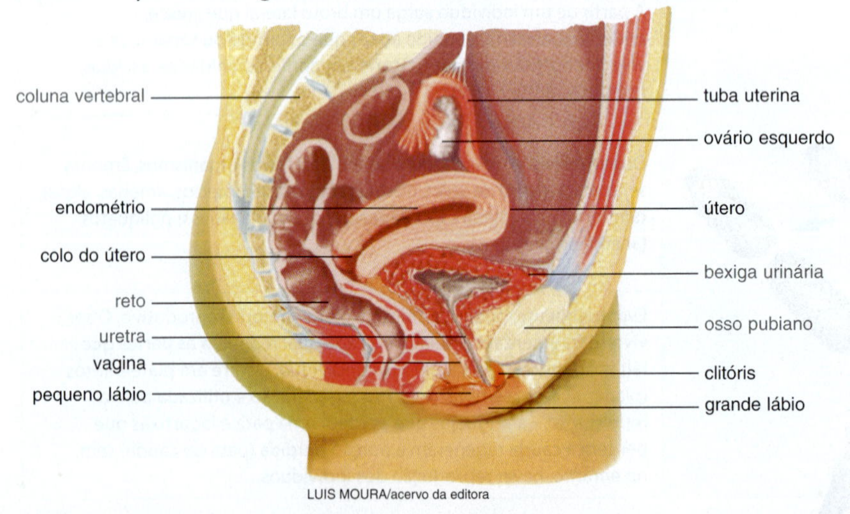

Figura 9-2. Sistema genital feminino em corte. Note que a coluna vertebral, o osso pubiano, a bexiga urinária, a uretra e o reto não fazem parte desse sistema. (Cores-fantasia.)

Anote!

A abertura da vagina e da uretra e os pequenos e grandes lábios formam a **vulva**.

Sistema genital masculino

No homem, os testículos, localizados em uma bolsa chamada **escroto**, são responsáveis pela síntese dos hormônios sexuais – andrógenos – e pela produção de espermatozoides.

Ao sair dos **testículos**, os espermatozoides são armazenados no **epidídimo** até que eles atinjam motilidade suficiente para a fertilização. Os espermatozoides saem do epidídimo durante a ejaculação, que é o ato de liberação do esperma pela uretra. Nessa hora, contrações musculares propelem os espermatozoides ao longo dos ductos deferentes, canais que passam pelo abdômen e que contornam a bexiga urinária. Os **ductos deferentes** se unem à **uretra**, que excreta urina e libera sêmen (nunca ao mesmo tempo).

Além dos testículos e ductos, o sistema genital masculino ainda conta com diferentes glândulas: as **vesículas seminais**, a **próstata** e as **glândulas bulbouretrais** (veja a Figura 9-3). As duas vesículas seminais secretam um fluido viscoso e de cor clara que lubrifica e nutre os espermatozoides. A próstata secreta um fluido alcalino e leitoso, que neutraliza a acidez dos resíduos de urina presentes na uretra e protege os espermatozoides da acidez natural da vagina. As duas glândulas bulbouretrais secretam poucas gotas de fluido na uretra durante o ato sexual. Esse fluido ajuda na lubrificação da uretra durante o estímulo sexual.

Juntos, os espermatozoides e as secreções glandulares formam o **sêmen** (ou esperma), que é expelido na ejaculação durante o orgasmo.

O **pênis** consiste basicamente em tecido que pode ser preenchido por sangue para provocar a ereção durante o ato sexual. A ereção é essencial para a inserção do pênis na vagina. O pênis é formado por **corpos cavernosos** (tecidos esponjosos que se enchem de sangue na ereção) e pela **glande**, localizada na extremidade do pênis. A glande é ricamente enervada e muito sensível à estimulação. Ela é coberta por uma dobra de pele conhecida como **prepúcio**.

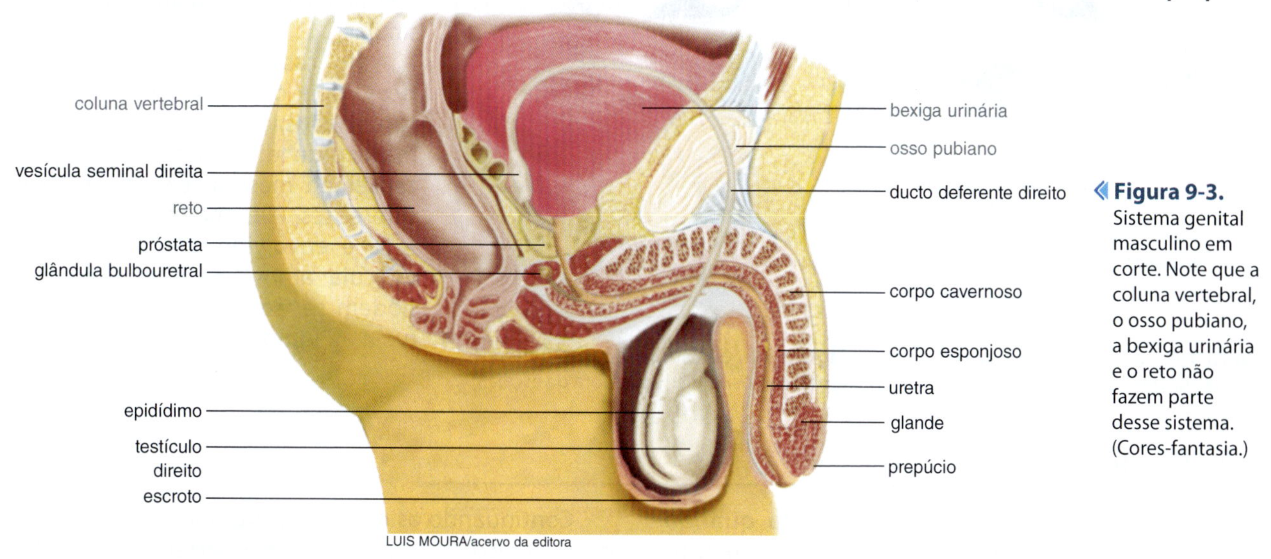

Figura 9-3. Sistema genital masculino em corte. Note que a coluna vertebral, o osso pubiano, a bexiga urinária e o reto não fazem parte desse sistema. (Cores-fantasia.)

Saiba mais!

Testículos: produção de gametas e de hormônios

Os testículos se encontram no interior da bolsa escrotal. No interior de cada testículo existem inúmeros *túbulos seminíferos*, dentro dos quais se encontram as células germinativas que originarão os espermatozoides, durante a espermatogênese. Misturadas às células germinativas se encontram as *células de Sertoli*, responsáveis pela defesa, nutrição das células gaméticas em formação e pela regulação hormonal no processo de gametogênese. Entre os túbulos seminíferos existe um tecido conjuntivo no qual se situam as *células de Leydig*, responsáveis pela produção do hormônio sexual masculino.

9-3. Do zigoto ao embrião

Dos cerca de 200 milhões a 300 milhões de espermatozoides que são liberados na ejaculação, somente de 300 a 500 conseguem chegar ao terço distal da tuba uterina. Para que ocorra a formação do zigoto é necessário que haja a **fecundação** (ou **fertilização**), em que apenas um dos espermatozoides, sem a cauda, ingressa no citoplasma do ovócito secundário. Após o ingresso, o ovócito secundário completa a meiose e se transforma em óvulo. A seguir, unem-se os núcleos haploides do espermatozoide e do óvulo (**cariogamia** ou **anfimixia**), originando-se o núcleo diploide do zigoto. E esse zigoto, uma célula apenas, será o ponto de partida para a formação de milhares de células que se organizarão, inicialmente, em um ser incapaz de sobreviver por conta própria, chamado de embrião. Durante a fase embrionária, as células passam por um processo de **diferenciação**, agrupando-se em diversos *tecidos*, formando a seguir os *órgãos* e *sistemas* do futuro indivíduo.

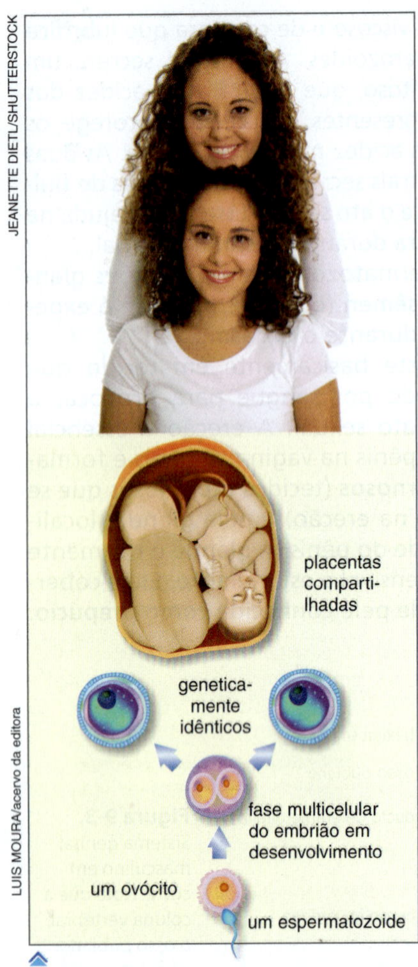

Figura 9-4. Gêmeos monozigóticos. (Cores-fantasia. Ilustrações fora de escala.)

Figura 9-5. Gêmeos dizigóticos (fraternos). (Cores-fantasia. Ilustrações fora de escala.)

Gêmeos

A formação de gêmeos é fato comum para algumas famílias. Há dois tipos de gêmeos: univitelinos (monozigóticos) e os bivitelinos (dizigóticos), também chamados fraternos.

No primeiro caso, um único ovócito é fecundado por um único espermatozoide. Normalmente, nesses casos, ao final da primeira semana a massa celular embrionária separa-se em dois grupos celulares equivalentes, cada qual dando origem a um embrião envolto por uma vesícula amniótica própria e, em geral, uma placenta comum (veja a Figura 9-4). Gêmeos univitelinos possuem o mesmo sexo, são geneticamente idênticos e com uma aparência física similar.

No caso dos gêmeos dizigóticos, dois ovócitos diferentes são fecundados, cada um por um espermatozoide diferente. Podem pertencer ao mesmo sexo ou a sexos diferentes. De modo geral, cada feto é envolvido por sua própria vesícula amniótica e as placentas podem ser separadas ou fundidas. (veja a Figura 9-5)

9-4. Parto

O parto normal é o natural. Começa quando ocorre a dilatação do colo uterino e o rompimento da bolsa d'água. Esses são os sinais de que o trabalho de parto está começando. Normalmente, a cabeça do feto é a primeira porção a se exteriorizar.

Continuando as contrações uterinas e com o auxílio do médico obstetra ou de uma parteira experiente, o bebê é trazido ao mundo, fazendo-se a seguir o corte do cordão umbilical que o unia à placenta. Logo depois, ocorre a expulsão da placenta (veja a Figura 9-6).

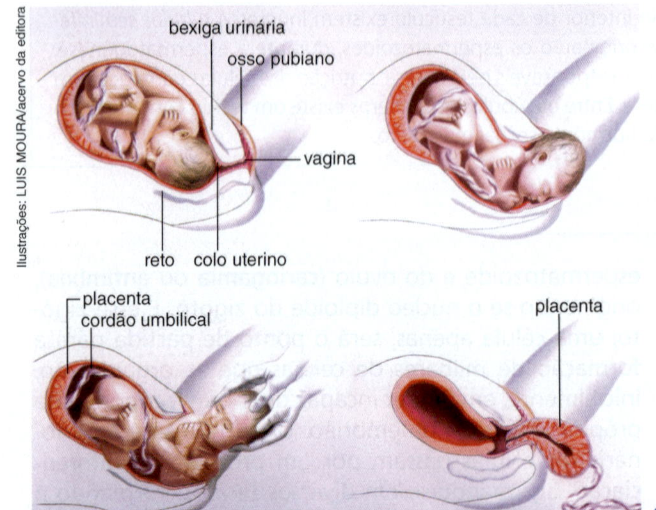

Figura 9-6. Fases do parto e expulsão da placenta. (Cores-fantasia.)

Anote!

A **bolsa d'água**, que é o nome popular da **vesícula amniótica**, é um anexo que desempenha importante função para a **proteção** do embrião. No interior dessa vesícula, cheia de **líquido amniótico**, o embrião, e posteriormente o feto, **flutua** livremente.

Essa bolsa amniótica também ajuda a amortecer possíveis choques que poderiam prejudicar o feto.

Um dos primeiros sinais de que o trabalho de parto está começando é a eliminação de um tampão mucoso protetor, que ocluía o colo do útero. A seguir, ocorre o rompimento da bolsa amniótica, com a saída de pequena quantidade de líquido amniótico. A maior parte do líquido é expulsa após a saída do bebê.

9-5. Sexualidade

O grande número de adolescentes grávidas dos últimos anos tem sido um fator importante para que se oriente com mais cuidado as atividades sexuais entre adolescentes. É indiscutível o fato de que em nossa cultura as primeiras relações sexuais estão ocorrendo cada vez mais cedo na vida do adolescente.

O desejo de ser considerado adulto, de ser sentido pelo grupo como importante e atraente, de ser abraçado e de abraçar, de "desafiar" a própria família e de provar a sua própria capacidade sexual são fatores importantes para a experimentação sexual cada vez mais cedo. É difícil separar os fatores que são próprios de uma sexualidade em desenvolvimento daqueles que são meramente reações à sociedade e seus padrões culturais.

Na idade adulta, há um conjunto de relacionamentos e responsabilidades que devem ser gerenciados. Algumas das etapas críticas, como a escolha da profissão, por exemplo, em geral já foram superadas. No entanto, o adulto sabe que seu futuro depende de seu passado: das escolhas feitas, das escolhas não feitas, das oportunidades perdidas ou aproveitadas, das responsabilidades aceitas.

Nessa fase, há desafios quanto à sexualidade a serem vencidos – a necessidade de intimidade, de ajustar suas necessidades sexuais às da outra pessoa, de empenhar-se constantemente para que a monotonia e o cansaço não se instalem nos relacionamentos afetivos, a necessidade de formação de família e de filhos.

Todos esses desafios trazem para o adulto, cujo modo de sentir é diferente do modo de sentir do adolescente, a possibilidade constante de desenvolvimento e de mudança.

9-6. Métodos contraceptivos

Sem entrar em considerações a respeito da validade ou não desse procedimento, contracepção significa impedir a formação do zigoto ou, ainda, a implantação do embrião na parede uterina, em caso de sua formação. O impedimento pode ser obtido com base em métodos naturais ou artificiais. Entre os naturais, destacam-se a abstinência sexual, a "tabelinha" e o coito interrompido. Dos métodos artificiais, podemos citar a realização de vasectomia, a ligadura (laqueadura) das tubas uterinas, a utilização de pílulas anticoncepcionais, o uso de implantes ou adesivos contendo substâncias anticoncepcionais, além do uso de preservativos (camisinhas), de diafragmas, de geleias espermicidas e do DIU (dispositivo intrauterino). É importante alertar que a escolha de qualquer um desses métodos deve ser precedida de uma consulta a um profissional médico competente e de confiança, que saberá recomendar o procedimento adequado para cada caso.

Métodos naturais

- **Abstinência:** evitar o ato sexual com penetração.
- **"Tabelinha":** método natural em que se evita a relação sexual propriamente dita no chamado período fértil da mulher. Esse método não é muito confiável, pois o ciclo da mulher pode apresentar variações.
- **Coito interrompido:** método em que o homem retira o pênis da cavidade vaginal antes da ejaculação. Esse procedimento não é seguro, pois mesmo antes da ejaculação uma pequena quantidade de líquido espermático contendo espermatozoides é liberada na vagina.
- **Muco cervical:** método que se baseia na análise da consistência do muco cervical, uma secreção produzida pelo colo do útero em virtude da ação dos hormônios femininos. Próximo da ovulação, o muco cervical costuma ter consistência elástica, transparente e cor parecida com a da clara de ovo.
- **Temperatura basal (temperatura do corpo em repouso):** método que tem como base as alterações da temperatura do corpo decorrentes da ação dos hormônios femininos. Antes da ovulação, a temperatura basal é mais baixa, assim permanecendo até a ovulação. Após a ovulação, ela sobe alguns décimos de grau até a menstruação.
- **Método sintotérmico:** é uma combinação dos métodos da tabela, muco cervical, temperatura basal e observação de sinais e sintomas que indicam o período fértil da mulher (dor ou aumento do volume abdominal, sensação de peso ou inchaço das mamas, mudanças no humor etc.).

Métodos artificiais

- **Pílula anticoncepcional:** é uma combinação de hormônios femininos sintéticos que atuam inibindo a liberação de gonadotrofinas pela hipófise (FSH e LH). Sem os hormônios hipofisários, não há ovulação; sem ovulação, não há concepção.
- **Preservativos:** o uso de preservativos visa impedir o encontro dos gametas por meio de barreiras representadas por uma borracha razoavelmente elástica. Existem os preservativos masculinos (também chamados condons) e os femininos (conhecidos por femidons).

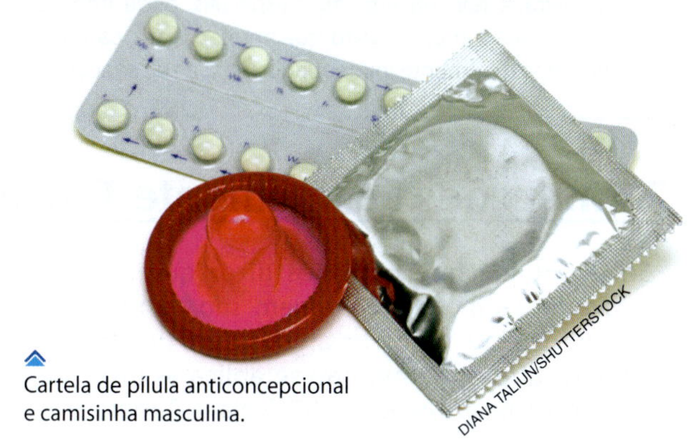

Cartela de pílula anticoncepcional e camisinha masculina.

Diafragma.

ANDREY_POPOV/SHUTTERSTOCK

- **Diafragma e geleia espermicida:** o diafragma é um objeto de borracha com forma de capuz, que é introduzido na vagina pela própria mulher e se adapta ao colo uterino, impedindo que os espermatozoides penetrem no útero. Antes da colocação, unta-se a borracha com creme ou geleia espermicida. Sem espermatozoides, não ocorre a fecundação.
- **Injeções hormonais:** aplicação de injeções de hormônios sintéticos, semelhantes ao estrogênio e à progesterona. Impedem a ovulação e também atuam dificultando a passagem de espermatozoides para o interior do útero. Podem ser aplicadas mensalmente ou trimestralmente.
- **Dispositivo intrauterino (DIU):** é uma peça de plástico da qual sai um eixo de aproximadamente 3,5 cm de comprimento, circundado por um filamento de cobre. Essa peça é inserida na cavidade uterina por um profissional médico especializado. Ela impede a implantação de possível embrião e, para muitos, é considerada um método abortivo.

Anote!

O elemento cobre, componente do DIU, tem, teoricamente, ação espermicida e, portanto, impede a ocorrência de fertilização. Por esse motivo, não é considerado abortivo, sendo liberado o seu uso em nosso país.

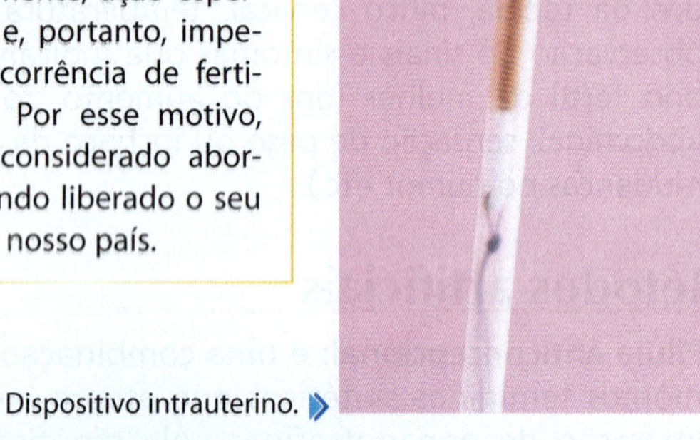

IMAGE POINT FR/SHUTTERSTOCK

Dispositivo intrauterino.

- **DIU hormonal:** a peça (semelhante ao DIU comum) possui um reservatório contendo o hormônio *levonorgestrel* (uma espécie de progesterona sintética), liberado lentamente. Em tese, não possui ação anovulatória. Age localmente sobre o endométrio uterino, impedindo sua proliferação. Também não é considerado método abortivo.
- **Vasectomia:** método cirúrgico em que são seccionados os ductos deferentes, impedindo, assim, que os espermatozoides atinjam o pênis durante a ejaculação, que, neste caso, elimina apenas os líquidos prostático e seminal, sem os espermatozoides. Não causa impotência, uma vez que não há nenhuma interferência na produção hormonal dos testículos.
- **Ligadura (laqueadura) de tubas uterinas:** procedimento cirúrgico que consiste na secção das tubas uterinas, seguida da oclusão, por meio de fios cirúrgicos, das extremidades resultantes. Evita a descida do ovócito pela tuba seccionada e ligada, prevenindo a ocorrência de fecundação. É considerado um método de esterilização voluntária, definitiva e irreversível.
- **Implantes e adesivos contraceptivos:** utilização de substâncias hormonais semelhantes às utilizadas nas pílulas anticoncepcionais, de aplicação cutânea. Inibem a liberação de ovócitos e considera-se que possuem elevada eficiência.

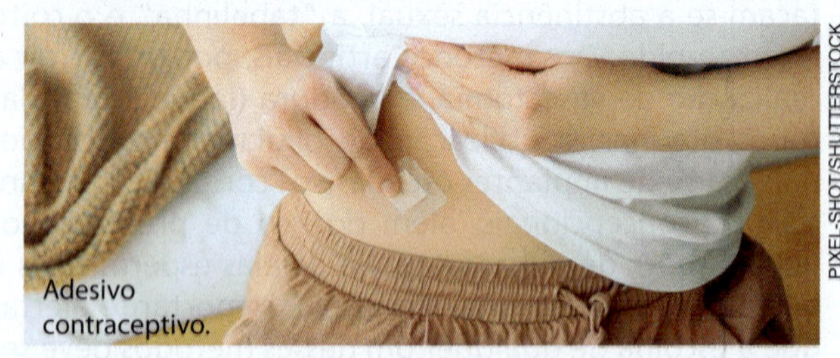

PIXEL-SHOT/SHUTTERSTOCK

Adesivo contraceptivo.

Para mais informações, visite a Biblioteca Virtual em Saúde do Ministério da Saúde no endereço <https://bvsms.saude.gov.br/bvs/publicacoes/cartilha_direitos_sexuais_reprodutivos.pdf>. Acesso em: 28 jul. 2021.

Saiba mais!

Aborto e pílula do dia seguinte

O aborto é a perda do embrião nas fases precoces do desenvolvimento. Na maioria das vezes é natural e decorre de alguma anomalia, quer do embrião, quer do sistema genital feminino. O aborto provocado, prática não permitida pela legislação brasileira, a não ser em casos especiais, pode implicar risco de vida para a mulher, visto que, muitas vezes, são utilizados métodos totalmente inadequados para a sua execução.

Anticoncepção de emergência, ou pílula do dia seguinte, é a utilização de medicamentos de natureza hormonal, assim que possível, em ocasiões em que houve relação sexual indesejada ou desprotegida. Possui múltiplas ações, entre as quais podemos citar a interferência na capacidade de fertilização dos espermatozoides e a supressão ou alteração da liberação de ovócitos. É considerada, por muitos, um método de interrupção de gravidez. Pode acarretar efeitos colaterais indesejáveis.

9-7. Infecções Sexualmente Transmissíveis (IST)

Se é verdade que podemos dizer que algumas doenças que acometem o homem são, ainda hoje, inevitáveis – como é o caso de alguns tipos de câncer –, acreditamos que o mesmo não se aplica às infecções sexualmente transmissíveis – IST (veja a Tabela 9-2). Embora algumas delas sejam reconhecidas desde os primórdios da civilização humana, os métodos diagnósticos hoje disponíveis, aliados a inúmeros métodos preventivos, nos autorizam a concluir que as IST são perfeitamente evitáveis.

Tabela 9-2. Principais Infecções Sexualmente Transmissíveis.

INFECÇÕES	AGENTE CAUSADOR	SINTOMAS	PREVENÇÃO
Condiloma acuminado (crista de galo)	HPV (vírus)	Formação de verrugas na região anogenital ou colo do útero.	Evitar o contato com pessoas contaminadas; usar camisinha. Há vacina.
Herpes genital	HSV tipo 2 (vírus)	Aparecimento de vesículas (bolhas) típicas na região anogenital.	Evitar a autoinoculação, ou seja, evitar que, ao manipular as lesões, a pessoa espalhe o agente causador para outros locais; evitar o contágio por meio do ato sexual.
AIDS	HIV (retrovírus)	Queda de imunidade, perda de peso, fraqueza, febre, gânglios. Aparecimento de infecções oportunistas.	Não entrar em contato com os líquidos transmissores de HIV (sangue, esperma, líquido da vagina, leite materno contaminado); usar camisinha independentemente de quem seja o parceiro; não compartilhar agulhas ou seringas.
Cancro mole	*Haemophilus ducreyi* (bactéria)	Formação de uma ferida no pênis ou na região anal, dolorosa, com secreção clara. Predomina no sexo masculino.	Evitar a autoinoculação; evitar o contágio por meio de parceiros portadores.
Gonorreia (blenorragia)	*Neisseria gonorrhoeae* (bactéria)	Coceira, corrimento purulento, ardor ao urinar, várias micções (urinar várias vezes). Pode levar à infertilidade.	Evitar a multiplicidade de parceiros; usar camisinha; em recém-nascidos, gotejar solução diluída de nitrato de prata na conjuntiva do olho (método de Credé).
Sífilis	*Treponema pallidum* (bactéria)	Ferida coberta de secreção clara, com pus (cancro duro), pouco dolorosa. Pode levar a complicações no sistema nervoso central e sistema cardiovascular.	Usar preservativos regularmente; reduzir o número de parceiros sexuais; fazer diagnóstico precoce em mulheres em idade reprodutiva e em seus parceiros; realizar o teste VDRL (para identificação de sífilis) em mulheres que manifestem intenção de engravidar.
Tricomoníase	*Trichomonas vaginalis* (protozoário)	Corrimento vaginal amarelado, fétido, e dor ao urinar. O homem, geralmente, é portador assintomático.	Evitar o contato sexual com portadores.
Linfogranuloma venéreo, buba, "mula" (doença de Nicolas-Favre-Durand)	*Chlamydia trachomatis* (bactéria)	De início, vesículas no local de penetração das bactérias. A seguir, formação de ínguas (inchaços dos linfonodos), que evoluem para o bubão, inchaço avermelhado e doloroso, conhecido como "mula".	Evitar o contato sexual com portadores.
Pediculose pubiana (ftiríase)	*Phthirus pubis* ("chato", um artrópode)	Prurido (coceira), ferimentos leves (escoriações) e infecções bacterianas secundárias.	Evitar contato com portadores e incentivar a higiene pessoal e a lavagem adequada de roupas.
Hepatite tipo B	Vírus da hepatite B	Icterícia (amarelecimento da pele e da conjuntiva ocular). Dores abdominais. Cirrose hepática. Insuficiência hepática. Câncer hepático.	Evitar contato sexual com portadores. Existe vacina.
Hepatite tipo C	Vírus da hepatite C	Icterícia, febre, cansaço fácil. Pode evoluir para câncer hepático.	Evitar contato sexual com portadores. Por ora, não há vacina.

AIDS – prevenção é o melhor remédio

Até o presente, não há cura para a AIDS. Desde o momento em que uma pessoa é infectada pelo vírus HIV, ela passa a transmitir esse vírus para outras pessoas. O que deve ser temido não é a pessoa portadora ou doente de AIDS, mas sim o vírus HIV.

Algumas importantes formas de não contrair o vírus HIV são:

- NÃO entrar em contato com os líquidos transmissores de HIV, ou seja:
  - **sangue**
  - **esperma**
  - **líquido da vagina**
  - **leite materno contaminado**;
- usar camisinha sempre que tiver relações sexuais, independentemente de quem seja o parceiro ou a parceira;
- NÃO compartilhar agulhas ou seringas.

Um fator importantíssimo de transmissão do vírus HIV é sangue contaminado, e isso muitas vezes independe do cuidado do doente. A vigilância dos bancos de sangue é uma obrigação do governo, que deve zelar para que todos os exames diagnósticos sejam feitos nos doadores.

A mulher infectada com o vírus HIV pode transmiti-lo para seu bebê na gravidez, no parto e na amamentação. Essa transmissão se dá:

- durante a gestação, por meio da placenta;
- na hora do parto, porque o sangue e as secreções da mãe podem infectar o bebê;
- na amamentação, por meio do leite materno contaminado que é sugado pelo bebê.

9-8. Embriologia animal

Anote!

Não confunda óvulo com ovócito! Na espécie humana, o óvulo só é formado depois de o ovócito ser fecundado.

A embriologia animal é o estudo do desenvolvimento de um ser pluricelular, desde o estádio de uma célula (zigoto) até a diferenciação e especialização das células, tecidos e órgãos que conduzem à construção do corpo de um ser jovem. Dependendo da espécie, o novo ser pode apresentar-se como uma larva independente (girino, por exemplo) ou ter características muito semelhantes à fase adulta de sua espécie (embrião humano, por exemplo).

O encontro dos gametas

De maneira geral, o óvulo das diferentes espécies de mamíferos é circundado por alguns envoltórios protetores, destacando-se, em primeiro lugar, a membrana plasmática, componente obrigatório em qualquer célula. Externamente à membrana plasmática existe um envoltório gelatinoso, a **zona pelúcida**. Ao redor da zona pelúcida há uma **corona radiata**, formada por uma ou mais camadas de células derivadas do folículo ovariano.

O espermatozoide também possui características próprias e fundamentais para a ocorrência de fecundação. Ao abrir caminho pelas células da corona radiata e entrar em contato com a zona pelúcida, ocorre a chamada *reação acrossômica*. O que é isso? O acrossomo possui várias enzimas que, em contato com o envoltório gelatinoso da zona pelúcida, são liberadas. Elas digerem o envoltório gelatinoso e abrem uma passagem (veja a Figura 9-7(a, b)).

A seguir, proteínas efetuam a ligação da membrana plasmática do espermatozoide com a membrana plasmática do ovócito. É um complexo processo em que as proteínas são específicas para cada espécie e garantem que o ingresso do espermatozoide só ocorrerá se o ovócito pertencer à mesma espécie dele.

Ocorrida a junção das membranas plasmáticas das duas células, a seguir surgem várias microvilosidades na membrana plasmática do ovócito que rodeiam o espermatozoide e promovem a fusão da membrana plasmática do gameta masculino com a membrana plasmática do gameta feminino (veja a Figura 9-7(c)). Tudo está pronto para o citoplasma do espermatozoide entrar em contato com o citoplasma do ovócito. Isso acontece a partir da contração de fibras de actina que trazem para o interior do gameta feminino a maior parte da célula do gameta masculino. A seguir, ocorre a cariogamia, ou seja, a fusão dos pró-núcleos do espermatozoide e do ovócito. Origina-se a célula diploide, ou seja, o **zigoto**. Está dada a largada para ocorrer o desenvolvimento embrionário!

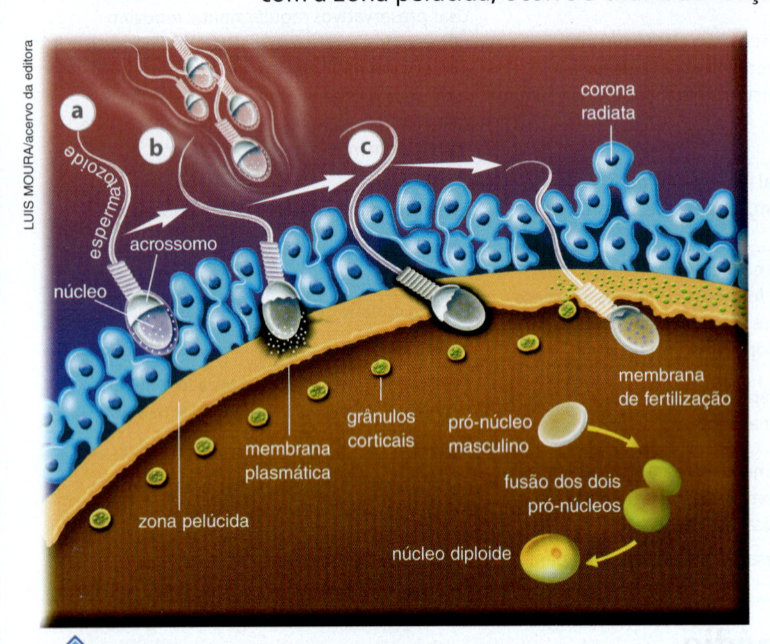

Figura 9-7. Esquema ilustrativo do ingresso do espermatozoide no ovócito. (Cores-fantasia. Ilustração fora de escala.)

Anote!

Lembre-se que a cauda do espermatozoide não penetra no gameta feminino, deixando de fora as mitocôndrias masculinas. Ou seja, na célula diploide a ser originada, mitocôndrias são fundamentalmente de origem materna.

Desenvolvimento embrionário nos animais cordados

Nos animais desse grupo biológico, o que inclui a nossa espécie, após a fecundação forma-se o zigoto, ou *célula-ovo*, que contém toda a reserva alimentar. Nos cordados, essa reserva servirá para nutrir as células do embrião, um organismo desprovido de condições de sobrevivência independente.

O alimento ou substância nutritiva, composto principalmente de proteínas e lipídios, é conhecido pelo nome de *vitelo*.

O ovo humano também é pobre em vitelo (quantidade suficiente apenas para as fases iniciais do desenvolvimento), porém, o desenvolvimento do embrião humano ocorrerá dentro do útero materno e sua nutrição, até o nascimento, será garantida por meio de um órgão chamado placenta.

A segmentação

Assim que é formado, o zigoto se divide por mitose e origina duas células-filhas. Cada uma dessas células é chamada de blastômero (veja a Figura 9-8). No desenvolvimento embrionário, as primeiras divisões celulares caracterizam uma etapa conhecida pelo nome de **segmentação** ou **clivagem**.

É evidente que a segmentação promove aumento da quantidade de blastômeros.

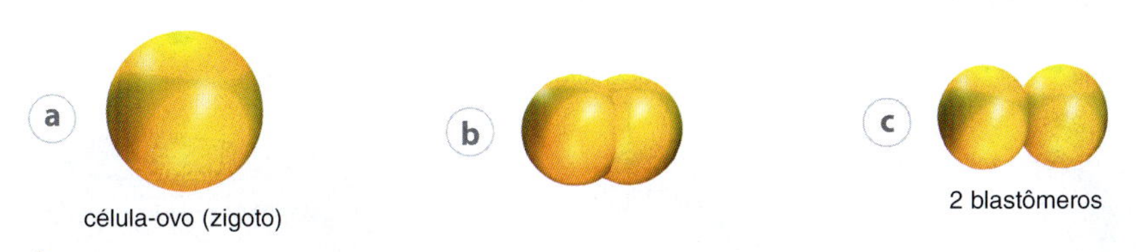

Figura 9-8. A primeira segmentação da célula-ovo ocorre de polo a polo: surgem os dois primeiros blastômeros. (Cores-fantasia.)

Tipos de célula-ovo

A segmentação de um zigoto não é igual em todos os animais! Leia o QR Code abaixo e conheça os diferentes tipos de segmentação, segundo o tipo de célula-ovo.

À medida que aumenta o número de blastômeros, o conjunto adquire forma aproximadamente esférica, compacta e o aspecto de uma amora, o que lhe deu o nome de **mórula**. A mórula é uma fase embrionária em que há vários blastômeros e nenhuma cavidade (veja a Figura 9-9).

Anote!

O tamanho da mórula é igual ao do zigoto. Durante as fases iniciais da segmentação, não ocorre aumento do tamanho das células, apenas aumento do número delas.

a – início das segmentações
b – 2 blastômeros
c – 4 blastômeros
d – 8 blastômeros
e – 16 blastômeros
f – mórula – 32 blastômeros

Ilustrações: LUIS MOURA/acervo da editora

Figura 9-9. Do ovo à mórula. (a) A primeira segmentação da célula-ovo ocorre de polo a polo. (b) Surgem os dois primeiros blastômeros. (c) Em seguida, quatro, por segmentação também de polo a polo. (d) A terceira segmentação, porém, ocorre segundo um plano transversal, determinando o aparecimento de quatro blastômeros em cima e quatro blastômeros embaixo. (e) A partir daí, as segmentações prosseguem até a formação da mórula (f). (Cores-fantasia.)

Após a formação da mórula, chega um momento em que as células começam a se dispor na superfície da esfera.

Define-se, então, uma cavidade interna onde, inicialmente, havia células (veja a Figura 9-10). A partir desse instante, o conjunto de células passa a receber o nome de **blástula** e a cavidade, de **blastocela**.

Blastômeros do polo inferior, por serem mais volumosos, são os **macrômeros**, enquanto os do polo superior, menos volumosos, são os **micrômeros**.

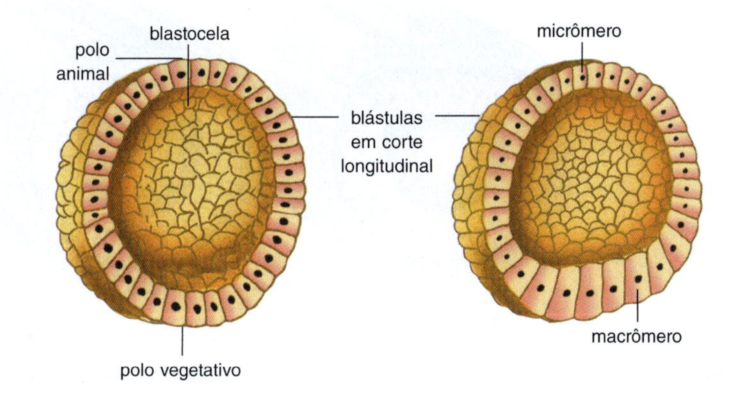

Figura 9-10. Pouco a pouco vai aumentando a quantidade de células, a partir da mórula. Em determinado momento, surge uma cavidade no interior do que era antes uma esfera compacta, solidamente preenchida por células. A partir de agora, o embrião está em fase de blástula (aqui, vista em corte) e sua cavidade denomina-se blastocela. (Cores-fantasia.)

A gastrulação

Na etapa seguinte do desenvolvimento embrionário, ocorrem movimentos celulares migratórios característicos da etapa de **gastrulação**, que conduzem à formação da **gástrula** (veja a Figura 9-11 Ao final dessa etapa, o embrião é alongado, com polos anterior e posterior.

A gástrula possui duas camadas celulares: uma externa, a **ectoderme**, e outra interna, a **mesendoderme**, que reveste a cavidade denominada **arquêntero** (também é comum considerá-la *intestino primitivo*). Um orifício, o **blastóporo**, comunica o arquêntero com o meio externo.

Anote!

A gastrulação é importante porque define os folhetos embrionários responsáveis pela formação futura de todos os tecidos e órgãos que fazem parte do corpo do animal.

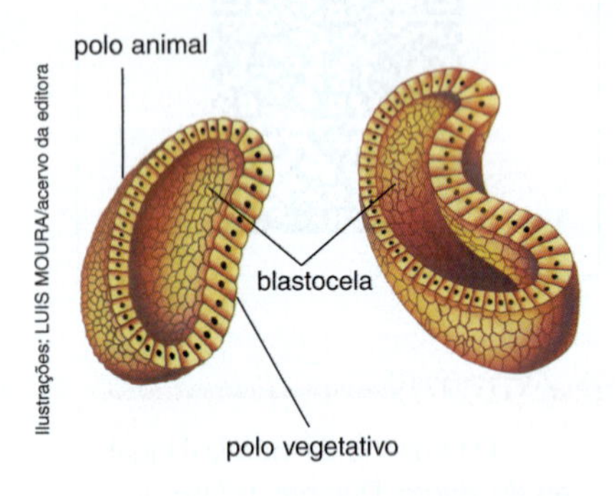

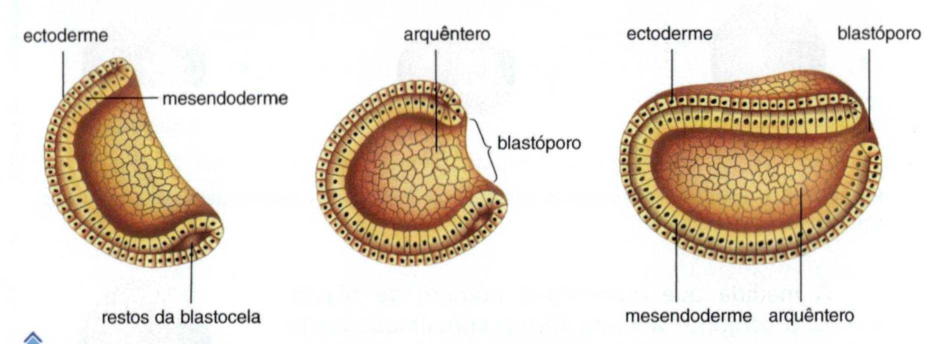

Figura 9-11. O polo vegetativo da blástula desloca-se em direção ao polo animal. É como se alguém, com o punho cerrado, empurrasse um polo em direção ao outro. Como resultado, surge uma figura embrionária em que há duas camadas celulares, uma sobreposta à outra. A de fora é a ectoderme. A de dentro é a mesendoderme, que recebe esse nome porque suas células originarão a mesoderme e a endoderme. Nova cavidade, o arquêntero (também chamado de intestino primitivo), surge como resultado do deslocamento celular característico da gastrulação. Blastóporo é o nome do orifício que comunica o arquêntero com o meio externo. (Cores-fantasia.)

A nêurula

Ao terminar a gastrulação, o embrião já apresenta forma ovoide. Em sua região dorsal, ocorrem achatamentos nas células ectodérmicas, levando à formação de uma placa que recebe o nome de **placa neural**. Progressivamente, a placa afunda e novas células ectodérmicas passam a cobri-la, escondendo-a na região dorsal do embrião (veja a Figura 9-12). Com o tempo, os bordos da placa neural se fundem e ela se transforma em **tubo neural** (veja a Figura 9-13(b-e)), o primórdio do futuro sistema nervoso do embrião.

O recobrimento da placa neural por células ectodérmicas é notado também na região do blastóporo, que permite a comunicação temporária do arquêntero com o tubo neural.

Anote!

A fase de nêurula é aquela em que é iniciada a diferenciação do sistema nervoso. É preciso entender que, concomitantemente, outras estruturas também se formam.

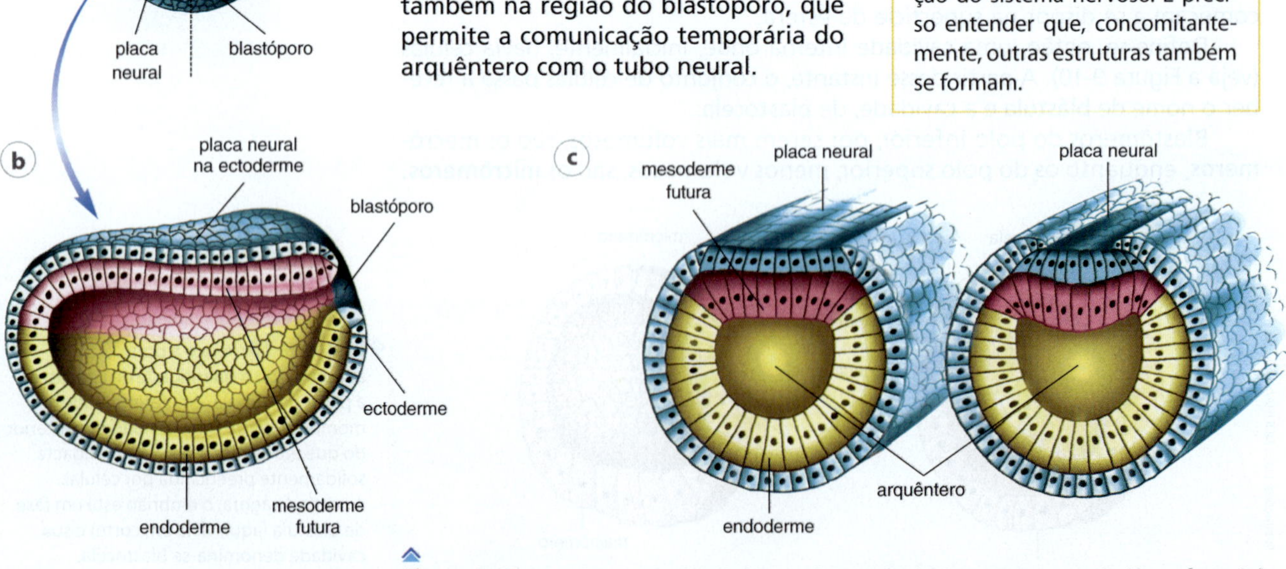

Figura 9-12. Nêurula: (a) vista dorsal; (b) corte longitudinal; (c) cortes transversais. (Cores-fantasia.)

A mesoderme e a notocorda

Simultaneamente a essas transformações que ocorrem na ectoderme e na placa neural, internamente também há modificações, com a formação da **mesoderme** e da **endoderme**, que, anteriormente, constituíam uma única camada.

A endoderme é o folheto embrionário que reveste o arquêntero. Células da mesoderme reunidas, de início, originam uma camada compacta de células, o **somito**. Posteriormente, origina-se uma importante cavidade, o **celoma**, ao ocorrer a separação das células mesodérmicas dos somitos de ambos os lados do embrião. A mesoderme, portanto, é o folheto embrionário que reveste o celoma. Nesse momento, surge uma importante estrutura derivada das células mesodérmicas, característica de animais do grupo dos cordados: a **notocorda**. É uma estrutura compacta e que se localiza abaixo do tubo neural e que originará a coluna vertebral.

Nos vertebrados adultos, o celoma passa a ser chamado de **cavidade geral do organismo** – trata-se de um espaço totalmente forrado por mesoderme (veja a Figura 9-13) e importante para a disposição dos diversos órgãos internos do animal.

A partir dos folhetos embrionários primordiais surgirão todos os tecidos e órgãos componentes do animal adulto.

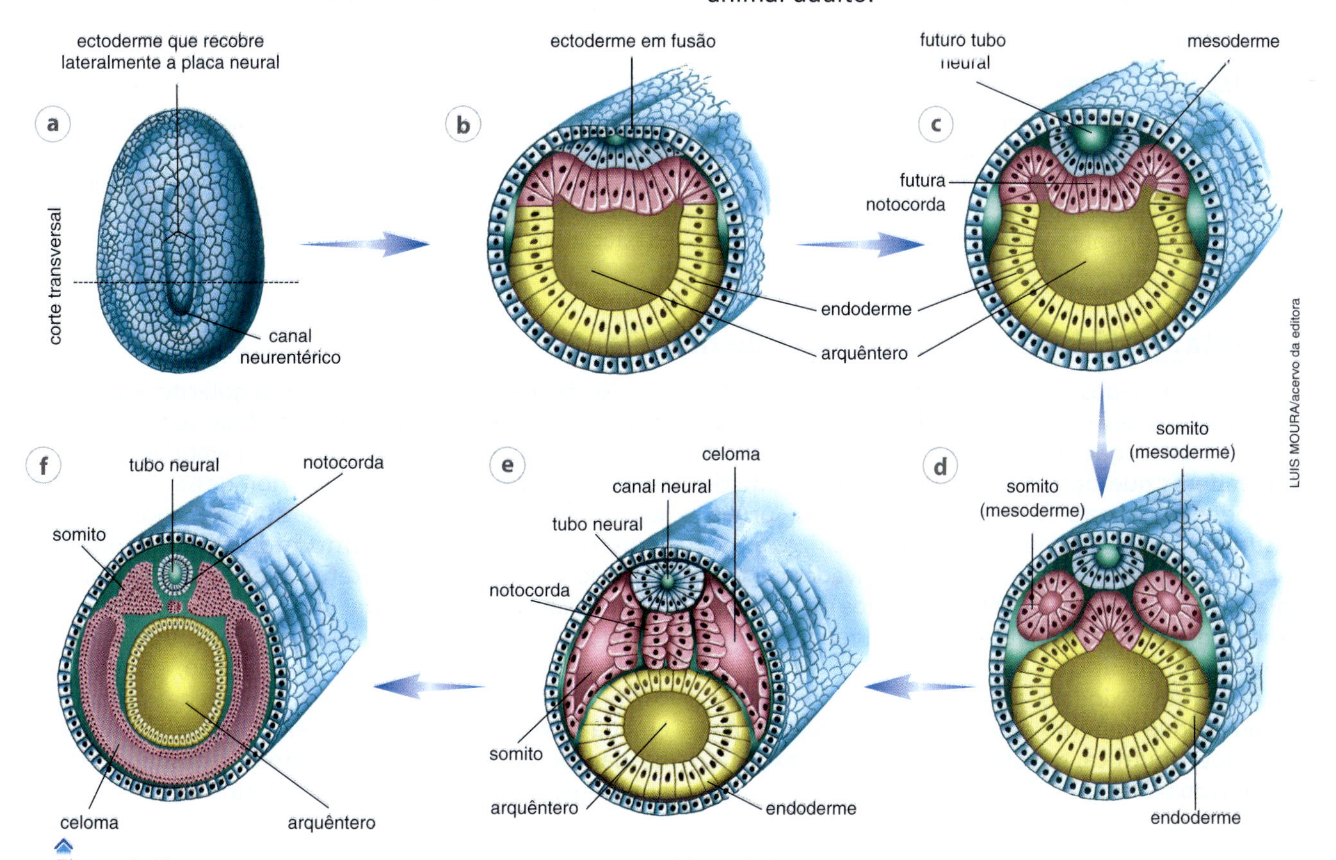

Figura 9-13. Diferenciação da mesoderme e do tubo neural. Note em (c) o início da separação entre a mesoderme e a endoderme. A notocorda e os somitos são de origem mesodérmica. (Cores-fantasia.)

Anexos embrionários: as novidades dos cordados vertebrados

O desenvolvimento embrionário da maioria dos répteis e de alguns mamíferos (ornitorrinco, por exemplo) ocorre no interior de um ovo. Ao longo do desenvolvimento, surgem anexos embrionários: **âmnio**, **cório**, **saco vitelínico** e **alantoide** (veja a Figura 9-14). Embora não façam parte do corpo embrionário, são indispensáveis para o desenvolvimento do embrião, exercendo várias funções.

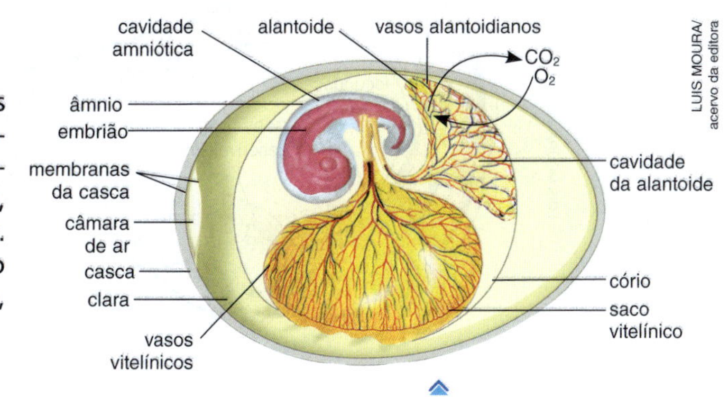

Figura 9-14. Esquema de ovo de réptil ou ave. Observe os anexos embrionários: saco vitelínico, âmnio, cório e alantoide. A casca, suas membranas e a clara são secretadas pelo oviduto. O saco vitelínico, também chamado de vesícula vitelínica, é a membrana extraembrionária que envolve a gema original. (Cores-fantasia.)

Âmnio é o anexo protetor que envolve o embrião, que, então, se desenvolve mergulhado em uma **cavidade amniótica** repleta de líquido, que protege o embrião de choques ou outros eventos traumáticos.

O **saco vitelínico** é uma bolsa rica em vasos sanguíneos, envolve toda a gema do ovo e constitui o local em que se localizam as reservas nutritivas do embrião.

Já a **alantoide** é o local em que excretas produzidos pelo embrião, sobretudo os nitrogenados, como o ácido úrico, são armazenados, ou seja, é o anexo responsável pelo acúmulo de resíduos produzidos pelo embrião. Ao mesmo tempo, por ser ricamente dotado de vasos sanguíneos, a alantoide exerce outras importantes funções: (a) transferir sais de cálcio presentes na casca do ovo para o embrião e que serão úteis na formação do esqueleto; (b) favorecer as trocas gasosas respiratórias, com a transferência de O_2 para o embrião, enquanto o CO_2 produzido percorre o caminho inverso; (c) transferir para o embrião proteínas indispensáveis presentes na clara do ovo.

Por fim, o **cório** é a membrana que circunda todo o embrião e fica praticamente justaposta à membrana da casca. No início do desenvolvimento, há uma cavidade no córion; no entanto, ao longo do desenvolvimento a cavidade passa a ser ocupada pela alantoide. Quando o ovo eclode, o âmnio, a alantoide e o cório são eliminados com a casca.

Saiba mais!

No desenvolvimento embrionário das aves, os ovos são chocados. O calor emanado da fêmea (às vezes, do macho) é fundamental para o desenvolvimento desses animais, pois trata-se de homeotermos, cuja temperatura corporal deve permanecer relativamente constante. Para que durante o desenvolvimento embrionário as reações enzimáticas do metabolismo ocorram satisfatoriamente, essa temperatura deve ser mantida. Nas aves, assim como nos répteis, não há fase larval.

Concluído o desenvolvimento, o jovem indivíduo, com as características do adulto, quebra a casca e sai do ovo.

Placenta: novidade na embriologia de mamíferos

Na maioria dos mamíferos, o desenvolvimento embrionário ocorre no interior do corpo materno, dentro de um órgão musculoso, o **útero**. Excetuando os mamíferos que botam ovos (ornitorrinco e equidna), todos os demais formam uma **placenta**, órgão constituído pela parede interna vascularizada do útero (endométrio) e por estruturas derivadas do trofoblasto ou trofoderme embrionário (nos mamíferos, nome dado à camada mais externa de revestimento do embrião).

Alimentos, oxigênio, anticorpos e hormônios passam do sangue materno para o embrionário pela placenta, que, em troca, transfere para a mãe as excretas e o gás carbônico.

No homem, o ovo é do tipo oligolécito e a segmentação (clivagem) é total e igual, logo se formando a fase de mórula. Atingida essa fase, o embrião ingressa na cavidade uterina. No interior dessa cavidade, surge a fase correspondente à blástula, que, nos mamíferos, é denominada de *blastocisto*. Nesse estádio, o embrião é dotado de uma camada externa de células, o *trofoblasto*, que envolve um aglomerado interno de células, a *massa celular interna*. Cabe a essa massa celular a formação do corpo do embrião, enquanto o trofoblasto será o responsável pela penetração do embrião no interior do *endométrio* (a camada interna da parede uterina) e pela organização da parte embrionária da placenta (veja a Figura 9-15).

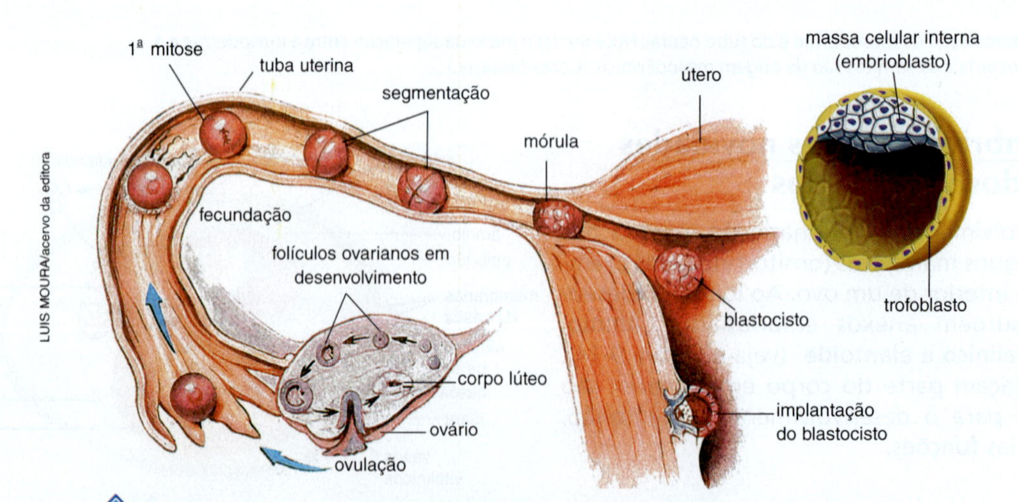

Figura 9-15. Início do desenvolvimento embrionário humano. O blastocisto – constituído da *massa celular interna* e do *trofoblasto* – se implanta no endométrio uterino (nidação). As células dessa camada de revestimento organizam a parte embrionária da placenta. (Cores-fantasia. Ilustrações fora de escala.)

No embrião humano, o trofoblasto e a mesoderme extraembrionária formam o **cório**. Esse duplo revestimento é responsável pela organização das **vilosidades coriônicas**, que invadem o endométrio uterino; o blastocisto, então, aprofunda-se nesse endométrio. À medida que a invasão prossegue, os vasos e as glândulas do endométrio podem ser corroídos por enzimas embrionárias e o sangue materno acaba jorrando nas lacunas que estão se formando. Essas lacunas fornecem a nutrição inicial e oxigênio ao embrião. No entanto, os sangues materno e embrionário não se misturam. Existe uma barreira separando-os, constituída pela parede das vilosidades.

Como se pode notar, a placenta é construída com a participação de tecidos maternos e embrionários. Ao contrário do que se poderia pensar, a placenta não envolve o embrião. Essa função é exercida pelo **âmnio** (bolsa d'água), dentro do qual o embrião fica imerso. Esse anexo, cuja origem estudamos anteriormente, é muito desenvolvido nos mamíferos. O cório adere ao âmnio e ambos contornam a cavidade amniótica, preenchida pelo *líquido amniótico* (veja a Figura 9-16).

Nos mamíferos placentários, o saco vitelínico e a alantoide possuem tamanho pequeno e deixam de exercer a função desempenhada em répteis e aves. Contribuem, no entanto, para a formação do **cordão umbilical**, uma espécie de pedúnculo que liga a placenta ao embrião e é forrado pela membrana do âmnio, que reveste o saco vitelínico e a alantoide regredidos. No interior do cordão umbilical, duas artérias conduzem sangue do embrião para a mãe, enquanto uma veia transporta sangue em sentido contrário.

LUIS MOURA/acervo da editora

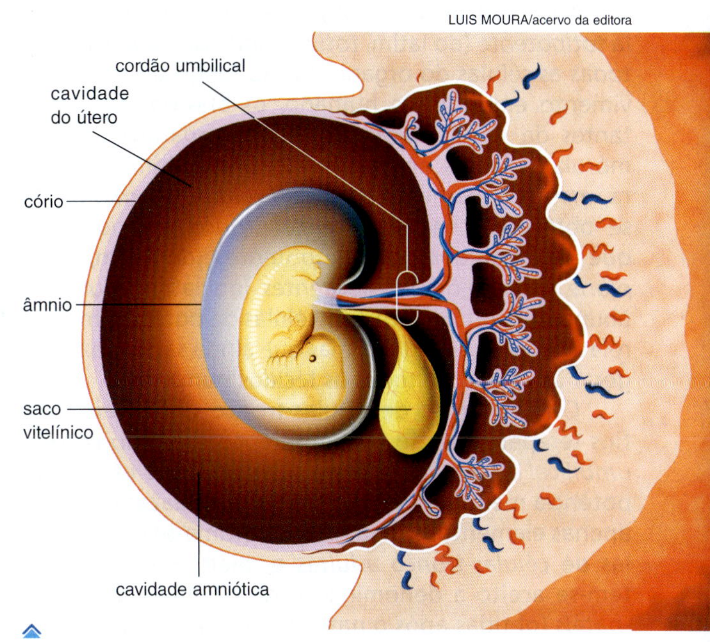

Figura 9-16. O feto humano ocupa a cavidade uterina. É banhado pelo líquido amniótico contido na cavidade do âmnio, cuja membrana acabará por encostar no cório à medida que o crescimento prosseguir. O saco vitelínico e a alantoide possuem tamanho reduzido, porém contribuem para a formação do cordão umbilical. A placenta também secreta hormônios que contribuem para a manutenção da gravidez. (Cores-fantasia.)

Agora, reúna a sua equipe!

Sabe-se que qualquer quantidade de álcool ingerido por uma grávida pode comprometer o desenvolvimento do feto. Isso porque as bebidas alcoólicas chegam na criança em formação através da corrente sanguínea da mãe, só que a mulher adulta consegue eliminar duas vezes mais rapidamente o álcool do organismo do que o feto, que precisa forçar seus órgãos ainda em formação a realizar a mesma tarefa.

Reúna sua equipe e pesquisem a respeito das alterações que a Síndrome Alcoólica Fetal (SAF) pode causar no desenvolvimento dos bebês durante a gestação.

9-9. Células-tronco

A cura ou a simples melhora de inúmeras doenças humanas – entre elas as que afetam o coração, o cérebro, o pâncreas e muitos outros órgãos – conta com a esperança do desenvolvimento da *terapia com* **células-tronco**.

Células-tronco são células *indiferenciadas* (não especializadas), *autorrenováveis* (multiplicam-se constantemente gerando novas células-tronco) e capazes de originar, por *diferenciação*, as células dos diversos tecidos do organismo humano.

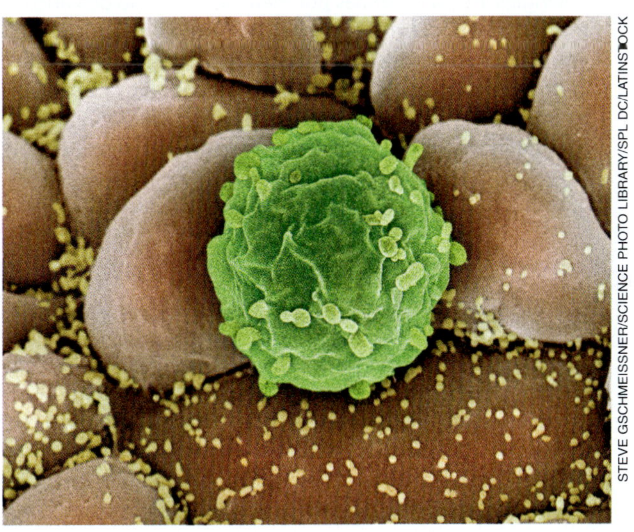

STEVE GSCHMEISSNER/SCIENCE PHOTO LIBRARY/SPL DC/LATINSTOCK

Células-tronco embrionárias (micrografia eletrônica de varredura; aumento não informado). O tipo de célula em que se diferenciam depende de estímulos (sinais) bioquímicos recebidos pelas células imaturas. (Cores-fantasia.)

A potência e a obtenção de células-tronco

A célula-tronco prototípica é o *zigoto*. É uma célula *totipotente* (do latim, *totus* = todo) da qual resultam *todas* as células do organismo. Ao longo do desenvolvimento embrionário humano, os blastômeros resultantes da segmentação do zigoto organizam-se em mórula e, depois, em blastocisto. Dessa última estrutura, mais propriamente da *massa celular interna*, é que se obtêm as chamadas *células-tronco embrionárias*, que são consideradas *pluripotentes* (do latim, *plus, pluris* = mais) ou *multipotentes* (do latim, *multus* = abundante, numeroso). São células de potência menor, relativamente ao zigoto, mas que ainda são capazes de gerar as células de todos os tecidos humanos.

Outras fontes de células-tronco utilizáveis para fins terapêuticos são as que se encontram no *cordão umbilical* e na *medula óssea vermelha*. São células de potência menor e, de maneira geral, capazes de gerar apenas elementos sanguíneos. Costuma-se denominá-las de *células-tronco adultas* e, mais recentemente, tem-se aceito a denominação de *células-tronco pós-natais* (obtidas após o nascimento do indivíduo).

Sabe-se que em muitos outros tecidos e órgãos existem *células-tronco residentes adultas*. É o caso da epiderme, tecido muscular, tecido nervoso, pâncreas, fígado, revestimento do intestino etc., porém, de difícil acesso e extração. Por isso, atualmente, para fins de terapia, prefere-se a utilização das células-tronco embrionárias ou, na impossibilidade de seu uso por vários motivos, as originadas da medula óssea e do cordão umbilical.

Saiba mais!

Células-tronco pluripotentes

A utilização de células diferenciadas visando à obtenção de células-tronco já é uma realidade. Cientistas têm reprogramado células já diferenciadas, no sentido de fazê-las voltar ao estágio indiferenciado. Tais células, denominadas **células-tronco pluripotentes induzidas** (da sigla em inglês iPS), são obtidas por meio da utilização de vários mecanismos. Dentre eles, a inserção de moléculas de RNA em vírus modificados, que direcionam essas moléculas a certos locais do genoma da célula diferenciada, fazendo-a retornar ao estágio indiferenciado e, assim, possibilitando a sua utilização como células-tronco para fins terapêuticos.

Nature, Research Highlights, London, v. 467, n. 7.316, p. 637, Oct. 2010.

Aspectos éticos sobre a utilização das células-tronco embrionárias

Sem dúvida, as melhores células-tronco são as embrionárias, provenientes do blastocisto (massa celular interna). No entanto, a sua extração resulta na morte do embrião. É válido provocar a morte do embrião, ao se retirar dele as células-tronco embrionárias, para tentar corrigir uma lesão no coração, uma lesão cerebral resultante de acidente vascular ou a degeneração do tecido nervoso característica do mal de Alzheimer? Para muitos, a resposta é não. Aí é que surgem os aspectos éticos, religiosos e políticos resultantes da utilização dessas células. Muitos países, entre eles o nosso, proíbem a utilização de embriões recém-produzidos para fins de extração de células-tronco embrionárias. No Brasil, a Lei de Biossegurança autoriza o uso de células-tronco apenas de embriões congelados há 3,5 anos ou mais em clínicas de fertilização artificial, já que, após certo tempo, esses embriões não seriam mais viáveis e, portanto, descartados.

Questão socioambiental

Uma questão polêmica

A fertilização *in vitro* começou sua história na Inglaterra, em 1978, com o nascimento do primeiro bebê de proveta. A partir daí, muitos casais vêm recorrendo a esse recurso para resolver alguns dos problemas de infertilidade mais comuns. Uma razão para o aumento dos problemas de infertilidade hoje em dia é que muitos casais estão demorando mais para ter filhos, e a taxa de infertilidade aumenta com a idade. Uma segunda razão é a grande incidência de infecções sexualmente transmissíveis (IST) que podem bloquear as trompas e os ductos espermáticos. A baixa contagem de espermatozoides é outro fator importante na infertilidade. A fertilização *in vitro* resolve esses problemas por ser o ovócito secundário usado retirado diretamente do ovário e o encontro com o espermatozoide ser feito em laboratório.

Normalmente, quatro ovócitos são fertilizados usando-se o esperma colhido do homem. Em 48 horas, dois terços dos ovócitos devem ter atingido o estágio embrionário. Poucos desses embriões são colocados em um tubo e gentilmente transferidos para o útero. Alguns embriões extras podem ser congelados para outra tentativa. Quanto maior o número de embriões levados ao útero, maior a chance de se obter sucesso na implantação (ou nidação do embrião), mas também é maior a possibilidade de gestação múltipla, o que acarreta maior risco.

Os meios de comunicação (revistas, jornais e telejornais) frequentemente fazem referência a células-tronco. Apontadas como as grandes armas para a cura de inúmeras doenças em um futuro próximo, como, por exemplo, diabetes, infarto cardíaco e mal de Alzheimer, elas são um polêmico assunto que veio para ficar.

A maior fonte de células-tronco embrionárias são os embriões que não foram utilizados nos processos de fertilização artificial; porém, para a remoção dessas células, é preciso destruí-los.

A discussão sobre as células-tronco embrionários tem dividido a sociedade: alguns acham que os embriões não implantados no útero das mães devem ser utilizados para a pesquisa, uma vez que os resultados poderiam trazer muitos benefícios e cura de várias doenças; outros acreditam que a vida se inicia na fecundação e que a destruição desses embriões significa acabar com uma vida humana.

E você, o que acha? É a favor ou contra o uso, nessas pesquisas, de embriões que não foram utilizados nos processos de fertilização?

ATIVIDADES

A CAMINHO DO ENEM

1. Em casos de reprodução assexuada múltipla um organismo origina inúmeros descendentes simultaneamente, mecanismo comum, por exemplo, na esporulação, em que esporos de protozoários causadores de malária se desenvolvem em novos microrganismos. Um caso especial de reprodução múltipla é a poliembrionia que ocorre em alguns animais, como os tatus e, inclusive, no homem. Nesse caso, a partir de um único zigoto ocorre a origem de mais de um embrião, podendo ser gerados vários indivíduos (nos tatus, cerca de quatro) que, considerando o mecanismo de formação, serão certamente:

a) geneticamente idênticos e de ambos os sexos.
b) geneticamente diferentes e de ambos os sexos.
c) geneticamente diferentes e de apenas um sexo.
d) geneticamente idênticos e de apenas um sexo.
e) geneticamente idênticos e de sexo indeterminado.

2. Não são raras as vezes que os humanos desenvolvem mais de um embrião ao mesmo tempo dentro do útero materno, formando gêmeos. Esse processo é conhecido como poliembrionia e é muito comum em diversas espécies.

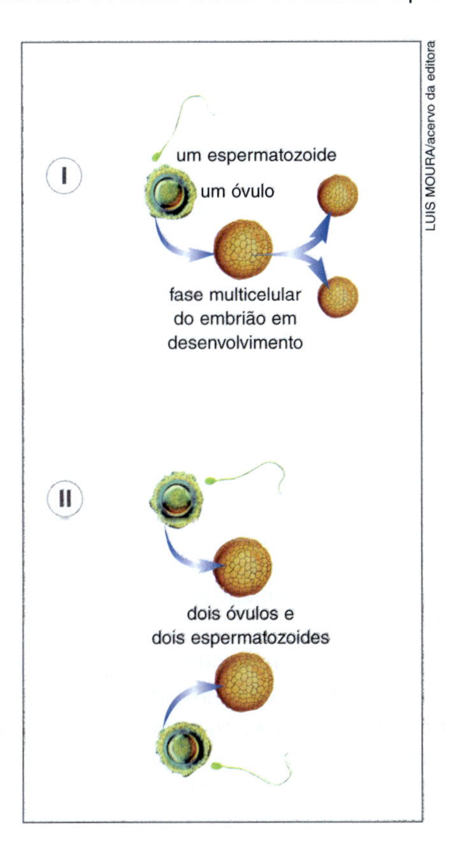

A respeito desse tema:

a) Diferencie os casos de gêmeos apresentados na imagem acima.
b) Seria possível nascerem gêmeos monozigóticos de sexo diferentes?

3. A formação de gametas na espécie humana depende da liberação e ação de dois hormônios liberados pela glândula hipófise. Em cada ovário, o desenvolvimento de um folículo depende inicialmente da ação do hormônio folículo estimulante (FSH). Completado o desenvolvimento do folículo ovariano é hora de ocorrer sua ruptura, o que é favorecido pela ação do hormônio luteinizante (LH). Por outro lado, no interior de um testículo, sob a ação do hormônio folículo estimulante ocorre a produção de espermatozoides no interior dos chamados túbulos seminíferos. Havendo liberação de um ovócito e o encontro com um espermatozoide, ocorre a fecundação, com formação do zigoto, primeiro passo na formação de um embrião. Considerando a ocorrência de fecundação, duas outras consequências que podem ser citadas são:

a) restabelecimento da haploidia e a determinação do sexo.
b) mistura de lotes cromossômicos e poliembrionia obrigatória.
c) restabelecimento da diploidia e a determinação do sexo.
d) perda do núcleo do gameta masculino e a determinação do sexo.
e) perda de alguns cromossomos e restabelecimento da diploidia.

4. O embrião dos vertebrados por ser frágil, não se sustenta, a não ser em um ambiente protegido, com temperatura estável e adequada. Na maioria dos répteis, em todas as aves e alguns mamíferos ovíparos (ornitorrinco e equidna), o desenvolvimento embrionário ocorre inteiramente no interior de um ovo dotado de casca protetora calcária e anexos embrionários, estruturas não existentes no adulto. Sobre esse assunto:

a) Quais anexos embrionários são de grande importância para a conquista do meio terrestre seco pelos répteis?
b) Explique a função de três anexos embrionários.
c) Cite o único anexo embrionário presente em peixes e um anexo embrionário presente apenas em mamíferos.

TESTE SEUS CONHECIMENTOS

1. (Fagoc – MG) A liberação do ovócito II é determinada pelas variações hormonais na mulher. Ele corresponde à célula resultante da meiose II, durante a produção de gametas femininos no ovário, o que acontece ainda na vida fetal. Antes do nascimento, dentro dos folículos nos ovários da menina, se encontram os ovócitos II, em uma fase da meiose II conhecida por:

a) prófase II.
b) anáfase II.
c) telófase II.
d) metáfase II.

2. (Unitau – SP) Os casos de gravidez ectópica têm se tornado cada vez mais raros devido ao aprimoramento das técnicas de diagnóstico pré-natal. Esse tipo de gravidez, como o próprio nome indica, se dá quando a implantação do blastocisto ocorre em locais como a tuba uterina, o ovário ou mesmo o abdome, o que pode levar à morte da mãe.

Sobre as etapas do desenvolvimento embrionário, assinale a alternativa que relaciona corretamente as etapas e locais onde elas ocorrem.

a) Implantação – útero; clivagem – tuba uterina; gastrulação – útero; neurulação – útero.
b) Implantação – ovário; clivagem – útero; gastrulação – útero; neurulação – tuba uterina.
c) Implantação – útero; clivagem – útero; gastrulação – tuba uterina; neurulação – útero.
d) Implantação – ovário; clivagem – tuba uterina; gastrulação – tuba uterina; neurulação – ovário.
e) Implantação – útero; clivagem – tuba uterina; gastrulação – ovário; neurulação – útero.

3. (Cesmac – AL) A fecundação na espécie humana depende de uma série de fatores para ter sucesso, como, por exemplo:

a) o útero deve estar revestido de muco cervical espesso e pouco fluido, rico em fibras.
b) a ejaculação do homem deve conter grande volume de sêmen e baixo número de espermatozoides.
c) os óvulos devem se encontrar dentro do ovário no momento da fertilização.
d) os espermatozoides devem penetrar o útero no período fértil da mulher.
e) o ovócito II deve permitir a penetração de vários espermatozoides.

4. (Insper – SP) O processo de fecundação na espécie humana se caracteriza, entre outros eventos, pela cariogamia, na qual apenas o núcleo haploide do gameta masculino se funde ao núcleo haploide do gameta feminino para a formação do zigoto. Em relação às moléculas de DNA herdadas dos organismos genitores, em um processo de fecundação sem qualquer anomalia,

a) são herdadas mais moléculas com DNA materno devido ao cromossomo X ser maior que o cromossomo Y.
b) são idênticas as moléculas de DNA que compõem os dois cromossomos X na formação de um zigoto do sexo feminino.
c) são herdadas mais moléculas com DNA materno devido às organelas citoplasmáticas que contêm moléculas de DNA em seu interior.
d) são herdadas mais moléculas com DNA paterno, caso o zigoto formado seja do sexo masculino.
e) são idênticas as moléculas de DNA que compõem os cromossomos X e Y, em suas regiões homólogas, na formação de um zigoto do sexo masculino.

5. (Suprema – MG) O acrossomo é uma estrutura importante dos espermatozoides. Assinale a alternativa que contém a organela responsável por sua formação e sua respectiva função.

a) peroxissomos e fecundação
b) complexo de Golgi e motilidade
c) complexo de Golgi e fecundação
d) retículo endoplasmático liso e motilidade

6. (Unichristus – CE) O DIU passou a ser oferecido na rede pública de saúde de Faxinal do Soturno, no Rio Grande do Sul. O método contraceptivo é garantido por lei e distribuído pelo Ministério da Saúde, mas depende da solicitação dos municípios. Para ter acesso ao dispositivo, as mulheres devem procurar as unidades de saúde do município. Após a realização de exames – como ultrassons transvaginais e preventivos –, a aplicação é feita no Hospital São Roque.

Disponível em: <https://gauchazh.clicrbs.com.br/saude/noticia/2019/02/diu-passa-a-ser-oferecido-na-rede-publica-de-faxinaldo-soturnocjrulgyp501ip01tdmdo09e37.html>. *Acesso em:* 22 fev. 2019.

Passou a ser oferecido, na rede pública de saúde de Faxinal do Soturno, um método contraceptivo que consiste

a) no seccionamento das tubas uterinas impedindo o encontro dos espermatozoides com o gameta feminino.
b) no seccionamento dos ductos deferentes impedindo a saída de espermatozoides através da uretra.
c) em um dispositivo de borracha que deve ser colocado no fundo da vagina, de modo a "fechar" o colo do útero e impedir a entrada de espermatozoides.
d) em uma mistura de estrógeno e progesterona que inibe a secreção de FSH e LH pela hipófise, impedindo a passagem de espermatozoides através do útero.
e) em uma pequena peça em forma de "T" que é introduzida no útero com o objetivo de impedir a implantação do embrião.

7. Considerando as infecções sexualmente transmissíveis estudadas neste capítulo:

a) Cite as causadas por bactérias e por vírus. Para quais IST causadas por vírus citadas na Tabela 9-2 existe vacina preventiva?
b) Em relação às IST relacionadas na Tabela 9-2, qual é o melhor procedimento no sentido de não ocorrer o contágio?

8. Para haver fecundação, o espermatozoide da maioria dos mamíferos precisa superar "barreiras" que envolvem o ovócito. Substâncias liberadas pelo acrossomo favorecem a penetração do espermatozoide. Uma sequência de eventos garante o ingresso de apenas um espermatozoide. No ser humano, ocorrem algumas reações no ovócito que evitam a polispermia. Após o ingresso do citoplasma do espermatozoide no citoplasma do ovócito, ocorre o acontecimento fundamental: o encontro dos núcleos. Com a formação do zigoto, é dado o "pontapé inicial" para o desenvolvimento embrionário.

Com base no texto, responda:

a) O que significa reação cortical?
b) Como se denomina o encontro dos núcleos masculino e feminino? Que substâncias e organelas citoplasmáticas ovulares entram em atividade com a formação do zigoto? Qual é o significado do trecho "é dado o 'pontapé inicial' para o desenvolvimento embrionário", relativamente ao zigoto formado?

9. Os esquemas a seguir representam quatro fases que ocorrem durante o desenvolvimento embrionário do anfioxo. Observando-os atentamente, responda:

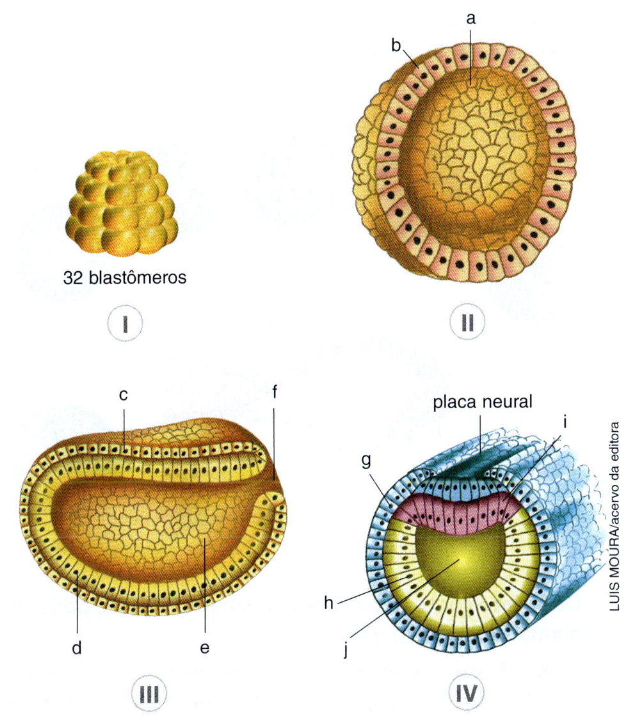

a) Que fases estão esquematizadas de I a IV?
b) Nos esquemas de II a IV, reconheça o que está apontado pelas setas *a* a *j*.

10. (Univag – MT)

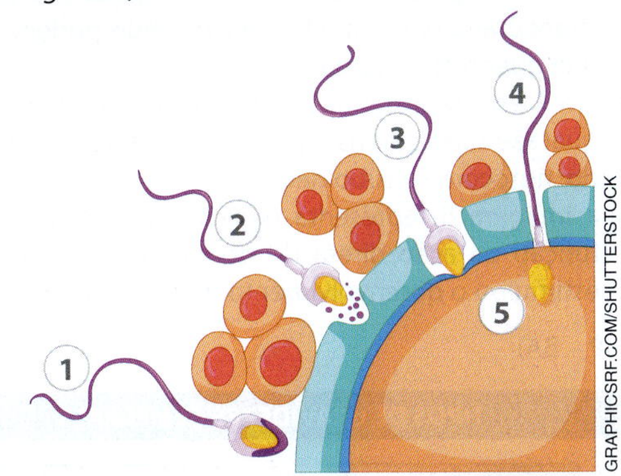

Com relação aos eventos ilustrados e relacionados ao processo de fertilização, pode-se afirmar que o número

a) 5 representa o citoplasma da ovogônia diploide, pois a gametogênese feminina só tem início após a fecundação.
b) 4 representa o núcleo haploide do espermatozoide adentrando no ovócito II, em fase final de meiose.
c) 1 representa uma espermátide haploide ainda na fase de diferenciação em espermatozoide.
d) 3 representa a cariogamia para a formação do zigoto, cujo núcleo é diploide por apresentar cromossomos aos pares.
e) 2 representa o vacúolo digestivo, derivado das mitocôndrias, atuando na abertura da membrana do ovócito I.

11. A ilustração abaixo é o esquema de um embrião humano com aproximadamente uma semana de vida.

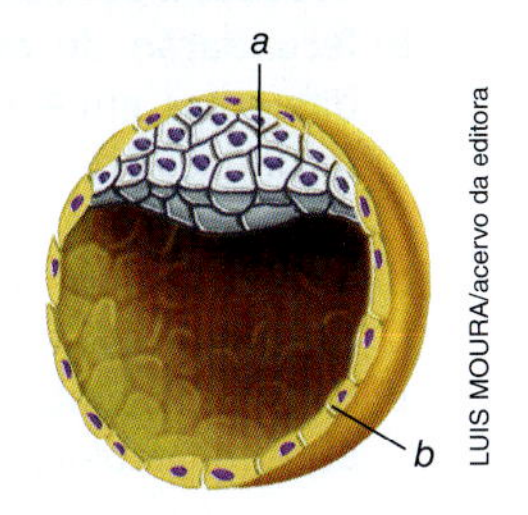

a) Qual é o destino das células que constituem as camadas *a* e *b*? Que fase do desenvolvimento embrionário está representada?
b) De qual dessas estruturas podem ser extraídas células-tronco com finalidade terapêutica?

12. (USCS – SP) O Filo Chordata se caracteriza pela presença de uma estrutura especializada, pelo menos em um período do desenvolvimento desses animais, a chamada NOTOCORDA. Analise a figura abaixo e responda:

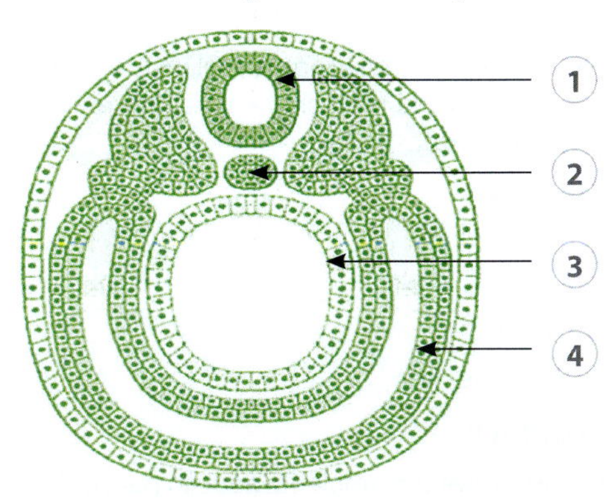

Fonte: <https://djalmasantos.wordpress.com/page/11/>.

a) A notocorda, que está representada pela seta 1, é um corpo em forma de haste flexível encontrado em embriões de todos os cordados. É composta de células derivadas a partir do endoderma e define o eixo primitivo do embrião.
b) A seta 2, representa a notocorda, estrutura encontrada em embriões de todos os cordados, que persiste em anfioxos adultos, ela é composta por células derivadas a partir do mesoderma e define o eixo primitivo do embrião.
c) A notocorda, que está representada pela seta 2, é um corpo em forma de haste flexível encontrada em embriões de todos os cordados. É composta de células derivadas a partir do endoderma e origina, em vertebrados, os somitos.
d) A seta 3, representa a notocorda, estrutura encontrada em embriões de todos os cordados, que persiste em anfioxos adultos, ela é composta por células derivadas a partir do endoderma e dá origem à coluna vertebral dos mamíferos.

13. (Campo Real – PR) Durante o desenvolvimento embrionário dos vertebrados, são formados três folhetos: ectoderme, mesoderme e endoderme. Os mecanismos de sinalização entre as células são fundamentais para que os processos de diferenciação ocorram. Uma falha nos processos de desenvolvimento da endoderme terá como consequência problemas no desenvolvimento de qual tipo celular no adulto?

a) células neurais
b) células do tecido ósseo
c) células do epitélio intestinal
d) células do epitélio da pele
e) células musculares estriadas esqueléticas

14. (Unesc) Analise o conceito a seguir e marque a estrutura embriológica à qual se refere: "Estrutura do útero humano em gestação para nutrir, oferecer proteção imunológica, trocas gasosas e remover resíduos metabólicos em um feto vivíparo com suprimentos do sangue da mãe."

a) endométrio
b) notocorda
c) placenta
d) vesícula vitelínica
e) âmnio

15. (Fame – MG) Durante o desenvolvimento embrionário de répteis, aves e mamíferos, é possível observar a formação de membranas extraembrionárias. Essas estruturas recebem esse nome porque são originadas do embrião, mas não são parte dele.

Nesse contexto, relacione a COLUNA II com a COLUNA I, associando cada membrana extraembrionária às suas respectivas funções.

COLUNA I

1. saco vitelino
2. âmnio
3. córion
4. alantoide

COLUNA II

( ) Promove um ambiente aquoso para o desenvolvimento do embrião.
( ) Limita a perda de água do ovo e é a membrana mais externa do embrião.
( ) Estoca resíduos metabólicos e participa das trocas gasosas do embrião.
( ) Fornece nutrientes para o embrião em desenvolvimento.

Assinale a sequência correta.

a) 2 3 4 1
b) 2 4 1 3
c) 3 4 2 1
d) 4 3 1 2

16. (Famerp – SP) A figura mostra a formação de uma estrutura embrionária X, presente nos cordados, que fica localizada acima da notocorda.

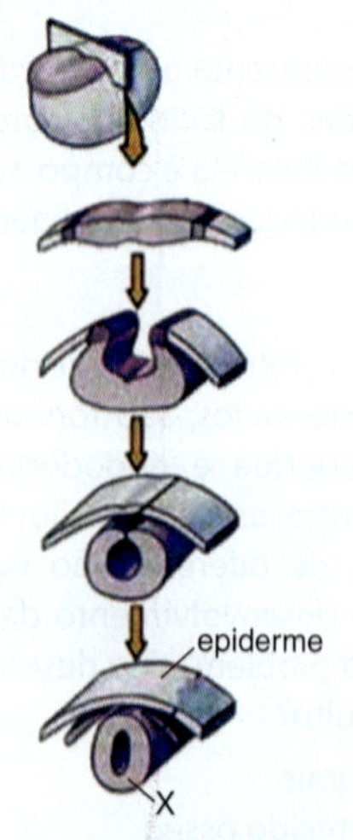

Adaptado de: HICKMAN, C. P. *et al. Princípios integrados de zoologia*, 2010.

A estrutura embrionária X se diferenciará, durante o seu desenvolvimento, em órgãos do sistema

a) digestório.
b) esquelético.
c) urinário.
d) respiratório.
e) nervoso.

17. (Fasa – BA) Observe a figura que mostra os primeiros cinco dias do desenvolvimento embrionário humano, a partir da fecundação até o processo de nidação.

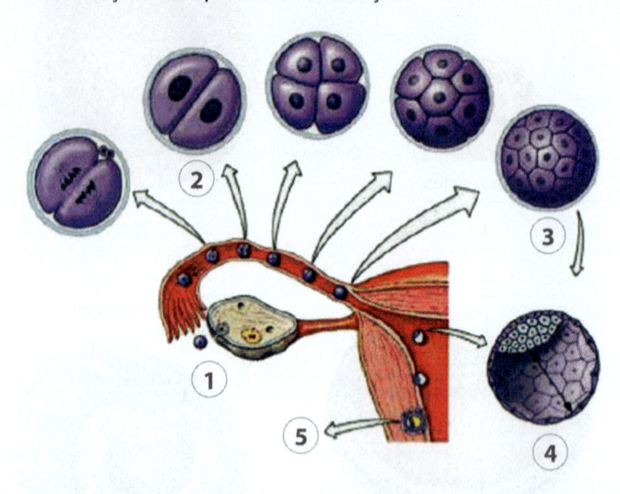

De acordo com a imagem e seus conhecimentos, pode-se afirmar corretamente que:

a) em 1 está representado o processo de ovulação, estimulado principalmente pelo hormônio feminino estrógeno.
b) em 2 são observados dois blastômeros, indicando que o embrião já está implantado, dando prosseguimento a gestação.
c) a fase 3 representa a mórula, um conjunto de células-tronco altamente indiferenciadas que podem originar qualquer tecido humano.
d) em 4 está representado o blastocisto humano, fase na qual são formadas as principais estruturas de um cordado: notocorda e tubo neural.
e) a imagem 5 representa nidação, que foi possível em função da ação direta do hormônio luteinizante, que estimulou o desenvolvimento do endométrio.

18. (FIP – BA)

Disponível em: <https://metwo.com.br/2019/06/11/faq-perguntas-respostas-sobre-gemeos-multiplos>. *Acesso em:* 20 out 2019.

A explicação embriológica para o desenvolvimento de cada um dos dois tipos de gêmeos é:

a) divisão do embrioblasto, em A; e fecundação de dois ovócitos II por dois espermatozoides diferentes, em B.
b) fecundação de ovócitos II por dois espermatozoides diferentes, em A e em B.
c) fecundação por dois espermatozoides em um ovócito II, em A; e divisão do embrioblasto, em B.
d) fecundação de dois ovócitos II por dois espermatozoides diferentes, em A; e divisão do embrioblasto, em B.
e) divisão do embrioblasto, em A; e penetração de dois espermatozoides em um ovócito II, em B.

Histologia animal

CAPÍTULO 10

A atividade física regular, de intensidade média a alta, pode potencializar a eficácia das vacinas. Uma pessoa que se exercita com frequência possui 50% mais chances de produzir mais anticorpos após a imunização do que um sedentário, segundo dados de uma pesquisa publicada na revista científica *Sports Medicine*. O estudo foi conduzido por cientistas de instituições europeias. Eles fizeram uma revisão de diversos experimentos anteriores que investigaram a relação entre atividade física e resultados na vacinação contra gripe, pneumonia e vírus da varicela (catapora).

Adaptado de: BATISTA, E. L. Exercícios podem potencializar produção de anticorpos, diz estudo. *Folha de S.Paulo*, São Paulo, 22 maio 2021. Saúde, p. B3.

O benefício decorrente da realização regular de exercícios físicos estimula não apenas a produção de anticorpos, como, igualmente, é revelador da participação de diversos tecidos presentes em órgãos do nosso organismo. Os tecidos muscular, nervoso, ósseo, cartilaginoso, conjuntivo, epitelial e, sobretudo, o sanguíneo, são participantes fundamentais na realização de atividades que exigem esforço, coordenação, circulação sanguínea, liberação de suor pelo tecido epitelial localizado na pele, além de renovação do ar nos tecidos e pulmões.

Claro que a pesquisa acima contribui para a importância da vacinação e evidencia os benefícios da atividade física resultantes na produção de anticorpos protetores pelos linfócitos presentes no sangue. Perceba que, para isso, é fundamental a participação dos tecidos que compõem os diversos órgãos do corpo humano envolvidos nas atividades físicas. E é exatamente o estudo dos tecidos, entidades constituídas de inúmeras células com função ou funções definidas, a principal meta deste capítulo. Cada tecido exerce uma função equivalente aos participantes de uma competição esportiva: todos atuando em conjunto, em benefício de todos, resultando na manutenção de uma vida saudável.

Seu ponto de vista!

Quais são os órgãos de seu corpo mais exigidos em suas atividades físicas (corridas, jogos etc.)?

MONKEY BUSINESS IMAGES/SHUTTERSTOCK

10-1. O que é Histologia?

Histologia é o estudo dos tecidos. O conceito tradicional de **tecido** é o de um *conjunto de células semelhantes na forma e que desempenham, na maioria das vezes, o mesmo tipo de função*. É preciso lembrar, porém, que em alguns tecidos existem células diferentes, como ocorre, por exemplo, nos tecidos sanguíneo, nervoso, muscular e ósseo.

Costuma-se admitir a existência de quatro tecidos fundamentais presentes no organismo humano: **epitelial, conjuntivo** (abrangendo tecidos **ósseo, cartilaginoso** e **sanguíneo**), **muscular** e **nervoso**. A Figura 10-1 é um esquema genérico de alguns desses tecidos.

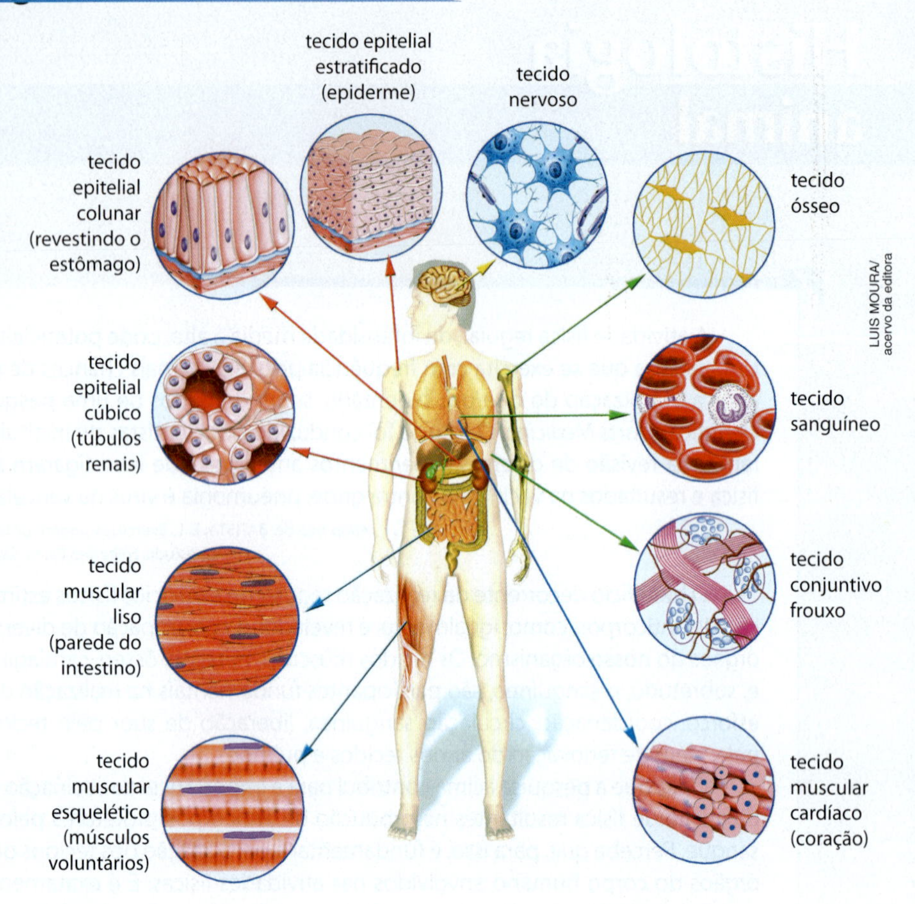

Figura 10-1. Os diferentes tecidos do corpo humano. Observe que a seta amarela indica tecido nervoso; as setas verdes, conjuntivo; as azuis, muscular; e as vermelhas, epitelial. (Cores-fantasia. Ilustrações fora de escala.)

10-2. Tecido epitelial

A superfície externa de nosso corpo e órgãos internos dotados de cavidades é revestida por tecido epitelial, que – além de revestir – também produz substâncias que lubrifiquem superfícies ou que possam ser enviadas para atuar em outros locais. Além disso, o tecido epitelial também pode executar funções de absorção (no intestino, por exemplo) e de remoção de partículas (evento comum na traqueia, por meio de secreções mucosas).

Costuma-se classificar o tecido epitelial em: **epitélio de revestimento** e **epitélio glandular**.

Epitélio de revestimento

Atua como membrana que isola o organismo, ou parte dele, do meio externo. Reveste superfícies externas (por exemplo, a pele), defendendo-as de possíveis agressões (como queimaduras), e internas (por exemplo, no estômago, em que ocorre produção e liberação de suco gástrico (ácido, corrosivo). Veja a Figura 10-2.

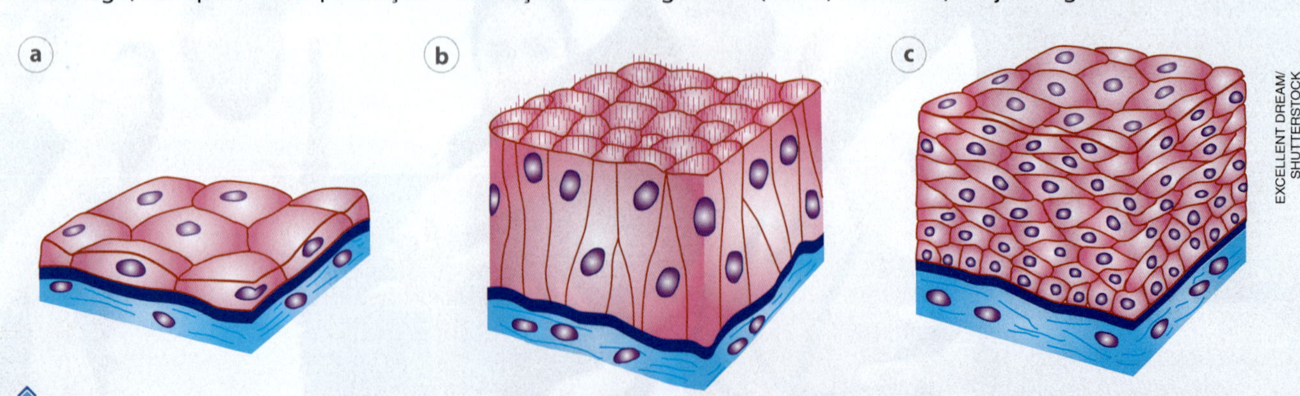

Figura 10-2. Tipos de epitélio de revestimento: (a) simples, (b) pseudoestratificado e (c) estratificado (Cores-fantasia. Ilustrações fora de escala.)

Epitélio glandular

Há dois tipos de glândulas de origem epitelial: **glândulas exócrinas** e **glândulas endócrinas**. *Exócrinas* são as que possuem um *ducto*, através do qual são eliminadas as secreções. *Endócrinas* são as que lançam secreções, de modo geral hormônios, diretamente no sangue. Veja a Figura 10-3.

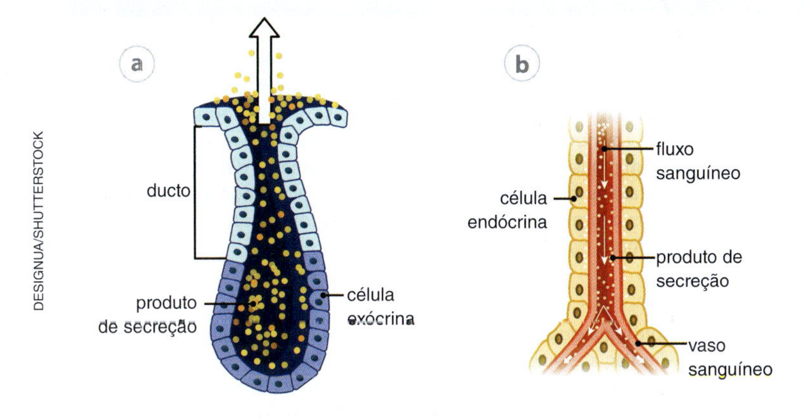

Figura 10-3. (a) Esquema de glândula exócrina em corte longitudinal. Observe que a porção secretora elimina sua secreção para o exterior através de um ducto. Já nas glândulas endócrinas (b), a porção secretora é rodeada por vasos sanguíneos que lhes fornecem substâncias. A secreção glandular é eliminada diretamente para o interior dos capilares sanguíneos. (Cores-fantasia. Ilustrações fora de escala.)

10-3. Tecidos conjuntivos

Tecido conjuntivo, também denominado de **conectivo**, é uma categoria de tecido cujos componentes possuem características bem diferentes entre si, do qual fazem parte células de gordura, cartilagens, ossos, tendões e o sangue. Há uma particularidade constante em todos esses tecidos: têm como função principal a manutenção da forma do corpo e a ligação entre outros tecidos – daí a denominação de conectivo, que lembra **conexão** ou, conjuntivo, que significa **chegar junto**, ligar-se, unir-se, a outros tecidos.

O tecido conjuntivo é formado por diferentes tipos de células e de fibras. As principais células são: **fibroblastos, macrófagos** (células de defesa que executam fagocitose), **mastócitos** (células relacionadas a processos alérgicos e que liberam a substância histamina) e **plasmócitos** (células de defesa produtoras de anticorpos). A Tabela 10-1 resume as principais características dessas células.

Tabela 10-1. Principais características e funções das células do tecido conjuntivo. (Cores-fantasia. Ilustrações fora de escala.)

CÉLULA	CARACTERÍSTICAS E FUNÇÕES
Fibroblasto Fibroblasto. Fibrócito.	Célula metabolicamente ativa, contendo longos e finos prolongamentos citoplasmáticos. Sintetiza o colágeno e as substâncias da matriz (substância intercelular). O colágeno é sintetizado aos poucos, sob a forma de pequenas moléculas precursoras que, no meio extracelular, são polimerizadas. O material intercelular é composto de mucopolissacarídeos, dos quais o mais comum é o *ácido hialurônico*. Ao ficar metabolicamente inativo, o fibroblasto recebe o nome de **fibrócito**. Eventualmente, o fibrócito volta a se transformar em fibroblasto ativo, por exemplo, nos processos de cicatrização, e a síntese de colágeno é retomada.
Macrófago	Célula ovoide, podendo conter longos prolongamentos citoplasmáticos e inúmeros lisossomos. Responsável pela fagocitose e pinocitose de partículas estranhas ou não ao organismo. Remove restos celulares e promove o primeiro combate aos microrganismos invasores do nosso organismo. Ativo no processo de *involução fisiológica* de alguns órgãos ou estrutura. É o caso do útero que, após o parto, sofre uma redução de volume.
Mastócito	Célula globosa, grande, sem prolongamentos e repleta de grânulos que dificultam, pela sua quantidade, a visualização do núcleo. Os grânulos são constituídos de **heparina** (substância anticoagulante) e **histamina** (substância envolvida nos processos de *alergia*). Essa última substância é liberada em ocasiões de penetração de certos antígenos no organismo e seu contato com os mastócitos, desencadeando a consequente reação alérgica.
Plasmócito	Célula ovoide, rica em retículo endoplasmático rugoso (ou granular). Pouco numeroso no conjuntivo normal, mas abundante em locais sujeitos à penetração de bactérias, como intestino, pele e áreas em que existem infecções crônicas. Produtor de todos os anticorpos no combate a microrganismos. É originado no tecido conjuntivo a partir da diferenciação de células conhecidas como linfócitos do tipo B.

Ilustrações: LUIS MOURA/acervo da editora

As fibras do tecido conjuntivo são: **colágenas, elásticas** e **reticulares**, descritas na Tabela 10-2 a seguir (veja também a Figura 10-4).

Tabela 10-2. Principais características das fibras do tecido conjuntivo.

FIBRAS	CONSTITUIÇÃO QUÍMICA E CARACTERÍSTICAS
Colágenas STEVE GSCHMEISSNER/SCIENCE PHOTO LIBRARY/SPL DC/LATINSTOCK	Constituídas da proteína *colágeno*, a mais abundante do corpo humano. Assemelhadas a cordas, as moléculas são alongadas e paralelas umas às outras, constituindo feixes. À microscopia eletrônica percebe-se que são formadas por unidades menores – as fibrilas – que, por sua vez, são constituídas por unidades ainda menores, as microfibrilas (tropocolágeno), extremamente delgadas. Fibroblastos secretam as microfibrilas de tropocolágeno, ocorrendo a polimerização fora das células para a formação das fibrilas e dos feixes colágenos. Presentes, por exemplo, nos tendões.
Elásticas INNERSPACE IMAGING/SPL/LATINSTOCK	Constituídas da proteína *elastina*. À microscopia eletrônica, percebe-se que são constituídas de fibrilas, a exemplo do colágeno. Sua principal função é proporcionar elasticidade nos locais em que são encontradas. Pulmões, fígado e artérias são ricos nesse tipo de fibra. São facilmente deformadas quando sujeitas a forças de tração, mas logo retomam sua forma assim que cessa o agente gerador da deformação. Essa propriedade é útil em órgãos sujeitos à expansão de volume, como os pulmões. Na foto, fibras elásticas em dourado. Em marrom, suprimento sanguíneo.
Reticulares CABISCO/VISUALS	Constituídas da proteína *colágeno*, são extremamente delicadas e possuem diâmetro semelhante ao das fibrilas colágenas. Nos locais em que ocorrem, frequentemente ficam interligadas aos feixes de fibras colágenas. As fibras reticulares organizam uma trama de sustentação das células de determinados órgãos, como o baço, os gânglios (linfonodos) linfáticos, o fígado, os rins e as glândulas endócrinas.

Anote!

As fibras de colágeno são assim chamadas por fornecerem, após fervura prolongada, uma gelatina que atua como cola. No estado fresco, essas fibras possuem coloração esbranquiçada. A consistência de uma carne depende da quantidade de colágeno que ela possui. É válido dizer que carne de primeira tem pouco colágeno e a de terceira, muito. Associe isso com a dificuldade de mastigação.

Tendões possuem muito colágeno. Cozinhar joelho ou pé de boi, com os respectivos tendões, por longo tempo – o conhecido mocotó –, acaba liberando o colágeno, um alimento rico em proteínas.

Já as fibras elásticas, no estado fresco, possuem coloração amarelada. Por esse motivo, são conhecidas como fibras amarelas do tecido conjuntivo.

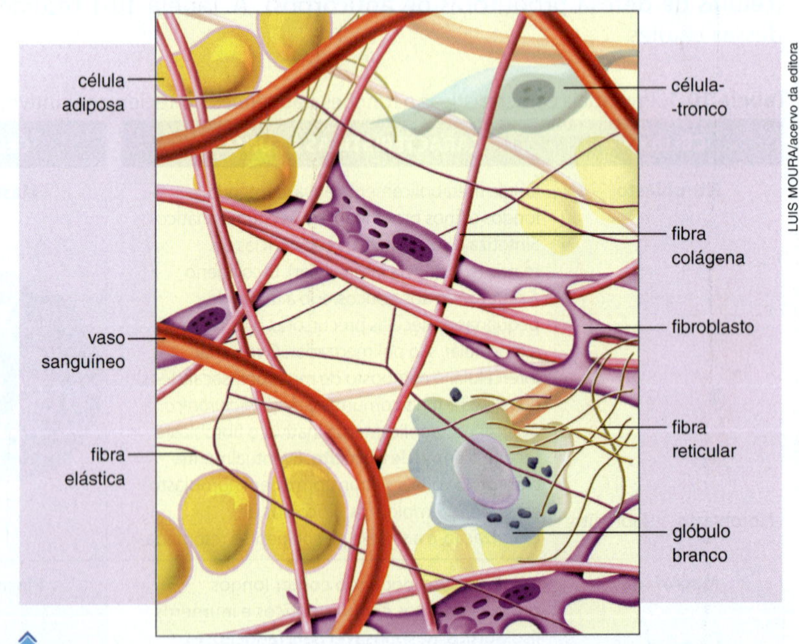

Figura 10-4. Esquema das fibras do tecido conjuntivo. (Cores-fantasia.)

Saiba mais!

Classificação dos tecidos conjuntivos

Os termos utilizados na classificação dos tecidos conjuntivos levam em conta os componentes predominantes desses tecidos, ou seja, as células ou as fibras. A classificação que veremos a seguir é resumida e, embora não seja a mais completa, serve para os nossos propósitos de descrição desse tecido.

Tabela 10-3. Características dos principais tipos de tecido conjuntivo.

TIPO			CARACTERÍSTICAS
TECIDO CONJUNTIVO	Propriamente dito	Frouxo	Há mais células que fibras. É o mais comum. Preenche espaços entre as fibras (células) e feixes musculares. Serve de apoio aos epitélios e envolve vasos sanguíneos, vasos linfáticos e nervos.
		Denso	Há predomínio de fibras. Podem ser orientadas todas na mesma direção (nos tendões) ou em várias direções (no tecido conjuntivo da derme, importante componente da pele).
	De propriedades especiais	Adiposo	Grande quantidade de células armazenadoras de lipídios. Unilocular (amarelo) e multilocular (pardo). É o tecido encontrado na hipoderme (também chamado de tecido celular subcutâneo) associada à pele humana. O "toucinho" da pele do porco é tecido adiposo.
		Sanguíneo (tecido reticular ou hemocitopoiético)	Células banhadas por abundante material extracelular que se desloca nos vasos sanguíneos, irrigando praticamente todos os órgãos do corpo. Os elementos celulares são: glóbulos vermelhos (eritrócitos), glóbulos brancos (leucócitos) e plaquetas (ou trombócitos, que, na verdade, são restos celulares).
	De suporte	Cartilaginoso	Células conhecidas como *condrócitos*, imersas em uma matriz cartilaginosa de natureza orgânica. Tecido flexível e maleável encontrado em várias partes do organismo humano.
		Ósseo	Células – osteoblastos, osteócitos e osteoclastos – contidas em matriz orgânica (osseína) e inorgânica (fosfato de cálcio). Função de suporte e proteção de órgãos internos e reservatório de cálcio.

Tecido cartilaginoso

Tecido cartilaginoso, ou cartilagem, é um tecido maleável de sustentação e contém abundante substância intercelular e poucas células. As principais células são os **condrócitos**, responsáveis pela síntese da substância intercelular, denominada **matriz cartilaginosa**, rica em mucopolissacarídeos e fibras (colágenas e elásticas). É importante destacar que o tecido cartilaginoso não possui irrigação sanguínea própria, e recebe nutrientes e oxigênio de capilares sanguíneos próximos ao tecido.

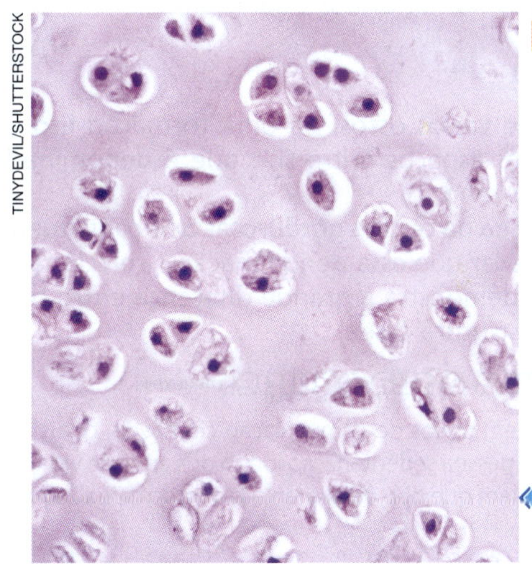

TINYDEVIL/SHUTTERSTOCK

Observe, na imagem ao lado, os condrócitos dispersos na substância intercelular (matriz cartilaginosa).

Anote!

Quanto maior o número de fibras colágenas, mais rígida é a cartilagem. Quanto maior a quantidade de fibras elásticas, mais flexível é o tecido.

Tecido ósseo

Característica marcante do tecido ósseo é o fato de ser formado por células e uma matriz orgânica calcificada. É preciso lembrar sempre que ossos são ricos em cálcio e fósforo, que são constituídos por uma matriz inorgânica de fosfato de cálcio, o que explica a rigidez desses órgãos. As células do tecido ósseo são:

- **osteoblasto** – célula óssea jovem e secretora da matriz orgânica, conhecida como osteoide ou pré-osso;
- **osteócito** – é o osteoblasto maduro, que parou de secretar matriz orgânica;
- **osteoclasto** – célula gigante, multinucleada, que atua como macrófago (fagocitose) e reabsorve constantemente tecido ósseo nos processos de remodelação ou em reparos após fraturas.

A Figura 10-5 a seguir mostra esquema dos componentes de um osso.

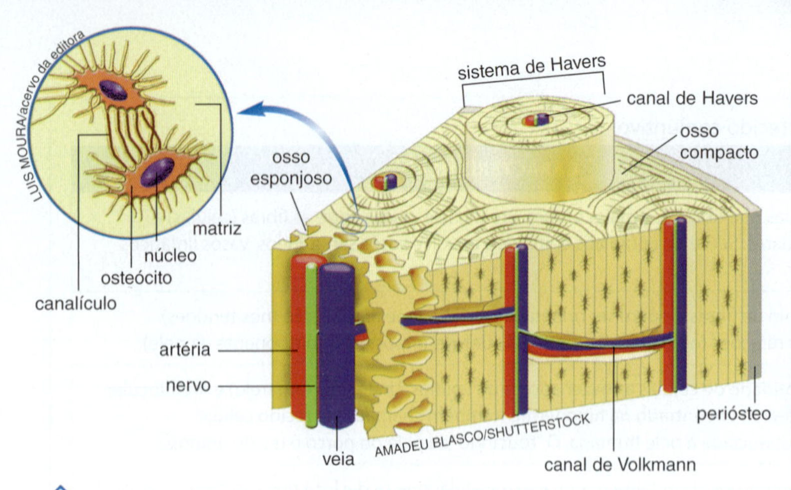

Figura 10-5. Estrutura do tecido ósseo. Observe os numerosos cilindros de lamelas ósseas concêntricas. Cada cilindro com seu canal central constitui um sistema de Havers. (Cores-fantasia. Ilustrações fora de escala.)

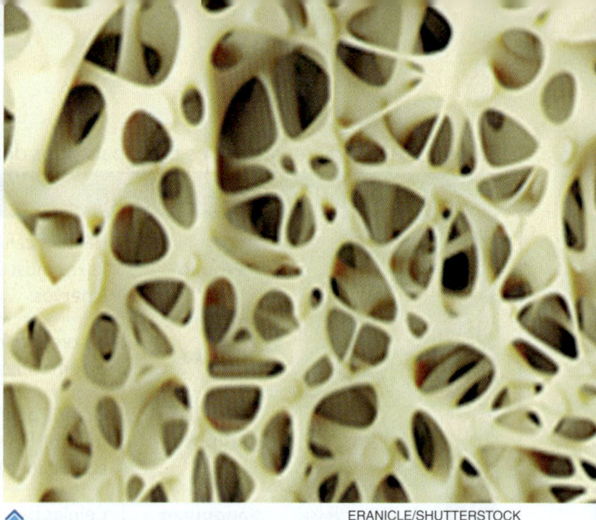

ERANICLE/SHUTTERSTOCK

Micrografia eletrônica de varredura de osso esponjoso humano. Os espaços aparentemente vazios continham, na verdade, medula óssea. (Aumento de 13 vezes.)

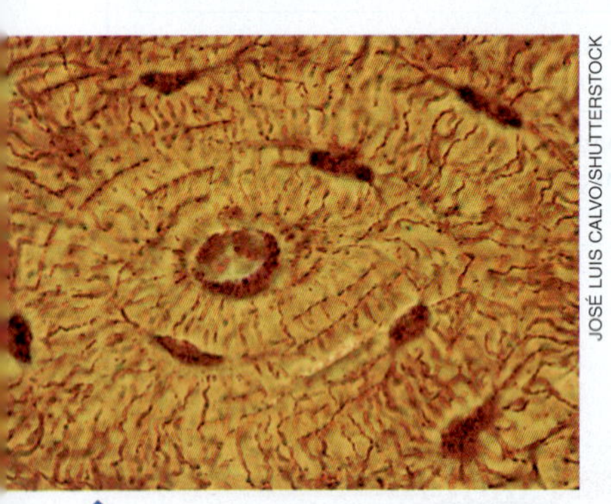

JOSÉ LUIS CALVO/SHUTTERSTOCK

Seção transversal de tecido ósseo vista em microscópio óptico, em que podem ser vistas as lamelas concêntricas em torno do canal de Havers. Os pontos mais escuros são os osteoblastos (aumento de 450 vezes).

O osso é revestido por um tecido conjuntivo de suporte, o **periósteo**, que garante contínuo fornecimento de células e nutrientes ao tecido ósseo localizado no interior. No esquema, nota-se a presença de lamelas concêntricas, e uma rede de minúsculos canais que percorrem a matriz, interligando osteócitos, o que permite a chegada de nutrientes a essas células. No centro de cada conjunto de lamelas e lacunas concêntricas há um canal, **o canal de Havers**, e ligando os inúmeros canais de Havers há pequenos canais transversais, denominados de **canais de Volkmann**.

Pelos canais de Havers e Volkmann passam nervos e vasos sanguíneos (importante diferença entre osso e cartilagem). Por esse motivo é que fraturas são doloridas e sangram.

Medula óssea

No interior de vários ossos, há uma formação esponjosa, constituída por traves ósseas que deixam muitos espaços entre si e que é denominada de **medula óssea**, popularmente conhecida como *tutano*.

Na medula óssea há células gordurosas que constituem a chamada medula óssea vermelha. É importante destacar que essa denominação é relacionada à produção de elementos celulares do sangue, o que demonstra a grande diferença entre osso e cartilagem e denota um aspecto fundamental da estrutura óssea.

Agora, reúna a sua equipe!

Investiguem, em meios de comunicação confiáveis, quais seriam as principais consequências para o organismo de uma pessoa sedentária, ao longo dos anos de vida, a não realização regular de atividade física. Nesse caso, pesquisem que tipo de alimentação seria mais adequada na ausência de atividade física regular.

Tecido sanguíneo

O sangue (originado por órgãos hemocitopoéticos, produtores das células sanguíneas) é um tecido altamente especializado, formado por dois componentes: a *parte figurada*, constituída por alguns tipos de células, que ficam dispersas em um meio líquido – o *plasma* – o segundo componente, que recebe também a denominação de parte *amorfa*.

As células sanguíneas, mostradas na Figura 10-6, são: **glóbulos vermelhos** (também chamados de hemácias ou eritrócitos); **glóbulos brancos** (também chamados de leucócitos); e **plaquetas** (também conhecidas como trombócitos).

O plasma, por sua vez, compõe-se principalmente de água e inúmeras substâncias dissolvidas, entre elas nutrientes como a glicose e os aminoácidos, e várias proteínas, como os importantes anticorpos, relacionados aos mecanismos de defesa humoral do nosso organismo.

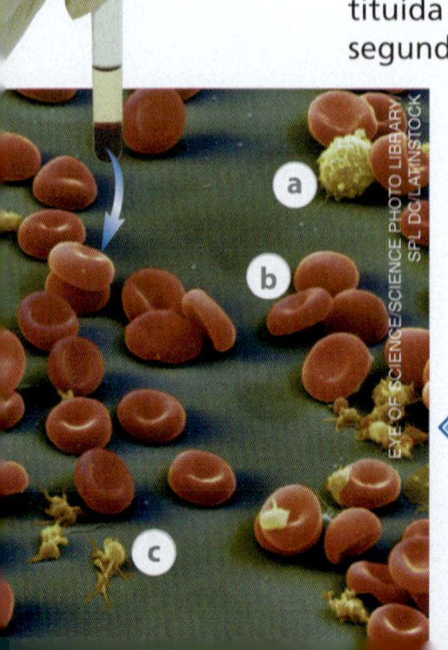

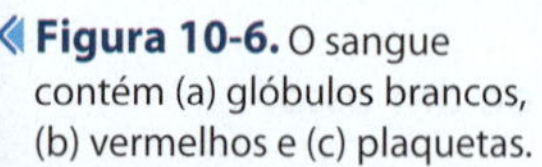

Figura 10-6. O sangue contém (a) glóbulos brancos, (b) vermelhos e (c) plaquetas.

Você na net!

Você sabe qual é a quantidade média das células do sangue em seres humanos? Pesquise na net e confira as suas respostas!

Células do sangue

Glóbulos vermelhos, hemácias ou eritrócitos (do grego, *eruthrós* = vermelho e *kútos* = célula) são células anucleadas e ricas em hemoglobina, proteína transportadora de oxigênio.

Plaquetas são restos celulares originados da fragmentação de células gigantes da medula óssea, denominadas de *megacariócitos*. São células importantes por atuarem no processo de coagulação sanguínea, sendo, por isso, também conhecidas por **trombócitos** (do grego, *trhómbos* = coágulo), cuja atuação impede a ocorrência de hemorragias.

Glóbulos brancos, também chamados de leucócitos (do grego, *leukós* = branco), são as células relacionadas à defesa do organismo, atividade que pode ser exercida por fagocitose ou por meio da produção de anticorpos, conhecidos como proteínas de defesa.

A Tabela 10-4 ilustra a classificação e os tipos de glóbulos brancos.

Tabela 10-4. Classificação e tipos de glóbulos brancos.

	GLÓBULOS BRANCOS	FUNÇÃO
GRANULÓCITOS	**Neutrófilos**	Atuam ativamente na fagocitose de microrganismos invasores, a partir da emissão de pseudópodes. Constituem a primeira linha de defesa do sangue.
	Eosinófilos	Células fagocitárias. Atuação em doenças alérgicas. Abundantes na defesa contra diversos parasitas.
	Basófilos	Acredita-se que atuem em processos alérgicos, a exemplo dos mastócitos.
AGRANULÓCITOS	**Linfócitos**	Responsáveis pela defesa imunitária do organismo. Linfócitos B diferenciam-se em plasmócitos, as células produtoras de anticorpos. Linfócitos T amadurecem no timo, uma glândula localizada no tórax.
	Monócitos	Acredita-se que atravessem as paredes dos capilares sanguíneos e, nos tecidos, diferenciam-se em macrófagos ou osteoclastos, células especializadas em fagocitose.

ILUSTRAÇÕES: IDEYWEB/SHUTTERSTOCK

Órgãos hemocitopoéticos

Órgãos **hemocitopoéticos** são os responsáveis pela renovação constante das células sanguíneas, o que é importante pois muitas dessas células possuem curta duração e é preciso efetuar sua reposição. A atividade desses órgãos é denominada de hemocitopoese (do grego, *haîma* = sangue, kútos = célula e *poiesis* = fabricação), a partir de mitoses efetuadas por células-tronco indiferenciadas ali existentes. As células formadas se diferenciam nas diversas linhagens sanguíneas e se dirigem ao sangue.

Desvende & Avalie!

Faça uma atividade de extração de colágeno e verifique algumas de suas propriedades. Para isso, leia o QR Code ao lado.

10-4. Tecido nervoso

O **neurônio**, também conhecido como **célula nervosa**, é o principal componente do tecido nervoso. É uma célula ramificada, ao longo da qual ocorre a transmissão de informação, ou mensagem, na forma de uma corrente elétrica. De modo geral, um neurônio possui três partes: **dendritos, corpo celular** e **axônio**, mostrados na Figura 10-7.

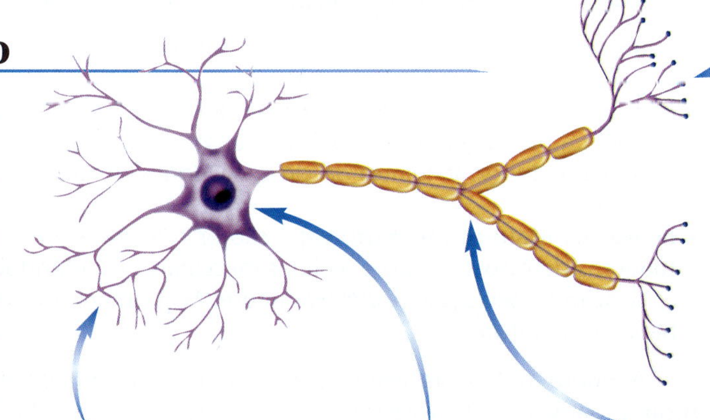
As ramificações do axônio fazem a conexão com outras células (nervosas, musculares ou glandulares).
Dendritos: funcionam como "antenas" captadoras de "sinais". Possuem grande superfície de recepção de estímulos que serão enviados ao corpo celular.
Corpo celular: setor de "manutenção". Centro de controle e síntese de diversos tipos de substâncias.
Axônio: "cabo" de transmissão de mensagens que correm pela membrana plasmática. Por ele transitam substâncias produzidas no corpo celular.
LUIS MOURA/acervo da editora

Figura 10-7. Esquema representativo de um neurônio. (Cores fantasia.)

O revestimento isolante dos neurônios

Assim como um fio elétrico possui um material isolante, dendritos e axônios também são revestidos e rodeados por material lipídico proveniente do enrolamento de células especiais, as **células de Schwann**, que atuam como isolantes da fibra nervosa e garantem uma condução mais segura da corrente elétrica neles gerada. Dá-se o nome de **bainha de mielina** a esse revestimento celular, ilustrado na Figura 10-8.

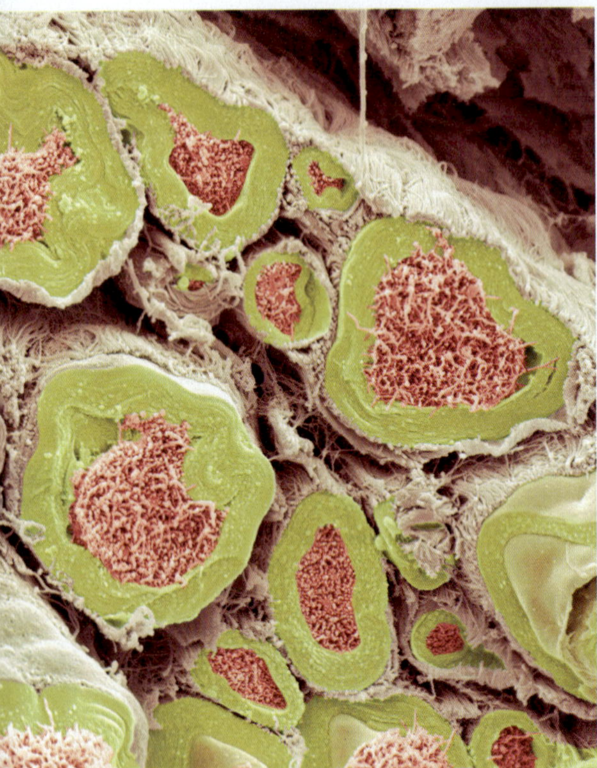

STEVE GSCHMEISSNER/SCIENCE PHOTO LIBRARY/SPL DC/LATINSTOCK

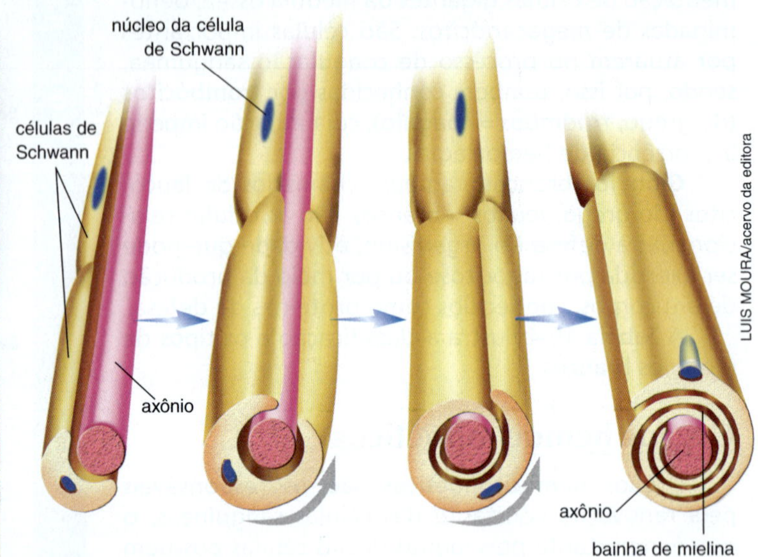

Figura 10-8. Representação das células de Schwann e o isolamento de um axônio. (Cores-fantasia.)

Microscopia eletrônica de varredura de uma secção transversal de célula nervosa. O axônio (região central, em vermelho) está envolvido por uma camada de mielina (em marrom), substância que, além de isolar a célula nervosa, aumenta a velocidade de transmissão dos impulsos nervosos. Aumento de 2.650 vezes. (Cores-fantasia.)

Neurônios trabalham em conjunto

Neurônios trabalham em equipe, o que quer dizer que a transmissão dos impulsos nervosos envolve a participação de tipos diferentes de neurônios, cada qual executando determinado papel no circuito, o que se assemelha a uma *corrida de revezamento*.

Três tipos de neurônio participam desse processo de trabalho integrado:

- **neurônios sensoriais** – transmitem impulsos dos receptores sensoriais (nos órgãos dos sentidos) aos outros neurônios do percurso;
- **neurônios de associação (ou interneurônios)** – situados nas partes centrais do sistema nervoso, recebem a mensagem dos neurônios sensoriais, processam-na e transferem um comando para as células nervosas seguintes do circuito. Alguns circuitos nervosos podem não ter esse tipo de neurônio;
- **neurônios efetores (ou motores)** – são os que transmitem a mensagem para as células efetuadoras de resposta, isto é, células musculares ou glandulares que respondem por meio de contração ou secreção, respectivamente. No homem, por exemplo, há cerca de 3 milhões de neurônios motores.

A Figura 10-9 é um exemplo do trabalho em equipe desses três tipos de neurônios. Ao tocar a chama da vela, você sentirá o calor por ela emanado e retirará o dedo antes de queimá-lo. Isso ocorre porque os receptores sensoriais de sua pele convertem o *estímulo* em *impulsos*, que são conduzidos pelos neurônios sensoriais, em seguida pelos interneurônios e, por fim, pelos neurônios motores. Imediatamente, o neurônio motor transmite uma "ordem" ao músculo, que se contrai, e você tira o dedo da chama. Esse conjunto de ações caracteriza o que se denomina de **arco reflexo**.

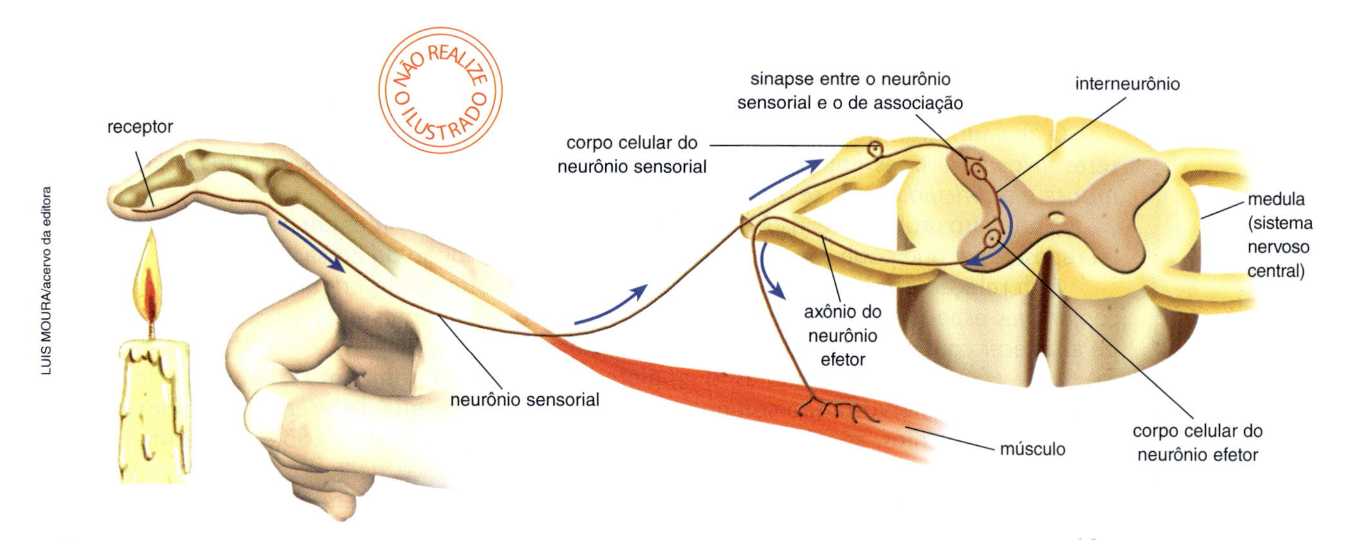

Figura 10-9. Esquema da integração dos neurônios sensorial, de associação e motor. Os três são componentes do que se denomina de arco reflexo. (Cores--fantasia. Ilustrações fora de escala.)

LUIS MOURA/acervo da editora

Sinapse: passagem de estímulo de um neurônio para outro

A propagação, passagem, da informação de um *impulso* nervoso em qualquer neurônio, sempre ocorre no sentido

dendrito → corpo celular → axônio.

E de um neurônio para outro, como ocorre a transmissão? Nesse caso, a transmissão ocorre em uma área de proximidade entre a terminação do axônio de um neurônio com o dendrito, ou com o corpo celular, do outro neurônio. Essa região de proximidade, esse espaço, de aproximadamente 20 nanômetros, que existe entre os dois neurônios, é a **sinapse**.

É importante saber que na região da sinapse não há contato entre as terminações do axônio e as da sinapse. A informação é passada por meio de substâncias químicas liberadas pelas terminações do axônio, que atuam como "transportadoras" ou "mensageiras" e que se ligam a receptores da membrana plasmática dos dendritos do neurônio seguinte, transferindo-lhes, assim, a informação (veja a Figura 10-10)

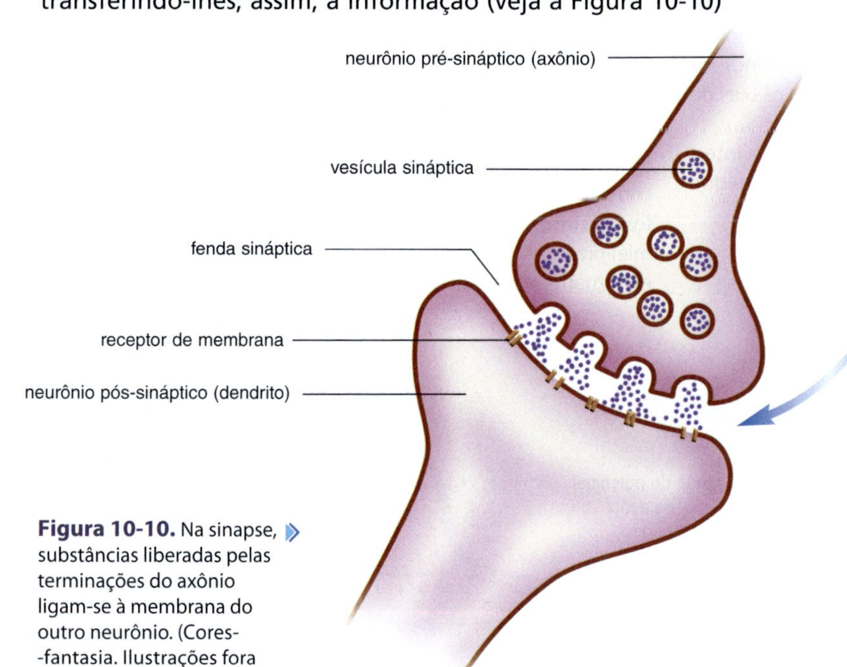

Figura 10-10. Na sinapse, substâncias liberadas pelas terminações do axônio ligam-se à membrana do outro neurônio. (Cores--fantasia. Ilustrações fora de escala.)

Células da glia (neuróglia)

O elevado grau de especialização apresentado pelos neurônios durante a evolução dos seres vivos teve duas importantes consequências: a *perda da capacidade de se dividir por mitose* e a *dificuldade de se alimentar por conta própria*.

O primeiro problema é insolúvel. Todos os dias morrem neurônios em nosso organismo. Não há reposição, o que pode conduzir a sérias deficiências ao longo da nossa vida.

Com relação ao segundo problema, a solução foi altamente engenhosa. Existem células conjuntivas especiais, associadas ao tecido nervoso, com diferentes funções, sendo uma delas a de abastecer continuamente de nutrientes as células nervosas.

Anote!

Estima-se que no cérebro humano existam cerca de 86 bilhões de neurônios e um número equivalente de células gliais.

Essas células, que, além dos neurônios, também fazem parte do tecido nervoso, são componentes da **neuróglia** ou **glia**. Diferentemente dos neurônios, as células da neuróglia podem se dividir. Em ocasiões de traumatismos, em que muitos neurônios morrem, o espaço deixado por eles é ocupado por células neurogliais. Certos tumores são, também, originados por células desse componente do tecido nervoso.

Considera-se que a neuróglia seja a responsável pela sustentação do tecido nervoso. Suas principais células são:

- **micróglias** – pequenas células que exercem papel de macrófagos, fagocitando restos celulares mortos e microrganismos que invadem o tecido nervoso;
- **oligodendrócitos** – células que revestem neurônios do SNC com uma bainha de mielina semelhante à da célula de Schwann. São abundantes, especialmente na substância branca do cérebro;
- **células de Schwann** – assim como os oligodendrócitos, revestem os axônios. A diferença entre eles é que os prolongamentos dos oligodendrócitos podem envolver diversos axônios, enquanto cada célula de Schwann reveste um trecho de apenas um axônio;
- **astrócitos** – as mais abundantes células do cérebro, são responsáveis pela nutrição dos neurônios. Prolongamentos dessas células ligam-se a capilares sanguíneos, de onde retiram os nutrientes que serão transferidos para os neurônios. Recentemente, descobriu-se que os astrócitos parecem induzir a proliferação de células-tronco do sistema nervoso, estimulando-as a se transformarem em novos neurônios, bem como em outras células da neuróglia. Estão intimamente associados a sinapses e atuam nas etapas fundamentais de sua organização.

Saiba mais!

A condução saltatória

A velocidade de condução de impulsos nervosos é variável, sendo maior em axônios mielinizados e de maior diâmetro. A mielina envolve todas as grandes fibras nervosas. É uma substância lipídica que não conduz corrente elétrica e atua como um isolante. A bainha de mielina é produzida pelos oligodendrócitos (células gliais) do sistema nervoso central e pelas células de Schwann, células gliais do sistema nervoso periférico.

A bainha de mielina é interrompida de intervalo a intervalo pelos chamados *nódulos de Ranvier*, únicos locais em que se verifica a despolarização (potencial de ação) da membrana da célula nervosa, isto é, a condução dos impulsos nervosos é feita "aos pulos". Por esse motivo, dizemos que em um neurônio mielinizado a condução é saltatória (veja a Figura 10-11). A velocidade de condução do impulso nervoso é da ordem de 0,5 até 120 m/s.

Há fibras sem bainha de mielina, conhecidas por **amielínicas**, que conduzem estímulos com uma velocidade bem mais lenta que as mielinizadas, pois não existe o efeito "saltatório". As fibras amielínicas não determinam reações rápidas; controlam as contrações dos vasos sanguíneos, os movimentos gastrintestinais, o esvaziamento da bexiga. Já as fibras mielínicas estão associadas a impulsos cerebrais, que são extremamente rápidos.

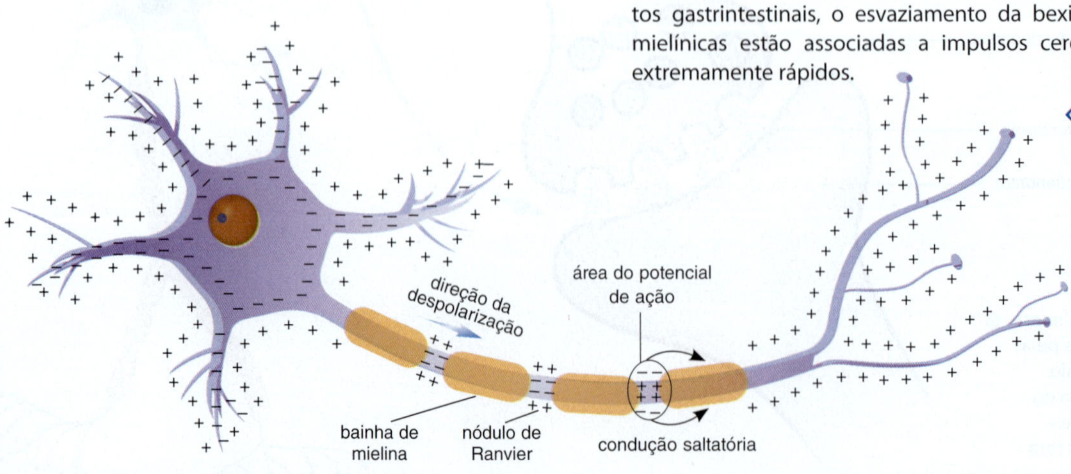

JOSHYA/SHUTTERSTOCK

direção da despolarização
área do potencial de ação
bainha de mielina
nódulo de Ranvier
condução saltatória

Figura 10-11. Na condução saltatória, que ocorre em neurônios mielinizados, a condução acontece "aos pulos" na região dos nódulos de Ranvier. (Cores-fantasia. Ilustração fora de escala.)

Questão socioambiental

É preciso pensar com a própria cabeça

Muito se tem falado a respeito do efeito das drogas no organismo, a maior parte das vezes no intuito de alertar acerca das consequências de seu uso. Em primeiro lugar, vamos estabelecer em que contexto estamos considerando a palavra "droga". Ela tanto pode ser um princípio ativo, ou seja, uma substância que acarreta uma reação orgânica benéfica – como o componente de um remédio, por exemplo –, como pode se referir a uma substância que provoca o entorpecimento da consciência e dos sentidos. E é nesse sentido que estamos usando essa palavra.

Ao lado da violência, da conduta sem limites para conseguir dinheiro para comprar as drogas, da dependência, do sofrimento que advém quando passa o seu efeito e da escravidão – no sentido exato da palavra – que gera no usuário, é preciso raciocinar, enquanto a droga ainda não tomou conta de nosso cérebro e inutilizou nossa capacidade de pensar.

Leia a tabela a seguir e analise os efeitos de cada droga. Observe se as sensações que produzem são agradáveis ou desagradáveis.

DROGA	FONTE	EFEITOS
Álcool	▪ Etanol produzido por fermentação.	▪ Em doses baixas (um ou dois *drinks* leves), atua como estimulante. ▪ Em doses maiores, entorpece o raciocínio, a coordenação, a memória e a visão. ▪ Altas doses podem levar ao coma e à morte por problemas respiratórios.
Anfetaminas	▪ Drogas sintéticas, desenvolvidas como coadjuvantes para regimes de emagrecimento.	▪ Provocam sensação de euforia e estado de alerta. ▪ Aceleram os batimentos cardíacos, aumentam a pressão sanguínea, ocasionam náuseas e irritabilidade. Cansaço ao final da "viagem". ▪ A overdose varia brutalmente de pessoa para pessoa, sendo que reações agudas podem ocorrer com 2 mg, levando a convulsões, problemas cardíacos, coma e morte.
Cafeína	▪ Alcaloide encontrado em café, chá, sementes de *Cola vera* e de guaraná. Muitas vezes encontrado em bebidas energéticas e remédios para gripe.	▪ Atua como estimulante. Em pequenas doses, como uma xícara de café (cerca de 150 mg), aumenta o estado de alerta. Acelera os batimentos cardíacos e o ritmo da respiração, além de aumentar a produção de urina. ▪ Altas doses levam à sensação de ansiedade. ▪ A dose fatal está em torno de 10 g.
Cocaína e *crack*	▪ Alcaloides extraídos das folhas de coca (*Erythroxylon coca*), planta nativa dos Andes.	▪ Uma dose rapidamente conduz à sensação de autoconfiança e energia, o que dura aproximadamente 45 minutos. Depois, sobrevêm o cansaço e a melancolia. Aceleram os ritmos cardíaco e respiratório. ▪ A dose fatal depende de indivíduo para indivíduo, mas foram constatados casos de morte com pequena quantidade da droga.
Ecstasy	▪ Derivado de anfetamina.	▪ Sentimentos de euforia, energia e desejo de contato com outras pessoas, além de alucinações auditivas, seguidas por letargia e depressão. ▪ Pode ser letal em virtude do aumento da temperatura e da desidratação que acarreta ou por falência dos órgãos do sistema excretor.
Alucinógenos	▪ Um grande número de compostos sintéticos faz parte desse tipo de droga. As mais usadas são as do grupo do LSD.	▪ Alucinações auditivas e visuais (as superfícies ondulam e tremem, as cores tornam-se mais intensas), sinestesia (um estímulo provoca uma sensação que viria de outro tipo de estímulo), distorção do tempo, alteração da personalidade. Objetos são vistos com sua forma alterada. A experiência pode ser aterrorizante. Depois, sobrevêm a fadiga e um sentimento de desligamento.
Maconha e haxixe	▪ Folhas, brotos, flores e resinas da planta *Cannabis sativa*, originária da Ásia Central. Normalmente, fumam-se suas folhas e brotos. Sua resina seca é conhecida como haxixe.	▪ Em pequenas quantidades, podem oferecer sensação de bem-estar, porém interferem na memória e aumentam desesperadamente o apetite. São frequentes as sensações de náusea, ansiedade e paranoia.
Opiáceos	▪ Resinas extraídas da papoula (*Papaver somniferum*). Incluem alcaloides como morfina, heroína e metadona.	▪ A heroína pode induzir sensação de euforia e bem-estar. Passado seu efeito, sobrevêm náusea, constipação intestinal, intensa sudorese, coceira, diminuição nos ritmos cardíaco e respiratório. ▪ A dose fatal depende de indivíduo para indivíduo, mas têm sido constatados casos de morte com doses pequenas.

DROGA	FONTE	EFEITOS
Tabaco	▪ Extraído das folhas secas da planta de tabaco (*Nicotiana tabacum*), nativa da América do Sul. As folhas podem ser fumadas ou mascadas. O principal ingrediente ativo é o alcaloide nicotina.	▪ Estimulante, aumenta o estado de alerta, a energia e a memória. Paradoxalmente, também são relatados efeitos de relaxamento. Aumenta a pressão sanguínea e a taxa respiratória. Diminui o apetite. Em altas doses pode causar alucinação, náusea, vômito e morte. ▪ Seu uso constante leva ao desenvolvimento de enfisema pulmonar e câncer.

Dados extraídos de: Drugs. The Intoxication Instinct. *New Scientist*, London, v. 184, n. 2.473, p. 32-41, 13 Nov. 2004.

Agora, responda: você se operaria com um médico sob efeito de cocaína? Voaria com um piloto sob os efeitos do *crack*? Andaria de carro com um motorista "viajando" com LSD? Por quê?

É bom lembrar que um usuário de droga é um indivíduo que precisa de ajuda profissional e há várias clínicas especializadas que fazem um bom trabalho no sentido de recuperá-lo e afastá-lo definitivamente do caminho das drogas. Acreditar que dominamos a droga e que não nos tornaremos dependentes dela é como acreditar em contos de fadas: o final soa feliz, mas é bem pouco verdadeiro...

É compreensível que o grupo exerça pressão, e durante toda a nossa vida isso acontece. Mas ninguém pode nos forçar a fazer algo que, de fato, não queremos fazer.

Na vida, cada um escolhe o caminho que quer trilhar – e é responsável por ele!

10-5. Tecido muscular

Três tipos de tecido muscular são encontrados nos vertebrados, incluindo o ser humano: **estriado esquelético**, **estriado cardíaco** e **visceral liso** (tecido muscular liso), descritos na Tabela 10-5.

Tabela 10-5. Principais características dos tipos musculares.

	TECIDO MUSCULAR		
	Esquelético	**Cardíaco**	**Liso**
Localização	Junto ao esqueleto.	Parede do coração.	Parede do intestino, do útero, de artérias etc.
Controle da contração	Voluntária.	Involuntária.	Involuntária.
Forma das células	Alongadas, cilíndricas, unidas.	Alongadas, ramificadas, unidas longitudinalmente, com discos intercalares.	Isoladas, alongadas, fusiformes.
Estriações transversais	Presentes.	Presentes.	Ausentes.
Número e localização dos núcleos por célula	Muitos, periféricos.	Um ou dois, centrais.	Um, central.
Velocidade da contração	Rápida.	Rápida (rítmica).	Lenta.
Habilidade em se manter contraído	Pequena.	Pequena.	Grande.

LUIS MOURA/acervo da editora

Arquitetura da célula muscular esquelética

Onde há movimento de contração existem células musculares envolvidas. Em qualquer animal que possua essas células, o mecanismo de contração é o mesmo, e envolve dois **miofilamentos** proteicos contrácteis: a *actina* e a *miosina*.

Para melhor entendermos a estrutura de uma célula (fibra) muscular esquelética (ou estriada) e de um músculo esquelético, vamos acompanhar o texto com as imagens da Figura 10-12. Observe que (a) um músculo esquelético tem um tendão em cada uma de suas extremidades, formado por tecido conjuntivo, que o liga a um osso. Um corte transversal desse tipo de músculo (b) nos mostra que ele é formado por "conjuntos" de células (fibras musculares), chamados **fascículos**. Os fascículos são envolvidos por uma faixa de tecido conjuntivo (o perimísio). É por esse tecido conjuntivo que circulam os nervos e vasos que irrigam os músculos.

As células musculares (c), por sua vez, são multinucleadas e estriadas (apresentam faixas transversais). Cada célula é constituída por centenas de estruturas em forma de longos filamentos cilíndricos, chamados **miofibrilas**. Fazendo uma analogia, a célula muscular é equivalente a um pacote de macarrão espaguete, em que os fios de macarrão correspondem às miofibrilas. É a estrutura interna dessas miofibrilas que dá ao conjunto da célula a imagem de estriada. Isso ocorre porque cada miofibrila também é formada por unidades ainda menores, que são os **miofilamentos** finos (de actina) e grossos (de miosina), duas proteínas envolvidas na contração do músculo.

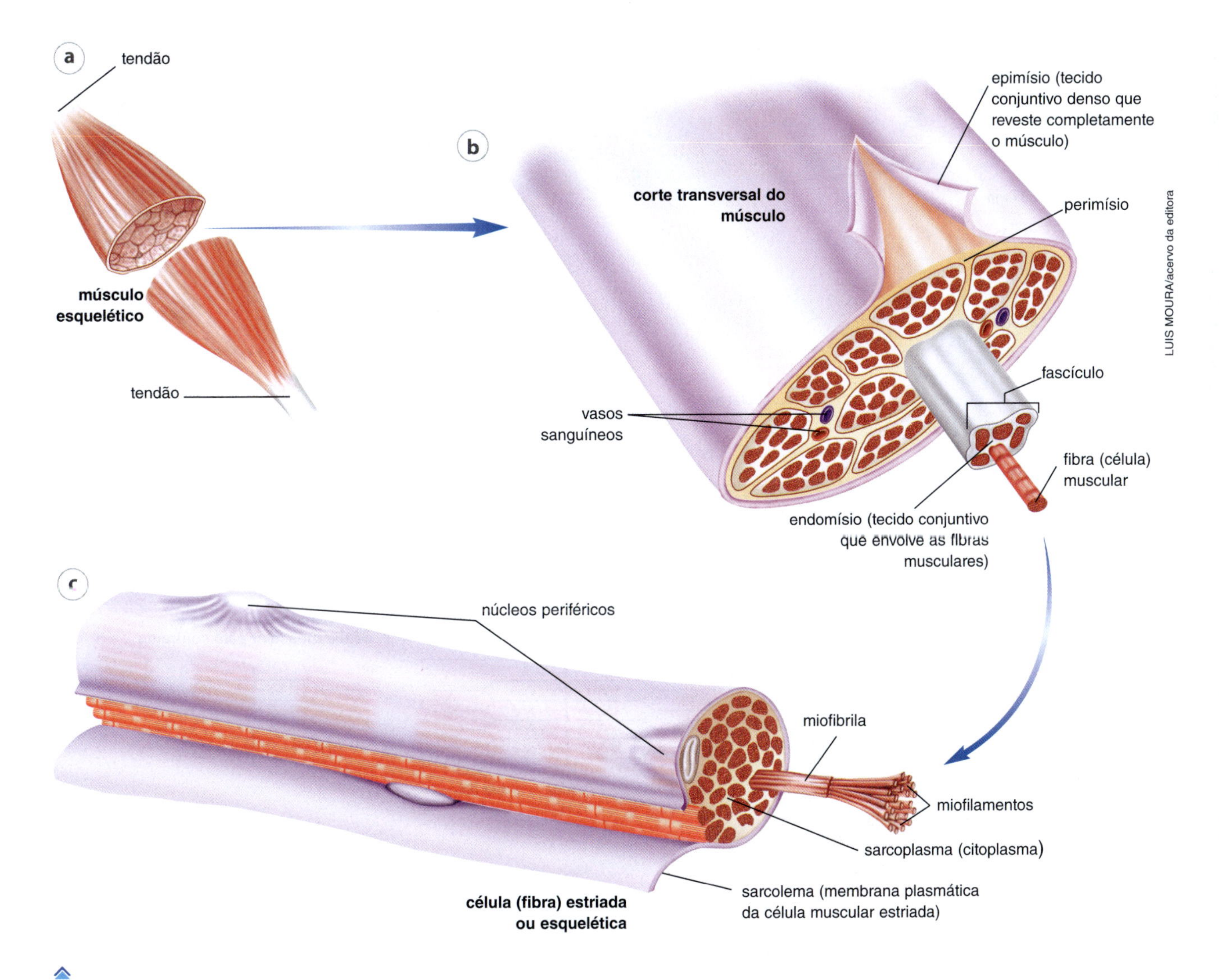

Figura 10-12. Estrutura de um músculo esquelético (a-b) e detalhes de uma célula muscular estriada (c). Detalhes do arranjo das moléculas de actina e miosina em uma miofibrila (d-g). (Cores-fantasia. Ilustrações fora de escala.)

Esses miofilamentos estão imersos no citoplasma das células musculares, que é chamado de **sarcoplasma**. Nele, duas estruturas membranosas merecem menção especial: o retículo endoplasmático (Figura 10-13(a)) das células dispõe-se paralelo às miofibrilas e ligado a elas. Ele contém uma grande concentração de Ca^{++}, indispensável para que ocorra a contração muscular. A outra estrutura membranosa é uma rede de túbulos transversos (túbulos T), que se comunicam com a superfície externa da célula muscular. Tanto o retículo endoplasmático como a rede de túbulos T são estruturas membranosas internas à célula muscular (fibra muscular), situadas ao redor das miofibrilas. Estas, por sua vez, (b) apresentam unidades repetidas, os **sarcômeros**, formados pela sobreposição dos miofilamentos de miosina (c) e actina (d) (miofilamentos grossos e finos, respectivamente).

As linhas Z constituem o ponto no qual se originam os filamentos de actina. Os filamentos de miosina ficam intercalados com os de actina. Note que, de ambos os lados dos filamentos de miosina, existe um espaço. Essa é a conformação quando a célula muscular está relaxada. Na contração (e), o sarcômero encurta e as moléculas de miosina "encostam" nas linhas Z. Nesse caso, a estriação típica desaparece momentaneamente. Retornando ao estado de relaxamento, tudo volta à posição original.

Nas células musculares lisas não existe o arranjo acima descrito. Os filamentos de actina e miosina se espalham e não formam as estriações transversais típicas das células musculares estriadas.

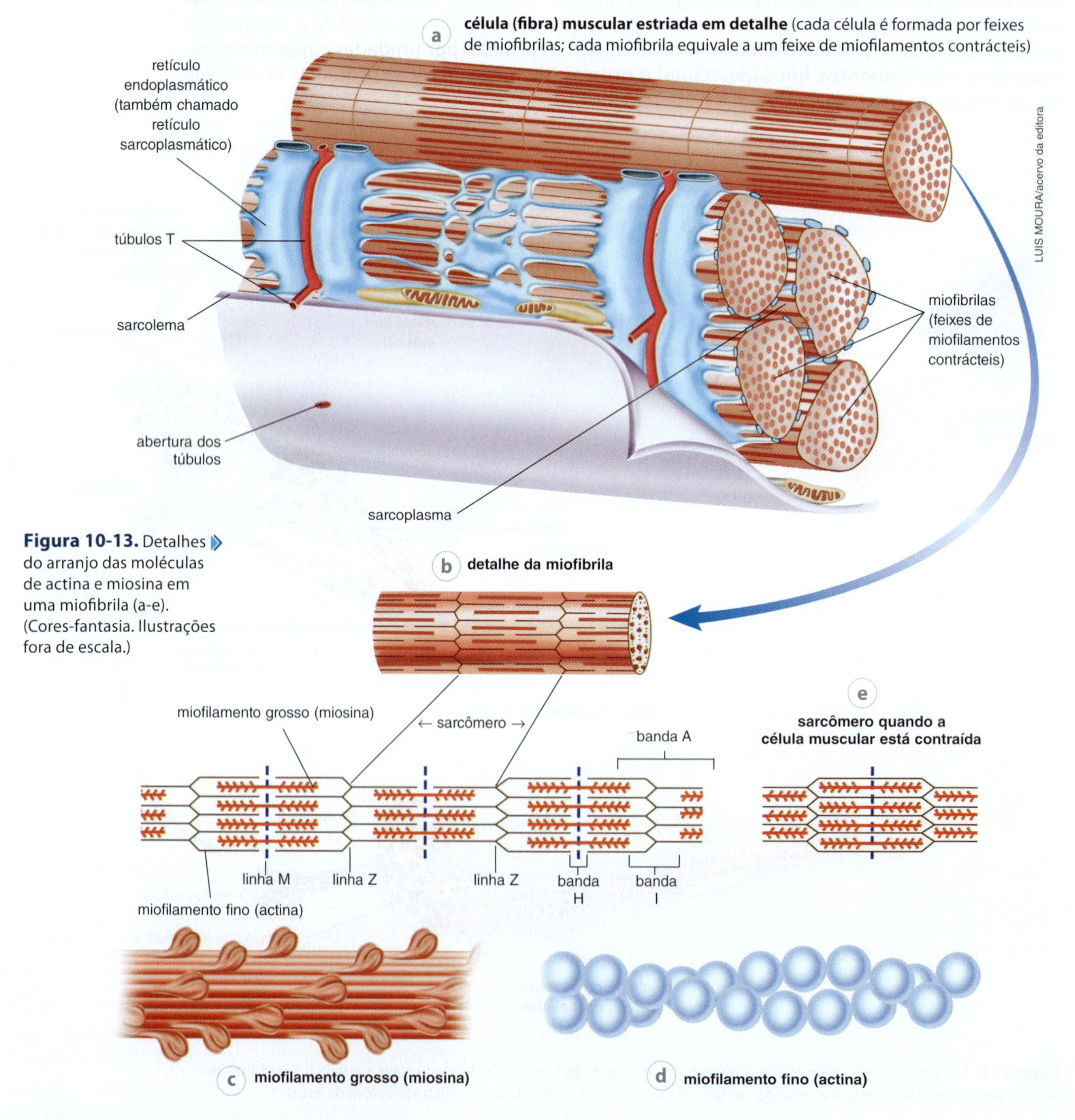

Figura 10-13. Detalhes do arranjo das moléculas de actina e miosina em uma miofibrila (a-e). (Cores-fantasia. Ilustrações fora de escala.)

ATIVIDADES

A CAMINHO DO ENEM

1. (Enem) O formato das células de organismos pluricelulares é extremamente variado. Existem células discoides, como é o caso das hemácias, as que lembram uma estrela, como os neurônios, e ainda algumas alongadas, como as musculares.

Em um mesmo organismo, a diferenciação dessas células ocorre por

a) produzirem mutações específicas.
b) possuírem DNA mitocondrial diferentes.
c) apresentarem conjunto de genes distintos.
d) expressarem porções distintas do genoma.
e) terem um número distinto de cromossomos.

2. (Enem) A poluição radioativa compreende mais de 200 nuclídeos, sendo que, do ponto de vista de impacto ambiental, destacam-se o césio-137 e o estrôncio-90. A maior contribuição de radionuclídeos antropogênicos no meio marinho ocorreu durante as décadas de 1950 e 1960, como resultado dos testes nucleares realizados na atmosfera. O estrôncio-90 pode se acumular nos organismos vivos e em cadeias alimentares e, em razão de sua semelhança química, pode participar no equilíbrio com carbonato e substituir o cálcio em diversos processos biológicos.

Adaptado de: FIGUEIRA, R. C. L.; CUNHA, L. A contaminação dos oceanos por radionuclídeos antropogênicos. *Química Nova*, n. 21,1998.

Ao entrar em uma cadeia alimentar da qual o homem faz parte, em qual tecido do organismo humano o estrôncio-90 será acumulado predominantemente?

a) cartilaginoso
b) sanguíneo
c) muscular
d) nervoso
e) ósseo

TESTE SEUS CONHECIMENTOS

1. Com base no texto e na ilustração a seguir, responda:

A principal característica de um esporte coletivo, como o futebol, é o trabalho em equipe.

A atuação em conjunto resulta em benefícios, principalmente se, no final, a equipe for vencedora. A histologia animal é assim. Trabalho em conjunto das "atletas", que são as células.

Nesse caso, não há perdedores. O organismo, como um todo, é beneficiado. Assim como a prática do futebol não pode ser exercida por apenas um indivíduo, também o estudo da histologia só faz sentido em organismos pluricelulares.

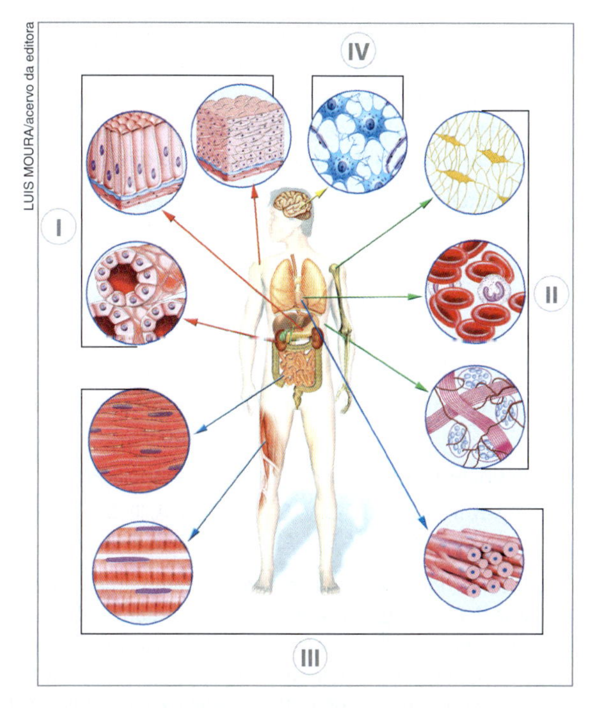

a) O que é Histologia? Qual é o conceito tradicional de tecido? Que reparo deve ser feito em relação a esse conceito tradicional, quanto aos tipos celulares componentes de certos tecidos?
b) A ilustração relaciona os quatro tecidos fundamentais do organismo humano. Reconheça os tecidos, numerados de I a IV.

Texto para as questões **2** e **3**.

Cremes aplicados na pele, com finalidade estética ou terapêutica, devem exercer sua atividade mesmo considerando a existência de uma barreira protetora, representada por células do tecido epitelial. Por sua vez, medicamentos administrados por via oral devem atingir o sangue após atravessarem a barreira epitelial existente no intestino. Presente em vários órgãos, o tecido epitelial exerce funções adaptativas importantes para a sobrevivência do organismo.

2. Com base nas informações do texto e utilizando seus conhecimentos sobre o assunto, responda:

a) Por que razão o tecido epitelial constitui uma *barreira* protetora, como informa o texto? Que importante característica desse tecido está relacionada a essa propriedade?
b) Quais são as duas categorias básicas do tecido epitelial?

3. a) É correto dizer que epitélios de revestimento são ricamente vascularizados e sangram quando feridos? Justifique sua resposta.

b) Cite as importantes funções gerais desempenhadas pelo tecido epitelial.

4. (Suprema – MG) As glândulas mamárias, salivares, tireoide, hipófise e sudorípara podem ser classificadas, respectivamente como:

a) endócrina, endócrina, exócrina, exócrina, endócrina.

b) exócrina, exócrina, endócrina, endócrina, exócrina.
c) exócrina, endócrina, endócrina, endócrina, exócrina
d) endócrina, endócrina, endócrina, endócrina, exócrina.

5. (UENP – PR) Tecido pode ser definido, de maneira geral, como um grupo de células reunidas que executa uma função específica. A área da Biologia responsável por estudar os diferentes tipos de tecidos é chamada de Histologia.

Com base nos conhecimentos sobre Histologia, relacione os diferentes tipos de tecidos, na coluna da esquerda, com suas respectivas funções, na coluna da direita.

(I) Epitélio de revestimento	(A) Unir e sustentar outros tecidos.
(II) Epitélio glandular	(B) Reserva de energia.
(III) Tecido conjuntivo	(C) Barreira contra agentes invasores.
(IV) Tecido adiposo	(D) Secreção celular.
(V) Tecido ósseo	(E) Sustentação mecânica do corpo.

Assinale a alternativa que contém a associação correta.

a) I–B, II–A, III–C, IV–D, V–E.
b) I–B, II–C, III–D, IV–E, V–A.
c) I–C, II–A, III–B, IV–E, V–D.
d) I–C, II–D, III–A, IV–B, V–E.

6. (UENP – PR) O tecido conjuntivo, diferentemente do tecido epitelial, caracteriza-se por não apresentar células justapostas e sua função é unir e sustentar os outros tecidos existentes no corpo humano. Com base nos conhecimentos sobre os tipos de tecido conjuntivo, assinale a alternativa correta.

a) O tecido adiposo, que se especializou no armazenamento de gordura, por via dos fibroblastos, faz-se presente nos mamíferos pecilotérmicos e, por isso, tem por função produzir energia para momentos de necessidade.
b) O tecido cartilaginoso é reconhecido pela sua resistência aliada à flexibilidade e essas características devem-se à sua matriz intercelular rica, principalmente, em fibras colágenas, que são produzidas e secretadas pelos condroblastos.
c) O tecido hematopoiético, por localizar-se na medula espinhal e em certos órgãos como o fígado e o rim, tem por funções a sustentação dos órgãos e a produção de hormônios.
d) O tecido conjuntivo denso não modelado se faz presente em várias partes do corpo, pois a sua função é a de sustentar tecidos epiteliais e preencher espaços entre tecidos e órgãos.
e) Os tecidos conjuntivos propriamente ditos, por serem considerados especiais, apresentam-se reduzidos a apenas algumas partes do corpo e a sua função principal é a de armazenar energia.

7. (FCM – PB) No Brasil, o crescimento dos casos registrados de doenças degenerativas das cartilagens articulares por ano é de 20%, o que representa que, anualmente, mais de 200 mil brasileiros desenvolvem doenças degenerativas das articulações, com repercussões negativas sobre a massa óssea.

Disponível em:
<https://www.scielo.br/pdf/ramb/v58n4/v58n4a23.pdf>.

Analise as proposições a seguir e assinale a alternativa correta.

I. A cartilagem é uma forma de tecido conjuntivo rígido que possui uma rápida cicatrização por ser bastante vascularizado. Adere-se às superfícies articulares dos ossos.
II. O tecido cartilaginoso possui os tipos celulares: condrócitos e condroblastos, e uma matriz. Esta é constituída por colágeno e macromoléculas de proteoglicanos, ácido hialurônico e glicoproteínas.
III. Os condroblastos são responsáveis pela produção de fibras e da substância fundamental.
IV. Os condrócitos apresentam altíssima atividade metabólica e ficam situadas no interior de lacunas no tecido.

a) I, II e III são verdadeiras.
b) II, III e IV são verdadeiras.
c) I e IV são verdadeiras.
d) II e III são verdadeiras.
e) I, II, III e IV são verdadeiras.

8. (Unisalesiano – SP) As hemácias (ou eritrócitos) são células que vivem cerca de quatro meses na circulação sanguínea. A redução do tempo de sobrevida das hemácias, isto é, a sua destruição prematura é uma das causas de anemia.

COTRAN, R. S.; KUMAR, V.; COLLINS, T. R. Patologia estrutural e funcional. 6.ed. Rio de Janeiro: Guanabara Koogan, 2000.

Existem vários tipos de anemia. Em todas elas, verifica-se a

a) deficiência de vitaminas.
b) alteração do tamanho das hemácias.
c) deficiência de ferro.
d) redução na capacidade de transporte de oxigênio pelo sangue.
e) redução da concentração de hemoglobina dentro das hemácias.

9. (Unesc) Os ossos são estruturas que, apesar de apresentarem dureza, são formados por tecido vivo que necessita de nutrição. Esses capilares que irrigam o tecido passam por canais que são circundados por anéis concêntricos de osso, chamados de:

a) lóbulo.
b) canais de Volkmann.
c) feixe de His.
d) centro germinativo.
e) canais de Havers.

10. (Fame – MG) Analise a imagem abaixo de um tecido animal. O tecido representado nessa imagem não possui vasos sanguíneos, linfáticos ou inervação, tem baixo metabolismo e é nutrido pelos vasos sanguíneos provenientes do tecido conjuntivo adjacente.

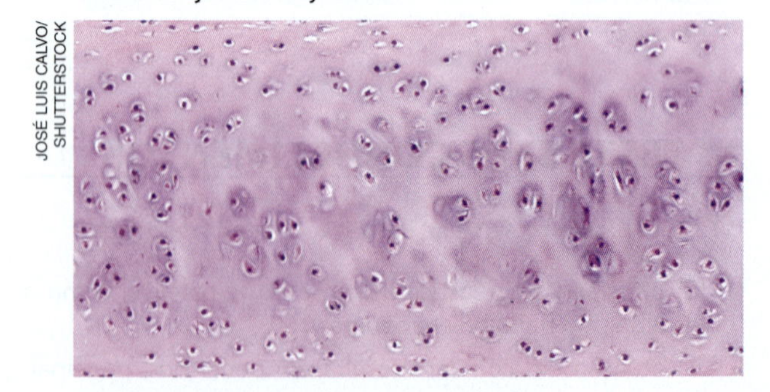

JOSÉ LUIS CALVO/ SHUTTERSTOCK

As principais células desse tecido são

a) osteoclastos.
b) adipócitos.
c) osteoblastos.
d) condrócitos.

11. (FMABC – SP) A bainha de mielina é produzida pelas células de Schwann. Trata-se de estrutura proteica presente nos neurônios dos animais vertebrados relacionada à propagação do impulso nervoso. Não é uma estrutura contínua, pois existem pequenos espaços em que essa bainha não ocorre ao longo do neurônio.

A relação entre a bainha de mielina e a propagação de impulso pode ser caracterizada pelo fato de a bainha

a) ser a principal estrutura produtora de neurotransmissores do impulso nervoso.
b) determinar o sentido de propagação do impulso nervoso, a partir do corpo celular.
c) ser a responsável por gerar o potencial de ação do impulso nervoso nos neurônios.
d) ser responsável por acelerar a velocidade de propagação do impulso nervoso.
e) estar presente na sinapse, na passagem do impulso nervoso entre os neurônios.

12. (Unesc) O mercúrio é um metal que pode se acumular no organismo, afetando principalmente os rins, o fígado, o aparelho digestório e o sistema nervoso central. No sistema nervoso central, o metal afeta o funcionamento dos (1), alterando a transmissão do impulso nervoso pelos (2) e a liberação de neurotransmissores nos (3).

Marque a alternativa que completa os números (1), (2) e (3), respectivamente, da frase acima.

a) dendritos — neurônios — axônios
b) axônios — dendritos — neurônios
c) axônios — neurônios — dendritos
d) neurônios — axônios — dendritos
e) neurônios — dendritos — axônios

13. (UPF - RS) Sobre o tecido nervoso, são feitas as seguintes afirmativas:

I. É formado pelos neurônios, cuja principal função é a transmissão do impulso nervoso, e pelos gliócitos (ou neuroglias), com funções de envolver, proteger e nutrir os neurônios.

II. Os neurônios sensitivos, também chamados de eferentes, são os que conduzem impulsos do sistema nervoso central para os órgãos.

III. No organismo humano, os corpos celulares dos neurônios motores que inervam as pernas localizam-se na medula espinhal e seus axônios podem ter cerca de um metro de comprimento.

Estão **corretas** as afirmativas

a) I e II, apenas.
b) II e III, apenas.
c) I, apenas.
d) I, II e III.
e) I e III, apenas.

14. (UFRGS - RS) Sobre a bainha de mielina, é correto afirmar que ela

a) é formada por proteínas secretadas pelos astrócitos, permitindo o isolamento elétrico do axônio.
b) gera uma barreira hematoencefálica, protegendo os neurônios de substâncias nocivas.
c) promove uma condução de potenciais de ação mais lentamente do que os axônios não mielinizados.
d) é produzida pelas células da glia, que têm como função propagar os sinais elétricos captados pelo sistema nervoso periférico.
e) tem origem no sistema nervoso central a partir dos oligodentrócitos e, no sistema nervoso periférico, é produzida pelas células de Schwann.

15. (Funepe - SP) Os músculos são responsáveis pelos movimentos em muitos animais, seja para locomoção ou para o funcionamento vital de alguns órgãos. O tecido muscular tem origem no mesoderma embrionário e nos vertebrados são classificados em: estriado esquelético, estriado cardíaco e liso (ou não estriado).

CARACTERÍSTICAS	I	II	III
Célula	Cilíndrica	Fusiforme	Cilíndrica
Estrias	Presente	Ausente	Presente
Núcleo	Um ou dois centrais	Um, central	Vários periféricos
Contração	Rápida, involuntária	Lenta, involuntária	Rápida, voluntária

Com base em seus conhecimentos do sistema muscular, os números romanos no topo da tabela acima representam quais músculos, respectivamente?

a) Estriado esquelético, estriado cardíaco e liso.
b) Liso, estriado esquelético e estriado cardíaco.
c) Estriado cardíaco, estriado esquelético e liso.
d) Estriado esquelético, liso e estriado cardíaco.
e) Estriado cardíaco, liso e estriado esquelético.

16. (Multivix - SP) Analise a tabela abaixo, onde estão descritas as principais características dos tipos musculares:

CARACTERÍSTICAS	TECIDO MUSCULAR		
	ESQUELÉTICO	CARDÍACO	LISO
Localização	Junto ao esqueleto	Parede do coração	Parede do intestino, do útero, das artérias etc.
Controle da contração	I	Involuntária	Involuntária
Formas das células	Alongadas, cilíndricas, unidas	II	Isoladas, alongadas, fusiformes
Estriações transversais	Presentes	Presentes	Ausentes
Número e localização dos núcleos por célula	Muitos, periféricos	Um ou dois, centrais	III
Velocidade de contração	Rápida	Rápida (rítmica)	Lenta

Adaptada de: UZUNIAN, A.; BIRNER, E. *Biologia*. 2.ed. São Paulo: HARBRA, 2004. p. 265.

Assinale a alternativa que completa a tabela corretamente.

a) I - voluntária; II - alongadas, ramificadas, unidas longitudinalmente, com discos intercalares; III - um, central.
b) I - involuntária; II - alongadas, ramificadas, unidas longitudinalmente; III - um ou dois, centrais.
c) I - voluntária; II - alongadas, cilíndricas, com discos intercalares; III - um ou dois, centrais.
d) I - voluntária; II - alongadas, cilíndricas, unidas longitudinalmente, com discos intercalares; III - um, central.
e) I - involuntária; II - fusiformes, unidas longitudinalmente, com discos intercalares; III - um, central.

INTEGRANDO CONHECIMENTOS

Sobre a BNCC

Competências gerais da BNCC: **2 e 10**
Competência específica de Ciências da Natureza e suas Tecnologias: **3**
Habilidades específicas de Ciências da Natureza e suas Tecnologias: **EM13CNT207 e EM13CNT304**

Fertilização *in vitro* e desenvolvimento embrionário

Fertilização *in vitro* (FIV) é a formação de um embrião humano fora do corpo da futura mãe, com o uso de técnica de fertilização – fecundação – em tubos de ensaio de laboratórios especializados nesse procedimento. Após a fertilização, o embrião resultante, dotado de poucas células, é implantado no útero da mulher.

O nascimento do primeiro bebê resultante dessa extraordinária conquista da Ciência e da Medicina ocorreu em 25 de julho de 1978, na Inglaterra, com o desenvolvimento embrionário de Louise Brown no interior do útero de sua mãe, graças à realização da técnica de fecundação fora do útero.

Respostas aos impactos sociais e à saúde: como solucionar?

É evidente que procedimentos como esse causam impactos extraordinários na sociedade, nos meios acadêmicos e na comunidade científica de modo geral. Imaginar que uma mulher pudesse engravidar, sem a utilização dos procedimentos habituais, era praticamente impossível antes da realização dessa primeira fertilização fora do corpo da mulher. Mas, progressos científicos, que contam com o auxílio de eficientes técnicas de comunicação digital, são, hoje, conquistas previsíveis. E, certamente, técnicas como a fertilização *in vitro* acabariam por resultar em sucesso consolidado, como é comum hoje em vários países, inclusive no Brasil.

O avanço progressivo dessa técnica implicou a ocorrência de outras conquistas tecnológicas, notadamente as que se relacionam aos conhecimentos sobre o DNA e a sequência de genes no genoma humano. E, bem mais recentemente, resultou no que é denominado de *edição de genes*, a partir do procedimento conhecido com CRISPR-Cas9 (lê-se Crisper-Cas9), fato gerador de intensos debates e controvérsias.

ESTABELECER GRUPOS DE *discussão*

Após a realização dos levantamentos necessários, o grupo deve reunir-se e iniciar os debates a respeito da validade dos procedimentos científicos obtidos, sobretudo em termos de respeito ao direito de escolha dos participantes, da diversidade e, claro, da manutenção da saúde coletiva.

Vamos começar!!!

Organizem-se em pequenos grupos de pesquisa e discussão, uma vez que os temas requerem um levantamento de informações e dados mais aprofundado.

Fase 1 – Levantamento de dados

Inicialmente, o grupo deve esclarecer, por meio de informações obtidas em meios digitais, e de modo bem compreensível, os mecanismos e procedimentos técnicos que resultam na ocorrência bem-sucedida do procedimento de fertilização *in vitro*.

DEMKAT/SHUTTERSTOCK

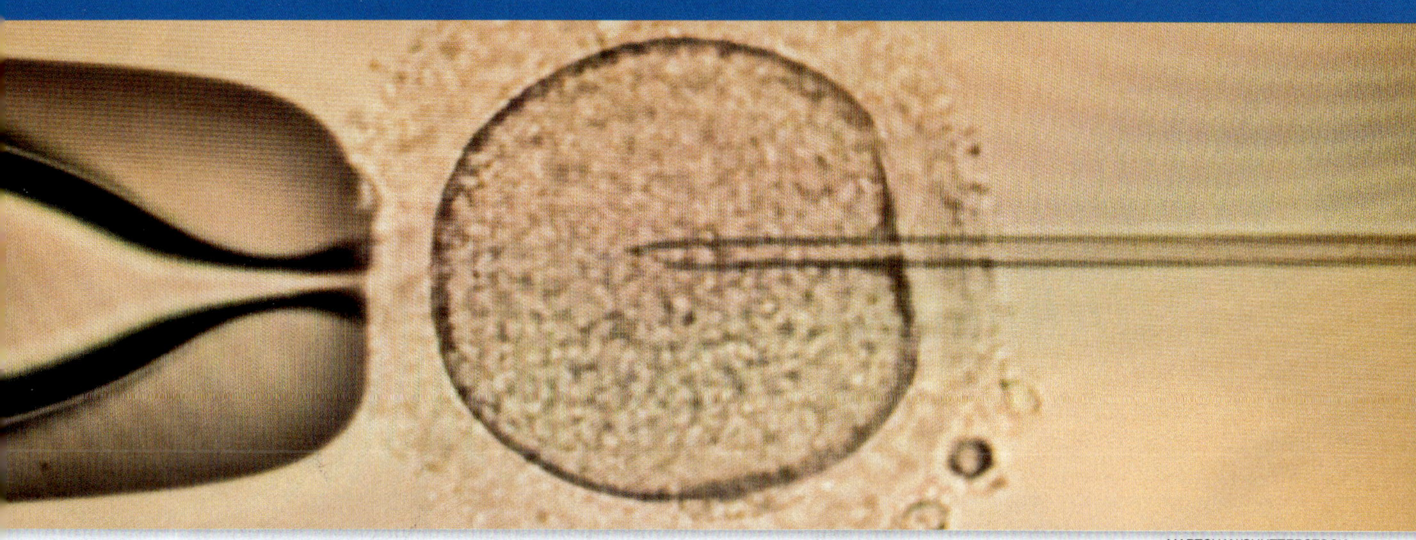

MARTCHAN/SHUTTERSTOCK

Fase 2 – Reconhecimento de ocorrências

Nessa etapa dos trabalhos, o grupo deve discutir a respeito do desenvolvimento embrionário resultante da fertilização *in vitro*.

a) O desenvolvimento embrionário até o nascimento do bebê é normal, como ocorre nos processos habituais de fecundação? Ou seja, sucedem-se todas as etapas comuns ao desenvolvimento embrionário, mórula, blastocisto, formação da placenta e outras ocorrências típicas estudadas na Embriologia Humana?

b) No caso do primeiro bebê resultante dessa técnica, em 25 de julho de 1978, investiguem se o nascimento ocorreu no tempo normal de gestação.

c) Pesquisem, em fontes digitais confiáveis, os impactos resultantes dessa bem-sucedida técnica de fertilização, nas sociedades de vários países. Como é a aceitação desse procedimento nos diferentes continentes? Há rejeições, debates ou interferências favoráveis ou desfavoráveis a respeito desse procedimento?

Fase 3 – Ampliação da pesquisa

Investiguem as repercussões sociais decorrentes das novas tecnologias de conhecimento do DNA, por exemplo, a tecnologia do DNA recombinante, a utilização de células-tronco embrionárias na geração de embriões e fetos. E, mais importante, o emprego do método CRISPR na edição de genes e na interferência no material genético de embriões, ao eliminar, por exemplo, genes indesejáveis presentes nos embriões que poderiam resultar em doenças futuras.

Fase 4 – Apresentação dos resultados

Depois da apresentação dos resultados para os outros grupos da classe, é hora para as conclusões sobre a atividade realizada e pensarmos em termos de sociedade.

É absolutamente compreensível que casais sem filhos queiram encontrar maneiras para gerar sua própria descendência, e a técnica de fertilização *in vitro* é uma das possibilidades.

No entanto, no Brasil, ao menos oito crianças são acolhidas diariamente após abandono, segundo dados do SNA (Sistema Nacional de Adoção e Acolhimento), do CNJ (Conselho Nacional de Justiça. Que atitudes nós, enquanto membros participantes da sociedade, podemos tomar no sentido de tentar diminuir o abandono de crianças?

De 2015 a julho de 2021, 18,7 mil crianças e adolescentes entre 0 e 18 anos deram entrada em serviços de acolhimento com o motivo "abandono pelos pais ou responsáveis".

Leia mais em: <https://www.uol.com.br/universa/noticias/redacao/2021/08/24/no-brasil-ao-menos-8-criancas-sao-abandonadas-pelos-responsaveis-por-dia.htm>. *Acesso em:* 2 ago. 2021.

ALEC TAYLOR/SHUTTERSTOCK

OS ORGANISMOS MAIS SIMPLES

unidade 4

CAPÍTULO 11

Classificação dos seres vivos e vírus

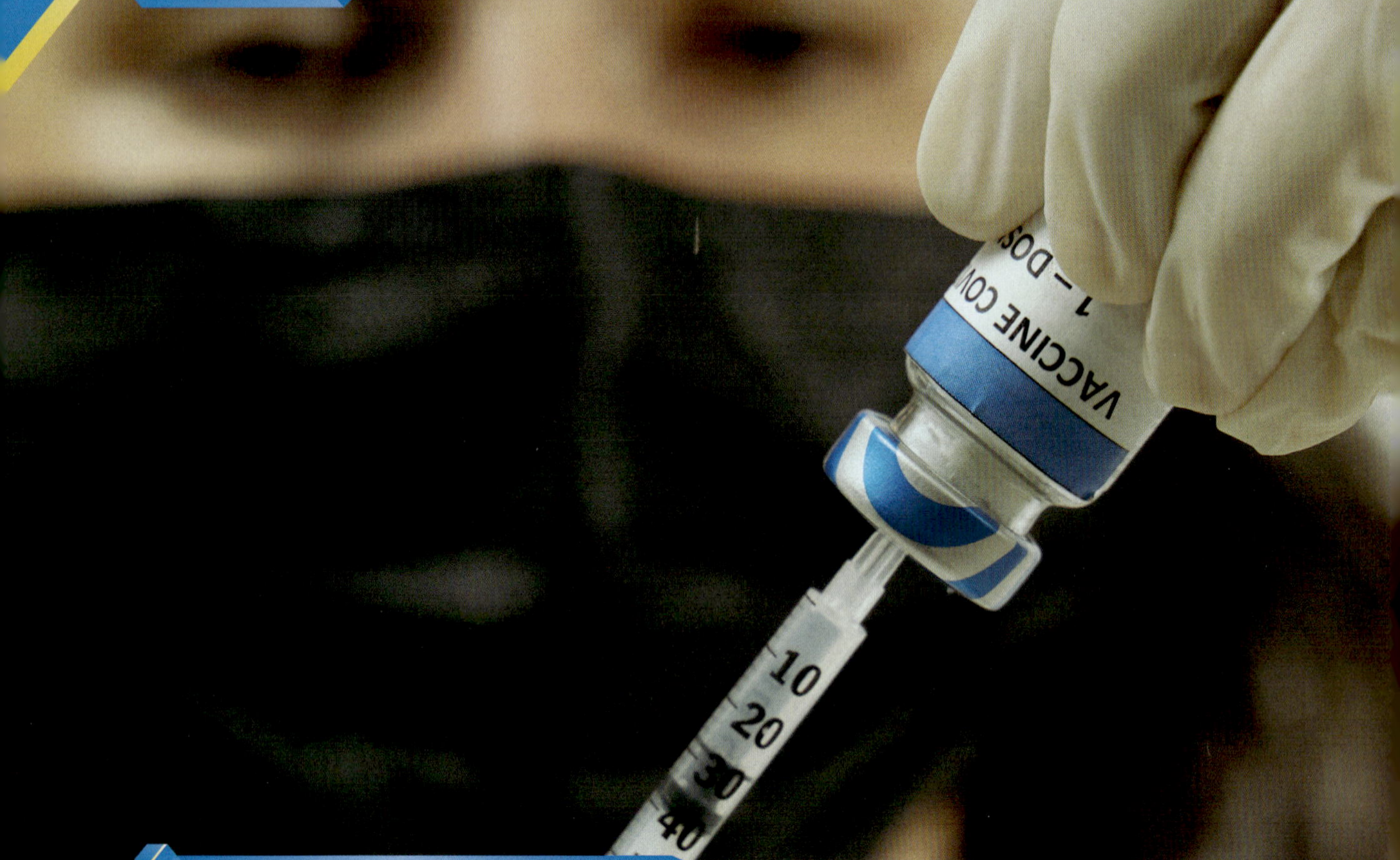

Há toda uma polêmica sobre se as vacinas devem ser tomadas ou não. Vacinas agem na *prevenção* de determinada doença e sua administração não tem como objetivo curar a doença depois de estabelecida.

Quem pensa que vacina é coisa de criança está redondamente enganado. Há vacinas que devem ser tomadas em diferentes faixas etárias e é preciso que as pessoas estejam atentas ao calendário de vacinação, especialmente os idosos, grupo mais recentemente incluído.

Todos os anos, a campanha nacional de vacinação do idoso contra a gripe H1N1 ganha bastante destaque na mídia. Agora, com o advento da Covid-19, o tema vacinação tem sido amplamente abordado.

Os idosos com mais de 60 anos são um dos principais alvos das campanhas, pois, nessa fase da vida, estão mais vulneráveis ao agravamento de doenças como diabetes ou problemas cardíacos, e apresentam maior risco de complicações, como pneumonia.

A vacina contra a gripe deve ser tomada todos os anos e o mesmo acontecerá, muito provavelmente, com a vacina contra a Covid-19, pois essas doenças virais são caracterizadas pelo fato de o vírus influenza (da H1N1) e o SARS-CoV-2 (da Covid-19) sofrerem mutações (mudanças em seu material genético) com relativa facilidade.

Seu ponto de vista!

Se estivesse ao seu alcance elaborar uma campanha para informar à população como proceder para evitar a propagação de determinada virose, que medidas preventivas você recomendaria?

VALEN PH/SHUTTERSTOCK/SHUTTERSTOCK

11-1. Classificação dos seres vivos: uma longa trajetória

O filósofo grego Aristóteles (384-322 a. C.) foi o primeiro a classificar os seres vivos em dois grandes grupos: animais e vegetais. Ninguém teria dúvida em considerar o sapo como animal e a samambaia como vegetal! Os critérios de adoção dessa classificação eram simples: animais *andam* e são *heterótrofos* (não produzem seu alimento orgânico, devendo obtê-lo de outras fontes). Vegetais são *imóveis* e *autótrofos* (produzem seu próprio alimento orgânico por fotossíntese, com utilização da luz do Sol). Mas, com o passar do tempo, surgiram alguns desafios. O microrganismo euglena, em presença de luz realiza fotossíntese e é autótrofo, mas, ao ser colocado no escuro, é capaz de se alimentar como qualquer ser heterótrofo. Além disso, possui um flagelo, que lhe permite movimentar-se. Outro caso paradoxal é o dos fungos (cogumelos, bolores), que são fixos; portanto, assemelham-se a vegetais, porém, são heterótrofos e imóveis. Veja a Figura 11-1.

Figura 11-1. A euglena (a) e o cogumelo (b) possuem, simultaneamente, características de animais e vegetais. Em qual dos reinos devem ser colocados? (Cores-fantasia.)

Sequência temporal da classificação dos seres vivos

A partir dessas ocorrências, cientistas decidiram criar um novo reino, **Protista**, que engloba bactérias, protozoários, fungos e algas, seres que não se enquadram na ideia de vegetal ou animal. Portanto, a partir do século XIX passou-se a considerar a existência de três reinos: ***Animalia***, ***Plantae*** e ***Protista***.

Com o progresso da Ciência e da descoberta do microscópio eletrônico, o que permitiu a melhor visualização da célula, verificou-se que bactérias e cianobactérias não possuíam núcleo organizado em suas células, ficando o material genético disperso pelo hiaplasma (citosol). Com essa descoberta, passou-se a denominar a célula bacteriana de célula *procariótica*, ao contrário da célula dos demais seres vivos, que é *eucariótica* por possuir núcleo organizado. Assim, criou-se um quarto reino, ***Monera***, que engloba bactérias e cianobactérias.

A partir de 1969, foi proposto um quinto reino, ***Fungi***, exclusivo dos fungos. No entanto, em 1982, as pesquisadoras Lynn Margulis e Karlene Schwartz propuseram uma modificação no sistema de cinco reinos, com base em critérios morfológicos, fisiológicos e comportamentais. Incluíram protozoários, algas unicelulares e pluricelulares em um novo reino, ***Protoctista***. Assim, passou-se a admitir a existência de cinco reinos: *Monera*, *Protoctista*, *Fungi*, *Animalia* e *Plantae*.

Novas propostas surgiram. Ao comparar a sequência de genes que conduzem à produção do RNA ribossômico, o cientista Carl Woese propôs a existência de seis reinos, ao separar o reino Monera em dois outros reinos de seres procarióticos: ***Eubacteria*** e ***Archaebacteria***. No primeiro, incluem-se bactérias e cianobactérias (veja a Figura 11-2). Do segundo, *Archaebacteria*, fazem parte bactérias que habitam locais extremamente específicos e que possuem metabolismo altamente especializado. É o caso das metanogênicas (produtoras do gás metano), termófilas (que habitam locais de temperaturas elevadas) e halófitas (que vivem em regiões de elevada salinidade).

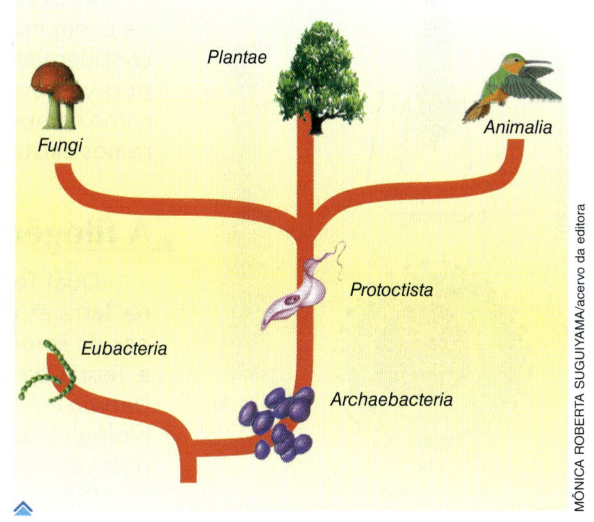

Figura 11-2. O sistema de seis reinos proposto por Woese. (Cores-fantasia. Ilustrações fora de escala.)

MÔNICA ROBERTA SUGUIYAMA/acervo da editora

Domínio *Bacteria* (eubactérias)

Domínio *Archaea* (arqueobactérias)

Domínio *Eukarya* (eucariontes)

ancestral comum

Figura 11-3. Os três domínios de Woese. (Cores-fantasia. Ilustrações fora de escala.)

Domínios: novas descobertas

A partir da crescente utilização do sequenciamento do DNA das bactérias e dos demais seres vivos, o que propiciou novas descobertas, biólogos passaram a adotar uma nova categoria de classificação, acima do reino: o **Domínio**. Assim, três domínios passaram a ser adotados: ***Bacteria***, ***Archaea*** e ***Eukarya***, os dois primeiros constituídos por seres procarióticos e o terceiro abrangendo todos os seres eucarióticos (veja a Figura 11-3).

Uma obra em eterna construção

Levando em conta as constantes modificações, decorrentes de novas descobertas, neste livro utilizaremos a proposta sugerida em 1969 por Robert A. Whittaker, com contribuições sugeridas por Margulis, Woese e pelo botânico Peter Raven (veja Tabela 11-1).

Tabela 11-1. Os cinco grandes reinos para a classificação dos seres vivos. Os termos *Metaphyta* e *Metazoa* continuam sendo utilizados para designar, respectivamente, os vegetais e os animais.

DOMÍNIO	REINO	CARACTERÍSTICAS	EXEMPLOS
BACTERIA (eubactérias)	Monera	Seres com célula procariótica.	Bactérias e cianobactérias (que já foram chamadas de algas azuis).
ARCHAEA (arqueobactérias)		Seres com célula procariótica.	Bactérias metanogênicas, termófilas e halófitas.
EUKARYA	**Protoctista (Protista)**	Inclui seres com célula eucariótica, podendo ser autótrofos ou heterótrofos; unicelulares ou pluricelulares e, nesse caso, não possuindo tecidos verdadeiramente organizados.	Protozoários, bolores aquáticos, algas macroscópicas e microscópicas.
	Fungi	Inclui organismos com célula eucariótica, heterótrofos, aclorofilados, unicelulares ou pluricelulares, sem tecidos organizados. A maioria vive da absorção de matéria orgânica morta por eles decomposta.	Cogumelos, orelhas-de-pau, mofos, bolores e leveduras.
	***Plantae* (*Metaphyta*)**	Inclui seres com célula eucariótica, autótrofos pluricelulares, com tecidos organizados. Dele fazem parte todos aqueles seres que normalmente são chamados de "plantas".	Briófitas (musgos), pteridófitas (samambaias), gimnospermas (pinheiros) e angiospermas (todas as demais plantas conhecidas).
	***Animalia* (*Metazoa*)**	Inclui seres com célula eucariótica, heterótrofos e pluricelulares, com tecidos organizados. Dele fazem parte aqueles seres que sempre nos acostumamos a considerar como animais.	Esponjas, cnidários, platelmintos, nematódeos, anelídeos, moluscos, artrópodes, equinodermos e cordados.

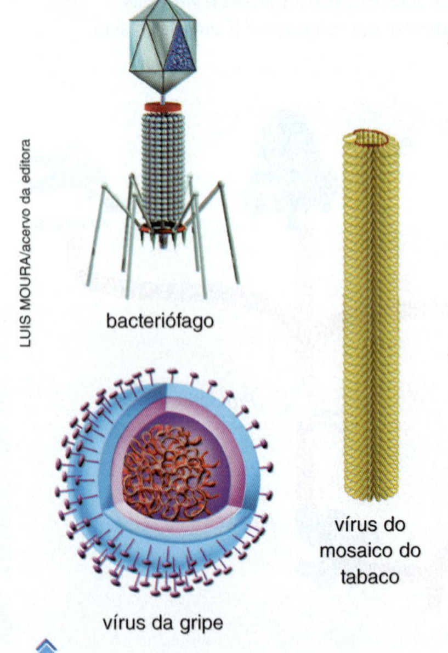

Figura 11-4. Alguns tipos de vírus. (Cores-fantasia. Ilustrações fora de escala.)

E os vírus?

Vírus são acelulares, dotados de material genético revestido por proteína e, em muitos deles, envoltórios adicionais (veja a Figura 11-4). Se forem considerados seres vivos, em que reino devem ser incluídos? Uma solução possível seria criar o reino **Vírus**. Ou seria mais conveniente considerá-los como componentes de um grupo à parte, não enquadrado em nenhum dos reinos existentes?

A filogênese dos seres vivos

Qual foi o ancestral dos anfíbios (sapos, rãs, por exemplo) que vivem na Terra atual? Essa e outras perguntas relativas à origem dos grandes grupos de seres vivos eram difíceis de serem respondidas até surgir, em 1859, a Teoria da Evolução Biológica por Seleção Natural, proposta por Charles Darwin e Alfred Russel Wallace. Com a compreensão de "como" a evolução biológica ocorre, os biólogos passaram a sugerir hipóteses para explicar a possível relação de parentesco entre os diversos grupos de seres vivos.

Diagramas em forma de árvore – elaborados com dados de anatomia e embriologia comparadas, além de informações derivadas do estudo de fósseis – mostravam a hipotética origem de grupos a partir de supostos ancestrais.

Essas supostas "árvores genealógicas" ou "filogenéticas" (do grego, *phýlon* = raça, tribo + *génesis* = fonte, origem, início) simbolizavam a história evolutiva dos grupos que eram comparados, além de sugerir uma provável época de origem para cada um deles. Como exemplo, veja o esquema da Figura 11-5.

O esquema representa a provável "história evolutiva" dos vertebrados. Note que estão representados os grupos atuais – no topo do esquema – bem como os prováveis ancestrais. Perceba que o grupo das lampreias (consideradas "peixes" sem mandíbula) é bem antigo (mais de 500 milhões de anos). Já o das aves é mais recente e sua origem é admitida como tendo ocorrido há cerca de 150 milhões de anos, provavelmente a partir de um grupo de dinossauros ancestrais. Note, ainda, que o parentesco existente entre aves e répteis é maior do que o existente entre mamíferos e répteis, e que os três grupos foram originados de um ancestral comum.

Atualmente, são muito utilizados os *cladogramas* (do grego, *clade* = bifurcação), diagramas filogenéticos que, na forma de ramos bifurcados, procuram estabelecer as relações que existem entre os diversos grupos de seres vivos.

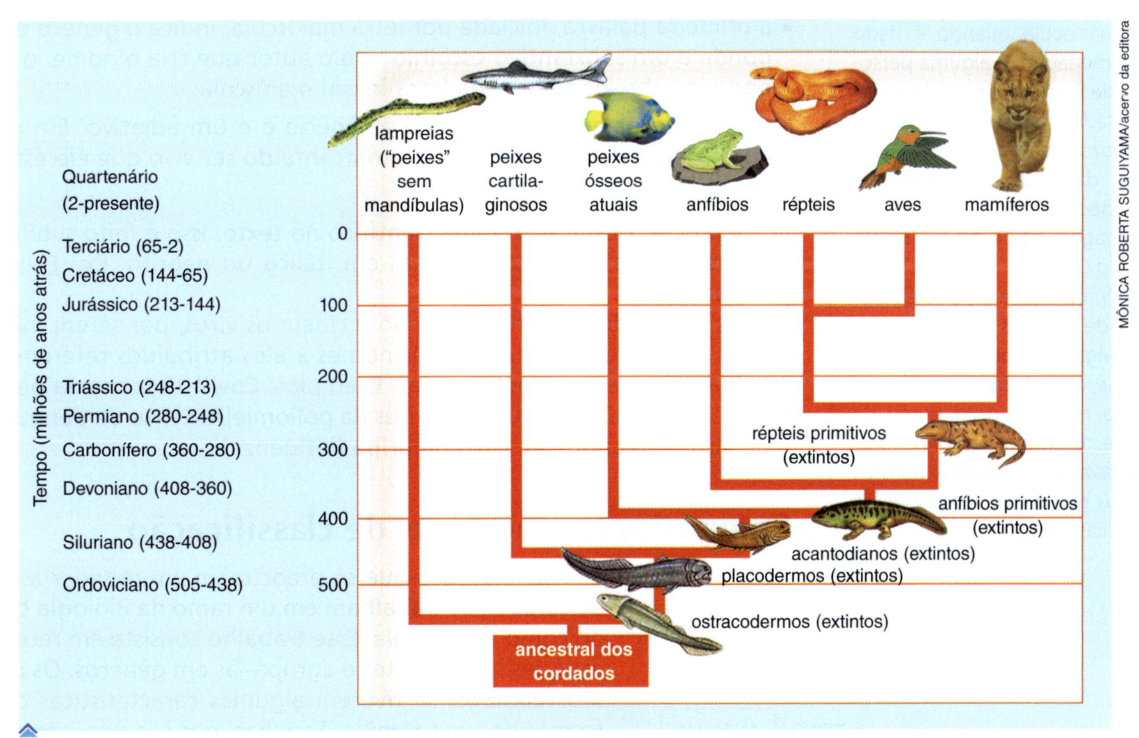

Figura 11-5. Exemplo de árvore filogenética dos cordados, importante grupo animal ao qual pertencem os seres humanos. (Cores-fantasia. Ilustrações fora de escala.)

Cladogramas: comparação entre grupos de seres vivos

Influenciados pelo trabalho de Willi Hennig – um pesquisador alemão, especialista em insetos –, cientistas passaram a representar as filogenias por meio de *cladogramas*. Nesse tipo de diagrama, utiliza-se uma linha cujo ponto de origem – a *raiz* – simboliza um provável grupo (ou espécie) ancestral. Nessa linha inicial marcam-se *nós*, sendo que cada um deles significa um ponto de divergência, isto é, de cada nó surge um *ramo*, que conduz a um ou a vários *grupos terminais* (veja a Figura 11-6).

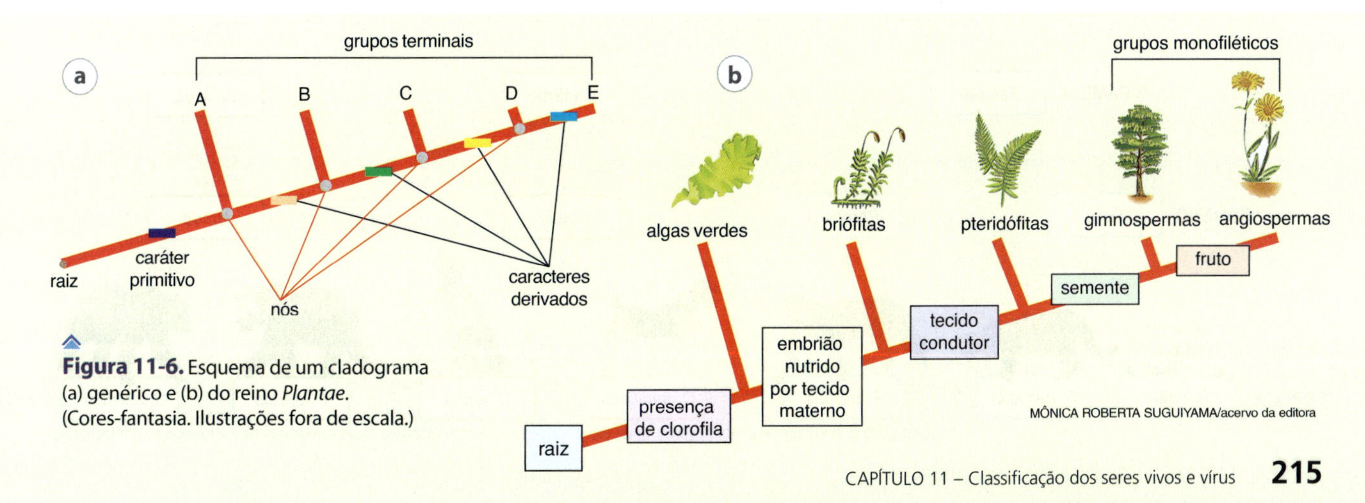

Figura 11-6. Esquema de um cladograma (a) genérico e (b) do reino *Plantae*. (Cores-fantasia. Ilustrações fora de escala.)

11-2. Nomenclatura biológica: Lineu e o sistema binomial

Saiba mais!

Muitas vezes, o nome da espécie é escrito seguido do nome do autor da descoberta. Exemplo: o nome científico da planta popularmente conhecida como dormideira ou sensitiva é *Mimosa pudica* L. (de Lineu).

O adjetivo correspondente à espécie pode ser iniciado com letra maiúscula quando é dado em homenagem a alguma personalidade ilustre. É o caso do agente causador da doença de Chagas, o protozoário *Trypanosoma Cruzi*, nome dado pelo descobridor da espécie, Carlos Chagas, em homenagem ao ilustre sanitarista Osvaldo Cruz.

Quando uma espécie é constituída de algumas variedades, elas são designadas como subespécies e, nesse caso, acrescentamos um terceiro nome após o nome da espécie. Exemplo: *Crotalus durissus cascavella* e *Crotalus durissus terrificus* são duas subespécies de cobras cascavéis.

No século XVII, Carlos Lineu, um botânico sueco, propôs um sistema de nomenclatura dos seres vivos que, embora tenha sofrido algumas modificações, tem sido utilizado até hoje. Esse sistema, conhecido como **sistema binomial**, tem como base o conceito de espécie e utiliza a ideia de gênero (conjunto de espécies com certo grau de semelhança).

Foi preciso escolher uma língua que fosse de conhecimento universal e que não sofresse modificações. Era necessário escolher uma língua morta. O latim foi eleito. Cada espécie passou a ter um nome formado por duas palavras:

- a primeira palavra, iniciada por letra maiúscula, indica o gênero e corresponde a um substantivo escolhido pelo autor que cria o nome; o gênero pode ser abreviado por sua letra inicial maiúscula;
- a segunda palavra corresponde à espécie e é um adjetivo. Em geral, o autor designa uma característica marcante do ser vivo que ele estuda ou um lugar ou uma personalidade.

É preciso destacar o nome científico no texto. Isso é feito sublinhando as duas palavras ou escrevendo-as em itálico ou negrito. Ex.: Felis catus, *Felis catus*, **Felis catus**.

As regras de nomenclatura não incluem os vírus, por serem microrganismos acelulares e peculiares. Os nomes a eles atribuídos referem-se, em geral, a doenças por eles causadas. Exemplos: Covid-19 (causada pelo vírus SARS-CoV-2), AIDS (o vírus HIV), vírus da poliomielite, vírus da dengue, vírus zika, vírus chikungunya, vírus da gripe (influenza).

Categorias taxonômicas de classificação

Os biólogos que se preocupam em ordenar a coleção de seres vivos trabalham em um ramo da Biologia conhecido como *Taxonomia*. Esse trabalho consiste em reconhecer espécies semelhantes e agrupá-las em gêneros. Os gêneros são reunidos, se tiverem algumas características comuns, formando uma **família**. Famílias, por sua vez, são agrupadas em uma **ordem**. Ordens são reunidas em uma **classe**. Classes de seres vivos são reunidas em **filos**. E os filos são, finalmente, componentes de algum dos seis **reinos** que descrevemos anteriormente.

Todas essas categorias de classificação (*espécie*, *gênero*, *família*, *ordem*, *classe*, *filo* e *reino*) são conhecidas como categorias taxonômicas. A Figura 11-7 ilustra a classificação completa de alguns animais pertencentes à ordem dos carnívoros, entre eles o cão, o gato, o lobo, a pantera e o urso.

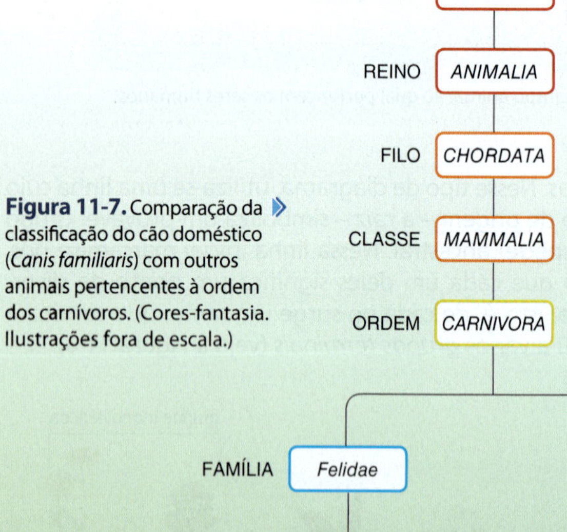

Figura 11-7. Comparação da classificação do cão doméstico (*Canis familiaris*) com outros animais pertencentes à ordem dos carnívoros. (Cores-fantasia. Ilustrações fora de escala.)

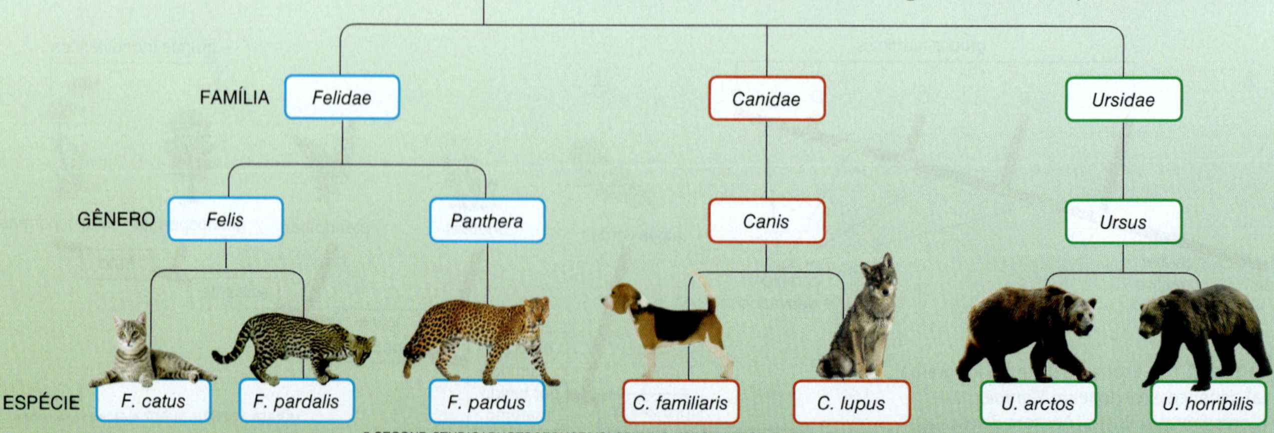

5 SECOND STUDIO/ PHOTOCECHCZ/VOLODYMYR KRASYUK/POR PARDOY/PHOTOMASTER/NOTSUPERSTAR/JEFFREY B. BANKE/SHUTTERSTOCK

11-3. Vírus

Vírus são seres vivos? Essa é uma pergunta para a qual pode haver duas respostas: sim e não. Depende da argumentação utilizada.

Vírus são as únicas entidades *acelulares* da Terra atual. Extremamente simples e pequenos (medem menos de 0,2 μm), são constituídos apenas por uma carapaça proteica (capsídeo) envolvendo uma molécula de ácido nucleico que pode ser DNA ou RNA, nunca os dois juntos. O material genético viral pode ser circundado apenas por um envoltório (capsídeo) proteico e nesse caso o vírus é considerado **não envelopado**. Em outros vírus, além do capsídeo proteico há envoltórios adicionais, em geral lipoproteicos, que constituem um envelope, daí o nome de vírus **envelopados** a esses organismos, como é o caso do vírus HIV e do vírus da gripe (veja Figura 11-8).

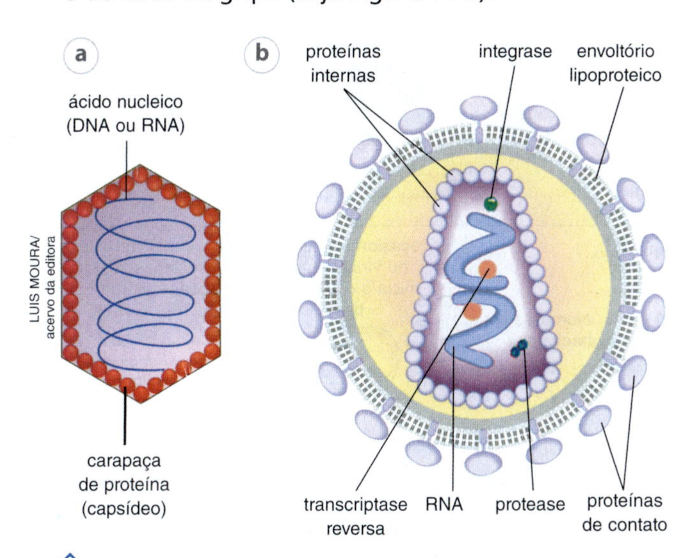

Figura 11-8. (a) Estrutura de vírus não envelopado. (b) Esquema do HIV, um vírus do tipo envelopado. Pelas proteínas de contato o vírus liga-se à célula que será infectada. (Cores-fantasia. Ilustrações fora de escala.)

Vírus são parasitas intracelulares obrigatórios: a falta de hialoplasma e ribossomos impede que eles tenham metabolismo próprio. Assim, para executar o seu ciclo de vida e se reproduzir, os vírus precisam de um ambiente que tenha esses componentes. Esse ambiente precisa ser o interior de uma célula que, contendo ribossomos e outras substâncias, efetuará a síntese de todos os componentes dos vírus, incluindo o material genético. E, simultaneamente, ocorrerá a reprodução dos vírus.

Assim, voltando à pergunta inicial, se o critério para a caracterização dos seres vivos for **existência de célula e de metabolismo próprio, então os vírus não são seres vivos**. No entanto, se o critério for o da **existência de material genético e possibilidade de reprodução, então podemos considerar os vírus como seres vivos**, mesmo que a reprodução ocorra no interior de uma célula. O que importa é o argumento utilizado nessa caracterização.

Para entrar no interior da célula, muitas vezes o vírus adere à parede celular e "injeta" o seu material genético (veja a Figura 11-9) ou então entra na célula por englobamento – por um processo que lembra a fagocitose, a célula "engole" o vírus e o introduz no seu interior (veja a Figura 11-10). O HIV, vírus causador da AIDS, possui um mecanismo peculiar de ingresso na célula. Ocorre fusão da capa lipoproteica do vírus com a membrana plasmática da célula e o subsequente ingresso do HIV na célula hospedeira.

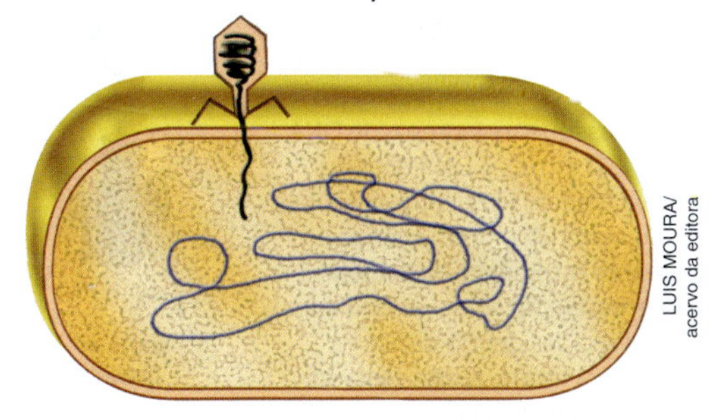

Figura 11-9. Muitas vezes, o vírus injeta na célula apenas o seu material genético. (Cores-fantasia. Ilustração fora de escala.)

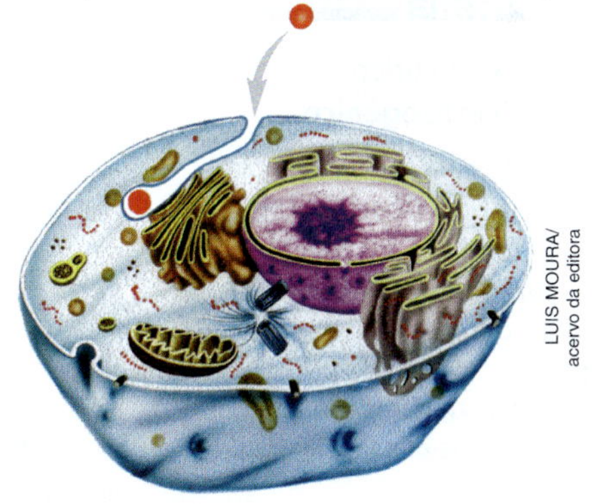

Figura 11-10. Para ingressar em uma célula, muitas vezes o vírus é englobado por ela. (Cores-fantasia. Ilustração fora de escala.)

Bacteriófagos

O vírus bacteriófago T4, um dos mais antigos e conhecidos, é parasita de bactérias. Possui uma estrutura peculiar e exclusiva, formada por uma carapaça proteica (capsídeo) de aspecto geométrico, dotada de uma cauda na qual há fibras de fixação, de "ancoragem", específicas para a parede bacteriana. No interior da carapaça existe uma molécula de DNA e, na cauda, há uma proteína que fará contato com proteínas da membrana plasmática da bactéria.

O encontro do bacteriófago com a bactéria é meramente casual e as fibras de fixação prendem o vírus à parede. A cauda do vírus atravessa a membrana esquelética da bactéria e uma proteína da cauda estabelece contato com a membrana plasmática bacteriana.

Anote!

Nos bacteriófagos, o material genético pode ser RNA ou DNA. No bacteriófago T4, o material genético é DNA.

Ocorre o ingresso apenas do DNA no hialoplasma, ficando a carapaça do lado de fora. Normalmente, após curto intervalo de tempo, o DNA viral assume o comando da célula e inicia duplicações sucessivas à custa de substâncias da bactéria. Simultaneamente, ribossomos bacterianos efetuam a síntese de proteínas virais. Ocorre a montagem de novos vírus e, sob a ação de enzimas líticas, ocorre a *lise* (destruição) da bactéria com liberação de dezenas de vírus, apenas meia hora após o ingresso do vírus que iniciou o processo (veja a Figura 11-11).

Anote!

Basicamente, o mesmo mecanismo reprodutor ocorre com os vírus causadores de algumas doenças humanas, como, por exemplo, os do resfriado comum, da rubéola e do sarampo.

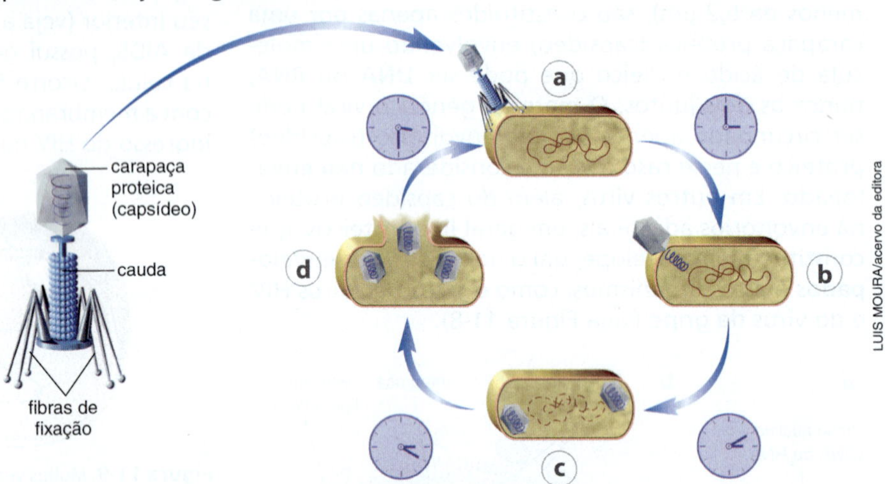

Figura 11-11. Multiplicação do bacteriófago T4. Em (a), ocorre o contato entre o vírus e a célula hospedeira e, em (b), o consequente ingresso de DNA na bactéria. Já em (c), o DNA do vírus comanda a fabricação de unidades virais, utilizando matérias-primas, energia e equipamento enzimático da bactéria. E, finalmente, em (d), as novas unidades virais são liberadas depois da lise da bactéria, agora morta. (Cores-fantasia. Ilustrações fora de escala.)

Saiba mais!

Ciclo lítico e ciclo lisogênico

Ao adotar o comportamento destruidor, um vírus executa o *ciclo lítico*, em que a célula é lisada, liberando dezenas de vírus. No *ciclo lisogênico*, o material genético viral incorpora-se ao DNA da célula, que, ao se dividir, transmite o material genético viral às células-filhas (veja a Figura 11-12).

Sabe-se, hoje, que muitos vírus parasitas do homem, entre eles os causadores de câncer, possuem esse comportamento.

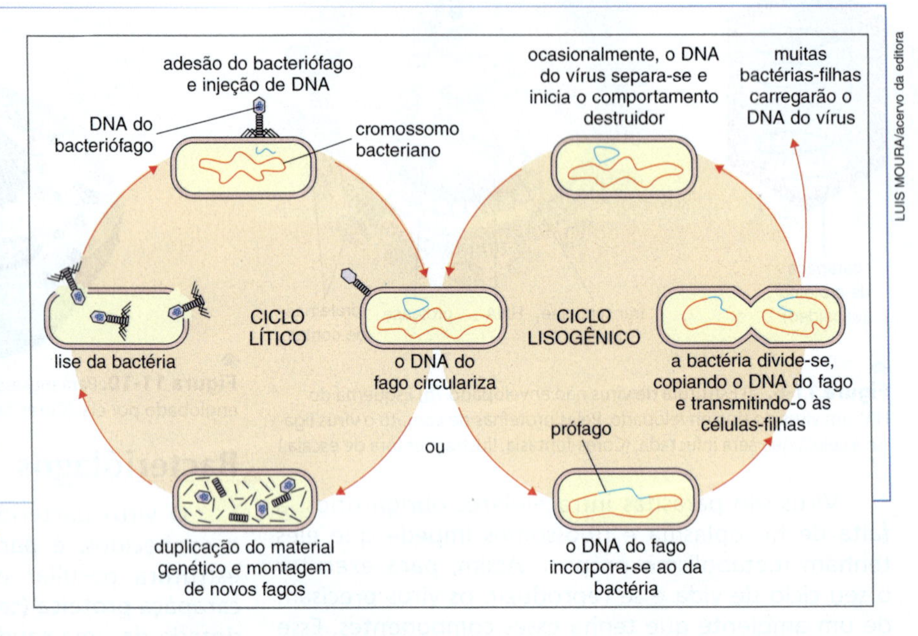

Figura 11-12. No ciclo lítico, o vírus adota o comportamento destruidor. No ciclo lisogênico, o DNA viral incorpora-se ao bacteriano. A bactéria divide-se e transmite o DNA viral às suas filhas. Eventualmente, em uma das bactérias, o DNA "acorda", separa-se do DNA bacteriano e inicia o comportamento destruidor. (Cores--fantasia. Ilustrações fora de escala.)

Doenças causadas por vírus

Recorde que os vírus são parasitas intracelulares obrigatórios. No homem, inúmeras doenças são causadas por esses seres acelulares. Praticamente todos os tecidos e órgãos humanos são afetados por alguma infecção viral. Na Tabela 11-2, você tem uma relação de viroses mais frequentes na nossa espécie. Valorize principalmente os mecanismos de transmissão e de prevenção. Note que febre amarela e dengue são duas viroses que envolvem a transmissão por insetos (mosquitos da espécie *Aedes aegypti*). Para a primeira, existe vacina. Duas viroses relacionadas na tabela – AIDS e condiloma acuminado (crista-de-galo) – são Doenças Sexualmente Transmissíveis (DST). A tabela também relaciona viroses comuns na infância – rubéola, caxumba, sarampo, poliomielite – para as quais existem vacinas.

Com relação às hepatites, destaque a do tipo B, de transmissão semelhante ao que ocorre com a AIDS. Diferencie resfriado comum de gripe, esta de sintomas mais severos e contra a qual anualmente é aplicada, em nosso país, uma vacina preventiva renovada (em função das frequentes mutações que ocorrem nos vírus), principalmente para a população idosa.

Viroses

Conheça outras viroses de importância para os seres humanos. Para isso, leia o QR Code ao lado.

Tabela 11-2. Algumas das principais viroses que acometem os seres humanos.

DOENÇA VIRAL	SINAIS E SINTOMAS	TRANSMISSÃO	PREVENÇÃO
AIDS	Deficiência nas defesas imunitárias. Baixa produção de anticorpos. Desenvolvem-se doenças oportunistas, que se instalam com facilidade em um organismo debilitado.	Através de sêmen de portadores, de sangue e seringas contaminados. Por meio do leite materno e através da placenta de mãe portadora, que pode contaminar o filho.	Cuidados com transfusões sanguíneas, compartilhamento de agulhas e na escolha do parceiro sexual. Utilização de camisinha.
Chikungunya	Dor de cabeça, febre alta, dor na parte de trás dos olhos, mal-estar, dores musculares.	Picada dos mosquitos fêmeas das espécies *Aedes aegypti* e *Aedes albopictus*.	Controle dos insetos transmissores.
Covid-19	Febre, tosse, perda do olfato e do paladar, podendo chegar a dificuldade para respirar.	Direta, pessoa a pessoa.	Cuidados de higiene pessoal e evitar contato pessoal.
Dengue	Virose que provoca hemorragias na pele, no nariz e em outros locais. Febre, fraqueza, dores musculares.	Picada do mosquito *Aedes*.	Controle dos insetos transmissores.
Febre amarela	Pele amarelada (icterícia). Afeta rins, fígado, coração e outros órgãos.	Picada do mosquito *Aedes*.	Vacina. Controle dos insetos transmissores, tanto na fase larval (aquática) quanto na adulta (terrestre).
Gripe	Dores no corpo, fraqueza, prostração, dor de cabeça, espirros. Febre (> 38 °C). Influenza. Vírus de RNA.	Direta, pessoa a pessoa.	Vacina. Evitar contato com pessoas acometidas.
Hepatites	Tipos A, B e C. Icterícia (amarelecimento da pele e da conjuntiva ocular). Fezes claras. Lesões no fígado. Dores abdominais. Nas hepatites B e C, pode ocorrer cirrose hepática, insuficiência hepática e câncer hepático.	No tipo A, via oral, por contaminação de água e alimentos. Nos tipos B e C, por seringas e sangue contaminado.	Cuidados sanitários e esterilização de objetos na hepatite A. Nas dos tipos B e C, transfusões seguras e utilização de seringas descartáveis. Evitar contato sexual com portadores. Existe vacina para hepatite B.
Sarampo	Erupções avermelhadas na pele. Febre e dores de cabeça. Corrimento ocular com pus e sintomas respiratórios.	Direta. A conjuntiva do olho é a principal via de contaminação.	Vacina.
Zika	Dor de cabeça, dores nas articulações, diarreia. Microcefalia e sintomas típicos da Síndrome de Guillain-Barré: visão prejudicada, surdez, taquicardia, disfunção pulmonar, fraqueza muscular, queimação e dormência.	Picada dos mosquitos fêmeas da espécie *Aedes aegypti*.	Controle dos insetos transmissores.

Saiba mais!

O tratamento de infecções virais não é feito com antibióticos

O tratamento de infecções bacterianas é feito com antibióticos. Essas substâncias "combatem" as bactérias em diversos locais da célula bacteriana, interferindo na síntese de sua parede ou atuando em certos setores do metabolismo bacteriano. Com os vírus é diferente. Como atuar nos ácidos nucleicos virais, paralisando sua atividade, sem provocar danos aos ácidos nucleicos das nossas células? Como isso ainda não é possível, a cura de uma infecção viral depende da atuação dos nossos mecanismos de defesa. Cada vez que o vírus da dengue, por exemplo, invade nosso organismo, inicia-se a lenta produção de anticorpos, que combaterão os agentes até sua completa inativação. Por outro lado, certas doenças virais podem ser evitadas por meio da vacinação, um processo de imunização ativa que protege o organismo humano das infecções virais.

Em casos de gripe, é fundamental o uso de máscaras pelo paciente a fim de minimizar as possibilidades de contágio.

Gripe/Influenza

O vírus da influenza, também conhecido como causador de gripe, é um dos mais bem-sucedidos. Todos os anos, centenas de pessoas são afetadas por ele ao redor do mundo. É vírus conhecido pelas siglas HN. A letra H corresponde à *hemaglutinina*. É uma proteína de superfície que estabelece contato com receptores da célula-alvo do vírus. Quer dizer, é a proteína que permite a *entrada* do vírus na célula. A letra N refere-se à proteína *neuraminidase*. É uma enzima que atua na *saída* de novos vírus da célula.

O material genético do vírus da gripe é representado por oito moléculas de RNA, contendo 10 genes. Um dos genes é responsável pela síntese da *hemaglutinina* e outro é responsável pela síntese da enzima *neuraminidase*. Os demais genes atuam na produção dos outros componentes do vírus. Mutações gênicas são responsáveis pela variedade de tipos de hemaglutinina e neuraminidase.

Há dois grupos básicos de vírus da gripe: o A e o B. Os do grupo A são mais comuns na espécie humana. De modo geral, esse tipo de vírus é causador de *pandemias*. A mais famosa delas foi a da *gripe espanhola*, causada pelo vírus A (H1N1). Essa grave pandemia ocorreu entre os anos de 1918 e 1919, provocando cerca de 50 milhões de mortes. Como comparação, a gripe asiática, de 1957, causada pelo vírus A (H2N2), matou cerca de 70 mil pessoas. A gripe sazonal, ocasionada pelo vírus A (H3N2), afeta muitas pessoas anualmente, mas leva a pouquíssimas mortes. Foi preocupante a pandemia da chamada *gripe suína*, mais conhecida como influenza A (H1N1) ocorrida em 2009 (cujo fim foi decretado pela Organização Mundial de Saúde em agosto de 2010), quando só no Brasil morreram 2.060 pessoas.

Anote!

Pandemia é uma situação em que ocorrem epidemias em vários países, simultaneamente.

SARS-CoV-2: pandemia Covid-19

O agente responsável pela Covid-19, a síndrome respiratória aguda grave (SARS), é um vírus que pertence à família *Coronaviridae*, denominado SARS-CoV-2, o qual possui elevada homologia com o vírus causador do surto de SARS em 2003, o SARS-CoV-1.

O SARS-CoV-2 é um vírus de ácido ribonucleico (RNA), cujo material genético é representado por uma única molécula de RNA positivo (RNA+). Todo o seu genoma contém menos de 30.000 nucleotídeos, cada um deles formado por uma molécula de açúcar (ribose), um ácido fosfórico e uma base nitrogenada. Por ser um vírus de RNA, as bases nitrogenadas são adenina, citosina, guanina e uracila. Aproximadamente 29 diferentes proteínas virais são identificadas; entre elas, as mais relevantes são a glicoproteína de pico, reconhecida como proteína S (*spike*), e a proteína N, do nucleocapsídeo viral. Veja a Figura 11-13.

A glicoproteína de pico (*spike*) permite a entrada do vírus na célula hospedeira, como uma célula pulmonar, por exemplo, pela ligação ao receptor celular e à fusão da membrana. A proteína do nucleocapsídeo, por sua vez, regula o processo de replicação viral.

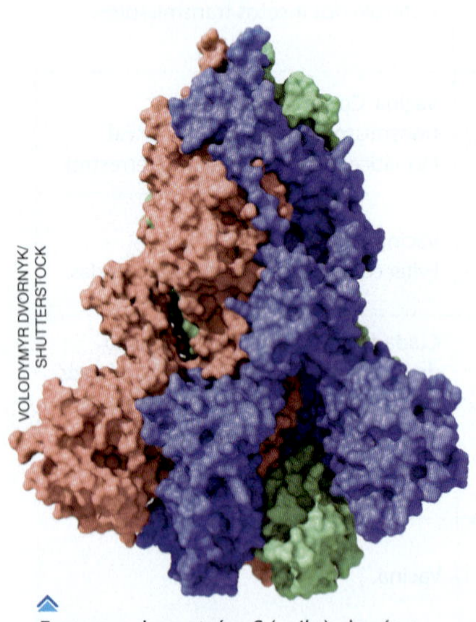

Esquema da proteína S (*spike*), do vírus, Sars-CoV-2 que se liga a receptores celulares e possibilita o ingresso do vírus na célula afetada. Carboidratos presentes na superfície dessa proteína "confundem" o sistema imunológico do hospedeiro. Essa proteína apresenta três áreas de ligação, e todas devem se ligar à célula hospedeira para o ingresso do vírus.

Imagem adaptada de: SCUDELLARI, M. The sprint to solve coronavirus protein structures — and disarm them with drugs. *Nature*, London, May 2020, p. 252-255. *Disponível em:* <https://www.nature.com/articles/d41586-020-01444-z>. *Acesso em:* 8 ago. 2021.

espícula de contato do vírus com receptores celulares (*spike*)
envoltório
proteína E
proteína M
enzima
RNA+ e capsídeo proteico
NAEBLYS/SHUTTERSTOCK

Figura 11-13. Estrutura do SARS-CoV-2.

Replicação do RNA+ do vírus SARS-CoV-2

O RNA de fita simples, positivo, de sentido 5'→3', penetra na célula-alvo e, em seguida, com a ação de determinadas enzimas orienta a síntese de uma fita de RNA negativo, de sentido 3'→5', transitória.

A seguir, a partir dessa fita de RNA negativo, ocorre a síntese de inúmeras moléculas de RNA positivo, de sentido 5'→3', que serão componentes dos vírus descendentes daquele que ingressou na célula (veja a Figura 11-14).

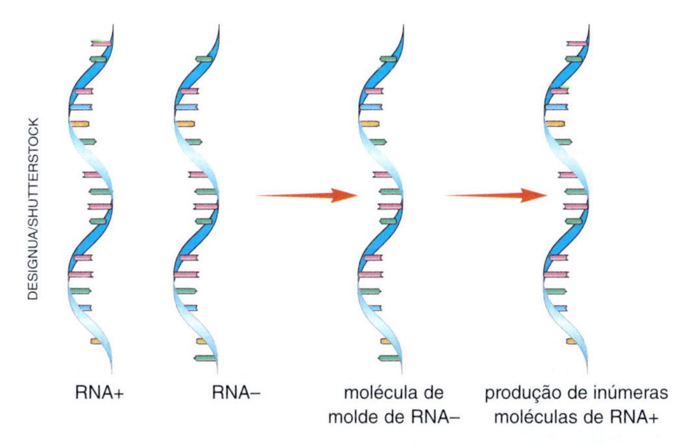

Figura 11-14. Esquema ilustrativo da replicação de molécula de RNA+ do SARS-CoV-2.

Vacinas para o SARS-CoV-2

Várias vacinas estão atualmente sendo utilizadas na imunização contra o SARS-CoV-2. Dentre elas, destacamos:

- CoronaVac (Butantan), produzida a partir de vírus inativados, de modo similar ao que ocorre na produção de vacinas contra a gripe;
- Oxford (Astra-Zeneca): produzida com adenovírus atenuado, que carrega o RNA+ atenuado, não-infectante, do SARS-CoV-2;
- BioNTech (Pfizer): produzida com o RNA+ mensageiro, com ativação do gene responsável pela produção da proteína S;
- Johnson & Johnson (Janssen): adenovírus modificado, causador de resfriado comum, que transporta o RNA+ mensageiro atenuado do vírus;
  Sputnik V (Gamaleya), também utiliza adenovírus 26 modificado, que contém trechos do RNA+ do vírus.

Anote!

Adenovírus são os vírus que, em geral, causam gripes em seres humanos.

Vírus **atenuados** são aqueles que foram enfraquecidos até o ponto de, quando inoculados, não mais serem capazes de causar doenças.

Dengue: preocupação brasileira

País tropical é assim mesmo. Muitas matas, muita água de chuva e... muitos mosquitos vetores, transmissores de microrganismos, incluindo os da dengue. A dengue é uma doença causada por vírus da família dos flavivírus, comumente conhecidos como arbovírus. Esse último nome é fácil de entender. A palavra se origina do inglês *ARthropod BOrn Virus*, quer dizer, vírus veiculados, transmitidos, por animais artrópodes. O mosquito transmissor da dengue, o *Aedes aegypti*, é um inseto artrópode. Há cinco variedades de vírus de dengue e, em todas elas, o material genético é o RNA. Três delas são comuns no Brasil. O quarto tipo andava sumido. Reapareceu. O quinto tipo, até 2016, se manifestou apenas na Malásia. Quem contrai um dos tipos fica imunizado a ele. Contraindo outro tipo, porém, pode ocorrer o quadro de dengue hemorrágica. Isso está relacionado a problemas imunológicos que surgem, visto que os quatro vírus são muito parecidos. Anticorpos produzidos contra o primeiro vírus poderiam, teoricamente, proteger contra o segundo. Como, nesse caso, a imunização não é completa, acabam ocorrendo lesões nos capilares sanguíneos, provocadas pelo segundo tipo de vírus, acarretando hemorragias.

Você na net!

Investigue em fontes confiáveis na internet as recomendações das autoridades públicas quanto às práticas que envolvem diminuir a incidência da zika e da dengue no país. Que contribuições você e seus colegas têm adotado no sentido de dificultar a transmissão dessas duas viroses?

As fêmeas dos mosquitos *Aedes aegypti* se infectam ao sugar sangue de indivíduos contaminados pelo vírus da dengue e passam a atuar como vetores dessa doença.

AIDS

A AIDS é uma doença causada pelo vírus HIV. Ele parasita linfócitos do tipo T (células sanguíneas relacionadas à defesa imunitária) dotados de receptores de membrana denominados de CD4. Esse vírus é dotado de três envoltórios: um externo, de natureza lipoproteica, e dois internos, proteicos. Eles protegem o material genético (duas moléculas de RNA) e uma enzima chamada de *transcriptase reversa*.

Anote!

O HIV é chamado de retrovírus por ser um vírus de RNA capaz de efetuar a transcrição reversa, ou seja, produzir DNA a partir de seu próprio RNA.

Ocorrida a infecção de uma pessoa com o HIV, pode haver o encontro do vírus com os linfócitos na corrente sanguínea. Para ingressar no linfócito, inicialmente há o encontro de uma proteína de contato do vírus com o receptor CD4 do linfócito. A seguir, o HIV encosta no linfócito e funde o seu envoltório externo lipoproteico com a membrana plasmática da célula, penetrando no citoplasma celular. Ali os envoltórios proteicos são destruídos por enzimas da célula, liberando o RNA viral com a transcriptase reversa. A transcriptase começa a agir e produz uma molécula de DNA tendo como molde o RNA viral. Esse é um processo reverso ao da transcrição normal, motivo pelo qual a enzima recebe aquele nome. O DNA sintetizado dirige-se ao núcleo da célula e se incorpora ao material genético nuclear.

Cedo ou tarde ele inicia a transcrição de moléculas de RNA virais. Essas moléculas difundem-se para o hialoplasma, onde ocorrem as sínteses das proteínas virais, seguidas da montagem de novos HIVs. Para abandonar o linfócito, esses vírus "encostam" na membrana plasmática e, envolvendo-se com fragmentos dela, abandonam a célula que, assim, acaba arrebentando.

Na corrente sanguínea, novos linfócitos poderão ser parasitados, em uma reação em cadeia que acaba levando a pessoa à perda da imunidade e, consequentemente à morte (veja a Figura 11-15).

O controle da reprodução do HIV tem sido feito com uso de substâncias antirretrovirais. Duas delas, o tenofovir e o emtricitabina, agem inibindo a atuação da enzima transcriptase reversa. Desse modo, não ocorre produção de DNA a partir das moléculas de RNA virais. Trata-se de mecanismo denominado de *prevenção pós-infecção*. Enquanto não se dispõe de vacina imunizante, é valioso recurso que impede a reprodução do HIV.

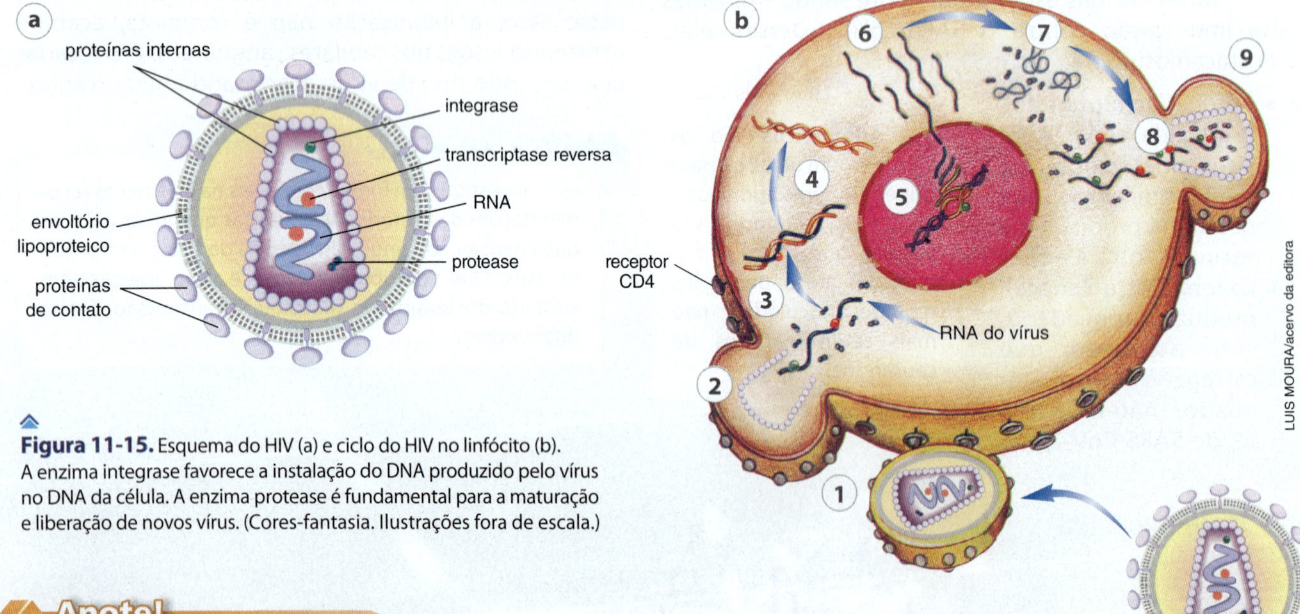

Figura 11-15. Esquema do HIV (a) e ciclo do HIV no linfócito (b). A enzima integrase favorece a instalação do DNA produzido pelo vírus no DNA da célula. A enzima protease é fundamental para a maturação e liberação de novos vírus. (Cores-fantasia. Ilustrações fora de escala.)

1 Fusão do HIV com a célula.
2 Descapeamento do HIV dentro da célula.
3 Síntese de DNA a partir de RNA.
4 Síntese de DNA de dupla-hélice.
5 Pró-vírus incorporado ao DNA celular.
6 Montagem de novos RNAs do vírus.
7 Síntese de componentes do vírus.
8 Formação de novo vírus.
9 Liberação de HIV da célula.

Anote!

Descobertas recentes vinculam a origem do HIV aos chimpanzés. Sugeriu-se que a contaminação com o sangue desses símios teria ocorrido durante os rituais de caça. Por mutação, o SIV (Simian Immunodeficiency Virus) teria originado o HIV.

Questão socioambiental

A saúde dos indígenas no Brasil

Há tempos, nossas populações indígenas enfrentam inúmeras tensões no âmbito da saúde, desde os primeiros contatos com os não indígenas, ainda no século 16, passando pelas epidemias de gripe e sarampo, no século 20, mais recentemente com a gripe H1N1, em 2009, até a pandemia de Covid-19, em 2020. Cada uma dessas epidemias e/ou crises sanitárias impactaram de diferentes formas os grupos indígenas atingidos, seja social, econômica ou demograficamente, sendo, portanto, importante um olhar para as especificidades de cada região e de cada povo na compreensão e no enfrentamento de questões de saúde pública entre os povos indígenas. (...)

O Serviço de Proteção aos Índios (SPI) foi a primeira instituição brasileira, vinculada ao governo federal, voltada para a questão indígena no Brasil. Entre 1910 e 1967, o SPI desenvolveu ações pontuais de assistência sanitária aos indígenas, a partir de estruturas simplificadas de atenção à saúde, como a manutenção de alguns postos com enfermeiros e convênios itinerantes de prestação de assistência médica ou de levantamentos sanitários entre os grupos indígenas (...).

Com o fim do SPI e a criação da Fundação Nacional do Índio (Funai), em 1967, a questão indígena passou a ser responsabilidade desse novo órgão governamental, porém a pauta da saúde prosseguiu como um problema a ser enfrentado. A criação das Equipes Volantes de Saúde (EVS), na década de 1970, representou um avanço no alcance da assistência sanitária aos indígenas frente ao que existia àquela altura, porém sem a estrutura e a regularidade necessárias para atender às demandas das inúmeras e múltiplas regiões do país. (...)

É certo que o Estado brasileiro avançou com a criação de um subsistema de saúde indígena e na concepção de uma Política Nacional de Atenção à Saúde aos povos indígenas (...), porém a saúde indígena faz fronteiras perigosas com outras demandas de ordem política, social e econômica, e, por isso, ainda hoje enfrenta desafios estruturais, especialmente relacionados à posse e à gestão da terra, elemento central na manutenção da vida social de grupos inteiros. (...)

Quais são as justificativas sanitárias e/ou sociais para o agravamento das doenças infecciosas, sobretudo as respiratórias, entre os indígenas? Quais alternativas resolveriam o problema das longas distâncias entre as aldeias e os hospitais de referência, a fim de ampliar o acesso dos grupos indígenas ao sistema de saúde? Qual é o papel do Estado diante do perigo iminente dos garimpos ilegais e/ou das invasões às terras indígenas? Como equacionar as especificidades culturais de sociabilidade e moradia com a indicação de distanciamento social para a contenção da transmissibilidade de um vírus? Quais impactos as carências nutricionais têm na saúde indígena de forma mais ampla e como essa questão pode ser solucionada num período de pandemia?

Tais perguntas atravessaram o tempo histórico, as investidas institucionais e permanecem desafiando o poder público na área da saúde indígena e, hoje, na estruturação de um plano de manejo eficiente na contenção do contágio de Covid-19, nas mais de 305 etnias espalhadas pelo território nacional, com especial atenção para a Região Amazônica que concentra, atualmente, 64% da população indígena do país. (...)

BRITO, C. A. de *A história da saúde indígena no Brasil e os desafios da pandemia de Covid-19*. *Disponível em*: <http://coc.fiocruz.br/index.php/pt/todas-as-noticias/1779-a-historia-da-saude-indigena-no-brasil-e-os-desafios-da-pandemia-de-covid-19.html>. *Acesso em*: 7 ago. 2021.

O texto acima traz, em seu penúltimo parágrafo, várias questões relacionadas a problemas sanitários, sociais e de saúde dos indígenas brasileiros. Com seu grupo de trabalho, busquem propor respostas e/ou soluções para as questões levantadas.

Índio da tribo dos pataxós, cujas aldeias estão localizadas do sul da Bahia ao norte de Minas Gerais.

CELIO MESSIAS SILVA/SHUTTERSTOCK

ATIVIDADES

A CAMINHO DO ENEM

1. (Enem) A classificação biológica proposta por Whittaker permite distinguir cinco grandes linhas evolutivas utilizando, como critérios de classificação, a organização celular e o modo de nutrição. Woese e seus colaboradores, com base na comparação das sequências que codificam o RNA ribossômico dos seres vivos, estabeleceram relações de ancestralidade entre os grupos e concluíram que os procariontes do reino Monera não eram um grupo coeso do ponto de vista evolutivo.

WHITTAKER (1969) CINCO REINOS	WOESE (1990) TRÊS DOMÍNIOS
Monera	Archaea
	Eubacteria
Protista	Eukarya
Fungi	
Plantae	
Animalia	

A diferença básica nas classificações citadas é que a mais recente se baseia fundamentalmente em

a) tipos de células.
b) aspectos ecológicos.
c) relações filogenéticas.
d) propriedades fisiológicas.
e) características morfológicas.

2. (Enem) Tanto a febre amarela quanto a dengue são doenças causadas por vírus do grupo dos arbovírus, pertencentes ao gênero *Flavivirus*, existindo quatro sorotipos para o vírus causador da dengue. A transmissão de ambas acontece por meio da picada de mosquitos, como o *Aedes aegypti*. Entretanto, embora compartilhem essas características, hoje somente existe vacina, no Brasil, para a febre amarela e nenhuma vacina efetiva para a dengue.

Adaptado de: MINISTÉRIO DA SAÚDE. Fundação Nacional de Saúde. Dengue: Instruções para pessoal de combate ao vetor. Manual de Normas Técnicas. *Disponível em:* <http://portal.saude.gov.br>. *Acesso em:* 7 ago. 2012.

Esse fato pode ser atribuído à

a) maior taxa de mutação do vírus da febre amarela do que do vírus da dengue.
b) alta variabilidade antigênica do vírus da dengue em relação ao vírus da febre amarela.
c) menor adaptação do vírus da dengue à população humana do que do vírus da febre amarela.
d) presença de dois tipos de ácidos nucleicos no vírus da dengue e somente um tipo no vírus da febre amarela.
e) baixa capacidade de indução da resposta imunológica pelo vírus da dengue em relação ao da febre amarela.

3. (Enem) O *Aedes aegypti* é vetor transmissor da dengue. Uma pesquisa feita em São Luís – MA, de 2000 a 2002, mapeou os tipos de reservatório onde esse mosquito era encontrado. A tabela a seguir mostra parte dos dados coletados nessa pesquisa.

TIPOS DE RESERVATÓRIOS	População de *A. aegypti*		
	2000	2001	2002
Pneu	895	1.658	974
Tambor/tanque/depósito de barro	6.855	46.444	32.787
Vaso de planta	456	3.191	1.399
Material de construção/peça de carro	271	436	276
Garrafa/lata/plástico	675	2.100	1.059
Poço/cisterna	44	428	275
Caixa d'água	248	1.689	1.014
Recipiente natural, armadilha, piscina e outros	615	2.658	1.178
Total	10.059	58.604	38.962

Adaptado de: Caderno Saúde Pública, Rio de Janeiro, v. 20, n. 5, out. 2004.

De acordo com essa pesquisa, o alvo inicial para a redução mais rápida dos focos do mosquito vetor da dengue nesse município deveria ser constituído por

a) pneus e caixas d'água.
b) tambores, tanques e depósitos de barro.
c) vasos de plantas, poços e cisternas.
d) materiais de construção e peças de carro.
e) garrafas, latas e plásticos.

4. (Enem) Na família *Retroviridae* encontram-se diversos vírus que infectam aves e mamíferos, sendo caracterizada pela produção de DNA a partir de uma molécula de RNA. Alguns retrovírus infectam exclusivamente humanos, não necessitando de outros hospedeiros, reservatórios ou vetores biológicos. As infecções ocasionadas por esses vírus vêm causando mortes e grandes prejuízos ao desenvolvimento social e econômico. Nesse contexto, pesquisadores têm produzido medicamentos que contribuem para o tratamento dessas doenças. Que avanços tecnológicos têm contribuído para o tratamento dessas infecções virais?

a) Melhoria dos métodos de controle dos vetores desses vírus.
b) Fabricação de soros mutagênicos para combate desses vírus.
c) Investimento da indústria em equipamentos de proteção individual.
d) Produção de vacinas que evitam a infecção das células hospedeiras.
e) Desenvolvimento de antirretrovirais que dificultam a reprodução desses vírus.

5. (Enem) As fêmeas do mosquito da dengue, *Aedes aegypti*, têm um olfato extremamente refinado. Além de identificar as coleções de águas para oviposição, elas são capazes de detectar de forma precisa e eficaz a presença humana pela interpretação de moléculas de odor eliminadas durante a sudorese. Após perceber o indivíduo, voam rapidamente em direção à fonte alimentar, iniciando o repasto sanguíneo durante o qual podem transmitir o vírus da dengue. Portanto, o olfato desempenha um papel importante para a sobrevivência dessa espécie.

Adaptado de: GUIDOBALDI, F.; MAY-CONCHA, I. J.; GUERENSTEIN, P. G. Morphology and Physiology of the Olfactory System of Blood-Feeding Insects. *Journal of Physiology*, Paris, n. 2-3, abr.-jun. 2014.

Medidas que interferem na localização do hospedeiro pelo vetor por meio dessa modalidade sensorial incluem a

a) colocação de telas nas janelas.
b) eliminação de locais de oviposição.
c) instalação de borrifadores de água em locais abertos.
d) conscientização para a necessidade de banhos diários.
e) utilização de cremes ou pomadas com princípios ativos.

6. Se você tivesse uma chance de eliminar da face da Terra doenças angustiantes como dengue, zika ou chikungunya, hesitaria em tentar? Nosso primeiro impulso é responder com um sonoro "não", mas as coisas podem não ser tão simples. A tecnologia para que possamos interferir de modo direto e decisivo sobre o que antigamente se chamava de grande cadeia do ser já está aí. É o que o pessoal de língua inglesa batizou de "gene drive", a possibilidade de dirigir a evolução de espécies de reprodução sexuada alterando a proporção em que certos genes são passados de uma geração para outra. Utilizando a Crispr-cas9, uma técnica que permite editar o DNA, já dá para modificar o mosquito da dengue fazendo, por exemplo, com que ele só produza gametas do sexo masculino e transmita tal característica aos descendentes. Assim, se indivíduos alterados forem liberados numa população, é questão de tempo até que ela encontre a extinção por ausência de fêmeas.

Adaptado de: SCHWARTSMAN, H. Editando a natureza. *Folha de S.Paulo*, São Paulo, 19 out. 2013. Opinião, p. A2.

Considerando as informações do texto e os mecanismos atualmente conhecidos e aceitos sobre a transmissão das doenças citadas, é aceitável a conclusão de que

a) a futura ausência de fêmeas na população dos mosquitos certamente não interferirá na transmissão dos agentes causadores.
b) as bactérias causadoras dessas doenças sofrerão mutações e se adaptarão à nova realidade representada pela ausência de fêmeas do mosquito transmissor.
c) a extinção de fêmeas impossibilitará a transmissão dos vírus causadores das doenças, aliviando a situação epidemiológica hoje constatada em alguns países.
d) mosquitos machos certamente passarão por modificações comportamentais que lhes permitirão ocupar o lugar das fêmeas na transmissão das viroses citadas.
e) outras espécies de mosquitos indubitavelmente passarão a ser transmissores dos microrganismos, todos bacterianos, relacionados às doenças citadas.

7. O SARS-CoV-2, popularmente conhecido como coronavírus, é um vírus cuja família é amplamente conhecida há vários anos, por causar viroses muitas vezes fatais. A pandemia causada pelo SARS-CoV-2, que afetou a humanidade em vários países a partir do ano de 2019, causou milhares de mortes e os sobreviventes acabaram ficando imunizados, no que se denominou de *imunidade coletiva*, ou seja, milhares de pessoas dotadas de células de defesa imunológicas, conhecidas como linfócitos B, que poderão proporcionar a defesa imunológica, em caso de reinfecção. O SARS-CoV-2 é um vírus dotado de apenas uma molécula de RNA, do tipo positivo, e que se replica graças à existência de uma enzima replicase, também denominada de RNA polimerase.

Considerando os atuais conhecimentos científicos, é característica marcante dos componentes do grupo dos vírus, a exemplo do SARS-CoV-2, o conhecimento de que são microrganismos:

a) celulares eucarióticos e dotados de ambos os ácidos nucleicos, DNA e RNA.
b) celulares procarióticos, assim como bactérias, protozoários, algas e fungos.
c) acelulares eucarióticos, assim como bactérias e todos os componentes do reino animal.
d) pluricelulares procarióticos, dotados de apenas uma molécula de ácido nucleico, no caso, RNA.
e) acelulares, dotados de apenas um dos tipos de material genético, DNA ou RNA, não os dois juntos.

TESTE SEUS CONHECIMENTOS

1. (Uece) Sobre os reinos da natureza, é correto afirmar que o

a) *Fungi* reúne organismos autotróficos unicelulares.
b) *Plantae* agrupa seres heterotróficos, uni ou pluricelulares.
c) *Proctista* é representado por seres procariontes pluricelulares.
d) *Animalia* reúne organismos eucariontes heterotróficos.

2. (UFPR) Bactérias (como *Escherichia coli*) e protistas (como *Paramecium caudatum*) são classificados em dois domínios diferentes porque protistas:

a) comem bactérias.
b) possuem parede celular.
c) podem realizar fotossíntese.
d) possuem envoltório nuclear.
e) são decompostos por bactérias.

3. (UFRGS – RS) Considere as seguintes afirmações sobre as *Archaea*.

I – São organismos que possuem em seu citoplasma organelas envolvidas por membranas.

II – Apresentam ancestral comum mais recente com *Eukaria* do que com o domínio *Bacteria*.

III – Utilizam a quimiossíntese como modo de nutrição, processo que usa a luz como fonte principal de energia.

Quais estão corretas?

a) Apenas I.
b) Apenas II.
c) Apenas III.
d) Apenas I e III.
e) I, II e III.

4. (UEA – AC) *Brachycephalus leopardus*, *Brachycephalus pernix*, *Brachycephalus boticario*, *Brachycephalus fuscolineatus*, *Brachycephalus verrucosus*, *Brachycephalus aurogutattus*, *Brachycephalus olivaceus*, *Brachycephalus quirirensis* e *Brachycephalus mariaeterezae* são os nomes científicos de sapos do sul do Brasil, recém-classificados pelos biólogos. Esses animais podem ter menos de 1 cm e se originaram a partir de um ancestral comum. Como vivem separados, em topos de montanhas e em áreas muito reduzidas, as populações desses sapos acabaram se tornando diferentes.

Adaptado de: Folha de S.Paulo, São Paulo, 17 set. 2015.

Todos os sapos citados no texto pertencem

a) à mesma espécie e a nove gêneros diferentes.
b) ao mesmo gênero e a nove espécies diferentes.
c) à mesma família e a nove classes diferentes.
d) à mesma ordem e a filos diferentes.
e) ao mesmo reino e a domínios diferentes.

5. (FPS – PE) No sistema de classificação biológica, os seres vivos são organizados em categorias, que recebem o nome de táxon. Eles são agrupados de acordo com suas características comuns, bem como de acordo com suas relações de parentesco evolutivo. A categoria taxonômica que agrupa as ordens de uma espécie de ser vivo é:

a) família.
b) classe.
c) gênero.
d) espécie.
e) tribo.

6. (Univesp) Para descrever a diversidade dos seres vivos foi criada a Taxonomia. Os seres vivos são classificados de acordo com grupos específicos, que determinam suas características em comum dentro de cada nível. Em relação às unidades mais comuns utilizadas para a classificação dos seres vivos e sua ordem decrescente, assinale a alternativa correta.

a) Reino, filo, classe, ordem, família, espécie e gênero.
b) Reino, filo, ordem, família, classe, espécie e gênero.
c) Reino, ordem, filo, familia, classe, gênero e espécie.
d) Reino, filo, classe, ordem, família, gênero e espécie.
e) Reino, filo, classe, família, ordem, gênero e espécie.

7. (Santa Casa – SP) Todos os vírus dependem, obrigatoriamente, de uma célula hospedeira específica para se reproduzir. Isso somente acontece porque o vírus

a) possui substâncias no envelope ou capsídeo que têm afinidade química com a membrana da célula hospedeira.
b) possui moléculas de DNA e de RNA na membrana, que devem ser reconhecidas pelos ribossomos da célula hospedeira.
c) possui sequências gênicas de íntrons de RNA capazes de inibir o mecanismo de defesa da célula hospedeira.
d) possui uma molécula de DNA ou de RNA, que atua como endonuclease e ativa os genes da célula hospedeira.
e) sintetiza as enzimas antes de se ligar às proteínas da membrana e invadir a célula hospedeira.

8. (Unijuí – RS) O sarampo voltou a ser uma doença de grande preocupação para os órgãos de saúde. Em setembro de 2019, o número de estados com surto ativo de sarampo era 16 e o número de casos passava de 3.000. O sarampo é uma doença viral, que pode ser evitada com a vacinação. Sobre o agente causador desta doença, é incorreto afirmar que

a) contém DNA ou RNA como material genético.
b) se reproduzem no interior de células vivas.
c) são compostos por envoltório proteico e ácido nucleico.
d) são organismos unicelulares.
e) são parasitas intracelulares obrigatórios.

9. (Unicamp – SP) Graças às campanhas de vacinação, a poliomielite foi considerada erradicada no Brasil: o último caso foi registrado em 1989. Contudo, o Ministério da Saúde constatou cobertura vacinal alarmante (abaixo de 50%) em 312 municípios brasileiros em 2018. A vacinação é a única forma de prevenção da poliomielite; é uma questão de responsabilidade social contemplada no Programa Nacional de Imunizações do Ministério da Saúde.

Disponível em: <portalms.saude.gov.br/noticias/agencia-saude/43797-ministerio-da-saude-alerta-parabaixas-coberturas-vacinais-para-polio>.

Assinale a alternativa que caracteriza corretamente a poliomielite.

a) É uma doença viral contagiosa, que pode ser transmitida através da ingestão de água ou alimentos contaminados por fezes de doentes.
b) A transmissão do vírus ocorre por meio de vetores hematófagos que tenham picado uma pessoa contaminada na fase aguda da doença.
c) É uma doença bacteriana transmitida por gotículas de saliva ou de sangue de pessoas contaminadas, com alto risco de contágio.
d) A transmissão da bactéria ocorre por meio de vetores artrópodes que tenham picado uma pessoa contaminada na fase crônica da doença.

10. (Albert Einstein – SP) No Brasil, além do vírus influenza tipo A (H1N1), também circulam os vírus tipos B e C. A cada ano, a vacina disponibilizada para a população visa imunizar contra os tipos A e B, uma vez que o tipo C causa apenas infecções respiratórias brandas, não estando relacionado com epidemias.

a) As vacinas em estoque que sobraram de uma campanha de vacinação não devem ser usadas para a campanha do ano seguinte. Explique por que é necessário se vacinar anualmente contra a gripe.
b) Depois de vacinado, o organismo humano leva, em média, de duas a três semanas para adquirir proteção contra a gripe. Considerando a resposta imunológica primária e secundária, explique como, após esse período, o organismo de uma pessoa vacinada responde à infecção pelo patógeno invasor.

11. (FCMMG) Estamos vivenciando uma pandemia de um vírus denominado SARS-CoV-2. É correto afirmar que esse vírus é constituído por:

a) uma célula eucariota com grande penetrabilidade e capacidade reprodutiva.
b) DNA, material de fita dupla, onde é mais provável de ocorrerem mutações.
c) proteína, lipídio e material genético sendo um parasita intra-obrigatório.
d) uma célula que invade o sistema respiratório de um indivíduo.

12. (FCMMG) Uma hipótese em relação a COVID-19 é que ela surgiu a partir de uma mutação de um vírus que infectava morcego. Frente a essa nova doença há pessoas que sugerem a matança dos morcegos. É **correto** afirmar que a morte indiscriminada de espécies de morcegos levaria:

a) ao aumento de insetos vetores de agentes infecciosos.
b) à diminuição de várias doenças endêmicas.
c) ao aumento da produção de alimentos.
d) ao aumento de agentes polinizadores.

13. (Uece) Atente para o que se diz a seguir sobre a doença Covid-19 e assinale com **V** o que for verdadeiro e com **F** o que for falso.

( ) É considerada uma pandemia, pois o vírus SARS-CoV-2, que infecta seres humanos causando uma doença infecciosa, consegue disseminar-se de forma fácil e sustentável entre um grande número de pessoas de todos os continentes do planeta.
( ) Os sintomas mais comuns da Covid-19, que afeta diferentes pessoas de diferentes maneiras, são febre, cansaço e tosse seca. Outros sintomas incluem congestão nasal, dor de cabeça, dor de garganta, diarreia, dificuldade de respirar, perda de paladar e/ou olfato.
( ) As principais medidas de proteção contra a Covid-19 são lavar as mãos frequentemente com água e sabão

ou higienizá-las com álcool em gel, cobrir a boca quando tossir ou espirrar, manter-se a pelo menos 1 metro de distância das outras pessoas e usar máscara.

( ) O vírus SARS-CoV-2, causador da Covid-19, por apresentar metabolismo próprio e independer de outros seres vivos para realizar suas funções vitais, é chamado de parasita intracelular.

Está correta, de cima para baixo, a seguinte sequência:

a) F, V, V, F.
b) V, V, V, F.
c) F, F, F, V.
d) V, F, F, V.

14. (Fuvest – SP) No fim de 2019, foi identificada uma nova doença em Wuhan (China), a Covid-19. Esta doença é causada por um coronavírus, composto por proteínas, açúcares, lipídios e RNA. Ao invadir uma célula, o coronavírus introduz uma fita positiva de RNA, à qual o ribossomo do hospedeiro pode se ligar. Ao traduzir o RNA viral, o ribossomo produz uma nova enzima: uma replicase. A replicase sintetiza fitas negativas de RNA, usando a fita positiva como molde. A partir destas fitas negativas de RNA, cópias menores de RNA são produzidas para se produzir proteínas virais, ou cópias de fita positiva do RNA, que servirão para formar novos vírus. Com base nestas informações, é correto afirmar que o coronavírus

a) produz uma enzima com atividade idêntica à RNA polimerase humana.
b) possui um genoma composto de RNA positivo.
c) produz uma enzima com atividade idêntica ao ribossomo humano.
d) não possui um genoma definido.
e) possui um RNA com composição química distinta do RNA humano.

15. No ano de 1918 uma grave pandemia, denominada de gripe espanhola, causou a morte de provavelmente 50 milhões de pessoas. A partir do final do ano de 2019, estendendo-se pelos anos de 2020 e 2021, outra pandemia, denominada de Covid-19, afetou a população humana mundial, e causou a morte de milhares de pessoas em vários países, incluindo o Brasil.

a) A que grupo de seres vivos pertencem os microrganismos causadores dessas duas pandemias?
b) Qual a característica estrutural que é exclusiva desse grupo de seres vivos? Que característica genética comum é associada a esses dois microrganismos?
c) Há uma característica marcante, associada à sobrevivência desses e de outros microrganismos que pertencem ao mesmo grupo biológico. Qual é essa característica?

16. (Unicamp – SP) Em 11 de março de 2020 a Organização Mundial de Saúde declarou a pandemia da Covid-19, uma doença causada pela infecção pelo novo coronavírus (SARS-CoV-2). No mundo, até 22/01/2021, mais de 97 milhões de casos foram confirmados em 192 países e regiões, contabilizando mais de 2 milhões de mortes.

WHO director-general's opening remarks at the media briefing on COVID-19 - 11 mar 2020; COVID-19 Dashboard by the Center for Systems Science and Engineering at Johns Hopkins University. *Acesso em:* 22 jan.2021.

a) Defina pandemia. O vírus SARS-CoV-2 usa a proteína *spike*, presente em sua superfície, para se ligar ao receptor ECA2 na superfície das células humanas. Com base na figura a seguir, descreva as etapas 3 e 4 indicadas no ciclo de replicação do SARS-CoV 2.

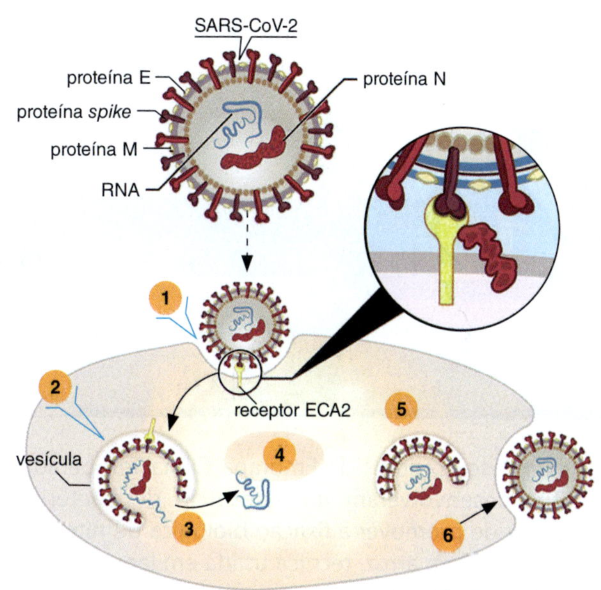

Adaptado de: FUNK, C. D.; LAFERRIÈRE, C.; ARDAKANI, A. *Frontiers in Pharmacology*, Lausanne, v. 11, n. 937, June 2020.

b) Vários laboratórios estão envolvidos no desenvolvimento de vacinas para a Covid-19, com a utilização de diferentes estratégias. Explique como ocorre a imunização ativa pela vacinação no indivíduo.

17. (Univag – MT) Dados do Ministério da Saúde divulgados em 2018 apontam uma redução de 16% no número de mortes decorrentes da AIDS (Síndrome da Imunodeficiência Adquirida), no entanto, o aumento nos casos, especialmente entre os jovens, preocupa. A pesquisa ainda mostrou que somente 56,6% dos jovens entre 15 e 24 anos usam camisinha.

Adaptado de: <https://g1.globo.com>, 1º dez. 2018.

A AIDS é uma síndrome resultante da infecção pelo vírus da imunodeficiência humana, ou HIV, na sigla em inglês. Esse vírus

a) infecta células do sistema imunológico humano e sua transmissão pode ser realizada pelos espermatozoides.
b) possui afinidade com uma proteína presente na membrana plasmática de alguns tipos de células de defesa do corpo humano.
c) pertence ao grupo dos retrovírus, os quais possuem uma molécula de DNA que será convertida em RNA na célula infectada.
d) é transmitido por fluidos corporais e infecta os eritrócitos do hospedeiro.
e) infecta linfócitos T do sistema imunológico, os quais produzirão anticorpos para combater a síndrome.

18. (Univas – MG) A AIDS é causada pelo HIV, um retrovírus que ataca o sistema imunológico, facilitando o desenvolvimento de infecções oportunistas que podem levar o portador do vírus à morte. Isso ocorre porque o HIV provoca uma redução no número de

a) linfócitos B, que produzem anticorpos, proteínas que neutralizam vários antígenos.
b) linfócitos T auxiliares, que estimulam outros linfócitos a atuarem na defesa do corpo.
c) linfócitos T citotóxicos, que destroem tecidos infectados por vírus ou bactérias.
d) neutrófilos, que realizam a fagocitose, atuando na linha de frente na defesa do corpo.
e) plasmócitos, que realizam a produção de anticorpos numa resposta primária de defesa.

CAPÍTULO

12 Reino Monera

Pesquisadores da Embrapa Clima Temperado (RS) desenvolveram um consórcio de bactérias capaz de promover a fixação biológica de nitrogênio (FBN) em arroz, técnica usada em leguminosas para disponibilizar à planta o nutriente presente na atmosfera. (...)

Os cientistas testaram dois grupos de bactérias. O primeiro consórcio foi formado por uma espécie de *Pseudomonas* e duas de *Bacillus* sp. e resultou em produtividade média de grãos de arroz de 10.585 kg por hectare. O outro continha espécies de *Bacillus*, de *Aeromicrobium* e de *Rhizobium* e apresentou produtividade média de grãos de arroz de 11.405 kg por hectare, equiparando-se à produtividade com uso da adubação completa recomendada para o arroz (11.204 kg ha^{-1}). (...)

Um dos desafios da Região Sul do país é aumentar a rentabilidade e a qualidade do arroz irrigado, cultivado em 1,3 milhão de hectares de terras baixas. E na orizicultura irrigada por inundação, a aplicação de fertilizantes químicos nitrogenados (FQN) é essencial para obter altas produtividades. (...) O uso de doses elevadas de nitrogênio na fase inicial do cultivo do arroz promove o crescimento excessivo das plantas, causando autossombreamento das folhas e aumentando a suscetibilidade a doenças fúngicas (...), assim como o acamamento de plantas, que dificulta a colheita e, por consequência, reduz a produtividade e a qualidade dos grãos, além de aumentar os custos de produção.

O estudo do consórcio de bactérias para o arroz além de aumentar a produtividade do cereal em até 30%, também promoveu maior crescimento das plantas.

Consórcio de bactérias tem potencial de aumentar em até 30% a produtividade do arroz. Pesquisa desenvolvida pela pesquisadora da Embrapa Maria Laura Turino Mattos. *Disponível em:* <https://www.embrapa.br/busca-de-noticias/-/noticia/63766146/consorcio-de-bacterias-tem-potencial-de-aumentar-em-ate-30-a-produtividade-do-arroz>. *Acesso em:* 11 ago. 2021.

Seu ponto de vista!

Em sua opinião, qual é a principal importância da inoculação de bactérias fixadoras de nitrogênio em plantas de arroz, em termos da produção de nutrientes essenciais pela planta?

O reino Monera é formado por **bactérias**, **cianobactérias** e **arqueobactérias** (também chamadas **arqueas**), todos seres muito simples cuja característica mais marcante é o fato de possuírem célula procariótica (sem núcleo diferenciado).

12-1. Bactérias

De grande importância para a saúde, para o ambiente e para a economia, as bactérias são encontradas em praticamente qualquer tipo de meio: no mar, na água doce, no solo, no ar e, até, no interior de muitos seres vivos. São relevantes:

1. em **processos industriais**, como, por exemplo, os lactobacilos, utilizados na indústria de transformação do leite em coalhada;
2. na **decomposição** de matéria orgânica morta. Esse processo é efetuado tanto aeróbia como anaerobiamente;
3. no chamado **ciclo do nitrogênio**, em que atuam em diversas fases, fazendo com que o nitrogênio atmosférico possa ser utilizado pelas plantas;
4. agentes que provocam **doenças** no homem;
5. em **Engenharia Genética** e **Biotecnologia** para a síntese de várias substâncias, entre elas a insulina e o hormônio de crescimento.

Estrutura da célula bacteriana

Bactérias são microrganismos unicelulares, procariotos, podendo viver isoladamente ou constituir agrupamentos coloniais de diversos formatos. A célula bacteriana contém os quatro componentes fundamentais a qualquer célula: membrana plasmática, hialoplasma, ribossomos e cromatina (uma molécula de DNA circular, que constitui o único cromossomo bacteriano). A região ocupada pelo cromossomo bacteriano costuma ser denominada de **nucleoide**. Externamente à membrana plasmática existe uma parede celular (membrana esquelética, de composição química específica das bactérias) constituída de peptidioglicanos, ou seja, carboidratos e resíduos de peptídios). É comum existirem **plasmídios** – moléculas de DNA não ligado ao cromossomo bacteriano –, espalhados pelo hialoplasma. Plasmídios costumam conter genes para resistência a antibióticos (veja a Figura 12-1).

Algumas espécies de bactérias possuem, externamente à membrana esquelética, outro envoltório, mucilaginoso, chamado de **cápsula**. É o caso dos *pneumococos* (bactérias causadoras de pneumonia).

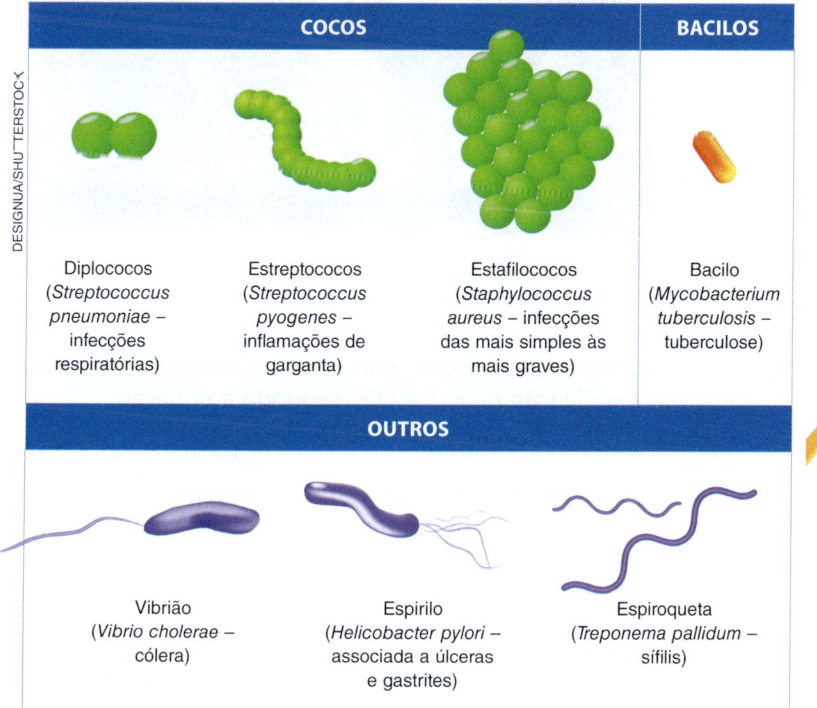

Ilustração representando o formato mais comum das bactérias.

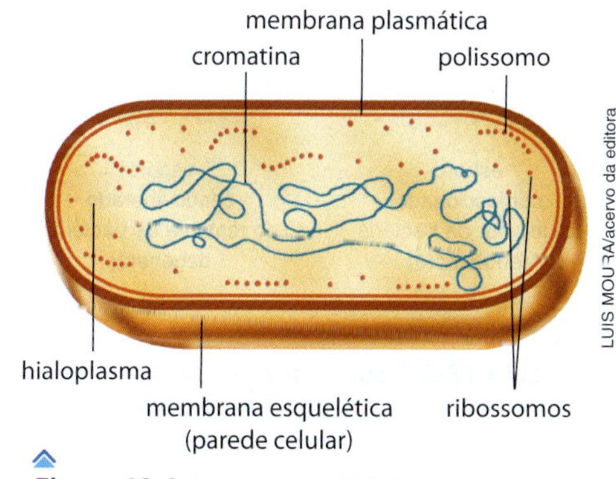

Figura 12-1. Esquema de célula bacteriana. (Cores-fantasia. Ilustração fora de escala.)

Anote!

As bactérias podem ser classificadas de acordo com sua forma. As esféricas (isoladas ou em grupos) são os cocos; aquelas em forma de bastonetes são os bacilos. Ainda temos bactérias espiroquetas (em formato de saca-rolhas), os espirilos (como o próprio nome indica, são espiraladas) e os vibriões (que se assemelham a vírgulas).

Diversidade metabólica das bactérias

Se há um grupo de seres que apresentam grande diversidade metabólica, certamente é o das bactérias. Existem espécies heterótrofas e espécies autótrofas. Entre as primeiras, destacam-se as parasitas, as decompositoras de matéria orgânica e as que obtêm matéria orgânica de outros seres vivos, com os quais se associam, sem prejudicá-los. Entre as autótrofas, existem espécies que produzem matéria orgânica por fotossíntese e outras que a produzem por quimiossíntese.

Bactérias heterótrofas

As bactérias **parasitas** são as que, por meio de inúmeros mecanismos, agridem outros seres vivos para a obtenção de alimento orgânico e causam inúmeras doenças. As **decompositoras** (frequentemente denominadas de *sapróvoras*, *saprofíticas* ou *saprofágicas*) obtêm o alimento orgânico recorrendo à decomposição da matéria orgânica morta e são importantes na reciclagem dos nutrientes minerais na biosfera. As que vivem associadas a outros seres vivos são denominadas de **simbiontes** e não agridem os parceiros. É o caso das bactérias encontradas no estômago dos ruminantes (bois, cabras), que se nutrem da celulose ingerida por esses animais, fornecendo, em troca, aminoácidos essenciais para o metabolismo proteico deles.

Muitas bactérias heterótrofas são **anaeróbias obrigatórias**, como o bacilo do tétano. São bactérias que morrem na presença de oxigênio. Nesse caso, a energia dos compostos orgânicos é obtida por meio de fermentação. As **anaeróbias facultativas**, por sua vez, vivem tanto na presença como na ausência de oxigênio. Outras espécies só sobrevivem em presença de oxigênio – são as **aeróbias obrigatórias**. Um curioso grupo de bactérias é o que realiza a **respiração anaeróbia**. Nessa modalidade de metabolismo energético existem todas as etapas típicas da respiração celular. Muda apenas o aceptor final de elétrons na cadeia respiratória. No lugar do oxigênio, essas bactérias utilizam nitrato, nitrito ou sulfato, obtendo, no final, praticamente o mesmo rendimento energético verificado na respiração celular aeróbia. É o que ocorre com as **bactérias desnitrificantes**, que participam do ciclo do nitrogênio na natureza. Nelas, o aceptor final de elétrons é o nitrato.

Saiba mais!

As bactérias e a vida latente

Em condições desfavoráveis, muitas bactérias são capazes de formar **esporos**: espessam seu envoltório, interrompem bruscamente seu metabolismo e iniciam um processo de "vida latente", em que as atividades vitais são paralisadas. Quando as condições do meio voltam à normalidade, elas retornam à sua atividade biológica (veja a Figura 12-2).

LUIS MOURA/acervo da editora

esporo confeccionado no interior da bactéria (endósporo)

esporo sendo liberado (o restante da bactéria degenera)

esporo livre (forma de resistência)

Figura 12-2. Esquema de esporulação e formação de endósporos. (Cores-fantasia. Ilustrações fora de escala.)

É o caso da bactéria causadora do tétano, por exemplo, que em presença de oxigênio esporula. Nos solos agrícolas, há muitos esporos tetânicos. A desesporulação ocorre quando há anaerobiose, o que pode acontecer em casos de ferimentos profundos.

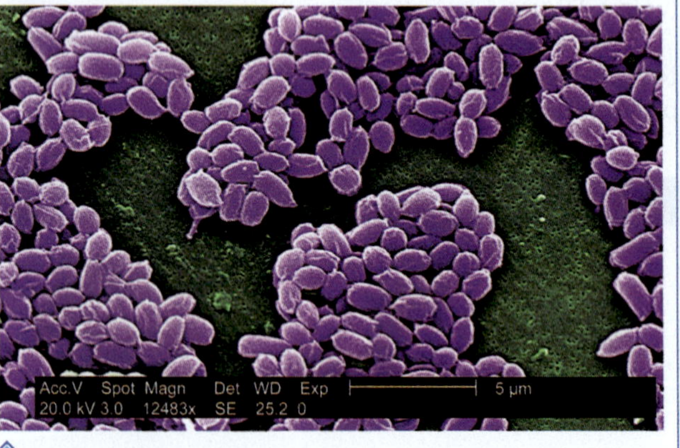

EVERETT COLLECTION/SHUTTERSTOCK

Esporos de *Bacillus anthracis*. Esses esporos vivem por muitos anos, permitindo que as bactérias sobrevivam em um estado dormente.

Bactérias autótrofas

Fotossintetizantes

Nas bactérias que realizam fotossíntese, a captação da energia solar fica a cargo de uma clorofila conhecida como *bacterioclorofila*.

A partir da utilização de substâncias simples do meio, ocorre a síntese do combustível biológico. De maneira geral, não há liberação de oxigênio. Como exemplo, podemos citar as bactérias sulfurosas do gênero *Chlorobium*, que efetuam esse processo com a utilização de H_2S e CO_2, segundo a equação:

$$2\ H_2S + CO_2 + \text{luz} \xrightarrow{\text{bacterioclorofila}} (CH_2O) + 2\ S + H_2O$$

Note que é o gás sulfídrico, e não a água, que atua como fornecedor dos hidrogênios que servirão para a redução do gás carbônico. Não há liberação de oxigênio. O enxofre permanece no interior das células bacterianas sendo, posteriormente, eliminado para o meio em que vivem esses microrganismos, em geral fontes sulfurosas. Nesse processo, CH_2O representa a matéria orgânica produzida.

Quimiossintetizantes

A quimiossíntese é um processo efetuado por um pequeno número de espécies de bactérias, que se utilizam do gás carbônico para a produção do seu combustível biológico. A energia necessária para a síntese da matéria orgânica é proveniente de reações químicas inorgânicas liberadoras de energia. Como exemplo, podemos citar as bactérias do gênero *Nitrosomonas*, que oxidam a amônia segundo a equação:

$$2\ NH_3 + 3\ O_2 \rightarrow 2\ HNO_2 + 2\ H_2O + \text{energia}$$

A energia liberada é canalizada para a produção de compostos orgânicos, que atuarão como combustíveis biológicos.

Veja, portanto, que o nome *quimiossíntese* é aplicado para a *síntese de matéria orgânica com utilização da energia proveniente de uma reação química inorgânica* (*quimio* sugere a fonte de energia utilizada; *síntese*, fabricação ou produção). É um processo que não utiliza a luz solar e, consequentemente, nem a clorofila.

Reprodução e recombinação gênica nas bactérias

A reprodução **assexuada** nas bactérias ocorre por **divisão binária**: a célula bacteriana divide-se em duas por *amitose*. É um processo que ocorre rapidamente: em condições favoráveis, uma bactéria produz duas em cerca de 20 minutos. A separação dos cromossomos-irmãos conta com a participação de *mesossomos*, pregas internas da membrana plasmática nas quais existem também as enzimas participantes da maior parte da respiração celular. Repare que não existe a formação de fuso de divisão nem de figuras clássicas e típicas de mitose. Logo, não é mitose (veja a Figura 12-3).

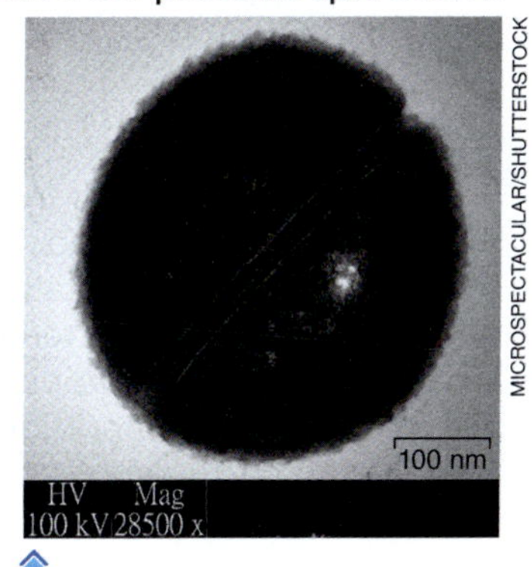

Fissão binária de bactéria vista ao microscópio eletrônico de transmissão.

mesossomo

LUIS MOURA/acervo da editora

Figura 12-3. (a) Amitose em bactérias, caracterizando a divisão binária. Em (b), ocorreu duplicação do mesossomo e da cromatina. A divisão da célula (c-d) completa-se após 20 minutos (e). (Cores-fantasia. Ilustrações fora de escala.)

Em bactérias, os processos de recombinação gênica* são relativamente comuns. Há três processos conhecidos: **conjugação**, **transdução** e **transformação**.

Conjugação

Na conjugação, ocorre a passagem de um pedaço de DNA – muitas vezes plasmidial – de uma bactéria para outra, através de um canal de comunicação (pili) que se forma entre elas por fusão de suas paredes em determinado ponto. O DNA transferido incorpora-se ao cromossomo da bactéria receptora (veja a Figura 12-4). Essa bactéria, agora com novos genes, divide-se e origina uma população com novas características.

Figura 12-4. Esquema de conjugação bacteriana. De modo geral, são transferidos fragmentos de plasmídios. (Cores-fantasia. Ilustrações fora de escala.)

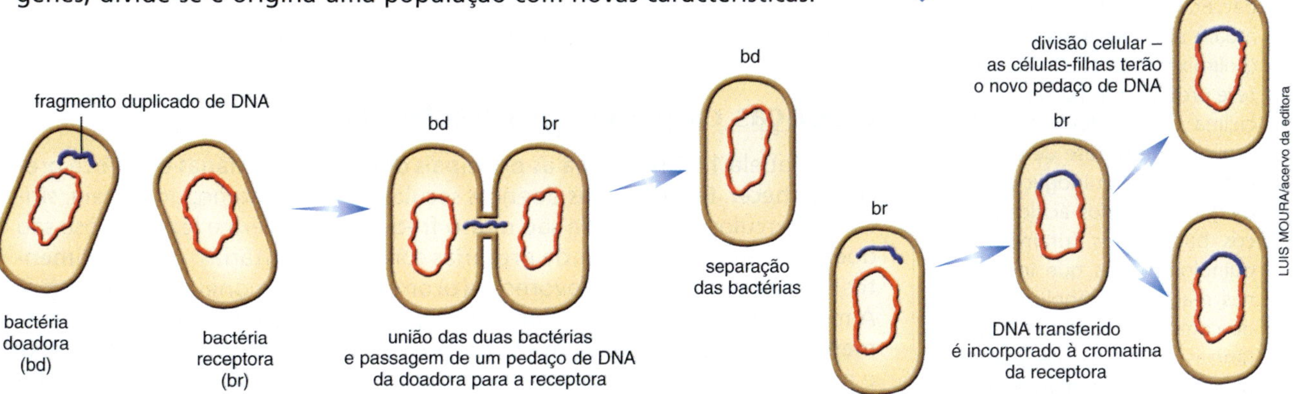

*Alguns autores ainda consideram essas modalidades de recombinação como processos de reprodução sexuada.

Transdução

Modalidade de recombinação gênica que depende da "ajuda" de um vírus. Quando novos bacteriófagos estão sendo montados no interior de uma bactéria, pode acontecer que um pedaço de DNA da bactéria seja montado com o DNA viral. Esse vírus, parasitando posteriormente outra bactéria, poderá efetuar a transferência do DNA estranho para a nova bactéria. Esse DNA estranho incorpora-se ao cromossomo bacteriano e, assim, pode ser gerada uma população de bactérias com características genéticas novas (veja a Figura 12-5).

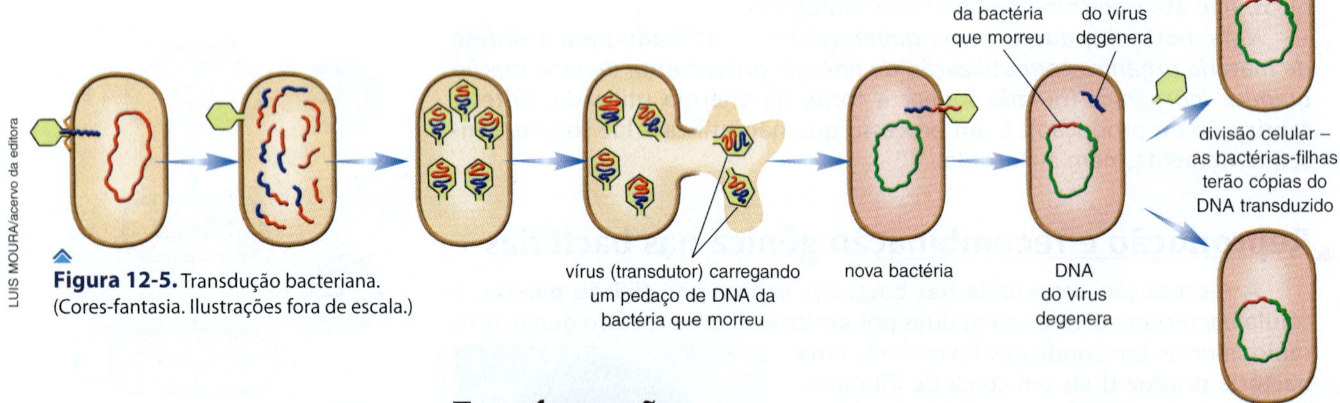

Figura 12-5. Transdução bacteriana. (Cores-fantasia. Ilustrações fora de escala.)

Transformação

Pedaços de DNA estranhos, existentes no meio, entram nas bactérias e se incorporam à cromatina. Esse processo ocorre espontaneamente na natureza, podendo ser constatado de forma experimental: ao meio de cultivo em que estão crescendo bactérias são adicionados pedaços de DNA estranhos; esses fragmentos de DNA penetram nas bactérias, incorporam-se aos cromossomos e condicionam novas características genéticas à população bacteriana (veja a Figura 12-6).

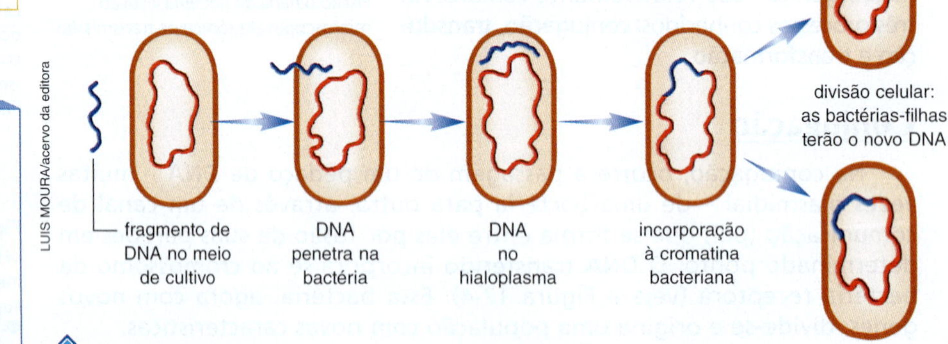

Figura 12-6. Transformação bacteriana. (Cores-fantasia. Ilustrações fora de escala.)

Anote!

Os processos de recombinação gênica em bactérias geram variabilidade. A transmissão de resistência bacteriana a antibióticos está cada vez mais relacionada às trocas de genes durante esses eventos.

Saiba mais!

O mecanismo de ação dos antibióticos

Entre os antibióticos utilizados no tratamento de infecções bacterianas, destacam-se os que impedem a síntese da parede bacteriana (penicilina), os que atuam na membrana plasmática (polimixina), os que inibem a síntese proteica das bactérias (tetraciclina e cloranfenicol), os que provocam a síntese de proteínas defeituosas (aminoglicosídeos), os que agem nos ácidos nucleicos bacterianos (rifampicina e quinolona) e os que interferem nas reações metabólicas, atuando como competidores de substâncias normalmente utilizadas pelas bactérias (sulfamídicos).

Doenças causadas por bactérias

A Tabela 12-1 relaciona as principais doenças bacterianas que você precisa conhecer. Entre elas, as doenças seculares, como tétano, gonorreia, sífilis e tuberculose, que ainda são muito frequentes. Cólera e leptospirose são doenças associadas a locais de precárias condições sanitárias. Água e alimentos contaminados podem favorecer a ocorrência de salmonelose e botulismo. A meningite meningocócica (epidêmica) é causada por uma bactéria extremamente agressiva e comum em ocasiões de temperatura ambiental baixa e em locais de grandes aglomerados humanos. Ao consultar a tabela, valorize os mecanismos de transmissão e a prevenção.

Tabela 12-1. Principais doenças causadas por bactérias.

DOENÇA	AGENTE CAUSADOR	SINAIS E SINTOMAS	TRATAMENTO	TRANSMISSÃO	PREVENÇÃO
Tuberculose	*Mycobacterium tuberculosis*	Afeta pulmões (cavernas), rins, intestinos, ossos.	Cura total com antibióticos.	Tosse, saliva, expectoração. Leite de vaca contaminado.	Vacina BCG.
Cólera	*Vibrio cholerae*	Grave infecção intestinal, diarreias e desidratação.	Antibióticos.	Água, alimentos, moscas, contato com pessoas infectadas.	Saneamento básico.
Meningite meningocócica (epidêmica)	*Neisseria meningitidis* (o agente mais frequente)	Afeta meninges. Provoca septicemia (infecção generalizada), com manchas na pele e hemorragias digestivas, entre outros sintomas. Lesões encefálicas (sequelas graves).	Antibióticos.	Direta.	Vacinação preventiva contra *Neisseria meningitidis*.
Sífilis	*Treponema pallidum*	Primeira manifestação: cancro duro. Depois, lesões progressivas na pele e nos sistemas nervoso e circulatório.	Antibióticos.	Contato sexual. Contaminação do feto por passagem de bactérias pela placenta.	Evitar contato com pessoas contaminadas.
Tétano	*Clostridium tetani*	Afeta a musculatura estriada. Toxina tetânica liberada pela bactéria (que é anaeróbia) em ferimentos profundos. Contração violenta e generalizada de músculos estriados.	Sedativos, relaxantes musculares, antibióticos, soro antitetânico.	Ferimentos profundos causados por objetos contaminados por esporos tetânicos. Tétano umbilical por contaminação da área de corte do cordão umbilical.	Presente normalmente nas fezes de cavalo: cuidados na manipulação do esterco. Cuidado com locais onde existem esporos tetânicos. Ferrugem, isoladamente, não provoca tétano. Vacinação antitetânica.

Bacterioses

Conheça outras doenças de importância para os seres humanos causadas por bactérias. Para isso, leia o QR Code abaixo.

12-2. Cianobactérias

Extremamente parecidas com as bactérias, as cianobactérias são também procariontes. São todas autótrofas fotossintetizantes, mas suas células não possuem cloroplastos.

A clorofila, do tipo *a*, fica dispersa pelo hialoplasma e em lamelas fotossintetizantes, que são ramificações da membrana plasmática.

Estabelecendo conexões!

Intestino humano e bactérias

O intestino humano abriga mais do que 10^{11} bactérias por grama de conteúdo intestinal, compreendendo mais do que 500 diferentes espécies que co-evoluíram com o hospedeiro, em uma relação mutuamente benéfica. Essa comunidade bacteriana contribui para a promoção da saúde humana por meio de efeitos no desenvolvimento e da função da nutrição e do sistema imune, modificando-se constantemente com o tempo e em diferentes momentos de doença intestinal.

BOLRATH, J.; POWRIE, F. Feed your T_{regs} more fiber. *Science*, Washington, n. 6145, v. 341, 2 Aug. 2013. p. 463.

Assim como o intestino, outras regiões do nosso organismo são repletas de bactérias, constituindo o que se denomina de *microbiota bacteriana*, tais como fossas nasais, boca, pele, vagina. Acredita-se que a massa de bactérias que vivem na superfície ou no interior do corpo dos seres humanos chegue a incríveis 1,25 kg! Nosso corpo serve de residência para bilhões de bactérias, muitas delas úteis. A ação benéfica dessas bactérias é refletida sobretudo na microbiota intestinal, uma vez que é consolidado o conhecimento de que elas atuam na decomposição de fibras alimentares que consumimos e, ao mesmo tempo, diminuem a possibilidade de absorção de substâncias prejudiciais ao nosso organismo, tais como o excesso de lipídios. Por outro lado, a ingestão de antibióticos pode acarretar a morte de muitas espécies de bactérias úteis da microbiota intestinal e, nesse caso, é possível recorrer à ingestão de probióticos que podem, durante o período de ingestão do medicamento, amenizar os prejuízos decorrentes, claro, sempre com a participação e consulta de uma profissional de saúde.

Em sua opinião, qual deve ser o benefício da manutenção de uma comunidade microbiana nos locais do corpo humano citados no texto?

Agora, reúna a sua equipe!

Faça um levantamento entre seus colegas e familiares a respeito do conhecimento da presença das várias espécies de bactérias, sobretudo no ambiente intestinal. Investigue, em fontes de consulta confiáveis, quais as fontes de alimentos mais indicadas, por médicos nutrólogos e profissionais nutricionistas, para a manutenção de uma saudável microbiota intestinal.

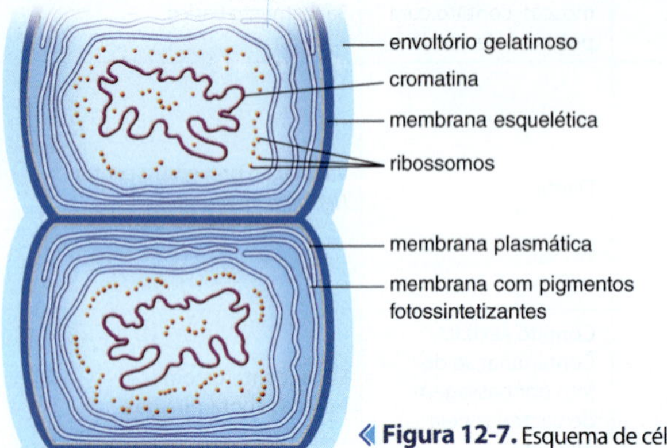

Além da clorofila, possuem outros pigmentos acessórios, como os *carotenoides* (pigmentos semelhantes ao caroteno da cenoura), a *ficoeritrina* (um pigmento de cor vermelha, típico das cianobactérias encontradas no Mar Vermelho) e a *ficocianina* (um pigmento de cor azulada, que originou o nome das cianobactérias, anteriormente denominadas "algas azuis"). Elas vivem no mar, na água doce e em meio terrestre úmido (veja a Figura 12-7).

Há espécies que possuem células isoladas e outras que formam colônias de diferentes formatos.

Figura 12-7. Esquema de células de cianobactéria, ampliado e baseado em fotografia feita ao microscópio eletrônico. (Cores-fantasia.)

Questão socioambiental

As bactérias super-resistentes

Acredita-se que, antes da descoberta dos antibióticos, de cada dez pessoas acometidas por infecção grave, oito morriam. Essas substâncias trouxeram um grande alívio, uma vez que com sua descoberta se supôs que o homem finalmente dispunha de um medicamento para combater qualquer tipo de bactéria causadora de doença.

No entanto, logo surgiriam relatos de resistência bacteriana aos antibióticos.

Uma das mais conhecidas bactérias causadoras de infecção hospitalar, o *Staphylococcus aureus*, apresenta resistência múltipla a vários antibióticos, exceto à vancomicina, uma droga de última geração de combate à bactéria.

A situação é preocupante porque bactérias conhecidas como *Enterococcus*, aparentadas ao *S. aureus*, já apresentam resistência até mesmo à vancomicina e podem transferir o gene para resistência ao *S. aureus*.

Para muitos, a situação lembra uma corrida: os antibióticos partiram na frente das bactérias, sofreram algumas ultrapassagens, voltaram eventualmente à dianteira, mas estão ficando para trás neste começo de século. Será que a batalha contra as bactérias poderá ser um dia vencida?

A transmissão de resistência por métodos de recombinação em bactérias constitui uma séria ameaça e nos deve fazer refletir cada vez mais sobre a necessidade de usar corretamente os antibióticos.

Oscillatoria sp., uma cianobactéria filamentosa, vista ao microscópio óptico.

A partir da leitura do texto acima e de seus conhecimentos sobre o assunto, devemos nos preocupar com a resistência aos antibióticos? Por quê?

ATIVIDADES

A CAMINHO DO ENEM

1. As figuras ilustram dois tipos celulares, I e II, que diferem quanto à sua complexidade e organização.

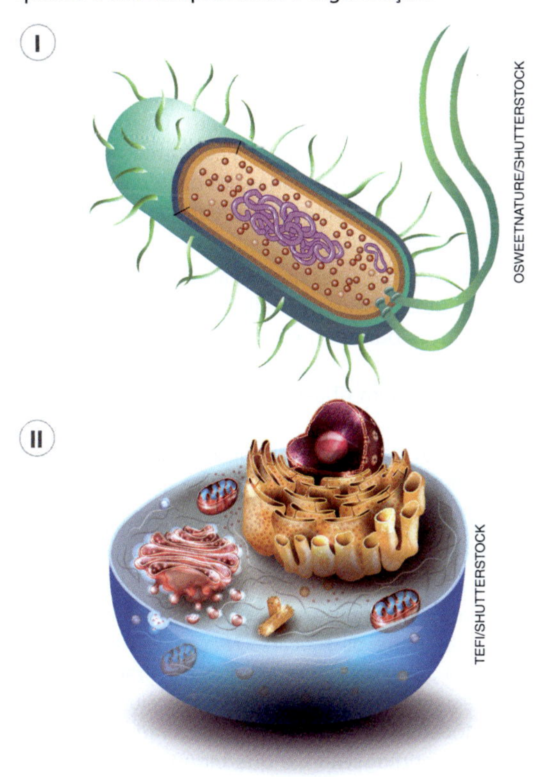

a) Cite dois reinos de seres vivos, um que apresente o tipo celular I e outro que apresente o tipo celular II, respectivamente.

b) Comparando-se os dois tipos celulares, sabe-se que os processos metabólicos ocorrem de forma mais organizada no tipo celular II. Justifique essa afirmação, com base na presença ou na ausência de determinadas estruturas citoplasmáticas responsáveis por esses processos.

2. (ENEM) Os medicamentos são rotineiramente utilizados pelo ser humano com o intuito de diminuir ou, por muitas vezes, curar possíveis transtornos de saúde. Os antibióticos são grupos de fármacos inseridos no tratamento de doenças causadas por bactérias.

Na terapêutica das doenças mencionadas, alguns desses fármacos atuam

a) ativando o sistema imunológico do hospedeiro.
b) interferindo na cascata bioquímica da inflamação.
c) removendo as toxinas sintetizadas pelas bactérias.
d) combatendo as células hospedeiras das bactérias.
e) danificando estruturas específicas da célula bacteriana.

3. (ENEM) Nas últimas décadas, vários países, inclusive o Brasil, têm testemunhado uma grande proliferação de bactérias patogênicas, envolvidas em uma variedade de doenças e que apresentam resistência a múltiplos antibióticos. Atualmente, têm se destacado as superbactérias que acumularam vários genes determinantes de resistência, a ponto de se tornarem resistentes a praticamente todos os antimicrobianos.

Adaptado de: FERREIRA, F. A.; CRUZ, R. S.; FIGUEIREDO, A. M. S. O problema da resistência a antibióticos. *Ciência Hoje*, Rio de Janeiro, v. 48, n. 287, 2011.

Essa resistência tem ocorrido porque os(as)

a) bactérias patogênicas se multiplicam de maneira acelerada.
b) antibióticos são utilizados pela população de maneira indiscriminada.
c) bactérias possuem plasmídios que contêm genes relacionados à virulência.
d) bactérias podem ser transmitidas para um indivíduo utilizando várias estratégias.
e) serviços de saúde precários constituem importantes focos de bactérias patogênicas.

4. (ENEM) Vários métodos são empregados para prevenção de infecções por microrganismos. Dois desses métodos utilizam microrganismos vivos e são eles: as vacinas atenuadas, constituídas por patógenos avirulentos, e os probióticos, que contêm bactérias benéficas. Na figura, são apresentados cinco diferentes mecanismos de exclusão de patógenos pela ação dos probióticos no intestino de um animal.

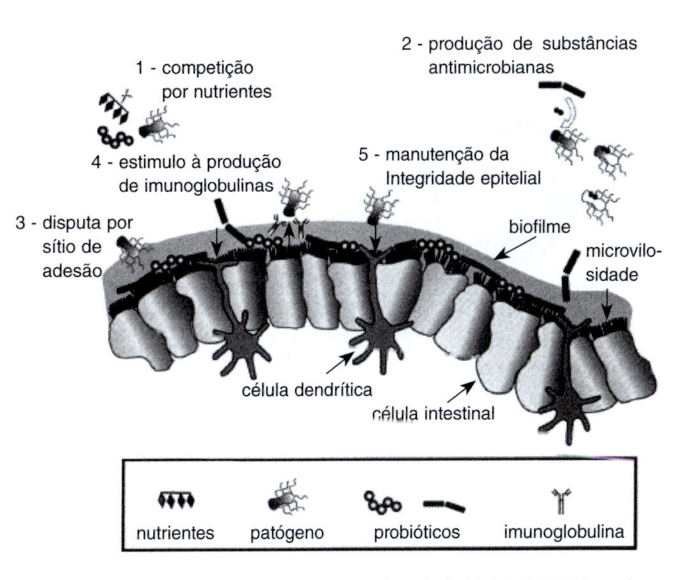

Adaptado de: McALLISTER, T. A. *et al.* Review: The use of direct fed microbials to mitigate pathogens and enhance production in cattle. *Can. J. Anim. Sci.*, Jan. 2011.

Qual mecanismo de ação desses probióticos promove um efeito similar ao da vacina?

a) 5
b) 4
c) 3
d) 2
e) 1

5. Abaixo está representado um processo de extrema importância para a sobrevivência das bactérias.

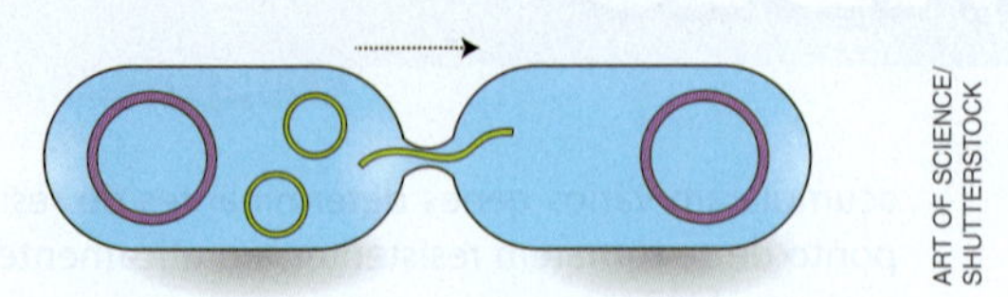

ART OF SCIENCE/SHUTTERSTOCK

a) Qual é o processo de reprodução bacteriana que está representado na figura? Justifique.

b) Por que esse processo confere variabilidade genética para as bactérias?

c) Cite outros dois processos que conferem variabilidade genética para as bactérias.

TESTE SEUS CONHECIMENTOS

1. (Unifacig – MG) "Uma forma relativamente constante pode ser observada na maioria das bactérias. Isso ocorre em razão da presença de uma parede celular espessa formada por _______ associados, sendo diferente da parede celular encontrada nas células vegetais."

Assinale a alternativa que completa correta e sequencialmente a afirmativa anterior.

a) lipídios e peptídios
b) lipídios e carboidratos
c) carboidratos e celulose
d) carboidratos e peptídios

2. (UniRedentor – RJ) A imagem abaixo representa uma célula. Observe-a e assinale a sentença que indica o tipo celular mostrado e a justificativa correta para a identificação.

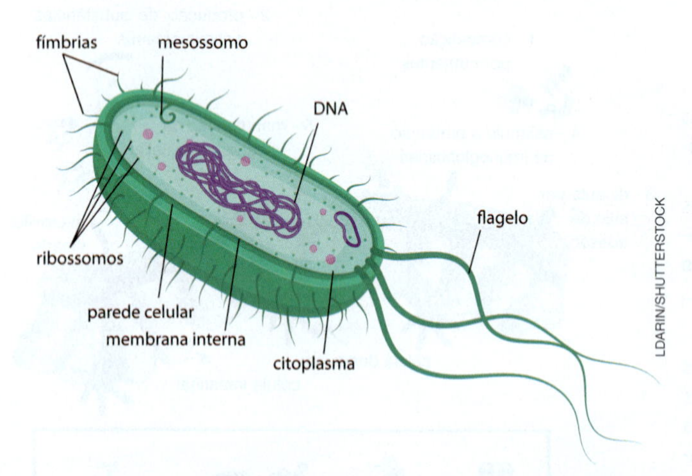

LDARIN/SHUTTERSTOCK

a) É uma célula bacteriana, pois a presença da parede celular é uma característica exclusiva deste tipo celular.

b) É uma célula bacteriana, pois apresenta flagelo o que caracteriza esse tipo celular.

c) É um procarioto, pois não apresenta carioteca.

d) É um procarioto, pois apresenta mesossomo.

e) As opções c e d estão corretas.

3. (Suprema – MG) As assertivas a seguir contêm informações sobre as bactérias. Analise-as e assinale a alternativa correta.

I – Parede celular constituída de peptidioglicano.

II – Presença de plasmídios que podem conter genes de resistência a antibióticos.

III – Presença de cílios que podem ser utilizados para locomoção.

a) Apenas a assertiva I está correta.
b) As assertivas I e II estão corretas.
c) As assertivas II e III estão corretas.
d) Somente a assertiva III está correta.

4. (UP – PR) Muitos laboratórios utilizam organismos procariotos para produzir, a partir de técnicas de engenharia genética, proteínas de outros organismos (de humanos, por exemplo). O gene para a proteína desejada é inserido no genoma bacteriano e sua expressão dentro da bactéria leva à formação da proteína desejada. Um grande problema com o uso dessa estratégia é que muitas vezes as proteínas produzidas não adquirem a conformação tridimensional funcional quando isoladas das bactérias. Isso acontece por conta de qual diferença entre organismos procariotos e eucariotos animais?

a) Procariotos são seres unicelulares.

b) Procariotos possuem parede celular rígida.

c) Eucariotos possuem controle adequado do pH intracelular.

d) Procariotos têm ribossomos menores que os dos eucariotos.

e) Eucariotos possuem compartimentos internos de processamento de moléculas.

5. (EBMSP – BA) A necessidade da parede celular para a sobrevivência da célula é uma fraqueza da qual o nosso corpo se aproveita para combater as bactérias infecciosas. Nosso organismo produz a lisozima, uma enzima capaz de quebrar as ligações entre os açúcares N-acetilglicosamina, NAG, e o ácido N-acetilmurâmico, NAM. Isto enfraquece a parede celular e permite que a água penetre na célula, estourando-a. O antibiótico penicilina também ataca vários pontos da síntese do peptidioglicano, o que bloqueia, definitivamente, a formação da parede celular e causa a morte da célula.

STEARNS, J. C. *Microbiologia para leigos.* Rio de Janeiro: Alta Books, 2018. p. 39.

Com base na informação do texto e no conhecimento adquirido a respeito das paredes celulares no combate a infecções bacterianas, é correto afirmar que

a) os seres procariontes, como as arqueas e as bactérias, apresentam parede celular composta por peptidioglicano com função de reforço externo e proteção aos agentes nocivos do ambiente.

b) os antibióticos ativos apresentam, como característica básica e universal, a degradação progressiva da parede celular das bactérias como forma de ação antibactericida.

c) as bactérias são seres de nutrição heterótrofa que obtêm, invariavelmente, os nutrientes necessários ao seu metabolismo a partir dos seus hospedeiros vegetais ou animais, incluindo a espécie humana.

d) a ação da lisozima sobre a parede bacteriana impede que a bactéria mantenha o controle, através da pressão de turgor, da entrada de água na célula para a manutenção do seu equilíbrio osmótico.

e) os açúcares NAG e NAM, presentes na parede bacteriana, estabelecem, através de suas ligações químicas, o controle por autorregeneração da intensa capacidade fagocitária destes organismos.

6. (Unichristus – CE)

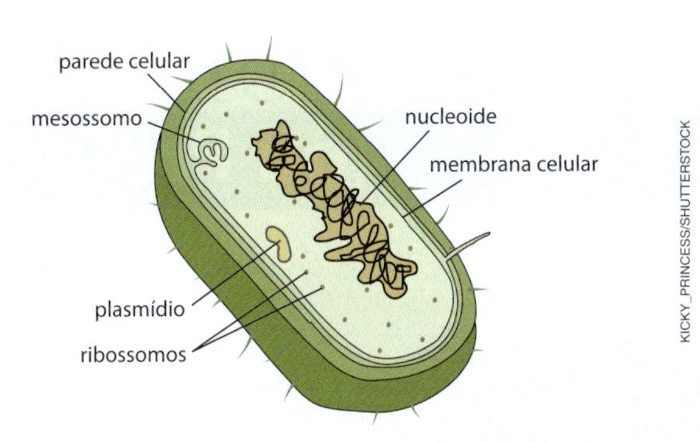

Se, em um exame laboratorial, for diagnosticado que o agente causador de determinada doença possui as características celulares ilustradas anteriormente, pode-se afirmar que é uma

a) virose.
b) micose.
c) protozoose.
d) bacteriose.
e) verminose.

7. (Unijuí – RS) As espécies procarióticas podem se reproduzir rapidamente por fissão binária, formando números enormes de indivíduos. A diversidade genética neste grupo de organismos pode ser resultado de diversos processos, exceto

a) mutação.
b) recombinação genética.
c) conjugação.
d) meiose.
e) transformação.

8. (Unifacig – MG) A reprodução é uma importante característica no reino Monera. Geralmente, as bactérias se reproduzem por bipartição, onde, em alguns minutos, uma bactéria pode originar duas células-filhas. Porém, há também as formas sexuadas de reprodução, que podem ser por:

I. Uma ponte citoplasmática por onde acontece a transferência de DNA.

II. Certos vírus que "injetam" genes nas bactérias hospedeiras, alterando o seu conteúdo genético.

III. Incorporação de fragmentos de DNA presentes no meio, utilizando certas proteínas de sua membrana plasmática.

Essas formas de reprodução sexuada são conhecidas por

a) I. Transdução. II. Conjugação. III. Transformação
b) I. Conjugação. II. Transdução. III. Transformação
c) I. Transformação. II. Transdução. III. Conjugação
d) I. Conjugação. II. Transformação. III. Transdução

9. (FIP – SP) Tem-se popularizado o conhecimento sobre a resistência bacteriana aos antibióticos. É certo que os genes que conferem resistência aos antibióticos encontram-se geralmente em filamentos de DNA extracromossômico – plasmídios –, transferidos de um organismo ao outro durante a

a) transdução.
b) conjugação.
c) cissiparidade.
d) transformação.
e) automedicação.

10. (FMABC – SP) A utilização indiscriminada de antibióticos, desde sua descoberta em 1929 pelo cientista Alexander Fleming na Inglaterra, está diretamente relacionada com a multiplicação de cepas bacterianas resistentes a tais medicamentos. Essa relação existe porque a utilização indiscriminada desses medicamentos é responsável

a) pela seleção de variedades bacterianas já resistentes, favorecendo sua rápida reprodução.
b) pela indução de mutações, principalmente nos plasmídios bacterianos, que fornecem resistência aos antibióticos.
c) pelo surgimento acidental de genes bacterianos capazes de degradar os antibióticos antes de sua ação.
d) por fortalecer a parede celular bacteriana, formada por peptidoglicano, substância esta degradada pelos antibióticos.
e) pela indução da conjugação bacteriana, a qual transfere genes de resistência entre bactérias doadoras e receptoras.

11. (Unesc) A meningite meningocócica pode provocar sintomas graves, incluindo morte. É transmitida por um grupo de bactérias chamadas meningococos, e provoca inicialmente inflamação:

a) atingindo o sistema nervoso periférico, afetando a função motora.
b) nos sulcos e giros que separam os lobos do cérebro.
c) que atinge as terminações nervosas dos neurônios, impedindo as sinapses.
d) na camada cinzenta do encéfalo, formada por corpos celulares de neurônios.
e) na membrana que envolve o cérebro e a medula espinhal.

12. (UFPR) A linezolida é um antimicrobiano sintético utilizado para tratamento de infecções graves por patógenos gram-positivos multirresistentes. Exerce sua atividade ligando-se à porção ribossomal 50S da bactéria e impedindo a ligação do RNAt ao complexo RNAm+ribossomo, o que evita a multiplicação bacteriana e a progressão da doença.

a) A ação da linezolida interrompe qual processo celular na bactéria? Justifique sua resposta.
b) Explique as funções do RNAm e do RNAt nesse processo.

CAPÍTULO 13

Reino Protoctista (ou Protista)

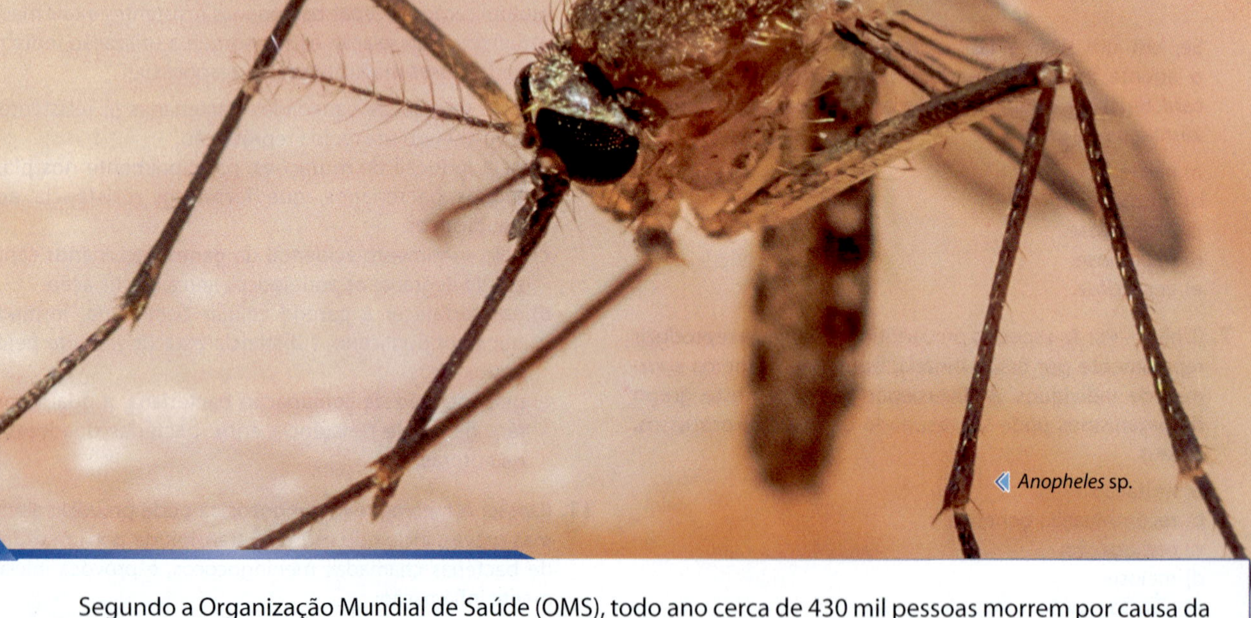

Anopheles sp.

Segundo a Organização Mundial de Saúde (OMS), todo ano cerca de 430 mil pessoas morrem por causa da malária. Entre elas, 70% são crianças com menos de 5 anos de idade. A malária é uma infecção parasitária que afeta os glóbulos vermelhos do sangue. É uma doença evitável, detectável e tratável, que se apresenta mais comumente em regiões pobres. A doença causa impactos socioeconômicos, representando uma grande carga para a receita de países onde é endêmica e demandando ainda mais esforço dos serviços de saúde locais. A malária é a doença mais frequente nos hospitais e centros de saúde de Médicos Sem Fronteiras.

A doença é causada por parasitas do gênero *Plasmodium* dos quais há quatro espécies principais: *Plasmodium falciparum*, *Plasmodium malariae*, *Plasmodium vivax* e *Plasmodium ovale*. O *Plasmodium falciparum* é a principal causa da malária clínica grave e de mortes. Estima-se que metade da população mundial esteja em risco de se infectar com o parasita.

A malária continua sendo um grande desafio para o Brasil e para o mundo apesar do conhecimento acumulado sobre a doença. No Brasil, 99% dos casos autóctones (naturais da região ou do território) são registrados na região amazônica, principalmente por conta das condições demográficas, ambientais e sociais que são bastante favoráveis à manutenção do ciclo de transmissão.

O controle do vetor, que é o mosquito, é a principal estratégia para reduzir a transmissão da malária, além do fornecimento de medicamentos para as infecções. É possível garantir proteção às comunidades com uma cobertura alta dessa estratégia. A OMS recomenda dois tipos de controle efetivos: dormir sob mosquiteiros tratados com inseticida e pulverizar as paredes internas das residências também com inseticida. Em algumas circunstâncias específicas, é possível complementar a estratégia com o manejo da fonte de larvas e outras ações que reduzam os focos de mosquitos e suas picadas em humanos.

Adaptado de: <https://www.msf.org.br/o-que-fazemos/atividades-medicas/malaria> e <https://portal.fiocruz.br/noticia/malaria-regiao-amazonica-concentra-99-dos-casos-no-brasil>. *Acesso em:* 24 maio 2021.

Seu ponto de vista!

Em sua opinião, qual é a principal medida a ser implementada no sentido de se evitar a ocorrência de casos de malária?

A complexidade da célula eucariótica de um protozoário é tão grande que ela – sozinha – executa todas as funções que tecidos, órgãos e sistemas realizam em um ser pluricelular complexo.

Locomoção, respiração, excreção, controle hídrico, reprodução e relacionamento com o ambiente, tudo é executado pela única célula, que conta com algumas estruturas capazes de realizar alguns desses papéis específicos, como em um organismo pluricelular.

Muitos protozoários vivem livremente na natureza. Alguns, porém, associam-se a outros seres vivos. Entre estes, muitos adotam a vida **parasitária**, enquanto outros vivem em uma relação de simbiose, atuando como **mutualistas** (benefício para ambos) ou como **comensais** (benefício apenas para o protozoário, sem prejuízo para o hospedeiro).

13-1. Tipos de protozoário

Entre os protozoários mais conhecidos estão as amebas, os tripanossomos, os paramécios e os plasmódios, causadores da malária. Cada um é representante de uma categoria de protozoários em função do mecanismo de locomoção que apresentam (veja Tabela 13-1).

Tabela 13-1. Classes dos protozoários e seu mecanismo de locomoção.

Classe	Rizópodes (ou sarcodíneos)	Flagelados	Ciliados	Apicomplexos (esporozoários)
Mecanismo de locomoção	Pseudópodes.	Flagelos.	Cílios.	Ausente.
Exemplo	Ameba.	Tripanossomo.	Paramécio.	Plasmódio.

VECTOMART/DESIGNUA/ BLUE RING MEDIA/SHUTTERSTOCK

Rizópodes

Amebas são protozoários muito simples e servem como introdução ao estudo dos rizópodes. As de vida livre são aquáticas e podem ser facilmente encontradas e coletadas junto às folhagens velhas ou sobre o lodo de lagoas. Embora muito pequenas, algumas delas podem ser vistas a olho nu, movimentando-se muito lentamente no fundo do recipiente de coleta.

Anote!

Por terem mecanismo de locomoção dependente da formação de pseudópodes (= falsos pés), as amebas são classificadas como rizópodes. É um termo originado do grego, em que *rizo* = raiz e *podos* = pés ("pés em forma de raiz").

Uma organela chama a atenção do observador mais atento: o **vacúolo pulsátil**, também chamado de *vacúolo contrátil* que atua como uma "bombinha", que se contrai e se relaxa (veja a Figura 13-1).

Sua função é regular o conteúdo de água que penetra nas amebas que vivem na água doce. Como nesses organismos o citoplasma é mais concentrado do que a água circundante, há um fluxo contínuo de água, por osmose, para o interior da célula. É preciso, então, remover o excesso de água. Essa função osmorreguladora é executada com eficiência pelo vacúolo pulsátil (pode haver mais de um).

Em amebas que vivem no mar não se constata a presença de vacúolos pulsáteis. O motivo é simples: a concentração do citoplasma é a mesma do meio circundante. Colocadas em água doce, porém, essas amebas formam vacúolos pulsáteis.

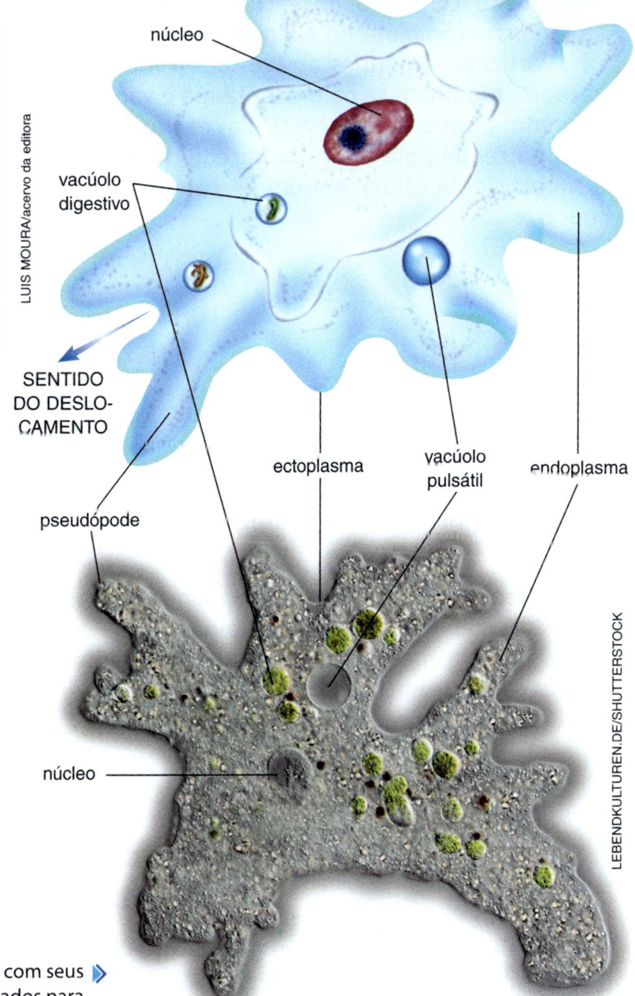

Figura 13-1. Esquema e foto de *Amoeba proteus* com seus componentes principais. Observe os numerosos pseudópodes utilizados para locomoção e captura de alimento. (Cores-fantasia. Ilustração fora de escala.)

A ameba locomove-se muito lentamente por meio da emissão de **pseudópodes.** São projeções da célula, que se deforma toda, que encaminham a ameba para várias direções. Ao microscópio, nota-se que a célula de uma ameba é transparente, confundindo-se com uma partícula gelatinosa em movimento. À primeira vista, parece que a célula não possui nenhum envoltório. Na realidade, ele é tão delgado que realmente não é visível ao microscópio óptico. A microscopia eletrônica, porém, revelou a presença de uma película semelhante à membrana plasmática.

Anote!

Uma espécie de ameba, a *Entamoeba histolytica*, atua como parasita do tubo digestório do homem e provoca a doença conhecida por amebíase ou disenteria amebiana.

Os pseudópodes, na ameba, não servem apenas à locomoção. Também são utilizados para a captura de alimento: pequenas algas, bactérias, partículas soltas na água etc. Eles rodeiam o alimento e o englobam (veja a Figura 13-2).

O vacúolo alimentar formado (também chamado de fagossomo) une-se a lisossomos e se transforma em vacúolo digestivo. Inicia-se a digestão, a partir de enzimas lisossômicas que atuam em meio ácido. Progressivamente, o conteúdo do vacúolo digestivo torna-se alcalino, até completar-se a digestão.

Partículas digeridas atravessam a membrana do vacúolo, espalham-se pelo citoplasma e vão participar do metabolismo celular. Partículas residuais são expelidas da célula pela fusão da parede do vacúolo com a superfície da célula, em um processo inverso ao da fagocitose.

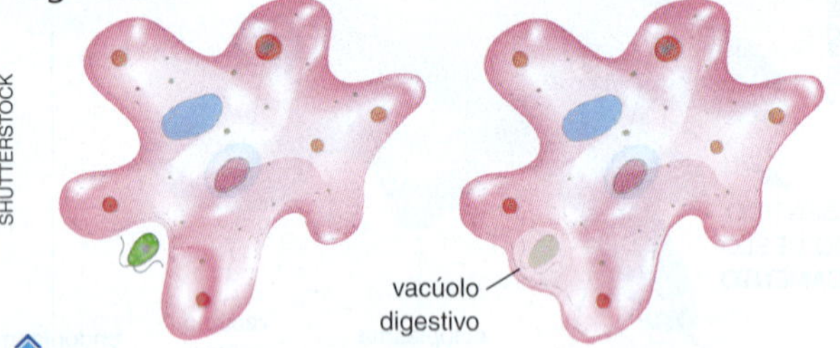

Figura 13-2. A alimentação da ameba envolve a participação de pseudópodes e a formação de vacúolos digestivos. (Cores-fantasia. Ilustrações fora de escala.)

A reprodução da ameba, de maneira geral, ocorre assexuadamente, por divisão binária (veja a Figura 13-3). Por um mecanismo semelhante à mitose, uma ameba se divide em duas, que passam a viver livremente como a ameba antecessora.

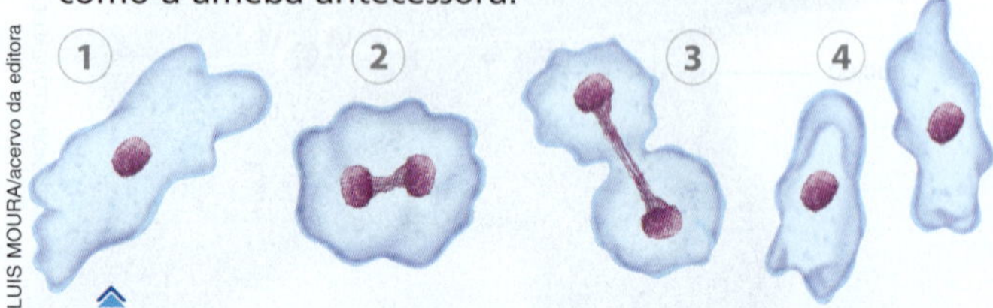

Figura 13-3. Ameba em divisão binária. A divisão da célula em duas ocorre por um processo semelhante à mitose. (Cores-fantasia. Ilustrações fora de escala.)

As trocas gasosas e a eliminação de resíduos tóxicos nitrogenados ocorrem por simples difusão por toda a superfície celular. O produto nitrogenado de excreção é a *amônia.* Lembre-se do papel osmorregulador dos vacúolos pulsáteis, que foram citados anteriormente.

Flagelados

Muitos protozoários flagelados vivem como parasitas no organismo de animais, neles causando diversos tipos de moléstia. O *Trypanosoma cruzi*, causador da doença de Chagas, é um deles. Sua célula é alongada, dotada de um flagelo que se origina em uma das extremidades e que, antes de emergir da célula, provoca a formação de uma **membrana ondulante**. Próximo ao ponto de origem do flagelo, existe o cinetoplasto, organela que contém DNA, capaz de se autoduplicar e que fica incluído no interior de uma longa mitocôndria de formato irregular que se estende por toda a célula (veja a Figura 13-4(a)).

A forma acima descrita é encontrada nadando livremente no sangue de hospedeiros vertebrados. Reproduz-se por divisão binária e, ao atingir outros tecidos (por exemplo, o cardíaco), modifica-se e adquire forma esférica (veja a Figura 13-4(b)), não flagelada, provocando graves lesões no órgão afetado.

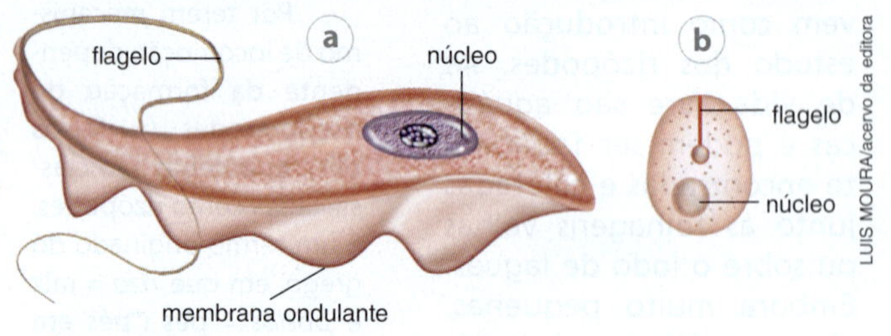

Figura 13-4. (a) Tripanossomo: antes de emergir da célula, o flagelo provoca a formação da membrana ondulante. (b) Forma parasitária endocelular imóvel. (Cores-fantasia. Ilustrações fora de escala.)

Anote!

No intestino dos cupins e das baratas que comem madeiras, existem flagelados. Essa convivência é pacífica e caracteriza uma associação em que ambos os participantes são beneficiados (**mutualismo**). A madeira ingerida pelos insetos é digerida por enzimas produzidas pelos flagelados. Ambos aproveitam os produtos da digestão.

Entre as espécies parasitas, podemos citar:

- *Trypanosoma gambiense*, causador da doença do sono, comum na África e transmitida pela mosca tsé-tsé;
- *Trypanosoma cruzi*, causador da doença de Chagas, comum em nosso país e na América do Sul e transmitida por percevejos popularmente conhecidos como barbeiros; e

- *Leishmania braziliensis*, causadora da úlcera de Bauru ("ferida brava") e transmitida pelo mosquito-palha (birigui). Vive no interior das células da pele.

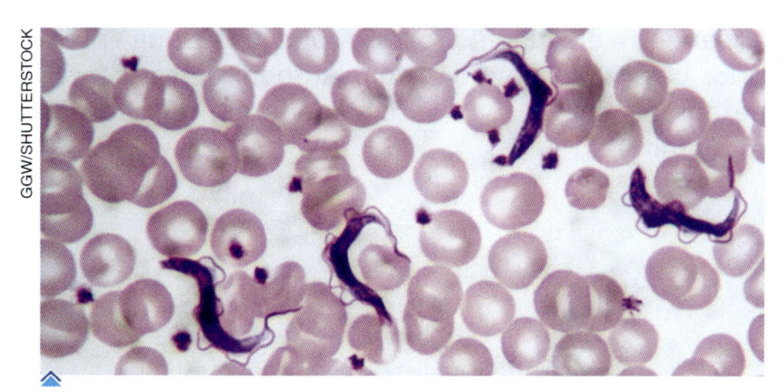

GGW/SHUTTERSTOCK

Esfregaço de sangue em que podem ser vistos, corados em roxo, protozoários da espécie *Trypanosoma gambiense*, causadores da doença do sono (microscópio óptico, aumento de 1.250 vezes).

Ciliados

Os ciliados são, seguramente, os mais complexos protozoários conhecidos. Como exemplo, podemos fazer o estudo do paramécio, encontrado em lagoas de água parada e facilmente mantido em meios de cultura contendo água e grãos de arroz.

Os paramécios deslocam-se muito mais rapidamente que os flagelados e as amebas. A razão para isso é a existência de inúmeros cílios, que se projetam da parede do corpo e permitem o deslocamento em várias direções. A Figura 13-5 evidencia importantes modificações em relação aos flagelados:

- *dois vacúolos pulsáteis* funcionam alternadamente, efetuam a regulação osmótica e possivelmente a expulsão de toxinas. Cada vacúolo possui canais que recolhem a água celular, encaminhando-a para um reservatório que efetua a sua expulsão da célula;
- *dois núcleos*, sendo um maior, o **macronúcleo**, e outro menor, o **micronúcleo**. O primeiro possui função reguladora das atividades metabólicas do paramécio. O micronúcleo está relacionado à atividade reprodutiva e atua em um processo reprodutivo denominado conjugação, que será estudado mais adiante;
- uma verdadeira "*boca celular*" (citóstoma), localizada no fim de um sulco existente na região central da célula, forrado de cílios. O alimento, em geral bactérias ou partículas em suspensão, é encaminhado para a boca pelo batimento dos cílios. Formam-se vários vacúolos digestivos que circulam pela célula durante a digestão do alimento;
- a *expulsão dos restos alimentares* se dá por um orifício que se forma na membrana plasmática, quando um vacúolo contendo resíduos funde-se a ela. Localiza-se lateralmente e funciona como se fosse um ânus (poro anal ou *citoprocto*).

Trocas gasosas e excreção, como nos demais protozoários, ocorrem pela superfície da célula. A reprodução assexuada, como na ameba e na euglena, ocorre por divisão binária.

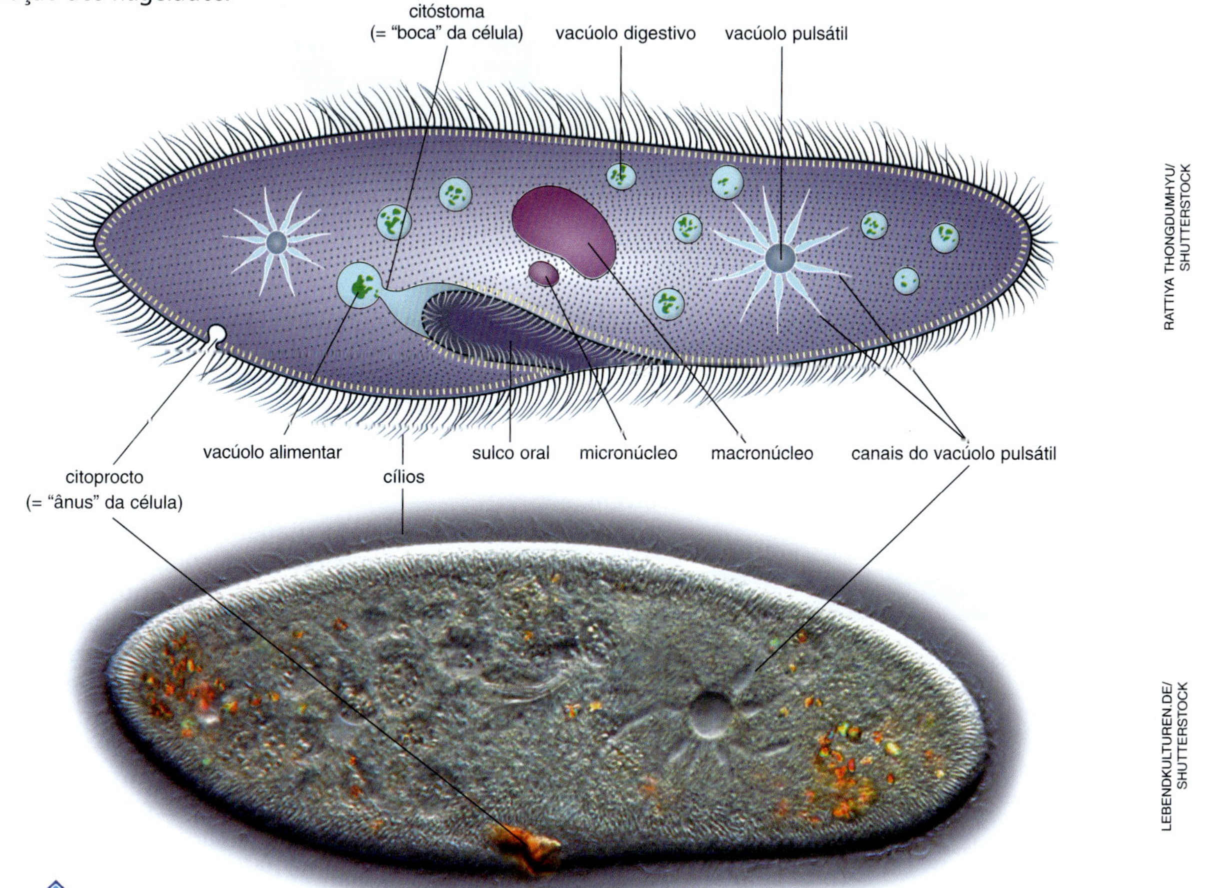

RATTIYA THONGDUMHYU/SHUTTERSTOCK

LEBENDKULTUREN.DE/SHUTTERSTOCK

Figura 13-5. Esquema e foto de *Paramecium caudatum* com seus principais componentes. (Cores- fantasia. Ilustração fora de escala.)

Conjugação em paramécio

A conjugação é um tipo de reprodução sexuada que consiste na união temporária de dois paramécios, com troca de material genético micronuclear entre eles. É um processo complexo e que envolve vários passos, ao final dos quais surgem descendentes que apresentam grande variabilidade em relação aos progenitores.

LEBENDKULTUREN.DE/SHUTTERSTOCK

Fotografia da fase inicial de conjugação em *Paramecium caudatum*.

Anote!

Os ciliados são, na maioria, aquáticos, de vida livre. Pouquíssimas espécies são parasitas, ao contrário dos rizópodes, dos flagelados e dos esporozoários, que apresentam muitas espécies parasitas, principalmente do homem.

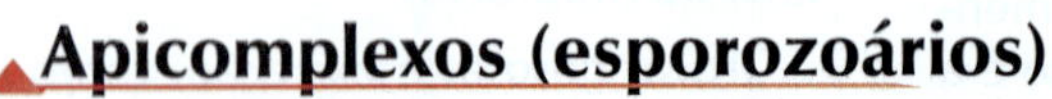

Apicomplexos (esporozoários)

Ao contrário dos demais protozoários já estudados, os apicomplexos não possuem organelas especializadas para locomoção. Todas as espécies dessa classe são parasitas.

Sem dúvida, os esporozoários mais importantes para o homem são as espécies de *plasmódios*, causadoras de malária.

Ilustração do apicomplexo *Plasmodium falciparum*, causador de malária, doença transmitida pelas fêmeas do mosquito do gênero *Anopheles*. (Cor-fantasia.)

SCIENCEPICS/SHUTTERSTOCK

13-2. Doenças causadas por protozoários

Doenças causadas por protozoários parasitas envolvem, basicamente, dois locais de parasitismo: o sangue e o tubo digestório (veja Tabela 13-2). No entanto, a pele, o coração, os órgãos do sistema genital e o sistema linfático também constituem locais onde os parasitas podem se instalar. Essas doenças envolvem, em seu ciclo, hospedeiros, isto é, organismos vivos em que os parasitas se desenvolvem.

Tabela 13-2. Parasitoses mais frequentes no Brasil causadas por protozoários.

Parasitose	Nome	Causador
Sanguínea	Malária. Doença de Chagas.	*Plasmodium* sp. *Trypanosoma cruzi.*
Intestinal	Amebíase. Giardíase.	*Entamoeba histolytica.* *Giardia lamblia.*
Da pele e mucosas	Leishmaniose.	*Leishmania braziliensis.*
Das vias genitais	Tricomoníase.	*Trichomonas vaginalis.*
Diversos tecidos e órgãos	Toxoplasmose.	*Toxoplasma gondii.*

Caso o agente parasitário utilize dois hospedeiros para completar seu ciclo de vida, considera-se como **hospedeiro definitivo** aquele no qual o parasita se reproduz *sexuadamente*. **Hospedeiro intermediário** é aquele no qual o parasita se reproduz *assexuadamente*.

Quase sempre o homem atua como hospedeiro definitivo; na malária, no entanto, a reprodução *sexuada* dos parasitas ocorre nos pernilongos que são, então, considerados hospedeiros definitivos, sendo o homem o hospedeiro intermediário.

Malária

Causadores: *Plasmodium vivax, Plasmodium malariae, Plasmodium falciparum, Plasmodium ovale*.

Hospedeiro definitivo (invertebrado): mosquitos do gênero *Anopheles*. Só as fêmeas sugam sangue humano e podem atuar como transmissoras dos parasitas. Os machos se alimentam de seiva vegetal. O sangue humano contém nutrientes essenciais para a maturação e fertilidade das fêmeas desses insetos.

Hospedeiro intermediário (vertebrado): homem.

Locais de parasitismo: glóbulos vermelhos do sangue, fígado e baço.

Agora, reúna a sua equipe!

Investiguem quais medidas são adotadas nos países mais afetados por essa protozoose. Pesquisem também se já existe vacina contra a malária e, em caso negativo, que procedimentos estão sendo adotados no sentido de conseguir um imunizante eficiente.

CICLO DA MALÁRIA

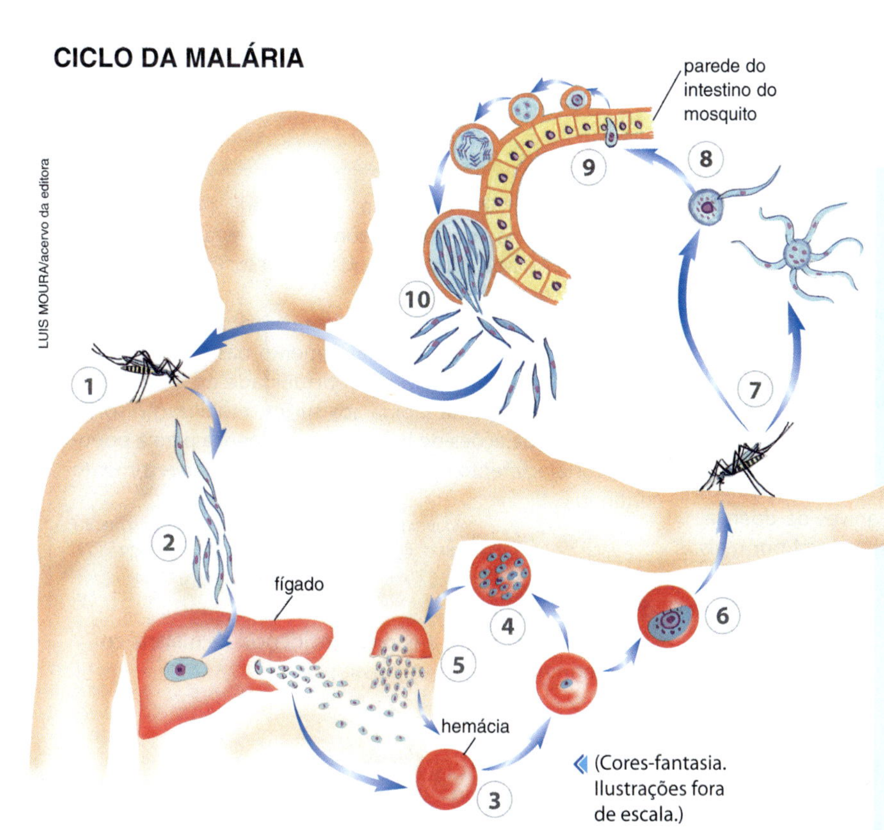

(Cores-fantasia. Ilustrações fora de escala.)

1. **No homem:** por ocasião da picada do pernilongo, formas infectantes do parasita, conhecidas como **esporozoítos**, abandonam as glândulas salivares do inseto e invadem o organismo humano.
2. Dirigem-se, pelo sangue, às células do fígado, onde se multiplicam.
3. A seguir, abandonam o fígado e se espalham pelo sangue, invadindo glóbulos vermelhos.
4. Em cada glóbulo vermelho, consomem a hemoglobina, sendo então chamados de **trofozoítos**. Por um processo de reprodução assexuada múltipla (conhecido como **esquizogonia**) cada trofozoíto dá origem a cerca de 36 células-filhas chamadas de **merozoítos**.
5. Esses merozoítos provocam a ruptura do glóbulo vermelho, ficam livres no sangue e invadem novos glóbulos vermelhos. Nova reprodução múltipla ocorre e o ciclo se repete.
6. Após alguns ciclos de esquizogonia nas hemácias humanas, certos merozoítos transformam-se em células sexuais, os **gametócitos**; porém, não formam gametas no organismo humano.
7. **No pernilongo:** sugadas por um *Anopheles* fêmea, hemácias contendo gametócitos chegam ao tubo digestório do inseto. Os gametócitos femininos (macrogametócitos) crescem e se transformam em megagametas. Cada gametócito masculino (microgametócito) divide-se e origina de 6 a 8 microgametas, com forma de espermatozoide.
8. As fecundações ocorrem no tubo digestório do inseto, caracterizando-o, assim, como hospedeiro definitivo do ciclo vital do plasmódio.
9. Os zigotos formados penetram na parede intestinal e se encistam. Dentro de cada cisto ocorre uma reprodução múltipla (a **esporogonia**), com formação de milhares de esporozoítos.
10. Os esporozoítos arrebentam a parede do cisto e migram em direção às glândulas salivares do inseto. Ali permanecem até que o inseto os introduza, por meio de uma picada, no corpo de outra pessoa para, assim, darem continuidade ao ciclo vital da espécie. A duração do ciclo no mosquito é de 7 a 19 dias, após os quais o pernilongo é capaz de inocular esporozoítos na próxima vítima.

Saiba mais!

Terçã e quartã

Alguns dias após os ciclos de reprodução múltipla, a quantidade de parasitas da malária é tão grande que as toxinas liberadas no sangue, com a ruptura das hemácias, provocam episódios de febre alta, com calafrios. Cessando a febre, novos ciclos irão ocorrer, dependendo da espécie de plasmódio que invadiu o organismo:

- no *P. vivax*, o ciclo se repete a cada 48 horas e a malária é conhecida como terçã benigna (ciclos a cada três dias sem afetar o sistema nervoso);
- o *P. malariae* provoca ciclos a cada 72 horas e a malária, nesse caso, é conhecida como quartã (ciclos a cada quatro dias);
- na malária terçã maligna, provocada pelo *P. falciparum*, o ciclo é de 36 a 48 horas. Essa malária é assim chamada porque os glóbulos vermelhos infectados aderem uns aos outros e ao endotélio dos vasos, obstruindo capilares sanguíneos e comprometendo a circulação encefálica. Resulta em coma e morte, se não diagnosticada e tratada a tempo;
- na espécie *P. ovale*, o ciclo dura 48 horas, os sintomas são leves e a infecção, de modo geral, termina após 15 dias.

Prevenção da malária

- Controle dos insetos transmissores adultos, com utilização de inseticidas não agressivos ao meio ambiente ou de controle biológico (incentivo ao emprego de inimigos naturais dos insetos transmissores).
- Controle das larvas dos pernilongos, que se desenvolvem em meio aquático doce. Para isso, deve-se evitar água parada em vasos de plantas, pneus vazios ou qualquer objeto que sirva de depósito de água.
- Tratamento adequado da água de piscina.
- Utilização de telas (mosquiteiros) nas janelas de residências para impedir o ingresso de pernilongos.
- Não exposição nos horários em que os pernilongos são mais ativos, principalmente ao amanhecer e ao entardecer.
- Utilização de medicamentos antimaláricos quando se precisa viajar para regiões endêmicas, além do uso de repelentes, quando necessário.

Questão socioambiental

Cenário de alerta

O esforço do Ministério da Saúde nas ações estratégicas para o enfrentamento da malária gerou resultados positivos nos últimos anos. Em 2020, foram notificados 140.974 casos da doença no país, redução de 10,5% em relação ao ano de 2019, quando foram notificados 157.454 casos. No entanto, os números ainda representam cenário de alerta, principalmente na região amazônica.

Apesar da redução nos casos de malária (...), o país registrou aumento de 32,6% nos casos por *Plasmodium falciparum*, espécie causadora de formas graves da doença. O *P. vivax* é a espécie mais prevalente, responsável por mais de 80% dos casos de malária no país. (...)

Cerca de 99% dos casos de malária no país estão concentrados na região amazônica, nos estados do Acre, Amazonas, Amapá, Maranhão, Mato Grosso, Pará, Rondônia, Roraima e Tocantins.

Para diminuição dos registros, há a necessidade de garantir a continuidade e fortalecimento das ações de vigilância da doença, melhora na oportunidade no diagnóstico e tratamento, resposta rápida aos surtos, mobilização social e orientação de ações de prevenção da doença para a população, fortalecimento dos níveis locais, além do investimento contínuo (...).

Adaptado de: Casos de malária caem 10% no Brasil – Português (Brasil) (www.gov.br). *Acesso em:* 20 ago. 2021.

Como você explica a enorme incidência de malária em determinada região de nosso país?

Estabelecendo conexões!

Artemisina e quinina contra a malária

Desde a década de 1970, a substância artemisina tem sido utilizada contra os plasmódios causadores da malária. Essa substância é derivada da planta chinesa qinghao (*Artemisia annua*) e constitui um recurso poderoso à crescente resistência dos plasmódios aos derivados de quinino, habitualmente utilizados no tratamento e na prevenção da doença. Mesmo assim, a quinina é ainda utilizada.

A quinina é um sólido branco, cristalino, extraído da casca das árvores de quina da América do Sul. Você deve conhecer o refrigerante água tônica, bebida de sabor levemente amargo, devido à presença de quinina.

A aplicação mais importante da quinina é no tratamento da malária, pois essa molécula tem a capacidade de ligar-se ao DNA e inibir a sua replicação.

Dessa forma, o *Plasmodium*, protozoário causador da malária, não consegue se reproduzir e o indivíduo estará livre da doença.

Mas talvez você esteja se perguntando: não há perigo de a quinina entrar nas células sãs e prejudicar a divisão celular?

Não, a quinina afeta apenas as células infectadas com *Plasmodium*, porque estas absorvem essa molécula em concentrações maiores que as células sãs.

Nas regiões tropicais úmidas, milhares de pessoas correm o risco de contrair os parasitas causadores da malária, dengue e febre amarela, que são transmitidos por mosquitos. Nesses casos, além dos medicamentos utilizados no tratamento dos sintomas decorrentes dessas infecções, é cada vez mais importante a adoção, por parte das autoridades de saúde pública, de mecanismos preventivos que impeçam a transmissão dos agentes causadores.

Que mecanismos você julga fundamentais no sentido de proteger os habitantes dessas regiões e, consequentemente, diminuir o número de casos dessas e de outras doenças veiculadas por insetos transmissores, sem afetar a saúde dos ecossistemas?

Amebíase

Causador: *Entamoeba histolytica*.

Hospedeiro definitivo (vertebrado): homem.

Hospedeiro intermediário (invertebrado): não há.

Local do parasitismo: intestino grosso. Podem, também, ser afetados o fígado, os pulmões e o cérebro.

Prevenção da amebíase

- Construção de uma rede de esgotos adequada, que possa destinar as fezes para lugar seguro.
- Controle da qualidade da água, na medida em que muitas pessoas se utilizam de água de poço que não deve, de modo algum, ser contaminada por fezes humanas.
- Fervura da água de locais suspeitos, correta lavagem de verduras com água não contaminada e hábitos de higiene pessoal, como lavar as mãos após o uso do sanitário e antes das refeições.

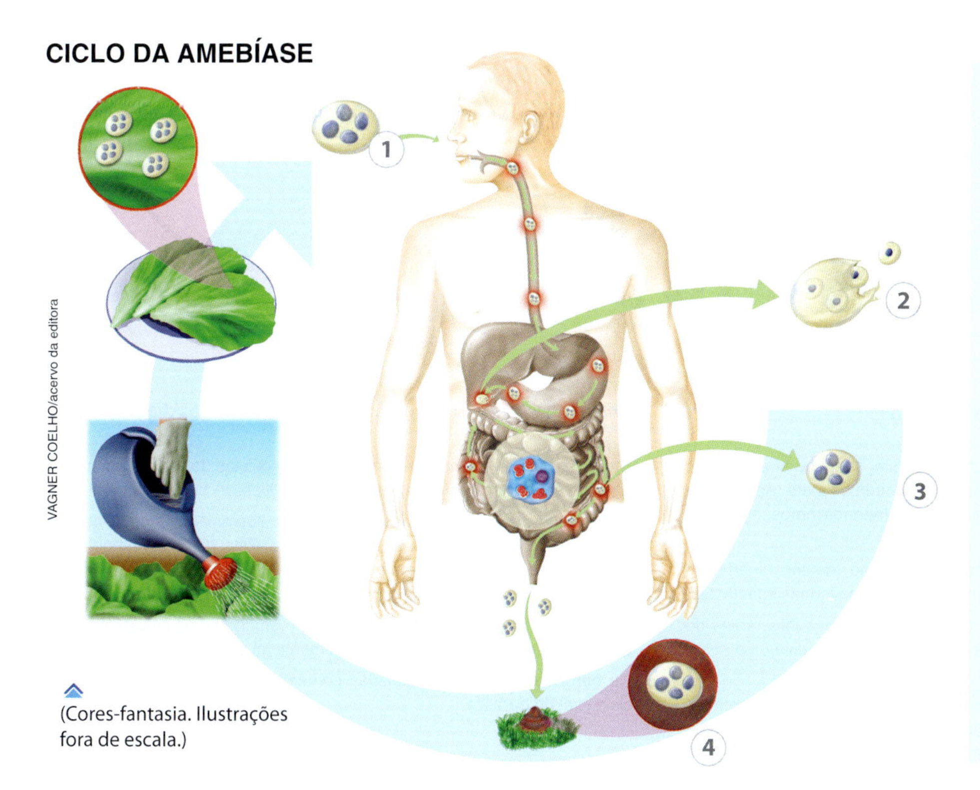

(Cores-fantasia. Ilustrações fora de escala.)

1. A ingestão de água ou alimentos (frutas e verduras) contaminados pode introduzir cistos de amebas no tubo digestório humano.
2. Atingindo o intestino grosso, cada cisto se rompe, liberando quatro amebas. Cada uma delas permanece no estado vegetativo, conhecido como **trofozoíto**, desloca-se com pseudópodes, fagocita bactérias e restos alimentares existentes nas fezes e, eventualmente, hemácias obtidas de lesões efetuadas na parede intestinal.
3. Antes de ser eliminada do intestino, cada ameba sintetiza um envoltório proteico altamente resistente e passa a constituir um **cisto**, dentro do qual permanece em repouso metabólico. Ao mesmo tempo, o núcleo divide-se duas vezes, formando-se quatro núcleos, característicos de cistos tetranucleados da *Entamoeba histolytica*.
4. Eliminados com as fezes, os cistos atingem a água de consumo e diversos alimentos utilizados pelo homem, contaminando-os.

Saiba mais!

Os problemas da amebíase

No intestino grosso, as amebas se nutrem de bactérias e restos alimentares contidos nas fezes. Nesse estado são inofensivas e permanecem perfeitamente adaptadas ao nosso intestino. Eventualmente, por algum fator ainda desconhecido, podem assumir a forma invasiva e penetrar na parede intestinal. Provocam microferimentos e se alimentam de células intestinais e sanguíneas. Nessa fase, os principais sintomas são cólicas abdominais e eliminação de fezes mucosas e sanguinolentas, características da disenteria amebiana (*dis* – = desarranjado + *enteron* = intestino). Encontrando condições favoráveis, as amebas podem invadir o sangue e atingir o fígado, os pulmões e o cérebro, agravando de forma dramática uma doença que deveria restringir-se ao intestino grosso.

Doença de Chagas

Causador: *Trypanosoma cruzi*.

Hospedeiro vertebrado: homem.

Hospedeiro invertebrado: inseto percevejo, hematófago (alimenta-se de sangue), popularmente conhecido como barbeiro, chupança, chupão, fincão, bicudo ou procotó. Três gêneros de barbeiros são conhecidos como transmissores dos parasitas: *Triatoma* sp., *Rhodnius sp.* e *Panstrongylus sp.*

Local de parasitismo: principalmente o coração e as paredes do esôfago e do intestino grosso (os cólons).

Anote!

O nome *barbeiro* foi dado em razão do hábito que o inseto possui de sugar sangue do rosto de pessoas que estão dormindo.

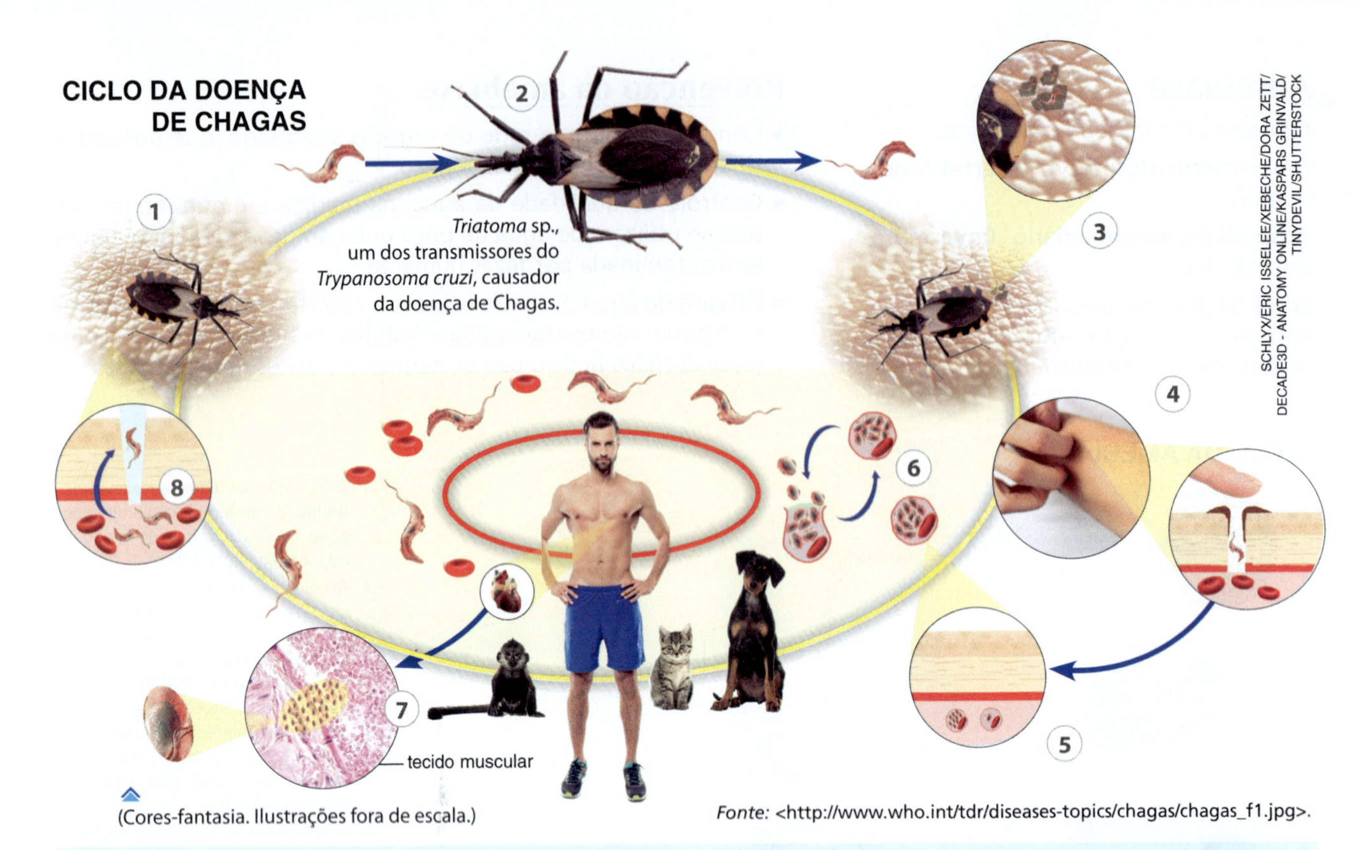

(Cores-fantasia. Ilustrações fora de escala.)

Fonte: <http://www.who.int/tdr/diseases-topics/chagas/chagas_f1.jpg>.

1. Os barbeiros possuem hábitos noturnos. À noite, saem de suas tocas à procura de alimento, de preferência a pele delicada do rosto. Ao picarem pessoas cujo sangue esteja contaminado com tripanossomos, adquirem o parasita.
2. Os tripanossomos se multiplicam assexuadamente (divisão binária) no intestino do percevejo, cuja porção final fica repleta de formas infectantes.
3. Ao picarem, os barbeiros defecam e libertam as formas infectantes do parasita. A picada não dói, pois os insetos possuem na saliva uma substância anestésica.
4. Passado o efeito do anestésico, a pessoa se coça e introduz os tripanossomos que estavam nas fezes do barbeiro no local da picada. Portanto, **a transmissão dos parasitas não ocorre pela picada**.
5. Uma vez na pele, os tripanossomos invadem células do tecido conjuntivo e assumem a forma esférica, intracelular, multiplicando-se ativamente.
6. Após alguns dias, as células arrebentam e liberam no sangue os tripanossomos, agora com a forma alongada. Pela corrente sanguínea, espalham-se e atingem outros órgãos, entre eles o coração.
7. No tecido cardíaco, assumem novamente a forma esférica, proliferam, formam ninhos cheios de parasitas e destroem inúmeras células cardíacas, a principal consequência dessa lamentável parasitose.
8. Os barbeiros, ao picarem pessoas contaminadas, dão continuidade ao ciclo vital do parasita.

Prevenção da doença de Chagas

- Melhoria das condições habitacionais da população.
- Controle dos insetos transmissores.
- Inspeção do sangue utilizado para transfusões.
- Utilização de telas (mosquiteiros) em portas e janelas a fim de evitar a entrada do inseto.

Saiba mais!

Os problemas da doença de Chagas

Os *tripanossomos* destroem o tecido cardíaco. À medida que as fibras doentes vão morrendo, as células sãs tentam compensar o prejuízo, trabalhando mais ativamente, o que leva a um aumento generalizado do volume do coração. Com o tempo, advém uma insuficiência cardíaca que ou é corrigida com transplante ou leva a pessoa à morte. O marca-passo e suas ramificações, que geram os batimentos cardíacos, também são afetados. Os batimentos cardíacos ficam irregulares, sem comando próprio, e muitas vezes o coração apresenta ritmo lento.

O tubo digestório humano pode ser outro local de ataque dos parasitas.

As paredes do esôfago e do intestino grosso, principalmente os cólons, têm a sua inervação lesada pelos tripanossomos, retardando os movimentos peristálticos, levando ao aumento de volume desses órgãos, situação conhecida, respectivamente, como megaesôfago e megacólon.

Protozooses

Conheça outras protozooses impostantes, como giardíase, leishmaniose, tricomoníase e toxoplasmose. Para isso, leia o QR Code abaixo.

13-3. Algas

Nos ecossistemas aquáticos marinhos, existe uma comunidade formadora de uma verdadeira floresta. Ao contrário do que acontece no meio terrestre, essa floresta não é formada por árvores espessas, enormes e cheias de galhos. Ela é constituída por inúmeros protistas conhecidos simplesmente como algas. Assim como as florestas terrestres, essa comunidade aquática contribui para o abastecimento do oxigênio da biosfera.

Afinal, como são os componentes dessa floresta? Vamos conhecer um pouco as principais características das algas.

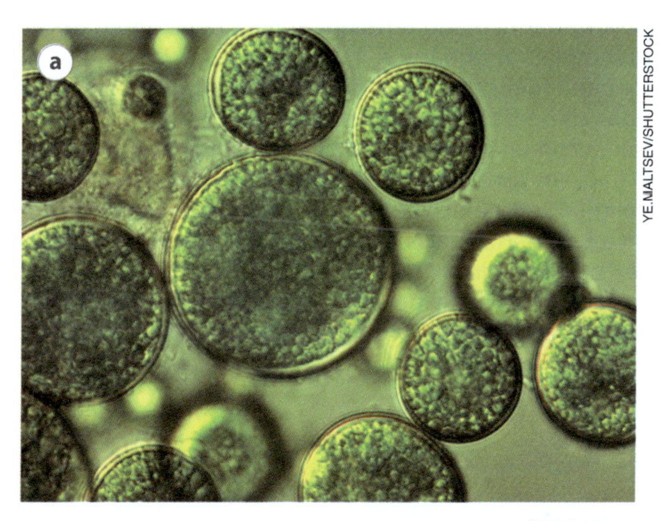

YE.MALTSEV/SHUTTERSTOCK

ANA Y ERIK/SHUTTERSTOCK

THEAPFLUEGER/SHUTTERSTOCK

SALAMATDOH/SHUTTERSTOCK

ARISTOV_TMB/SHUTTERSTOCK

As algas apresentam grande diversidade, desde as unicelulares até as coloniais e macroscópicas.
(a) *Eremosphaera viridis* (alga verde unicelular), (b) *Acetabularia acetabulum* (alga verde unicelular), (c) *Ulva lactuca* (alga verde pluricelular), (d) *Halymenia durvillei* (alga vermelha) e (e) *Laminaria* sp. (alga parda).

Habitat e importância das algas

Sob a denominação *algas* enquadram-se diversos grupos de *protoctistas* diferentes entre si, mas que mantêm uma característica em comum: são todos **eucariontes**, **autótrofos fotossintetizantes dotados de clorofila**. Existem algas formadas somente por uma célula. Outras são organizadas em diferentes tipos de *colônia*. E ainda há as que são macroscópicas, pluricelulares, **sem**, contudo, **formar tecidos ou órgãos**. O corpo de uma alga é um talo, ou seja, não possui raiz, caule ou folha, mesmo que seja gigante.

Embora sejam encontradas no meio terrestre úmido, é nas águas doces e no mar que as algas são mais abundantes.

No meio aquático, dependendo do local onde vivem, podem constituir comunidades conhecidas como **fitoplâncton** e **fitobentos**.

O fitoplâncton é uma comunidade formada principalmente por numerosas microalgas que *flutuam livremente* ao sabor das ondas. São importantes produtoras de alimento orgânico e liberam oxigênio para a água e a atmosfera. Constituem a base das cadeias alimentares aquáticas, formando o que se denomina de "pasto marinho".

O fitobentos é uma comunidade de algas, em geral macroscópicas (algumas atingem dezenas de metros), *fixas no solo marinho* (principalmente em rochas).

Algas

Leia o QR Code abaixo e conheça as características dos principais filos de algas.

Reprodução das algas

Reprodução assexuada

Nas algas há dois tipos básicos de reprodução assexuada:

- **divisão binária:** comum nas formas unicelulares, que recorrem à mitose para efetuar a divisão da célula (veja a Figura 13-6);
- **zoosporia:** comum em algas multicelulares aquáticas. Cada zoósporo, dispersando-se pelo meio, é capaz de gerar nova alga (veja a Figura 13-7).

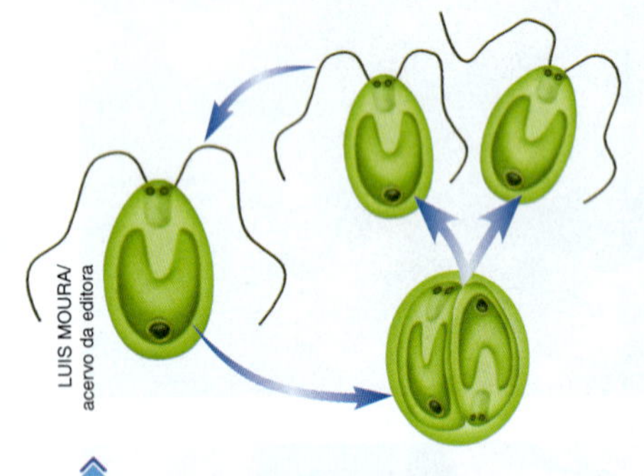

Figura 13-6. Divisão binária em Chlamydomonas, uma clorofícea unicelular. (Cores-fantasia. Ilustrações fora de escala.)

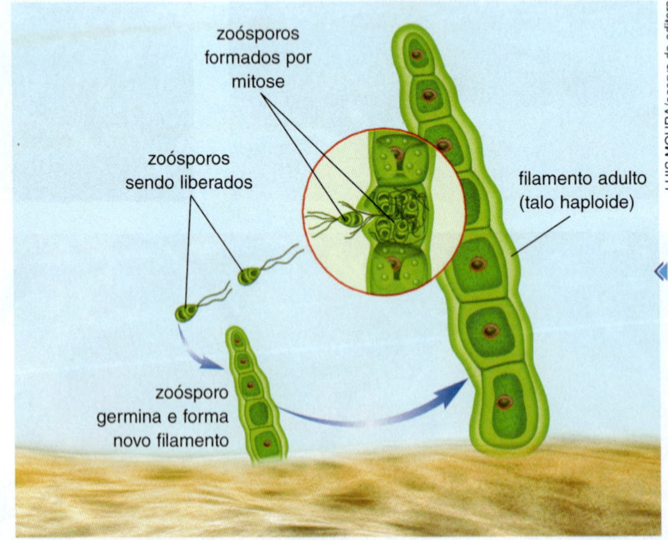

Figura 13-7. Reprodução assexuada por meio da produção de zoósporos em uma alga verde filamentosa de água doce (*Ulothrix*). (Cores-fantasia. Ilustrações fora de escala.)

Reprodução sexuada

Em muitas algas aquáticas há a produção de gametas que, fundindo-se, originarão zigotos. Esses zigotos, após curto período de dormência, sofrem meiose com produção de quatro células (zoósporos). Cada uma dessas células originará nova alga, necessariamente haploide. Note que, nesse caso, temos um ciclo reprodutivo no qual o organismo adulto é haploide (veja a Figura 13-8).

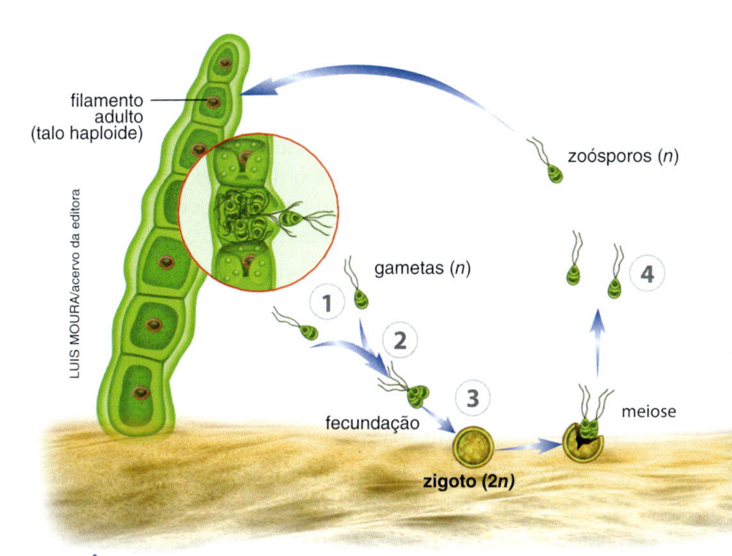

Figura 13-8. Ciclo haplonte em *Ulothrix:* gametas iguais (1) se fundem (2) e originam o zigoto (3). A meiose é zigótica. Cada zoósporo meiótico (4) é capaz de se desenvolver e formar um novo filamento haploide. (Cores--fantasia. Ilustrações fora de escala.)

Conjugação

Em algumas algas filamentosas de água doce ocorre pareamento de dois indivíduos com a passagem, por um canal de comunicação, de células inteiras de um para outro filamento.

As células são haploides e após se juntarem originam zigotos. Os zigotos dividem-se por meiose e cada célula formada será capaz de originar novo filamento haploide. Note que essa conjugação faz parte do ciclo haplonte e a meiose do zigoto contribui para o surgimento de variabilidade.

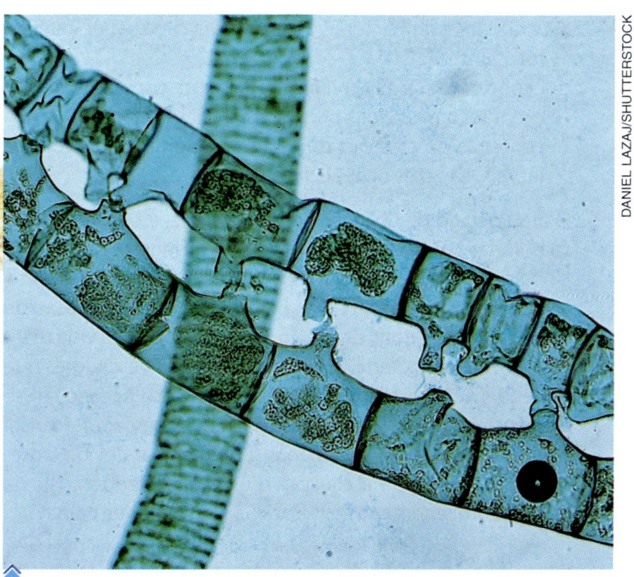

Conjugação na alga verde *Spirogyra* sp. Observa-se a passagem de células do filamento superior para o inferior.

ATIVIDADES

A CAMINHO DO ENEM

1. (Enem) Devido à sua ampla incidência e aos seus efeitos debilitantes, a malária é a doença que mais contribui para o sofrimento da população humana da região amazônica. Além de reduzir os esforços das pessoas para desenvolverem seus recursos econômicos, capacidade produtiva e melhorarem suas condições de vida, prejudica a saúde da população e o desenvolvimento socioeconômico da região.

Adaptado de: RENAULT, C. S. *et al.* Epidemiologia da malária no município de Belém – Pará. *Revista Paraense de Medicina*, Belém, n. 3, jul.-set. 2007.

Essa doença constitui um sério problema socioeconômico para a região citada porque provoca

a) alterações neurológicas, que causam crises epilépticas, tornando o doente incapacitado para o trabalho.
b) diarreias agudas e explosivas, que fazem com que o doente fique vários dias impossibilitado de trabalhar.
c) febres constantes e intermitentes associadas à fadiga e dores de cabeça, que afastam o doente de suas atividades.
d) imunossupressão, que impossibilita o doente de entrar em contato com outras pessoas sem o uso de máscaras e luvas.
e) infecção viral contagiosa, que faz com que o doente precise de isolamento para evitar transmissão para outras pessoas.

2. Um dos ganhadores do Prêmio Nobel de Medicina de 2015 foi a cientista chinesa Tu Youyou por desenvolver uma nova terapia contra malária, que tem como base a substância artemisinina, extraída da planta *Artemisia annua*. O resultado é brilhante por se tratar de uma terapia que não tem como base a produção de medicamentos industrializados e, sim, princípios ativos naturais. A substância artemisinina atua diretamente no agente causador da malária, que é um protozoário que:

a) se locomove por meio de pseudópodes e pertence ao grupo dos rizópodes.
b) pertence ao grupo dos flagelados por se locomover por meio de flagelos.
c) é componente do grupo dos apicomplexos (esporozoários) e não apresenta estruturas que permitam sua locomoção.
d) é componente do mesmo grupo a que pertencem os paramécios, ou seja, protozoários que se locomovem por meio de cílios.
e) alterna sua locomoção com a emissão de pseudópodes ou de flagelos, dependendo da fase de vida parasitária em que se encontra.

3. É comum dizer-se atualmente que o futuro do planeta Terra, da humanidade e de muitas outras espécies de seres vivos está nas mãos da vegetação presente e preservada das formações florestais e também do fitoplâncton. Quanto a essa última entidade, o fitoplâncton, é constituída, sobretudo, de inúmeras:

a) espécies de plantas arborescentes de grande porte que vivem nos oceanos.
b) espécies macroscópicas de algas presentes no costão rochoso dos oceanos.
c) variedades de bactérias heterótrofas capazes de realizar fotossíntese.
d) espécies de algas microscópicas em constante movimentação nas águas oceânicas.
e) centenas de espécies de minúsculos animais ou formas larvais, capazes de realizar fotossíntese.

4. O arquipélago de Chiloé, na costa do Chile, é conhecido por suas lindas paisagens, abundante vida selvagem, casas tradicionais de altas palafitas e igrejas coloniais. Mas, ultimamente, tornou-se assunto internacional devido a uma proliferação de algas tóxicas no litoral do Sul do país, que ameaça a vida marinha e o sustento de milhares de famílias dos pescadores que dependem da atividade. "Eles mataram nosso oceano", disse à agência de notícias Associated Press o pescador Marisol Millaquién, que está há semanas sem trabalhar devido à presença de uma alga mal cheirosa que tem infestado a costa da área em um fenômeno conhecido como "maré vermelha".

Disponível em: <http://oglobo.globo.com/sociedade/sustentabilidade/mare-vermelha-leva-governo-chileno-declarar-emergencia-ambiental-19319841>. *Acesso em:* 13 jun. 2016.

As algas são protoctistas que habitam ecossistemas aquáticos marinhos ou dulcícolas ou ecossistemas terrestres úmidos. Sobre esses organismos:

a) Indique o grupo de algas que causa o fenômeno da maré vermelha.
b) Cite três características associadas às algas.
c) Cite duas importâncias ecológicas das algas.

5. A vida na Terra depende de organismos que produzem biomassa e liberam oxigênio por meio da fotossíntese. A assim chamada fotossíntese eucariótica tem sido muito estudada em plantas vasculares; no entanto, outros seres eucariontes, a exemplo das diatomáceas, grupo de algas unicelulares, ultimamente têm merecido muita atenção. Diatomáceas produzem aproximadamente 25% do oxigênio existente na atmosfera terrestre. Diatomáceas são distantemente relacionadas às plantas, e possivelmente adquiriram capacidade de realizar fotossíntese por meio do englobamento de uma forma de vida unicelular fotossintetizante, que acabou originando a organela cloroplasto.

Adaptado de: BÜCHEL, C. How diatoms harvest light. *Science*, Washington, v. 365, n. 6452, p. 447-448.

Diatomáceas, assim como as demais algas de outros grupos são seres:

a) eucariontes e, atualmente, componentes do Reino *Plantae*.
b) procariontes e, atualmente, componentes do Reino Monera.
c) procariontes e consideradas como componentes do Reino *Fungi*.
d) eucariontes e componentes do Reino Protoctista, o mesmo dos protozoários.
e) eucariontes e componentes do Reino *Plantae*, ao qual também pertencem os fungos.

TESTE SEUS CONHECIMENTOS

1. (Famerp – SP) Paramécios, tripanossomos e leishmanias são protozoários que se locomovem de forma autônoma em seu hábitat. Paramécios vivem em água doce e tripanossomos e leishmanias são parasitas humanos.

a) Quais são as estruturas locomotoras desses protozoários?
b) Se colocados em um tubo de ensaio contendo água destilada, o tripanossomo sofre lise celular e o paramécio não. Explique por que o paramécio não sofre lise celular.

2. (FCM – MG) Leia o texto abaixo:

AM registra mais de 11 mil casos de malária no primeiro bimestre de 2018

De acordo com o Ministério da Saúde, o Amazonas liderou a incidência dos casos de malária entre os estados brasileiros e concentrou maior número de casos da doença em 2017. Dos 193.876 casos de malária registrados no Brasil, 41,8% dos diagnósticos são de pessoas infectadas nos municípios amazonenses. Em 2016, foram registrados no país 129.248 casos de malária.

Disponível em: <https://g1.globo.com/am/amazonas/noticia/am-registra-mais-de-11-mil-casos-de-malaria-no-primeiro-bimestre-de-2018-veja-cidades-com-maior-incidencia.ghtml>. *Acesso em:* 12 set. 2019.

Com base nas informações e em seus conhecimentos, é CORRETO afirmar que a malária:

a) tem como agente patogênico um ectoparasito.
b) é controlada com o uso de uma vacina específica.
c) é endêmica em todo o Brasil, exceto na Região Sul.
d) é transmitida por um díptero que carrega o parasita.

3. (Uece) Denomina-se tripanossomíase qualquer doença causada por protozoários do gênero *Trypanosoma* que afetam o sistema cardiovascular. Entre esses protozoários, o *Trypanosoma cruzi* é o agente causador da doença de Chagas, uma endemia muito comum em países subdesenvolvidos.

Sobre a doença de Chagas, é correto dizer que

a) por ser transmitida somente pela picada do barbeiro, os casos têm diminuído no Brasil, em função da melhoria das condições de moradia nos últimos anos.
b) pacientes infectados precisam ficar isolados de pacientes sadios, pois uma forma de contágio da doença é o contato com fluidos orgânicos de doentes, como gotículas de saliva contaminada.
c) apesar de ser uma enfermidade muito grave, a cura é possível pela administração de antibióticos potentes aos pacientes contaminados.
d) a contaminação pode ocorrer a partir da ingestão de alimentos crus e contaminados com fezes do parasita, da transfusão de sangue ou de transplantes de órgãos contaminados.

4. (Unicamp – SP) Os estudos desenvolvidos pelo brasileiro Carlos Chagas (1879-1934) o levaram a descobrir o protozoário *Trypanosoma cruzi*, sendo o pesquisador responsável por descrever completamente uma doença infecciosa: o patógeno, o vetor, os hospedeiros, as manifestações clínicas e a epidemiologia. Ações realizadas no controle de vetores ajudaram o Brasil a receber a certificação internacional da interrupção de transmissão vetorial da doença de Chagas.

a) Comparando as formas prováveis de transmissão da doença de Chagas atualmente no país, observa-se que 72% dos casos da doença ocorreram por transmissão oral, 9% por transmissão vetorial e 19% por forma de transmissão não identificada. Explique como pode ocorrer a transmissão do *Trypanosoma cruzi* por via oral e quais são as medidas profiláticas recomendadas para a redução dessa forma de transmissão.

b) Em 2018, pesquisadores descobriram um composto capaz de impedir que o *Trypanosoma cruzi* saísse do intestino do inseto vetor. Além disso, o composto evitou a contaminação dos ovos da fêmea vetor com o *Trypanosoma cruzi* e reduziu a quantidade de ovos. Explique como essa descoberta pode reduzir o ciclo de transmissão da doença de Chagas.

Fonte: FERREIRA, C. M. *et al.* Heme crystallization in a Chagas disease vector acts as a redox-protective mechanism to allow insect reproduction and parasite infection. *PLOS Neglected Tropical Diseases*, San Francisco, v. 12, n. 7, p. 6661, July 2018.

5. (Famerp – SP) Estima-se que, no Brasil, mais de 2 milhões de pessoas sofram da doença de Chagas, sobretudo na Região Norte. A transmissão dessa doença ocorre quando as fezes contaminadas do barbeiro entram em contato com mucosas ou escoriações na pele, mas também pode ocorrer por meio

a) da transfusão sanguínea e da ingestão de leite materno.
b) da picada de mosquitos e da ingestão de açaí *in natura*.
c) do contato direto com gotículas de saliva e da ingestão de leite materno.
d) do contato direto com gotículas de saliva e da ingestão de açaí *in natura*.
e) da transfusão sanguínea e da picada de mosquitos.

6. (Fatec – SP) A leishmaniose é uma doença não contagiosa, causada por parasitas, que são transmitidos por vetores hematófagos, conhecidos por mosquito-palha ou birigui. O vetor se contamina com o sangue de pessoas e de animais doentes, principalmente cães, e transmite o parasita às pessoas e animais sadios. Existem dois tipos de leishmaniose, a tegumentar (conhecida como úlcera de bauru) e a visceral (conhecida como calazar), capazes de causar sérios danos às pessoas afetadas. A leishmaniose tegumentar caracteriza-se por feridas na pele e nas mucosas das vias aéreas superiores. A leishmaniose visceral é uma doença sistêmica, pois acomete vários órgãos internos, principalmente o fígado, o baço e a medula óssea. Atualmente, existem cerca de 12 milhões de pessoas infectadas por leishmaniose em 88 países. Um deles é o Brasil, o mais afetado ao lado da Índia, Etiópia e Sudão. A doença está entre as mais negligenciadas no mundo, de acordo com a Organização Mundial de Saúde (OMS), atingindo em sua maioria, as populações mais pobres.

Adaptado de: <https://tinyurl.com/y3elt26u> *Acesso em:* 17 jun. 2019.

Em relação a essa doença, é correto que

a) pode apresentar, em alguns casos, picos de febre alta, entre 39 °C e 40 °C que coincidem com a ruptura de órgãos afetados e a consequente liberação de novos vírus no sangue.
b) pode ser prevenida evitando a proliferação dos transmissores, usando mosquiteiros ao redor das camas e telas nas portas e janelas.
c) é causada por bactérias que atacam células do sangue (hemácias) e órgãos, como o fígado, o baço e a medula vermelha dos ossos.
d) é transmitida pela ingestão de água e alimentos contaminados com cistos dos agentes etiológicos.
e) caracteriza-se por ser uma doença infecciosa causada por protozoários do gênero *Trypanosoma*.

7. (UCPel – RS) Algas marinhas são atualmente muito consumidas em todo o mundo, as mais utilizadas são as verdes e as pardas, principalmente a alga nori (*Porphyra*), utilizada na preparação dos sushis. Outras algas marinhas que entram na alimentação dos japoneses são: a alga wakame (*Undaria*), que é utilizada principalmente na preparação de sopas; kombu (*Laminaria japonica*), uma alga bastante consistente, difícil de mastigar, que é utilizada na preparação de pratos como o feijão azuki, em sopas, ou seca como *snack* (salgadinho); e hiziki (*Hizikia fusiforme*), uma alga pequena, de sabor muito pronunciado, utilizada na preparação de saladas ou de refogados com outros alimentos.

Adaptado de: <https://www.blogs.unicamp.br/quimicaviva/2010/04/24/algas_de_sushis_so_sao_digerid/>. *Acesso em:* 17 out. 2020.

Assinale V para Verdadeiro e F para Falso, nas seguintes afirmações, levando em consideração a classificação biológica, o código de nomenclatura biológico e o texto acima.

( ) No texto, são mencionadas duas espécies de algas amplamente utilizadas no preparo de receitas: a alga wakame e a kombu.

( ) No texto, apenas dois gêneros e duas espécies são referidas como sendo utilizadas no preparo dos pratos orientais.

( ) No texto, quatro gêneros diferentes de algas são citados como tradicionalmente utilizados na culinária japonesa

( ) O texto, de forma geral, fala de organismos eucarióticos, autótofros ou heterótrofos, com organização corporal simples, sem tecidos, multicelulares e que alternam indivíduos haploides e indivíduos diploides em seu ciclo de vida.

De acordo com a classificação, o código de nomenclatura biológico e o texto, a sequência correta de V e F é:

a) V – F – F – V
b) F – F – V – F
c) V – V – F – V
d) F – V – V – F
e) F – V – F – F

8. (Unifacig – MG) Sobre as características gerais das algas, marque V para as afirmativas verdadeiras e F para as falsas.

( ) São seres procariontes e pertencentes ao Reino Protoctista.

( ) As espécies unicelulares de algas formam filamentos, lâminas ou estruturas compactas, chamadas de talo.

( ) Os cloroplastos encontrados nas células das algas são de forma e tamanho variável, dependendo da espécie.

( ) Diferente das plantas, as algas não apresentam embriões dependentes do organismo materno para sua nutrição.

A sequência está correta em

a) V, V, F, F.
b) V, F, V, F.
c) F, F, V, V.
d) F, V, F, V.

CAPÍTULO 14

Reino *Fungi*

Os biocombustíveis são derivados de biomassa renovável e podem substituir, parcial ou totalmente, combustíveis derivados de petróleo e gás natural em motores a combustão ou em outro tipo de geração de energia. São fontes de energia alternativa que apresentam baixo índice de emissão de poluentes. De acordo com a Agência Nacional do Petróleo, os dois principais biocombustíveis líquidos usados no Brasil são o etanol obtido a partir de cana-de-açúcar [resultado da fermentação alcoólica executada pelo fungo *Saccharomyces cerevisiae*] e o biodiesel, que é produzido a partir de óleos vegetais ou de gorduras animais e adicionado ao diesel de petróleo em proporções variáveis. Atualmente, segundo o Ministério de Minas e Energia, 20% do consumo do setor de transporte é de combustíveis renováveis.

Processamos, em 2020, mais de 660 milhões de toneladas de cana e produzimos aproximadamente 34 bilhões de litros de etanol. Somos o maior produtor do mundo de etanol a partir da cana-de-açúcar. Temos a maior frota de veículos *flex fuel* do mundo, podendo usar gasolina e etanol hidratado, em qualquer proporção na mistura.

A nossa produção de biodiesel, em 2020, cresceu 8,7%. E a capacidade instalada faz do Brasil o segundo maior produtor mundial desse importante combustível renovável. O setor de biodiesel também contribui para a inclusão social com mais de 98% do volume comercializado proveniente de usinas com selo biocombustível social, o que exige a inclusão de agricultores familiares na cadeia produtiva.

Adaptado de: Brasil avança no setor de biocombustíveis. *Disponível em:* <https://www.gov.br/pt-br/noticias/energia-minerais-e-combustiveis/2021/07/brasil-avanca-no-setor-de-biocombustiveis>. *Acesso em:* 21 ago. 2021.

Seu ponto de vista!

Que atitudes deveriam ser adotadas pelas pessoas de modo geral, no sentido de incentivar a utilização de biocombustíveis e o biodiesel, sobretudo nas grandes cidades?

T PHOTOGRAPHY/DEAWSS/ SHUTTERSTOCK

14-1. Características dos fungos

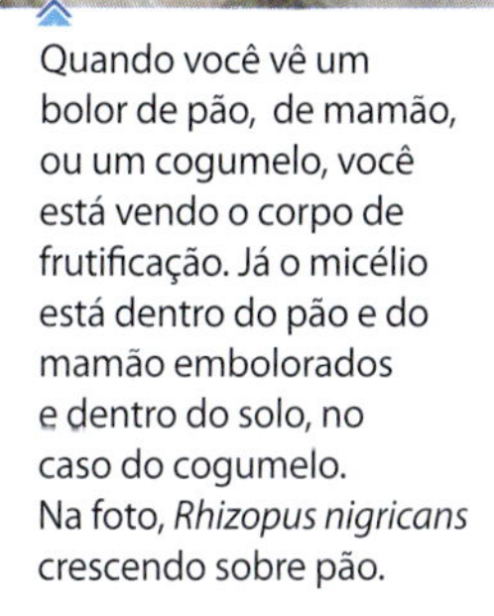
RATTIYA THONGDUMHYU/SHUTTERSTOCK

Quando você vê um bolor de pão, de mamão, ou um cogumelo, você está vendo o corpo de frutificação. Já o micélio está dentro do pão e do mamão embolorados e dentro do solo, no caso do cogumelo. Na foto, *Rhizopus nigricans* crescendo sobre pão.

Os fungos mais conhecidos são os formadores de bolores, mofos, cogumelos, orelhas-de-pau e o *Saccharomyces cerevisiae* (a levedura, utilizada como fermento biológico).

À primeira vista, parece que todo fungo é macroscópico. Existem, porém, fungos microscópicos, **unicelulares**. Entre estes, pode ser citado o *Saccharomyces cerevisiae*. Esse fungo é utilizado para a fabricação de pão, cachaça, cerveja etc., graças à fermentação que ele realiza.

Os fungos **pluricelulares** possuem uma característica morfológica que os diferencia dos demais seres vivos.

Seu corpo é constituído por dois componentes: o **corpo de frutificação** e o **micélio**. O corpo de frutificação é responsável pela reprodução do fungo, por meio de células reprodutoras especiais, os **esporos**, e o micélio é constituído por uma trama de filamentos, em que cada filamento é chamado de **hifa** (veja a Figura 14-1).

Na maioria dos fungos, a parede celular é complexa e constituída de **quitina**, a mesma substância encontrada no esqueleto dos artrópodes.

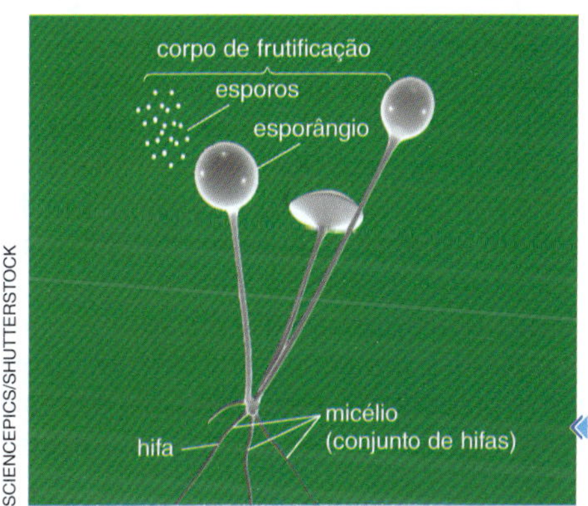

SCIENCEPICS/SHUTTERSTOCK

Figura 14-1. O corpo de um fungo: micélio e corpo de frutificação.

Habitat dos fungos

Como você viu, o micélio fica dentro do pão, do mamão, do solo etc., e em contato íntimo com o alimento que interessa ao fungo. Todo fungo é heterótrofo e precisa retirar do local em que está o micélio as substâncias de que precisa para viver. Assim, os fungos alimentam-se por *absorção* da matéria orgânica por eles decomposta.

As partículas de alimento são grandes demais para entrar nas hifas e ser digeridas. Assim, dá-se o contrário: as hifas liberam enzimas digestivas para o meio que as rodeia, já que estão em íntimo contato com o alimento, e dessa forma ocorre uma digestão extracelular.

Efetuada a digestão, os produtos digeridos são absorvidos, *difundindo-se* para todo o corpo do fungo que pode, assim, crescer.

(a) KISOVA ELENA/SHUTTERSTOCK

(b) KIRSANOV VALERIY VLADIMIROVICH/SHUTTERSTOCK

(c) HENRI KOSKINEN/SHUTTERSTOCK

(d) JON BENEDICTUS/SHUTTERSTOCK

(e) WAGNER CAMPELO/SHUTTERSTOCK

(f) IVAN MARJANOVIC/SHUTTERSTOCK

(g) MARTIN VOREL/SHUTTERSTOCK

Perceba a diversidade dos fungos macroscópicos. Umidade e matéria orgânica abundante são os dois requisitos fundamentais para a sobrevivência dos fungos.
(a) *Oudemansiella mucida* (2-8 cm), (b) *Otidea onotica* (5-10 cm), (c) *Leucopaxillus giganteus* (12-40 cm), (d) *Clavaria zollingeri* (4-8 cm), (e) *Pycnoporus sanguineus*, também conhecida como orelha-de-pau (2-7 cm), (f) *Laetiporus sulphureus* (10-50 cm), (g) *Amanita muscaria* (6-15 cm).

14-2. Importância dos fungos

Ecológica

A principal atividade dos fungos é o "desmanche" de moléculas orgânicas. Isso corresponde à decomposição de matéria orgânica. Com as bactérias, os fungos são importantes agentes de reciclagem de nutrientes na biosfera terrestre.

Doenças causadas por fungos

No homem, as micoses são provocadas por fungos. Frieiras, pé de atleta, sapinhos (candidíase causada pela levedura *Candida albicans*), unhas deformadas, micose de piscina (pitiríase) e micose pulmonar (blastomicose) são causadas por eles.

Atualmente, tem sido considerada como uma infecção importante a chamada doença do fungo negro (mucormicose), causada por fungos da ordem Mucorales. Quando esses fungos, que podem ser encontrados em substratos orgânicos em decomposição, são inalados, afetam diversos tecidos, podendo levar à necrose de alguns deles. Estudos evidenciaram que fungos do gênero *Rhizopus* são os causadores mais comuns da doença do fungo negro.

Nas plantas, também acarretam prejuízos incalculáveis. Em plantações de laranja, por exemplo, os fungos provocam o escurecimento das folhas, e os milharais podem ser totalmente destruídos pelo fungo que cresce nas espigas, assemelhando-se a carvão.

Estabelecendo conexões!

Micose

Quem não gosta de ter as unhas sempre arrumadas e bonitas? As unhas em boas condições são atraentes e têm a função, não apenas de enfeitar, mas também de proteger as extremidades dos dedos.

Principalmente nas épocas quentes do ano, como o verão, existe uma maior propensão de a grande vilã da saúde das unhas atacar: a *micose*. Isso acontece mais no calor porque a transpiração aumenta muito e também porque há um contato maior com a água (por exemplo, da piscina e do mar), fazendo com que a pele fique úmida por mais tempo. E é essa combinação bombástica de umidade e calor, associada à existência de matéria orgânica abundante, que favorece o aparecimento das antiestéticas micoses. As micoses são causadas por diferentes gêneros de fungos, que vivem e se alimentam de uma proteína presente nas unhas, na pele e nos cabelos: a *queratina*. Nas unhas, as micoses são principalmente identificadas por modificarem sua cor e seu aspecto, tornando-as escurecidas ou mesmo espessadas. Em alguns casos, pode haver o descolamento das extremidades e até o "esfarelamento" das unhas.

O tratamento da micose de unha é geralmente demorado e inclui compostos antifúngicos em comprimidos ou associados a esmaltes terapêuticos. O crescimento de uma nova unha geralmente requer um longo tempo, já que uma unha normal e sadia cresce, no máximo, 2 mm por mês.

MC MEDIASTUDIO/SHUTTERSTOCK

Desvende & Avalie!

Leia o QR Code abaixo e faça a atividade de experimentação sobre lêvedos.

Alimentar

O *champignon* é um cogumelo tradicionalmente cultivado pelo homem para fins alimentares. Há, porém, cogumelos semelhantes ao *champignon* que produzem substâncias extremamente tóxicas, podendo causar a morte.

TOMASZ CZADOWSKI/SHUTTERSTOCK

Morchellas são fungos, de 5 a 10 cm de altura, cujos corpos de frutificação são muito apreciados pelos *gourmets*, assim como o *champignon* e o *shiitake*.

GOWITHSTOCK/SHUTTERSTOCK

Um dos ingredientes mais utilizados na culinária oriental é o molho de soja, conhecido também como *shoyu*. Quem gosta de comida japonesa e chinesa certamente já o experimentou para acompanhar os *sushis*, *sashimis*, *yakisobas* e tantos outros pratos típicos dessa culinária. Acredita-se que o molho de soja tenha surgido na China há cerca de 2.500 anos, sendo que a soja já é conhecida dos chineses há 3.500 anos aproximadamente.

Perdem-se no tempo as técnicas primitivas do preparo desse molho, mas sabe-se que ele era utilizado principalmente como um conservante para os alimentos que precisassem ser transportados. Pode ser surpresa para muitos, mas o molho de soja é obtido por meio de um processo de fermentação: nesse caso, o fungo *Aspergillus oryzae* é utilizado para a fermentação natural dos grãos de soja. Depois, ele é salgado com uma salmoura (água com grande quantidade de sal). Se, por um lado, o *shoyu* apresenta as qualidades da soja, como riqueza em cálcio, proteínas e vitaminas, por outro, o excesso de sal é fator preocupante, principalmente para aqueles que sofrem de hipertensão.

Antibióticos

Conheça como se deu a descoberta dos antibióticos e o que mostram os antibiogramas. Para isso, leia o QR Code abaixo.

14-3. Reprodução dos fungos

Reprodução assexuada

Pode se dar por:

- **brotamento:** brotos ou gêmulas são formados nos fungos e podem manter-se unidos a eles, ou separar-se, formando novo indivíduo. Ocorre, por exemplo, em *Saccharomyces cerevisiae*;
- **fragmentação:** um micélio se parte, formando novas hifas e micélios;
- **esporulação:** nos fungos aquáticos é comum a formação de esporos flagelados (**zoósporos**) mitóticos, que se dispersam pelo meio e geram novos fungos. Nos fungos terrestres, os corpos de frutificação produzem, por mitose, células abundantes, leves, que são espalhadas pelo meio. Cada célula dessas, um esporo conhecido como **conidiósporo** (do grego, *kónis* = poeira), ao cair em um material apropriado, é capaz de gerar sozinha um novo mofo, bolor etc. (veja a Figura 14-2).

Na *reprodução assexuada*, ocorre a produção de esporos por mitose que germinarão e produzirão novos micélios.

KATERYNA KON/SHUTTERSTOCK

esporos (conidiósporos)

Figura 14-2. Fotografia de uma colônia de *Penicillium* sp. e ilustração de um corpo de frutificação. Os pequenos e leves esporos esféricos (conidiósporos) brotam de conídios que surgem na extremidade de uma hifa especializada, o conidióforo. (Cores-fantasia. Ilustração fora de escala.)

GODI PHOTO/SHUTTERSTOCK

Liberação de esporos por fungo (*Lycoperdon perlatum*, 2-4 cm).

Reprodução sexuada

No ciclo reprodutivo de alguns fungos aquáticos, há a produção de gametas flagelados, que se fundem e geram zigotos que produzirão novos indivíduos. Nos fungos terrestres, existe um ciclo de reprodução no qual há produção de esporos por meiose. Desenvolvendo-se, esses esporos geram hifas haploides que posteriormente se fundem e geram novas hifas diploides, dentro das quais ocorrerão novas meioses para produção de mais esporos meióticos. A alternância de meiose e fusão de hifas (que se comportam como gametas) caracteriza o processo como sexuado.

O esquema da Figura 14-3 ilustra um ciclo de reprodução genérico, válido para a maioria dos fungos. Muitos alternam a reprodução sexuada com a assexuada. Em outros, pode ocorrer apenas reprodução sexuada ou apenas a reprodução assexuada.

De modo geral, a *reprodução sexuada* dos fungos se inicia com a fusão de hifas haploides, caracterizando a **plasmogamia** (fusão de citoplasmas). Os núcleos haploides geneticamente diferentes, provenientes de cada hifa parental, permanecem separados (**fase heterocariótica**, $n + n$). Posteriormente, a fusão nuclear (**cariogamia**) gera núcleos diploides que, dividindo-se por meiose, produzem esporos haploides. Esporos formados por meiose são considerados sexuados (pela variabilidade decorrente do processo meiótico).

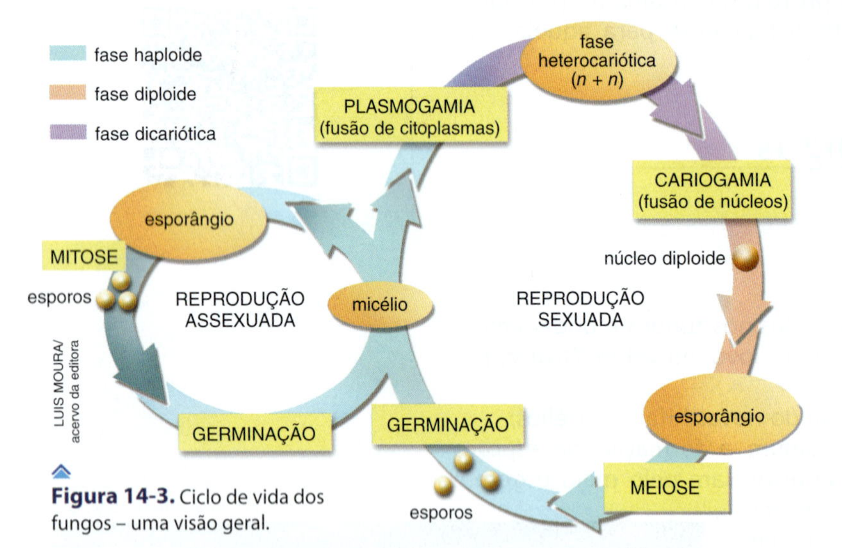

Figura 14-3. Ciclo de vida dos fungos – uma visão geral.

Algumas curiosidades merecem ser citadas a respeito da *fase sexuada* da reprodução:

- antes de ocorrer plasmogamia, é preciso que uma hifa "atraia" a outra. Isso acontece por meio da produção de *feromônios*, substâncias de "atração sexual" produzidas por hifas compatíveis;
- em muitos fungos, após a plasmogamia decorre muito tempo (dias, meses, anos) até que aconteça a cariogamia;
- a produção de esporos meióticos, após a ocorrência de cariogamia, se dá em estruturas especiais, frequentemente chamadas de **esporângios**.

14-4. Classificação dos fungos

Classificar fungos não é tarefa fácil. Trata-se de um grupo muito antigo (mais de 540 milhões de anos) e existem muitas dúvidas a respeito de sua origem e evolução. Sem dúvida, os fungos mais conhecidos são os **ascomicetos** e os **basidiomicetos**. Como curiosidade, citaremos também o grupo dos **zigomicetos**.

Tabela 14-1. Classificação dos fungos.

FILO	CARACTERÍSTICAS
***Ascomycota* (ascomicetos)**	▪ mais de 32 mil espécies ▪ meio aquático e terrestre ▪ algumas espécies causam consideráveis estragos em plantas cultivadas ▪ mais de 40% das espécies presentes nos liquens RATTIYA THONGDUMHYU/ SHUTTERSTOCK *Saccharomyces cerevisiae*, o popular fermento de padaria e dos cervejeiros e produtores de vinhos, é um fungo ascomiceto unicelular. VITALINA RYBAKOVA/ SHUTTERSTOCK As delicadíssimas trufas, uma iguaria da culinária internacional, são corpos de frutificação subterrâneos de ascomicetos formadores de micorriza. Medem entre 2 e 6 cm de diâmetro.

FILO	CARACTERÍSTICAS
Basidiomycota **(basidiomicetos)**	▪ cerca de 30 mil espécies ▪ alguns representantes parasitas em culturas vegetais agrícolas ▪ inclui mofos, cogumelos, orelhas-de-pau, fungos de micorriza, cogumelos comestíveis como o *champignon*, cultivado em solo estercado e enriquecido com serragem Cogumelo *shiitake* crescendo sobre tronco de árvore. SARAVUT BIACHARAS/SHUTTERSTOCK
Zigomycota **(zigomicetos)**	▪ cerca de mil espécies ▪ profusamente distribuídos: muitos vivem livremente nos solos, decompondo restos de animais e de vegetais, enquanto outros atuam como parasitas e comensais de animais Uma das espécies mais conhecidas de zigomicetos é *Rhizopus stolonifer*, o bolor do pão e de frutas. ALDONA GRISKEVICIENE/SHUTTERSTOCK

14-5. Associações ecológicas com fungos

Muitos fungos estabelecem associações com outros seres vivos. Há os que se associam a algas, formando os **liquens**, e os que o fazem com raízes de muitas plantas superiores, constituindo as **micorrizas**.

Nessas duas situações, há vantagens para ambos os participantes da associação, que é um caso de mutualismo.

Os liquens são formados pela associação de uma alga com um fungo. Nessa associação, um tipo de simbiose com mutualismo, a alga fornece alimento orgânico ao fungo que, por sua vez, é encarregado de fornecer umidade à alga. Assim, ambos têm vantagem na associação.

ZOLTAN SCHMIDT/SHUTTERSTOCK

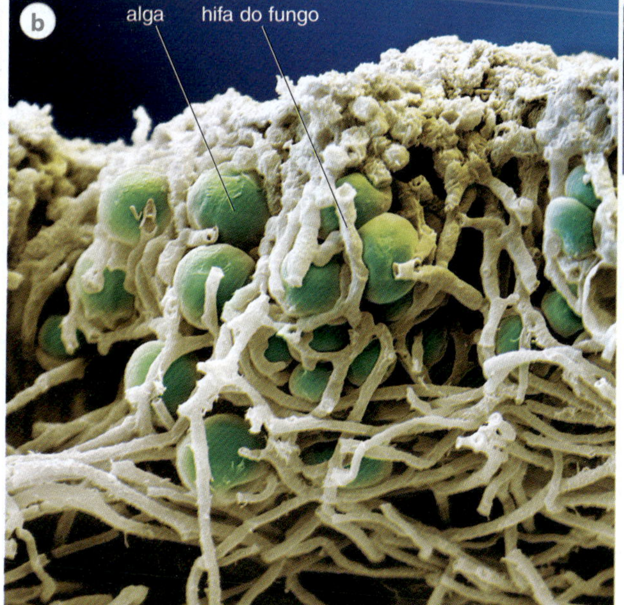

EYE OF SCIENCE/SPL/LATINSTOCK

(a) Líquen (*Xanthoria parientina*) em casca de árvore. (b) O detalhe mostra hifas de fungos, entrelaçadas com as algas (imagem ampliada 1.200 vezes).

Anote!

Cientistas descobriram que muitos liquens são constituídos por três participantes, ao invés de apenas dois: uma alga e dois fungos, um deles um ascomiceto e o outro um basidiomiceto.

Estabelecendo conexões!

Se você mora em uma grande cidade e não encontra liquens nas árvores, isso não é um bom sinal, pois sua ausência é considerada um excelente indicador de poluição atmosférica por gases. Os liquens são incapazes de "excretar" as substâncias tóxicas que absorvem, porém, são extremamente sensíveis a gases poluentes liberados por indústrias e veículos movidos a derivados de petróleo, especialmente ao dióxido de enxofre (SO_2).

Que medidas poderiam ser implementadas para melhorar a qualidade do ar das cidades?

Questão socioambiental

Verão e micose: uma combinação nada agradável

A associação é bastante frequente: sempre que chega o verão, a preocupação com as micoses aumenta, e muito. As micoses são doenças causadas por diversos gêneros de fungos que costumam se alimentar de queratina, uma proteína frequentemente encontrada na pele, nas unhas e nos cabelos. No verão, época mais quente do ano, as micoses aparecem mais, já que os fungos, de modo geral, preferem ambientes quentes e úmidos.

Tendo em vista que os principais ambientes úmidos públicos frequentados no verão são praias, piscinas, vestiários e banheiros de clubes, que medidas você conhece e quais você sugere implantar para que não ocorra a disseminação de micoses?

ATIVIDADES

A CAMINHO DO ENEM

1. Mas, comercializar o *etanol* celulósico tem sido uma tarefa árdua. Para a conversão da matéria vegetal em combustível, os produtores precisam utilizar tratamentos químicos custosos no sentido de "desmontar" os biopolímeros das plantas, por exemplo, a *celulose*, liberando açúcares simples como a *glicose*, que possam ser fermentados pelas *leveduras*.

SERVICE, R. F. Cellulosic etanol at last? *Science*, Washington, v. 345, n. 6201, 5 Sep. 2014, p. 1111.

No texto, são citados, na ordem, o *etanol*, a *celulose*, a *glicose* e *leveduras* fermentadoras. Assinale a alternativa que relaciona, corretamente, a natureza química das substâncias, na sequência em que são citadas, bem como o grupo de seres vivos a que pertencem as leveduras.

a) álcool etílico, dissacarídeo, monossacarídeo, fungos.
b) monossacarídeo, polissacarídeo, monossacarídeo, protozoários.
c) álcool etílico, polissacarídeo, monossacarídeo, fungos.
d) lipídio, polissacarídeo, monossacarídeo, fungos.
e) álcool etílico, polissacarídeo, monossacarídeo, bactérias.

2. Cerca de 90% das plantas possuem fungos em suas raízes, vivendo em uma associação chamada de micorriza. Em 1997, pesquisadores da Universidade de British Columbia, no Canadá, mostraram que ocorrem transferências de átomos de carbono entre fungos de micorriza presentes em raízes de pinheiros conhecidos como abeto de Douglas e fungos que vivem em raízes de outra espécie de vegetal, denominado de bétula. Considerando o relacionamento existente entre os fungos e os vegetais citados e o que se conhece a respeito da morfologia e do metabolismo dos fungos, é correto afirmar que os átomos de carbono transferidos entre os fungos mencionados:

a) são produzidos por hifas constituintes dos micélios de ambas as espécies de fungos pelo processo de fotossíntese.
b) são provenientes de moléculas orgânicas, originadas do processo de fotossíntese realizado pelos vegetais com os quais se associam.
c) serão utilizados para a produção da celulose componente das paredes celulares de ambas as espécies de fungos.
d) serão constituintes do polissacarídeo amido que será armazenado no interior dos cloroplastos presentes nas células componentes das hifas.
e) serão constituintes do polissacarídeo glicogênio que será armazenado no interior de estruturas semelhantes a cloroplastos presentes nas células das hifas das duas espécies.

3. Em maio do ano de 2018, um homem idoso foi admitido no Hospital Mount Sinai, no Brooklin, Nova York (EUA), para uma cirurgia abdominal. Um exame de sangue revelou que ele havia sido infectado por um germe letal e misterioso, descoberto há pouco tempo. O germe, *Candida auris*, ataca pessoas com o sistema imunológico enfraquecido e está se espalhando silenciosamente pelo mundo. Outra espécie muito comum é a *Candida albicans*, causadora da doença popularmente conhecida como candidíase, que afeta a região bucal e órgãos genitais, acarretando a formação de manchas esbranquiçadas.

Os dois germes citados são componentes do grupo dos fungos e pertencem

a) à mesma espécie, o que é revelado pelo termo inicial do seu nome científico.
b) à mesma categoria a que pertencem as bactérias causadoras de pneumonia.
c) ao mesmo gênero, o que é revelado pelo primeiro termo do nome científico.
d) ao mesmo grupo a que pertencem os vírus, uma vez que são acelulares.
e) ao reino vegetal, uma vez que, assim como as plantas, são fotossintetizantes.

4. A banana, uma das frutas mais consumidas do mundo, está sob ameaça da expansão global de uma nova variedade do mal-do-Panamá – causado por um tipo de fungo cientificamente batizado de *Fusarium oxysporum*, cujos estudos identificaram a existência de quatro tipos. Segundo a FAO (Organização das Nações Unidas para a Alimentação e a Agricultura), esse fungo pode contaminar mais de 80% das espécies de bananas cultivadas no mundo e seu poder de destruição é tal que pode levar à perda de 100% do campo cultivado. O fungo se hospeda no solo e é extremamente persistente, sobrevivendo por até 30 anos e ataca raízes, pseudocaule e folhas. As bananeiras infectadas sofrem o amarelecimento das folhas, murcham e morrem – daí um dos apelidos da doença ser "murcha" de *Fusarium*.

Adaptado de: AMPUDIA, R. Fungo dizima plantações de bananas pelo mundo. *Folha de S.Paulo*, São Paulo, 22 set. 2019. Caderno Mercado, p. A24-A25.

Os fungos da espécie citada no texto são organismos:

a) eucariontes e pertencem ao reino Monera.
b) procariontes e pertencem ao reino *Fungi*.
c) procariontes e pertencem ao reino Protoctista.
d) eucariontes e pertencem ao reino *Plantae*.
e) eucariontes e pertencem ao reino *Fungi*.

5. Organismos, tais como fungos, que causam doenças em plantas, frequentemente secretam proteínas que auxiliam o crescimento e a reprodução desses seres parasitas nas plantas-alvo. Essas proteínas são denominadas de efetoras, e algumas atuam como enzimas desreguladoras, que agem bloqueando reações metabólicas nas plantas hospedeiras. Pesquisadores, porém, isolaram uma proteína em plantas de milho que bloqueia a atividade enzimática da proteína efetora dos fungos, frustrando, desse modo, a habilidade desses seres em bloquear reações metabólicas em plantas de milho. O estudo desses pesquisadores foi feito com o fungo parasita *Ustilago maydis*, causador do conhecido carvão de milho, em espigas dessa planta. As pesquisas conduziram à descoberta, em plantas de milho afetadas, da proteína quiwelina, responsável pela inibição da proteína efetora dos fungos.

Adaptado de: MARY, C. W. Plants fight fungi using kiwellin proteins. *Nature*, London, v. 565, n. 7741, p. 575, 31 Jan. 2019.

O texto relata características marcantes de espécie de organismo pertencente ao grupo biológico dos fungos, seres vivos que são todos:

a) heterótrofos e componentes do reino Monera, assim como as bactérias, procariontes, todas produtoras de esporos, a exemplo dos fungos.
b) autótrofos e se alimentam graças à produção de matéria orgânica no interior de seus hospedeiros, o que acarreta grande produção de esporos dispersores das espécies.
c) heterótrofos, dotados de tecidos organizados, assim como ocorre com os animais, que também se reproduzem exclusivamente por meio da produção de esporos.
d) autótrofos, componentes do reino Vegetal e, assim como todas as plantas, reproduzem-se por meio da produção de esporos que se dispersam pelo meio de vida.
e) eucarióticos, heterótrofos, desprovidos de tecidos organizados, produzem esporos ao se reproduzirem e algumas espécies – como a citada no texto – atuam como parasitas de plantas.

---

6. Com relação aos processos de reprodução sexuada e assexuada dos fungos, responda:

a) A que correspondem as letras A, B, C e D?
b) Indique dois grupos de fungos que apresentam reprodução sexuada.
c) Cite e explique três tipos de reprodução assexuada realizada por fungos?

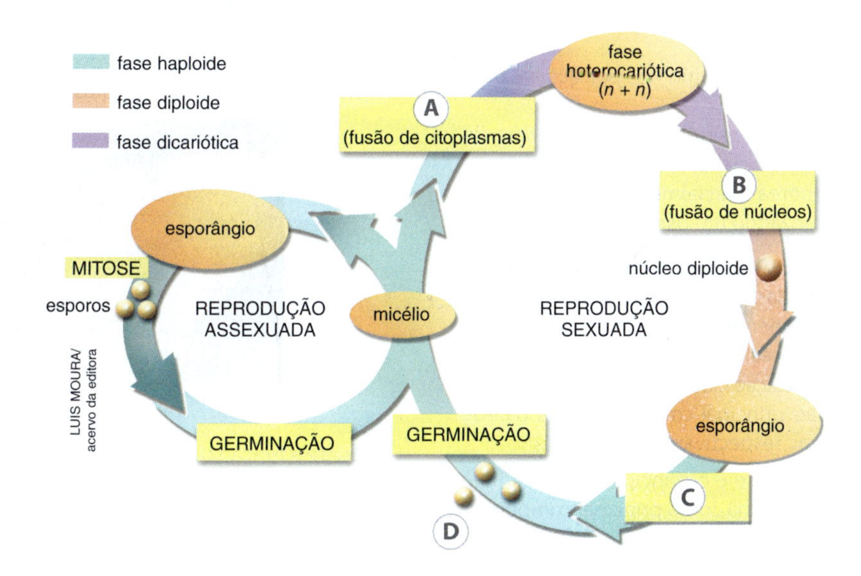

TESTE SEUS CONHECIMENTOS

1. (SENAI) A imagem abaixo ilustra uma trufa, que é uma iguaria muito apreciada por amantes da gastronomia. Esse organismo caracteriza-se por ser eucarionte e heterótrofo e se alimenta por absorção de nutrientes do meio, podendo ser considerado um decompositor, portanto pertence ao reino

TH3LASTPEACE/SHUTTERSTOCK

a) *Animalia*.
b) Protista.
c) Monera.
d) *Plantae*.
e) *Fungi*.

2. (UNIFACS – BA) A candidíase oral, doença popularmente conhecida como "sapinho", pode acometer a pessoa em qualquer fase da vida. Integrante dos microrganismos naturais (microbiota) presentes no corpo, em especial nos órgãos do trato gastrintestinal, incluindo a boca, quando seu equilíbrio é afetado por algum problema, como a baixa resistência, abre-se o caminho para proliferação de seu agente etiológico. A principal manifestação da candidíase são as manchas brancas e de aspecto pastoso na língua e no interior das bochechas, que podem se espalhar para outras áreas, incluindo a garganta, as gengivas, o céu da boca e até mesmo o esôfago.

Entre as características citadas a seguir, aquela que pertence ao agente etiológico da candidíase é:

a) presença de parede celular quitinosa, envolvendo a membrana plasmática de sua célula.
b) um DNA circular, sem histona, disperso no citoplasma de sua célula.
c) perda de seu exoesqueleto quitinoso, por ecdise, para que possa crescer.
d) presença de três folhetos germinativos e ausência de celoma.
e) uma cavidade corpórea parcialmente revestida pela mesoderme, caracterizando um pseudoceloma.

3. (FPS – PE) Whittaker, em 1969, foi o primeiro pesquisador a propor um sistema de classificação em cinco reinos, estabelecendo um reino independente para os fungos, o reino *Fungi*. Em relação às características desses organismos, quanto ao tipo de organização celular, ao polissacarídeo de reserva energética e ao principal componente da parede celular, é correto afirmar, respectivamente, que:

a) são procarióticos; a glicose é o principal polissacarídeo de reserva; possuem quitina como principal componente da parede celular.
b) são eucarióticos; a celulose é o principal polissacarídeo de reserva; possuem queratina como principal componente da parede celular.
c) são procarióticos; o peptídioglicano é o principal polissacarídeo de reserva; possuem quitina como principal componente da parede celular.
d) são eucarióticos; o glicogênio é o principal polissacarídeo de reserva; possuem quitina como principal componente da parede celular.
e) são eucarióticos; o glicogênio é o principal polissacarídeo de reserva; possuem queratina como principal componente da parede celular.

4. (UENP – PR) Os fungos são organismos eucarióticos, heterótrofos e podem ser encontrados nos mais diferentes ambientes.

Com base nos conhecimentos sobre fungos, considere as afirmativas a seguir.

I. A nutrição é heterotrófica e acontece pela digestão extracorpórea realizada pelo próprio fungo, lançando no ambiente enzimas digestivas que transformam moléculas orgânicas complexas em moléculas simples.
II. A parede celular dos fungos é formada por queratina, um polissacarídeo nitrogenado que a torna impermeável e que aparece também nos esqueletos dos cnidários e nas unhas de alguns mamíferos.
III. A reprodução é assexuada e ela acontece da fusão das hifas haploides que se fundem e originam hifas diploides (2*n*), as quais continuam se dividindo por mitose, formando inúmeros esporos que são dispersos no ambiente pelo vento.
IV. Os fungos, por meio de associações íntimas e permanentes com outros organismos, podem formar os chamados liquens e, nesse caso, os dois organismos formam uma relação ecológica classificada de mutualismo.

Assinale a alternativa correta.

a) Somente as afirmativas I e II são corretas.
b) Somente as afirmativas I e IV são corretas.
c) Somente as afirmativas III e IV são corretas.
d) Somente as afirmativas I, II e III são corretas.
e) Somente as afirmativas II, III e IV são corretas.

5. (Uerj) Recentemente, uma empresa italiana lançou o Muskin, um "couro vegetal" 100% biodegradável, produzido a partir do corpo de frutificação do *Phellinus ellipsoideus*, uma espécie de fungo macroscópico que cresce sobre os troncos de árvores das florestas subtropicais.

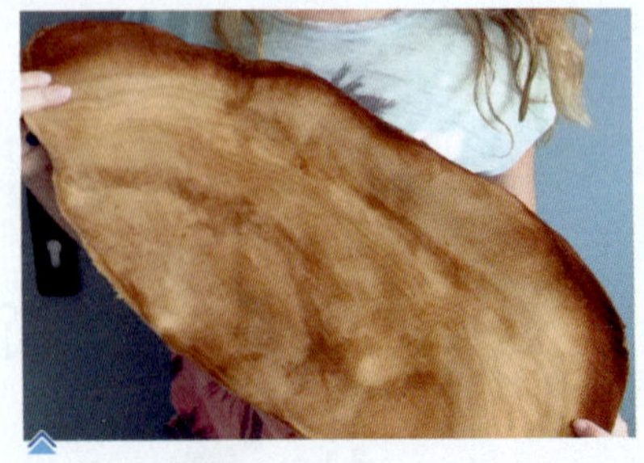
Phellinus ellipsoideus.

Aponte a função do corpo de frutificação presente nos fungos. Em seguida, indique se a retirada dessa estrutura compromete a sobrevivência da espécie *Phellinus ellipsoideus*, justificando sua resposta.

6. (Unit – AL) Os fungos são seres bem diferentes dos outros grupos de seres vivos e, por isso, são classificados em um reino só seu, o reino *Fungi*. Apesar de existirem formas unicelulares, como o lêvedo, os fungos são organismos eucariontes e heterotróficos, formados por um emaranhado de filamentos, chamados de hifas, que podem ser de dois tipos: as cenocíticas e as septadas.

Em relação aos organismos desse reino, pode-se afirmar:

a) As leveduras são fungos unicelulares com capacidade de fermentar carboidratos e produzir etanol na presença do oxigênio.
b) Sobre a membrana plasmática de suas células, há a presença de parede celular composta de quitina e polipeptídio, que constituem o exoesqueleto dos artrópodes.
c) Sua organização tissular possibilita o desenvolvimento de órgãos que potencializam sua digestão intracelular, independente de lisossomos.
d) Nos pluricelulares, o grupo de micélios forma as hifas, que, em conjunto, proporcionam o desenvolvimento de órgãos essenciais ao crescimento do indivíduo.
e) Há espécies que podem desenvolver doenças na pele de pessoas com o sistema imune deficiente, como aqueles portadores do HIV.

7. (Unifunec – SP) O cogumelo *champignon* de Paris é um dos mais apreciados e exige algumas condições específicas para sua produção, dentre elas estão a ausência de luz e a presença de solo rico em matéria orgânica.

a) A qual reino de seres vivos os cogumelos pertencem? Qual é o motivo de a luz não ser fundamental para o cultivo desses cogumelos?
b) Considerando que os cogumelos não apresentam tecidos, mas sim hifas e micélios, como ocorre o processo de nutrição a partir da matéria orgânica do solo?

8. (UEM – PR) Sobre a agricultura no Brasil e os problemas relacionados às pragas, indique as alternativas corretas e dê sua soma ao final.

(01) O fungo causador da vassoura-de-bruxa nas plantações de cacau levou o Brasil à queda da produção desse fruto no início da década de 1990, afetando os seus mercados interno e externo.
(02) Atualmente, a vassoura-de-bruxa não é mais um problema para os agricultores e pesquisadores do fungo, pois eles encontraram formas de dizimar a praga das plantações de cacau.
(04) A dificuldade de controlar a broca-do-café com produtos químicos levou a tentativas de controle biológico utilizando-se fungos parasitos. O controle biológico é uma das características da agricultura orgânica, que vem crescendo no país e no mundo.
(08) As ferrugens que afetam as folhas dos pés de café são exemplos de espécies de fungos do grupo dos basidiomicetos. Ao parasitar vegetais, esses fungos causam prejuízos à produção agrícola.
(16) O uso dos fungos como bioinseticidas no combate às pragas agrícolas tem a desvantagem de causar a morte de insetos polinizadores. Os agrotóxicos são mais específicos, por isso, quando utilizados, evitam a morte de outros insetos.

9. (UPE) Os fungos são organismos, que apresentam grande diversidade e importância ecológica, econômica e médica. Eles são decompositores, produzem substâncias úteis para a indústria farmacêutica, de bebidas e de alimentos, sendo usados no controle biológico de pragas, além de serem parasitas de plantas e animais. Em humanos, desenvolvem micoses comuns, a exemplo da candidíase e frieira. Essas doenças são causadas por um grupo de fungos, que antes eram classificados no grupo deuteromicetos, considerados fungos imperfeitos.

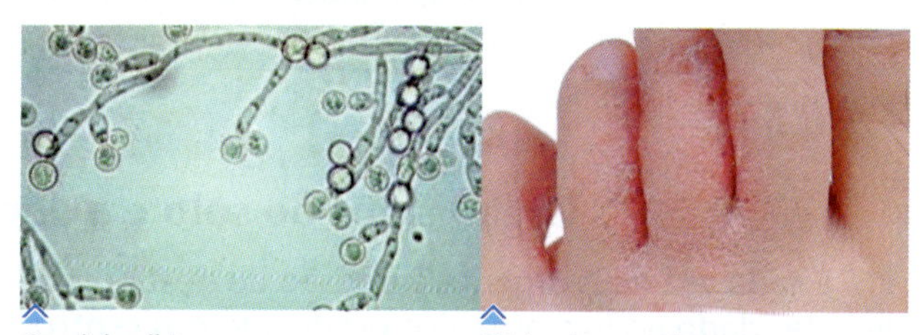

Candida albicans — *Trichophyton rubrum*

Fonte: Imagens Google. *Acesso em:* 20 out. 2020.

Os fungos causadores das micoses citadas no texto estão representados nas figuras e são classificados atualmente como

a) basidiomicetos, grupo ao qual pertencem os cogumelos, que se reproduzem por meio de basídios, corpos de frutificação que produzem os basidiósporos na fase assexuada.
b) mastigomicetos, grupo ao qual pertencem espécies com esporos flagelados que se unem por plasmogamia na fase de reprodução sexuada.
c) zigomicetos, grupo ao qual pertencem os bolores, tal como os do gênero *Rhizopus*, que se desenvolvem em alimentos ricos em carboidratos, a exemplo de pães, frutas e verduras, por meio de esporulação dos corpos de frutificação chamados esporângios.
d) ascomicetos, grupo ao qual pertencem as leveduras, a exemplo do gênero *Saccharomyces*, que se reproduzem por brotamento.
e) quitridiomicetos, grupo ao qual pertencem as espécies sapróbias ou parasitas que vivem em ambiente terrestre ou de água doce, onde se reproduzem por meio de esporos flagelados.

10. (Fasa – SP) Os liquens são extremamente sensíveis a alterações ambientais. Assim, a presença de liquens sugere baixo índice de poluição, enquanto seu desaparecimento sugere agravamento da poluição ambiental. Os fungos liquenizados, são encontrados quase exclusivamente em associação simbiótica com organismos fotossintetizantes (algas ou cianobactérias). Essas associações são encontradas na natureza como uma estrutura (talo) conhecida como líquen.

Os dados da pesquisa sugerem que os fungos podem ser usados como:

a) seres bioindicadores.
b) seres decompositores.
c) seres biodigestores.
d) seres degradantes.
e) seres quimiodegradantes.

INTEGRANDO CONHECIMENTOS

Sobre a BNCC

Competências gerais da BNCC: **1, 2, 7, 10**

Competências específicas de Ciências da Natureza e suas Tecnologias: **1, 3**

Habilidades específicas de Ciências da Natureza e suas Tecnologias: **EM13CNT106, EM13CNT301, EM13CNT302, EM13CNT310**

Organismos do solo e a decomposição de matéria orgânica

É cada vez mais urgente a decisão do destino que deve ser dado ao lixo orgânico produzido nos centros urbanos. É comum o encontro de restos de alimentos espalhados em vias públicas, fato que pode proporcionar a atração de animais nocivos à saúde como, por exemplo, ratos, moscas, pernilongos, aranhas e escorpiões. Por outro lado, em ocasiões de chuva, esses restos alimentares orgânicos, com os recipientes abertos que os contêm, podem atingir lagos, rios e mesmo oceanos, acarretando prejuízos incalculáveis ao ambiente e aos seres vivos dessas coleções de água.

Com o crescimento das cidades e a migração cada vez mais frequente de pessoas para os centros urbanos, o que é uma tendência mundial, agrava-se a situação decorrente do acúmulo de restos alimentares e os respectivos recipientes de vidro, plástico ou outros materiais que os contêm. Quanto aos recipientes, o destino aparentemente é solucionado por reciclagem ou reutilização.

A solução ao problema ambiental do descarte de lixo pode contar com a participação de seres vivos encontrados, sobretudo, no meio agrícola ou em locais urbanos destinados ao tratamento de resíduos orgânicos.

Respostas aos impactos ambientais: como solucionar?

No que se refere ao lixo alimentar, de natureza orgânica e que contém também elementos minerais, é preciso levar em conta a participação de seres vivos, microscópicos ou não, que possibilitem a sua decomposição.

Nos solos de vários biomas brasileiros e também nos solos agrícolas, a participação de organismos que ingerem matéria orgânica ou os decompositores é fundamental na resolução do acúmulo de resíduos, notadamente os alimentares. Nesse sentido, é fundamental relembrar o papel executado principalmente por minhocas e, sobretudo, por bactérias e fungos microscópicos decompositores, cuja ação nunca deve ser esquecida.

No caso de lagos, rios e mares, é também fundamental não apenas a participação desses seres microscópicos, mas, igualmente, a ação relevante desempenhada por espécies de algas microscópicas, que se beneficiam do aumento na quantidade de nutrientes minerais gerado pelo conhecido processo denominado de *eutrofização*.

KOY_HIPSTER/SHUTTERSTOCK

Participação coletiva é o que importa

Na discussão dos assuntos abordados na Unidade 4, é fundamental a sua participação e a de seus colegas de turma, no sentido de dominarem as características estruturais e metabólicas básicas de bactérias, fungos e algas, descritas nos capítulos estudados.

No que se refere à ação de espécies componentes desses grupos biológicos sobre a matéria orgânica contida no lixo alimentar descartado em meios urbanos e dirigidos a centros de tratamento ou diretamente em solos agrícolas ou mesmo florestais, é fundamental conhecer os mecanismos metabólicos utilizados.

Informações adicionais devem ser obtidas por meio de consultas a diferentes mídias confiáveis e tecnologias de informação e comunicação (TDIC), no sentido de ampliar seus conhecimentos em torno do tema em questão.

Estabelecer grupos de discussão

Assim como ocorreu nos projetos das demais Unidades, organizem-se em pequenos grupos de pesquisa e discussão, uma vez que os temas abordados irão requerer pesquisa e análise. Após o levantamento de dados, o grupo deve se reunir e iniciar os debates a respeito da validade dos procedimentos científicos obtidos, sobretudo em termos das soluções encontradas para o problema do acúmulo do lixo orgânico gerado pelos habitantes das cidades.

Vamos começar!!!

Fase 1 – Levantamento da quantidade de lixo orgânico produzido em sua rua ou condomínio

Cada grupo deverá escolher determinada rua próxima à escola ou mesmo o prédio ou condomínio em que um dos participantes do grupo reside para fazer o levantamento de dados. Escolham um local em que é possível estimar seu número de habitantes.

A seguir, estabeleçam o modo de ação para quantificar o número de sacos de lixos produzidos durante uma semana no local escolhido para a sondagem. Registrem seus dados e façam um gráfico da quantidade de lixo descartada por dia durante o período de coleta de dados. Caso tenha sido possível estimar o número de habitantes do local de coleta, registrem seu gráfico colocando a quantidade de lixo descartada por habitante.

Fase 2 – Reconhecimento de ocorrências de descarte indevido de lixo nas vias urbanas e/ou condomínio

a) Foi constatado descarte irregular de lixo no local da sondagem? Se sim, que tipos de impacto essa atitude causou no ambiente? Houve proliferação de animais relacionados à presença de restos alimentares?

b) Façam um levantamento a respeito de possíveis ocorrências indesejáveis e danosas à saúde, no que se refere ao descarte indevido de lixo nas proximidades de suas residências ou escolas.

c) Ampliem sua pesquisa e investiguem a ação benéfica de minhocas, fungos e bactérias na transformação dos resíduos orgânicos alimentares. Que tipo de ação desempenham as minhocas em solos enriquecidos com elas? Que mecanismos metabólicos energéticos, aeróbios ou anaeróbios, bactérias e fungos realizam ao atuarem nos restos alimentares despejados em centros de tratamento de lixo ou em solos agrícolas ou florestais? Que nutrientes minerais resultam da ação decompositora executada por esses imprescindíveis seres microscópicos? Quais os seres amplamente beneficiados, nos solos florestais ou agrícolas, por essa ação decompositora?

Fase 3 – Apresentação dos resultados

Os grupos deverão apresentar para a classe os dados do levantamento e as conclusões a que chegaram após a discussão. Se possível ilustrem seu levantamento com fotos e/ou indiquem vídeos para ilustrar os acontecimentos.

Tendo sido possível para cada grupo estabelecer a quantidade de lixo produzida semanalmente por habitante, estimem a média aritmética e calculem a quantidade de lixo produzida semanalmente pelos habitantes de sua cidade. Pesquisem em *sites* confiáveis sobre a quantidade de lixo produzido por habitante de outras cidades e comparem os resultados.

Finalização

Que atitude pode ser tomada no sentido de esclarecer às pessoas que moram nas ruas ou condomínios pesquisados no sentido de evitar o descarte inadequado de lixo orgânico?

Como podemos solicitar a atenção das autoridades públicas e governos municipais e estaduais sobre os impactos causados pelo lançamento inadequado de lixo orgânico nos ambientes das cidades estudados?

Todos nós, o que inclui você e seus colegas, somos chamados a auxiliar no esclarecimento das pessoas sobre a necessidade de limpeza e conservação dos ambientes públicos, do uso racional dos alimentos e de seu apropriado descarte. Afinal, é a preservação da saúde coletiva que está em jogo.

MATTLPHOTOGRAPHY/SHUTTERSTOCK

unidade

5

REINO *ANIMALIA*

CAPÍTULO 15

Invertebrados

Pesquisas do Instituto Oceanográfico da Universidade de São Paulo atestaram a presença de plásticos e microplásticos (partículas invisíveis ao olho nu) em grande quantidade de animais marinhos, como mexilhões (moluscos) e crustáceos (artrópodes).

O plástico incorretamente descartado e que se encontra nas camadas superficiais das águas oceânicas não fica para sempre aí: sabe-se que as correntes marítimas acabam depositando esse material no fundo do mar. Como não são facilmente degradados, plásticos e microplásticos ficam retidos entre as partículas de lama e de areia, podendo ser ingeridos pelos animais marinhos que habitam o fundo do mar, como os pepinos-do-mar, assim como pelos filtradores. De um modo ou de outro, esses materiais entram na cadeia alimentar e há estimativa que pessoas que comem frutos do mar (moluscos e crustáceos, em geral) podem estar ingerindo pedaços de microplásticos.

Pesquisa realizada pela agência científica australiana CSIRO's Oceans and Atmosphere estima que haja cerca de 14 milhões de toneladas de plástico e microplástico submersas no oceano, quantidade indicativa de que são necessárias ações urgentes para reciclagem desses materiais!

Seu ponto de vista!

É possível viver atualmente sem computador, roupas de poliéster, embalagens plásticas em geral e um número gigantesco de objetos que facilitam a nossa vida feitos com esse material? Resposta complicada... Mas, os plásticos precisam parar no oceano?

RICH CAREY/SHUTTERSTOCK

15-1. Características que distinguem os animais

A partir deste capítulo, iniciaremos o estudo da Zoologia, ou seja, dos integrantes do reino *Animalia*. É um reino constituído basicamente pelos **invertebrados**, com seus oito filos principais, e pelo filo dos **cordados**, com seus subfilos *protocordados* e *vertebrados* (veja a Tabela 15-1 e a Figura 15-1).

Os invertebrados e os vertebrados são considerados metazoários (animais pluricelulares, cujas células se organizam em conjuntos com diferentes funções) e heterotróficos.

Tabela 15-1. Filos que compõem o reino *Animalia*.

GRUPO	FILO	EXEMPLOS
Invertebrados	Poríferos	Esponjas.
	Cnidários (celenterados)	Hidras, águas--vivas, corais, anêmonas.
	Platelmintos	Planárias, esquistossomo, tênias.
	Nematelmintos (nematódeos)	Áscaris, ancilóstomo, oxiúro, filárias.
	Moluscos	Caramujos, ostras, lulas, polvos.
	Anelídeos	Minhocas, sanguessugas, poliquetos.
	Artrópodes	Insetos, crustáceos, aracnídeos.
	Equinodermos	Estrelas-do-mar, ouriços-do-mar.
Protocordados (cordados invertebrados)	Cordados	Anfioxo, ascídias.
Vertebrados	Cordados	Ciclóstomos.
		Peixes cartilaginosos.
		Peixes ósseos.
		Anfíbios.
		Répteis.
		Aves.
		Mamíferos.

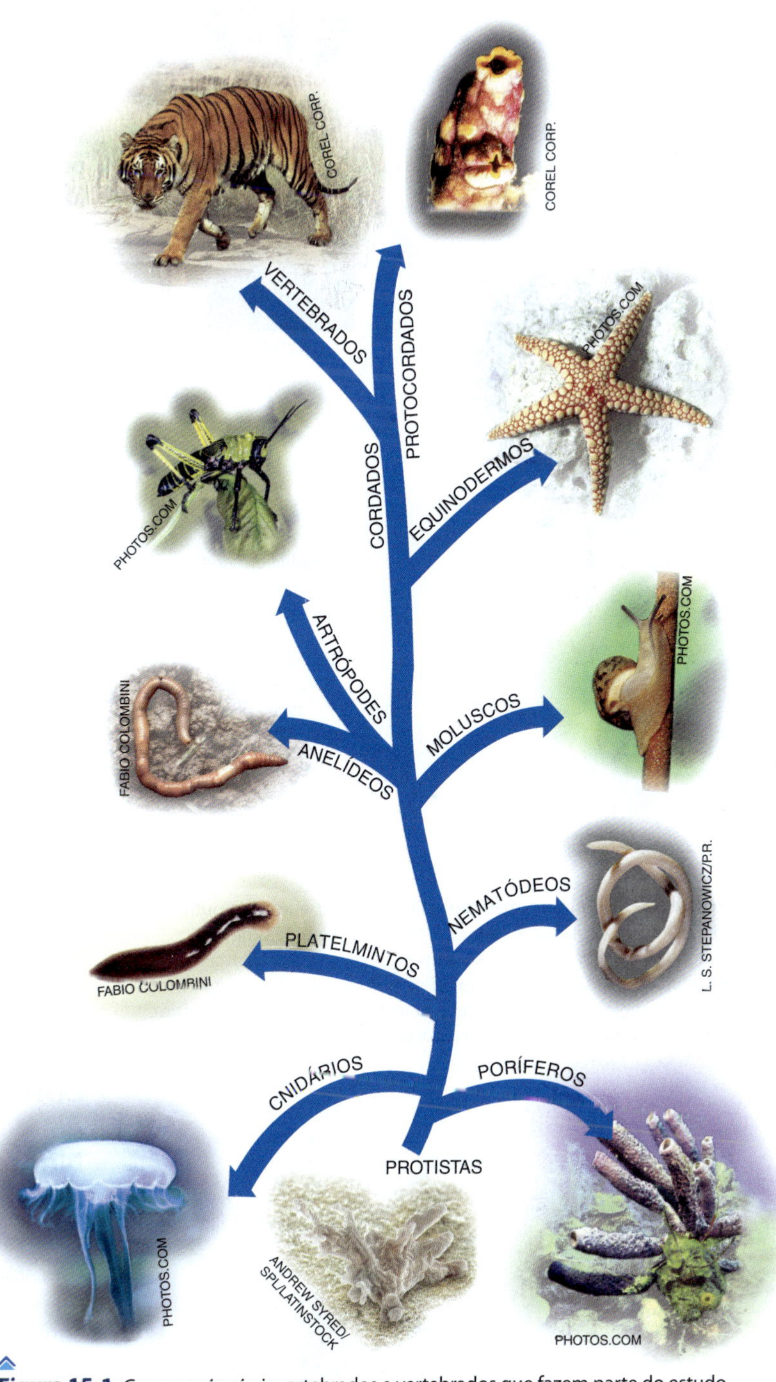

Figura 15-1. Grupos animais: invertebrados e vertebrados que fazem parte do estudo da Zoologia. (Ilustrações fora de escala.)

Vamos apresentar algumas das características ou critérios gerais que servem para separar os filos que serão estudados nos próximos capítulos.

a
assimetria

b
simetria radial

c
eixo longitudinal
simetria radial

d
simetria radial
PHOTOS.COM

e
simetria bilateral

f
simetria bilateral

g
SECÇÃO SAGITAL
dorsal
lado direito
lado esquerdo
ventral

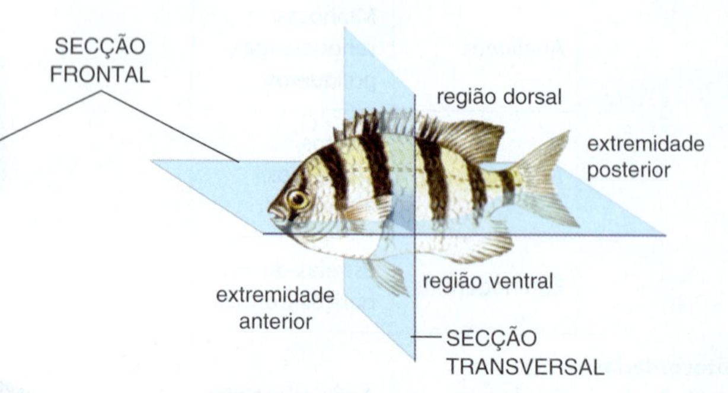

LUIS MOURA/acervo da editora

Figura 15-2. Alguns animais são assimétricos (a), enquanto outros apresentam simetria radial (b, c, d). A maioria apresenta simetria bilateral (e, f, g). Em (e), (f) e (g), temos as secções que podem ser feitas em animais com simetria bilateral, dividindo-os em lados direito e esquerdo, regiões dorsal e ventral, e extremidades anterior e posterior. (Cores-fantasia. Ilustrações fora de escala.)

Simetria e locomoção

Animais de organização mais simples, como diversas esponjas, possuem formas irregulares, sendo, por isso, chamados **assimétricos** (veja a Figura 15-2(a)).

Em outros animais, podemos traçar por seus corpos diversos planos verticais de simetria que passam pelo eixo central longitudinal (como nos tipos de esponja que crescem com a forma aproximada de vasos, nos cnidários e na maioria dos equinodermos, por exemplo); cada plano permite a separação do animal em metades equivalentes. São os chamados **simétricos radiais**, em geral animais cilíndricos ou em forma de sino (veja a Figura 15-2(b, c, d)). Os animais simétricos radiais, em sua maioria, são fixos ao substrato (esponjas adultas, pólipos de cnidários etc.), ou movem-se com lentidão (medusas, estrelas e ouriços-do-mar etc.).

No entanto, a simetria predominante no reino animal é a **bilateral**. Os animais bilaterais possuem *lados esquerdo* e *direito*, *faces ventral* e *dorsal* e *extremidades anterior* e *posterior*. A extremidade anterior é aquela em que fica localizada a cabeça, que contém a central de comando nervoso. A extremidade posterior é aquela na qual, na maioria das vezes, se situam o ânus e os orifícios reprodutores.

Nesse tipo de simetria existe somente um plano sagital que divide o animal em duas metades equivalentes (veja a Figura 15-2(e, f, g)). De modo geral, a simetria bilateral é relacionada ao modo de vida de "ir em busca" do alimento de uma forma mais dirigida.

KAZAKOVA MARYIA/ SHUTTERSTOCK

Figura 15-3. Os cnidários, como a hidra e a anêmona-do-mar, por exemplo, são animais diblásticos. (Cores-fantasia.)

Classificação dos animais de acordo com a Embriologia

Número de folhetos germinativos

Alguns animais são formados, em sua fase embrionária, por apenas duas camadas de células (derivadas da ectoderme e da endoderme). Esses animais são considerados **diblásticos** (ou **diploblásticos**), como, por exemplo, os cnidários (veja a Figura 15-3).

Outros animais, em sua fase embrionária, são constituídos por três camadas de células, derivadas da ectoderme, da endoderme e da mesoderme. São os chamados **triblásticos** (ou **triploblásticos**), como, por exemplo, os vermes, os moluscos, os artrópodes, os equinodermos e os cordados.

Celoma

Nos animais triblásticos, pode ou não existir **celoma**, a cavidade geral do corpo, que serve de espaço para os órgãos internos (vísceras). Quando não há celoma, os animais são ditos **acelomados**, como os vermes de corpo achatado – os platelmintos (veja a Figura 15-4(a)).

Dos que possuem cavidade geral do corpo, é preciso distinguir entre os **pseudocelomados** e os **celomados verdadeiros** (ou, simplesmente, **celomados**). Os primeiros possuem falso celoma, assim chamado por não ser uma cavidade inteiramente forrada por tecido mesodérmico. A mesoderme apenas reveste a superfície interna da parede do corpo, deixando de fazê-lo na parede intestinal, como acontece com os vermes de corpo cilíndrico, chamados nematódeos (veja a Figura 15-4(b)). Nos celomados verdadeiros, tanto a face interna da parede do corpo como a face externa da parede intestinal são revestidas por mesoderme e a cavidade geral do corpo é, assim, um verdadeiro celoma – como, por exemplo, nos vermes segmentados, nos artrópodes, nos moluscos, nos equinodermos e nos cordados (veja a Figura 15-4(c)).

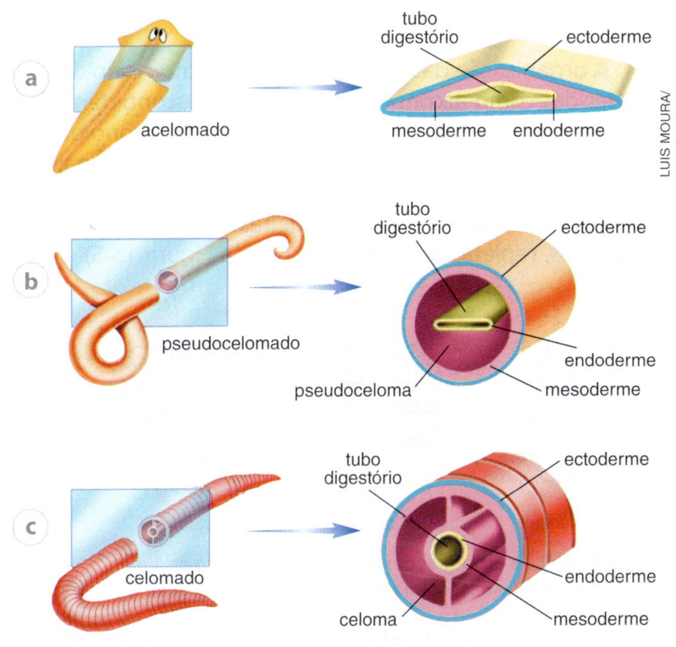

Figura 15-4. Os animais triblásticos podem ser (a) acelomados, (b) pseudocelomados ou (c) celomados verdadeiros. (Cores-fantasia. Ilustrações fora de escala.)

Anote!

O celoma constitui uma importante novidade no reino animal. Uma das principais vantagens dessa cavidade é favorecer a acomodação de órgãos internos, o que resultou em um aumento da complexidade e possibilitou o surgimento de um tamanho corporal maior. O celoma ainda pode ser preenchido por líquido, o que favorece a remoção de substâncias tóxicas e, muitas vezes, auxilia a locomoção, ao funcionar como verdadeiro esqueleto hidrostático, a exemplo do que ocorre nas minhocas.

Destino do blastóporo

Outra característica embriológica dos animais triblásticos é a relacionada ao surgimento da boca.

Quando a boca é derivada do *blastóporo* (a abertura do arquêntero para o meio externo), dizemos que os animais são **protostômios** (do grego, *proto* = primitivo + *stoma* = boca), o que inclui desde os platelmintos até os artrópodes. Se o blastóporo originar o ânus (e a boca se originar na extremidade oposta, como um novo orifício), dizemos que os animais são **deuterostômios** (do grego, *deutero* = secundário, o que veio depois). Este é o caso dos equinodermos e dos cordados.

Cavidade digestiva

Também é utilizado o critério de *existência* ou *ausência* de cavidade digestiva na classificação dos grupos animais: os **enterozoários** (do grego, *énteron* = intestino) são os que possuem cavidade digestiva e os **parazoários** (do grego, *pará* = ao lado de) não a possuem (esponjas).

15-2. Poríferos

Os representantes do filo *Porifera* são as *esponjas*, os primeiros animais pluricelulares a surgir na Terra. São animais aquáticos, fixos na fase adulta, a maioria habita o ambiente marinho e sua nutrição é dependente da filtração de alimentos trazidos pela água.

Não possuem órgãos, nem sistemas, nem tecidos rudimentares. Não possuem boca, nem cavidade digestória (parazoários) e muito menos as células que caracterizam animais mais complexos, como as musculares e as nervosas.

poríferos

Tipos de esponja

A organização das esponjas forma estruturas típicas, conhecidas como **asconoide**, **siconoide** e **leuconoide**. As esponjas *asconoides* são as mais simples. As *siconoides* possuem paredes pregueadas com a formação de canais internos e externos. Já nas *leuconoides*, o pregueamento é muito mais intenso, com verdadeiras câmaras internas flageladas, repletas de coanócitos (veja a Figura 15-5).

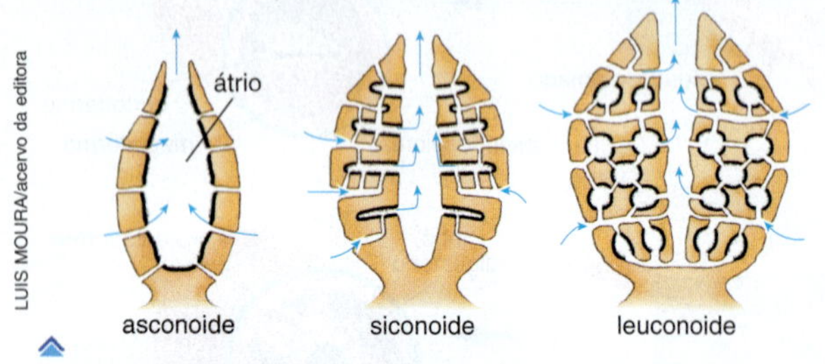

Figura 15-5. As estruturas das esponjas e o percurso da água. (Cores-fantasia. Ilustrações fora de escala.)

Como as esponjas adultas são imóveis e não podem sair à procura do alimento, elas possuem adaptações para fazer com que a água chegue até elas, trazendo partículas de alimento. Esse papel é exercido pelos coanócitos. Cada coanócito possui um flagelo, circundado por um colarinho, que é um prolongamento da membrana celular.

Anote!

É importante salientar que o átrio não é uma cavidade digestória e o ósculo não é boca ou ânus. Nas esponjas, não existe tubo digestório. A digestão é intracelular.

Principais características dos poríferos

Como padrão, vamos descrever uma esponja de estrutura simples, cujo aspecto lembra um vaso aberto em uma das extremidades, e que corresponde ao chamado tipo **asconoide** (veja a Figura 15-6).

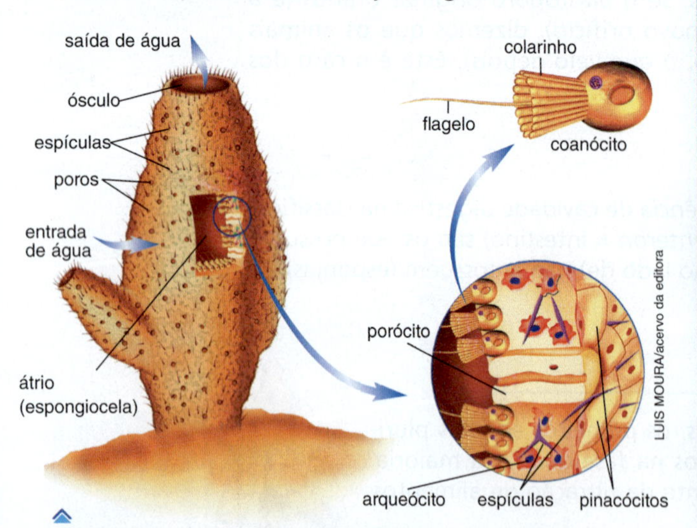

Figura 15-6. Esquema de esponja asconoide com os principais constituintes celulares e espículas. Os coanócitos, células com colarinho e flagelo, são exclusivos das esponjas. (Cores-fantasia. Ilustrações fora de escala.)

Em esponjas desse tipo, a superfície externa é constituída por células denominadas **pinacócitos** e a superfície interna é formada por células flageladas chamadas **coanócitos**, que forram uma cavidade interna, o **átrio** (ou **espongiocela**). Entre as duas superfícies existe um preenchimento gelatinoso proteico contendo componentes do esqueleto e um grupo de células circulantes, os **arqueócitos**. Atravessando a parede do corpo, inúmeros *poros*, formados por células tubulares especiais, os **porócitos**, permitem a entrada de água para o átrio.

Os movimentos flagelares dos diversos coanócitos criam uma corrente de água que penetra pelos poros, atinge o átrio e sai da esponja pelo **ósculo**. Nesse fluxo, partículas de alimento são encaminhadas para o colarinho, que as retém e as encaminha para a base da célula. Por fagocitose, o coanócito engloba o alimento e dá início à *digestão intracelular* do alimento ingerido. Essa adaptação caracteriza as esponjas como animais exclusivamente filtradores de alimento contido na água. O alimento, parcialmente digerido pelos coanócitos, é lançado na camada gelatinosa média e a digestão termina em arqueócitos, que também o distribuem a outras células.

Anote!

Nas esponjas, não há tecidos. Suas células são praticamente todas totipotentes e podem sofrer mudanças na forma e na função, ou seja, podem se especializar.

O esqueleto das esponjas é constituído por finíssimas **espículas**, que podem ser de natureza calcária ou silicosa e são produzidas por arqueócitos especiais.

Muitas esponjas apresentam esqueleto orgânico formado por fibras de espongina, outras têm um esqueleto misto de espículas e espongina.

As esponjas tubulares da espécie *Aplysina archeri*, mostrada na foto, podem alcançar de 80 cm a 2 m de altura. Observe o ósculo (abertura na extremidade livre) por onde se dá a saída da água.

As esponjas podem se reproduzir de forma **assexuada** e **sexuada**.

A reprodução assexuada em esponjas pode ocorrer principalmente por **brotamento**. Nesse processo, uma esponja produz brotos, que se desenvolvem a partir da esponja-mãe (veja a Figura 15-7).

Esses brotos podem permanecer ligados uns aos outros, organizando uma **colônia**.

Outro processo de reprodução assexuada é a **formação de gêmulas**, fenômeno que ocorre principalmente em esponjas-d'água-doce. Nesse processo, grupos de arqueócitos e outras células não diferenciadas se isolam e elaboram uma espessa membrana protetora contendo espongina e espículas. Isso acontece à medida que a esponja morre e se desintegra.

Quanto à reprodução sexuada, as esponjas podem ser **monoicas** (hermafroditas) ou **dioicas** (sexos separados). Não há órgãos reprodutores permanentes. Tanto os espermatozoides como os óvulos são formados principalmente de coanócitos, que se diferenciam em gametas na estação reprodutiva.

Nas esponjas monoicas não há autofecundação. Os espermatozoides são liberados antes que ocorra a formação dos óvulos. A liberação de espermatozoides é realizada pela corrente de água que abandona a esponja pelo ósculo. Eles penetram em outra esponja pelos poros e, no átrio, são capturados por coanócitos. Nesse momento, o coanócito contendo um espermatozoide no seu interior perde o seu flagelo e circula na camada média gelatinosa até encontrar um óvulo. A seguir, ele transfere o espermatozoide ao óvulo e, assim, ocorre a fecundação, com a formação de um zigoto.

De modo geral, o desenvolvimento embrionário ocorre no interior da esponja, até que se forme uma fase larval que possui muitos flagelos (**anfiblástula**). A larva, então, é liberada pelo ósculo, nada durante certo tempo até que se fixa no substrato e origina uma nova esponja.

Anote!

Colônia é um agrupamento de indivíduos "grudados" uns aos outros e que apresentam elevado grau de interdependência.

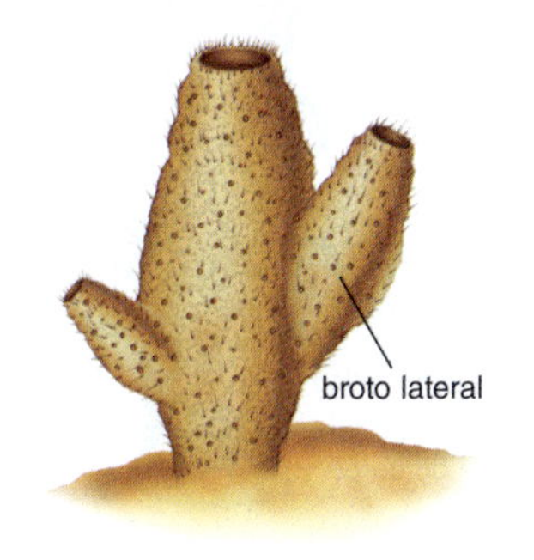

Figura 15-7. Brotamento em esponja. (Cores-fantasia.)

Saiba mais!

O pequeno grau de diferenciação apresentado pelas esponjas é responsável por um dos mais fascinantes fenômenos a elas relacionados: a regeneração. Normalmente, muitas esponjas soltam pedaços de si mesmas que prontamente regeneram esponjas inteiras. O incrível é que se uma esponja for amassada e passada por uma peneira de malhas finas, sendo completamente fragmentada, ainda assim o que restou acabará reconstituindo uma ou mais esponjas.

15-3. Cnidários (Celenterados)

poríferos
cnidários

Este é um filo de animais aquáticos, predominantemente marinhos. As *hidras* são praticamente as únicas representantes de água doce. Além delas, fazem parte desse filo as *medusas* (popularmente conhecidas como águas-vivas); as *anêmonas-do-mar* e os *corais*, dos quais a maioria é colonial, formadora de recifes. Quando comparados aos poríferos, observamos muitas novidades, sendo que duas se destacam: a presença de uma *cavidade digestória*, "inaugurando" a digestão extracelular, e a existência de *células nervosas*.

Os cnidários são animais diblásticos, visto que seus tecidos originam-se apenas de dois folhetos germinativos, a ectoderme e a endoderme.

O nome *cnidário* refere-se à existência de um tipo de célula, o **cnidócito** (do grego, *knide* = urtiga), especializada principalmente na captura de alimentos e na defesa contra agressores. O nome **celenterado** (do grego, *koîlos* = oco + *enteron* = intestino) está relacionado à existência, pela primeira vez, evolutivamente, entre os animais, de uma cavidade digestória, um intestino primitivo. Na verdade, o corpo de um cnidário lembra um saco oco: a cavidade do saco é o intestino, aberto em uma extremidade pela boca, que serve simultaneamente à entrada de alimentos e à saída de resíduos. É, portanto, um tubo digestório incompleto.

A água-viva é um representante típico dos cnidários. Em média, mede 20 cm de diâmetro.

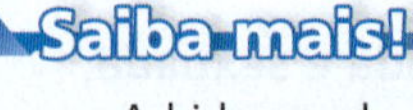

A hidra verde, pólipo comumente encontrado em lagoas, lagos e pequenos riachos de água limpa, serve muito bem como representante dos cnidários e será estudada como padrão do grupo. Dentro dela vivem algas verdes microscópicas que necessitam da energia luminosa para a realização da fotossíntese.

O corpo da hidra é cilíndrico e extremamente delicado; a extremidade inferior se apoia no substrato (base à qual se prendem os animais sedentários ou fixos) e a outra, superior, apresenta uma boca rodeada por 6 a 8 tentáculos longos (veja a Figura 15-8). O tamanho da hidra é variável, chegando a 1,5 cm com os tentáculos distendidos.

A cavidade intestinal é conhecida como **cavidade gastrovascular** e estende-se até os tentáculos que são, assim, ocos.

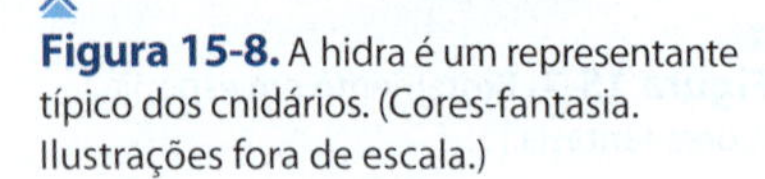

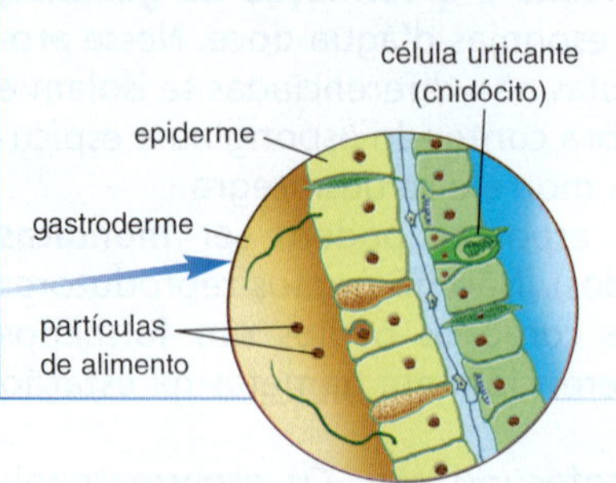

Figura 15-8. A hidra é um representante típico dos cnidários. (Cores-fantasia. Ilustrações fora de escala.)

Principais características dos celenterados

Há duas formas corporais: **pólipo** e **medusa**. O pólipo é cilíndrico, oco com a boca rodeada por tentáculos, vive fixo pela extremidade oposta à boca. A medusa lembra um guarda-chuva cujas margens apresentam tentáculos, a boca situa-se no centro na parte inferior. Vivem flutuando nas águas ou deslocando-se por contração do corpo. Veja a Figura 15-9.

A simetria dos celenterados é **radial** e nesses animais há a presença de tecidos verdadeiros. Na camada externa dos cnidários existe o tecido **mioepitelial** (serve como tecido de movimento e revestimento). Na camada mais interna há a **gastroderme**, forrando a cavidade digestória. Além desses, já existe um **tecido nervoso**. Veja a Figura 15-10.

Entre a camada mais externa e a mais interna há uma camada gelatinosa, a **mesogleia**. Nas medusas, a mesogleia é muito espessa com muita massa de material gelatinoso, por isso é comumente conhecida como água-viva.

Células exclusivas dos cnidários são os chamados **cnidócitos**. Essas células são dotadas de **nematocisto** (cápsula com filamento enovelado). Quando estimulado por substâncias químicas ou toque, o cnidócito funciona como uma verdadeira mina explosiva: um filamento com uma substância irritante é bruscamente liberado, paralisando a presa. Veja a Figura 15-11.

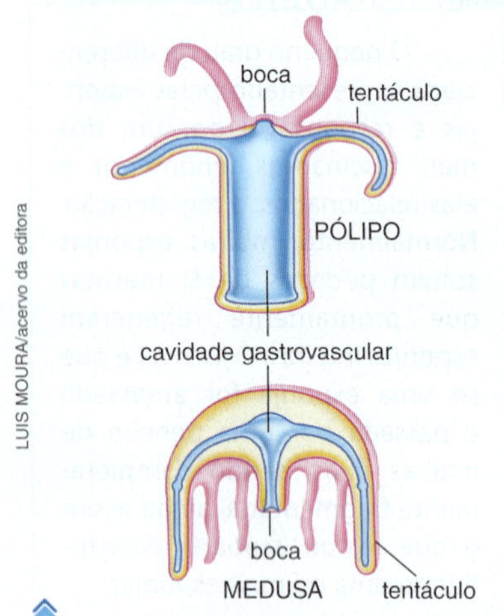

Figura 15-9. Pólipo e medusa possuem o mesmo padrão estrutural. (Cores-fantasia. Ilustrações fora de escala.)

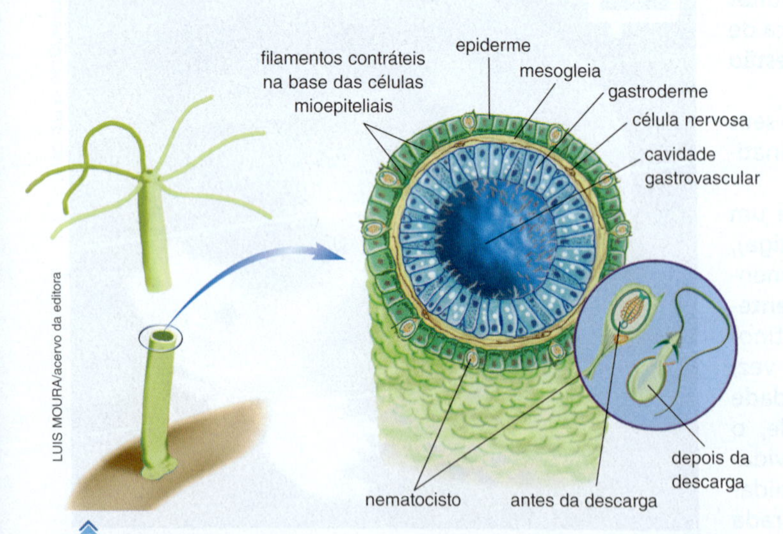

Figura 15-10. A organização estrutural da hidra: vários tipos celulares desempenham funções específicas. No detalhe, um cnidócito e sua cápsula, o nematocisto, antes e depois de acionado. (Cores-fantasia. Ilustrações fora de escala.)

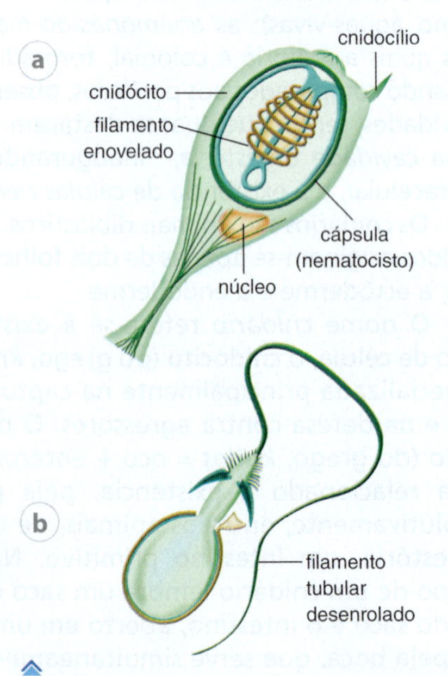

Figura 15-11. Cnidócito. (a) Nematocisto penetrante carregado e (b) descarregado. (Cores-fantasia. Ilustrações fora de escala.)

Os cnidários são carnívoros. Capturam suas presas por meio dos tentáculos que formam um círculo em torno da boca. Os filamentos paralisam a presa. Os tentáculos puxam a presa em direção à boca que se abre para recebê-la. Dessa forma, a presa é encaminhada para a cavidade gastrovascular.

O **tubo digestório** dos celenterados é **incompleto** (uma única abertura). Células glandulares, localizadas na camada interna em contato direto com a cavidade gastrovascular, secretam enzimas que reduzem a presa a fragmentos menores (**digestão extracelular**). A digestão se completa no interior das células que revestem essa cavidade (**digestão intracelular**). Os produtos da digestão são distribuídos para as demais células por difusão. Os materiais não digeridos e os resíduos são eliminados pela boca, quando o animal se contrai.

Os cnidários são os primeiros animais dotados de **neurônios**. Porém, diferentemente dos demais filos, não existe um centro de controle, não há uma estrutura que lembre um cérebro. Os neurônios interligam-se formando um tecido nervoso em que as células nervosas formam uma **rede nervosa difusa**. Esse tecido nervoso, conectado com células sensoriais, está ligado às fibras que inervam os tentáculos e células mioepiteliais, responsáveis pelos movimentos do corpo. Como não existe um comando central, estímulos aplicados em qualquer parte do organismo produzem impulsos que são propagados de maneira semelhante aos círculos concêntricos originados quando se joga uma pedra em um lago.

As hidras, anêmonas e os corais possuem apenas a forma pólipo no seu ciclo de vida. Em poucas espécies, mais raras, só existe a forma medusa. As águas-vivas e a *Obelia*, no entanto, têm as duas formas corporais alternadamente no seu ciclo de vida, processo reprodutivo conhecido como **alternância de gerações** ou **metagênese**. Na metagênese, a geração pólipo origina a geração medusa por **reprodução assexuada**, enquanto a geração medusa, por **reprodução sexuada** (produção de espermatozoides, óvulos e fecundação), origina a larva ciliada **plânula**, que se transforma na geração pólipo. Na *Obelia*, cnidário marinho, a geração pólipo é a mais longa, mais duradoura, enquanto a fase medusa é pouco duradoura. Já nas conhecidas águas-vivas, muito comuns no nosso litoral, a forma medusa prevalece sobre a forma pólipo. Veja a Figura 15-12.

Os celenterados que se apresentam apenas com a forma pólipo têm reprodução sexuada (produção de espermatozoides, óvulos e fecundação) e assexuada (brotamento). Veja a Figura 15-13.

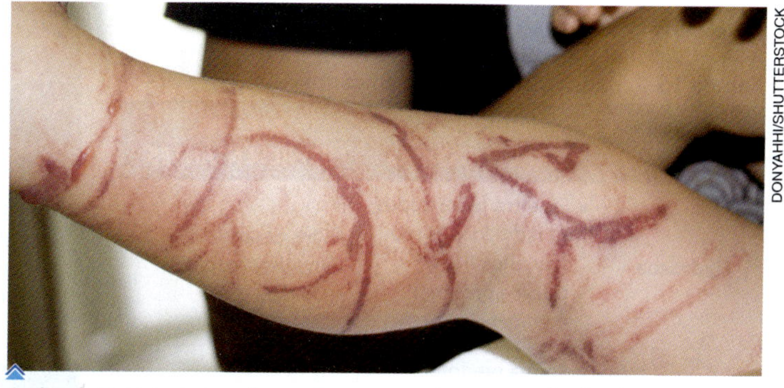

As águas-vivas e as caravelas-portuguesas podem parecer inofensivas, mas o contato com elas pode causar dor, além de edema e marcas na pele, como as da foto, causadas pelo contato entre uma água-viva e a perna da criança.

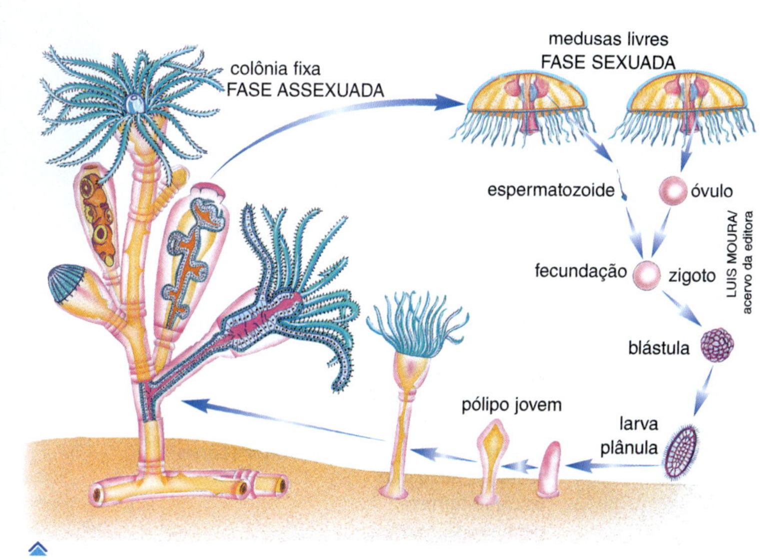

Figura 15-12. Ciclo reprodutivo com alternância de reprodução sexuada e assexuada em *Obelia*. (Cores-fantasia. Ilustrações fora de escala.)

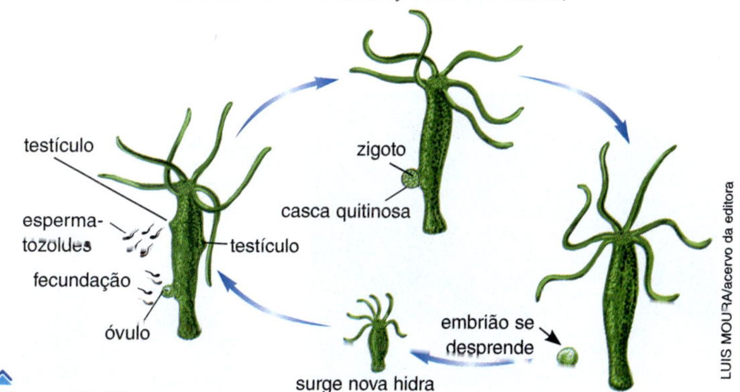

Figura 15-13. Reprodução sexuada em hidra. (Cores-fantasia. Ilustrações fora de escala.)

Brotamento em hidra. Essa espécie animal mede, no máximo, 2 cm de altura.

Classificação dos cnidários

Tabela 15-2. Principais classes dos cnidários

CLASSE	PRINCIPAIS CARACTERÍSTICAS	ALGUNS REPRESENTANTES
Hydrozoa	▪ Exceto a hidra, todos os hidrozoários são marinhos ▪ *Obelia* apresenta metagênese	Hidra, caravela (*Physalia physalis*) e *Obelia*
Scyphozoa	▪ Forma predominante: medusa (pólipos pequenos, correspondem à fase assexuada, pouco duradoura)	Águas-vivas
Cubozoa	▪ Forma predominante: medusa (pólipos pequenos, correspondem à fase assexuada, pouco duradoura)	*Chironex fleckeri* (0,3-3 m), conhecida como vespa-do-mar
Antozoa	▪ Apenas a forma pólipo ▪ Reprodução assexuada por brotamento ou fragmentação. Na reprodução sexuada há a larva plânula. ▪ Anêmonas são solitárias, enquanto os corais formam, geralmente, colônias ▪ Nos corais, cada pólipo forma ao redor de si um esqueleto calcário	Anêmonas e corais

Caravela-portuguesa ou, simplesmente, caravela. Parece ser um único animal, mas trata-se de uma colônia, que pode chegar a 20 m de comprimento.

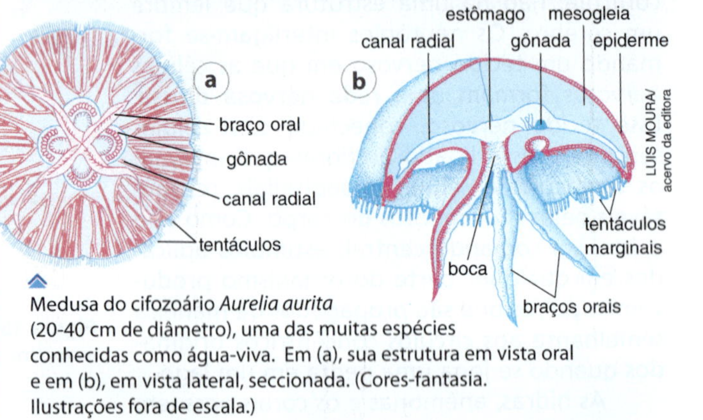

Medusa do cifozoário *Aurelia aurita* (20-40 cm de diâmetro), uma das muitas espécies conhecidas como água-viva. Em (a), sua estrutura em vista oral e em (b), em vista lateral, seccionada. (Cores-fantasia. Ilustrações fora de escala.)

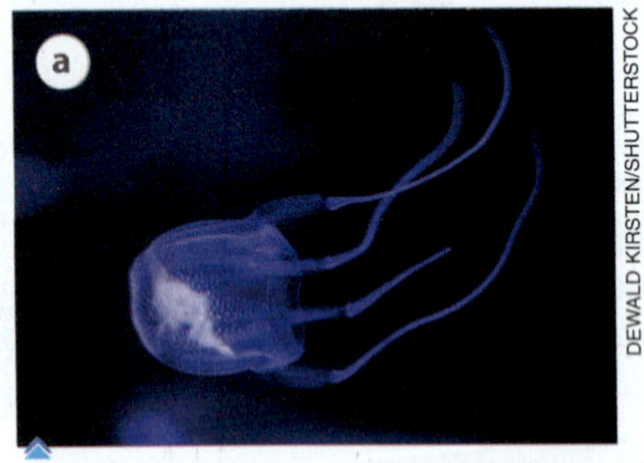

(a) Também conhecidas como vespas-do-mar, algumas espécies de cubozoários são extremamente virulentas. (b) Os longos tentáculos da anêmona *Cerianthus membranaceus* (10-15 cm) estão relacionados à captura e paralisia de suas presas. As anêmonas alimentam-se de pequenos peixes, crustáceos e zooplâncton. O tamanho das anêmonas pode variar muito, de espécies milimétricas a outras cujo corpo com seus tentáculos pode chegar a alguns metros. (c) Coral *Dendronephthya klunzingeri*.

Você na net!

Os corais formadores de recifes são comuns em mares rasos (entre 10 e 60 m), quentes (de 23 a 28 °C) e de água límpida e transparente. Como as microscópicas algas que vivem no interior dos corais necessitam de luz para a realização da fotossíntese, a pequena profundidade e a limpidez da água são fundamentais para a penetração de luz. A temperatura também é fator de extrema importância, já que a sobrevivência das algas associadas aos pólipos depende de uma faixa térmica adequada.

Pesquise as características da formação dos três principais tipos de recife: em franja, em barreira e os atóis. O que está causando o seu branqueamento? Também procure saber por que a capital de Pernambuco leva o nome de Recife.

Questão socioambiental

Até onde temos o direito?

A fauna marinha é maravilhosa, com espécimes coloridos, de formas variadas. Os corais e as anêmonas, por exemplo, são muito apreciados pelos mergulhadores. Não é incomum, entre aqueles com pouca consciência de preservação ambiental, a prática de coletar *souvenirs*, pequenas lembranças – como pedaços de coral, por exemplo –, nos mergulhos que fazem.

Essa mesma falta de respeito pelo patrimônio ambiental vê-se naqueles que visitam as reservas ecológicas e deixam suas marcas sobre pedras, esculpidas durante milhares de anos pelo vento, ou suas pichações sobre pinturas rupestres, como, por exemplo, as que se encontram no Parque Nacional da Serra da Capivara* (PI), muitas vezes pichações feitas com tinta a óleo, impossíveis de retirar sem danificar as pinturas originais.

MARCOS AMEND/SHUTTERSTOCK

Desenho rupestre da Toca do Boqueirão da Pedra Furada. O Parque Nacional da Serra da Capivara, PI, apresenta pinturas rupestres que datam de até 12.000 anos.

* As pinturas rupestres desse parque, um dos maiores conjuntos desse tipo no mundo, são tidas como evidências da presença do homem em solo americano há cerca de 50 mil anos.

Até onde temos o direito de pichar o patrimônio que pertence a toda a humanidade? A pichação é uma forma de arte ou é simplesmente uma agressão por parte daqueles que não sabem conviver em sociedade?

15-4. Platelmintos

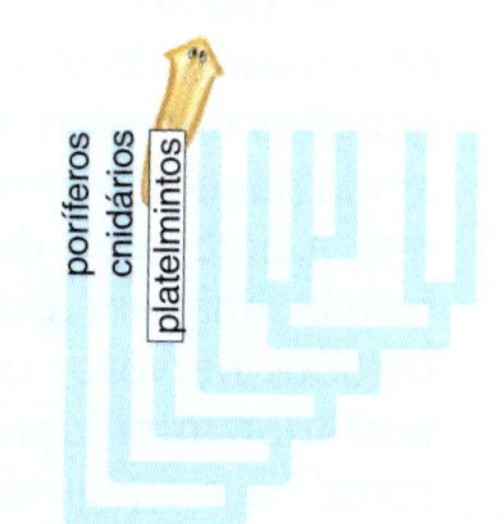

As pessoas costumam reagir com alguma repugnância ao ouvirem a palavra "vermes". A impressão que têm é de algo viscoso, rastejante e perigoso à saúde. A palavra *verminose*, aplicada a doenças causadas por alguns desses animais, contribui para essa noção. Realmente, alguns vermes são causadores de doenças, principalmente em populações que vivem em condições de saúde pública precárias. No entanto, há numerosos vermes que são totalmente inofensivos e de aparência não repugnante.

Três são os filos de animais que mais frequentemente são reconhecidos como vermes: *Platyhelminthes*, *Nematoda* (*Nemata*) e *Annelida* (que estudaremos no próximo capítulo).

Os platelmintos (organismos pertencentes ao filo *Platyhelminthes*) são vermes de corpo achatado. Seu nome é derivado do grego (*platys* = chato + *helminthos* = verme).

São indivíduos bem-sucedidos em meio aquático, tanto de água doce como marinho, e habitam o meio terrestre com relativo sucesso, sendo encontrados em locais de razoável umidade.

Classificação dos platelmintos

As cerca de 20 mil espécies de platelmintos podem ser agrupadas em três classes. Veja a Tabela 15-3.

Tabela 15-3. Principais classes dos platelmintos.

CLASSE	PRINCIPAIS CARACTERÍSTICAS	ALGUNS REPRESENTANTES
Cestoda	Endoparasitas, geralmente com hospedeiros intermediários	Tênias
Trematoda	Parasitas, a maioria dos ciclos inclui um hospedeiro intermediário	*Schistosoma mansoni*
Turbellaria	Animais de vida livre, maioria aquática, predadores e necrófagos	Planária

Principais características dos platelmintos

O estudo dos platelmintos pode ser feito com base em um padrão, representado pela planária, que vive em lagoas e riachos de pequena profundidade, próximo da vegetação e dos detritos do fundo.

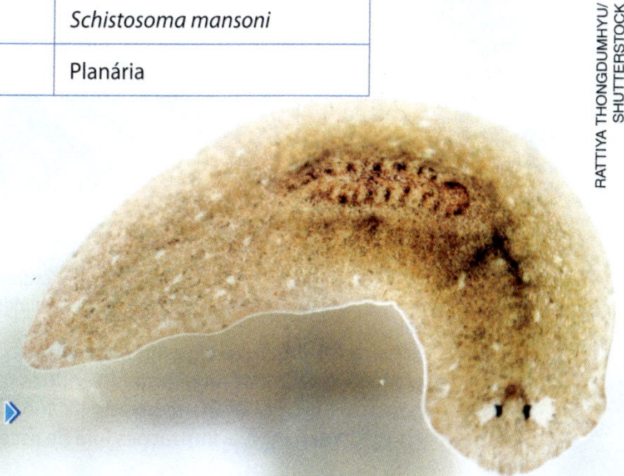
RATTIYA THONGDUMHYU/SHUTTERSTOCK

Planária (*Dugesia* sp.), o padrão de estudo dos platelmintos. Mede de 1 a 5 cm.

Os platelmintos são indivíduos **acelomados**; portanto, sem cavidade celomática. Apresentam **simetria bilateral** (veja a Figura 15-14).

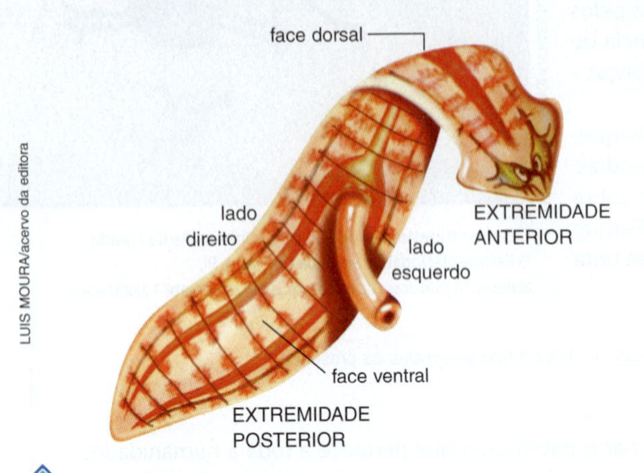

Figura 15-14. Nos animais, a simetria bilateral surge pela primeira vez nos platelmintos. (Cores-fantasia)

A região da cabeça é bem distinta, notando-se nela massas de tecido nervoso que formam um par de **gânglios nervosos**, que funcionam como "cérebro". Há ainda na região anterior do corpo, os **ocelos**, que permitem a percepção de intensidade luminosa, porém sem formar imagem. Dos gânglios cerebroides partem dois cordões nervosos que se dirigem para a extremidade posterior, interligando-se um ao outro, como escada de corda (veja a Figura 15-15). O sistema nervoso assume a coordenação dos movimentos do corpo.

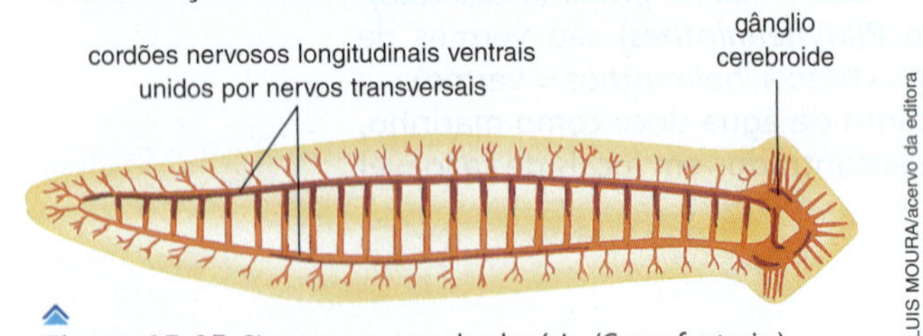

Figura 15-15. Sistema nervoso da planária. (Cores-fantasia.)

O **tubo digestório** é **incompleto**, como nos celenterados. A **digestão** é inicialmente extracelular (ação das enzimas secretadas pelas células glandulares) e, depois, intracelular (veja a Figura 15-16).

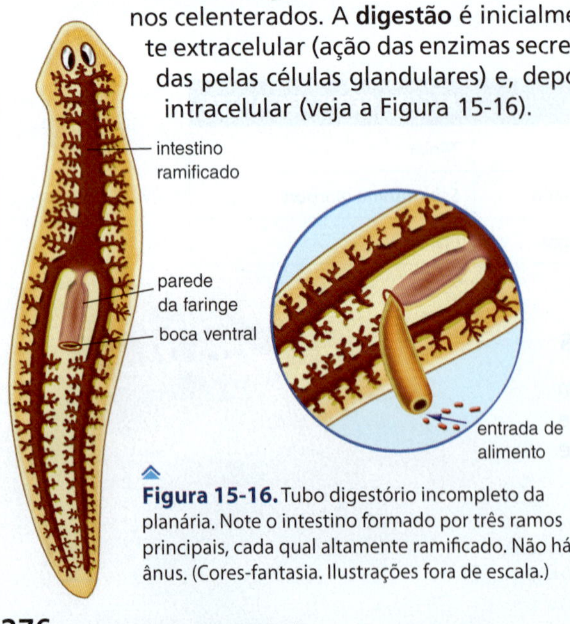

Figura 15-16. Tubo digestório incompleto da planária. Note o intestino formado por três ramos principais, cada qual altamente ramificado. Não há ânus. (Cores-fantasia. Ilustrações fora de escala.)

A troca dos gases respiratórios ocorre por **difusão** diretamente com o meio ambiente.

Surgem pela primeira vez estruturas especializadas na osmorregulação e remoção de resíduos tóxicos. O excesso de água é removido por **células-flama**, localizadas em dois cordões laterais longitudinais. Os batimentos contínuos flagelares dessas células (lembram o movimento de uma chama de vela) removem o excesso de água, amônia e sais (veja a Figura 15-17).

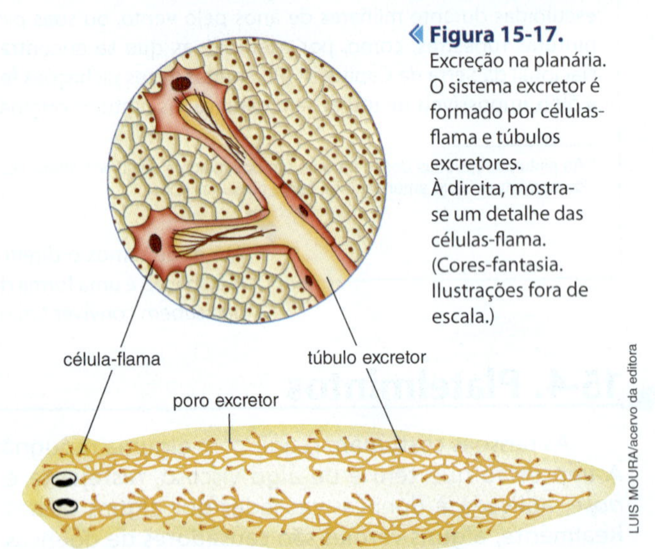

Figura 15-17. Excreção na planária. O sistema excretor é formado por células-flama e túbulos excretores. À direita, mostra-se um detalhe das células-flama. (Cores-fantasia. Ilustrações fora de escala.)

A **reprodução assexuada** ocorre por simples **fragmentação**. Cada metade reconstitui uma nova planária. A **reprodução sexuada** também pode ocorrer: as planárias são hermafroditas sem autofecundação (veja a Figura 15-18). Duas planárias encostam-se ventre a ventre e trocam espermatozoides. Separam-se e ocorrem fecundações internas dos óvulos. Os ovos são depositados e se desenvolvem em novas planárias. O desenvolvimento é **direto**.

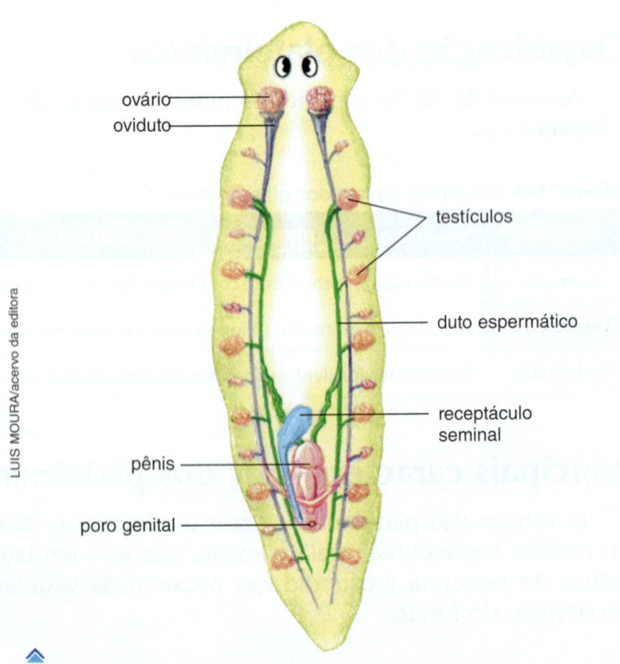

Figura 15-18. O sistema reprodutor da planária inclui tanto os órgãos femininos como os masculinos. (Cores-fantasia. Ilustração fora de escala.)

Doenças causadas por platelmintos

Esquistossomose ou "barriga-d'água"

Causador: *Schistosoma mansoni*.

Hospedeiro definitivo (vertebrado): homem.

Hospedeiro intermediário (invertebrado): caramujos do gênero *Biomphalaria*.

Local de parasitismo: veia porta hepática, um vaso de grosso calibre, que encaminha o sangue proveniente do intestino para o interior do fígado.

CICLO DA ESQUISTOSSOMOSE

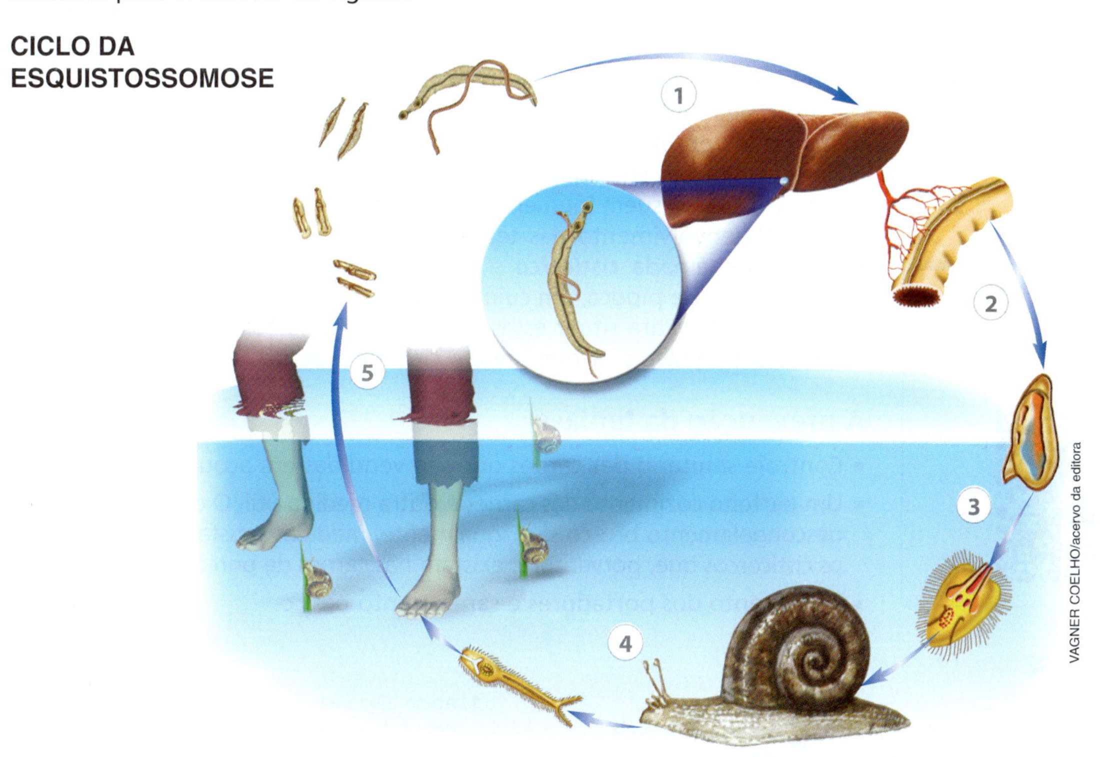

VAGNER COELHO/acervo da editora

1. Os vermes adultos vivem no interior das veias da parte interna do fígado. Durante o acasalamento, encaminham-se para as veias da parede intestinal executando, portanto, trajeto inverso ao do fluxo sanguíneo.
2. Lá chegando, separam-se e a fêmea inicia a postura dos ovos (mais de mil por dia) em veias de pequeno calibre que ficam próximas à parede do intestino grosso. Os ovos ficam enfileirados e cada um possui um pequeno espinho lateral. Cada um deles produz enzimas que perfuram a parede intestinal e um a um vão sendo liberados na luz do intestino.
3. Misturados com as fezes, alcançam o meio externo. Caindo em meio apropriado, como lagoas, açudes e represas de água parada, cada ovo se rompe e libera uma larva ciliada, o **miracídio**, que permanece viva por apenas algumas horas.
4. Para continuar o seu ciclo vital, cada miracídio precisa penetrar em um caramujo do gênero *Biomphalaria*. Dentro do caramujo, perde os cílios e passa por um ciclo de reprodução assexuada que gera, depois de aproximadamente 30 dias, numerosas larvas de cauda bifurcada, as **cercárias**.
5. Cada cercária permanece viva de 1 a 3 dias. Nesse período, precisa penetrar através da pele de alguém, por meio de movimentos ativos e utilizando enzimas digestivas que abrem caminho entre as células da pele humana. No local de ingresso, é comum haver coceira. Atingindo o sangue, são encaminhadas ao seu local de vida.

A prevenção da esquistossomose

- Saneamento básico: construção de fossas e rede de esgotos.
- Evitar exposição da pele em locais suspeitos de contaminação por cercárias.
- Não nadar ou lavar roupas em açudes, represas ou lagoas contaminadas.
- Controle dos caramujos hospedeiros intermediários por meio de métodos químicos (moluscocidas) ou biológicos (utilização de animais que se alimentem de caramujos, como peixes ou outras espécies de caramujos).
- Realização periódica de exame de fezes para a procura de ovos de esquistossomos.
- Tratamento dos portadores.

Anote!

A esquistossomose é uma verminose que afeta milhões de brasileiros. Dos sintomas da doença, o mais conhecido é a "barriga-d'água": inchaço do abdômen, em consequência de acúmulo de líquido na cavidade abdominal e aumento de tamanho do fígado e do baço.

CREVIS/SHUTTERSTOCK

Figura 15-19.
O corpo da tênia é iniciado por uma cabeça (ou escólex) contendo ventosas fixadoras, seguida de uma sucessão de anéis, as proglotes.
Na *Taenia solium* (a), o escólex é dotado, ainda, de ganchos fixadores. Na *Taenia saginata* (b), não há ganchos fixadores, apenas ventosas.

Teníase

Causadores: *Taenia solium* (tênia do porco) e *Taenia saginata* (tênia do boi).

Hospedeiro definitivo (vertebrado): homem.

Hospedeiros intermediários (vertebrados): porco (para a *Taenia solium*) e boi (para a *Taenia saginata*).

Local de parasitismo: intestino delgado.

Características dos vermes: vermes achatados, em forma de fita, hermafroditas e de grande tamanho, podendo atingir alguns metros de comprimento. O corpo começa com uma pequena cabeça, o **escólex**, de cerca de 1 mm de diâmetro, seguida de um curto pescoço liso e de uma longa série de anéis, as **proglotes** (veja a Figura 15-19).

O primeiro metro após o pescoço contém *proglotes imaturas*. Nos metros seguintes, as proglotes são *maduras*, contêm testículos e ovários, podendo haver fecundações cruzadas entre proglotes. Nos metros finais, as proglotes são *grávidas* e possuem inúmeros *ovos embrionados microscópicos*.

No desenvolvimento das tênias, os ovos microscópicos originam uma fase larval chamada **cisticerco** – uma vesícula esférica, semelhante a um grão de milho de pipoca, em cujo interior há um escólex (cabeça) da futura solitária adulta. Para situar essas fases da metamorfose das tênias, como e onde se desenvolvem, acompanhe o ciclo de vida da *Taenia solium* abaixo.

Cisticercose

Leia o QR Code abaixo e conheça a sutil diferença entre teníase e cisticercose.

A prevenção da teníase

- Controle sanitário das carnes que são vendidas em açougues.
- Um perfeito cozimento das carnes é outra medida útil. O congelamento e o descongelamento brusco são, igualmente, medidas satisfatórias para matar os cisticercos que, porventura, existam nas carnes de porcos ou bois.
- Tratamento dos portadores e saneamento básico.

CICLO DA TENÍASE

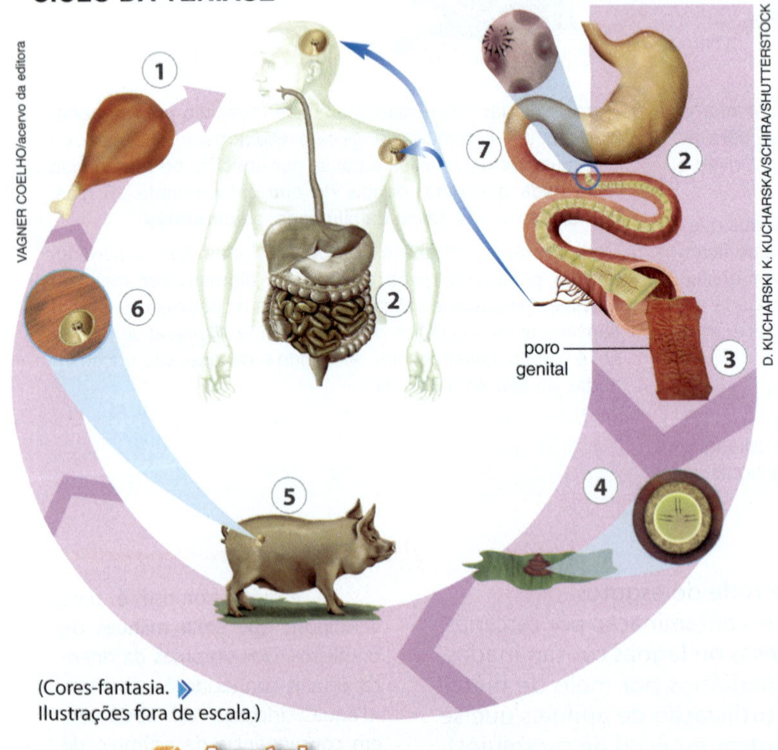

VAGNER COELHO/acervo da editora
D. KUCHARSKI K. KUCHARSKA/SCHIRA/SHUTTERSTOCK

(Cores-fantasia. Ilustrações fora de escala.)

1. Ao se alimentar de carnes cruas ou mal passadas, o homem pode ingerir *cisticercos* (larvas da tênia).
2. No intestino, a larva se liberta, fixa o escólex, cresce e origina a tênia adulta.
3. Proglotes maduras, contendo testículos e ovários, reproduzem-se entre si e originam proglotes grávidas, cheias de ovos. Proglotes grávidas desprendem-se unidas em grupos de 2 a 6 e são liberadas durante ou após as evacuações.
4. No solo, rompem-se e liberam ovos. Cada ovo é esférico, mede cerca de 30 μm de diâmetro, possui 6 pequenos ganchos e é conhecido como **oncosfera**. Espalham-se pelo meio e podem ser ingeridos pelo hospedeiro intermediário.
5. No intestino do animal, os ovos penetram no revestimento intestinal e caem no sangue. Atingem principalmente a musculatura sublingual, diafragma, sistema nervoso e coração.
6. Cada ovo se transforma em uma larva, uma tênia em miniatura, chamada **cisticerco**, cujo tamanho lembra o de um pequeno grão de canjica. Essa larva contém escólex e um curto pescoço, tudo envolto por uma vesícula protetora.
7. Por autoinfestação, ovos passam para a corrente sanguínea e desenvolvem-se em cisticercos (larvas) em tecidos humanos, causando uma doença – a **cisticercose** – que pode ser fatal.

Anote!

A oncosfera (esfera com "garras") também é chamada de **embrião hexacanto** (seis espinhos).

15-5. Nematódeos

Os **nematódeos**, organismos pertencentes ao filo *Nematoda* (do grego, *nematos* = fio), também conhecidos como **nemátodos** ou **nematoides**, são vermes cilíndricos, de corpo liso, alongado.

Os nematódeos conquistaram com sucesso os *habitats* marinho, de água doce e terrestre. Embora a maioria seja de vida livre, há muitos representantes parasitas de praticamente todos os tipos de plantas e animais. Seu tamanho é muito variável, indo de aproximadamente 1 mm até cerca de 8 m de comprimento.

Exemplares de *Ascaris lumbricoides*. Seu corpo cilíndrico é recoberto por uma espessa película protetora, praticamente inelástica; move-se por ondulações do corpo. A extremidade mais afilada contém a boca; o ânus fica em uma posição subterminal, na extremidade oposta. As fêmeas (exemplar à esquerda) são mais grossas do que os machos (exemplar à direita), com a porção posterior reta ou levemente curva. Já os machos apresentam a porção terminal espiralada.

Principais características dos nematódeos

O **tubo digestório** é **completo** e termina em ânus, *característica que aparece pela primeira vez entre os animais.* Entre o tubo digestório e a camada muscular, encontra-se uma cavidade, o **pseudoceloma**, cheia de um líquido, importante na distribuição de substâncias no interior do corpo e que atua como esqueleto hidrostático. No pseudoceloma encontram-se principalmente os órgãos reprodutores dos nematódeos.

Anote!

O pseudoceloma possui mesoderme forrando apenas a parede interna do corpo. A parede intestinal não possui revestimento mesodérmico, como acontece nos animais que possuem celoma verdadeiro.

A troca de gases nos nematódeos ocorre por **difusão** e neles não existem os sistemas circulatório e respiratório. O recolhimento de **excretas** existentes no líquido do pseudoceloma é feito por **canais longitudinais** que eliminam o seu conteúdo por um poro excretor único.

O **sistema nervoso** é formado por um anel nervoso ao redor da faringe e por dois ramos nervosos longitudinais, um dorsal e outro ventral (veja a Figura 15-20).

A reprodução dos nematódeos é apenas **sexuada** com fecundação interna.

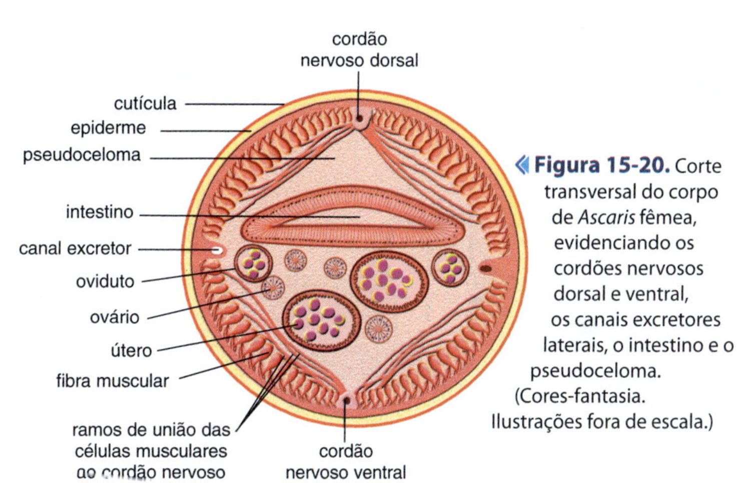

Figura 15-20. Corte transversal do corpo de *Ascaris* fêmea, evidenciando os cordões nervosos dorsal e ventral, os canais excretores laterais, o intestino e o pseudoceloma. (Cores-fantasia. Ilustrações fora de escala.)

Doenças causadas por nematódeos

Oxiuríase: coceira anal

Causador: *Oxyurus vermicularis* (também chamado de *Enterobius vermicularis*).

Hospedeiro definitivo: homem.

Hospedeiro intermediário: não há.

Local de parasitismo: intestino grosso e ânus.

Ciclo da oxiuríase: após o acasalamento, as fêmeas dirigem-se para a região anal e liberam grande quantidade de ovos. Isso provoca muita coceira e especialmente as crianças, ao se coçarem, infectam os dedos com os ovos e, levando as mãos à boca, se autoinfestam.

A prevenção da oxiuríase

A higiene pessoal é fundamental, além do cuidado com as verduras, que devem ser bem lavadas. Limpeza profunda em ambientes onde moram pessoas afetadas.

Ascaridíase: doença causada por lombriga

Causador: *Ascaris lumbricoides.*
Hospedeiro definitivo: homem.
Hospedeiro intermediário: não há.
Local de parasitismo na fase adulta: intestino delgado.

CICLO DA ASCARIDÍASE

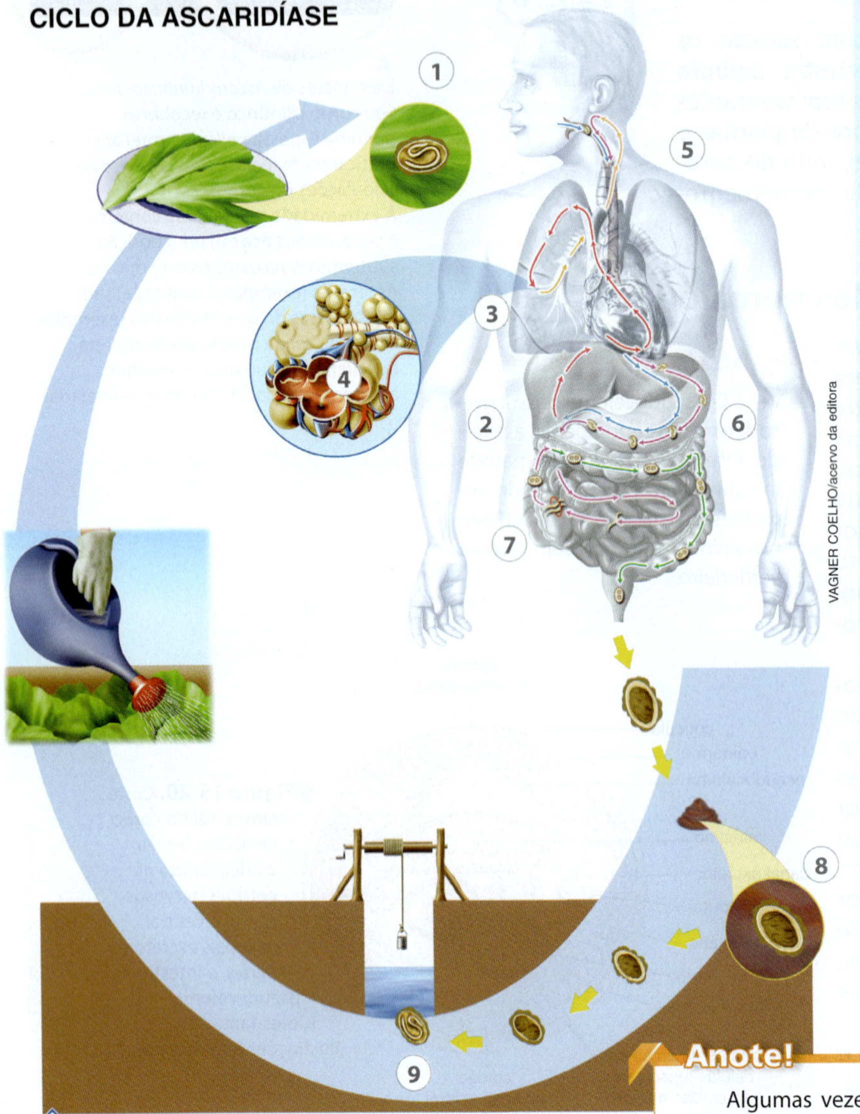

1. A ingestão de água ou alimentos (frutas e verduras) contaminados pode introduzir ovos de lombriga no tubo digestório humano (setas azuis).
2. No intestino delgado, cada ovo se rompe e libera uma larva.
3. Cada larva penetra no revestimento intestinal e cai na corrente sanguínea, atingindo fígado, coração e pulmões (setas vermelhas), onde sofre algumas mudas de cutícula e aumenta de tamanho.
4. Permanecem nos alvéolos pulmonares podendo causar sintomas semelhantes aos de pneumonia.
5. Ao abandonar os alvéolos, passam para os brônquios (setas amarelas), traqueia, laringe (onde provocam tosse com os movimentos que executam) e faringe.
6. Em seguida, são deglutidas (setas rosas) e atingem o intestino delgado, onde crescem e se transformam em vermes adultos.
7. Após o acasalamento, a fêmea inicia a liberação de ovos (setas verdes). Cerca de 15 mil por dia (há quem diga que são 200 mil por dia!). Todo esse ciclo que começou com a ingestão de ovos, até a formação de adultos, dura cerca de dois meses.
8. Os ovos são eliminados com as fezes. Dentro de cada ovo, dotado de casca protetora, ocorre o desenvolvimento de um embrião que, após algum tempo, origina uma larva.
9. Ovos contidos nas fezes contaminam a água de consumo e os alimentos utilizados pelo homem.

(Cores-fantasia. Ilustrações fora de escala.)

Anote!

Algumas vezes, há tantas lombrigas adultas no intestino de uma pessoa que pode formar um novelo que chega a provocar obstrução intestinal. Muitas vezes, é necessária uma cirurgia para a retirada desse acúmulo de vermes no intestino.

A prevenção da ascaridíase

- Instalação de uma adequada rede de esgotos e de água tratada.
- Cuidados na higiene pessoal e com os alimentos crus consumidos.

Filaríase (ou elefantíase): grandes edemas

Causador: *Wuchereria bancrofti.*

Hospedeiro vertebrado: homem.

Hospedeiro invertebrado: pernilongos comuns, do gênero *Culex* (podem existir outros).

Local de parasitismo: vasos do sistema linfático.

Ciclo da filaríase: os vermes adultos vivem no interior dos vasos linfáticos do homem. Após o acasalamento, as fêmeas liberam diretamente as larvas, **microfilárias**, que possuem o hábito de migrar para regiões periféricas do corpo, principalmente a pele, em determinadas horas do dia. Essa periodicidade coincide com o hábito sugador de sangue dos pernilongos. Sugados pelos insetos, passam por um amadurecimento e migram para suas glândulas salivares. A contaminação de novas pessoas ocorre quando pernilongos sugam sangue e inoculam microfilárias na pele. Estas migram em direção aos vasos linfáticos e se transformam em adultos, reiniciando o ciclo.

A prevenção da filaríase

- Evitar ser picado por pernilongos comuns em áreas endêmicas da doença.
- Efetuar o controle dos insetos por meio da eliminação dos criadouros naturais dos pernilongos. As larvas desses insetos são aquáticas.

TRIDSANU THOPET/SHUTTERSTOCK

Saiba mais!

Os problemas da elefantíase

O acúmulo de vermes nos vasos linfáticos provoca seu entupimento. Fica impossível a drenagem da linfa, que passa a se acumular nos locais afetados, provocando inchaços. Pernas, braços, escroto e seios são os principais locais afetados. A manifestação mais comum é o exagerado aumento de volume das pernas, que lembram as patas de elefante. Daí se originou o nome **elefantíase**, dado a essa verminose.

Inchaço em perna de mulher, causado pela doença conhecida como elefantíase ou filaríase, que ataca o sistema linfático.

Ancilostomíase ou amarelão: a verminose da anemia

Causadores: *Ancylostoma duodenale* e *Necator americanus*.

Hospedeiro definitivo: homem.

Hospedeiro intermediário: não há.

Local de parasitismo dos vermes adultos: intestino delgado.

1. As larvas penetram ativamente através da pele, atingem a circulação (setas azuis) e executam uma viagem semelhante àquela realizada pelas larvas da lombriga, migrando do coração para os alvéolos pulmonares.
2. Dos alvéolos, seguem pelos brônquios (setas laranjas), traqueia, laringe, faringe, esôfago, estômago e intestino delgado, local em que se transformam em adultos.
3. Após acasalamento no intestino, as fêmeas iniciam a postura dos ovos, que, misturados às fezes, são eliminados para o solo. A diferença em relação à ascaridíase é que, neste caso, os ovos eclodem no solo e liberam uma larva.
4. Em solos úmidos e sombrios, as larvas permanecem vivas e se alimentam. Sofrem muda da cutícula durante esse período.

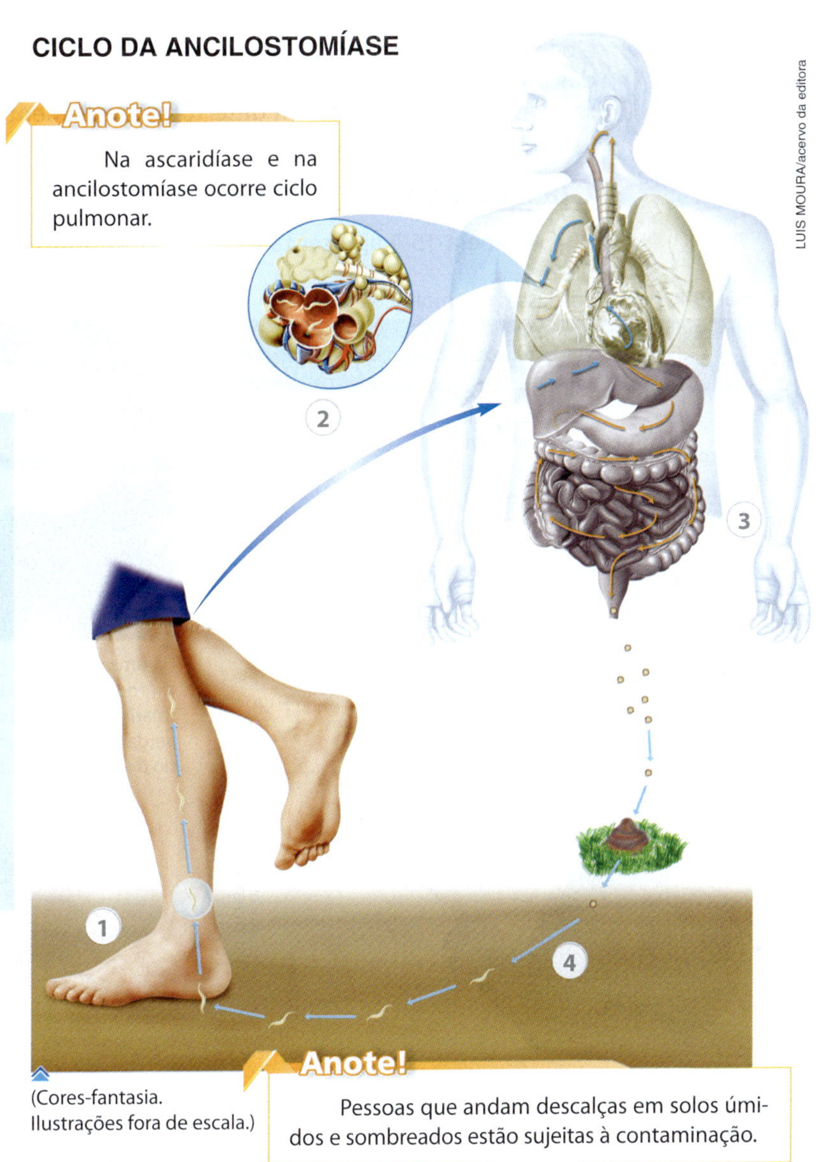

Anote! Na ascaridíase e na ancilostomíase ocorre ciclo pulmonar.

(Cores-fantasia. Ilustrações fora de escala.)

Anote! Pessoas que andam descalças em solos úmidos e sombreados estão sujeitas à contaminação.

A prevenção da ancilostomíase

- Saneamento básico, com a construção de fossas e rede de esgotos.
- Andar calçado em solos sujeitos à ocorrência das larvas.

Saiba mais!

Outras doenças relevantes causadas por nematódeos

DOENÇA	CAUSADOR/TRANSMISSÃO	CARACTERÍSTICAS	PREVENÇÃO/TRATAMENTO
Triquinelose (triquinose)	▪ *Trichinella spiralis* ▪ Ingestão de carne de porco crua ou malcozida contendo cistos com larvas encistadas (carne triquinada).	Machos (1,5 mm) e fêmeas (3,5 mm) adultos vivem na mucosa do intestino delgado. Larvas migram para músculos estriados e se encistam. Dor abdominal, dor muscular e febre. Porcos e cavalos também são infestados.	▪ Educação sanitária. ▪ Inspeção sanitária da carne de consumo. ▪ Tratamento: anti-helmínticos, corticosteroides e ácido acetilsalicílico.
Larva *migrans* cutânea (dermatite serpiginosa, bicho-geográfico)	▪ *Ancylostoma braziliense* (parasita habitual do intestino de cães e gatos, cujas fezes contêm ovos. Destes, surgem larvas que contaminam o solo). ▪ Penetração ativa de larvas na pele humana.	As larvas caminham ("migram") entre a epiderme e a derme e constroem túneis sinuosos. Mãos, pés, antebraços e perna são os locais mais atingidos. Sintomas mais frequentes: coceira (prurido) intensa e avermelhamento da pele no local afetado.	▪ Evitar contato da pele em locais frequentados por cães e gatos (praias, jardins, bancos de areia de escolas etc.). ▪ Controle dos parasitas em cães e gatos, com anti-helmínticos. ▪ Tratamento: anti-helmínticos via oral ou aplicação local. Muitas vezes, há cura espontânea.

15-6. Moluscos

Os moluscos, animais pertencentes ao filo *Mollusca*, são animais de vida livre, sendo a maioria marinhos. Alguns moluscos preferem as águas rasas do litoral (muitos escavam a areia e o lodo para esconder-se), outros se prendem a rochas, outros ainda vivem em águas profundas. Há representantes de água doce e de ambiente terrestre. Também são encontrados em regiões muito frias e até em desertos extremamente secos.

Classificação dos moluscos

A Tabela 15-4 apresenta as três classes principais dos moluscos.

Tabela 15-4. Principais classes dos moluscos.

CLASSE	PRINCIPAIS CARACTERÍSTICAS	ALGUNS REPRESENTANTES
Gastropoda	Gastrópodes não apresentam concha ou apresentam conchas de uma valva apenas	Caramujos, caracóis de jardim, lesmas
Bivalva (ou Pelecypoda)	Bivalves apresentam concha com duas valvas	Ostras, mexilhões, mariscos
Cephalopoda (ou Siphonopoda)	Concha pode estar presente (e, neste caso, é interna) ou não	Lulas, polvos, náutilos

Há uma ordem dos gastrópodos que chama a atenção por seu atraente colorido. São os nudibrânquios, também conhecidos como lesmas-marinhas. Os adultos não têm conchas e, por não possuírem brânquias verdadeiras, respiram pela pele. Podem apresentar brânquias modificadas no dorso ou na borda lateral do manto ou mesmo ao redor do ânus.

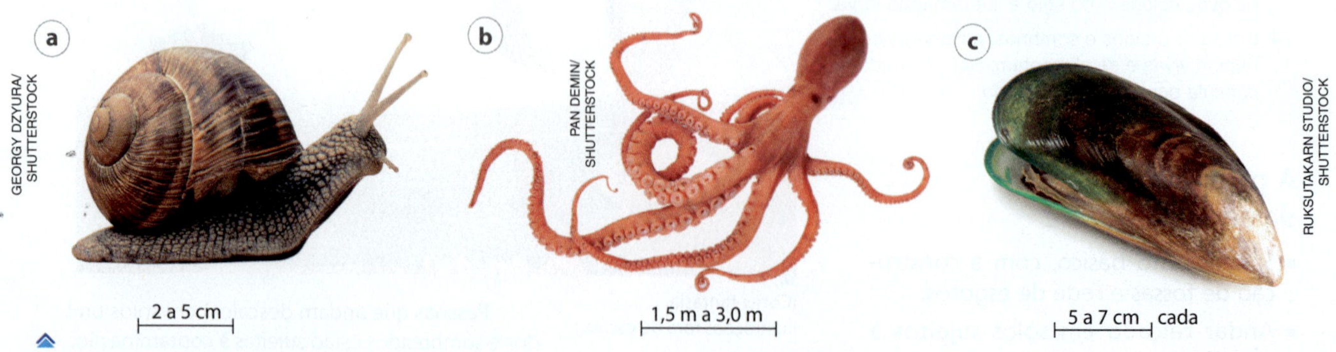

Os moluscos possuem uma grande diversidade de formas. Em (a) um caracol (gastrópodo); (b) polvo (cefalópodo) e (c) mexilhões (bivalves).

Principais características dos moluscos

Os moluscos apresentam simetria bilateral. Podemos considerar seu corpo como sendo constituído por **cabeça** (às vezes, reduzida), **massa visceral** (conjunto de órgãos internos), coberta por uma dobra de pele chamada *manto*, e um **pé** musculoso. Veja a Figura 15-21.

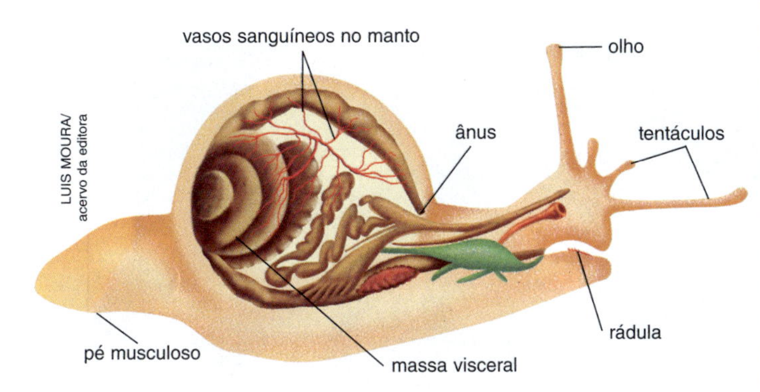

(Cores-fantasia. Ilustrações fora de escala.)

Figura 15-21. Foto e esquema de caracol de jardim, ilustrando os principais componentes do corpo de um molusco. Quando adultos, os caracóis de jardim medem entre 2 e 5 cm de comprimento.

A **cabeça** dos caracóis de jardim, das lesmas e dos caramujos contém tentáculos e olhos (órgãos sensoriais). Nas lulas e nos polvos a cabeça é muito modificada e rodeada por vários braços longos, os tentáculos. Além disso, olhos são bem desenvolvidos. Nas ostras e mariscos a cabeça não é diferenciada, não há tentáculos e olhos.

Na cabeça dos gastrópodes e cefalópodes existe uma estrutura exclusiva dos moluscos, a **rádula**, espécie de língua raspadora, com fileira de "dentes" que auxiliam na alimentação. Os cefalópodes também têm rádula e os bivalves não a têm (bivalves são filtradores).

A **massa visceral** contém os órgãos internos e é recoberta por uma epiderme, o manto, que secreta a concha. Entre a massa visceral e o manto existe uma cavidade, a *cavidade do manto*. O manto é uma estrutura exclusiva dos moluscos.

Nos gastrópodes, a concha é uma peça única (as lesmas, na evolução, perderam a concha). Os bivalves possuem uma concha com duas peças. Nos cefalópodes apenas o náutilos tem concha externa, as lulas têm concha interna e os polvos não são dotados de concha.

Nautilus pompilius e sua concha vazia. Observe que a concha é espiralada e dotada de várias câmaras, sendo que a última abriga o animal e as demais ficam cheias de gás, o que contribui para sua flutuação.

O **pé** musculoso nos gastrópodes está diretamente ligado à massa visceral, daí o nome da classe (do grego, *gastros* = estômago + *podos* = pés). No caracol de jardim, assim como na lesma, o pé é uma verdadeira *sola musculosa,* usada para a locomoção, que ao se deslocar deixa um rastro mucoso. Nesses animais, a locomoção é lenta.

Alguns bivalves possuem um pé musculoso na forma de machado, daí o nome da classe dos bivalves ser conhecido também como **pelecípodos** (do grego, *pélekys* = machado + *podos* = pés). Em muitos bivalves o pé musculoso é inexistente. É o caso das ostras que ficam presas a um substrato, já os mexilhões fixam-se em rochas pelos filamentos escuros do **bisso.**

Mexilhão fixo à rocha pelos filamentos do bisso. Quando adultos, medem em torno de 7 cm.

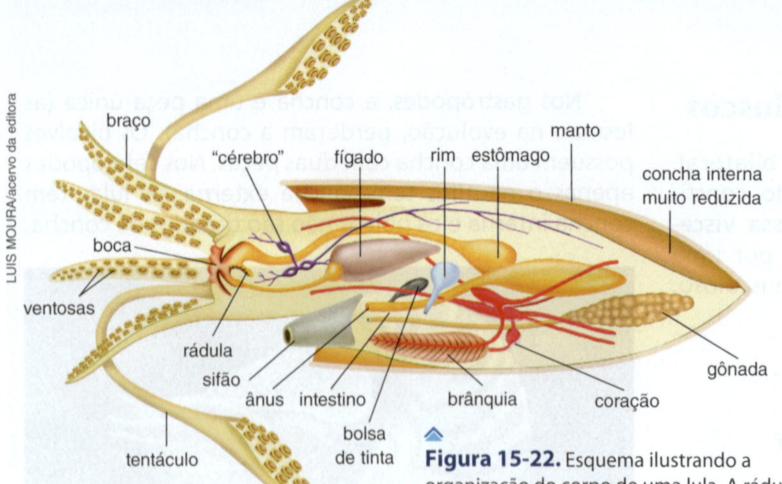

Figura 15-22. Esquema ilustrando a organização do corpo de uma lula. A rádula é composta de sete dentes e um bico quitinoso. Entre os órgãos que compõem a massa visceral dos cefalópodes, a lula possui uma bolsa da tinta. Esta é comprimida toda vez que o animal se sente ameaçado por algum inimigo, o que provoca liberação da tinta que sai em jatos pelo sifão. A mancha que a tinta deixa na água confunde o predador, enquanto a lula escapa rapidamente. (Cores-fantasia. Ilustrações fora de escala.)

Anote!

A famosa tinta nanquim chinesa é derivada das tintas encontradas em bolsas de sépias que vivem no litoral chinês.

Nos cefalópodes, o pé se transformou em uma estrutura que lembra um **sifão** (dispositivo que transporta líquido de um lugar para outro). Pelo sifão a água sai da cavidade do manto. Ao lado do sifão há uma abertura para a entrada de água na cavidade do manto (veja a Figura 15-22). Quando o cefalópode está caçando ou está ameaçado, contrai violentamente a cavidade do manto, produzindo um jato repentino de água. A contração dos músculos da cavidade do manto arremessa o animal para trás. Algumas lulas chegam a alcançar uma velocidade de 40 km/h. Tanto lula quanto polvo, pelo fato de orientar o sifão, podem se deslocar para trás em diferentes direções. Em situações normais a água é expelida lentamente e o cefalópode também se desloca lentamente.

Saiba mais!

Com o pé na cabeça?

O nome cefalópodos sugere que, durante o alongamento do corpo, o pé tenha se ligado à cabeça e se transformado nos tentáculos. No entanto, atualmente há um consenso em considerar que, na realidade, o pé acabou se transformando no sifão usado na locomoção desses animais (veja a foto do polvo ao lado). Por isso, hoje, prefere-se denominar essa classe de **Siphonopoda**.

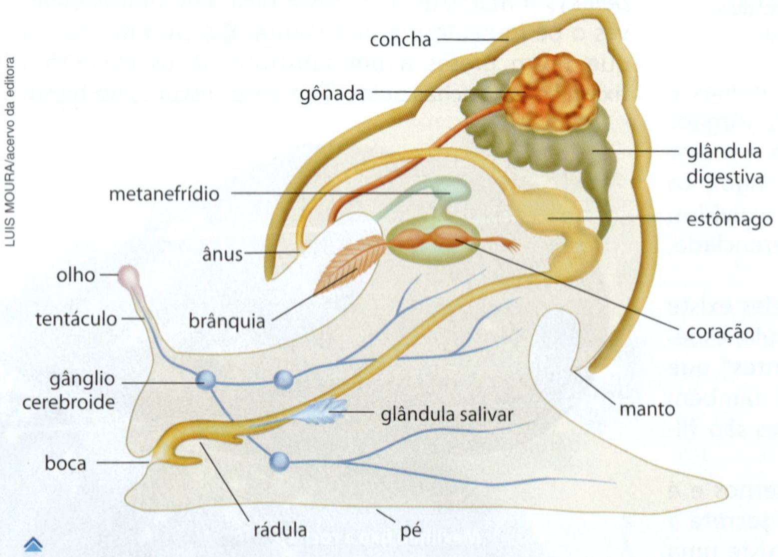

Figura 15-23. Esquema de caramujo marinho, ilustrando a massa visceral, contendo os sistemas digestório, respiratório, circulatório, excretor, reprodutor e nervoso. (Cores-fantasia. Ilustrações fora de escala.)

A **respiração** dos moluscos aquáticos se dá pelas **brânquias**, localizadas na cavidade do manto. São filamentos delgados, altamente irrigados por vasos sanguíneos, onde se processa a troca de oxigênio por gás carbônico. Nos moluscos terrestres, há um **pulmão rudimentar** adaptado à respiração aérea. O pulmão dos moluscos não é igual ao nosso. Trata-se de uma área da cavidade do manto cheia de ar, ricamente vascularizada, onde o sangue é oxigenado. O **sistema digestório** dos moluscos é **completo**, com boca e ânus.

O **sistema circulatório** dos gastrópodes e bivalves é do tipo **lacunar** ou **aberto**. Um vaso sai de um coração simples e distribui o sangue para lacunas, nas quais o contato com os tecidos possibilita a difusão de nutrientes, excretas e gases de respiração (veja a Figura 15-23).

Daí o sangue retorna ao coração, após ser oxigenado na cavidade pulmonar ou branquial, se for um caramujo marinho. Nos cefalópodes, o sangue circula exclusivamente em vasos sanguíneos, a circulação é chamada de **fechada**. O sangue da maioria dos moluscos contém um pigmento respiratório conhecido como **hemocianina**.

A **excreção** é efetuada por rins simples, formados por estruturas chamadas **metanefrídios**. O **sistema nervoso** é basicamente constituído por pares de gânglios ligados às três principais regiões do caramujo: cabeça, massa visceral e pé musculoso. Cordões nervosos conectam os diversos gânglios entre si.

Os moluscos têm **reprodução sexuada**. A maioria é de sexos separados, com exceção de alguns, como os caracóis, que são hermafroditas, porém sem autofecundação. A fecundação é interna e externa. Nos gastrópodes e cefalópodes o desenvolvimento é direto; nos bivalves há larva (desenvolvimento indireto).

Desvende & Avalie!

Leia o QR Code abaixo e faça a atividade de criação de caramujos de jardim ou lesmas. Analise seus resultados e, com base nas respostas às perguntas propostas, produza um relatório com a síntese dos objetivos da experimentação e seus resultados.

Estabelecendo conexões!

Pérolas e madrepérolas

Dentre as diferentes pedras e gemas utilizadas na confecção de joias, as pérolas são um símbolo de feminilidade e elegância. São formadas pela deposição de camadas de um material calcário ao redor de um grão de areia ou de outro objeto estranho que se aloje dentro da concha de ostras. Porém, alguns outros moluscos, também nos oferecem outras joias. É o caso da madrepérola, uma camada nacarada e lisa que recobre a face interna das conchas de algumas espécies de ostras e mexilhões. Essa camada apresenta um brilho iridescente, que reflete diversas cores quando a luz incide sobre ela, o que a torna muito bonita para ser usada como adorno.

Assim como as pérolas podem ter cores diferentes, dependendo do molusco em que são produzidas, as madrepérolas também podem: as tonalidades vão desde o branco-acinzentado, passando pelos tons amarelo-alaranjados até os verde-azulados.

A madrepérola tem este nome ("mãe" da pérola) porque essa camada interna das conchas é a responsável por secretar a substância que se deposita em torno do grão de areia para a formação das pérolas.

Pérola dentro de uma ostra.

ZONEFATAL/SHUTTERSTOCK

Concha de abalone (*Haliotis* sp.), molusco gastrópode marinho. Observe a camada interna nacarada, iridescente, conhecida como madrepérola. Pelas aberturas da concha a água que penetra no interior do animal é exalada.

KPIXMINING/SHUTTERSTOCK

15-7. Anelídeos

A característica marcante dos animais pertencentes ao filo *Annelida* é o **corpo segmentado**, visível externamente na forma de *anéis*, com sulcos bem marcados separando uns dos outros. Algumas estruturas, como os órgãos excretores e os gânglios do sistema nervoso, se repetem internamente em cada segmento, também chamado de **metâmero** (veja a Figura 15-24). Dizemos, por isso, que o corpo dos anelídeos é *metamerizado*. Internamente, os metâmeros são separados uns dos outros por paredes divisórias conhecidas como **septos**.

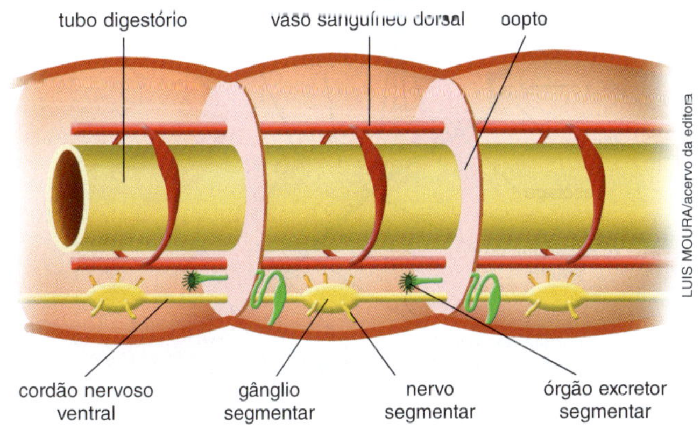

LUIS MOURA/acervo da editora

Figura 15-24. Em cada metâmero (segmento) do corpo dos anelídeos há repetição de algumas estruturas. (Cores-fantasia. Ilustrações fora de escala.)

Classificação dos anelídeos

Veja, a seguir, as três classes mais importantes dos anelídeos e suas principais características.

Tabela 15-5. Principais classes dos anelídeos.

CLASSE	PRINCIPAIS CARACTERÍSTICAS	ALGUNS REPRESENTANTES
Oligochaeta	▪ Representantes **terrestres** (as conhecidas minhocas) e de **água doce** (os tubifex, dados como alimento aos peixes) ▪ Corpo segmentado, contendo no meio de cada segmento **cerdas curtas** (daí o nome oligochaeta, do grego, *oligos* = pouco + *chaite* = cerda) ▪ Porção bem diferenciada na região anterior do corpo, o **clitelo**, resultado da fusão de alguns segmentos e que desempenha importante papel na reprodução (veja a Figura 15-25(a));	Minhocas e *Tubifex* sp.
Polychaeta	▪ Predominantemente **marinhos** ▪ Presença de expansões laterais em cada segmento do corpo, os **parapódios**, usados para andar, nadar ou escavar ▪ Parapódios dotados de **muitas cerdas** (daí o nome polychaeta, do grego, *polys* = muito + + *chaite* = cerda) ▪ Os organismos **errantes** deslocam-se livremente pelo solo oceânico à procura de alimento (veja a Figura 15-25(b)) ▪ Os **sedentários** vivem em tubos construídos por eles, onde esperam pelo alimento	*Nereis* sp.
Hirudinea (ou Achaeta)	▪ Habitam principalmente o meio **aquático doce**, mas há algumas espécies **marinhas** e outras **terrestres** ▪ **Ausência** de cerdas segmentares (daí o nome aquetas = sem cerdas) ▪ Possuem **clitelo** ▪ Presença de **ventosas fixadoras**	*Hirudo medicinalis*

Figura 15-25. (a) *Lumbricus terristris*, a conhecida minhoca, um anelídeo oligoqueta. A segmentação de seu corpo pode ser vista externamente. Na foto, o clitelo está indicado pela seta. (b) *Nereis* sp., um poliqueta cuja maioria das espécies é marinha. (c) *Hirudo medicinalis*, popularmente conhecida como sanguessuga.

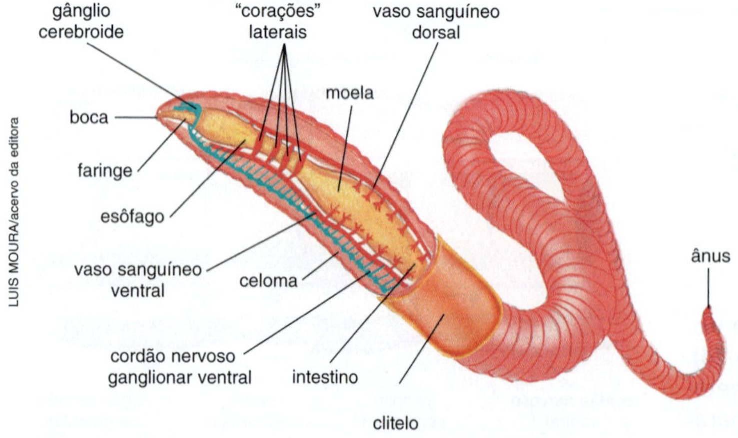

Figura 15-26. Visão lateral esquemática de uma minhoca, evidenciando os quatro "corações" laterais e os vasos sanguíneos dorsal e ventral. (Cores-fantasia.)

Principais características dos anelídeos

Nos anelídeos, o **sistema circulatório** é **fechado**. Não há glóbulos vermelhos. O sangue, vermelho, contém o pigmento hemoglobina e é impelido para a frente por meio de quatro pares de vasos laterais de ligação, contráteis, e considerados os **"corações" laterais** da minhoca (veja a Figura 15-26).

A pele da minhoca é constituída por uma epiderme revestida por uma fina cutícula, umedecida pela secreção mucosa de glândulas espalhadas pela parede do corpo. Essa umidade favorece a ocorrência das trocas gasosas respiratórias entre o sangue e o ar e reduz o atrito com o solo. A umidade do solo em que vive a minhoca também contribui para o umedecimento da pele e facilita a troca de gases.

Anote!

Poliquetos sedentários construtores de galerias, como os das fotos (à esquerda *Sabellastarte spectabilis* e à direita *Spirobranchus giganteus*) precisam fazer o alimento chegar até eles. Os penachos são irrigados por sangue, servindo também como brânquias. Esses animais medem cerca de 8 cm de altura.

O **tubo digestório** da minhoca é **completo**. À boca, segue-se uma *faringe* sugadora de alimento, continuada por um longo esôfago, no meio do qual surge uma *moela*, que tem por função triturar os alimentos. Após o *esôfago*, o tubo digestório alarga-se e constitui o longo *intestino*, que se abre no ânus (veja a Figura 15-27(a)).

A meio caminho do intestino, existem os chamados **cecos intestinais**, bolsas de fundo cego que ampliam a superfície de absorção de alimentos. Outro recurso destinado a ampliar a superfície de digestão e absorção do intestino é uma dobra chamada **tiflossole**, um pregueamento para dentro da parede intestinal, que aparece depois do ponto de surgimento dos cecos (veja a Figura 15-27(b)).

Anote!

Os produtos de excreção nitrogenada são a ureia e a amônia, essa última produzida em maior quantidade, o que contribui para a fertilidade do solo e o aproveitamento pelas plantas.

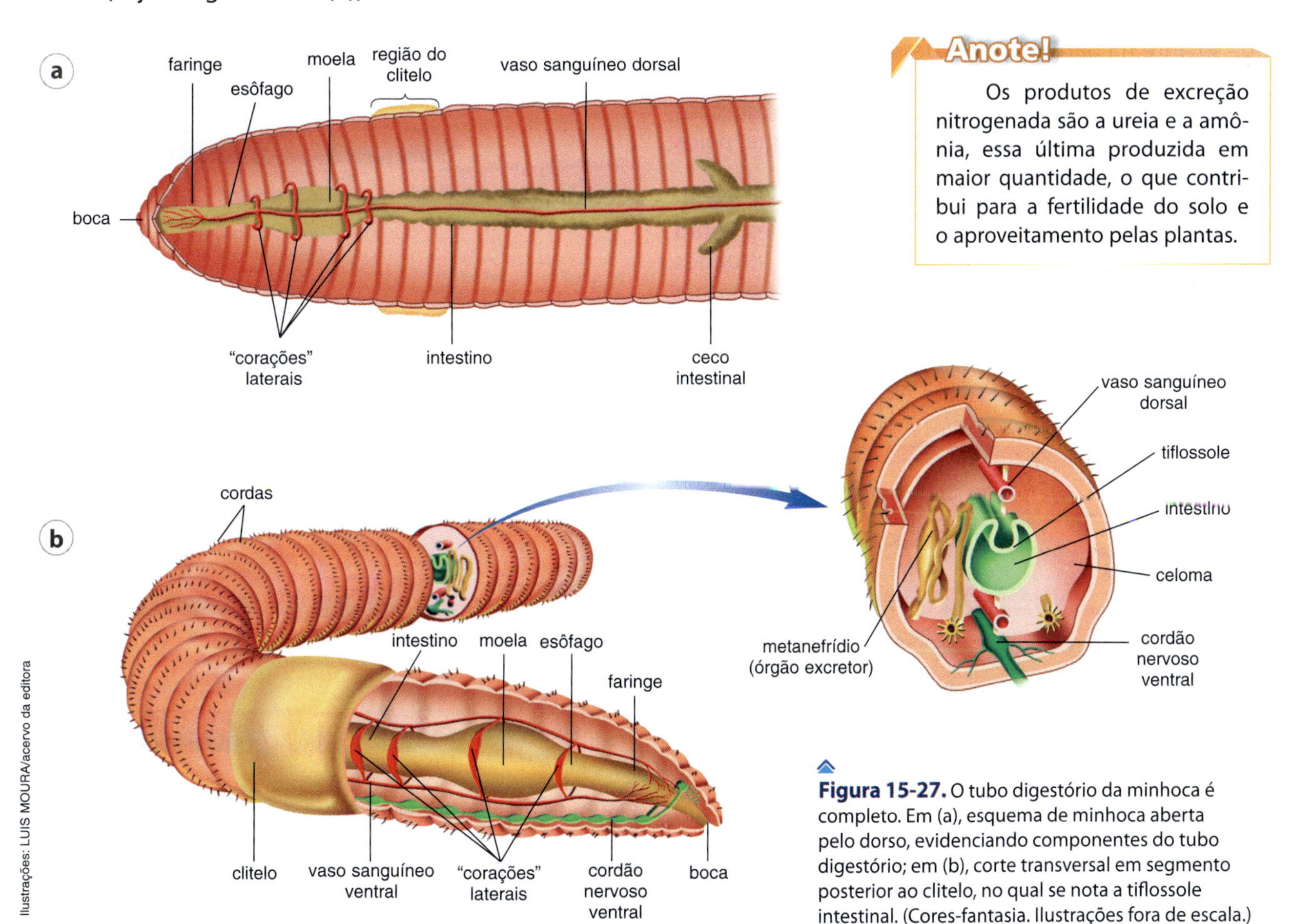

Figura 15-27. O tubo digestório da minhoca é completo. Em (a), esquema de minhoca aberta pelo dorso, evidenciando componentes do tubo digestório; em (b), corte transversal em segmento posterior ao clitelo, no qual se nota a tiflossole intestinal. (Cores-fantasia. Ilustrações fora de escala.)

A excreção na minhoca é efetuada por pares de unidades que se repetem na maioria dos segmentos, os chamados **nefrídios segmentares** (também conhecidos por **metanefrídios**). Cada um possui um funil ciliado (**nefróstoma**) mergulhado na cavidade celomática do segmento, cheia de líquido (veja a Figura 15-28).

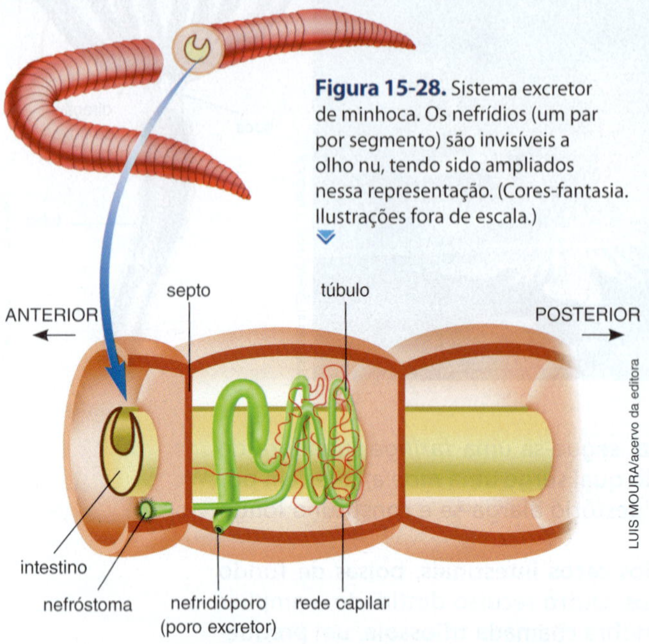

Figura 15-28. Sistema excretor de minhoca. Os nefrídios (um par por segmento) são invisíveis a olho nu, tendo sido ampliados nessa representação. (Cores-fantasia. Ilustrações fora de escala.)

Do funil emerge um tubo enovelado que perfura o septo do segmento seguinte e termina em um poro que se abre na parede lateral desse segmento. O funil recolhe substâncias do líquido contido na cavidade celomática e, ao longo do tubo, ocorrem reabsorções de substâncias úteis que retornam ao sangue pelos capilares que o envolvem.

Dois gânglios localizados dorsalmente à faringe constituem o "cérebro" da minhoca. Eles estão ligados por um anel nervoso a dois outros, situados na região ventral da faringe. A partir daí, surge uma **cadeia ganglionar ventral**, com dois gânglios para cada segmento, unidos entre si por cordões nervosos (veja a Figura 15-29).

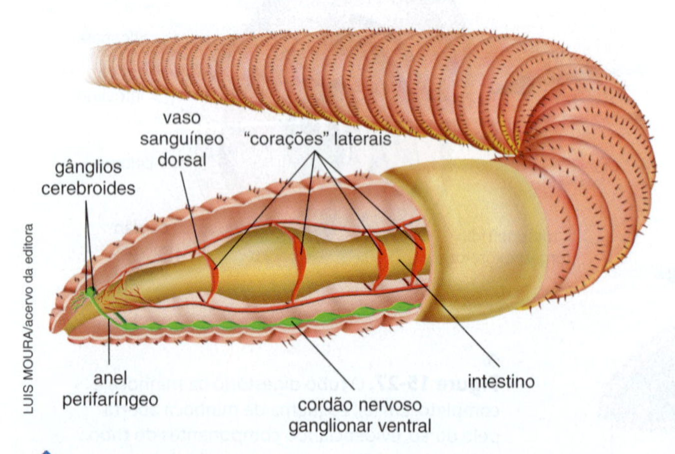

Figura 15-29. O sistema nervoso da minhoca é ganglionar e ventral em relação ao tubo digestório. (Cores-fantasia. Ilustrações fora de escala.)

As minhocas são hermafroditas. Por ocasião da cópula dois animais saem da terra e pareiam ventre a ventre e são mantidos unidos por uma secreção mucosa produzida pelo clitelo. Cada minhoca deposita espermatozoides nos *receptáculos seminais* da outra, onde são armazenados.

Após a separação das minhocas, o clitelo fabrica um casulo aberto em ambas as extremidades, como se fosse um bracelete. O casulo é empurrado para a parte anterior do organismo. Ao passar pelo poro genital feminino, recebe óvulos e, continuando o deslocamento para frente, recebe os espermatozoides armazenados no receptáculo seminal, ocorrendo a fecundação. O anel mucoso continua escorregando e, ao ser liberado da minhoca, suas pontas "soltas" se fecham e constituem um casulo contendo ovos. No interior do casulo ocorre o desenvolvimento do embrião. Veja a Figura 15-30.

Nas minhocas não há reprodução assexuada, mas pode haver regeneração de segmentos das extremidades, principalmente os posteriores.

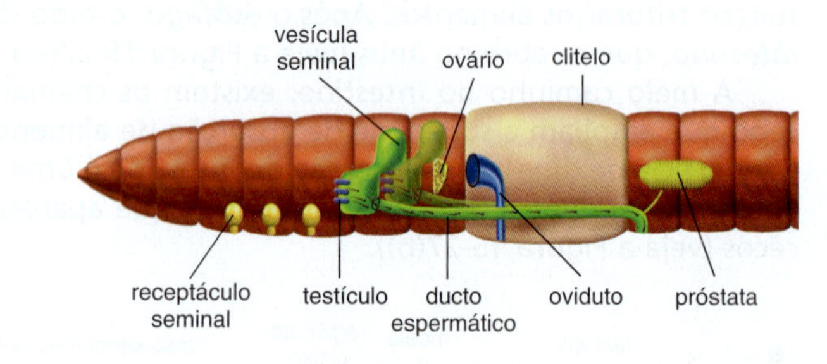

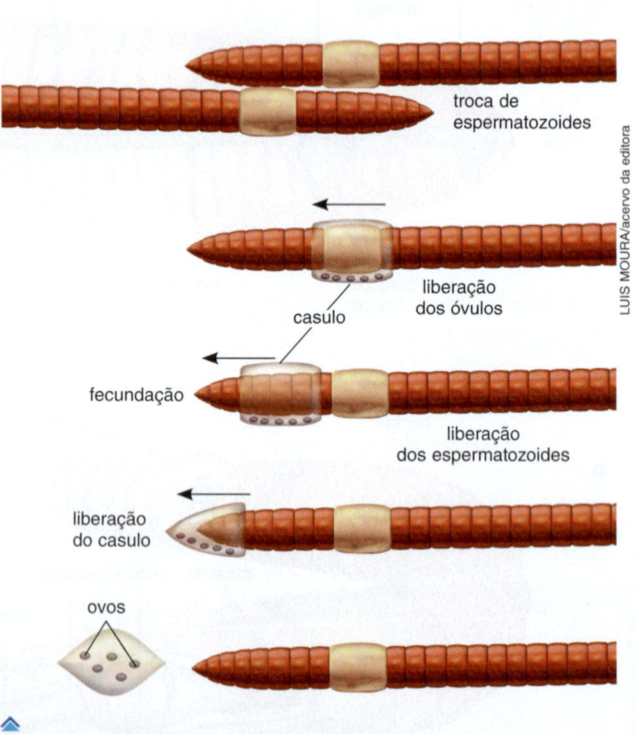

Figura 15-30. Minhocas em cópula. Depois da separação, os óvulos são liberados para o casulo que, ao ser deslocado para a extremidade anterior, recebe os espermatozoides. Ao ser liberado para o meio, o casulo se fecha e o desenvolvimento dos ovos ocorre em seu interior. (Cores-fantasia. Ilustrações fora de escala.)

Saiba mais!

Sanguessugas

A maioria das sanguessugas, como o nome deixa claro, atua como ectoparasita de outros animais. Algumas espécies são predadoras de pequenos invertebrados. Quanto à locomoção, ela se dá com a utilização das duas ventosas alternadamente, em um mecanismo conhecido por "mede-palmos", embora muitos hirudíneos possam nadar por ondulações dorsiventrais do corpo (veja a Figura 15-31).

Uma espécie de sanguessuga, a *Hirudo medicinalis*, foi por muito tempo utilizada para fazer sangrias. Toda vez que era preciso retirar sangue de pessoas que, por exemplo, tinham pressão alta ou cuja pele estava inflamada em consequência de retenção de sangue após cirurgia, colocavam-se algumas sanguessugas na pele do doente. Este não sentia dor porque, ao rasparem a pele com os dentes, as sanguessugas liberam uma substância ao mesmo tempo anestésica e anticoagulante, a hirudina. Farmacêuticos criavam esses animais em aquários e os alugavam para as sangrias. Ao sugarem o sangue, o corpo das sanguessugas inchava em consequência do enchimento do intestino e, espontaneamente, elas se desprendiam da pele.

O problema para os farmacêuticos é que a digestão do sangue no intestino desses anelídeos demorava meses. Para que os animais ficassem prontos mais rapidamente para outra sucção, os farmacêuticos os colocavam em cinza de carvão que, por motivo desconhecido, as fazia liberar o sangue ingerido.

Figura 15-31. Locomoção da sanguessuga por "mede-palmos". (Cores-fantasia.)

LUIS MOURA/acervo da editora

PHOTOWIND/SHUTTERSTOCK

Vista ventral de ventosa anterior de sanguessuga, que abriga a boca. Esses animais também possuem uma ventosa posterior, mas que não abriga o ânus, pois este se abre dorsalmente, antes da ventosa.

JULIA KUZENKOVA/SHUTTERSTOCK

As sanguessugas, como a *Hirudo medicinalis* da foto, foram muito usadas no passado para sangrias.

Questão socioambiental

Húmus: a camada rica em nutrientes

O acúmulo de resíduos orgânicos decorrentes de folhas, galhos, raízes e restos animais proporciona o desenvolvimento de uma comunidade de detritívoros e decompositores especializada na sua utilização. A ação desses organismos leva à formação de um composto escuro, de odor típico, conhecido como **húmus**, cuja principal característica é a riqueza em nutrientes minerais liberados pela atividade decompositora de bactérias e fungos.

É frequente a utilização, por parte de agricultores brasileiros, do húmus de minhoca, decorrente da atividade detritívora desses anelídeos, para fertilizar o solo.

A atividade dos organismos que vivem no solo integra o húmus com as partículas minerais, estruturando o solo. Quando uma minhoca se alimenta de detritos, ela também ingere os nutrientes minerais existentes no solo. À medida que passam pelo tubo digestório, os nutrientes minerais são misturados aos compostos orgânicos e formam uma pasta, o húmus. Areia, argila e silte são misturados no húmus formando agregados que saem como "bolotas" do tubo digestório dos anelídeos. A atividade perfuradora do solo, executada pelas minhocas, além de fornecer a permeabilidade e o arejamento, espalha essas formações e ajuda a manter o solo sempre bem estruturado.

MOROZOV ALEXEY/SHUTTERSTOCK

Criadas em reservatórios contendo estrume de vaca e restos de vegetação, as minhocas alimentam-se dos detritos e liberam suas fezes que servirão de substrato.

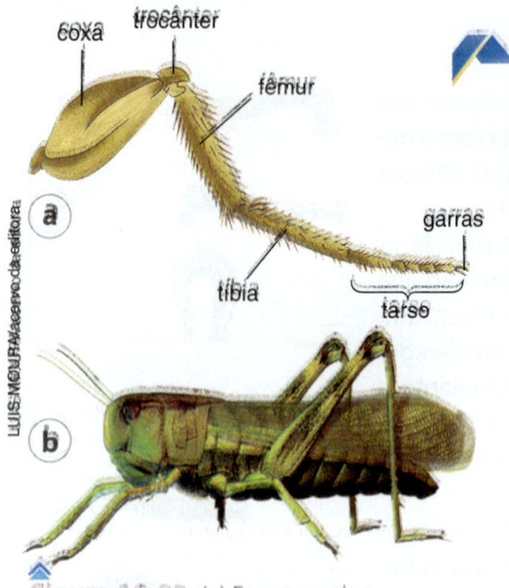

Figura 15-32. (a) Esquema dos componentes da pata de barata, ilustrando as articulações existentes entre elas. (b) Note a segmentação do corpo do gafanhoto e os apêndices articulados. (Cores-fantasia. Ilustrações fora de escala.)

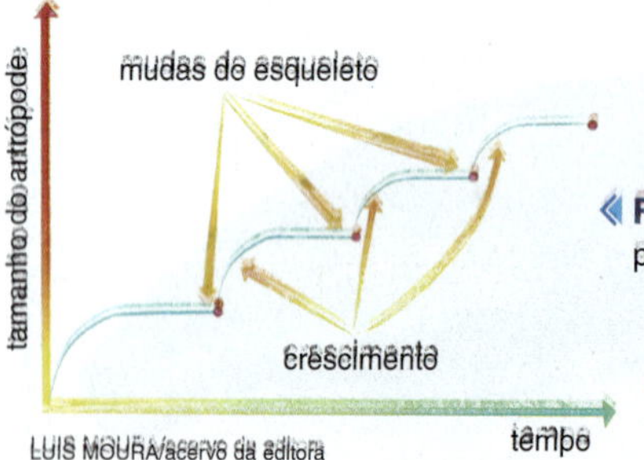

Figura 15-33. Gráfico ilustrando o padrão de crescimento de um artrópode.

15-8. Artrópodes

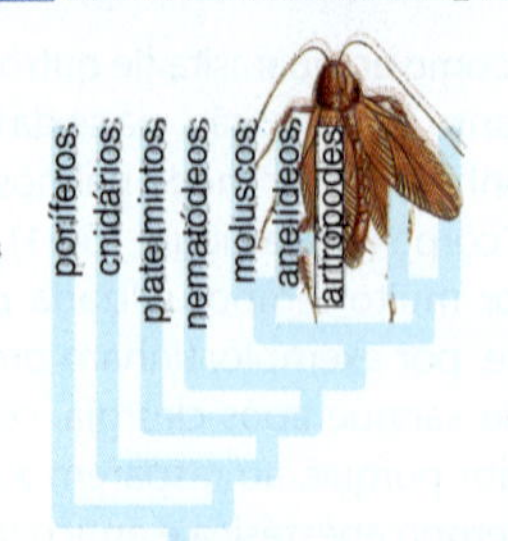

O filo *Arthropoda* (do grego, *arthron* = articulação + *podós* = pés) é o mais numeroso da Terra atual. Contém cerca de 1 milhão de espécies conhecidas, o que é pelo menos quatro vezes o total de todos os outros grupos de animais reunidos.

Seus representantes conquistaram eficientemente todos os *habitats* disponíveis: marinho, água doce e terrestre. Não existe um lugar sequer no planeta que não contenha um artrópode.

Os artrópodes possuem **corpo segmentado** (corpo metamerizado), **apêndices articulados** (patas, antenas, palpos etc.) e corpo coberto com **exoesqueleto de quitina** (veja a Figura 15-32). O esqueleto externo é uma característica adaptativa importante, uma verdadeira armadura protetora rígida composta de **quitina**, um polímero nitrogenado de polissacarídeos, impregnada de camadas de cera. Em alguns, o exoesqueleto é reforçado pela deposição de carbonato de cálcio (calcário). O esqueleto cobre todo o corpo e em cada segmento corporal forma verdadeiras placas.

Um dos problemas do esqueleto externo, porém, é a limitação que ele oferece ao crescimento. Durante a fase jovem, ocorre um ciclo que envolve descarte do esqueleto, crescimento, construção de novo esqueleto, novo descarte e assim por diante até atingir a fase adulta, em que não há mais crescimento – são as **mudas** ou **ecdises** (veja a Figura 15-33).

Classificação dos artrópodes

Costuma-se classificar os artrópodes levando-se em conta as divisões do corpo, o número de patas e a existência ou não de antenas e de outros apêndices (pedipalpos e quelíceras, por exemplo). Veja a Tabela 15-6.

Tabela 15-6. Subfilos e principais classes do filo *Arthropoda*, com algumas características diferenciais e exemplos.

SUBFILO	CLASSE	DIVISÃO DO CORPO	NÚMERO DE PATAS	ASAS	ANTENAS	EXEMPLOS
Cheliceriformes	*Chelicerata* (subclasse *Arachnida*)	Cefalotórax (fusão da cabeça com o tórax) e abdômen.	Quatro pares no cefalotórax.	Não há.	Não há.	Aranhas, escorpiões, carrapatos, ácaros.
Crustacea	*Malacostraca*	Cefalotórax e abdômen.	Cinco ou mais pares.	Não há.	Dois pares.	Camarões, siris, lagostas, caranguejos, cracas, tatuzinho-de--quintal.
Hexapoda	*Insecta*	Cabeça, tórax e abdômen.	Três pares no tórax.	Pode haver um ou dois pares no tórax. Há espécies que não as possuem.	Um par.	Abelhas, baratas, pulgas, cupins, gafanhotos, piolhos.
Myriapoda	*Chilopoda*	Cabeça e tronco.	Um par por segmento corporal.	Não há.	Um par de antenas longas.	Lacraias, centopeias.
	Diplopoda	Cabeça, tórax e abdômen.	Um par em cada segmento do tórax e dois pares em cada segmento abdominal.	Não há.	Um par de antenas curtas.	Piolhos-de-cobra (embuás ou gongolôs).

(Cores-fantasia. Ilustrações fora de escala.)

Ilustrações: LUIZ MOURA/acervo da editora

Saiba mais!

Trilobitas

Os artrópodes mais antigos conhecidos, todos extintos, pertencem ao grupo dos trilobitas, animais marinhos do Paleozoico. O corpo era constituído por uma cabeça, um tronco com segmentos não fundidos e uma pequena região posterior. Possuíam um par de antenas e um par de olhos na cabeça, além de um par de apêndices em cada segmento do tronco. Seu tamanho variava de apenas alguns milímetros a cerca de 70 cm de comprimento.

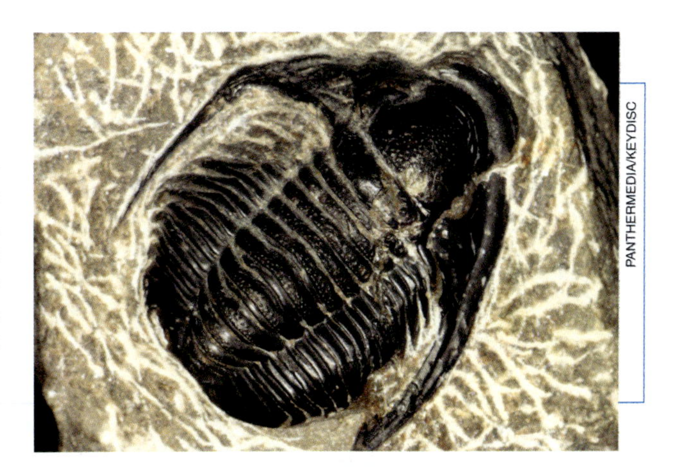
PANTHERMEDIA/KEYDISC

Principais características dos artrópodes

Vamos utilizar a barata e o gafanhoto como exemplos para o estudo dos insetos. Neles, o corpo é segmentado e dividido em *cabeça*, *tórax* e *abdômen* (veja a Figura 15-34).

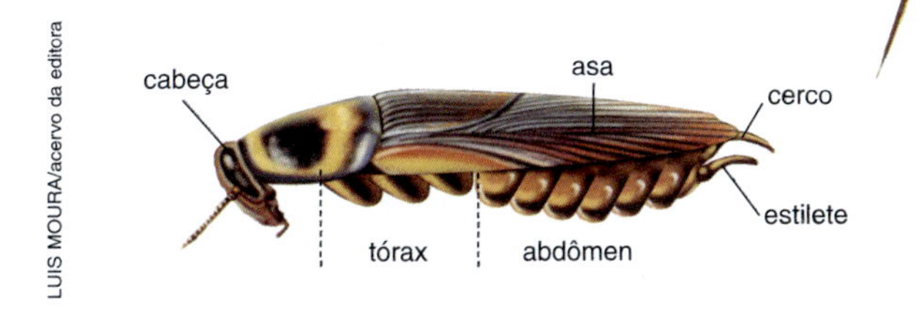

Figura 15-34. Visão lateral da barata, ilustrando as divisões corporais e os apêndices articulados. O cerco é uma estrutura sensorial. (Cores-fantasia. Ilustração fora de escala.)

A boca é ventral e rodeada por pares de peças bucais de função mastigadora e outros apêndices articulados, modificados para a preensão do alimento, os chamados **palpos maxilares**.

Na cabeça encontram-se um par de **antenas articuladas** (de função sensorial) e, lateralmente, duas manchas correspondentes aos **olhos**. São *olhos compostos* de diversas unidades hexagonais, conhecidas como **omatídios**, responsáveis pela composição da imagem de objetos vistos pela barata.

Tubo digestório **completo**. Na boca, desembocam duas glândulas salivares cuja secreção inicia o processo de digestão química. Destacam-se ainda, no tubo digestório, um **papo**, de paredes finas, e uma **moela**, de paredes grossas (veja a Figura 15-35). No papo ocorre a ação de diversas enzimas digestivas e na moela se dá a trituração do alimento.

Na barata, a boca é rodeada por algumas peças bucais bilaterais com função mastigadora. Elas incluem mandíbulas, maxilas e peças manipuladoras de alimentos, os **palpos** maxilares e labiais. Além da barata, o gafanhoto, a libélula, o louva-a-deus, o cupim e o besouro, entre outros, também possuem peças bucais mastigadoras.

Em outros insetos, há consideráveis modificações nas peças bucais, reveladoras das adaptações alimentares de cada um deles.

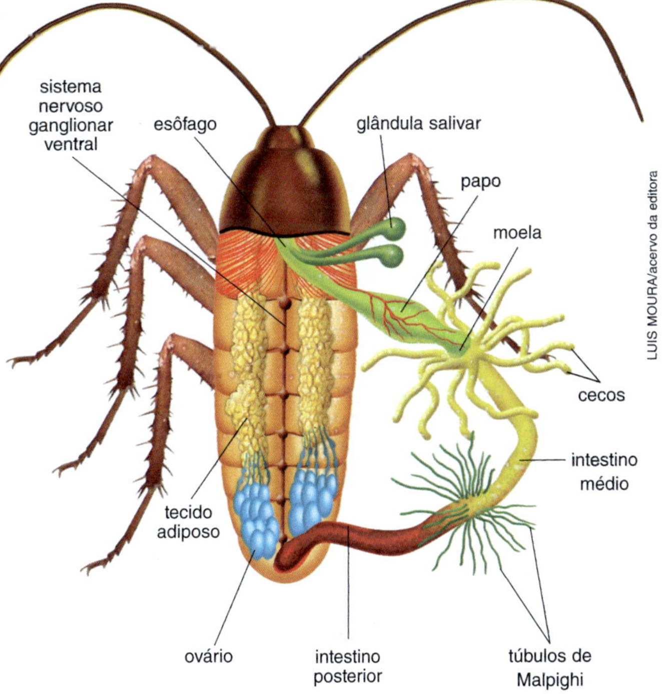

Figura 15-35. O interior da barata. O tubo digestório é completo e nele desembocam os túbulos de Malpighi, componentes do sistema excretor. (Cores-fantasia. Ilustrações fora de escala.)

Nas mariposas e borboletas, por exemplo, o aparelho bucal forma uma longa tromba enrolada em espiral, a **espirotromba sugadora**, o que se distende para a coleta do néctar das flores.

Nas abelhas, as peças bucais modificadas funcionam como se fossem uma **língua** recolhedora do alimento (néctar das flores). Nas moscas, que costumam pousar nas mesas de bares e das nossas casas, a língua atua como verdadeiro instrumento **lambedor**.

O aparelho bucal pode também sofrer modificações e atuar como instrumento perfurante. É o caso dos barbeiros (percevejos transmissores da doença de Chagas), das cigarras (que perfuram as raízes de plantas à procura de seiva), dos mosquitos, dos borrachudos e das motucas, cujo aparelho bucal é, portanto, do tipo **perfurante** e **sugador**.

A circulação é do tipo **lacunar** ou **aberta**.

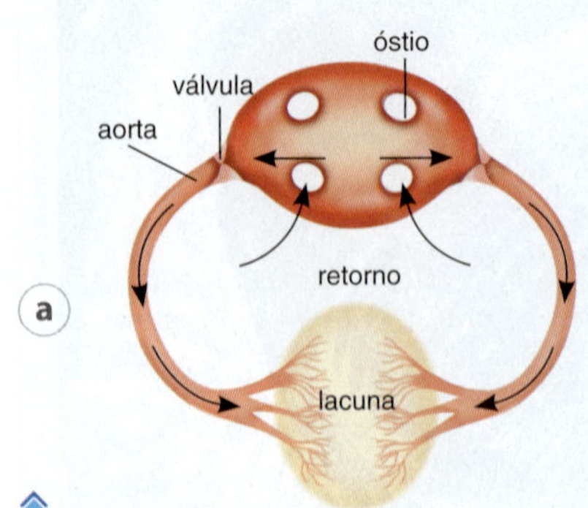

Na maioria dos insetos, o "sangue" é incolor e chamado de **hemolinfa**. Nos insetos, o transporte de gases da respiração não é feito pelo sistema circulatório. O retorno da hemolinfa ao coração se dá por pequenos orifícios laterais (óstios) existentes nas paredes do órgão.

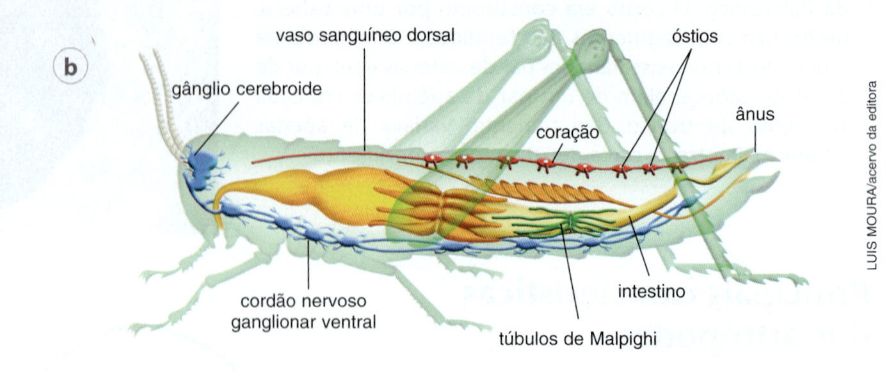

Figura 15-36. (a) A circulação nos insetos é aberta com (b) um coração dorsal. A excreção se dá pelos túbulos de Malpighi (observe sua localização nesse esquema de gafanhoto) e o sistema nervoso é ganglionar ventral. (Cores-fantasia. Ilustrações fora de escala.)

Anote!

O sistema circulatório dos insetos não participa da condução de gases respiratórios nem das trocas gasosas. O sistema traqueal funciona independentemente do sistema circulatório, permitindo diretamente a troca dos gases da respiração entre o meio e os tecidos, adaptando esses animais à execução de atividades rápidas, principalmente a do voo.

As trocas respiratórias ocorrem nas traqueias.

Cada túbulo ramifica-se inúmeras vezes e gera túbulos cada vez mais delgados que penetram nas células, oxigenando-as e removendo o gás carbônico resultante da respiração celular (veja a Figura 15-37). Movimentos de contração dos músculos abdominais renovam continuamente o ar das traqueias, de modo semelhante a um fole.

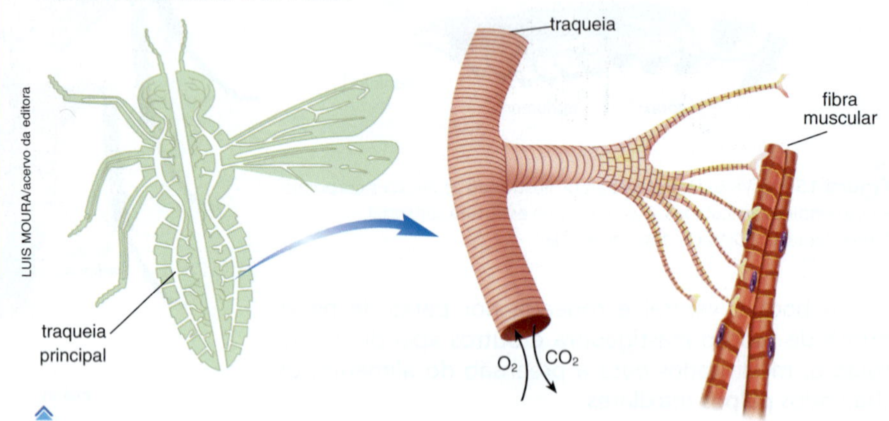

Figura 15-37. Traqueias de insetos: o ar é enviado diretamente às células. (Cores-fantasia. Ilustrações fora de escala.)

Nos insetos, os olhos são compostos de inúmeras unidades menores, os omatídios.

CHERDCHAI CHAIVIMOL/SHUTTERSTOCK

A excreção é feita pelos túbulos de Malpighi que se localizam no limite entre a porção média e a porção posterior do intestino (reveja a Figura 15-36). Cada túbulo possui fundo cego e mergulha nas lacunas do corpo, de onde retira as impurezas e as descarrega no intestino para serem eliminadas com as fezes.

O produto de excreção nitrogenada das baratas é o *ácido úrico*, substância que requer pequeníssima quantidade de água para sua eliminação (outro fator importante de adaptação dos insetos ao meio terrestre).

Dois gânglios localizados na região dorsal do esôfago, considerados como **gânglios cerebroides**, ligam-se a dois outros, localizados ventralmente, abaixo do esôfago. A partir daí surge uma **cadeia ganglionar ventral**, existindo praticamente um par de gânglios para cada segmento corporal (reveja a Figura 15-36).

Entre os artrópodes, há dois tipos de olhos: os **simples**, também chamados de **ocelos**, e os **compostos**.

Os olhos simples são conjuntos de células fotossensíveis, pequenos, revestidos por células pigmentadas, que se conectam ao nervo óptico. Esses olhos simples não têm a capacidade de formar imagens – apenas detectam a direção e a intensidade da luz.

Já os olhos compostos, comuns nos insetos, são assim chamados por serem constituídos por unidades menores, os **omatídios**. Cada omatídio é um tubo contendo células pigmentadas e um eixo, que recebe o estímulo luminoso e o envia a uma célula sensitiva. Vários omatídios compõem uma estrutura esférica, e cada um deles é responsável por um pedaço da imagem do objeto que o inseto enxerga. Transmitidas ao sistema nervoso, essas imagens são integradas em uma imagem total.

Os insetos são animais de sexos separados e a fecundação é **interna**.

Em algumas espécies de insetos, o filhote parece uma cópia pequena do adulto, porém é sexualmente imaturo. Ao crescer, passa por várias mudas até alcançar o tamanho de adulto, sexualmente ativo. Nesse caso, não houve **metamorfose** (transição de uma forma para outra forma corpórea, da larva para o adulto, por exemplo) e o inseto pertence à categoria de **ametábolo**. Exemplo: traças-dos-livros.

Em outros insetos, como o gafanhoto, inicialmente, após a saída do ovo, o indivíduo não tem asas, é muito parecido com o adulto, mas sem capacidade de se reproduzir. Após inúmeras fases de muda do exoesqueleto e crescimento, transforma-se em adulto. Nesse caso há metamorfose, que é *incompleta*, e esses animais são chamados de **hemimetábolos**. Exemplos: baratas, cigarras, percevejos, libélulas, cupins (veja a Figura 15-38) e gafanhotos.

A grande maioria dos insetos tem **metamorfose completa** em que o adulto é totalmente diferente da forma imatura que recebe o nome de *larva*, coloquialmente conhecidas como lagartas e taturanas. Algumas, por exemplo, não têm patas. Outras têm patas falsas. A larva se alimenta ativamente, efetua trocas periódicas de esqueleto e passa para a fase chamada de *pupa*. A pupa permanece em aparente repouso. Nessa fase notamos profundas mudanças do organismo, temos agora um inseto adulto, também chamado de **imago**. Todos os insetos que têm larva e, consequentemente, pupa, são chamados de **holometábolos** (veja a Figura 15-39). Exemplos: borboletas, mariposas, moscas, mosquitos, besouros, abelhas e formigas.

LUIS MOURA/acervo da editora

Figura 15-38. Insetos (a) ametábolos: sem metamorfose; e (b) hemimetábolos: metamorfose incompleta. (Cores-fantasia. Ilustrações fora de escala.)

LUIS MOURA/acervo da editora

Figura 15-39. Holometábolo: inseto com metamorfose completa (*a*, *b*, *c* e *d* – fases do desenvolvimento da mosca doméstica). (Cores-fantasia. Ilustrações fora de escala.)

Saiba mais!

Insetos sociais

Muitos insetos são solitários. É o caso dos gafanhotos. Alimentam-se por conta própria e só procuram um parceiro no momento do acasalamento. Reproduzem-se e cada qual segue seu caminho.

Outros insetos, porém, vivem em grupos. É o que acontece com formigas, abelhas e cupins, considerados *insetos sociais*.

Assim como nas sociedades humanas, a vida em conjunto envolve divisão de trabalho entre os insetos, na qual grupos de indivíduos executam funções específicas que resultam em benefícios para o conjunto.

Em uma sociedade de insetos há categorias ou *castas*, executando funções especializadas. Em uma colmeia, essas castas são representadas por uma **rainha**, numerosas fêmeas **operárias** e, dependendo da época, por alguns machos, os **zangoes** (veja a Figura 15-40). A rainha é a abelha reprodutora. Durante sua vida, ela produz dois tipos de "ovo", que são depositados nos favos: os fecundados – diploides – e óvulos não fecundados (haploides). Os primeiros originarão fêmeas: a rainha (fértil) e as operárias (estéreis). Os outros se desenvolvem, por **partenogênese**, em machos haploides férteis, os zangões.

Partenogênese é um tipo de reprodução sexuada em que óvulos se desenvolvem sem serem fecundados, originando indivíduos haploides. Dependendo da espécie, são produzidos apenas machos, como nas abelhas, apenas fêmeas ou indivíduos de ambos os sexos (caso de muitas espécies de pulgões).

KUTTELVASEROVA STUCHELOVA/SHUTTERSTOCK

Figura 15-40. Nas abelhas, diferentes tipos de indivíduo compõem a sociedade existente na colmeia.

Crustáceos

Assim como a barata, o camarão – exemplo para nosso estudo dos crustáceos (do latim, *crusta* = crosta) – possui **apêndices articulados**, **corpo segmentado** e **exoesqueleto**. Há, porém, algumas diferenças. No camarão, a cabeça e o tórax estão fundidos em uma peça única, o **cefalotórax**; na cabeça, há dois pares de antenas e o abdômen apresenta apêndices articulados natatórios birremes (dois ramos presos a uma base). (Veja a Figura 15-41.)

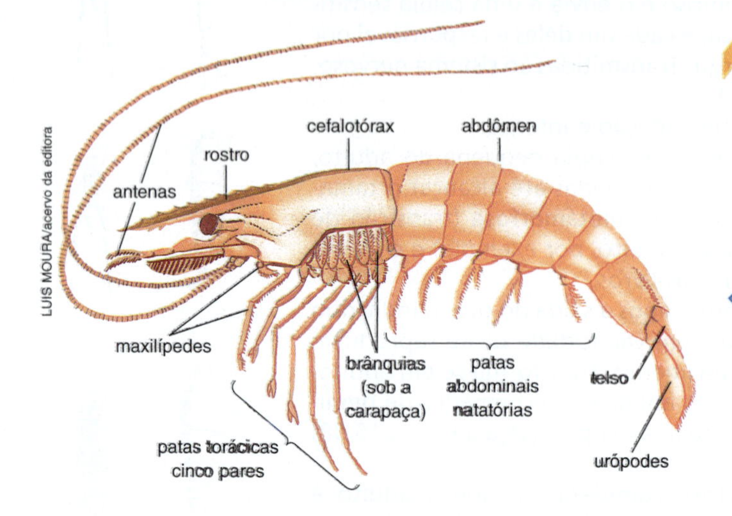

Anote!

Os apêndices articulados exercem diversas funções e muitos estão relacionados à locomoção, enquanto outros são modificados para manipular e triturar alimentos.

Figura 15-41. No camarão, o corpo é dividido em cefalotórax e abdômen. Na extremidade anterior, correspondente à cabeça, destacam-se os olhos pedunculados e dois pares de antenas. As patas locomotoras, localizadas na parte correspondente ao tórax, são em número de cinco pares. No abdômen, destacam-se cinco pares de apêndices adaptados à natação. Na fêmea, também servem para carregar ovos. (Cores-fantasia.)

O exoesqueleto é constituído de quitina espessada com carbonato de cálcio. Uma placa contínua cobre grande parte do cefalotórax e termina na extremidade anterior em um **rostro** serrilhado.

Na cabeça, há um par de olhos pedunculados e dois pares de antenas: um longo, de função tátil, e outro curto, de função provavelmente olfativa.

As trocas gasosas respiratórias são efetuadas por **brânquias** localizadas bilateralmente sob a carapaça cefalotorácica. A corrente de água que as oxigena continuamente é criada por apêndices modificados.

O camarão é comedor de detritos que encontra no lodo oceânico. A excreção é efetuada pelas chamadas **glândulas verdes**, cujo orifício excretor se abre na base das antenas maiores. O produto de excreção nitrogenada é a amônia.

A reprodução sexuada ocorre com o encontro de machos e fêmeas ao longo da costa litorânea e em profundidades que não ultrapassam 50 metros. A fecundação é interna e a fêmea carrega os ovos nas patas abdominais por algum tempo. Dos ovos surgem larvas que habitam a região costeira de manguezais e estuários de rios. Após o ciclo de crescimento, os jovens dirigem-se para regiões mais profundas e se misturam com os adultos.

Cracas são crustáceos marinhos filtradores de alimento, de aproximadamente 1 cm de altura, que constroem estruturas calcárias fixas em uma rocha, cuja forma lembra pequenos vulcões, no interior das quais vivem os animais.

Tatuzinhos-de-jardim (*Armadillidium vulgare*) de 1 cm de comprimento, aproximadamente, são os únicos crustáceos encontrados em meio terrestre. Vivem em locais úmidos e respiram por brânquias protegidas em uma câmara branquial.

Microcrustáceos

Os microcrustáceos, entre os quais podemos citar as artêmias, os copépodes e as dáfnias, vivem livremente na água, junto a um grande número de larvas e espécimes adultos de diferentes grupos animais.

Conjuntamente, todas essas formas pequenas de animais, incluindo os microcrustáceos, são componentes do **zooplâncton**, comunidade de animais de dimensões reduzidas e que são movimentados pelas ondas e correntes aquáticas. O zooplâncton participa das chamadas cadeias alimentares aquáticas, ao se alimentar das pequenas algas produtoras de alimento desses ecossistemas. Por sua vez, os animais do zooplâncton são comidos por animais maiores e constituem, assim, verdadeiro elo entre os produtores de alimento e os consumidores de ordens superiores.

Microcrustáceos do zooplâncton em meio a algas filamentosas. Na foto, veem-se quatro microcrustáceos: uma pulga-d'água (à direita, superior), um *Cyclops* (à esquerda, inferior), um ostrácode (à direita, inferior) e uma larva de copépode (à esquerda, superior). (Aumento da imagem desconhecido.)

Aracnídeos

A aranha, típico representante dos aracnídeos, possui **corpo segmentado**, **apêndices articulados**, um **exoesqueleto quitinoso** e abdômen **sem** apêndices articulados.

Há, no entanto, algumas diferenças em relação à barata. O corpo da aranha é dividido em cefalotórax e abdômen (como no camarão); há quatro pares de patas cefalotorácicas; não há antenas; como apêndices na extremidade anterior do corpo, existe um par de **pedipalpos** preensores e um par de **quelíceras**, inoculadoras de veneno (veja a Figura 15-42).

Na classe dos aracnídeos, que além das aranhas inclui os escorpiões, os carrapatos e os ácaros, a atividade da maioria dos representantes está voltada para o predatismo ou para o parasitismo. Essas adaptações ficam bem evidentes a partir da compreensão de como funcionam certos apêndices articulados.

Na aranha, a tática predatória envolve a utilização dos pedipalpos como instrumento de preensão e das quelíceras como via de inoculação de veneno. Cada quelícera contém uma glândula de veneno, cuja secreção flui por um canal que percorre um aguilhão (ferrão) inoculador. A ação paralisante do veneno permite a imobilização das vítimas (insetos e pequenos vertebrados).

A aranha não mastiga o alimento. Enzimas digestivas, provenientes do tubo digestório, são liberadas pela boca e atuam nos tecidos da vítima, em um processo de digestão extracorpórea. O caldo resultante é sugado pela aranha e enviado ao tubo intestinal para digestão final e absorção.

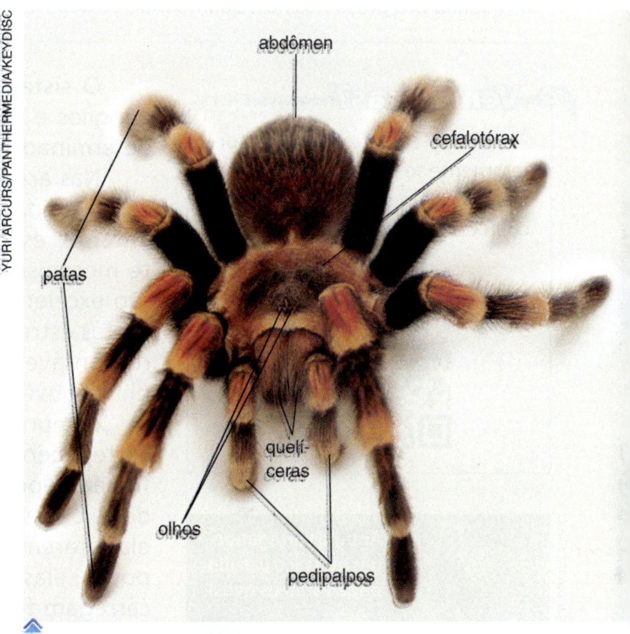

Figura 15-42. Nas aranhas, o corpo é dividido em cefalotórax e abdômen. Um par de pedipalpos preênseis e um par de quelíceras inoculadoras de veneno caracterizam as aranhas como carnívoras predadoras (acúleos inoculadores ficam dobrados sob as quelíceras). (Imagem ampliada 2,5 vezes.)

Como nos outros artrópodes, o coração é dorsal e bombeia o sangue para **lacunas**, onde são feitas as trocas de substâncias com os tecidos.

As trocas gasosas podem ser efetuadas por dois tipos de estrutura: **filotraqueias (pulmões foliáceos)** e **traqueias**. Os pulmões foliáceos são formações existentes na região ventral do abdômen, constituídos por finíssimas lâminas de tecido irrigadas por hemolinfa (uma importante diferença em relação às traqueias). O ar penetra por orifícios existentes no abdômen e as trocas gasosas ocorrem com a participação da hemolinfa.

As traqueias são semelhantes às dos insetos e, nesse caso, as trocas gasosas independem do sistema circulatório.

A excreção é feita pela ação dos **túbulos de Malpighi** e das **glândulas coxais**. Os túbulos de Malpighi funcionam de modo análogo aos dos insetos. As glândulas coxais são vesículas que lembram as glândulas verdes dos crustáceos. Recolhem os resíduos corporais das lacunas e os eliminam por ductos que se abrem na base das coxas.

Anote!

Aranhas são estritamente predadoras. Várias espécies alimentam-se de matéria vegetal, como pólen e néctar, e utilizam esses recursos como fonte extra de proteínas, lipídios, açúcares e minerais.

Saiba mais!

As aranhas e a construção de teias

O abdômen das aranhas não é segmentado e, assim como o cefalotórax e as patas, é dotado de muitos pelos (cerdas quitinosas). Na extremidade posterior e ventral, chamam a atenção as **fiandeiras**, cerca de 6, responsáveis pela confecção das teias. As fiandeiras são ligadas às **glândulas sericígenas**, localizadas no interior do abdômen. Essas glândulas secretam o material proteico que servirá para a confecção da seda das teias, a partir de uma ação semelhante a agulhas de tricotar.

Todas as aranhas possuem glândulas sericígenas, mas nem todas fabricam teias, que servem como verdadeiras armadilhas para capturar insetos para alimentação. As que não constroem teia, como, por exemplo, a caranguejeira, a armadeira e o meirinho, capturam as presas à custa de pulos.

Finalizada a construção da teia, a aranha passa uma substância pegajosa em uma de suas faces e só caminha pela face oposta. Um inseto entrando em contato com essa armadilha fica preso nos fios: quanto mais se debate, mais se envolve na substância pegajosa e seus movimentos produzem abalos na teia. A aranha percebe as vibrações transmitidas pelos fios da teia, vai ao encontro do inseto aprisionado e o mata pelo veneno. Ela também pode envolver o inseto com fios e guardá-lo para ser ingerido posteriormente.

LIGHT AND VISION/SHUTTERSTOCK

Venenosas?

Você sabe responder corretamente se toda aranha é venenosa? Confira sua resposta lendo o QR Code abaixo.

O **sistema nervoso** da aranha é bem desenvolvido, com presença de gânglios e olhos simples. Muitos gânglios fundidos estão concentrados em determinados pontos do cefalotórax.

Nas aranhas há muitos pelos sensoriais (cerdas táteis) espalhados pelo corpo, principalmente nos apêndices articulados. Como as aranhas não têm antenas, esses pelos e outras estruturas sensoriais representam importante mecanismo de relacionamento desses animais com o meio ambiente e são excelentes auxiliares na percepção da existência de presas e inimigos. Certas estruturas sensoriais em forma de fendas, localizadas nas patas, são responsáveis pela percepção de vibrações. É por isso que se diz que as aranhas "ouvem" pelas patas.

A reprodução **sexuada** nas aranhas envolve complexos mecanismos de cortejamento e acasalamento. A fecundação é interna e, de modo geral, a fêmea deposita centenas de ovos em um casulo (ovissaco) de seda. Dentro dele, o desenvolvimento é **direto**. É comum ver aranhas que tecem teias elaborarem o casulo no qual existem dezenas de jovens aranhas. Pouco a pouco, elas vão se libertando e se dispersam pelo ambiente. Certas aranhas carregam filhotes no dorso até que eles se libertem e passem a viver uma vida independente.

Aranha carregando um ovissaco (casulo onde estão os ovos).

JENS DITTMAR/PANTHERMEDIA/KEYDISC

Escorpiões

No escorpião, o cefalotórax é curto e formado por um escudo único, não segmentado. Na extremidade anterior, há um par de quelíceras trituradoras. As patas localizam-se no cefalotórax e isso pode ser mais bem observado quando se olha a região ventral do animal, na qual sobressaem as volumosas coxas dos quatro pares de patas.

O abdômen é dividido em duas partes. A anterior, mais larga, o pré-abdômen, é composta de sete segmentos. A outra, impropriamente chamada de cauda, é o pós-abdômen, formada por cinco segmentos. Na extremidade do último segmento do pós-abdômen existe uma dilatação, o *télson*, dotado de um aguilhão. Por ele corre o veneno secretado por uma glândula localizada nesse apêndice.

No escorpião, os pedipalpos são longos e terminam em pinças – eles prendem a presa enquanto o pós-abdômen encurva, cravando o aguilhão, e então o veneno é inoculado. As quelíceras também são dotadas de pinças muito pequenas que esmagam a presa, extraindo-lhe os caldos nutritivos que são, então, sugados pelo escorpião.

WACPAN/SHUTTERSTOCK

No escorpião, os pedipalpos são os maiores apêndices articulados e terminam em pinças. (Na foto, escorpião imperial, que mede cerca de 20 cm.)

Carrapatos e ácaros

Nos carrapatos e ácaros, a principal modificação do corpo, em comparação às aranhas, é a fusão total do cefalotórax com o abdômen, formando um escudo dorsal contínuo.

Esses aracnídeos são predominantemente parasitas de animais domésticos, do homem e de plantas por ele cultivadas. Nas espécies parasitas, as peças bucais são adaptadas à perfuração e sucção e, nas demais, o hábito alimentar lembra o das aranhas, com liberação de enzimas sobre o alimento e posterior sucção do caldo formado.

Nas espécies de carrapatos que parasitam o homem, cavalos, bois, cachorros etc., o alimento preferido é o sangue. O carrapato incha à medida que suga o sangue, adquirindo tamanho que não excede 1 cm de comprimento.

Carrapato da espécie *Ixodes ricinus* na superfície da pele humana. Os indivíduos das espécies menores medem cerca de 0,5 mm de comprimento e os das maiores podem chegar a 12 mm. Esses pequenos aracnídeos são ectoparasitas, sugadores de sangue, e podem transmitir doenças.

Miriápodes: quilópodes e diplópodes

Se você comparar um piolho-de-cobra com uma lacraia (veja a Figura 15-43), notará algumas semelhanças: ambos possuem um grande número de patas locomotoras, corpo alongado contendo muitos segmentos e uma cabeça com um par de olhos e um par de antenas.

Figura 15-43. Os miriápodes. (a) Lacraia e (b) piolho-de-cobra. (Cores-fantasia. Ilustrações fora de escala.)

Diferem, no entanto, em muitos aspectos: a lacraia é achatada e tem o corpo dividido em cabeça e tronco; o piolho-de-cobra é cilíndrico e apresenta o corpo dividido em cabeça, tórax (contendo quatro segmentos) e abdômen. No primeiro segmento do corpo da lacraia há um par de garras inoculadoras de veneno. Nos demais, excetuando-se o último, há um par de patas locomotoras por segmento. O piolho-de-cobra não possui garras inoculadoras de veneno (ele não é venenoso) e dois dos segmentos torácicos apresentam um par de patas cada um. Já no abdômen, cada segmento possui dois pares de patas cada um.

Ambos preferem lugares úmidos e escuros, sob troncos caídos, madeira, pedras, vasos, e têm hábito predominantemente noturno.

Respiram por traqueias, excretam por meio de túbulos de Malpighi. Os sexos são separados (dioicos) e os jovens, quanto à forma, se assemelham aos adultos.

Anote!

A lacraia atua como predadora e vai rapidamente em busca de presas, pequenos roedores, insetos e minhocas; os piolhos-de-cobra movem-se lentamente e são comedores de detritos vegetais.

15-9. Equinodermos

Os equinodermos são conhecidos por não possuírem representantes em outro ambiente que não o marinho. É o caso, por exemplo, do *ouriço-do-mar* (muitas vezes encontrado na praia sob uma pedra, enfiado em um buraco), da *estrela-do-mar*, dos *pepinos-do-mar* (também conhecidos como holotúrias, encontrados junto às pedras que emergem da areia e cobertos pela água), ou das *bolachas-da-praia* ou corrupios dispersos pela areia. Não é muito incomum encontrar, também entre as pedras mergulhadas na água do mar, algumas formas que se locomovem serpenteando, sendo, por isso, conhecidas como *serpentes-do-mar* ou *ofiuroides*. Para aqueles que gostam de mergulhar, um bonito espetáculo é ver certos animais, presos nas rochas do fundo, que os biólogos, pela sua semelhança com flores, chamam de *lírios-do-mar*.

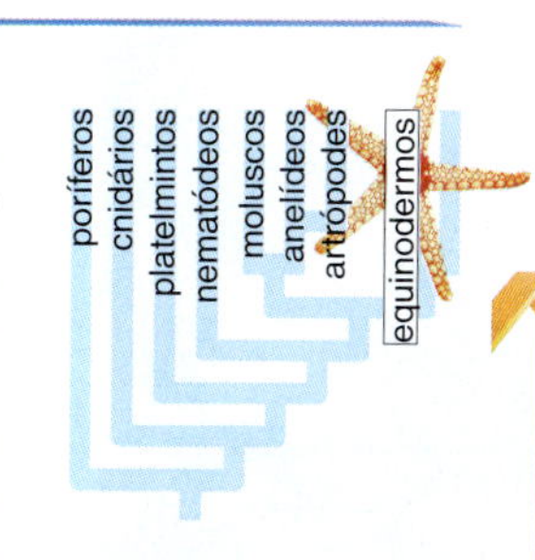

Anote!

Nos equinodermos, a simetria é pentarradiada, ou seja, muitas das estruturas e órgãos que participam da organização desses indivíduos aparecem em número de 5 ou múltiplo de 5: 5 dentes ao redor do orifício bucal, 5 ovários, 5 zonas ambulacrais, 5 nervos radiais etc.

Classificação dos equinodermos

Os animais pertencentes ao filo *Echinodermata*, todos restritos ao mar, são assim chamados pelo fato de a maioria dos seus representantes possuir pele dotada de espinhos (do grego, *echinos* = espinho + *derma* = pele). Podemos agrupar esses animais em cinco classes, como mostra a Tabela 15-7.

Tabela 15-7. Principais classes dos equinodermos.

CLASSE	PRINCIPAIS CARACTERÍSTICAS	ALGUNS REPRESENTANTES
Asteroidea	• Simetria radial • Braços, em geral, cinco, irradiam do disco central	Estrelas-do-mar
Echinoidea	• Esféricos, achatados na face oral • Apresentam espinhos móveis	Ouriços-do-mar e bolachas-da-praia
Holothuroidea	• Corpo alongado • Vivem próximos ao substrato	Pepinos-do-mar
Crinoidea	• Braços finos irradiam do disco central, lembrando uma flor • Animais filtradores	Lírios-do-mar
Ophiuroidea	• Braços longos e serpentiformes, em número de cinco, irradiam do disco central	Serpentes-do-mar

Equinodermos: (a) estrela-do-mar, (b) ouriço-do-mar visto pela face aboral (superior), (c) bolacha-da-praia, (d) pepino-do-mar, (e) lírio-do-mar e (f) serpente-do-mar.

FENKIE ANDREAS/SHUTTERSTOCK

STEWART KIRK/SHUTTERSTOCK

STEFAN ZIEMENDORFF/SHUTTERSTOCK

JAYA KESAVAN/SHUTTERSTOCK

KIM BR/SHUTTERSTOCK

JOHN A. ANDERSON/SHUTTERSTOCK

Principais características dos equinodermos

Vamos considerar o ouriço-do-mar como o representante dos equinodermos para apresentarmos suas características.

São esféricos, apresentando-se achatados na face oral (inferior), com a qual se apoiam no substrato. A face oral contém a boca; nesta, uma estrutura dotada de cinco dentes, a **lanterna de aristóteles**, é a responsável pela obtenção do alimento e pela corrosão da rocha em que o animal se instala. Na face oposta, a aboral (superior), fica o ânus. Deuterostômios, sistema digestório é **completo**: à boca, seguem-se esôfago, estômago, intestino e ânus.

Possuem espinhos móveis. Observando cuidadosamente o ouriço, percebe-se, entre os espinhos, uma grande quantidade de pequenas estruturas longas, finas e tubulares móveis, com ventosas, conhecidas como **pés ambulacrais**, responsáveis pela fixação e locomoção do animal no substrato rochoso (veja a Figura 15-44).

Localizadas entre os espinhos e os pés ambulacrais, encontram-se as **pedicelárias**, pequenos filamentos com ponta em forma de pinça de três pontas, destinadas à defesa e remoção de partículas estranhas que aderem à superfície do ouriço.

Ao redor da boca encontram-se as **brânquias**, que se encarregam das trocas respiratórias entre a água e o líquido que preenche internamente o celoma do animal. O **sistema circulatório** é extremamente reduzido.

O **sistema nervoso** restringe-se a um anel nervoso em torno da boca, de onde partem cinco nervos radiais que se ramificam pelo corpo.

Os sexos são separados. A **fecundação é externa**. Os gametas são liberados na água, onde ocorre a fecundação. Após o desenvolvimento embrionário, forma-se uma larva que possui simetria bilateral.

Apresentam endoesqueleto. A face oral é mais achatada e nela encontra-se a lanterna de aristóteles. Na outra face, chama a atenção uma placa calcária central dotada de um orifício correspondente à abertura do ânus. Rodeando essa placa central, há cinco outras, as **placas genitais**, cada uma com um orifício destinado à saída de gametas.

Uma dessas cinco placas genitais é toda perfurada e conhecida como **placa madrepórica** ou **madreporito**, que participa do sistema hidrovascular, uma exclusividade dos equinodermos. O restante do esqueleto é formado por séries de placas calcárias soldadas umas às outras, formando faixas que se estendem até a região oral.

Dois tipos de faixas alternadas são fáceis de perceber: as **faixas ambulacrais**, que contêm placas com muitos orifícios, por onde emergem os pés ambulacrais responsáveis pelo movimento, e as **faixas interambulacrais**, com placas dotadas de nódulos onde os espinhos se articulam.

GRASIELE FAVATTO

Ouriço-do-mar visto pela face oral (inferior). Ao centro é possível ver a lanterna de aristóteles.

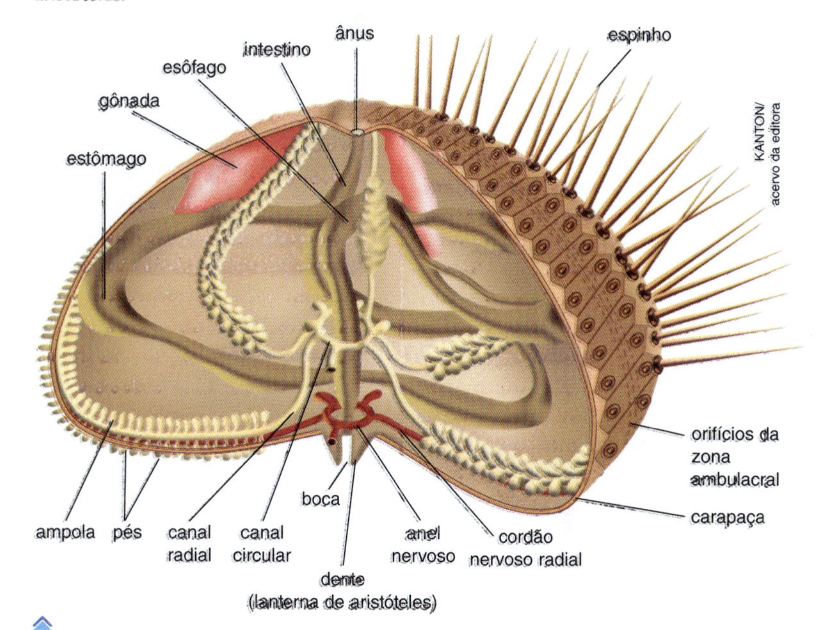

Figura 15-44. Esquema de estrutura interna de um ouriço-do-mar.

MARIE CLOKE/PANTHERMEDIA/KEYDISC

Endoesqueleto de ouriço.

KANTON/acervo da editora

ampola

canal radial

pés

Figura 15-45. Esquema de pés ambulacrais. (Cores-fantasia.)

Sistema ambulacral

Da **placa madrepórica**, origina-se um tubo longitudinal, o **canal madrepórico**, também chamado de **canal pétreo**. Este se comunica com um canal circular, que circunda o esôfago. Cinco canais radiais emergem do canal circular e, de ambos os lados de cada canal radial, emergem curtos **canais laterais**, que terminam em **ampolas**. Cada ampola fica na extremidade superior de um pé ambulacral (veja a Figura 15-45). Os pés ambulacrais, por sua vez, atravessam os orifícios da faixa ambulacral e se exteriorizam. A extremidade de cada pé ambulacral termina em um disco adesivo, semelhante a uma ventosa.

A água penetra pela placa madrepórica, preenchendo todo o sistema. Para a fixação em algum suporte do ambiente, a musculatura da ampola contrai e injeta água no pé ambulacral, que se distende. Simultaneamente, a ventosa existente na ponta do pé ambulacral adere firmemente ao substrato. Em seguida, a musculatura longitudinal da parede do pé ambulacral se contrai, a água retorna para a ampola e o pé, agora encurtado e flácido, solta-se.

Funcionando coordenadamente, os pés ambulacrais possibilitam o deslocamento do ouriço pelo ambiente. Essa atividade é também auxiliada pelos espinhos que, sendo móveis, favorecem a locomoção do animal pelo meio.

J.R. SOSKY/SHUTTERSTOCK

Detalhe de espinhos de ouriço-do-mar e, entre eles, os pés ambulacrais (setas).

Anote!

A larva dos ouriços assemelha-se bastante às larvas de certos grupos de cordados primitivos. Esse fato tem sido utilizado por alguns zoólogos para sugerir um possível parentesco dos equinodermos com os cordados.

Saiba mais!

Estrelas-do-mar

As estrelas-do-mar são tão conhecidas quanto os ouriços-do-mar. O padrão geral da organização do corpo é praticamente o mesmo. Boca na face oral do disco e ânus, quando existente, na face aboral. Os braços, frequentemente em número de cinco, irradiam-se do disco central. Na região ventral dos braços, emergem inúmeros pés ambulacrais, de organização e funcionamento semelhantes aos dos ouriços-do-mar (veja a Figura 15-46). Na estrela-do-mar existem **pápulas**, extensões do celoma cobertas por epiderme e que atuam nas trocas gasosas.

DAN BAGUR/SHUTTERSTOCK

Detalhe dos pés ambulacrais de uma estrela-do-mar.

LUIS MOURA/ACERVO DA EDITORA

estômago

ânus

braço

glândulas digestivas

pé ambulacral

Figura 15-46. Sistema digestório e braço de uma estrela-do-mar. (Cores-fantasia. Ilustração fora de escala.)

ATIVIDADES

A CAMINHO DO ENEM

1. (Enem) *Euphorbia milii* é uma planta ornamental amplamente disseminada no Brasil e conhecida como coroa-de-cristo. O estudo químico do látex dessa espécie forneceu o mais potente produto natural moluscicida, a miliamina L.

Adaptado de: MOREIRA, C. P. S.; ZANI, C. L.; ALVES, T. M. A. Atividade moluscicida do látex de *Synadenium carinatum boiss* (Euphorbiaceae) sobre *Biomphalaria glabrata* e isolamento do constituinte majoritário. *Revista Eletrônica de Farmácia*, n. 3, 2010.

O uso desse látex em água infestada por hospedeiros intermediários tem potencial para atuar no controle da:

a) dengue.
b) malária.
c) elefantíase.
d) ascaridíase.
e) esquistossomose.

2. (Enem) A esquistossomose (barriga-d'água) caracteriza-se pela inflamação do fígado e do baço causada pelo verme *Schistosoma mansoni* (esquistossomo). O contágio ocorre depois que larvas do verme são liberadas na água pelo caramujo do gênero *Biomphalaria*, seu hospedeiro intermediário, e penetram na pela humana. Após o diagnóstico, o tratamento tradicional utiliza medicamentos por via oral para matar o parasita dentro do corpo. Uma nova estratégia terapêutica baseia-se na utilização de uma vacina, feita a partir de uma proteína extraída do verme, que induz o organismo humano a produzir anticorpos para combater e prevenir a doença.

Adaptado de: Instituto Oswaldo Cruz/Fundação Oswaldo Cruz (IOC/Fiocruz). *Fiocruz anuncia nova fase de vacina para esquistossomose. Disponível em:* <http://agencia.fiocruz.br>. *Acesso em:* 3 maio 2019.

Uma vantagem da vacina em relação ao tratamento tradicional é que ela poderá:

a) impedir a penetração do parasita pela pele.
b) eliminar o caramujo para que não haja contágio.
c) impedir o acesso do esquistossomo especificamente para o fígado.
d) eliminar o esquistossomo antes que ocorra contato com o organismo.
e) eliminar o esquistossomo dentro do organismo antes da manifestação de sintomas.

3. (Enem) O exame parasitológico de fezes é utilizado para detectar ovos de parasitos. Um dos métodos utilizados, denominado de centrífugo-flutuação, considera a densidade dos ovos em relação a uma solução de densidade 1,15 g · mL^{-1}. Assim, ovos que flutuam na superfície dessa solução são detectados. Os dados de densidade dos ovos de alguns parasitos estão apresentados na tabela.

PARASITO	DENSIDADE (g · mL^{-1})
Ancylostoma	1,06
Ascaris lumbricoides	1,11
Ascaris suum	1,13
Schistosoma mansoni	1,18
Taenia saginata	1,30

Adaptado de: ZERBINI, A. M. *Identificação e análise de viabilidade de ovos de helmintos em um sistema de tratamento de esgoto doméstico constituído de reatores anaeróbicos e rampas de escoamento superficial.* Belo Horizonte: Prosab, 2001.

Considerando-se a densidade dos ovos e da solução, ovos de quais parasitos podem ser detectados por esse método?

a) *A. lumbricoides, A. suum* e *S. mansoni.*
b) *S. mansoni, T. saginata* e *Ancylostoma.*
c) *Ancylostoma, A. lumbricoides* e *A. suum.*
d) *T. saginata, S. mansoni* e *A. lumbricoides.*
e) *A. lumbricoides, A. suum* e *T. saginata.*

4. (Enem) A utilização de extratos de origem natural tem recebido a atenção de pesquisadores em todo o mundo, principalmente nos países em desenvolvimento que são altamente acometidos por doenças infecciosas e parasitárias. Um bom exemplo dessa utilização são os produtos de origem botânica que combatem insetos.

O uso desses produtos pode auxiliar no controle da:

a) esquistossomose.
b) leptospirose.
c) leishmaniose.
d) hanseníase.
e) AIDS.

5. (Enem) Insetos podem apresentar três tipos de desenvolvimento. Um deles, a holometabolia (desenvolvimento completo), é constituído pelas fases de ovo, larva, pupa e adulto sexualmente maduro, que ocupam diversos *habitats*. Os insetos com holometabolia pertencem às ordens mais numerosas em termos de espécies conhecidas.

Esse tipo de desenvolvimento está relacionado a um maior número de espécies em razão da:

a) proteção na fase de pupa, favorecendo a sobrevivência de adultos férteis.
b) produção de muitos ovos, larvas e pupas, aumentando o número de adultos.
c) exploração de diferentes nichos, evitando a competição entre as fases da vida.
d) ingestão de alimentos em todas as fases de vida, garantindo o surgimento do adulto.
e) utilização do mesmo alimento em todas as fases, otimizando a nutrição do organismo.

6. (Enem) Aranhas, escorpiões, carrapatos e ácaros são representantes da classe dos aracnídeos. Esses animais são terrestres em sua grande maioria e ocupam os mais variados *habitats*, tais como montanhas altas, pântanos, desertos e solos arenosos. Podem ter sido os primeiros representantes do filo *Arthropoda* a habitar a terra seca.

A característica que justifica o sucesso adaptativo desse grupo na ocupação do ambiente terrestre é a presença de

a) quelíceras e pedipalpos que coordenam o movimento corporal.
b) excreção de ácido úrico que confere estabilidade ao pH corporal.
c) exoesqueleto constituído de quitina que auxilia no controle hídrico corporal.
d) circulação sanguínea aberta que impede a desidratação dos tecidos corporais.
e) sistema nervoso ganglionar que promove a coordenação central do movimento corporal.

TESTE SEUS CONHECIMENTOS

1. A partir da análise do cladograma abaixo e dos seus conhecimentos sobre as características dos invertebrados, responda ao que se pede.

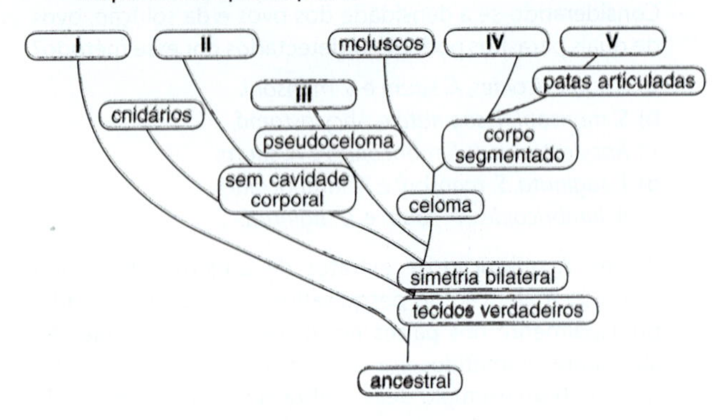

Disponível em: <http://estudefatec.blogspot.com.br/2014/06/39-2009-evolucao-das-especies.html>. *Acesso em:* 20 jun. 2016.

a) Quais são os grupos de organismos representados por I, II, III, IV e V?

b) Qual é a estrutura responsável pela sustentação das esponjas? As esponjas adultas são sésseis; sendo assim, como conseguem alimentos?

c) Indique o nome da estrutura presente nos cnidários que é especializada na captura e defesa contra agressores.

d) Cite duas características em comum entre os platelmintos e os nematelmintos e duas características que os diferencie.

2. A teníase é uma verminose causada por um platelminto cestódeo e a sua transmissão ocorre pela ingestão de carne de porco ou de boi crua ou mal passada e contaminada com cisticercos. Sobre essa doença:

a) Cite os dois agentes causadores da teníase humana e os seus hospedeiros intermediários.

b) Qual é o local do parasitismo das tênias nos seres humanos?

c) Apresente duas características presentes nas tênias adultas.

3. Doenças comumente associadas a climas tropicais e comunidades pobres estão atualmente afetando os Estados Unidos da América. Embora as pesquisas sejam inadequadas no sentido de oferecer dados mais concretos, as estimativas sugerem que milhões de habitantes daquele país estão afetados pelas doenças abaixo relacionadas:

DOENÇA	QUANTIDADE DE CASOS
ascaridíase	4 milhões
cisticercose	41.000 a 169.000
esquistossomose	8.000
doença de Chagas	330.000
toxoplasmose	1,1 milhão
tricomoníase	7,4 milhões
dengue	110.000 a 200.000

Adaptado de: MACKENZIE, D. America's Hidden Epidemic. *New Scientist*, London, v. 220, n. 2947, p. 8-9, 14 Dec. 2013.

Na tabela, são relacionadas doenças causadas por:

a) vermes, apenas.

b) vermes e protozoários, apenas.

c) vírus, apenas.

d) vermes, protozoários e vírus.

e) protozoários, apenas.

4. (UFC – CE) Na história evolutiva dos animais, destaca-se o aparecimento das seguintes características: **simetria bilateral, presença de três folhetos germinativos, cavidade digestória completa com boca e ânus, cavidade corporal e metameria**. Com relação à ocorrência destas características entre os diversos grupos animais, identifique a alternativa correta.

a) Todos os animais com metameria apresentam cavidade corporal e simetria bilateral.

b) Todos os animais com simetria bilateral apresentam metameria e três folhetos germinativos.

c) Todos os animais com cavidade corporal apresentam três folhetos germinativos e metameria.

d) Todos os animais com cavidade digestória completa apresentam simetria bilateral e metameria.

e) Todos os animais com três folhetos germinativos apresentam cavidade digestória completa e cavidade corporal.

5. (UEL – PR) Os efeitos do aquecimento global podem ser percebidos na região tropical dos oceanos, mais precisamente nos recifes de coral. O fenômeno é conhecido como branqueamento, que é consequência da exposição dos esqueletos calcários após a morte dos corais.

Com base nos conhecimentos sobre os celenterados, considere as afirmativas a seguir:

I – O aquecimento global provoca a morte de algas simbióticas, essenciais para a vida de certas espécies de coral.

II – Os recifes são constituídos por grandes colônias de pólipos, que são formas sésseis de celenterados.

III – As células-flama são características dos celenterados e utilizadas para defesa e captura de alimentos.

IV – O sistema nervoso dos celenterados é centralizado, sendo os primeiros animais a apresentá-lo.

Indique a alternativa correta.

a) Somente as afirmativas I e II são corretas.

b) Somente as afirmativas I e III são corretas.

c) Somente as afirmativas III e IV são corretas.

d) Somente as afirmativas I, II e IV são corretas.

e) Somente as afirmativas II, III e IV são corretas.

6. (Fuvest – SP) O gás carbônico atmosférico reage com a água do mar conforme detalhado em (I):

$$(I)\ CO_2 + H_2O \rightleftharpoons H_2CO_3 \rightleftharpoons HCO_3^- + H^+$$

As condições ambientais causadas pelo aumento de gás carbônico na atmosfera influenciam em processos caracterizados pela reação (II) durante o desenvolvimento de diversos organismos marinhos:

$$(II)\ Ca^{2+} + CO_3^{2-} \rightleftharpoons CaCO_3$$

Tendo por base essas afirmações, assinale a alternativa correta:

a) O processo (I) resulta em diminuição da alcalinidade da água do mar, comprometendo a estruturação de recifes por interferir na formação dos esqueletos calcários dos corais, conforme a reação (II).

b) O processo (I) resulta em aumento da alcalinidade da água do mar, comprometendo processos de contração muscular de vertebrados marinhos por diminuir o cálcio livre disponível, como demonstrado em (II).
c) O processo (I) não altera a alcalinidade da água do mar, mas compromete o processo de formação de conchas de moluscos marinhos, nos quais a estrutura básica é o carbonato de cálcio, produto da reação (II).
d) O processo (I) resulta em diminuição da alcalinidade da água do mar, aumentando o pH e beneficiando o processo demonstrado em (II), o que favorece o crescimento de recifes de algas calcárias.
e) O processo (I) resulta em aumento da alcalinidade da água do mar, beneficiando os processos de fermentação por bactérias marinhas em regiões de recifes de coral, que são formados pelo processo (II).

7. (Fuvest – SP) A esquistossomose é uma doença que tem forte impacto na saúde pública brasileira. Os grupos do parasita (I) e do seu hospedeiro intermediário (II) e a forma de infestação (III) são:

a) I – protozoário; II – artrópode; III – picada de mosquito.
b) I – nematódeo; II – molusco; III – penetração pela pele.
c) I – protozoário; II – artrópode; III – picada de barbeiro.
d) I – platelminto; II – mamífero; III – ingestão de carne crua.
e) I – platelminto; II – molusco; III – penetração pela pele.

8. (Unicamp – SP) As doenças tropicais negligenciadas afetam principalmente as populações que vivem em condições de pobreza, sem acesso ao saneamento básico e em contato com diversos vetores. Nesse contexto, a esquistossomose é uma das mais emblemáticas doenças parasitárias causadas por platelmintos no Brasil.

Assinale a alternativa que preenche corretamente as lacunas na frase a seguir.

O ciclo de vida do *Schistosoma mansoni* envolve a fase adulta, com fecundação e produção de ovos principalmente nas veias do fígado e mesentéricas do intestino do ser humano, considerado o hospedeiro (i) __________. Os ovos são então excretados nas fezes e, em contato com a água, eclodem e liberam os (ii) __________, os quais penetram no corpo de um caramujo, considerado o hospedeiro (iii) __________. No caramujo, dão origem às (iv) __________, que se locomovem na água e penetram na pele humana, migrando para os vasos sanguíneos viscerais, onde se tornam um esquistossomo adulto.

a) (i) definitivo; (ii) esporocistos; (iii) intermediário; (iv) planárias.
b) (i) intermediário; (ii) esporocistos; (iii) definitivo (iv) cercárias.
c) (i) definitivo; (ii) miracídios; (iii) intermediário; (iv) cercárias.
d) (i) intermediário; (ii) miracídios; (iii) definitivo; (iv) planárias.

9. (Unesp – SP) Em um bairro desprovido de saneamento básico, existem residências próximas a um grande lago e muitos moradores são portadores do parasita *Schistosoma mansoni*. O gráfico resulta de um estudo realizado no bairro, que relacionou a precipitação atmosférica ocorrida ao longo de quatro períodos consecutivos com a quantidade das formas do *S. mansoni* na água e nos invertebrados do lago.

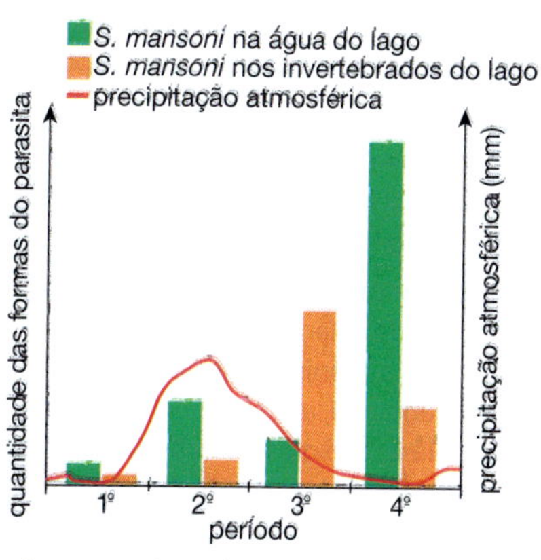

A forma do *S. mansoni* predominante na água do lago no período de maior precipitação atmosférica e o período em que houve maior produção das formas que contaminam os humanos são, respectivamente,

a) miracídio e 4º período.
b) cercária e 2º período.
c) cercária e 3º período.
d) cercária e 4º período.
e) miracídio e 3º período.

10. (UVV – ES) Pesquisadores do Brasil, Senegal e França estão começando um teste decisivo de sua vacina contra a esquistossomose, doença causada por vermes e que coloca em risco a saúde de 200 milhões de pessoas mundo afora.

Disponível em: <www.folha.uol.com.br>. *Acesso em*: 23 jul. 2016.

Sobre essa doença, assinale a alternativa correta.

a) A esquistossomose é causada pelas larvas do *Schistosoma mansoni*, verme nematódeo da classe *Turbellaria*. São animais triblásticos, acelomados e com simetria bilateral.
b) O caramujo do gênero *Biomphalaria* representa o hospedeiro intermediário das larvas ciliadas, chamadas miracídios, que dão origem, de maneira assexuada, a larvas dotadas de cauda, chamadas cercárias.
c) A esquistossomose é ocasionada pela presença da larva do *Schistosoma mansoni*, e a infestação do homem é ocasionada pela ingesta de ovos do parasita, liberados pelas fezes das pessoas infectadas.
d) O ciclo de evolução desse parasita inclui duas fases distintas: na primeira, ocorre o desenvolvimento da larva cercaria, a qual, após penetrar em alguns tipos de moluscos, desenvolve-se e os abandonam na forma da larva ciliada, chamadas miracídeos, os quais, uma vez livres, podem infectar o homem.
e) Na esquistossomose, o homem é o hospedeiro intermediário do verme, que tem como hospedeiro definitivo os caramujos do gênero *Biomphalaria*.

11. (Fameca – SP) O ser humano será considerado o hospedeiro intermediário de um verme se diagnosticado com:

a) oxiurose.
b) filariose.
c) esquistossomose.
d) cisticercose.
e) ascaridíase.

12. (Famerp – SP) O Senado Federal aprovou em 24.06.2020 o projeto de lei que estabelece o novo marco regulatório do saneamento básico. O secretário de Desenvolvimento da Infraestrutura da Sepec/ME, Diogo Mac Cord, destaca a importância da aprovação do novo marco regulatório para os brasileiros em quatro pilares: o da saúde pública, o ambiental, o econômico e o financeiro. "Estamos falando de até seis mil recém-nascidos que morrem por ano vítimas de doenças decorrentes da falta de saneamento básico.

São mais de cem milhões de brasileiros que atualmente não têm acesso à rede de esgoto", explica o secretário.

Adaptado de: <www.gov.br>.

A falta de saneamento básico em muitas cidades brasileiras está relacionada à transmissão de diversas doenças, entre as quais estão:

a) a leishmaniose, a dengue e a ascaridíase.
b) a doença de Chagas, o escorbuto e a toxoplasmose.
c) a filariose, a meningite e a hepatite B.
d) a febre amarela, a malária e a giardíase.
e) a amebíase, a esquistossomose e a cólera.

13. (UFRGS – RS) A hidatidose cística é uma verminose provocada pelo *Echinococcus granulosus*, verme chamado popularmente de "tênia-anã", enquanto a teníase tem como um dos organismos causadores a *Taenia solium* ou "tênia".

Em relação às tênias, é correto afirmar que:

a) a *Taenia solium* desenvolve os cisticercos nos músculos do boi, que é seu hospedeiro intermediário.
b) a *Taenia solium* e o *Echinococcus granulosus* são vermes com sistema digestório completo.
c) a *Taenia solium* desenvolve a fase larval em ambientes de água doce.
d) a *Taenia solium* e o *Echinococcus granulosus* pertencem ao grupo dos platelmintos, que engloba também espécies de vida livre.
e) a *Taenia solium* adulta realiza a reprodução no intestino do hospedeiro intermediário.

14. (UERR) O esquema representa a forma de transmissão e o ciclo de vida de um parasita que causa uma doença no ser humano. Os números indicam as fases do desenvolvimento desse parasita no interior do hospedeiro.

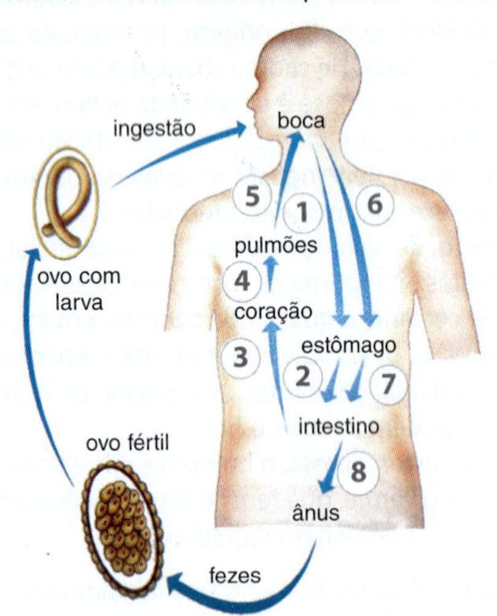

SILVA JÚNIOR, C.; SASSON, S.; CALDINI JÚNIOR, N. *Biologia*, 2015.

A forma de transmissão e o ciclo de vida representados referem-se ao parasita que causa a doença conhecida como:

a) malária.
b) doença de Chagas.
c) bicho-geográfico.
d) ancilostomose.
e) ascaridíase.

15. (Unespar – PR) Há muito que se sabe que é mais econômico prevenir as doenças do que curá-las. Dentre as medidas profiláticas ao aparecimento de doenças, a que se relaciona ao saneamento básico está na alternativa:

a) Escovar os dentes ao se levantar e após as refeições.
b) Não comer enlatados que apresentem a embalagem estufada.
c) Não andar descalço em regiões onde o amarelão é comum.
d) Deixar as unhas sempre aparadas e limpas.
e) Não tossir ou espirrar sem cobrir a boca com a mão ou lenço.

16. (Fasm – SP – adaptada) *Ascaris lumbricoides* é a espécie que causa a ascaridíase, ou doença da lombriga, uma parasitose que apresenta alta prevalência na população brasileira. Pessoas que apresentam infecções maciças do verme desenvolvem problemas hepáticos, pulmonares e intestinais. Esse nematoda possui nítido dimorfismo sexual e é classificado como parasita monóxeno ou monogenético.

a) Qual é o principal modo de transmissão da ascaridíase? Por que ocorrem problemas hepáticos e pulmonares em uma pessoa com essa verminose?
b) Cite uma característica visível a olho nu que confirma o dimorfismo sexual das lombrigas.

17. (Cesva – RJ) Doenças como a malária, doença de Chagas, doença do sono, leishmaniose visceral, filariose linfática, dengue e esquistossomose continuam sendo algumas das principais causas de mortalidade em todo o mundo. Essas enfermidades, conhecidas como doenças negligenciadas, incapacitam ou matam milhões de pessoas e representam uma necessidade médica importante.

As doenças negligenciadas têm como característica:

a) serem causadas por carências nutricionais especialmente entre as populações pobres da África, Ásia e América Latina.
b) formar um grupo de doenças novas e desconhecidas pela população e com surtos epidêmicos frequentes.
c) serem doenças globais para as quais medicamentos podem ser produzidos e comercializados com geração de lucros.
d) apresentar investimentos reduzidos em pesquisas, produção de medicamentos e em seu controle.
e) terem sido controladas no passado, mas que voltaram a representar ameaça para a saúde humana.

18. (Unicentro – PR) Em suas interações com o ambiente e, principalmente, com os demais seres vivos, os seres humanos eventualmente podem ser parasitados.

Com base nos conhecimentos sobre as parasitoses:

(I) esquistossomose
(II) teníase
(III) malária
(IV) doença de Chagas
(V) filariose

relacione-as com os itens a seguir:

(A) Sua profilaxia está relacionada à não ingestão de carne crua ou malcozida, principalmente quando os alimentos consumidos são de procedência desconhecida.
(B) O protozoário causador é transmitido por insetos popularmente conhecidos como barbeiros.
(C) Nos estágios mais avançados, devido aos parasitas causarem obstruções nos vasos linfáticos, formam-se edemas, principalmente, nas pernas.
(D) São medidas profiláticas: não consumir água onde vivem os caramujos e não utilizá-la para banhos.

(E) É transmitida pela picada do mosquito do gênero *Anopheles*, desde que contaminados pelo protozoário do gênero *Plasmodium*.

Assinale a alternativa que contém a associação correta.

a) I-A, II-D, III-E, IV-C, V-B.
b) I-B, II-C, III-D, IV-A, V-E.
c) I-D, II-A, III-E, IV-B, V-C.
d) I-D, II-E, III-A, IV-B, V-C.

19. (Unioeste – PR) O filo *Mollusca* é constituído por um grande número de espécies. Dentre seus representantes, podemos citar caracóis, ostras, mariscos, polvos e lulas. Embora possuam ampla diversidade morfológica, compartilham as seguintes características:

a) simetria radial, protostômios, acelomados, diblásticos e sistema circulatório fechado.
b) simetria bilateral, protostômios, celomados, triblásticos e excreção por metanefrídios.
c) simetria bilateral, deuterostômios, celomados e triblásticos e sistema nervoso ganglionar.
d) simetria radial, deuterostômios, celomados, triblásticos e hermafroditas.
e) simetria radial, protostômios, pseudocelomados, diblásticos e respiração pulmonar.

20. (Unesp) Os microplásticos representam aproximadamente 92,4% da contagem global de partículas de lixo plástico. Estes pequenos plásticos de até 5 mm de tamanho estão entrando no ambiente marinho, contaminando um sistema já vulnerável.

Adaptado de: <www.arocha.org>.

Os mexilhões estão entre os invertebrados marinhos diretamente afetados pela presença de partículas de microplásticos nas águas, uma vez que, para se alimentarem,

a) capturam micropartículas batendo os flagelos dos coanócitos.
b) raspam com a rádula a superfície do substrato marinho.
c) trituram com dentes calcários outros animais menores.
d) filtram partículas de alimento na água circundante.
e) circulam a água pelos canais do sistema ambulacrário.

21. (Unicamp – SP) Nos quadrinhos a seguir, o personagem Garfield questiona a relevância ecológica do animal representado à direita.

Disponível em: <http://www.aprendendocomopenomato.wordpress.com/>.

Assinale a alternativa que descreve corretamente aspectos zoológicos e ecológicos referentes a esse animal.

a) As minhocas são invertebrados do filo dos anelídeos, possuem corpo celomado e segmentado, convertem detritos ingeridos em matéria orgânica e melhoram o arejamento do solo.
b) As cobras-cegas são vertebrados do filo dos anelídeos, possuem corpo pseudocelomado e reprodução sexuada, são predadoras de pragas agrícolas e melhoram o arejamento do solo.
c) As cobras-cegas são invertebrados do filo dos cordados, possuem corpo celomado e não segmentado e são capazes de controlar ervas daninhas, pois consomem suas raízes.
d) As minhocas são invertebrados do filo dos anelídeos, possuem pseudoceloma e reprodução assexuada, são predadoras de pragas agrícolas e melhoram o arejamento do solo.

22. (São Camilo – SP) A figura mostra alguns dos órgãos encontrados em minhocas.

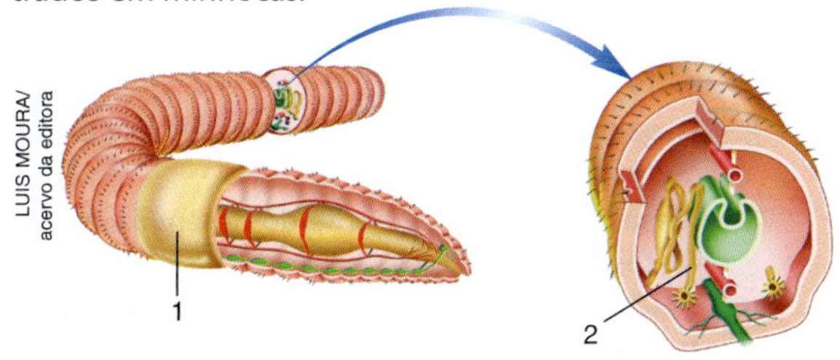

LUIS MOURA/ acervo da editora

a) Cite a função das estruturas indicadas por 1 e 2, respectivamente.
b) Por que o sangue das minhocas é vermelho? Qual é o tipo de sistema circulatório das minhocas?

23. (Unespar – PR) Leia atentamente o trecho abaixo e assinale a alternativa **CORRETA**:

"...Dourados no Solimões fazem;
Camarões em Camarões fazem;
Façamos, vamos amar.

Libélulas, em bambus, fazem,
Centopeias sem tabus fazem,
Façamos, vamos amar.

Os louva-deuses com fé fazem,
Dizem que bichos de pé fazem,
Façamos, vamos amar.

As taturanas também fazem,
com ardor incomum;
Grilos, meu bem, fazem,
E sem grilo nenhum...
Com seus ferrões, os zangões fazem,
Pulgas em calcinhas e calções fazem,
Façamos, vamos amar..."

Extraído de: COLE, P. *Façamos:* vamos amar. Tradução de Carlos Rennó.

a) Todos os animais mencionados na letra da música pertencem ao filo dos artrópodes, pois têm apêndices articulados.
b) Camarões, centopeias e pulgas possuem o mesmo tipo de sistema respiratório.
c) Camarões, libélulas, louva-deuses e grilos têm o corpo segmentado em cabeça, tórax e abdômen.
d) Há dois conceitos errôneos na letra da música: zangões não possuem ferrões e taturanas não podem amar.
e) O desenvolvimento de grilos, louva-deuses e libélulas é o mesmo que o de pulgas, taturanas e zangões.

24. (Unespar – PR) Conhecendo a constituição e o funcionamento dos diferentes indivíduos de uma sociedade de abelhas, podemos afirmar, **EXCETO**:

a) Os zangões são haploides, pois se originam pelo processo de partenogênese.
b) Os óvulos produzidos por uma abelha rainha é fruto de uma divisão mitótica.
c) A diferença entre abelhas operárias e rainhas se verifica antes mesmo do nascimento, através da alimentação especial.
d) A abelha rainha mais velha poderá produzir apenas zangões se esgotar seu estoque de espermatozoides.

25. (UEL – PR) O título da obra *Ninfa Tecendo Casulo* contém, do ponto de vista biológico, um erro conceitual referente à metamorfose dos insetos.

Com base nos conhecimentos sobre o desenvolvimento pós-embrionário dos insetos, considere as afirmativas a seguir.

I – A fase de larva está presente no desenvolvimento dos insetos hemimetábolos.
II – A fase de casulo está ausente do desenvolvimento dos insetos hemimetábolos.
III – A fase de ninfa está ausente do desenvolvimento dos insetos holometábolos.
IV – A fase de crisálida está presente no desenvolvimento dos insetos holometábolos.

Assinale a afirmativa correta.

a) Somente as afirmativas I e II são corretas.
b) Somente as afirmativas I e IV são corretas.
c) Somente as afirmativas III e IV são corretas.
d) Somente as afirmativas I, II e III são corretas.
e) Somente as afirmativas II, III e IV são corretas.

26. (Unisc – RS) Parasitologia humana é o estudo dos parasitas ou das doenças parasitárias humanas, seus métodos de diagnóstico e controle. Entre as doenças parasitárias existem diversas, transmitidas por insetos.

Marque a opção abaixo com somente doenças parasitárias, sendo todas transmitidas por dípteros.

a) Malária, leishmaniose, febre amarela, elefantíase.
b) Leishmaniose, elefantíase, doença de Chagas, dengue.
c) Malária, leishmaniose, elefantíase, febre de flebotomíneo.
d) Dengue, leishmaniose, doença de Chagas, malária.
e) Doença do sono, malária, leishmaniose, febre amarela.

27. (Unicentro – PR) Em uma prova prática, o aluno foi questionado a respeito do organismo em destaque.

ERIC ISSELEE/ SHUTTERSTOCK

De todas as características a seguir, a única que pertence a esse animal é:

a) a presença de um cefalotórax e do abdome.
b) a presença de um pseudoceloma.
c) a presença de 4 pares de patas.
d) o desenvolvimento do ânus a partir do blastóporo.
e) uma respiração filotraqueal com circulação fechada.

28. (UFRGS – RS) Assinale com V (verdadeiro) ou F (falso) as afirmações abaixo, referentes aos artrópodes.

( ) As centopeias apresentam corpo dividido em cabeça e tronco.
( ) Os insetos têm três pares de pernas e dois pares de antenas.
( ) Os escorpiões são aracnídeos que inoculam sua peçonha através dos ferrões das quelíceras.
( ) Os crustáceos geralmente têm corpo dividido em cefalotórax e abdome e um par de antenas.

A sequência correta de preenchimento dos parênteses, de cima para baixo, é:

a) V – F – F – F.
b) F – V – F – V.
c) F – V – V – F.
d) V – F – V – V.
e) V – F – F – V.

29. (Fuvest – SP) Qual das curvas representa o crescimento de um inseto hemimetábolo, desde seu nascimento até a fase adulta?

a)

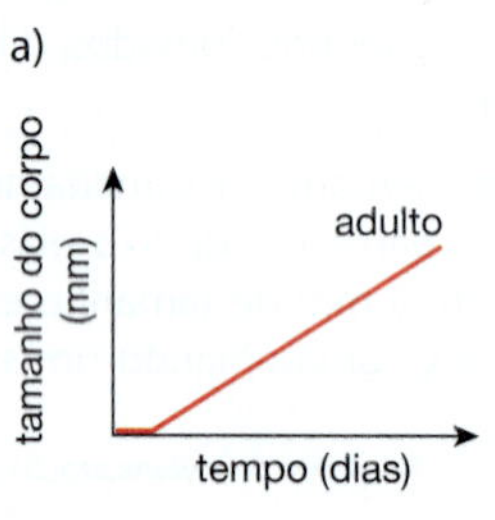

d)

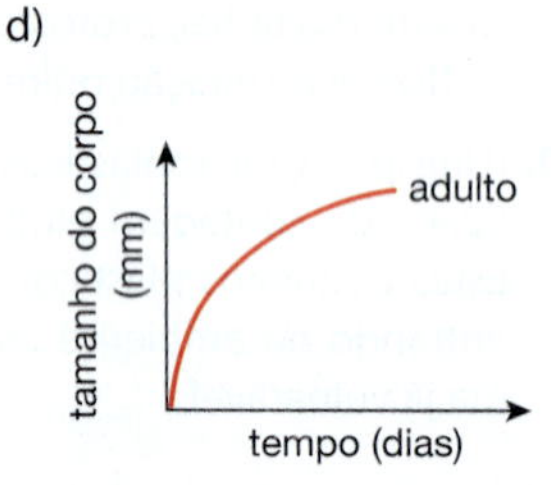

b)

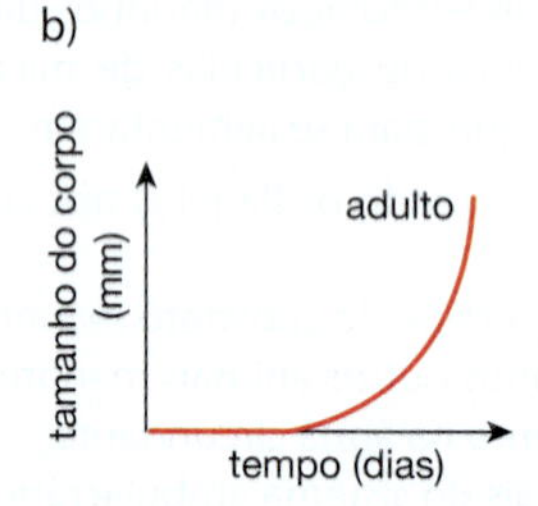

e)

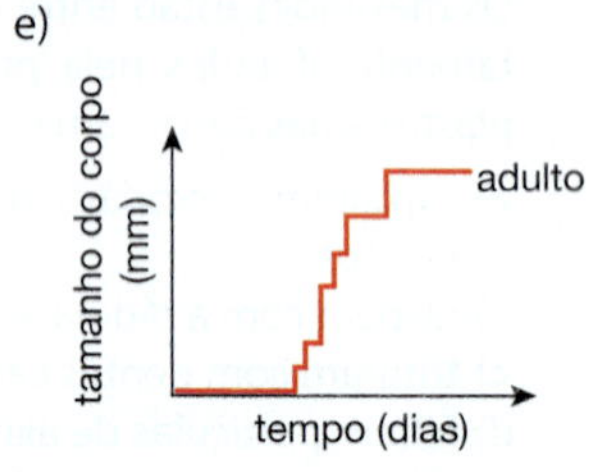

c)

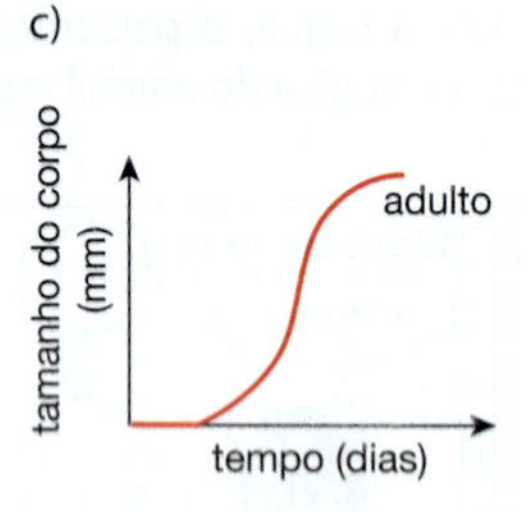

30. (UFRGS – RS) Assinale a alternativa que preenche corretamente as lacunas do enunciado abaixo, na ordem em que aparecem.

Algumas doenças humanas causadas por microrganismos são transmitidas por mosquitos. Entre elas, pode-se citar a __________ e a __________.

a) leishmaniose – dengue
b) candidíase – chikungunya
c) rotavírus – hepatite C
d) zika – esquistossomose
e) sarampo – caxumba

31. (CUMF – SP) Os piolhos e pulgas são parasitas de importância médica, porque podem transmitir doenças aos seres humanos. Além dos três pares de patas, tais animais:

a) possuem um par de quelíceras, respiram por meio de filotraqueias e excretam por meio de túbulos de Malpighi.
b) possuem dois pares de antenas, respiram por meio de traqueias e excretam por meio de glândulas coxais.
c) possuem um par de antenas, respiram por meio de traqueias e excretam por meio de túbulos de Malpighi.
d) possuem um par de antenas, respiram por meio da pele e excretam por meio de glândulas verdes.
e) possuem um par de quelíceras, respiram por meio de pulmões e excretam por meio de células-flama.

32. (Unesp) Os artrópodes apresentados nas imagens de 1 a 4 são os vetores da doença de Chagas, da peste bubônica, da leishmaniose e da febre maculosa, não necessariamente nessa ordem.

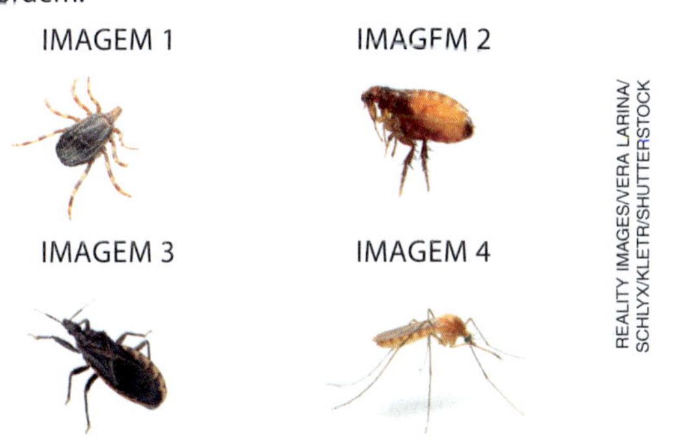

REALITY IMAGES/VERA LARINA/ SCHLYX/KLETR/SHUTTERSTOCK

No cladograma, as letras A, B, C e D representam as relações filogenéticas entre os artrópodes das figuras, não necessariamente na mesma ordem em que aparecem nas imagens.

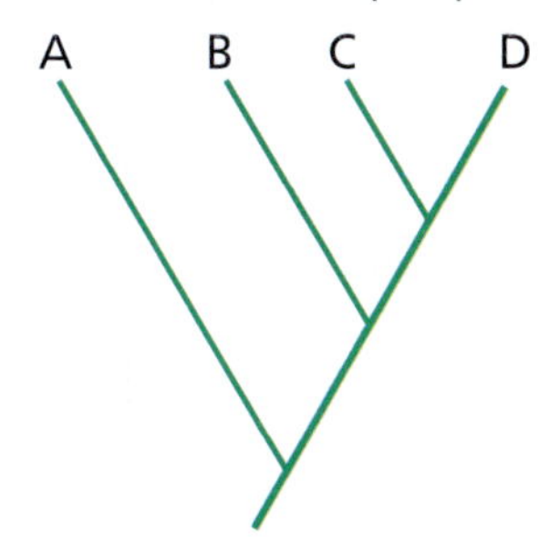

a) Quais imagens apresentam, respectivamente, os artrópodes vetores da doença de Chagas, da peste bubônica, da leishmaniose e da febre maculosa? Qual dessas doenças não é transmitida pela picada do respectivo vetor?
b) Sabendo que, no cladograma apresentado, a letra B corresponde ao artrópode representado na figura 3, a quais números correspondem, respectivamente, as letras A, C e D? Considerando as classes taxonômicas às quais pertencem as espécies de artrópodes apresentadas nas imagens, justifique a posição da espécie representada pela letra A no cladograma.

33. (USCS – SP) Os insetos constituem o maior grupo animal, com quase um milhão de espécies catalogadas. Esse "sucesso" adaptativo pode ser atribuído ao conjunto de características encontradas nesses animais, como, por exemplo, patas articuladas, antenas, tipo de respiração e asas.

a) Indique o número de patas anatomicamente esperado nos insetos. Qual é a função das antenas presentes nos insetos?
b) A contração dos músculos dos insetos depende do gás oxigênio captado do meio ambiente. Nesses animais, como o gás oxigênio atinge os músculos? Qual é a importância desse gás na contração muscular?

34. (FMJ – SP) Os metanefrídios e os túbulos de Malpighi são órgãos que compõem o sistema excretor de animais pertencentes a filos diferentes. Ambos são especializados, principalmente, em remover do corpo do animal as excretas ricas em compostos nitrogenados.

a) Qual filo reúne animais segmentados que apresentam os metanefrídios e qual reúne animais segmentados que apresentam os túbulos de Malpighi?
b) Qual é a semelhança entre esses órgãos quanto ao local de captação das excretas nos animais segmentados? Qual é a diferença entre esses órgãos quanto à forma de eliminação das excretas nesses animais?

35. (Unesp) A lista abaixo apresenta características e estruturas de seres vivos.

1. sistema digestório completo
2. sistema digestório incompleto
3. protostômio
4. deuterostômio
5. simetria bilateral na fase larval
6. simetria radial na fase larval

Quais dessas características e estruturas são comuns aos equinodermos?

a) 1, 4 e 5.
b) 1, 3 e 5.
c) 1, 3 e 6.
d) 2, 3 e 6.
e) 2, 4 e 5.

36. (Unespar – PR) Os equinodermos só possuem representantes marinhos e pertencem ao filo *Echinodermata*. São animais caracterizados por apresentar espinhos na superfície do corpo e também, em alguns casos, as pedicelárias, estruturas pedunculares com função de remover detritos e fragmentos de sua superfície. A diversidade dos equinodermos é representada por cinco classes, a saber: Asteroidea, Echinoidea, Ophiuroidea, Crinoidea, Holoturoidea. Os equinodermos têm simetria primária bilateral e simetria secundária radiada.

Adaptado de: LOPES, S.; ROSSO, S. *Bio*. 3. ed. São Paulo: Saraiva, 2013. p. 575-577.
SILVA JÚNIOR, C. da; SASSON, S.; CALDINI JÚNIOR, N. *Biologia*. 6. ed. São Paulo: Saraiva, 2015. p 410-412.

Considere seus conhecimentos sobre equinodermos e assinale a afirmativa correta.

a) A classe Crinoidea apresenta um corpo achatado com cinco dentes calcáreos fortes e muito desenvolvidos, utilizados para arrancarem pedaços de algas, seu principal alimento.
b) Os Ophiuroides, por sua vez, vivem apoiados no substrato pela região aboral, possuem corpo alongado e simétrico, com ânus deslocado para região próxima à boca.
c) Os Asteriodes apresentam estrutura desenvolvida, conhecida como lanterna de Aristóteles, com objetivo de predar outros invertebrados marinhos.
d) Os equinodermos apresentam um exoesqueleto extremamente forte no qual se prendem espinhos que podem ser fixos ou móveis, curtos ou longos.
e) O sistema ambulacrário é característico do filo e é formado por conjunto de canais ampolas e pés ambulacrários, cheio de água do amar.

37. (FMJ – SP) Da decomposição de um invertebrado marinho, restou a estrutura que aparece na imagem.

BJOERN WYLEZICH/ SHUTTERSTOCK

Essa estrutura é

a) o exoesqueleto quitinoso de um crustáceo.

b) a concha externa de um gastrópode.
c) o exoesqueleto calcário de um cnidário coralíneo.
d) a concha interna de um cefalópode.
e) o endoesqueleto calcário de um equinodermo.

38. (Unicentro – PR) Os invertebrados podem ser encontrados nos mais diferentes ambientes, com as mais diversas formas, cores e hábitos.

Com relação às características gerais dos filos de invertebrados, relacione

(I) *Cnidaria*
(II) *Platyhelminthes*
(III) *Nematoda*
(IV) *Mollusca*
(V) *Arthropoda*

com as seguintes afirmativas:

(A) Apresentam o corpo na forma cilíndrica, alongado e afilado nas extremidades.
(B) Animais de corpo metamerizado, revestido por um exoesqueleto quitinoso e dotados de apêndices articulados.
(C) Reúne animais aquáticos, de corpo mole e gelatinoso, e a maioria são marinhos.
(D) São animais de corpo mole, não segmentados e geralmente dotados de conchas calcárias.
(E) São animais triblásticos, acelomados e apresentam sistema digestivo incompleto e fazem parte do filo dos Trematodas.

Assinale a alternativa que contém a associação correta.

a) I-A, II-C, III-E, IV-D, V-B.
b) I-B, II-A, III-C, IV-E, V-D.
c) I-C, II-D, III-B, IV-A, V-E.
d) I-C, II-E, III-A, IV-D, V-B.
e) I-E, II-B, III-A, IV-D, V-C.

39. (Unicamp – SP) Organismos vivos são classificados em grupos taxonômicos, que devem preferencialmente refletir as relações de parentesco evolutivo entre as espécies.

a) A tabela apresentada abaixo contém características presentes em anelídeos, platelmintos e moluscos. Preencha corretamente todos os espaços em azul na tabela, referentes às características listadas na primeira coluna, de acordo com as opções indicadas na segunda coluna. Atenção: há duas colunas denominadas X e Y; uma representa moluscos e a outra representa platelmintos.

CARACTERÍSTICA	OPÇÕES	X	ANELÍDEOS	Y
Celoma	Acelomados, pseudocelomados ou celomados	Celomados		Acelomados
Simetria	Radial, pentarradial ou bilateral	Bilateral		Bilateral
Larva		Trocófora	Trocófora	Tipo varia com a espécie
Sistema circulatório	Ausente ou presente		Presente	
Sistema digestório	Incompleto ou completo (com boca e ânus)	Completo (com boca e ânus)		Incompleto
Carapaça calcárea	Ausente ou presente	Presente (algumas espécies)	Ausente	Ausente
Eixo ântero-posterior	Indefinido, definido ou variável	Variável	Definido	
Segmentação	Ausente ou presente	Ausente		Ausente
Exemplo de organismo (nome comum)				

b) Um dos critérios para a construção do diagrama abaixo é o número de características compartilhadas entre pares de grupos taxonômicos. Preencha os retângulos em branco do diagrama com o nome de um dos dois grupos – moluscos ou platelmintos. Explique o que representa esse tipo de diagrama.

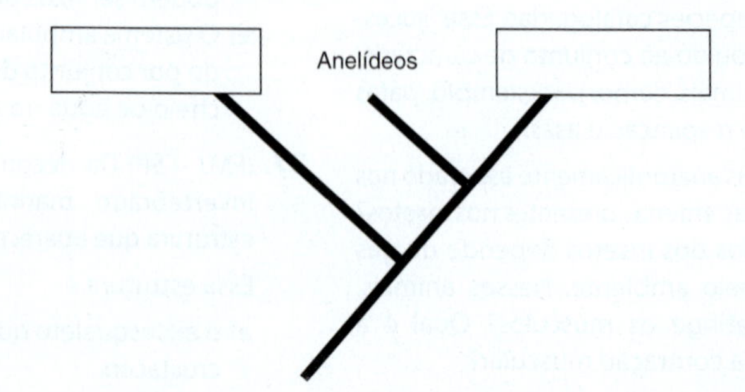

Cordados

CAPÍTULO 16

O risco representado pelo aquecimento global atualmente verificado pode ser um fator de extinção de muitas espécies de répteis. Isso porque, nessa classe de vertebrados, em que a maioria das espécies não possui cromossomos sexuais, a determinação do sexo é relacionada a uma enzima, denominada *aromatase*, que converte andrógenos (hormônios masculinos) em estrógenos (hormônios femininos). A temperatura de incubação dos ovos nos répteis é, assim, fator determinante na produção de indivíduos do sexo masculino e do sexo feminino.

Dependendo da espécie de réptil, como nas tartarugas, *altas* temperaturas de incubação resultam em fêmeas, enquanto em lagartos, por exemplo, *baixas* temperaturas de incubação é que resultam em fêmeas.

Em caso da acentuação do aquecimento global poderá haver redução de indivíduos machos em populações de determinadas espécies de tartaruga, assim como de indivíduos fêmeas em determinadas espécies de lagartos. Como consequências ambientais dessas ocorrências, haverá uma queda acentuada de novos descendentes e, até mesmo, uma eliminação completa da diversidade de seres da comunidade. Essa ocorrência resultará em alterações na teia alimentar da qual participavam as espécies consideradas, além de prováveis perdas irreparáveis de outras espécies, com comprometimento da biodiversidade e da sustentabilidade ao longo do tempo nos ambientes afetados por essas ocorrências.

Seu ponto de vista!

De que forma você e seus familiares poderiam auxiliar no combate ao aquecimento global?

WHY NOT CHANNEL/SHUTTERSTOCK

16-1. Características e classificação dos cordados

Cachorro, sapo, jacaré, tartaruga, sardinha, tubarão, galinha e canário pertencem ao filo *Chordata* (cordados). Nós mesmos, seres humanos, também somos cordados. Fica fácil aprender as características de um grupo formado por seres tão familiares.

Todo cordado apresenta, pelo menos em alguma fase da sua existência:

- **notocorda** situada ao longo do eixo mediano dorsal do animal;
- um **tubo nervoso** localizado dorsalmente, acima da notocorda;
- **fendas** situadas bilateralmente na faringe;
- **cauda pós-anal**, primariamente importante para a propulsão no meio aquático. Dela, apenas um vestígio – o *cóccix*, formado por um conjunto de pequenas vértebras no fim da coluna vertebral – restou nos seres humanos.

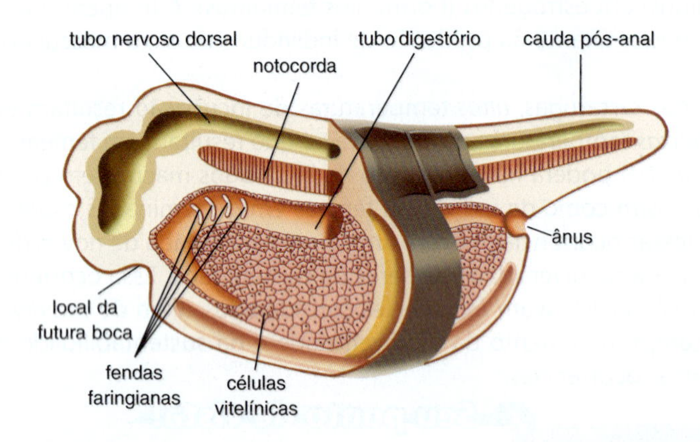

Figura 16-1. Desenho esquemático de embrião de sapo em corte longitudinal evidenciando os quatro componentes exclusivos dos cordados: *notocorda, tubo nervoso dorsal, fendas faringianas* e *cauda pós-anal*. As células vitelínicas armazenam alimento e garantem o desenvolvimento do embrião até o surgimento, no caso dos sapos, da fase larval, o girino. (Cores-fantasia.)

Anote!

Os protocordados não possuem crânio nem cartilagem, tampouco ossos.

Nos grupos de invertebrados, as características morfológicas sempre foram definidas com base em estudo de animais adultos. Nos cordados, no entanto, a caracterização do grupo deve ser procurada na fase embrionária. É nessa fase que todo cordado apresenta as quatro características típicas do grupo: *notocorda, tubo nervoso dorsal, fendas na faringe* e *cauda pós-anal* (veja a Figura 16-1). Na fase adulta dos vertebrados mais complexos, essas estruturas ou desaparecem, como é o caso da notocorda e das fendas na faringe, ou sofrem consideráveis modificações, como é o caso do tubo nervoso, que passa por uma grande expansão, levando à diferenciação do encéfalo e da medula espinhal.

Uma classificação satisfatória dos cordados consiste em agrupá-los em três subfilos: *Urochordata*, *Cephalochordata* e *Vertebrata* (ou *Craniata*). Os urocordados e cefalocordados também são conhecidos como **protocordados**.

Entre os **vertebrados**, os mais primitivos são os que possuem boca circular, não dotada de mandíbulas. Estes compõem o grupo dos vertebrados amandibulados ou **ágnatos** (do grego, *a* = ausência de + *gnathos* = maxila). Por possuírem boca circular, também são conhecidos por **ciclostomados** (do grego, *kúklos* = círculo + *stoma* = = boca). Os exemplares mais conhecidos atualmente são as lampreias.

Nos vertebrados mais complexos, a boca possui mandíbulas. São os **gnatostomados**, que incluem dois grupos: o dos **peixes** – que, por sua vez, contém a classe dos peixes cartilaginosos e dos peixes ósseos – e o dos **tetrápodos** (do grego, *tetra* = quatro + *podos* = pés), assim chamados por possuírem apêndices locomotores pares (inclui anfíbios, répteis, aves e mamíferos). Veja a Figura 16-2 na página seguinte e a Tabela 16-1.

Tabela 16-1. A divisão do filo *Chordata*.

SUBFILO	SUPER-CLASSE	CLASSE	CONHECIDOS COMO
***Urochordata* (*Tunicata*)**			Urocordados (tunicados).
Cephalochordata			Cefalocordados.
***Vertebrata* (*Craniata*)**	*Agnatha*	*Cyclostomata.*	Ciclostomados.
	Gnathostomata.	*Chondrichthyes.*	Peixes cartilaginosos.
		Osteichthyes.	Peixes ósseos.
		*Amphibia.**	Anfíbios.
		*Reptilia.**	Répteis.
		*Aves.**	Aves.
		*Mammalia.**	Mamíferos.

* Anfíbios, répteis, aves e mamíferos formam o grupo dos tetrápodos.

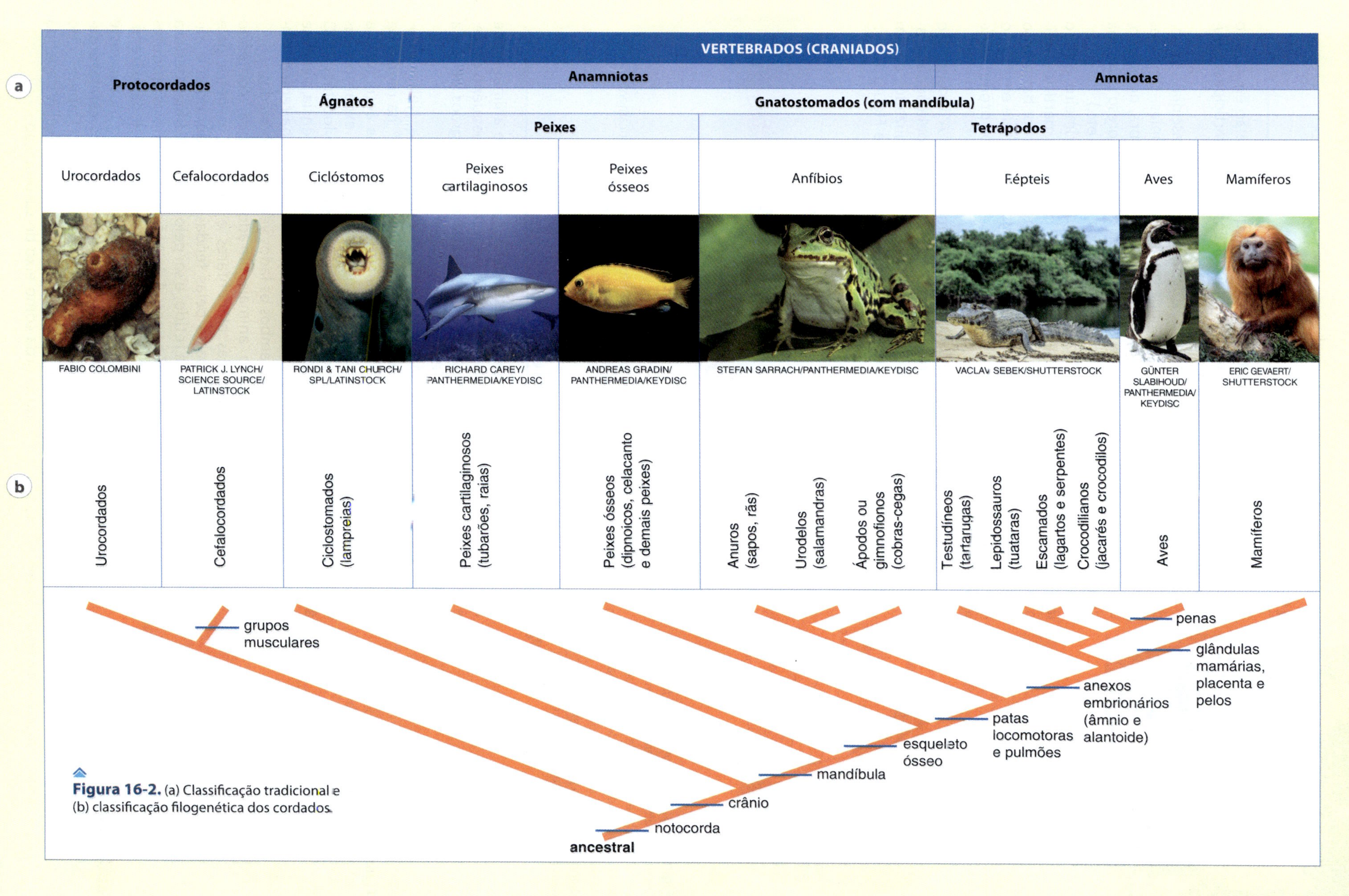

Figura 16-2. (a) Classificação tradicional e (b) classificação filogenética dos cordados.

16-2. Urocordados

Também conhecidos como tunicados, nome que se deve ao envoltório do corpo, uma *túnica* espessa, de cuja composição química participa a *tunicina*, uma substância semelhante à celulose.

Os representantes mais conhecidos desse grupo são as ascídias, cordados marinhos que podem viver isolados ou formando colônias. Uma das formas isoladas muito encontradas nas praias brasileiras lembra, no adulto, um pedaço de piche de aproximadamente 8 cm de altura, preso por uma de suas extremidades ao substrato (rochas, cascos de navios etc.).

Observe na Figura 16-3 a existência de dois orifícios. O primeiro, o **sifão inalante**, permite o ingresso de água trazendo oxigênio e partículas alimentares que ficam retidas na faringe perfurada por fendas. Por batimento ciliar, o alimento é levado da faringe ao estômago. A água que entrou no animal sai pelo segundo sifão, o **sifão exalante**, levando os produtos de excreção. São, portanto, animais filtradores.

As ascídias são hermafroditas. A fecundação é externa. Os gametas são levados pela água através do sifão exalante. Os ovos fertilizados geram larvas, de pequeno tamanho (veja a Figura 16-4).

a

KICHIGIN/SHUTTERSTOCK

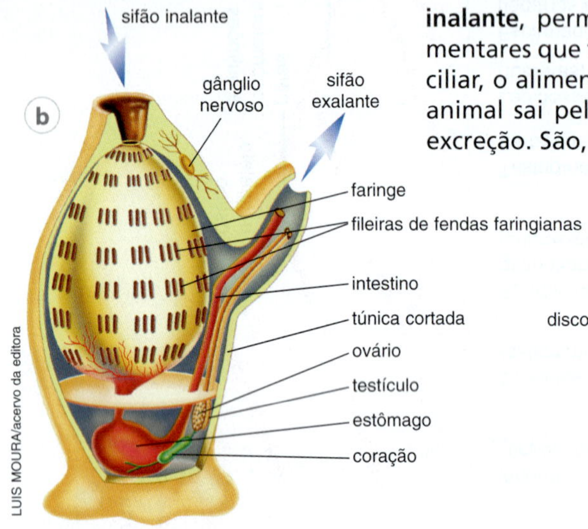

b

sifão inalante
gânglio nervoso
sifão exalante
faringe
fileiras de fendas faringianas
intestino
túnica cortada
ovário
testículo
estômago
coração

LUIS MOURA/acervo da editora

Figura 16-3. Em (a), foto de *Ascidia* sp. O animal adulto mede cerca de 8 cm de altura. Em (b), esquema de *Ascidia* aberta, evidenciando a circulação de água a partir do sifão inalante, atravessando a cesta branquial e saindo pelo sifão exalante. (Cores-fantasia. Ilustrações fora de escala.)

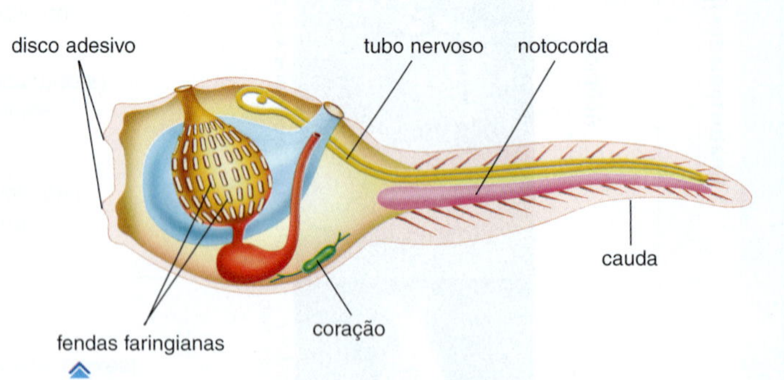

Figura 16-4. Larva de ascídia. A notocorda se restringe praticamente à cauda. (Cores-fantasia. Ilustrações fora de escala.)

16-3. Cefalocordados

O anfioxo é o principal representante desse subfilo. Esse animal mede aproximadamente 5 cm, possui a aparência perfeita de um pequeno peixe, é achatado lateralmente e pode ser encontrado entre os grãos de areia grossa de algumas praias brasileiras.

A extremidade anterior não possui cabeça diferenciada. Nela, destacam-se os chamados **cirros bucais**, uma espécie de "peneira" na região da boca cuja função é filtrar partículas de alimento contidas na água (veja a Figura 16-5). Não possui apêndices locomotores, mas finas expansões, as chamadas **nadadeiras dorsal**, **caudal** e **ventral**, auxiliares da locomoção. O ânus abre-se próximo da extremidade posterior. Por transparência, veem-se pacotes musculares segmentares, de cada lado do corpo, e na região ventral de ambos os lados veem-se as gônadas.

São animais filtradores. A água, contendo partículas alimentares e oxigênio, penetra pela boca, passa pelas fendas da faringe, onde o alimento é retido, e sai pelo **atrióporo**, uma abertura na região ventral do anfioxo, levando os produtos de excreção. A notocorda estende-se da extremidade anterior até a cauda. Por esse motivo, esse animal é classificado no grupo dos **cefalocordados**, ou seja, *com notocorda na "cabeça"* (do grego, *kephalé* = cabeça). É discutível o papel da notocorda como eixo de sustentação.

Figura 16-5. (a) Foto e (b) aspecto esquemático de anfioxo, um cefalocordado. O animal adulto mede cerca de 5 cm de comprimento. (Cores-fantasia.)

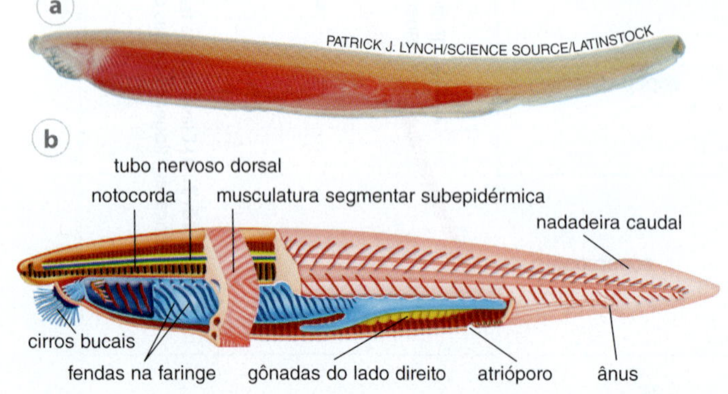

16-4. Vertebrados

Os cordados vertebrados apresentam uma série de avanços com relação aos protocordados: massa encefálica protegida por uma caixa craniana e uma coluna segmentada em vértebras. O subfilo *Vertebrata* possui aproximadamente 40 mil espécies vivas e é o maior subfilo dos *Chordata*.

A abordagem que faremos será preferencialmente relacionada às adaptações que neles existem e que favorecem a sua sobrevivência nos diversos meios em que são encontrados.

olho

fendas laterais em comunicação com a faringe

IRINA ORLOVA/SHUTTERSTOCK

GENA MELENDREZ/ SHUTTERSTOCK

(a) Porção anterior de uma lampreia. Quando adultos, esses animais podem ultrapassar 1 m de comprimento.
(b) Detalhe da boca circular de lampreia. Com seus pequenos dentes afiados, que auxiliam a fixação do animal em peixes.

Ágnatos ou ciclostomados

Os vertebrados aquáticos mais primitivos são os **ágnatos** ou **ciclostomados**, representados principalmente pelas lampreias, não encontradas em nosso meio. São alongados e de corpo vermiforme. Possuem nadadeiras ímpares, e o número de fendas branquiais é reduzido, de 6 a 14 pares. O esqueleto é formado por uma coluna vertebral com peças cartilaginosas simples circundando a notocorda que, nesses animais, persiste a vida toda. O encéfalo é pequeno e não possui as subdivisões comuns nos vertebrados.

As lampreias são ectoparasitas, adaptação alimentar rara entre os vertebrados. Vivem grudadas em outros peixes, alimentando-se de sangue e de tecidos da vítima. A boca, desprovida de mandíbulas, é circular e funciona como ventosa.

Os sexos são separados. A fecundação é externa. Existe a fase larval (**larva amocetes**) que, ao contrário dos adultos, faz escavações no solo lodoso de lagos e oceanos e se alimenta de detritos.

Peixes

Há evidências fósseis de que os peixes mais antigos são primitivos ágnatos, conhecidos como **ostracodermos**, assim chamados por seu esqueleto em forma de concha (do grego, *ostrakon* = concha), que teriam surgido a partir de cordados sem vértebras, há 500 milhões de anos. Só posteriormente é que teriam surgido as lampreias, hoje representadas por poucas espécies.

No final do período Devoniano, também chamado de *Período dos Peixes*, há cerca de 400 milhões de anos, os ostracodermos se extinguiram. A partir deles, provavelmente surgiram peixes mais complexos, os **placodermos**, dotados de mandíbulas e nadadeiras pares. Os placodermos foram os primeiros vertebrados **gnatostomados** (do grego, *gnathos* = maxila + + *stoma* = boca). Deles se originaram todos os peixes atuais e os tetrápodos.

Condrictes

Os peixes cartilaginosos (classe *Chondrichthyes*) são vertebrados dotados de **mandíbulas**, fortes peças forradas de dentes que habilitam os seus portadores a recorrer a uma variedade maior de alimentos, tanto no tamanho quanto na qualidade. Essa característica, associada à maior mobilidade devida à ação de grupos musculares segmentares distribuídos ao longo do corpo, favorece a atividade predatória que passa a ser comum à maioria dos vertebrados.

BERND NEESER/PANTHERMEDIA/KEYDISC

As raias, também conhecidas por arraias, pertencem à classe dos peixes cartilaginosos. O espécime da foto tem 90 cm de comprimento, mas algumas, como as gigantes, podem chegar a 9 m.

Tubarões, cações e raias são os representantes mais conhecidos dessa classe de peixes, encontrados principalmente nos mares. Poucas espécies foram bem-sucedidas na água doce, como é o caso de algumas raias da região amazônica.

As principais características dos peixes cartilaginsos são (veja a Figura 16-6):

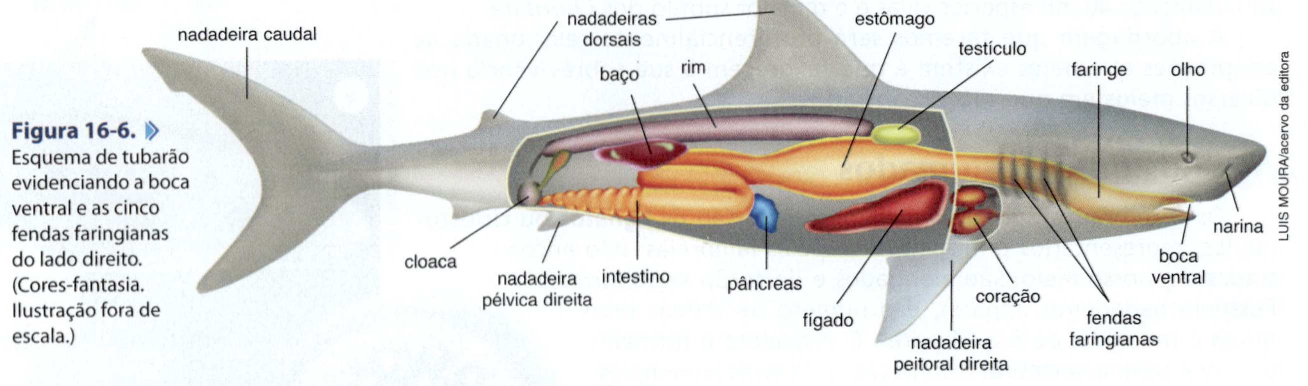

Figura 16-6. Esquema de tubarão evidenciando a boca ventral e as cinco fendas faringianas do lado direito. (Cores-fantasia. Ilustração fora de escala.)

- *O esqueleto é inteiramente cartilaginoso.*
- O tubo nervoso, bem desenvolvido, apresenta um *encéfalo protegido pelo crânio.*
- *A natação torna-se mais ágil*, não só por causa dos grupos musculares segmentares, existentes ao longo do corpo, mas também porque passam a existir nadadeiras pares, peitorais e pélvicas, que agilizam a movimentação do peixe, dando a ele uma impulsão, inexistente nos ciclostomados. Uma nadadeira caudal, cujas porções dorsal e ventral são diferentes em tamanho, favorece rápidas mudanças de direção.
- *A boca é ventral e as fendas faringianas estão reduzidas a cinco pares.* As trocas gasosas respiratórias ocorrem nas brânquias, constantemente oxigenadas pela água que ingressa na boca e flui em direção às fendas.
- A pele é revestida por diminutas **escamas placoides** de estrutura semelhante à dos nossos dentes, que possuem origem dermoepidérmica (veja a Figura 16-7). O esmalte tem origem epidérmica; a dentina e a polpa são formadas pela derme.

esmalte
dentina
cavidade da polpa
epiderme
derme
LUIS MOURA/acervo da editora

Figura 16-7. Escama placoide de tubarão. É dermoepidérmica e possui a estrutura de um dente. (Cores-fantasia.)

A nadadeira caudal do tubarão não é simétrica. Por isso diz-se que ela é heterocerca. Sua porção superior é maior que a inferior. Quando adulto, o animal mede cerca de 5 m de comprimento.

- A circulação é **simples** e **completa**: simples, porque o sangue passa apenas uma vez pelo coração, a cada ciclo de circulação, e completa porque o sangue rico em oxigênio não se mistura com o que contém grande quantidade de gás carbônico (veja a Figura 16-8).

Anote!

Nos peixes, a circulação é simples e completa. O coração é dotado de duas câmaras: **um átrio** e **um ventrículo**.

Figura 16-8. Esquema de circulação nos peixes: simples e completa. (Cores-fantasia. Ilustração fora de escala.)

- A *circulação é fechada, como em todos os vertebrados*. O sangue circula o tempo todo no interior de vasos. As trocas de alimentos, gases e excretas entre o sangue e os tecidos são efetuadas pelas paredes de finíssimas ramificações de vasos, os *capilares sanguíneos*.
- São heterotermos: a temperatura corporal oscila de acordo com a variação da temperatura do ambiente.
- Presença de *linha lateral*: inúmeros orifícios por onde a água penetra e que captam os estímulos do meio e os encaminham a nervos conectados ao encéfalo. Seu nome deriva de sua localização nas laterais do animal, embora não forme uma linha definida como nos peixes ósseos.
- *Os sexos são separados*. A fecundação é interna e facilitada pela existência de um órgão copulador no macho, o **clásper**, na verdade um prolongamento de cada uma das nadadeiras pélvicas. O desenvolvimento embrionário pode ocorrer no interior de um ovo, nas espécies ovíparas, ou no interior do corpo materno, nas espécies ovovivíparas. Há casos de viviparidade, em que o desenvolvimento do embrião ocorre preso ao oviduto e nutrido por meio de uma estrutura semelhante à placenta dos mamíferos. Porém, não se trata de uma placenta verdadeira, esta exclusiva dos mamíferos placentários.

Anote!

Muitos biólogos preferem utilizar os termos **endotermos** e **ectotermos** quando se referem à temperatura corporal. A diferença é fácil de entender. Nos endotermos (principalmente aves e mamíferos), a manutenção da temperatura corporal depende, em grande parte, da produção metabólica de calor em seus organismos, por meio da oxidação de alimentos. Os ectotermos, por sua vez, ganham a maior parcela de calor a partir de fontes externas. É o que acontece, por exemplo, com muitos lagartos que permanecem longo tempo expostos ao sol e, assim, adquirem do ambiente a energia necessária para o aquecimento corporal.

Osteíctes

Os peixes ósseos (classe *Osteichthyes*) são hoje representados por diversas espécies que habitam tanto os mares quanto a água doce. Essa classe pode ser dividida em duas subclasses:

- *Sarcopterygii* (do grego, *sarkós* = carne + *pterúgion* = barbatana) – peixes ósseos conhecidos como peixes de nadadeiras lobadas, típicas dos *dipnoicos* (peixes pulmonados) e dos *actinístias*, representados pelos celacantos; e
- *Actinopterygii* (do grego, *aktis* = raio + *pterúgion* = barbatana) – peixes ósseos que possuem nadadeiras raiadas, características dos demais peixes conhecidos.

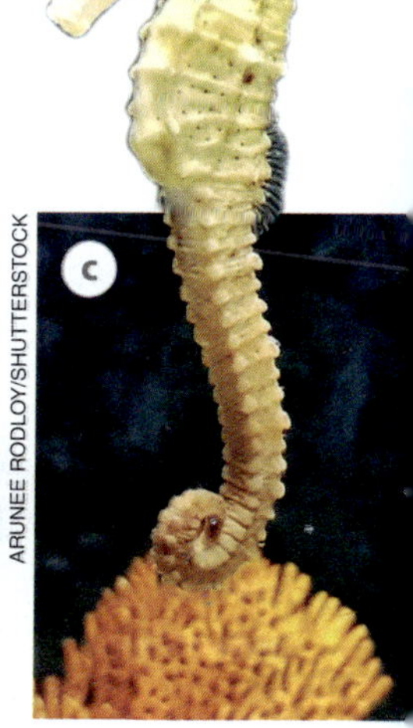

São as mais diversas as cores e formas dos peixes ósseos atuais. (a) *Ostracion meleagris*, conhecido como peixe-cofre-azul-e-amarelo, quando adultos têm cerca de 25 cm de comprimento. (b) *Pterois volitans*, mais conhecido como peixe-leão, pode chegar a 38 cm quando adulto. Não é natural do Brasil, mas exemplares dessa espécie venenosa já foram encontrados em Fernando de Noronha. (c) Cavalo-marinho (*Hippocampus* sp.). Esses animais podem atingir até 30 cm de altura.

Saiba mais!

Piramboias, os nossos "peixes pulmonados"

Piramboia.

Peixes *dipnoicos* (do grego, *di* = duas + *pnoé* = respiração), também chamados de *peixes pulmonados*, são os atualmente representados por gêneros encontrados na África (*Protopterus*), na Austrália (*Neoceratodus*) e na América do Sul (*Lepidosiren*). A esse último gênero pertencem as piramboias, encontradas principalmente na Amazônia, na Ilha de Marajó e no delta do Paraná. O corpo é alongado, com cerca de 1,20 m de comprimento, coberto de pequenas escamas e alimentam-se predominantemente de moluscos. Em condições de seca, introduzem-se na lama, a uma profundidade de até 50 cm, enrolam-se e produzem um muco que origina uma espécie de "casulo" protetor, assim permanecendo por cerca de 5 a 6 meses. Nesse período, obtêm o oxigênio diretamente do ar por meio de um "pulmão" primitivo e consomem as reservas acumuladas durante a estação favorável. Em meio aquático, a respiração "pulmonar" ocorre simultaneamente com a branquial (que parece não ser tão eficiente na obtenção de oxigênio), principalmente quando os animais atingem a superfície da água. Na reprodução, os ovos são postos em ninhos construídos na lama, a uma profundidade de 25 cm. Cabe aos machos o papel de vigiar os ovos e cuidar dos filhotes recém-nascidos (alevinos).

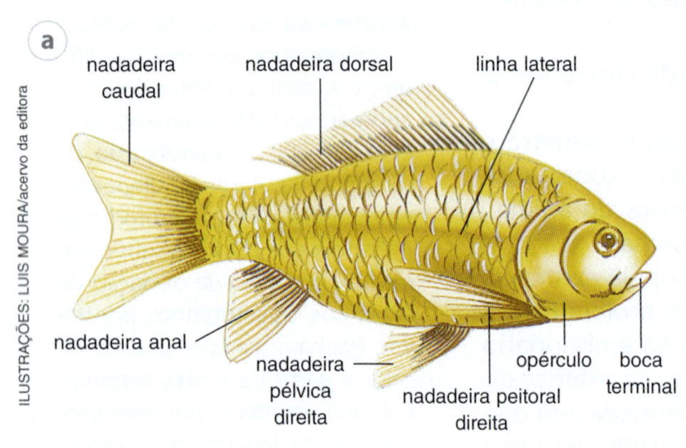

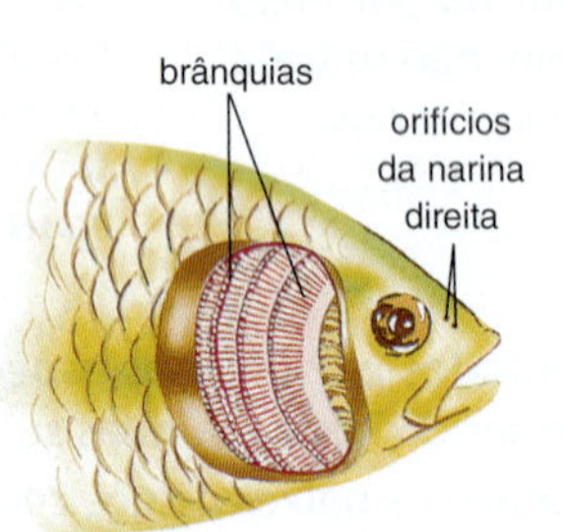

Figura 16-9. (a) Características externas de peixe ósseo: opérculo, nadadeiras e boca terminal. (b) Opérculo removido expondo as brânquias. (Cores-fantasia.)

As principais características dos peixes ósseos são:

- *A boca é terminal* e as fendas branquiais, agora em número de quatro pares, não mais se exteriorizam. São protegidas por uma placa óssea, o **opérculo**, que protege a câmara branquial, onde se localizam as guelras (brânquias). Veja a Figura 16-9.
- *A pele quase sempre tem escamas de origem dérmica e é lubrificada com muco que facilita o deslocamento na água, ao promover a diminuição do atrito.*
- *Apresentam linha lateral.* Além da visão e da olfação, extremamente apuradas nesses seres vivos, também as variações de pressão da água e pequenas vibrações são captadas por um eficiente mecanismo sensorial localizado nas **linhas laterais**. Cada linha lateral é constituída de inúmeros orifícios enfileirados, com acesso a terminações nervosas, que captam os estímulos do meio e os encaminham a nervos conectados ao encéfalo (veja a Figura 16-10).
- *A circulação é fechada,* como nos peixes cartilaginosos, *e completa*. O coração possui duas cavidades: um átrio e um ventrículo.
- *O esqueleto ósseo é formado pelo crânio, protetor do encéfalo, e pela coluna vertebral.*
- *O intestino é longo, dobrado e possui expansões.* Há pequenos **cecos** que ampliam a superfície de digestão e a absorção de alimentos. Restos alimentares são eliminados pelo ânus.
- Os sexos são separados. A fecundação, de maneira geral, é externa (ocorre na água). As fêmeas descarregam óvulos e os machos depositam espermatozoides sobre eles. Uma fase larval, denominada de **alevino**, precede o adulto. Em algumas espécies, a fecundação é interna e ocorre ovoviviparidade (comum, por exemplo, em *lebistes*, facilmente criados em aquários).
- São heterotermos, a exemplo dos peixes cartilaginosos.

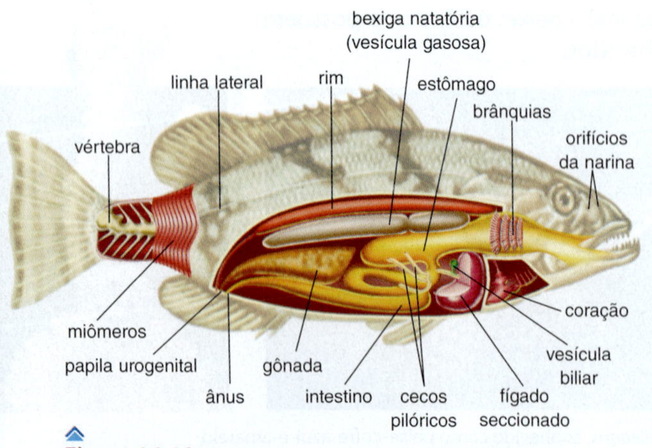

Figura 16-10. Peixe ósseo aberto. Note uma linha lateral estendendo-se até a cauda. (Cores-fantasia. Ilustrações fora de escala.)

Desvende & Avalie!

Leia o QR Code ao lado e faça a atividade de dissecação de um peixe ósseo.

- *Vesícula gasosa*: dorsalmente ao tubo digestório, na porção anterior, nota-se uma bolsa cheia de gases, a **bexiga natatória**, também denominada de **vesícula gasosa**. É um órgão de equilíbrio hidrostático: por meio dela, o peixe pode ajustar a sua posição na água, permanecendo em equilíbrio e ficando praticamente parado, em diferentes profundidades. A secreção de gases, principalmente oxigênio, é efetuada por uma rede de capilares sanguíneos localizada na parede interna da vesícula gasosa (veja a Figura 16-11).

Anote!

Peixes cartilaginosos não apresentam bexiga natatória.

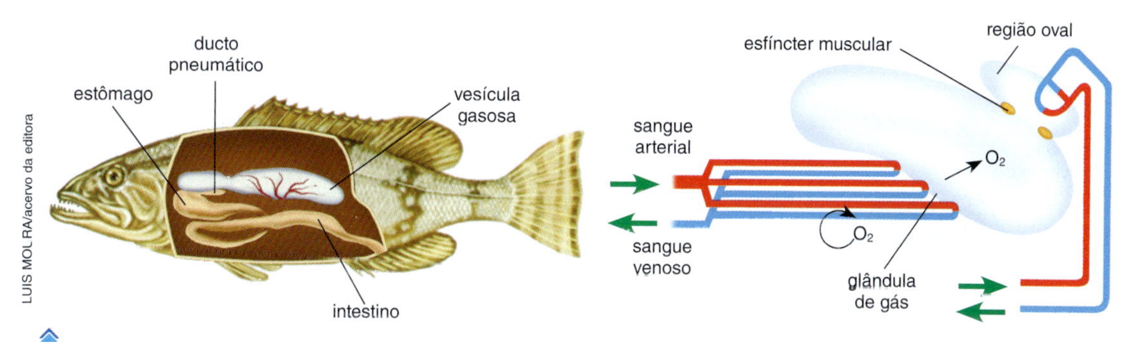

Figura 16-11. Vesícula gasosa de peixes ósseos. A glândula de gás "secreta" gases para o interior da vesícula. A região oval favorece a entrada de oxigênio no sangue. (Cores-fantasia. Ilustrações fora de escala.)

Anfíbios

Os anfíbios não são encontrados no ambiente marinho, apenas na água doce e em ambiente terrestre. O nome do grupo, anfíbios (do grego, *amphi* = dos dois lados + *bios* = vida), foi dado em razão de a maioria de seus representantes possuir a fase larval aquática e de respiração branquial (lembre-se dos girinos) e uma fase adulta, de respiração pulmonar e cutânea, que habita o meio terrestre úmido. São heterotermos, como os peixes.

Anote!

Sapos, rãs e pererecas são encontrados em brejos, lagos, córregos e mesmo no interior de banheiros úmidos das casas de praia, de sítios e de chácaras.

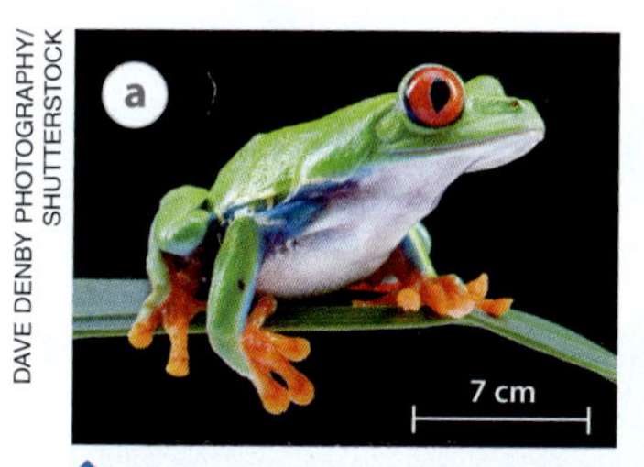

Alguns representantes dos anfíbios atuais: (a) perereca (*Agalychnis callidryas*), (b) rã-verde (*Pelophylax perezi*), (c) *Bolitoglossa altamazonica*, uma das poucas espécies de salamandra brasileira, (d) cobra-cega (*Siphonops annulatus*).

Trocas gasosas

Os anfíbios adultos precisam viver perto da umidade: sua pele é fina e pobremente queratinizada, muito sujeita à perda de água. Uma delgada epiderme, dotada de inúmeras glândulas mucosas, torna a pele úmida e lubrificada, constituindo-se em um importante órgão respiratório.

Anote!

Queratina é uma proteína da pele de vertebrados terrestres.

Nos sapos, os pulmões são extremamente simples, equivalem a dois "sacos" de pequeno volume e de pequena superfície de trocas gasosas. Essa característica é que aumenta a importância da pele como órgão respiratório.

Digestão e excreção

Da boca, o alimento é encaminhado para digestão nas porções posteriores do tubo digestivo, composto de faringe, esôfago, estômago e intestino. Duas glândulas digestivas anexas, o fígado e o pâncreas, descarregam suas secreções diretamente no intestino, através de ductos de conexão com esse órgão. Os restos alimentares são encaminhados para uma cloaca, local para onde também vão gametas e a urina produzida pelos rins. As larvas (aquáticas) excretam amônia e gradualmente passam a eliminar ureia, excreta nitrogenada dos anfíbios adultos.

Circulação

O coração apresenta três cavidades: dois átrios (um direito e um esquerdo) e um ventrículo. O sangue venoso, pobre em O_2, penetra no átrio direito. Sangue arterial, rico em O_2, vindo dos pulmões, penetra no átrio esquerdo. Os dois tipos de sangue passam para o único ventrículo onde se misturam, ainda que parcialmente (veja a Figura 16-12). Do ventrículo, o sangue é bombeado para um tronco arterial (conjunto de vasos) que o distribui para a cabeça, para o tronco e para os pulmões. A circulação é **dupla** e **incompleta**: dupla, porque o sangue passa duas vezes pelo coração a cada ciclo de circulação, e incompleta, porque o ventrículo é único e nele os sangues arterial e venoso se misturam.

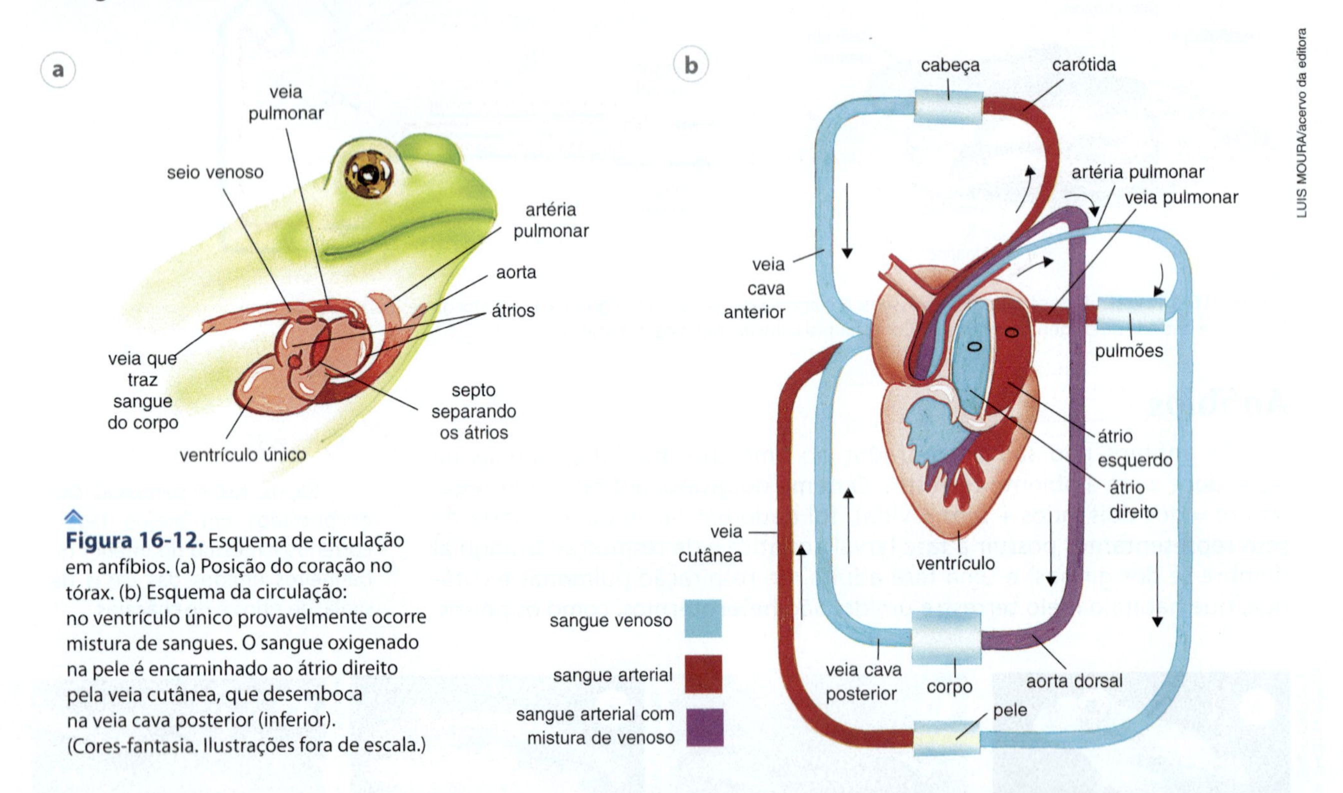

Figura 16-12. Esquema de circulação em anfíbios. (a) Posição do coração no tórax. (b) Esquema da circulação: no ventrículo único provavelmente ocorre mistura de sangues. O sangue oxigenado na pele é encaminhado ao átrio direito pela veia cutânea, que desemboca na veia cava posterior (inferior). (Cores-fantasia. Ilustrações fora de escala.)

Reprodução

Nos sapos, rãs e pererecas, os sexos são separados. A fecundação é externa, em meio aquático. As fecundações vão ocorrendo, e cada ovo possui uma membrana transparente que contém, no seu interior, um embrião em desenvolvimento que consome, para sua sobrevivência, alimento rico em reservas originadas do óvulo.

Após certo tempo de desenvolvimento, de cada ovo emerge uma larva sem patas, o **girino**, contendo cauda e brânquias. Depois de algum tempo de vida na água, inicia-se uma série de modificações no girino, que prenunciam a fase adulta. A **metamorfose** consiste na reabsorção da cauda e das brânquias e no desenvolvimento de pulmões e das quatro patas.

Figura 16-13. Ilustração do ciclo de vida em sapo. Importantes modificações ocorrem no desenvolvimento de sapos, rãs e pererecas. (1) Os adultos eliminam seus gametas em meio aquático e (2) o ovo fecundado sofre modificações, passando por um (3) estádio larval aquático (fase de girino) e, a seguir, progressivamente ocorrem a (4) reabsorção da cauda, o surgimento das patas, a regressão das brânquias e o desenvolvimento dos pulmões. (5) Ao final dessa metamorfose o animal está apto a viver em meio terrestre úmido. (Cores-fantasia. Ilustrações fora de escala.)

Anote!

Pele fina e permeável, fecundação externa e girino totalmente dependente do meio aquático são os principais fatores que impedem os anfíbios de se afastarem da água.

Répteis

Tartarugas, jabutis, cágados, lagartos, lagartixas, camaleões, serpentes, jacarés e crocodilos são os principais representantes atuais dessa classe de vertebrados tetrápodos.

Em termos evolutivos, os répteis são os primeiros vertebrados bem-sucedidos no meio terrestre, embora alguns representantes, por causa da locomoção e/ou alimentação, vivam em ambiente aquático doce ou marinho, como crocodilos, cágados, jabutis, tartarugas e algumas serpentes.

O sucesso do grupo deveu-se a adaptações importantes, entre as quais podemos citar:

- impermeabilização da pele, com redução significativa das perdas de água;
- eficiência do pulmão como órgão respiratório;
- economia de água na eliminação de excretas nitrogenadas;
- independência da água para a reprodução, por meio da fecundação interna; e
- postura de ovos com casca protetora dentro da qual o desenvolvimento é auxiliado por anexos embrionários: o *âmnio*, membrana que envolve o líquido amniótico, no qual o embrião flutua nas primeiras fases do desenvolvimento, protegido contra choques mecânicos e evitando possíveis deformações ou aderências; o *alantoide*, onde as excretas nitrogenadas tóxicas são armazenadas até a eclosão do ovo; e o *saco vitelino*, que contém reserva alimentar (vitelo) para o desenvolvimento embrionário. A presença de âmnio caracteriza os répteis como vertebrados **amniotas** (talvez o ovo amniótico seja a característica que possibilitou a esse grupo animal viver em *habitats* tão variados).

Alguns répteis atuais: (a) tuatara (*Sphenodon punctatus*), (b) monstro-de-gila (*Heloderma suspectum*), (c) lagarto teiú (*Tupinambis* sp.), (d) sucuri (*Eunectes murinus*), maior serpente do Brasil e segunda maior do mundo, (e) cágado (*Mesoclemmys vanderhaegei*), (f) jacaré-do-papo-amarelo (*Caiman latirostris*), (g) crocodilo-do-Nilo (*Crocodylus niloticus*).

Economia de água: uma adaptação importante

A impermeabilização da pele ocorreu graças à intensa produção de uma molécula proteica, a **queratina**, a grande novidade bioquímica produzida em grande quantidade pela epiderme dos répteis, fato que se repetirá também nas aves e nos mamíferos. Na verdade, na pele dos anfíbios, essa molécula já existe, só que em pequeníssima quantidade, sendo incapaz de tornar a pele impermeável à água e aos gases da respiração (veja a Figura 16-14).

Essa adaptação permitiu aos répteis a economia de água, possibilitando a vida em *habitats* os mais diversos, até mesmo desérticos. Por outro lado, a secura da pele e a riqueza em queratina impedem as trocas gasosas que, assim, passaram a ser executadas exclusivamente por pulmões.

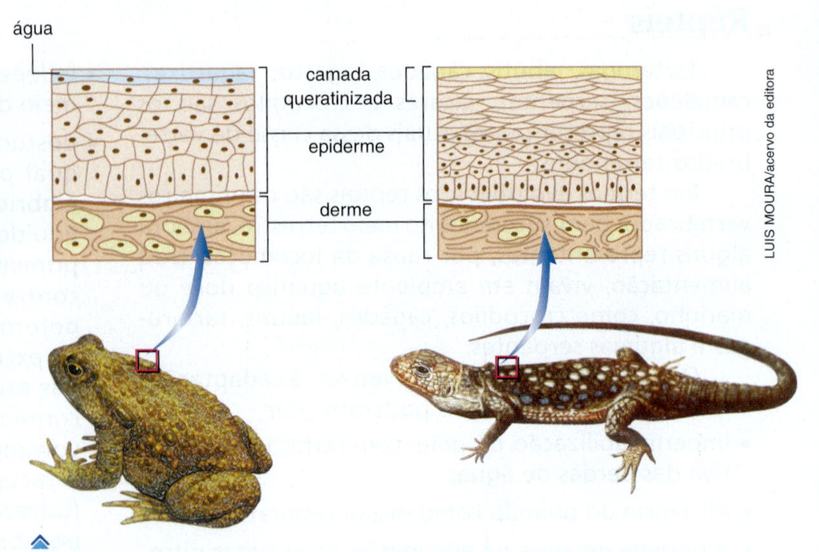

Figura 16-14. A adaptação dos répteis ao meio terrestre contou com a participação da pele seca, extremamente queratinizada, quando comparada à pele fina dos anfíbios. (Cores-fantasia. Ilustrações fora de escala.)

Respiração, excreção e circulação

Em comparação aos anfíbios, os pulmões dos répteis possuem maior superfície de trocas gasosas e compensam a perda da capacidade respiratória da pele (veja a Figura 16-15).

Outra característica adaptativa dos répteis ao meio terrestre está relacionada com a excreção. O produto de excreção nitrogenada é o ácido úrico, eliminado pela cloaca, com as fezes, na forma de uma pasta semissólida, o que envolve perdas mínimas de água.

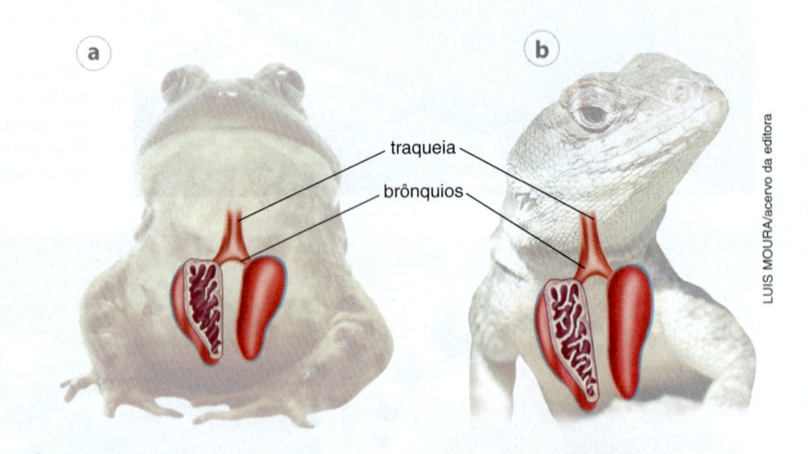

Figura 16-15. Comparados aos dos anfíbios (a), os pulmões dos répteis (b) possuem maior superfície interna de trocas gasosas. (Cores-fantasia. Ilustrações fora de escala.)

Anote!

Muitas tartarugas (quelônios marinhos) são capazes de efetuar trocas gasosas respiratórias pelo revestimento da faringe e da cloaca, ricamente vascularizado.

Na maioria dos répteis, o coração ainda possui três cavidades, como nos anfíbios. Há, porém, uma importante modificação no ventrículo: uma parede divisória incompleta separa parcialmente o ventrículo em metades direita e esquerda (veja a Figura 16-16).

Como é uma divisão **incompleta**, há mistura de sangues rico e pobre em oxigênio no coração. Nos *crocodilianos*, porém, a separação ventricular em metades direita e esquerda é *completa* e, pelo menos no coração, a mistura não existe. No entanto, ela acontece fora do coração por meio de uma comunicação que existe entre as duas artérias aortas.

A circulação dos répteis é **dupla** e **incompleta**, como nos seus ancestrais, os anfíbios.

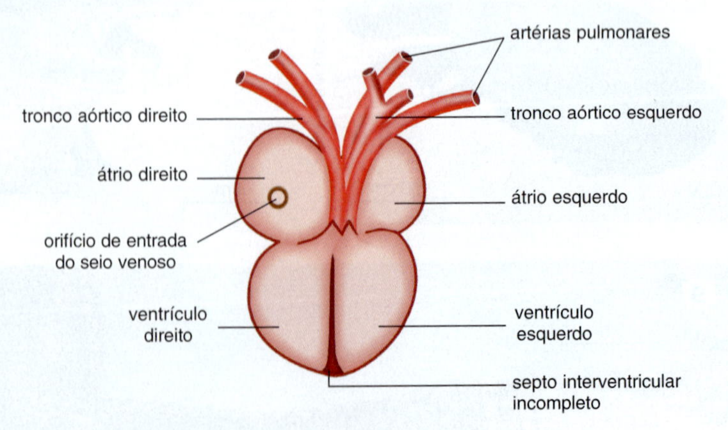

Figura 16-16. Esquema de coração dos répteis. Note que o ventrículo é incompletamente dividido e ocorre mistura de sangues. Observe os dois troncos aórticos emergindo do coração. (Cores-fantasia.)

Reprodução

Os sexos são separados. A fecundação é interna, o que garante maior proteção aos gametas e torna o seu encontro independente da água ambiental.

Os jabutis, assim como a maioria dos répteis, são ovíparos. O desenvolvimento embrionário ocorre inteiramente no interior de um ovo dotado de *casca protetora calcária porosa*, que permite a ocorrência de trocas gasosas.

Uma bolsa cheia de líquido, a **vesícula amniótica**, garante o desenvolvimento do embrião em meio aquoso (veja a Figura 16-17). Uma **vesícula vitelínica** repleta de reservas alimentares, o **vitelo**, garante a sobrevivência do embrião com alimentos provenientes do óvulo. E, para completar a eficiência desse novo método reprodutivo, uma bolsa excretora, a **alantoide**, recolhe o ácido úrico e o imobiliza na forma de cristais que não interferem na vida do embrião. Aderido à membrana da casca, encontra-se mais um anexo embrionário, o **cório**, sob a forma de uma membrana ricamente vascularizada, que garante as trocas gasosas respiratórias com o sangue que encaminha o oxigênio para as células embrionárias.

Não há fase larval. Terminado o desenvolvimento, o jovem indivíduo, com as características do adulto, quebra a casca e sai do ovo.

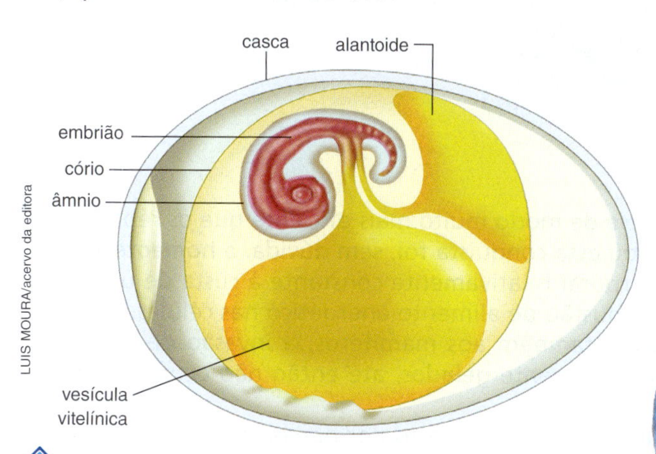

Figura 16-17. O ovo reptiliano apresenta adaptações para o desenvolvimento do embrião no meio terrestre: alantoide, cório, âmnio e vesícula vitelínica. (Cores-fantasia. Ilustração fora de escala.)

Desenvolvimento embrionário

Os vertebrados nos quais a fecundação é interna podem ser *ovíparos*, *vivíparos* ou *ovovivíparos*, de acordo com o local em que ocorre o desenvolvimento embrionário.

Nos *ovíparos*, o desenvolvimento embrionário completo acontece fora do organismo materno, no interior de um ovo, à custa das reservas nutricionais do próprio ovo. Exemplos: muitos répteis, todas as aves, mamíferos monotremados (ornitorrinco e equidna). Nos *vivíparos*, o desenvolvimento embrionário ocorre inteiramente no organismo materno, que libera um ser inteiramente formado, cópia do adulto. Nesse caso, a nutrição é fornecida pelo organismo materno, através de uma placenta verdadeira (exclusiva dos mamíferos placentários) ou de uma estrutura que a ela se assemelha (em algumas espécies de peixes cartilaginosos; no caso desses peixes, usa-se a denominação *vivíparos aplacentários*). São vivíparas algumas espécies de peixes cartilaginosos (tubarões) e todos os mamíferos placentários. Nos vertebrados *ovovivíparos*, o desenvolvimento dos ovos ocorre no interior do corpo materno, porém à custa das reservas do ovo, sendo eliminados os organismos nas fases finais do desenvolvimento. Nesse grupo incluem-se alguns peixes ósseos e cartilaginosos e algumas espécies de serpentes.

Termorreceptores

A atividade de caça noturna de muitas serpentes venenosas envolve uma adaptação que lhes facilita encontrarem presas: a *fosseta loreal*. Localizada a meio caminho entre a narina e o olho, a fosseta loreal é dotada de receptores de calor e pode localizar, por exemplo, um roedor situado a distâncias de 1 a 2 m (veja a Figura 16-18).

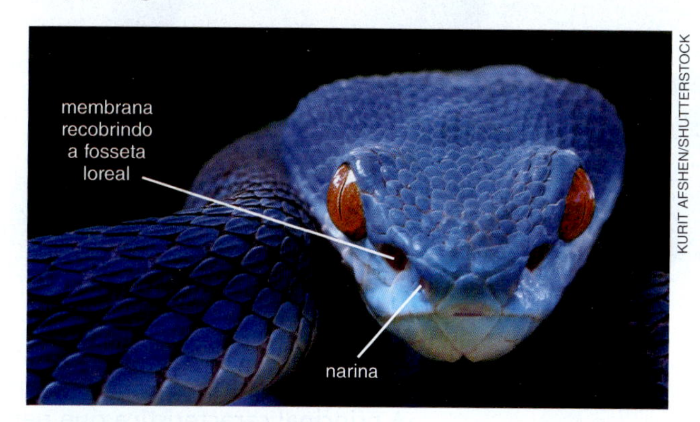

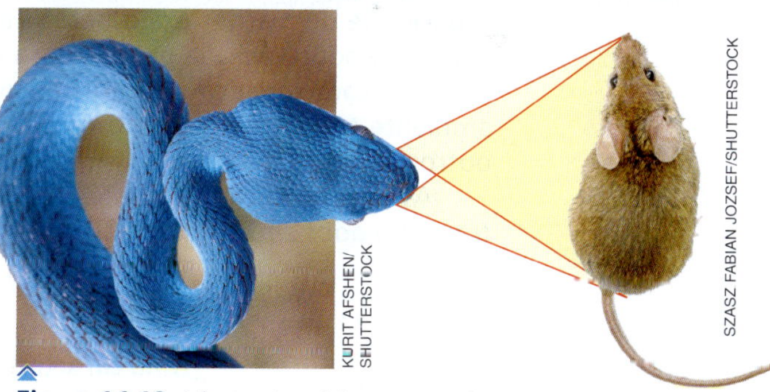

Figura 16-18. A fosseta loreal de serpentes venenosas possui termorreceptores que registram a radiação térmica de presas homeotermas, como o rato da figura. (Cores-fantasia. Ilustrações fora de escala.)

Serpentes

Na ocorrência de uma picada de serpente, é preciso tomar algumas medidas importantes para socorrer a vítima. Conheça as medidas imediatas de socorro e também as preventivas lendo o QR Code ao lado ou acesse <https://butantan.gov.br/atendimento-medico/primeiro-socorros>.

Dinossauros: eles dominaram a Terra

Há aproximadamente 350 milhões de anos, no período Carbonífero, teriam surgido os dinossauros, segundo registros fósseis atualmente disponíveis. Eles dominaram a Era Mesozoica (que inclui três períodos: Triássico, Jurássico e Cretáceo). De repente, ao final do período Cretáceo, cerca de 70 milhões de anos atrás, todos desapareceram.

A hipótese mais aceita atualmente é a de que teria havido o choque de um meteorito gigante com a Terra. Tal impacto teria levantado uma nuvem de poeira que escureceu a atmosfera terrestre, impedindo a passagem dos raios solares, com prejuízos para a realização de fotossíntese pelos vegetais, e diminuindo a temperatura terrestre durante meses. Com a diminuição do alimento disponível, os dinossauros não resistiram e, aos poucos, foram desaparecendo. Essa hipótese é sustentada pelo achado de um metal, o *irídio*, em alguns lugares da Terra, elemento comum em meteoritos, mas que não faz parte da composição química da crosta terrestre.

O desaparecimento dos dinossauros favoreceu o desenvolvimento das aves e dos mamíferos que, naquela época, já existiam.

Representação artística de um *Tyrannosaurus rex*, maior dinossauro carnívoro descoberto. Esses animais mediam de 4 a 6 m de altura e 12 m de comprimento.

Aves

As aves conquistaram o meio terrestre de modo muito mais eficiente que os répteis.

A principal característica que permitiu essa conquista foi, sem dúvida, a **homeotermia**, a capacidade de manter a temperatura corporal relativamente constante à custa de uma alta taxa metabólica gerada pela intensa combustão de alimento energético nas células.

Essa característica permitiu às aves, e também aos mamíferos, a invasão de qualquer ambiente terrestre, incluindo os permanentemente gelados, até então não ocupados pelos outros vertebrados.

As características marcantes do grupo são: *corpo coberto por penas, membros anteriores transformados em asas, circulação sanguínea eficiente* (*dupla e completa*) *e ossos pneumáticos*.

Circulação

Uma característica que favorece a homeotermia nas aves é a existência de um coração totalmente dividido em quatro cavidades: **dois átrios** e **dois ventrículos** (veja a Figura 16-19).

Não ocorre mistura de sangues. A metade direita (átrio e ventrículo direitos) trabalha exclusivamente com sangue pobre em oxigênio, encaminhando-o aos pulmões para oxigenação. A metade esquerda trabalha apenas com sangue rico em oxigênio. O ventrículo esquerdo, de parede musculosa, bombeia o sangue para a artéria aorta, que é voltada para o lado direito. Assim, a todo momento, os tecidos recebem sangue ricamente oxigenado, o que garante a manutenção constante de altas taxas metabólicas. Esse fato, associado aos mecanismos de regulação térmica, favorece a sobrevivência em qualquer tipo de ambiente. A circulação é dupla e completa.

aorta
tronco pulmonar
LUIS MOURA/ acervo da editora
átrio direito
átrio esquerdo
ventrículo direito
ventrículo esquerdo

Figura 16-19. Esquema de coração das aves. A artéria aorta está voltada para o lado direito do coração. Note a maior espessura da parede do ventrículo esquerdo. (Cores-fantasia.)

Respiração

O sistema respiratório também contribui para a manutenção da homeotermia. Embora os pulmões sejam pequenos, existem **sacos aéreos**, ramificações pulmonares membranosas que penetram por entre algumas vísceras e mesmo no interior de cavidades de ossos longos.

A movimentação constante de ar dos pulmões para os sacos aéreos e destes para os pulmões permite um suprimento renovado de oxigênio para os tecidos, o que contribui para a manutenção de elevadas taxas metabólicas.

A cor das penas das aves deve-se a pigmentos, principalmente melanina e carotenoides.

ONDREJ PROSICKY/ SHUTTERSTOCK

Corpo coberto por penas

A pele das aves é seca, não dotada de glândulas e rica em queratina que, em alguns locais do corpo, se organiza na forma de placas, garras, bico córneo e é o constituinte fundamental das penas.

As aves não têm glândulas na pele. No entanto, há uma exceção: a **glândula uropigial** (ou **uropigiana**), localizada na porção dorsal da cauda e cuja secreção oleosa lubrificante é espalhada pela ave, com o bico, nas penas (veja a Figura 16-20). Essa adaptação impede o encharcamento das penas em aves aquáticas e ajuda a entender por que as aves não se molham, mesmo que fiquem desprotegidas durante uma chuva.

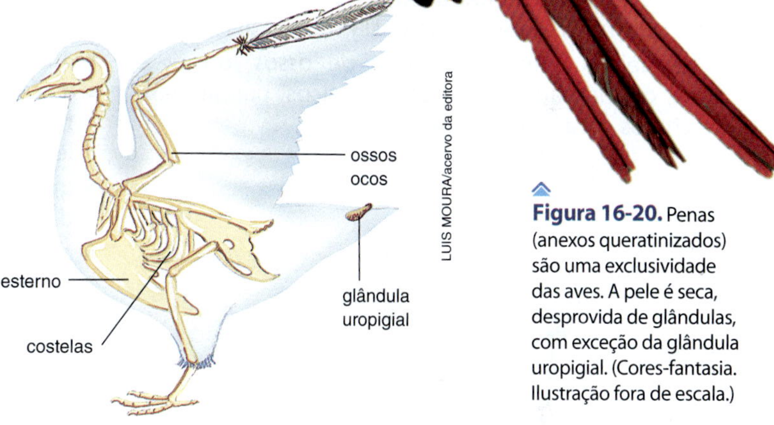

Figura 16-20. Penas (anexos queratinizados) são uma exclusividade das aves. A pele é seca, desprovida de glândulas, com exceção da glândula uropigial. (Cores-fantasia. Ilustração fora de escala.)

Digestão e excreção em aves

O aparelho digestório possui, em sua porção inicial, um **papo (dilatação do esôfago)** armazenador de alimento (veja a Figura 16-21). A seguir, o **estômago químico (proventrículo)**, estreito e curto, produz suco gástrico, que é lançado e atua na porção seguinte, uma **moela** trituradora, local em que o alimento é "esmagado" (digestão mecânica) e dirigido ao **intestino**, onde a digestão química prossegue.

É comum o hábito de certas aves (a galinha, por exemplo) engolirem pequenas pedras, que são utilizadas na moela como se fossem "dentes". Os restos alimentares são conduzidos para uma **cloaca**, onde também são descarregadas as excretas nitrogenadas, representadas por uratos (sais de coloração esbranquiçada derivados do ácido úrico, cuja eliminação requer pouquíssima quantidade de água).

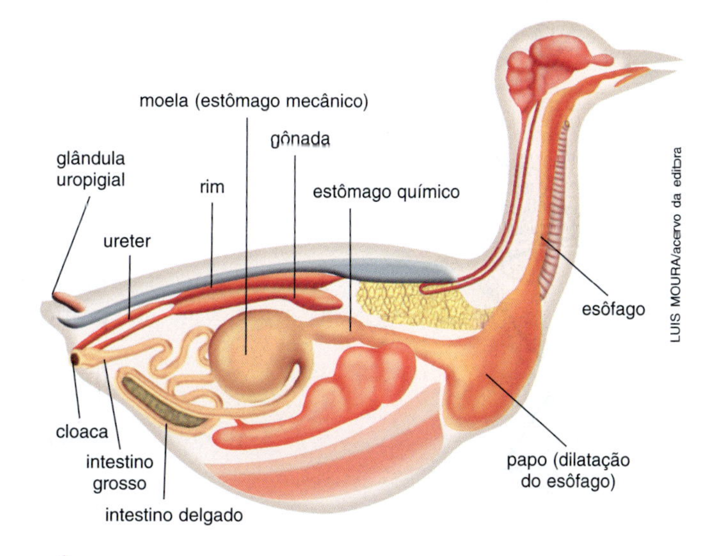

Figura 16-21. O papo e a moela são adaptações digestivas nas aves. O intestino termina na cloaca, onde também são lançadas as excreções nitrogenadas (ácido úrico). As fezes são pastosas. (Cores-fantasia. Ilustração fora de escala.)

Reprodução

Os sexos são separados, a fecundação é interna e ocorre a postura de ovos, como na maioria dos répteis. Os ovos são chocados (lembre-se de que são animais homeotermos) fora do corpo do animal. O ovo é protegido por uma casca calcária porosa, e internamente, como nos répteis, formam-se os mesmos anexos embrionários: vesícula amniótica, vesícula vitelínica, alantoide e cório. Não há fase larval.

Adaptações ao voo

Nas aves que *voam bem*, o osso esterno possui uma porção bem desenvolvida e saliente – a *quilha* ou *carena* (do latim, *carina* = *quilha do navio*) –, local em que se inserem os poderosos músculos do voo. Por esse motivo, essas aves são denominadas de *carenadas* (ou *carinatas*). Nas aves não voadoras (por exemplo, avestruz, ema), o esterno é achatado, desprovido de quilha, sendo, nesse caso, conhecidas como aves *ratitas* (do latim, *ratis* = jangada).

Embora não sejam os únicos seres capazes de voar, as aves possuem extraordinárias adaptações corporais que favorecem a ocorrência dessa atividade:

- o esqueleto é leve e dotado de ossos longos e ocos, os chamados **ossos pneumáticos**, parcialmente cheios de ar (veja a Figura 16-22);

LUIS MOURA/acervo da editora

Figura 16-22. (a) A leveza do esqueleto, associada a outras características, é uma importante adaptação ao voo das aves. (b) Detalhe de osso longo, com cavidades (osso pneumático). (Cores-fantasia. Ilustrações fora de escala.)

- os sacos aéreos contribuem para a diminuição da densidade corporal, aumentam a capacidade respiratória e favorecem a dissipação de calor (veja a Figura 16-23);

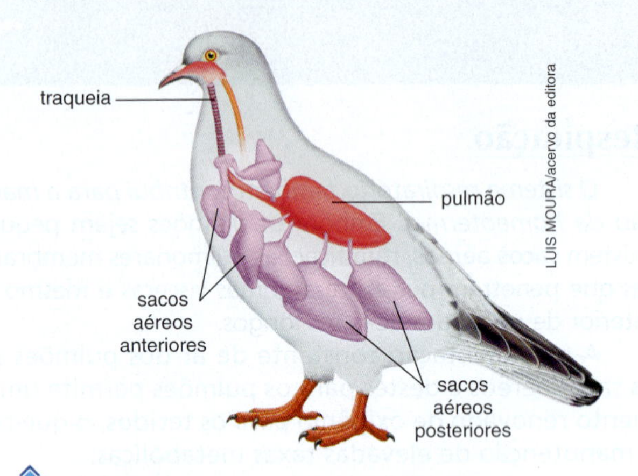

Figura 16-23. Os sacos aéreos pulmonares ajudam a diminuir a densidade corporal. (Cores-fantasia. Ilustração fora de escala.)

- não existe bexiga urinária, uma vez que o acúmulo de urina elevaria a massa corporal;
- a forma do corpo é aerodinâmica;
- as asas são forradas de penas que ampliam a superfície de ação durante o voo; a cobertura plumosa é leve e atua como excelente isolante térmico;
- quilha (ou carena) no osso esterno para a inserção da musculatura peitoral, que movimenta as asas;
- ausência de dentes;
- oviparidade.

Anote!

Assim como nos peixes, eficientes nadadores, o encéfalo das aves é dotado de um *cerebelo* muito desenvolvido. Esse órgão nervoso está relacionado ao controle do equilíbrio, o que é fundamental durante a natação e o voo.

Mamíferos

As aves e os mamíferos são os únicos homeotermos da Terra atual. A capacidade de manter a temperatura do corpo elevada e constante foi o principal fator adaptativo dos representantes desses grupos a praticamente qualquer ambiente terrestre.

Muitos mamíferos voltaram para o meio aquático (baleia, foca, golfinho, peixe-boi) e outros adaptaram-se ao voo (morcego) e compartilham o meio aéreo com as aves e os insetos.

Algumas características diferenciam os mamíferos de todos os outros vertebrados:

- **glândulas mamárias** produtoras de leite com substâncias nutritivas para alimentação dos recém-nascidos;
- corpo coberto por **pelos**, estruturas de origem epidérmica, ricas em queratina, e elaboradas por folículos pilosos;

- pele contendo **glândulas sebáceas**, cuja secreção oleosa lubrifica os pelos e a própria pele, e **glândulas sudoríparas**, produtoras de suor (na verdade, um filtrado de água, sais e ureia), recurso de manutenção da homeotermia e via de eliminação de excretas. Ambas as glândulas têm origem epidérmica;
- **músculo diafragma**, localizado entre o tórax e o abdômen, utilizado na ventilação pulmonar;
- **artéria aorta** voltada para o lado **esquerdo** do coração;
- **placenta**, órgão que regula as trocas de alimento entre o sangue materno e o sangue fetal, presente na maioria dos mamíferos, chamados placentários;
- coluna vertebral com **7 vértebras cervicais** (da região do pescoço).

Respiração, excreção e circulação

As trocas gasosas respiratórias ocorrem exclusivamente nos pulmões, cuja superfície é ampliada por alvéolos ricamente vascularizados. Os movimentos respiratórios de inspiração e expiração ocorrem graças à ação de músculos localizados entre as costelas (musculatura intercostal) e, também, pela ação do diafragma, importante músculo estriado que separa o tórax do abdômen.

Nos mamíferos, o principal produto de excreção nitrogenada é a ureia, substância sintetizada no fígado e filtrada no rim.

O coração dos mamíferos, a exemplo das aves, possui quatro cavidades: **dois átrios** e **dois ventrículos** (veja a Figura 16-24). Não há mistura de sangues. A diferença em relação ao coração das aves é que a artéria aorta, que encaminha sangue oxigenado para o corpo, é curvada para o lado esquerdo do coração. A circulação é dupla e completa.

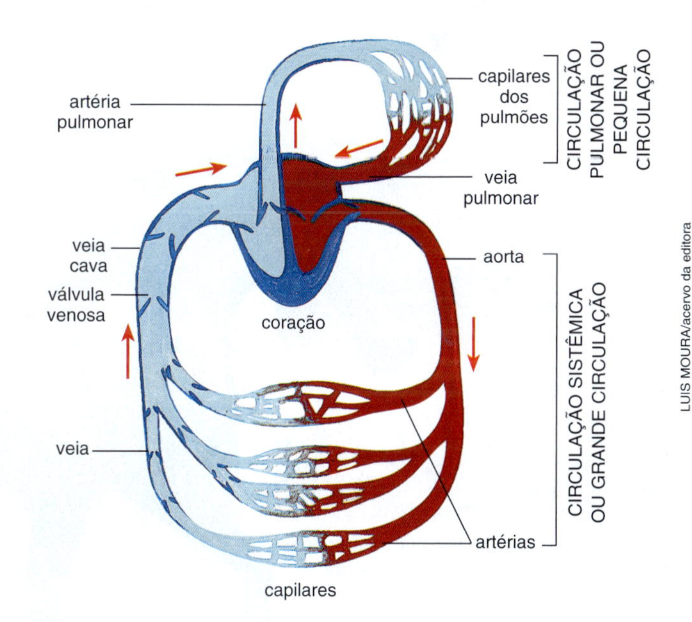

Figura 16-24. Nos mamíferos, a circulação é dupla e completa. A artéria aorta é voltada para o lado esquerdo do corpo. (Cores-fantasia. Ilustração fora de escala.)

Reprodução

Os sexos são separados. O dimorfismo sexual é acentuado, isto é, as fêmeas possuem características externas que as diferenciam dos machos e vice-versa. A fecundação é interna. Na maioria, o desenvolvimento embrionário ocorre no interior do corpo materno, em um órgão musculoso chamado **útero**. Surge um órgão de trocas metabólicas, a **placenta**, organizada por tecidos maternos e tecidos do embrião (veja a Figura 16-25). Alimentos, oxigênio, anticorpos e hormônios são passados do sangue materno para o embrionário, que, em troca, transfere para a mãe excretas e gás carbônico.

A **vesícula amniótica**, muito desenvolvida, desempenha importante papel protetor ao amortecer choques que incidem contra a parede abdominal da fêmea e também ao possibilitar um meio aquático para o desenvolvimento embrionário. A vesícula vitelínica e a alantoide perdem sua função, que passa a ser desempenhada pela placenta.

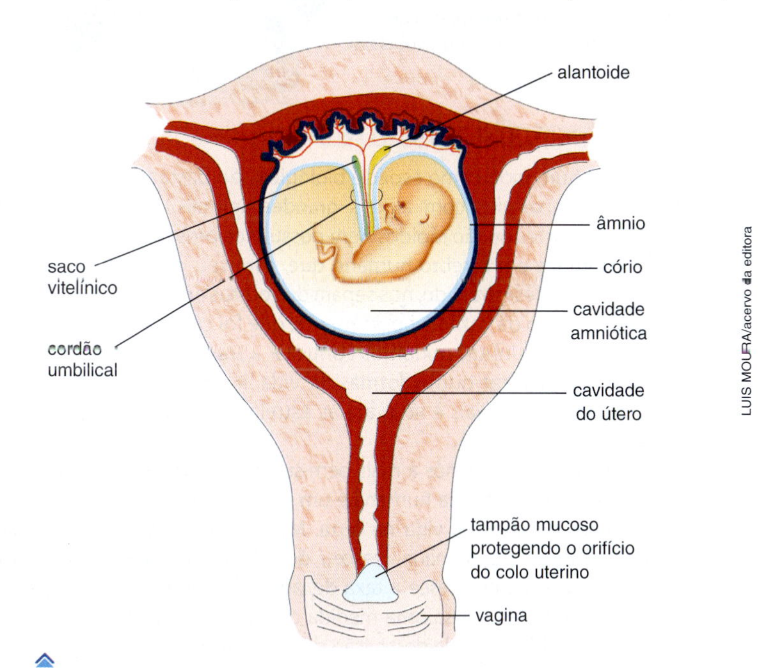

Figura 16-25. Na maioria dos mamíferos, o desenvolvimento do embrião ocorre no interior do útero materno. A bolsa amniótica funciona como amortecedor de choques e a placenta é o órgão de trocas metabólicas materno-fetais. A vesícula vitelínica e a alantoide contribuem para a formação do cordão umbilical. (Cores-fantasia. Ilustração fora de escala.)

WORLDSWILDLIFEWONDERS/SHUTTERSTOCK

FEATHER COLLECTOR/SHUTTERSTOCK

MARTIN SURYNEK/SHUTTERSTOCK

Classificação dos mamíferos

Na Terra atual existem três subclasses de mamíferos:

- *monotremados*. São mamíferos primitivos cuja boca possui bico córneo e que se reproduzem por meio da postura de ovos. Os representantes atuais, os ornitorrincos e as equidnas, restringem-se à região australiana (Austrália e Nova Guiné);
- *marsupiais*. Esse grupo inclui representantes da fauna australiana, como os cangurus e os coalas, e representantes norte-americanos e sul-americanos, como os nossos gambás e cuícas. Após curta fase de desenvolvimento em um pequeno útero materno, os embriões são expulsos e terminam o desenvolvimento em uma dobra da pele do abdômen da mãe, com aspecto de bolsa, o marsúpio;
- *placentários*. Inclui a maioria dos mamíferos, separados em ordens como a dos carnívoros, roedores, ungulados, cetáceos, quirópteros e a dos primatas, à qual pertence a espécie humana. Nesses animais, útero e placenta são bem desenvolvidos, o que permite o desenvolvimento no interior do organismo materno.

Representantes dos mamíferos: (a) ornitorrinco (*Ornithorhynchus anatinus*), subclasse dos monotremados (40-60 cm de comprimento); (b) canguru (*Macropus agilis*) com filhote em seu marsúpio (60-100 cm de altura), representante dos marsupiais; (c) cavalo (*Equu* sp.), cujos adultos medem cerca de 2 m de comprimento, pertencente à subclasse dos placentários.

Questão socioambiental

Os seres humanos, como espécie biológica, são bastante complexos. Comparados com alguns grandes animais, nós não somos tão fortes ou tão rápidos nem possuímos presas ou garras. A diferença é o cérebro humano que, com seu córtex cerebral bastante desenvolvido, nos separa dos outros animais.

Nosso cérebro dá vazão à nossa mente, que foi capaz de criar maravilhas. Sozinhos, podemos controlar a transmissão de doenças, domesticar outras formas de vida, ir ao espaço a bordo de naves espaciais e voar até as estrelas com nossa imaginação.

Mesmo assim, somos nós a mais bem-sucedida forma de vida? A duração da existência humana é um pequeno instante nos 3,5 bilhões de anos da vida na Terra. Mas, pelos últimos 300 anos, a população humana cresceu de 0,5 bilhão para 5,5 bilhões e, atualmente, cresce à taxa de, aproximadamente, 1 milhão a cada 4 dias. É essa uma medida do nosso sucesso? Durante a nossa vida, a rápida destruição das florestas tropicais e outros *habitats* pode arrasar milhões de espécies de plantas, invertebrados e vertebrados, muitos dos quais nós nunca conheceremos.

Muitas das nossas atividades alteraram o meio ambiente, tornando-o desfavorável à vida – até mesmo para nós. Desertos se espalham enquanto o solo sofre erosão devido, por exemplo, à demanda por madeira. Chuvas ácidas com poluentes vindos de usinas e automóveis ameaçam as florestas e os lagos.

Habitats anteriormente contínuos são constantemente fragmentados pela ação humana, ameaçando a manutenção da biodiversidade.

Esse comportamento agressivo, empurrado por pressões para o progresso, nos deu a capacidade de destruir a nós mesmos e a muitas outras formas de vida.

A mente humana é a fonte de muitos desses problemas – e da esperança de resolvê-los também.

- Seremos capazes de reduzir o impacto ambiental, controlar o crescimento de nossa população e preservar a biosfera que sustenta a todos os seres vivos?
- Será que somos um grande sucesso biológico ou uma tremenda catástrofe?

ATIVIDADES

A CAMINHO DO ENEM

1. Os cordados são animais que conseguiram grande sucesso na ocupação do ambiente terrestre. São divididos em protocordados (cefalocordados e tunicados) e vertebrados (ágnatos, peixes cartilaginosos e ósseos, anfíbios, répteis, aves e mamíferos). Veja o cladograma a seguir.

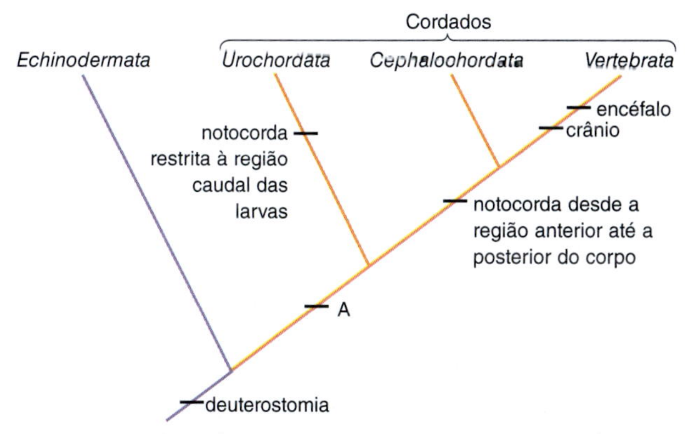

a) Quais grupos de vertebrados apresentam ovo amniótico?
b) A letra **A** do cladograma representa um conjunto de características que estão presentes em todos os cordados, quais são essas características?
c) Cite os cordados que apresentam respiração branquial.
d) Indique uma característica não apresentada no cladograma que demonstra a semelhança entre cordados e equinodermos.

2. O nome científico da criatura é *Metaspriggina*, mas você pode também chamá-la de "vovô", caso não tenha problemas em reconhecer seu parentesco com um peixinho de 505 milhões de anos. Uma nova análise de fósseis do animal indica que ele é um dos mais primitivos vertebrados, grupo que inclui anfíbios, répteis, aves e, claro, mamíferos como o homem. (...) Isso vale inclusive para um protovertebrado como ele porque, em vez de ossos como os dos seres humanos, seu esqueleto tinha cartilagens pelo corpo. No lugar de uma coluna vertebral óssea, o peixe primitivo tinha a chamada notocorda, estrutura que ainda aparece nos embriões de vertebrados terrestres, mas depois dá lugar a cartilagens da espinha.

Adaptado de: LOPES, R. J. Fósseis revelam traços de antigos vertebrados. *Folha de S.Paulo*, São Paulo, 12 jun. 2014. Ciência + saúde, p. C7.

Considerando a informação contida no texto de que a análise de fósseis do animal em questão tinha um esqueleto de cartilagem, pode-se afirmar corretamente que o esqueleto do animal possui mais relação com o dos atuais:

a) peixes ósseos.
b) anfíbios.
c) mamíferos.
d) répteis.
e) peixes cartilaginosos.

3. (Enem) Os anfíbios representam o primeiro grupo de vertebrados que, evolutivamente, conquistou o ambiente terrestre. Apesar disso, a sobrevivência do grupo ainda permanece restrita a ambientes úmidos ou aquáticos, devido à manutenção de algumas características fisiológicas relacionadas à água.

Uma das características a que o texto se refere é a:

a) reprodução por viviparidade.
b) respiração pulmonar nos adultos.
c) regulação térmica por endotermia.
d) cobertura corporal delgada e altamente permeável.
e) locomoção por membros anteriores e posteriores desenvolvidos.

4. (Enem) Grupos de proteção ao meio ambiente conseguem resgatar muitas aves aquáticas vítimas de vazamentos de petróleo. Essas aves são lavadas com água e detergente neutro para a retirada completa do óleo de seu corpo e, posteriormente, são aquecidas, medicadas, desintoxicadas e alimentadas. Mesmo após esses cuidados, o retorno ao ambiente não pode ser imediato, pois elas precisam recuperar a capacidade de flutuação.

Para flutuar, essas aves precisam

a) recuperar o tônus muscular.
b) restaurar a massa corporal.
c) substituir as penas danificadas.
d) restabelecer a capacidade de homeotermia.
e) refazer a camada de cera impermeabilizante das penas.

TESTE SEUS CONHECIMENTOS

1. (UFRGS – RS) Os tunicados, tais como as ascídias, e os cefalocordados, tais como os anfioxos, são exemplos de:

a) peixes ósseos.
b) equinodermas.
c) cordados não vertebrados.
d) cnidários
e) urodelos.

2. (FASM – SP) Nenhuma espécie invasora causou tanto problema na região dos Grandes Lagos da América do Norte quanto a lampreia-marinha. Ela é um animal alongado e possui uma boca com grande poder de sucção. A lampreia prende-se à pele de um peixe e usa sua língua raspadora para perfurar a carne da vítima. Ela pode permanecer ali por até um mês se alimentando do sangue e dos fluidos corporais da presa. Em seus *habitats* naturais, as lampreias são componentes importantes da cadeia alimentar. Os problemas só começam quando passam de espécie nativa para invasora.

Adaptado de: Folha de S.Paulo, 20 fev. 2016.

a) A lampreia-marinha e a enguia são animais que se assemelham quanto à respiração, porém apresentam a estrutura bucal diferente. Qual é a semelhança entre esses animais quanto ao tipo de respiração? Que estrutura está presente na boca de uma enguia e está ausente na boca da lampreia-marinha?
b) Por que a lampreia-marinha não se tornou um problema em seu *habitat* natural? Qual poderá ser a consequência, para as espécies locais, da invasão da lampreia-marinha na região dos Grandes Lagos da América do Norte?

3. (UNESC – ES) De maneira simples, os vertebrados compreendem os grupos dos peixes, anfíbios, répteis, aves e mamíferos. Estes têm inteligência, uma boa capacidade de cognição e são capazes de realizar movimentos bastante diferenciados devido à junção de músculos e esqueleto.

Marque a alternativa que contém o único vertebrado com esqueleto cartilaginoso, sem tecido ósseo.

a) jacaré
b) bagre
c) papagaio
d) tubarão
e) sapo

4. (UERR) Milhares de tartarugas marinhas sofreram com a onda de frio que atingiu vários estados norte-americanos. Os moradores voluntários da região levaram as tartarugas para um centro de convenções e as colocaram em banheiras para que ficassem protegidas do frio.

Adaptado de: Voluntários resgatam quase 5.000 tartarugas após onda de frio nos EUA. *Folha de S.Paulo*, São Paulo, 20 fev. 2021.

As tartarugas são animais ectotérmicos, ou seja, dependem de fontes externas de calor para aquecerem seus corpos. Uma das alterações fisiológicas presente nesses animais em dias frios é:

a) a redução do ritmo respiratório.
b) a produção de mais amônia.
c) a redução da atividade das glândulas sudoríparas.
d) o aumento da vasodilatação periférica.
e) o aumento do ritmo cardíaco.

5. (Unicamp – SP) Uma equipe de paleontólogos descreveu recentemente um papagaio gigante a partir de fósseis encontrados na Nova Zelândia. O *Heracles inexpectatus* viveu no Mioceno, pesava aproximadamente 7 kg e não voava.

Sabemos que as aves atuais são descendentes dos dinossauros e herdaram características importantes desses seres que viveram há milhões de anos.

WORTHY, T. H. *et al. Biology Letters*, Londres, v. 15, ago. 2019.

Assinale a alternativa que indica corretamente características das aves atuais possivelmente herdadas dos dinossauros.

a) Viviparidade e bico.
b) Ectotermia e ossos pneumáticos.
c) Oviparidade e dentes.
d) Endotermia e penas.

6. (FCBS – MG) Aves migratórias voam muitas vezes a grandes altitudes e por longas distâncias sem parar. Para isso elas apresentam adaptações estruturais e também fisiológicas como a maior afinidade da hemoglobina pelo oxigênio.

a) Explique a importância da maior afinidade da hemoglobina pelo oxigênio nas aves migratórias.
b) Indique duas adaptações estruturais que as aves em geral apresentam para o voo e qual a importância dessa adaptação.

7. (UFRGS – RS) O Parque Zoológico da Fundação Zoobotânica do Rio Grande do Sul possui representantes de vertebrados nativos desse estado. Entre eles podem ser citados o jacaré-de-papo-amarelo, a capivara, o gavião-chimango, o puma, o cágado-de-barbichas e a ema.

Com relação a esses animais, são feitas as seguintes afirmações.

I – O jacaré-de-papo-amarelo e o cágado-de-barbichas são répteis, grupo que tem como uma das adaptações ao ambiente terrestre o ovo amniótico.

II – O cágado-de-barbichas, a capivara e a ema possuem coração formado por dois átrios e dois ventrículos completamente separados.

III – As excretas nitrogenadas do jacaré-de-papo-amarelo, do puma e do gavião-chimango são, respectivamente, a amônia, a ureia e o ácido úrico.

Quais estão corretas?

a) Apenas I.
b) Apenas II.
c) Apenas III.
d) Apenas II e III.
e) I, II e III.

8. (UFRGS – RS) Há 65 milhões de anos, no final do período Cretáceo, ocorreu a extinção em massa de diversos organismos, entre eles a dos dinossauros. As evidências indicam que esse evento ocorreu em consequência da queda de um asteroide que desencadeou drásticas mudanças climáticas no planeta.

A partir do processo de extinção dos dinossauros, é correto afirmar que

a) os anfíbios, que passaram a habitar a terra firme, expandiram-se.
b) as grandes florestas de samambaias gigantes e cavalinhas de pequenas folhas extinguiram-se, formando os atuais depósitos de carvão mineral.
c) os insetos desenvolveram asas, tornando-se os primeiros seres vivos que podiam voar.
d) os peixes diversificaram-se, surgindo formas mandibuladas.
e) os mamíferos primitivos que sobreviveram à queda do meteoro diversificaram-se e expandiram-se.

9. (Fameca – SP) A quantidade de vitelo no ovo ou célula-ovo dos animais varia conforme o grupo a que pertencem, e até mesmo no próprio grupo. Em geral, a quantidade de vitelo nos ovos dos anfíbios é menor do que nos ovos dos répteis; já a quantidade de vitelo nas células-ovo dos mamíferos pode variar bastante, conforme a ordem a que pertencem os animais.

a) Explique por que a quantidade menor de vitelo nos ovos dos anfíbios é suficiente para o desenvolvimento do embrião.
b) Por que a quantidade de vitelo na célula-ovo dos mamíferos monotremados e dos mamíferos placentários é tão diferente?

10. (UEL – PR) Os zoólogos consideram o *Chordata* como um grupo filogeneticamente mais próximo de *Echinodermata* do que de *Arthropoda*.

Assinale a alternativa que contém uma característica comum aos grupos *Chordata* e *Echinodermata* que não ocorre no grupo *Arthropoda*.

a) Três folhetos germinativos.
b) Simetria bilateral no estágio adulto.
c) Formação da boca na extremidade oposta ao blastóporo.
d) Tubo digestivo completo.
e) Celoma.

11. (UFPR) Os cordados compõem um dos mais heterogêneos grupos da Zoologia, o filo *Chordata*. Não é o filo com o maior número de espécies, entretanto seus integrantes apresentam elementos anatômicos notavelmente variados. Com relação aos cordados, considere as seguintes afirmativas:

1. Nós próprios, mamíferos, estamos incluídos no filo *Chordata*, assim como os peixes, as aves, outros verte-

brados e até certos animais aquáticos (como as ascídias), que não possuem coluna vertebral.
2. São elementos presentes em apenas parte do filo *Chordata*: âmnio, mandíbula e coração tetracavitário.
3. São elementos comuns a todos os cordatos: notocorda, encéfalo e cordão nervoso ventral.
4. Para a troca de gases com o meio, são utilizados, por exemplo, a pele em anuros, as brânquias nas tartarugas marinhas e os sacos aéreos nas aves.

Identifique a alternativa correta.

a) Somente as afirmativas 1 e 2 são verdadeiras.
b) Somente as afirmativas 1 e 3 são verdadeiras.
c) Somente as afirmativas 2 e 3 são verdadeiras.
d) Somente as afirmativas 2 e 4 são verdadeiras.
e) Somente as afirmativas 3 e 4 são verdadeiras.

12. (Unicentro – PR) Os tunicados, o anfioxo, os peixes, os anfíbios, os répteis, as aves e os mamíferos, estão agrupados no filo dos cordados, pois apresentam, na fase embrionária, um cordão dorsal semirrígido denominado notocorda.

Com base nos conhecimentos sobre as características gerais dos cordados, atribua V (verdadeiro) ou F (falso) às afirmativas a seguir.

( ) Os cefacordodados, conhecidos como urocordados, podem se reproduzir sexuadamente de duas maneiras, por brotamento ou por fecundação externa.
( ) A notocorda dos tunicados é presente em todas as fases da vida e se estende até a extremidade anterior do corpo.
( ) Uma fase larval aquática, com respiração branquial, e uma fase adulta adaptada ao ambiente de terra firme são características dos anfíbios.
( ) A principal novidade evolutiva que permitiu às aves conquistarem totalmente o ambiente de terra firme foi o ovo amniótico.
( ) O que caracteriza os placentários é o fato de o desenvolvimento embrionário ser completado no interior do útero materno, mais especificamente na placenta.

Assinale a alternativa que contém, de cima para baixo, a sequência correta.

a) V, V, F, F, V.
b) V, F, F, F, V.
c) F, V, F, V, F.
d) F, F, V, V, F.
e) F, F, V, F, V.

13. (Unicamp – SP) Durante uma visita ao Museu de Zoologia do Instituto de Biologia da Unicamp, alunos do ensino médio puderam observar a diversidade de formas de vida e a classificação dos vertebrados.

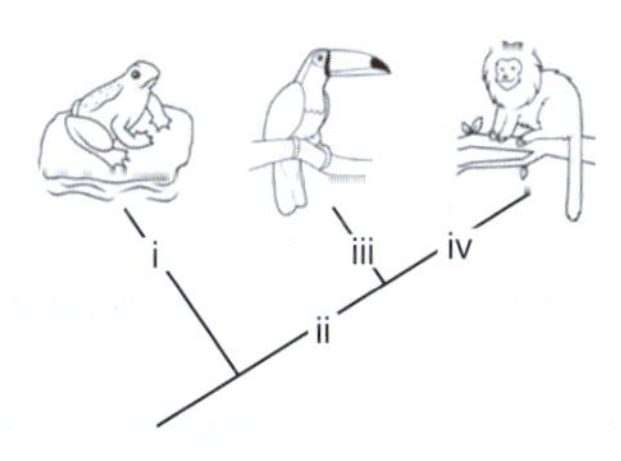

Assinale a alternativa que indica corretamente as características (i), (ii), (iii) e (iv) apresentadas no cladograma acima.

a) (i) fase larval e adulta no meio terrestre; (ii) cório e alantoide; (iii) quatro câmaras cardíacas; (iv) presença de pelos.
b) (i) respiração cutânea; (ii) quatro câmaras cardíacas; (iii) ausência de dentes; (iv) presença de glândulas mamárias.
c) (i) fase larval e adulta no meio aquático; (ii) respiração pulmonar; (iii) ausência de dentes; (iv) presença de pelos.
d) (i) respiração cutânea; (ii) cório e alantoide; (iii) três câmaras cardíacas; (iv) presença de glândulas mamárias.

14. (ACAFE – SC – adaptada) Os cordados são animais que apresentam, entre outras características, presença de notocorda em alguma etapa da vida e cordão nervoso em posição dorsal. Constituem um grande filo do reino animal que abrange diversas classes.

Em relação aos grupos de animais pertencentes ao filo *Chordata*, correlacione as colunas a seguir.

(1) *Amphibia*.
(2) *Reptilia*.
(3) *Aves*.
(4) *Mammalia*.
(5) *Osteichthyes*

( ) São endotérmicos, circulação fechada, dupla e completa, coração com 4 cavidades (2 átrios e 2 ventrículos), respiração pulmonar e pele, na maioria, com presença de glândulas uropigianas.
( ) São pecilotérmicos, rins mesonéfricos, pele úmida e muito vascularizada e circulação fechada, dupla e incompleta.
( ) São endotérmicos, circulação fechada, dupla e completa, coração com 4 cavidades (2 átrios e 2 ventrículos), respiração pulmonar e a maioria vivípara.
( ) São pecilotérmicos, circulação fechada, simples e completa, rins mesonéfricos e respiração branquial com algumas espécies dipnoicas.
( ) Pele seca, sem glândulas mucosas, revestida por escamas de origem epidérmica ou por placas ósseas de origem dérmica, pecilotérmicos e pulmonados.

A sequência **correta** é:

a) 4 – 2 – 3 – 1 – 5.
b) 2 – 4 – 1 – 5 – 3.
c) 5 – 3 – 1 – 2 – 4.
d) 3 – 1 – 4 – 5 – 2.

15. (Fuvest – SP) O esquema representa, de maneira bastante simplificada, uma das possíveis hipóteses de relação de parentesco entre grupos animais, assinalados pelo nome comum de alguns de seus representantes. Na base do esquema, a característica que une todos em um mesmo grupo é a deuterostomia.

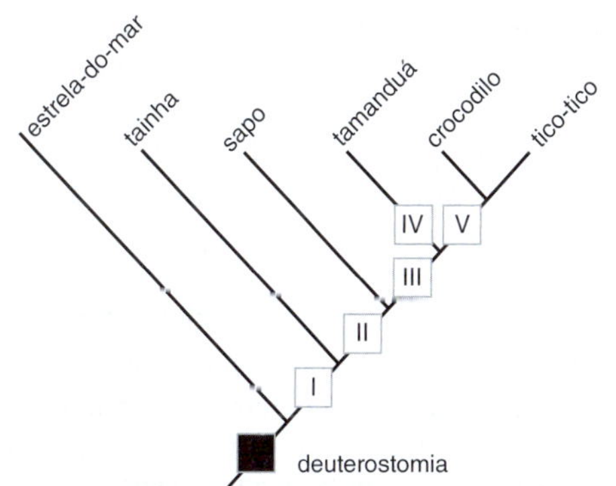

Identifique quais seriam as características I, II, III, IV, V que justificariam os respectivos grupos.

a) I – notocorda; II – pulmão; III – âmnio; IV – pelo; V – ovo com casca.
b) I – escamas; II – encéfalo; III – pulmão; IV – glândulas mamárias; V – âmnio.
c) I – mandíbula; II – 4 membros locomotores; III – pulmão; IV – ventrículo subdividido em 2 câmaras; V – ovo com casca.
d) I – notocorda; II – 4 membros locomotores; III – pulmão; IV – glândulas mamárias; V – pena.
e) I – âmnio; II – pulmão; III – mandíbula; IV – ventrículo subdividido em 2 câmaras; V – escama.

INTEGRANDO CONHECIMENTOS

Sobre a BNCC

Competências gerais da BNCC: **2, 9**
Competência específica de Ciências da Natureza e suas Tecnologias: **3**
Habilidade específica de Ciências da Natureza e suas Tecnologias: **EM13CNT302**

Pensamento científico

Nunca é demais repetir que a Biologia é uma ciência – e o biólogo é um cientista. É sempre oportuno lembrar que a ciência trata exclusivamente de *hipóteses racionais* que possam ser comprovadas ou invalidadas pela experimentação. Portanto, a ciência se faz pela postulação e comprovação de hipóteses, lembrando que *hipótese* é uma tentativa de explicação de um fenômeno observado.

É interessante saber que na base do pensamento científico está o conceito de *lógica*. Lógica é parte da Filosofia que trata das formas de pensamento, visando à determinação do que é verdadeiro ou não. Em palavras mais simples, lógica é uma maneira de raciocinar. Finalmente, *raciocinar* é fazer uso da razão para entender, calcular, refletir etc.

Lógica dedutiva e lógica indutiva

No estudo da Biologia, Física, Química, o cientista se utiliza da lógica dedutiva e da lógica indutiva. Mas o que aborda cada uma delas?

Lógica dedutiva – Parte de uma premissa geral para uma particular. Assim, nessa forma de pensar a conclusão encontrada já estava na premissa original; portanto, não produz conhecimento novo. Talvez você esteja perguntando: como assim? O exemplo de lógica dedutiva a seguir o ajudará a entender: "Todos os animais são mortais. Centopeia é um animal. Logo, centopeia é mortal".

Repare que *todos os animais são mortais* é a premissa geral. Agora, *centopeia é um animal* é um caso particular. Note, agora, que a citação *logo, centopeia é mortal* é uma **dedução lógica** e não traz nenhuma "novidade", isto é, nenhum conhecimento novo.

Lógica indutiva – Ao contrário da lógica dedutiva, a lógica indutiva vai da premissa particular para a geral. Assim, nessa forma de pensar, a conclusão encontrada é um conhecimento novo. Outra vez, como assim? Um exemplo explica: "Todo cão é mortal. Toda formiga é mortal. Toda água-viva é mortal. Toda estrela-do-mar é mortal. Logo, todo animal é mortal".

Na lógica indutiva temos uma generalização, ou seja, partimos do caso particular, em que foram citados exemplos de animais que são mortais, para uma generalização: *todos os animais são mortais*. Nesse caso, concluímos uma generalização indutiva (novidade). É preciso entender que uma generalização indutiva tem por base observações. No caso do nosso exemplo, foram quatro observações. Agora, se tivéssemos feito mais observações, a probabilidade de a conclusão estar correta seria maior ainda.

Racionalismo *versus* empirismo

Qual é a origem do conhecimento? Como saber se o que conhecemos é verdadeiro ou *fake*? Por volta do século XVI surgiram duas grandes correntes filosóficas, antagônicas, sobre como adquirimos o conhecimento. Essas correntes são conhecidas como **racionalismo** e **empirismo**.

A lógica dedutiva é a base dos chamados filósofos **racionalistas**, como René Descartes (1596-1650), por exemplo, segundo os quais só a razão é capaz de levar ao conhecimento verdadeiro. Portanto, a base do método dedutivo decorre de princípios evidentes e irrecusáveis.

Já o raciocínio indutivo foi proposto pelos filósofos **empiristas**, como John Locke (1632-1704), por exemplo, para os quais o conhecimento tem por base exclusiva a realização de experiências, sem levar em consideração princípios preestabelecidos.

WIKIMEDIA COMMONS

John Locke, por Godfrey Kneller. Óleo sobre tela, 76 × 64 cm, 1697. Museu Hermitage. São Petersburgo, Rússia.

WIKIMEDIA COMMONS

René Descartes. Detalhe da pintura de Frans Hals. Óleo sobre tela, 77,5 × 68,5 cm, ca. 1649-1700. Museu do Louvre, Paris, França.

Vamos começar!!!

Na Unidade 5 – Reino *Animalia*, fizemos uma longa viagem conhecendo as principais características dos animais presentes na biosfera. Assim, conhecemos os *poríferos*, vimos os *cnidários*, estudamos os *platelmintes*, primeiros animais triblásticos. Em seguida, estudamos os *nematódeos*, animais pseudocelomados, que inauguraram o tubo digestório completo. Mais adiante vimos os *moluscos*, animais dotados de cabeça (às vezes, reduzida), massa visceral coberta pelo manto e pé musculoso. Depois entramos em contato com os *anelídeos*, animais de corpo segmentado, metamerizado e, em seguida, com os *artrópodes*, animais segmentados, apêndices articulados, exoesqueleto quitinoso. Finalmente, terminamos o estudo dos invertebrados com os *equinodermos*, animais exclusivamente marinhos, com uma característica que os diferencia dos demais invertebrados: são seres deuterostômios. Iniciamos uma nova viagem analisando os *cordados*, animais com notocorda, tubo nervoso dorsal e fendas na faringe. Nesse filo, estudamos as principais características dos protocordados, peixes, anfíbios, répteis, das aves e dos mamíferos.

Fase 1 – Estabelecimento de grupos de trabalho

Os alunos devem estabelecer quatro grupos de trabalho. Organizem-se levando em conta as diferentes características e habilidades de cada participante.

Lembrem-se que todos devem emitir suas opiniões e estas devem ser respeitadas por todos os membros do grupo. Discutir não é falar mais alto ou faltar com o respeito, mas sim sustentar suas argumentações com justificativas racionais, comprováveis.

Fase 2 – Reconhecimento de ocorrências

a) Cada grupo deverá escolher um ou dois dos filos estudados (poríferos, cnidários, platelmintes, nematódeos, moluscos, anelídeos, artrópodes, equinodermos e cordados). O ideal é que não haja mais de um grupo abordando o mesmo filo.
b) A seguir, os grupos deverão trabalhar como se fossem cientistas diante de observações realizadas com os filos e redigir frases sobre cada um dos filos escolhidos, obedecendo ao conceito da **lógica indutiva** e outras obedecendo ao conceito da **lógica dedutiva**.
c) O conceito de raciocínio dedutivo e indutivo faz parte da comunicação do nosso cotidiano. Sendo assim, o desafio para cada grupo será redigir um pequeno texto segundo a lógica dedutiva e outro segundo a lógica indutiva sobre um tema e/ou fato do cotidiano.

Fase 3 – Apresentação dos resultados

Os grupos deverão apresentar para a classe os trabalhos sobre os filos escolhidos. Seria muito pertinente se pudessem enriquecer suas apresentações com fotos e/ou ilustrações para demonstrar seu raciocínio.

Finalização

A Biologia, enquanto ciência, procura respostas, como já vimos. E para o trabalho de investigação científica ocorrer de forma mais organizada, fazemos uso do método científico, uma derivação do empirismo. Já em nosso cotidiano, indução e dedução são duas abordagens muito usadas em comunicação, quer seja oral, impressa, via redes sociais ou mesmo em anúncios.

SICHON/SHUTTERSTOCK

A.RICARDO/SHUTTERSTOCK

PRO TEC
unidade
6
FISIOLOGIA ANIMAL

CAPÍTULO 17

Digestão e circulação

Um dos dados mais surpreendentes do recente relatório da ONU sobre mudanças climáticas foi a proeminência do metano como gás responsável pelo aumento das temperaturas. Uma campanha agressiva para cortar as emissões de metano poderia dar ao mundo mais tempo para enfrentar as mudanças climáticas, dizem os especialistas.

O relatório do Painel Intergovernamental sobre Mudanças Climáticas (IPCC) sugere que entre 30% e 50% do aumento das temperaturas se deve a esse gás poderoso, mas de vida curta. As principais fontes de metano incluem a agricultura, os campos de petróleo e gás e os aterros sanitários. (...) Calcula-se que o metano tenha acrescentado meio grau centígrado ao aquecimento global.

Então, de onde vem todo esse gás? Cerca de 40% do metano se origina de fontes naturais, como pântanos, mas a maior parte dele vem de uma série de atividades humanas. "É uma combinação de origens, da agricultura — incluindo pecuária e cultivo de arroz — à outra fonte importante de metano, que são os depósitos de lixo", diz o professor Peter Thorne, um dos cientistas do IPCC, da Maynooth University, na Irlanda.

O que preocupa os cientistas é que o metano é um fator forte quando se trata do aquecimento climático. Em um período de 100 anos, ele aquece entre 28 e 34 vezes mais que o CO_2. No entanto, um aspecto positivo do CH_4 é que ele não dura tanto no ar quanto o CO_2.

Adaptado de: McGRATH, M. *Metano*: o "outro" gás que contribui cada vez mais para o aquecimento global. *Disponível em:* <https://www.bbc.com/portuguese/geral-58386049>. *Acesso em:* 4 set. 2021.

Seu ponto de vista!

Parte da emissão de metano tem origem nos lixões. Qual seria, em sua opinião, alguma ação para minimizar as emissões desse gás?

NEWPHOTOSERVICE/SHUTTERSTOCK

17-1. Digestão

Nos seres unicelulares, todos os problemas de sobrevivência são resolvidos pela única célula. Nos pluricelulares, a execução de todas as tarefas relacionadas à sobrevivência é dificultada pelo grande número de células. Nem todas ficam próximas das fontes de alimento e oxigênio. A distância das células mais internas em relação ao meio ambiente é grande. A remoção das excretas passa a ser trabalhosa. A divisão do trabalho, exercido por diferentes tecidos e sistemas, passou a ser uma das principais características desses seres.

A adaptação à vida pluricelular envolveu, então, a organização de diferentes sistemas, cada qual destinado a determinada tarefa, mas todos mantendo relações de interdependência a fim de exercerem eficazmente suas funções.

Digestão é o processo de *transformação* de moléculas de *grande tamanho*, por *hidrólise enzimática*, liberando unidades *menores* que possam ser *absorvidas* e *utilizadas* pelas células. Dessa forma, proteínas, gorduras e carboidratos, por exemplo, são desdobrados em aminoácidos, ácidos graxos e glicerol, glicose e outros monossacarídeos, respectivamente.

Tipos de digestão

Nos protozoários, a digestão do alimento deve ser efetuada no interior da célula, caracterizando o processo de **digestão intracelular**. De modo geral, são formados *vacúolos digestivos* no interior dos quais a digestão é processada.

Nos animais pluricelulares mais simples, como as esponjas, a digestão é exclusivamente intracelular e ocorre no interior de células especiais conhecidas como *coanócitos* e *arqueócitos*.

Nos celenterados e platelmintos, já existe uma *cavidade digestiva incompleta*, isto é, com uma única abertura – a boca. Nesses animais, portanto, o início da digestão é **extracelular**, mas o término ainda é **intracelular**.

À medida que os grupos animais ficam mais complexos, a digestão ocorre exclusivamente na cavidade digestiva, ou seja, é **totalmente extracelular**. É o que acontece a partir dos nematelmintos, nos quais a eficiência do processo digestivo garante a fragmentação total do alimento na cavidade digestiva. Os resíduos alimentares não digeridos são eliminados pelo ânus. Os primeiros animais com cavidade digestiva completa (boca e ânus) pertencem ao grupo dos nematelmintos.

No homem e em todos os vertebrados, a digestão é extracelular e ocorre inteiramente na cavidade do tubo digestório.

Tubo digestório humano

O tubo digestório humano é formado pela seguinte sequência de órgãos: boca, faringe, esôfago, estômago, intestino delgado, intestino grosso e ânus (veja a Figura 17-1).

É costume considerar a digestão dos alimentos no nosso organismo como dependente de fenômenos físicos e químicos.

Mastigação, deglutição, peristaltismo e ação da bile são considerados fenômenos físicos. Os fenômenos químicos são aqueles em que há a participação de enzimas digestivas e incluem a insalivação, a quimificação e a quilificação. A fase química se processa em três órgãos principais: boca, estômago e intestino delgado.

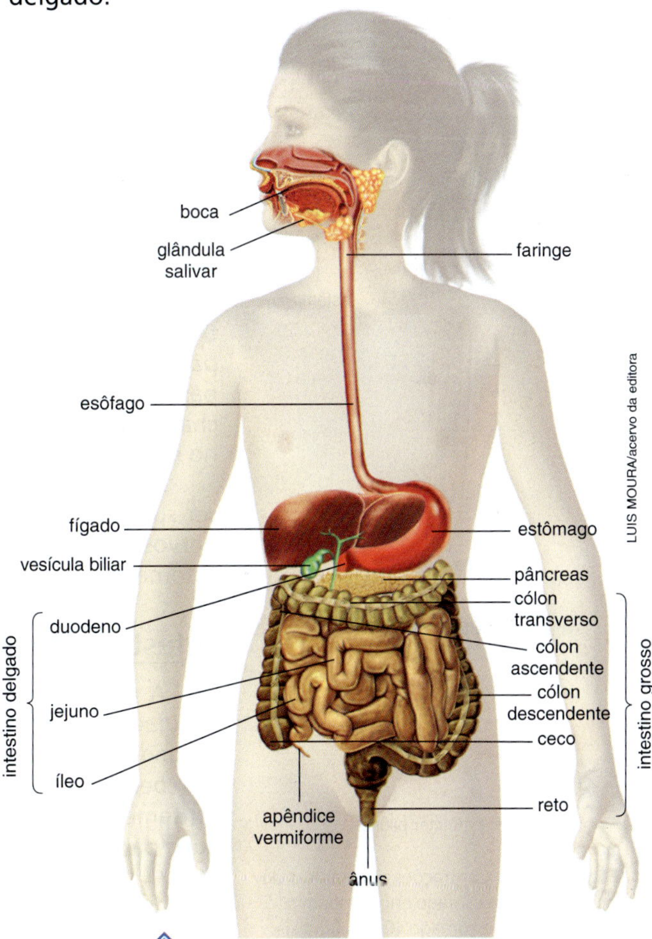

Figura 17-1. Sistema digestório humano. (Cores-fantasia. Ilustração fora de escala.)

Boca

O alimento ingerido é fragmentado pelos dentes – em um processo denominado **mastigação** –, promovendo um aumento da superfície de ação para a enzima presente na saliva. A saliva – líquido viscoso contendo água (99%), sais inorgânicos, muco e a enzima **ptialina** (ou **amilase salivar**) – é liberada por três pares de glândulas salivares (**parótidas**, **sublinguais** e **submandibulares**) e é fundamental no amolecimento e na lubrificação do alimento (**insalivação**), favorecendo as condições para a atividade da ptialina.

Anote!

O esôfago secreta somente muco. Portanto, não atua na digestão química dos alimentos.

A ptialina atua em pH neutro ou ligeiramente alcalino (pH de 6,8 a 7,2) e promove a hidrólise do amido em moléculas menores de maltose. A digestão do amido é iniciada na boca e deve ser concluída no intestino delgado.

Após ter sido devidamente umedecido e lubrificado pela saliva, o bolo alimentar passa pela **faringe** em direção ao **esôfago (deglutição)**, sob a ação da musculatura faringiana.

Estômago

A musculatura lisa do esôfago contrai-se lenta e ritmicamente, empurrando o bolo alimentar em direção ao estômago. Essa contração, conhecida como **peristaltismo**, chega à junção do esôfago com o estômago e favorece o relaxamento de um esfíncter (anel muscular), a **cárdia**, permitindo a passagem do bolo alimentar (veja a Figura 17-2).

No estômago, o suco gástrico, produzido pelas glândulas da parede do órgão (em células parietais), passa a exercer sua ação digestiva. A **pepsina** é a principal enzima do suco gástrico, atuando em meio ácido, com pH ao redor de 2. Ela converte proteínas em moléculas menores (peptídios, proteoses e peptonas).

O meio ácido é conseguido mediante a secreção de ácido clorídrico por parte de células estomacais que, além de favorecer a atuação da pepsina, também contribui para a destruição de microrganismos. A pepsina é secretada na forma inativa, o *pepsinogênio*, que, em contato com o ácido clorídrico, se modifica na forma ativa.

O bolo alimentar, misturado ao suco gástrico e umedecido pelo muco secretado pela parede estomacal, transforma-se em uma pasta ácida, chamada **quimo**. Esse processo chama-se **quimificação**. O alimento permanece no estômago cerca de 4 horas.

A visão e/ou odor dos alimentos podem ser suficientes para estimular, via terminações nervosas, a secreção de suco gástrico pelo estômago.

Anote!

O muco estomacal é importante na proteção da parede do estômago contra a ação corrosiva do ácido clorídrico, prevenindo, assim, o aparecimento de feridas, conhecidas como gastrites e úlceras.

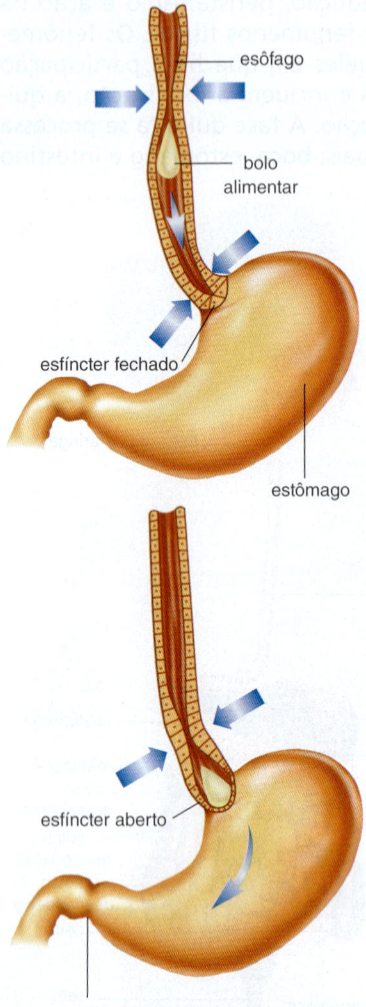

esôfago
bolo alimentar
esfíncter fechado
estômago
esfíncter aberto
região do esfíncter pilórico
LUIS MOURA/acervo da editora

Figura 17-2. Contrações peristálticas da musculatura do esôfago encaminham o alimento até o estômago. (Cores-fantasia. Ilustrações fora de escala.)

Intestino delgado

A passagem do bolo alimentar (isto é, do quimo) para o duodeno é regulada por outro esfíncter, o **piloro**, que separa o estômago do intestino delgado. Relaxamentos desse esfíncter permitem a passagem de pequenas porções de quimo ácido para o duodeno. Três sucos digestivos atuarão conjuntamente no intestino delgado para finalizar a digestão dos alimentos: **suco pancreático**, **suco entérico** (ou intestinal) e **bile** (veja a Figura 17-3).

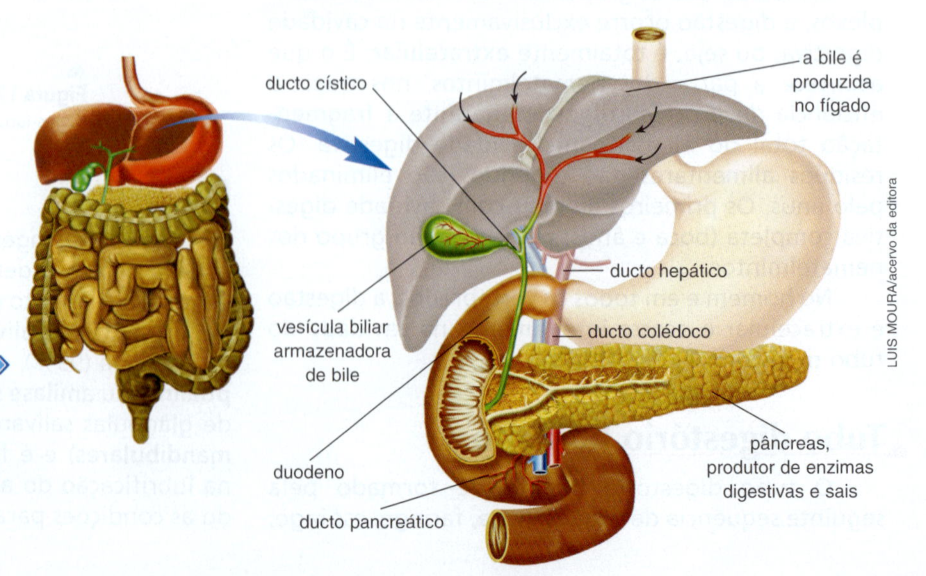

Figura 17-3. A digestão dos alimentos no intestino delgado ocorre com a participação de enzimas produzidas pelo pâncreas e pela parede intestinal. A bile, produzida no fígado, é fundamental para a digestão de lipídios. (Cores-fantasia. Ilustrações fora de escala.)

Suco pancreático

O pâncreas secreta o **suco pancreático**, uma solução alcalina formada por sais (entre eles, o bicarbonato de sódio), água e diversas enzimas, cujas principais são:

- **tripsina** e **quimotripsina**, duas proteases que desdobram as proteínas em peptídios. Essas enzimas são liberadas pelo pâncreas na forma inativa de *tripsinogênio* e *quimotripsinogênio*, respectivamente;
- **lipase pancreática**, que atua na digestão de lipídios (triglicerídios);
- **amilase pancreática** (ou **amilopsina**), que atua sobre o amido, transformando-o em maltose;
- diversas **peptidases**, que rompem ligações peptídicas existentes nos peptídios formados na digestão de proteínas, levando à liberação de aminoácidos;
- **nucleases**, que digerem ácidos nucleicos.

Anote!

As enzimas do suco pancreático, bem como as do suco entérico, atuam em meio básico, pH ao redor de 8,0. Essa condição é favorecida pela secreção de bicarbonato de sódio por parte do pâncreas e pela existência de sais contidos na bile produzida pelo fígado. O bicarbonato de sódio ($NaHCO_3$) reage com ácido clorídrico (HCl) do quimo para formar cloreto de sódio (NaCl), água (H_2O) e gás carbônico (CO_2).

Suco entérico

O suco entérico (ou intestinal) é produzido pelas células da parede do intestino delgado. Em sua composição, existem muco e enzimas que deverão completar a digestão dos alimentos. As principais enzimas presentes são:

- **sacarase**, que atua na digestão da sacarose, liberando glicose e frutose;
- **lactase**, que atua na lactose (dissacarídeo presente no leite), desdobrando-a em galactose e glicose;
- **maltase**, que atua nas moléculas de maltose formadas na digestão prévia do amido, liberando moléculas de glicose;
- **nucleotidases**, que atuam nos nucleotídeos formados na digestão dos ácidos nucleicos, liberando pentoses, fosfatos e bases nitrogenadas;
- **peptidases**, que atuam nos peptídios, levando à liberação de aminoácidos.

Bile

A bile é um líquido esverdeado produzido no fígado. Não contém enzimas digestivas. É rica em água e sais de natureza alcalina. É armazenada na vesícula biliar, onde é concentrada para posterior liberação no intestino delgado.

A ação da bile no processo digestivo é física. Age como um detergente e provoca a emulsificação das gorduras ao reduzir a tensão superficial existente entre as moléculas lipídicas. Isso promove a formação de gotículas, o que aumenta a superfície total de exposição dos lipídios, favorecendo, assim, a ação das lipases.

Anote!

A cor da bile é devida à presença do pigmento bilirrubina, derivado da destruição de glóbulos vermelhos no fígado.

Absorção de nutrientes

Assim que são liberados, os produtos finais da digestão vão sendo absorvidos pelas células da parede do intestino delgado, que contém inúmeras evaginações, as chamadas **vilosidades intestinais**, que aumentam a superfície de absorção (veja a Figura 17-4).

Aminoácidos, monossacarídeos (glicose, galactose, frutose), ácidos graxos e glicerol, vitaminas, sais minerais e água são absorvidos pelas células e passam diretamente para o sangue. Dali, são enviados para todas as células do corpo pelo sistema circulatório.

Os aminoácidos e a glicose entram nas células intestinais por transporte ativo. Os ácidos graxos e o glicerol seguem um caminho diferente: entram nas células intestinais passivamente e são despejados em vasos linfáticos que, por sua vez, despejam o conteúdo em vasos sanguíneos. Na corrente sanguínea, as substâncias são, então, encaminhadas às células para uso.

As vitaminas lipossolúveis (K, E, D e A), assim chamadas por serem solúveis em lipídios, seguem o mesmo trajeto dos ácidos graxos e do glicerol. Sua absorção é facilitada pela presença dos sais biliares existentes na bile.

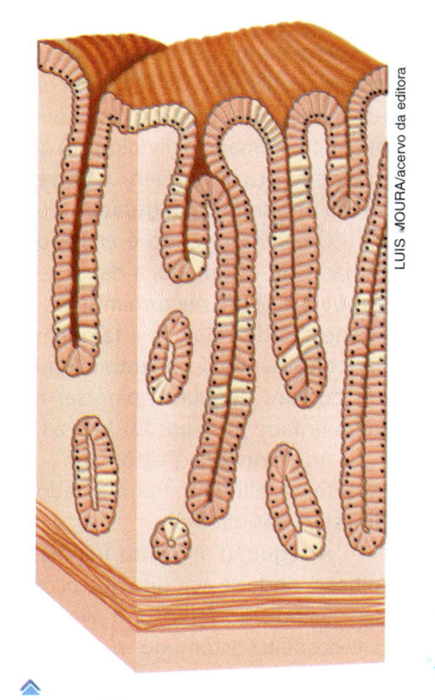

Figura 17-4. As vilosidades intestinais ampliam a superfície de absorção. (Cores-fantasia. Ilustração fora de escala.)

Intestino grosso

Após a absorção dos resíduos úteis pelo intestino delgado, os restos alimentares são enviados – por movimentos peristálticos – ao intestino grosso, misturados com grande quantidade de água e sais, que são quase totalmente absorvidos pelas paredes do intestino grosso.

A perda dessas substâncias pelas fezes seria desastrosa para o nosso organismo. Assim, o bolo fecal é compactado. Sua cor característica deve-se à presença de pigmentos provenientes da bile. Atingindo o reto, as fezes são, por fim, liberadas pelo ânus.

Celulose

A celulose sai do tubo digestório humano praticamente como entrou. Não possuímos uma enzima, a celulase, que poderia digeri-la. No entanto, a celulose possui papel fundamental na motilidade da parede intestinal: como ela tem grande afinidade com a água, formam-se verdadeiras "bolas" de celulose hidratada na luz intestinal. Essas formações forçam a passagem pela luz intestinal, e a parede do intestino, em reação, contrai-se ritmicamente, bombeando-as para a frente.

Há muitas evidências indicando o papel das fibras vegetais na prevenção do câncer de cólon (ou colo): uma dieta rica em fibras favorece o peristaltismo intestinal, impedindo a presença demorada de substâncias nocivas que poderiam provocar lesões nas paredes do tubo intestinal.

Saiba mais!

O aproveitamento da celulose por alguns vertebrados

Em alguns vertebrados, adaptações digestivas maximizam a utilização da celulose contida nos alimentos. Nos ruminantes (bovinos, caprinos, ovinos, cervídeos e camelídeos), o estômago é dividido em quatro compartimentos: a grande **pança** (ou rúmen), o **barrete** (ou retículo), o **folhoso** (ou omaso) e o **coagulador** (ou abomaso).

O capim ingerido é enviado para as duas primeiras câmaras do estômago, a pança e o barrete, onde é retido e sofre a ação de microrganismos anaeróbios que efetuam a digestão de celulose e também das proteínas vegetais. Periodicamente, o alimento é regurgitado e retorna à boca em porções pequenas para ser novamente mastigado e fragmentado (ruminação). Veja a Figura 17-5.

Ao retornar ao estômago – para a pança e para o barrete –, o alimento fragmentado sofre novamente a ação digestiva das bactérias.

A seguir, o alimento fragmentado poderá passar ao folhoso, onde se acredita que ocorra absorção de água.

Saindo do folhoso, o alimento atinge o coagulador, o verdadeiro estômago, no qual há a produção de suco gástrico ácido. No coagulador, muitas bactérias (as mesmas que efetuaram a digestão da celulose e das proteínas) são digeridas, aproveitando-se os aminoácidos por elas sintetizados. A digestão química dos alimentos e das bactérias continua e termina no intestino delgado, assim como acontece no homem. Embora muitas bactérias morram nas porções finais do estômago do ruminante, o ritmo de multiplicação delas na pança é enorme. Desse modo, a reposição de microrganismos é contínua, garantindo aos ruminantes o fornecimento constante de proteínas e de açúcares. Na verdade, a associação ruminante/bactérias ilustra um interessante caso de simbiose mutualística (uma relação harmônica interespecífica), em que ambos são beneficiados.

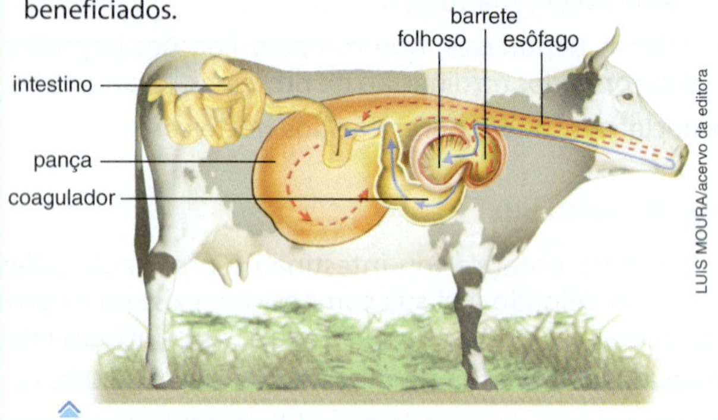

Figura 17-5. O estômago composto dos ruminantes é formado por quatro câmaras. A digestão da celulose é feita por microrganismos que também sintetizam proteínas a partir da ureia ou da amônia. (Cores-fantasia. Ilustração fora de escala.)

Ação hormonal e digestão

Vários hormônios regulam a atividade digestiva, estimulando ou inibindo tanto o peristaltismo como a secreção enzimática. Circulando pelo sangue, atuam nos órgãos envolvidos com a digestão, provocando vários estímulos e respostas.

Os hormônios que participam do processo digestivo estão apresentados na Tabela 17-1. Acompanhe também pela Figura 17-6.

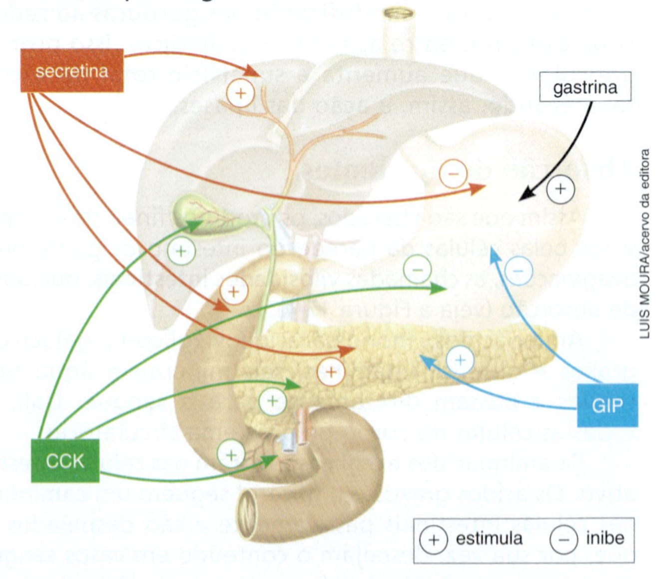

Figura 17-6. O controle hormonal da digestão envolve a participação de hormônios produzidos pelos órgãos digestivos. (Cores-fantasia. Ilustrações fora de escala.)

Tabela 17-1. Principais hormônios que atuam no controle do processo digestivo.

HORMÔNIO	FONTE	ESTÍMULO	MODO DE AÇÃO
Gastrina	Estômago.	Contato de alimentos proteicos com a parede do estômago.	▪ Estimula a secreção de suco gástrico e o peristaltismo, o que favorece o esvaziamento do estômago.
Secretina	Intestino delgado (duodeno).	Contato do HCl proveniente do estômago nas células do duodeno.	▪ Estimula o pâncreas a produzir suco rico em bicarbonato de sódio e o fígado a secretar bile; ▪ inibe a produção de suco gástrico e o esvaziamento do estômago; ▪ estimula a secreção enzimática do duodeno.
Colecistoquinina (CCK)	Intestino delgado (duodeno).	Contato de gordura e aminoácidos na parede intestinal.	▪ Estimula a liberação de enzimas digestivas do pâncreas e a contração da vesícula biliar, fazendo-a liberar bile no duodeno; ▪ inibe a ação da gastrina no peristaltismo do estômago; ▪ estimula o peristaltismo e a secreção do intestino delgado.
Insulinotrópico glicose-dependente – GIP* (peptídio inibidor gástrico – PIG)	Intestino delgado (duodeno).	Contato de gordura e carboidratos na parede intestinal.	▪ Inibe a secreção gástrica e o esvaziamento do estômago; ▪ estimula a secreção de insulina pelo pâncreas.

*Ex-enterogastrona.

Questão socioambiental

Imagem corporal e distúrbios alimentares

É normal, principalmente na adolescência, quando atravessamos um momento de intensa transformação física, sentirmos alguma insatisfação com nosso corpo. Querer emagrecer quando realmente se está um pouco fora do peso, fazer ginástica para definir melhor o corpo, procurar estabelecer hábitos alimentares mais equilibrados que nos permitam um bom desenvolvimento é saudável e recomendado.

Entretanto, padrões estéticos impostos pela sociedade atual e reforçados pela mídia acabam por induzir alguns desses adolescentes a desenvolver uma visão exagerada e distorcida de seu corpo (dismorfia), levando-os a um enorme sofrimento, perda significativa de sua capacidade de convívio e um medo mórbido de engordar, que pode acarretar distúrbios alimentares como anorexia e bulimia.

- E você, qual é sua relação com seu corpo?
- A opinião dos seus amigos sobre sua imagem é capaz de mudar essa relação?

17-2. Circulação

As células de todos os seres vivos precisam receber nutrientes e eliminar os resíduos de seu metabolismo. Nos animais mais complexos e que possuem sistemas especializados no transporte de inúmeras substâncias, há um coração que bombeia o líquido circulante para as células com determinada frequência.

O líquido circulante pode ser incolor, chamado de **hemolinfa**, presente nos insetos, ou colorido, e neste caso recebe o nome de **sangue**. A cor é determinada pela existência de pigmentos, como é o caso da hemoglobina presente em muitos invertebrados e em todos os vertebrados, que contém átomos de ferro responsáveis pela coloração avermelhada do sangue.

Anote!

Nos crustáceos, a coloração do sangue é azulada em razão da presença de hemocianina, que contém átomos de cobre.

A Tabela 17-2 apresenta um resumo da evolução da circulação de nutrientes nos animais.

Tabela 17-2. Como se dá a circulação nos diferentes filos animais.

FILO	COMO É A CIRCULAÇÃO
Poríferos	Circulação de água pelo átrio; amebócitos móveis na camada gelatinosa da parede do corpo.
Cnidários	Cavidade gastrovascular – digestão de alimento e circulação de água e substâncias dissolvidas.
Platelmintos	Cavidade digestiva ramificada (cavidade gastrovascular).
Anelídeos em diante	Sistema circulatório – vasos favorecem o fluxo contínuo de material dissolvido em água.

Tipos de circulação

Nos animais, há dois tipos de sistema circulatório: **sistema aberto** e **sistema fechado** (veja a Figura 17-7).

No **sistema circulatório aberto**, o líquido bombeado pelo coração periodicamente abandona os vasos e cai em **lacunas corporais**. Nessas cavidades, as trocas de substâncias entre o líquido e as células são lentas. Vagarosamente, o líquido retorna para o coração, que novamente o bombeia para os tecidos. Esse sistema é encontrado entre os artrópodes e na maioria dos moluscos. A lentidão de transporte de materiais é fator limitante ao tamanho dos animais. Além disso, por se tratar de um sistema aberto, a pressão não é grande, suficiente apenas para o sangue alcançar pequenas distâncias.

No **sistema fechado**, o sangue nunca abandona os vasos. No lugar das lacunas corporais, existe uma grande rede de vasos de paredes finas, os **capilares**, pelos quais ocorrem trocas de substâncias entre o sangue e os tecidos.

Nesse tipo de sistema, o líquido circulante fica constantemente em movimento e a circulação é rápida. A pressão desenvolvida pela bomba cardíaca é elevada e o sangue pode alcançar grandes distâncias. O tamanho dos animais pode ser maior. Esse tipo de sistema circulatório é encontrado nos anelídeos, em alguns moluscos ágeis (lulas e polvos) e em todos os vertebrados.

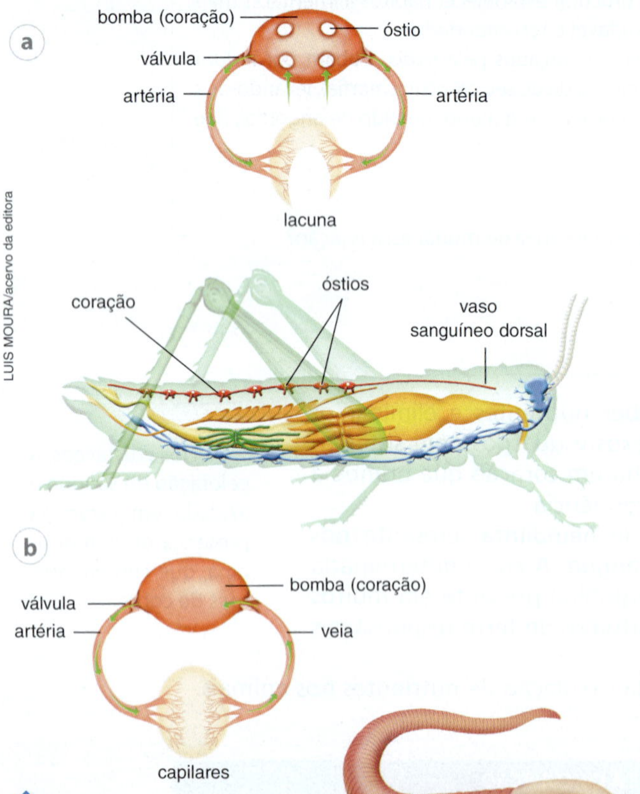

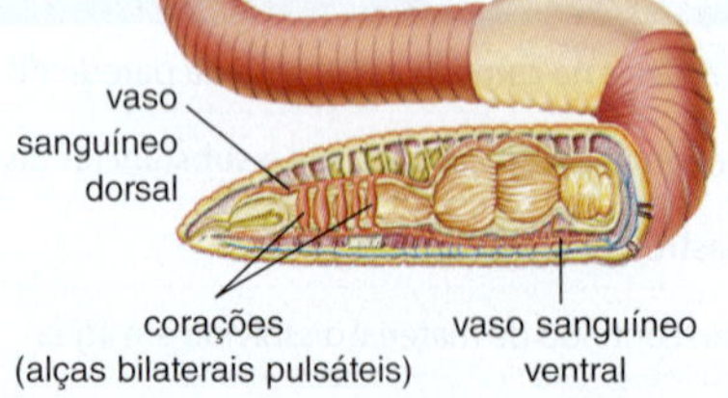

Figura 17-7. (a) Esquema de circulação aberta, como em insetos, e (b) de circulação fechada, como em anelídeos. (Cores-fantasia. lustrações fora de escala.)

Coração humano e circulação sanguínea

O coração humano é uma potente bomba propulsora de sangue (veja a Figura 17-8). Assim como nas aves, ele é formado por quatro cavidades, duas localizadas à direita e duas, à esquerda. A metade direita do coração é constituída por um **átrio** e um **ventrículo direitos**. A metade esquerda é formada por um **átrio** e um **ventrículo esquerdos**.

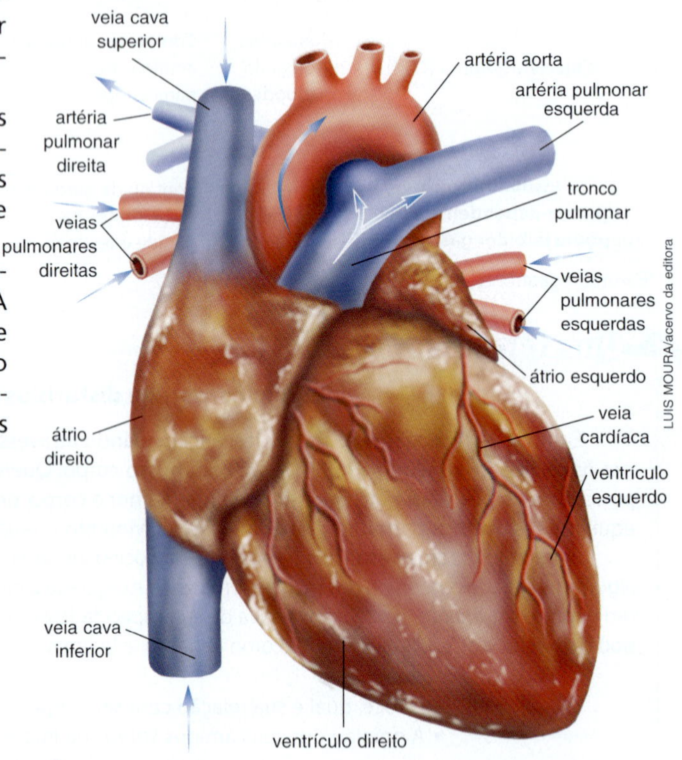

Figura 17-8. Coração humano: aspecto externo. (Cores-fantasia.)

O átrio direito recebe sangue proveniente do corpo, através de duas grandes veias que nele desembocam: **veia cava superior** e **veia cava inferior**. A primeira traz sangue da região superior do corpo, enquanto a segunda conduz o sangue que retorna da parte inferior do corpo.

Do átrio direito, o sangue passa para o ventrículo direito, atravessando uma válvula (ou valva) atrioventricular direita (chamada de **tricúspide** por ser composta de três partes – veja a Figura 17-9). A contração do ventrículo direito direciona o sangue para uma **artéria pulmonar**, que se bifurca em ramos direito e esquerdo, levando o sangue aos pulmões para oxigenação. O retorno do sangue oxigenado dos pulmões ocorre pelas **veias pulmonares**, que desembocam no átrio esquerdo. Este, contraindo-se, encaminha o sangue para o ventrículo esquerdo, atravessando a válvula atrioventricular esquerda (também chamada de válvula **mitral** ou **bicúspide**). O ventrículo esquerdo se contrai fortemente e impulsiona o sangue para a **artéria aorta**, o vaso mais calibroso do corpo, encaminhando sangue ricamente oxigenado para a cabeça (através da artéria carótida, que é um ramo da aorta) e para todo o restante do corpo (veja a Figura 17-10).

A espessura da parede ventricular esquerda é muito maior que a da parede do ventrículo direito. Isso é uma adaptação à maior pressão exercida pelo ventrículo esquerdo, uma vez que o sangue impulsionado por ele deve percorrer uma distância bem maior e a resistência ao fluxo é mais elevada.

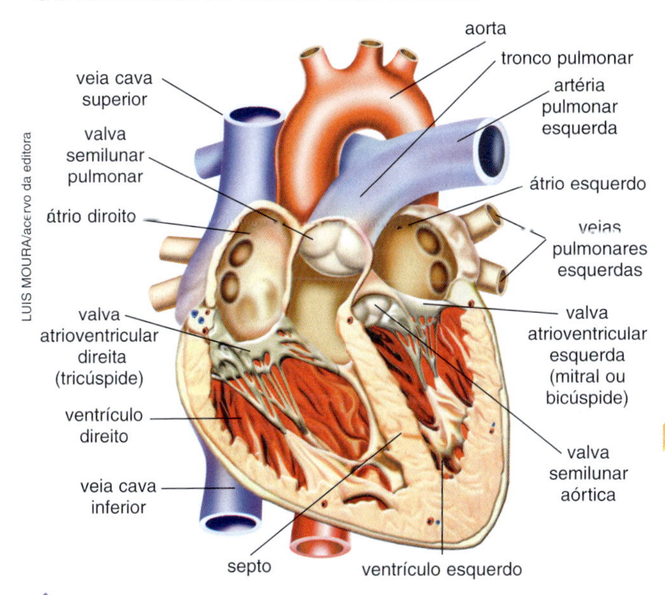

Figura 17-9. Coração humano: aspecto interno. (Cores-fantasia.)

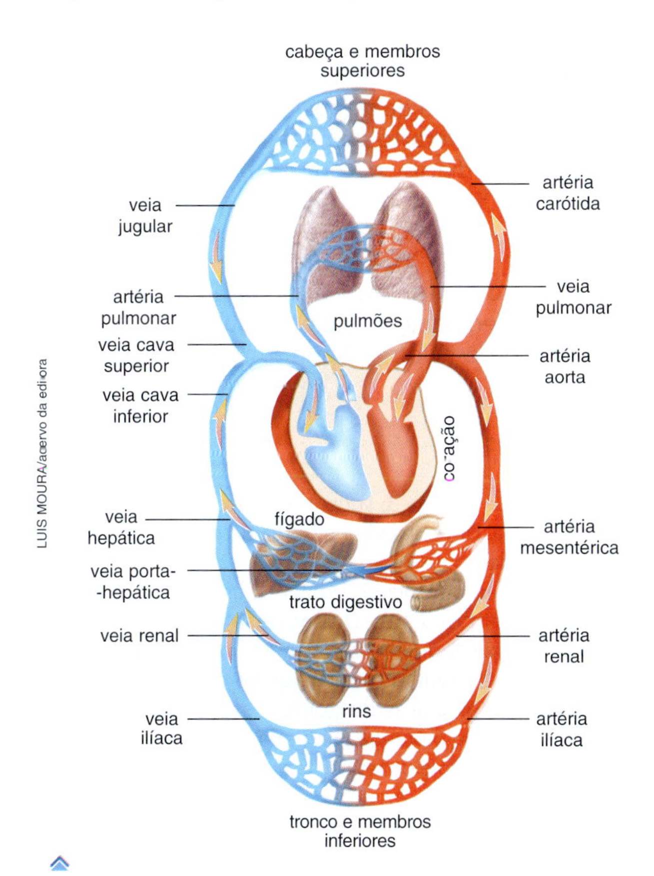

Figura 17-10. Esquema da circulação no homem, evidenciando as artérias e veias. (Cores-fantasia. Ilustrações fora de escala.)

Sístole e diástole

A *contração ventricular* é conhecida como **sístole** e nela ocorre o esvaziamento dos ventrículos. O relaxamento ventricular é conhecido como **diástole** e é nessa fase que os ventrículos recebem sangue dos átrios.

A contração ventricular força, então, a passagem de sangue para as artérias pulmonar e aorta, cujas válvulas semilunares (três membranas em forma de meia-lua) se abrem para permitir a passagem de sangue. Uma vez no interior desses vasos, o retorno do sangue (refluxo) para os ventrículos a partir das artérias aorta e pulmonar é evitado pelo súbito fechamento dessas mesmas válvulas.

Os batimentos cardíacos são controlados por marca-passos.

Em um marca-passo, células cardíacas altamente diferenciadas são capazes de gerar impulsos elétricos que se irradiam para as demais fibras cardíacas, fazendo-as se contrair.

Anote!

De forma bastante simplista, podemos dizer que artéria é um vaso de parede espessa que conduz sangue **para fora** do coração e veia é um vaso de parede menos espessa que conduz sangue **em direção** ao coração.

Pressão arterial

É a pressão exercida pelo sangue contra as paredes de uma artéria.

Chama-se **pressão máxima** (ou sistólica) a pressão durante a sístole. Normalmente, é de 120 mmHg, ou seja, é suficiente para elevar uma coluna de mercúrio a 120 mm acima dos 760 mm a que essa coluna é elevada pela pressão atmosférica, nas condições normais de temperatura e pressão.

A pressão durante a diástole é chamada de **pressão mínima** (ou diastólica), sendo da ordem de 80 mmHg.

Vasos sanguíneos

Saindo do coração, a artéria aorta origina ramos de menor calibre que se dirigem para a cabeça (artérias carótidas) e os membros superiores e segue conduzindo sangue para o resto do corpo. As artérias sofrem cada vez mais ramificações, até se formarem as arteríolas e, por fim, os capilares. Pela parede finíssima dos capilares ocorrem as trocas de materiais entre o sangue e os tecidos.

Para o retorno do sangue ao coração, os capilares se reúnem, formando vênulas, que originam veias de calibre progressivamente maior, até se formarem as duas veias cavas, que desembocam no átrio direito.

Artérias e veias

Importantes diferenças podem ser encontradas entre esses dois tipos de vaso. Uma delas refere-se à estrutura da parede. Nas artérias, ela costuma ser mais espessa e rica em tecido elástico e fibras musculares lisas (veja a Figura 17-11).

Recorde que a parede das artérias deverá suportar maior pressão sanguínea derivada do bombeamento sistólico do coração. Nas veias, o retorno venoso ocorre sob baixa pressão. Não há refluxo de sangue, pois a parede de muitas veias é dotada de *válvulas* que, quando se abrem, permitem o fluxo de sangue em um único sentido (a caminho do coração).

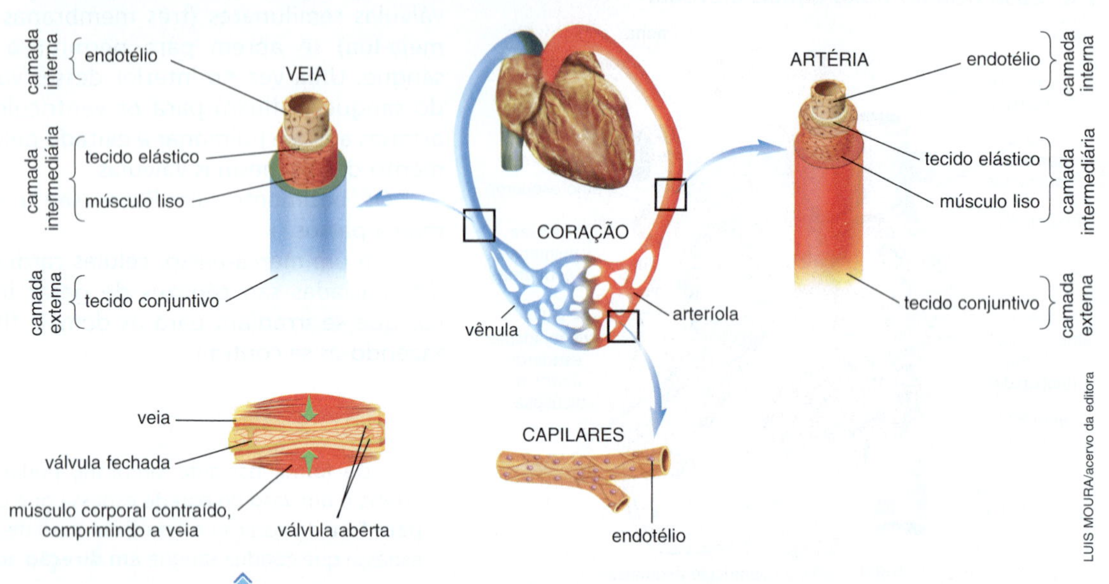

Figura 17-11. Artérias e veias apresentam algumas diferenças ilustradas nos esquemas, que também mostram a fina parede capilar, por onde ocorrem as trocas entre o sangue e os tecidos. (Cores-fantasia. Ilustrações fora de escala.)

Aterosclerose

O depósito de colesterol nas veias pode levar a condições de saúde preocupantes. O que leva à aterosclerose e como podemos evitá-la? Leia o QR Code abaixo e fique por dentro!

A obstrução das artérias que irrigam o coração impede a passagem de sangue, e a área à frente do bloqueio deixa de receber oxigênio, ocasionando a morte de parte do tecido cardíaco (**infarto do miocárdio**). Dependendo da extensão da morte das fibras cardíacas, o coração pode ficar muito comprometido e parar de funcionar. Se o bloqueio ocorrer em artérias que irrigam o cérebro, pode acontecer o AVC (acidente vascular cerebral), popularmente conhecido como derrame.

Uma das causas do entupimento de artérias é a formação de coágulos em algum lugar do corpo, que podem "viajar" pelo sangue, bloqueando um vaso. Outra causa é o *depósito de colesterol* que se forma na parede das artérias.

Estabelecendo conexões!

O ômega-3 vai salvar seu coração?

O ácido graxo ômega-3 se mostrou capaz de prevenir infartos e também pode ser um aliado na luta contra o câncer e o mal de Alzheimer. Já é comum vermos leite, ovos e margarinas trazerem o selo ômega-3 como um de seus componentes. Suas moléculas tiram de circulação os triglicérides, substâncias que estimulam a produção de coágulos que podem entupir as artérias. O ômega-3 também é uma barreira contra outras substâncias formadoras de coágulos. Os peixes são a melhor fonte de ômega-3, sugerindo-se consumi-los três vezes por semana. Deve-se evitar a fritura do peixe, pois isso pode levar à oxidação do ômega-3.

Pesquisadores observaram, durante um ano, o comportamento de cem cardíacos. Durante esse tempo, metade deles comeu peixe todo dia. Os demais mantiveram seu cardápio normal. O resultado indicou que o consumo diário de peixes reduziu as placas de gordura existentes. Outros estudos mostram que o ômega-3 é fundamental para o funcionamento do cérebro e da retina.

- Proponha uma estrutura para um ácido graxo ômega-3 com 18 carbonos e 1 dupla ligação.
- Pesquise e identifique dois peixes ricos em ômega-3.
- Qual é a relação entre baixa incidência de doenças cardíacas e ingestão de peixes verificada entre os esquimós?

Capilares

O sangue precisa nutrir os tecidos e deles retirar toxinas produzidas no metabolismo. As paredes das veias e artérias são muito espessas e, por isso, não permitem trocas de substâncias com os tecidos pelos quais passam.

Os capilares possuem paredes delgadíssimas, formadas por uma só camada de células achatadas, possibilitando que moléculas de tamanho pequeno possam atravessá-las. É o caso de glicose, aminoácidos, sais, água, amônia etc. Macromoléculas proteicas (albumina, anticorpos) e células (hemácias e glóbulos brancos) não as atravessam, a não ser por processos especiais de transporte.

Sangue

O plasma, uma complexa mistura de substâncias químicas em água, representa 55% do volume total do sangue. Dele fazem parte aminoácidos, glicose, proteínas, triglicerídios, lipoproteínas, anticorpos, hormônios, ureia, sais minerais, gases etc. (veja a Tabela 17-3).

Tabela 17-3. Composição e funções do sangue.

COMPOSIÇÃO	FUNÇÕES
▪ água ▪ sais (Na^+, Cl^-, HCO_3^-, Ca^{++}) ▪ glicose ▪ aminoácidos ▪ proteínas (fibrinogênio, protrombina, anticorpos, albumina) ▪ lipoproteínas (LDL, HDL) ▪ triglicérides ▪ hormônios ▪ ureia ▪ gases (O_2, CO_2)	▪ transporte de nutrientes às células ▪ remoção de resíduos metabólicos das células ▪ transporte de hormônios e de anticorpos ▪ distribuição de calor ▪ transporte de gases respiratórios ▪ coagulação ▪ defesa

Os 45% restantes correspondem à parte figurada, formada por três tipos de elementos celulares: **glóbulos vermelhos** (eritrócitos), **glóbulos brancos** (leucócitos) e **plaquetas** (trombócitos, mas, na verdade, fragmentos de células).

Esses elementos são todos produzidos na medula óssea dos ossos longos e chatos. Desempenham as seguintes funções:

- *glóbulos vermelhos*: transporte de gases respiratórios, O_2 e CO_2;
- *glóbulos brancos*: defesa fagocitária (realizada pelos neutrófilos e monócitos) e defesa imunitária (realizada pelos linfócitos) do organismo;
- *plaquetas*: atuam no processo de coagulação do sangue.

Algumas situações podem provocar aumento ou diminuição do número das células sanguíneas. A produção de glóbulos vermelhos, por exemplo, aumenta em resposta à diminuição da pressão parcial de oxigênio em regiões de grande altitude. É comum, por exemplo, atletas brasileiros que vão participar de competições em La Paz, na Bolívia, a uma altitude de 3.650 m, terem de passar por um período de "aclimatação". Durante esse período, a medula óssea reage à diminuição do teor de oxigênio e produz mais glóbulos vermelhos. Com mais hemácias circulando pelo sangue, aumenta a capacidade de captação do oxigênio.

A diminuição no número de hemácias acontece nas anemias (do grego, *an* = sem + *haîma* = sangue). Essa condição é comum em verminoses (tipo amarelão), hemorragias, tumores da medula óssea e falta de vitamina B_{12}.

Coagulação sanguínea

Após um ferimento, as plaquetas desencadeiam o processo de coagulação do sangue por meio da liberação dos fatores de coagulação. O coágulo detém uma eventual hemorragia.

Inicialmente, as plaquetas liberam a enzima *tromboplastina* que, em presença de íon cálcio, converte a proteína solúvel *protrombina*, presente no plasma, na enzima *trombina*. A trombina catalisa a transformação da proteína solúvel *fibrinogênio*, presente no plasma, em *fibrina*, proteína insolúvel. A fibrina forma uma rede fibrosa (coágulo), que adere à região da ferida, estancando a perda de sangue.

Anote!

A protrombina (do grego, *pró* = antes + *thrómbos* = = coágulo) é produzida no fígado com auxílio de vitamina K. Essa vitamina é sintetizada por bactérias que vivem no nosso intestino.

Veja o esquema abaixo:

plaquetas desintegradas

$$\text{protrombina} \xrightarrow{\text{tromboplastina} + Ca^{++}} \text{trombina}$$

$$\text{fibrinogênio} \longrightarrow \text{fibrina}$$

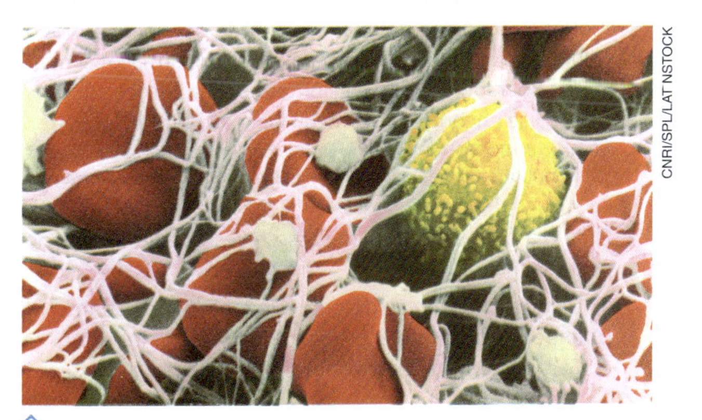

CNRI/SPL/LAT NSTOCK

Coágulo sanguíneo visto ao microscópio eletrônico de varredura. Glóbulos vermelhos estão "aprisionados" em uma rede de fibrina, uma proteína insolúvel. Pequenas plaquetas (em verde) e um glóbulo branco (em amarelo) também podem ser vistos nesse coágulo.

ATIVIDADES

A CAMINHO DO ENEM

1. (Enem) Para serem absorvidos pelas células do intestino humano, os lipídios ingeridos precisam ser primeiramente emulsificados. Nessa etapa da digestão, torna-se necessária a ação dos ácidos biliares, visto que os lipídios apresentam uma natureza apolar e são insolúveis em água.

Esses ácidos atuam no processo de modo a

a) hidrolisar os lipídios.
b) agir como detergentes.
c) tornar os lipídios anfifílicos.
d) promover a secreção de lipases.
e) estimular o trânsito intestinal dos lipídios.

2. Um pesquisador colocou a mesma quantidade de solução aquosa da enzima digestiva pepsina em cinco tubos de ensaio. Em seguida, adicionou massas iguais dos alimentos descritos no quadro. Os alimentos foram deixados em contato com a solução digestiva durante o mesmo intervalo de tempo.

TUBO DE ENSAIO	ALIMENTO	ÁGUA (%)	PROTEÍNAS (%)	LIPÍDIOS (%)	CARBOIDRATOS (%)
I	Leite em pó	3,6	26,5	24,8	40,1
II	Manteiga	15,1	0,6	82,3	0,91
III	Aveia em flocos	12,3	12,7	4,8	68,4
IV	Alface	96,3	0,9	0,1	2,1
V	Fubá de milho cozido	74,7	2,0	1,1	21,9

A maior quantidade de produtos metabolizados ao final do teste foi obtida no tubo

a) I. b) II. c) III. d) IV. e) V.

3. Na indústria farmacêutica, é muito comum o emprego de substâncias de revestimento em medicamentos de uso oral, pois trazem uma série de benefícios como alteração de sabor em medicamentos que tenham gosto ruim, melhoria da assimilação do composto, entre outras ações. Alguns compostos poliméricos à base do polissacarídeo celulose são utilizados para garantir que o fármaco somente seja liberado quando em contato com soluções aquosas cujo pH se encontre próximo da faixa da neutralidade.

Adaptado de: BORTOLINI, K. *et al.* Análise de perfil de dissolução de cápsulas gastrorresistentes utilizando polímeros industriais com aplicação em farmácias magistrais. *Revista da Unifebe*, Brusque, n. 12, 2013.

Qual é a finalidade do uso desse revestimento à base de celulose?

a) Diminuir a absorção do princípio ativo no intestino.
b) Impedir que o fármaco seja solubilizado no intestino.
c) Garantir que o fármaco não seja afetado pelas secreções gástricas.
d) Permitir a liberação do princípio ativo pela ação das amilases salivares.
e) Facilitar a liberação do fármaco pela ação dos sais biliares sobre o revestimento.

4. (Enem) Há algumas décadas, surgiu no mercado um medicamento que provocava perda de peso por inibir a ação da lipase, enzima que atua no intestino na digestão de gorduras. Um pesquisador, com o objetivo de avaliar a eficácia do medicamento, decidiu medir nos pacientes a quantidade de gordura nas fezes e de triglicerídeos (um dos produtos da digestão das gorduras) no sangue. Mantendo sempre a mesma dieta nos pacientes, fez as medidas antes e depois da administração do medicamento. A figura apresenta cinco resultados possíveis.

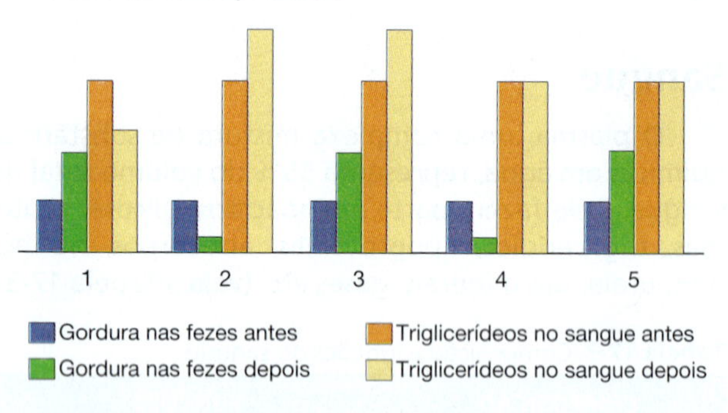

O efeito esperado do medicamento está representado no resultado:

a) 1. b) 2. c) 3. d) 4. e) 5.

5. (Enem) A produção de soro antiofídico é feita por meio da extração da peçonha de serpentes que, após tratamento, é introduzida em um cavalo. Em seguida são feitas sangrias para avaliar a concentração de anticorpos produzidos pelo cavalo. Quando essa concentração atinge o valor desejado, é realizada a sangria final para obtenção do soro. As hemácias são devolvidas ao animal, por meio de uma técnica denominada plasmaferese, a fim de reduzir os efeitos colaterais provocados pela sangria.

Adaptado de: <http://www.infobibos.com>. *Acesso em:* 28 abr. 2010

A plasmaferese é importante, pois, se o animal ficar com uma baixa quantidade de hemácias, poderá apresentar:

a) febre alta e constante.
b) redução de imunidade.
c) aumento da pressão arterial.
d) quadro de leucemia profunda.
e) problemas no transporte de oxigênio.

TESTE SEUS CONHECIMENTOS

1. (UFRGS – RS) Em relação às diferentes regiões do sistema digestório humano e o seu funcionamento, é correto afirmar que:

a) a ptialina é produzida e secretada pelas glândulas salivares da boca.
b) a digestão das proteínas se inicia com a liberação de ácido clorídrico e pepsina no intestino delgado.
c) a bile é a enzima digestiva que atua no estômago para a formação do quimo.

d) a vesícula biliar armazena substâncias produzidas pelo pâncreas.
e) o intestino grosso apresenta vilosidades que aumentam a absorção de nutrientes.

2. (UFCG – PB – adaptada) Os seres vivos necessitam de um suprimento de energia capaz de manter sua integridade metabólica. Os seres humanos extraem essa energia dos alimentos pelo processo da digestão, através do qual as grandes moléculas orgânicas são transformadas em compostos mais simples de forma a serem assimiladas pelo organismo.

Do ponto de vista da morfologia e fisiologia humana, analise as assertivas abaixo e indique as corretas.

I – O trato gastrintestinal é completo, pois é constituído de boca e ânus. Esse tipo anatômico de aparelho não é restrito apenas ao homem.
II – A digestão é exclusivamente extracelular, ou seja, todo o processo de digestão ocorre fora da célula e no interior de cavidades dos organismos.
III – A digestão dos nutrientes é processada por substâncias orgânicas específicas, as enzimas, que atuam sobre elas e as transformam em compostos mais simples, por exemplo, o amido em maltose pela amilase.
IV – Na digestão estão envolvidos os mecanismos de mastigação, deglutição e movimentos peristálticos dos segmentos intestinais.
V – A digestão ocorre inicialmente na boca, por meio da mastigação e insalivação, onde se situam as estruturas anexas como a língua, os dentes e as glândulas salivares (parótidas, submaxilares e sublinguais).

Estão corretas as assertivas:

a) I e V.
b) II, III e IV.
c) I, II, III, IV e V.
d) V.
e) II e V.

3. (FCISB – SP) Durante o processo digestivo, o bolo alimentar passa por diferentes compartimentos e sofre a ação de diversas enzimas que aceleram o processo de hidrólise das biomoléculas. No processo digestivo humano, é correto afirmar que:

a) a renina produzida pelo estômago age sobre a caseína, uma das principais proteínas do leite, e é a principal protease presente no suco gástrico dos indivíduos adultos.
b) as lipases produzidas pelo fígado e armazenadas na vesícula biliar só se tornam ativas após reagirem com os sais biliares.
c) no duodeno, entre as enzimas, ocorre a inibição competitiva pelos diferentes substratos contidos nos alimentos que foram ingeridos.
d) a pepsina deixa de atuar ao passar pelo intestino delgado, pois sofre desnaturação com o aumento do pH após a liberação do bicarbonato de sódio pelo pâncreas.
e) as enzimas produzidas pelas glândulas salivares atuam sobre o amido desde a cavidade bucal até o intestino delgado.

4. (Fepar – PR) Essenciais para nossa vida, elas podem ser encontradas num *sashimi*, numa fruta ou numa castanha. E também numa cápsula colorida. As vitaminas estão entre os principais nutrientes consumidos sob a forma de suplementos, mas especialistas alertam: a qualidade da absorção de vitaminas em cápsulas não se compara à obtida por meio dos alimentos *in natura*.

Diferentemente dos carboidratos e das proteínas, que devem ser consumidos em gramas, as vitaminas são ingeridas em miligramas. Para quem tem identificada a deficiência de algum nutriente ou barreiras para absorver a quantidade necessária via alimentação, os comprimidos são um trunfo. Se não for necessária, a suplementação tende a aumentar o risco de cânceres e doenças cardiovasculares.

Adaptado de: <http://www.bbc.com/portuguese/noticias>. *Acesso em:* 18 ago. 2016.

Sobre as vitaminas, sua importância e suas funções biológicas, julgue as afirmativas.

( ) A ingestão de azeite de oliva pode facilitar a absorção de vitaminas, como o retinol (vitamina A) e o tocoferol (vitamina E).
( ) A cobalamina (vitamina B_{12}), presente em carnes, ovos e laticínios, atua na produção de eritrócitos; sua carência pode causar distúrbios do sistema nervoso e anemia perniciosa.
( ) A vitamina D (calciferol), a vitamina K (filoquinona) e as vitaminas do complexo B são mais facilmente absorvidas com a ingestão de um copo de água mineral com gás.
( ) A vitamina C (ácido ascórbico), presente em legumes frescos e frutos cítricos, tem ação antioxidante e participa da síntese de colágeno.
( ) A ingestão insuficiente de vitamina A (presente em leite, fígado bovino, gema de ovo) pode causar pele seca, escamosa e cegueira noturna.

5. (Fepar – PR) O processo de digestão é controlado pelo sistema nervoso autônomo e por hormônios. Sobre o controle hormonal do processo, analise a figura abaixo.

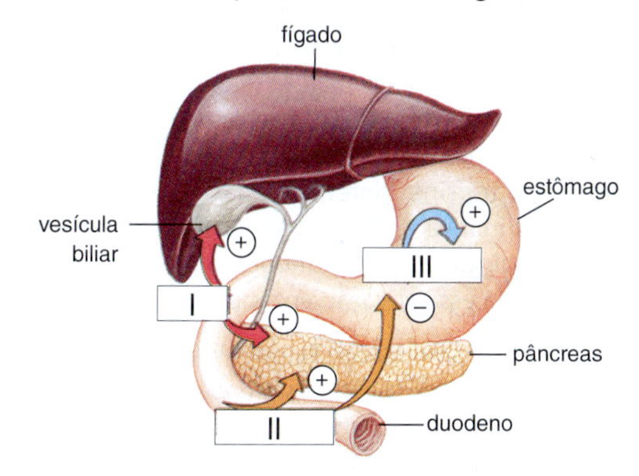

Adaptado de: AMABIS, J. M.; MARTHO, G. R. *Biologia*.v. 2. São Paulo: Moderna, 2010.

Os hormônios I, II e III, que agem por inibição (-) ou estimulação (+) diretamente nos seus órgãos-alvo, são, respectivamente:

a) gastrina/ secretina/ colecistocinina.
b) estimulador gástrico/ colecistocinina/ secretina.
c) estimulador gástrico/ gastrina/ secretina.
d) colecistocinina/ secretina/ gastrina.
e) colecistocinina/ gastrina/ secretina.

6. (USS – RJ) A digestão consiste na transformação dos alimentos em compostos mais simples, a serem absorvidos pelo organismo. Para isso, as alterações do pH que ocorrem ao longo do tubo digestório ativam e inibem a atividade das diferentes enzimas que degradam os alimentos.

O gráfico a seguir representa a integridade química de três nutrientes: carboidrato, lipídio e proteína, ao longo do tubo digestório humano.

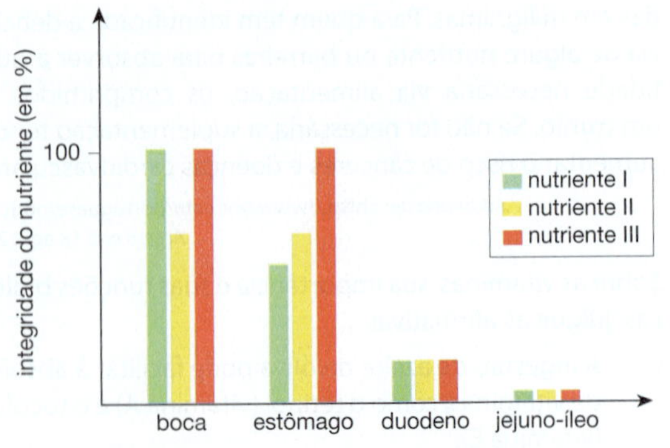

a) Identifique o nutriente que corresponde ao lipídio. Justifique sua resposta.
b) A pepsina é uma enzima digestória que está ativa em pH ácido. Nomeie o substrato para a ação da pepsina e explique como o pH baixo favorece a digestão desse substrato.

7. (FMP – RJ) O pâncreas é uma grande glândula situada paralelamente ao estômago e abaixo dele. As enzimas digestivas pancreáticas são secretadas pelos ácinos pancreáticos, enquanto grande quantidade de bicarbonato de sódio é secretada pelos ductos pequenos e maiores que se originam dos ácinos. Após a entrada do quimo no intestino delgado, a secreção pancreática fica abundante, principalmente em resposta ao hormônio secretina, secretado quando o quimo vindo do estômago penetra no duodeno.

a) Explique de que forma a grande quantidade de íons bicarbonato presente na secreção pancreática contribui para a digestão dos nutrientes.
b) Nomeie o hormônio que, assim como a secretina, chega ao pâncreas pela circulação sanguínea e provoca a secreção de enzimas digestivas pancreáticas.
c) A enzima proteolítica mais abundante do suco pancreático é a tripsina, sintetizada nas células pancreáticas na forma inativa de tripsinogênio. Indique em que local do tubo digestório o tripsinogênio é ativado e explique como se dá essa ativação enzimática.

8. (UFSCar – SP) O sistema circulatório dos vertebrados mostra uma evolução ocorrida entre os grandes grupos. Na maioria das espécies de cada grupo, há um padrão na divisão das cavidades do coração. Isto pode ser confirmado na frase:

a) O coração dos peixes tem dois átrios e um ventrículo, ocorrendo a mistura do sangue venoso com o sangue arterial nos primeiros.
b) O coração dos anfíbios tem dois átrios e um ventrículo, ocorrendo a mistura de sangue venoso com o sangue arterial neste último.
c) O coração dos répteis tem dois átrios e um ventrículo, não ocorrendo mistura do sangue venoso com o sangue arterial.
d) O coração dos répteis é igual ao das aves, ocorrendo em ambos mistura do sangue venoso com sangue arterial.
e) O coração dos mamíferos apresenta dois átrios e dois ventrículos, parcialmente separados, ocorrendo mistura do sangue venoso com o sangue arterial em pequena escala.

9. (CUMF – SP) Sobre a circulação sanguínea humana, é correto afirmar que:

a) o sangue venoso trazido pelas artérias pulmonares segue para o ventrículo direito e, depois, para o átrio direito; deste, segue para os pulmões por meio das veias cavas.
b) o sangue venoso trazido pelas veias cavas segue para o átrio esquerdo e, depois, para o ventrículo esquerdo; deste, segue para os pulmões por meio da artéria aorta.
c) o sangue venoso trazido pelas artérias pulmonares segue para o ventrículo direito e, depois, para o átrio direito; deste, segue para os pulmões por meio das veias pulmonares.
d) o sangue venoso trazido pelas veias cavas segue para o átrio direito e, depois, para o ventrículo direito; deste, segue para os pulmões por meio das artérias pulmonares.
e) o sangue venoso trazido pelas veias pulmonares segue para o ventrículo direito e, depois, para o átrio direito; deste, segue para os pulmões por meio das artérias pulmonares.

10. (FCMMG – MG) Falta de ar constante, inchaço, dor torácica e desmaios podem ser indícios de uma doença pouco conhecida: a hipertensão pulmonar. Trata-se de uma síndrome caracterizada por um aumento progressivo na resistência vascular pulmonar.

Consequentemente, em decorrência da hipertensão pulmonar, podemos afirmar que, em nível cardíaco, existe sobrecarga do:

a) átrio direito.
b) átrio esquerdo.
c) ventrículo direito.
d) ventrículo esquerdo.

11. (Unesp – SP) Pesquisadores "imprimiram" o primeiro coração 3D vascularizado usando células e materiais biológicos. Células de tecido adiposo foram reprogramadas para se tornarem células-tronco pluripotentes, e a matriz extracelular foi processada em um hidrogel personalizado, que serviu como "tinta" para a impressão. Após serem misturadas com o hidrogel, as células foram diferenciadas em células cardíacas ou endoteliais, para criar um coração inteiro.

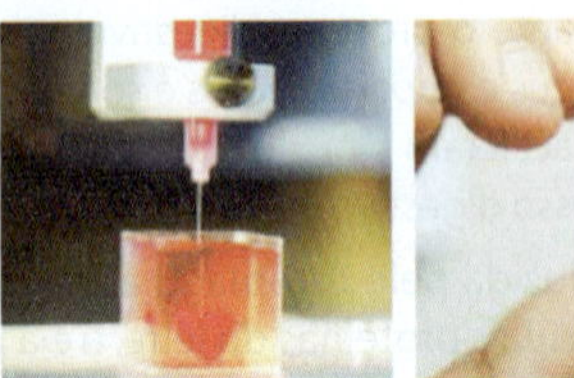
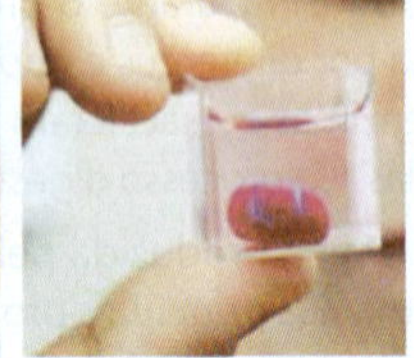

Adaptado de: <https://ciencia.estadao.com.br>.15 abr. 2020.

Considerando-se a anatomia do coração humano, a câmara cardíaca que consumiu maior quantidade de "tinta" para ser impressa e os vasos sanguíneos impressos somente com células endoteliais são, respectivamente,

a) o ventrículo esquerdo e as arteríolas.
b) o átrio direito e as arteríolas.
c) o ventrículo direito e os capilares.
d) o ventrículo esquerdo e os capilares.
e) o átrio esquerdo e as arteríolas.

12. (Uniceub – DF) O sistema circulatório humano é constituído por vasos (artérias e veias) e uma bomba que mantém o sangue circulando (o coração). O bombeamento cardíaco faz com que o sangue circule para todo o corpo e para os pulmões, onde ocorrerá a hematose, convertendo o sangue venoso em sangue arterial. O sangue venoso chega ao coração e é bombeado para os pulmões seguindo o trajeto:

a) veias cava inferior e superior – átrio direito – ventrículo direito – tronco pulmonar – artérias pulmonares
b) artéria aorta – átrio esquerdo – ventrículo esquerdo – tronco pulmonar – artérias pulmonares

c) veias cava inferior e superior – átrio esquerdo – ventrículo esquerdo – tronco pulmonar – artérias pulmonares
d) artéria aorta – átrio esquerdo – ventrículo esquerdo – veias pulmonares
e) veias pulmonares – átrio direito – ventrículo direito – artérias pulmonares

13. (Unespar – PR) Seja um doador de medula óssea. Para se tornar doador você precisa ter entre 18 e 55 anos de idade e estar em bom estado geral de saúde e não ter ingerido bebida alcoólica nas últimas 24 horas. Os doadores preenchem um formulário com dados pessoais e é coletada uma amostra de 5 mL de sangue para análise. Em caso de compatibilidade com um paciente, você é consultado se deseja ser doador. É possível se cadastrar como doador voluntário de medula óssea nos hemocentros. Tudo seria muito simples e fácil, se não fosse o problema da compatibilidade entre as células do doador e do receptor. A chance de encontrar uma medula compatível é, em média, de uma em cem mil!

Disponível em: <http://www2.inca.gov.br/wps/wcm/connect/orientacoes/site/homeinformacoes_sobre_doacao_de_medula_ossea>. *Acesso em:* 11 jul. 2016.

Sobre a medula óssea, é correto afirmar que:

a) a medula óssea vermelha é formada por um tipo especial de tecido conjuntivo chamado de sanguíneo.
b) a medula óssea é um tecido que ocupa o espaço dentro da coluna vertebral.
c) é um tecido líquido-gelatinoso que ocupa o interior dos ossos, sendo conhecido popularmente por "tutano".
d) na medula óssea são produzidos os componentes dos ossos: os osteócitos, osteoblastos e osteoclastos.
e) transplante de medula óssea é um tipo de tratamento proposto para algumas doenças que afetam as células dos ossos, como por exemplo o câncer ósseo.

14. (Fsar – BA) No início de uma aula de biologia na qual se estudavam os diferentes níveis de organização do ser humano, os alunos foram convidados a fechar os olhos e imaginar quatro íons de ferro posicionados dentro da hemoglobina, presente nos eritrócitos constituintes do sangue que flui por uma veia.

Com relação à fisiologia respiratória humana, é correto afirmar que a função da hemoglobina é o transporte:

a) do gás carbônico, apenas.
b) do gás oxigênio, apenas.
c) dos gases respiratórios, oxigênio e gás carbônico, ambos na mesma proporção.
d) do gás oxigênio, em maior proporção, e do gás carbônico, em menor proporção.
e) do gás carbônico, em maior proporção, e do gás oxigênio, em menor proporção.

15. (Unesc) O sistema circulatório dos vertebrados possui vasos sanguíneos que permitem a circulação do sangue levando oxigênio e nutrientes para o corpo e trazendo gás carbônico.

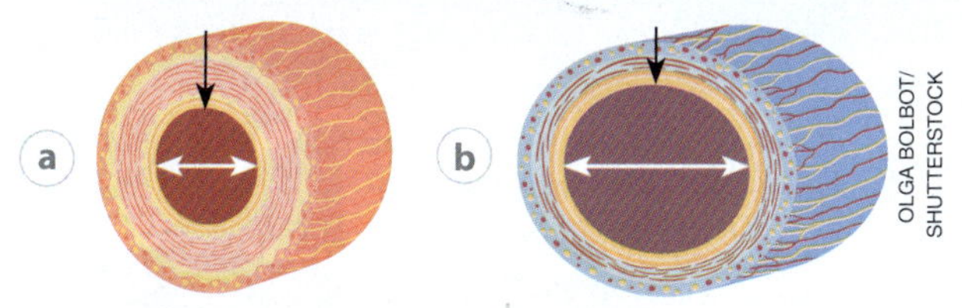

Os vasos sanguíneos são formados por lúmen que é revestido por endotélio. Porém possuem estruturas diferentes de acordo com o tipo, ilustradas pelas imagens e descritas nas afirmativas:

I. Parede mais espessa.
II. Lúmen maior.
III. Fluxo com menor pressão.
IV. Maior força de contração.

Relacione as características descritas, com a ilustração e com o tipo de vaso:

a) I e III correspondem à imagem B e refere-se as artérias.
b) I e IV correspondem à imagem A e refere-se as artérias.
c) I, II e III correspondem à imagem B e refere-se as veias.
d) II e III correspondem à imagem A e refere-se as veias.
e) II e IV correspondem à imagem B e refere-se as artérias.

16. (UFRGS – RS) No bloco superior abaixo, estão denominadas as duas linhagens de células-tronco medulares que ocorrem na medula óssea vermelha; no inferior, tipos de células e de elementos figurados do sangue que se originam dessas linhagens.

Associe adequadamente o bloco inferior ao superior.

1. Células-tronco mieloides
2. Células-tronco linfoides

( ) Hemácias
( ) Monócitos
( ) Linfócitos T
( ) Plaquetas

A sequência correta de preenchimento dos parênteses, de cima para baixo e da esquerda para a direita, é:

a) 1 – 2 – 1 – 1.
b) 1 – 2 – 1 – 2.
c) 2 – 1 – 2 – 1.
d) 1 – 2 – 2 – 1.
e) 2 – 1 – 1 – 2.

17. (USS – RJ) A eritropoetina é um hormônio produzido nos rins em resposta a uma baixa oxigenação dos tecidos. Ela é o principal regulador da eritropoiese, estimulando a divisão e a diferenciação das células progenitoras dos eritrócitos.

Em um indivíduo adulto, a ação regulatória da eritropoetina, promovendo a diferenciação e a multiplicação celular, ocorre no seguinte local do corpo:

a) medula óssea
b) sangue
c) fígado
d) baço

18. (USS – RJ) A trombocitopenia corresponde à diminuição do número de plaquetas no sangue. Diversas situações podem causar essa diminuição, como infecções virais, doenças autoimunes e até mesmo alguns tipos de câncer.

A consequência de uma trombocitopenia é o risco aumentado para a ocorrência de:

a) alergia.
b) convulsão.
c) hipertensão.
d) hemorragia.

19. (São Camilo – SP) Existe um tipo de músculo que atua principalmente no movimento e na sustentação do corpo humano, outro tipo que auxilia no transporte de sangue e um terceiro tipo de músculo, de controle involuntário, que participa, por exemplo, do peristaltismo.

a) Cite o tipo de músculo que participa do peristaltismo. Cite uma característica morfológica da célula que forma esse músculo.
b) O coração é formado por um tipo de músculo que, ao se contrair, permite impulsionar o sangue para o corpo. Quando corremos ou andamos, outros músculos também auxiliam no deslocamento sanguíneo. Explique como o movimento dos músculos da perna sobre as veias auxilia no retorno do sangue ao coração.

CAPÍTULO 18

Respiração, excreção e homeostase

Enganam-se aqueles que pensam que a poluição do ar esteja associada apenas a problemas respiratórios, pois já se sabe também estar ligada a casos de enfarte do miocárdio e de derrames cerebrais. Novos estudos, no entanto, constataram que as partículas mais finas dos poluentes podem penetrar no sistema nervoso central, conforme pesquisas realizadas em várias partes do mundo e também na Universidade de São Paulo.

Essas partículas mais finas podem entrar pelas narinas, invadindo os pulmões, atingir a circulação e chegar ao tecido cerebral. Há estudos epidemiológicos ligando a poluição ao autismo e ao agravamento do Alzheimer em regiões mais poluídas. Ou seja, o cérebro também pode ser alvo da poluição do ar, mais um motivo para que a combatamos, o que pode ser feito por meio de tecnologias mais limpas. Segundo o professor Paulo Saldiva, da Universidade de São Paulo, o Brasil precisa avançar nesse campo.

SALDIVA, P. *Poluição do ar também pode atingir o sistema nervoso central. Disponível em:* <https://jornal.usp.br/radio-usp/colunistas/poluicao-do-ar-tambem-pode-atingir-o-sistema-nervoso-central/>. *Acesso em:* 3 out. 2021.

Seu ponto de vista!

A ampliação e a manutenção dos espaços públicos com áreas verdes, que auxiliam no sequestro de carbono, dependem, em muito, da participação da população. Como você e seu grupo de trabalho poderiam auxiliar na manutenção desses espaços?

NELSON ANTOINE/SHUTTERSTOCK

18-1. Respiração

Os animais dependem de nutrientes orgânicos para seu metabolismo. Nas células, a oxidação desses nutrientes ocorre quase sempre em presença de oxigênio.

Excetuando alguns vermes parasitas intestinais, que independem de oxigênio para sobreviver, a maioria dos animais precisa obter do meio esse gás e conduzi-lo às células para utilização no metabolismo aeróbio.

A tomada de oxigênio e a remoção de gás carbônico, ou seja, as *trocas gasosas* efetuadas pelos animais, caracterizam o que se conhece por **respiração**.

Órgãos respiratórios

Nos organismos de pequeno porte e/ou com atividade metabólica menor, que vivem em ambiente aquático, as trocas gasosas não constituem problema. Elas simplesmente ocorrem pela superfície do corpo, por simples difusão. É o que acontece com a única célula dos protozoários e com os invertebrados como esponjas, cnidários, platelmintos e nematódeos.

Nos animais de organização mais complexa, muitas vezes maiores em tamanho e mais ativos, a distância entre as células mais internas e o meio aumenta, o que constitui um fator limitante da difusão de gases pelo corpo. Nesse caso, diversas adaptações, representadas pelos **órgãos respiratórios**, como pele, traqueias, brânquias e pulmões, facilitam a ocorrência de trocas gasosas (veja a Figura 18-1). Neles, uma característica básica é mantida: as trocas gasosas continuam se realizando por simples difusão, através de superfícies finas, úmidas e permeáveis. Os gases precisam estar em solução na água para entrar ou sair das células, por isso a superfície de trocas gasosas deve estar sempre umedecida.

Figura 18-1. Nos animais pluricelulares mais complexos, existem órgãos responsáveis pelas trocas de gases respiratórios. (Cores-fantasia. Ilustrações fora de escala.)

Pele

A *pele* é um eficiente órgão de trocas gasosas nos anelídeos, como as minhocas, e nos anfíbios, como os sapos. É ricamente vascularizada e contém inúmeros capilares sanguíneos espalhados por ela, o que amplia consideravelmente a capacidade para a troca de gases.

Os animais que respiram pela pele precisam viver em ambientes dotados de muita umidade e manter a pele constantemente umedecida para facilitar as trocas gasosas.

Brânquias

As brânquias (popularmente conhecidas como *guelras*) dos peixes ósseos são projeções laterais da faringe, localizadas em uma **câmara branquial**. Para encontrá-las, é preciso levantar o **opérculo**, uma tampa óssea protetora situada lateralmente, próxima à cabeça. Cada brânquia é constituída por delicados filamentos branquiais que se originam dos chamados arcos branquiais. Por sua vez, esses filamentos contêm várias lamelas, ricamente vascularizadas (veja a Figura 18-2). Através dessa rede capilar, de paredes extremamente finas, dá-se a troca de gases do sangue.

Anote!

A interiorização dos pulmões e das traqueias é uma eficiente proteção contra a dessecação no meio aéreo, o que possibilitou aos animais portadores desses órgãos a independência do ambiente aquático.

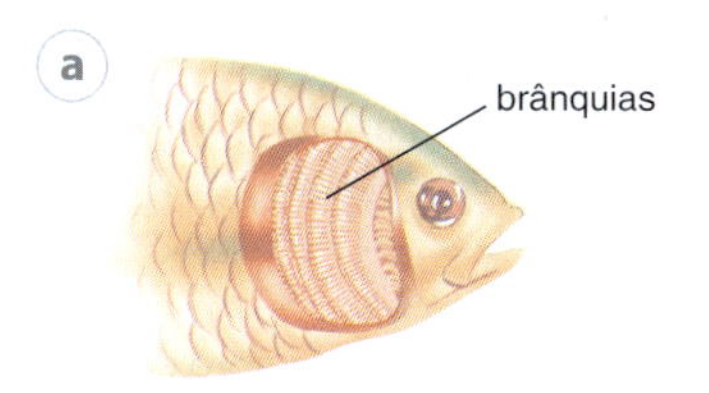

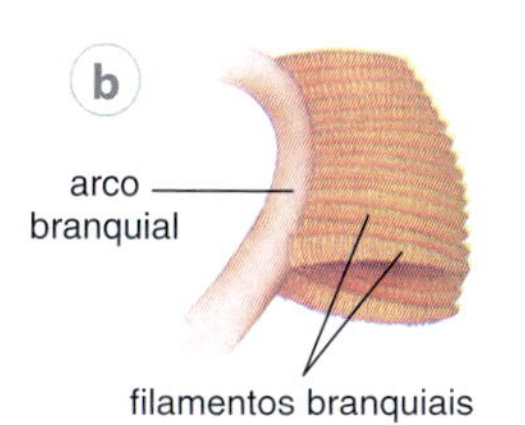

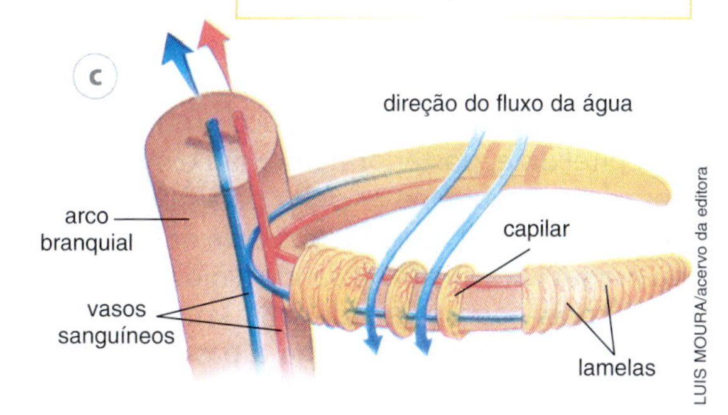

Figura 18-2. As brânquias dos peixes (a) são formadas por vários arcos aos quais se prendem filamentos branquiais (b). Esses filamentos têm sua superfície aumentada pelas inúmeras lamelas ricamente vascularizadas (c). (Cores-fantasia. Ilustrações fora de escala.)

O fluxo de sangue em cada lamela segue em direção oposta à direção da água que a banha. Esse *fluxo em contracorrente* garante a perfeita oxigenação. Ao mesmo tempo, o gás carbônico é expulso para a água. Depois de passar pelas brânquias, o sangue ricamente oxigenado é conduzido diretamente para todo o corpo, sem passar pelo coração.

Traqueias

As traqueias dos insetos são finíssimos túbulos condutores. Originam-se de minúsculos orifícios, os espiráculos, localizados nas regiões laterais do tórax e abdômen, e terminam nas células (veja a Figura 18-3). As contrações da musculatura corporal funcionam como fole, bombeando e expulsando ar dos túbulos. Dessa forma, o ar entra com oxigênio e sai com gás carbônico. As traqueias estão diretamente em contato com os tecidos. Isso quer dizer que, nos insetos, o sistema respiratório funciona independentemente do sistema circulatório.

Figura 18-3. As traqueias dos insetos conduzem o ar diretamente às células, que são oxigenadas sem a participação do sangue. (Cores-fantasia. Ilustração fora de escala.)

Saiba mais!

O plasma sanguíneo, isto é, a parte líquida do sangue, não é bom meio transportador de oxigênio, que se dissolve em uma proporção de apenas 0,3 mL em 100 mL de plasma. Mas o sangue torna-se um excelente transportador desse gás quando apresenta substâncias transportadoras de oxigênio, os chamados **pigmentos respiratórios**, que podem estar contidos em células especiais, como as hemácias, presentes em todos os vertebrados, ou dissolvidos no plasma, como nos anelídeos.

Sistema respiratório humano

As fossas nasais (ou cavidades nasais) e a boca são os locais de entrada do ar que se dirige ao nosso sistema respiratório. O ar que entra pelas fossas nasais é filtrado, umedecido e aquecido, antes de ir para a traqueia. Cílios que revestem o epitélio das fossas nasais retêm partículas de sujeira e microrganismos que existem no ar. As partículas aderem ao muco produzido pelas células epiteliais e, posteriormente, são expelidas das fossas nasais. Em seguida, o ar passa pela faringe, ingressa na **laringe** (local em que se encontram nossas cordas vocais ou pregas vocais), atravessando a glote, que é a entrada da laringe. Logo acima dela há uma estrutura cartilaginosa, a epiglote, que fecha a passagem do alimento para a laringe, não havendo perigo de o alimento entrar nas vias respiratórias. A seguir, o ar penetra na **traqueia**, que se bifurca em dois brônquios principais (veja a Figura 18-4). Cada brônquio ramifica-se inúmeras vezes e origina **bronquíolos** progressivamente menos calibrosos, até se formarem os **bronquíolos terminais**. Estes, por sua vez, terminam em bolsinhas, de parede extremamente delgada, os **alvéolos pulmonares**.

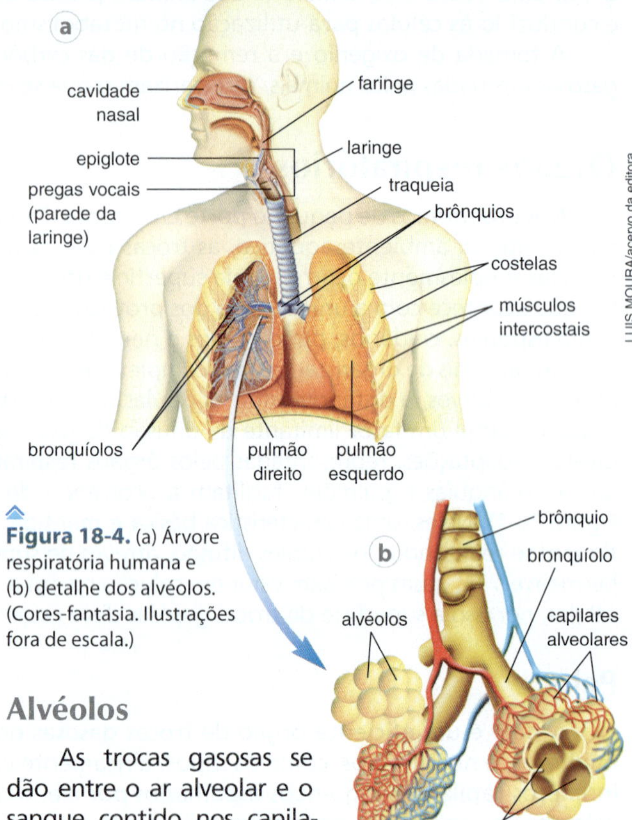

Figura 18-4. (a) Árvore respiratória humana e (b) detalhe dos alvéolos. (Cores-fantasia. Ilustrações fora de escala.)

Alvéolos

As trocas gasosas se dão entre o ar alveolar e o sangue contido nos capilares. O sangue proveniente dos tecidos é rico em gás carbônico e pobre em oxigênio. O ar alveolar é rico em oxigênio e pobre em gás carbônico.

O gás carbônico se difunde do sangue para o ar alveolar, deixando livres as moléculas de hemoglobina existentes nas hemácias. Por sua vez, o oxigênio difunde-se do ar alveolar para o sangue, ocupando os lugares vagos existentes nas moléculas de hemoglobina (veja a Figura 18-5).

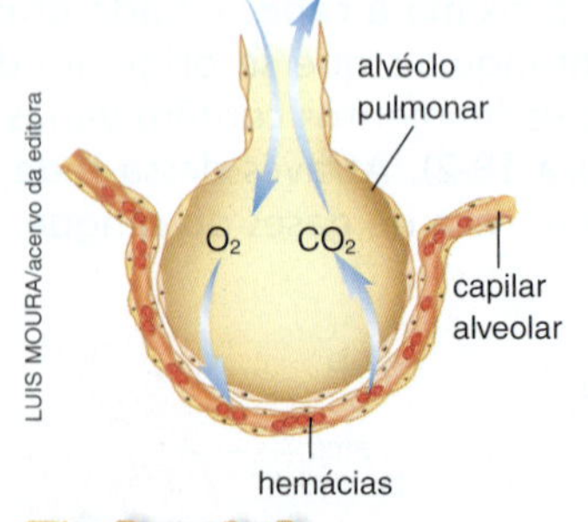

Figura 18-5. Trocas gasosas nos alvéolos. A *hematose*, ou seja, a oxigenação do sangue, ocorre ao mesmo tempo que o CO_2 abandona o sangue e se encaminha para o alvéolo. (Cores-fantasia. Ilustração fora de escala.)

Anote!

No ar inalado, a porcentagem de O_2 é de aproximadamente 21% e de apenas 0,03% de CO_2. Já no ar exalado, a porcentagem de CO_2 é muito superior (5,6%). Engana-se quem acredita que não há O_2 no gás exalado: há sim, em torno de 14%.

Diafragma

Na inspiração, ocorre a contração da musculatura respiratória. O diafragma se achata e desce. Os músculos intercostais dirigem as costelas para cima e para a frente. Como consequência, amplia-se a caixa torácica, aumentando o seu volume interno. A pressão interna da caixa torácica se reduz e fica menor que a pressão atmosférica. O ar, então, penetra nos pulmões, como se fosse sugado (veja a Figura 18-6).

Na expiração, os músculos respiratórios relaxam. O diafragma fica abaulado e sobe. Os intercostais fazem com que as costelas voltem à posição original. O volume da caixa torácica diminui e a pressão interna aumenta, forçando a saída do ar.

traqueia
pulmão
diafragma
INSPIRAÇÃO
EXPIRAÇÃO
a contração do diafragma e da musculatura intercostal amplia a caixa torácica
o relaxamento do diafragma e da musculatura intercostal reduz a dimensão da caixa torácica
INSPIRAÇÃO
diafragma
EXPIRAÇÃO
LUIS MOURA/acervo da editora

Figura 18-6. Movimentos respiratórios no homem. Na inspiração, o diafragma se contrai e desce. A contração dos músculos intercostais eleva as costelas. Ocorre aumento do volume da caixa torácica. Na expiração, o diafragma relaxa e sobe; a musculatura intercostal relaxa e as costelas abaixam. O volume da caixa torácica diminui. (Cores-fantasia. Ilustrações fora de escala.)

Bulbo

O que aconteceria a uma pessoa se ela tentasse segurar a respiração voluntariamente por algum tempo? Imediatamente, um comando localizado no bulbo ou medula oblonga (um órgão componente do nosso sistema nervoso central) enviaria mensagem aos músculos respiratórios, fazendo com que se contraíssem. Esse centro de comando, conhecido como **centro respiratório bulbar**, é altamente sensível ao aumento de CO_2 no sangue e à diminuição do pH sanguíneo decorrente do acúmulo desse gás.

Lembre-se de que o CO_2 em solução aquosa forma H_2CO_3, ácido carbônico, que se ioniza em H^+ e HCO_3^-. O aumento da acidez e o próprio CO_2 em solução física no plasma estimulam os neurônios do centro respiratório.

Consequentemente, impulsos nervosos seguem pelo nervo que inerva o diafragma e a musculatura intercostal, promovendo sua contração e a realização involuntária dos movimentos respiratórios. De início, ocorre uma hiperventilação, ou seja, o ritmo dos movimentos respiratórios aumenta na tentativa de expulsar o excesso de gás carbônico. Lentamente, porém, a situação se normaliza e a respiração volta aos níveis habituais (veja a Figura 18-7).

Asma

Uma das doenças respiratórias mais comuns é a asma, muitas vezes chamada de bronquite alérgica. Leia o QR Code abaixo e conheça o que acontece com o organismo das pessoas afetadas por essa condição.

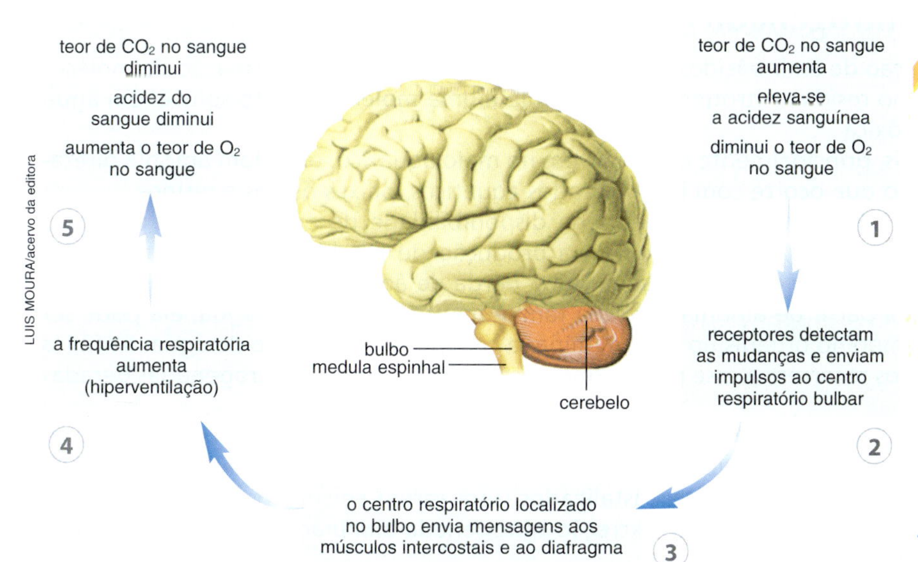

Anote!

Hipoxia: deficiência de O_2 no sangue, tecidos ou células.

Anoxia: hipoxia que resulta em dano permanente para o indivíduo.

Figura 18-7. Regulação da respiração. (Cores-fantasia. Ilustração fora de escala.)

Saiba mais!

O fumo e o enfisema pulmonar

Além de ser importante causa de câncer pulmonar, o fumo exerce outros efeitos significativos no nosso sistema respiratório. Está provado que certas substâncias originadas da queima do cigarro inibem a movimentação dos cílios que revestem as células do epitélio traqueal. Essa inibição provoca acúmulo de muco e partículas danosas ao organismo, e é uma das causas do pigarro dos fumantes. Outra consequência mais séria é a ruptura dos alvéolos pulmonares, provocada pelo excesso de gás inalado com a fumaça do cigarro. A ruptura dos alvéolos diminui a eficiência das trocas gasosas ao reduzir a superfície disponível para o intercâmbio de gases, além de promover uma perda de elasticidade pulmonar. A caixa torácica acaba tendo um aumento permanente de volume pela criação de um espaço morto e sem função. Essa situação é típica da doença conhecida como *enfisema pulmonar*, que reduz bastante a capacidade de ventilação dos pulmões, levando, até mesmo, a comprometimento da função do coração.

Não se deve esquecer, ainda, que a fumaça inalada do cigarro envolve a presença de monóxido de carbono. Como se sabe, esse gás liga-se estavelmente à hemoglobina, prejudicando a oxigenação dos tecidos.

18-2. Excreção

Excreção é o mecanismo pelo qual as estruturas ou os órgãos excretores removem excretas, verdadeiros "lixos" celulares do organismo, como amônia (NH_3), ureia, CO_2, sais e H_2O. Dessa forma, o organismo manterá o equilíbrio do meio interno, isto é, a **homeostase**.

Nos animais pouco complexos que vivem em meio aquático, de modo geral a eliminação do lixo celular resultante do metabolismo dá-se por **simples difusão** pela superfície corporal. Assim, nas esponjas e nos cnidários, os sais, a amônia e o CO_2 são excretados pela parede do corpo.

Nos platelmintos, como a planária, os **protonefrídios** são formados por células flageladas (células-flama) ligadas a túbulos e poros excretores que se distribuem longitudinalmente em ambos os lados do corpo.

Nos anelídeos, os **nefrídios segmentares** – complexas estruturas associadas a capilares sanguíneos – encarregam-se da expulsão dos resíduos nitrogenados. Nos artrópodes, várias estruturas estão relacionadas à excreção nitrogenada. Entre elas, podemos citar as **glândulas verdes** dos crustáceos, as **glândulas coxais** dos aracnídeos e os **túbulos de Malpighi**, encontrados tanto em aracnídeos como em insetos.

Nos vertebrados, os principais órgãos excretores são os **rins**. Ao receber sangue contendo diferentes tipos de substância, úteis ou não, os rins efetuam um processo de filtragem, selecionando o que será eliminado e devolvendo ao sangue o que poderá ser reutilizado.

Anote!

Os **vacúolos pulsáteis** dos protozoários de água doce, bem como os **protonefrídios** dos platelmintos, estão envolvidos na eliminação de certa quantidade de sais e amônia, embora sejam considerados primariamente estruturas de regulação osmótica.

Compostos nitrogenados

A metabolização de aminoácidos e proteínas nas células resulta na formação de moléculas de amônia como resíduo nitrogenado. A amônia é uma molécula muito solúvel em água e extremamente tóxica.

Muitos animais, principalmente os que vivem no meio aquático, excretam amônia diretamente na água. É o que ocorre com invertebrados aquáticos, peixes ósseos e girinos.

A invasão do meio terrestre e a pequena disponibilidade de água, porém, passaram a depender de adaptações que envolvessem a produção de resíduos nitrogenados menos tóxicos e que pudessem ser eliminados sem muita perda de água. Uma dessas adaptações é a síntese de ureia a partir de amônia. Embora também muito solúvel em água, ela pode ser retida por mais tempo no organismo e ser eliminada com menor dispêndio de água. Anfíbios adultos e mamíferos recorrem a esse mecanismo para remover excretas nitrogenadas geradas no metabolismo.

Animais que vivem em regime de intensa economia de água recorrem a outra via de excreção: a amônia e outros resíduos nitrogenados são convertidos em sais derivados do ácido úrico, eliminados praticamente cristalizados, sem serem veiculados pela água e, em geral, misturados às fezes. É o tipo de excreção nitrogenada eliminada por insetos, caracóis e lesmas terrestres, répteis e aves.

Excreção nos seres humanos

O principal produto de excreção nitrogenado nos seres humanos é a ureia. Ela é sintetizada no fígado, a partir de amônia, em uma série de reações químicas conhecidas como *ciclo da ureia*.

As excretas produzidas em nosso metabolismo são eliminadas por diversos órgãos, entre eles a pele, os pulmões e principalmente os rins (veja a Figura 18-8). Pigmentos biliares, produzidos no fígado, são eliminados com as fezes, dando a elas a coloração marrom característica.

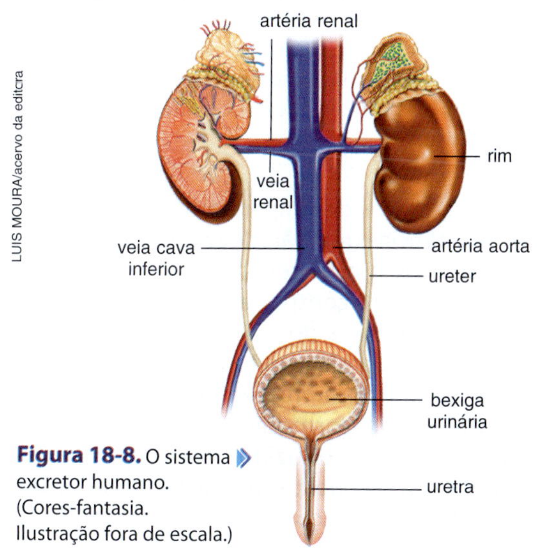

Figura 18-8. O sistema excretor humano. (Cores-fantasia. Ilustração fora de escala.)

Rins

Localizados abaixo do diafragma, próximo à parede posterior do abdômen, os rins possuem o tamanho de um punho fechado e seu formato assemelha-se ao de um grão de feijão. Cada um deles, quando aberto longitudinalmente, apresenta uma região periférica, o **córtex renal**, e outra mais interna, **a medula renal** (veja a Figura 18-9).

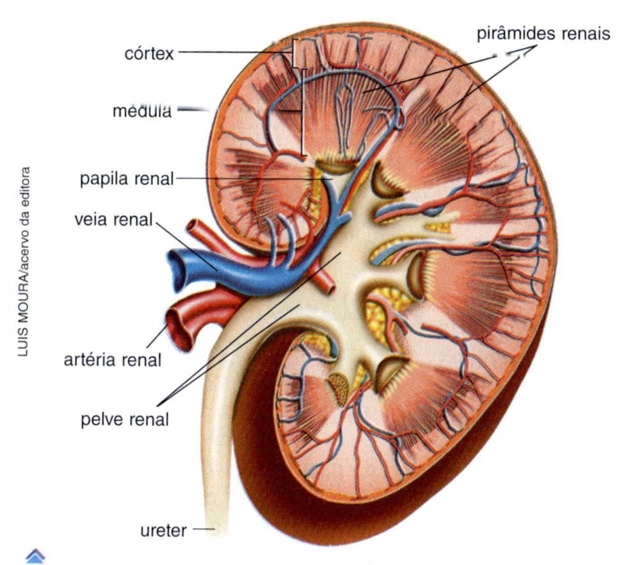

Figura 18-9. A morfologia interna do rim humano. (Cores-fantasia. Ilustração fora de escala.)

No córtex renal estão as unidades funcionais dos rins, os néfrons. Cada néfron é um tubo longo e enovelado, com uma porção inicial semelhante a uma taça, a **cápsula de Bowman**.

Anote!

Em cada rim há mais de 1 milhão de néfrons.

A continuação da cápsula é o **túbulo contorcido proximal**, seguido da **alça de Henle** (ou segmento delgado) e de um **túbulo contorcido distal** (veja a Figura 18-10). Essa última porção desemboca em um ducto coletor (ou túbulo coletor reto), onde terminam os túbulos distais dos outros néfrons.

A urina formada nos néfrons flui pelos túbulos coletores em direção à pelve renal e desta para os **ureteres**. Em seguida, a urina desce à **bexiga urinária**, que é capaz de armazenar até 800 mL de urina. O esvaziamento da bexiga ocorre com o fluxo da urina ao longo de um canal, a **uretra**, que corre pelo pênis ou abre-se na região à frente da abertura vaginal.

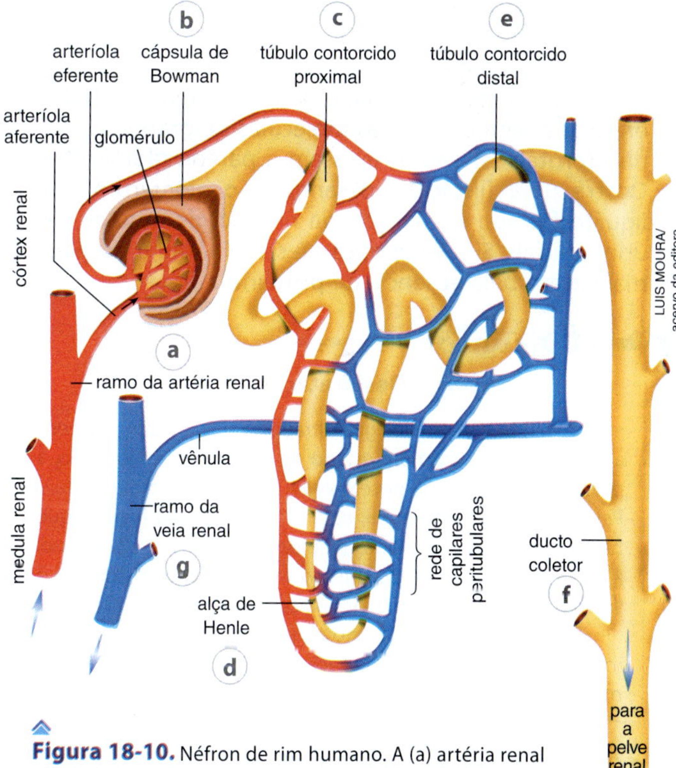

Figura 18-10. Néfron de rim humano. A (a) artéria renal entra no rim humano e sofre modificações até formar glomérulos que serão envolvidos por (b) cápsulas de Bowman. De cada cápsula emerge um longo tubo formado por uma porção (c) proximal, uma (d) alça de Henle e (e) uma porção distal, que desemboca em (f) um ducto coletor. A pressão de filtração força a passagem de água e de pequenas moléculas para a cápsula de Bowman. Diversas substâncias são reabsorvidas (por difusão ou por transporte ativo) e retornam para o sangue: a água é reabsorvida principalmente ao longo da alça de Henle; células tubulares distais, por processo ativo, removem substâncias do sangue. A veia renal (g) encaminha para o corpo o sangue "depurado". (Cores-fantasia. Ilustração fora de escala.)

O sangue que será filtrado entra no rim pela artéria renal. Essa artéria sofre várias ramificações e os seus ramos terminais, as **arteríolas aferentes**, originam **glomérulos renais** (também conhecidos como **glomérulos de Malpighi**) que penetram nas cápsulas de Bowman.

Anote!

O volume urinário médio produzido por uma pessoa normal é de 1 L/dia.

Cada glomérulo é uma rede de capilares altamente ramificada através da qual o sangue será filtrado. Uma **arteríola eferente** emerge da cápsula, sofre inúmeras ramificações e origina uma rede de capilares que circunda os túbulos renais e a alça de Henle.

Todos os capilares acabarão desembocando em vênulas que, fundindo-se umas às outras, formarão a veia renal, que possibilitará o retorno do sangue para a veia cava inferior, que se dirige ao coração.

Formação da urina

O sangue que entra no glomérulo está sob alta pressão, aproximadamente 75 mmHg. Essa pressão força a passagem de água e moléculas de pequeno tamanho (aminoácidos, glicose, sais, ureia etc.) para o interior da cápsula de Bowman. As células (glóbulos brancos e vermelhos) e as moléculas de grande tamanho (proteínas) não atravessam a parede glomerular. Ocorre uma filtração do sangue no glomérulo e o líquido filtrado é chamado de **filtrado glomerular** (ou urina inicial). Sua composição é semelhante à do plasma, exceto pela ausência de proteínas.

Ao longo dos túbulos renais, glicose, aminoácidos, sais e também pequena fração de ureia são ativamente reabsorvidos, retornando ao sangue dos capilares peritubulares com a água.

Feita a reabsorção, o que restou é a urina, líquido hipertônico contendo, entre outras substâncias, água, sais, ureia, ácido úrico e produtos de degradação da hemoglobina, que será encaminhada para o ducto coletor.

Anote!

Nos túbulos proximais, ocorre a reabsorção total da glicose e dos aminoácidos e de cerca de 60% dos íons sódio filtrados nos glomérulos. Nas alças de Henle, 25% dos íons sódio são absorvidos. Nos túbulos distais, reabsorve-se o restante dos íons sódio e água por influência do hormônio antidiurético.

Dessa forma, os rins desempenham dupla função: eliminam as substâncias que não devem ser aproveitadas e reabsorvem os nutrientes úteis, devolvendo-os ao sangue. Assim, os rins contribuem para a manutenção da composição química do meio interno.

O volume de água eliminado pela urina é também controlado pelo **hormônio antidiurético (ADH** – do inglês, *AntiDiuretic Hormone*), também conhecido como vasopressina. Produzido pelo hipotálamo e liberado pela porção posterior da hipófise, atua nas paredes dos túbulos coletores, aumentando a permeabilidade à água.

O ADH promove a reabsorção de água, que é enviada de volta para os capilares sanguíneos. A secreção de ADH é inibida em temperaturas baixas (em dias frios a diurese é maior), pelo álcool e pela cafeína.

Saiba mais!

Desidratação

Quando a perda de água ultrapassa sua ingestão, começa a se instalar no corpo um estado de desidratação. No início, a pele e os músculos fornecem o líquido para os órgãos vitais. Persistindo a falta de água, ocorre a redução do líquido que banha as células dos tecidos (líquido intersticial) e, além disso, a água do plasma (constituinte do sangue) também começa a sofrer redução, tornando o sangue cada vez mais concentrado.

O equilíbrio da água no organismo é obtido pela sua ingestão, manifestada pela sede, pela água produzida pelo metabolismo e pela água contida nos alimentos. Em contrapartida, as perdas de água ocorrem através da pele, dos pulmões, do tubo digestivo e, claro, via sistema urinário.

Em condições normais, as perdas diárias médias são as seguintes: 800 a 1.200 mL pela vaporização da pele e dos pulmões, 1.000 mL pela urina e de 100 a 200 mL via fezes. É evidente que o débito de perda de água apresenta-se grandemente aumentado em temperaturas elevadas e com o exercício físico (a transpiração aumenta), podendo a perda chegar a mais de 2 litros por hora. É por esse motivo que os maratonistas não correm agasalhados e a cada etapa vencida do percurso eles se hidratam.

18-3. Manutenção da homeostase

Não é somente a remoção de excretas que contribui para a manutenção da homeostase. A regulação do teor de água do organismo, mantendo-a em níveis constantes, também é fundamental para a sobrevivência.

Nos vertebrados terrestres, a manutenção do equilíbrio hídrico foi uma das conquistas evolutivas mais importantes na adaptação ao meio. Embora não haja mais trocas osmóticas de água pela pele, que em muitos deles é impermeável à água, há o risco de desidratação por conta de outros mecanismos, como sudorese, evaporação respiratória, fezes e urina. Essa água deve ser reposta por ingestão (o que inclui a existente nos alimentos) e/ou pela água gerada no próprio metabolismo celular.

Você na net!

É impossível vivermos sem rins, mas às vezes pode ocorrer que a filtragem do sangue por esses órgãos não é a adequada para nossa vida. Pesquise em *sites* confiáveis o que é a diálise e como esse recurso auxilia a sobrevivência dos pacientes renais.

ATIVIDADES

A CAMINHO DO ENEM

1. É sabido que, nos animais, as trocas gasosas respiratórias envolvem a participação de alguns mecanismos, nos quais ocorre o envolvimento de diferentes estruturas, muitas delas exclusivas de representantes de determinados grupos. Assim, as trocas gasosas respiratórias que ocorrem em uma minhoca diferem das que ocorrem nos peixes, nos insetos e nos vertebrados, como o homem, por exemplo. Ao responder a uma questão sobre o assunto, um estudante relatou corretamente que, nos:

a) insetos adultos, as trocas respiratórias ocorrem pela superfície corporal, enquanto no homem elas ocorrem por meio de pulmões alveolares.
b) anelídeos, as trocas respiratórias ocorrem pela superfície corporal, enquanto nos peixes elas ocorrem com a participação de traqueias.
c) insetos adultos, as trocas respiratórias ocorrem com a participação de traqueias, enquanto nas minhocas elas ocorrem pela superfície corporal.
d) nos peixes, as trocas gasosas respiratórias ocorrem, sobretudo, pela superfície corporal, ao contrário do que ocorre com a minhoca, que se utiliza de brânquias na execução dessa função metabólica.
e) no homem, as trocas gasosas respiratórias ocorrem com a participação de alvéolos pulmonares, do mesmo modo que ocorre nos insetos adultos, que são animais que vivem exclusivamente em meio aéreo.

2. (Enem) O deserto é um bioma que se localiza em regiões de pouca umidade. A fauna é, predominantemente, composta por animais roedores, aves, répteis e artrópodes.

Uma adaptação, associada a esse bioma, presente nos seres vivos dos grupos citados é o(a)

a) existência de numerosas glândulas sudoríparas na epiderme.
b) eliminação de excretas nitrogenadas de forma concentrada.
c) desenvolvimento do embrião no interior de ovo com casca.
d) capacidade de controlar a temperatura corporal.
e) respiração realizada por pulmões foliáceos.

3. (Enem) O "The Kidney Project" é um projeto realizado por cientistas que pretendem desenvolver um rim biônico que executará a maioria das funções biológicas do órgão. O rim biônico possuirá duas partes que incorporam recentes avanços de nanotecnologia, filtração de membrana e biologia celular. Esse projeto significará uma grande melhoria na qualidade de vida para aquelas pessoas que dependem da hemodiálise para sobrevivência.

Adaptado de: <https://pharm.ucsf.edu>. *Acesso em:* 26 abr. 2019.

O dispositivo criado promoverá diretamente a

a) remoção de ureia.
b) excreção de lipídios.
c) síntese de vasopressina.
d) transformação de amônia.
e) fabricação de aldosterona.

4. (Enem) Durante uma expedição, um grupo de estudantes perdeu-se de seu guia. Ao longo do dia em que esse grupo estava perdido, sem água e debaixo de sol, os estudantes passaram a sentir cada vez mais sede. Consequentemente, o sistema excretor desses indivíduos teve um acréscimo em um dos seus processos funcionais.

Nessa situação, o sistema excretor dos estudantes:

a) aumentou a filtração glomerular.
b) produziu maior volume de urina.
c) produziu urina com menos ureia.
d) produziu urina com maior concentração de sais.
e) reduziu a reabsorção de glicose e aminoácidos.

TESTE SEUS CONHECIMENTOS

1. (UFCG – PB) O processo de troca gasosa (aquisição de gás oxigênio e eliminação de gás carbônico), ou seja, a respiração, ocorre de várias maneiras entre os animais. São conhecidos 4 mecanismos básicos: respiração tegumentar ou cutânea, branquial, traqueal e pulmonar. De acordo com esses tipos de respiração, relacione-os aos respectivos organismos, podendo ocorrer mais de um mecanismo para o mesmo animal.

A) tegumentar ou cutânea — (1) peixes
B) branquial — (2) minhocas
C) traqueal — (3) cão
D) pulmonar — (4) mosca

Indique a associação correta:

a) A-2; B-1; C-4; D-1; D-3.
b) A-1; A-2; B-2; C-3, D-4.
c) A-4; B-1; C-2; D-3; D-2.
d) A-2; B-1; C-2; C-3; D-4.
e) A-3; B-4; C-4; D-2; D-1.

2. (UCS – RS) A evolução deu origem a vários tipos de sistema respiratório. A maior parte deles atua em conjunto com os sistemas circulatórios, permitindo o contato do meio exterior com o meio interior de cada célula, com **EXCEÇÃO** do(s) sistema(s)

a) branquial.
b) branquial e tegumentar.
c) traqueal e cutâneo.
d) traqueal.
e) cutâneo.

3. (Unesp) Para simular o sistema respiratório humano, um aparato com duas bexigas representando os pulmões, uma membrana elástica representando o músculo diafragma e um tubo flexível em forma de "Y", representando a traqueia e os brônquios, foi montado dentro de um recipiente plástico que representava a caixa torácica. Na Figura 1, as bexigas estão vazias. Deslocando-se a membrana elástica para baixo, as bexigas se enchem, conforme a Figura 2.

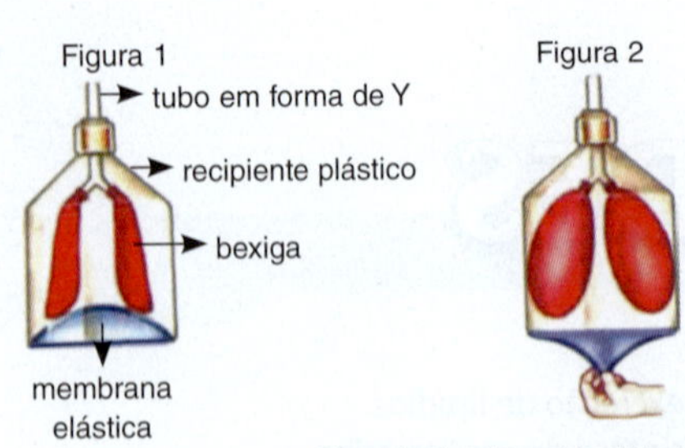

Adaptado de: <https://pt.slideshare.net>.

Em uma analogia entre esse aparato e o sistema respiratório humano, o deslocamento da membrana elástica para baixo corresponde:

a) à contração do diafragma, que aumenta o volume da caixa torácica, fazendo com que a pressão interna dos pulmões fique maior do que a pressão ambiente.
b) à contração do diafragma, que diminui o volume da caixa torácica, fazendo com que a pressão interna dos pulmões fique menor do que a pressão ambiente.
c) à contração do diafragma, que aumenta o volume da caixa torácica, fazendo com que a pressão interna dos pulmões fique menor do que a pressão ambiente.
d) ao relaxamento do diafragma, que aumenta o volume da caixa torácica, fazendo com que a pressão interna dos pulmões fique maior do que a pressão ambiente.
e) ao relaxamento do diafragma, que aumenta o volume da caixa torácica, fazendo com que a pressão interna dos pulmões fique menor do que a pressão ambiente.

4. (UVV – ES) Todos os animais dependem de nutrientes orgânicos para o seu metabolismo, cuja oxidação nas células utiliza oxigênio. A tomada de oxigênio e a remoção do gás carbônico caracterizam a respiração. Nos animais de complexa organização, a distância entre as células e o meio é fator limitante para as trocas gasosas, daí as diversas adaptações representadas pelos órgãos respiratórios que facilitam o processo. Independentemente do tipo de organização, uma característica básica é mantida: as trocas gasosas se realizam por difusão através de superfícies finas, úmidas e permeáveis.

Adaptado de: LOPES, S.; ROSSO, S. *Bio*. v. único – terceira parte. São Paulo: Saraiva, 2014. p. 757-760.

Observe o esquema abaixo que representa os órgãos respiratórios de quatro organismos:

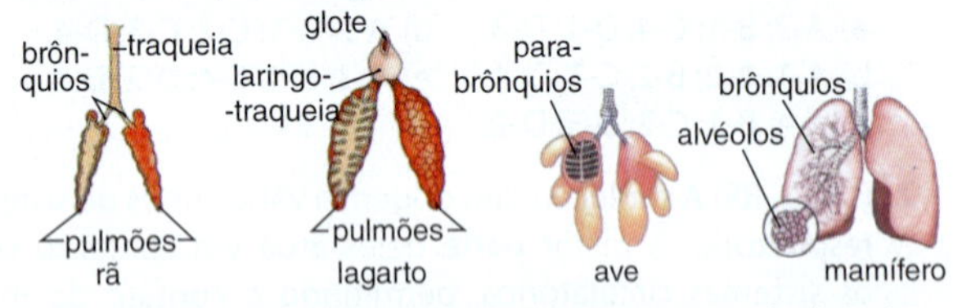

Adaptado de: HICKMAN, C. P. *et al. Princípios integrados de Zoologia*. 11. ed. Rio de Janeiro: Guanabara Koogan, 2004. p. 661.

Considere seus conhecimentos sobre anatomia e fisiologia comparada e assinale a afirmativa correta.

a) Os pulmões dos anfíbios são saculiformes e com poucas divisões internas. O ar chega com auxílio do movimento das costelas desenvolvidas, que muito auxiliam no processo respiratório.
b) Os pulmões dos répteis apresentam maior número de divisões internas, assemelham-se às aves e aos mamíferos que, como regra geral, usam costelas e músculos do tronco no processo de inspiração e expiração.
c) As aves, que apresentam pulmões semelhantes aos dos mamíferos, ricos em ramificações e associados a sacos aéreos, necessitam de vários ciclos de inspiração e expiração para movimentar uma só massa de ar.
d) A maioria dos mamíferos apresenta um processo que envolve também a participação do diafragma, músculo exclusivo do processo respiratório do homem e dos vertebrados superiores, já que o pulmão não é elástico.
e) Nos organismos pulmonados, a renovação do ar, no interior dos pulmões ou na ventilação pulmonar, pode ocorrer de várias maneiras, como, por exemplo, pela difusão dos gases nas trocas cutâneas.

5. (FGV – SP) A tabela mostra a composição gasosa no ar inspirado e no ar expirado por uma pessoa.

GASES	% NO AR INSPIRADO	% NO AR EXPIRADO
Nitrogênio (N_2)	79,0	79,0
Oxigênio (O_2)	20,9	14,0
Dióxido de carbono (CO_2)	0,03	5,6

AMABIS, J. M.; MARTHO, G. R. *Biologia*. São Paulo: Moderna, 2009.

Com base na fisiologia humana, é correto afirmar que:

a) as porcentagens de gás nitrogênio inspirado e expirado são iguais, pois o consumo e a produção desse gás são equivalentes no metabolismo celular.
b) a maior porção do gás oxigênio inspirado é utilizada como fonte de energia no metabolismo respiratório mitocondrial.
c) o aumento da porcentagem de dióxido de carbono no ar expirado decorre do metabolismo celular para produção de energia.
d) as diferenças das porcentagens no ar inspirado e no ar expirado são justificadas devido à conversão de gás oxigênio em gás carbônico na respiração celular.
e) a diminuição da porcentagem de gás oxigênio no ar expirado se relaciona com a utilização dos átomos de oxigênio para a síntese de biomoléculas.

6. (Unicamp – SP) O uso de cigarros eletrônicos é crescente entre jovens. Na composição desses cigarros encontramos propilenoglicol, glicerol, água, nicotina e flavorizantes, que são aquecidos e vaporizados para inalação.

Um estudo foi desenvolvido com animais experimentais expostos a três fatores distintos: ar ambiente, nicotina e cigarro eletrônico. Constatou-se que a exposição à nicotina e ao cigarro eletrônico causa aumento da área de espaço aéreo alveolar e redução das paredes alveolares, em comparação com o grupo exposto ao ar ambiente. Adicionalmente, o grupo exposto ao cigarro eletrônico apresentou maior redução no número de capilares alveolares, mesmo quando comparado ao grupo exposto à nicotina. A conclusão indicou um prejuízo mais significativo para as trocas gasosas e perfusão de sangue pulmonar no grupo exposto ao cigarro eletrônico.

As imagens a seguir são fotomicrografias que representam, em mesma escala, os alvéolos pulmonares dos animais dos grupos estudados, mostrando o espaço aéreo alveolar; as setas representam o número de capilares alveolares.

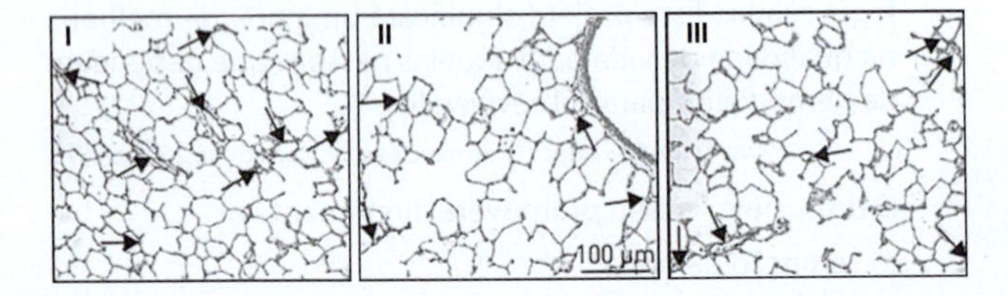

O gráfico ao lado mostra dados quantitativos referentes à área de espaço aéreo alveolar e à contagem de capilar.

REINIKOVATE, V. *et al. European Respiratory Journal*, Sheffield, v. 51, n. 4, p. 170166, abr. 2018.

Considerando os resultados mencionados acima, assinale a alternativa que relaciona corretamente o painel da fotomicrografia e os dados gráficos do grupo exposto ao cigarro eletrônico.

a) II-B b) II-C c) III-B d) III-C

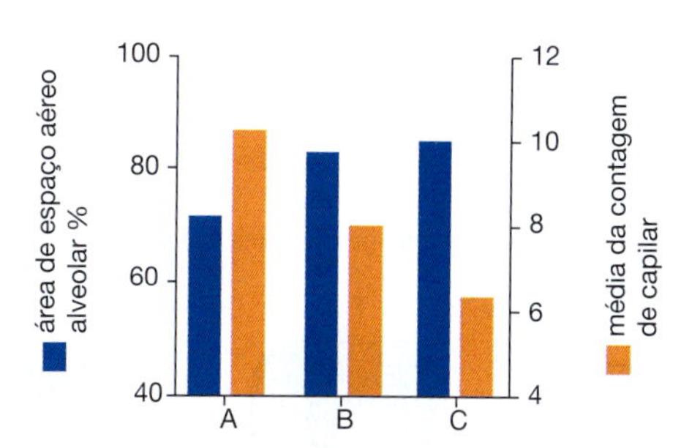

---

7. (Fuvest – SP) Analise a resposta imunológica à infecção do organismo pelo coronavírus do tipo SARS-CoV-2, associado à COVID-19, a variação na quantidade de vírus no organismo, os sintomas (quando presentes) e as possibilidades de diagnóstico da infecção por dois métodos (X e Y) ao longo de 20 dias após a infecção.

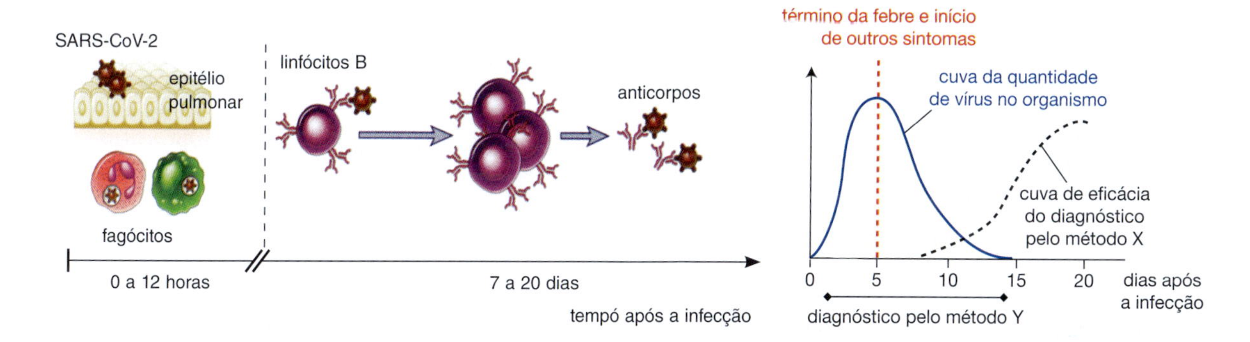

Adaptado de: (1) ABBAS, R. *et al. Imunologia celular e molecular*, 2011.
(2) BRAS, J. *Patol. Med. Lab. Disponível em:* <https://doi.org/10.5935/1676-2444.20200049>.

a) Cite uma função da febre nos primeiros 5 dias da infecção por SARS-CoV-2.

b) Dos métodos citados, identifique e justifique aquele mais indicado para o diagnóstico da infecção por SARS-CoV-2 pela presença de anticorpos. Segundo o gráfico apresentado, em qual dia após a infecção o diagnóstico será mais preciso utilizando este método?

c) A resposta imunológica à infecção por SARS-CoV-2 pode causar inflamação pulmonar. Isso resulta em acúmulo de líquido nos pulmões, o que prejudica a troca gasosa, diminuindo a saturação de oxigênio no sangue. Como o acúmulo de líquidos nos pulmões interfere na troca gasosa? O que acontece com o pH do sangue quando ocorre diminuição da saturação de oxigênio?

8. (USF – SP) A silicose é uma pneumoconiose (doença pulmonar provocada pelo acúmulo de poeira nos pulmões) causada pela inalação de partículas de sílica. A sílica (ou óxido de silício) é o principal componente da areia e matéria-prima para a fabricação do vidro e do cimento. As consequências da inalação dessa substância (principalmente se muito duradoura) limitam muito a capacidade respiratória da pessoa afetada, com repercussão em outras funções orgânicas, sobretudo cardíaca. A silicose é, pois, uma doença profissional e geralmente afeta os mineiros que trabalham em túneis e galerias e todas as demais pessoas expostas ao pó de sílica. A sílica se deposita nos alvéolos pulmonares, causando graves danos a eles e levando a uma fibrose pulmonar nodular irreversível.

a) O acúmulo de sílica nas células dos alvéolos pulmonares provoca a autólise dessas células. Qual é a estrutura citoplasmática diretamente envolvida nesse processo?

b) Com o tempo, a silicose provoca a formação de grandes áreas de fibrose pulmonar, causando insuficiência pulmonar. Justifique a razão pela qual a silicose pode ter como consequência uma insuficiência cardíaca.

9. (UPF – RS) Além de manterem o balanço de sais e água, os animais precisam eliminar de seu fluido extracelular os produtos do metabolismo. Proteínas e ácidos nucleicos, por exemplo, contêm nitrogênio e, por isso, sua metabolização gera produtos nitrogenados, além de água e dióxido de carbono. Os animais excretam tais produtos nitrogenados de diferentes formas.

Assinale a alternativa que relaciona **corretamente** os grupos de animais ao principal tipo de produto nitrogenado que excretam.

	ANIMAIS	PRINCIPAL PRODUTO NITROGENADO EXCRETADO
a)	Insetos, répteis e aves	Ácido úrico
b)	Mamíferos e anfíbios adultos	Amônia
c)	Invertebrados aquáticos e peixes ósseos	Ureia
d)	Aves, répteis e mamíferos	Ácido úrico
e)	Mamíferos e aves	Ureia

10. (CESVA – RJ) A figura a seguir ilustra os resíduos nitrogenados mais comuns eliminados pelos animais.

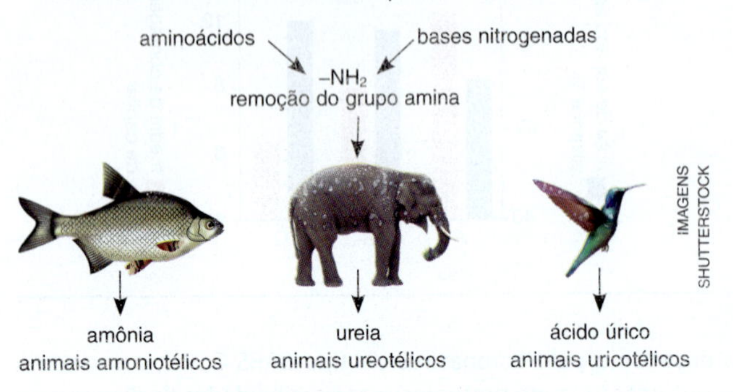

Adaptado de: <http://www.fcav.unesp.br/Home/departamentos/tecnologia/luciamariacararetoalves/ciclo-n-e-fbn.pdf>. *Acesso em:* 15 set. 2016.

Além da classe *Mammalia* presente na figura, são também animais ureotélicos:

a) invertebrados aquáticos e crocodilianos.
b) insetos e répteis.
c) répteis e anfíbios na fase larvária.
d) peixes ágnatos e insetos.
e) anfíbios adultos e tubarões.

11. (FCISB – SP) O metabolismo celular modifica, quebra e produz novas moléculas essenciais para a manutenção da homeostase no organismo. Os animais adquirem diferentes moléculas orgânicas por meio da alimentação e geram produtos como proteínas, ácidos nucleicos, lipídios, carboidratos e diferentes tipos de excretas. As figuras exemplificam alguns animais e suas respectivas excretas nitrogenadas.

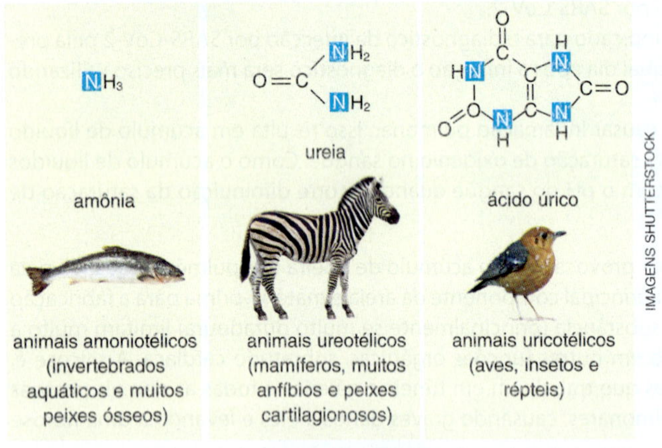

Adaptado de: SADAVA, D. *et al. Vida:* a ciência da Biologia, 2009.

De acordo com as informações dadas e os conhecimentos sobre Biologia, é correto afirmar que:

a) a excreção de amônia pelos animais aquáticos é uma adaptação por este composto apresentar baixa solubilidade em água.
b) a ureia é a menos tóxica das excretas nitrogenadas e requer pouca água para ser eliminada, o que resulta em uma urina mais concentrada quando comparada com a urina das aves.
c) o ácido úrico, eliminado pelas aves, insetos e répteis apresenta maior toxicidade quando comparado com a amônia e a ureia.
d) a amônia é a excreta nitrogenada mais tóxica, razão pela qual os mamíferos rapidamente a convertem em ureia, que será eliminada na urina.
e) a excreção de ácido úrico é uma adaptação dos animais terrestres, pois este composto apresenta baixa toxicidade e alta solubilidade em água.

12. (UVV – ES) Segundo estimativas da OMS (Organização Mundial da Saúde), as doenças renais atingem mais de 500 milhões de pessoas no mundo. No Brasil, cerca de dois milhões de pessoas são afetadas e, com bases nos dados do Ministério da Saúde, 60% não sabem que têm o problema. O agravamento da doença pode até levar à morte. Conforme informações do Ministério da Saúde, em 2006, foram registrados 11.099 óbitos por insuficiência renal.

Disponível em: <www.who.int/countries/bra>. *Acesso em:* 4 jul. 2016.

A figura, a seguir, representa os componentes de um néfron humano:

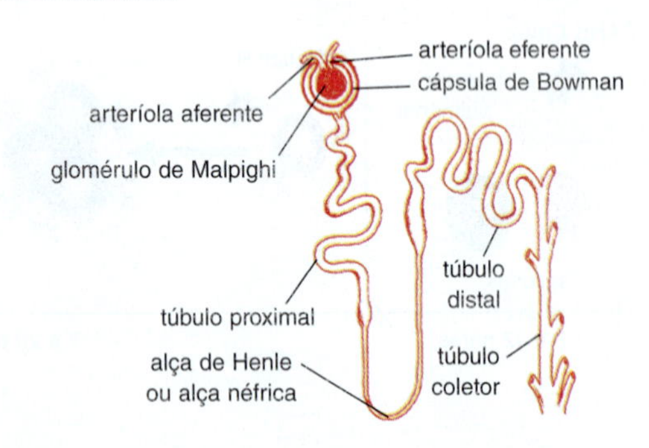

Analise as afirmativas a seguir:

I. Do metabolismo das proteínas, resultam as excretas nitrogenadas como ureia, ácido úrico e amônia. A ureia apresenta o maior grau de toxicidade e a mais baixa solubilidade, o que implica a necessidade de grandes volumes de água para sua diluição e excreção. A excessiva perda de água representa desvantagem aos organismos com excretas desse tipo, tais como os mamíferos.
II. No glomérulo de Malpighi, localizado na cápsula de Bowman, ocorre a filtração do sangue. No túbulo proximal, ocorre a reabsorção de alguns elementos úteis ao organismo, contidos no filtrado glomerular.
III. Em razão da alta pressão do sangue no glomérulo, parte do plasma sanguíneo sai dos capilares para a cápsula renal. O líquido que fica no interior da cápsula é denominado filtrado glomerular ou urina inicial, e esse processo é denominado filtração.

Está(ão) correta(s):

a) I e II, apenas.
b) I e III, apenas.
c) apenas II.
d) II e III, apenas.
e) apenas I.

13. (USS – RJ) Admita que foram retiradas amostras dos seguintes compartimentos do corpo de um indivíduo: bexiga, filtrado glomerular, intestino delgado e sangue. Em seguida, as concentrações, em mg/mL, de ureia, proteínas e aminoácidos foram determinadas em cada amostra.

Os resultados dessa análise estão apresentados na tabela da página seguinte, em que os nomes dos compartimentos corporais de onde as amostras foram retiradas estão substituídos pelos números I a IV.

COMPARTIMENTO	CONCENTRAÇÃO (mg/mL)		
	Ureia	Proteínas	Aminoácidos
I	0,15	6,91	6,13
II	0,18	0,00	0,38
III	0,21	8,23	0,46
IV	3,72	0,00	0,00

A amostra obtida a partir do filtrado glomerular é a de número:

a) I. b) II. c) III. d) IV.

14. (Famerp – SP) Na figura, as letras U, W, X, Y e Z indicam algumas das principais regiões que integram o néfron humano.

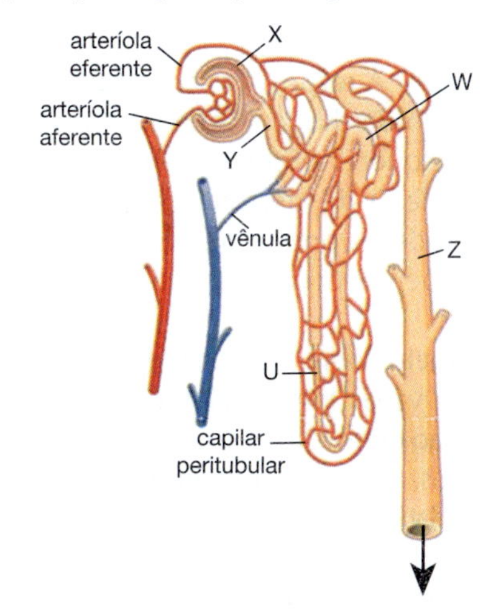

Adaptado de: <https://socratic.org>.

Considerando a fisiologia do néfron de uma pessoa saudável, na região:

a) Z ocorre a reabsorção de grande quantidade de água para o sangue, facilitada pela ação de um hormônio produzido no hipotálamo.
b) Y existem as mesmas substâncias que são encontradas no plasma sanguíneo, como proteínas, glicose, água e sais.
c) X ocorre a filtração glomerular, que depende da diferença de pressão osmótica entre as artérias e a cápsula.
d) U ocorre a reabsorção de sais minerais, glicose, aminoácidos, ureia e água por transporte ativo.
e) W existem substâncias como os íons e os elementos figurados do sangue, que são reabsorvidos por osmose.

15. (FMP – RS) Os rins podem excretar grande quantidade de urina diluída ou pequeno volume de urina concentrada sem grandes alterações nas excreções de solutos, como sódio e potássio. As ações do hormônio antidiurético (ADH) têm papel fundamental no controle do grau de diluição ou da concentração da urina. A secreção de ADH pode ser aumentada ou diminuída por estímulos ao sistema nervoso central, bem como por diversos fármacos e hormônios.

A liberação do ADH é estimulada pelo:

a) consumo de álcool.
b) aumento da volemia.
c) vômito seguido de náusea.
d) aumento da pressão sanguínea.
e) decréscimo da osmolaridade plasmática.

16. (Unicamp – SP) Recentemente, inúmeros casos de *doping* esportivo foram noticiados, como, por exemplo, aqueles envolvendo a delegação russa nos Jogos Olímpicos do Rio de Janeiro em 2016. Um dos métodos mais utilizados no exame *antidoping* é a coleta e análise da urina de atletas, para verificação da presença de medicamentos proibidos. O composto furosemida foi banido pela Agência Mundial *Antidoping*. Sua principal ação é reduzir a reabsorção de sódio e cloro a partir da alça do néfron (alça de Henle) em direção aos vasos sanguíneos adjacentes.

Considerando essas informações e os conhecimentos sobre a fisiologia renal e a excreção em seres humanos, é correto afirmar que a furosemida.

a) diminui a produção de urina, impedindo que medicamentos proibidos sejam eliminados nas amostras a serem analisadas nos testes *antidoping*.
b) diminui a produção de amônia, mas aumenta a eliminação de medicamentos pelo rim, resultando em diluição das amostras analisadas nos testes *antidoping*.
c) aumenta a produção de urina, resultando na diminuição da concentração de medicamentos nas amostras, o que dificulta sua detecção nos testes *antidoping*.
d) aumenta a produção de ureia, o que resulta na diluição das amostras a serem analisadas nos testes *antidoping* e na diminuição da concentração dos medicamentos.

17. (Fuvest – SP) O catabolismo de proteínas e ácidos nucleicos gera grupos amino que, quando acumulados no organismo, são tóxicos e precisam ser excretados na forma de ácido úrico, amônia ou ureia.

a) Ordene ácido úrico, amônia e ureia do mais para o menos tóxico, considerando os animais em geral.
b) Dentre os três compostos, qual é o mais abundante na excreção de um peixe ósseo de água doce e qual é o mais abundante na urina do ser humano?
c) Há uma relação entre a osmolaridade sanguínea (i), a secreção do hormônio antidiurético (ADH) (ii), o volume reabsorvido de água (iii) e o volume de urina (iv). O que ocorre com os itens (i) a (iv) quando uma pessoa bebe água excessivamente? Indique se cada item "aumenta" (↑), "diminui" (↓) ou "permanece inalterado" (=).

18. (UFRGS – RS) Assinale com V (verdadeiro) ou F (falso) as afirmações abaixo, sobre a função renal e a manutenção do equilíbrio hídrico nos seres humanos.

( ) O sangue chega no glomérulo para ser filtrado através da arteríola aferente.

( ) A taxa de filtração glomerular é mantida por um mecanismo autorregulatório que contrai as arteríolas aferentes quando a pressão sanguínea diminui.

( ) A reabsorção de sódio nos rins é controlada pelos hormônios aldosterona e angiotensina.

( ) O hormônio antidiurético (ADH) é liberado pelas glândulas suprarrenais e aumenta a permeabilidade à água da membrana das células dos glomérulos.

A sequência correta de preenchimento dos parênteses, de cima para baixo, é:

a) V – V – F – V.
b) V – F – V – F.
c) F – F – V – F.
d) F – V – V – F.
e) F – V – F – V.

CAPÍTULO 19

Sistema nervoso, órgãos dos sentidos e regulação hormonal

O uso de drogas vem desde a Antiguidade e até hoje é bastante comum entre nós. Em algum momento, diferentes povos ou grupos passaram a ingerir drogas em rituais, festas ou no convívio social. Por exemplo, o hábito de ingerir bebidas alcoólicas tem mais de 8 mil anos! O problema é quando esse hábito vira vício e a pessoa passa a se orientar somente pelo uso da substância, colocando-se em situações de risco.

Mas por que adolescentes e jovens usam drogas? A resposta a tal pergunta não é simples, dada a complexidade que envolve o fenômeno da droga. Não é possível determinar um único porquê. Pode ser por curiosidade; para esquecer problemas, frustrações ou insatisfações; para fugir do tédio; para escapar da timidez e da insegurança; por acreditar que certas drogas aumentam a criatividade, a sensibilidade e a potência sexual; busca do prazer; enfrentar a morte, correr riscos; necessidade de experimentar emoções novas e diferentes. Bem, já deu para perceber que a tarefa não é fácil.

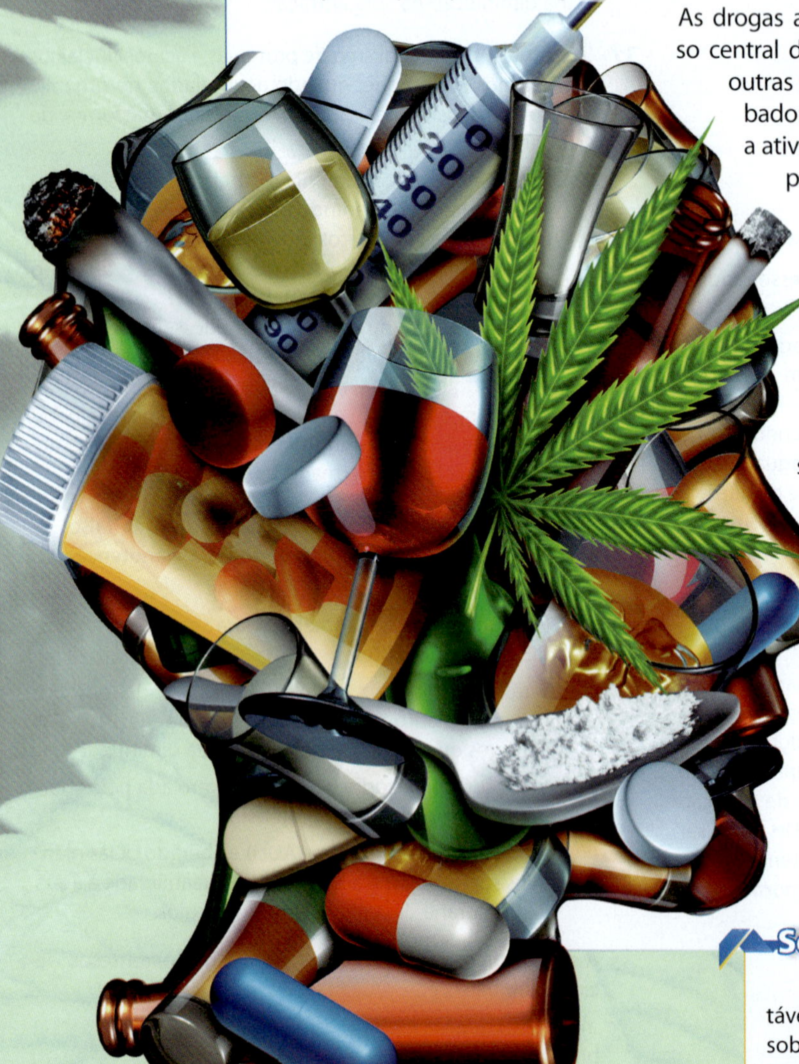

LIGHTSPRING/SHUTTERSTOCK

As drogas agem sobre a atividade do sistema nervoso central de várias formas: algumas são depressoras, outras são estimulantes e outras, ainda, são perturbadoras. As últimas modificam qualitativamente a atividade do nosso cérebro, ou seja, esse órgão passa a funcionar fora de seu normal, e a pessoa fica com a mente perturbada.

Segundo a Organização Mundial de Saúde (OMS), toda droga (inclusive o álcool e o cigarro) provoca dependência, seja psicológica e/ou física. A dependência física diz respeito a certas drogas às quais o organismo se adapta de tal forma que faz com que, quando uma pessoa para subitamente de usá-la, fique com um mal-estar físico muito grande. Já a dependência psicológica ocorre quando a droga começa a ocupar um lugar muito importante na vida de alguém, que a usa constantemente e pensa o tempo todo em quando vai poder utilizá-la. A dependência, em razão do uso de alguma substância, seja ela qual for, faz com que a pessoa perca sua autonomia e liberdade.

Adaptado de: BRASIL. MINISTÉRIO DA SAÚDE/Secretaria de Vigilância em Saúde. *Álcool e outras drogas* – adolescentes e jovens para a educação entre pares. Brasília, DF, 2010. Saúde e prevenção nas escolas.

Seu ponto de vista!

Responda para você mesmo: você se sente confortável para conversar com algum familiar e/ou professor sobre drogas, tanto as lícitas, quanto os ilícitos? Em caso negativo, por que não?

O relacionamento do organismo com o ambiente e a coordenação do trabalho dos diversos órgãos internos ficam a cargo de dois importantes sistemas: o **nervoso** e o **hormonal**. A coordenação nervosa envolve a participação das células nervosas, os chamados **neurônios**. A coordenação hormonal conta com a participação de **hormônios,** substâncias químicas que se espalham pelo sangue e conectam diversos órgãos, controlando suas ações.

19-1. Sistema nervoso

Os *cnidários*, animais de simetria radial, sem cefalização, têm o sistema nervoso mais simples entre os animais. Trata-se de rede nervosa difusa sem controle central. Dessa forma, qualquer estímulo desencadeia o movimento de todo o corpo. Com os *platelmintes* inaugura-se a simetria bilateral e a cefalização: massas globosas de neurônios localizados na cabeça, os *gânglios cerebroides*, assumem o comando dos movimentos. Em muitos invertebrados, como anelídeos e artrópodes, existem, além dos gânglios cerebroides, os chamados *gânglios* segmentares, localizados na porção ventral e distribuídos ao longo dos segmentos, coordenando movimentos e respostas do organismo de modo mais eficiente. Nos vertebrados, em contraste com os invertebrados, o sistema nervoso encontra-se localizado *dorsalmente* e protegido por estruturas esqueléticas, o crânio e a coluna vertebral (veja a Figura 19-1). O sistema nervoso nos seres humanos possibilitou a aquisição de características inexistentes nos demais vertebrados, como capacidade de discernimento e raciocínio lógico, favorecendo a expansão pelo ambiente, típica da espécie humana.

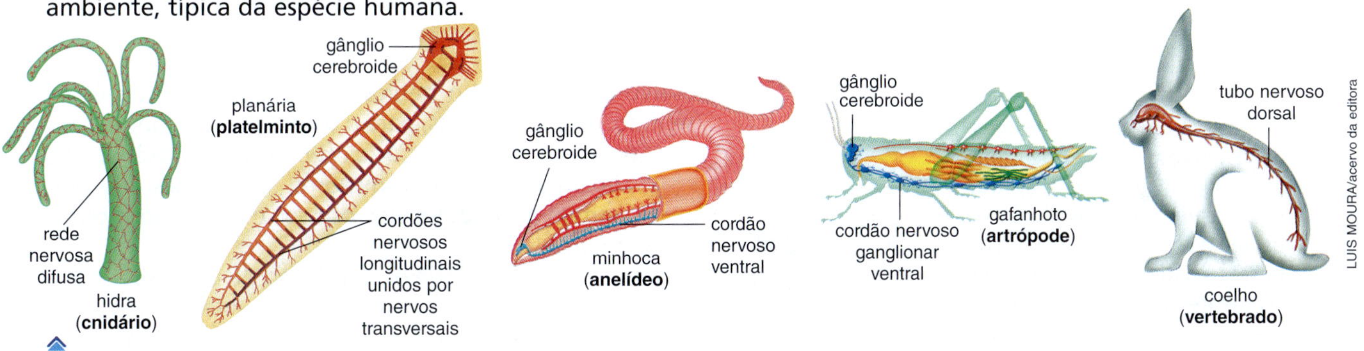

Figura 19-1. Evolução do sistema nervoso nos animais, culminando com o sistema nervoso dos vertebrados, altamente complexo. (Cores-fantasia. Ilustrações fora de escala.)

Neurônio

O neurônio, a célula comum a todo e qualquer sistema nervoso existente no reino *Animalia*, assemelha-se, em sua função, a um fio condutor de eletricidade. Três componentes chamam a atenção: os **dendritos**, o **corpo celular** e o **axônio** (também conhecido como fibra nervosa). Os dendritos constituem locais de captação dos estímulos. No corpo celular estão localizados o núcleo e a maior parte dos orgânulos celulares (veja a Figura 19-2).

O axônio é o eixo de condução das mensagens geradas no corpo celular. Os axônios e os dendritos podem apresentar um revestimento externo lipídico, conhecido como **bainha de mielina**. Decorrente do enrolamento de células especiais ao redor desses prolongamentos, essa bainha funciona como material isolante, como nos fios elétricos encapados. Os neurônios mielinizados conduzem impulsos nervosos mais rapidamente que os não mielinizados.

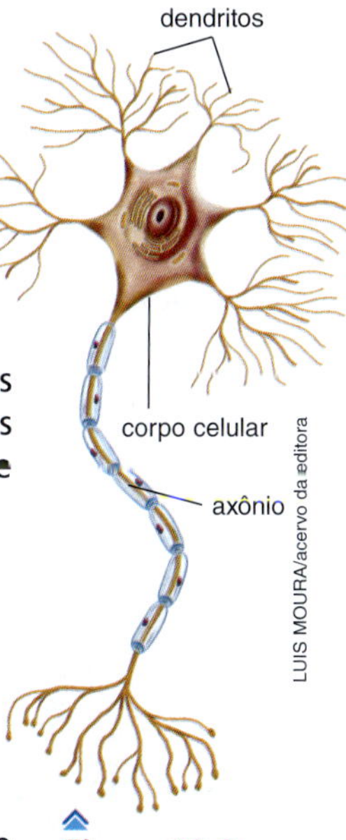

Figura 19-2. Um tipo de neurônio. (Cores-fantasia.)

Impulso nervoso

O neurônio, no estado de repouso, apresenta-se polarizado, isto é, a membrana plasmática é carregada positivamente do lado externo e negativamente do lado interno, devido à diferença de concentração de íons sódio e potássio dentro e fora da célula e ao predomínio de íons negativos (ânions orgânicos, HCO_3^-, Cl^-) dentro dela. Essa diferença, conhecida como **diferença de potencial**, é mantida à custa de ATP, pois o sódio é ativamente retirado da célula, enquanto o potássio é "puxado" para dentro dela.

Ao potencial da célula em repouso é dado o nome de **potencial de membrana** ou **potencial de repouso**. Quando, de alguma maneira, se estimula o neurônio, o potencial de repouso muda bruscamente. O sódio que estava em maior concentração do lado de fora da célula penetra pela membrana – permutando-se com os íons K^+ que, agora, fazem o caminho inverso –, fazendo com que ocorra uma inversão de polaridade em um fenômeno conhecido por **despolarização** (veja a Figura 19-3). O novo potencial recebe o nome de **potencial de ação** e se propaga através da membrana do axônio na forma de um **impulso nervoso**. Nesse caso, ocorre uma mudança total na disposição das cargas elétricas, tanto fora como dentro da membrana celular: o interior da membrana se torna positivo, enquanto a parte de fora se torna negativa.

Note que a despolarização acontece aos poucos, isto é, o potencial de ação desloca-se pela membrana até alcançar a terminação do axônio (veja a Figura 19-4).

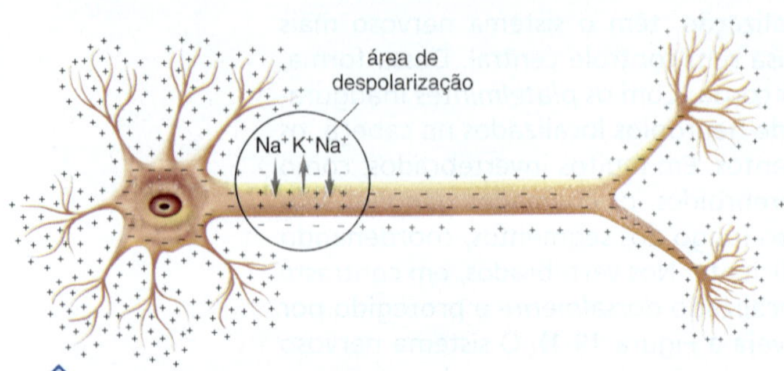

Figura 19-3. Na despolarização (potencial de ação), há passagem de íons Na^+ para o interior da célula, que fica carregado positivamente. (Cores-fantasia.)

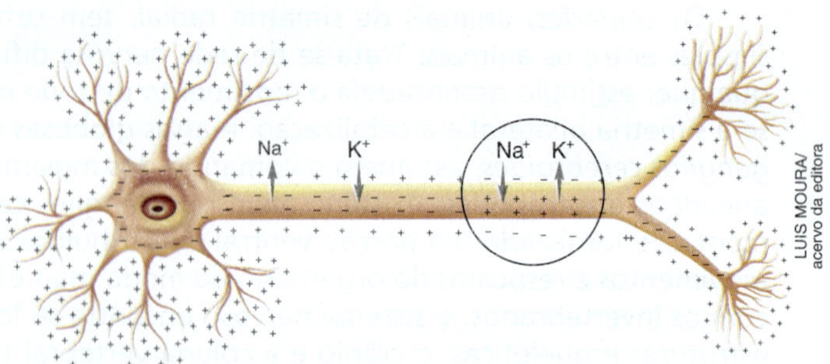

Figura 19-4. A região despolarizada já se repolarizou. A onda de despolarização caminha para a terminação do axônio. (Cores-fantasia.)

Anote!

Existe uma anomalia do sistema nervoso, conhecida como adrenolipodistrofia (ALD), que se caracteriza pela dissolução da bainha de mielina dos neurônios. Nessas condições, a pessoa inicialmente apresenta movimentos descoordenados, culminando com paralisia. Essa situação foi bem caracterizada no filme *O Óleo de Lorenzo*.

Observe que o impulso nervoso se propaga em um único sentido: do(s) dendrito(s) para o corpo celular e, deste, para o axônio. Ao chegar às extremidades do axônio, são liberados neurotransmissores, substâncias que permitem ao impulso nervoso ser transmitido a outro neurônio.

A velocidade de condução de impulsos é variável, sendo maior em neurônios mielinizados e de maior diâmetro. A mielina envolve todas as grandes fibras nervosas. É uma substância lipídica que não conduz corrente elétrica e atua como um isolante.

Nem todo estímulo que atinge o neurônio é capaz de gerar potenciais de ação, ou seja, nem todo estímulo despolariza a membrana, originando um impulso. Para que isso aconteça, é necessário que o estímulo atinja certo valor a partir do qual a despolarização seja conseguida. Esse valor é denominado **limiar de excitação** ou **de estimulação** e o estímulo leva o nome de **estímulo limiar**. Estímulos sublimiares não provocam resposta. Em resumo, ou o estímulo não consegue atingir o limiar de excitação e não gera impulso ou é suficiente para atingir o limiar e gera impulso, sendo que aumentos sucessivos da intensidade do estímulo não mudarão a magnitude ou a velocidade do impulso nem a intensidade da resposta obtida. Esse fenômeno obedece à chamada **lei do tudo ou nada**.

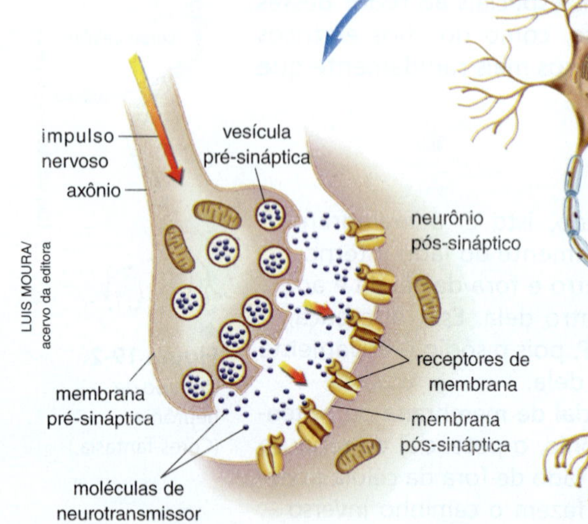

Figura 19-5. Na sinapse, uma diminuta fenda permite a liberação e a ação de mediadores químicos do axônio de um neurônio sobre o corpo celular ou dendritos de outro. (Cores-fantasia. Ilustrações fora de escala.)

Sinapses

A comunicação do axônio de um neurônio com o corpo celular ou dendritos do outro, ou mesmo com a membrana de uma célula muscular, ocorre por uma região conhecida como **sinapse** (do grego, *synapsis* = = ação de juntar). Nesta, uma diminuta fenda sináptica de aproximadamente 20 nm separa as duas células (veja a Figura 19-5).

A mensagem do axônio é liberada na forma de **mediadores químicos**, também conhecidos como **neurotransmissores** ou **neuro-hormônios**, substâncias químicas que entram em contato com receptores localizados nas membranas pós-sinápticas e desencadeiam uma alteração no comportamento do segundo neurônio ou célula muscular. Os neurotransmissores mais conhecidos no sistema nervoso dos vertebrados são a **acetilcolina** e a **noradrenalina** (ou **epinefrina**).

Anote!

Além da acetilcolina e da noradrenalina (ou epinefrina), vários outros neurotransmissores são hoje conhecidos. Entre eles, podemos citar as dopaminas e as endorfinas. Teores aumentados de dopaminas podem estar relacionados à esquizofrenia, enquanto a diminuição é comum nos casos de mal de Parkinson. Endorfinas são neurotransmissores associados ao aprendizado e à memória, sendo também ativas em ocasiões em que se realizam exercícios físicos. Também se relacionam à supressão da dor de cabeça.

Organização do sistema nervoso

Dois grandes componentes fazem parte do sistema nervoso humano: sistema nervoso central (SNC) e sistema nervoso periférico (SNP).

O sistema nervoso central é formado pelo **encéfalo** e pela **medula espinhal**. O encéfalo é composto de vários órgãos, entre eles os dois **hemisférios cerebrais** (conjuntamente conhecidos como "cérebro"), o **diencéfalo**, o **cerebelo** e o **bulbo**. O encéfalo e a medula espinhal são os locais para onde são encaminhadas todas as informações captadas pelo organismo, quer se originem no meio externo, quer surjam no próprio organismo. São também os centros de processamento dessas informações e de elaboração de respostas.

O sistema nervoso periférico inclui os **receptores** espalhados pelo corpo, além dos **gânglios nervosos** e **todos os nervos** que chegam aos órgãos centrais trazendo informações ou que deles se originam, levando respostas.

Em resumo, o sistema nervoso compreende, de acordo com sua localização:

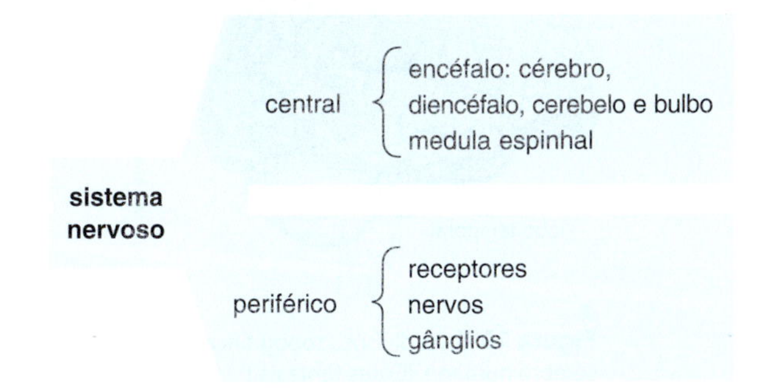

Sistema nervoso central (SNC)

Nosso SNC é protegido por caixas ósseas. O **crânio** envolve o encéfalo, enquanto a medula espinhal corre pelo interior dos orifícios existentes nas vértebras da **coluna vertebral**. **Meninges** (do grego, *meningos* = = membrana) são membranas semelhantes a capas que envolvem os órgãos do sistema nervoso central. A mais externa, em contato com as caixas ósseas, é a **dura-máter**. A intermediária é a **aracnoide**. A interna, em contato direto com os delicados órgãos centrais, é a **pia-máter**. Entre a aracnoide e a pia-máter existe um espaço no qual corre o líquido cefalorraquidiano (ou cerebroespinhal), o líquor.

A seguir, estudaremos os principais órgãos do SNC.

Anote!

A meningite meningocócica é uma doença na qual as meninges são atingidas por meningococos, bactérias que provocam infecção e inflamação das meninges.

Bulbo

O bulbo (ou medula oblonga) é o órgão que está em contato direto com a medula espinhal, é via de passagem de nervos para os órgãos localizados mais acima (veja a Figura 19-6). No bulbo estão localizados corpos celulares de neurônios que controlam funções vitais, como os batimentos cardíacos, o ritmo respiratório e a pressão sanguínea. Também contém corpos celulares de neurônios relacionados ao controle da deglutição, da tosse e do vômito.

Cerebelo

Órgão que regula o equilíbrio e a postura corporal no ambiente. Está ligado a receptores periféricos, localizados no ouvido interno (labirinto), que enviam mensagens aos centros de controle do equilíbrio localizados no cerebelo. O sucesso de um equilibrista que cruza dois prédios, apoiado em um simples fio esticado entre eles, depende de uma boa atividade cerebelar.

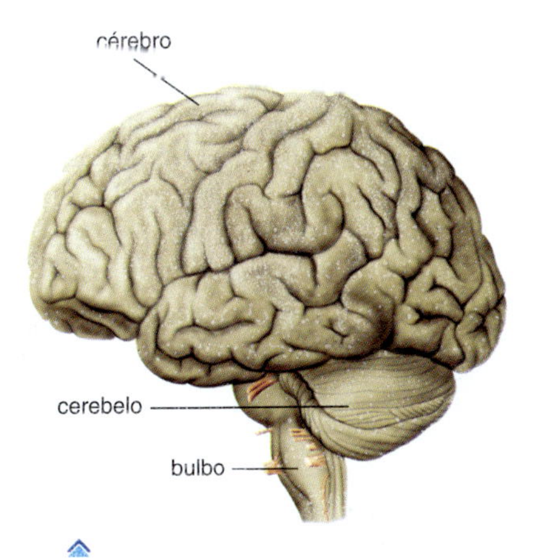

LUIS MOURA/acervo da editora

Figura 19-6. Principais órgãos do sistema nervoso central. (Cores-fantasia.)

Estabelecendo conexões!

Animais que sobem em árvores, voam, nadam e executam complexas atividades que requerem um perfeito equilíbrio durante os movimentos corporais possuem *cerebelo* bem desenvolvido. É o que acontece com as aves, os peixes e os mamíferos. Lesões no cerebelo de uma ave, por exemplo, conduzem à total incapacidade de voar.

Anfíbios e répteis em geral, que passam a maior parte do tempo imobilizados, possuem cerebelo pouco desenvolvido.
GUALBERTO BECERRA/SHUTTERSTOCK

O bem desenvolvido cerebelo do cavalo é responsável por todas as funções de locomoção, equilíbrio e coordenação do animal.
LONG
NATURSPORTS/SHUTTERSTOCK

Diencéfalo

Órgão encefálico formado principalmente pelo **tálamo** e **hipotálamo** (veja a Figura 19-7).

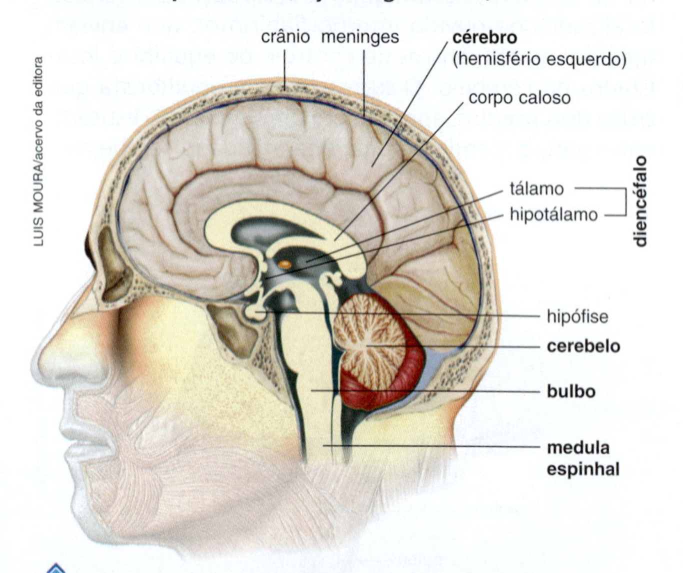

Figura 19-7. Principais estruturas do sistema nervoso central. Observe que o crânio é uma caixa óssea que protege o encéfalo. A hipófise é uma glândula que pertence ao sistema hormonal. (Cores-fantasia.)

A principal função do tálamo é servir de centro de reorganização dos estímulos vindos da periferia e do tronco cerebral. Do tálamo partem axônios que vão efetuar ligações com outros centros superiores, notadamente o córtex cerebral.

O hipotálamo contém centros de controle da temperatura corporal, do apetite, da sede, do sono e de certas emoções. Principal intermediário entre o sistema nervoso e o sistema hormonal, o hipotálamo está ligado à hipófise, principal glândula endócrina. Quando o hipotálamo detecta alterações no corpo, libera neurotransmissores que atuam sobre a hipófise. Por sua vez, esta libera ou inibe a secreção de seus próprios hormônios que regulam diversas atividades metabólicas.

Cérebro

É o centro do intelecto, da memória, da consciência e da linguagem. Controla as nossas sensações e funções motoras. Cerca de 70% das células nervosas do encéfalo estão localizadas no cérebro, a parte mais desenvolvida do nosso sistema nervoso e que é separada em dois hemisférios, unidos um ao outro por uma região conhecida como corpo caloso. Cada hemisfério cerebral, por sua vez, possui inúmeras invaginações chamadas **sulcos**.

Sulcos mais profundos dividem cada hemisfério em quatro regiões denominadas **lobos:** o *frontal*, o *parietal*, o *temporal* e o *occipital* (veja a Figura 19-8). O sulco central é o mais acentuado e separa os lobos frontal e parietal.

Córtex cerebral

A superfície do cérebro, de 2 mm a 4 mm de espessura, é conhecida como **córtex cerebral** e consiste em várias camadas de corpos celulares de milhões de neurônios, dando a essa região uma coloração acinzentada, de onde vem a denominação *substância* (ou *massa*) *cinzenta* do cérebro.

As fibras (axônios e dendritos) dos neurônios que saem e chegam ao córtex cerebral estão localizadas mais internamente e constituem a *substância* (ou *massa*) *branca* do cérebro, em função da existência de mielina que envolve essas fibras.

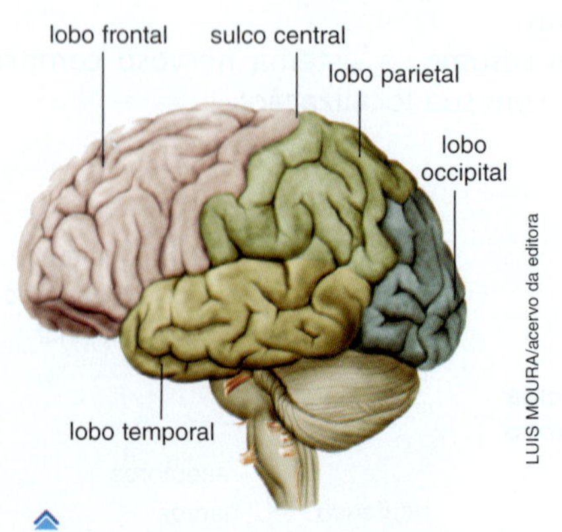

Figura 19-8. As divisões topográficas do cérebro humano. (Cores-fantasia.)

Saiba mais!

As áreas funcionais do cérebro

O córtex dos lobos cerebrais é o local de controle das atividades vitais – sensoriais e motoras – do nosso organismo.

CÓRTEX DO LOBO	REGULA A(S)
Frontal	Emoções e a agressividade.
Parietal	Informações sensoriais relacionadas a calor, frio, pressão e toque.
Vários lobos	Memória, fala, aprendizagem, linguagem, comportamento e personalidade.
Occipital	Visão.
Temporal	Audição.

Medula espinhal

Cortada transversalmente, a medula espinhal revela uma estrutura em forma de H que corresponde à substância cinzenta e onde estão localizados corpos celulares de neurônios. Externamente a esse H medular fica a substância branca, composta de fibras mielinizadas que levam informações às partes superiores do SNC e de outras fibras que trazem as respostas destinadas aos órgãos motores (veja a Figura 19-9). Note que a disposição interna da substância cinzenta e externa da substância branca é o oposto da encontrada no cérebro.

Ao longo da medula, há 31 pares de nervos. Cada nervo está ligado à medula como um "Y", isto é, apresenta duas raízes: uma *raiz dorsal* na qual existe um gânglio (dilatação), que contém os corpos celulares de neurônios sensoriais provenientes da periferia do corpo, e uma *raiz ventral* pela qual emergem feixes de axônios de neurônios motores, cujos corpos celulares estão situados na substância cinzenta da medula. Essas duas raízes se juntam formando o "cabo" único do "Y", percorrido tanto pelos feixes sensitivos como pelos feixes motores.

Figura 19-9. Medula espinhal: note o H medular e as raízes dorsal e ventral dos nervos medulares. As meninges (pia-máter, aracnoide e dura-máter) protegem a medula espinhal. No espaço da aracnoide corre o líquor. (Cores-fantasia.)

Sistema nervoso periférico (SNP)

É a parte do sistema nervoso localizada fora do encéfalo e da medula espinhal. É constituído por **receptores sensoriais, nervos e gânglios.** Os receptores estão espalhados pelo corpo e sua função é captar informações originadas do ambiente ou de órgãos internos. Essas informações são passadas para neurônios sensoriais que entram na medula espinhal pela raiz dorsal. A medula espinhal processa a informação e dela emergem, pela raiz ventral, neurônios motores, que atingirão órgãos musculares, provocando a movimentação do organismo.

A porção do sistema nervoso periférico que regula o nosso contato com o meio externo e a movimentação da musculatura esquelética de todo o corpo (com o encéfalo e a medula) constitui o **sistema nervoso somático**, também conhecido como **sistema nervoso voluntário, não autônomo** ou **da vida de relação**.

É a porção do sistema nervoso que nos põe em contato com o mundo, com a realidade das coisas. Costuma-se dizer que essa porção do nosso sistema nervoso regula as ações que estão sob o controle da nossa vontade, ou seja, ações voluntárias.

O trabalho das glândulas do nosso corpo e dos órgãos dos sistemas digestivo, circulatório, respiratório e excretor é regulado pela porção do sistema nervoso periférico conhecida como **sistema nervoso autônomo**. Costuma-se dizer que essa porção do nosso sistema nervoso regula as ações que não estão sob controle da nossa vontade, ou seja, as ações involuntárias. É importante ressaltar que os centros de controle autônomo situam-se no sistema nervoso central, especificamente na base do encéfalo e na medula.

Sistema nervoso somático

Vários nervos (sensoriais, motores ou mistos) fazem parte do sistema nervoso somático. Do encéfalo, cerca de **doze pares** de nervos, conhecidos como **nervos cranianos**, inervam a cabeça e o pescoço (órgãos dos sentidos, musculatura, dentes, faringe). Alguns desses nervos são formados apenas por fibras sensitivas (como o olfativo); outros são formados por fibras motoras (como o motor ocular, por exemplo) e há, ainda, os mistos (como o facial, por exemplo). O décimo par de nervos cranianos, chamado nervo vago, constitui uma exceção no conjunto de nervos cranianos por conter apenas fibras envolvidas com controle involuntário: inerva os pulmões, coração, esôfago, estômago e intestino. Já os **nervos medulares (raquidianos** ou **espinhais)** são em número de **trinta e um pares** e todos são mistos, isto é, formados por feixes de fibras sensoriais e motoras. Porém, ainda nesse caso, esses nervos também servem como vias para a saída de fibras do sistema nervoso autônomo, que partem dos centros localizados na medula.

Sistema nervoso autônomo (SNA)

Anote!

Quando você fica na frente de um aparelho de TV acionando o controle do seu *videogame*, você está pondo em funcionamento o seu sistema nervoso somático. Quando, porém, se trata de estimular o seu estômago a produzir suco digestivo para atuar nos alimentos que você comeu, entra em ação o sistema nervoso autônomo.

Ansiedade

Emoções como medo e ansiedade estão relacionadas com a ação do sistema nervoso. Leia o QR Code abaixo e conheça essa relação.

O sistema nervoso autônomo controla as atividades involuntárias, como, por exemplo, os batimentos cardíacos, peristaltismo do tubo digestório etc.

A respiração, digestão, circulação, excreção e reprodução funcionam perfeitamente bem, sem nenhum esforço consciente. Portanto, todos os órgãos desses aparelhos estão sob controle do **sistema nervoso autônomo**. No entanto, o termo autônomo pode dar a impressão de que funciona independentemente do controle do sistema nervoso central, o que nem sempre é verdade. Quando interrompemos os movimentos respiratórios durante um mergulho, estamos exercendo um controle voluntário sobre uma função que, *a priori*, é comandada pelo SNA.

O sistema nervoso autônomo divide-se em dois ramos: **simpático** e **parassimpático**. Ambos são formados por nervos, sendo que os nervos simpáticos liberam noradrenalina como mediador químico nas sinapses, enquanto os nervos parassimpáticos liberam acetilcolina. Seus efeitos são opostos: assim, por exemplo, o efeito da estimulação simpática acelera o ritmo do músculo cardíaco, enquanto a estimulação do parassimpático provoca uma diminuição do ritmo cardíaco.

Os centros de controle do simpático situam-se na medula e, do parassimpático, nas partes do encéfalo mais próximas da medula (como, por exemplo, o bulbo) e na porção sacral da própria medula.

A maioria dos principais órgãos internos do corpo está inervada por nervos dos dois sistemas. Observe na Tabela 19-1 as principais funções do sistema nervoso autônomo e repare que nem sempre os nervos simpáticos são estimuladores e os parassimpáticos inibidores; é o caso do peristaltismo, em que o simpático provoca diminuição e o parassimpático, aumento do processo. Os efeitos do simpático fazem-se notar especialmente nas situações de emergência e de estresse.

Tabela 19-1. Principais ações dos sistemas simpático e parassimpático em alguns órgãos.

LOCAL DE ATUAÇÃO	PARASSIMPÁTICO	SIMPÁTICO
Olhos	Contrai pupila.	Dilata pupila.
Glândulas salivares	Estimula salivação.	Inibe salivação.
Coração	Retarda os batimentos.	Acelera os batimentos.
Brônquios	Contrai.	Relaxa.
Estômago e pâncreas	Estimula.	Inibe.
Fígado	Inibe a quebra de glicogênio.	Aumenta a quebra de glicogênio.
Rins		Estimula intensa constrição dos vasos sanguíneos renais, diminuindo a produção de urina.
Bexiga urinária	Contrai.	Relaxa.
Órgãos genitais	Estimula.	Inibe.

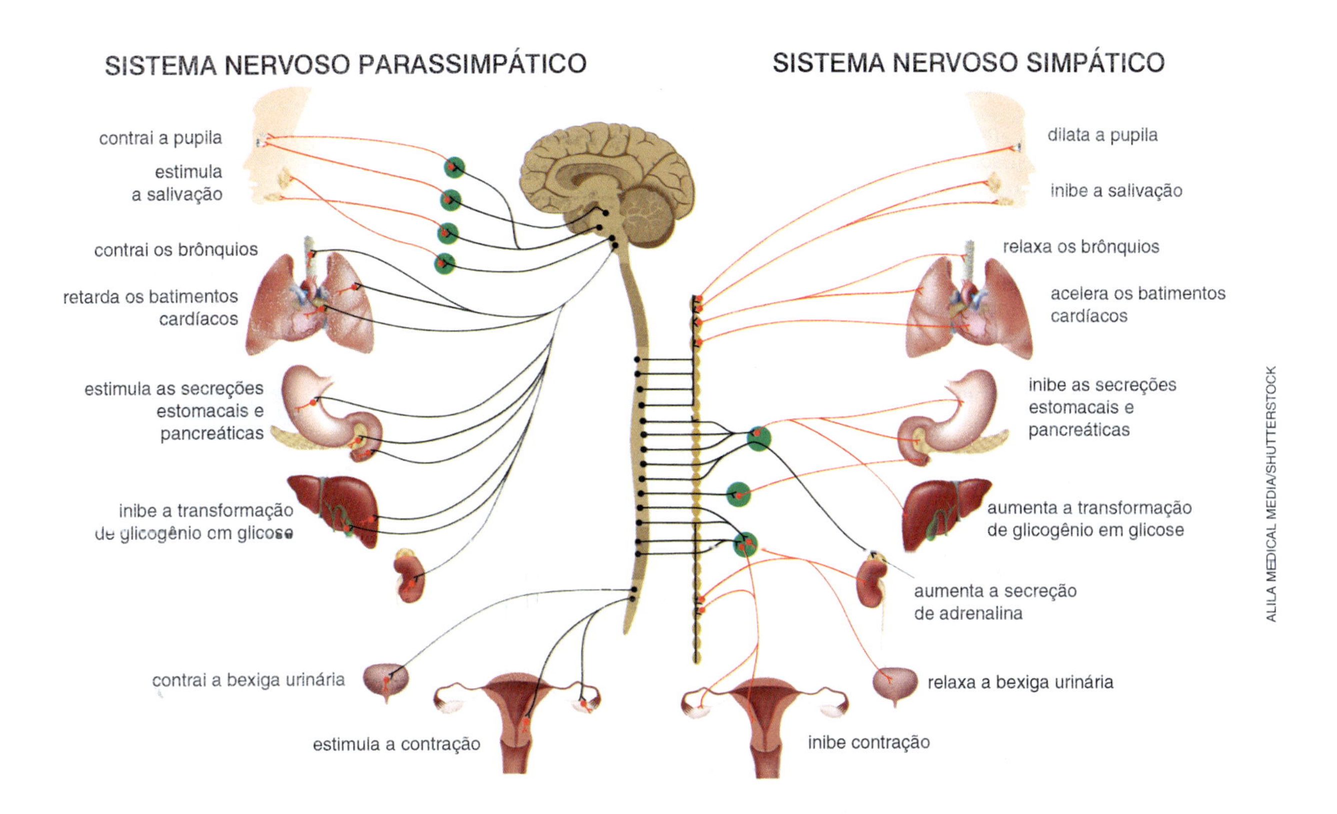

Figura 19-10. Ação do sistema nervoso simpático e do parassimpático sobre alguns órgãos. (Cores-fantasia. Ilustrações fora de escala.)

19-2. Órgãos dos sentidos

Há várias maneiras de classificar os órgãos dos sentidos. Uma delas leva em conta a localização dos estímulos:

- **receptores de contato:** informam a respeito de estímulos que incidem sobre a superfície do organismo. São enquadrados nesse tipo os receptores de pressão (táteis), térmicos (termorreceptores) e químicos (quimiorreceptores);
- **receptores de distância:** informam a respeito de estímulos que se desenvolvem sem estarem em contato direto com o organismo: luz, som e alguma substância química (olfato);
- **proprioceptores:** os que fornecem informações a respeito do próprio organismo (equilíbrio, postura, dor etc.).

Quanto aos proprioceptores, é importante lembrar a existência de receptores desse tipo em vertebrados e invertebrados.

Receptores de contato

Formados por células espalhadas ou localizadas, recebem estímulos específicos de pressão, térmicos e químicos, enviando-os a centros superiores de comando do organismo.

A língua de muitos vertebrados possui grupos de células, organizadas em *papilas gustativas* (ou gustatórias), responsáveis pelo reconhecimento do gosto de determinadas substâncias, evidentemente em solução aquosa (veja a Figura 19-11).

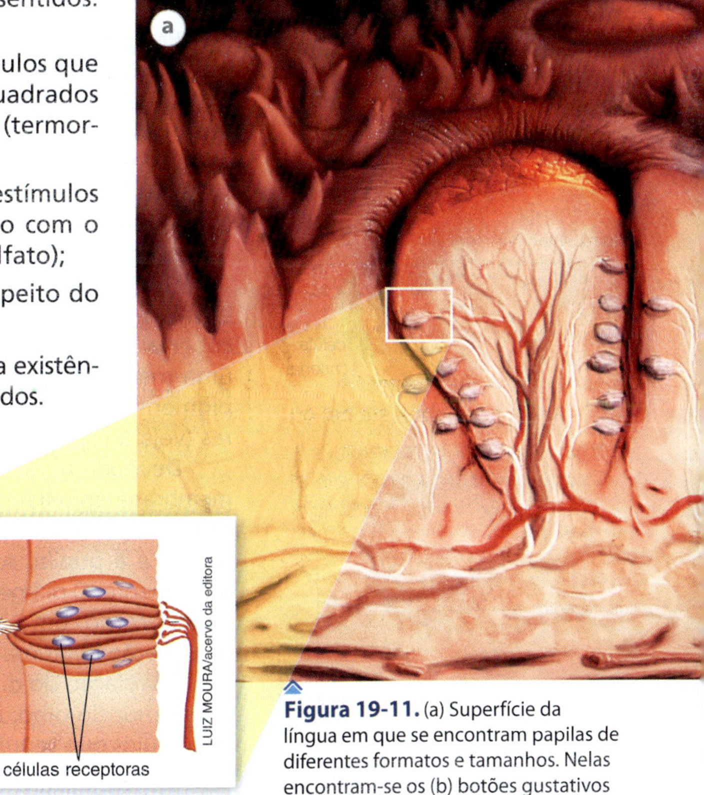

Figura 19-11. (a) Superfície da língua em que se encontram papilas de diferentes formatos e tamanhos. Nelas encontram-se os (b) botões gustativos com as células quimiorreceptoras. (Cores-fantasia. Ilustração fora de escala.)

Estabelecendo conexões!

O quinto elemento: o gosto do cérebro

Essa história de existirem apenas quatro gostos básicos sempre foi contra a intuição de que sentimos mais do que isso. De fato, os japoneses bem que sabiam, há quase cem anos, que existe um quinto gosto, além dos tradicionais doce, salgado, azedo e amargo (veja a Figura 19-12). Um gosto tão especial que o nome em japonês, de difícil tradução, acabou vingando também nas outras línguas: é o gosto "umami", que pode significar tanto "delicioso" como "pungente", "saboroso", "essencial" ou "de carne".

Mas existe uma tradução mais simples. Trata-se do gosto do glutamato, um sal encontrado nas prateleiras dos supermercados e nas mesas dos restaurantes orientais, adicionado ao tempero de macarrão instantâneo e a salgadinhos em geral. Está presente também no molho de soja e em vários alimentos, como queijo parmesão, tomate, leite, atum, frutos do mar e... no cérebro.

Sim, o cérebro não só é comestível (as versões bovina e ovina são encontradas no seu açougue favorito sob o nome pouco convidativo de "miolos", iguaria, aliás, muito apreciada pelos franceses), como também é um dos alimentos que mais contêm glutamato. Por uma razão muito simples: o glutamato é o principal neurotransmissor do cérebro, a "moeda" mais usada na troca de sinais entre neurônios.

Foi o japonês Kikunae Ikeda, da Universidade Imperial de Tóquio, quem, no início do século XX, caracterizou o gosto umami como um gosto inimitável por qualquer combinação dos quatro gostos básicos. (...)

Disponível em: <http://www.sbneurociencia.com.br/html/a15.htm>. *Acesso em:* 18 set. 2021.

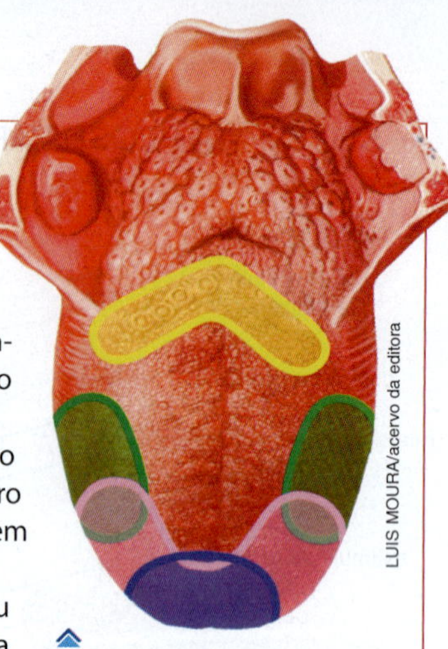

Figura 19-12. Mapeamento da língua para os sabores fundamentais: doce (em roxo), salgado (em rosa), amargo (em amarelo) e azedo/ácido (em verde).

Receptores de distância

Receptores olfativos

O epitélio olfativo localizado nas fossas nasais da maioria dos vertebrados, por exemplo, é dotado de células especializadas na captação de odores de vários tipos, mesmo em concentrações muito pequenas.

Receptores de luz

Praticamente todos os animais possuem mecanismos para reconhecer luz. Poucos, porém, têm olhos. Na base de qualquer estrutura receptora de estímulos luminosos, entretanto, existem pigmentos fotossensíveis que, ao serem atingidos por radiações de determinados comprimentos de onda, sofrem modificações energéticas, transmitindo-as a células sensitivas. Nos cnidários medusoides, encontram-se grupos de células dotadas de pigmentos que simplesmente reconhecem a existência de luz. A partir daí, na escala zoológica, observam-se estruturas cada vez mais complexas.

Sempre que existe olho na escala animal, sua estrutura assemelha-se bastante à de um cálice voltado para o interior do corpo, sendo a superfície coberta pela epiderme ou cutícula. Qualquer olho funciona como se fosse uma máquina fotográfica. Na superfície interna do cálice existem células pigmentadas ligadas a sensitivas, que levam informações a centros superiores (veja a Figura 19-13).

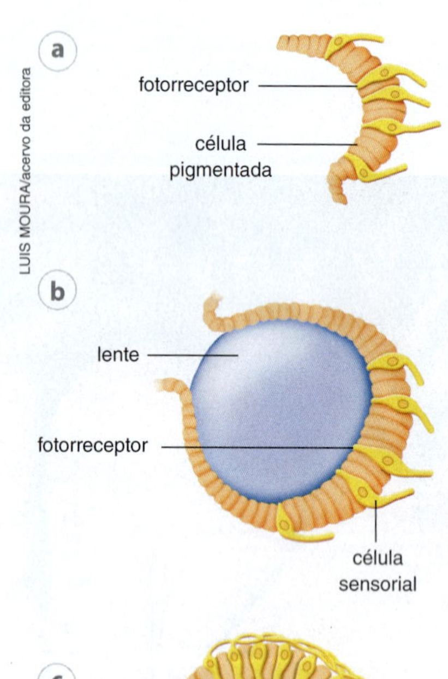

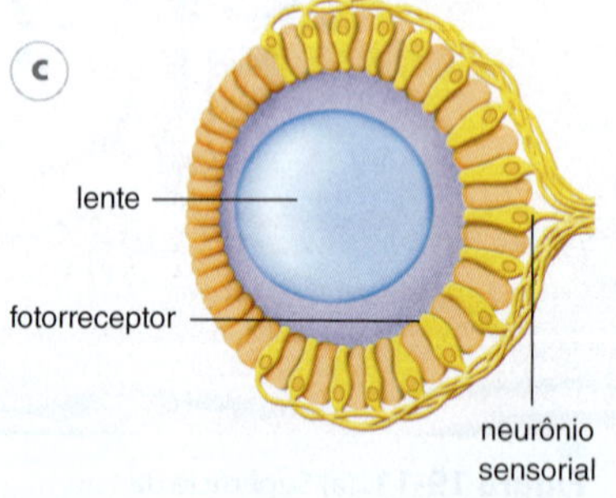

Figura 19-13. Cortes através de olhos primitivos: (a) e (b) gastrópodes; (c) oligoqueto. (Cores-fantasia. Ilustrações fora de escala.)

De modo geral, na frente do olho existe uma **córnea** (veja a Figura 19-14), membrana epitelial protetora e transparente. A seguir, há um músculo, a **íris**, que funciona como se fosse um diafragma de máquina fotográfica. O orifício central é a **pupila**. A íris possui fibras musculares lisas dispostas em círculo e radialmente. O diâmetro da pupila é regulado pela ação conjunta desses músculos, de acordo com a luminosidade do ambiente, ajustando, assim, a quantidade de radiação luminosa que incide sobre a parte sensível do globo ocular.

A variação do diâmetro da pupila regula a quantidade de luz que incide no interior do olho. Em seguida vem uma lente, o **cristalino** ou **lente**, ligada a músculos que regulam a sua curvatura, o que é importante para o mecanismo de focalização de objetos. Com a córnea e com os líquidos que existem no olho, essa lente constitui o meio a ser atravessado pela luz, no caminho em direção a uma camada contendo células pigmentadas, chamada **retina**.

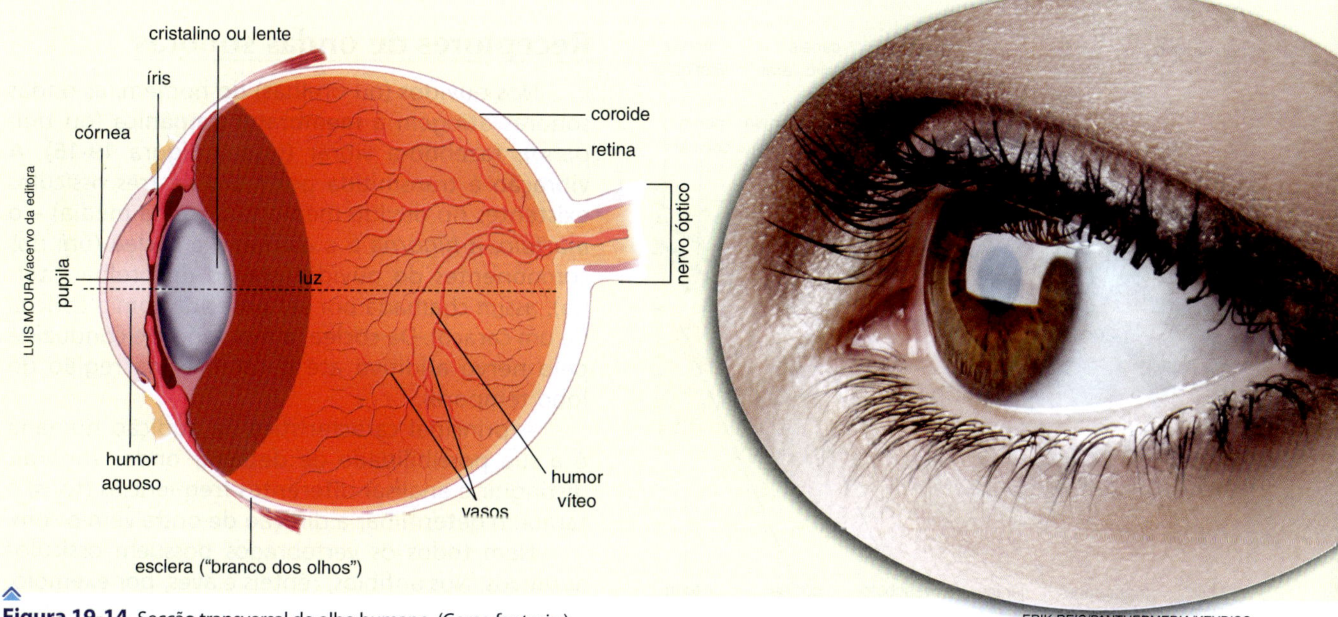

Figura 19-14. Secção transversal de olho humano. (Cores-fantasia.)

ERIK REIS/PANTHERMEDIA/KEYDISC

Na retina, dois tipos de células que contêm pigmentos em seu interior chamam a atenção: os *cones* e os *bastonetes*. Os bastonetes existem em maior quantidade na periferia da retina e são estimulados com luz de baixa intensidade. É frequente dizer que são usados para visão no escuro e não registram cores. Os cones, por sua vez, ocorrem principalmente na região central da retina e seu estímulo depende de altas intensidades luminosas, reconhecem cores e diz-se que são células utilizadas quando há claridade (veja a Figura 19-15).

Anote!

Praticamente no centro da retina há uma pequena área circular em que há grande concentração de cones e poucos bastonetes, chamada **fóvea**.

Quando os pigmentos são estimulados, eles geram modificações energéticas que são transmitidas a células sensitivas, cujos prolongamentos se reúnem, formando o **nervo óptico**. Este conecta-se com o cérebro, conduzindo os impulsos para determinada área do lobo occipital, onde as informações são decodificadas e as imagens são reconhecidas.

Observe que no ponto de onde sai o nervo óptico em direção ao cérebro não há bastonetes ou cones – portanto, nesse local não há formação de imagens, sendo chamado de **ponto cego**.

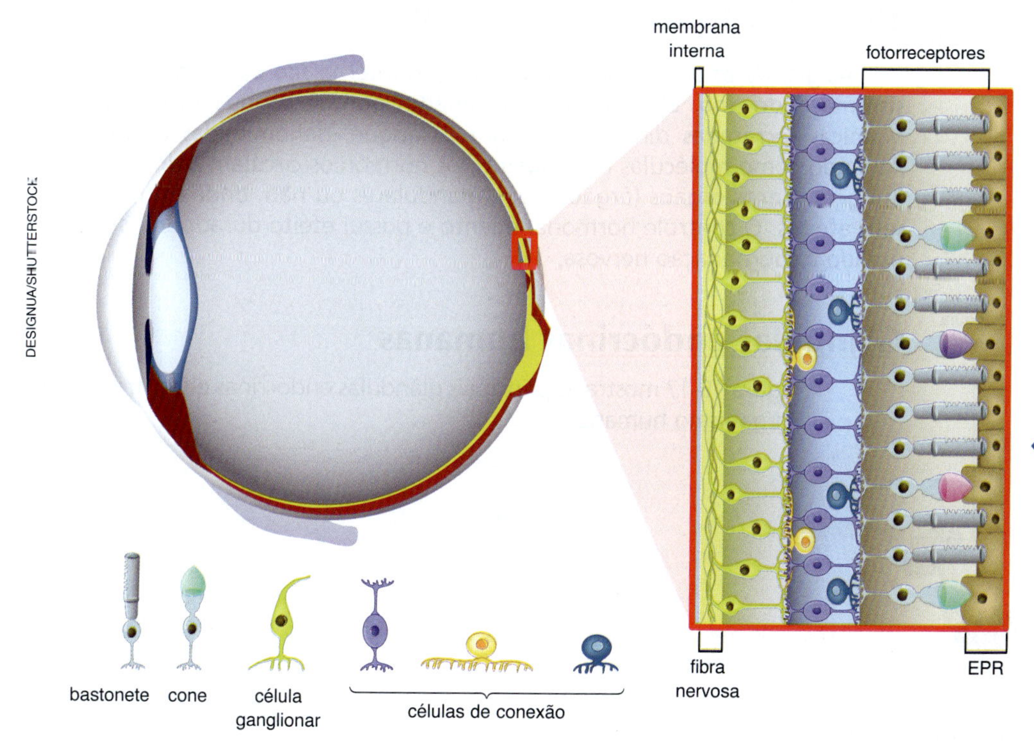

Figura 19-15. Esquema ilustrando a estrutura da retina, em que podem ser vistos o epitélio pigmentar da retina (EPR) e as células fotorreceptoras (bastonetes e cones). Os cones estão relacionados com a visão de cores, e os bastonetes auxiliam a visão em ambientes mais escuros. (Cores-fantasia.)

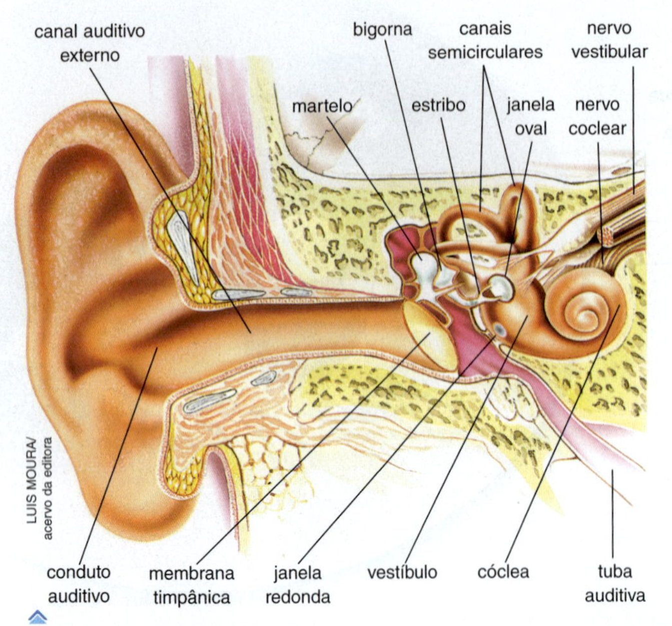

Figura 19-16. Esquema de ouvido (ou orelha) humano, destacando-se a membrana timpânica, os ossículos do ouvido médio e os componentes do ouvido interno (cóclea e canais semicirculares). (Cores-fantasia. Ilustrações fora de escala.)

Receptores de ondas sonoras

Nos ouvidos (ou orelhas) do homem, as ondas sonoras atingem a **membrana timpânica** (ou tímpano), fazendo-a vibrar (veja a Figura 19-16). A vibração é transmitida por meio de três ossículos existentes no ouvido médio (ou orelha média) – o *martelo*, a *bigorna* e o *estribo* – à **cóclea** (um dos componentes do ouvido interno ou orelha interna), assim chamada por ser parecida com a concha de um caracol. Da cóclea, a mensagem é conduzida pelo nervo auditivo até o cérebro, na região do lobo temporal.

A principal característica da audição humana é a sua possibilidade de detectar ondas sonoras, distinguir e analisar diferentes frequências (tons) e também determinar a direção de onde vem o som.

Nem todos os vertebrados possuem ossículos auditivos. Nos anfíbios, répteis e aves, por exemplo, o que existe é um osso só. Na maioria dos vertebrados, a cóclea é pouco desenvolvida, com exceção de aves e mamíferos. E quase todos possuem membrana timpânica.

Proprioceptores

Os mais importantes são os relacionados ao equilíbrio. Nos mamíferos, o ouvido interno possui, ligados à cóclea, três canais semicirculares dispostos perpendicularmente um ao outro. No interior de cada um há um líquido e concreções calcárias, os **otólitos**. Normalmente, essas pedrinhas ocupam posições características no interior dos canais. Fibras sensitivas registram as informações dos deslocamentos dos otólitos, o que pode ser obtido pela mudança de posição da cabeça. A sensação de desequilíbrio surge principalmente quando a posição normal dos otólitos é afetada.

Anote!

Glândulas exócrinas são as que produzem secreções que serão lançadas para o meio externo ou para o interior de uma cavidade, através de um ducto secretor.

19-3. Regulação hormonal

As *glândulas endócrinas* ou de *secreção interna* são os componentes do **sistema endócrino.** Elas são assim chamadas porque produzem substâncias químicas secretadas diretamente para o sangue, denominadas hormônios. Atuando como moléculas mensageiras, os hormônios circulam pelo sangue e atingem outros órgãos (órgãos-alvo), glandulares ou não, onde exercerão os seus efeitos. O controle hormonal é lento e possui efeito duradouro, se comparado à coordenação nervosa.

Glândulas endócrinas humanas

A Figura 19-17 mostra as principais glândulas endócrinas encontradas no organismo humano.

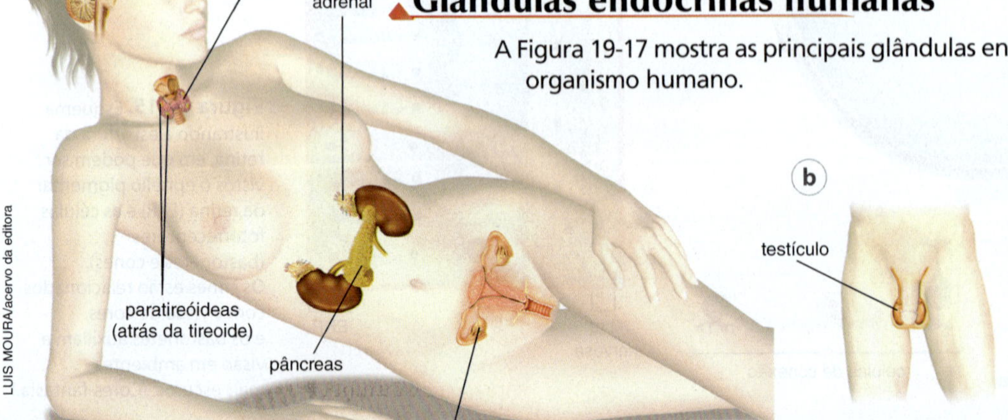

Figura 19-17. (a) As glândulas endócrinas humanas na mulher; (b) no homem, os ovários são substituídos pelos testículos. (Cores-fantasia. Ilustrações fora de escala.)

A **hipófise** ou **glândula pituitária** foi durante muito tempo considerada a glândula mestra do sistema endócrino, por controlar a atividade de outros órgãos, glandulares ou não. Sabe-se, hoje, que mesmo ela fica sob controle do **hipotálamo**, uma estrutura pertencente ao sistema nervoso central, à qual a hipófise está ligada. Esse controle é exercido por meio dos chamados *fatores de liberação* (estimulantes ou inibidores) hipotalâmicos, que regulam a síntese dos hormônios hipofisários. Na região de união entre hipotálamo e hipófise, uma rica rede de vasos sanguíneos favorece a chegada dos fatores de liberação hipotalâmicos às células hipofisárias. Daí, os diversos hormônios produzidos pela hipófise caem na corrente sanguínea e são encaminhados para os diferentes locais de ação (veja a Figura 19-18).

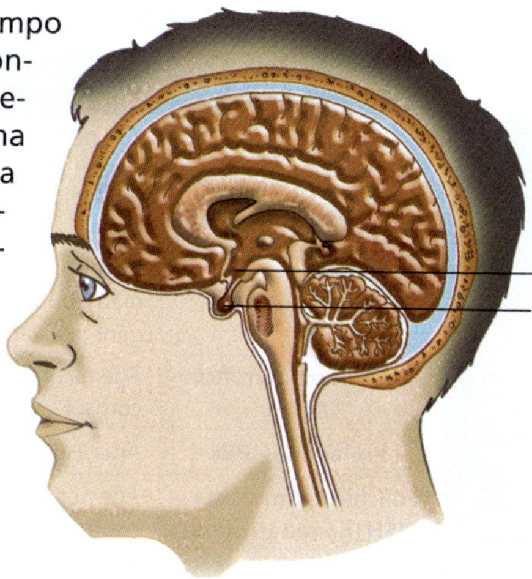

hipotálamo
hipófise
LUIS MOURA/acervo da editora

Figura 19-18. Localização do hipotálamo e da hipófise. (Cores-fantasia.)

Hipófise

Do tamanho de um grão de ervilha e localizada na base do encéfalo, a hipófise possui uma porção anterior (também conhecida como adenoipófise) e outra posterior (neuroipófise), entre as quais fica uma porção média, pouco desenvolvida na espécie humana. Os hormônios da adenoipófise são conhecidos coletivamente como *trofinas* (do grego, *trophé* = nutrição), assim chamados por atuarem estimulando a atividade de outros órgãos ou glândulas. Os hormônios da porção posterior são, na verdade, produzidos pelo hipotálamo. A Figura 19-19 e a Tabela 19-2 mostram os hormônios liberados por essas diferentes porções e seus locais de atuação.

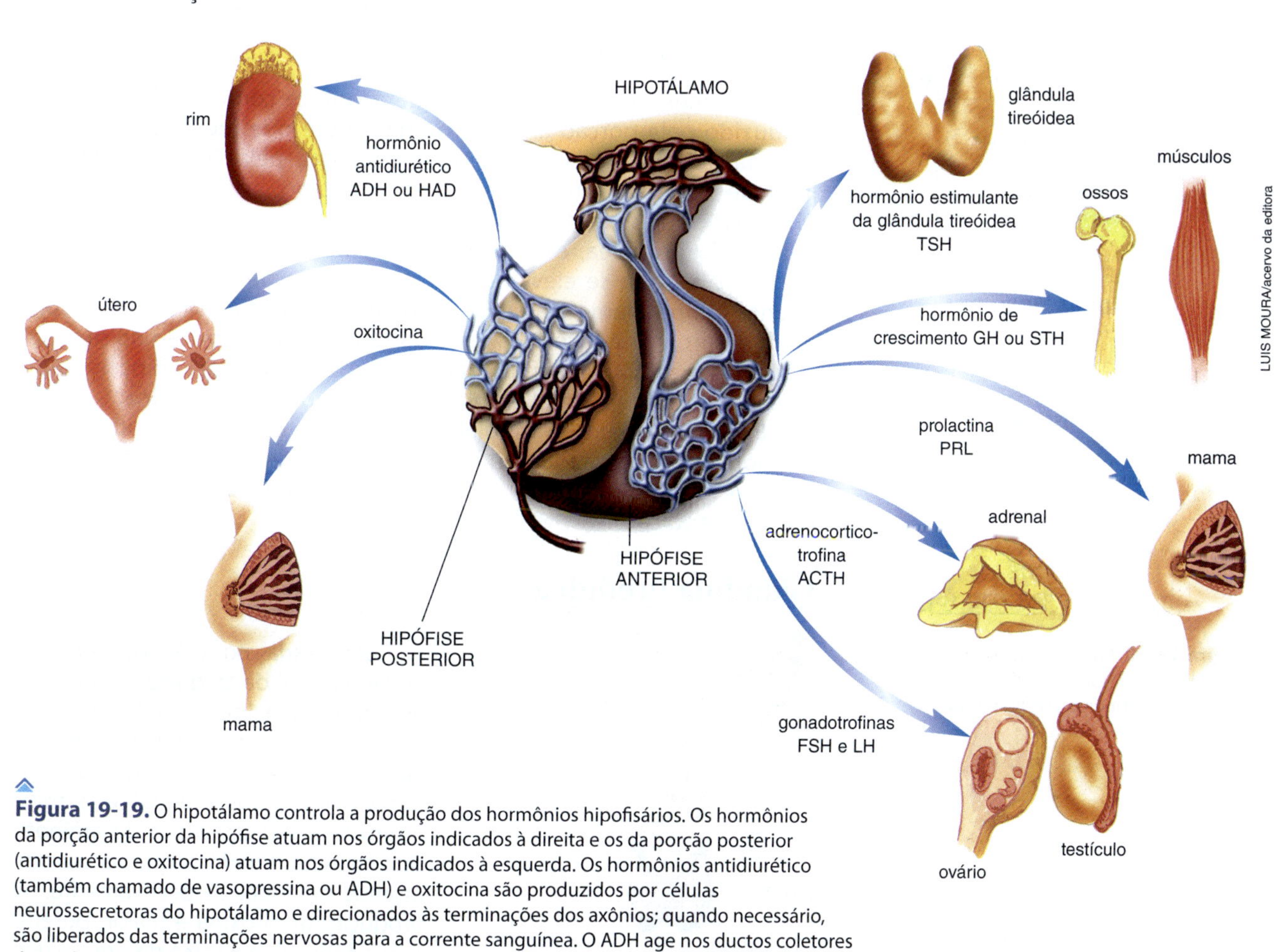

Figura 19-19. O hipotálamo controla a produção dos hormônios hipofisários. Os hormônios da porção anterior da hipófise atuam nos órgãos indicados à direita e os da porção posterior (antidiurético e oxitocina) atuam nos órgãos indicados à esquerda. Os hormônios antidiurético (também chamado de vasopressina ou ADH) e oxitocina são produzidos por células neurossecretoras do hipotálamo e direcionados às terminações dos axônios; quando necessário, são liberados das terminações nervosas para a corrente sanguínea. O ADH age nos ductos coletores dos néfrons e a oxitocina, na musculatura lisa uterina e nas glândulas mamárias. (Cores-fantasia. Ilustrações fora de escala.)

Tabela 19-2. O que saber sobre os hormônios hipofisários.

	HORMÔNIOS	ATUAÇÃO
PORÇÃO ANTERIOR	**De crescimento – GH (somatotrofina)**	Age no crescimento de vários tecidos e órgãos, particularmente ossos, como resultado da estimulação da síntese proteica (é considerado, por isso, um hormônio anabolizante). Na infância, sua deficiência leva a um quadro de *nanismo hipofisário*, provocando baixa estatura, e seu excesso leva a um quadro de *gigantismo*, caracterizado por crescimento exagerado de todo o organismo. O excesso, no adulto, provoca aumento das extremidades (mãos, pés, mandíbulas), conhecido como *acromegalia*. Atualmente, utilizando-se técnicas de engenharia genética, também é sintetizado por bactérias.
	Adrenocorticotrófico – ACTH	Age na região cortical da glândula suprarrenal (adrenal), estimulando-a a produzir os hormônios cortisol e aldosterona.
	Prolactina – PRL	Atua estimulando a produção de leite pelas glândulas mamárias, durante a lactação.
	Folículo estimulante – FSH (gonadotrofina)	Age nos ovários, estimulando o desenvolvimento dos folículos ovarianos, no interior dos quais ocorre a maturação dos óvulos. No homem, estimula a formação dos espermatozoides.
	Luteinizante – LH (gonadotrofina)	Age na ruptura dos folículos ovarianos, o que resulta na liberação do óvulo. Após a ruptura, o folículo transforma-se no corpo lúteo (corpo amarelo). No homem, age nos testículos, estimulando a síntese de testosterona (hormônio sexual masculino).
	Estimulante da glândula tireóidea – TSH (tireotrofina)	Age estimulando a síntese dos hormônios tireoidianos, os quais atuarão na regulação do metabolismo celular.
PORÇÃO MÉDIA	**Melanotrófico – MSH**	Relacionado à coloração da pele em anfíbios e répteis, principalmente em ocasiões de camuflagem ou de corte nupcial. No homem, não há função conhecida.
PORÇÃO POSTERIOR	**Oxitocina – OT e Antidiurético – ADH ou HAD**	A porção posterior libera dois hormônios que, na verdade, são produzidos pelo hipotálamo: a *oxitocina* e o *hormônio antidiurético*. O primeiro estimula a contração uterina durante o trabalho de parto e a contração dos músculos lisos das glândulas mamárias na expulsão do leite. O segundo, cuja sigla é ADH (ou HAD), atua nos túbulos renais, promovendo a reabsorção de água.

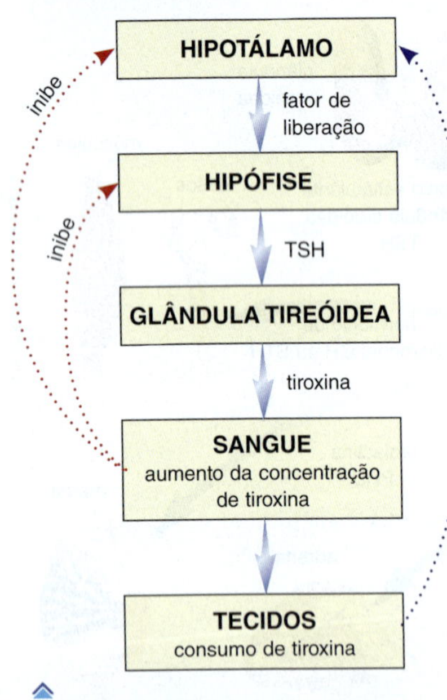

Figura 19-20. Esquema ilustrando o mecanismo de *feedback* envolvendo o controle do hormônio TSH no sangue.

Mecanismo de *feedback*

Tomemos, como exemplo, o que acontece com o TSH, hormônio produzido pela porção anterior da hipófise e que regula a síntese de tiroxina pela glândula tireóidea. Acompanhe pela Figura 19-20. Um fator de liberação, produzido pelo hipotálamo, estimula a síntese de TSH pelas células hipofisárias. Espalhando-se pelo sangue, o TSH atinge a glândula tireóidea, estimulando-a a produzir tiroxina, cuja concentração no sangue se eleva. O teor aumentado de tiroxina no sangue alcança o hipotálamo e a hipófise, inibindo a produção de TSH. O consumo de tiroxina nos tecidos faz diminuir sua concentração no sangue, o que provoca novo estímulo para produção de TSH pela hipófise que, novamente, estimula a glândula tireóidea a produzir tiroxina.

Esse mecanismo de regulação hormonal, em que a produção de hormônios por uma glândula interfere na produção hormonal por outra, é conhecido como mecanismo de *feedback* (em português, *retroalimentação*).

Glândula tireóidea

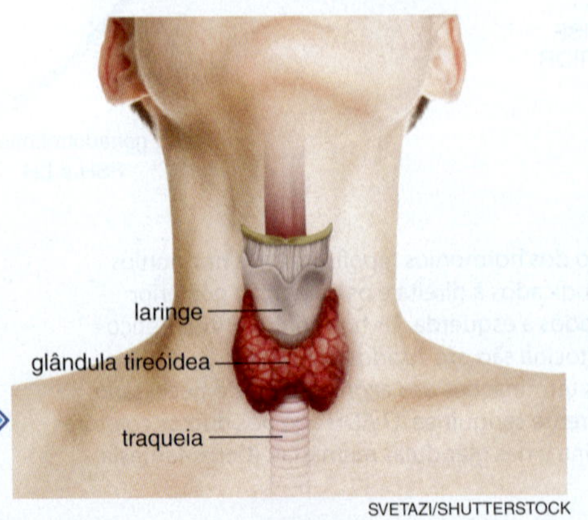

Figura 19-21. Localização da glândula tireóidea. (Cores-fantasia.)

Localizada no pescoço, junto à região ventral da traqueia, a glândula tireóidea tem a aparência de uma letra H (veja a Figura 19-21). Os hormônios produzidos por essa glândula, a *tiroxina* (tetraiodotironina) e a *triiodotironina*, são derivados do aminoácido tirosina, ligado a quatro ou três átomos de iodo, respectivamente. A produção de tiroxina é maior; porém, a triiodotironina é cerca de cinco a dez vezes mais ativa.

Esses hormônios estimulam o metabolismo. Atuam acelerando a taxa de respiração das células. Sua deficiência, na infância, leva a um quadro conhecido como *cretinismo*, em que ocorre retardamento físico e mental. No adulto, o *hipotireoidismo*, ou seja, a pequena produção dos hormônios tireoidianos, conduz a um estado de pouca atividade, sonolência e a um tipo de inchaço característico, conhecido como *mixedema*. No hipertireoidismo, em que há grande produção desses hormônios, ocorre uma aceleração do metabolismo. A pessoa fica hiperativa, tem muita fome (gasta rápido o que come), emagrece, fica nervosa, irritável, apresenta muita instabilidade emocional e o número de batimentos cardíacos aumenta.

A glândula tireóidea também produz o hormônio *calcitonina*, cuja principal função é permitir uma deposição rápida de sais de cálcio nos ossos (reduz o teor de cálcio no sangue, favorecendo a calcificação).

Você na net!

Existe uma condição, chamada bócio, em que pode ser visto um aumento exagerado da parte frontal do pescoço. Pesquise em *sites* confiáveis ou na biblioteca de sua escola, o que causa o bócio e como a legislação brasileira influi para a redução dessas ocorrências.

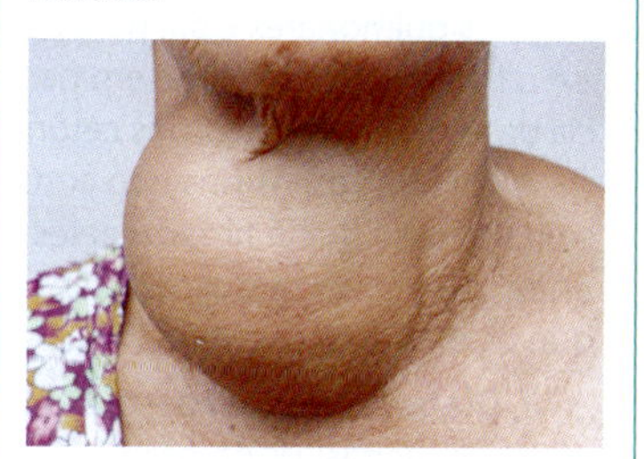
CHATUPHOT/SHUTTERSTOCK

Pâncreas

No fim do século XIX, na Alemanha, o estudante de Medicina Paul Langerhans estudava lâminas contendo cortes de tecido pancreático ao microscópio e verificou uma profusão de grupos de células pancreáticas circundadas por vasos sanguíneos. Esses agrupamentos, que mais tarde receberam o nome de **ilhotas de Langerhans** (ou ilhotas pancreáticas), são os locais de produção de dois hormônios, *insulina* (do latim, *insula* = ilha) e *glucagon*.

Em cada ilhota de Langerhans, dois tipos de célula são responsáveis pela síntese dos hormônios pancreáticos: as *células alfa*, que produzem *glucagon*, e as *células beta*, responsáveis pela síntese de *insulina*.

A insulina é um hormônio hipoglicemiante: ela facilita o ingresso da glicose existente no sangue em diversos tipos de célula, principalmente as musculares e as do fígado, onde moléculas de glicose são armazenadas sob a forma de uma substância de reserva, insolúvel, o glicogênio. O glucagon, ao contrário, é um hormônio hiperglicemiante, ao favorecer a hidrólise de glicogênio hepático, o que leva à liberação de glicose para o sangue. São, portanto, hormônios de ação antagônica (veja a Figura 19-22). O glucagon atua em condições normais; seu efeito é reforçado pela adrenalina nas situações de estresse ou emergência.

Figura 19-22. O pâncreas e sua relação com o teor de glicose no sangue. (Cores-fantasia. Ilustrações fora de escala.)

Anote!

Após uma refeição rica em carboidratos, aumenta o teor de glicose no sangue, isto é, aumenta a glicemia, provocando a liberação de insulina pelo pâncreas. A insulina favorece o ingresso da glicose nas células, principalmente musculares e hepáticas, ao mesmo tempo que estimula a formação de glicogênio, reduzindo, assim, a glicemia. Com a redução da glicemia, reduz-se o teor de insulina e tudo volta ao normal.

Em ocasiões em que você demora a fazer uma refeição, temporariamente seu sangue fica com baixa taxa de glicose, isto é, ocorre uma hipoglicemia. É normal, nessa ocasião, haver certa tontura e sonolência. De imediato, o pâncreas libera glucagon que, dirigindo-se às células hepáticas, favorece a hidrólise do glicogênio armazenado e a liberação de glicose para o sangue, regularizando a glicemia.

Saiba mais!

Diabetes melito

A insuficiente produção de insulina leva a um aumento da glicemia. Embora haja uma fartura de glicose no sangue, as células não podem utilizá-la – são obrigadas a recorrer a outros combustíveis, como, por exemplo, ácidos graxos e proteínas. Isso acarreta a formação dos chamados *corpos cetônicos*, de natureza ácida, gerando uma acidose sanguínea. Como esses corpos cetônicos são voláteis, ocorre a sua liberação para os alvéolos pulmonares e daí para o ar expirado. É comum sentir-se o hálito de maçã verde em pessoas diabéticas, consequência da eliminação de corpos cetônicos na expiração.

Por sua vez, os rins não conseguem reabsorver o excesso de glicose que é filtrado neles. Ocorre perda de glicose na urina, com grande quantidade de água, justificando a sede que os diabéticos sentem.

Diabetes e a visão – o diabetes pode afetar os olhos de várias maneiras: pode provocar a desidratação do cristalino dos olhos, causando embaçamento da vista; a catarata, devido ao acúmulo de açúcar no cristalino, tornando-o opaco; a retinopatia, em que pequenos vasos que nutrem a retina vazam, causando hemorragia, o que afeta seriamente a visão.

Diabetes e o rim – o acúmulo de glicose nos vasos sanguíneos, onde acontece a filtração, pode causar uma lesão. Isso permite que substâncias que normalmente seriam retidas passem para a urina, principalmente as proteínas, como é o caso da albumina (daí o nome de **albuminúria** para essa ocorrência).

Diabetes e o sistema cardiovascular – devido ao excesso de glicose no sangue, existe a possibilidade de ocorrer um endurecimento dos grandes vasos sanguíneos, o que pode levar o paciente a ter um acidente vascular cerebral, ataque cardíaco e problemas de circulação nas pernas. Evidentemente, nível de colesterol alto, excesso de peso e fumo aumentam mais esse risco.

Suprarrenais

As *suprarrenais*, também chamadas de *adrenais*, lembram pequenas "boinas" cobrindo o polo superior dos rins. Cada uma delas é formada por duas regiões, uma periférica – chamada *córtex* – e outra central – chamada *medula* (veja a Figura 19-23). A medula produz os hormônios *adrenalina* (ou epinefrina) e *noradrenalina* (ou norepinefrina). O córtex é estimulado pelo hormônio ACTH da hipófise e produz hormônios conhecidos como *corticosteroides*, sendo os principais a *aldosterona* e o *cortisol*. Pequenas quantidades de hormônios sexuais são também produzidas.

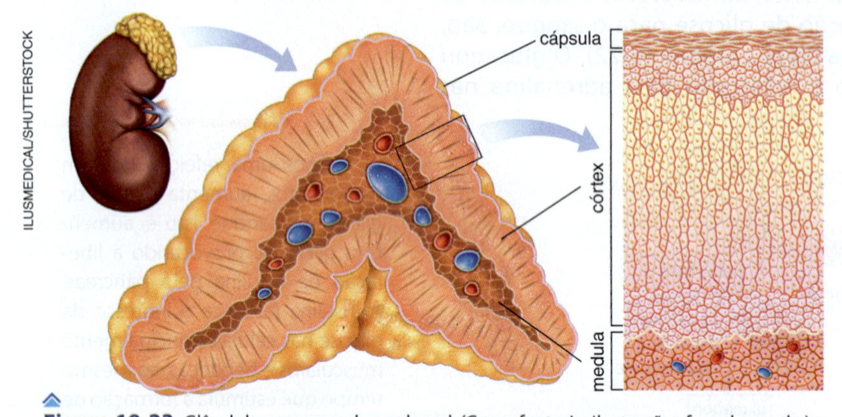

Figura 19-23. Glândula suprarrenal ou adrenal. (Cores-fantasia. Ilustrações fora de escala.)

A *aldosterona* atua nos rins, promovendo a reabsorção de íons Na^+ pelos túbulos renais, o que favorece a retenção de água nos vasos e o aumento da pressão sanguínea. Esse hormônio promove, simultaneamente, a eliminação de íons K^+. O *cortisol* (hidrocortisona) é conhecido como hormônio anti-inflamatório. Em processos como bronquites, sinusites ou alergias, ele atua promovendo a desinflamação dos tecidos, favorecendo a cura mais rápida da doença.

Glândulas paratireóideas

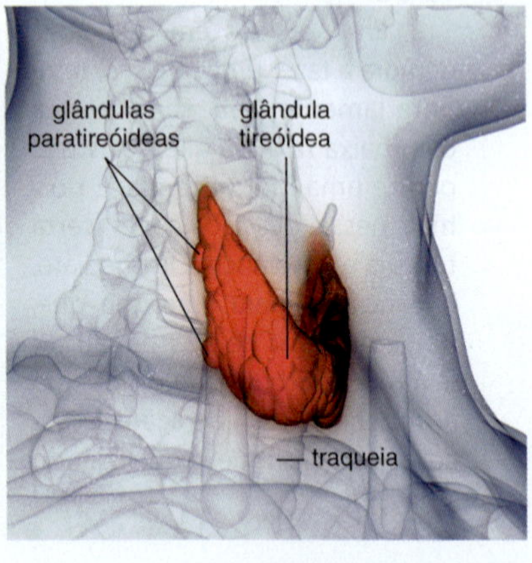

As paratireóideas são quatro ou mais pequenas glândulas localizadas atrás de cada ramo da tireoide (veja a Figura 19-24). O hormônio produzido por essas glândulas é o *paratormônio*, cuja principal função é regular o teor de cálcio no sangue. Quando, por algum motivo, o teor desse elemento no sangue é baixo, o paratormônio atua liberando o cálcio dos ossos e favorecendo a reabsorção desse elemento nos túbulos renais (aumenta o teor de cálcio sanguíneo, levando à descalcificação dos ossos; logo, tem ação contrária à da calcitonina produzida pela glândula tireóidea).

Figura 19-24. As glândulas paratireóideas, produtoras de paratormônio, estão situadas na porção posterior da glândula tireóidea. (Cores-fantasia. Ilustrações fora de escala.)

Controle hormonal na reprodução humana

As gonadotrofinas FSH (hormônio folículo-estimulante) e LH (hormônio luteinizante) são produzidas pela porção anterior da hipófise e regulam a atividade dos ovários e testículos. Esses órgãos, por sua vez, produzirão hormônios que atuarão no surgimento dos caracteres sexuais secundários e no processo de reprodução humana.

No homem, o FSH estimula a produção de espermatozoides. O LH age no testículo favorecendo a produção de testosterona, o hormônio sexual masculino.

Caracteres sexuais secundários

Os hormônios sexuais masculinos são coletivamente chamados de *andrógenos*. São esteroides derivados do colesterol. Deles, o mais conhecido é a *testosterona*. Além de serem necessários para a maturação dos espermatozoides, atuam na puberdade fazendo surgir os caracteres sexuais secundários, como engrossamento da voz, distribuição típica de pelos, aumento no tamanho do esqueleto e estímulo da biossíntese de proteínas do tecido muscular (são, por isso, considerados hormônios *anabolizantes*).

Na mulher, os estrógenos, dos quais o mais conhecido é o *estradiol*, estão relacionados à preparação do útero para a reprodução e a determinação dos caracteres sexuais secundários, como crescimento das mamas, alargamento da bacia e deposição de gordura em determinados locais do organismo.

Ciclo menstrual

No início de cada ciclo menstrual (veja a Figura 19-25), que coincide com o começo da menstruação, a hipófise produz pequenos teores de FSH e LH. O FSH age estimulando o crescimento de um *folículo ovariano* (também chamado de *folículo de Graaf* ou *folículo ovárico*), dentro do qual há um ovócito em formação. Ao mesmo tempo que cresce, o folículo produz estrógeno. Pelo sangue, o estrógeno atinge o útero, fazendo crescer o endométrio, a forração interna uterina rica em glândulas e vasos sanguíneos. Por volta da metade do ciclo (14º dia na Figura 19-25), ocorre um súbito aumento na produção de LH, que coincide com a ruptura do folículo e a liberação de um ovócito secundário. Diz-se, por isso, que o LH é o *hormônio da ruptura folicular*.

O folículo rompido permanece no ovário e se transforma em *corpo lúteo* (também chamado de *corpo amarelo*). O corpo lúteo passa a produzir grande quantidade de progesterona, além de continuar a produção de estrógeno. A progesterona atinge o útero e promove maior crescimento do endométrio, cujas glândulas e vasos sanguíneos aumentam de tamanho e ficam mais congestos. Diz-se, assim, que a *progesterona é o hormônio da manutenção do endométrio crescido*. Ao mesmo tempo, por um mecanismo de *feedback* promovido pelo estrógeno e pela progesterona, os teores de FSH e LH ficam baixos, o que impede a maturação de novo folículo.

Se não houver fecundação, ao redor do 28º dia, o corpo lúteo degenera, cai bruscamente a síntese de progesterona, provocando a ruptura do endométrio e o início da menstruação. Ao mesmo tempo, com a queda das taxas de progesterona e estrógeno, a hipófise inicia a liberação de FSH e LH. Começa, então, um novo ciclo menstrual.

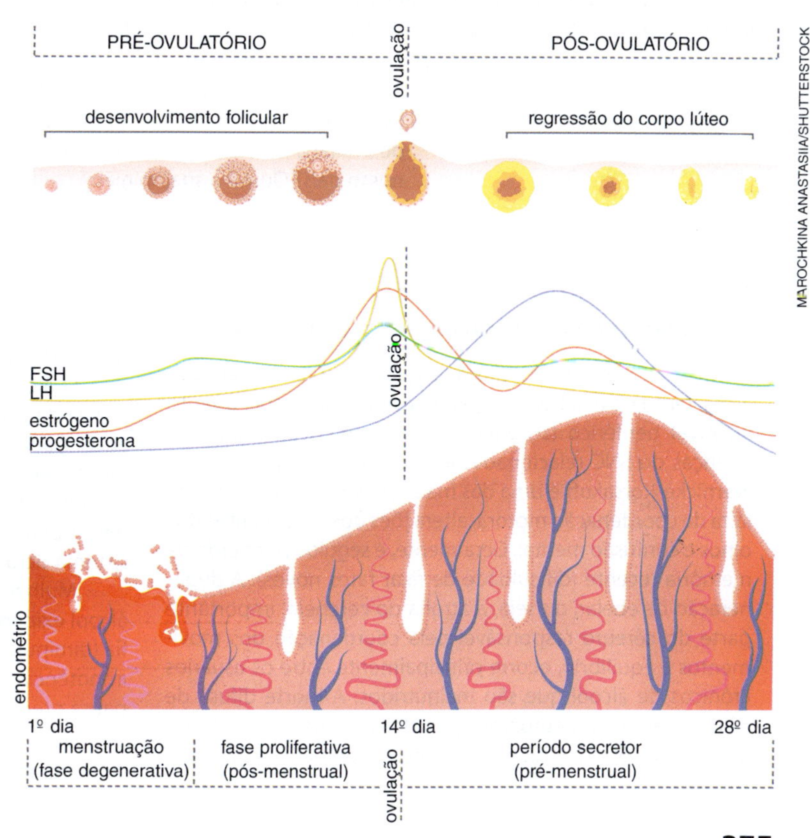

Figura 19-25. Gráfico ilustrativo do ciclo menstrual na mulher, com duração aproximada de 28 dias. (Cores-fantasia. Ilustração fora de escala.)

Anote!

Na formação da placenta, o trofoblasto penetra no endométrio e sofre um grande pregueamento. Originam-se muitos prolongamentos, conhecidos como *vilosidades coriônicas*. Amplia-se bastante a superfície de contato entre o embrião e o endométrio. Formada a placenta, ela passa a servir de órgão de trocas de substâncias entre mãe e embrião. Não há contato entre os sangues materno e embrionário. Além disso, a placenta sintetiza estrógeno e progesterona. Esses hormônios contribuem para a manutenção da integridade do endométrio, garantindo, assim, a continuidade da gravidez.

Havendo fecundação, o corpo lúteo não degenera. O embrião formado e em implantação no útero (veja a Figura 19-26) começa a fabricar o hormônio *gonadotrofina coriônica* (HCG). O papel do HCG é manter o corpo lúteo em funcionamento. A produção de progesterona permanece alta e constante, mantendo, assim, o endométrio crescido. A partir do terceiro mês de gravidez, o corpo lúteo degenera. No entanto, é a própria placenta, em início de formação, que produzirá estrógeno e progesterona, garantindo a continuidade da gravidez.

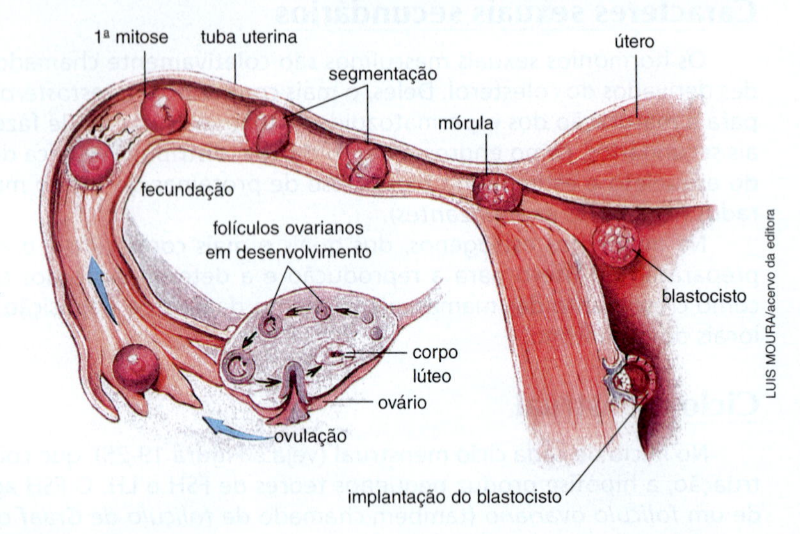

Figura 19-26. Início do desenvolvimento embrionário humano. O blastocisto – constituído da massa celular interna e do trofoblasto – se implanta no endométrio uterino. As células do trofoblasto, camada de revestimento, organizam a parte embrionária da placenta. (Cores-fantasia. Ilustração fora de escala.)

Questão socioambiental

Reprodução assistida, doação de embriões ou adoção, qual a sua escolha?

O conceito de reprodução assistida, que nada mais é do que a interferência no processo natural de procriação da espécie humana, é muito antigo, do final do século XIX, e sempre gerou polêmica. Entre os métodos mais usuais, encontram-se a inseminação artificial e a fertilização *in vitro* (FIV).

No caso da FIV, são produzidos diversos embriões, sendo alguns implantados no útero da mãe e os demais congelados (criopreservados) para serem utilizados posteriormente, caso necessário. No Brasil, a única possibilidade de destino para esses embriões congelados, se não utilizados, é a doação voluntária e anônima para outros casais que não possam conceber filhos.

Sem questionar o direito dos casais de buscar formas que possibilitem a sua reprodução, quando a alternativa é a implantação de embriões de outros casais, não seria o caso de avaliar a possibilidade de adoção de uma das milhares de crianças abandonadas em nosso país? Qual é a sua opinião?

Estabelecendo conexões!

Efeitos do álcool no organismo humano

O álcool é capaz de causar diversos problemas neurológicos, tanto no nível central (sistema nervoso central) quanto no nível periférico (sistema nervoso periférico). Dentre as doenças do SNC relacionadas ao alcoolismo, a síndrome de Wernicke-Korsakoff é uma das mais relevantes, com sinais de falta de coordenação motora, alterações dos movimentos dos olhos e confusão mental. Geralmente, é seguida por perda de memória recente (dificuldade de fixar fatos novos). A degeneração cerebelar, ou seja, a atrofia do cerebelo, importante parte do cérebro responsável pela coordenação dos movimentos e equilíbrio, ocorre principalmente entre os usuários crônicos de álcool que são malnutridos. A morte difusa de células nervosas (neurônios), por efeito direto e indireto do álcool, leva o indivíduo a apresentar a demência alcoólica, de progressão gradual, que, ao final, pode ser difícil de diferenciar de outras demências (não induzidas pelo álcool). (...)

O álcool afeta negativamente a produção e a sobrevivência de várias células sanguíneas. Os principais problemas encontrados são a anemia (por baixo consumo de ferro, ácido fólico e vitamina B_{12}, ou por pequenas hemorragias internas ocultas), a trombocitopenia (baixo número de plaquetas) e a neutropenia (baixo número de leucócitos – importantes no sistema de defesa do organismo).

Mulheres e homens que fazem uso abusivo crônico de álcool exibem alterações hormonais que podem levar à atrofia (diminuição) dos testículos, desenvolvimento de mamas e impotência, nos homens; e diminuição da fertilidade e menopausa precoce, nas mulheres.

Adaptado de: SENAD. *Efeitos de substâncias psicoativas:* módulo 2. 7. ed. Brasília: Secretaria Nacional de Políticas sobre Drogas, 2014. 144 p.

ATIVIDADES

A CAMINHO DO ENEM

1. (Enem) A retina é um tecido sensível à luz, localizado na parte posterior do olho, onde ocorre o processo de formação de imagem. Nesse tecido, encontram-se vários tipos celulares específicos. Um desses tipos celulares são cones, os quais convertem os diferentes comprimentos de onda da luz visível em sinais elétricos, que são transmitidos pelo nervo óptico até o cérebro.

Adaptado de: <www.portaldaretina.com.br>. *Acesso em:* 13 jun. 2012.

Em relação à visão, a degeneração desse tipo celular irá:

a) comprometer a capacidade de visão em cores.
b) impedir a projeção dos raios luminosos na retina.
c) provocar a formação de imagens invertidas na retina.
d) causar dificuldade de visualização de objetos próximos.
e) acarretar a perda da capacidade de alterar o diâmetro da pupila.

2. (Enem) Anabolismo e catabolismo são processos celulares antagônicos, que são controlados principalmente pela ação hormonal. Por exemplo, no fígado a insulina atua como um hormônio com ação anabólica, enquanto o glucagon tem ação catabólica e ambos são secretados em resposta ao nível de glicose sanguínea.

Em caso de um indivíduo com hipoglicemia, o hormônio citado que atua no catabolismo induzirá o organismo a:

a) realizar a fermentação lática.
b) metabolizar aerobicamente a glicose.
c) produzir aminoácidos a partir de ácidos graxos.
d) transformar ácidos graxos em glicogênio.
e) estimular a utilização do glicogênio.

3. (Enem) Portadores de diabetes *insipidus* reclamam da confusão feita pelos profissionais da saúde quanto aos dois tipos de diabetes: *mellitus* e *insipidus*. Enquanto o primeiro tipo está associado aos níveis ou à ação da insulina, o segundo não está ligado à deficiência desse hormônio. O diabetes *insipidus* é caracterizado por um distúrbio na produção ou no funcionamento do hormônio antidiurético (na sigla em inglês, ADH), secretado pela neuro-hipófise para controlar a reabsorção de água pelos túbulos renais.

Tendo em vista o papel funcional do ADH, qual é um sintoma clássico de um paciente acometido por diabetes *insipidus*?

a) Alta taxa de glicose no sangue.
b) Aumento da pressão arterial.
c) Ganho de massa corporal.
d) Anemia crônica.
e) Desidratação.

4. (Enem) A eritropoetina (EPO) é um hormônio endógeno secretado pelos rins que influencia a maturação dos eritrócitos. Suas formas recombinantes, sintetizadas em laboratório, têm sido usadas por alguns atletas em esportes de resistência na busca por melhores resultados. No entanto, a administração da EPO recombinante no esporte foi proibida pelo Comitê Olímpico Internacional e seu uso considerado *doping*.

Adaptado de: MARTELLI, A. Eritropoetina: síntese e liberação fisiológica e o uso de sua forma recombinante no esporte. *Perspectivas Online: biológicas & saúde*, v. 10, n. 3, 2013.

Uma influência que esse *doping* poderá exercer na melhoria da capacidade física desses atletas está relacionada ao transporte de:

a) lipídios, para aumento do gasto calórico.
b) ATP, para aumento da síntese hormonal.
c) oxigênio, para aumento da produção de ATP.
d) proteínas, para aumento da massa muscular.
e) vitamina C, para aumento da integridade dos vasos sanguíneos.

TESTE SEUS CONHECIMENTOS

1. (Unicamp – SP) A prestigiada revista *Science* elegeu como um dos principais avanços científicos de 2017 um caso de terapia gênica em crianças portadoras de atrofia muscular espinhal do tipo 1, uma doença genética caracterizada pela atrofia progressiva dos músculos esqueléticos e morte precoce antes dos 2 anos de idade. A doença é causada por um gene defeituoso, que deixa de codificar uma proteína essencial para o funcionamento dos neurônios. No estudo, vírus não patogênicos que continham uma cópia normal do gene em questão foram injetados em quinze crianças doentes. As crianças tratadas sobreviveram além dos 2 anos e apresentaram melhoras na capacidade de movimento.

Disponível em: <https://vis.sciencemag.org/>.

Assinale a alternativa que preenche corretamente as lacunas na frase a seguir.

Os vírus injetados nas crianças foram capazes de (i)_______, restaurando a produção (ii) __________, que passaram, então, a controlar adequadamente (iii)_______.

a) (i) atingir a medula óssea e introduzir nas células-tronco a cópia normal do gene; (ii) de neurônios no cérebro; (iii) a medula espinhal e, portanto, os músculos.
b) (i) atingir a medula espinhal e remover dos neurônios a cópia defeituosa do gene; (ii) de hormônios; (iii) a geração de impulsos elétricos e os músculos.
c) (i) atingir a medula espinhal e introduzir nos neurônios a cópia normal do gene; (ii) da proteína essencial à função dos neurônios da medula; (iii) os músculos.
d) (i) atingir a medula óssea e induzir a produção de linfócitos do sangue; (ii) de anticorpos contra o vírus; (iii) a infecção, restaurando os movimentos das crianças.

2. (Unesp – SP) O succinato é um metabólito que participa do ciclo de Krebs. Quando a demanda energética aumenta muito nas fibras musculares e as mitocôndrias não dão conta de atendê-la, um sistema anaeróbio é ativado, o que reduz o pH e modifica a estrutura química do succinato. Essas alterações lhe permitem passar pela membrana, escapar para o meio extracelular e enviar sinais para a vizinhança, induzindo um processo de remodelamento do tecido muscular. Os neurônios ligados aos músculos criam novas ramificações e as fibras musculares passam a captar mais glicose da circulação para produzir ATP, havendo um ganho de eficiência.

Adaptado de: <www.agencia.fapesp.br>. *Acesso em:* 18 set. 2020.

A redução do pH nas fibras musculares e as novas ramificações dos neurônios ligados aos músculos estão relacionadas, respectivamente,

a) à produção excessiva de gás carbônico e ao aumento das ramificações axonais dos neurônios motores.
b) à produção excessiva de gás carbônico e ao aumento do número de sinapses entre os neurônios motores.
c) à formação de lactato e ao aumento do número de terminações axonais dos neurônios motores.
d) à produção excessiva de gás carbônico e ao aumento das ramificações dos dendritos dos neurônios sensitivos.
e) à formação de lactato e ao aumento das ramificações dos dendritos dos neurônios sensitivos.

3. (Fepar – PR) Observe a ilustração e avalie as afirmativas.

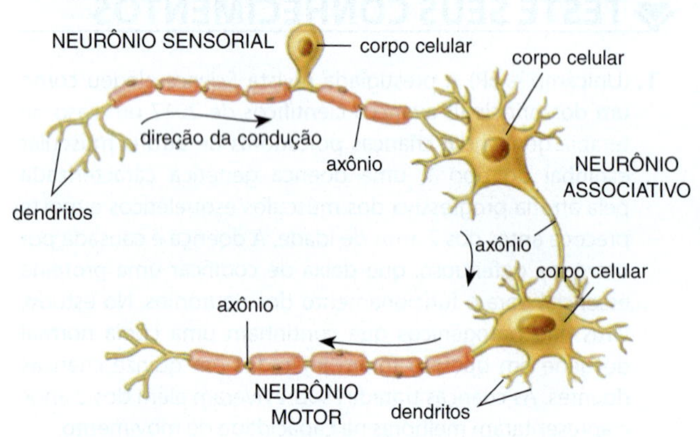

( ) A condução do estímulo nervoso deve ser mais veloz no neurônio associativo, que não é mielinizado e permite uma permeabilidade iônica mais intensa.

( ) Em condições normais, estímulos mais intensos provocam sempre impulsos nervosos mais rápidos, mais potentes e mais frequentes.

( ) No citoplasma da porção terminal do axônio, existem diversas vesículas contendo neurotransmissores sintetizados pelo próprio neurônio pré-sináptico.

( ) Na condução do impulso, a repolarização ao longo do axônio envolve a recuperação do K^+ e a expulsão do Na^+ por transporte ativo.

( ) Quando um neurônio está em potencial de repouso, a diferença de potencial elétrico entre as faces interna e externa da membrana plasmática é constante.

4. (Fuvest – SP) Qual dos seguintes comportamentos envolve maior número de órgãos do sistema nervoso?

a) Salivar ao sentir o aroma de comida gostosa.
b) Levantar a perna quando o médico toca com martelo no joelho do paciente.
c) Piscar com a aproximação brusca de um objeto.
d) Retirar bruscamente a mão ao tocar um objeto muito quente.
e) Preencher uma ficha de identificação.

5. (USCS – SP) As pimentas do tipo chilli, como a pimenta malagueta, são frutos de diversas espécies de plantas do gênero *Capsicum*. A maior parte das pimentas causa ardência porque contém uma substância chamada capsaicina, que fica acumulada no fruto e nas sementes. Essa substância possui a capacidade de ativar os neurônios sensoriais que ficam nas papilas gustativas e no epitélio olfatório. A capsaicina atua como se fosse um plugue e o neurônio, que percebe o estímulo, atua como uma tomada, um receptor. Quando a capsaicina interage com esse receptor, a célula se modifica, de forma a enviar essa informação ao cérebro, o que causa a sensação de ardência.

Adaptado de: <www.invivo.fiocruz.br>.

a) O receptor citado no texto corresponde a qual molécula orgânica? Em que local do neurônio esse receptor é encontrado?
b) Considere que um neurônio sensorial recebeu o estímulo da capsaicina e o impulso nervoso se propagou por tal neurônio até atingir o cérebro. Qual gráfico (X, Y ou Z) corresponde à resposta desse neurônio sensorial após ser estimulado pela capsaicina? Justifique sua resposta.

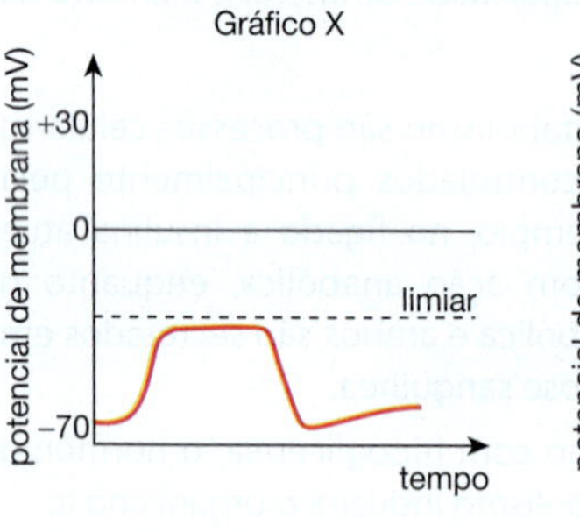

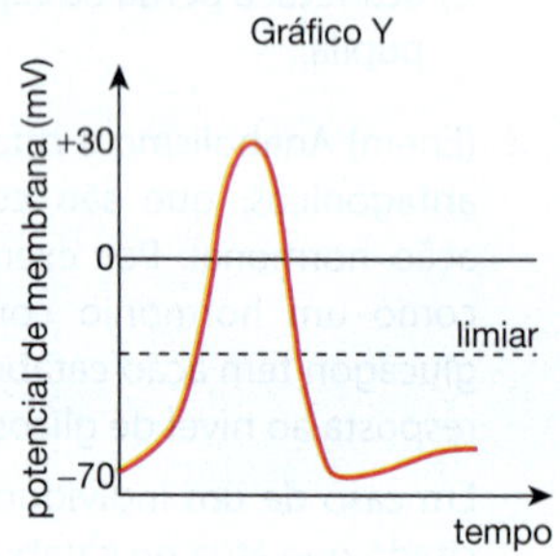

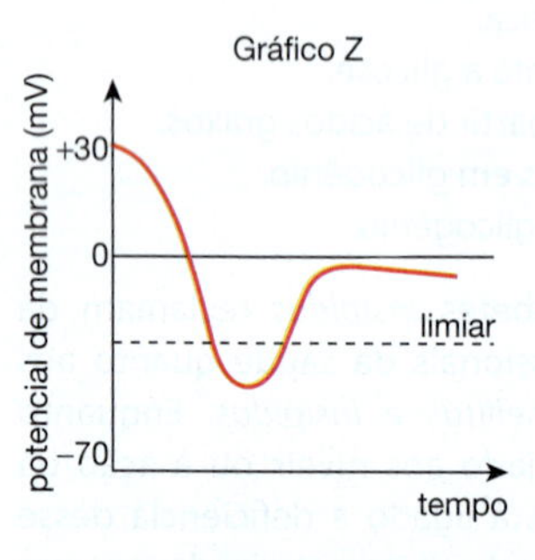

6. (FPS – PE) Leia a notícia abaixo.

> "Estudo brasileiro publicado na *Nature* prova que o zika causa microcefalia."
> "...os resultados também mostram que o zika atravessa a placenta e provoca a microcefalia atacando as células progenitoras corticais. Presentes nos estágios iniciais do desenvolvimento, essas células dariam origem à estrutura do córtex cerebral."

Disponível em: <http://brasileiros.com.br/2016/05/estudo-brasileiropublicado-na-nature-prova-que-zika-causa-microcefalia/>.

Considerando o sistema nervoso humano, é correto afirmar que, dentre as funções do córtex cerebral, está:

a) o controle da temperatura corporal.
b) a regulação dos batimentos cardíacos.
c) a coordenação do tônus muscular.
d) a retransmissão de impulsos nervosos.
e) o processamento das emoções e da memória.

7. Há uma prova em que a pessoa é solicitada a levar os dois indicadores até o nariz. Caso o indicador ultrapasse o ponto correto é sinal de um possível distúrbio neurológico.

Esse sinal indicaria uma possível alteração no:

a) cerebelo.
b) hipotálamo.
c) bulbo.
d) sistema nervoso autônomo.
e) cérebro.

8. (Fuvest – SP) A reação da pessoa, ao pisar descalça sobre um espinho, é levantar o pé imediatamente, ainda antes de perceber que o pé está ferido.

Analise as afirmações:

I. Neurônios sensoriais são ativados, ao se pisar no espinho.
II. Neurônios motores promovem o movimento coordenado para a retirada do pé.
III. O sistema nervoso autônomo coordena o comportamento descrito.

Está correto o que se afirma em:

a) I, II e III.
b) I e II, apenas.
c) I, apenas.
d) II, apenas.
e) III, apenas.

9. (UFF – RJ – adaptada) Um beijo estimula eventos fisiológicos importantes de origem involuntária. O sistema nervoso autônomo consiste em duas divisões que diferem anatômica e fisiologicamente: o simpático e o parassimpático.

O sistema simpático, no caso do beijo, será responsável pela:

a) contração da pupila, redução dos batimentos cardíacos e produção de noradrenalina.
b) contração da pupila, redução dos batimentos cardíacos e produção de acetilcolina.
c) dilatação da pupila, redução dos batimentos cardíacos e produção de acetilcolina e noradrenalina.
d) contração da pupila, aceleração dos batimentos cardíacos e produção de acetilcolina.
e) dilatação da pupila, aceleração dos batimentos cardíacos e produção de noradrenalina.

10. (FMJU – SP) A orelha humana é composta basicamente por três partes: orelha externa, orelha média e orelha interna. É correto afirmar que:

a) a janela oval está conectada diretamente à bigorna, recebe as vibrações sonoras e as comunica ao líquido coclear.
b) os canais semicirculares contêm células ciliadas com uma cúpula gelatinosa que auxiliam no posicionamento do corpo.
c) a cóclea contém células sensoriais com microvilosidades imersas no espesso líquido coclear e essas células detectam as ondas sonoras.
d) a tuba auditiva é um canal muscular flexível que se comunica com a laringe e equilibra a pressão do ar na orelha interna.
e) o nervo auditivo envia impulsos nervosos da cóclea, dos canais semicirculares e da janela oval para o córtex cerebral.

11. (UFC – CE) Um amigo meu ficou sabendo que estava com câncer na tireóidea e teria de se submeter a uma cirurgia para a retirada desse órgão. Ele foi informado de que, como consequência da cirurgia, teria de tomar medicamentos, pois a ausência dessa glândula:

a) provocaria a ocorrência do aumento do volume do pescoço, caracterizando um quadro clínico conhecido como bócio endêmico.
b) reduziria a produção do hormônio de crescimento, provocando a redução de cartilagens e ossos, fenômeno conhecido como nanismo.
c) diminuiria a concentração de cálcio no sangue, levando à contração convulsiva das células musculares lisas, o que provocaria a tetania muscular.
d) comprometeria a produção do hormônio antidiurético, aumentando a concentração de água no sangue e diminuindo o volume de urina excretado.
e) levaria a uma queda generalizada na atividade metabólica, o que acarretaria, por exemplo, a diminuição da temperatura corporal.

12. (Fepar – PR) Especialistas britânicos em nutrição alertam que a maioria das pessoas no Ocidente tem consumido no mínimo o dobro de açúcar recomendado, que não deveria ultrapassar 5% do total de calorias diárias. Por isso, autoridades em nutrição do Reino Unido aconselharam o governo a orientar a redução, pela metade, da atual ingestão diária de açúcar.

A evidência é gritante: muito açúcar é prejudicial à saúde, e todos precisamos fazer cortes. Segundo os cientistas, a ligação clara e consistente entre o excesso de açúcar e condições como obesidade e diabetes tipo 2 são um alerta para repensar nossa dieta.

Disponível em: <http://oglobo.globo.com/sociedade/saude>. *Acesso em:* 15 jun. 2015

Avalie as afirmativas sobre o assunto.

( ) O açúcar de cana é rico em sacarose, um polissacarídeo altamente energético, formado por três moléculas unidas: uma de glicose, uma de frutose e outra de galactose.

( ) Na respiração celular, a ocorrência da glicólise não depende do oxigênio, mas o ciclo de Krebs e a cadeia respiratória dependem.

( ) Os sintomas clássicos do diabetes tipo 2 são a sede excessiva, a micção frequente e a fome constante. O diabetes do tipo 2 corresponde à maioria dos casos registrados dessa doença.

( ) Hepatócitos resistentes à insulina não reconhecem os níveis elevados de glicose sanguínea e acabam liberando ainda mais glicose para o sangue.

( ) Em pessoas com *diabetes mellitus*, a concentração plasmática de glicose é elevada, e sua reabsorção ativa nos túbulos renais é incompleta.

13. (USS – RJ) O nível de glicose na circulação sanguínea é controlado pela ação contrária dos hormônios insulina e glucagon.

Admita que a variação da concentração de glicose no sangue (em mg/mL) de um indivíduo adulto tenha sido medida ao longo de 5 horas. A figura a seguir apresenta os resultados obtidos, em que são destacados quatro pontos, identificados pelos números: I a IV.

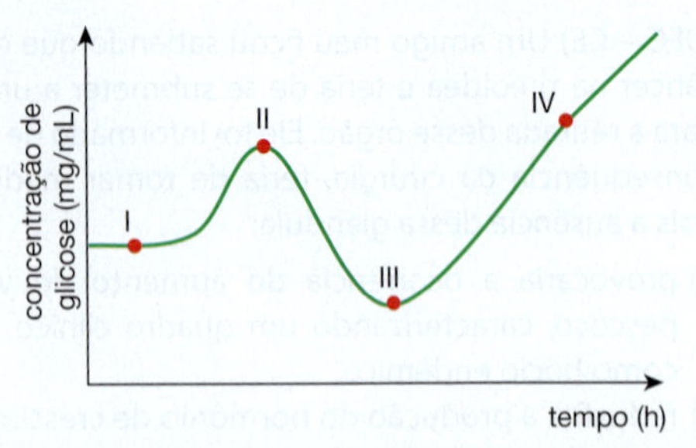

A análise da figura permite concluir que, nesse indivíduo, a liberação de insulina na circulação sanguínea ocorre no ponto indicado pelo número:

a) I. b) II. c) III. d) IV.

14. (São Camilo – SP) Três pessoas adultas, A, B e C, receberam uma injeção de glicose intravenosa e a taxa dessa substância no sangue (glicemia) foi analisada por quatro horas, como indica o gráfico.

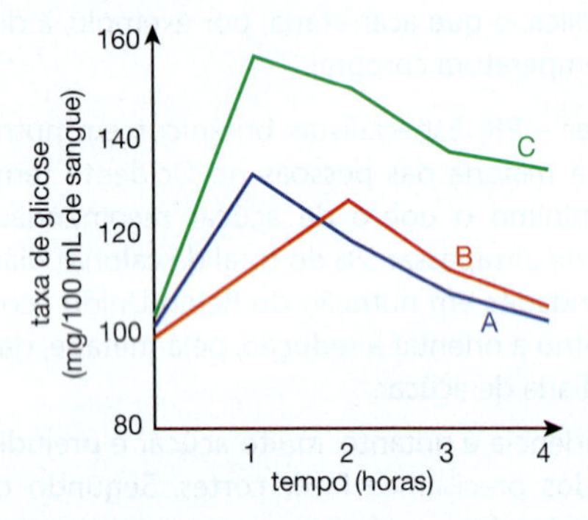

a) Qual das três pessoas recebeu o diagnóstico de *diabetes mellitus*? Justifique sua resposta com base no gráfico.

b) Qual órgão deixa de produzir insulina em uma pessoa diabética? A insulina é uma proteína que muitas pessoas diabéticas aplicam sob a pele, pois sua ingestão *in natura* não é eficaz quando comparada à versão aplicada. Por que a insulina ingerida *in natura* não traz o mesmo benefício que a administrada por via subcutânea?

15. (Multivix – ES – adaptada) Mecanismo genético poderia levar à baixa produção de leptina

Existem diferentes mecanismos causadores da obesidade em seres humanos. Uma das causas já bastante estudada ao longo dos últimos 25 anos, desde a sua descoberta, é a ação da leptina [produzida por adipócitos] sobre o ganho de peso.

Disponível em: <https://abeso.org.br/mecanismo-genetico-poderia-levar-a-baixa-producao-de-leptina/>. *Publicado em:* 7 mar. 2019

Sobre o hormônio leptina, assinale a alternativa correta.

a) É produzido pelo intestino (delgado e grosso) e sua concentração sanguínea aumenta ao longo da refeição, resultando na inibição do apetite.

b) Atua estimulando neurônios do hipotálamo, desencadeando a fome.

c) É produzido pelo tecido adiposo, que nesse caso funciona como uma glândula endócrina, e atua como inibidor da fome.

d) É secretado pela parede do estômago e sua concentração no sangue aumenta antes das refeições, resultando no aumento do apetite.

e) Estimula a secreção de suco gástrico e o peristaltismo, o que favorece o esvaziamento do estômago, estimulando a fome.

16. (Faminas – MG) Hormônio produzido pelas glândulas suprarrenais, que regula a taxa de água e sais no organismo, pois aumenta a reabsorção de sódio nos rins, quando há diminuição desse íon e, consequentemente, aumenta a reabsorção de água por osmose.

O hormônio descrito é conhecido por:

a) ADH.

b) epinefrina.

c) aldosterona.

d) corticosterona.

17. (UVV – ES) Assim como em outros animais, a reprodução humana envolve o controle hormonal. A ação dos hormônios sexuais no organismo humano inclui os estímulos do desenvolvimento das características sexuais secundárias e também ações no processo de reprodução. O conhecimento desse controle hormonal foi fundamental para o desenvolvimento das técnicas de reprodução humana assistida.

Adaptado de: UZUNIAN, A.; BIRNER E. *Biologia*. 4. ed. São Paulo: HARBRA. 2013.

Com base no seu conhecimento sobre os hormônios associados à reprodução humana, assinale a afirmativa correta:

a) Os hormônios sexuais femininos são chamados de andrógenos, sendo a testosterona o mais conhecido deles.

b) Os andrógenos atuam na puberdade fazendo surgir os caracteres sexuais secundários e no crescimento do folículo ovariano.

c) O folículo ovariano produz estrógeno que age no útero estimulando o crescimento do endométrio, caracterizado pela camada uterina interna, rica em glândulas e vasos sanguíneos.

d) Os estrógenos são hormônios relacionados com a determinação dos caracteres sexuais secundários no homem e também com preparação do testículo para produção de espermatozoides.

e) O ciclo menstrual inclui um período pré-ovulatório, caracterizado pela elevação no nível de progesterona, e um período pós-ovulatório, caracterizado pela maior elevação no nível de estrógeno.

18. (Fuvest – SP) O gráfico representa a concentração de alguns hormônios observados durante a gravidez de uma mulher.

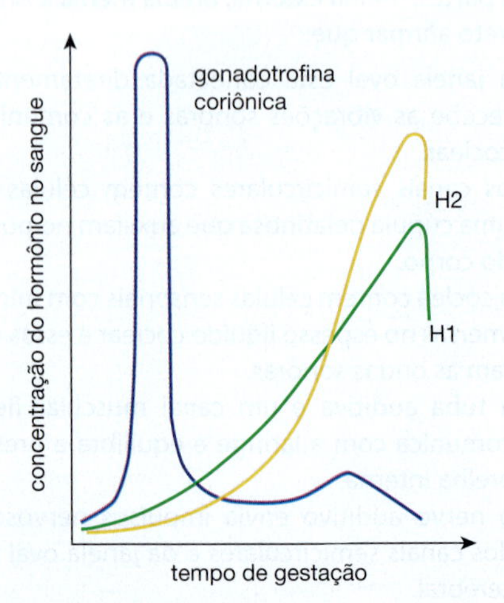

Identifique os hormônios H1 e H2, respectivamente, e o motivo da queda abrupta de suas concentrações no sangue ao final do período de gestação.

a)

H1	H2	Motivo
Progesterona	FSH	Eliminação da placenta

b)

H1	H2	Motivo
FSH	LH	Reinício da menstruação

c)

H1	H2	Motivo
FSH	Estrógeno	Reinício da menstruação

d)

H1	H2	Motivo
Progesterona	Estrógeno	Eliminação da placenta

e)

H1	H2	Motivo
FSH	Progesterona	Início da lactação

19. (FGV – SP – adaptada) A figura ilustra um ovário humano com folículos em diferentes estágios de desenvolvimento.

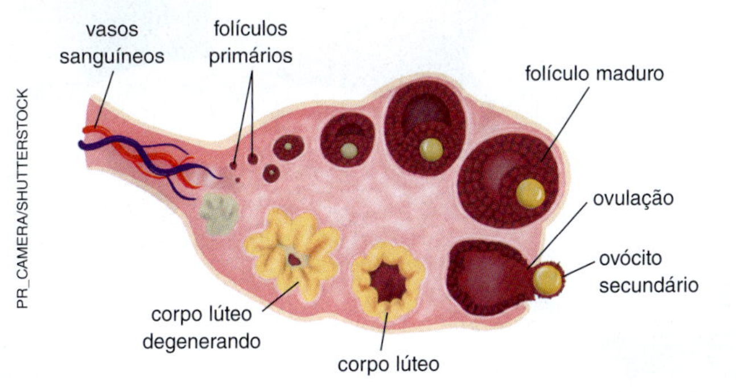

Com base na regulação hormonal de um ciclo ovariano sem alterações, com duração de 28 dias, é correto afirmar que:

a) o corpo lúteo é formado concomitantemente ao período de fluxo menstrual, em função da ação do estrógeno, nos primeiros dias do ciclo.
b) os folículos ovarianos produzem FSH e LH na primeira metade do ciclo, em função da ação da progesterona e do estrógeno, responsáveis pela ovulação.
c) o óvulo é liberado nas tubas uterinas em função da queda nas taxas de FSH e LH cerca de vinte e um dias após o primeiro dia do fluxo menstrual.
d) o corpo lúteo é responsável pela produção de progesterona e acaba degenerando-se ao final da segunda metade do ciclo, caso não ocorra a fecundação.
e) os folículos ovarianos, na primeira metade do ciclo, produzem estrógeno e progesterona sob o estímulo do corpo lúteo, que produz FSH e LH.

20. (UFRGS – RS) Assinale com V (verdadeiro) ou F (falso) as afirmações abaixo, sobre características dos ciclos ovariano e uterino nos seres humanos.

( ) O primeiro dia da menstruação corresponde ao início de um novo ciclo reprodutivo e está associado à queda nos níveis de estrógeno e progesterona no sangue.
( ) A cada novo ciclo, nas mulheres em idade reprodutiva, várias ovogônias são hormonalmente induzidas a iniciarem seu ciclo meiótico.
( ) O corpo lúteo ou corpo amarelo que se forma no ovário, após a ovulação, secreta progesterona que estimula o endométrio a entrar em sua fase secretória.
( ) A queda definitiva dos hormônios no sangue, na menopausa, induz ao término do ciclo menstrual, e os ovócitos residuais permanecem em metáfase II.

A sequência correta de preenchimento dos parênteses, de cima para baixo, é

a) V – V – F – F.
b) F – F – F – V.
c) V – F – V – F.
d) V – V – F – V.
e) F – V – V – F.

21. (USS – RJ) Durante o ciclo menstrual, ocorrem alterações no corpo da mulher, que se repetem de forma periódica a cada 28 dias, aproximadamente. Nesse período, a atividade de diferentes hormônios sincroniza o crescimento do folículo ovariano e a ovulação com a preparação do revestimento uterino para dar suporte ao desenvolvimento embrionário.

A função do hormônio progesterona no ciclo menstrual é:

a) promover o espessamento do endométrio.
b) estimular a secreção da neuro-hipófise.
c) induzir o inicio da menstruação.
d) provocar a ovulação.

22. (USCS – SP) O gráfico ilustra as variações nas concentrações de quatro hormônios reguladores durante o ciclo menstrual de uma mulher.

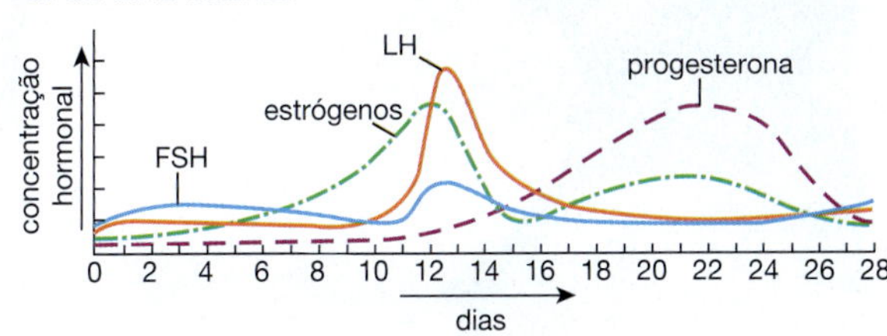

TORTORA, G. J.; GRABOWSKI, S. R. *Corpo humano*, 2007.

a) Considere que essa mulher tenha tido uma relação sexual no 14º dia de seu ciclo menstrual, sem utilizar nenhum método contraceptivo e que, ao final do ciclo, a gestação não foi confirmada. Explique, com base no gráfico, por que não houve uma gravidez. Como seriam as taxas de hormônios ovarianos em caso de uma gravidez?
b) Caso essa mulher utilizasse a pílula anticoncepcional (tipo combinada) ininterruptamente por 60 dias, como estariam as concentrações dos hormônios hipofisários nesse período? Justifique sua resposta.

23. (Famerp – SP) Em primeiro de agosto comemora-se o Dia Mundial da Amamentação, data que tem como finalidade promover o aleitamento materno e a criação de bancos de leite. O leite materno contém substâncias que nutrem o bebê e garantem a imunidade passiva, protegendo-o temporariamente contra agentes patogênicos.

a) Qual componente mineral presente no leite materno é importante para a formação dos ossos do bebê? Cite o componente proteico que atua na imunidade passiva do bebê.
b) A produção e a liberação de leite materno dependem da sucção efetuada pelo bebê. Explique como a sucção do mamilo pelo bebê aumenta a produção e a liberação de leite. Cite os hormônios relacionados a esses fenômenos.

CAPÍTULO 20

Revestimento, suporte e movimento

Em comunidades carentes, é comum encontrarmos pessoas que apresentem grave carência de cálcio, principalmente entre as crianças. Esse elemento é imprescindível para o bom funcionamento de nossos sistemas nervoso, muscular e esquelético. Mais de 90% do total de cálcio corporal concentra-se no nosso esqueleto. Quando, por falta de uma nutrição adequada ou por problemas de saúde vemos diminuído o cálcio plasmático, as reservas existentes nos ossos são transferidas para o sangue. Essa transferência ocorre pela remoção de íons cálcio para a corrente sanguínea e pela ação do paratormônio, um hormônio produzido pelas glândulas paratireóideas. Uma dieta pobre em proteínas acarreta a deficiência de síntese da matriz óssea orgânica. A deficiência de vitamina D leva a uma deposição insuficiente de cálcio no osso, já que essa vitamina favorece a absorção de cálcio no intestino. A ausência de vitamina D conduz ao raquitismo e, consequentemente, a defeitos na confecção da matriz óssea.

Para viabilizar a melhoria na qualidade de alimentação de indivíduos carentes, foi desenvolvido um suplemento alimentar à base de pó de casca de ovo. Assim, aquilo que antes seria considerado lixo, aparece como determinante na manutenção da saúde da população.

Seu ponto de vista!

Observe, em sua casa, o que é descartado como lixo. Procure imaginar formas de reaproveitar algum desses itens.

20-1. Pele

Nos vertebrados, a pele é importante órgão de contato com o meio. A conquista do ambiente terrestre pelos vertebrados tornou-se possível, entre outras coisas, a partir do isolamento e da proteção do corpo e de mecanismos de relação do ser vivo com o meio. O tato, a visão, a olfação, a gustação e a audição são úteis no relacionamento do animal com o ambiente. A pele, órgão responsável pelas sensações táteis, apresenta diferentes tipos de "sensores", que registram e informam ao ser vivo variações de temperatura (calor ou frio) e pressão (toques, choques, pancadas). A pele é, ainda, importante órgão de defesa contra diversos tipos de agentes infecciosos. É preciso, portanto, manter a integridade desse importante órgão de revestimento, proteção e relação com o meio.

Histologia da pele

Nos mamíferos, a pele é órgão composto de duas camadas: **epiderme** e **derme**.

A **epiderme** é um tecido epitelial pluriestratificado (tecnicamente, se diz que é *estratificado pavimentoso queratinizado*). É formada por cinco estratos (ou camadas), dos quais destaca-se o *estrato basal* (também chamado de *estrato germinativo*), que fica apoiado na derme e é formado por células de aspecto cúbico. Nessa camada é intensa a atividade de divisão celular mitótica, que repõe constantemente as células perdidas no desgaste diário a que a superfície desse tecido está sujeita. À medida que novas células são formadas, elas vão sendo "empurradas" para formar as demais células, até ficarem expostas na superfície da pele (veja a Figura 20-1).

Melanócitos

Você sabe o que são melanócitos e melanina? Leia o QR Code abaixo e fique por dentro!

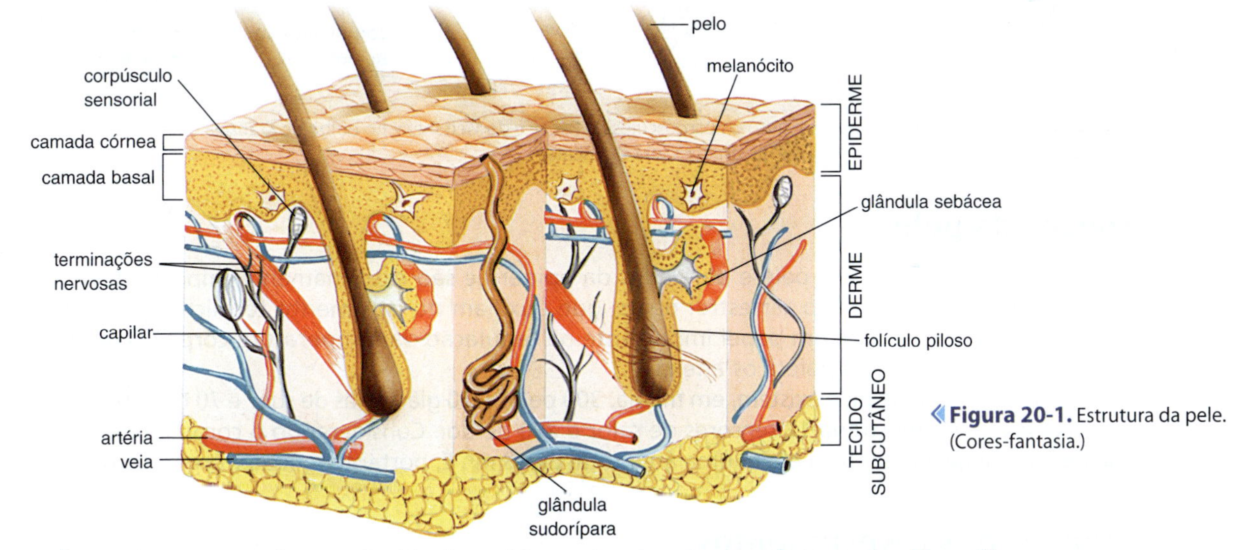

Figura 20-1. Estrutura da pele. (Cores-fantasia.)

A **derme** é uma camada constituída de tecido conjuntivo do tipo denso, cujas fibras ficam orientadas em diversas direções. Vários tipos de células são encontrados, destacando-se os fibroblastos e os macrófagos. Nervos, terminações nervosas, diferentes tipos de corpúsculos sensoriais e uma ampla rede de capilares sanguíneos cruzam a derme em várias direções. Ela é um importante tecido de manutenção e de apoio. Os nutrientes existentes no sangue difundem-se para as células epidérmicas.

Nos mamíferos, a derme é atravessada por finas faixas de células musculares, os *músculos eretores dos pelos*, cuja contração é involuntária e permite aumentar a camada de ar retida entre os pelos, que contribui para o isolamento térmico. Mecanismo semelhante ocorre nas aves, com as penas.

Abaixo da derme, há uma camada de tecido conjuntivo frouxo, o *tecido celular subcutâneo* (também conhecido como *tela subcutânea* ou *hipoderme*), que **não faz parte da pele**, mas estabelece a sua ligação com as estruturas adjacentes, permitindo o seu deslizamento. Em determinadas regiões do corpo, a hipoderme contém um número variável de camadas de células adiposas, formando o *panículo adiposo* (o popular "toucinho do porco"), importante como reserva de energia, isolante térmico e facilitador da flutuação na água.

Sensores da pele

Diversos tipos de estruturas sensoriais conferem à pele a função de relacionamento com o meio ambiente. Distribuídos por toda a pele, são basicamente dendritos de neurônios sensoriais (**terminações nervosas livres**), sendo que alguns são envoltos por uma cápsula de células conjuntivas ou epiteliais e, por isso, esses receptores são chamados **capsulados** (veja a Figura 20-2 e a Tabela 20-1).

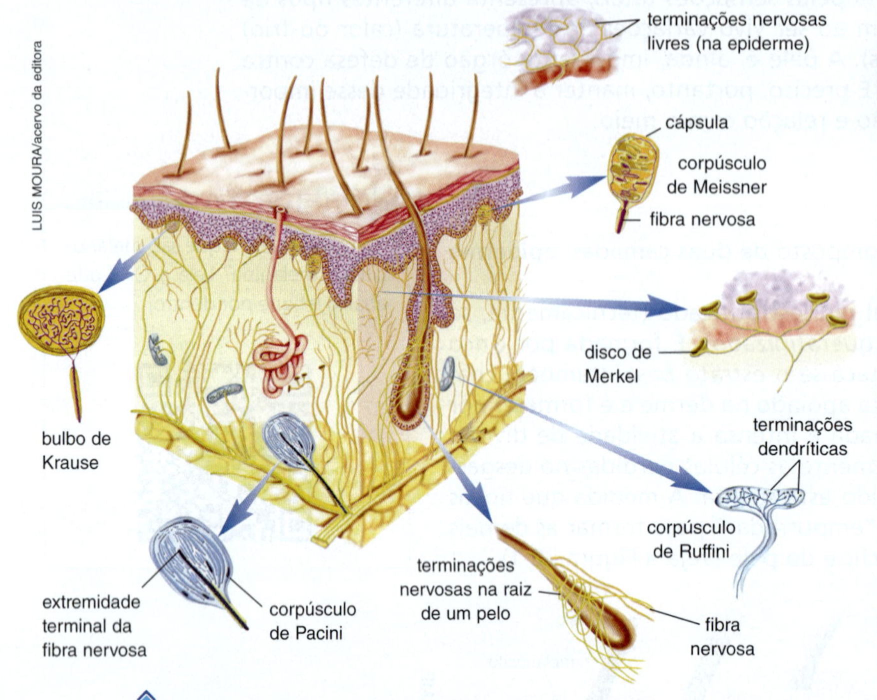

Figura 20-2. Sensores da pele. Observe que nos corpúsculos de Pacini e de Meissner e no bulbo de Krause a terminação nervosa está envolvida por uma cápsula. (Cores-fantasia. Ilustrações fora de escala.)

Tabela 20-1. Principais sensores da pele.

SENSORES	SENSÍVEL A ESTÍMULOS
terminações nervosas livres	▪ mecânicos (toque e pressão) ▪ dor ▪ variação de temperatura ▪ coceira
disco de Merkel (célula de Merkel e terminações nervosas discoidais)	▪ mecânicos (pressão e tração)
corpúsculos de Meissner	▪ mecânicos (toques leves)
bulbos (ou receptores) de Krause	▪ mecânicos ▪ frio
corpúsculos de Pacini	▪ mecânicos (pressão e vibrações)
corpúsculos de Ruffini	▪ mecânicos ▪ calor

Anexos da pele

Três estruturas anexas à pele e derivadas da epiderme são extremamente importantes na adaptação dos mamíferos ao meio terrestre: **pelos**, que auxiliam no isolamento térmico; **glândulas sudoríparas**, que desempenham um papel importante na regulação da temperatura corpórea; e **glândulas sebáceas**, que lubrificam a pele e os anexos.

Em apenas 1 cm^2 de pele existem, em média, 300 pelos, 150 glândulas de suor e 70 terminais nervosos. Um corte profundo mostraria 12 sensores de calor e 200 de dor. Considerando o corpo inteiro, a pele de uma pessoa chega a pesar 5 kg e tem uma área total de 18 m^2. É, portanto, o maior órgão do nosso corpo.

Funções dos revestimentos

A pele e as mucosas constituem barreiras *físicas* à penetração de agentes microbianos. Ao mesmo tempo, um verdadeiro arsenal *químico* é acionado no combate aos invasores:

- a acidez decorrente das secreções oleosas e das substâncias existentes no suor mantém o pH da pele em valores entre 3 e 5, suficiente para barrar diversos microrganismos patogênicos;
- a *lisozima*, enzima existente no suor, na saliva e na lágrima, destrói a parede celular de inúmeras bactérias;
- o muco produzido pelas células epiteliais da traqueia humana retém microrganismos;
- a ação coordenada dos batimentos ciliares do epitélio respiratório, a tosse e o ato de espirrar contribuem para a expulsão dos agentes infecciosos;
- micróbios existentes nos alimentos, na água e no muco que você engole são atacados pelos ácidos existentes no estômago, impedindo que muitas bactérias se encaminhem para o intestino.

Ainda assim, alguns agentes patogênicos escapam a essas barreiras e seguem em frente. É o caso do vírus da hepatite A e da bactéria causadora do cólera. Vômitos e diarreias podem contribuir para a eliminação de muitos agentes infecciosos que atingem o tubo digestório, a exemplo do que ocorre com a tosse e o ato de espirrar, que auxiliam na eliminação desses agentes das vias aéreas respiratórias.

20-2. Sistema muscular

O movimento é uma função essencial do corpo, resultante de contrações e relaxamentos musculares. O tecido muscular representa de 40% a 50% do peso corporal total e é composto de células altamente especializadas.

Os músculos estão relacionados, basicamente, com as funções de movimento, manutenção da postura e produção de calor.

> **Anote!**
>
> Foi estimado que 85% de todo o calor gerado no corpo vem de contrações musculares.

Contração muscular

A célula muscular estriada esquelética, como você já sabe, contém filamentos proteicos contráteis de dois tipos: *actina* e *miosina*. Esses **miofilamentos** (ou miofibrilas) são diferenciados um do outro pelo peso molecular, maior nos filamentos de miosina.

Ao microscópio eletrônico, a *actina* aparece sob a forma de *filamentos finos*, enquanto a *miosina* é representada por *filamentos grossos*. A interação da actina com a miosina é o grande evento desencadeador da **contração muscular**.

Nas células musculares estriadas, o arranjo das moléculas de actina e miosina é bem definido. Esses dois miofilamentos estão dispostos no sentido longitudinal da célula, sobrepondo-se em intervalos regulares de modo que constituam as estrias transversais características desse tipo celular.

A repetição periódica desses elementos contráteis leva à formação de unidades conhecidas como **sarcômeros** (veja a Figura 20-3). Em cada sarcômero, filamentos finos de actina alternam-se com filamentos grossos de miosina.

As linhas Z constituem o ponto onde se originam os filamentos de actina. Os filamentos de miosina ficam intercalados com os de actina. Note que de ambos os lados dos filamentos de miosina existe um espaço. Essa é a conformação quando a célula muscular está relaxada. Na contração, o sarcômero encurta e as moléculas de miosina "encostam" nas linhas Z. Nesse caso, a estriação típica modifica-se momentaneamente. Retornando ao estado de relaxamento, tudo volta à posição original.

> **Anote!**
>
> Nas células musculares lisas não existe o arranjo descrito. Nelas, os filamentos de actina e miosina não se organizam em estriações transversais, típicas das células musculares estriadas.

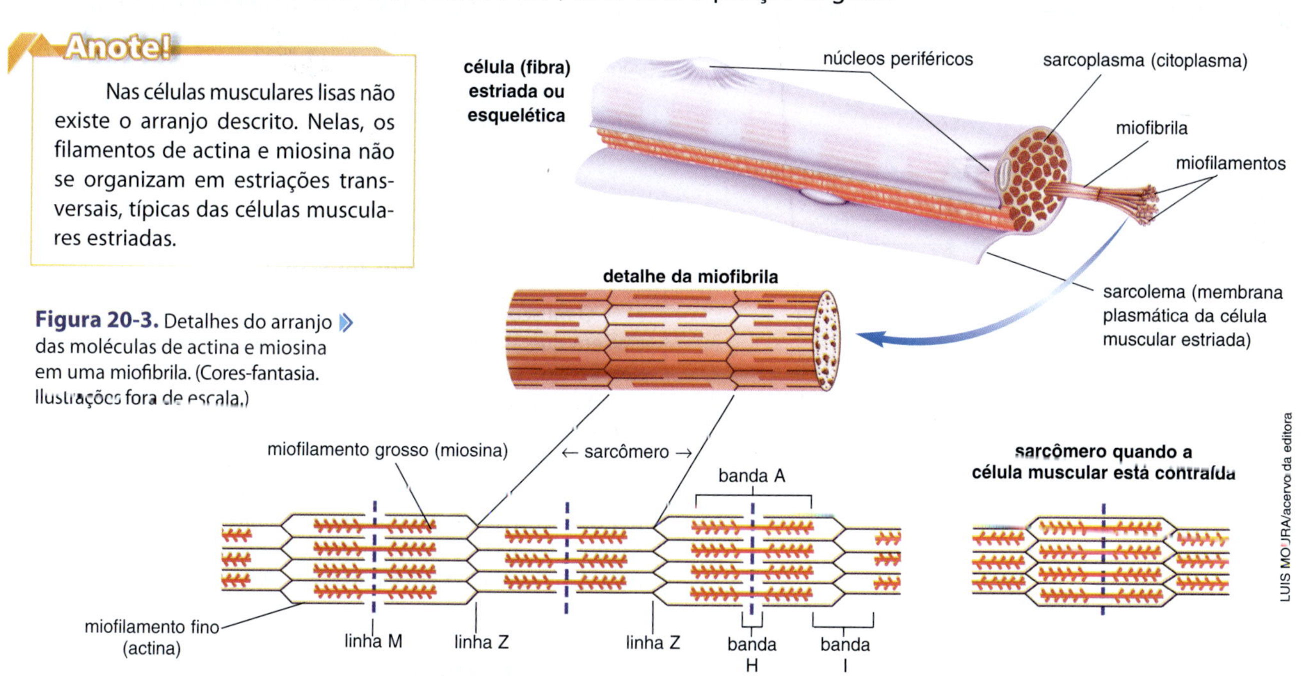

Figura 20-3. Detalhes do arranjo das moléculas de actina e miosina em uma miofibrila. (Cores-fantasia. Ilustrações fora de escala.)

Mecanismo da contração muscular

Na contração das fibras musculares esqueléticas, ocorre o encurtamento dos sarcômeros: os filamentos de actina "deslizam" sobre os de miosina, graças a certos pontos de união que se formam entre esses dois filamentos, levando à formação da **actomiosina**. Para esse deslizamento acontecer, há a participação de grande quantidade de dois elementos importantes: íons Ca^{++} e ATP. Nesse caso, cabe à molécula de miosina o papel de "quebrar" (hidrolisar) o ATP, liberando a energia necessária para a ocorrência de contração.

Resumidamente, a atividade de contração muscular pode ser representada por:

$$\text{ACTINA} + \text{MIOSINA} + Ca^{++} \underset{\text{relaxamento}}{\overset{\text{ATP} \to \text{ADP} + \text{Pi}\ \ \text{contração}}{\rightleftharpoons}} \text{ACTOMIOSINA}$$

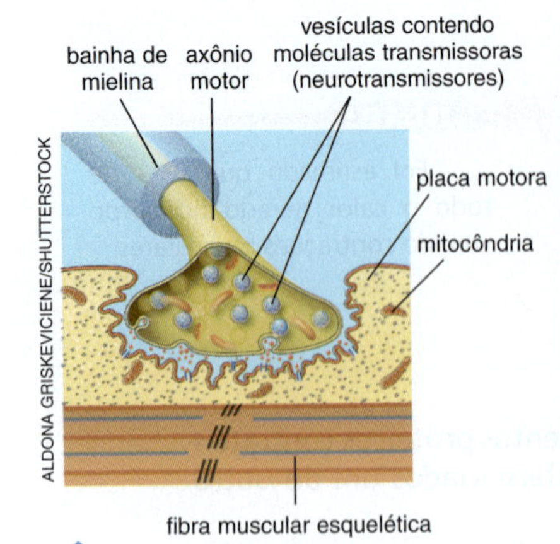

Figura 20-4. Na junção neuromuscular (placa motora), a terminação nervosa estimula a ocorrência de contração muscular. (Cores-fantasia. Ilustração fora de escala.)

A musculatura lisa é controlada pelos nervos do sistema nervoso autônomo. As divisões simpática e parassimpática atuam sobre a atividade da musculatura lisa dos órgãos digestivos e excretores. No entanto, o tecido muscular liso também pode ser estimulado a funcionar pela distensão da parede do órgão. É o que acontece, por exemplo, quando o bolo alimentar está passando pelo tubo digestivo. A distensão causada pelo alimento na parede intestinal provoca uma resposta de contração da musculatura lisa dessa parede. Como resultado, gera-se uma onda de peristaltismo, que impulsiona o alimento "para a frente".

Por outro lado, a musculatura estriada, na maior parte das vezes, fica sob controle voluntário. Ramos nervosos se encaminham para o tecido muscular e se espalham, atingindo células musculares individuais ou grupos delas.

Cada ponto de junção entre uma terminação nervosa e a membrana plasmática da célula muscular corresponde a uma sinapse. Essa junção é conhecida pelo nome de **placa motora**. O impulso nervoso propaga-se pelo neurônio e atinge a placa motora (veja a Figura 20-4). A membrana da célula muscular recebe o estímulo. Gera-se uma corrente elétrica que se propaga por essa membrana, atinge o citoplasma e desencadeia o mecanismo de contração muscular.

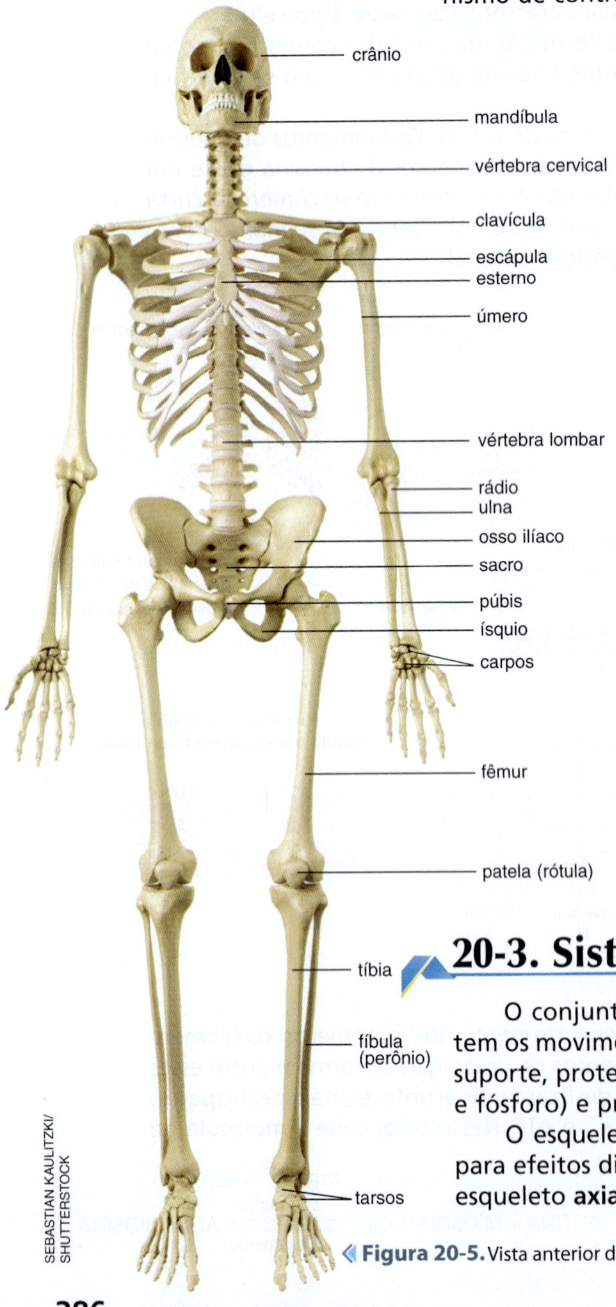

Anote!

O ATP necessário para a contração é produzido na respiração aeróbia, com a utilização de glicose trazida pelo sangue. Se mais glicose for necessária, uma quantidade adicional será gerada a partir do glicogênio armazenado na célula muscular. Outra fonte extra de energia é gerada pela molécula de **fosfocreatina**, uma espécie de "reserva" energética da célula muscular. Ao ser "quebrada", a fosfocreatina libera o seu fosfato rico em energia, que se une ao ADP, formando mais ATP para a contração muscular.

Os íons cálcio formam um sítio que permite a ligação entre miosina e actina.

Saiba mais!

Tônus muscular

O músculo pode estar em um estado de contração parcial, em que algumas fibras estão contraídas e outras, relaxadas. É o que se chama *tônus muscular*.

Essa contração enrijece o músculo, mas não há fibras contraídas em número suficiente para a realização de movimento.

O tônus é essencial na manutenção da postura. Por exemplo, o tônus da musculatura do pescoço é responsável por manter a cabeça na posição anatômica normal, sem deixar que ela caia sobre o peito, mas não exerce força suficiente para levá-la para trás em hiperextensão.

20-3. Sistema esquelético

O conjunto de ossos e cartilagens que protegem os órgãos e permitem os movimentos forma o **sistema esquelético**, cujas funções básicas são suporte, proteção, movimento, reserva de minerais (principalmente cálcio e fósforo) e produção de células sanguíneas (hematopoiese).

O esqueleto humano (veja a Figura 20-5) consiste em 206 ossos que, para efeitos didáticos, podem ser agrupados em duas divisões principais: o esqueleto **axial** (80 ossos) e o esqueleto **apendicular** (126 ossos).

crânio
mandíbula
vértebra cervical
clavícula
escápula
esterno
úmero
vértebra lombar
rádio
ulna
osso ilíaco
sacro
púbis
ísquio
carpos
fêmur
patela (rótula)
tíbia
fíbula (perônio)
tarsos
SEBASTIAN KAULITZKI/SHUTTERSTOCK

Figura 20-5. Vista anterior do esqueleto humano. (Cores-fantasia.)

Esqueleto axial

É a principal estrutura de sustentação do corpo, sendo orientado ao longo de seu eixo longitudinal mediano (veja a Figura 20-7).

É composto de:

- **esqueleto cefálico** – formado pelos 22 ossos do crânio (21 firmemente unidos e um, a mandíbula, móvel, que se articula com outros ossos do crânio);
- **osso hioide** – pequeno osso que se situa na parte anterior do pescoço (veja a Figura 20-6). Note que ele não está ligado a nenhum outro osso, sendo sua sustentação feita única e exclusivamente por músculos;
- **coluna vertebral** – formada por uma série de ossos chamados *vértebras*. Estrutura forte e flexível, entre as funções da coluna destacam-se proteção à medula espinhal, suporte da cabeça e, ainda, ponto de junção para as costelas e os músculos das costas;
- **esterno** – osso achatado e estreito, medindo cerca de 15 cm, localizado na linha média da parede anterior da caixa torácica;
- **costelas** – em número de 24, ligam-se ao esterno pelas cartilagens costais. Protegem os órgãos torácicos. Destas costelas, as 5 inferiores de cada lado são chamadas de *falsas*, pois não estão diretamente ligadas ao esterno: 3 ligam-se à sétima cartilagem costal e as 2 últimas, chamadas de *flutuantes*, terminam na parede muscular da porção inferior da caixa torácica (veja a Figura 23-7).

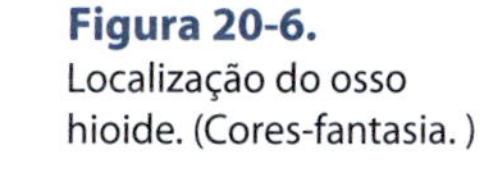

Figura 20-6. Localização do osso hioide. (Cores-fantasia.)

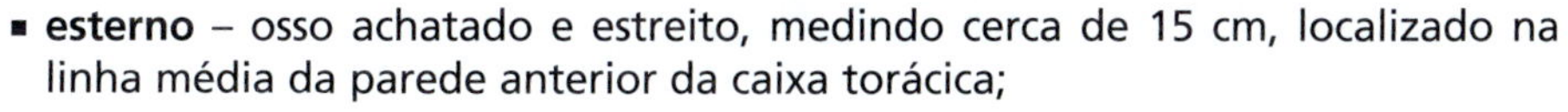

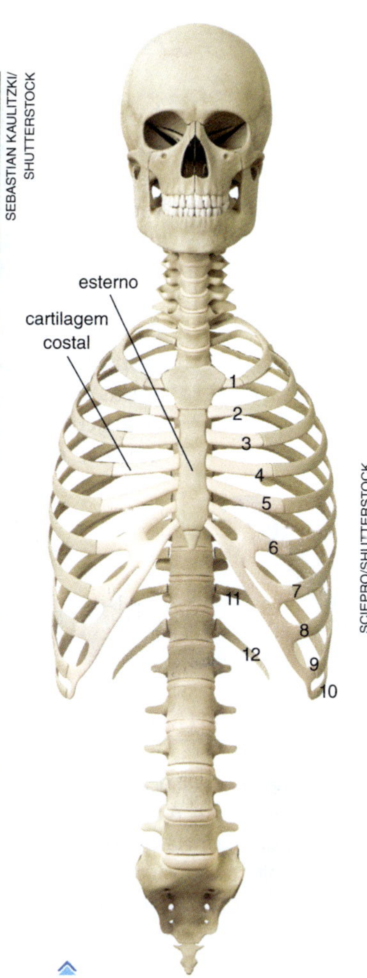

Figura 20-7. Esqueleto axial. (Cores-fantasia.)

Esqueleto apendicular

É composto de ossos dos membros e das articulações que os unem ao esqueleto axial:

- **membros superiores e cintura** – a mobilidade dos membros superiores está diretamente relacionada à cintura (escapular) formada pela clavícula e pela escápula (ou omoplata). A única ligação óssea com o esqueleto axial e essa cintura é feita pela clavícula com o esterno (veja a Figura 20-8);
- **membros inferiores e sua cintura** – os ossos do quadril (ilíaco, púbis e ísquio) se unem e formam a cintura (pélvica) dos membros inferiores (veja a Figura 20-9).

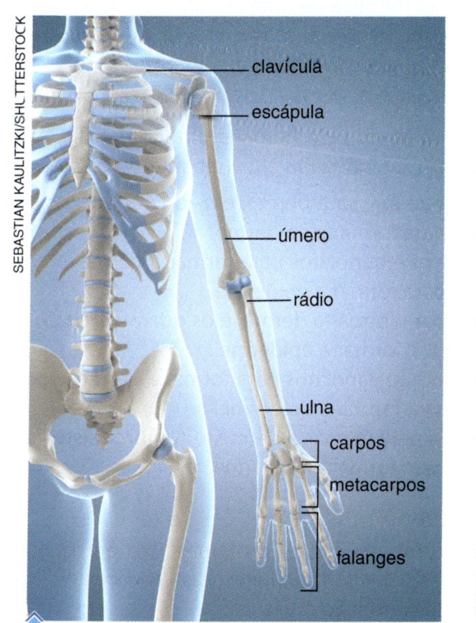

Figura 20-8. Cintura e ossos dos membros superiores em vista anterior. (Cores-fantasia.)

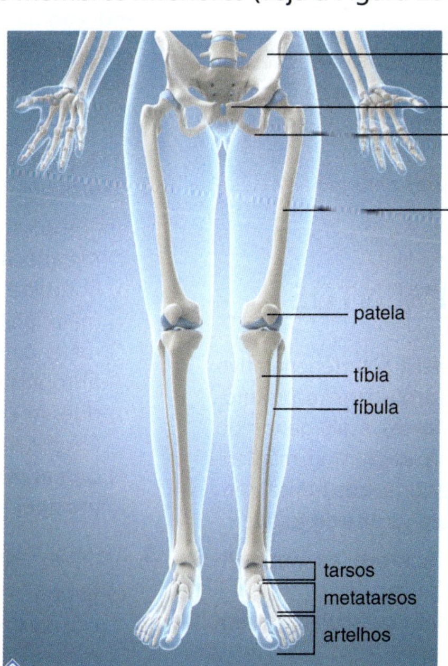

Figura 20-9. Cintura e ossos dos membros inferiores em vista anterior. (Cores-fantasia.)

Ossos cranianos

Por meio do QR Code abaixo conheça os 22 ossos do crânio e a anatomia de uma vértebra.

Articulações e movimento

Os ossos são estruturas bastante rígidas que permitem dobras e movimentos sem danos. É por essa razão que a ligação entre os ossos se dá por tecido conjuntivo, formando as **articulações**. São elas que permitem os movimentos. Nas articulações, as extremidades dos ossos deslizam facilmente umas sobre as outras, pois estão recobertas por cartilagem, que é um tecido menos rígido do que o tecido ósseo. No revestimento interno das articulações existe um líquido especial que preenche a cavidade das articulações, o **líquido sinovial**, que age como um verdadeiro "lubrificante" das articulações.

Há vários tipos de articulações. As costelas estão ligadas às vértebras torácicas por articulações parcialmente móveis, o que permite um movimento limitado, necessário para a respiração. No quadril e no ombro, juntas articuladas permitem movimentos livres em quase todas as direções. Já no crânio as juntas são imóveis, o que auxilia na proteção ao encéfalo. A articulação do joelho é uma das mais complexas do corpo. Ela sustenta o peso corporal e confere equilíbrio e liberdade de movimento.

ATIVIDADES

A CAMINHO DO ENEM

1. (Enem) A definição de queimadura é bem ampla, porém, basicamente, é a lesão causada pela ação direta ou indireta produzida pela transferência de calor para o corpo. A sua manifestação varia desde bolhas (flictenas) até formas mais graves, capazes de desencadear respostas sistêmicas proporcionais à gravidade da lesão e sua respectiva extensão. Muitas vezes, os primeiros socorros prestados à vítima, ao invés de ajudar, acabam agravando ainda mais a situação do paciente.

Adaptado de: <www.bombeiros-bm.rs.gov.br>. *Acesso em:* 28 fev. 2012.

Ao se deparar com um indivíduo que sofreu queimadura com formação de flictena, o procedimento de primeiros socorros que deve ser realizado antes de encaminhar o paciente ao hospital é:

a) colocar gelo sobre a flictena para amenizar o ardor.
b) utilizar manteiga para evitar o rompimento da flictena.
c) passar creme dental para diminuir a ardência da flictena.
d) perfurar a flictena para que a água acumulada seja liberada.
e) cobrir a flictena com gazes molhadas para evitar a desidratação.

TESTE SEUS CONHECIMENTOS

1. (Unifan – GO) A pele é um órgão flexível e autorregenerativo que reveste e molda o corpo, atua como barreira protetora que previne a penetração de irritantes e alérgenos do ambiente e que evita a perda de água do organismo, mantendo a homeostase interna. Este órgão é composto basicamente por três camadas. Sobre a histologia da pele é certo que:

a) a epiderme é um epitélio pavimentoso estratificado queratinizado de origem endodérmica.
b) a epiderme é uma camada da pele avascular rica em queratinócitos.
c) o tecido conjuntivo está presente abundantemente na derme, na sua parte papilar encontra-se preferencialmente o tecido conjuntivo denso e na reticular o tecido conjuntivo frouxo.
d) a relação existente entre as células mesenquimatosas e os fibroblastos é que ambos estão presentes no tecido conjuntivo e são responsáveis pela produção de queratina.
e) na hipoderme encontra-se o tecido conjuntivo adiposo que apresenta funções muito importantes como por exemplo hormonais, como a síntese de leptina, hormônio que aumenta o apetite.

2. (Fameca – SP) O Brasil fez avanços significativos no desenvolvimento de pele reconstruída em laboratório. A pele artificial é formada a partir de três tipos de células humanas descartadas de cirurgias plásticas ou de amostras do prepúcio de recém-nascidos.

O primeiro passo para a reconstituição total da pele é a indução da divisão mitótica de uma cultura de células que vão formar a derme. Sobre a derme pronta é feita outra cultura de células que reconstituem a epiderme.

Adaptado de: VASCONCELOS, Y. *Revista Fapesp*, jul. 2016.

Para a reconstituição da pele humana em laboratório, as células que devem ser induzidas à divisão mitótica são os:

a) fibroblastos para formar a derme, e os queratinócitos e melanócitos para formar a epiderme.
b) fibroblastos e queratinócitos para formar a derme, e os melanócitos para formar a epiderme.
c) melanócitos para formar a derme, e os queratinócitos e fibroblastos para formar a epiderme.
d) queratinócitos e melanócitos para formar a derme, e os fibroblastos para formar a epiderme.
e) queratinócitos para formar a derme, e os fibroblastos e melanócitos para formar a epiderme.

3. (UFSCar – SP) No corpo humano,

a) actina e miosina são duas proteínas existentes no citoplasma das células musculares, que participam do mecanismo de contração muscular.
b) os neurônios são células constituintes da bainha que envolve e protege as células nervosas.

c) a tireoide é uma glândula exócrina, que produz e secreta a tiroxina no sangue.
d) as plaquetas dificultam a formação de coágulos, propiciando a defesa do organismo.
e) o tecido ósseo se diferencia do cartilaginoso, por apresentar mais colágeno, que lhe confere maior resistência.

4. (UFOP – MG) Sobre as células do tecido muscular esquelético, indique a alternativa **incorreta**.

a) Possuem filamentos finos de actina ancorados à linha Z.
b) Regulam a contração por meio do controle da liberação de cálcio do retículo sarcoplasmático.
c) São cilíndricas e bem alongadas.
d) Contêm um único núcleo central.

5. (Cesva – RJ) O gráfico abaixo mostra o processo de reposição do glicogênio muscular após exercício físico intenso e prolongado sob três condições: em uma pessoa com dieta rica em carboidrato, em uma pessoa com dieta rica em proteínas e gorduras, e em uma pessoa sem alimentação.

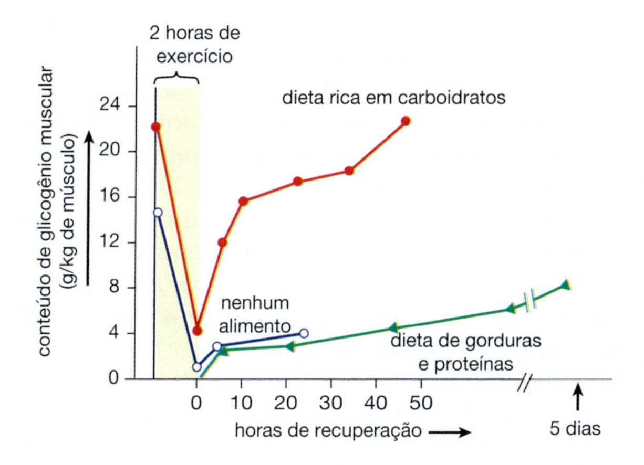

GUYTON, A. C.; HALL, J. E. *Tratado de fisiologia médica*. 12. ed. Rio de Janeiro: Elsevier, 2011, p. 1093.

O gráfico mostra que a recuperação de uma depleção exaustiva do glicogênio muscular acontece:

a) totalmente, após cerca de dois dias, em uma dieta rica em carboidratos como pães, cereais, arroz e massas.
b) de forma idêntica, independente da dieta usada, nas primeiras 10 horas de recuperação.
c) mais intensamente com uma dieta rica em proteínas e gorduras do que em uma dieta rica em carboidratos.
d) completamente, em menos de uma semana, em uma dieta rica em carne, leite e ovos.
e) integralmente, após o mesmo período de tempo em que foi degradada durante o exercício intenso.

6. (Unioeste – PR) Durante uma prova de Biologia, Joana recebeu uma lâmina histológica para analisar em microscópio. As seguintes características foram observadas e anotadas por Joana: presença de células cilíndricas, ramificadas, com um ou dois núcleos centrais, com estriações transversais e presença de discos intercalares. A partir destas observações, pode-se dizer que o tecido presente na lâmina está:

a) no fígado.
b) no bíceps.
c) no coração.
d) no intestino.
e) no estômago.

7. (Unesc – ES) O tecido muscular animal é caracterizado por sua capacidade de contração. Esse tecido é essencial para o funcionamento do corpo, sendo responsável pelos movimentos e o batimento do coração, por exemplo.

Observe a imagem que ilustra os diferentes tipos de tecido muscular e suas localizações.

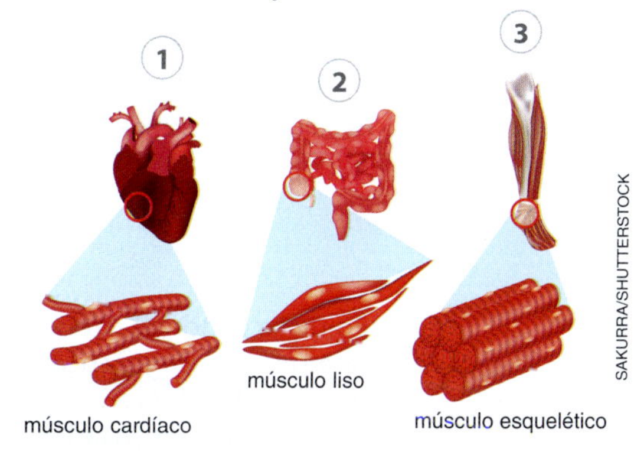

Considerando o local onde é encontrado, identifique os tipos 1, 2 e 3. Descreva as características das células e o tipo de contração (voluntária ou involuntária) de cada um.

8. (USF – SP – adaptada) O Brasil acabou de sediar grandes eventos mundiais, como a Copa do Mundo, as Olimpíadas e as Paraolimpíadas. Os meios de comunicação salientaram a relação entre os exercícios físicos e a saúde corpórea. Novos equipamentos permitem observar o desgaste muscular, evitando lesões que podem comprometer, inclusive, o futuro de muitos atletas. Podemos observar que atividades como basquete, futebol, natação e corrida exigem a ação de diferentes grupos musculares com atividades aeróbicas ou anaeróbicas.

A massa muscular do corpo humano é composta por dois tipos principais de fibras musculares, que são as vermelhas e as brancas. As fibras vermelhas são também chamadas de tipo I ou de contração lenta, e as brancas, de tipo II ou de contração rápida. A classificação das fibras foi feita por pesquisadores com base nas suas características contráteis e metabólicas.

Disponível em: <http://www.portaleducacao.com.br/educacao-fisica/artigos/17408/diferencas-entre-os-tipos-de-fibrasmusculares>. *Acesso em:* 23 set. 2016.

Considerando o exposto, faça o que se pede.

a) Em atividades como natação e maratona, que exigem exercícios de longa duração, predominam as fibras do tipo I ou as fibras do tipo II? O sistema energético utilizado é aeróbico ou anaeróbico? Nelas, a resistência à fadiga é alta ou baixa?
b) Qual é a substância responsável pela fadiga muscular? Em que condições essa substância é produzida?
c) Você faria uso de uma substância que torne a membrana do retículo sarcoplasmático mais permeável ao Ca^{2+}? Justifique sua resposta.

9. (FUVEST – SP) Além da sustentação do corpo, são funções dos ossos:

a) armazenar cálcio e fósforo; produzir hemácias e leucócitos.
b) armazenar cálcio e fósforo; produzir glicogênio.
c) armazenar glicogênio; produzir hemácias e leucócitos.
d) armazenar vitaminas; produzir hemácias e leucócitos.
e) armazenar vitaminas; produzir proteínas do plasma.

INTEGRANDO CONHECIMENTOS

Sobre a BNCC

Competências gerais da BNCC: **1, 4, 7, 8, 9, 10**

Competência específica de Ciências da Natureza e suas Tecnologias: **2**

Habilidade específica de Ciências da Natureza e suas Tecnologias: **EM13CNT207**

Poluição sonora

Poluição sonora é "toda emissão de som que, direta ou indiretamente, seja ofensiva ou nociva à saúde, à segurança e ao bem-estar da coletividade". (LDF 4092/2008).

Você sabe a diferença entre poluição sonora e perturbação do sossego alheio? As duas práticas são puníveis pela lei, mas caracterizadas de forma diferente!

Poluição sonora é uma infração administrativa ambiental: são sons – mecânicos ou ao vivo do exercício das atividades de bares, restaurantes, igrejas, *shows*, academias, clubes, dentre outros, bem como por maquinários (ar-condicionado, exautores etc.) – acima dos níveis tolerados por lei e nocivos à saúde, à segurança e ao bem-estar da coletividade.

Perturbar alguém, tanto o trabalho quanto o sossego alheio com gritaria ou algazarra ruidosa, abusando de instrumentos sonoros ou provocando barulho com animais de estimação, é passível de prisão simples e multa. É uma contravenção penal.

Os principais transtornos causados à saúde, segundo a OMS vão desde irritabilidade até a perda auditiva. Um ambiente silencioso é questão de saúde! As pessoas começam a perder a audição quando são expostas por períodos prolongados e repetidos a sons a partir de 85 db (ruído de liquidificador). A morte das células auditivas é lenta e irreversível! A partir dos 60 db (equivalente a uma conversa normal), o som já é suficiente para agredir o restante do organismo e também prejudicar o equilíbrio emocional

Adaptado de: Poluição sonora: ameaça à saúde. *Disponível em:* <https://www.ibram.df.gov.br/wp-content/uploads/2021/01/Folder2-Poluicao-sonora-versao-impressao-duas-dobras-3.12.2020.pdf>. *Acesso em:* 4 set. 2021.

Vamos começar!!!

Neste projeto, faremos um levantamento do nível dos ruídos mais comuns e como eles impactam em nossa vida.

Fase 1 – Estabelecimento de grupos de trabalho

Os alunos devem se reunir em grupos de trabalho. Organizem-se levando em conta as diferentes características e habilidades de cada participante. É importante que durante a atividade todos coloquem para o grupo suas opiniões – e estas devem ser respeitadas por todos os membros da equipe! Acostumem-se a sustentar suas argumentações com dados.

Fase 2 – Reconhecimento de ocorrências

a) Cada grupo deverá pesquisar por meio de tecnologia da informação e da comunicação (TDIC) o nível de ruído emitido pelas diferentes atividades a que estamos sujeitos.
b) Pesquisem qual é o nível de ruído recomendável para as atividades humanas.
c) A partir das informações obtidas, cada grupo deverá elaborar um infográfico relacionando as intensidades sonoras com as atividades, indicando os limiares de audição e da dor.

Fase 3 – Apresentação dos resultados

Cada grupo deverá apresentar para os colegas seu levantamento e o infográfico elaborado.

POWERUP/SHUTTERSTOCK

Finalização

Após a apresentação dos trabalhos, procurem analisar a relação dos alunos da classe com sons e ruídos. Vocês estão submetidos a níveis de exposição conforme o recomendado ou há algo que precise ser ajustado para que vocês não corram o risco de perder a audição?

Que tal prepararem uma publicação com os dados obtidos e o resultado das discussões, tirar cópias e distribuir entre todos os colegas da classe?

FIQUE POR Dentro

TDIC pode ser entendida, de forma simples, como o conjunto de recursos tecnológicos que temos para a comunicação e transmissão de informações. Nesse aspecto, estão incluídos os computadores, celulares, redes etc., que podem nos auxiliar em nossas pesquisas.

Limites de tolerância para ruído contínuo ou intermitente.

NÍVEL DE RUÍDO (dB)	MÁXIMA EXPOSIÇÃO DIÁRIA PERMISSÍVEL	NÍVEL DE RUÍDO (dB)	MÁXIMA EXPOSIÇÃO DIÁRIA PERMISSÍVEL
85	8 horas	98	1 hora e 30 minutos
86	7 horas	100	1 hora
87	6 horas	102	45 minutos
88	5 horas	104	35 minutos
89	4 horas e 30 minutos	105	30 minutos
90	4 horas	106	25 minutos
91	3 horas e 30 minutos	108	20 minutos
92	3 horas	110	15 minutos
93	2 horas e 30 minutos	112	10 minutos
94	2 horas	114	8 minutos
95	1 hora e 45 minutos	115	7 minutos

Fonte: Norma Regulamentadora n. 15 (NR-15), da Portaria do Ministério do Trabalho n. 3.214/1978.

PAOLO SARTI/SHUTTERSTOCK

unidade
7

REINO *PLANTAE*

CAPÍTULO 21

Briófitas e pteridófitas

Recentemente, inúmeras pesquisas envolvendo degradação ambiental, oriunda das poluições atmosférica, terrestre e aquática, têm como foco o uso de animais ou vegetais que apresentem respostas no sentido de controlar e indicar o nível de deterioração nos ambientes afetados por ações antrópicas. Dentre os organismos indicadores denominados biomonitores, estão os musgos do filo *Bryophyta* responsáveis por respostas significativas frente aos impactos gerados pelo descarte indevido de substâncias, que contêm em sua composição metais pesados.

Os metais pesados são considerados um dos principais poluentes que afetam os recursos naturais. Geralmente, os mesmos são oriundos de técnicas agrícolas ou mecanismos urbanos que produzem resíduos.

Os seres vivos necessitam de quantidades variadas de alguns metais, incluindo Ca, K, Na, Mg, Fe e, em menor quantidade, de Sn, Cr, Co, Cu, Mn, Mo, V, Sr, Zn, para a realização de sua funções vitais, porém níveis excessivos destes podem se tornar prejudiciais. A informação prévia de áreas com elevados índices de metais-traço [elementos em baixa concentração no ambiente] é uma ferramenta útil nos estudos que avaliam a relação entre os agentes nocivos à saúde humana e ao meio ambiente.

O uso de organismos vegetais como bioindicadores é um instrumento eficaz de pesquisa e avaliação ambiental que evidencia diferenças significativas quanto a sensibilidade a substâncias poluentes. Os musgos servem como base para estudos de bioindicação, pois se enquadram como bons substratos para o monitoramento de ambientes impactados por metais-traço.

SOUZA, E. F.; NÓBREGA, M. A. S.; PONTES, M. S.
Musgos como bioindicadores de metais pesados no ambiente.
Acta Biomedica Brasiliensia, Rio de Janeiro, v. 8, n. 2, p.13-22, dez. 2017.

Seu ponto de vista!

Musgos (briófitas) e samambaias (pteridófitas), além de servirem como bioindicadores, desempenham importante papel nos diversos ecossistemas em que são encontrados. Em sua opinião, qual seria a importância desses dois grupos vegetais, além da relatada no texto, sobretudo do ponto de vista da Ecologia e em termos de sustentabilidade ambiental?

MAREK MIERZEJEWSKI/SHUTTERSTOCK

21-1. A conquista do meio terrestre pelos vegetais

O reino *Plantae* engloba **briófitas, pteridófitas, gimnospermas** e **angiospermas** (antófitas). As plantas desse reino surgiram no meio aquático e evidências permitem supor que elas foram originadas a partir das algas verdes, as clorofíceas (veja a Figura 21-1).

No meio aquático, as algas são constantemente banhadas pela água e dela retiram *gases* e *materiais* necessários à sobrevivência. Ao mesmo tempo, a água é um eficiente *meio de sustentação* do corpo, graças ao empuxo por ela exercido. A *reprodução* é facilitada pela confecção de gametas móveis que têm na água um eficiente meio de *locomoção*.

A conquista do meio terrestre pelos vegetais dependeu de algumas adaptações morfológicas e fisiológicas que possibilitaram:

- absorção da água do solo;
- condução de água e materiais até as células mais distantes dos centros de absorção;
- impermeabilização das superfícies expostas, o que evita a perda excessiva de água;
- trocas gasosas que permitam o ingresso de gás carbônico, facilitando, assim, a ocorrência de fotossíntese;
- sustentação do corpo por meio de tecidos rígidos, já que o ar, pouco denso, é incapaz de exercer essa tarefa;
- reprodução, mesmo na ausência de água. As primeiras plantas com vasos condutores ainda dependem da água para o deslocamento dos gametas. Por isso vivem em meios razoavelmente úmidos. Já plantas vasculares mais "modernas" dispensam a água do ambiente para o transporte e o encontro de gametas;
- adaptação dos embriões ao meio terrestre, mediante a produção de sementes em alguns grupos vegetais. Não adianta apenas o vegetal adulto estar adaptado ao meio terrestre – é preciso que o jovem também esteja, o que garantirá a continuidade da espécie. Os embriões são vulneráveis à falta de água. O surgimento de sementes resolveu esse problema. O embrião fica dentro de um meio desidratado, rico em alimento e envolvido por um revestimento protetor. Nesse meio ele permanece inativo até que as condições do ambiente sejam satisfatórias.

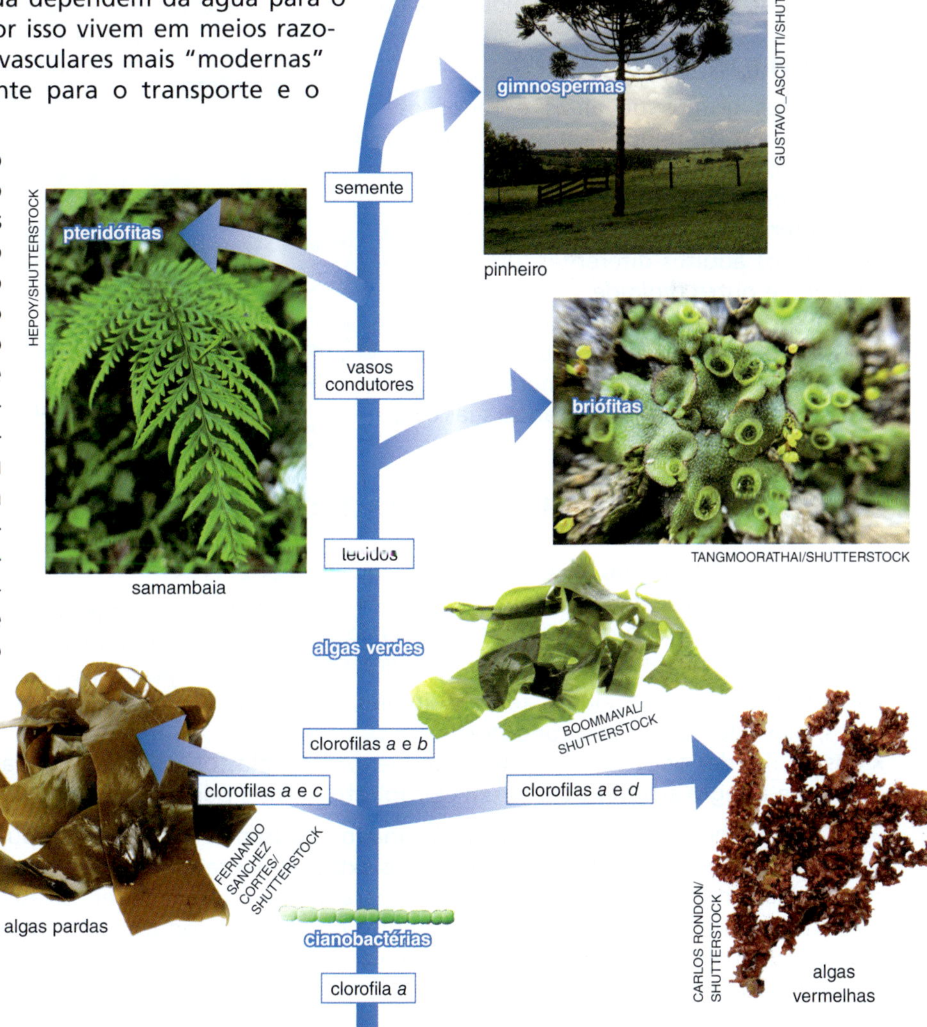

Figura 21-1. Provável evolução das plantas rumo ao meio terrestre. Cianobactérias primitivas foram prováveis ancestrais de todos os grupos constantes do esquema. As clorofíceas foram prováveis ancestrais dos componentes do reino *Plantae*. A semelhança bioquímica entre as clorofilas *a* e *b* neles existentes dá suporte a essa hipótese.

As briófitas não têm vasos condutores – são consideradas, por isso, avasculares, ao contrário dos demais representantes do reino *Plantae*. Embora as briófitas também existam no meio terrestre, as plantas com vasos condutores foram as que invadiram com maior sucesso esse meio, dispersando-se pelas diferentes áreas geográficas da Terra.

As plantas **vasculares** atuais englobam três grupos:

- **pteridófitas,**
- **gimnospermas** e
- **angiospermas (antófitas),**

sendo que esses dois últimos grupos são os únicos a formar sementes.

Modernamente, esses três grupos foram reunidos e passaram a ser chamados de **traqueófitas**. No corpo de uma traqueófita há dois tecidos condutores encarregados do transporte de água e materiais, que são:

- **xilema:** cujos vasos transportam água e sais minerais dissolvidos (*seiva bruta*) da raiz às folhas;
- **floema:** cujos vasos transportam água e compostos orgânicos dissolvidos (*seiva elaborada*) das folhas ao caule e às raízes.

A existência de tecidos especializados na condução rápida de água pelo corpo é um dos fatores responsáveis pela grande dispersão das traqueófitas.

Anote!

O nome *traqueófitas* é derivado do nome do vaso, traqueia (ou traqueíde). A rigidez dos tecidos esqueléticos de uma traqueófita deve-se à *lignina*, uma substância que reforça as paredes celulares.

21-2. Reprodução vegetal

Uma das diferenças mais importantes entre os animais e os vegetais é que, na maioria dos vegetais, a reprodução sexuada envolve um ciclo reprodutivo no qual, diferentemente dos animais, há uma *alternância* de dois organismos adultos. Esse ciclo, conhecido como **haplontediplonte**, é a característica marcante dos componentes do reino *Plantae* e de algumas algas.

Ciclo haplontediplonte

Muitos grupos de algas e todos os componentes do reino *Plantae* reproduzem-se sexuadamente por meio de um ciclo reprodutivo no qual ocorre uma alternância de dois tipos de organismos adultos diferentes, um *haploide* e outro *diploide*.

O organismo haploide, conhecido como **gametófito**, produz *gametas* por mitose. A fusão dos gametas origina um zigoto diploide. Multiplicando suas células, o zigoto cresce e se transforma em **esporófito**. O esporófito maduro forma esporos por meiose no interior de **esporângios**.

Cada esporo, haploide, multiplica-se por mitose e, então, surge novo gametófito (veja a Figura 21-2).

A meiose que serviu para a produção de esporos é chamada *espórica*, por dar origem a esporos, ou *intermediária*, por ocorrer entre a geração esporofítica e a gametofítica. Essa alternância de gerações ou *metagênese* caracteriza o ciclo haplontediplonte. Note o seguinte:

- um esporo sozinho é capaz de gerar um organismo adulto;
- *dois gametas* (de modo geral) são necessários para gerar um organismo.

ESPORÓFITO (2*n*)
zigoto
FERTILIZAÇÃO
MEIOSE
gametas
esporos
GAMETÓFITO (*n*)
MÔNICA ROBERTA SUGUIYAMA/acervo da editora

Figura 21-2. Ciclo haplontediplonte.

21-3. Briófitas: plantas sem vasos condutores

Briófitas são plantas avasculares de pequeno porte, encontradas em meio aquático doce e terrestre úmido. Assim como as algas, o corpo das briófitas, desprovido de raízes, caule e folhas, é um **talo**, porém com duas diferenças básicas:

- as briófitas possuem alguns tecidos simples, organizados, mas não há o tecido condutor;
- nas células das briófitas há muitos e pequenos cloroplastos, ao contrário das algas em que a regra é haver apenas um cloroplasto grande por célula.

Anote!

Talo é o nome dado ao corpo de uma planta que não possui raiz, caule e folha.

O tamanho das briófitas está relacionado à ausência de vasos condutores, chegando no máximo a 10 cm em ambientes extremamente úmidos. A evaporação remove considerável quantidade de água para o meio aéreo. A reposição – por absorção – é um processo lento. O transporte de água ao longo do corpo desses vegetais ocorre por difusão de célula a célula, já que não há vasos condutores e, portanto, é lento (veja a Figura 21-3).

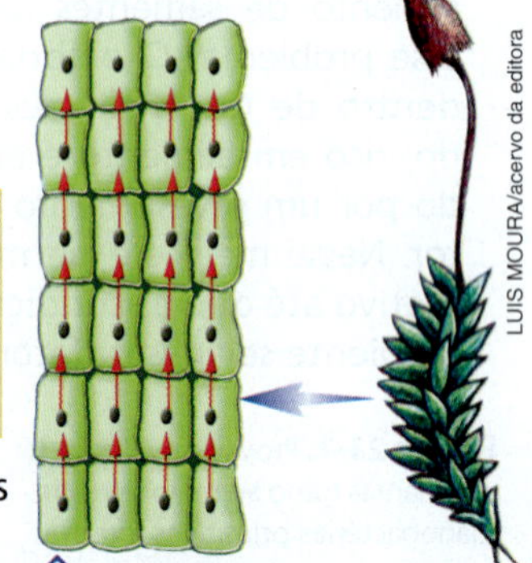

Figura 21-3. Nas briófitas não há tecidos condutores. O transporte de água e materiais se faz de célula a célula, por difusão. (Cores-fantasia. Ilustrações fora de escala.)

As briófitas mais conhecidas são as hepáticas e os musgos. As hepáticas são tanto aquáticas como terrestres e seu talo é uma lâmina extremamente delgada.

Os musgos são mais comuns. Seu talo lembra muito um vegetal superior: apresenta-se ereto, crescendo a partir do solo. Nos musgos, como, aliás, em todas as briófitas, há duas gerações adultas que se alternam em um ciclo reprodutivo. Uma das gerações (o gametófito) é verde, clorofilada, normalmente mais frequente e haploide. A outra, diploide (o esporófito), cresce apoiada sobre a primeira e, por ser menos duradoura, é menos frequente.

Em *Marchantia*, uma hepática comum em meio terrestre, há estruturas em forma de taças que abrigam os **propágulos**, grupos de células responsáveis pela reprodução *assexuada*.

JEFF HOLCOMBE/SHUTTERSTOCK

TANGMOORATHAI/SHUTTERSTOCK

(a) *Pohlia nutans*. A geração ou fase diploide, com hastes e esporângios, cresce sobre a geração haploide feminina. (b) *Marchantia* sp. A estrutura em forma de taça que contém propágulos é chamada de *conceptáculo*. Em geral, são menores do que 2 cm de altura.

Ciclo haplontediplonte nos musgos

Nos musgos e em todas as briófitas, a metagênese envolve a alternância de duas gerações diferentes na forma e no tamanho. Os gametófitos, verdes, são de sexos separados e duram mais que os esporófitos.

Existem órgãos especializados na produção de gametas chamados **gametângios** e que ficam localizados no ápice dos gametófitos. O gametângio masculino é o **anterídio** e seus gametas, os **anterozoides**. O gametângio feminino é o **arquegônio** que produz apenas um gameta feminino, a **oosfera**.

Anote!

Anterídios e arquegônios são órgãos reprodutores dotados de uma camada de revestimento estéril que protege os gametas no seu interior.

Para ocorrer o encontro dos gametas é preciso, inicialmente, que os anterozoides saiam dos anterídios. Gotículas de água do ambiente que caem nos arterídios libertam os gametas masculinos. Deslocando-se na água, os anterozoides entram no arquegônio e apenas um deles fecunda a oosfera. Forma-se o zigoto que, dividindo-se inúmeras vezes, origina o embrião. Este, no interior do arquegônio, cresce e forma o esporófito. O jovem esporófito, no seu crescimento, rompe o arquegônio e carrega em sua ponta dilatada um pedaço rompido do arquegônio, em forma de "boné", conhecido como **caliptra** (veja a Figura 21-4). Já como adulto, o esporófito, apoiado no gametófito feminino, é formado por uma haste e, na ponta,

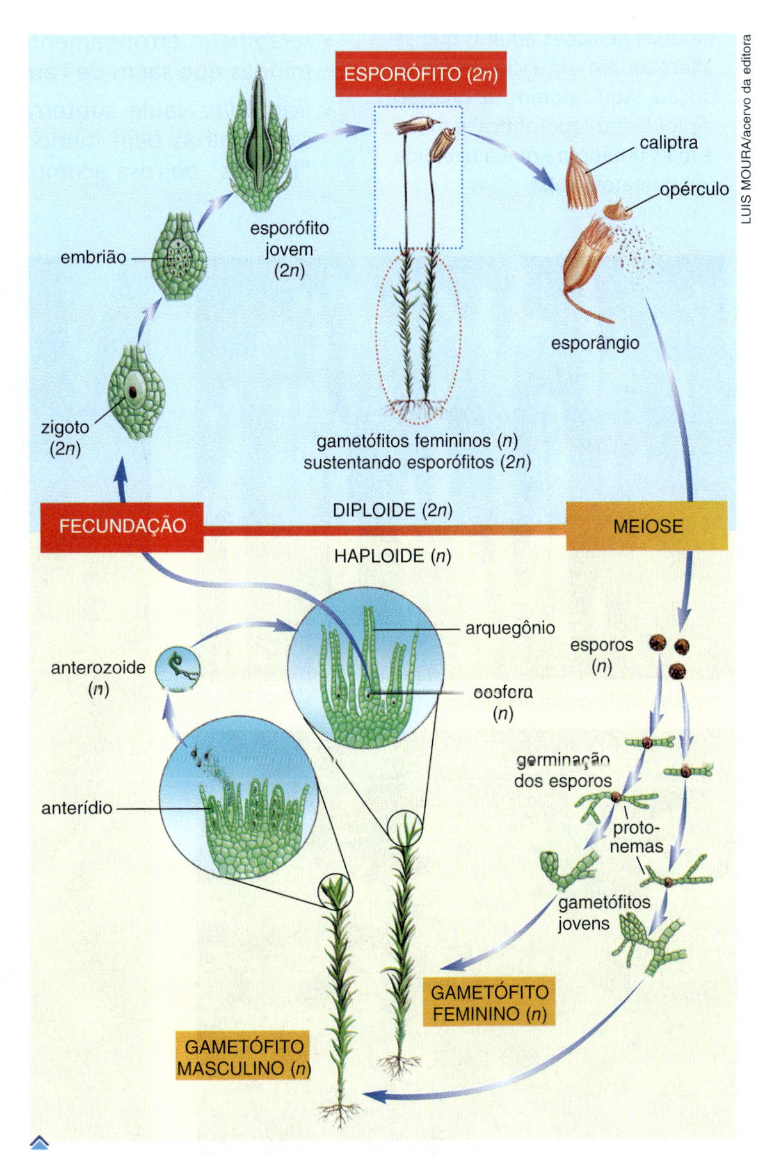

LUIS MOURA/acervo da editora

Figura 21-4. Ciclo haplontediplonte nos musgos. Os gametófitos são mais duradouros que os esporófitos. (Cores-fantasia. Ilustrações fora de escala.)

uma cápsula (que é um esporângio) dilatada, dotada de uma tampa, coberta pela caliptra. No esporângio, células 2*n* sofrem meiose e originam esporos haploides. Para serem liberados, é preciso inicialmente que a caliptra seque e caia. A seguir, cai a tampa do esporângio. Em tempo seco e preferencialmente com vento, os esporos são liberados e dispersam-se. Caindo em locais úmidos, cada esporo germina e origina um filamento semelhante a uma alga, o **protonema**. Do protonema brotam alguns musgos, *todos idênticos geneticamente e do mesmo sexo*. Outro protonema, formado a partir de outro esporo, originará gametófitos do outro sexo e, assim, completa-se o ciclo. Note que a determinação do sexo ocorre, então, já na formação dos esporos.

21-4. Pteridófitas: plantas com vasos condutores

As pteridófitas constituem um grupo de plantas pioneiro, na medida em que foram as primeiras a possuir tecidos especializados na condução de água.

Atualmente, as mais conhecidas são as cavalinhas, as selaginelas, os licopódios e os diferentes tipos populares de samambaia. Suas características principais são:

- *cavalinha:* porte pequeno, caule subterrâneo e que forma ramos aéreos eretos que lembram vagamente o caule da cana-de-açúcar com cerca de 1 cm de diâmetro. Folhas em forma de fios, agrupadas em feixes, emergem do caule e lembram uma cauda de cavalo;
- *selaginela:* erroneamente vendida como musgo nas floriculturas. Folhas miúdas que saem de caule cilíndrico bem fino;
- *licopódio:* caule subterrâneo e que dá ramos aéreos eretos dos quais saem folhas bem menores que as da selaginela. É comum formarem-se "buquês" de rosa acompanhados de ramos de licopódios.

Anote!

Pteridófitas não produzem flores, nem sementes, nem frutos.

Em todas as pteridófitas, há duas gerações adultas que se alternam em um ciclo de reprodução. Aqui, porém, a geração diploide (ou esporofítica) é maior e mais duradoura que a haploide (ou gametofítica).

KURKUL/SHUTTERSTOCK

Licopódio (*Lycopodium annotinum*).

ZULASHAI/SHUTTERSTOCK

Selaginela (*Selaginella wallichii*).

AGA7TA/SHUTTERSTOCK

Cavalinha (*Equisetum fluviatile*).

Samambaias: as pteridófitas mais conhecidas

As pteridófitas mais modernas são popularmente conhecidas como samambaias e pertencem à classe das *filicíneas*. Incluem as rendas-portuguesas, as avencas, os xaxins, as samambaias de metro etc.

Na maioria delas, o caule subterrâneo, chamado de **rizoma**, forma folhas aéreas. No xaxim, o caule é aéreo, ereto e pode atingir de 2 a 3 metros de altura.

As folhas são muitas vezes longas, apresentam divisões (folíolos) e crescem em comprimento pelas pontas, que são enroladas, lembrando a posição do feto no interior do útero. Na época da reprodução, os folíolos ficam férteis e neles surgem pontos escuros, os **soros**, verdadeiras unidades de reprodução (veja a Figura 21-5).

Briófitas e pteridófitas são **criptógamas**, termo que se refere a plantas em que o encontro de gametas não se dá em estruturas visíveis (como as flores, por exemplo, presentes nas angiospermas).

Figura 21-5. (a) Samambaia adulta diploide típica; (b) folha jovem; (c) folíolos com soros.

HEBLY FAUZAN/SHUTTERSTOCK

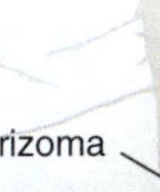

MARY TERRIBERRY/SHUTTERSTOCK

a

rizoma

LUIS MOURA/acervo da editora

Ciclo haplontediplonte nas samambaias

No esporófito adulto surgem os *soros*, locais onde existem muitos esporângios. Células diploides dividem-se por meiose e originam esporos haploides. A liberação dos esporos ocorre pela ruptura dos esporângios secos. Dispersados e caindo em local apropriado e úmido, germinam produzindo o gametófito, uma lâmina delgada, com aspecto de coração.

SANDART/SHUTTERSTOCK

Recebe, também, o nome de **protalo**, um nome que só é usado para o gametófito de traqueófitas (veja a Figura 21-6). O protalo não possui vasos condutores, ao contrário do esporófito. Além disso, ele é hermafrodita e produz tanto anterozoides como oosferas. Anterídios e arquegônios ficam na face ventral do protalo, aquela que está em contato com o substrato. Se houver uma película de água adequada, os anterozoides, soltos, nadam em direção ao arquegônio, fecundando a oosfera. Desenvolve-se um jovem esporófito. Ao mesmo tempo, começa a degeneração do protalo. O esporófito cresce e surge a samambaia adulta, fechando o ciclo. Note que é muito provável a ocorrência de autofecundação. Mas é também comum a fecundação cruzada, já que muitos protalos crescem juntos, o que promove o aparecimento de variabilidade entre os esporófitos.

LUIS MOURA/acervo da editora

Figura 21-6. Estrutura e reprodução de uma samambaia. (Cores-fantasia. Ilustrações fora de escala.)

Desvende & Avalie!

Leia o QR Code abaixo e faça a atividade de experimentação sobre protalos de samambaia.

Anote!

O encontro de gametas, tanto em briófitas como em pteridófitas, depende da água do ambiente.

Saiba mais!

Diferentes tipos de esporo

Nos musgos e nas samambaias os esporos são todos iguais em tamanho, sendo conhecidos como **isósporos**. Essas plantas são ditas *isosporadas*.

Mas algumas pteridófitas primitivas, como a selaginela, produzem esporos de dois tipos: os de pequeno tamanho, chamados de **micrósporos**, formarão gametófitos masculinos; os grandes, chamados **megásporos** ou **macrósporos**, formarão gametófitos femininos. Então, a selaginela é uma planta *heterosporada*, por formar esporos diferentes (**heterósporos**). Essa diferenciação dos esporos também será observada, como veremos, nas gimnospermas e nas angiospermas.

ATIVIDADES

A CAMINHO DO ENEM

1. Cladogramas são diagramas que indicam uma história comum entre espécies ou grupos de seres vivos. Os números 3 e 4 no cladograma apresentado abaixo correspondem, respectivamente, aos seguintes grupos vegetais:

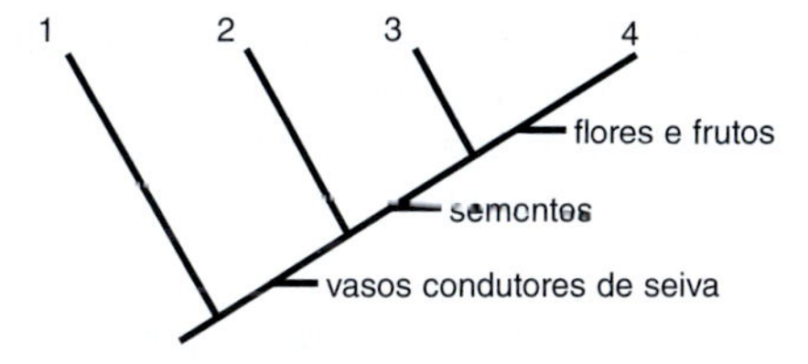

a) angiospermas e gimnospermas
b) pteridófitas e gimnospermas.
c) pteridófitas e briófitas.
d) briófitas e pteridófitas.
e) gimnospermas e angiospermas.

2. Na conquista do meio terrestre pelos vegetais, um fator exclusivo que decisivamente contribuiu para o sucesso adaptativo de plantas traqueófitas – pteridófitas, gimnospermas e angiospermas – foi a:

a) existência de tecidos condutores.
b) produção de gametas.
c) presença de núcleo organizado nas células.
d) realização de fotossíntese.
e) realização de respiração celular aeróbia.

3. As briófitas constituem o primeiro grupo vegetal que, evolutivamente, iniciou a conquista do meio terrestre. No entanto, a sobrevivência do grupo ainda permanece restrita a ambientes dotados de elevada umidade, terrestres ou aquáticos, sobretudo devido a características decorrentes da presença da água ambiental relativas à sobrevivência e à reprodução.

A principal característica a que o texto se refere relativamente à reprodução desses seres está relacionada à necessidade de água ambiental para:

a) condução de nutrientes minerais no interior de vasos condutores.
b) atrair agentes polinizadores que vivem em meios úmidos ou aquáticos.
c) favorecer o encontro de gametas no processo de fecundação.
d) dispersar sementes, que somente pode ocorrer com a participação da água.
e) favorecer a produção e o encontro de esporos no meio aquático no processo de fecundação.

4. No ciclo reprodutivo sexuado haplodiplobionte (haplontediplonte) de muitas espécies de algas e dos vegetais, a:

a) mitose produz esporos que, germinando, originarão os indivíduos haploides da geração gametofítica.
b) meiose produz gametas que, fundindo-se, gerarão zigotos que se desenvolverão em indivíduos diploides da geração esporofítica.
c) mitose produz gametas que, germinando, originarão os indivíduos haploides da geração esporofítica.
d) meiose produz esporos que, germinando, originarão os indivíduos haploides da geração gametofítica.
e) meiose produz esporos que, germinando, originarão os indivíduos diploides da geração esporofítica.

TESTE SEUS CONHECIMENTOS

1. (Uece) As briófitas são organismos

a) vasculares, autótrofos e multicelulares.
b) avasculares, autótrofos e multicelulares.
c) avasculares, heterótrofos e unicelulares.
d) vasculares, heterótrofos e unicelulares.

2. (USCS – SP) O esquema da figura abaixo representa, de forma resumida, o ciclo de vida das briófitas.

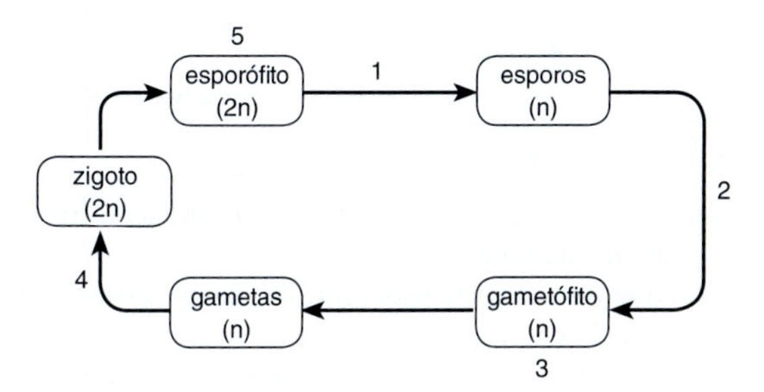

Considerando as características desse ciclo, é possível afirmar que:

a) a seta 1 representa a meiose, que é gamética, e o gametófito é a geração duradoura nesse grupo de vegetais, e a seta 4 representa o processo de fecundação.
b) o esporófito (5), se origina a partir da fecundação dos gametas (seta 4), e realiza meiose gamética (seta 1), e a geração duradoura nesse grupo vegetal é a esporofítica.
c) a seta 1 representa a meiose, que é espórica, a seta 2 é o processo de germinação, o gametófito (3) é a geração duradoura, nesse grupo vegetal, que produz gametas por mitoses.
d) o esporófito (5) é a geração duradoura, nesse grupo vegetal, a seta 1 representa a meiose, que é espórica, a seta 2 é a germinação e os gametas são produzidos por mitoses sucessivas.

3. (Univesp) Os vegetais são classificados quanto a presença ou ausência de flores. As plantas que não possuem flores são chamadas de criptógamas, já as plantas com flores são chamadas de fanerógamas. As plantas também podem ser classificadas em traqueófitas ou atraqueófitas, ou seja, que apresentam ductos de condução da seiva e as que não apresentam, respectivamente. A respeito das plantas traqueófitas, assinale a alternativa incorreta.

a) samambaias
b) pinheiros
c) *Ginkgo biloba*
d) cavalinha
e) musgos

4. (FCMMG) Os musgos são encontrados recobrindo o tronco de muitas árvores, em quase todas as partes do mundo, até mesmo em regiões congeladas.

É **CORRETO** afirmar que os musgos são seres com:

a) células haploides na maior parte de suas vidas.
b) tecidos de conduções: o xilema e o floema.
c) folhas grandes, longas e finas.
d) presença de lignina.

5. (Suprema – RJ) A ilustração ao lado representa uma planta do grupo das:

a) algas.
b) briófitas.
c) pteridófitas.
d) angiospermas.

6. (Fatec – SP) O esquema representa o ciclo reprodutivo de uma pteridofita (samambaia).

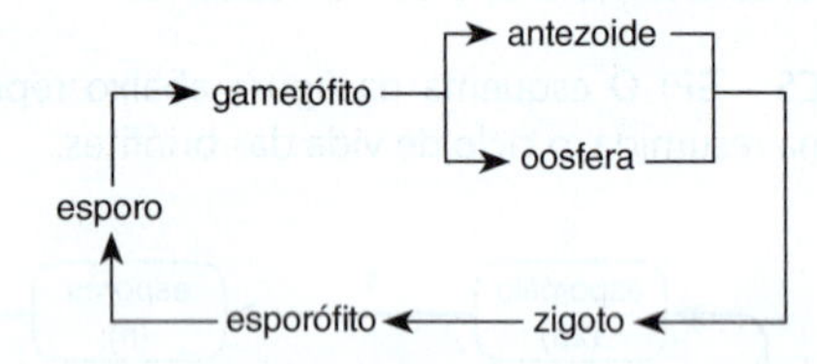

Sobre esse ciclo, é correto afirmar que

a) a meiose ocorre no gametófito, no processo de formação dos gametas.
b) a meiose ocorre no esporófito, no processo de formação dos esporos.
c) o gametófito se origina a partir da união do anterozoide com a oosfera.
d) o gametófito é diploide e corresponde à geração predominante.
e) o esporófito é haploide e corresponde à geração predominante.

7. (Insper – SP – adaptada) A figura ilustra o ciclo reprodutivo da samambaia.

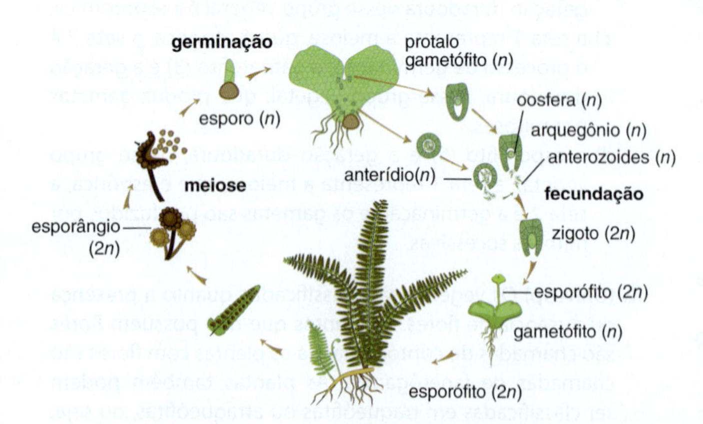

Esse mesmo ciclo ocorre em todos os integrantes do reino *Plantae*, com as alterações evolutivas características de cada grupo, desde as mais primitivas até as mais recentes.

O processo evolutivo desse ciclo reprodutivo nos grupos vegetais se caracterizou

a) pela redução dos gametófitos masculinos e femininos e pelo desenvolvimento das sementes, estróbilos, flores e frutos nos grupos mais recentes.
b) pela redução da fase esporofítica em decorrência do desenvolvimento dos vasos condutores de seiva no grupo das traqueófitas.
c) pelo desenvolvimento da fase gametofítica em decorrência da independência de água no processo de fecundação.
d) pelo desenvolvimento da fase esporofítica em decorrência do desenvolvimento dos gametas masculino (grão de pólen) e feminino (óvulo).
e) pela supressão da fase gametofítica, mantendo-se apenas as estruturas reprodutivas da fase esporofítica (as flores, os frutos e as sementes).

8. (Unilago – SP) O esquema a seguir representa o ciclo de vida de musgos e samambaias.

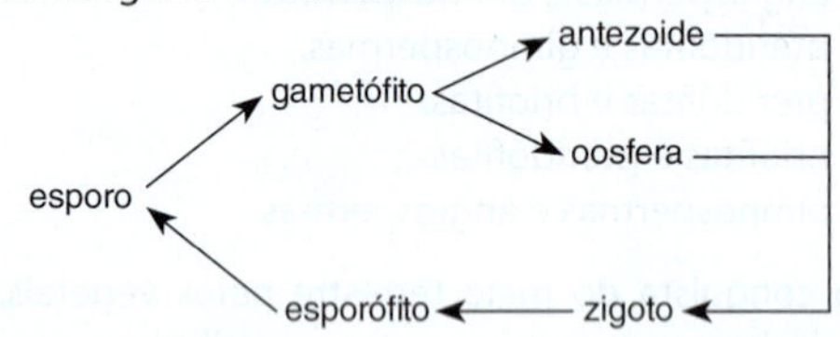

Assinale a alternativa que explica, corretamente, o esquema.

a) Nos musgos, o esporófito é haploide e predominante sobre o gametófito que é diploide.
b) Nos musgos, o gametófito é haploide e predominante sobre o esporófito que é diploide.
c) Nos musgos, o gametófito é diploide e predominante sobre o esporófito que é haploide.
d) Nas samambaias, o gametófito é diploide e predominante sobre o esporófito que é haploide.
e) Nas samambaias, o esporófito é haploide e predominante sobre o gametófito que é diploide.

9. (Unicerrado – GO – adaptada) O esquema representa o ciclo de vida de uma samambaia, indicando suas etapas por meio de letras.

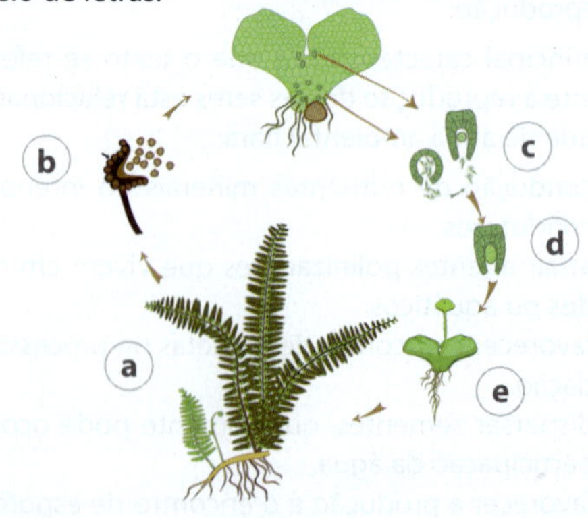

a) A qual grupo vegetal pertence a samambaia? Qual é a novidade evolutiva apresentada na estrutura desses vegetais?
b) Em uma das etapas do ciclo de vida da samambaia, há uma grande dependência de água para a reprodução. Por qual letra essa etapa está representada no esquema? Explique o que ocorre nessa etapa.

Gimnospermas e angiospermas

CAPÍTULO 22

ILPF é a sigla de integração-lavoura-pecuária-floresta. Trata-se de uma estratégia de produção agropecuária que integra diferentes sistemas produtivos, agrícolas, pecuários e florestais dentro de uma mesma área. Pode ser feita em cultivo consorciado, em sucessão ou em rotação, de forma que haja benefício mútuo para todas as atividades.

Esta forma de sistema integrado busca otimizar o uso da terra, elevando os patamares de produtividade em uma mesma área, usando melhor os insumos, diversificando a produção e gerando mais renda e emprego. Tudo isso, de maneira ambientalmente correta, com baixa emissão de gases causadores de efeito estufa ou mesmo com mitigação desses gases.

Diferentes culturas agrícolas, visando alimentação, produção de fibras ou energia, podem ser utilizadas na ILPF. Da mesma forma, o componente pecuário pode ser feito com bovinos de corte ou leite, bubalinos, caprinos, ovinos e, em alguns casos, até suínos e aves podem compor o sistema. Já em relação às árvores, podem ser usadas espécies para fins madeireiros e não-madeireiros, nativas ou exóticas.

Devido a essa grande variedade de culturas, os sistemas ILPF podem ser adaptados para pequenas, médias e grandes propriedades, em todos os biomas brasileiros. (...)

Embora os sistemas de integração-lavoura-pecuária-floresta sejam considerados sistemas inovadores, na Europa desde a Idade Média são conhecidas várias formas de plantios associados entre culturas anuais e culturas perenes ou entre culturas frutíferas e árvores madeireiras. Sistemas integrando árvores frutíferas com a produção pecuária datam do século XVI (...).

EMBRAPA. O que é ILPF? *Disponível em:* <https://www.embrapa.br/tema-integracao-lavoura-pecuaria-floresta-ilpf/nota-tecnica>. *Acesso em:* 5 set. 2021.

Seu ponto de vista!

O texto acima já cita algumas vantagens do sistema ILPF. Que outras vantagens, em sua opinião, esse sistema pode trazer?

GORODENKOFF/SHUTTERSTOCK

22-1. Gimnospermas: plantas com sementes

A principal característica das gimnospermas é a produção de sementes nuas, isto é, não protegidas por fruto (do grego, *gymnos* = nu). São produzidas em estruturas conhecidas como **cones** ou **estróbilos**, que para alguns autores correspondem às flores das gimnospermas, e dão o nome *coníferas* ao grupo formado pelos pinheiros (veja a Figura 22-1).

> **Anote!**
> **Espermáfitas** é o nome dado a plantas produtoras de sementes. Inclui gimnospermas e angiospermas.

Figura 22-1. (a) Estróbilos masculinos; (b) femininos de araucária, em que as sementes (c) são os pinhões comestíveis.

Ciclo haplontediplonte nas coníferas

Comparando-se a reprodução das gimnospermas coníferas com o que ocorre nas pteridófitas, notam-se algumas novidades evolutivas (acompanhe pela Figura 22-2). Os **estróbilos (cones)** são equivalentes aos soros, na medida em que constituem estruturas correspondentes a conjuntos de esporângios. Existem dois tipos de estróbilo, um grande e outro pequeno, e, como consequência, há dois tipos de esporângio e de esporo. Nos estróbilos maiores, considerados femininos, cada esporângio – chamado de óvulo – produz, por meiose, um **megásporo** (ou **macrósporo**). O megásporo fica retido no esporângio, não é liberado, como ocorre com os esporos das pteridófitas. Desenvolvendo-se no interior do óvulo, o megásporo origina um gametófito feminino. Nesse gametófito surgem arquegônios e, no interior de cada um deles, diferencia-se uma **oosfera** (que é o gameta feminino).

Nos estróbilos menores, considerados masculinos, cada esporângio – também chamado de **saco polínico** – produz, por meiose, numerosos **micrósporos**. Desenvolvendo-se no interior do saco polínico, cada micrósporo origina um gametófito masculino, também chamado de **grão de pólen** (ou gametófito masculino jovem). A ruptura dos sacos polínicos libera inúmeros grãos de pólen,

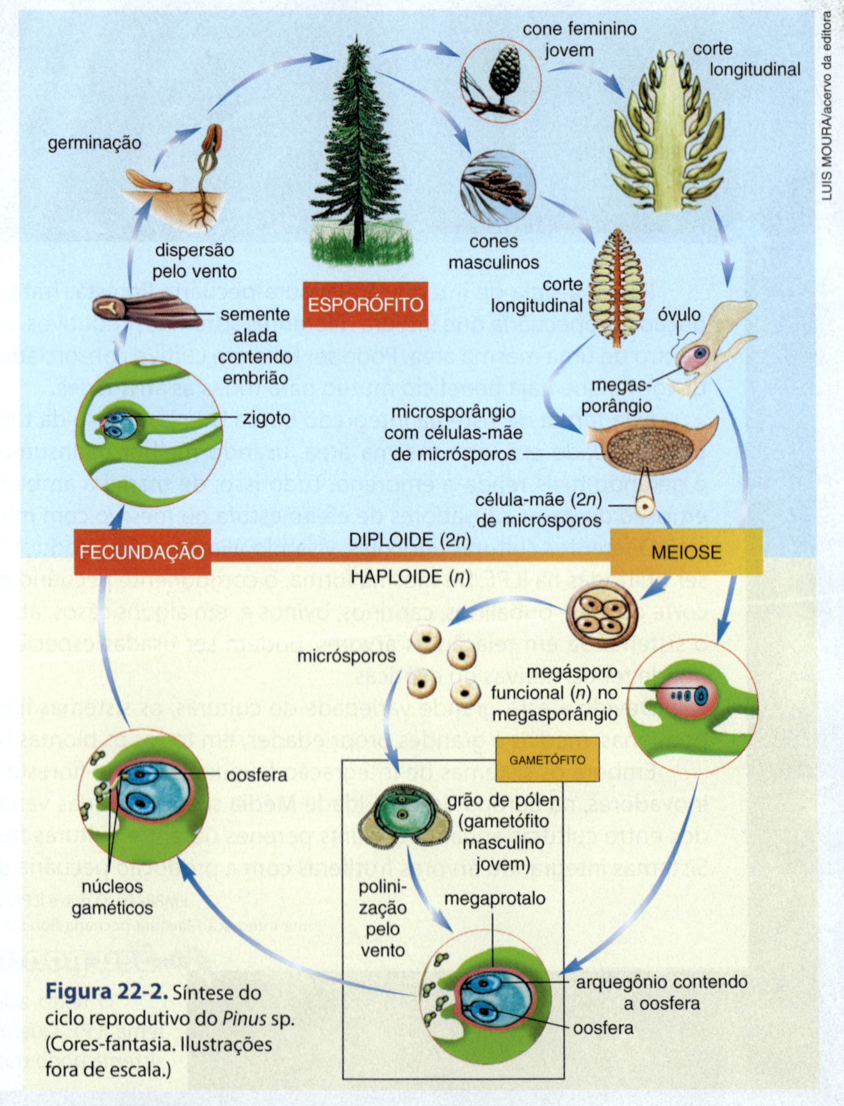

Figura 22-2. Síntese do ciclo reprodutivo do *Pinus* sp. (Cores-fantasia. Ilustrações fora de escala.)

leves, dotados de duas expansões laterais, aladas. Carregados pelo vento, podem atingir os óvulos que se encontram nos estróbilos femininos. O processo de transporte de grãos de pólen (não se esqueça de que eles representam os gametófitos masculinos) constitui a **polinização**, que, nesse caso, ocorre pelo vento.

Tubo polínico e fecundação

Cada grão de pólen, aderido a uma abertura existente no óvulo, inicia um processo de crescimento que culmina com a formação de um **tubo polínico**, correspondente a um grão de pólen adulto (gametófito masculino adulto). No interior do tubo polínico, existem dois núcleos gaméticos haploides, correspondentes aos anterozoides das pteridófitas. Apenas um dos núcleos gaméticos fecunda a oosfera, gerando o zigoto (o outro núcleo gamético degenera). Dividindo-se repetidamente por mitose, o zigoto acaba originando um **embrião**, que mergulha no tecido materno correspondente ao gametófito feminino.

Semente

Após a ocorrência da fecundação e da formação do embrião, o óvulo converte-se em **semente**, que é uma estrutura com três componentes: uma casca (também chamada de integumento), um embrião e um tecido materno haploide, que acumula material de reserva alimentar e revestimento protetor, que será utilizado pelo embrião durante a sua germinação. A dispersão das sementes, em condições naturais, pode ocorrer pelo vento, no caso do pinheiro comum, ou com a ajuda de animais (gralhas-azuis ou esquilos), como acontece com os pinhões do pinheiro-do-paraná.

Portanto, ao comparar gimnospermas coníferas com as pteridófitas, as seguintes novidades podem ser citadas: estróbilos produtores de óvulos (que, depois, serão convertidos em sementes), estróbilos produtores de grãos de pólen, polinização, diferenciação do grão de pólen em tubo polínico e, por fim, a fecundação independente da água ambiental (esse tipo de fecundação é conhecido por **sifonogamia**). Perceba que as árvores coníferas representam a geração duradoura, o esporófito, sendo os gametófitos reduzidos e pouco duradouros.

Cycas

A independência da água para a fecundação, comum nas gimnospermas coníferas, não é verificada em outro grupo, o das *Cycas*. Nestas, há uma cavidade no interior do óvulo repleta de líquido e que banha os arquegônios. O grão de pólen, ao crescer ao longo do óvulo e formar um tubo polínico, atinge essa câmara líquida e libera dois anterozoides flagelados. Deslocando-se pelo líquido, um deles fecunda a oosfera. Forma-se a semente contendo embrião, endosperma e revestimento protetor.

NISA_B/SHUTTERSTOCK

Cycas sp. com estróbilo masculino. Essas plantas formam sementes, um caráter que lembra as modernas espermáfitas. Sua fecundação, no entanto, depende da água, um caráter de primitividade. Suas folhas resistentes estão dispostas em espiral, formando uma coroa.

Estabelecendo conexões!

LUIS CARLOS TORRES/SHUTTERSTOCK

Curitiba: grande extensão de pinheiros

Os índios tinham suas particularidades para denominar uma região. Os nomes indígenas, em sua maioria, revelavam uma característica do objeto ou ser. Assim aconteceu com a região onde hoje se encontra a capital do estado do Paraná, Curitiba, nome indígena que significa uma "imensidão de pinheiros".

A araucária, um pinheiro alto, com a copa em forma de taça e porte imponente, é parte integrante da paisagem no sul do Brasil. Da *Araucaria angustifolia* (nome científico da espécie), praticamente tudo pode ser aproveitado: suas sementes (os pinhões), a resina (que, destilada, fornece alcatrão, óleos, terebintina e breu – utilizados pelas indústrias), sem falar na madeira, o produto mais nobre da árvore.

Os estados do Paraná, de Santa Catarina e do Rio Grande do Sul já foram cobertos por essa vegetação característica, conhecida como Mata de Araucárias, mas, com o desmatamento e a exploração, hoje resta menos de 2% da extensão original.

Araucária angustifolia, também conhecida como pinheiro-do-paraná. Essas árvores chegam a ter entre 10 m e 30 m de altura.

Se nada for feito, a Mata de Araucárias será extinta. O desafio não é só dos governantes, mas de toda a sociedade. Em que você pode ajudar?

22-2. Angiospermas: plantas com flores e frutos

Anote!

Gimnospermas e angiospermas são **fanerógamas**, termo que se refere a plantas que possuem estruturas visíveis (estróbilos e flores) nas quais ocorre o encontro de gametas.

O grupo das angiospermas (também chamadas de **antófitas**, de *anthós* = = flor) é o mais numeroso entre os vegetais da Terra atual em termos de espécies. Alguns exemplos? Feijão, arroz, milho, trigo, banana, café, amendoim, mandioca, batata, camomila, canela, tomate, alface, pimenta, beterraba, palmito, castanha-do-pará, coco, manga, laranja e muitos outros, cuja relação ocuparia uma extensa lista.

Flores e frutos são as características exclusivas das angiospermas. O nome do grupo sugere essa ideia (do grego, *aggeion* = vaso, urna). As sementes e os frutos são formações derivadas das flores.

Características principais de uma angiosperma

As angiospermas arborescentes possuem três componentes principais: **raízes, tronco** e **folhas.** As *raízes* são os órgãos fixadores da árvore ao solo e absorvem água e sais minerais, indispensáveis para a sobrevivência da planta. O *tronco*, constituído de inúmeros galhos, é o órgão aéreo responsável pela formação das folhas, efetuando também a ligação delas com as raízes. E as *folhas* são os órgãos em que ocorrerá a fotossíntese, ou seja, o processo em que se produzem os compostos orgânicos essenciais para a manutenção da vida da planta.

Dá-se o nome de **perianto** ao conjunto cálice mais corola (do grego, *peri* = ao redor de + *anthós* = flor).

Cada flor, que aparece periodicamente nos galhos, é um sistema de reprodução e é formada pela reunião de folhas modificadas presas ao *receptáculo floral*, que possui formato de um disco achatado (veja a Figura 22-3). Por sua vez, o receptáculo floral fica no topo do *pedúnculo floral*, que é o "cabinho" da flor. No receptáculo há uma série de círculos concêntricos nos quais estão inseridas as peças florais. De fora para dentro, são quatro os tipos de folhas modificadas constituintes da flor: **sépalas, pétalas, estames** e **carpelos.**

As sépalas são as mais externas, geralmente de cor verde, e exercem a função de proteção do botão floral, fase em que a flor ainda não se abriu. O conjunto de sépalas é chamado de **cálice.** As pétalas vêm a seguir. São brancas ou coloridas e formam a **corola** (nome derivado de *coroa*), com função de atrair os chamados *agentes polinizadores*, muitas vezes insetos. O alimento que esses insetos procuram é uma solução açucarada, o **néctar**, produzido por glândulas de modo geral existentes na base das pétalas.

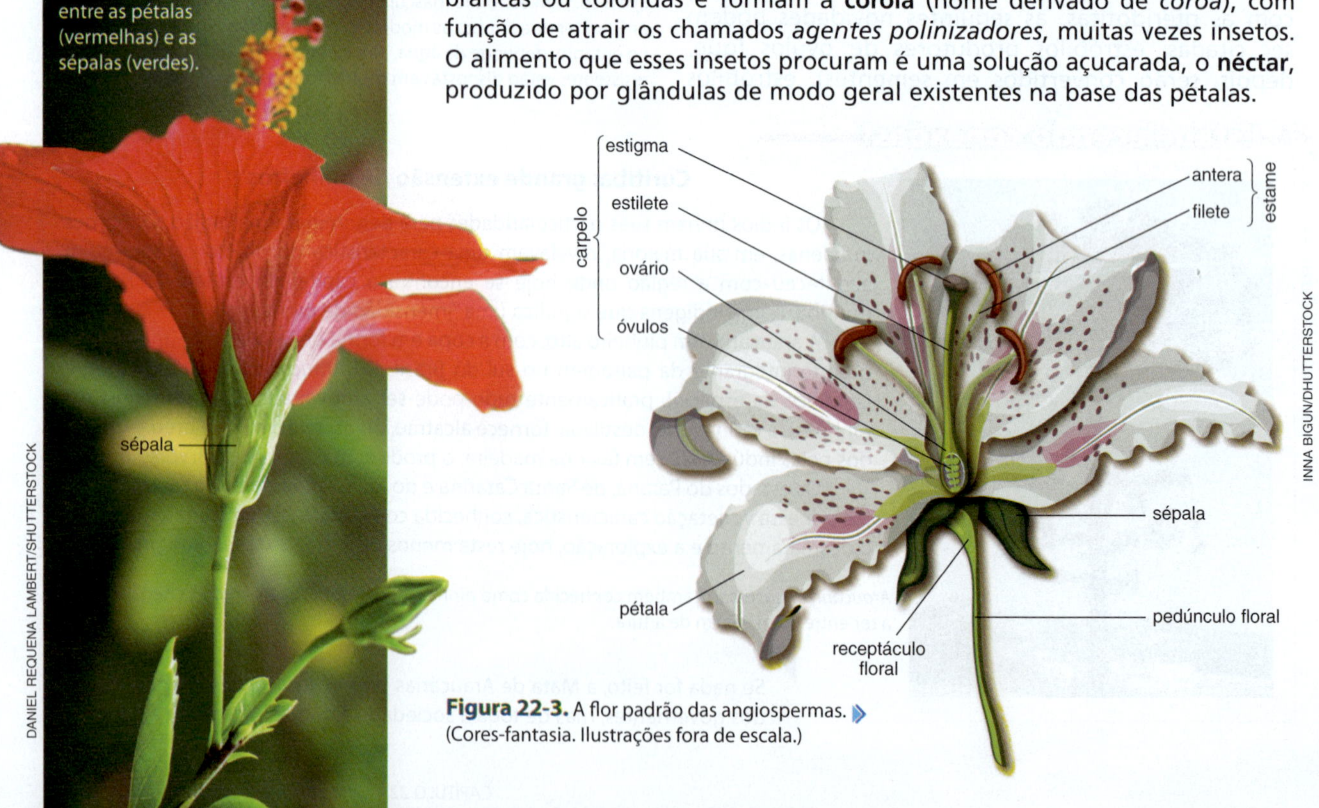

Figura 22-3. A flor padrão das angiospermas. (Cores-fantasia. Ilustrações fora de escala.)

Os estames ficam dispostos mais internamente no receptáculo. Cada estame possui aspecto de um palito, com uma haste, o **filete**, sustentando uma porção dilatada, a **antera** (veja a Figura 22-4). O conjunto de estames forma o **androceu**, considerado o componente masculino da flor. Na antera são produzidos os *grãos de pólen*.

O carpelo ocupa o centro do receptáculo floral. É longo, notando-se no seu ápice uma ligeira dilatação, o **estigma**, continuando com um curto **estilete**, vindo a seguir o **ovário** (veja a Figura 22-5). No interior do ovário, existem os *óvulos*. O carpelo solitário é componente do **gineceu**, a parte feminina da flor.

Figura 22-4. Estame. (Cores-fantasia.)

Figura 22-5. Carpelo com ovário em forma de vagem. (Cores-fantasia.)

Saiba mais!

Tépalas

Em muitas flores, e como exemplo pode ser citado o lírio, sépalas e pétalas possuem a mesma cor e praticamente o mesmo tamanho. Então, passam a ser chamadas de **tépalas**, e a reunião de cálice e corola, equivalentes, passa a ser o **perigônio** (do grego, *peri* = ao redor de + *gónos* = geração). (Veja a Figura 22-6.)

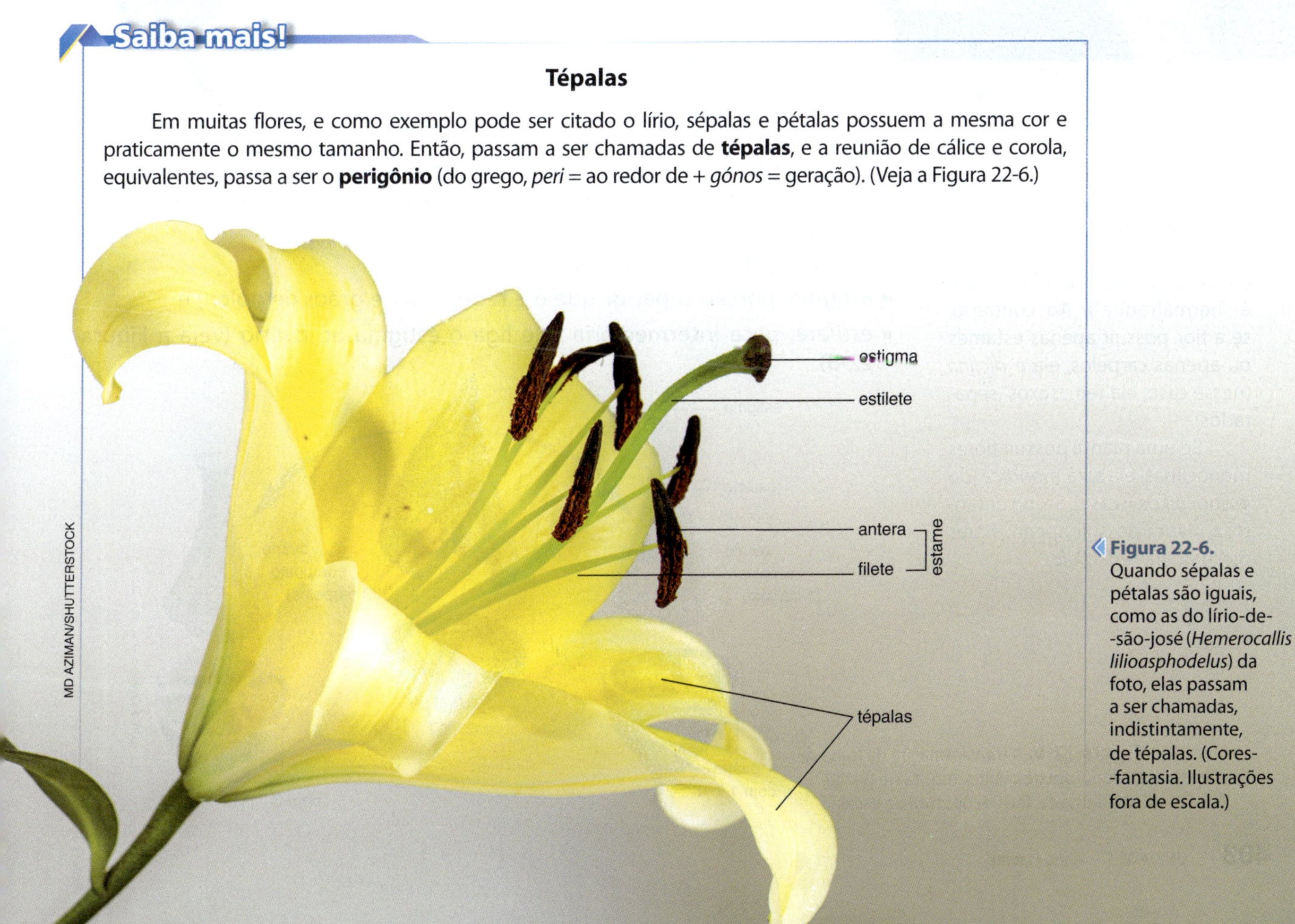

Figura 22-6. Quando sépalas e pétalas são iguais, como as do lírio-de-são-josé (*Hemerocallis lilioasphodelus*) da foto, elas passam a ser chamadas, indistintamente, de tépalas. (Cores-fantasia. Ilustrações fora de escala.)

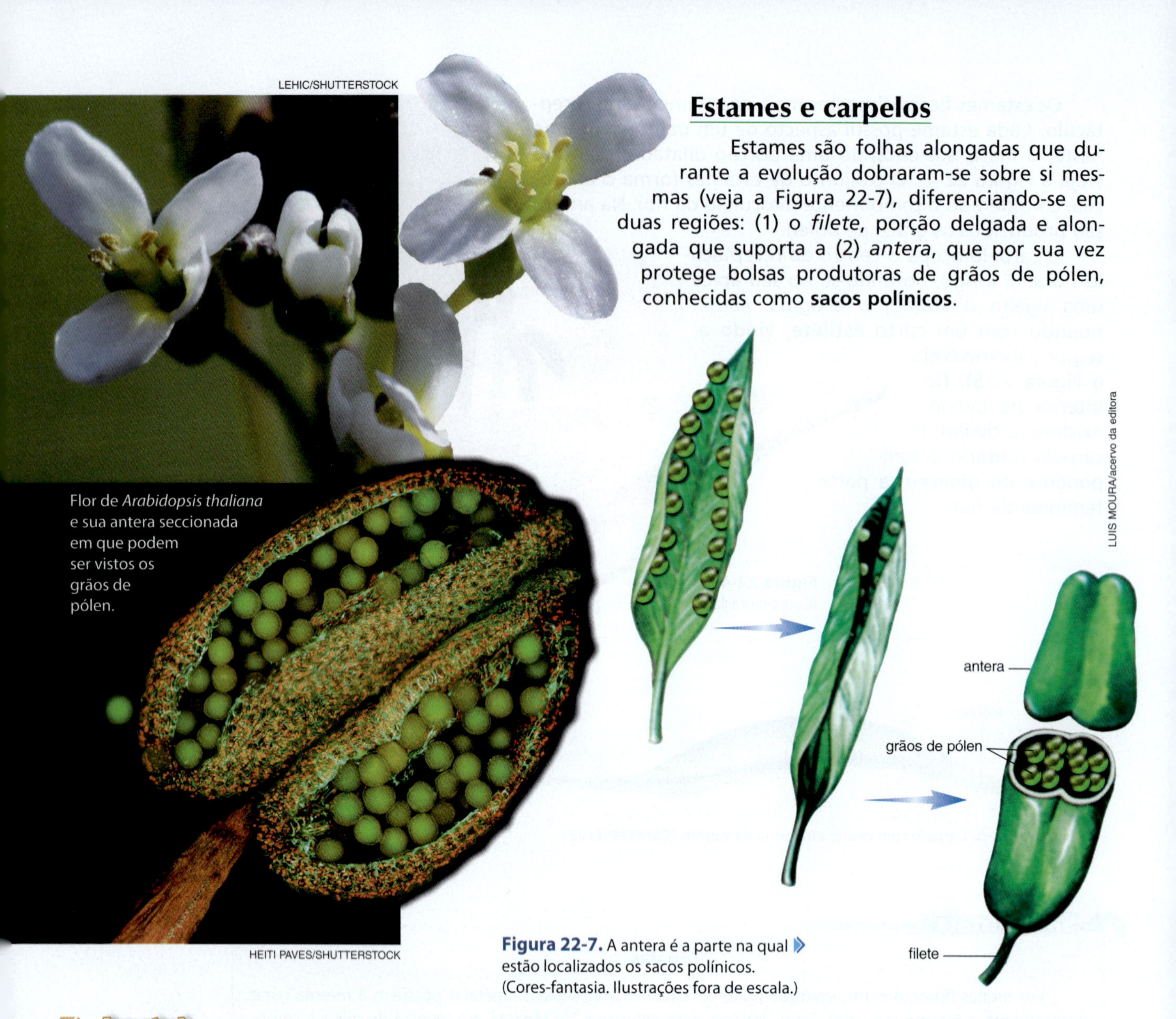

Flor de *Arabidopsis thaliana* e sua antera seccionada em que podem ser vistos os grãos de pólen.

Estames e carpelos

Estames são folhas alongadas que durante a evolução dobraram-se sobre si mesmas (veja a Figura 22-7), diferenciando-se em duas regiões: (1) o *filete*, porção delgada e alongada que suporta a (2) *antera*, que por sua vez protege bolsas produtoras de grãos de pólen, conhecidas como **sacos polínicos**.

Figura 22-7. A antera é a parte na qual estão localizados os sacos polínicos. (Cores-fantasia. Ilustrações fora de escala.)

> **Anote!**
>
> Quando estames e carpelos estão presentes na mesma flor, diz-se que ela é *monóclina* (é costume dizer-se, também, que é "hermafrodita"). Ao contrário, se a flor possuir apenas estames ou apenas carpelos, ela é *díclina* (nesse caso, ela tem "sexos" separados).
>
> Se uma planta possuir flores monóclinas, ela será *monoica* (do grego, *oikós* = casa). Se, no entanto, a planta possuir apenas flores díclinas, ela será *dioica*.

Cada carpelo é uma folha modificada que, assim como os estames, durante a evolução dobrou-se sobre si mesma, diferenciando-se em três regiões:

- *ovário*, região dilatada que protege os óvulos;
- *estigma*, porção superior que é a receptora de grãos de pólen; e
- *estilete*, peça intermediária que liga o estigma ao ovário (veja a Figura 22-8).

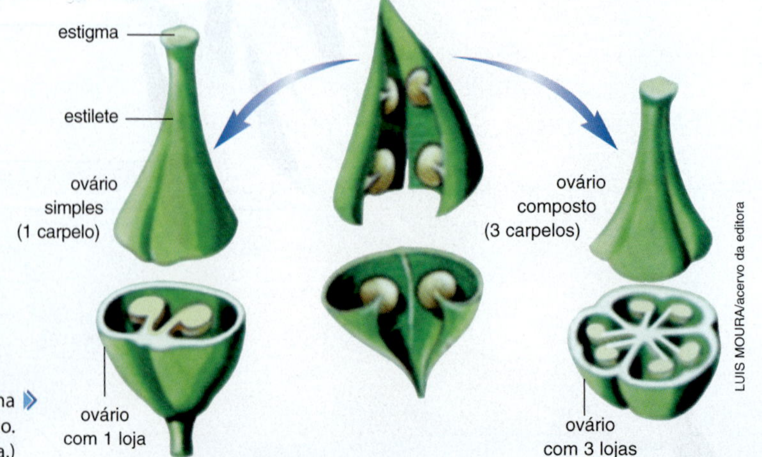

Figura 22-8. A transformação da folha (carpelo), produtora de óvulos, resulta no pistilo. (Cores-fantasia. Ilustrações fora de escala.)

O carpelo assim modificado passa a ter aspecto de um instrumento muito utilizado na química, conhecido como *pistilo*, motivo pelo qual também é assim denominado. Uma flor pode ter um só carpelo ou vários que, fundindo-se total ou parcialmente, formam lojas.

> **Diagramas**
>
> O número de pétalas e de sépalas varia conforme a flor e pode ser esquematizado no que se denomina **diagrama floral**. Leia o QR Code abaixo e conheça esse tipo de representação.
>
> 

Formação dos frutos e das sementes

Para que servem as flores? Após a polinização e a fecundação, a flor sofre uma modificação extraordinária. De todos os componentes que foram vistos anteriormente, acabam sobrando apenas o pedúnculo e o ovário. Todo o restante degenera. O ovário sofre uma grande modificação, se desenvolve e agora dizemos que virou **fruto**. Em seu interior, os óvulos viraram **sementes**.

Assim, a grande novidade das angiospermas, em termos de reprodução, é a presença de frutos. Todos os componentes da flor que estudamos participam do processo reprodutivo que culminará na formação de sementes dentro de um fruto. Em toda angiosperma é assim, mas deve-se lembrar que existem variações: há diferentes formatos de frutos e diferentes quantidades ou até mesmo nenhuma semente.

> **Saiba mais!**
>
> **A diferença entre fruta e fruto**
>
> O que se conhece popularmente por "frutas" não tem significado botânico. Fruta é aquilo que tem sabor agradável, às vezes azedo, às vezes doce. É o caso da laranja, do pêssego, do caju, da banana, da pera, da maçã, do morango, da amora. Note que nem toda *fruta* é *fruto verdadeiro*.
>
> Já o tomate, a berinjela, o jiló e a abobrinha, entre outros, são frutos verdadeiros, mas não são frutas.

Relação entre flores e frutos

Quando a planta tem inflorescências para a reprodução, os frutos formados também ficarão reunidos e constituirão as **infrutescências**. É o caso do cacho de uvas, da amora, da jaca e da espiga de milho.

MARCOFOOD/ SHUTTERSTOCK

MARCOFOOD/ SHUTTERSTOCK

SZASZ-FABIAN ILKA ERIKA/ SHUTTERSTOCK

Cada grão de milho é um fruto, assim como cada bago de uva. A espiga e o cacho são infrutescências.

A flor do morango é um caso à parte. Na verdade, a flor do morango é uma flor isolada, *não é* uma inflorescência. Ela possui inúmeros carpelos presos a um receptáculo. Após a reprodução, é o receptáculo que cresce extraordinariamente e passa a ser comestível. Os ovários não crescem e se transformam em frutos, que são os pontos marrons que você vê no morango.

NEW AFRICA/ SHUTTERSTOCK

JULIA MIHATSCH/ PANTHERMEDIA/KEYDISC

Morango: o receptáculo floral cresce muito e passa a ser comestível.

Pseudofrutos

Na maçã, como na pera, a parte comestível corresponde ao receptáculo floral extraordinariamente desenvolvido e que acaba envolvendo o ovário com as sementes no interior.

No caju, a situação é outra. A "fruta" corresponde ao pedúnculo floral desenvolvido e que não envolve o ovário. Este fica exposto: é a castanha que acompanha o caju. Dentro dela fica a semente que é consumida como aperitivo.

Nesses casos, em que não é o ovário que é comestível, fala-se em **pseudofruto**.

Nas frutas acima, o receptáculo cresce bastante e envolve as sementes.

Frutos partenocárpicos

Existem frutos dentro dos quais não se formam sementes. São os frutos **partenocárpicos** (do grego, *parthenos* = virgem + *karpos* = fruto). É o caso da banana, dentro da qual os pontos escuros correspondem aos óvulos não desenvolvidos.

Já a amora é um exemplo de **infrutescência partenocárpica**: o que se come, no caso, são os receptáculos hipertrofiados das diversas flores.

PISUT CHOUNYOO/
SHUTTERSTOCK

BERGAMONT/
SHUTTERSTOCK

A banana é um fruto partenocárpico, enquanto a amora é uma infrutescência partenocárpica.

Agora, reúna a sua equipe!

Os frutos podem ser classificados segundo algumas características: *carnosos* (bagas ou drupas) ou *secos*, *deiscentes* (legumes ou cápsulas) ou *indeiscentes* (aquênios, cariopses ou samaras). Com seu grupo de trabalho, façam uso dos livros da biblioteca (ou mesmo das TDIC disponíveis) e caracterizem cada um desses tipos. Não se esqueçam de mencionar exemplos de cada um deles!

Estrutura da semente

A semente é o óvulo modificado e desenvolvido (veja a Figura 22-9). Toda semente possui um **envoltório**, mais ou menos rígido, um **embrião inativo** da futura planta e um material de reserva alimentar chamado **endosperma** ou **albúmen**.

Em condições ambientais favoráveis, principalmente de umidade, ocorre a hidratação da semente e pode ser iniciada a germinação.

Anote!

Muitas angiospermas são cultivadas pelo homem por fornecerem sementes de alto valor nutritivo. É o caso da soja, do feijão, do amendoim, do milho, do girassol, da ervilha etc.

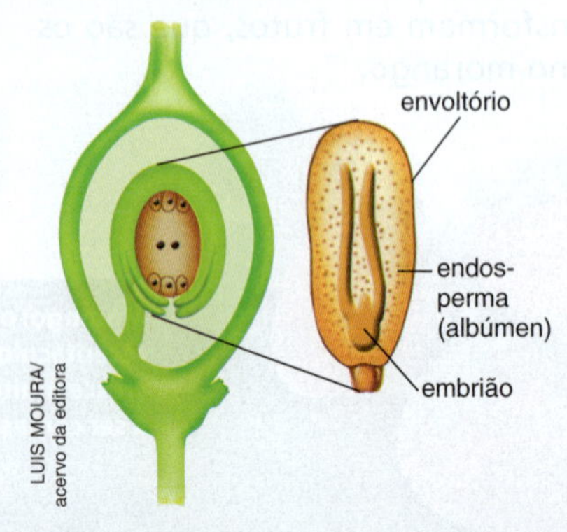

Figura 22-9. Semente: o embrião é a futura planta. (Cores-fantasia. Ilustrações fora de escala.)

Dispersão das sementes

Tanto as sementes como os frutos possuem diferentes tipos de adaptação que lhes permitem distanciar das plantas que as originaram, evitando, assim, uma concorrência indesejável e propiciando a conquista de novos meios. Muitas vezes, apenas a semente é dispersa (espalhada, disseminada), ao passo que, no caso de outros vegetais, o fruto inteiro é disseminado pelo meio. Para não haver confusão a respeito da estrutura dispersada, é comum falar-se em *unidades de dispersão*, sejam sementes, sejam frutos. Os veículos de dispersão mais comuns são o vento, os animais e a água.

No dente-de-leão, por exemplo, os frutos são plumosos e lembram pequenos paraquedas, que flutuam no ar até cair em local favorável para a germinação. Dispersão pelo vento também ocorre na paineira (sementes envoltas em plumas), na tipuana (fruto alado) e no jacarandá-mimoso (sementes aladas).

A dispersão por animais ocorre, por exemplo, nos carrapichos e picões, cujos frutos grudam nos pelos dos animais e nas roupas das pessoas, sendo, desse modo, deslocados para longe das regiões de produção. Sem dúvida, os mecanismos mais conhecidos de dispersão por animais são os representados por frutos e sementes comestíveis. Ao alimentar-se de uma goiaba, um pássaro engole várias sementes, que passam pelo seu tubo digestório e são expelidas, intactas e prontas para germinar.

A água funciona como agente de dispersão do coco-da-baía. Isso ocorre graças à porção fibrosa localizada no mesocarpo que, ao secar, acumula ar e permite, por exemplo, que o fruto flutue.

A dispersão explosiva de certas sementes é fato notável. Na mamona e na pata-de-vaca, os frutos maduros secam e, ao se abrirem (às vezes com um ruído), arremessam as sementes a longa distância, permitindo a sua germinação longe da planta-mãe.

BESS HAMITI/SHUTTERSTOCK

CESARVR/SHUTTERSTOCK

PEDRO TURRINI NETO/SHUTTERSTOCK

Sementes que se utilizam de diferentes mecanismos de dispersão: (a) dente-de-leão e (b) ipê (vento), (c) picão e (d) carrapicho (animais), (e) coco-da-baía (água).

SERGEY SHCHERBAKOFF/SHUTTERSTOCK

P.S.ART-DESIGN-STUDIO/SHUTTERSTOCK

Função dos cotilédones

Todo embrião contido em uma semente de angiosperma é um eixo formado por duas extremidades:

- a **radícula**, que é a primeira estrutura a emergir quando o embrião germina; e
- o **caulículo**, responsável pela formação das primeiras folhas embrionárias.

Uma "folha" embrionária merece especial atenção. É o **cotilédone**. Algumas angiospermas possuem *dois* cotilédones, outras possuem apenas *um* (veja a Figura 22-10). Plantas que possuem *dois* cotilédones são chamadas **eudicotiledôneas** e plantas que possuem *um* cotilédone são chamadas **monocotiledôneas**.

Entre as eudicotiledôneas, a família das **leguminosas** destaca-se pela importância econômica, ecológica e alimentar que tem para o homem e para o ambiente. Dessa família fazem parte feijão e soja, amendoim e alfafa, cuja importância está relacionada ao fato de abrigarem em nódulos de suas raízes as bactérias fixadoras de nitrogênio. É muito utilizado o termo "adubo verde" em agricultura, quando se planta uma leguminosa com a finalidade de enriquecer o solo com compostos nitrogenados, graças à ação das bactérias fixadoras.

Entre as monocotiledôneas, a família das *gramíneas* (poáceas) é extremamente valiosa por apresentar espécies conhecidas pela importância econômica e alimentar, como o arroz, o trigo, a cana-de-açúcar, o milho, o capim etc.

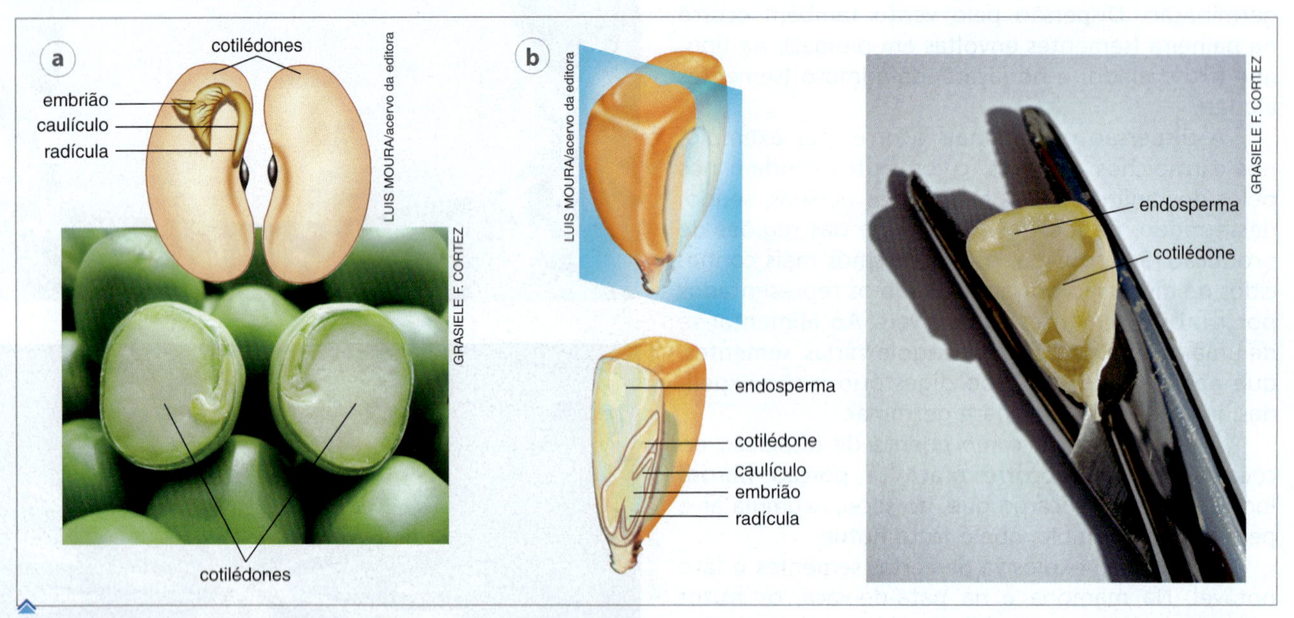

Figura 22-10. (a) No feijão, assim como na ervilha, há dois cotilédones hipertrofiados. Não há endosperma. (b) No milho, o único cotilédone é atrofiado e as reservas ficam no endosperma. (Cores-fantasia.)

Saiba mais!

Monocotiledôneas e eudicotiledôneas: dois grupos de angiospermas

Nas angiospermas, há dois grandes grupos: **monocotiledôneas** e **eudicotiledôneas** (também denominadas de **dicotiledôneas**). Veja a Tabela 22-1.

Tabela 22-1. Principais diferenças entre monocotiledônea e eudicotiledônea.

	MONOCOTILEDÔNEA	EUDICOTILEDÔNEA (DICOTILEDÔNEA)
Raiz	Fasciculada, sem eixo principal, lembra uma cabeleira	Pivotante ou axial, com eixo principal
Folha	Paralelinérvea, estreita, com nervuras paralelas	Reticulinérvea, palmada, nervuras lembram uma rede
Caule	Não forma tronco, de modo geral, à exceção de palmeiras	Muitas espécies formam troncos; são árvores com crescimento em espessura
Flores	Trímeras, elementos florais de cada tipo são em número de 3 ou múltiplos de 3	Tetrâmeras ou pentâmeras, com elementos florais em número de 4 ou 5, respectivamente, ou múltiplos desses números
Cotilédones	Sementes com um cotilédone	Sementes com dois cotilédones
Exemplos	Arroz, capim, milho, trigo, cana-de-açúcar, banana, coqueiro	Feijão, soja, amendoim, café, amendoim, pau-brasil, eucalipto, alface

Reprodução sexuada nas angiospermas

O ciclo haplontediplonte também está presente, com aumento da complexidade do esporófito e diminuição da complexidade do gametófito. Do mesmo modo que nas gimnospermas, também aqui a produção de esporos ocorrerá nas flores, que *não* são organizadas em estróbilos.

A antera produzirá micrósporos no interior de seus esporângios (acompanhe pela Figura 22-11). Eles *não são* liberados da antera e germinam formando gametófitos masculinos (microprotalos).

O gametófito masculino, ou seja, o grão de pólen, é extremamente simples, possuindo apenas duas células: uma vegetativa, responsável pela formação do tubo polínico, e outra germinativa, que originará dois núcleos gaméticos. Em certo momento, rompe-se a antera, libertam-se os grãos de pólen e algum agente polinizador poderá levá-los ao estigma da mesma flor ou de outra pertencente a outro indivíduo da mesma espécie. Os megásporos são produzidos nos óvulos. Aqui, como já vimos, os carpelos, formadores dos óvulos, dobram-se sobre si mesmos e formam o ovário, que não existe nas gimnospermas.

No interior do óvulo, apenas uma célula-mãe de megásporo, diploide, divide-se por meiose. Das quatro células haploides formadas, três degeneram. Apenas a maior diferencia-se no *megásporo funcional*, que se encontra, então, mergulhado no tecido do óvulo. O núcleo do megásporo sofrerá agora três mitoses sucessivas, não havendo citocineses. Surgem, então, oito núcleos, que se redistribuem pelo óvulo. Três migram para o polo próximo da abertura do óvulo, onde originam três células, sendo a central a **oosfera** e as laterais, as **sinérgides**. Três outros núcleos se dirigem para o polo oposto e originam três **células antípodas**. Os outros dois núcleos aparecem isolados no centro do que é *agora* o gametófito feminino.

Esse gametófito, formado por sete células, extremamente reduzido, não possuindo nem sequer arquegônios, também é chamado de **saco embrionário**, uma vez que logo abrigará um embrião.

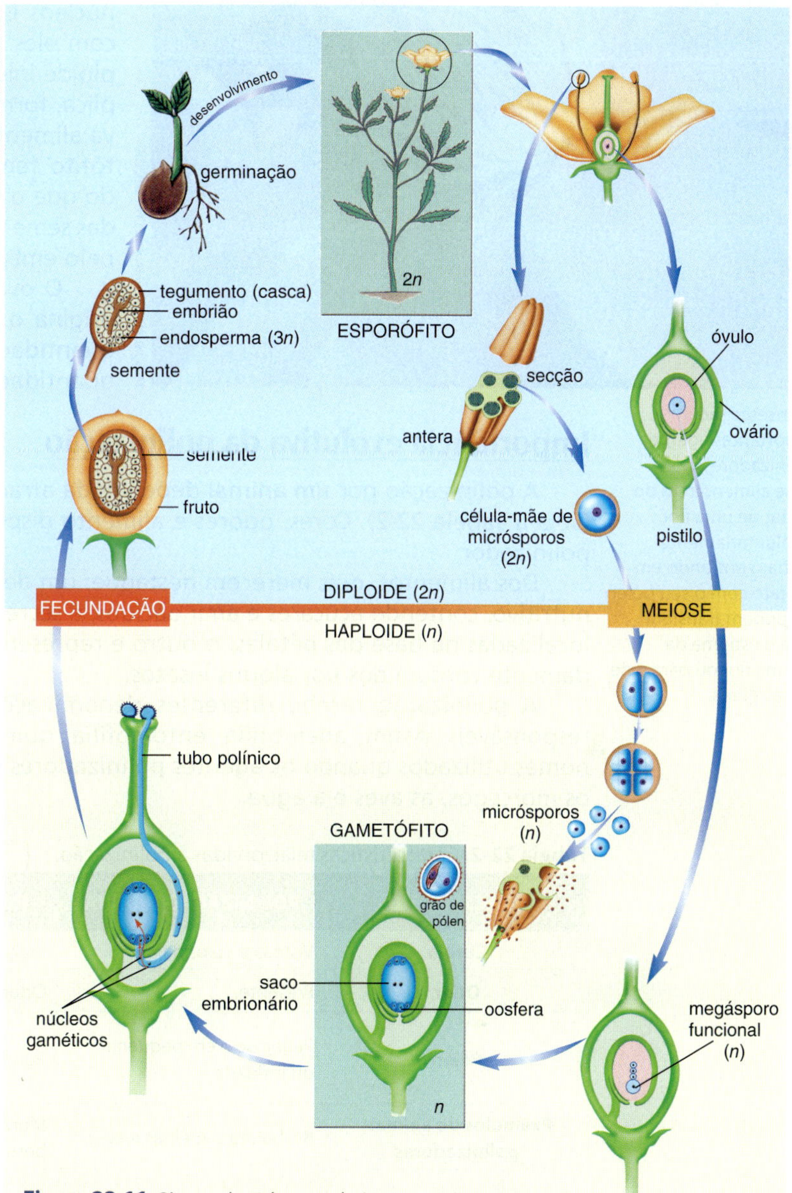

Figura 22-11. Síntese do ciclo reprodutivo em angiospermas. (Cores-fantasia. Ilustrações fora de escala.)

Polinização e fecundação

Havendo polinização (transporte de grãos de pólen da antera até o estigma da flor), cada grão de pólen pode crescer ao longo do estilete. Origina-se o tubo polínico, orientado pelo núcleo vegetativo. A célula germinativa divide-se por mitose e origina dois núcleos gaméticos haploides (lembre-se, no gametófito, tudo é haploide). Encerrado o crescimento do tubo polínico, o núcleo vegetativo degenera. Um dos dois núcleos gaméticos fecunda a oosfera e origina-se o zigoto diploide.

MIROSLAV HALAMA/SHUTTERSTOCK

Os insetos são importantes agentes polinizadores, pois, ao se alimentarem do néctar de uma flor, involuntariamente acabam entrando em contato com o seu pólen e o podem transferir para o estigma da mesma flor ou para o de outras flores.

O segundo núcleo gamético participará da segunda fecundação. Ele se encontra com os dois núcleos isolados no centro do saco embrionário e com eles forma um núcleo triploide. O núcleo triploide inicia sucessivas divisões mitóticas e se multiplica, formando um tecido triploide, cheio de reserva alimentar, que ocupa o espaço que era do gametófito feminino. Esse tecido triploide nada mais é do que o *endosperma* (ou endosperma secundário) das sementes de angiospermas, que será consumido pelo embrião durante o seu desenvolvimento.

O ovário com semente dentro se hipertrofia e origina o *fruto*, característico das angiospermas. A quantidade de sementes em um fruto depende da quantidade de óvulos que havia no ovário.

Importância evolutiva da polinização

A polinização por um animal depende da atração exercida pela flor que será polinizada (veja a Tabela 22-2). Cores, odores e alimento disponível são fatores que atraem um animal polinizador.

Dos alimentos, dois merecem destaque: um deles, o *néctar*, alimento viscoso, altamente nutritivo, contendo açúcares e aminoácidos, é secretado por glândulas especiais, os *nectários*, localizadas na base das pétalas; o outro é representado por *grãos de pólen* comestíveis, avidamente consumidos por alguns insetos.

A polinização recebe diferentes denominações, de acordo com os agentes por ela responsáveis. Assim, anemofilia, entomofilia, quiropterofilia, ornitofilia e hidrofilia são os nomes utilizados quando os agentes polinizadores são, respectivamente, o vento, os insetos, os morcegos, as aves e a água.

Tabela 22-2. Características relacionadas à polinização.

CARACTERÍSTICA	POLINIZAÇÃO DIURNA	POLINIZAÇÃO NOTURNA	POLINIZAÇÃO PELO VENTO
Corola	Vistosa e colorida.	Brancas ou escuras.	Se existe, não é vistosa.
Odor	Presente.	Odor forte é o fator de atração.	
Pólen	Pegajoso e em pequena quantidade.	Pouco abundante e pegajoso.	Grãos pequenos, leves e em grande quantidade. Estigmas plumosos.
Exemplos de animais polinizadores	Borboletas, abelhas e aves.	Morcegos, mariposas e besouros.	

Reprodução assexuada nas angiospermas

Muitas angiospermas, assim como as pteridófitas, reproduzem-se assexuadamente. Essa característica é aproveitada pelo homem para a propagação de espécies de interesse alimentar e econômico, de modo muito mais homogêneo que o permitido pela reprodução sexuada com participação das sementes. Os métodos utilizados pelo homem para a propagação vegetativa são: **estaquia, mergulhia, alporquia** e **enxertia**.

Na *estaquia*, fragmentos de caule são obtidos da planta-mãe e enterrados para a obtenção de descendentes geneticamente iguais ao genitor (veja a Figura 22-12). É o método comumente utilizado para o plantio da mandioca, cana-de-açúcar e roseira (na banana, utiliza-se o rizoma – caule subterrâneo – como órgão de propagação vegetativa).

LUIS MOURA/acervo da editora

Figura 22-12. Estaquia em mandioca. (Cores-fantasia. Ilustrações fora de escala.)

A *mergulhia* é mais utilizada em plantas que possuem caules flexíveis: o caule é direcionado para o solo, onde um pedaço é enterrado (veja a Figura 22-13). Após o seu enraizamento, ele é desligado da planta genitora e transplantado para o lugar definitivo.

Na *alporquia*, retira-se um pedaço da casca (sem danificar a parte interna do caule), envolve-se essa porção do caule com terra úmida, cobre-se com plástico e amarram-se as extremidades. Após o enraizamento, corta-se o caule um pouco abaixo do local do enraizamento e planta-se a nova muda no local definitivo.

Na *enxertia*, é preciso ter duas plantas: uma – denominada cavalo – que possui sistema radicular intacto e a outra, o cavaleiro, cuja propagação se quer fazer. É preciso que as duas plantas possuam características semelhantes, ou seja, que pertençam à mesma família ou ao mesmo gênero. A enxertia consiste em introduzir o cavaleiro no cavalo para que se desenvolva como se estivesse em sua planta original (veja a Figura 22-14).

Em algumas espécies em que não ocorre reprodução sexuada, como a laranja-da-baía (também chamada de laranja-de-umbigo), esse é o único método de reprodução.

KAZAKOVA MARYIA/SHUTTERSTOCK

Figura 22-13. Mergulhia, método empregado para a propagação de cajueiros. (Cores-fantasia. Ilustração fora de escala.)

JATURONOOFER/SHUTTERSTOCK

Na alporquia, o caule é envolto por terra úmida, protegida por plástico, até enraizar.

ALDONA GRISKEVICIENE/SHUTTERSTOCK

Figura 22-14. A enxertia é o único método de propagação da laranja-de-umbigo. (Cores-fantasia. Ilustrações fora de escala.)

Questão socioambiental

Desenvolvimento com responsabilidade

Fala-se muito em desenvolvimento sustentável e, algumas vezes, pode-se ter a falsa noção de que ele e o progresso estão em vias opostas, mas isso não é verdade.

Desenvolvimento sustentável nada mais é do que o desenvolvimento econômico de determinado município, cidade ou região, com estratégias que visem ao uso de seus recursos naturais dentro da capacidade de suporte físico e biológico de nosso planeta. Desenvolvimento sustentável opõe-se, sim, diretamente a desenvolvimento predatório, em que os recursos naturais são utilizados sem se preocupar com seu esgotamento e consequências futuras.

O desafio de manter os recursos naturais para as próximas gerações é de toda a sociedade, não somente dos governantes. Em que você pode ajudar?

ATIVIDADES

A CAMINHO DO ENEM

1. Gimnospermas e angiospermas são dois importantes grupos vegetais que, efetivamente, conquistaram o meio terrestre, embora as plantas do primeiro grupo sejam atualmente preferencialmente restritas a determinados ambientes, sobretudo os florestais localizados em regiões temperadas. Uma característica distintiva desses grupos é a:

a) produção de sementes apenas nos representantes do grupo das gimnospermas.
b) presença de tecidos condutores apenas nos representantes do grupo das angiospermas.
c) existência de indivíduos de hábito arbóreo apenas no grupo das angiospermas.
d) presença de raízes, caule e folhas apenas nos representantes do grupo das gimnospermas.
e) produção de flores e frutos apenas em representantes do grupo das angiospermas.

2. (Enem) No Período Cretáceo, surgiram as angiospermas, caracterizadas pela presença de flores e frutos. Essas características contribuíram para que essas plantas ocupassem rapidamente diversos ambientes em nosso planeta.

Os frutos têm importante papel nessa ocupação porque ajudam a

a) fertilizar o solo.
b) dispersar as sementes.
c) fixar as raízes da nova planta.
d) nutrir as sementes por longos períodos.
e) manter as sementes próximas às árvores.

3. (Enem) Durante sua evolução, as plantas apresentaram grande diversidade de características, as quais permitiram sua sobrevivência em diferentes ambientes. Na imagem, cinco dessas características estão indicadas por números.

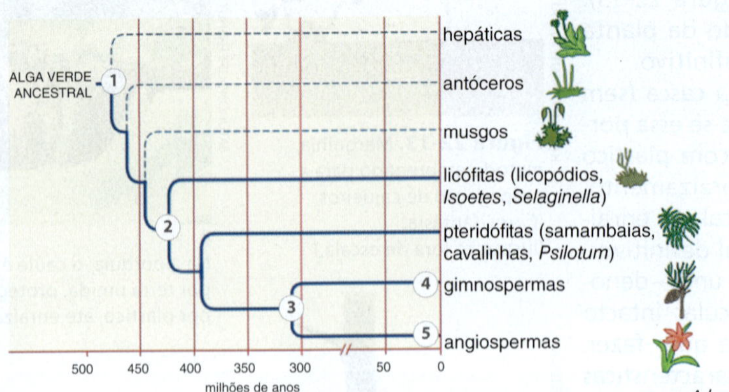

Adaptado de: CAMPBELL, N. *et al. Biologia*. São Paulo: Artmed, 2010.

A aquisição evolutiva que permitiu a conquista definitiva do ambiente terrestre pelas plantas está indicada pelo número

a) 1. b) 2. c) 3. d) 4. e) 5.

---

4. (Enem) A polinização, que viabiliza o transporte do grão de pólen de uma planta até o estigma de outra, pode ser realizada biótica ou abioticamente. Nos processos abióticos, as plantas dependem de fatores como o vento e a água.

A estratégia evolutiva que resulta em polinização mais eficiente quando esta depende do vento é o(a)

a) diminuição do cálice.
b) alongamento do ovário.
c) disponibilização do néctar.
d) intensificação da cor das pétalas.
e) aumento do número de estames.

5. (Enem) A ampla diversidade genética é uma característica presente nas plantas fanerógamas, que ocorreu em razão da presença de estruturas reprodutivas que lhes garantiram o sucesso adaptativo. Os insetos contribuem para a manutenção e o aumento da variabilidade genética, ao transportarem diretamente para o órgão reprodutivo da flor uma importante estrutura desse grupo vegetal.

Qual estrutura vegetal carregada pelos insetos está diretamente relacionada ao incremento do referido processo nesse grupo vegetal?

a) Arquegônio, que protege o embrião multicelular.
b) Broto, que propaga vegetativamente as plantas.
c) Fruto, que garante uma maior eficiência na dispersão.
d) Grão de pólen, que favorece a fecundação cruzada.
e) Semente alada, que favorece a dispersão aérea.

6. (Enem) A irradiação e o sucesso evolutivo das angiospermas estão associados à ação de animais que atuam na polinização de suas flores, principalmente os insetos. Nessa relação, os insetos foram e ainda são beneficiados com alimento. Para as angiospermas, essa coevolução foi vantajosa por

a) reduzir a ação dos herbívoros.
b) reduzir a competição interespecífica.
c) aumentar sua variabilidade genética.
d) aumentar a produção de grãos de pólen.
e) aumentar a independência da água para reprodução.

7. (Enem) O cruzamento de duas espécies da família das Anonáceas, a cherimoia (*Annona cherimoia*) com a fruta-pinha (*Annona squamosa*), resultou em uma planta híbrida denominada de atemoia. Recomenda-se que o seu plantio seja por meio de enxertia.

Um dos benefícios dessa forma de plantio é a

a) ampliação da variabilidade genética.
b) produção de frutos das duas espécies.
c) manutenção do genótipo da planta híbrida.
d) reprodução de clones das plantas parentais.
e) modificação do genoma decorrente da transgenia.

TESTE SEUS CONHECIMENTOS

1. (Suprema – RJ) Pinheiro, sequoia e cipreste são representantes de um grupo vegetal. Assinale a alternativa que corresponde a esse grupo.

a) briófitas.
b) pteridófitas.
c) gimnospermas.
d) angiospermas.

2. (Unichristus – CE) Na análise laboratorial de dois grupos diferentes de plantas, foram apresentadas as seguintes descrições: são plantas traqueófitas, espermatófitas, fanerógamas, sifonógamas.

Essas descrições são comuns às plantas classificadas em

a) briófitas e pteridófitas.
b) gimnospermas e briófitas.
c) pteridófitas e angiospermas.
d) pteridófitas e gimnospermas.
e) angiospermas e gimnospermas.

3. (Fadip – MG) Analise a figura que ilustra a morfologia de uma flor hermafrodita.

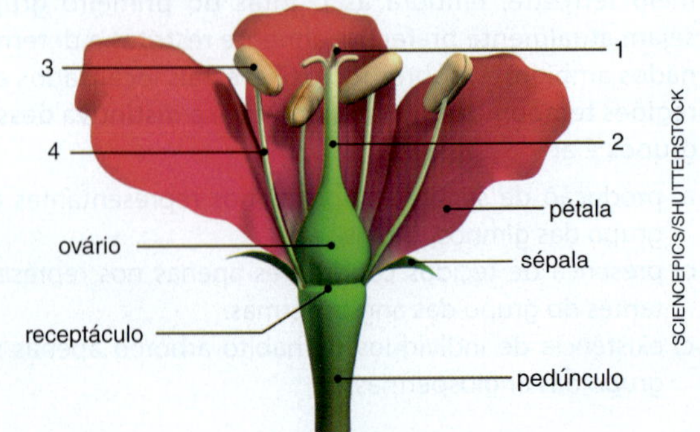

Analise as afirmativas a seguir.

I. O gineceu é formado pelas estruturas 3 e 4.
II. O estigma, número 1, é a porção apical do gineceu.
III. O estilete, número 2, é a porção alongada que une o ovário ao estigma, número 1.
IV. O estigma e o filete, número 1 e 2, são estruturas que formam o estame do gineceu.
V. A antera, número 3, é uma dilatação na ponta do filete, número 4, onde são produzidos os grãos de pólen.

É correto o que se afirma apenas em

a) I e III. b) I e IV. c) II, III e V. d) II, IV e V.

4. (Santa Casa – SP – adaptada) Analise a imagem que retrata uma semente de ipê.

GONDOLA/SHUTTERSTOCK

A semente de ipê possui adaptações para a dispersão realizada

a) por alguns mamíferos.
b) por algumas aves.
c) por borboletas.
d) pelo vento.
e) pela água.

5. (Uerj – SP) O desenvolvimento da parede do ovário em vegetais, que permite a formação de frutos, representou uma importante vantagem evolutiva. Em todos os vegetais, essa estrutura representa uma vantagem por estar envolvida no processo de:

a) produção de esporos.
b) nutrição dos embriões.
c) atração de polinizadores.
d) dispersão das sementes.

6. (FMC – RJ) No século XVII, na América do Sul, os jesuítas observaram que os indígenas usavam as cascas de quina (*Cinchona* sp.) no tratamento de febre. A planta foi cultivada em outros países e utilizada ao redor do mundo no tratamento da malária, até a formulação de análogos sintéticos, como a cloroquina e a pirimetamina.

Adaptado de: <http://www.usp.br/aun/antigo/exibir?id=112&ed=14&f=30>. *Acesso em:* 16 maio 2020.

A *Cinchona* sp. é uma planta

a) monocotiledônea.
b) gimnosperma.
c) dicotiledônea.
d) pteridófita.
e) cactácea.

7. (UFRGS – RS) Em relação à reprodução das plantas, é correto afirmar que

a) nas gimnospermas, o gametófito é mais desenvolvido, e o esporófito muito reduzido.
b) nas pteridófitas homósporas, o megásporo dá origem ao gametófito feminino, e o micrósporo origina o gametófito masculino.
c) ao longo da evolução das plantas, observa-se a redução do esporófito e o maior desenvolvimento do gametófito.
d) nas gimnospermas e nas angiospermas, os gametófitos desenvolvem-se no interior de estruturas reprodutivas do esporófito.
e) nas briófitas e nas pteridófitas, o gametófito é mais desenvolvido do que o esporófito.

8. (Unicamp – SP) A dupla fecundação é um processo característico em angiospermas, resultando na formação do zigoto e do núcleo triploide. As sementes com cotilédones, embrião, endosperma e casca são formadas e protegidas no interior dos frutos. Considerando a origem e a ploidia das estruturas citadas, assinale a alternativa correta.

a) O núcleo triploide ($3n$) é formado pela junção dos núcleos polares com o núcleo espermático.
b) O zigoto ($2n$) é formado a partir dos núcleos polares e da oosfera, oriundos dos sacos embrionário e polínico.
c) Os carpelos originam o ovário, que se transforma nos cotilédones ($2n$) e na casca da semente.
d) O endosperma ($3n$) origina-se do núcleo triploide, formando posteriormente os cotilédones da semente.

9. (Famema – SP) Um pesquisador realizou um experimento com flores de uma espécie de tomateiro. Ele dividiu as plantas em dois lotes. No lote 1, as flores ficaram expostas, sem nenhuma cobertura. No lote 2, cada flor foi coberta com gaze porosa e opaca, de forma que as abelhas podiam pousar sobre a gaze, mas nunca sobre a flor. O número de abelhas que visitaram as flores dos dois lotes foi contabilizado durante um determinado período de tempo. As flores continuaram cobertas até o início da formação dos frutos. Como resultado do experimento, obteve-se que o número de abelhas que visitou as flores do lote 1 foi significativamente maior do que o número de abelhas que visitou as do lote 2. O pesquisador notou, ainda, que no lote 2 foram formados poucos frutos e que estes eram menores e com menor número de sementes quando comparados aos frutos das plantas do lote 1.

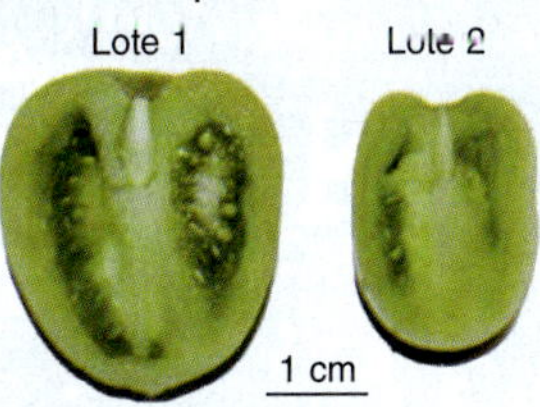

Disponível em: <www.semabelhasemalimento.com.br>.

a) Qual é o papel das abelhas na formação dos tomates? O que provavelmente atraiu as abelhas até as flores do lote 2, que estavam cobertas?
b) Explique o mecanismo fisiológico que relaciona a formação de frutos maiores à formação de um maior número de sementes.

Sobre a BNCC

Competências gerais da BNCC: **2, 6**

Competência específica de Ciências da Natureza e suas Tecnologias: **3**

Habilidades específicas de Ciências da Natureza e suas Tecnologias: **EM13CNT302, EM13CNT310**

A vegetação das cidades

Ao caminhar pelas ruas de uma cidade, principalmente as mais povoadas, é comum encontrar árvores, muitas delas antigas, crescendo nas calçadas. A depender do crescimento desses municípios, é prática frequente remover muitas dessas árvores, na medida em que o espaço que ocupam deve ser liberado devido aos impactos que novas construções causam, sobretudo as de grande porte, como prédios elevadíssimos, dotados de muitos andares. Também é comum encontrar, nas calçadas de algumas ruas, avenidas e ao longo das margens de rios, outros tipos de vegetação, de pequeno porte ou rasteira, plantados por moradores e/ou colaboradores da administração das cidades.

Respostas aos impactos ambientais: como solucionar?

A realidade é que a migração de habitantes das zonas rurais para as regiões urbanas requer mais espaços de moradia e de comércio e, como consequência, as áreas antes destinadas à vegetação podem ser impactadas.

De maneira geral, as plantas mais comuns encontradas principalmente nas grandes cidades pertencem ao grupo das angiospermas. Raramente são encontrados representantes de pteridófitas e briófitas. A depender da região do nosso país, nas cidades da Região Sul, por exemplo, podem ser visualizadas também árvores do grupo das gimnospermas e *Cycas* sp. Ou seja, a conquista de espaços para moradias e comércios envolve a retirada da vegetação pré-existente, o que é uma ocorrência comum atualmente nas cidades de todos os países. Mas existem soluções que amenizam essa situação ambiental. E é preciso conhecê-las e incentivá-las no sentido de se atenuar os impactos causados por essas necessidades. Uma delas é a destinação de determinadas áreas de uma cidade ao plantio de vegetação, seja em calçadas de ruas, muros de grandes avenidas, margens de possíveis rios e córregos e, por que não?, ao longo das áreas externas de muitos prédios que possuem espaços para essa finalidade. A sustentabilidade ambiental é amplamente favorecida por meio dessas atitudes de repovoamento vegetal.

Participação coletiva é o que importa

Com relação a esse tema, é fundamental a participação dos colegas do seu grupo, uma vez que vamos avaliar as medidas que poderão ser adotadas para a manutenção ou reconstituição da paisagem vegetal da cidade em que residem, sem prejuízo da compreensão da necessidade de construção de novas edificações. Nesse sentido, é fun-

ANGELA MACARIO/SHUTTERSTOCK

damental recorrer a fontes de informação seguras e confiáveis, ao mesmo tempo em que é imprescindível, nos dias atuais, recorrer a tecnologias de informação (TDIC) com o intuito de aprofundar os conhecimentos a respeito de quais são as espécies mais adequadas e adaptadas para plantio no entorno de vias públicas.

Estabelecer grupos de discussão

A partir do reconhecimento da necessidade de recuperação da paisagem nas proximidades de sua escola ou de suas residências, é fundamental a constituição de grupos de discussão que possam estabelecer as metas de reurbanização vegetal a serem atingidas. Para isso, é importante conhecer previamente as espécies vegetais que podem ser utilizadas na reconstituição de ambientes em cada localidade.

A partir de informações obtidas em fontes confiáveis na internet, pode-se fazer um cronograma do trabalho coletivo, com propostas do que seria possível recuperar nas localidades escolhidas para este projeto, no que diz respeito ao paisagismo.

DINA UTG/SHUTTERSTOCK

Vamos começar!!!

Fase 1 – Levantamento de dados

Os grupos devem verificar quais as espécies vegetais atualmente existentes no local escolhido (árvores, arbustos, plantas rasteiras, grama etc.).

Fase 2 – Classificação dos dados levantados

Reconhecer se, dentre as espécies vegetais presentes, existem as que pertencem apenas ao grupo das angiospermas ou se também ocorrem representantes de briófitas (musgos), pteridófitas (diversos tipos de samambaias) e, eventualmente, gimnospermas (pinheiro-do-paraná, pinheiro comum ou *Cycas* sp.).

Fase 3 – Reconhecimento de ocorrências

É hora de fazer um levantamento da frequência com que a vegetação é removida do local de estudo devido à queda de árvores, por exemplo, ou mesmo para a construção de moradias.

a) Que tipos de impacto foram resultantes dessas situações de alteração ambiental? Houve algum prejuízo decorrente da remoção da vegetação pré-existente?
b) Façam um levantamento, por meio de pesquisa em fontes de informação confiáveis na internet, a respeito da possibilidade de adaptação de vegetais que pertencem aos grupos de briófitas e pteridófitas, nas ruas e calçadas, sobretudo se plantadas sobre árvores e arbustos.
c) Investiguem a possibilidade de efetivar também o plantio de orquídeas e bromélias nos troncos de árvores, plantas que, em ambientes naturais, são epífitas e se adaptam perfeitamente quando apoiadas nesses vegetais de grande porte.
d) Estabeleçam a periodicidade necessária à adubação e irrigação dos vegetais que comporão a comunidade vegetal que vocês irão implantar. É também fundamental estabelecer as proteções necessárias à vegetação a fim de evitar ao máximo acidentes ou a presença de animais agressores das plantas. Que procedimentos adotar para a seleção das mudas a serem plantadas? Que técnicas de reprodução de vegetais devem ser utilizadas para a produção de novas mudas?

Finalização

É fundamental que as autoridades públicas se envolvam nos projetos para aumentar a vegetação nas vias públicas das cidades. Que tipo de atitudes você e seus colegas solicitarão a essas autoridades no sentido de atenuar os impactos do desmatamento urbano? A presença de cuidadores da vegetação (para poda, replantio, adubação etc.) deve ter que periodicidade?

Por fim, vamos ter em mente que é a preservação das condições adequadas para a manutenção de saúde (purificação do ar, sequestro de carbono e liberação de oxigênio), além da sustentabilidade ambiental, que procuramos valorizar. Você e seus colegas são participantes ativos na busca de sugestões que ajudem a melhorar as condições de vida da sociedade. A saúde coletiva e a ambiental agradecem.

SIAMBIZKIT SHUTTERSTOCK

MORFOLOGIA E FISIOLOGIA VEGETAL

unidade 8

CAPÍTULO 23

Órgãos vegetativos, nutrição vegetal e transporte das seivas

Utilizar os subprodutos dos recursos naturais não é apenas uma questão econômica, mas também de responsabilidade para com o meio ambiente. Nesse sentido, o aproveitamento de fibras vegetais tem sido objeto de estudo e um bom exemplo são as fibras de piaçava. Os primeiros relatos sobre a piaçaveira remontam à chegada dos portugueses ao litoral baiano, na época do descobrimento do Brasil.

Passados vários séculos de utilização da fibra de piaçava na fabricação de amarras para navios, seu uso progrediu com a confecção de vassouras domésticas e industriais. Naquela época, a exploração comercial dessa fibra no Brasil se limitava à exploração extrativista dos piaçavais existentes no litoral da Bahia, cuja produtividade era extremamente baixa, mas a oferta de matéria-prima supria a demanda do mercado nacional, principalmente nos estados do Centro e Sul do país.

Ampliou-se o mercado com suas fibras sendo utilizadas como cobertura, com seu óleo sendo empregado na culinária, além do emprego do endocarpo do fruto como matéria-prima na fabricação de botões, cachimbos, empunhaduras de bengalas, maçanetas e na indústria de carvão ativado.

Os resíduos do beneficiamento, limpeza e separação da fibra principal de piaçava podem ser empregados no preparo de substrato para a floricultura tropical, na composição de aglomerados para isolamento térmico e compostos com látex de seringueira ou espuma na indústria automotiva, e na extração de substâncias químicas da fibra para a área biomédica, como membranas de permeabilidade seletiva.

Seu ponto de vista!

As piaçaveiras, que podem chegar a 15 m de altura, são árvores das espécies *Attalea funifera*, da Mata Atlântica (na Bahia), e *Leopoldinia piassaba*, da região amazônica. Com tantas possibilidades advindas da utilização de materiais plásticos, em sua opinião qual é a vantagem de produtos construídos com piaçava em relação aos materiais plásticos?

JOA SOUZA/SHUTTERSTOCK

23-1. Órgãos vegetativos de uma planta

Raiz, caule e folha são os **órgãos vegetativos** de uma planta (veja a Figura 23-1). Uma traqueófita padrão possui esses três componentes, cada qual desempenhando funções que contribuem para a sobrevivência do vegetal.

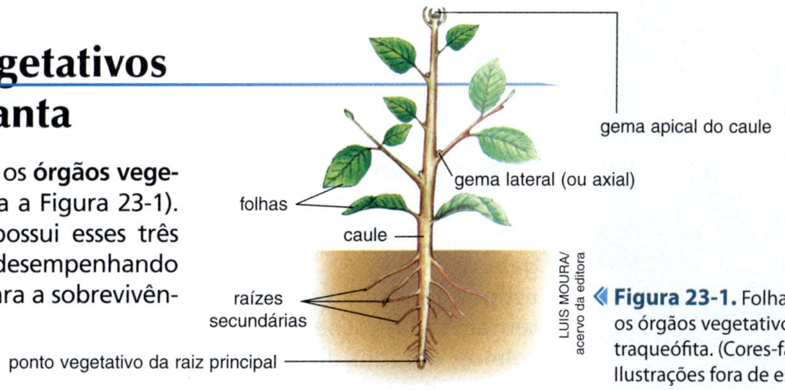

Figura 23-1. Folha, raiz e caule: os órgãos vegetativos de uma traqueófita. (Cores-fantasia. Ilustrações fora de escala.)

Raiz

Quase sempre, a raiz é originada a partir da radícula do embrião, localizado na semente (veja a Figura 23-2), e, dela, surgem ramos secundários. No entanto, é frequente surgirem raízes a partir de caules e mesmo de folhas. Essas raízes, conhecidas como **adventícias** (do latim, *advena* = que vem de fora, que nasce fora do lugar habitual), são comuns, por exemplo, na base de um pé de milho.

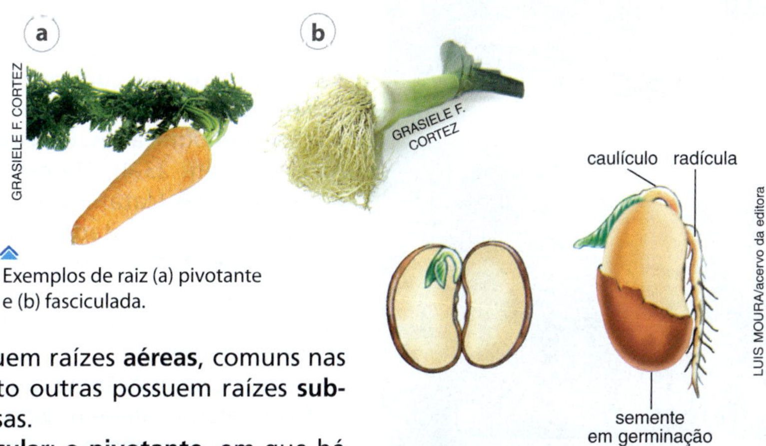

Exemplos de raiz (a) pivotante e (b) fasciculada.

Figura 23-2. A raiz quase sempre é originada da radícula. (Cores-fantasia. Ilustrações fora de escala.)

As raízes distribuem-se amplamente pelo solo, mas há algumas plantas que possuem raízes **aéreas**, comuns nas trepadeiras, bromélias e orquídeas, enquanto outras possuem raízes **submersas**, como os aguapés, comuns em represas.

Temos dois tipos básicos de **sistema radicular**: o **pivotante**, em que há uma raiz principal, e o **fasciculado**, em que os ramos radiculares são equivalentes em tamanho e aparência, não apresentando uma raiz principal.

Uma raiz padrão possui partes bem definidas (acompanhe pela Figura 23-3):

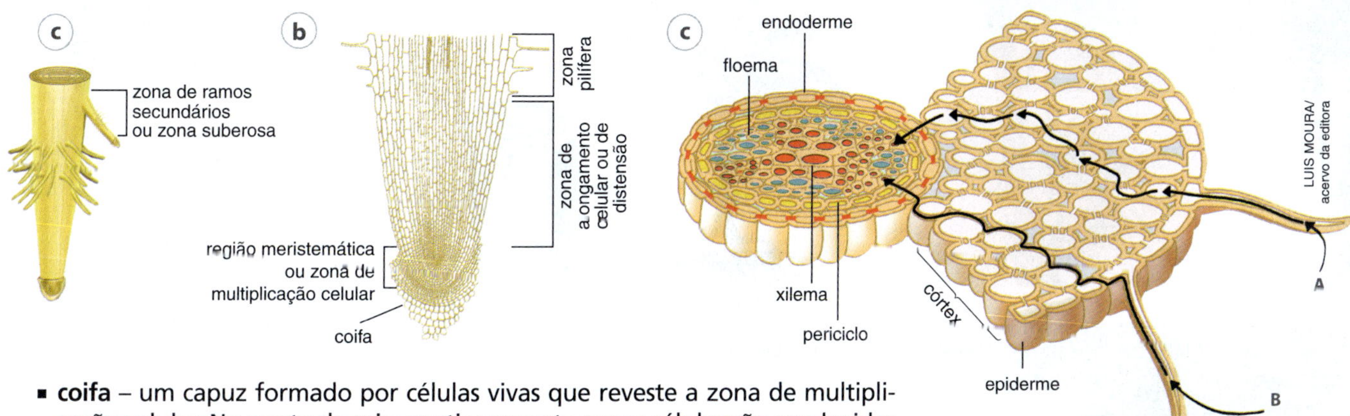

Figura 23-3. As regiões características da raiz são a coifa e a zona pilífera. Em (a), mostra-se a região de ramos secundários da raiz. Em (b), um esquema em corte longitudinal, com as regiões da raiz e, em (c), um esquema de corte transversal de raiz em estrutura primária, com as regiões nela destacadas. Note, no esquema (c), o trajeto da água e nutrientes absorvidos por pelos absorventes até alcançar vasos do tecido condutor xilema, localizados na região central da raiz. Letras A e B indicam o trajeto de água e nutrientes pelo interior das células e entre elas.

- **coifa** – um capuz formado por células vivas que reveste a zona de multiplicação celular. Na ponta da raiz, continuamente novas células são produzidas (por mitose) por um tecido embrionário chamado **meristema**. A coifa protege a região meristemática e auxilia a penetração da raiz no solo;
- **região de distensão** (de crescimento ou de alongamento celular) – é aquela em que as células formadas pelo meristema se alongam e permitem o crescimento da raiz;
- **zona pilífera** – formada por células dotadas de pelos, atua na absorção de água e nutrientes minerais necessários à sobrevivência da planta;
- **região de ramos secundários** (ou zona suberosa) – é aquela em que se nota o brotamento de novas raízes que surgem de regiões internas da raiz principal.

A principal função da raiz é a *absorção dos nutrientes minerais*, sendo que, no solo, também é responsável pela fixação do vegetal ao substrato.

Caule

O caule é um órgão originado do caulículo do embrião. De formato e tamanho extremamente variáveis, é geralmente **aéreo**, mas em algumas plantas pode ser **subterrâneo**.

Entre os caules aéreos, podem ser citados os:

- **troncos**, de grande espessura e ramificações variadas, constituindo os galhos;
- **estipes**, típicos das palmeiras e coqueiros, em geral esses caules não apresentam ramificações;
- **colmos**, dotados de nós, típicos do bambu e da cana-de-açúcar.

Os caules **subterrâneos** são conhecidos genericamente como **rizomas**. São comuns, por exemplo, em bananeiras, em que a parte aérea não é um caule, mas um conjunto de folhas embainhadas umas nas outras e originadas do rizoma localizado no solo. Certos rizomas armazenam reservas alimentares e são cultivados para a alimentação humana. É o caso dos **tubérculos** da batatinha (batata-inglesa). Podem existir, ainda, caules subterrâneos modificados. É o caso dos **bulbos**, comuns na cebola e no gladíolo (veja a Figura 23-4). Na cebola, folhas modificadas e armazenadoras de reservas ácidas (catáfilos) partem do caule: de fato, uma pequena porção dura, circular e achatada da qual também se projetam as raízes.

A característica exclusiva dos caules é a existência de gemas laterais (ou axilares). São locais dotados de tecido embrionário (meristema) e que, ao entrarem em atividade, são capazes de originar ramos de caule, raízes, folhas ou flores.

A principal função do caule é atuar como *via de conexão* entre as raízes e as folhas. Pode, também, ser a sede da fotossíntese quando jovem, verde, ou em vegetais que não possuam folhas ou as possuam modificadas em outras estruturas (como os cactos, em que os espinhos são folhas modificadas). Certos caules podem armazenar reservas úteis para o homem.

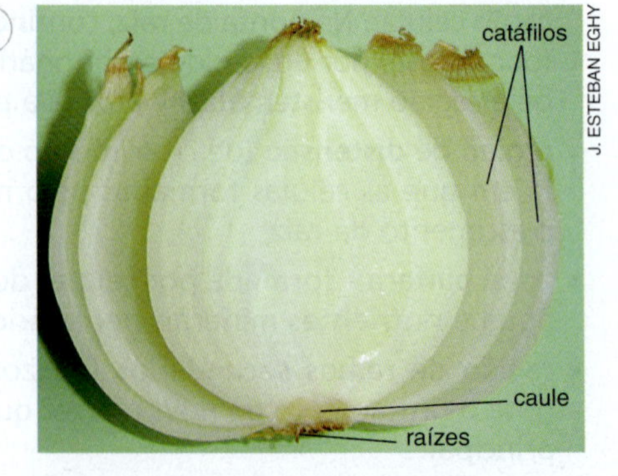

Figura 23-4. Caules subterrâneos: (a) rizoma, (b) tubérculos e (c) bulbo. Observe que, na cebola, a parte branca (d) é formada por folhas (catáfilos). (Cores-fantasia. Ilustrações fora de escala.)

Tipos mais comuns de caule: (a) tronco, (b) estipe e (c) colmo.

Folha

De formato extremamente variável, uma folha completa é formada por um "cabinho", o **pecíolo** (veja a Figura 23-5), e uma superfície achatada dotada de duas faces, o **limbo**, percorrido pelas nervuras.

Anote!

As folhas podem ser **simples** (um único limbo) ou **compostas** (quando o limbo se apresenta dividido).

LUIS MOURA/acervo da editora

Figura 23-5. (a) Folha com pecíolo e limbo. (b) Folha com bainha e limbo. (Cores-fantasia. Ilustrações fora de escala.)

A principal função da folha é servir como *local em que é realizada a fotossíntese*. Em algumas plantas, existem folhas modificadas e que exercem funções especializadas, como as folhas aprisionadoras de insetos das plantas insetívoras, e os espinhos dos cactos.

Uma folha sempre é originada da atividade de uma gema lateral do caule.

Existem dois tipos básicos de folhas quanto ao tipo de nervura que apresentam: as **paralelinérveas**, típicas das monocotiledôneas, e as **reticulinérveas**, comuns em eudicotiledôneas.

Anote!

Algumas folhas não possuem pecíolo. É o caso das folhas de um pé de milho, que aparecem embainhadas no caule.

COREL CORP.

Folha paralelinérvea.

COREL CORP.

Folha reticulinérvea.

Saiba mais!

Algumas estruturas foliares especiais

Em algumas plantas, principalmente monocotiledôneas, não há um pecíolo propriamente dito, mas sim uma estrutura conhecida pelo nome de **bainha**, que serve como elemento de ligação da folha à planta. É o caso, por exemplo, da folha de milho (reveja a Figura 23-5(b)). Já em eudicotiledôneas, próximas ao pecíolo existem estruturas de formatos diversos – podem ser pontiagudas, laminares ou com a forma de espinhos –, conhecidas por **estípulas**.

Estípulas em folha de roseira (ao lado) e em hibisco (abaixo).

GRASIELE F. CORTEZ

O formato e a cor das folhas são muito variáveis e algumas delas chamam a atenção por sua estrutura peculiar. É o caso, por exemplo, das folhas modificadas presentes em plantas carnívoras, cuja adaptação auxilia na captura dos insetos. Também é especialmente interessante a coloração que certas **brácteas**, pequenas folhas modificadas na base das flores, apresentam: de tão coloridas, elas atuam como importante elemento para atração dos insetos.

VLADISLAV T. JIROUSEK/SHUTTERSTOCK

LUXPICS/SHUTTERSTOCK

(a) Folha modificada de planta carnívora e (b) brácteas de primavera.

23-2. Nutrição vegetal

O heterotrofismo conduz, necessariamente, à procura de alimento orgânico e ao seu tratamento, muitas vezes, em sofisticados sistemas digestórios, típicos dos animais mais complexos. Quando falamos em nutrição de um vegetal, precisamos considerar primeiramente o autotrofismo típico da maioria das plantas. Em uma traqueófita, a nutrição orgânica envolve obrigatoriamente a capacidade que o vegetal tem de elaborar o seu próprio alimento orgânico por meio da fotossíntese. Já a nutrição inorgânica, aquela que é baseada na absorção dos nutrientes minerais, é dependente de sua obtenção a partir do substrato em que vive a planta.

Nutrição inorgânica

Quando falamos em nutrição inorgânica, na verdade estamos nos referindo à absorção dos nutrientes minerais essenciais para um bom desenvolvimento vegetal. Esses nutrientes existem no substrato em que a planta vive (solo, água e, eventualmente, meio aéreo) e sua absorção é realizada principalmente pelas raízes. Muitas vezes, as folhas também executam esse papel. A absorção radicular é efetuada a partir da zona pilífera, região na qual a superfície de absorção é aumentada pela existência dos pelos absorventes.

Quando um nutriente é utilizado em grande quantidade por um vegetal, ele é considerado um **macronutriente**. Se for utilizado em pequena quantidade, é considerado um **micronutriente**. Esses termos não se relacionam com o tamanho do nutriente, e sim com a *quantidade* em que são utilizados.

Entre os micronutrientes, podem ser citados o manganês, o cobre, o zinco e o ferro. A Tabela 23-1 resume o papel de alguns macronutrientes no organismo vegetal.

Tabela 23-1. O papel dos principais macronutrientes.

NUTRIENTE	PAPEL
Nitrogênio (N)	Essencial para a síntese proteica e de ácidos nucleicos.
Fósforo (P)	Essencial para a síntese de ATP e de ácidos nucleicos.
Potássio (K)	Relacionado às trocas iônicas entre a célula e o meio, e aos movimentos de abertura dos estômatos.
Enxofre (S)	Utilizado para a síntese de aminoácidos essenciais.
Magnésio (Mg)	Componente da molécula de clorofila.

Você na net!

Uma das boas práticas agrícolas chama-se hidroponia. Pesquise na net o que é esse procedimento e quais são suas vantagens.

Nutrição orgânica e fotossíntese

A fotossíntese ocorre principalmente nas folhas de uma traqueófita. É conveniente, agora, dar uma noção da morfologia interna desse órgão relacionado com a nutrição orgânica.

Duas epidermes, formadas por células achatadas, revestem uma camada interna constituída basicamente por dois tecidos: o tecido de preenchimento e o tecido condutor. O tecido de preenchimento é conhecido como **parênquima** e é, em geral, constituído por duas camadas de células clorofiladas, vivas (veja a Figura 23-6). A camada próxima à epiderme superior possui células organizadas em uma paliçada e, por isso, recebe o nome de **parênquima paliçádico**. A outra camada, próxima da epiderme inferior, possui células irregulares que se dispõem deixando lacunas entre si, o que dá a essa camada um aspecto de esponja – é o **parênquima lacunoso**. As células dessas camadas são ricas em cloroplastos. O tecido condutor compõe as nervuras. Aqui, os vasos dispõem-se em feixes de tecidos condutores, embainhados por células parenquimáticas especiais.

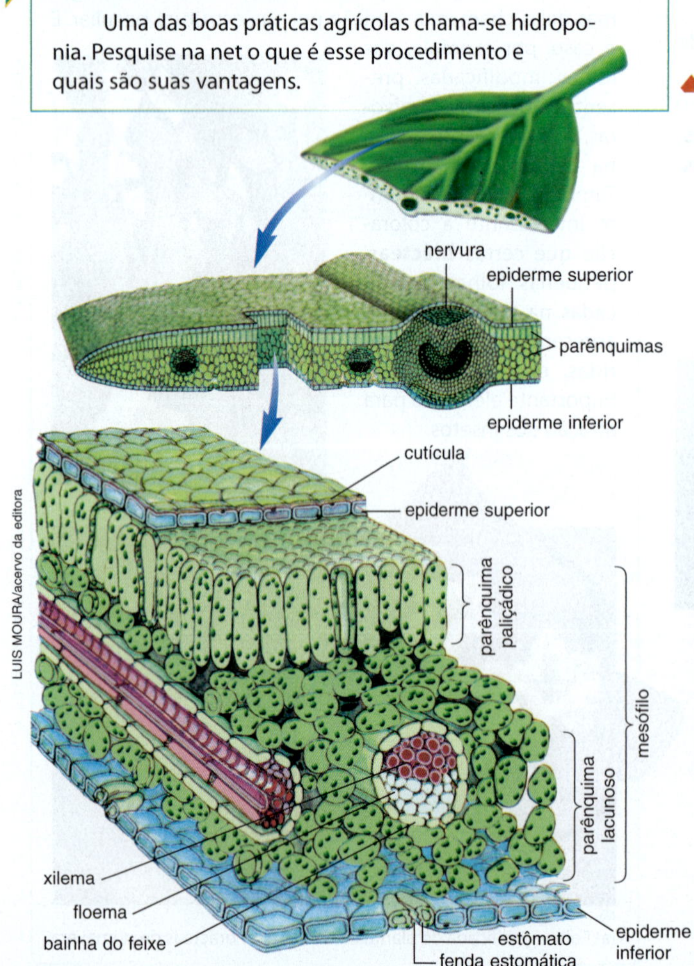

Figura 23-6. Corte transversal de uma folha, evidenciando sua morfologia interna. A reunião do parênquima lacunoso e o paliçádico constitui o parênquima clorofiliano, também chamado clorênquima. (Cores-fantasia. Ilustrações fora de escala.)

Há dois tipos de vasos: os que trazem para a folha a água necessária para a fotossíntese, além de outras substâncias inorgânicas – vasos do *xilema* –, e os que conduzem o alimento produzido pelas folhas para o caule e para a raiz – vasos do *floema*.

Cabe ao **parênquima clorofiliano** (outro nome dado ao conjunto formado pelo parênquima paliçádico e parênquima lacunoso) o papel de nutrir o vegetal com os alimentos orgânicos necessários à sua sobrevivência, a partir da realização da fotossíntese.

Clorofilas e a absorção da luz

Um objeto que possui cor vermelha absorve todos os comprimentos de onda componentes da luz branca, exceto o vermelho, que ele reflete e transmite. O mesmo acontece com as moléculas de clorofila, que são verdes e, portanto, refletem a luz monocromática verde e absorvem os demais comprimentos de onda. Mas uma pergunta que poderíamos fazer é: quais os comprimentos de onda que as clorofilas absorvem melhor? A resposta pode ser obtida em um gráfico, como o da Figura 23-7, que relaciona a quantidade de luz absorvida em função do comprimento de onda, pelas *clorofilas a* e *b*. Ele mostra qual é o *espectro de absorção* dessas duas clorofilas, ou seja, quais faixas de luz as clorofilas *a* e *b* absorvem melhor.

Pelas curvas apresentadas no gráfico, você pode perceber que o *espectro de absorção* das duas clorofilas é praticamente o mesmo. Elas *absorvem melhor na faixa do violeta-azul e na faixa do vermelho*. Nos demais comprimentos de onda, a absorção é praticamente nula.

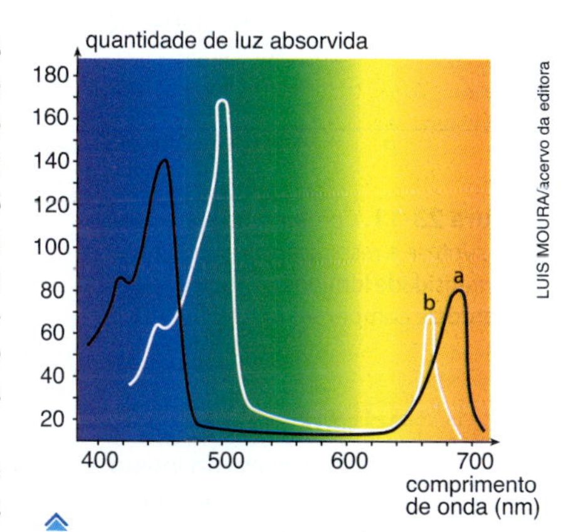

Figura 23-7. Espectro de absorção das clorofilas *a* e *b*.

Fatores que influenciam a fotossíntese

- **Luz.** A relação entre intensidade luminosa e velocidade de fotossíntese não é linear. Observe a Figura 23-8 e note que, a partir de certo ponto, o aumento da intensidade luminosa não é acompanhado por um aumento na taxa de fotossíntese. Qual o motivo? A resposta é que algum outro fator está "emperrando" o processo.

  Qualquer fator que dificulte ou impeça que um processo ocorra é chamado de **fator limitante** daquele processo. No caso, até certo valor de intensidade luminosa, a luz é o fator limitante; porém, a partir de determinada intensidade luminosa é outro o fator que limita a taxa de fotossíntese e a faz ocorrer em ritmo constante. Não adianta aumentar a intensidade luminosa, porque a taxa de fotossíntese não aumenta.
- **CO_2.** Um dos fatores mais importantes que limitam a taxa de fotossíntese na natureza é a **disponibilidade de CO_2**. A Figura 23-9 relaciona a taxa de fotossíntese em função da intensidade luminosa em três diferentes concentrações de CO_2, duas das quais excedem os níveis normalmente encontrados na natureza. Note que a luz é o fator limitante nos valores situados à esquerda das setas. A partir desses valores, é a concentração de CO_2 que passa a ser limitante do processo.
- **Temperatura.** Na fotossíntese, há a participação de várias enzimas, e a elevação da **temperatura** acima de certo valor pode ocasionar a desnaturação desses catalisadores orgânicos, acarretando a interrupção desse processo em altas temperaturas (veja a Figura 23-10).

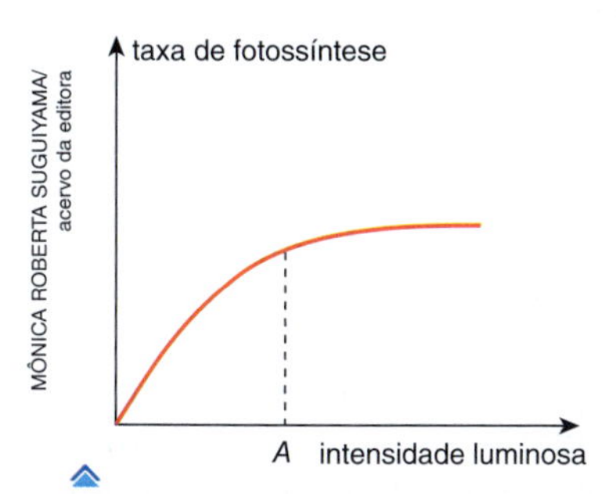

Figura 23-8. Taxa relativa de fotossíntese em função da intensidade luminosa. A luz é o fator limitante até o ponto *A*.

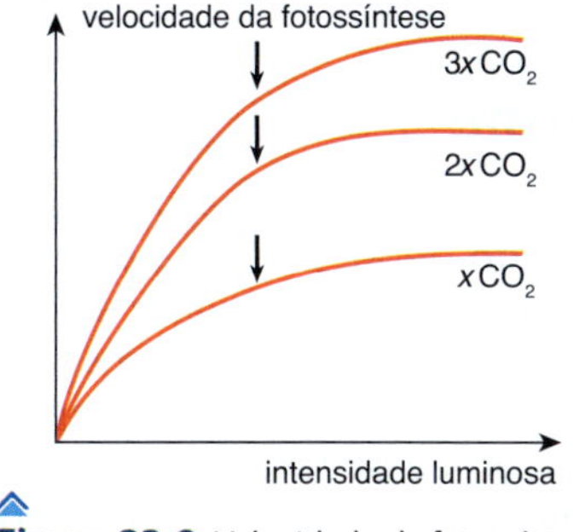

Figura 23-9. Velocidade da fotossíntese com variação do teor de CO_2.

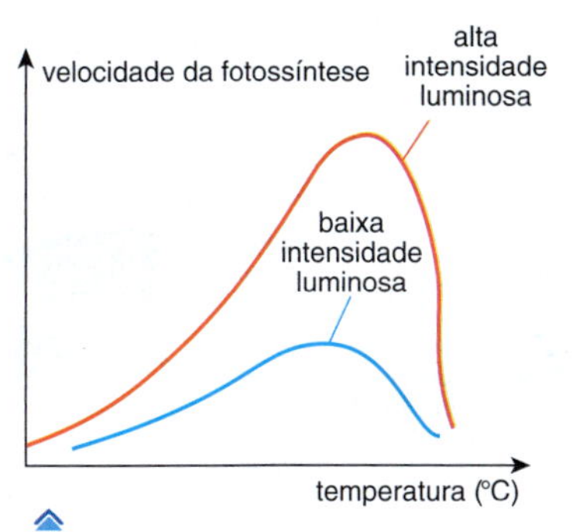

Figura 23-10. A influência da temperatura na fotossíntese.

Ponto de compensação fótico

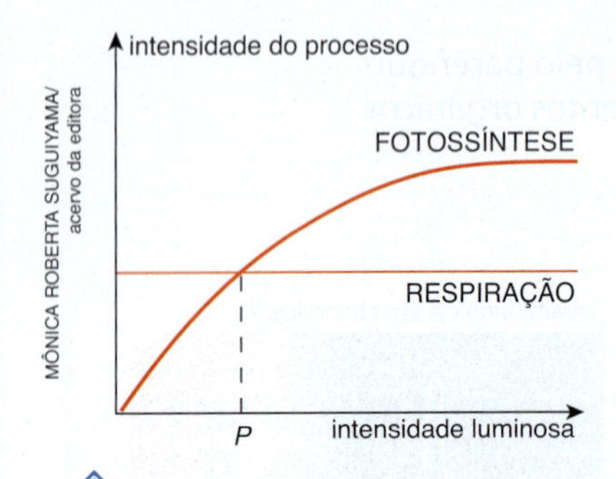

Figura 23-11. Comparação entre fotossíntese e respiração em função da intensidade luminosa. *P* representa o ponto de compensação fótico.

A Figura 23-11 relaciona as intensidades da fotossíntese e da respiração em função da intensidade luminosa. Note que a respiração segue um ritmo constante e independente da intensidade luminosa. O mesmo não ocorre com a fotossíntese. Ela é nula na ausência de iluminação e apresenta um aumento de velocidade à medida que a intensidade luminosa vai crescendo, até atingir valores que superam a respiração.

Perceba, porém, que há uma *determinada intensidade luminosa* em que as velocidades da respiração e da fotossíntese se igualam. Nesse momento, todo o oxigênio produzido pela planta na fotossíntese é consumido por ela na respiração. As moléculas de glicose que ela produz na fotossíntese são consumidas na respiração. E todo o gás carbônico que ela elimina na respiração é utilizado na fotossíntese.

A **intensidade luminosa** em que *as velocidades da respiração e da fotossíntese se igualam* é chamada de **ponto de compensação fótico**.

Para que uma planta possa sobreviver, é preciso que, pelo menos durante algumas horas do dia, a intensidade da fotossíntese seja maior do que a da respiração. Isso explica, muitas vezes, o fato de muitas plantas não "irem bem" dentro de nossas casas, já que a intensidade luminosa fica abaixo do ponto de compensação. Como não há "sobras" de alimento, elas ficam impossibilitadas de crescer.

Anote!

Plantas que vivem no interior de matas fechadas (plantas umbrófilas) apresentam baixo ponto de compensação e costumam ter coloração verde mais escura, em comparação com as que vivem normalmente em lugares fartamente iluminados (plantas heliófilas).

23-3. Tecidos vegetais de proteção

Um violento temporal, uma seca prolongada, um animal herbívoro ou qualquer outro agente agressivo do meio têm de ser enfrentados pela planta imóvel, ao contrário de um animal, que pode se refugiar em lugar seguro até que as condições ambientais se normalizem.

Os tecidos protetores, ou de revestimento, de uma traqueófita são a **epiderme** e o **súber**. A eficiência deles pode garantir a proteção da planta contra diversos agentes agressivos do meio.

Súber

Figura 23-12. Ilustração de ritidoma destacando-se de árvore.

O súber é um tecido de revestimento existente em raízes e troncos – portanto, em plantas arborescentes adultas –, espesso, formado por várias camadas de *células mortas*. A morte celular, nesse caso, é devida à impregnação de grossas camadas de *suberina* (um material lipídico) nas paredes da célula que fica, assim, oca. Como armazena ar, o súber funciona como um excelente isolante térmico, além de exercer, é claro, um eficiente papel protetor.

O tronco de uma árvore periodicamente cresce em espessura. Esse crescimento força a ruptura do súber que racha em muitos pontos e acaba se destacando com outros tecidos. Antes, porém, a árvore elabora novo súber que substituirá o que vai cair (veja a Figura 23-12). A esse material periodicamente destacado dá-se o nome de **ritidoma**.

Epiderme

LUIS MOURA/
acervo da editora
cutícula cerosa
epiderme superior
epiderme inferior
cutícula cerosa

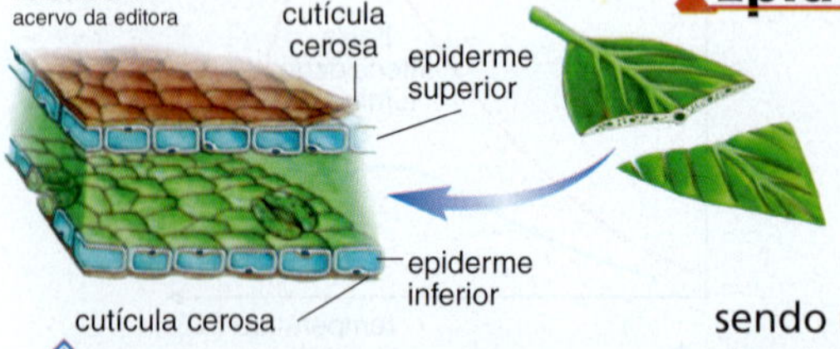

Figura 23-13. Corte transversal, evidenciando as epidermes e a cutícula cerosa. (Cores-fantasia. Ilustrações fora de escala.)

A epiderme das plantas vasculares é um tecido formado, de modo geral, por uma única camada de células de formato irregular, achatadas, vivas e aclorofiladas. É um tecido de revestimento típico de órgãos jovens (raiz, caule e folhas).

É na folha que a epiderme possui notáveis especializações: sendo um órgão de face dupla, possui duas epidermes – a superior e a inferior. Uma cutícula, de espessura variável, existente na superfície das duas epidermes, confere uma proteção importante contra perdas de água (veja a Figura 23-13).

Anexos da epiderme

Sem dúvida, os **estômatos** são os anexos mais importantes, relacionados com a troca de gases e água entre as folhas e o meio. Além deles, temos os **acúleos** e os **pelos** (também chamados de tricomas).

Um estômato visto de cima assemelha-se a dois feijões dispostos com as concavidades frente a frente: são as duas **células estomáticas** ou **células-guardas**, que possuem parede celular mais espessa na face côncava e cuja disposição deixa entre elas um espaço denominado **fenda estomática** ou **ostíolo** (veja a Figura 23-14).

Ao lado de cada célula-guarda há uma **anexa**, que não tem cloroplastos – é uma célula epidérmica comum. Em corte transversal, verifica-se que a fenda estomática dá acesso a um espaço, a **câmara estomática**, intercomunicante com os espaços aéreos do parênquima foliar de preenchimento.

Os **acúleos**, que encontramos no caule das roseiras, na verdade não são espinhos verdadeiros. Eles se formam na epiderme e são fáceis de destacar, ao contrário dos espinhos, que são ramos do caule. Ambos são estruturas de proteção.

As fibras de algodão são **tricomas** (pelos) unicelulares da epiderme das sementes e podem chegar a medir 6 cm. São suaves, elásticas e constituídas principalmente de celulose, o que explica sua elevada capacidade de absorção de água.

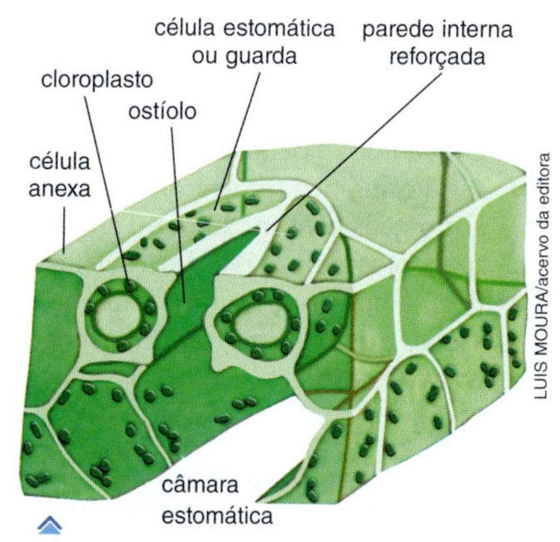

Figura 23-14. Esquema tridimensional de um estômato. As células estomáticas são as únicas da epiderme que possuem clorofila. (Cores-fantasia.)

Anote!

Em plantas que vivem em ambientes mais secos, os estômatos são mais comuns na epiderme inferior. Em plantas aquáticas, cujas folhas flutuam na superfície da água, aparecem na epiderme superior. Na cana-de-açúcar, ambas as epidermes possuem estômatos.

23-4. Sustentação das traqueófitas

A sustentação de uma traqueófita é devida à existência de tecidos especializados para essa função: o **colênquima** e o **esclerênquima**.

Colênquima

As células do colênquima são alongadas, irregulares e encontram-se dispostas em forma de feixes. Quando cortadas transversalmente, têm aspecto variado. São vivas, nucleadas, e a parede apresenta reforços de celulose mais intensos nos cantos internos da célula, conferindo certa resistência ao esmagamento lateral (veja a Figura 23-15). O colênquima é um tecido flexível, localizado mais externamente no corpo do vegetal e encontrado em estruturas jovens como pecíolo de folhas, extremidade do caule, raízes, frutos e flores.

Esclerênquima

O esclerênquima é um tecido mais rígido que o colênquima, encontrado em diferentes locais do corpo de uma planta. As células do esclerênquima possuem um espessamento secundário nas paredes, devido à impregnação de lignina (veja a Figura 23-16). As células mais comuns do esclerênquima são as **fibras** e os **esclerídeos**, também chamados **escleritos**.

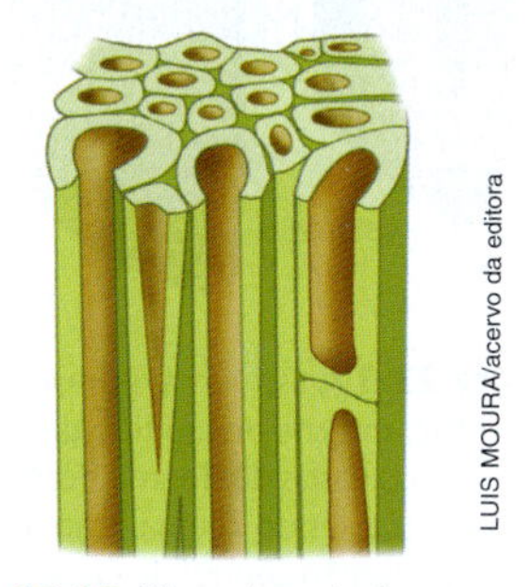

Figura 23-15. Fibras de esclerênquima. (Cores-fantasia.)

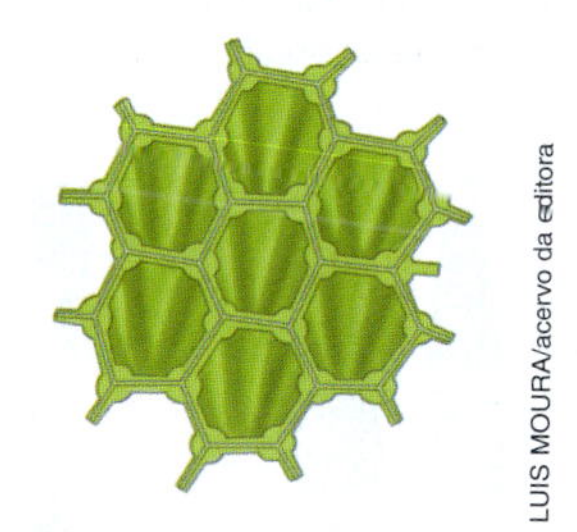

Figura 23-16. Esquema de colênquima. (Cores-fantasia.)

23-5. Tecidos condutores de água e de nutrientes em traqueófitas

Além das trocas gasosas, um dos maiores problemas de um vegetal terrestre relaciona-se à disponibilidade de água e sua perda, pois para a realização da fotossíntese é fundamental que se consiga, além do gás carbônico, a água. O problema de perda de água através das folhas é, em parte, minimizado pela presença de cutículas lipídicas, nas faces expostas das epidermes, que as impermeabilizam. Porém, isso dificulta as trocas gasosas.

A existência nas traqueófitas de aberturas epidérmicas reguláveis (os estômatos) que possibilitam as trocas gasosas e ao mesmo tempo ajudam a evitar perdas excessivas de vapor-d'água é um mecanismo adaptativo importante.

Anote!

O xilema (lenho) conduz seiva bruta (inorgânica) da raiz às folhas, enquanto o floema (líber) conduz seiva elaborada (orgânica) da folha aos órgãos consumidores ou armazenadores de reserva. No caule, o floema fica disposto mais externamente que o xilema, praticamente colado à casca.

O transporte de água e nutrientes em uma traqueófita ocorre em parte por difusão de **célula a célula** e, na maior parte do trajeto, ocorre no interior de **vasos condutores**.

Inicialmente, ocorre a absorção de água e nutrientes minerais pela zona pilífera da raiz. Os diferentes tipos de íons são obtidos ativa ou passivamente e a água é absorvida por osmose. Forma-se uma solução aquosa mineral, a **seiva bruta** ou **seiva inorgânica**. Essa solução caminha de célula a célula radicular até atingir os vasos do **xilema** (ou **lenho**) existentes no centro da raiz. A partir daí, o transporte dessa seiva ocorre integralmente dentro dos vasos lenhosos até as folhas. Lá chegando, os nutrientes e a água difundem-se até as células e são utilizados no processo da fotossíntese.

Os compostos orgânicos elaborados nas células do parênquima clorofiliano das folhas difundem-se para outro conjunto de vasos do tecido condutor chamado **floema** ou **líber** (veja a Figura 23-17). No interior dos vasos liberianos, essa **seiva orgânica** ou **seiva elaborada** é conduzida até atingir as células do caule, de um fruto, de um broto em formação, de uma raiz etc., onde é utilizada ou armazenada.

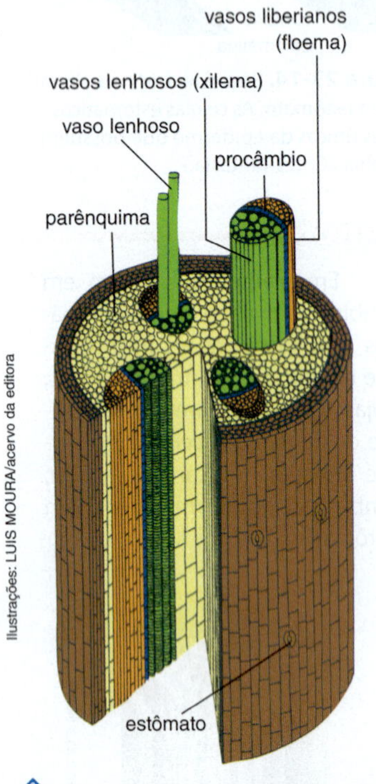

Figura 23-17. Esquema representando a estrutura interna de um tipo de caule. Note que os vasos do floema ficam junto à casca. Os do xilema ficam próximos à medula (região central do caule). O procâmbio é o tecido meristemático formador de vasos no corpo primário da planta. (Cores-fantasia. Ilustração fora de escala.)

Xilema

Os vasos condutores de seiva inorgânica são formados por células mortas. A morte celular é devida à impregnação da célula por *lignina*, um composto aromático e altamente impermeabilizante. A célula deixa de receber nutrientes e morre. Desfaz-se o conteúdo interno da célula, que acaba ficando oca e com as paredes duras já que a lignina possui, também, a propriedade de endurecer a parede celular. A deposição de lignina na parede não é uniforme. A célula, então, endurecida e oca, serve como elemento condutor. Existe, ainda, um parênquima (tecido vivo) interposto que separa grupos de células condutoras. Acredita-se que essas células parenquimáticas secretem diferentes tipos de substâncias que provavelmente auxiliam a preservação dos vasos mortos do xilema.

Por ser constituído de células de paredes rígidas, o xilema também participa da sustentação do vegetal.

Existem dois tipos de células condutoras no xilema: **traqueíde** e **elemento de vaso traqueário** (ou xilemático ou, ainda, lenhoso). Traqueídes são células extremamente finas, de pequeno comprimento (em média 4 mm) e diâmetro reduzido (da ordem de 20 mm). Quando funcionais, as traqueídes estão agrupadas em feixes e as extremidades de umas tocam as das outras.

Na extremidade de cada traqueíde, assim como lateralmente, há uma série de **pontuações** ou **poros** (pequeníssimos orifícios) que permitem a passagem de seiva no sentido longitudinal e lateral (veja a Figura 23-18).

Menores que as traqueídes (em média de 1 a 3 mm), porém mais largos (até 300 mm), os elementos de vaso também possuem pontuações laterais que permitem a passagem de seiva. Sua principal característica é que em suas *extremidades* as paredes são *perfuradas*, isto é, não há parede divisória totalmente isolante entre uma e outra célula (veja a Figura 23-19). O vaso formado pela reunião de diversos elementos de vaso é conhecido como **traqueia**.

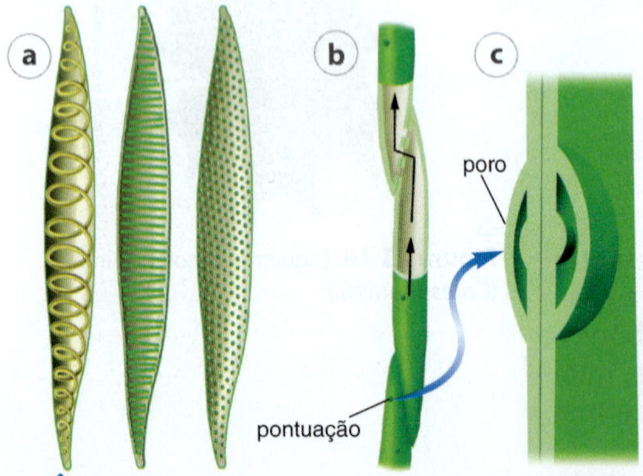

Figura 23-18. (a) Esquemas de traqueídes em que se evidenciam os reforços de lignina. (b) Traqueíde aberta – as setas mostram o caminho percorrido pela seiva. (c) Detalhe de um poro. (Cores-fantasia. Ilustrações fora de escala.)

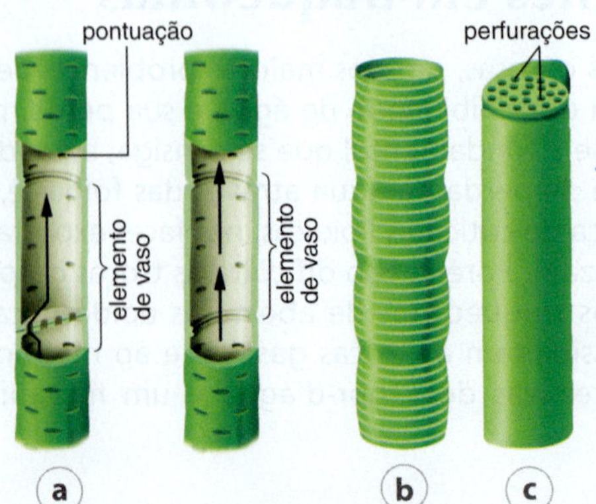

Figura 23-19. Esquema de elementos de vaso. (a) Traqueias, (b) três elementos de vaso conectados: entre eles, (c) placas perfuradas. (Cores-fantasia. Ilustrações fora de escala.)

Floema

Os vasos do floema (também chamado *líber*) são formados por células vivas, cuja parede possui apenas a membrana esquelética celulósica típica das células vegetais e uma fina membrana plasmática. São células altamente especializadas e que perdem o núcleo no decorrer do processo de diferenciação. O seu interior é ocupado pela seiva elaborada (ou seiva orgânica) e por muitas fibras de proteína, típicas do floema. A passagem da seiva orgânica de célula a célula é facilitada pela existência de **placas crivadas** nas paredes terminais das células que se tocam. Através dos crivos, flui a seiva elaborada de uma célula para outra com finos filamentos citoplasmáticos, os plasmodesmos (veja a Figura 23-20).

Os orifícios das placas crivadas são revestidos por **calose**, polissacarídeo que obstrui os crivos quando, em alguns vegetais, periodicamente, os vasos crivados ficam sem função. Ao retornarem à atividade, esse calo é desfeito.

Lateralmente aos tubos crivados, existem algumas células delgadas, nucleadas, chamadas **companheiras**, cujo núcleo passa a dirigir também a vida das células condutoras.

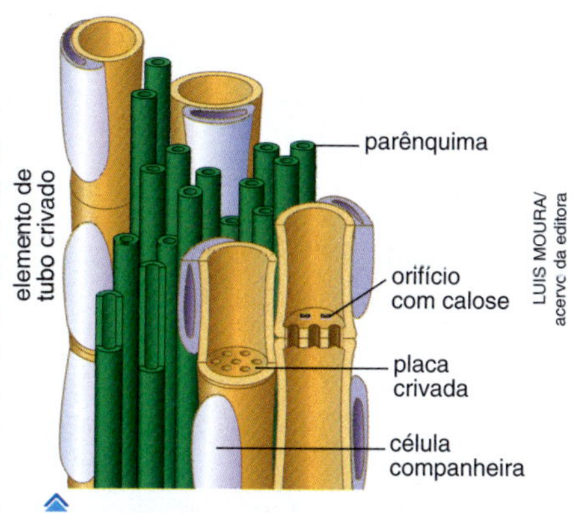

Figura 23-20. Cortes longitudinal e transversal do floema, mostrando tubos crivados (formados por células chamadas de *elementos de tubos crivados*) e células companheiras. (Cores-fantasia. Ilustrações fora de escala.)

Saiba mais!

Anel de Malpighi

Uma das maneiras de demonstrar a posição do cilindro de floema na região mais externa da árvore consiste em se retirar um anel completo da casca no tronco principal. Após algum tempo, as raízes morrem em consequência do não recebimento de alimento orgânico. Esse anel liberiano, idealizado por Malpighi, serve para demonstrar que o floema fica junto à casca; o xilema é mais interno e não é afetado pela retirada do anel (veja a Figura 23-21).

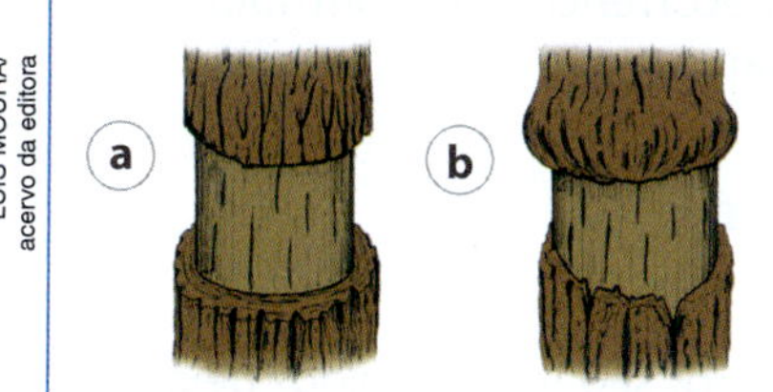

Figura 23-21. Anel de Malpighi: a retirada de um anel de casca (a), efetuada no tronco principal, leva a árvore à morte. O espessamento do tronco acima do anel, em (b), está relacionado ao aumento da atividade meristemática nessa região, devido ao acúmulo de compostos orgânicos. (Cores-fantasia. Ilustrações fora de escala.)

Estruturas

Caules e raízes jovens apresentam uma disposição dos tecidos característica. Conheça essas estruturas primárias por meio do QR Code abaixo.

23-6. Condução da seiva inorgânica

Vimos que as raízes absorvem água do solo através da região dos **pelos absorventes** ou **zona pilífera**. Desta, a água atravessa as células do *córtex*, *endoderme* e *periciclo* da raiz. Na endoderme, o fluxo da água pode ser facilitado pela existência das chamadas células de passagem. A água atinge os vasos do xilema e, a partir desses vasos, atinge a folha. Na folha, ou ela é usada na fotossíntese ou é liberada na transpiração.

Estômatos e a regulação hídrica

Um estômato visto de cima assemelha-se a dois feijões dispostos com as concavidades frente a frente: são as duas **células estomáticas** ou **células-guarda**, que possuem parede celular mais espessa na face côncava e cuja disposição deixa entre elas um espaço denominado **fenda estomática** ou **ostíolo** (veja a Figura 23-22). As células estomáticas são as únicas da epiderme que possuem clorofila.

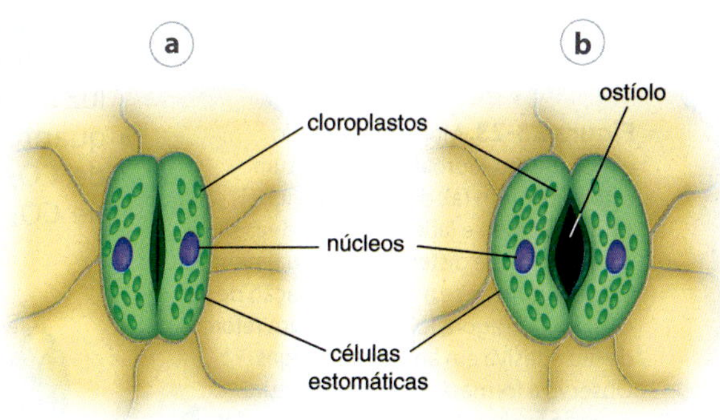

Figura 23-22. Esquema de um estômato (a) fechado e (b) aberto. (Cores-fantasia. Ilustrações fora de escala.)

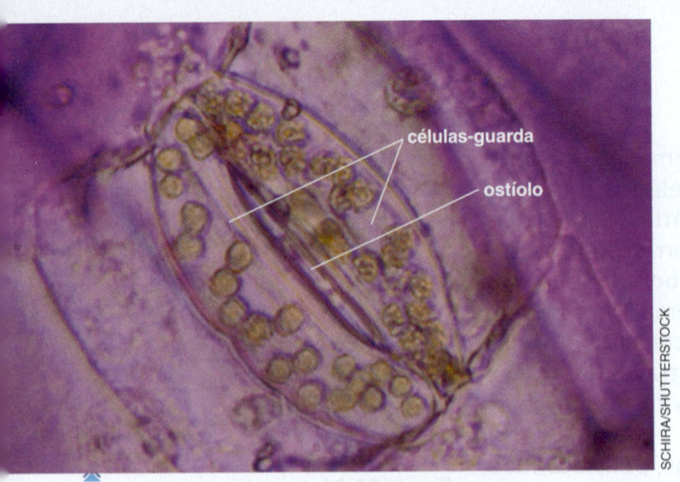

Células-guarda ou células estomáticas e, entre elas, o ostíolo. (Imagem ampliada 980 vezes.)

Ao lado de cada célula-guarda há uma **anexa**, que não tem cloroplastos – é uma célula epidérmica comum. Em corte transversal, verifica-se que a fenda estomática dá acesso a um espaço, a **câmara estomática**, intercomunicante com os espaços aéreos do parênquima foliar. A posição e a quantidade de estômatos nas folhas são variáveis. São mais comuns na epiderme inferior, em plantas que vivem em ambientes mais secos e de maior luminosidade. Em plantas que possuem folhas flutuantes, os estômatos aparecem na epiderme superior.

O principal papel dos estômatos relaciona-se às trocas gasosas entre a planta e o meio. Os inúmeros poros estomáticos aumentam extraordinariamente a superfície total disponível para o ingresso de gás carbônico e a saída de oxigênio. Mas estômatos abertos são um convite para a saída de moléculas de vapor-d'água, fenômeno conhecido como **transpiração estomatar** e que corresponde à maior parte da água perdida pela planta. Pequena quantidade ainda é perdida pela cutícula, na chamada **transpiração cuticular**. Assim, a **transpiração total**, que corresponde à soma das duas transpirações, remove da planta diariamente grandes volumes de água.

Em determinadas épocas frias e muito úmidas do ano, com o solo saturado de água, em algumas plantas é comum a ocorrência de liberação de gotículas de água pelas extremidades das folhas. Esse fenômeno recebe o nome de **gutação** e ocorre por minúsculas aberturas existentes nas extremidades foliares, denominadas **hidatódios**. No entanto, essa ocorrência não contribui para a condução de seiva inorgânica.

Gutação em folhas de morango silvestre (*Fragaria virginiana*).

Fatores que afetam a abertura e o fechamento dos estômatos

A abertura e o fechamento dos estômatos são influenciados pela *umidade do ar*, pela *luz* e pelo *teor de gás carbônico*:

- a abertura e o fechamento dos estômatos dependem da água existente no interior das células-guarda. Se a planta estiver bem suprida de água, esta é levada pelos vasos condutores às células do parênquima foliar. Do parênquima, ela passa às células-guarda que, ficando túrgidas, ocasionam a abertura do estômato, favorecendo a ocorrência de saída de vapor-d'água para o meio. Se essa vaporização for intensa e a água levada pelos vasos condutores não compensar as perdas, as células-guarda perdem água para as células vizinhas, ficam flácidas e, como consequência, o estômato se fecha. É uma medida de economia de água. Esses movimentos de abertura e fechamento estomático dependentes do teor de água das células-guarda e, claro, da planta são chamados de **movimentos hidroativos** (veja a Figura 23-23);
- na maioria das plantas, a luz permite a abertura dos estômatos enquanto sua falta favorece seu fechamento. A esses movimentos influenciados pela luz dá-se o nome de **movimentos fotoativos**.
- quanto à influência do teor de gás carbônico, sabe-se que teores elevados de CO_2 resultam no fechamento estomático, enquanto teores reduzidos de CO_2 favorecem a abertura estomática.

Nas plantas xerófitas, adaptadas a um clima árido ou semiárido, os estômatos são numerosos. Trata-se de uma adaptação que favorece a rápida troca de gases durante a curta estação chuvosa.

Figura 23-23. Modelo ilustrando o mecanismo hidroativo de abertura estomática. Em (a), duas bexigas iguais são colocadas lado a lado. Em (b), as duas são cheias com ar e distendem-se igualmente. Em (c) e (d) tem-se a mesma situação de (a) e (b), só que agora foi colocado um reforço de fita adesiva em ambas as bexigas. Observe a formação de uma abertura quando as duas bexigas são distendidas.

A participação da luz nos movimentos estomáticos fotoativos

Ao serem iluminadas as células-guarda, ocorre um notável ingresso de íons potássio em seu interior. Com isso, aumenta a concentração iônica no interior das células-guarda, aumentando a pressão osmótica. Esse aumento de pressão faz com que as células-guarda ganhem água por osmose e fiquem túrgidas, o que leva à abertura do estômato.

No escuro, ao contrário, cessa o transporte ativo de íons potássio. As células-guarda perdem íons K^+ para as células anexas e, assim, ao ficarem as células-guarda menos concentradas, elas perdem água por osmose, tornam-se flácidas e o estômato se fecha (veja a Figura 23-24).

Recentemente, descobriu-se que em ocasiões de deficiência de água nas folhas, ocorre aumento do teor do hormônio **ácido abscísico**, fato que sugere a participação dessa substância no fechamento estomático. Esse ácido faz com que as células-guarda dos estômatos eliminem íons potássio, acarretando o fechamento do estômato.

Em resumo, podemos dizer que os estômatos se abrem quando as células-guarda ganham água, são iluminadas e dispõem de pouco CO_2. Ao contrário, os estômatos se fecham quando as células-guarda perdem água, ficam no escuro e dispõem de muito CO_2.

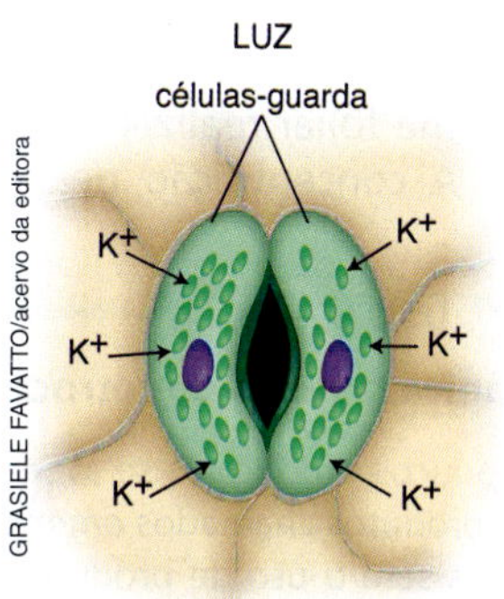

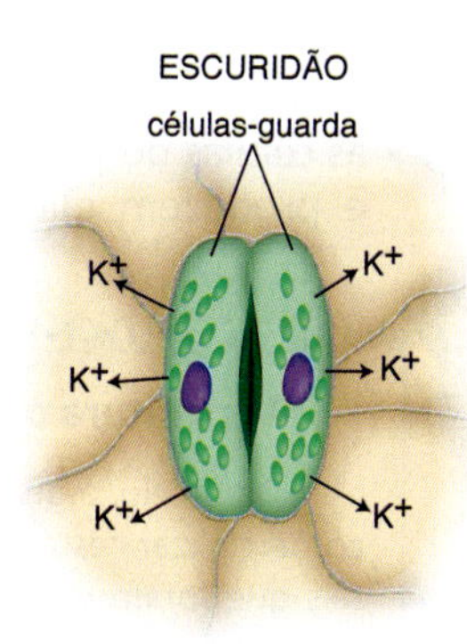

Figura 23-24. Ação dos íons potássio na abertura e no fechamento dos estômatos. (Cores-fantasia. Ilustrações fora de escala.)

Estômatos

Leia o QR Code ao lado e conheça a posição dos estômatos conforme os biomas brasileiros.

23-7. Condução da seiva elaborada

A seiva orgânica, elaborada no parênquima das folhas, é lançada nos tubos crivados do floema e conduzida a todas as partes da planta que não são autossuficientes. O transporte é orientado principalmente para a raiz, podendo haver algum movimento em direção ao ápice do caule e das folhas em desenvolvimento. De modo geral, os materiais orgânicos são translocados para órgãos consumidores e de reserva, podendo haver inversão do movimento (isto é, dos órgãos de reserva para regiões em crescimento), quando necessário.

Hipótese de Münch

A hipótese mais aceita atualmente para a condução da seiva elaborada é a que foi formulada por Münch e se baseia na movimentação de toda a solução do floema, incluindo água e solutos. É a *hipótese do arrastamento mecânico da solução*, também chamada de *hipótese do fluxo em massa da solução*. Por essa hipótese, o transporte de compostos orgânicos seria devido a um deslocamento rápido de moléculas de água que arrastariam, no seu movimento, as moléculas em solução.

A compreensão dessa hipótese fica mais fácil acompanhando-se o modelo sugerido por Münch para a sua explicação.

Observando-se a Figura 23-25, conclui-se que haverá ingresso de água, por osmose, do frasco A para o osmômetro 1, e do frasco B para o osmômetro 2.

No entanto, como a solução do osmômetro 1 é mais concentrada, a velocidade de passagem de água do frasco A para o osmômetro 1 é maior. Assim, a água tenderá a se dirigir para o tubo de vidro 1 com velocidade, *arrastando* moléculas de açúcar. Como o osmômetro 2 passa a receber mais água, esta passa para o frasco B. Do frasco B, a água passa para o tubo de vidro 2, em direção ao frasco A.

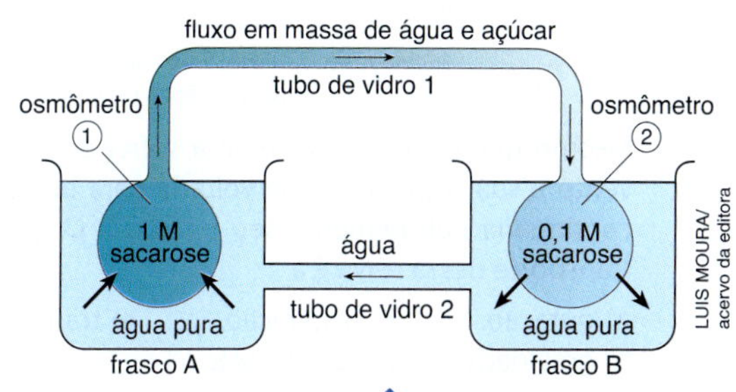

Figura 23-25. Modelo para a hipótese de Münch.

Podemos fazer a correspondência entre o modelo anterior e uma planta:

- o tubo de vidro 1 corresponde ao floema e o tubo de vidro 2 ao xilema;
- o osmômetro 1 corresponde a uma célula do parênquima foliar e o osmômetro 2, a uma célula da raiz;

- o frasco A representa a folha, enquanto o frasco B representa a raiz;
- as células do parênquima foliar realizam fotossíntese e produzem glicose. A concentração dessas células aumenta, o que faz com que absorvam água do xilema das nervuras. O excesso de água absorvida é deslocado para o floema, arrastando moléculas de açúcar em direção aos centros consumidores ou de reserva.

Questão socioambiental

Agricultura orgânica, avanço ou retrocesso?

No início, alguns poucos produtores se aventuravam a comercializar cestas de produtos chamados *orgânicos*, vegetais que foram cultivados sem o uso de produtos químicos sintéticos, como fertilizantes e pesticidas, nem a inclusão de nada geneticamente modificado. Com o tempo, esses produtos começaram a ganhar espaço nas gôndolas dos supermercados e, até mesmo, espaços próprios, como pequenas quitandas. Afinal, os produtores orgânicos defendem que em um solo saudável, não contaminado por sintéticos, os alimentos apresentam qualidade superior.

Entretanto, se de um lado os produtores de orgânicos lutam com a bandeira da sustentabilidade, de outro, toda agricultura convencional, um dos alicerces da economia mundial, defende sua forma de produção, questionando, até, a capacidade de abastecimento da forma de produção orgânica.

A discussão está apenas começando. Estamos longe de saber onde estará o ponto de equilíbrio entre essas duas formas de produção. Em sua opinião, a agricultura orgânica representa um avanço ou um retrocesso das formas de produção? Por quê?

ATIVIDADES

A CAMINHO DO ENEM

1. (Enem) A figura ilustra o movimento da seiva xilêmica em uma planta.

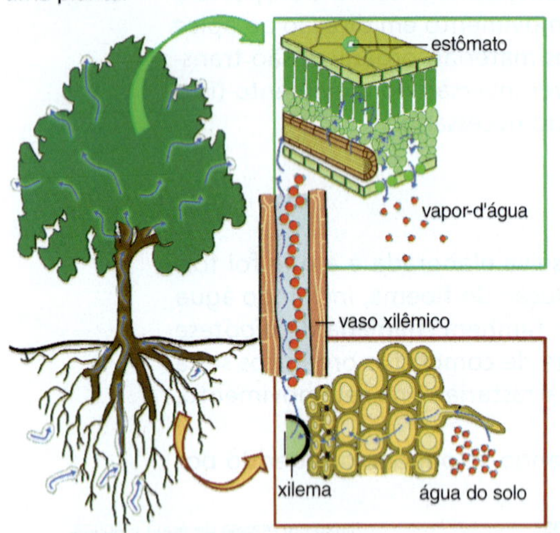

Adaptado de: CORREIA, S. Teoria da tensão-coesão-adesão. *Revista de Ciência Elementar*, Porto, n. 1, 2014.

Mesmo que essa planta viesse a sofrer ação contínua do vento e sua copa crescesse voltada para baixo, essa seiva continuaria naturalmente seu percurso. O que garante o transporte dessa seiva é a

a) gutação.
b) gravidade.
c) respiração.
d) fotossíntese.
e) transpiração.

2. A cientista Nancy Moran, da Universidade do Texas (UT) em Austin, EUA, pesquisa uma interessante interação entre pulgões (afídeos) e bactérias do gênero *Buchnera*. Pulgões são parasitas de plantas e se alimentam da seiva presente em determinado tecido vegetal. No entanto, alguns aminoácidos essenciais para os pulgões não existem na seiva conduzida por esse tecido vegetal. Assim, esses insetos dependem da ação de bactérias *Buchnera*, que convertem o aminoácido ácido glutâmico (glutamato), nos outros aminoácidos que são considerados essenciais para os pulgões. Por outro lado, as bactérias são também beneficiadas por viverem no interior de células denominadas bacteriócitos presentes no revestimento intestinal dos pulgões, além de obterem nutrientes essenciais para sua sobrevivência. Trata-se de uma interação benéfica e obrigatória para ambos, bactérias e pulgões.

Adaptado de: PENNISI, E. Life partners – Nancy Moran´s passion for insects and their indwelling microbes helped the field of symbiosis come into its own. *Science Magazine*, Washington, v. 366, n. 6467, p. 788-791, 15 Nov. 2019.

Considerando as informações presentes no texto, escolha a alternativa que indique correta e respectivamente o nome do tecido vegetal atingido pelo aparelho bucal dos pulgões e a denominação atribuída à seiva que esse tecido vegetal conduz.

a) parênquima – seiva orgânica
b) xilema – seiva inorgânica
c) floema – seiva inorgânica
d) xilema – seiva orgânica
e) floema – seiva orgânica

3. Algumas espécies de ipê vêm sendo estudadas por seu potencial medicinal em tratamentos de câncer. Mas, esse uso já é consagrado há séculos pela medicina popular com o chá da casca do ipê-roxo, *Tabebuia avellanedae*, da família Bignoniaceae. A substância "beta-lapachona" encontrada em diversos ipês tem promissoras características anticancerígenas e os estudos apontam seu uso possível em tratamentos contra câncer de pulmão, próstata e pâncreas. O chá da casca do ipê-roxo é um dos medicamentos usados na medicina popular brasileira por sua capacidade de extinguir tumores sólidos. A casca desta árvore, para uso medicinal, deve ser retirada do tronco de árvores saudáveis e bem desenvolvidas, *cuidando de manter a condição da planta (isso quer dizer, retirando-se somente o que se vai usar,* *em porções descontínuas, para permitir o restabelecimento da planta*) ou dos galhos próximos ao tronco (retire as folhas e raspe o galho, com uma faca, até atingir a parte verde). A casca recolhida assim deverá ser cortada em pequenos pedaços, seca e moída.

Adaptado de: <https://www.greenme.com.br/usos-beneficios/4523-ipe-roxo-cura-cancer-beneficios>. *Acesso em:* 18 out. 2019.

No texto, o trecho destacado, referente à retirada da casca, *em porções descontínuas, para permitir o restabelecimento da planta*, tem como fundamento o fato de que, se a casca for retirada de forma contínua e anelada, envolvendo toda a circunferência do tronco, pode ocorrer a morte da árvore após algum tempo, devido à:

a) impossibilidade de condução de seiva inorgânica às raízes, uma vez que, juntamente com a casca são removidos vasos de xilema, que se localizam na periferia do tronco, junto à casca.
b) remoção de grandes porções do súber periférico do tronco da árvore, uma vez que esse tecido morto é responsável pela condução de seiva liberiana até as raízes do vegetal.
c) contaminação do parênquima foliar por fungos e bactérias, que se espalham por todo o sistema condutor da árvore, interrompendo a condução de seiva liberiana inorgânica.
d) remoção, juntamente com a casca, do floema a ela associado, interrompendo o fluxo de seiva orgânica às raízes, que, após algum tempo morrem e acarretam a morte da árvore.
e) impossibilidade de condução de amido e celulose às porções internas do tronco da árvore, uma vez que esses dois polissacarídeos se difundem livremente pelos tecidos vegetais.

4. Em um vegetal, sete tecidos diferenciados, também denominados de permanentes, desempenham funções relevantes que favorecem a manutenção, sobrevivência, atividades metabólicas e transporte de materiais, dentre outras funções. Todos são derivados de um tecido cujas células são indiferenciadas, o meristema, cujas células podem, inclusive, ser utilizadas em processos de reprodução e clonagem, ao serem cultivadas em meios de cultura apropriados. Dentre os sete tecidos diferenciados componentes de um vegetal do grupo das angiospermas podem ser citados os de revestimento, os condutores de seivas, os relacionados exclusivamente à sustentação e, além desses, um tecido que frequentemente desempenha papel análogo ao exercido pelo tecido conjuntivo humano, no que se refere a preenchimento de espaços e ligação com outros tecidos. O tecido em questão que, além de exercer essas funções, também possui células que podem atuar no processo de fotossíntese, é o:

a) esclerênquima.
b) xilema.
c) colênquima.
d) parênquima.
e) floema.

5. Raízes de plantas arborescentes do gênero *Ficus* costumam enrolar-se ao redor de troncos de outras espécies de árvores, constituindo-se em bom exemplo das conhecidas raízes aéreas estrangulantes. No caso, essa denominação é justificada porque, ocasionalmente, tais raízes envolvem o tronco de maneira tão radical que acabam rompendo a casca das árvores hospedeiras e, inclusive, interrompem o fluxo de nutrientes orgânicos para as raízes, o que acaba provocando após certo tempo a morte das árvores cujos troncos sofrem o estrangulamento.

Essa ocorrência lembra bastante o conhecido procedimento denominado de anel de Malpighi, no qual:

a) juntamente com a casca suberosa de uma árvore são removidos vasos de xilema a ela associados e que conduzem seiva contendo substâncias orgânicas às raízes.
b) ocorre a remoção do tecido meristemático existente externamente na casca suberosa de uma árvore, o que dificulta a geração de novas células condutoras de seivas na árvore afetada.
c) juntamente com a remoção da casca suberosa também é removido o floema a ela associado, o que resulta na interrupção do envio de substâncias orgânicas às raízes da árvore hospedeira.
d) folhas do vegetal estrangulante prejudicam a realização de fotossíntese pela planta hospedeira, que deixa de receber o estímulo luminoso adequado à realização desse processo.
e) o parênquima clorofiliano presente na casca suberosa da árvore afetada deixa de executar fotossíntese devido ao sombreamento promovido pelas raízes estrangulantes da outra planta.

6. A *Sapria himalayana* é uma planta angiosperma aclorofilada encontrada na região leste do Himalaia. É completamente dependente de outra planta hospedeira, da qual retira água, nutrientes minerais e produtos orgânicos derivados da fotossíntese executada pela planta hospedeira. Os nutrientes inorgânicos e orgânicos, além da água, são obtidos por meio de um sofisticado sistema de raízes sugadoras, que retiram os referidos nutrientes tanto do xilema (tecido condutor de seiva bruta) quanto do floema (tecido condutor de seiva elaborada) da planta hospedeira, prejudicando-a.

Por meio das informações contidas no texto acima, é possível concluir que a *Sapria himalayana* se comporta como uma planta:

a) autótrofa fotossintetizante.
b) benéfica à planta hospedeira.
c) parasita da planta hospedeira.
d) autótrofa quimiossintetizante.
e) autótrofa facultativa.

7. Segundo artigo na revista científica *International Journal of Climatology*, assinado por Marcos Heil Costa, da UFV, e Argemiro Leite Filho, da UFMG, nos 15 anos que vão de 1998 a 2012, a estação das chuvas na região amazônica passou a começar seis dias mais tarde e a terminar 20 dias mais cedo. Isso é o que mostram os dados de satélite. (...) Cada 10% de vegetação original derrubada numa área faz com que se perca um dia da estação chuvosa, mesmo quando outros fatores são levados em conta. O efeito em trechos muito desmatados, portanto, é substancial. Ninguém desejaria ficar surpreso com esse fato. Sabe-se há muito que a intensa *transpiração* das florestas alimenta o ciclo das chuvas. Além disso, as árvores emitem moléculas orgânicas e outros pequenos fragmentos de vegetação que servem de núcleo em torno dos quais as gotas d'água condensam e as nuvens se formam. Sem mata, há menos nuvens e menos chuva.

Adaptado de: LOPES, R. J. Sem mata, sem chuva, sem safra. *Folha de S.Paulo*, São Paulo, 12 jan. 2020. Cotidiano/Ciência, p. B6.

A liberação de vapor-d'água pelas folhas das árvores amazônicas para a atmosfera, destacada no texto como *transpiração*, ocorre por meio das seguintes estruturas foliares:

a) estômatos e casca suberosa dos troncos.
b) cutícula e epiderme radicular pilífera.
c) estômatos e cutícula epidérmica.
d) lenticelas e estômatos radiculares.
e) hidatódios e cutícula epidérmica.

8. (Enem) Um produtor de morangos notou, no início da manhã, que em alguns pontos das extremidades das folhas dos morangueiros ocorriam gotículas de água (gutação). Procurando informação a respeito do fenômeno, o agricultor descobre que isso é também observado em outras plantas herbáceas de pequeno porte.

Esse fenômeno fisiológico ocorre em condições de elevada umidade do ar e

a) escassez de sais minerais.
b) abundante suprimento hídrico.
c) abundante período de transpiração.
d) ausência de resistência estomática.
e) ausência de substâncias impermeabilizantes.

TESTE SEUS CONHECIMENTOS

1. (UP – PR) Na figura esquemática da raiz de um vegetal, representada abaixo: qual é a região onde será encontrado o maior número de células em divisão?

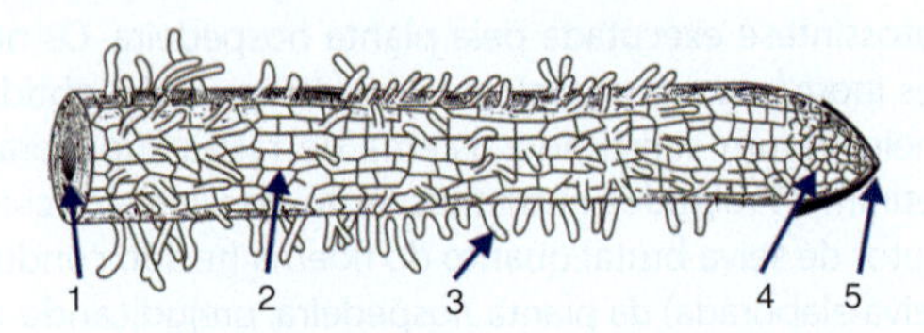

Disponível em: <https://commons.wikimedia.org/wiki/File:NSRW_Root-Tip.png>.

a) 1. b) 2. c) 3. d) 4. e) 5.

2. (Famerp – SP) Três plantas da mesma espécie (1, 2 e 3) foram mantidas em três ambientes com intensidades luminosas diferentes e em condições ideais dos outros fatores que influenciam a fotossíntese. O gráfico ilustra as velocidades da respiração e da fotossíntese nas diferentes intensidades luminosas a que essas três plantas foram submetidas.

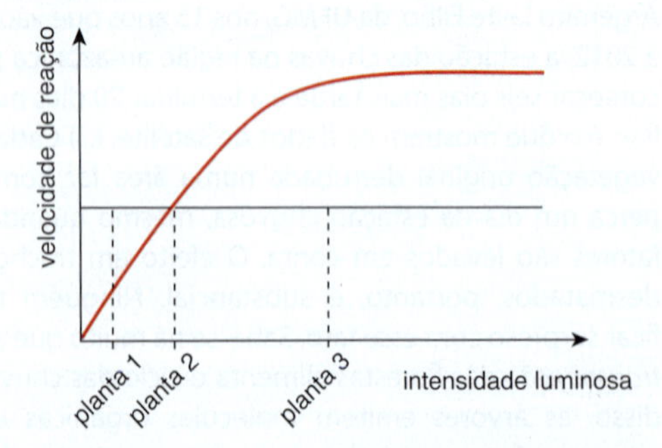

a) Qual é a planta que se apresenta em seu ponto de compensação fótico? Além da luz, cite outro fator ambiental que influencia a taxa de fotossíntese.

b) Suponha que as três plantas sejam atacadas por fungos parasitas. Qual delas morreria primeiro? Justifique sua resposta utilizando como referência o ponto de compensação fótico.

3. (FCMMG) Leia o texto a seguir.

A celulose o polímero orgânico mais abundante na Terra, é um componente das paredes celulares vegetais. A lignina preenche os espaços nessas paredes proporcionando resistência, firmeza e rigidez.

Scientific American, ano 18, n. 203, 2020.

É **correto** afirmar que a lignina é encontrada nas plantas nos tecidos:

a) colênquima e esclerênquima.
b) parênquima e aerênquima.
c) esclerênquima e xilema.
d) floema e xilema.

4. (Facisb – SP) As células da figura formam um tecido vegetal especializado no transporte de substâncias.

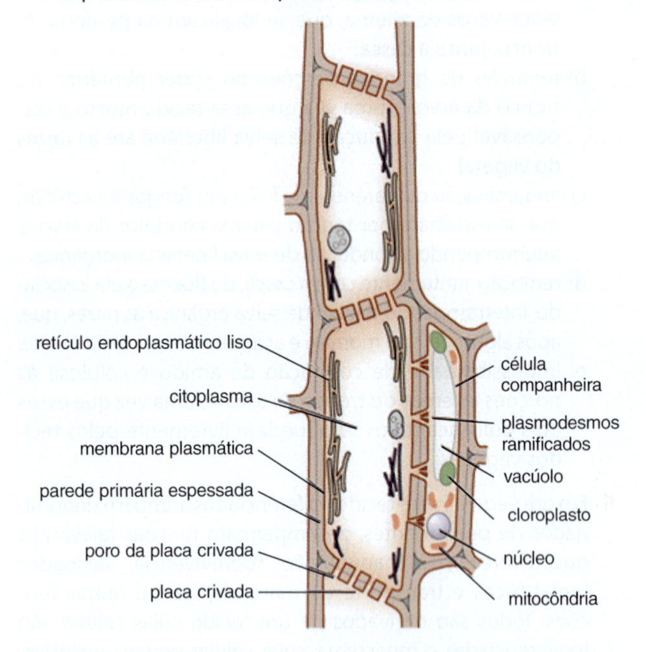

Adaptado de: <http://www.ledson.ufla.br>.

Este tecido condutor é constituído por

a) células inativadas, que conduzem a seiva bruta e que foram impregnadas de suberina provenientes das células companheiras.
b) células lignificadas, que transportam a seiva bruta e dependem das células companheiras para o armazenamento de amido.
c) células vivas, que utilizam a seiva elaborada para transportar as moléculas de glicose produzidas nas células companheiras.
d) células mortas, que dependem da energia gerada pelas células companheiras para o transporte de seiva elaborada.
e) células anucleadas vivas, que transportam a seiva elaborada e dependem das células companheiras para a manutenção de seu metabolismo.

5. (Fema – SP) Um cientista pesquisou a influência de alguns fatores ambientais no processo de abertura e fechamento dos estômatos foliares. A cada condição oferecida à planta, observações microscópicas foram realizadas, bem como análises químicas, que indicaram aumento ou diminuição da concentração de íons K^+ nas células-guarda dos estômatos.

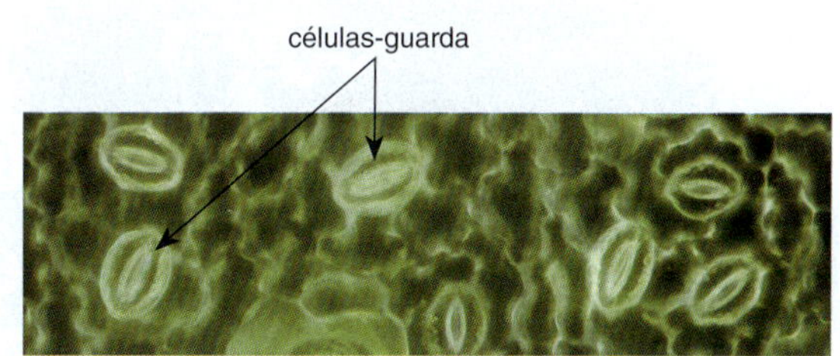

CORNEL CONSTANTIN/SHUTTERSTOCK

Sabendo que houve diminuição da concentração de íons K^+ nas células-guarda, o estado dos estômatos nessa situação e a condição ambiental responsável por essa mudança são, respectivamente:

a) fechados e diminuição da luminosidade.
b) abertos e diminuição da temperatura.
c) abertos e diminuição da concentração de gás oxigênio.
d) abertos e aumento da concentração de gás carbônico.
e) fechados e aumento da disponibilidade hídrica.

6. (UFRGS – RS) No bloco superior abaixo, estão listadas características de tecidos vegetais; no inferior, estão listados tecidos vegetais.

Associe adequadamente o bloco inferior ao superior.

1. Tecido com função de assimilação, formado por células clorofiladas.
2. Responsável por transportar a seiva bruta.
3. Tecido de sustentação das plantas, formado por células mortas.
4. Responsável por transportar a seiva elaborada.

( ) esclerênquima
( ) clorênquima
( ) xilema

A sequência correta de preenchimento dos parênteses, de cima para baixo, é

a) 1 – 3 – 2.
b) 3 – 1 – 4.
c) 3 – 2 – 4.
d) 1 – 3 – 4.
e) 3 – 1 – 2.

7. (Fipmoc – MG) Dona Florinda recebeu rosas brancas de presente e, com intenção de conservá-las, colocou-as em um vaso. No entanto, nesse vaso, em vez de água, havia uma solução colorida (azul). Após algumas horas, ela verificou que as pétalas das flores se apresentavam com a coloração azul.

Esse fenômeno é explicado pelo transporte de seiva:

a) bruta, ocorrida por meio dos vasos floemáticos.
b) elaborada, ocorrida por meio dos vasos xilemáticos.
c) elaborada, ocorrida por meio dos vasos floemáticos.
d) bruta, ocorrida por meio dos vasos lenhosos.
e) bruta, ocorrida por meio dos vasos liberianos.

8. (Unifesp) Dois ecólogos viram um toco de árvore que, à primeira vista, parecia estar morto, porém, notaram que ele estava vivo. Intrigados, os cientistas instalaram no toco e em uma árvore ao lado instrumentos para medir o fluxo de água.

Os resultados mostraram que o funcionamento das duas plantas estava intimamente interligado. Nos dias de sol, a árvore absorvia água do solo, enquanto o toco permanecia dormente. À noite, era o toco que se hidratava, e a árvore não absorvia mais água. Ao que tudo indica, a fusão de várias raízes criou um verdadeiro sistema de encanamento compartilhado no solo daquela floresta.

Adaptado de: OLIVEIRA, A. J. *O toco de árvore que se recusa a morrer. Disponível em:* <https://super.abril.com.br>. *Acesso em:* 29 jul. 2019.

a) Durante a noite, como se apresentavam os ostíolos dos estômatos nas folhas da árvore? Qual é a consequência desse comportamento dos ostíolos em relação ao fluxo de dióxido de carbono da atmosfera para o mesófilo?
b) Em qual tecido vegetal os ecólogos mediram o fluxo de água presente no toco e na árvore? Por que somente a hidratação não justifica o toco estar vivo?

9. (UEG – GO) Em experimento para avaliar a relação do local de plantio e a intensidade luminosa, duas plantas (A e B) de espécies diferentes foram submetidas à avaliação considerando a velocidade de reação da fotossíntese *versus* respiração, conforme apresentado nas figuras a seguir:

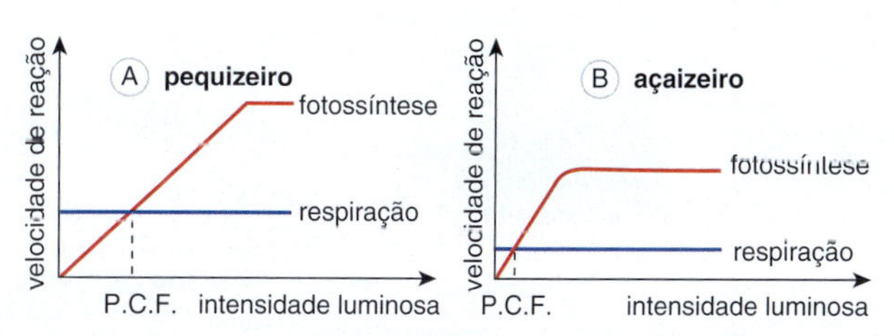

Adaptado de: LOPES, S.; ROSSO, S. *Bio.* v. 2. São Paulo: Saraiva, 2010, p. 233.

Acerca da comparação entre A e B, verifica-se que para o

a) pequizeiro, a fotossíntese atinge sua velocidade máxima (platô) com uma intensidade luminosa e taxa respiratória similar, indicando que consegue se desenvolver com muita luz e deve ser plantado à ensolação, comparado ao açaizeiro.
b) açaizeiro, a fotossíntese atinge sua velocidade máxima (platô) com uma intensidade luminosa e taxa respiratória menor, indicando que consegue se desenvolver com pouca luz e deve ser plantado à sombra, comparado ao pequizeiro.
c) açaizeiro, a fotossíntese atinge sua velocidade máxima (platô) com uma intensidade luminosa e taxa respiratória maior, indicando que consegue se desenvolver com muita luz e deve ser plantado à meia-sombra, comparado ao pequizeiro.
d) pequizeiro, a fotossíntese atinge sua velocidade máxima (platô) com uma intensidade luminosa e taxa respiratória menor, indicando que consegue se desenvolver com muita luz e deve ser plantado à sombra, comparado ao açaizeiro.
e) açaizeiro e o pequizeiro, a fotossíntese atinge sua velocidade máxima (platô) com uma intensidade luminosa e taxa respiratória similar, indicando que conseguem se desenvolver com pouca luz e devem ser plantados à sombra.

10. (Famerp – SP) Um jovem morador do litoral usou água do mar para regar cinco vasos de azaleias. Fez isso por duas semanas ininterruptamente. Depois desse período, todas as plantas estavam mortas, evidenciando um caso de seca fisiológica. Sabe-se que a azaleia é uma planta eudicotiledônea, que deve receber água todos os dias, sobretudo no verão.

a) Na raiz íntegra de azaleia, quais estruturas são responsáveis pela absorção de água e de minerais? De qual tecido essas estruturas se originam?
b) O que é seca fisiológica? Explique a relação entre a prática realizada pelo jovem e esse fenômeno que levou as plantas à morte.

CAPÍTULO 24

Crescimento, desenvolvimento e reguladores

Uma técnica desenvolvida pela UFV (Universidade Federal de Viçosa), em Minas Gerais, pode reduzir em até oito vezes o tempo para início da recuperação da área destruída pelo rompimento da barragem da mineradora Vale, em Brumadinho, na Grande Belo Horizonte. A técnica prevê a utilização de vegetação que existia na região. (...)

A primeira etapa do trabalho dos pesquisadores da UFV foi colher amostras do DNA de espécies vegetais na área atingida que sobreviveram ao *tsunami* de lama. Foram coletados DNA de jacarandá, caviúna, ipê-amarelo, braúna e jequitibá. "Mudas que poderiam levar mais de oito anos para florescer devem iniciar esse processo entre 6 e 12 meses, o que contribuirá efetivamente para acelerar a recuperação da biodiversidade da região", afirma a mineradora. (...)

A técnica desenvolvida foi criada para salvar espécies em risco de extinção. (...) "O primeiro passo é ir à área atingida e identificar as árvores danificadas que correm o risco de morrer. Coletamos um pedaço de mais ou menos 20 cm da copa da árvore e levamos para o laboratório", relata o professor Gleison Santos, participante da pesquisa. A partir desse momento, o DNA da espécie é identificado. Uma série de hormônios de crescimento é injetada na planta que, com tempo entre 6 e 8 meses, é levada para a área em que será colocada no solo. "Uma árvore plantada normalmente, para cumprir sua função máxima na natureza, florescendo e deixando sementes, levaria até dez anos. Com essa técnica, o tempo é um ano", afirma o professor. Segundo o representante da UFV, um percurso de 150 km ao longo do rio Paraopeba, entre Brumadinho e Pompéu, na região central de Minas Gerais, área atingida pela lama da Vale, passará por recuperação utilizando o processo desenvolvido pela escola.

Adaptado de: AUGUSTO, L. Técnica pode acelerar replantio de árvores em área de Brumadinho. *Folha de S.Paulo*, São Paulo, 21 maio 2021. Ambiente, p. B8.

Seu ponto de vista!

Pelo texto, percebe-se uma vez mais a importância das pesquisas nas universidades brasileiras. Você já pensou em que carreira seguir como profissional? Dedicar-se à pesquisa científica faz parte do seu projeto de vida?

CHRISTYAM DE LIMA/SHUTTERSTOCK

24-1. Diferença entre crescimento e desenvolvimento vegetal

O crescimento de uma angiosperma começa a partir da germinação da semente. A hidratação da semente, por exemplo, ativa o embrião. As reservas contidas no endosperma ou nos cotilédones são hidrolisadas por ação enzimática. As células embrionárias recebem os nutrientes necessários, o metabolismo aumenta e são iniciadas as divisões celulares que conduzirão ao crescimento.

A radícula é a primeira estrutura a emergir; a seguir, exterioriza-se o caulículo, e a plântula inicia um longo processo que culminará no vegetal adulto.

Os termos crescimento e desenvolvimento são frequentemente utilizados como sinônimos. No entanto, há uma diferença entre eles.

O **crescimento** corresponde a um *aumento irreversível no tamanho* de um vegetal, e se dá a partir do acréscimo de células resultantes das divisões celulares mitóticas, além do aumento do tamanho individual de cada célula. De modo geral, o crescimento também envolve aumento do volume e da massa do vegetal. O *crescimento* envolve parâmetros quantitativos, mensuráveis (tamanho, massa e volume).

O **desenvolvimento** consiste no surgimento dos diferentes tipos celulares e dos diversos tecidos componentes dos órgãos vegetais. É, certamente, um fenômeno relacionado ao processo de diferenciação celular. O *desenvolvimento* envolve aspectos qualitativos, relacionados ao aumento de complexidade do vegetal.

A ocorrência desses dois processos é simultânea. Um vegetal cresce e se desenvolve ao mesmo tempo.

24-2. Meristema

O tecido meristemático é o responsável pelo crescimento e desenvolvimento de um vegetal. As células desse tecido são vivas, indiferenciadas, pequenas, de parede fina e contêm vários vacúolos pequenos dispersos pelo citoplasma. O núcleo é grande e central.

No embrião, todas as células são meristemáticas. À medida que vai se formando a planta adulta, os meristemas ficam restritos a certos locais do corpo do vegetal (veja a Figura 24-1): os ápices do caule e da raiz; os nós e as gemas laterais do caule; no interior do caule e da raiz, em certas eudicotiledôneas, formam-se verdadeiros cones (câmbio vascular e felogênio) responsáveis pelo crescimento em diâmetro desses órgãos.

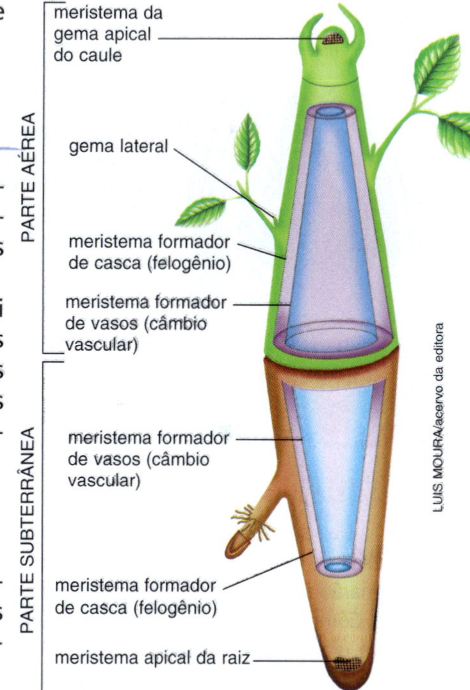

Figura 24-1. Esquema de planta eudicotiledônea e a localização mais frequente dos meristemas. (Cores-fantasia. Ilustração fora de escala.)

Características do meristema

Uma das características marcantes do tecido meristemático é a ocorrência de mitoses. É a partir das células dele originadas que são formados todos os tecidos diferenciados componentes de uma planta, por um processo conhecido como *diferenciação celular*.

Dependendo do local em que as células meristemáticas estejam, elas poderão diferenciar-se em células de revestimento, células de preenchimento ou células condutoras. Essa diferenciação envolve, inicialmente, um alongamento da célula, processo facilitado pelo ingresso de água, e, posteriormente, modificações na parede e em seu conteúdo interno.

Durante a diferenciação, pode ocorrer que a célula permaneça em um estádio semidiferenciado. Nessas condições, ela pode sofrer uma desdiferenciação e voltar a ser meristemática.

O meristema formado por desdiferenciação é do tipo *secundário*. Já o meristema originado a partir de células embrionárias, isto é, que permanecem meristemáticas, é do tipo *primário*.

Assim, o crescimento de uma planta ocorre:

- em comprimento (o que envolve, também, a formação de ramos pelas gemas e nós dos caules);
- em espessura (do caule e da raiz de certas eudicotiledôneas e gimnospermas).

Anote!

Meristema primário é o formado por células-filhas de células embrionárias. Encontra-se nos ápices de caule e raiz, e nas gemas laterais. *Meristema secundário* é o que foi originado por células parcialmente desdiferenciadas que se diferenciaram. Encontra-se no felogênio, no câmbio e em regiões de cicatrização.

Crescimento em comprimento

O crescimento em comprimento é função dos meristemas localizados nos ápices do caule e da raiz. Na raiz, as células meristemáticas dividem-se por mitose e produzem algumas camadas de células-filhas. As células que ficam nas camadas superiores se diferenciarão, enquanto as inferiormente situadas permanecem meristemáticas.

As células que se diferenciarão se *alongam* e empurram para baixo as meristemáticas. Estas voltam a se dividir e produzem mais células. As situadas superiormente alongam-se e empurram as meristemáticas que ficam abaixo. Assim, o meristema sempre é deslocado para a ponta.

No caule, o crescimento em comprimento é semelhante. A diferença é que o meristema é sempre empurrado para cima pelas células da região de alongamento. Durante esse empurrar de células, constantemente um grupo de células meristemáticas é deixado nas laterais do caule vindo a constituir as gemas laterais. Essas gemas oportunamente entrarão em atividade e poderão formar ramos, folhas ou flores.

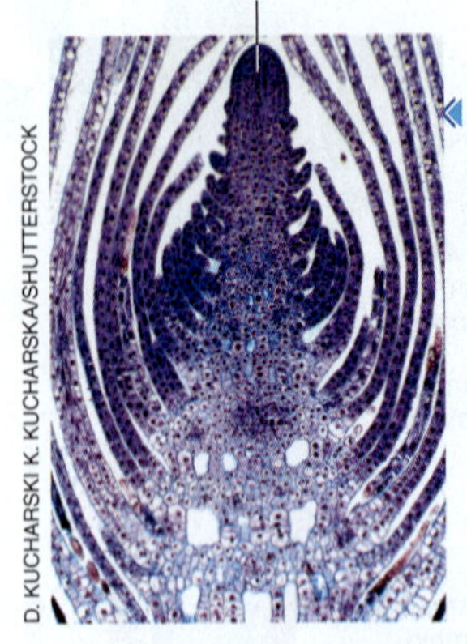

Corte longitudinal de meristema apical de caule, visto ao microscópio óptico. As células de cor rosa-claro (na parte central e inferior da imagem) estão em processo de elongação e de formação de vacúolos. As menores, de cor rosa--escuro (na parte superior da imagem), são células de meristema apical em fase de mitose. Estas células possuem menos vacúolos e seu citoplasma está mais denso. Em torno do meristema apical podem ser vistas células de novas folhas. (Imagem ampliada 60 vezes.)

Anote!

Na raiz, constantemente um grupo de células meristemáticas, localizadas próximo ao ápice, produz células que formarão a coifa, uma espécie de capuz protetor da ponta da raiz. Como o crescimento apical da raiz ocorre no solo, a coifa sofre um desgaste constante. Por esse motivo, uma tarefa importante do meristema apical da raiz é renovar constantemente a coifa, o que redundará em seu próprio benefício.

Crescimento em espessura de caule e raiz

O caule e a raiz de muitas eudicotiledôneas são capazes de crescer em espessura, o que é possível pela ação de dois tecidos meristemáticos, o **câmbio vascular** e o **felogênio**.

O primeiro é responsável pela elaboração de novos vasos de xilema e de floema, por isso é chamado de câmbio vascular. O segundo é responsável pela elaboração anual do novo revestimento da árvore (do caule e da raiz), ou seja, da casca suberosa. Por isso, é também chamado de **câmbio da casca**. Assim, no início de sua existência, tanto o caule como a raiz apresentam a chamada estrutura primária interna que já foi analisada no capítulo dedicado ao transporte. Depois, progressivamente, vai surgindo a chamada estrutura **secundária** que se caracteriza pela elaboração de novos tecidos a partir da atividade do câmbio e do felogênio. É importante lembrar que essa descrição não se aplica às monocotiledôneas que, de modo geral, não apresentam crescimento secundário em espessura e, nos poucos casos em que isso acontece, é feito de maneira diversa do que ocorre nas eudicotiledôneas.

Cerne, alburno e casca

Após alguns anos de vida, o tronco de uma árvore é formado por uma sucessão de camadas. A casca, periderme, é constituída, de fora para dentro, por súber, felogênio e feloderma (parênquima), junto da qual existe a camada de floema. A seguir, existe uma camada de câmbio e depois aparece uma camada de lenho funcional, do ano em curso (veja a Figura 24-2). Esse lenho funcional é conhecido na linguagem dos especialistas em madeira pelo nome de *alburno*.

A cada ano que passa, o alburno acaba se incorporando ao cerne, assim que são formados novos vasos lenhosos, substitutos dos que paralisarão a sua atividade.

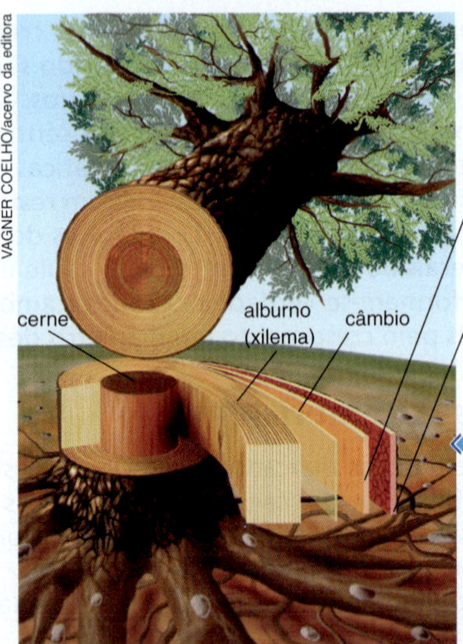

Figura 24-2. Esquema tridimensional de corte do tronco de uma árvore no qual se notam camadas sucessivas a partir da casca externa (súber). (Cores-fantasia. Ilustração fora de escala.)

Saiba mais!

Anéis anuais de crescimento

Em plantas de regiões temperadas, onde as estações do ano são bem caracterizadas, pode-se calcular a idade de uma árvore por meio da contagem dos chamados **anéis anuais de crescimento**.

Secção de tronco de árvore, mostrando sucessivos anéis de crescimento.

Estabelecendo conexões!

Perfume, uma indústria sustentável?

São muitas as versões sobre a origem dos perfumes (do latim, *per fumum* = pela fumaça), desde a elaboração por deuses do Olimpo, passando por odores exalados pelas florestas queimadas, por alquimistas com fórmulas secretas etc. Um perfume é composto por uma mistura de três componentes básicos: *essências* (naturais ou sintéticas), *fixadores* e *diluentes*. As essências são classes de substâncias voláteis que geram o odor característico dos perfumes. Provêm de flores (lavanda, por exemplo), ervas (menta), madeiras (eucalipto). Mas o que nos interessa no momento é a matéria-prima usada para a fabricação de essências tão especiais, como, por exemplo, a de determinado perfume eternizado pela atriz Marilyn Monroe. Produzida a partir de linalol, substância extraída do pau-rosa, árvore amazônica que, de tanto ser explorada pela indústria de perfumes de todo o mundo, está praticamente em via de extinção, essa fragrância inicialmente era produzida a partir do tronco da árvore.

Além da desenfreada exploração pela indústria de perfumes, o pau-rosa ainda tem a peculiaridade de não frutificar todos os anos e sua flor, extremamente pequena (1 mm), é polinizada por pequenos insetos. Agora, pesquisadores da Unicamp buscam extrair o linalol a partir de folhas do pau-rosa para evitar sua extinção.

GUENTER MANAUS/SHUTTERSTOCK

Tronco de pau-rosa (*Aniba rosaeodora*), árvore da Floresta Amazônica que chega a atingir 30 m de altura.

24-3. Hormônios vegetais

O controle do crescimento e do desenvolvimento depende da ação dos genes das células vegetais e é influenciado por diversos fatores ambientais, entre os quais se destacam a luz, a água, os nutrientes minerais e a temperatura.

A ação gênica é exercida por meio da síntese de substâncias reguladoras do crescimento, entre as quais se destacam diferentes tipos de "hormônio". Essa ação reguladora é exercida no crescimento vegetativo, na manutenção dos órgãos vegetativos e no crescimento e amadurecimento dos frutos.

Auxinas

Os hormônios vegetais mais conhecidos são as **auxinas**, substâncias relacionadas à regulação do crescimento. Das auxinas, a mais conhecida é o **AIA** – ácido indolilacético.

O AIA nos vegetais não é produzido apenas em coleóptilos (veja a Figura 24-3). Sua produção também ocorre em embriões nas sementes, em tubos polínicos e até pelas células da parede de ovários em desenvolvimento. Na planta adulta, é produzido nas gemas apicais, principalmente as caulinares. O transporte do AIA é polar, isto é, ocorre apenas dos locais de produção para os locais de ação por meio de células parenquimáticas especiais.

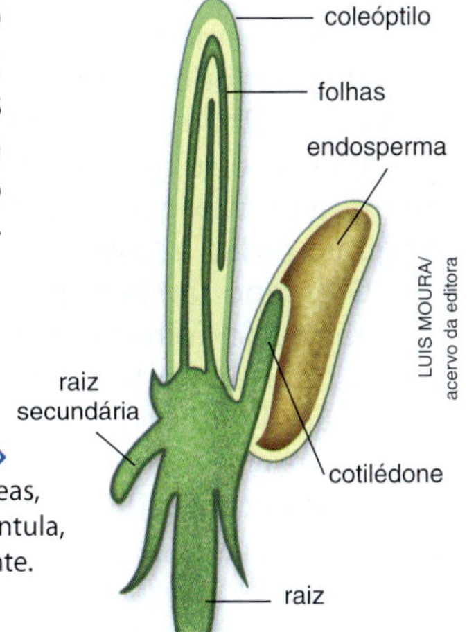

Figura 24-3. Coleóptilo é uma estrutura tubular que, nas gramíneas, protege as primeiras folhas da plântula, logo após a germinação da semente. (Cores-fantasia.)

O AIA age em pequeníssima quantidade, da ordem de milionésimos de mg, estimulando o crescimento. Uma dose ótima para estimular o crescimento do caule pode inibir o crescimento da raiz (veja a Figura 24-4).

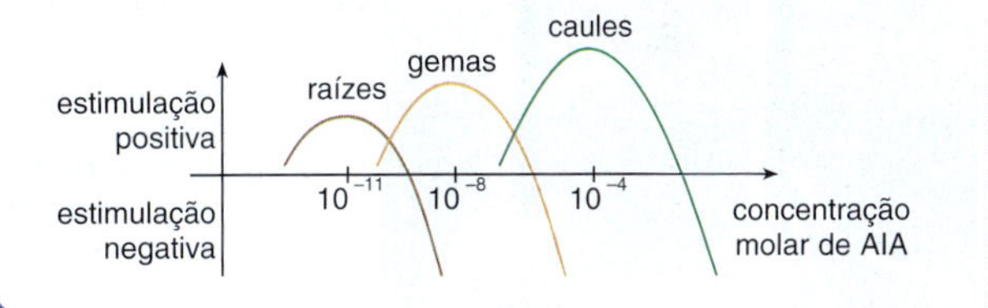

Figura 24-4. Gráfico da sensibilidade de diferentes estruturas de um vegetal a diferentes concentrações de AIA.

Em síntese, com relação ao AIA:

- a raiz e o caule de uma mesma planta reagem diferentemente ao mesmo hormônio;
- a dose ótima para o crescimento da raiz é inferior à dose ótima para o crescimento do caule. A raiz, então, é mais sensível ao AIA do que o caule;
- a dose ótima para o crescimento do caule é inibitória para o crescimento da raiz e também inibe o desenvolvimento das gemas laterais.

Efeito das auxinas

Na dominância apical

As auxinas atuam nos genes das células vegetais, estimulando a síntese de enzimas que promovem um amolecimento da parede celular, possibilitando a distensão das células.

A forma do corpo de muitas plantas, principalmente as do tipo perene, é definida pela ação hormonal. A gema apical, que atua no crescimento longitudinal do caule, produz auxina suficiente para inibir as gemas laterais, deixando-as dormentes. Eliminando-se a gema apical, o crescimento passará a ser promovido pelas gemas laterais ativadas pela ausência de auxina. O vegetal apresentará, então, forma copada: pouca altura e mais galhos.

No crescimento sob a luz

Coleóptilos submetidos à iluminação unilateral apresentaram crescimento em direção oposta à da luz. O AIA desloca-se do lado iluminado para o não iluminado, exercendo aí o seu efeito. A curvatura do coleóptilo será tanto maior quanto maior for o tempo de iluminação, já que mais AIA acaba atingindo o lado oposto.

Se um coleóptilo for iluminado uniformemente, ele crescerá em linha reta, o mesmo acontecendo se ele for deixado no escuro.

Outros efeitos das auxinas

A aplicação de auxinas sobre a superfície do caule promove a **formação de raízes adventícias**, o que é útil na propagação vegetativa por meio de estacas.

O nível de auxinas nos tecidos do ovário sobe sensivelmente por ocasião da fecundação, promovendo o **desenvolvimento do fruto**.

A auxina sintética 2,4-D (ácido 2,4-diclorofenoxiacético) é utilizada como **herbicida** e atua somente em plantas eudicotiledôneas.

FABIO COLOMBINI

Raízes de hibisco com e sem auxina. Os grandes criadores de plantas aplicam auxinas sobre a superfície cortada de estacas antes de colocá-las no solo, aumentando sensivelmente a porcentagem de enraizamento.

Desvende & Avalie!

Coleus sp. (foto abaixo) é uma planta muito comum nos jardins. Ao ler o QR Code, você será encaminhado para uma atividade de experimentação sobre dominância apical. Confira!

EQROY/SHUTTERSTOCK

Giberelinas

Em uma planta adulta, a giberelina é sintetizada nos mesmos locais em que ocorre a síntese de auxina. O transporte, feito pelo floema, é apolar, isto é, ocorre do ápice para a base e vice-versa.

As giberelinas têm sido usadas com sucesso no crescimento de variedades anãs de certas espécies de plantas que possuem teores normais de AIA. O crescimento, para ocorrer, exige uma ação conjunta de hormônios, entre eles o AIA.

Para a semente germinar, é necessário um estímulo específico. Além da embebição, a luz é um dos importantes sinais indutores ambientais de germinação. O uso de giberelinas torna isso desnecessário e quebra a dormência do embrião, fazendo-o entrar em atividade. O mesmo efeito ocorre na quebra de dormência de gemas laterais. Também têm sido utilizadas giberelinas com auxinas no desenvolvimento de frutos partenocárpicos.

Citocininas

Citocininas são hormônios que estimulam a ocorrência de divisão celular (o nome deriva de citocinese). A molécula das citocininas lembra a base púrica adenina, acreditando-se que seja dela derivada. O principal local de produção desses hormônios na planta adulta é o meristema apical da raiz e o transporte é feito pelo xilema.

Relembrando a interação existente entre os hormônios na regulação do crescimento, também aqui se deve pensar em uma ação conjunta entre auxina, giberelina e citocinina. Os dois primeiros atuam no crescimento da célula, enquanto a citocinina e o AIA atuam na divisão celular.

As citocininas também são conhecidas como hormônios antienvelhecimento de folhas e permitem que elas fiquem verdes por mais tempo. Atuam, também, na quebra de dormência de sementes, na floração e no crescimento de frutos.

Etileno

O etileno é um hidrocarboneto insaturado, de natureza gasosa, regulador do crescimento e que atua como hormônio. Sua produção em uma planta normal ocorre praticamente em todas as células e se torna mais abundante nas flores após a polinização e nos frutos em amadurecimento. Sua síntese também se verifica em células danificadas.

Uma banana madura, colocada junto a outras verdes, acelera o amadurecimento das outras por causa do etileno que ela desprende. Por isso, os fruticultores costumam armazenar frutos em câmaras onde é evitado o acúmulo de etileno no ar, retardando, assim, o amadurecimento.

Outro modo de se evitar o amadurecimento dos frutos é enriquecer o ar do armazém com gás carbônico (já que esse gás antagoniza os efeitos do etileno) ou impedir a oxigenação dos frutos (o nível baixo de oxigênio reduz a taxa de síntese de etileno).

O etileno também está envolvido com a queda – abscisão – de folhas e frutos. Esse processo começa com a redução do teor de AIA da folha, seguido pela produção de etileno. Ele estimula a síntese de celulase, enzima que digere as paredes celulósicas, na região de abscisão do pecíolo. Nessa região, surge um meristema de abscisão, em que as células derivadas organizam uma cicatriz que fechará a lacuna produzida com a queda da folha ou do fruto.

Ácido abscísico

O ácido abscísico (ABA) é um hormônio vegetal cuja principal ação é impedir a germinação de sementes e de gemas laterais, mantendo-as dormentes. Atua, também, estimulando o fechamento dos estômatos em ocasiões de carência de água nas células das folhas. Há dúvidas quanto a sua ação na abscisão.

Anote!

Giberelinas quebram a dormência de sementes, enquanto o ácido abscísico as mantém dormentes.

24-4. Fotoperiodismo

A luz é um dos mais importantes sinais ambientais modeladores do comportamento dos seres vivos. A migração animal, a queda de folhas, o surgimento de flores e a germinação de muitas sementes são fenômenos *fotobiológicos* e revelam a influência da luz em sua ocorrência. O que importa, nesses casos, não é a intensidade da luz, mas a repetição periódica das horas de luz do dia.

A percepção de que o comprimento do dia fica menor no outono leva muitos animais a migrarem, assim como aciona a queda das folhas de eudicotiledôneas em regiões temperadas. Já o surgimento das flores ocorre em resposta tanto ao encurtamento como ao alongamento do dia, ambos os casos variando de acordo com a espécie considerada.

A resposta dos seres vivos a essa periodicidade diária da luz é conhecida como **fotoperiodismo**.

Fitocromo e percepção da luz

A percepção luminosa nos vegetais depende da existência de um pigmento proteico, o **fitocromo**, produzido nas folhas ou em sementes. A partir da estimulação dessa substância, gera-se uma sequência de eventos que culminarão com o fato biológico correspondente, ou seja, floração ou germinação de sementes, por exemplo.

Floração e fotoperiodicidade

O início da floração depende da percepção dos períodos de luz pelo fitocromo.

Para a maioria das plantas, existe certo número de horas de luz necessárias para que surjam as flores. Essa quantidade de horas de luz é conhecida como **fotoperíodo crítico** e é variável de planta para planta.

Plantas que florescem após serem iluminadas com fotoperíodos menores que o crítico são chamadas de *plantas de dia curto,* PDC (ou de noite longa). Plantas que florescem após serem iluminadas com fotoperíodos maiores que o crítico são conhecidas como *plantas de dia longo*, PDL (ou de noite curta). Exemplo: o fotoperíodo crítico de certas variedades de crisântemo é de 12 h e 30 min. Se o comprimento do dia for maior que esse fotoperíodo, não haverá florescimento. Períodos diários com menos de 12 h e 30 min induzirão a floração. O crisântemo, portanto, é uma PDC (ou planta de noite longa). Evidências recentes revelam que é o *período de escuridão contínua* o verdadeiro controlador da floração (veja a Figura 24-5).

Anote!

Certas plantas são indiferentes ao fotoperíodo e florescem em determinadas épocas do ano, independentemente do comprimento do dia. É o caso do milho e da abóbora.

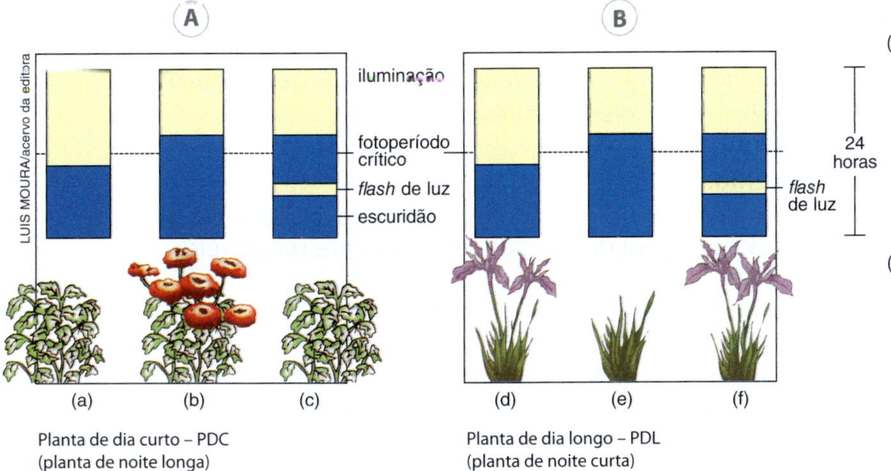

(A) (a) Uma planta de dia curto (noite longa) floresce quando é iluminada com fotoperíodos inferiores ao fotoperíodo crítico (b). O período de escuridão precisa ser contínuo. A interrupção do período de escuridão com *flash* impede o florescimento (c), mesmo que a planta seja iluminada com fotoperíodos inferiores ao crítico.

(B) (d) Uma planta de dia longo (noite curta) floresce quando é iluminada com fotoperíodos superiores ao crítico. Fotoperíodos inferiores ao crítico (e) não induzem a floração. Um *flash* que interrompa o longo período de escuridão (f) promove a floração, mesmo que a planta seja iluminada com fotoperíodos inferiores ao crítico, uma vez que ele encurta artificialmente o período de escuridão.

Os fatos descritos em (A) e (B) evidenciam que o período de escuridão contínua é que controla a floração.

Figura 24-5. O valor do fotoperíodo crítico isolado é insuficiente para determinar se uma planta é PDC ou PDL.

24-5. Germinação de sementes

A germinação de uma semente depende da existência de condições ambientais favoráveis como umidade, arejamento e temperatura. Se essas condições *ambientais* não forem adequadas, a semente não germina e fica em estado de **quiescência**.

Muitas vezes, mesmo que as condições ambientais sejam adequadas, a germinação não ocorre. Nesse caso, alguma condição interna, específica à semente, bloqueia a atividade do embrião, caracterizando o estado de **dormência**. Um fator de dormência pode ser a impermeabilidade da casca; outro, a presença de inibidores de germinação, como o ácido abscísico. Essas substâncias químicas podem ser removidas com a lavagem intensa das sementes. Na natureza, isso ocorre durante uma chuva forte e prolongada.

A luz é outro fator ambiental que favorece a quebra da dormência. Sementes de alface, por exemplo, somente germinam se forem iluminadas (fotoblastismo positivo). A necessidade de luz para a germinação é um importante fator ecológico em plantas que vivem em matas fechadas. As sementes não germinam em condições de baixa luminosidade e permanecem dormentes.

Anote!

Sementes que germinam ao serem estimuladas pela luz são **fotoblásticas positivas**. As que germinam no escuro são **fotoblásticas negativas**.

Saiba mais!

Estiolamento e a procura de luz

Se você puser algumas sementes de feijão para germinar no escuro (dentro de um armário fechado, por exemplo) e comparar com outro grupo de sementes germinando em ambiente iluminado, poderá constatar um fato curioso. As plântulas (plantas jovens) crescidas no escuro ficam pálidas (amareladas), mais compridas e com folhas menores que as crescidas em ambiente iluminado, que têm menor tamanho, são verdes e possuem folhas maiores.

Esse tipo de comportamento, denominado de **estiolamento** (do francês, *étioler* = = descorar, enfraquecer), em que se nota a ausência de clorofila nas células, é interpretado como sendo um mecanismo de sobrevivência que aumenta a possibilidade de alcançar a luz, antes que as reservas energéticas armazenadas se esgotem. Nas matas fechadas, é comum observar esse comportamento em inúmeras plantas que se desenvolvem no solo, pouco atingido pela luz solar, quase que inteiramente captada pelas plantas que se desenvolvem nos andares superiores.

Observe o estiolamento de (a) peperômia e (b) cacto, este em completa ausência de luz.

24-6. Movimentos vegetais

Nos vegetais, movimento, de modo geral, não quer dizer deslocamento, ou seja, sair do lugar. Os movimentos por deslocamento, conhecidos por **tactismos**, ocorrem apenas em gametas vegetais, como os anterozoides de briófitas e de pteridófitas. A maioria dos movimentos vegetais é restrita a estruturas como folhas, caule e raiz e ocorre basicamente de dois modos possíveis: por crescimento ou por variação na turgescência de certas células. A sua ocorrência é desencadeada por estímulos ambientais, podendo ou não ser efetuados na direção desses estímulos.

Podemos subdividir os movimentos vegetais em:

- **movimentos por deslocamento: tactismos;**
- **movimentos sem deslocamento:**
  - **tropismos** – dependentes da origem do estímulo e geralmente irreversíveis;
  - **nastismos** – independentes da origem do estímulo e geralmente reversíveis.

Tactismos

Nos vegetais, tactismos são movimentos por deslocamento no espaço, presentes apenas em anterozoides (veja a Figura 24-6). O tipo mais comum é o **quimiotactismo**, que ocorre em resposta a estímulo gerado por substâncias químicas. A resposta é sempre dependente da origem e da direção do estímulo.

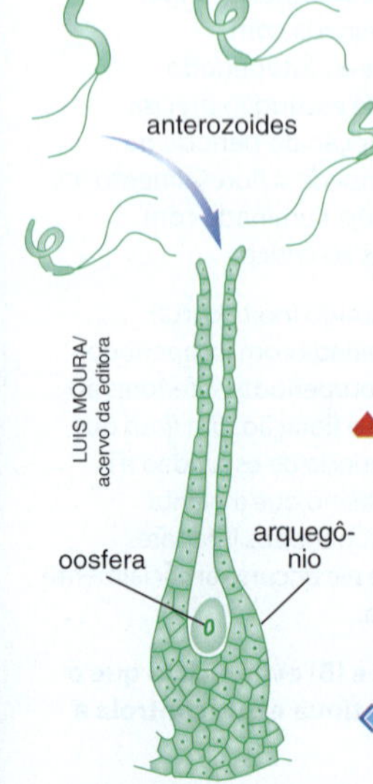

Figura 24-6. Nas briófitas, o deslocamento do anterozoide em direção à oosfera é um caso de quimiotactismo. (Cores-fantasia. Ilustração fora de escala.)

Tropismos

Tropismos são movimentos **por crescimento** apresentados por caules, raízes e folhas, em resposta a estímulos ambientais, e orientados por eles (veja a Tabela 24-1). O tropismo é **positivo** quando o órgão se aproxima do estímulo e **negativo** quando se afasta.

Tabela 24-1. Os tipos mais comuns de tropismos e seus respectivos estímulos.

TIPOS DE TROPISMO	ESTÍMULO
Fototropismo	Luz.
Geotropismo (gravitropismo)	Aceleração da gravidade.
Quimiotropismo	Substância química.
Tigmotropismo	Mecânico.

Fototropismo de mudas de tomate. Observe que elas estão crescendo em direção à luz do Sol que vem da janela próxima.

K-SMILE LOVE/SHUTTERSTOCK

A orientação dos girassóis em direção ao Sol é um exemplo típico de fototropismo, denominado heliotropismo.

Fototropismo

Caules e raízes são orientados pela luz no seu crescimento. De modo geral, as raízes apresentam fototropismo negativo e os caules, fototropismo positivo (veja a Figura 24-7).

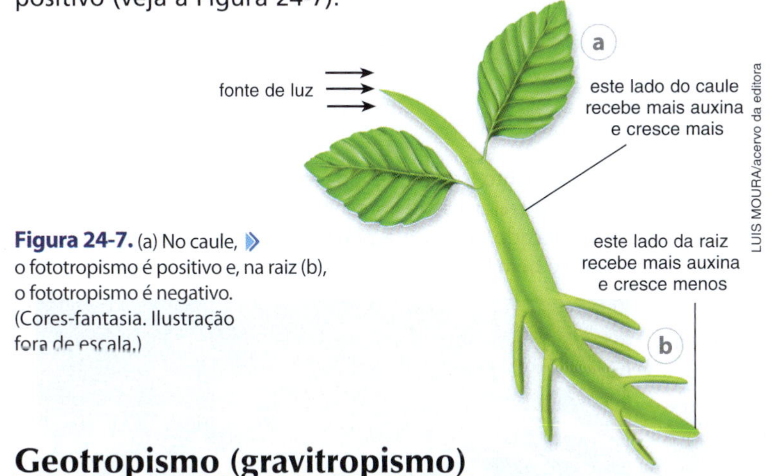

Figura 24-7. (a) No caule, o fototropismo é positivo e, na raiz (b), o fototropismo é negativo. (Cores-fantasia. Ilustração fora de escala.)

Geotropismo (gravitropismo)

Se uma planta envasada for colocada horizontalmente sobre uma mesa (veja a Figura 24-8), o caule crescerá curvado para cima e a raiz crescerá curvada para baixo: o caule apresenta geotropismo *negativo* e a raiz apresenta geotropismo *positivo*.

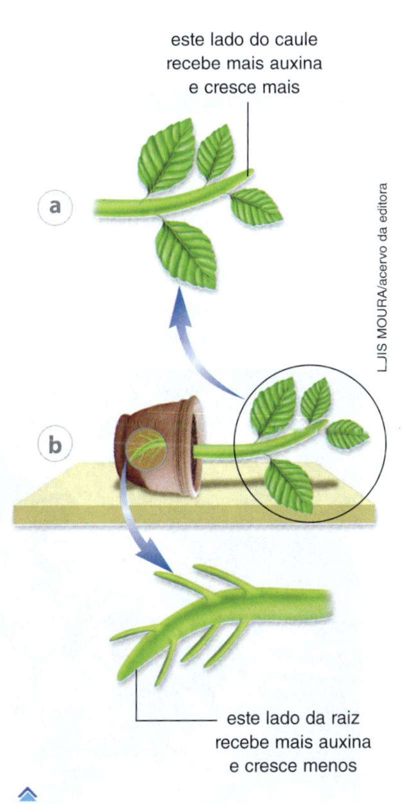

Figura 24-8. (a) O caule apresenta geotropismo negativo e a raiz (b), geotropismo positivo. (Cores-fantasia. Ilustrações fora de escala.)

Nastismos

Nastismos são movimentos desencadeados por estímulos ambientais, porém não orientados por eles. O movimento não é efetuado na direção do estímulo, isto é, o órgão que executa o nastismo nem se aproxima nem se afasta do agente estimulador, como acontece nos tropismos. Ele ocorre e é independente da direção do estímulo.

Há dois tipos de nastismo: por *crescimento diferencial* e por *variação na turgescência*.

Crescimento diferencial

Durante a abertura de uma flor, a face superior das pétalas cresce mais que a face inferior, como consequência de diferentes taxas de crescimento das células (veja a Figura 24-9).

Quando a luz é o agente estimulador, fala-se em **fotonastismo** e o movimento é, de modo geral, irreversível. Há casos, porém, em que ele pode ser periodicamente repetido como nas flores da *Victoria amazonica* (vitória-régia), que se abrem durante a noite e se fecham ao amanhecer, e na conhecida onze-horas.

No **termonastismo**, variações de temperatura agem como agente estimulante. É conhecido o caso da tulipa, cuja flor se abre quando a temperatura ambiente sobe para determinado valor e se fecha quando a temperatura cai para certo limite crítico.

Figura 24-9. A abertura de uma flor é um caso típico de nastismo. (Cores-fantasia. Ilustração fora de escala.)

Questão socioambiental

Um dilema ético

Pesquisas contra o câncer têm demonstrado que algumas drogas são particularmente eficientes no combate ao mal. Uma delas é o taxol, substância extraída da casca da planta *Taxus brevifolia*. Essa substância, presente em pequena quantidade nessa planta, possui uma molécula extremamente complexa, que ainda não está disponível comercialmente.

Enquanto isso, a quantidade de taxol que tem sido retirada para tratar casos de câncer, principalmente de ovário, tem colocado em risco a planta *Taxus brevifolia*, cujo crescimento é bem lento.

Taxus brevifolia é uma gimnosperma, cujas sementes estão envoltas pelo chamado arilo, uma cobertura carnuda (em vermelho, na foto).

Apesar dos esforços dos cientistas para sintetizar essa substância, o dilema permanece: preservar espécies em risco de extinção ou buscar a cura para seres humanos? Qual é seu ponto de vista a respeito?

ATIVIDADES

A CAMINHO DO ENEM

1. A capacidade de cultivar células ou tecidos vegetais e regenerar plantas a partir deles é bem anterior à engenharia genética. Todos os anos, a indústria de plantas para espaços interiores produz milhões e milhões de unidades, seguindo esses protocolos. Nos anos 1980, a receita química para gerar plantas a partir de células de uma cultura já funcionava especialmente bem para determinadas espécies vegetais.

Adaptado de: ELLSTRAND, N. C. *Sexo na mesa da cozinha:* a vida amorosa das plantas e aquilo que você come. São Paulo: Unesp, 2018, p. 201.

O texto relata a geração de plantas por meio da utilização de métodos relacionados à engenharia genética. Normalmente, porém, a geração de plantas – por meio do plantio de batatas, por exemplo – ocorre graças à ação de um tecido vegetal constituído de células indiferenciadas que, devidamente estimuladas, dividem-se ativamente por mitose. Este tecido é o:

a) xilema.
b) floema.
c) meristema.
d) esclerênquima.
e) parênquima clorofiliano.

2. Na realização de enxertos em vegetais é comum adaptar-se a uma planta que serve de suporte, chamada "cavalo" ou porta-enxerto, o ramo de outra planta, o "cavaleiro" cujos frutos, por exemplo, pretende-se obter. Esse procedimento é feito com "cavalos" de limão-bravo, cujas raízes são resistentes a organismos patogênicos, nos quais se adaptam ramos de laranja-pera, cujas raízes não são tão resistentes ao ataque de patógenos. Com a sobreposição dos dois componentes devidamente unidos, ocorre com o tempo a consolidação do enxerto, graças à ação de importante tecido indiferenciado presente em ambos os fragmentos. Nesse tecido, as células dividem-se ativamente por um conhecido tipo de divisão celular, que gera células geneticamente idênticas. O tecido em questão e o tipo de divisão celular efetuado pelas células são, respectivamente:

a) parênquima e mitose.
b) xilema e meiose.
c) meristema e meiose.
d) floema e mitose.
e) meristema e mitose.

3. Na realização de podas de plantas frutíferas, a exemplo de mangueiras e laranjeiras, é comum a formação, após certo tempo da realização do procedimento, de novos ramos, que proporcionam a produção de muitas flores e, posteriormente, de muitos frutos. O procedimento em questão é dependente da ação de importante tecido vegetal dotado de células indiferenciadas, localizado nas chamadas gemas laterais dos caules, e que produzem determinado hormônio, relacionado ao crescimento. O tecido vegetal e o hormônio por ele produzido estão citados, correta e respectivamente, em:

a) parênquima e ácido abscísico.
b) meristema e auxina.
c) esclerênquima e giberelina.
d) colênquima e auxina.
e) xilema e etileno.

4. A fonte de matéria e energia para a grande maioria dos seres vivos são as plantas, com as quais a espécie humana também estabelece estreitas relações de dependência. Conhecer a fisiologia das plantas proporciona ao homem garantir maior produtividade e durabilidade de alimentos no que se refere à agricultura. Por exemplo, as bananas podem ser colhidas mais verdes e ter seu amadurecimento acelerado pela queima de serragem nas câmaras de armazenamento, processo que libera um gás que proporciona o amadurecimento do fruto. O hormônio produzido pela planta para o amadurecimento do fruto, que corresponde ao gás citado é:

a) giberelina.
b) auxina.
c) citocinina.
d) etileno.
e) ácido abscísico.

5. (Enem) As plantas, em sua fase de crescimento, necessitam de grande quantidade de carbono, sequestrado pela fotossíntese, para a produção de biomassa.

O sequestro de carbono pelas plantas é aumentado

a) reciclando papel.
b) mantendo intactas as florestas nativas.
c) fazendo o replantio das áreas degradadas.
d) evitando a queima de madeira e de áreas de floresta.
e) substituindo a madeira de bens duráveis por materiais alternativos.

6. Nos vegetais, movimento, de modo geral, não quer dizer deslocamento, ou seja, sair do lugar. A maioria dos movimentos vegetais ocorre por crescimento e é restrita a estruturas como folhas, caule e raiz, embora as flores também possam realizá-los. De modo geral, os movimentos por crescimento podem ser classificados em dependentes da origem do estímulo, geralmente irreversíveis (I) e os independentes da origem do estímulo, que são geralmente reversíveis (II). Por outro lado, no florescimento, para a maioria das plantas existe certo número de horas de luz, o fotoperíodo crítico, necessário ao surgimento de flores. Assim, plantas que florescem após serem iluminadas com fotoperíodos menores que o crítico, sem interrupção do período contínuo de escuro, são denominadas de ___III___ enquanto as que florescem após serem iluminadas com fotoperíodos maiores que o crítico são denominadas de ___IV___.

Assinale a alternativa que contém os termos que substituem corretamente os números I, II, III e IV, nessa ordem.

a) I – tactismos; II – tropismos; III – plantas de dia curto (PDC); IV – plantas de dia longo (PDL).
b) I – tropismos; II – tactismos; III – plantas de dia longo (PDL); IV – plantas de dia curto (PDC).
c) I – nastismo; II – tropismos; III – plantas de dia curto (PDC); IV – plantas de dia longo (PDL).
d) I – tropismos; II – nastismos: III – plantas de dia curto (PDC); IV – plantas de dia longo (PDL).
e) I – tactismos; II – nastismos; III – plantas de dia longo (PDL); IV – plantas de dia curto (PDC).

TESTE SEUS CONHECIMENTOS

1. (UECE) O tecido que forma os diversos tecidos vegetais e cujas células apresentam alta capacidade de se dividir é denominado de

a) meristema.
b) colênquima.
c) xilema.
d) parênquima.

2. (ALBERT EINSTEIN – SP) O proprietário de uma residência tem em seu quintal uma laranjeira e pretende que a árvore aumente a produção de frutos. Para isso, ele deverá

a) remover as gemas apicais para fazer cessar a dominância apical causada pelas auxinas, ocasionando o crescimento das gemas laterais e, consequentemente, a geração de mais flores e frutos.
b) queimar querosene próximo à árvore a fim de estimular nela a produção de gás etileno, substância que promove o crescimento dos ovários florais.
c) retirar várias folhas para estimular a absorção de água do solo e com isso intensificar a fotossíntese, que irá fornecer matéria orgânica para formar as laranjas.
d) regar o solo com água misturada com matéria orgânica para que as raízes absorvam essas substâncias, que são matéria-prima para a formação das laranjas.
e) cobrir uma parte da planta, que passa a receber menos energia solar, para não estimular a síntese de fitocromo, substância que bloqueia a frutificação das plantas cítricas.

3. (Fagoc – MG) Depois de um período de atividade, em muitas árvores, o câmbio original deixa de funcionar e um novo, mais internamente, passa a produzir uma nova periderme. A periderme antiga morre e passa a ser conhecida por ritidoma, que, com o aumento do diâmetro do caule, racha e se solta do tronco em forma de placas. Essa nova periderme produzida será constituída pelo conjunto:

a) felogênio e epiderme.
b) protoderme e epiderme.
c) feloderme, felogênio e súber.
d) protoderme, feloderme e súber.

4. (UEPG – PR) Os principais fatores internos que regulam o crescimento e desenvolvimento vegetal dependem de sinais químicos, denominados hormônios ou fitormônios, os quais podem exercer tanto efeitos inibitórios como produzir respostas de estimulação. Sobre o assunto, indique as alternativas corretas e dê sua soma ao final.

(01) As auxinas produzidas no meristema apical do caule inibem a proliferação celular e, consequentemente, impedem o alongamento celular e o crescimento da planta.
(02) As citocininas são abundantes em regiões com alta atividade de divisão celular, como sementes em germinação e ápices de raízes. Além disso, induzem o desenvolvimento de gemas laterais e retardam o envelhecimento da planta.
(04) O ácido abscísico inibe o crescimento das plantas, induzindo a dormência de gemas. Ele impede que as sementes germinem de forma prematura.
(08) O etileno atua na indução do amadurecimento de frutos e promove a abscisão foliar.
(16) As giberelinas controlam vários aspectos do crescimento e desenvolvimento das plantas, induzindo a germinação de sementes, o alongamento do caule e a produção de flores e frutos.

5. (UVV – ES) O controle do crescimento de um vegetal depende de seus genes e é influenciado por diversos fatores ambientais, como luz, temperatura, água e nutrientes minerais. A ação gênica é exercida por hormônios, sintetizados em regiões como coleóptilos, sementes, tubos polínicos etc., que regulam o crescimento, mantêm os órgãos vegetais, além do crescimento e amadurecimento dos frutos. Os principais hormônios vegetais são as auxinas, giberelinas, citocininas, etileno e ácido abscísico.

Sobre a ação dos hormônios no vegetal, é correto o que se afirma em:

a) A principal auxina, produzida pelo vegetal, é a giberelina que, sintetizada nas raízes e conduzidas para toda a planta, estimula a divisão e a diferenciação celular e o crescimento das folhas e frutos.
b) As citocininas, produzidas nas gemas apicais do vegetal, são transportadas pelo xilema e têm como função: divisão celular no ápice do vegetal, inibição do crescimento, indução da dormência e fechamento dos estômatos.
c) O etileno é um gás produzido em várias partes das plantas e tem como funções o crescimento da raiz, do caule e das folhas, além da repulsão de insetos predadores e outras pragas que vivem na raiz do vegetal.
d) O ácido abscísico é produzido em meristemas, folhas jovens, sementes e frutos e tem a função de estimular o alongamento e a divisão celular, efeito que resulta no alongamento caulinar, germinação de sementes e produção de flores e frutos.
e) O ácido indolilacético (AIA), produzido no ápice caulinar, em folhas jovens e sementes em desenvolvimento, tem entre as funções o crescimento do caule e da raiz, pois promove o alongamento das células, como a distensão das paredes celulósicas do vegetal.

6. (Unifacef – SP) Plantas de milho foram testadas com dois fitormônios distintos. O fitormônio I foi aplicado em grãos de milho, divididos em dois grupos: o lote experimental (que recebeu o fitormônio I) e o lote controle (que não recebeu o fitormônio I). Os dois lotes foram submetidos às mesmas condições hídricas e térmicas. Da mesma forma, um lote de espigas de milho verdes (imaturas), já colhidas, foi submetido ao fitormônio II (lote experimental), enquanto o outro lote não foi submetido ao fitormônio II (lote controle). Os resultados obtidos estão resumidos na tabela:

	LOTE EXPERIMENTAL	LOTE CONTROLE
Grão de milho × × fitormônio I	sementes em domência	germinação em 4 dias
Espiga imatura × × fitormônio II	amadurecimento da espiga em 2 dias	amadurecimento da espiga em 9 dias

Com base na análise da tabela, pode-se afirmar que os fitormônios I e II são, respectivamente,

a) o etileno e a citocinina.
b) a auxina e o ácido abscísico.
c) o ácido abcísico e o etileno.
d) a citocinina e a giberelina.
e) a giberelina e a auxina.

7. (FGV – SP) Uma planta umbrófila e outra heliófila apresentam a mesma taxa de respiração celular e diferentes pontos de compensação fóticos (PCF). A produção de gás oxigênio será máxima em ambas as plantas se receberem luz com intensidade

a) acima do PCF da planta heliófila.
b) abaixo do PCF da planta umbrófila.
c) entre os PCF das duas plantas.
d) equivalente ao PCF da planta heliófila.
e) equivalente ao PCF da planta umbrófila.

8. (Unesp) A figura mostra um experimento realizado com duas espécies de gramíneas, A e B. As gramíneas foram inicialmente plantadas em uma curta faixa nos extremos opostos de duas caixas retangulares contendo solo. As caixas foram acondicionadas em ambientes separados e submetidas à mesma intensidade luminosa. Por semanas, ambas as caixas foram regadas igualmente, mas uma delas foi mantida a 10 °C e a outra, a 40 °C.

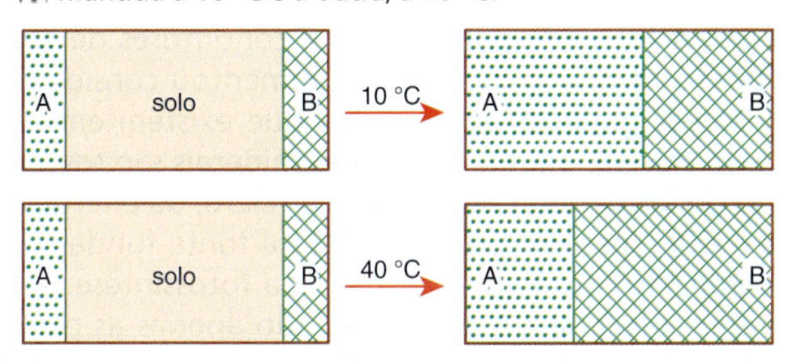

O gráfico que melhor representa a variação da taxa de fotossíntese de ambas as espécies, em relação às temperaturas a que foram submetidas, é:

a)
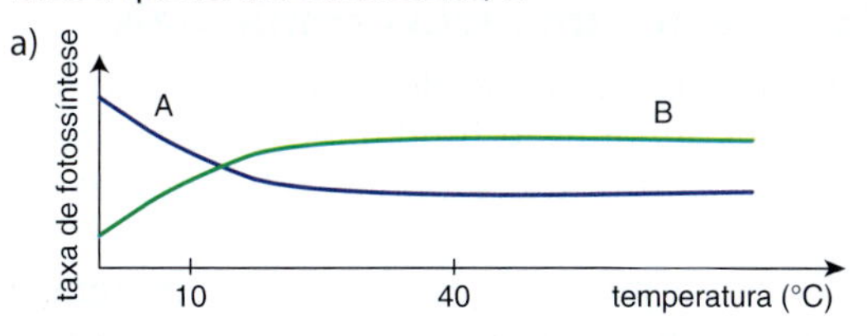

b)
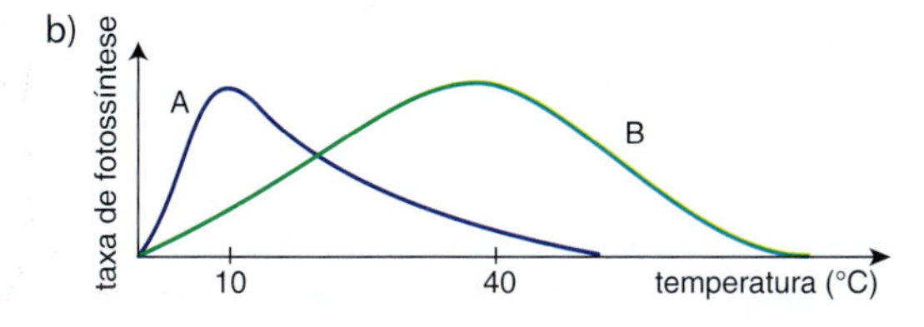

c)
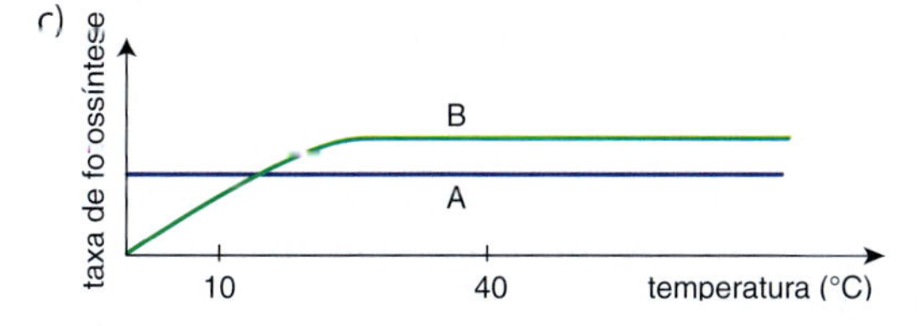

d)
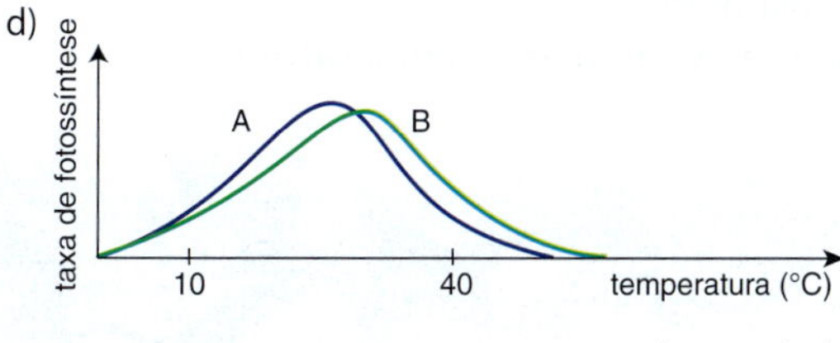

e)
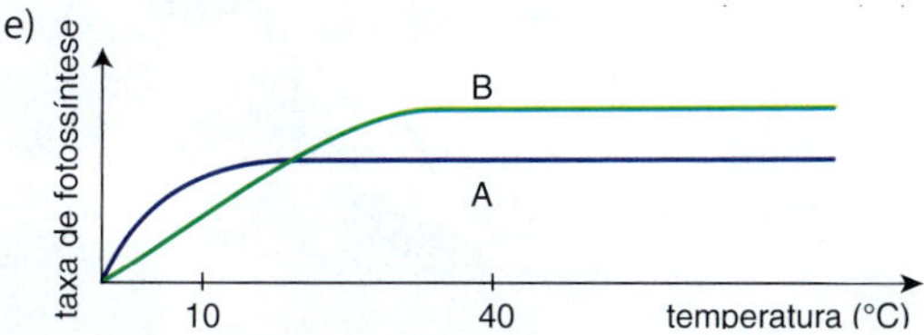

9. (UFRR) Auxinas são hormônios vegetais que controlam o crescimento e o fototropismo em plantas. Plântulas de aveia recém-germinadas crescem retas e se iluminadas uniformemente. Entretanto, se a luz incide apenas de um lado, a plântula cresce curvando-se na direção da luz incidente, isto é, o crescimento é mais rápido do lado sombreado do que no lado iluminado (a). Já plântulas cujos ápices são removidos não apresentam curvatura em direção à luz (b). Experimentos realizados em 1919 por A. Paal mostraram que se o ápice da plântula for removido e recolocado em um lado da plântula decapitada, mantida em iluminação uniforme, a curvatura ocorre mesmo sem o estímulo unilateral da luz (c). Esses resultados são mostrados na figura:

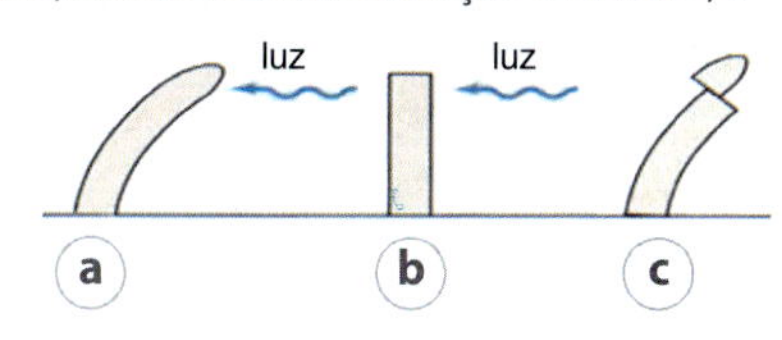

Assinale a alternativa que explica CORRETAMENTE a ação da auxina no crescimento das plântulas em resposta à luz direcional.

a) A auxina do ápice se desloca para o lado iluminado da plântula, inibindo o crescimento das células nesse lado, enquanto o lado sombreado continua crescendo.
b) A auxina do ápice se desloca para o lado sombreado da plântula, estimulando o alongamento das células desse lado, e causando a curvatura para o lado oposto.
c) A auxina do ápice se desloca para o lado sombreado da plântula, estimulando a mitose nas células desse lado, fazendo com que ele cresça mais.
d) A auxina do ápice se desloca para o lado iluminado da plântula, inibindo a mitose nas células desse lado, fazendo com que ele cresça menos.
e) A luz inibe a produção de auxina na região iluminada, fazendo com que o lado sombreado, que tem mais auxina, cresça mais do que o lado iluminado.

10. (FGV – SP) A figura mostra uma planta cultivada em vaso de vidro transparente que contém água e todos os nutrientes necessários à sobrevivência do vegetal. O caule e a raiz foram iluminados unilateralmente. Ao longo dos dias, verificou-se o crescimento do caule em direção à luz e da raiz contra a luz.

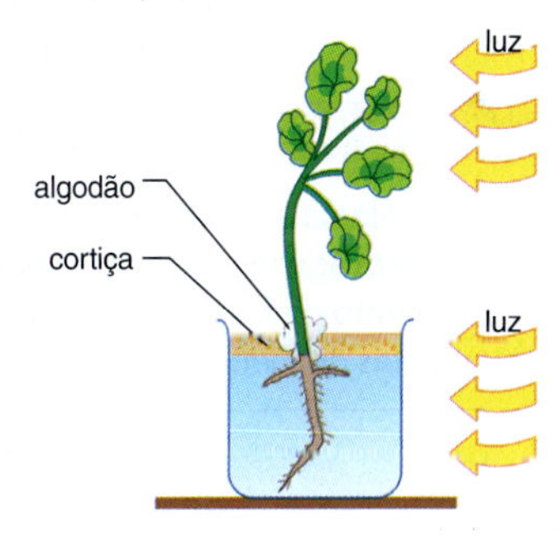

Adaptado de: <http://www.educabras.com>.

A mudança na conformação da planta ao longo dos dias é explicada

a) pela migração de um fitormônio do lado iluminado para o lado não iluminado da planta.
b) pelo aumento da produção de clorofila no interior dos cloroplastos nas células do lado iluminado da planta.
c) pela degradação da clorofila do lado iluminado da planta devido ao aquecimento pela luz.
d) pela intensidade luminosa em um dos lados da planta ser maior que o ponto de compensação fótico.
e) pela elevação da taxa de fotossíntese nas células presentes no lado iluminado da planta.

INTEGRANDO CONHECIMENTOS

Sobre a BNCC

Competências gerais da BNCC: **2, 5**

Competências específicas de Ciências da Natureza e suas Tecnologias: **1, 3**

Habilidades específicas de Ciências da Natureza e suas Tecnologias: **EM13CNT104, EM13CNT105, EM13CNT301, EM13CNT302, EM13CNT304, EM13CNT306**

O transporte de herbicidas pelas plantas

A grande aquisição evolutiva dos vegetais foi a presença de vasos condutores de seivas, xilema e floema. Graças a esses dois tecidos, o tamanho das plantas aumentou consideravelmente, chegando a favorecer espécies arbóreas gigantescas, como as que existem em nossa Floresta Amazônica e na Mata Atlântica. Sem dúvida, água e nutrientes minerais são essenciais para o correto e completo desenvolvimento de um vegetal. Sem esquecer, claro, da energia fornecida pela luz do Sol e do gás carbônico – CO_2 – presente na atmosfera e fonte fundamental de átomos de carbono para a síntese de compostos orgânicos por meio da fotossíntese.

Os beneficiados por essa construção de moléculas orgânicas não são apenas as plantas, mas, também, toda a diversidade de consumidores de matéria orgânica, inclusive nós, seres humanos, que dependemos do alimento produzido por vegetais e seus derivados.

Respostas às necessidades da vegetação e aos impactos ambientais

Após ocorrer a semeadura de muitas plantas, quer por meio de sementes ou com a utilização de métodos de cultivo com fragmentos dos vegetais, é fundamental estar atento às diversas ocorrências danosas que podem afetar as plantas, sobretudo as relacionadas a deficiências nutricionais e de água nos locais de cultivo.

O crescimento saudável das plantas conta com a participação do correto metabolismo energético, ou seja, a fotossíntese e a respiração aeróbia. Para isso, elas precisam ser devidamente dotadas de nutrientes minerais e água, além de serem cultivadas em locais apropriados – principalmente com adequada ventilação e luminosidade, uma vez que o crescimento vegetal depende da realização de fotossíntese.

LEMBRE-SE!

O xilema é um tecido cujos vasos conduzem água e nutrientes vegetais ao conjunto de folhas, seja de árvores ou plantas de menor porte.

Também é fundamental – para o adequado crescimento das plantas – o papel das folhas na correta condução de seiva pelo xilema: à medida que ocorre o processo de transpiração pelas epidermes foliares e, principalmente, pelas aberturas estomáticas, desencadeia-se a condução extremamente eficaz da seiva presente nos vasos condutores do xilema.

No Brasil, para a proteção da lavoura contra espécies daninhas, são utilizados herbicidas, que tanto podem ser agentes biológicos como substâncias químicas. Estas podem entrar em contato com o meio ambiente de várias maneiras: por meio de aspersão, por exemplo, suas gotículas podem ir ao solo e, por arrastamento e solubilidade, serem transportadas pelo xilema das plantas que não seriam o alvo desses herbicidas. O movimento de seiva pelo xilema é altamente influenciado pela disponibilidade de água no solo, umidade relativa do ar e temperatura.

ALF RIBEIRO/SHUTTERSTOCK

Participação coletiva é o que importa

Este projeto requer a sua participação e a de seus colegas, no sentido de estabelecerem os princípios básicos necessários para a correta concretização da condução da seiva do xilema até a região em que se encontram folhas e flores. Para isso, propomos um procedimento clássico referente à participação da porção aérea de um vegetal do grupo das angiospermas, fator indispensável para ocorrer a condução de água nos vegetais.

Vamos começar!!!

Vamos lá, executar um experimento controlado com a finalidade de demonstrar esse procedimento fisiológico em vegetais!

Fase 1 – Preparo dos materiais

- seis hastes de cravo branco
- seis tubos de ensaio
- um balde de plástico com água até a metade
- corantes (anilina ou tinta de caneta de várias cores ou azul de metileno)
- um ventilador
- suporte para tubo de ensaio
- água
- lupa

Fase 2 – Procedimentos

- Encha os tubos de ensaio com água e acrescente, em cada um deles, um corante diferente (tinta de caneta de várias cores, azul de metileno, anilina etc.).
- Corte cada haste de cravo branco sob a água do balde e, rapidamente, introduza-o em cada tubo de ensaio contendo solução de corante.
- Deixe – de 24 a 48 horas – três tubos de ensaio no suporte apropriado, próximos à janela, para que recebam luz direta e mantenha o ventilador ligado, com o vento incidindo diretamente nos cravos. Observe os resultados.
- Deixe – de 24 a 48 horas – os outros três tubos de ensaio no suporte apropriado, porém continuamente em ambiente escuro, sem receber luminosidade natural ou artificial, e mantenha o ventilador ligado, com o vento incidindo diretamente nos cravos. Observe os resultados.
- Faça um corte transversal em uma das hastes, obtendo uma pequena fatia e observe em uma lupa.

DIANA TALIUN/SHUTTERSTOCK

Fase 3 – Análise dos resultados

1. Por que os cortes nas hastes devem ser efetuados sob a água do balde?
2. Qual é o papel do ventilador nessa atividade?
3. Que mecanismo explica a coloração das pétalas?
4. A água contendo o corante foi conduzida para as pétalas pelo xilema ou pelo floema? Como justificar sua resposta a partir da observação do corte obtido na haste?

Finalização

Os resultados devem ser apresentados para toda a classe e uma discussão deve ser feita a respeito do resultado obtido nas hastes cujos tubos de ensaio encontravam-se no escuro durante todo o tempo de duração do procedimento. Em termos de experimento científico, que papel esses dois tubos desempenharam?

No caso de essa atividade ser mal-sucedida, discutam quais as prováveis causas do insucesso.

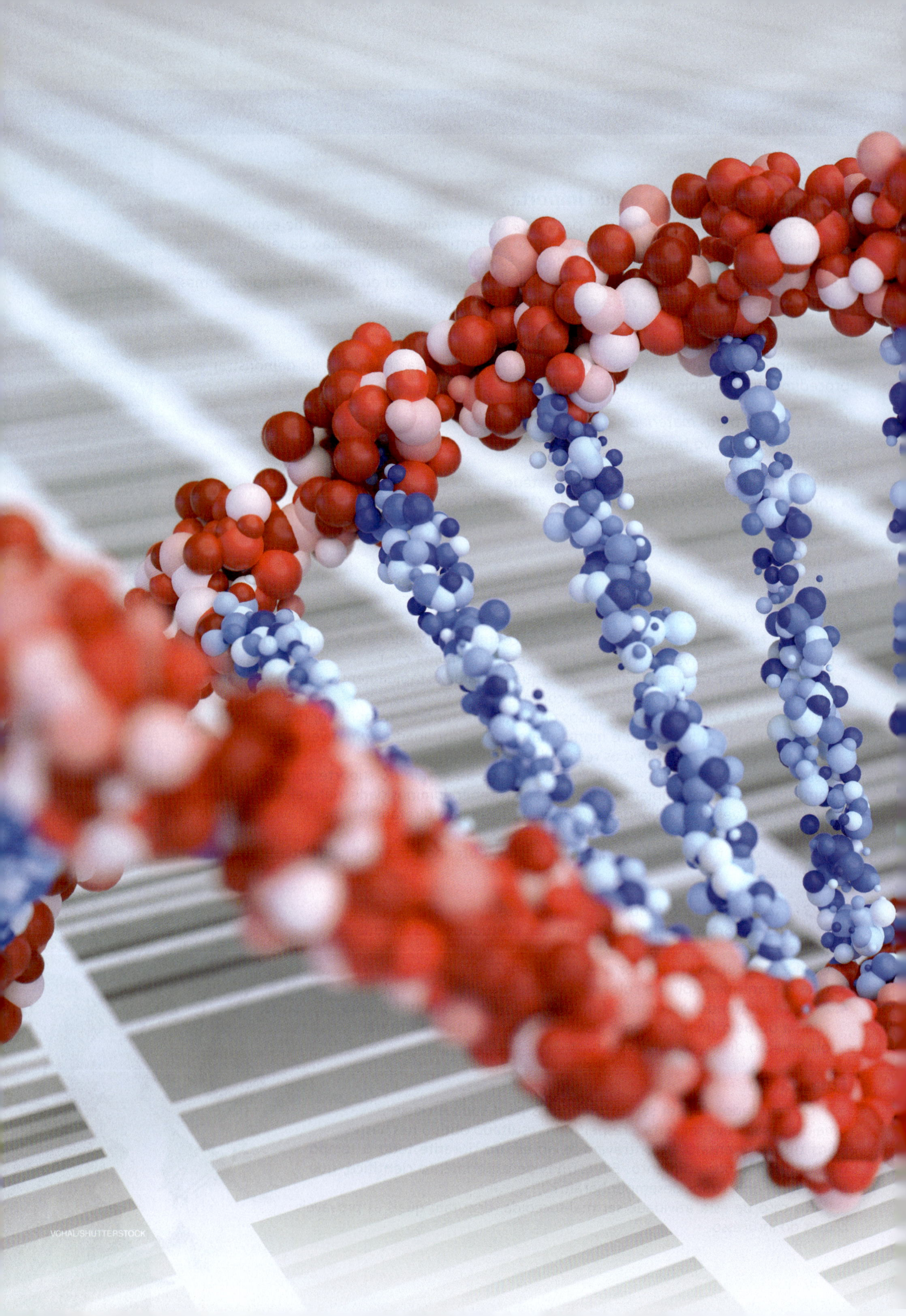

VCHAL/SHUTTERSTOCK

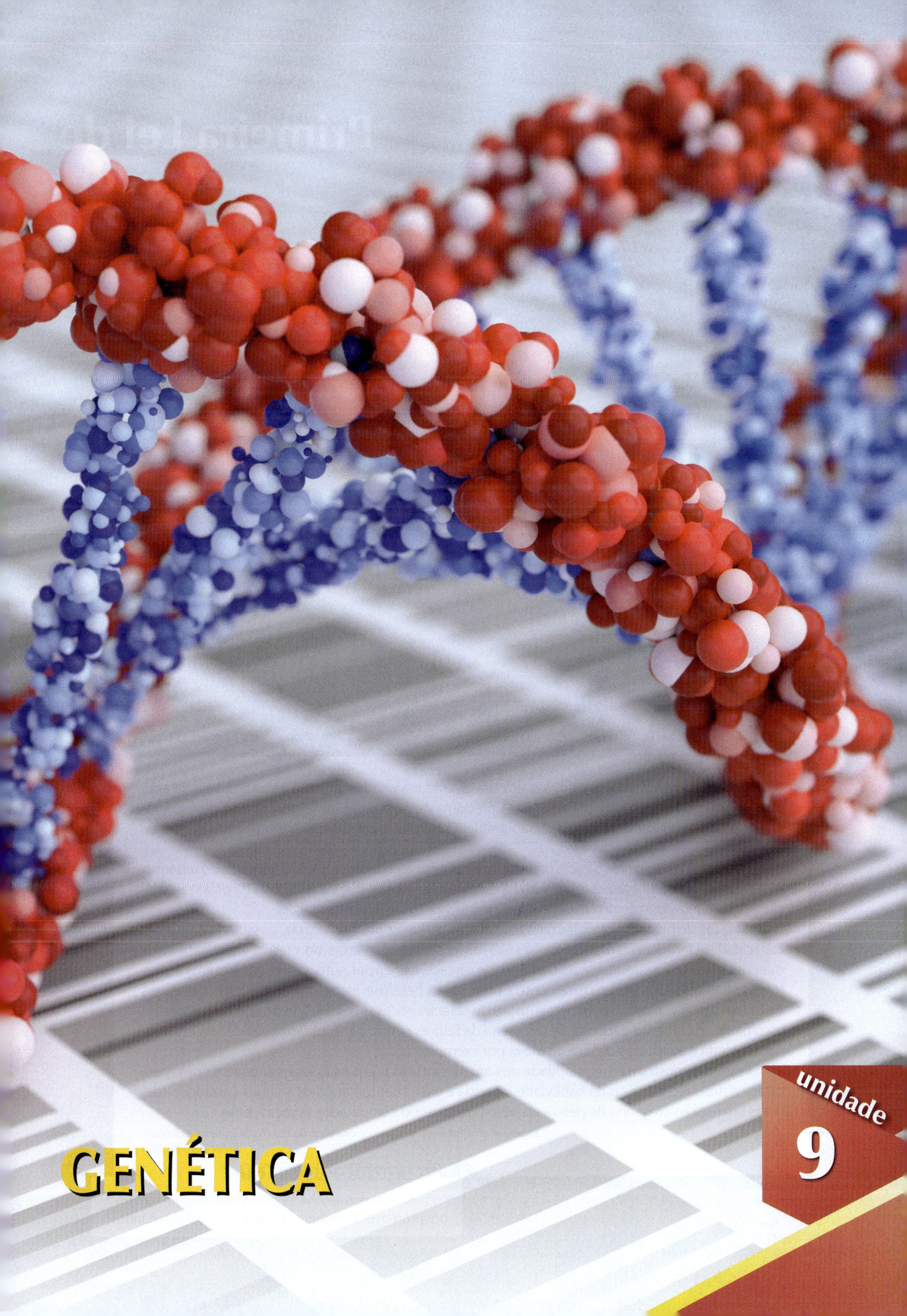

GENÉTICA

unidade 9

CAPÍTULO 25

Primeira Lei de Mendel

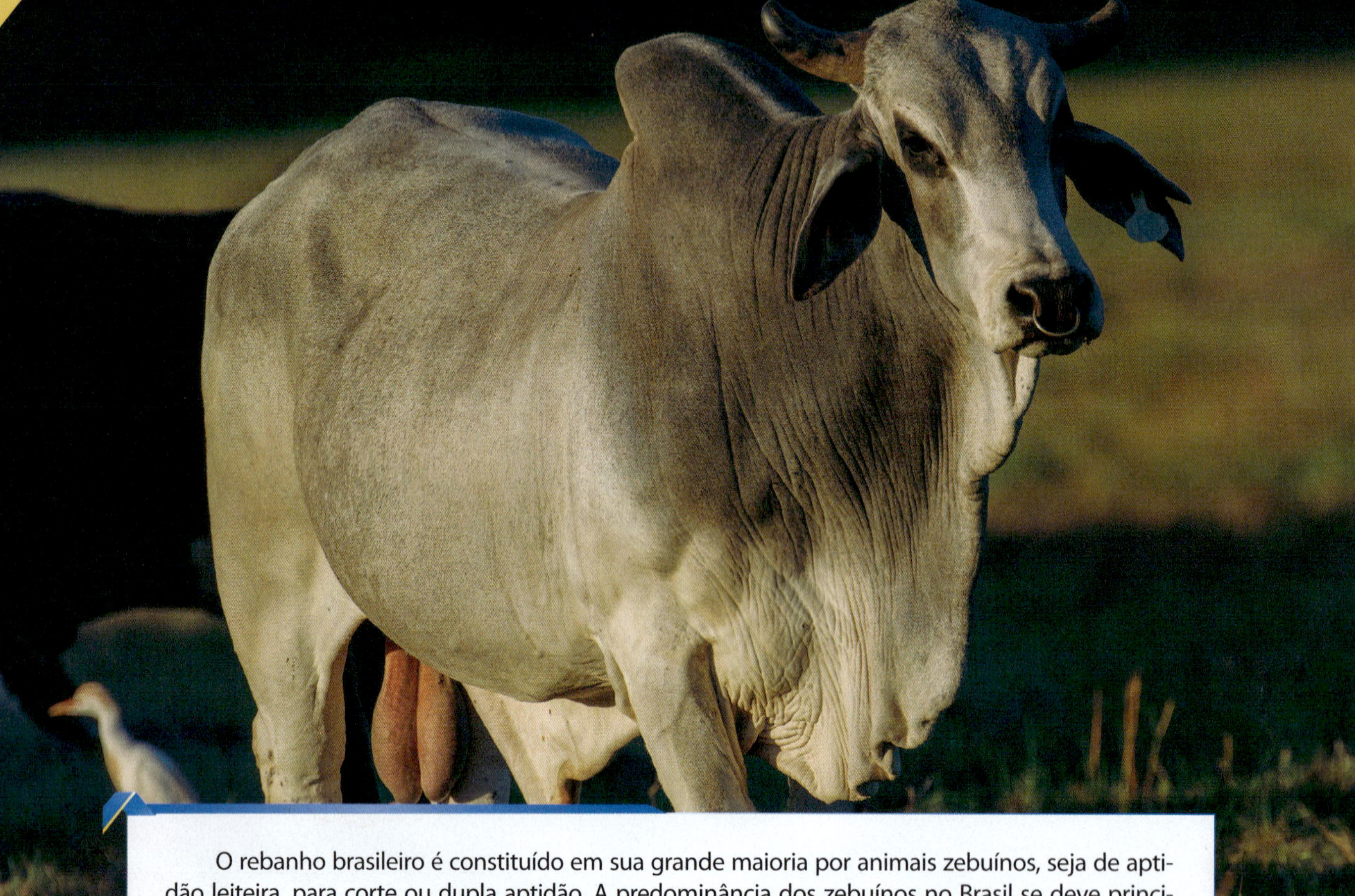

CHASE D'ANIMULLS/SHUTTERSTOCK

O rebanho brasileiro é constituído em sua grande maioria por animais zebuínos, seja de aptidão leiteira, para corte ou dupla aptidão. A predominância dos zebuínos no Brasil se deve principalmente à sua grande adaptabilidade ao ambiente tropical e adequação a um sistema de criação extensivo.

Existem duas maneiras básicas para o criador promover o melhoramento genético do rebanho. A primeira delas é a seleção, que consiste na escolha dos animais que serão os pais da próxima geração, e a segunda consiste no cruzamento entre indivíduos de diferentes raças.

As raças de bovinos utilizadas para a produção de carne são numerosas, possuindo diferentes capacidades de adaptação ao clima, resistência aos parasitas, taxas de crescimento, habilidade materna, eficiência reprodutiva, acabamento de carcaça, exigências nutricionais, entre outros aspectos. A estratégia usada para o cruzamento é promover a heterose, incorporação de genes desejáveis de forma rápida e, ainda, a complementação de características desejáveis de duas ou mais raças. A escolha do cruzamento depende de uma série de fatores como: clima, parasitas, exigência nutricional, mercado e adaptação da raça ao meio, por exemplo.

Pesquisas mostram a superioridade dos animais cruzados em relação aos zebuínos puros para características reprodutivas de habilidade materna e crescimento, sendo os animais cruzados superiores em relação ao ganho de peso e ao peso final quando comparados às raças puras.

Disponível em: <https://csr.ufmg.br/pecuaria/portfolio-item/melhoramento-genetico/>. *Acesso em:* 8 set. 2021

Seu ponto de vista!

Em sua opinião, há alguma desvantagem na busca por promover o melhoramento genético dos rebanhos?

25-1. A Ciência está cheia de histórias inusitadas

Muitas vezes, descobertas importantes são feitas com base em observações que envolvem fatos e atitudes cotidianas. Com a Genética aconteceu uma coisa parecida. Esta ciência, que estuda a transmissão das características hereditárias de geração em geração, teve seu início com os estudos de um monge sobre ervilhas. Hoje em dia, a Genética evoluiu tanto, a ponto de se tornar uma das ferramentas mais importantes no desenvolvimento de novos remédios, vacinas, técnicas de identificação de paternidade, entre tantas outras aplicações.

Gregor Mendel (1822-1884).

25-2. Mendel, o iniciador da Genética

Filho de pobres camponeses, Gregor Mendel nasceu em 1822 na cidade de Heizendorf, na época dominada pelo Império austríaco. Cursou Matemática e Ciências Naturais na Universidade de Viena, onde se interessou pelas causas da variabilidade em plantas.

Inicia-se aqui a longa trajetória desse que é considerado o "pai da Genética". No mosteiro para onde voltou depois dos estudos, havia uma longa tradição de pesquisa acerca da variabilidade de plantas cultivadas, entre elas a ervilha-de-cheiro. Mendel passou a trabalhar arduamente com essa planta, na tentativa de esclarecer os mecanismos de herança nela envolvidos.

Na época, outro tema apaixonante estava ocupando a cabeça dos cientistas e leigos: a teoria da evolução biológica de Charles Darwin. Sem perceberem sua grande importância, o trabalho de Mendel logo foi arquivado e esquecido nas bibliotecas europeias.

Mendel morreu, totalmente ignorado, em 1884. No entanto, estavam lançadas as bases para a compreensão dos fundamentos do que viria a ser, mais tarde, chamado de Genética.

A escolha das ervilhas para o estudo

A ervilha é uma planta herbácea leguminosa que pertence ao mesmo grupo do feijão e da soja. Na reprodução, surgem vagens contendo sementes. Sua escolha como material de experiência não foi casual: uma planta fácil de cultivar, de ciclo reprodutivo curto e que produz muitas sementes.

Desde os tempos de Mendel, existiam muitas variedades disponíveis, dotadas de características de fácil comparação. Por exemplo, a variedade que produzia flores púrpuras podia ser comparada com a que produzia flores brancas; a que produzia sementes lisas podia ser comparada à que gerava sementes rugosas, e assim por diante.

Outra vantagem dessas plantas é que estame e pistilo, os componentes envolvidos na reprodução sexuada do vegetal, ficam encerrados no interior da mesma flor, protegidos pelas pétalas. Isso favorece a autopolinização e, por extensão, a autofecundação, formando descendentes com as mesmas características das plantas genitoras (veja a Figura 25-1).

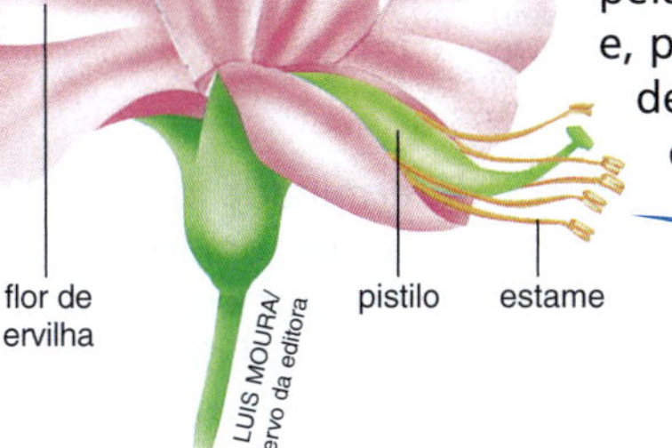

ZCW/SHUTTERSTOCK

sementes

BOGDAN WANKOWICZ/ SHUTTERSTOCK

Figura 25-1. A disposição de estames (filete e antera) e pistilo (ovário, estilete e estigma) na flor da ervilha favorece a autopolinização. Das sementes surgem plantas de ervilhas idênticas à planta-mãe (plantas puras). (Cores-fantasia. Ilustrações fora de escala.)

Anote!

Linhagem pura é uma população que não apresenta variação do caráter particular que está sendo estudado, ou seja, toda a descendência produzida por autofecundação expressa o caráter estudado sempre da mesma forma.

A partir da autopolinização, Mendel produziu e separou diversas *linhagens puras de ervilhas* para as características que ele pretendia estudar. Por exemplo, para cor da flor, plantas de flores de cor púrpura sempre produziam como descendentes plantas de flores púrpuras, o mesmo ocorrendo com o cruzamento de plantas cujas flores eram brancas.

Mendel estudou sete características nas plantas de ervilha: cor da flor, posição da flor no caule, cor da semente, aspecto externo da semente, forma da vagem, cor da vagem e altura da planta.

Os cruzamentos realizados por Mendel

Depois de obter linhagens puras, Mendel efetuou um cruzamento diferente. Cortou os estames de uma flor proveniente de semente verde e depois depositou, nos estigmas dessa flor, pólen de uma planta proveniente de semente amarela (veja a Figura 25-2). Efetuou, então, artificialmente, uma *polinização cruzada*: pólen de uma planta que produzia apenas semente amarela foi depositado em estigma de outra planta que produziria apenas semente verde, ou seja, cruzou duas plantas puras entre si. Essas duas plantas foram consideradas como a **geração parental** (P), isto é, a dos genitores.

Após repetir o mesmo procedimento diversas vezes, Mendel verificou que todas as sementes originadas desses cruzamentos eram amarelas – a cor verde havia aparentemente "desaparecido" nos descendentes **híbridos** (resultantes do cruzamento de plantas), que Mendel passou a denominar de **geração F_1** (primeira geração filial). Concluiu, então, que a cor amarela "dominava" a cor verde. Chamou o caráter cor amarela da semente de **dominante** e o verde, de **recessivo**.

LUIS MOURA/acervo da editora

Figura 25-2. Cruzamentos realizados por Mendel: pólen de planta produtora de semente amarela é depositado em estigma de planta produtora de semente verde. (Cores-fantasia. Ilustrações fora de escala.)

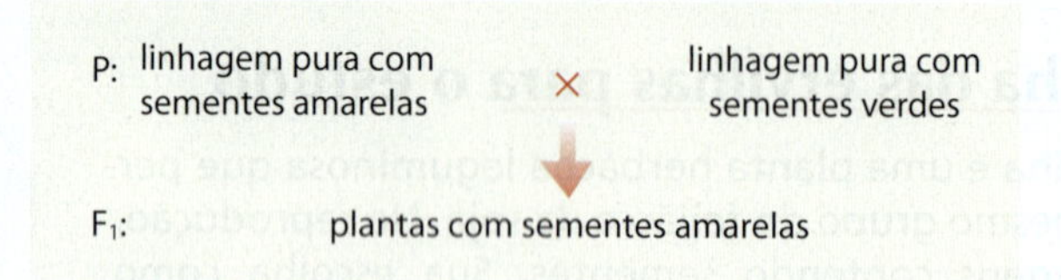

A seguir, Mendel fez germinar as sementes obtidas em F_1 até surgirem as plantas e as flores. Deixou que se autopolinizassem e aí houve a surpresa: a cor verde das sementes reapareceu na **geração F_2** (segunda geração filial), só que em proporção menor que as de cor amarela: surgiram 6.022 sementes amarelas para 2.001 verdes, o que conduzia à proporção aproximada de 3 : 1. Concluiu que, na verdade, a cor verde das sementes não havia "desaparecido" nas sementes da geração F_1. O que ocorreu é que ela não tinha se manifestado, uma vez que, sendo um **caráter recessivo**, era apenas "dominado" (nas palavras de Mendel) pela cor amarela.

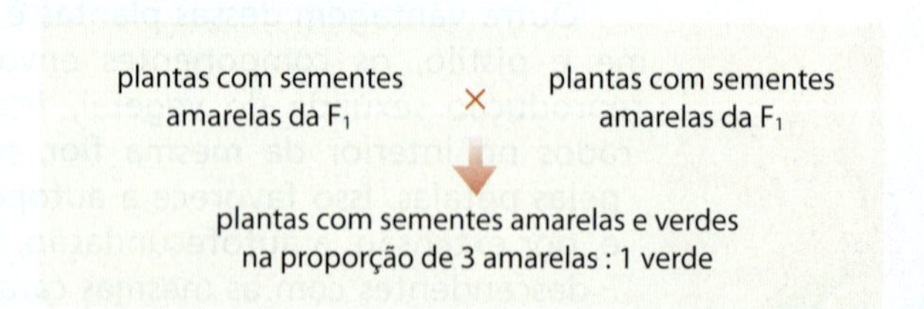

Mendel concluiu que a cor das sementes era determinada por dois **fatores**, cada um determinando o surgimento de uma cor, amarela ou verde. Era necessário definir uma simbologia para representar esses fatores: escolheu a inicial do caráter recessivo. Assim, a letra *v* (inicial de verde), minúscula, simbolizava o fator recessivo – para cor verde – e a letra *V*, maiúscula, o fator dominante – para cor amarela.

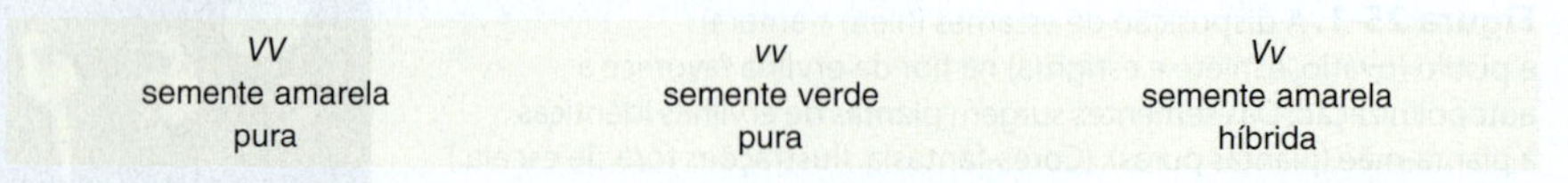

Persistia, porém, uma dúvida: como explicar o desaparecimento da cor verde na geração F_1 e o seu reaparecimento na geração F_2? A resposta surgiu com base no conhecimento de que cada um dos fatores se separava durante a formação das células reprodutoras, os gametas:

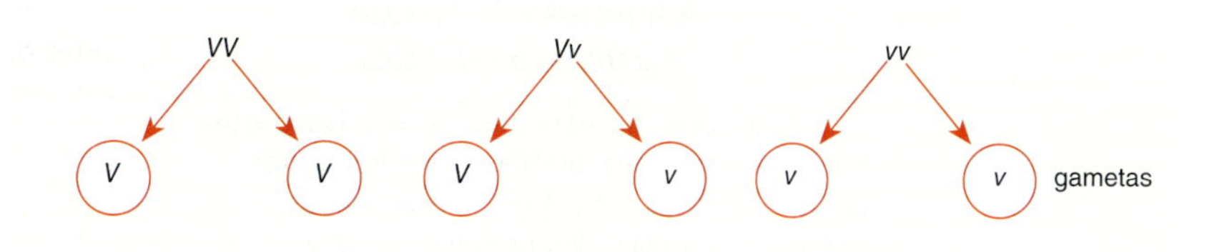

Dessa forma, podemos entender como o material hereditário passa de uma geração para outra. Acompanhe nos esquemas abaixo os procedimentos adotados por Mendel com relação ao caráter *cor da semente* em ervilhas.

Resultado: em F_2, para cada três sementes amarelas, Mendel obteve uma semente de cor verde. Repetindo o procedimento para outras seis características estudadas nas plantas de ervilha, sempre eram obtidos os mesmos resultados em F_2, ou seja, a proporção de três expressões dominantes para uma recessiva.

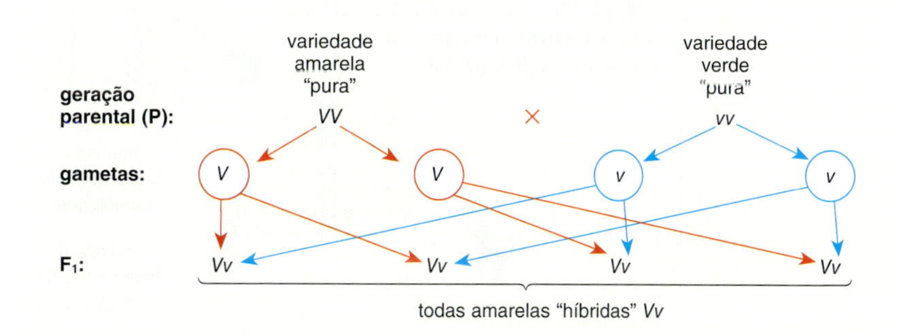

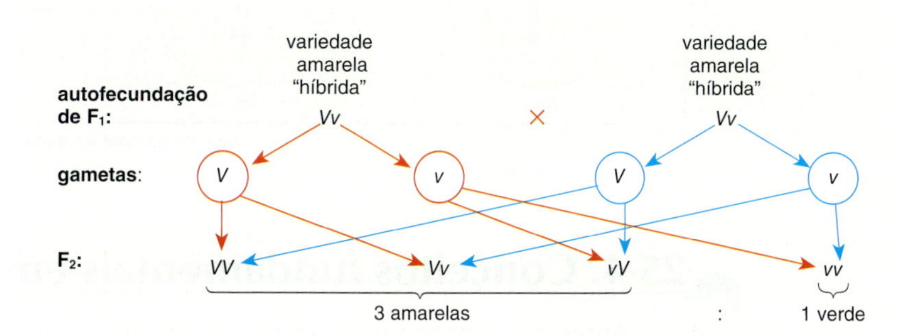

Mendel

Foram sete as características em ervilhas estudadas por Mendel. Leia o QR Code abaixo e conheça mais detalhes sobre esses estudos.

25-3. A Primeira Lei de Mendel

A comprovação da hipótese de dominância e recessividade nos vários experimentos efetuados por Mendel levou, mais tarde, à formulação da chamada Primeira Lei de Mendel: "*Cada característica é determinada por dois fatores que se separam na formação dos gametas, onde ocorrem em dose simples*", isto é, para cada gameta masculino ou feminino encaminha-se apenas um fator.

Mendel não tinha ideia da constituição desses fatores, nem onde se localizavam. Com o passar do tempo, porém, aperfeiçoou-se o estudo da célula e alguns conceitos começaram a fazer parte da rotina dos biólogos: cromossomos, genes, genes alelos, célula diploide, célula haploide, mitose, meiose etc. Tais conceitos mantinham uma estreita relação com o enunciado da Primeira Lei.

A partir do domínio desses conceitos e com a evolução dos conhecimentos em citogenética, passou-se a admitir que os fatores de Mendel eram, na verdade, os *genes*, pedaços de moléculas de DNA localizados nos cromossomos. Por outro lado, os genes alelos, localizados nos cromossomos homólogos, passaram a ser considerados como os dois fatores mendelianos que atuam na determinação de um caráter. Na meiose, ocorre a separação dos homólogos, indo cada um, em dose simples, para o gameta, que, então, é puro para o caráter em estudo.

Anote!

Pode-se associar ao termo separação dos fatores, utilizado por Mendel, o significado de separação dos alelos, evento que ocorre na meiose para a formação de células sexuais, ou gametas.

A Primeira Lei de Mendel também é chamada de **Lei da Segregação dos Fatores**, em uma referência à separação dos pares de fatores na formação dos gametas.

Saiba mais!

A hipótese de Mendel e a divisão meiótica

Uma boa hipótese não só explica o que foi observado, mas também deve funcionar como base para previsões mais apuradas. Assim, o cientista Walter Sutton (1877-1916) verificou que o comportamento dos cromossomos homólogos no processo de divisão *meiótica* era comparável à separação dos fatores mendelianos na formação dos gametas, sugerindo que tais fatores pudessem se localizar nos cromossomos. Ou seja, havia uma estreita relação entre meiose e a Primeira Lei de Mendel.

Essa constatação deu origem à **teoria cromossômica da herança**, segundo a qual os "fatores" mendelianos situavam-se nos cromossomos. Acompanhe abaixo a formação de gametas da geração F_1 (híbrida) com relação ao caráter cor da semente em ervilhas.

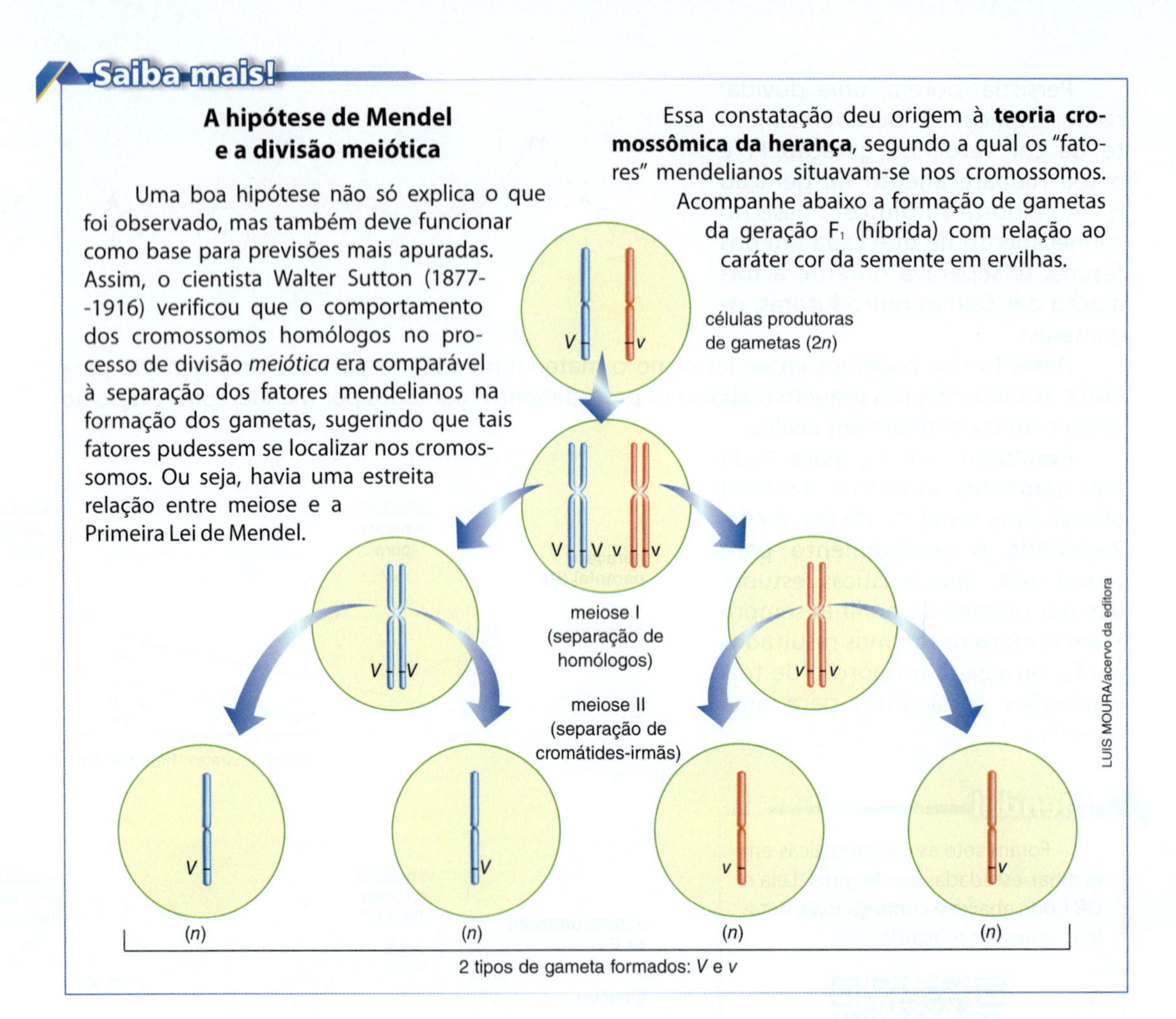

25-4. Conceitos fundamentais em Genética

Antes de avançarmos no estudo da Genética, é importante definirmos claramente alguns conceitos fundamentais que, a partir de agora, se farão muito presentes.

Genótipo e fenótipo

O **genótipo** é a constituição genética de um organismo, isto é, o conjunto de genes alelos que o descendente recebe dos pais. Assim, os possíveis genótipos da cor da semente nas ervilhas são: *VV*, *Vv* e *vv*.

O **fenótipo** é a aparência, ou seja, as manifestações físicas (o que se vê) do genótipo. Resulta da interação do genótipo com o meio ambiente. Dessa forma, não enxergamos nas ervilhas o genótipo *VV* e sim a sua manifestação física que, nesse caso, é a cor amarela (fenótipo). O genótipo *Vv* também expressa a cor amarela, pois o *V* domina o *v*. Já a semente de genótipo *vv* terá um fenótipo verde.

Não é difícil concluir que diferentes genótipos podem ter o mesmo fenótipo devido à existência da dominância. Também é importante entender que o gene recessivo só se manifesta se estiver em dose dupla.

Homozigotos e heterozigotos

Quando os genes alelos são os mesmos, diz-se que o organismo é **homozigoto** (linhagem pura) para aquela característica. Para a cor da semente de ervilha, há duas linhagens puras: *VV* e *vv*. Quando os genes de um par são diferentes (um dominante e outro recessivo), o organismo é **heterozigoto** (linhagem híbrida) para aquela característica, que é o caso do *Vv*, que resultou do cruzamento do homozigoto dominante (*VV*) com o homozigoto recessivo (*vv*).

Estabelecendo conexões!

Você enrola a língua?

Se a resposta for sim, então você é dotado de uma característica recessiva. Assim como esse fenótipo, na espécie humana é possível reconhecer a dominância ou a recessividade de inúmeros outros fenótipos ou anomalias.

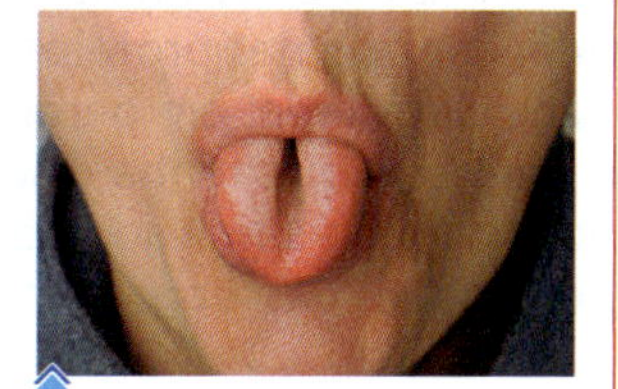

AFPICS/SHUTTERSTOCK

Não são todas as pessoas que conseguem enrolar a língua, pois essa é uma característica recessiva.

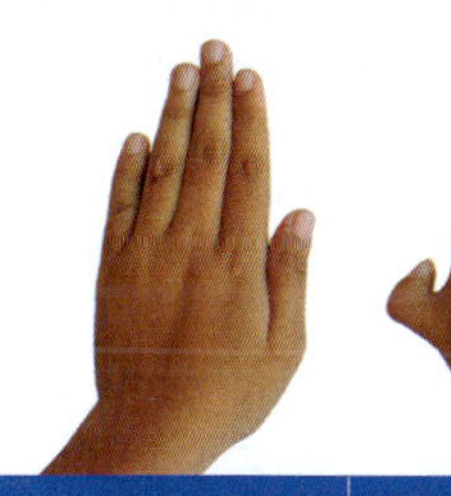

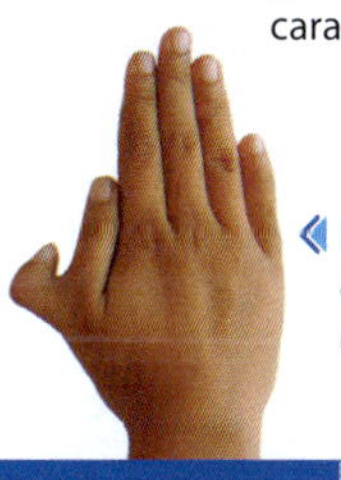

THITI SUKAPAN/SHUTTERSTOCK

Polidactilia é uma característica dominante.

CARACTERÍSTICA	DOMINANTE	RECESSIVA
Enrolar a língua	capacidade (*I*)	incapacidade (*i*)
Forma do cabelo	crespo (*L*)	liso (*l*)
Pigmentação da pele	pigmentada (*A*)	albina (*a*)
Sensibilidade ao PTC	sensível (*I*)	insensível (*i*)
Visão	normal (*M*)	míope (*m*)
Queratose	queratose (*N*)	normal (*n*)
Polidactilia	polidáctilo (*N*)	normal (*n*)
Acondroplasia	acondroplásico (*N*)	normal (*n*)
Habilidade manual	destro (*C*)	canhoto (*c*)
Furo no queixo	ausência (*P*)	presença (*p*)
Anemia falciforme*	normalidade (*S*)	anemia (*s*)

* Do inglês, *sickle cell anemia* – motivo pelo qual os genes são representados pelas letras *S* e *s*, respectivamente dominante e recessivo.

Cromossomos autossômicos

São os relacionados a características comuns aos dois sexos. Em uma mesma espécie, estão presentes em igual número, tanto nos machos como nas fêmeas.

Árvores genealógicas

Uma ferramenta muito utilizada pelos geneticistas é a elaboração e análise de árvores genealógicas ou **heredogramas** (*pedigrees*, na língua inglesa), que é a história familiar de cruzamentos já ocorridos. A representação da árvore genealógica é feita por símbolos.

O estudo das árvores genealógicas permite:

- fazer a análise de certos traços ou anomalias familiares;
- determinar se a anomalia é condicionada por gene dominante ou recessivo;
- fazer predições a respeito da provável ocorrência da anomalia em futuros descendentes.

Na construção de genealogias, alguns símbolos são usados entre eles:

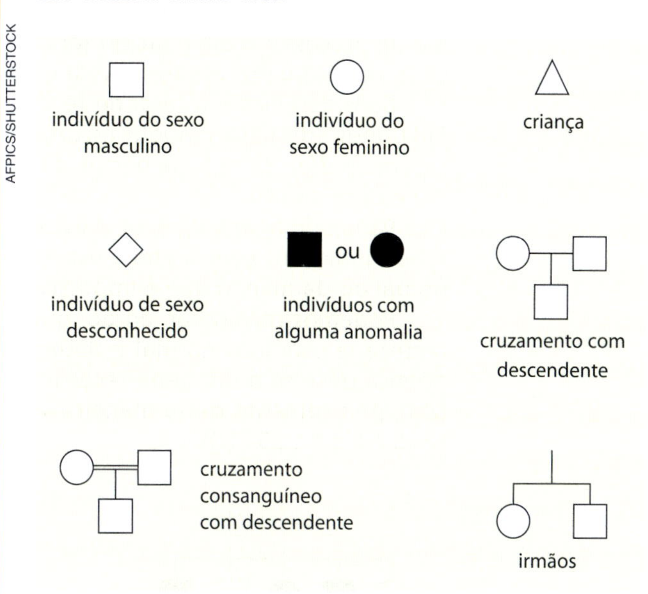

Uma forma prática de verificar que descendentes são originados de um cruzamento é montar um quadro onde as colunas e as linhas correspondam aos tipos de gametas masculinos e femininos formados pela meiose durante a gametogênese. (Esse quadro de cruzamentos é conhecido como qudrado de Punnett.)

Imaginemos, por exemplo, um cruzamento entre duas plantas de ervilha heterozigotas para cor de semente, conforme indicado abaixo.

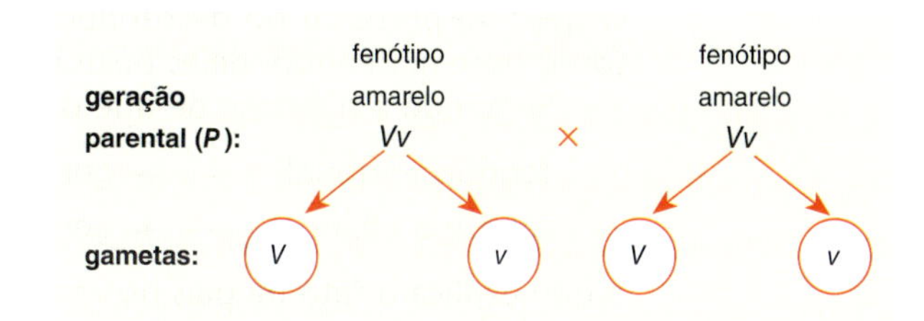

Para verificar que descendentes são originados em F_1, monta-se o quadro de cruzamentos, como o esquematizado abaixo.

Verifica-se que, em F_1, o resultado fenotípico é de 3/4 de plantas produtoras de sementes amarelas e 1/4 de plantas produtoras de sementes verdes; porém, o resultado genotípico traduziu-se em 1/4 de plantas homozigotas dominantes (*VV*), 2/4 de plantas heterozigotas (*Vv*) e 1/4 de plantas homozigotas recessivas (*vv*) para o caráter cor da semente.

	GAMETAS PATERNOS	
GAMETAS MATERNOS	***V***	***v***
V	*VV*	*Vv*
v	*Vv*	*vv*

Análise de um heredograma ou *pedigree*

A fenilcetonúria (PKU) é uma doença hereditária resultante da incapacidade do organismo de processar o aminoácido fenilalanina, contido nas proteínas ingeridas. A PKU manifesta-se nos primeiros meses de vida e, se não for tratada, em geral causa retardo mental.

Consideremos um casal de fenótipo normal e que tenha cinco filhos, três com a doença PKU (indicada pelo símbolo escuro) e dois normais (indicados pelo símbolo claro – veja a Figura 25-3(a). Com base nesses dados, é possível descobrir se a doença PKU se deve a um gene dominante?

Vamos imaginar que os pais sejam recessivos (*aa*). Nesse caso, como seria possível ter filhos, indicados pelo símbolo escuro, portadores de um gene A? Esse gene deveria ter vindo do pai ou da mãe, o que é impossível, pois os supusemos recessivos – veja a Figura 25-3(b).

Podemos considerar, então, que a doença PKU é herdada de modo mendeliano e, com certeza, a condição normal é determinada por um gene dominante. Como consequência, a doença deve-se a um gene recessivo. Em nosso heredograma inicial, o casal é heterozigoto (*Aa*), pois somente dessa maneira se explica como um casal normal pode ter filhos afetados (veja a Figura 25-3(c)).

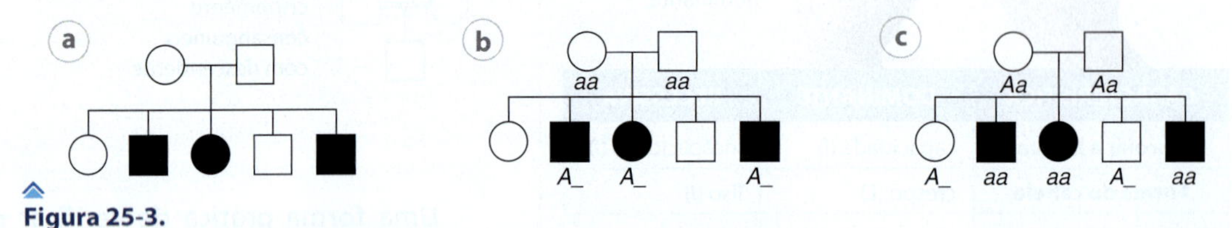

Figura 25-3.

Vamos considerar agora outro cruzamento em que um indivíduo é afetado por albinismo, uma anomalia relacionada à ausência de pigmentação na pele (veja a Figura 25-4(a)). Qual é o caráter condicionado por gene dominante: o albinismo ou a pigmentação normal? Suponhamos, por hipótese, que o albinismo seja condicionado por gene dominante (veja a Figura 25-4(b)). Assim:

fenótipo albino ⟶ genótipos prováveis: *AA* ou *Aa*

fenótipo normal ⟶ genótipo: *aa*

Evidentemente, a hipótese de o albinismo ser condicionado por gene dominante é falsa. O gene *A*, presente no descendente afetado, teria de ser proveniente de um dos progenitores; porém, nenhum deles possui o gene dominante. Logo, essa possibilidade não existe.

Seguindo a hipótese de que o albinismo é condicionado por gene recessivo, teremos:

fenótipo normal ⟶ genótipos: *AA* ou *Aa*

fenótipo albino ⟶ genótipo: *aa*

o que explica o fato de pais normais terem filho albino (veja a Figura 25-4(c)).

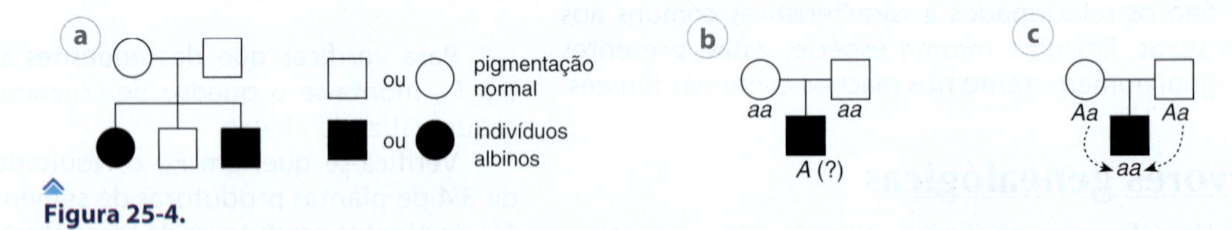

Figura 25-4.

Saiba mais!

Um caráter é condicionado por genes recessivos quando pais de mesmo genótipo têm descendente com fenótipo diferente do deles. Assim, verificamos que a hipótese de o albinismo ser condicionado por gene recessivo é a correta. Sabendo que o albinismo se deve a um gene recessivo, veja ao lado o resultado do cruzamento entre dois indivíduos heterozigotos com, por exemplo, três filhos.

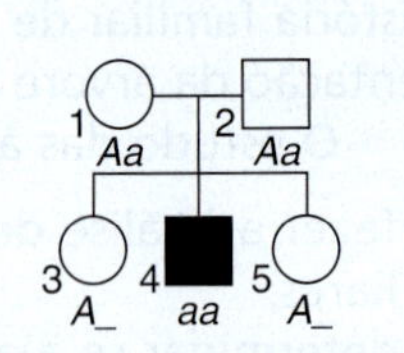

Os indivíduos 1, 2, 3 e 5 são normais, porém o indivíduo 4 é albino. Não temos dúvida quanto ao genótipo dos indivíduos 1 (*Aa*), 2 (*Aa*) e 4 (*aa*).

No entanto, não podemos dizer com certeza qual o genótipo dos indivíduos 3 e 5 (podem ser *AA* ou *Aa*). Nesse caso, tais indivíduos são indicados por *A_*.

Acompanhe este exercício

Do cruzamento de cobaias pretas nasceram 2 cobaias brancas fêmeas, 1 branca macho e 1 preta macho. A cobaia de pelo branco da geração F_1 foi cruzada com um macho de pelo preto homozigoto, resultando em F_2 um macho com pelo preto, que, por sua vez, foi cruzado com uma fêmea também de pelo preto, resultando em F_3 um macho branco. Pergunta-se:

a) Qual dos dois fenótipos é determinado por um gene dominante? Justifique.

b) Construa uma árvore genealógica envolvendo as gerações P, F_1, F_2 e F_3, mostrando os possíveis genótipos.

c) Do cruzamento das cobaias da geração F_2, qual a probabilidade de nascer uma cobaia de mesmo genótipo que seus genitores?

Resolução:

a) O fenótipo pelagem preta deve-se a um gene dominante, pois tanto na geração parental (P) quanto na geração F_2, duas cobaias pretas originaram uma cobaia de pelo branco. Assim,

Caso o fenótipo preto fosse devido a um gene recessivo, o genótipo seria *bb*, e não seria possível nascer uma cobaia branca do cruzamento entre cobaias pretas. Assim,

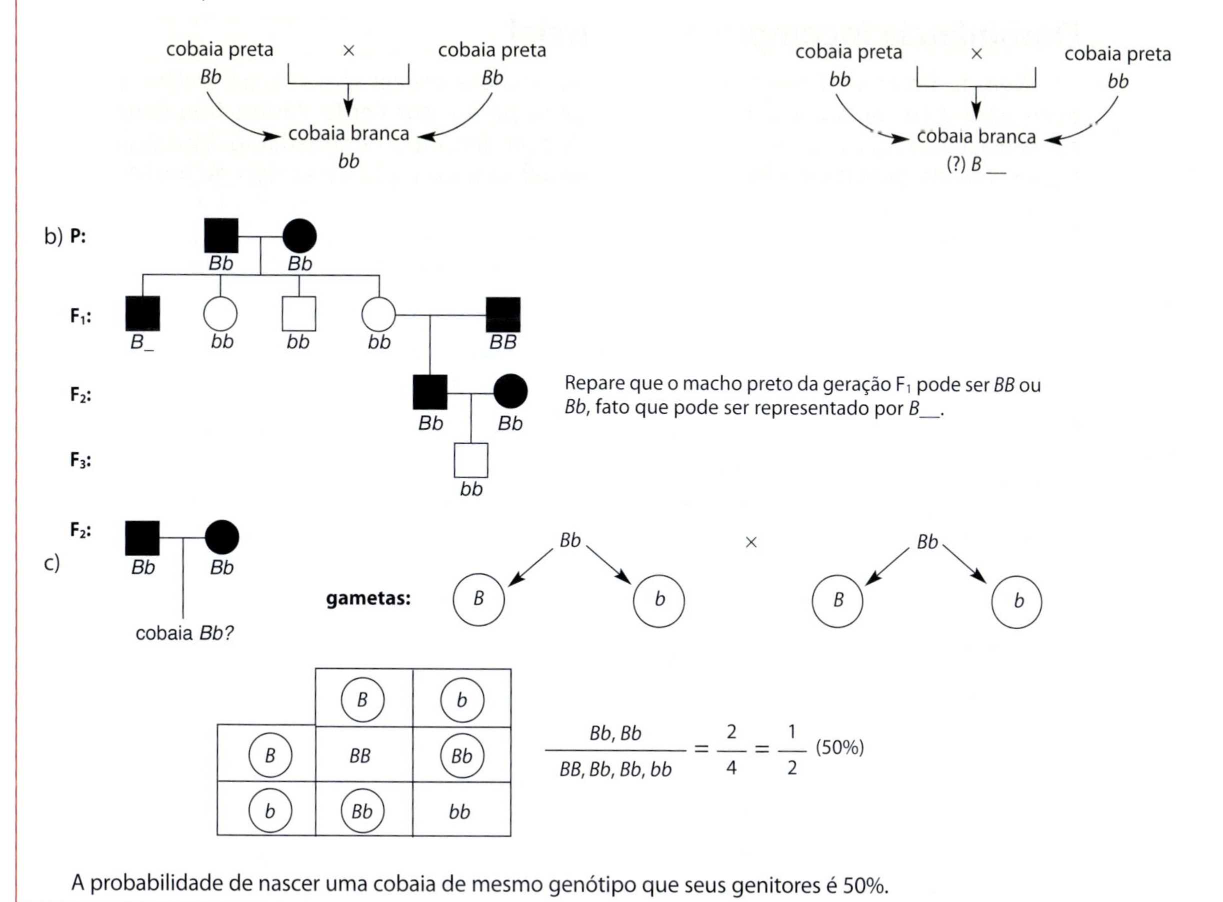

	B	b
B	BB	Bb
b	Bb	bb

$$\frac{Bb, Bb}{BB, Bb, Bb, bb} = \frac{2}{4} = \frac{1}{2} \text{ (50\%)}$$

A probabilidade de nascer uma cobaia de mesmo genótipo que seus genitores é 50%.

A Primeira Lei de Mendel aplicada à genética humana

Algumas disfunções que encontramos devem-se a um fator genético. As mais frequentes são:

- *fenilcetonúria (PKU)*: indivíduos homozigotos recessivos não conseguem processar o aminoácido fenilalanina, que se acumula no organismo e se transforma em ácido fenilpirúvico. Este, por sua vez, impede o desenvolvimento harmonioso do cérebro, causando retardamento mental;
- *albinismo*: é outra anomalia determinada por genes recessivos. Os indivíduos acometidos não fabricam melanina, pigmento que dá cor à pele humana e de outros animais. Os albinos têm pele exageradamente branca, cabelos e pelos louros e pupilas cor-de-rosa;
- *fibrose cística*: anomalia devida a genes alelos recessivos. Os indivíduos acometidos pela anomalia secretam uma quantidade exagerada de muco nos pulmões, levando a graves infecções nas vias respiratórias;
- *acondroplasia*: é determinada por um alelo dominante (*D*), o qual interfere no crescimento ósseo durante o desenvolvimento, resultando em fenótipo anão. Acredita-se que a presença dos alelos *DD* produza um efeito tão grave que chega a ser um genótipo letal;

- *polidactilia*: os portadores apresentam um dedo extra (seis dedos). Trata-se de um fenótipo raro devido também a um gene dominante;
- *braquidactilia*: anomalia rara, em que os portadores apresentam dedos curtos. Deve-se a um gene dominante raro *B*;
- *doença de Huntington*: outra doença acarretada por um gene dominante. Há uma degeneração do sistema nervoso, o indivíduo perde a memória, e os movimentos do corpo tornam-se incontroláveis, podendo levar à morte. Manifesta-se tardiamente, por volta dos 40 anos, quando o doente, com alta probabilidade, já teve filhos. O teste de DNA já está disponível, tornando possível àqueles que apresentam um caso de Huntington na família se submeterem a esse teste para saber se são ou não portadores do gene dominante.

Dominância incompleta ou parcial

Nem todas as características são herdadas como a cor da semente da ervilha, em que o gene para a cor amarela domina sobre o gene para a cor verde. Muito frequentemente a combinação dos genes alelos diferentes produz um fenótipo intermediário. Essa situação ilustra a chamada **dominância incompleta** ou **parcial**. Um exemplo desse tipo de herança é a cor das flores de maravilha. Elas podem ser vermelhas, brancas ou rosas. Plantas que produzem flores cor-de-rosa são heterozigotas, enquanto os outros dois fenótipos são devidos à condição homozigota. Supondo que o gene *V* determine cor vermelha e o gene *B*, cor branca, teríamos:

> **Anote!**
>
> Apesar de anteriormente usarmos letras maiúsculas e minúsculas para indicar, respectivamente, os genes dominantes e recessivos, quando se trata de dominância incompleta muitos autores preferem utilizar apenas diferentes letras maiúsculas.

VV ⟶ flor vermelha

BB ⟶ flor branca

VB ⟶ flor cor-de-rosa

Fazendo um cruzamento de uma planta de maravilha que produz flores vermelhas com outra que produz flores brancas e analisando os resultados fenotípicos e genotípicos da geração F_1, teríamos:

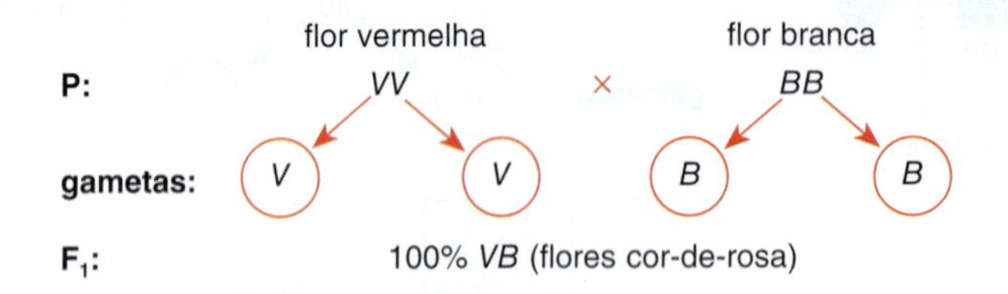

Cruzando, agora, duas plantas heterozigotas (flores cor-de-rosa), teríamos:

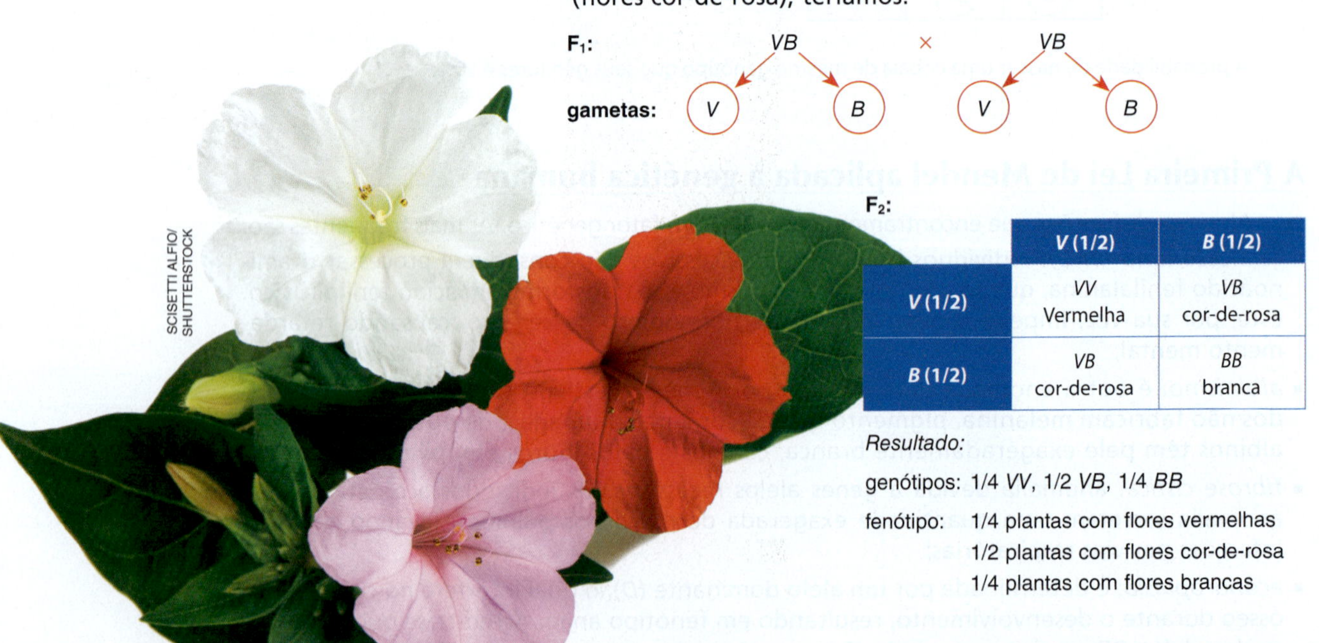

SCISETTI ALFIO/ SHUTTERSTOCK

F_2:

	V (1/2)	*B* (1/2)
V (1/2)	*VV* Vermelha	*VB* cor-de-rosa
B (1/2)	*VB* cor-de-rosa	*BB* branca

Resultado:

genótipos: 1/4 *VV*, 1/2 *VB*, 1/4 *BB*

fenótipo: 1/4 plantas com flores vermelhas
1/2 plantas com flores cor-de-rosa
1/4 plantas com flores brancas

Com esses resultados concluímos que entre cruzamentos de heterozigotos não haverá a proporção fenotípica de 3 : 1, e sim 1 : 2 : 1, o que coincide com a proporção genotípica (veja a Figura 25-5).

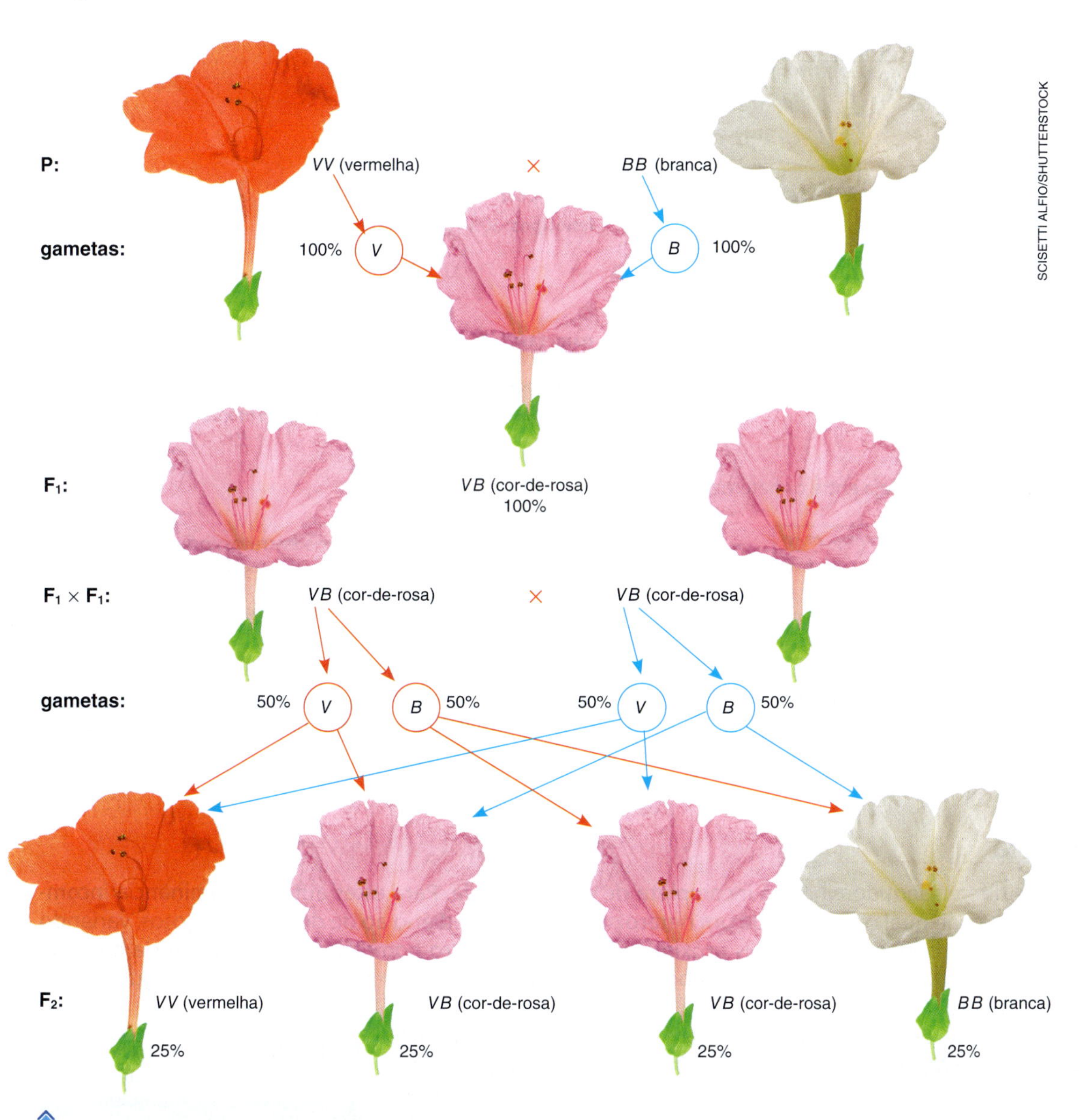

Figura 25-5. Plantas de maravilha de flores vermelhas cruzadas com plantas de flores brancas produzem descendentes cujas flores são cor-de-rosa (heterozigotos). Estas, cruzadas entre si, produzem descendentes nos quais as proporções são de 1/4 de flores vermelhas, 1/2 de flores cor-de-rosa e 1/4 de flores brancas. (Cores-fantasia. Ilustrações fora de escala.)

Acompanhe este exercício

No gado Shorthorn, a cor vermelha é determinada pelo genótipo C^RC^R, a cor ruão (uma mistura de vermelho e branco), pelo C^RC^W, e a cor branca, pelo C^WC^W. Pergunta-se:

a) Cite os cruzamentos que poderão gerar descendentes com a cor ruão. Justifique sua resposta.

b) Se Shorthorns de pelo vermelho são cruzados com Shorthorns de pelo ruão, e os descendentes F_1 são cruzados entre si, é possível nascer em F_2 Shorthorns de pelo branco? Justifique sua resposta.

Anote!

No caso de monoibridismo (indivíduos híbridos que diferem em apenas uma característica), o cruzamento entre dois heterozigotos (***Aa*** × ***Aa***) pode originar dois tipos de proporção fenotípica:

- 3 : 1 ⟶ dominância completa
- 1 : 2 : 1 ⟶ codominância

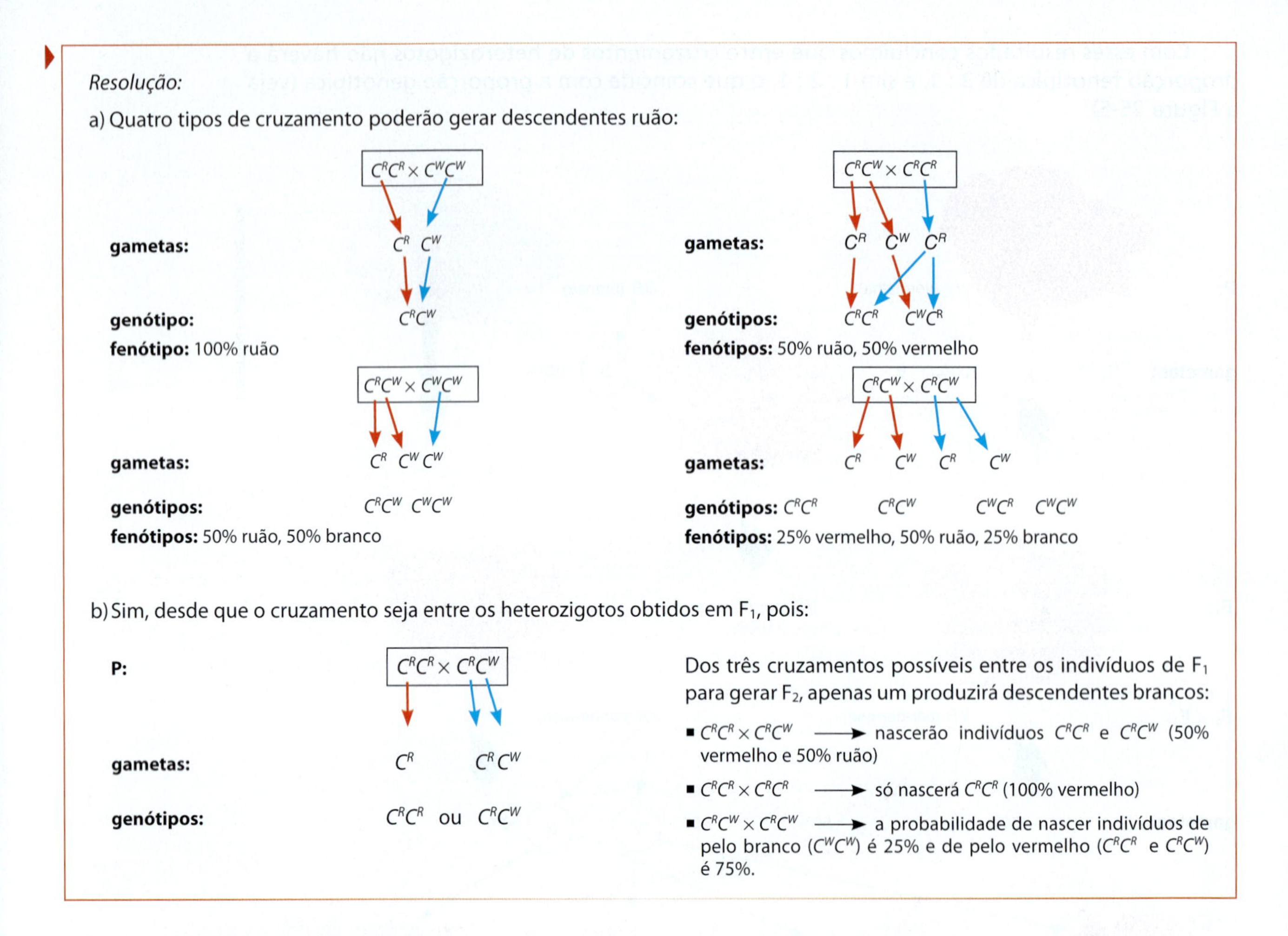

Codominância

Alguns autores diferenciam dominância incompleta de codominância. Para esses autores, **dominância incompleta** descreve a situação na qual o fenótipo de um heterozigoto é intermediário ao de dois homozigotos, variando em uma escala fenotípica, podendo estar mais próximo de um ou do outro homozigoto. **Codominância** é o caso em que o heterozigoto mostra os fenótipos de ambos os homozigotos. A determinação do grupo sanguíneo MN é um caso de codominância.

Analisando o sangue de diversas pessoas, verificou-se que em algumas existia apenas o antígeno M, em outras, somente o N e várias pessoas possuíam os dois antígenos. Foi possível concluir, então, que existiam três grupos nesse sistema: M, N e MN. Os genes que condicionam a produção desses antígenos são apenas dois, que foram simbolizados por L^M e L^N (a letra *L* é a inicial do descobridor, Landsteiner). Trata-se de um caso de herança mendeliana simples. O genótipo L^ML^M condiciona a produção do antígeno M, e L^NL^N, a do antígeno N. Entre L^M e L^N há codominância, de modo que pessoas com genótipo L^ML^N produzem os dois tipos de antígenos (veja a Tabela 25-1).

Tabela 25-1. Possíveis fenótipos e genótipos relativos ao sistema MN.

FENÓTIPOS	GENÓTIPOS
M	L^ML^M
N	L^NL^N
MN	L^ML^N

Alelos letais: os genes que matam

As mutações que ocorrem nos seres vivos são totalmente aleatórias e, às vezes, surgem variedades gênicas que provocam a morte do portador antes do nascimento ou, caso ele sobreviva, antes de atingir a maturidade sexual. Esses genes, que conduzem à morte do portador, são conhecidos como **letais**. Por exemplo, em camundongos existe um gene *C*, dominante, responsável pela coloração amarela da pelagem. O alelo recessivo, *c*, condiciona a pelagem de cor cinza (aguti). No entanto, o genótipo *CC* provoca a morte dos filhotes ainda na fase intrauterina, enquanto os filhotes *Cc*, heterozigotos, possuem pelagem amarela e são viáveis. Assim, se cruzarmos dois camundongos heterozigotos, de pelagem amarela, resultará na proporção de 2 : 1 fenótipos entre os descendentes, em vez da proporção de 3 : 1 que seria esperada se fosse um caso clássico de monoibridismo (cruzamento entre dois indivíduos heterozigotos para um único gene). No caso dos camundongos, o homozigoto dominante morre ainda na fase intrauterina, o que conduz à proporção de 2 : 1 (veja a Figura 25-6).

Esse curioso caso de genes letais foi descoberto em 1904 pelo geneticista francês Cuénot, que estranhava o fato de a proporção de 3 : 1 não ser obedecida. Logo, concluiu tratar-se de um caso de gene dominante que atua como letal quando em dose dupla.

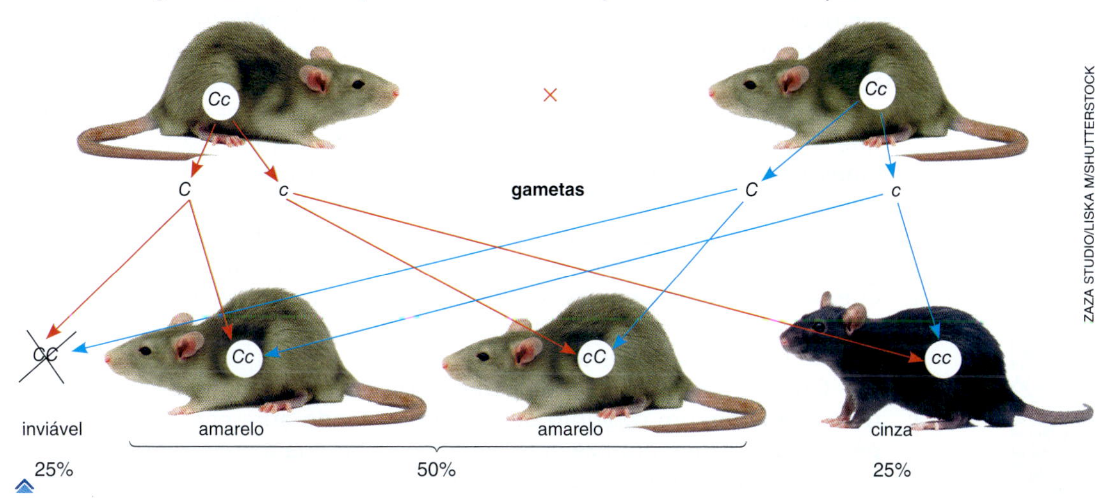

Figura 25-6. O cruzamento de dois camundongos amarelos (*Cc* × *Cc*) resulta na proporção de 2 camundongos amarelos para 1 camundongo cinza. O homozigoto *CC* morre dentro do útero, o que explica a não ocorrência da proporção fenotípica esperada de 3 : 1. (Cores-fantasia. Ilustrações fora de escala.)

No homem, alguns genes letais provocam a morte do feto. É o caso dos genes para a acondroplasia, por exemplo. Trata-se de uma anomalia provocada por gene dominante que, em dose dupla, acarreta a morte do feto, mas em dose simples ocasiona um tipo de nanismo, entre outras alterações.

Há genes letais no homem que se manifestam depois do nascimento, alguns na infância e outros na idade adulta. Na infância, por exemplo, temos os causadores da fibrose cística e da distrofia muscular de Duchenne (anomalia que acarreta a degeneração na bainha de mielina dos nervos). Entre os que se expressam tardiamente na vida do portador, estão os causadores da doença de Huntington, em que há a deterioração do tecido nervoso, com perda de células principalmente em uma parte do cérebro, acarretando perda de memória, movimentos involuntários e desequilíbrio emocional.

Acompanhe este exercício

Em camundongos existe um gene *C*, dominante, responsável pela coloração amarela da pelagem. O genótipo *CC* provoca a morte dos filhotes, ainda na fase intrauterina, enquanto os filhotes heterozigotos possuem pelagem amarela e são viáveis. O alelo recessivo *c* condiciona pelagem cinza.

No cruzamento entre cobaias de pelagem amarela, as ninhadas têm, em média, *6 cobaias*. Qual seria o número médio previsto de cobaias de pelagem amarela e de pelagem cinza resultante do cruzamento entre um macho heterozigoto com uma fêmea homozigota recessiva?

Resolução:

Trata-se de um caso de gene dominante letal quando em homozigose. Assim:

CC ⟶ provoca a morte   Cc ⟶ pelagem amarela   cc ⟶ pelagem cinza

Então, o cruzamento entre cobaias de pelagem amarela só pode ocorrer entre heterozigotos:

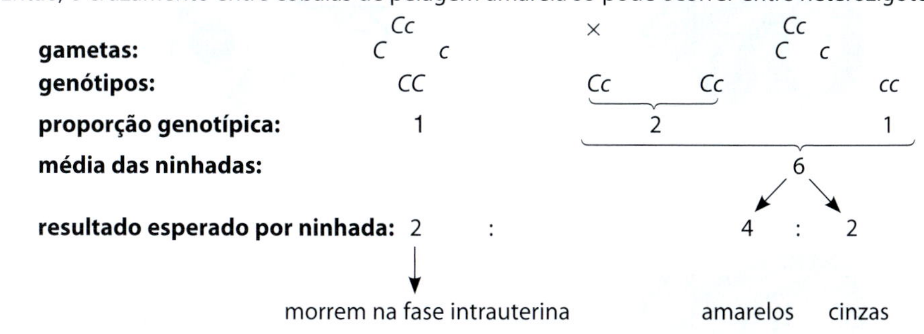

25-5. Como os genes se manifestam

Vimos que, em alguns casos, os genes se manifestam com fenótipos bem distintos. Por exemplo, os genes para a cor das sementes em ervilhas manifestam-se com fenótipos bem definidos, sendo encontradas sementes amarelas ou verdes. A essa manifestação gênica bem determinada chamamos de **variação gênica descontínua**, pois não há fenótipos intermediários.

Há herança de características, no entanto, cuja manifestação do gene (também chamada **expressividade**) não determina fenótipos tão definidos, mas sim uma gradação de fenótipos. A essa gradação da expressividade do gene, variando desde um fenótipo que mostra leve expressão da característica até sua expressão total, chamamos de **norma de reação** ou **expressividade variável**. Por exemplo, os portadores de genes para braquidactilia (dedos curtos) podem apresentar fenótipos variando de dedos levemente mais curtos até a total falta deles.

DH

A leitura do QR Code abaixo levará você a conhecer alguns detalhes sobre a doença de Huntington (DH), uma desordem hereditária, cujo diagnóstico preditivo é possível.

Alguns genes sempre que estão presentes se manifestam – dizemos que são altamente *penetrantes*. Outros possuem uma *penetrância incompleta*, ou seja, apenas uma parcela dos portadores do genótipo apresenta o fenótipo correspondente.

Observe que o conceito de **penetrância** está relacionado à expressividade do gene em um *conjunto de indivíduos*, sendo apresentado em termos percentuais. Assim, por exemplo, podemos falar que a penetrância do gene para doença de Huntington é de 100%, o que quer dizer que 100% dos portadores desse gene apresentam (expressam) o fenótipo correspondente.

25-6. Homozigoto dominante ou heterozigoto?

Quando desejamos descobrir o genótipo de um indivíduo de fenótipo dominante, podemos recorrer ao **cruzamento-teste**. Para podermos compreender bem esse processo, vamos analisar o caso de um cruzamento entre cobaias.

Suponha que você tenha uma cobaia de pelagem preta. A pelagem preta desses animais é determinada por um gene dominante *B* e a pelagem branca, por seu alelo recessivo *b*. Então, *BB* resulta em pelagem preta, *Bb* em pelagem preta e *bb* em pelagem branca.

Se sua cobaia é preta, como saber se ela é homozigota (*BB*) ou heterozigota (*Bb*)?

Cruzamento-teste

Nesse tipo de cruzamento, um indivíduo de fenótipo dominante, cujo genótipo queremos conhecer, é cruzado com um homozigoto recessivo. Assim, para determinar o genótipo de sua cobaia de pelagem preta (*B_*), basta cruzá-la com uma cobaia de genótipo recessivo, isto é, promover um cruzamento com uma cobaia de pelagem branca (*bb*), a qual produzirá apenas um tipo de gameta, *b*. Assim, a análise do resultado revelará o(s) tipo(s) de gameta(s) produzido(s) pela cobaia preta e, portanto, seu genótipo. Do cruzamento entre *B_* × *bb* (cruzamento-teste), duas possibilidades poderão ocorrer:

Anote!

O cruzamento entre um indivíduo de fenótipo dominante, que tenha genótipo desconhecido, com um indivíduo homozigoto recessivo é chamado de **cruzamento-teste** e o indivíduo recessivo é chamado de **testador**.

- o nascimento de descendentes brancos e pretos em igual proporção. Nesse caso, a cobaia fêmea preta produziu dois tipos de gameta, *B* e *b*, sendo, portanto, heterozigota (*Bb*) – veja a Figura 25-7; ou

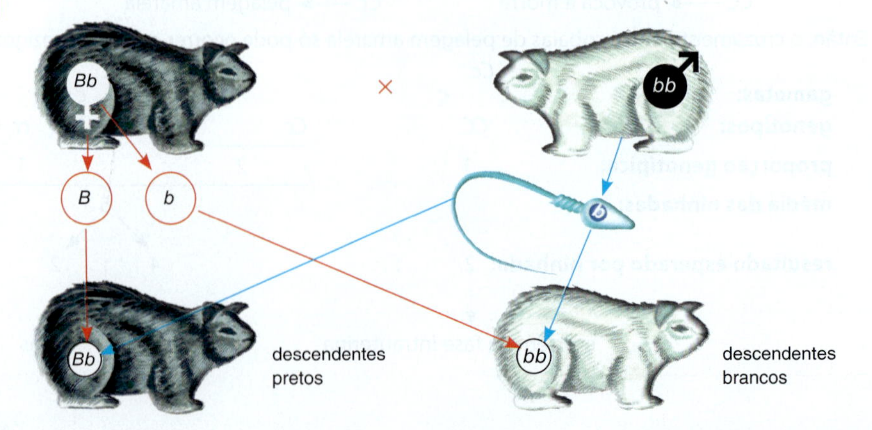

Figura 25-7. Nesse cruzamento, o aparecimento de cobaias brancas em F_1 (*bb*) revela que a cobaia preta da geração P também produziu gametas *b*, tratando-se, portanto, de indivíduo heterozigoto (*Bb*). (Cores-fantasia. Ilustrações fora de escala.)

- o nascimento apenas de cobaias pretas. Nesse caso, certamente a cobaia preta progenitora é homozigota, *BB* (veja a Figura 25-8).

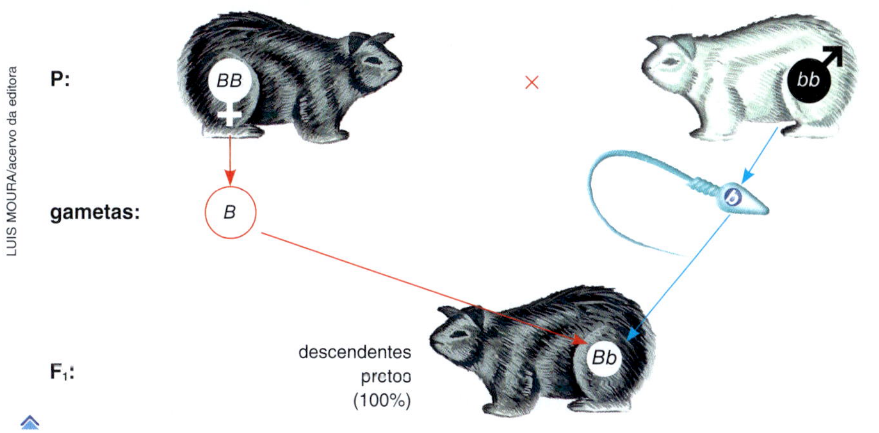

Figura 25-8. Nesse cruzamento, o aparecimento exclusivo de cobaias pretas (*Bb*) em F_1 revela que a cobaia preta parental produziu gametas de um só tipo, *B*, caracterizando-se um caso de homozigose (*BB*). (Cores-fantasia. Ilustrações fora de escala.)

Anote!

O **retrocruzamento** é muito utilizado por criadores para definir uma linhagem de plantas ou de animais ou mesmo por pesquisadores para determinar particularidades da herança de determinada característica. No retrocruzamento, os indivíduos das diferentes gerações (F_1, F_2 etc.) são cruzados com qualquer um dos indivíduos da geração parental (P). Retrocruzamento e cruzamento-teste são coincidentes quando indivíduos de F_1, com fenótipo dominante, são cruzados com indivíduos de fenótipo recessivo da geração parental (P).

25-7. Introdução à probabilidade

Um dos aspectos mais importantes do estudo da Genética é que ele possibilita calcular a **probabilidade** de ocorrência de determinados eventos nos descendentes. Por exemplo, imagine um casal que tem um filho com certa anomalia e deseja saber se um segundo filho poderá ter essa anomalia. Com base na análise da árvore genealógica da família desse casal, pode-se descobrir os genótipos dos pais e calcular a chance de o próximo filho ser normal ou ter a anomalia.

Mas o que é exatamente *probabilidade*?

Podemos conceituar probabilidade (*P*) como sendo o resultado da divisão do número de vezes que um evento esperado pode ocorrer (*r*) pelo número total de resultados possíveis (*n*):

$$P = \frac{r}{n}$$

Por exemplo, qual é a probabilidade de, no lançamento de uma moeda, resultar cara (excluindo-se, é claro, a possibilidade de a moeda cair verticalmente)? Em um único lançamento de uma moeda, o número de vezes que cara pode ocorrer (*r*) é 1, e o número de resultados possíveis (*n*), cara ou coroa, é 2, levando a uma probabilidade de ocorrência de cara igual a 1/2.

Vejamos outro exemplo em que podemos calcular com facilidade a ocorrência de eventos aleatórios. Jogando-se um dado, qual é a probabilidade de no primeiro lançamento resultar a face com o número 2?

O dado tem seis faces, portanto, o número total de resultados possíveis (*n*) é seis. O evento desejado (*r*) é uma das faces. Assim, podemos esquematizar:

$$P_{(\text{face 2})} = 1/6$$

Vejamos dois exemplos de aplicação desse conhecimento à Genética:

a. Um casal, heterozigoto para determinada característica, deseja saber qual a probabilidade de ter uma criança com genótipo homozigoto dominante.

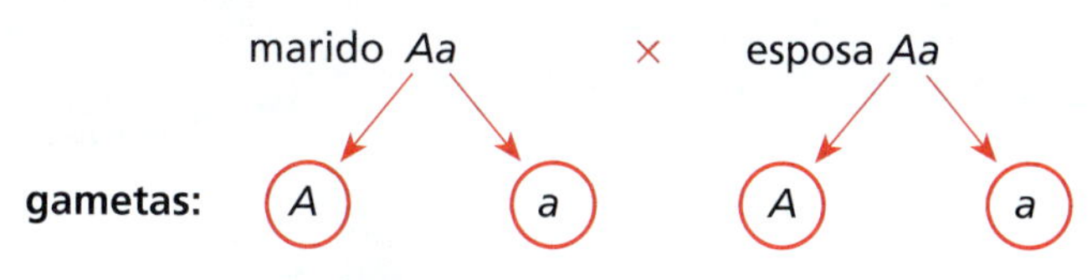

Saiba mais!

A probabilidade é um número puro

A probabilidade de ocorrência de um evento é sempre representada por um número puro, isto é, sem unidade de medida (metro, grama, Hertz etc.). Esse número varia sempre de **0** a **1**.

Quando a ocorrência de um evento é **impossível**, sua probabilidade é **0**, ao passo que um evento que com toda certeza ocorrerá tem probabilidade **1**.

Quanto mais próximo de 1 for a probabilidade de um evento, maior a chance de ele ocorrer e, ao contrário, quanto mais próximo de 0 for sua probabilidade, menor a chance de esse evento acontecer.

Montando o quadro de cruzamento, teremos:

Gametas	*A*	*a*
A	*AA*	*Aa*
a	*Aa*	*aa*

Logo,

$$P(AA) = \frac{AA}{AA,\ Aa,\ Aa,\ aa} = 1/4 \text{ ou } 25\%$$

b. Um casal deseja saber qual a probabilidade de ter uma criança do sexo masculino.

$$P(♂) = \frac{\text{sexo masculino (♂)}}{\text{sexo masculino (♂), sexo feminino (♀)}} = 1/2 \text{ ou } 50\%$$

Resultados observados *versus* resultados esperados

Os resultados experimentais raras vezes estão exatamente de acordo com os resultados esperados. Amostras de uma população de indivíduos frequentemente desviam-se dos resultados previstos, principalmente quando a amostragem é reduzida, mas geralmente se aproximam do resultado previsto à medida que aumenta o tamanho da amostra. Veja um exemplo.

Suponha que o cruzamento entre uma cobaia de pelo preto heterozigota com um macho homozigoto branco produza 5 descendentes pretos (*Bb*) e 1 branco (*bb*). Teoricamente, dos 6 descendentes, era de esperar que metade fosse preta e a outra metade das cobaias fosse branca; o que obviamente não aconteceu. Porém, o resultado concorda perfeitamente com o resultado teórico esperado, dentro das possibilidades biológicas: se analisarmos o resultado de numerosos cruzamentos entre *Bb* e *bb*, onde nasceram, por exemplo, 100 descendentes, o resultado observado será bem próximo do esperado (50 pretos : 50 brancos).

Em outras palavras, o resultado de uma amostra reduzida pode não ser o esperado, o que pode ser obtido quando trabalhamos com amostras maiores.

Eventos independentes × eventos mutuamente excludentes

Dois ou mais eventos são **independentes** quando a ocorrência (ou não) de um evento não influencia a ocorrência do(s) outro(s). Por exemplo, o sexo de um segundo filho independe do sexo do primeiro.

Dois ou mais eventos são **mutuamente excludentes** quando a ocorrência de um impossibilita a ocorrência simultânea de outro. Por exemplo, no lançamento de um dado, obter ao mesmo tempo as faces 2 e 5.

VILEVI/SHUTTERSTOCK

NEALE COUSLAND/SHUTTERSTOCK

Ser um ótimo tenista e saber remar são dois eventos independentes e não mutuamente excludentes.

Probabilidade de ocorrência de dois ou mais eventos mutuamente excludentes: a regra do "OU"

Até o momento, estudamos a probabilidade de ocorrência de um evento isolado. Na maioria das vezes, no entanto, observamos a ocorrência de dois ou mais eventos. Por exemplo, qual a probabilidade de extrairmos de um baralho com 52 cartas o ás de copas ou o ás de paus? Perceba que essa situação deve ser entendida como a ocorrência de um evento que exclui a possibilidade de ocorrência dos demais, isto é, seria absurdo imaginar que, simultaneamente, pudéssemos retirar em uma única carta um ás de copas e um ás de paus!

Quando os eventos são mutuamente excludentes, a probabilidade de ocorrência de qualquer um deles é a **soma** de suas probabilidades individuais.

Assim, no nosso exemplo do baralho, teríamos:

$$P_{(\text{ás de copas ou ás de paus})} = P_{(\text{ás de copas})} + P_{(\text{ás de paus})}$$

$$P_{(\text{ás de copas})} + P_{(\text{ás de paus})} = 1/52 + 1/52 = 2/52 = 1/26$$

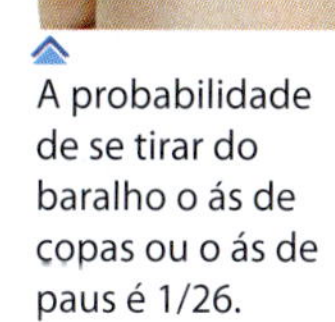

A probabilidade de se tirar do baralho o ás de copas ou o ás de paus é 1/26.

Veja este outro exemplo: qual a probabilidade de um casal, heterozigoto para determinada característica, ter uma criança de genótipo *AA* ou *aa*? Fazendo a separação dos gametas e o quadro de cruzamentos, vemos que:

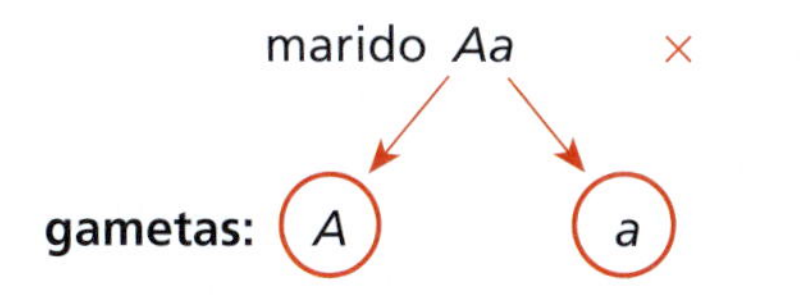

×

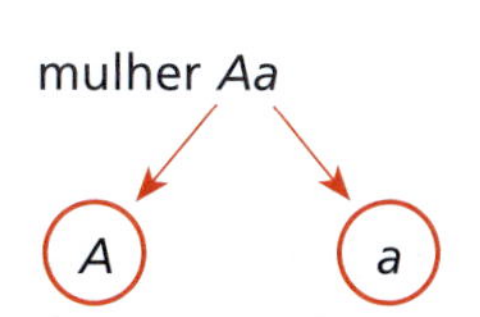

GAMETAS	*A*	*a*
A	*AA*	*Aa*
a	*Aa*	*aa*

$P_{(AA)}$ ou $P_{(aa)} = P_{(AA)} + P_{(aa)} = 1/4 + 1/4 = 1/2$

Probabilidade de ocorrência simultânea de dois ou mais eventos independentes: a regra do "E"

Imagine que lancemos ao ar, simultaneamente, duas moedas. Qual a probabilidade de obtermos cara na primeira e cara na segunda? Perceba que o aparecimento de cara na primeira moeda não influencia o surgimento de cara na segunda moeda. Isso quer dizer que os dois eventos são *independentes*.

Quando os eventos são *independentes*, a probabilidade da ocorrência de ambos simultaneamente é igual ao **produto** de suas probabilidades individuais.

A probabilidade de obtermos cara e cara no lançamento simultâneo é dada, então, pelo produto das probabilidades parciais:

$$P_{(\text{cara e cara})} = 1/2 \times 1/2 = 1/4$$

Obtemos a probabilidade de dois eventos ocorrerem simultaneamente multiplicando as probabilidades de ocorrência de cada um dos eventos.

Confira pelo quadro ao lado: de fato, são quatro (4) as possibilidades e uma (1) só é a esperada (favorável).

1ª MOEDA	2ª MOEDA
Cara	Cara
Cara	Coroa
Coroa	Cara
Coroa	Coroa

Veja este outro exemplo: um casal heterozigoto para uma dada característica deseja saber qual é a probabilidade de ter duas crianças, sendo a primeira heterozigota e a segunda homozigota recessiva.

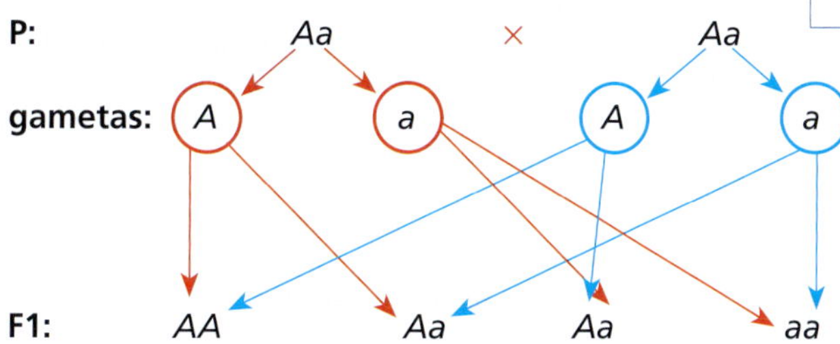

Se $P_{(Aa)} = 1/2$ e $P_{(aa)} = 1/4$, então: $P_{(Aa\ e\ aa)} = 1/2 \times 1/4 = 1/8$

Acompanhe este exercício

1. *a*. Qual é a probabilidade de um casal ter dois filhos do sexo masculino e um do sexo feminino?
b. Qual é a probabilidade de esse casal ter três filhos, sendo os dois primeiros do sexo masculino e o terceiro do sexo feminino?

Resolução:

a. O casal poderá ter os três filhos segundo as combinações ao lado. Existem oito combinações possíveis. Destas, o evento dois meninos e uma menina aparece em três oportunidades. Então, a resposta é 3/8.

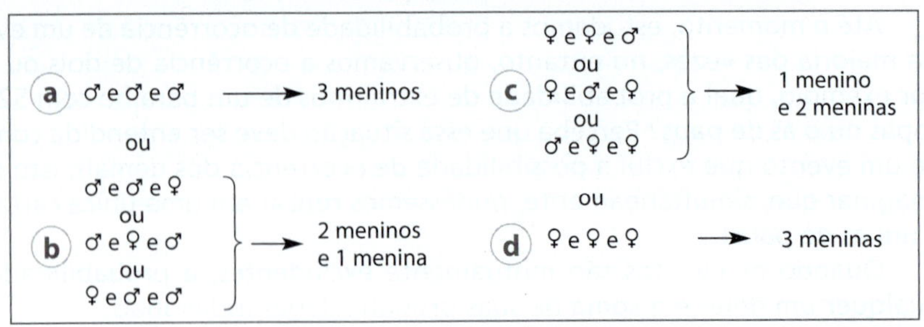

b. Neste caso, a ordem de nascimento já está imposta, o que não aconteceu no item anterior, em que qualquer combinação serviria. Nesse novo caso, a probabilidade seria:

menino	e	menino	e	menina	
1/2	×	1/2	×	1/2	= 1/8

Probabilidade condicional

Em Genética, muitas vezes encontramos algum problema em que se pede para calcular a probabilidade de um evento sobre o qual já temos uma restrição ou uma condição. Por exemplo: admitindo que a coloração dos olhos seja determinada por um par de alelos, suponha um casal com olhos escuros e que seja heterozigoto para essa característica. O filho do casal também nasceu com olhos escuros. Qual é a probabilidade de esse filho também ser heterozigoto? Os pais, sendo heterozigotos para essa característica, produzem dois tipos de gameta, com a mesma probabilidade (1/2 *A*, 1/2 *a*).

Os possíveis zigotos formados serão *AA*, *Aa*, *Aa* e *aa*. Porém, existe uma condição no enunciado do problema que precisamos levar em conta para obtermos a resposta correta: a criança **não** tem olhos claros. Assim, dos quatro genótipos possíveis, *aa* está eliminado. Nesse caso, a probabilidade de a criança ser heterozigota é de 2/3.

$$P(Aa) = \frac{2(Aa)}{1(AA) + 2(Aa)} = \frac{2}{3}$$

Acompanhe este exercício

Os pelos curtos nos coelhos são devidos ao gene dominante (*L*) e os pelos compridos, a seu alelo recessivo (*l*). Analise o heredograma abaixo e responda ao que se pede.

Qual a probabilidade de no acasalamento entre II-2 × II-3 nascer um macho de pelos longos?

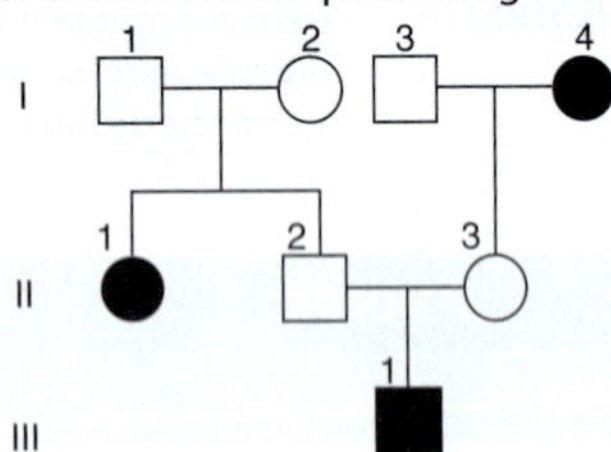

Resolução:

Primeiro, é preciso estabelecer os possíveis genótipos para cada fenótipo. Assim:

- pelos curtos: *L*__ (*LL* ou *Ll*)
- pelos longos: *ll*

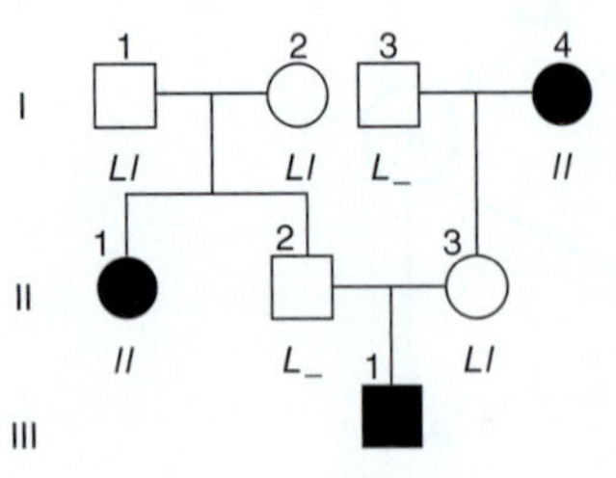

- Todos os indivíduos em branco (□ ou ○) são, de início, *L*__ (pelos curtos) e os em preto (■ ou ●) são *ll* (pelos longos).
- Um casal de indivíduos com pelos curtos (I-1 e I-2), que tenha filhos com pelos longos (II-1), só pode ser heterozigoto (*Ll*).
- Se um indivíduo com pelos curtos tiver um dos progenitores com pelos longos, como é o caso de II-3, então, certamente será *Ll*, pois terá recebido dele, obrigatoriamente, um gene *l*.
- Quanto a I-3 e II-2, permanece a incerteza (*L*?).

Para saber qual a probabilidade de III-1 nascer macho (♂) e com pelos longos (*ll*), é necessário saber, primeiramente, as seguintes probabilidades isoladas para, em seguida, obter o produto de todas elas:

a. *P* de III-1 ser macho (*P* = 1/2);
b. *P* de receber de II-3 (sua mãe) o gene l (*P* = 1/2);
c. *P* de que seu pai (II-2) seja heterozigoto (*Ll*) (lembre-se: II-2 não tem pelos longos, então *P* = 2/3);
d. *P* de que II-2, sendo heterozigoto (*Ll*), passe o gene *l* para III-1 (*P* = 1/2).

Logo, a probabilidade de III-1 nascer macho com pelos compridos será calculada pelo produto de todas essas probabilidades isoladas.

$$P\,(♂ \text{ e } ll) = 1/2 \times 1/2 \times 2/3 \times 1/2 = 2/24 = 1/12$$

Agora, reúna a sua equipe!

A estatística da saúde

Uma discussão de princípios surgiu com a possibilidade de a genética fornecer dados sobre a probabilidade de uma pessoa desenvolver determinadas doenças baseada em seu mapa genético.

De posse da informação do genoma de seus associados, planos de saúde poderiam estabelecer faixas de preço diferenciadas, dependendo da probabilidade maior ou menor de desenvolvimento de doenças que implicassem alto custo para tratamento, ou mesmo não aceitar segurados que estatisticamente pertencessem a determinados grupos de risco. Para as seguradoras, esse conhecimento significaria maior lucratividade... Mas e para os segurados?

Discuta com seu grupo de trabalho se seria ético os planos de saúde estabelecerem faixas de preço ou rejeitar/aceitar seus segurados com base em seu genoma. Por quê?

25-8. Alelos múltiplos na determinação de um caráter

Como sabemos, genes alelos são os que atuam na determinação de um mesmo caráter e estão presentes nos mesmos *loci* (plural de *locus*, do latim, local) em cromossomos homólogos. Até agora, estudamos casos em que só existiam dois tipos de alelo para uma dada característica (**alelos simples**), mas há casos em que mais de dois tipos de alelo estão presentes na determinação de um dado caráter na população. Esse tipo de herança é conhecido como **alelos múltiplos** (ou **polialelia**).

Apesar de poderem existir mais de dois alelos para a determinação de um dado caráter, um indivíduo diploide apresenta *apenas um par de alelos* para a determinação dessa característica, isto é, um alelo em cada *locus* do cromossomo que constitui o par homólogo.

São bastante frequentes os casos de alelos múltiplos tanto em animais como em vegetais, mas são clássicos os exemplos de polialelia na determinação da cor da pelagem em coelhos e na determinação dos grupos sanguíneos do sistema ABO em humanos.

Cor da pelagem em coelhos

Ao estudarmos a cor da pelagem em coelhos, notamos quatro fenótipos: *aguti* (ou selvagem), no qual os pelos possuem cor preta ou marrom-escuro; *chinchila*, em que a pelagem é cinzenta; *himalaia*, em que o corpo é coberto de pelos brancos à exceção das extremidades (orelhas, focinho, patas e cauda, em que os pelos são pretos), e *albino*, pelagem inteiramente branca. Esses quatro fenótipos devem-se a quatro genes diferentes: C (*aguti*), c^{ch} (chinchila), c^{h} (himalaia), c^{a} (albino). A relação de dominância entre esses genes é $C > c^{ch} > c^{h} > c^{a}$ (veja a Tabela 25-2).

Tabela 25-2. Os diferentes genótipos e seus correspondentes fenótipos na cor da pelagem de coelhos.

GENÓTIPOS	FENÓTIPOS
CC; Cc^{ch}; Cc^{h}; Cc^{a}	aguti (selvagem)
$c^{ch}c^{ch}$; $c^{ch}c^{h}$; $c^{ch}c^{a}$	chinchila
$c^{h}c^{h}$; $c^{h}c^{a}$	himalaia
$c^{a}c^{a}$	albino

aguti (selvagem)

VOLKER RAUCH/PANTHERMEDIA/KEYDISC

mutação

mutação

mutação

DOREEN ISRAEL/PANTHERMEDIA/KEYDISC

CHRISTINE SCHMUTZLER-SCHAUB/PANTHERMEDIA/KEYDISC

FABIO COLOMBINI

A cor da pelagem dos coelhos é um caso de alelos múltiplos.

A diferença na cor da pelagem do coelho em relação à cor da semente das ervilhas é que agora temos mais genes diferentes atuando (4), em relação aos dois genes clássicos. No entanto, é fundamental saber que a 1.ª Lei de Mendel continua sendo obedecida, isto é, para a determinação da cor da pelagem, o coelho terá dois dos quatro genes. A novidade é que o número de genótipos e fenótipos é maior quando comparado, por exemplo, com a cor da semente de ervilha.

O surgimento dos alelos múltiplos (polialelia) deve-se a uma das propriedades do material genético, que é a de sofrer mutações. Assim, acredita-se que a partir do gene *C* (aguti), por um erro acidental na autoduplicação do DNA, originou-se o gene c^{ch} (chinchila). A existência de alelos múltiplos é interessante para a espécie, pois haverá maior variabilidade genética, possibilitando mais oportunidade para a adaptação ao ambiente (seleção natural).

A título de exemplo, vamos propor um cruzamento com as respectivas proporções de genótipos e fenótipos (veja ao lado).

	aguti heterozigoto para himalaia			himalaia heterozigoto para albino	
P:	Cc^h		×	c^hc^a	
gametas:	C	c^h		c^h	c^a
F₁: genótipos:	Cc^h	Cc^a		c^hc^h	c^hc^a
fenótipos:	aguti	aguti		himalaia	himalaia
proporção:	1/2 (50%)			1/2 (50%)	

Acompanhe este exercício

Cruzando-se dois coelhos várias vezes e somando-se os F_1 resultantes, obtiveram-se 120 coelhos chinchilas e 111 albinos. Pergunta-se:

a) Qual é o provável genótipo dos coelhos cruzados?

b) Qual é a probabilidade de esse casal vir a ter 2 descendentes albinos, sendo o primeiro do sexo masculino e o segundo do sexo feminino?

c) Qual é a probabilidade de nascer dois coelhos albinos, um do sexo masculino e outro do sexo feminino?

Resolução:

a) Analisando o resultado dos descendentes de F_1, conclui-se que nasceram coelhos chinchilas e albinos na proporção aproximada de 1 : 1. Como os coelhos albinos só podem ter o genótipo c^ac^a, e lembrando que cada gene vem de um genitor, o casal cruzado (P) deve ser:

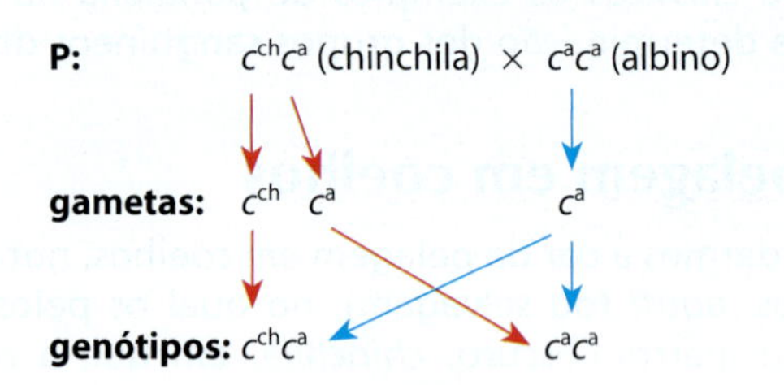

fenótipos: 1 chinchila : 1 albino

b) O fato de o pelo ser chinchila ou albino independe do sexo do animal. Então, podemos aplicar a regra do **E**. Repare que o enunciado impõe a ordem, isto é, o primeiro descendente tem de ser albino e do sexo feminino e o segundo descendente, albino e do sexo feminino. Logo,

primeiro descendente	**E**	segundo descendente	
albino e macho	×	albino e fêmea	
1/2 × 1/2	×	1/2 × 1/2	= 1/16

c) Neste caso, a ordem não importa; o primeiro descendente poderá ser do sexo masculino e o segundo do sexo feminino; no entanto, poderemos ter a ordem inversa, ou seja, o primeiro do sexo feminino e o segundo do sexo masculino. Então, aplicamos a regra do **OU**, pois a primeira ordem não exclui a segunda. Logo, a probabilidade de

1º albino	e	macho	e	2º albino	e	fêmea	**OU**	1º albino	e	fêmea	e	2º albino	e	macho	
1/2	×	1/2	×	1/2	×	1/2	+	1/2	×	1/2	×	1/2	×	1/2	= 2/16 = 1/8

Determinação dos grupos sanguíneos no sistema ABO

Na espécie humana, o caso mais conhecido de alelos múltiplos é o relacionado ao sistema sanguíneo ABO. Antes de a Genética ocupar-se do estudo de grupos sanguíneos, a realização de transfusões de sangue levou várias pessoas à morte. Descobriu-se que, muitas vezes, as transfusões provocavam reações do tipo antígeno-anticorpo, levando ao bloqueio de sangue em vasos de pequeno calibre. Nem toda transfusão era possível, evidenciando a existência de incompatibilidade sanguínea entre as pessoas. Cientistas como Karl Landsteiner muito contribuíram para tornar as transfusões sanguíneas viáveis.

Esse mesmo pesquisador classificou os tipos sanguíneos (fenótipos) em **A**, **B**, **AB** e **O**, segundo a presença ou não de tipos de glicoproteínas na superfície das hemácias. Essas glicoproteínas funcionam como antígenos se introduzidas em indivíduos de grupos diferentes e foram denominadas **aglutinogênios**. As aglutininas são anticorpos naturais do sistema ABO; isto é, não necessitam de uma estimulação (aglutinogênio) para serem produzidas.

Dessa forma, indivíduos de fenótipo **A** têm nas hemácias aglutinogênio **A** e no plasma **aglutinina anti-B**. Os do grupo **B** têm nas hemácias aglutinogênio **B** e no plasma **aglutinina anti-A**. Pessoas de fenótipo **AB** possuem os dois aglutinogênios e nenhuma das aglutininas. Finalmente, os indivíduos do grupo **O** não têm nenhum dos aglutinogênios nas hemácias, porém, têm as duas aglutininas no plasma (veja a Figura 25-9 e a Tabela 25-3).

> **Anote!**
>
> **Karl Landsteiner** nasceu em Viena em 1868 e morreu em Nova York em 1943. Desenvolveu inúmeros trabalhos em Imunologia, porém tornou-se famoso com seus estudos sobre os grupos sanguíneos. Foi consagrado com o Prêmio Nobel de Medicina/Fisiologia em 1930.

SANGUE TIPO A — membrana — HEMÁCIA — aglutinogênio A

SANGUE TIPO B — membrana — HEMÁCIA — aglutinogênio B

SANGUE TIPO AB — membrana — HEMÁCIA — aglutinogênio A — aglutinogênio B

SANGUE TIPO O — membrana — HEMÁCIA — ausência de aglutinogênio

LUIS MOURA/acervo da editora

Figura 25-9. Os aglutinogênios estão presentes na membrana das hemácias. (Cores-fantasia. Ilustrações fora de escala.)

Tabela 25-3. Os tipos sanguíneos do sistema ABO.

TIPO SANGUÍNEO	Aglutinogênios presentes nas hemácias	Aglutininas presentes no plasma
A	A	anti-B
B	B	anti-A
AB	A e B	nenhuma
O	nenhum	anti-A e anti-B

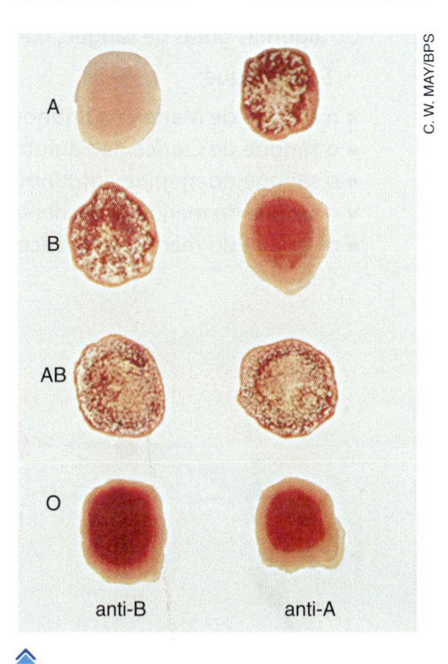

Um método para descobrir o tipo sanguíneo é testar amostras de sangue com aglutininas anti-A e anti-B e observar quando há ou não aglutinação.

> **Estabelecendo conexões!**
>
> **Os cuidados nas transfusões de sangue**
>
> Esclarecido o mecanismo que conduz à incompatibilidade, é fundamental o conhecimento prévio do tipo sanguíneo de doadores e receptores para evitar qualquer tipo de acidente envolvendo transfusões. Por exemplo: pessoas de sangue tipo A não podem doar sangue para pessoas com tipo sanguíneo B ou O, já que no plasma dos receptores existem aglutininas anti-A. Sangue tipo A poderá ser doado para receptores de tipo A ou AB, já que nesses casos não existe a aglutinina anti-A no plasma.
>
> Por sua vez, pessoas de tipo sanguíneo O são **doadores universais**, uma vez que não possuem nenhum dos aglutinogênios nas hemácias. Pessoas do tipo AB, por não possuírem nem aglutinina anti-A nem aglutinina anti-B, atuam como **receptores universais**. Nesse caso, permanece uma dúvida: se for introduzido sangue tipo A (que possui aglutinina anti-B) em um receptor AB, haverá reação de aglutinação? Não, e é simples entender o motivo: de modo geral, o volume sanguíneo transfundido é pequeno. A tendência, portanto, é haver uma diluição das aglutininas no grande volume sanguíneo do receptor ou, ainda, a sua retenção nos tecidos, tornando improvável a ocorrência de aglutinação.

Herança dos grupos sanguíneos no sistema ABO

A produção de aglutinogênios A e B é determinada, respectivamente, pelos genes I^A e I^B. Um terceiro gene, chamado i, condiciona a não produção de aglutinogênios. Trata-se, portanto, de um caso de alelos múltiplos. Entre os genes I^A e I^B há codominância ($I^A = I^B$), mas cada um deles domina o gene i ($I^A > i$ e $I^B > i$). (Veja a Tabela 25-4.)

Com base nesses conhecimentos, fica claro que, se uma pessoa do tipo sanguíneo A recebesse sangue tipo B, as hemácias contidas no sangue doado seriam aglutinadas pelas aglutininas anti-B do receptor, e vice-versa.

Tabela 25-4. Possíveis fenótipos e genótipos do sistema ABO.

GENÓTIPOS	FENÓTIPOS
A	I^AI^A, I^Ai
B	I^BI^B, I^Bi
AB	I^AI^B
O	ii

Acompanhe estes exercícios

1. Em determinada maternidade, Marlene suspeita que houve troca de bebês – seu verdadeiro filho estaria com Clarice. Como identificar os possíveis pais de cada criança e resolver se houve ou não troca de bebês?

Resolução:

A direção da maternidade decidiu colher sangue das duas mulheres envolvidas, da criança que a mãe não reconhece como sendo sua e dos dois homens considerados os pais. O procedimento adotado para solucionar a identificação foi pingar soros anti-A e anti-B em uma lâmina contendo algumas gotas de sangue, conforme o esquema abaixo.

Sabe-se que:

- o sangue de Marlene aglutinou apenas em I
- o sangue de Clarice não aglutinou nem em I nem em II
- o sangue do menino aglutinou em I e II
- o sangue do marido de Marlene aglutinou em I e II
- o sangue do marido de Clarice aglutinou apenas em I

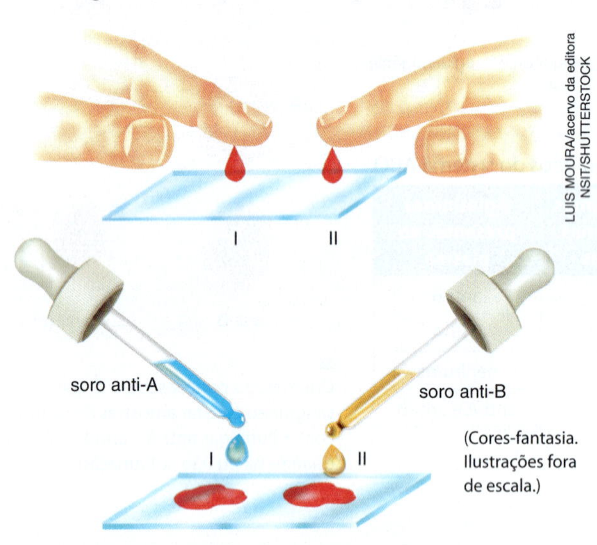

LUIS MOURA/acervo da editora NSIT/SHUTTERSTOCK

(Cores-fantasia. Ilustrações fora de escala.)

a. No sangue de Marlene existe aglutinogênio A nas hemácias, uma vez que houve aglutinação com o soro anti-A. Marlene possui tipo sanguíneo A.

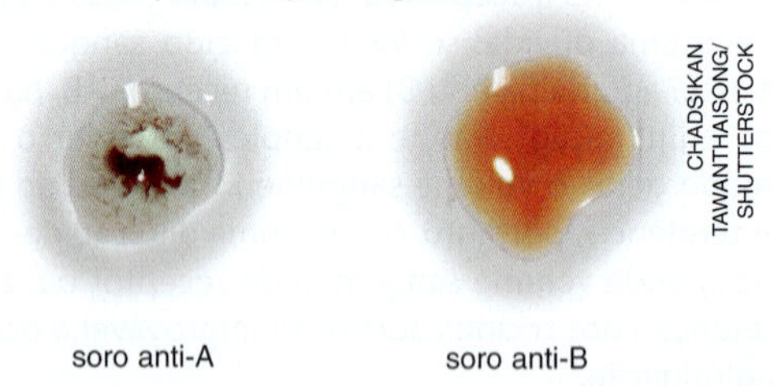

CHADSIKAN TAWANTHAISONG/ SHUTTERSTOCK

b. No sangue do suposto filho existem os aglutinogênios A e B, já que houve aglutinação com os dois soros. A criança é do tipo sanguíneo AB.

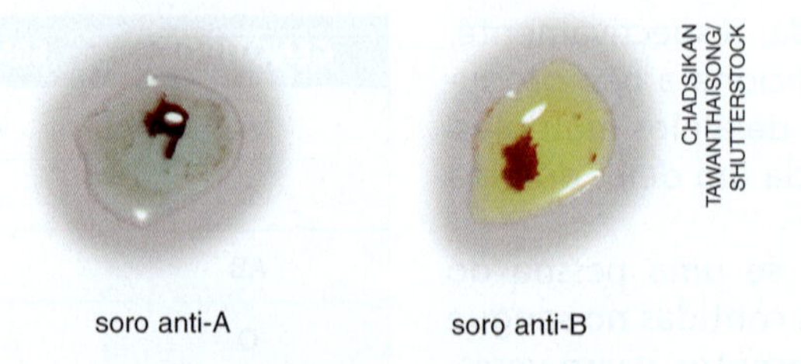

CHADSIKAN TAWANTHAISONG/ SHUTTERSTOCK

c. O sangue do marido de Marlene aglutinou nos dois soros. O marido possui tipo sanguíneo AB.

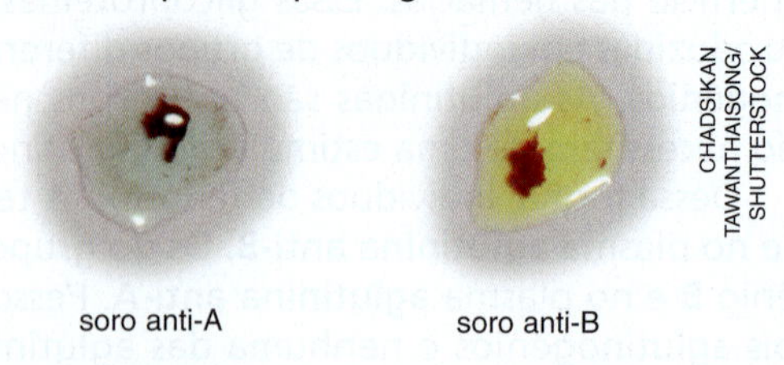

CHADSIKAN TAWANTHAISONG/ SHUTTERSTOCK

d. O sangue do marido de Clarice aglutinou apenas no soro anti-A. Ele possui tipo sanguíneo A.

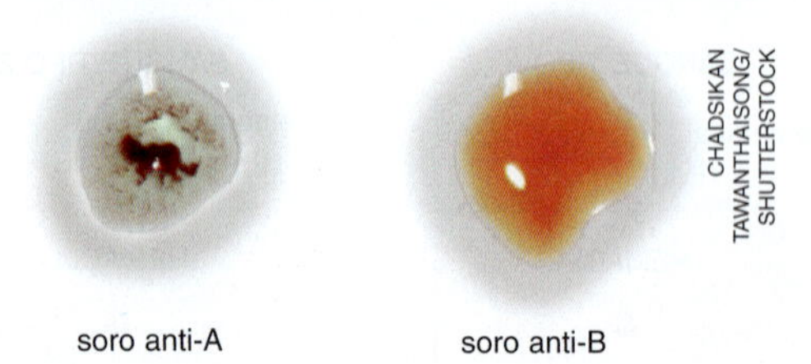

CHADSIKAN TAWANTHAISONG/ SHUTTERSTOCK

e. O sangue de Clarice não aglutinou em nenhum dos soros. O tipo sanguíneo dela é O.

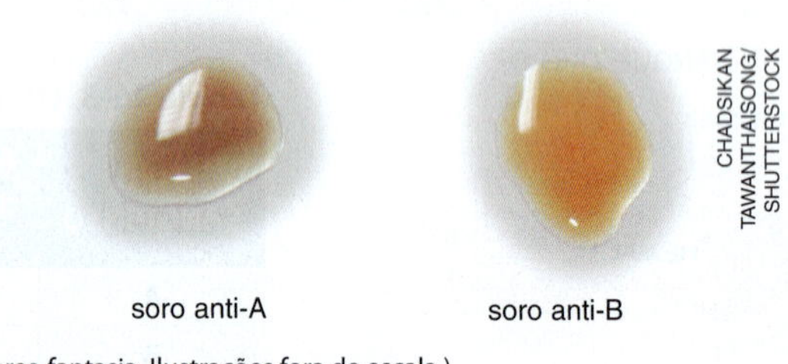

CHADSIKAN TAWANTHAISONG/ SHUTTERSTOCK

(Cores-fantasia. Ilustrações fora de escala.)

Com todos os fenótipos conhecidos, podemos montar o cruzamento, relacionando com os possíveis genótipos.

É possível concluir que o marido de Clarice seguramente não é o pai da criança, nem Clarice é a mãe.

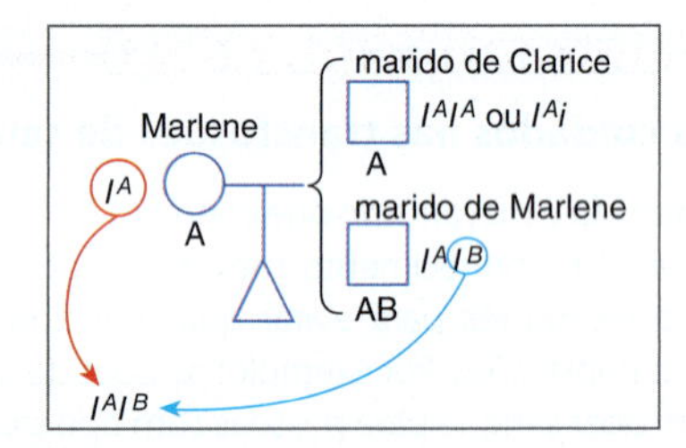

O marido de Marlene *provavelmente* é o pai, uma vez que possui tipo sanguíneo AB, tendo transferido o gene I^B para o menino, e Marlene provavelmente é a mãe da criança, uma vez que é do grupo sanguíneo A e poderia ter transmitido o gene I^A para o filho.

2. Um casal em que o marido é do tipo sanguíneo A, filho de pais AB e cuja esposa é do tipo B, filha de pai AB e mãe O, deseja saber a probabilidade de ter duas crianças, a primeira do sexo masculino e tipo sanguíneo AB, e a segunda do sexo feminino e do grupo A.

Resolução:

A genealogia referente a essa família está representada abaixo. Note que se trata de eventos independentes nos quais importa a ordem dos eventos: a probabilidade obtida para a primeira criança (AB e sexo masculino) deve ser multiplicada pela probabilidade obtida para a segunda (A e sexo feminino).

Para a primeira criança ser do grupo AB, depende da probabilidade de que a mãe produza gametas I^B (P = 1/2), já que o pai, sendo I^AI^A, produzirá apenas gametas I^A; a probabilidade de ser do sexo masculino é igual a 1/2. Logo, P(♂ e AB) = 1/2 × 1/2 = 1/4. Seguindo o mesmo raciocínio, para a segunda criança ser do grupo A, depende da probabilidade de que a mãe produza gametas *i* (P = 1/2); a probabilidade de ser do sexo feminino é 1/2. Logo, P(♀ e A) = 1/2 × 1/2 = 1/4.

Para que os eventos aconteçam nessa ordem, devemos considerar a probabilidade do primeiro e a do segundo, isto é,

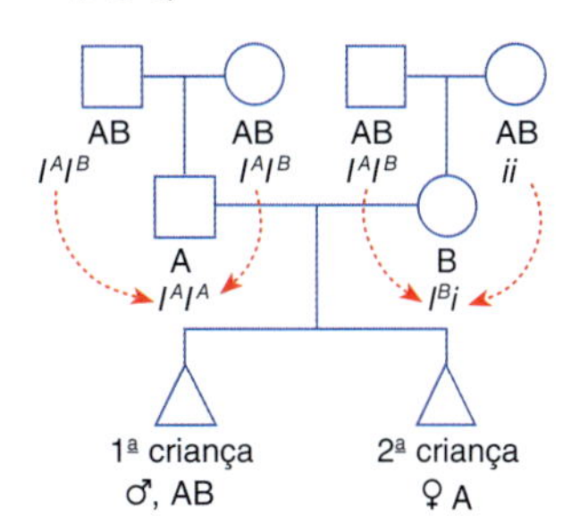

$$P(♂, AB) = \frac{1}{2} \times \frac{1}{2} = \frac{1}{4}$$

$$P(♀, A) = \frac{1}{2} \times \frac{1}{2} = \frac{1}{4}$$

$$P(♂ \text{ e } AB) \text{ e } P(♀ \text{ e } A) = \frac{1}{4} \times \frac{1}{4} = \frac{1}{16}$$

Sistema Rh de grupos sanguíneos

Trabalhando com sangue de macacas *Rhesus*, Landsteiner, Wiener e colaboradores descobriram outro grupo sanguíneo, que recebeu o nome de grupo Rh (em alusão ao nome das macacas). Após efetuarem várias injeções de sangue de *Rhesus* em cobaias e coelhos, verificaram que esses animais ficavam sensibilizados e produziam um anticorpo que provocava a aglutinação das hemácias.

Seus estudos levaram à conclusão de que na superfície das hemácias das macacas existia um antígeno, denominado de **fator Rh**, que estimulava a produção de anticorpos (**anti-Rh**), responsáveis pela aglutinação das hemácias nos coelhos e cobaias.

Ao analisar o sangue humano, verificou-se que 85% da população apresenta o **fator Rh** nas hemácias e são classificados como indivíduos do grupo sanguíneo Rh^+. Os 15% restantes não têm o fator Rh e são indivíduos Rh^-. Veja a Figura 25-10.

Ao contrário do que ocorre no sistema ABO, os anticorpos anti-Rh não são naturais. Isso quer dizer que sua produção deve ser decorrente de uma sensibilidade prévia. Assim, se uma pessoa Rh^- receber sangue Rh^+ em uma primeira transfusão, ela será sensibilizada e produzirá anticorpos anti-Rh. No caso de haver uma segunda transfusão de sangue Rh^+, poderá ocorrer destruição das hemácias no organismo receptor, revelando incompatibilidade sanguínea.

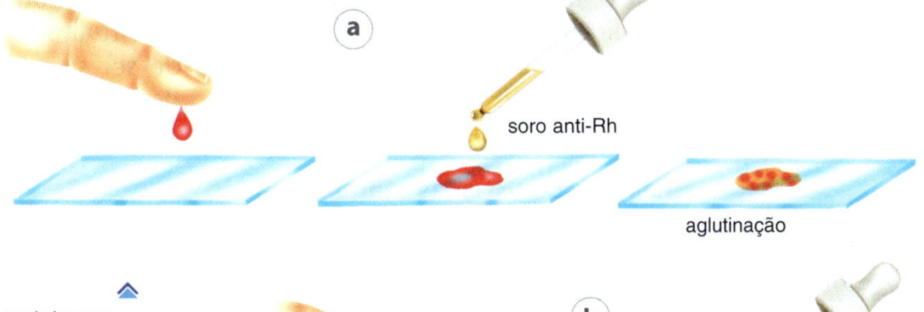

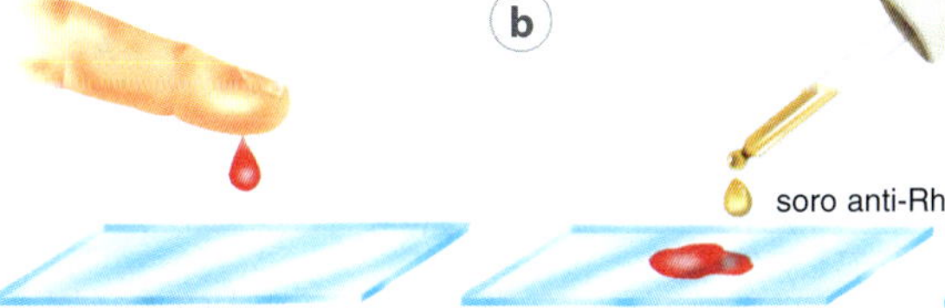

Figura 25-10. Se, em contato com o soro anti-Rh, as hemácias do sangue sofrem aglutinação (a), é porque existe fator Rh no sangue, e este é classificado como Rh^+. Quando não sofrem aglutinação (b), há ausência de fator Rh nas hemácias e esse sangue é classificado como Rh^-. (Cores-fantasia. Ilustrações fora de escala.)

Herança do sistema Rh

Três pares de genes estão envolvidos na herança do fator Rh, tratando-se, portanto, de um caso de alelos múl-tiplos. Para simplificar, no entanto, considera-se o envolvimento de apenas um desses pares na produção do fator Rh, motivo pelo qual passa a ser considerado um caso de herança mendeliana simples. O gene *R*, dominante, determina a presença do fator Rh, enquanto o gene *r*, recessivo, condiciona a ausência do referido fator (veja a Tabela 25-5).

Tabela 25-5. Os possíveis fenótipos e genótipos relacionados ao sistema Rh.

GENÓTIPOS	FENÓTIPOS
Rh^+	*RR*, *Rr*
Rh^-	*rr*

Doença hemolítica do recém-nascido (eritroblastose fetal)

A doença hemolítica do recém-nascido, também chamada de **eritroblastose fetal**, ocorre em crianças Rh⁺ filhas de mães Rh⁻. Nessas condições, se houver passagem de hemácias fetais contendo fator Rh para o sangue materno, há sensibilização da mãe, que passa a produzir anticorpos anti-Rh. Ao cruzarem a placenta (veja a Figura 25-11), esses anticorpos atingem a corrente sanguínea do feto e provocam a ruptura de hemácias fetais (hemólise).

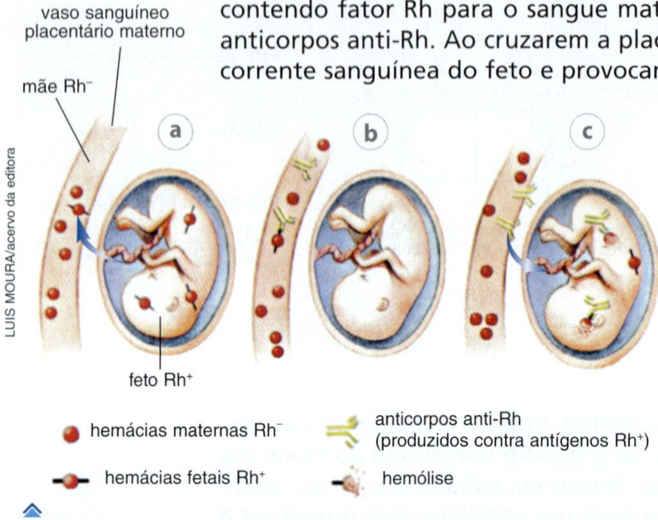

Figura 25-11. Em (a), hemácias do feto ( ) ultrapassam a barreira placentária e estimulam a formação de anticorpos maternos ( ). Em uma gravidez posterior (b), caso o feto seja Rh⁺, (c) os anticorpos maternos reagem com os antígenos das hemácias, levando-as à destruição. (Cores-fantasia. Ilustrações fora de escala.)

De modo geral, a eritroblastose é constatada a partir da segunda gestação de mães Rh⁻. É fácil entender o porquê. Normalmente, nas trocas entre os sangues materno e fetal, verifica-se apenas a passagem de anticorpos e outras substâncias (nutrientes, álcool, O_2, nicotina, CO_2 etc.). As células não conseguem cruzar a barreira placentária. No entanto, próximo ao fim da gravidez, é comum a ocorrência de algumas rupturas placentárias, que favorecem a passagem de sangue do feto para a mãe. Outra possibilidade é que, durante o trabalho de parto, com a ruptura e o desprendimento da placenta, os sangues materno e fetal se misturem. Esses fatos explicam por que o primeiro filho de mulheres Rh⁻ geralmente não apresenta a doença hemolítica. Na primeira gestação, a quantidade de hemácias que atingem a corrente sanguínea materna é pequena e a sensibilização demora a acontecer.

No entanto, se após a primeira gravidez – em que a mãe Rh⁻ ficou sensibilizada por ter um filho Rh⁺ – ocorrer uma segunda gravidez em que o feto também seja Rh⁺, haverá a passagem de anticorpos anti-Rh pela placenta em direção ao sangue fetal, iniciando-se uma destruição maciça de hemácias fetais (hemólise).

Anote!

Na eritroblastose fetal, a criança é sempre heterozigota (*Rr*), o gene *r* é herdado da mãe (*rr*) e o *R* é proveniente do pai (*R*⁻).

Nesses casos, pode haver – em decorrência da destruição da hemoglobina fetal – liberação de pigmentos prejudiciais a alguns órgãos do feto, notadamente o cérebro.

Atualmente, para evitar a eritroblastose fetal, imediatamente após o primeiro parto, a mãe recebe uma injeção de soro contendo anticorpos anti-Rh que destruirão as hemácias Rh⁺ do feto que eventualmente tenham passado para o sangue dela. Assim, a mãe deixará de ser sensibilizada e, em uma segunda gravidez, o feto não correrá o risco de ter a doença.

Saiba mais!

Resumo de sistemas sanguíneos

Sistema ABO

FENÓTIPOS	GENÓTIPOS	AGLUTINOGÊNIO NAS HEMÁCIAS	AGLUTININAS NO PLASMA
A	I^AI^A, I^Ai	A	anti-B
B	I^BI^B, I^Bi	B	anti-A
AB	I^AI^B	A e B	não há
O	*ii*	não há	anti-A e anti-B

Transfusões

O → O: doador universal
O → A, O → B, O → AB
A ⇄ A, A → AB
B ⇄ B, B → AB
AB → AB: receptor universal

Sistema Rh

FENÓTIPOS	GENÓTIPOS	FATOR RH NAS HEMÁCIAS	ANTI-RH
Rh⁺	*RR*, *Rr*	sim	não
Rh⁻	*rr*	não	após sensibilização

Eritroblastose fetal: mãe Rh⁻, feto Rh⁺

Sistema MN

FENÓTIPOS	GENÓTIPOS	FATOR NAS HEMÁCIAS
M	L^ML^M	fator M
N	L^NL^N	fator N
MN	L^ML^N	fator M e fator N

A produção de anticorpos anti-M ou anti-N ocorre após sensibilização, como acontece com o sistema Rh. Assim, não haverá reação de incompatibilidade se uma pessoa que pertence ao grupo M, por exemplo, receber sangue tipo N, a não ser que ela esteja sensibilizada por transfusão anterior.

Questão socioambiental

Doação de sangue

Ninguém está livre de precisar de uma transfusão de sangue. Ninguém está livre de sofrer um acidente, de passar por uma cirurgia ou por um procedimento médico em que a transfusão seja absolutamente indispensável.

Como não existe sangue sintético produzido em laboratórios, quem precisa de transfusão tem de contar com a boa vontade de doadores, uma vez que nada substitui o sangue verdadeiro retirado das veias de outro ser humano.

Todos sabemos que é importante doar sangue. Mas, quando chega a nossa vez, sempre encontramos uma desculpa – hoje está frio ou não estou disposto; nesses últimos dias tenho trabalhado muito e ando cansado; será que esse sangue não me vai fazer falta... – e vamos adiando a doação que poderia salvar a vida de uma pessoa.

Sempre é bom frisar que o sangue doado não faz falta para o doador. Consequentemente, nada justifica que as pessoas deixem de doá-lo. O processo é simples, rápido e seguro.

Fonte: Dra. Maria Angélica Soares é médica, coordenadora do Hemocentro do Hospital São Paulo da UNIFESP, Universidade Federal do Estado de São Paulo. *Disponível em:* <http://drauziovarella.uol.com.br/entrevistas-2/doacao-de-sangue-entrevista/#:~:text=Todos%20sabemos%20que%20%C3%A9%20importante%20doar%20sangue.,a%20vida%20de%20uma%20pessoa>. Acesso em: 9 set. 2021.

Como você acaba de ler, ninguém está de livre de necessitar de sangue. Independentemente das condições para ser um doador de sangue (é preciso ter entre 16 e 67 anos e pesar, no mínimo, 50 kg), você se tornaria um? Justifique sua resposta.

ATIVIDADES

A CAMINHO DO ENEM

1. A capacidade de enrolar a língua é uma característica hereditária que segue as leis mendelianas. João não é capaz de enrolar a língua, mas sua irmã Cláudia é. Os genitores de João e Cláudia enrolam a língua, bem como seus avós. Uma tia paterna e um tio paterno dos irmãos não enrolam a língua.
Com base no texto determine o(s) indivíduo(s) cujo genótipo não pode ser identificado.

a) Os avós.
b) A tia paterna e o tio materno.
c) João e Cláudia.
d) Apenas Cláudia.
e) Os genitores de João e de Cláudia.

2. (Enem) Em um grupo de roedores, a presença de um gene dominante (A) determina indivíduos com pelagem na cor amarela. Entretanto, em homozigose é letal, ou seja, provoca a morte dos indivíduos no útero. Já o alelo recessivo (a) não é letal e determina a presença de pelos pretos. Com base nessas informações, considere o heredograma:

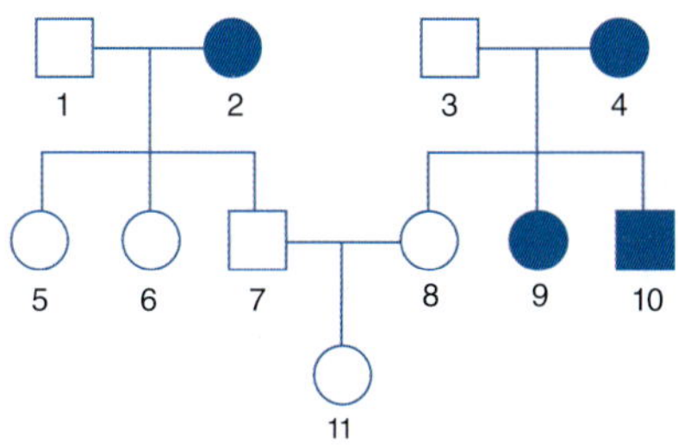

Qual é a probabilidade de, na próxima ninhada do casal de roedores que está representado na figura pelos números 7e 8, nascer uma fêmea de pelagem amarela (representada pelo número 11)?

a) 1/4 (25%)
b) 1/3 (33%)
c) 1/2 (50%)
d) 2/3 (66%)
e) 3/4 (75%)

Analise cuidadosamente o texto abaixo e responda às questões de **3** a **5**.

Nos cachorros, os alelos A^a determinam uma pelagem de pigmento escuro sobre todo o corpo do cão. O alelo A^b diminui a intensidade da pigmentação e reduz a pelagem para um tom bronzeado. O alelo A^c determina um padrão malhado bronzeado-preto; bronzeado-marrom etc.

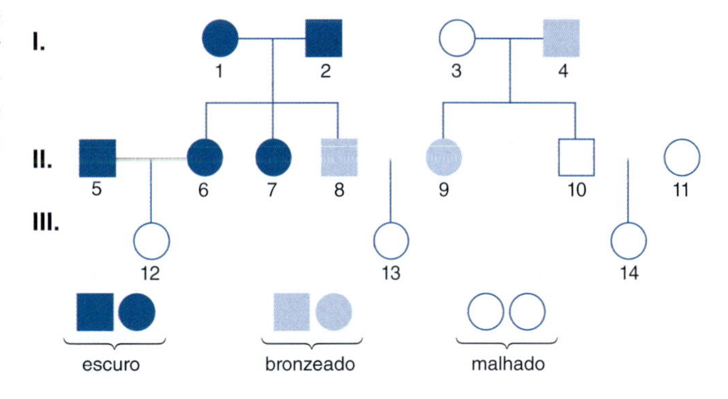

3. A herança apresentada no heredograma está de acordo com

a) Primeira Lei de Mendel.
b) alelos múltiplos.
c) Primeira Lei de Mendel com codominância.
d) alelos múltiplos com genes letais.
e) retrocruzamento.

4. Assinale a alternativa correta que indica a sequência de dominância:

a) $A^c > A^b > A^a$. c) $A^a > A^b > A^c$. e) $A^a > A^c > A^b$.
b) $A^b > A^c > A^a$. d) $A^b > A^a > A^c$.

5. Aponte a alternativa que indica os genótipos que não podem ser determinados com segurança

a) I-1 e I-2. c) II-7. e) II-10 e II-11.
b) I-4. d) II-8 e II-9.

6. (Enem) Uma mãe após o primeiro parto recebeu imediatamente uma injeção de soro contendo anticorpos anti-Rh para destruir as hemácias do feto, que eventualmente tenham passado para o seu sangue. Essa senhora, ao engravidar pela segunda vez, devido ao tratamento submetido, o seu bebe não correu risco de eritroblastose fetal. Nessa situação é correto afirmar que o genótipo do pai, da mãe e do 2º filho é, respectivamente:

a) *Rr* *rr* *RR*
b) *RR* *Rr* *rr*
c) *Rr* *Rr* *rr*
d) *RR* *rr* *Rr*
e) *rr* *Rr* *Rr*

TESTE SEUS CONHECIMENTOS

1. (UVV – ES) Todas as características de um indivíduo são herdadas de seus pais ou de gerações anteriores, sendo algumas visíveis, como cor da pele, e outras não, como o grupo sanguíneo. Indivíduos podem ainda apresentar probabilidade de desenvolver determinadas doenças como: obesidade, diabetes, mal de Alzheimer, entre outras. Por meio de experiências, a partir de meados do século XIX, Gregor Mendel lançou as bases para a compreensão dos mecanismos de herança e suas conclusões foram confirmadas por outros pesquisadores, resultando na Primeira Lei de Mendel.

Adaptado de: SILVA JUNIOR, C.; SASSON, S.; CALDINI JUNIOR, N. *Biologia*. 6. ed. São Paulo: Saraiva, 2015. p. 652-656. LOPES, S.; ROSSO, S. *Bio*. 3.ed. São Paulo: Saraiva, 2013 p. 248-250.

Considere seus conhecimentos sobre os experimentos e a Primeira Lei de Mendel e assinale a afirmativa correta.

a) A geração P (pais), que deu início ao experimento de Mendel, era constituído de plantas puras que produziam sementes de cor púrpura.
b) Entre outras características utilizadas por Mendel, estão a forma da vagem da ervilha que era áspera ou lisa e a cor, púrpura ou branca.
c) A geração F2, nos experimentos de Mendel, resultou em 50% de sementes ásperas e 50% de sementes lisas, sem nenhuma cor.
d) Cada característica genética de um organismo é condicionada por dois fatores, um proveniente do pai e outro, da mãe.
e) Os dois fatores dos pais não se separam e são transmitidos para cada gameta no momento de sua formação.

2. (Unicamp – SP) A "maravilha" (*Mirabilis jalapa*) é uma planta ornamental que pode apresentar três tipos de fenótipo: plantas com ramos verde-escuro, plantas com ramos brancos e plantas mescladas. Plantas mescladas possuem ramos verde-escuro, ramos brancos e ramos variegados. Como mostra a figura a seguir, todas as células de ramos verde-escuro possuem cloroplastos normais (com clorofila). Todas as células de ramos brancos possuem cloroplastos mutantes (sem clorofila). Ramos variegados contêm células com cloroplastos normais, células com cloroplastos mutantes e células com ambos os tipos de cloroplasto.

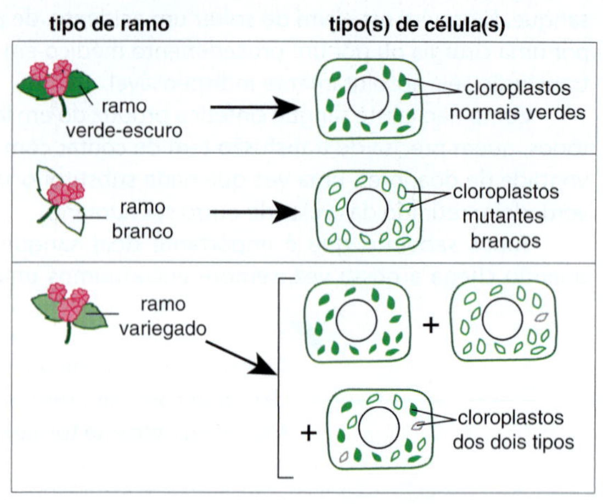

Disponível em:<http://www.chegg.com/homework-help/>.

Na formação de sementes, os cloroplastos são herdados apenas dos óvulos. A progênie resultante da fertilização de óvulos de flores presentes em um ramo variegado com pólen proveniente de flores de um ramo verde-escuro conterá:

a) apenas plantas com ramos de folhas brancas.
b) plantas dos três tipos fenotípicos.
c) apenas plantas mescladas.
d) apenas plantas com ramos de folhas verde-escuro.

3. (Fameca – SP) Em moscas *Drosophila melanogaster*, o tamanho dos olhos pode ser do tipo "selvagem", "infrabar" ou "ultrabar", de acordo com o número de facetas que constituem os olhos compostos. Dependendo da temperatura em que uma mosca se desenvolve, o número de facetas em um mesmo tipo de olho pode variar, conforme indicado no gráfico.

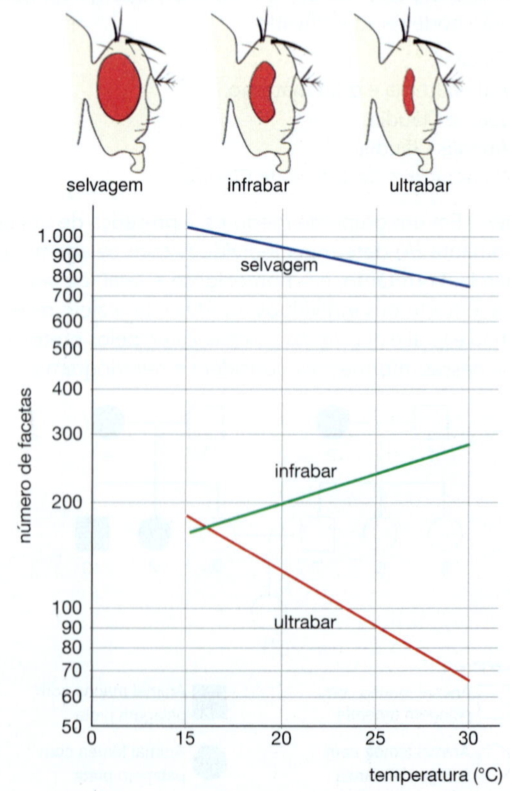

Adaptado de: GRIFFITHS, A. J. F. *et al. Introdução à genética*, 2006.

Sobre a variação do número de facetas nos olhos de uma *Drosophila melanogaster*, é correto afirmar que:

a) o fenótipo de uma mosca adulta será alterado se ela for submetida a temperaturas mais altas.
b) o genótipo de uma mosca pode ser alterado conforme o ambiente em que ela se desenvolve.
c) o genótipo de uma mosca não manifesta o mesmo fenótipo que uma mosca com outro genótipo.
d) o mesmo fenótipo pode ser produzido por genótipos diferentes conforme o ambiente em que a mosca se desenvolve.
e) o genótipo e o fenótipo de uma mosca podem ser inferidos pelo valor da temperatura.

4. (Acafe – SC) Recém-nascidos devem fazer teste do pezinho até o 5º dia de vida. O Ministério da Saúde lança uma campanha de conscientização para que todos os recém-nascidos façam o teste do pezinho entre o terceiro e quinto dia de vida. De acordo com o ministério, a realização do teste, nesse período, é importante por identificar seis doenças genéticas ou congênitas passíveis de tratamento, mas que não apresentam evidências clínicas ao nascimento: fenilcetonúria, hipotireoidismo congênito, doença falciforme, fibrose cística, hiperplasia adrenal congênita e deficiência de biotinidase. Quanto mais cedo as doenças forem identificadas e tratadas, maior a possibilidade de evitar sequelas nas crianças, como deficiência mental, microcefalia, convulsões, comportamento autista, fibrosamento do pulmão, crises epiléticas, entre outras complicações e até a morte.

Portal Brasil, 12 out. 2016. *Disponível em:* <http://www.brasil.gov.br/saude>.

Analise as afirmações a seguir.

I. A fenilcetonúria é um dos erros inatos do metabolismo de herança genética recessiva. A probabilidade de nascer uma menina fenilcetonúrica de um casal em que a mulher é normal, mas possui um irmão fenilcetonúrico, e o marido normal, mas possui a irmã fenilcetonúrica, é de 1/8.
II. Hipotireoidismo congênito é uma doença caracterizada pela incapacidade da glândula tireóidea do recém-nascido produzir quantidades adequadas de hormônios T3 e T4, que resulta numa redução generalizada dos processos metabólicos.
III. A doença falciforme (DF) é causada por um defeito na estrutura da hemoglobina, que leva as hemácias a assumirem forma de lua minguante. Indivíduos heterozigotos possuem hemoglobina normal (HbA) e hemoglobina alterada (HbS), isso significa que a pessoa herdou de um dos pais o gene para hemoglobina A e do outro, o gene para hemoglobina S.
IV. As glândulas adrenais ou suprarrenais são constituídas por dois tecidos secretores bastante distintos. Um deles forma a parte externa da glândula, a medula, enquanto o outro, forma a sua porção mais interna, o córtex. O córtex das adrenais produz dois hormônios principais: a adrenalina (ou epinefrina) e a noradrenalina (ou norepinefrina).

Todas as afirmações estão **corretas** em:

a) II – IV.
b) III – IV.
c) II – III.
d) I – II – III.

5. (UFSC) A figura a seguir apresenta uma genealogia hipotética.

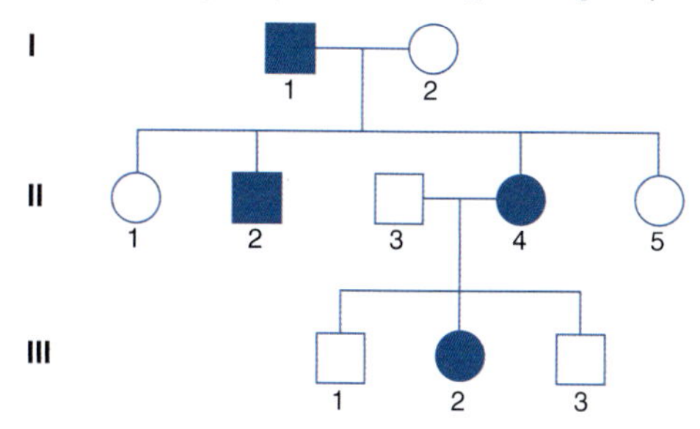

Com relação a essa figura, indique as alternativas corretas e dê sua soma no final.

(01) Os indivíduos II-3 e II-4 representam, respectivamente, um homem e uma mulher.
(02) Os indivíduos I-1 e II-2, por exemplo, são indivíduos afetados pela característica que está sendo estudada, enquanto II-1 e III-3 não o são.
(04) III-1 é neto de I-1 e I-2.
(08) III-2 é sobrinho de II-5.
(16) II-3 não tem nenhuma relação genética com I-2.
(32) II-1 é mais jovem do que II-5.
(64) Com exceção de II-3, os demais indivíduos da segunda geração são irmãos.

6. (Unifip – PB) A lei de segregação estabelece que os genes se distribuem sem se combinar. A partir da compreensão dos princípios fundamentais da hereditariedade de Gregor J. Mendel, um cruzamento realizado entre os progenitores (P) com ervilhas amarelas e verdes, constatou-se que todos os híbridos da primeira geração (F_1) eram ervilhas amarelas, ou seja, apenas a coloração de um dos progenitores se manifestou. No segundo cruzamento (F_2), as ervilhas apresentavam as características dos seus antepassados em uma proporção de:

a) 75% de ervilhas amarelas e 25% de ervilhas verdes (uma razão 3 : 1).
b) 50% de ervilhas amarelas e 50% de ervilhas verdes (uma razão 2 : 2).
c) 75% de ervilhas verdes e 25% de ervilhas amarelas (uma razão 3 : 1).
d) 25% de ervilhas verdes e 75% de ervilhas amarelas (uma razão 1 : 3).
e) 50% de ervilhas verdes e 50% de ervilhas amarela (uma razão 2 : 2)

7. (Faminas – MG) Marília apresenta uma herança monogênica conhecida por albinismo. Há alguns anos se casou com João que é normal e filho de pais heterozigotos. Eles estão pretendendo ter filhos. Qual é a probabilidade de esse casal ter um filho com a mesma característica genética da mãe?

a) 1/2. b) 1/3. c) 1/4. d) 2/3.

8. (Unicentro – PR)

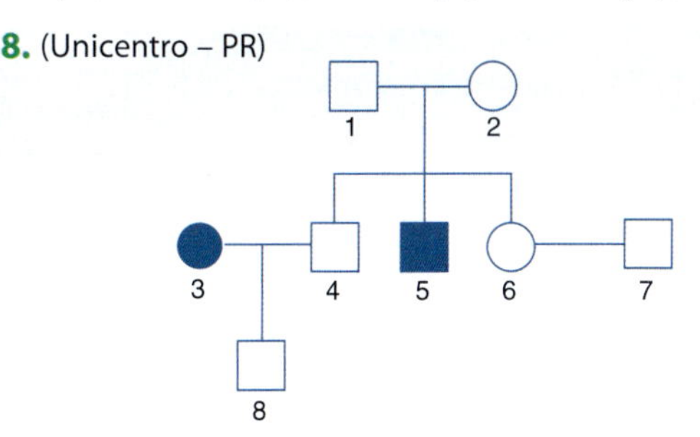

Observando-se o heredograma em destaque de determinada família, a possibilidade do indivíduo 8 ser heterozigoto é de:

a) 25%. b) 33%. c) 66,7%. d) 75%. e) 100%.

9. (UVV – ES) Na raça de gatos Manx, a ausência da cauda é determinada pela presença do gene "A", que é letal em homozigose. O genótipo heterozigoto determina o fenótipo sem cauda, enquanto o alelo "a" condiciona ao fenótipo de cauda normal quando em homozigose.

As proporções esperadas, de filhotes vivos, de um cruzamento de um casal de heterozigotos, para o fenótipo sem cauda e com cauda, na progênie, são, respectivamente,

a) 3/4 e 1/4. c) 2/3 e 1/3. e) 1/3 e 3/4.
b) 1/4 e 2/4. d) 2/4 e 1/4.

10. (Unesp) O Ministério da Saúde convoca a população brasileira a manter permanentemente a mobilização nacional pelo combate ao *Aedes aegypti*, mosquito transmissor de quatro tipos de dengue, zika, chikungunya e febre amarela. O período do verão é o mais propício à proliferação do mosquito, por causa das chuvas, e consequentemente é a época de maior risco de infecção por essas doenças. No entanto, a recomendação é não descuidar nenhum dia do ano.

Adaptado de: <http://portalms.saude.gov.br>.

Uma pessoa contraiu febre amarela, tratou-se e, algum tempo depois, contraiu dengue tipo 2. Supondo que essa pessoa resida em uma cidade onde circulam com a mesma prevalência os vírus causadores de todas essas doenças, e que essa pessoa venha a adquirir duas delas, a probabilidade de que essas doenças sejam dengue e chikungunya, nessa ordem, é:

a) 25%. b) 5%. c) 15%. d) 10%. e) 30%.

11. (Fadi – SP) A doença de Wilson é uma condição hereditária autossômica recessiva monogênica que leva ao acúmulo de cobre no organismo. Os portadores dessa enfermidade apresentam sintomas hepáticos e neuropsiquiátricos. Carla, filha de pai afetado pela doença de Wilson, casou-se com Arnaldo. Sabendo que Arnaldo já teve um filho, de outro casamento, que apresentou doença de Wilson, calcule a probabilidade de esse casal, fenotipicamente normal, ter uma criança portadora da doença de Wilson e do sexo feminino.

a) 1/2 b) 1/4 c) 1/6 d) 1/8 e) 1/16

12. (FMJ – SP) Em uma espécie de besouros, a cor é determinada pelos alelos múltiplos autossômicos W^t, W^v e W^a, que determinam as cores turquesa, verde e azul, respectivamente. Em laboratório, foram realizados três cruzamentos entre indivíduos selecionados e a porcentagem fenotípica da prole foi definida conforme mostra a tabela.

CRUZAMENTOS	INDIVÍDUOS CRUZADOS		PORCENTAGEM FENOTÍPICA
	Macho	Fêmea	
1ª	verde homozigótico	azul homozigótica	100% azuis
2ª	verde homozigótico	turquesa homozigótica	100% verdes
3ª	azul homozigótico	verde heterozigótica	50% azuis e 50% verdes

a) Qual é a relação de dominância entre os genes citados no texto?

b) Para o terceiro cruzamento, determine o genótipo do macho e o genótipo da fêmea.

c) Do cruzamento entre besouros verdes e azuis, filhos de uma mãe turquesa, foi gerada uma prole com 200 besouros. Quantos besouros verdes são esperados nessa prole?

13. (UNICAMP – SP) Um *reality show* americano mostra seis membros da família Roloff, na qual um dos pais sofre de um tipo diferente de nanismo. Matt, o pai, tem displasia diastrófica, doença autossômica recessiva (*dd*). Amy, a mãe, tem acondroplasia, doença autossômica dominante (*A_*), a forma mais comum de nanismo, que ocorre em um de cada 15.000 recém-nascidos. Matt e Amy têm quatro filhos: Jeremy, Zachary, Molly e Jacob.

a) Jeremy e Zachary são gêmeos, porém apenas Zachary sofre do mesmo problema que a mãe. Qual é a probabilidade de Amy e Matt terem outro filho ou filha com acondroplasia? Qual é a probabilidade de o casal ter filho ou filha com displasia diastrófica? Explique.

b) Os outros dois filhos, Molly e Jacob, não apresentam nanismo. Se eles se casarem com pessoas normais homozigotas, qual é a probabilidade de eles terem filhos diastróficos? E com acondroplasia? Dê o genótipo dos filhos.

14. (UNESP) Em coelhos, os alelos C, c^{ch}, c^h e c^a condicionam, respectivamente, pelagem tipo selvagem, chinchila, himalaia e albino. Em uma população de coelhos em que estejam presentes os quatros alelos, o número possível de genótipos diferentes será:

a) 4 b) 6 c) 8 d) 10 e) 12

15. (Unicamp – SP) A endogamia promove o aumento de homozigose nos descendentes. Os primeiros estudos sobre os efeitos da endogamia em plantas foram realizados por Charles Darwin. O estudo da endogamia teve seu interesse inicial em sistemas reprodutivos de plantas, para explicar por que as numerosas espécies de plantas têm sistemas que impedem a autofecundação, e por que a reprodução por cruzamento prevalece na natureza.

Adaptado de: ÁLVAREZ, G.; CEBALLOS, F. C.; BERRA, T. M. *Biological Journal of the Linnean Society*, Londres, v. 114, Feb. 2015. p. 474-83.

a) Defina homozigose. A partir de uma planta com genótipo *Aa* (geração S_0), representada abaixo, qual é a porcentagem de homozigose na terceira geração (geração S_3) de autofecundação?

Geração S_0: *Aa*

Geração S_1: $\frac{1}{4}$ *AA*, $\frac{2}{4}$ *Aa*, $\frac{1}{4}$ *aa*

Considere que as plantas de genótipo *AA*, *Aa* e *aa* apresentam igual probabilidade de sobrevivência, a ocorrência exclusiva de autofecundação, e que os tamanhos das progênies das gerações S_1, S_2 e S_3 são infinitos.

b) Plantas autógamas autofecundam-se e plantas alógamas dependem da polinização cruzada para o sucesso do processo reprodutivo. A cleistogamia, principal mecanismo de autofecundação, é um fenômeno observado em flores hermafroditas, em que a polinização ocorre antes mesmo da abertura floral. Como as flores e a polinização devem ser manipuladas pelo pesquisador em um programa de melhoramento genético que visa a aumentar a heterozigose em plantas com cleistogamia?

16. (Unesp) Os sistemas de grupos sanguíneos foram descobertos no início do século XX. Além dos mais conhecidos, o sistema ABO e o sistema Rh, também existe o sistema MN, definido a partir da identificação dos antígenos M e N na superfície das hemácias humanas e condicionados por dois alelos de um gene. As tabelas mostram os fenótipos e genótipos relacionados a cada sistema.

FENÓTIPOS	GENÓTIPOS
A	I^AI^A ou I^Ai
B	I^BI^B ou I^Bi
AB	I^AI^B
O	ii

FENÓTIPOS	GENÓTIPOS
Rh^+	*RR* ou *Rr*
Rh^-	*rr*

FENÓTIPOS	GENÓTIPOS
M	L^ML^M
N	L^NL^N
MN	L^ML^N

Considere um casal que possua os alelos marcados a seguir.

	I^A	I^B	i	L^M	L^N	R	r
Mulher	✓	✓		✓		✓	✓
Homem	✓		✓	✓	✓		✓

Considerando os sistemas ABO, Rh e MN, o primeiro descendente desse casal terá um fenótipo específico que será uma dentre quantas possibilidades?

a) 7. b) 16. c) 12. d) 24. e) 8.

17. (UFRGS – RS) Assinale a alternativa que preenche corretamente as lacunas do texto abaixo, na ordem em que aparecem.

Pessoas que pertencem ao grupo sanguíneo A têm na membrana plasmática das suas hemácias __________ e no plasma sanguíneo __________. As que pertencem ao grupo sanguíneo O não apresentam __________ na membrana plasmática das hemácias.

a) aglutinina anti-B – aglutinina anti-A e anti-B – aglutinogênio
b) aglutinogênio A – aglutinina anti-B – aglutinogênio
c) aglutinogênio B – aglutinogênio A e B – aglutinina anti-A e anti-B
d) aglutinina anti-A – aglutinogênio B – aglutinina anti-A e anti-B
e) aglutinina anti-A e anti-B – aglutinogênio A – aglutinina anti-B

18. (UFMS) A herança genética do sistema ABO é dada por alelos múltiplos (polialelia), representados pelos genes alelos I^A; I^B e i, os quais proporcionam diferentes tipos de fenótipos e genótipos sanguíneos em humanos. Em relação ao tipo de herança do sistema ABO, identifique as afirmativas corretas e dê sua soma ao final.

(01) O grupo AB apresenta 2 tipos de fenótipos e 4 tipos de genótipos.
(02) Indivíduos do grupo sanguíneo B possuem aglutinogênios B e aglutininas anti-A.
(04) Os genes alelos I^A e I^B são dominantes em relação a i.
(08) Uma mulher e um homem, ambos pertencentes ao grupo sanguíneo do tipo O, não apresentam possibilidades de terem filhos do tipo A, B ou AB, mas somente do tipo O.
(16) Indivíduos do grupo sanguíneo do tipo A apresentam apenas 1 (um) tipo de genótipo e dois tipos de fenótipos.
(32) A produção de aglutinogênios é condicionada pelo gene alelo i.

19. (UFPR) Joãozinho, ao nascer, apresentou a doença hemolítica do recém-nascido ou eritroblastose fetal. Foi abandonado quando criança e criado por pais adotivos. Anos mais tarde, Francisca, dizendo ser sua mãe biológica, veio reclamar sua posse. No intuito de esclarecer a situação, o Juiz da Vara de Família solicitou exames de tipagem sanguínea da suposta mãe e de Joãozinho. O resultado foi: Joãozinho, grupo O, Rh positivo; Francisca, grupo A, Rh positivo.

Pode-se concluir, então:

a) Francisca poderia ser mãe biológica de Joãozinho.
b) Para elucidar o caso seria preciso conhecer a tipagem sanguínea do pai biológico de Joãozinho.
c) Joãozinho não poderia ser filho de Francisca porque ela tem sangue do tipo Rh positivo.
d) Francisca não poderia ser a mãe biológica de Joãozinho porque uma mulher de grupo sanguíneo A não pode gerar um filho de sangue do grupo O.
e) Para que Francisca pudesse ser mãe de Joãozinho, teria sido preciso que ela tivesse gerado, anteriormente, um filho com sangue do tipo Rh negativo.

20. (UFSC) Ao final da gravidez, é comum haver pequenas rupturas placentárias que permitem a passagem de hemácias fetais para o sangue materno. A mãe, assim, pode ser sensibilizada e, dependendo de seu tipo sanguíneo e do tipo sanguíneo do feto em relação ao sistema Rh, gerar uma doença denominada eritroblastose fetal.

Com relação ao fenômeno descrito e suas consequências, indique as alternativas corretas e dê sua soma ao final.

(01) A mãe tem que ser Rh negativo.
(02) O pai tem que ser Rh positivo.
(04) A criança é, obrigatoriamente, homozigota.
(08) A mãe é, obrigatoriamente, homozigota.
(16) O pai pode ser heterozigoto.
(32) A criança é Rh negativo.
(64) O pai pode ser homozigoto.

CAPÍTULO 26

Segunda Lei de Mendel e *linkage*

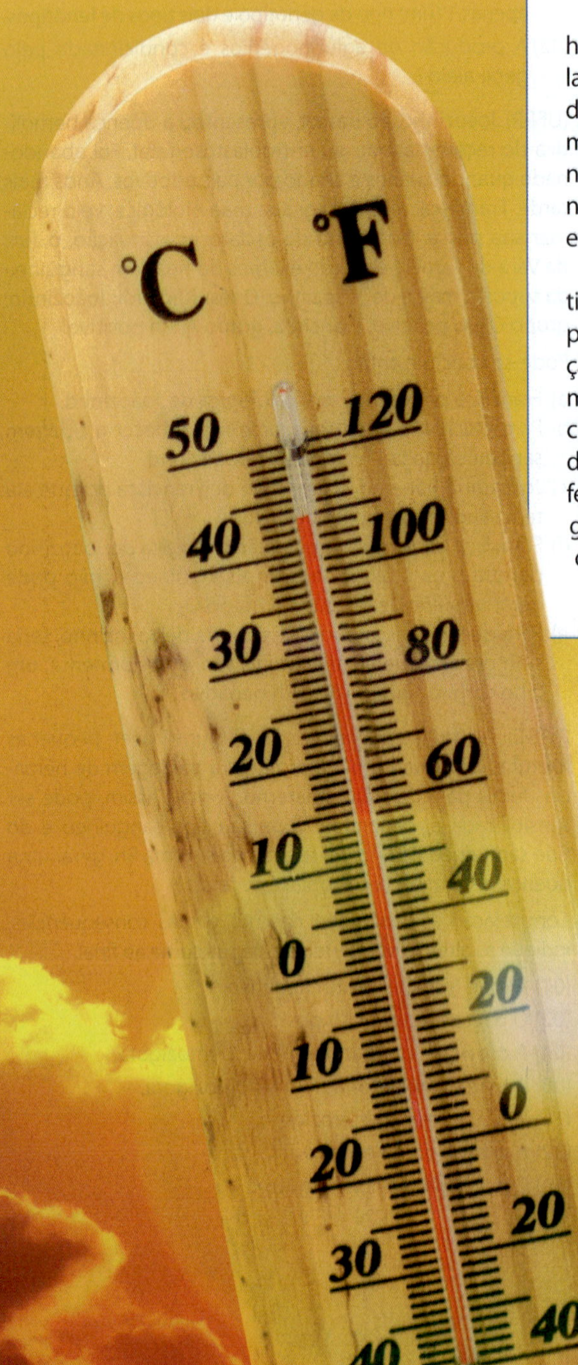

ED CONNOR/SHUTTERSTOCK

Há vários tipos de doenças genéticas. Um deles é o das doenças genéticas herdadas, provocadas por genes causadores de doenças, passados adiante de uma geração para a seguinte.

Entre as várias doenças genéticas herdadas podemos citar: hemofilia, fibrose cística, doença de Alzheimer, distrofia muscular de Duchenne, câncer de mama etc. Um segundo tipo é o das doenças genéticas somáticas, provocadas pelo súbito aparecimento de um gene anormal em uma parte do corpo. Portanto, nesse caso, o gene defeituoso não foi herdado. Um exemplo é o número de novos casos a cada ano de câncer de pele, devido à exagerada exposição aos raios ultravioletas do sol.

O "grande vilão" da maioria das doenças genéticas somáticas é o próprio homem, pois em velocidade crescente vem poluindo o ambiente com agentes mutagênicos, como radiação e determinadas substâncias químicas, que podem provocar mudanças nocivas no genoma humano. A responsabilidade dos cientistas é estudar os diferentes aspectos dos problemas trazidos pela poluição ambiental, e propor soluções. E isso tem sido feito. A responsabilidade das autoridades e da sociedade em geral é conscientizar-se desse grave problema e agir no sentido de minimizar os danos já causados.

Seu ponto de vista!

Agentes mutagênicos podem ser de origem física (radiações ionizantes), química (danificação de ligações químicas) e biológica (vírus e bactérias), e fazem parte do "pacote" da sustentabilidade ambiental. Em seu ponto de vista, quais são as medidas gerais que poderiam auxiliar na sustentabilidade da biosfera, inclusive quanto aos desafios da ação dos agentes mutagênicos?

26-1. Experimentos de Mendel sobre di-hibridismo

Mendel analisou duas características de ervilhas simultaneamente: a cor e a forma da semente. Ele cruzou uma planta produtora de sementes amarelas e lisas, homozigota para as duas características, com outra, duplo-homozigota, produtora de sementes verdes e rugosas. Desse cruzamento, resultaram plantas duplo-heterozigotas em F_1, também chamadas **di-híbridas**, que produziam sementes amarelas e lisas, características dominantes em ervilhas (veja quadro ao lado).

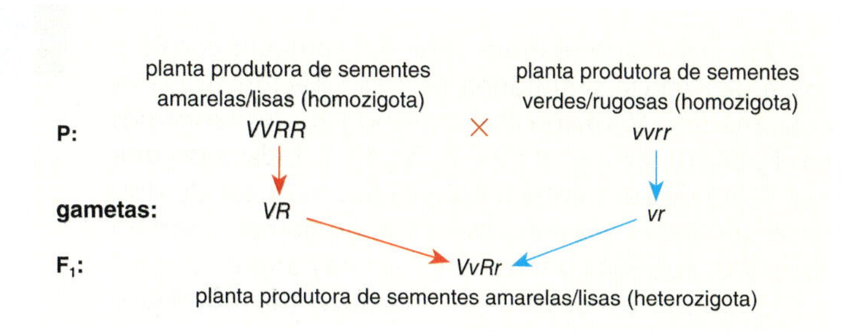

Mendel deixou que essas plantas di-híbridas sofressem autofecundação, obtendo, na geração F_2, quatro classes fenotípicas para essas características, na proporção aproximada de 9 : 3 : 3 : 1, sendo

9 amarelas/lisas : 3 amarelas/rugosas : 3 verdes/lisas : 1 verde/rugosa

Montando o quadro de cruzamentos, teremos:

♂ \ ♀	***VR*** **(1/4)**	***Vr*** **(1/4)**	***vR*** **(1/4)**	***vr*** **(1/4)**
VR **(1/4)**	*VVRR* (amarela/lisa) (1/16)	*VVRr* (amarela/lisa) (1/16)	*VvRR* (amarela/lisa) (1/16)	*VvRr* (amarela/lisa) (1/16)
Vr **(1/4)**	*VVRr* (amarela/lisa) (1/16)	*VVrr* (amarela/rugosa) (1/16)	*VvRr* (amarela/lisa) (1/16)	*Vvrr* (amarela/rugosa) (1/16)
vR **(1/4)**	*VvRR* (amarela/lisa) (1/16)	*VvRr* (amarela/lisa) (1/16)	*vvRR* (verde/lisa) (1/16)	*vvRr* (verde/lisa) (1/16)
vr **(1/4)**	*VvRr* (amarela/lisa) (1/16)	*Vvrr* (amarela/rugosa) (1/16)	*vvRr* (verde/lisa) (1/16)	*vvrr* (verde/rugosa) (1/16)

LUIS MOURA/acervo da editora

Essa nova maneira de estudar cruzamentos resultou na Segunda Lei de Mendel (também é conhecida como Lei da Segregação Independente), que pode ser entendida como:

Em um híbrido, *durante a formação de gametas*, a segregação (separação) dos alelos de um gene para determinada característica é independente da segregação dos alelos de um gene para outra característica.

Saiba mais!

Para testar sua hipótese, Mendel realizou o retrocruzamento das plantas heterozigotas produtoras de sementes amarelas e lisas:

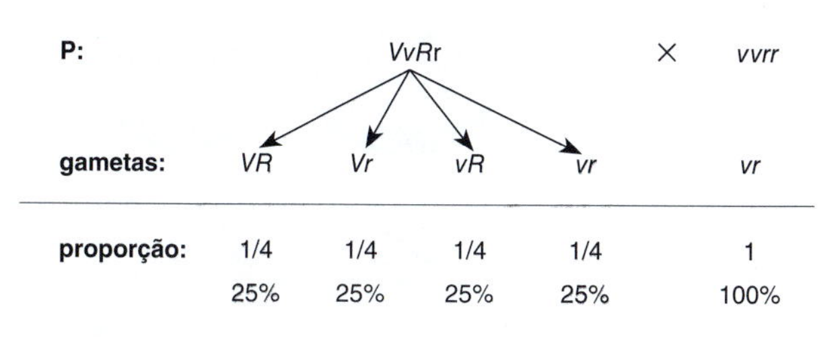

Mndel obteve desta vez quatro classes fenotípicas, porém NÃO na proporção 9 : 3 : 3 : 1 – como um dos progenitores é duplo-recessivo (*vvrr*), produz apenas um tipo de gameta (*vr*). A proporção obtida, nesse caso, foi de 1 : 1 : 1 : 1. (Veja o quadro abaixo.)

	vr
VR	*VvRr* (amarelas/lisas)
Vr	*Vvrr* (amarelas/rugosas)
vR	*vvRr* (verdes/lisas)
vr	*vvrr* (verdes/rugosas)

As experiências de Mendel confirmaram a hipótese de que os *fatores (genes) para as diferentes características passam para os gametas de maneira totalmente independente, combinando-se ao acaso*. Como vimos, este princípio ficou conhecido como a Segunda Lei de Mendel, também chamada de **Lei da Segregação Independente**.

Segregação independente e poli-hibridismo

Em seus experimentos, Mendel também considerou a ocorrência simultânea de três características nos cruzamentos. Verificou que a proporção dos fenótipos em F_2 era de 27 : 9 : 9 : 9 : 3 : 3 : 3 : 1, indicando que sua Segunda Lei também era válida para mais de dois pares de alelos. Mas quantos tipos de gametas seriam formados quando consideramos vários pares de alelos?

Suponha a constituição genética de indivíduos hipotéticos, representada a seguir, e vamos descobrir juntos os tipos de gameta por eles produzidos, com suas respectivas proporções.

INDIVÍDUOS	CONSTITUIÇÃO GENÉTICA	GAMETAS	N.º DE TIPOS
1	*aabbcc*	*abc*	apenas um
2	*AABBCC*	*ABC*	apenas um
3	*Aabbcc*	*Abc* *abc*	2
4	*AaBbcc*	*ABc* *aBc* *Abc* *abc*	4
5	*AaBbCc*	*ABC* *AbC* *ABc* *Abc* *aBC* *abC* *aBc* *abc*	8

Outra maneira de encontrar os tipos de gameta produzidos por um indivíduo é recorrer à fórmula 2^n, em que *n* representa o número de pares de heterozigotos existentes no genótipo.

Se utilizássemos essa fórmula no nosso exemplo, teríamos:

INDIVÍDUOS	CONSTITUIÇÃO GENÉTICA	2^n	N.º DE TIPOS
1	*aabbcc*	2^0	1
2	*AABBCC*	2^0	1
3	*Aabbcc*	2^1	2
4	*AaBbcc*	2^2	4
5	*AaBbCc*	2^3	8

Relação meiose-Segunda Lei de Mendel

Existe uma correspondência entre as *Leis de Mendel* e a meiose. Acompanhe na Figura 26-1 o processo de formação de gametas em uma célula de indivíduo di-híbrido, relacionando-o à Segunda Lei de Mendel. Note que, durante a meiose, os homólogos se alinham em metáfase e sua separação ocorre ao acaso, em duas possibilidades igualmente viáveis. A segregação independente dos homólogos e, consequentemente, dos *fatores* (genes) que carregam, resulta nos genótipos *VR*, *vr*, *Vr* e *vR* em igual frequência.

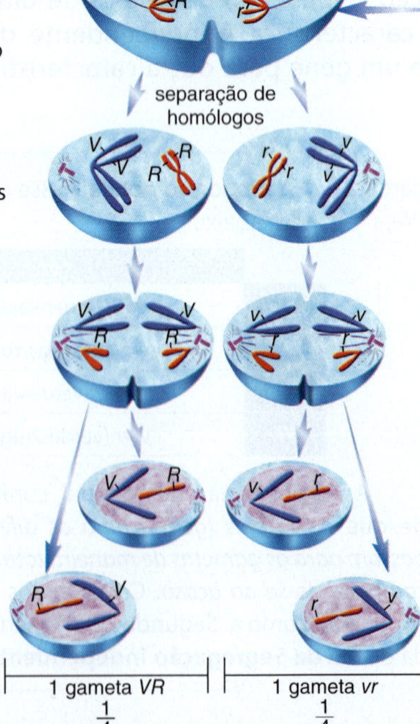

Figura 26-1. Segregação independente ocorre durante a meiose, resultando, num indivíduo di-híbrido, em quatro pos-sibilidades de agrupamentos gênicos de igual probabilidade. (Cores-fantasia. Ilustrações fora de escala.)

LUIS MOURA/acervo da editora

Acompanhe este exercício

Em cobaias, a pelagem arrepiada é condicionada por um gene dominante *L* e a pelagem lisa é devida ao alelo recessivo *l*; a cor preta da pelagem é determinada por um gene dominante *B* e a cor branca é devida ao alelo recessivo *b*.

Dados os genótipos parentais e dos descendentes, assim como a proporção destes na descendência, determinar em cada cruzamento abaixo esquematizado os genótipos parentais. As duas características citadas segregam-se independentemente.

a) P: arrepiada-preta × lisa-branca
F_1: 1/2 arrepiada-preta e 1/2 lisa-branca

b) P: arrepiada-preta × arrepiada-branca
F_1: 3/8 arrepiada-preta, 3/8 arrepiada-branca, 1/8 lisa-preta e 1/8 lisa-branca

c) P: arrepiada-preta × lisa-preta
F_1: 3/8 arrepiada-preta, 3/8 lisa-preta, 1/8 arrepiada-branca e 1/8 lisa-branca

d) P: arrepiada-preta × arrepiada-preta
F_1: 9/16 arrepiada-preta, 3/16 arrepiada-branca, 3/16 lisa-preta e 1/16 lisa-branca

Resolução:

Para responder às perguntas do exercício, basta lembrar da regra fundamental da Genética: para uma característica determinada por um par de genes alelos, um deles vem do genitor masculino e o outro do genitor feminino.
As duas características citadas encontram-se em cromossomos diferentes (segregação independente), então podemos analisá-las separadamente.

a) Um dos genitores (arrepiada-preta) tem pelo menos um gene *L* e um *B*. O outro genitor (lisa-branca) só pode ser *llbb* (birrecessivo). Repare que todos os descendentes que nasceram são arrepiados; então o genitor só pode ser *LL* (caso fosse *Ll* haveria possibilidade de nascer indivíduos lisos, *ll*, fato que não ocorreu). Quanto à cor da pelagem, nasceram indivíduos brancos (*bb*), então o genitor com pelagem preta só pode ser *Bb*. Assim,

arrepiada-preta × lisa-branca
LLBb × *llbb*

gametas: *LB* *Lb* *lb* 1

genótipos: *LlBb* *Llbb*

(1/2 arrepiada-preta)(1/2 arrepiada-branca)

b) Repare que nasceram indivíduos com fenótipos de pelagem lisa (*ll*); então, os genitores só podem ser heterozigotos (*Ll*). Repare que nasceram indivíduos com pelagem branca (*bb*); então o genitor de pelagem preta é heterozigoto (*Bb*). Assim,

arrepiada-preta × arrepiada-branca
LlBb × *Llbb*

gametas: *Lb, Lb, lB, lb* *Lb, lb*

genótipos:

GAMETAS	1/2 *Lb*	1/2 *lb*
1/4 *LB*	1/8 *LLBb* (arrepiada-preta)	1/8 *LlBb* (arrepiada-preta)
1/4 *Lb*	1/8 *LLbb* (arrepiada-branca)	1/8 *Llbb* (arrepiada-branca)
1/4 *lB*	1/8 *LlBb* (arrepiada-preta)	1/8 *llBb* (lisa-preta)
1/4 *lb*	1/8 *Llbb* (arrepiada-branca)	1/8 *llbb* (lisa-branca)

3/8 arrepiada-branca; 3/8 arrepiada-preta;
1/8 lisa-preta; 1/8 lisa-branca.

c) Nasceram indivíduos com pelagem branca (*bb*), então os genitores para a cor da pelagem são *Bb*. Nasceram indivíduos com pelagem lisa (*ll*), então o genitor de pelagem arrepiada é *Ll*. Assim,

arrepiada-preta × lisa-branca
LlBb × *llBb*

gametas: *LB, Lb, lB, lb* *lB, lb*

genótipos:

GAMETAS	1/2 *lB*	1/2 *lb*
1/4 *LB*	1/8 *LlBb* (arrepiada-preta)	1/8 *LlBb* (arrepiada-preta)
1/4 *Lb*	1/8 *Llbb* (arrepiada-branca)	1/8 *Llbb* (arrepiada-branca)
1/4 *lB*	1/8 *llBB* (lisa-preta)	1/8 *llBb* (lisa-preta)
1/4 *lb*	1/8 *llBb* (lisa-preta)	1/8 *llbb* (lisa-branca)

3/8 arrepiada-preta; 3/8 lisa-preta;
1/8 lisa-branca; 1/8 arrepiada-branca.

d) Nasceram indivíduos com pelagem branca (*bb*), então os genitores com pelagem preta são heterozigotos (*Bb*). Nasceram indivíduos com pelagem lisa, logo os genitores com pelagem arrepiada são *Ll*. Assim,

arrepiada-preta × arrepiada-preta
LlBb × *LlBb*

Ll × *Ll* = 3/4 arrepiada e 1/4 lisa

Bb × *Bb* = 3/4 preta e 1/4 branca

arrepiada e preta: 3/4 × 3/4 = 9/16

arrepiada e branca = 3/4 × 1/4 = 3/16

lisa e preta = 1/4 × 3/4 = 3/16

lisa e branca = 1/4 × 1/4 = 1/16

Proporção = 9 : 3 : 3 : 1

A Segunda Lei de Mendel é sempre obedecida?

A descoberta de que os genes estão situados nos cromossomos gerou um impasse no entendimento da Segunda Lei de Mendel. Como vimos, de acordo com essa lei, dois ou mais genes não alelos segregam-se independentemente, desde que estejam localizados em cromossomos diferentes.

Surge, no entanto, um problema: Mendel afirmava que os genes relacionados a duas ou mais características sempre apresentavam segregação independente. Se essa premissa fosse verdadeira, então haveria um cromossomo para cada gene ou, falando de outro modo, cada cromossomo só teria um gene. Se considerarmos que existe uma infinidade de genes, haveria, então, uma quantidade assombrosa de cromossomos dentro de uma célula, o que não é verdadeiro. Logo, como existem relativamente poucos cromossomos presentes nos núcleos das células e inúmeros genes, é intuitivo concluir que, em cada cromossomo, existe uma infinidade de genes, responsáveis pelas inúmeras características típicas de cada espécie. Dizemos que esses genes presentes *em um mesmo cromossomo* estão *ligados* ou em ***linkage*** e caminham juntos para a formação dos gametas.

Assim, a Segunda Lei de Mendel nem sempre é obedecida, bastando para isso que os genes estejam localizados no mesmo cromossomo, ou seja, estejam em *linkage*.

Anote!

A Segunda Lei de Mendel é obedecida unicamente se os genes não alelos estiverem localizados em cromossomos diferentes. Dessa forma, nas células diploides, a ligação gênica (*linkage*) será mais frequente do que a segregação independente, pois a quantidade de genes é certamente maior que a de cromossomos.

26-2. *Linkage*

Nos primeiros anos do século XX, W. Bateson e R. Punnet, estudando a herança em ervilhas-de-cheiro, o mesmo material usado por Mendel, obtiveram como resultado de um cruzamento algo surpreendente e seguramente não esperado.

Em seus estudos, Bateson e Punnet analisavam duas características das ervilhas-de-cheiro: a cor da flor e a forma do grão de pólen. O gene dominante *V* determina a cor púrpura da flor e o gene recessivo *v*, a cor vermelha. Quanto ao grão de pólen, o gene dominante *R* determina grão de pólen longo e o gene recessivo *r*, grão de pólen redondo.

Os pesquisadores cruzaram indivíduos *VVRR* × *vvrr* e obtiveram em F_1, como esperado, apenas indivíduos *VvRr*. Da autofecundação dos indivíduos de F_1 obtiveram 6.952 indivíduos em F_2. Levando em conta a Segunda Lei de Mendel, esperavam obter em F_2 a proporção de fenótipos 9 : 3 : 3 : 1, mas não foi o que verificaram: obtiveram 4.831 indivíduos *V_R_* (púrpura-longo), 1.338 *vvrr* (vermelho-redondo), 390 *V_rr* (púrpura-redondo) e 393 *vvR_* (vermelho-longo).

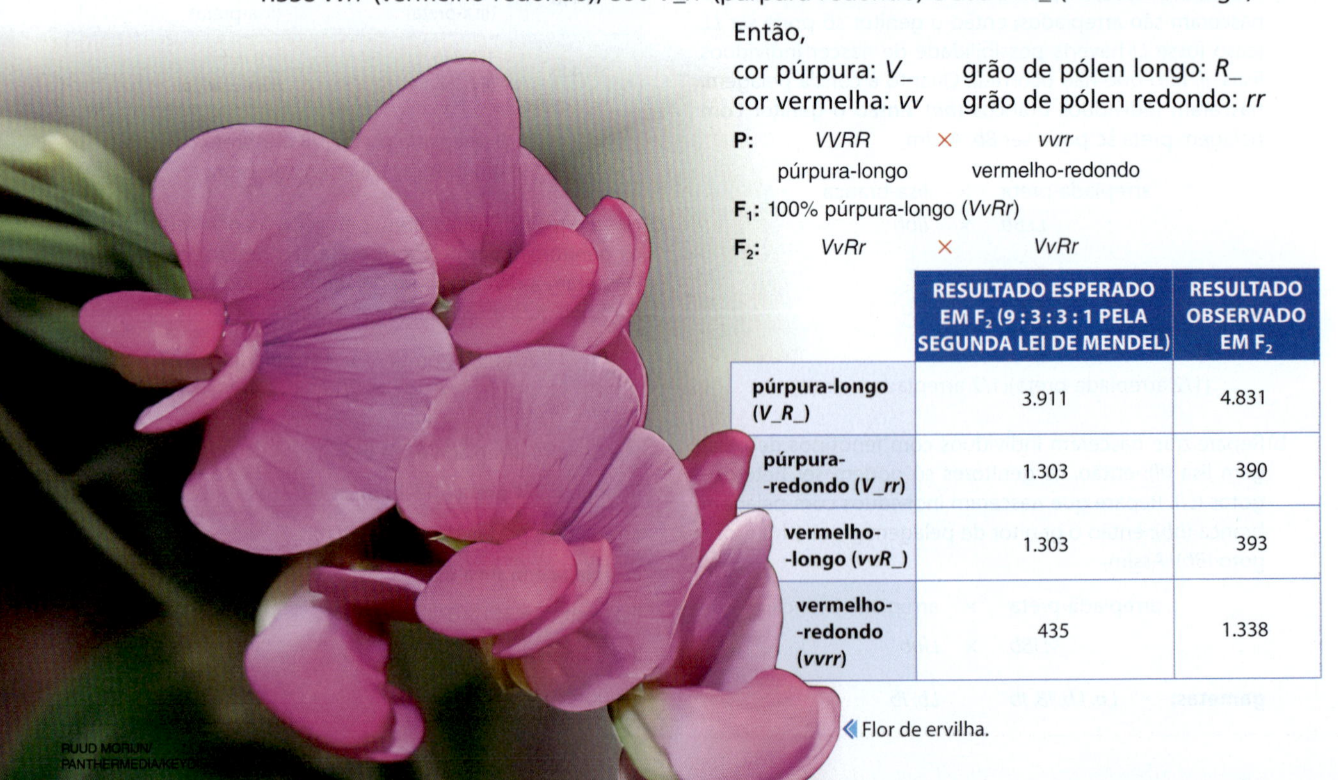

Então,

cor púrpura: *V_* — grão de pólen longo: *R_*

cor vermelha: *vv* — grão de pólen redondo: *rr*

P: *VVRR* × *vvrr*
púrpura-longo — vermelho-redondo

F_1: 100% púrpura-longo (*VvRr*)

F_2: *VvRr* × *VvRr*

	RESULTADO ESPERADO EM F_2 (9 : 3 : 3 : 1 PELA SEGUNDA LEI DE MENDEL)	RESULTADO OBSERVADO EM F_2
púrpura-longo (*V_R_*)	3.911	4.831
púrpura--redondo (*V_rr*)	1.303	390
vermelho--longo (*vvR_*)	1.303	393
vermelho--redondo (*vvrr*)	435	1.338

Flor de ervilha.

Com base nesses resultados, os dois cientistas questionaram a distribuição independente, proposta por Mendel, pois a geração F_1 tinha, na verdade, produzido mais gametas *VR* e *vr* do que seriam produzidos de acordo com a Segunda Lei de Mendel (compare os resultados esperados com os observados).

Concluíram que deveria existir uma proximidade física entre os genes não alelos *VR* e *vr*, proximidade essa que, de alguma forma, impediu a segregação independente. Os dois pesquisadores não souberam explicar geneticamente a natureza dessa proximidade.

A resposta veio por meio de outro pesquisador, Thomas Hunt Morgan, que, trabalhando com drosófilas no laboratório de Genética da Universidade de Colúmbia (EUA), realizou notáveis descobertas. Morgan já havia demonstrado em sua *teoria cromossômica da herança* que todos os genes estão localizados nos cromossomos e deduziu que a proximidade física proposta por Bateson e Punnet ocorria porque os genes estavam **ligados** no mesmo cromossomo; por isso mantêm-se juntos na formação dos gametas, não se segregando independentemente. Quando os genes estão *ligados* no mesmo cromossomo, diz-se que eles estão em *linkage*.

Um dos cruzamentos efetuados por Morgan

Em um de seus experimentos, Morgan cruzou moscas selvagens de corpo cinza e asas longas com mutantes de corpo preto e asas curtas (chamadas de asas *vestigiais*). Todos os descendentes de F_1 apresentavam corpo cinza e asas longas, atestando que o gene que condiciona corpo cinza (*P*) domina o que determina corpo preto (*p*), assim como o gene para asas longas (*V*) é dominante sobre o que condiciona surgimento de asas vestigiais (*v*). Veja a Figura 26-2.

A seguir, Morgan cruzou descendentes de F_1 com duplo-recessivos, ou seja, realizou cruzamentos-testes (veja a Figura 26-3).

Para Morgan, os resultados dos cruzamentos-testes revelariam se os genes estavam localizados em cromossomos diferentes (segregação independente) ou em um mesmo cromossomo (*linkage*).

Surpreendentemente, porém, nenhum dos resultados esperados foi obtido. A separação e a contagem dos descendentes de F_2 revelaram o seguinte resultado:

- 41,5% de moscas com corpo cinza e asas longas;
- 41,5% de moscas com corpo preto e asas vestigiais;
- 8,5% de moscas com corpo preto e asas longas;
- 8,5% de moscas com corpo cinza e asas vestigiais.

Ao analisar esse resultado, Morgan convenceu-se de que os genes *P* e *V* localizavam-se no mesmo cromossomo. Se estivessem localizados em cromossomos diferentes, a proporção esperada seria outra (1 : 1 : 1 : 1). No entanto, restava a dúvida: como explicar a ocorrência dos fenótipos corpo cinza/asas vestigiais e corpo preto/asas longas?

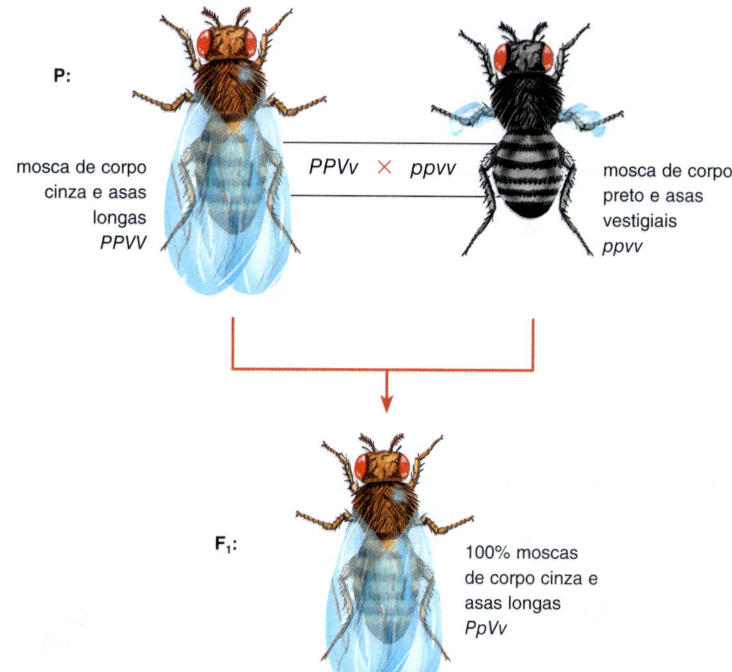

Figura 26-2. Os genes que condicionam corpo cinza e asas longas são dominantes em drosófilas. (Cores-fantasia. Ilustrações fora de escala.)

Ilustrações: LUIS MOURA/acervo da editora

Figura 26-3. Cruzamento-teste realizado por Morgan. (Cores-fantasia. Ilustrações fora de escala.)

A resposta não foi difícil de ser obtida. Por essa época, já estava razoavelmente esclarecido o processo da meiose. O cientista F. A. Janssens já havia relatado, até mesmo, dois importantes fenômenos relacionados àquele tipo de divisão celular: o pareamento de cromossomos homólogos e a ocorrência de *quiasmas*, durante a prófase I. O quiasma é uma figura meiótica decorrente do *crossing-over* (veja a Figura 26-4). O *crossing* (ou permuta) corresponde à quebra seguida da troca de trechos entre cromátides homólogas.

Anote!

Os genes presentes em um cromossomo podem estar muito próximos uns dos outros, um pouco afastados ou muito afastados. Quando estão muito próximos, dizemos que há uma **ligação completa**, pois não sofrem *crossing*. Quando estão afastados, e portanto sofrem permuta, temos um caso de **ligação incompleta**.

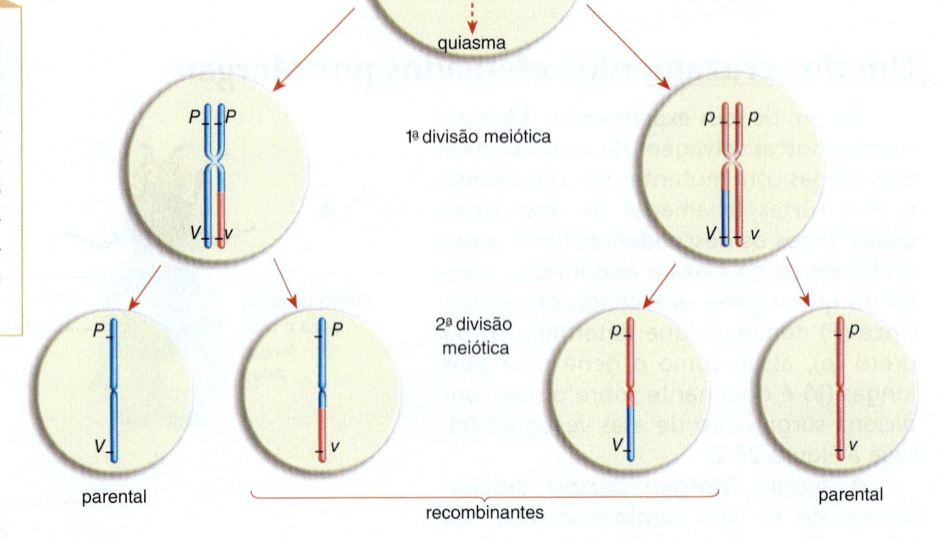

Figura 26-4. Representação esquemática da ocorrência de *crossing* entre cromátides homólogas. Note a presença de *quiasma* (em forma de X), que indica a região em que houve troca de pedaços. (Cores-fantasia. Ilustrações fora de escala.)

Com base nesses conhecimentos, Morgan concluiu que os fenótipos corpo cinza/asas vestigiais e corpo preto/ /asas longas eram recombinantes e devidos à ocorrência de *crossing-over* (veja a Figura 26-5).

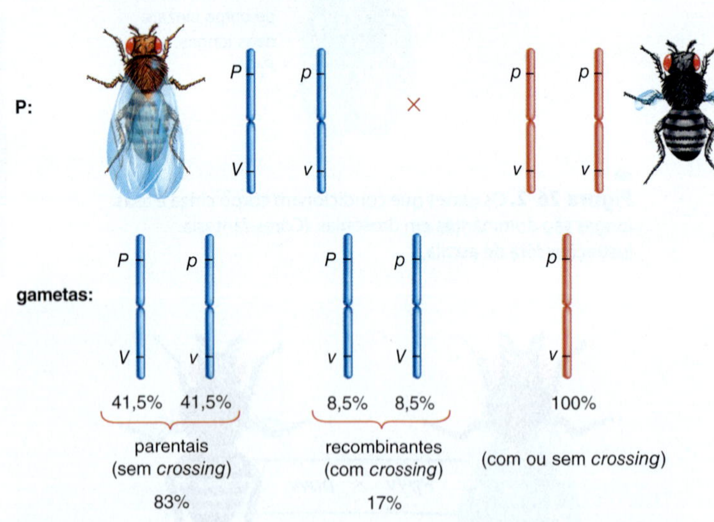

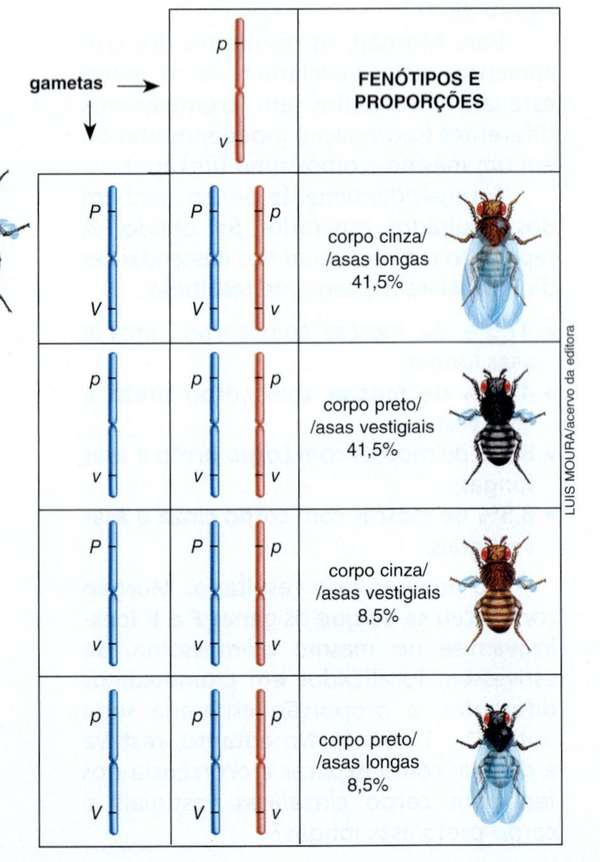

Figura 26-5. Os esquemas resumem o ocorrido no cruzamento de um descendente de F_1 com o duplo-recessivo. Os genes *P* e *V* localizam-se no mesmo cromossomo, ou seja, estão em *linkage*. Mas a ocorrência de permutas (quebras e trocas de pedaços entre cromossomos homólogos) nos heterozigotos faz aparecer os recombinantes. Como as permutas não são frequentes, a porcentagem de recombinantes é menor que a dos tipos originais (parentais). (Cores-fantasia. Ilustrações fora de escala.)

Como diferenciar segregação independente (Segunda Lei de Mendel) de *linkage*?

Quando comparamos o comportamento de pares de genes para duas características de acordo com a Segunda Lei de Mendel com a ocorrência de *linkage* e *crossing-over* em um cruzamento genético do tipo *AaBb* × *aabb*, verificamos que em todos os casos resultam quatro fenótipos diferentes:

- dominante/dominante;
- dominante/recessivo;
- recessivo/dominante;
- recessivo/recessivo.

Anote!

W. Bateson e R. C. Punnett foram os pesquisadores que, no início do século XX (1905-1908), esclareceram as ideias a respeito dos **grupos de *linkage***, ou seja, que ao longo de um cromossomo existem vários genes. Essa hipótese foi sugerida inicialmente por outro pesquisador, Sutton, em 1903. Porém, não conseguindo comprová-la experimentalmente, coube àqueles dois cientistas o esclarecimento experimental daquela hipótese por meio de cruzamentos efetuados com plantas de ervilha.

A diferença em cada caso está nas proporções obtidas. No caso da Segunda Lei de Mendel, haverá 25% de cada fenótipo. No *linkage* com *crossing*, todavia, os dois fenótipos parentais surgirão com frequência maior do que as frequências dos recombinantes.

A explicação para isso reside no fato de, durante a meiose, a permuta não ocorrer em todas as células, sendo, na verdade, um evento relativamente raro. Por isso, nos cruzamentos das drosófilas *PpVv* × *ppvv* foram obtidos 83% de indivíduos do tipo parental (sem *crossing*) e 17% do tipo recombinante (resultantes da ocorrência de permutas).

Frequentemente, nos vários cruzamentos realizados do tipo *AaBb* × *aabb*, Morgan obteve somente os dois fenótipos parentais (*AaBb* e *aabb*), na proporção de 50% cada. Para explicar esse resultado, ele sugeriu a hipótese de que os genes ligados ficam tão próximos um do outro que dificultam a ocorrência de *crossing* entre eles. Assim, por exemplo, o gene que determina cor preta do corpo em drosófila e o gene que condiciona cor púrpura dos olhos ficam tão próximos que entre eles não ocorre permuta. Nesse caso, se fizermos um cruzamento-teste entre o duplo-heterozigoto e o duplo-recessivo, teremos nos descendentes apenas dois tipos de fenótipo, que serão correspondentes aos tipos parentais.

Saiba mais!

Cruzamento entre um duplo-heterozigoto e um duplo-recessivo

Do que estudamos até o momento, sabemos que se cruzarmos um duplo-heterozigoto com um duplo-recessivo, três possíveis situações poderão resultar:

I. Segregação independente (Segunda Lei de Mendel)

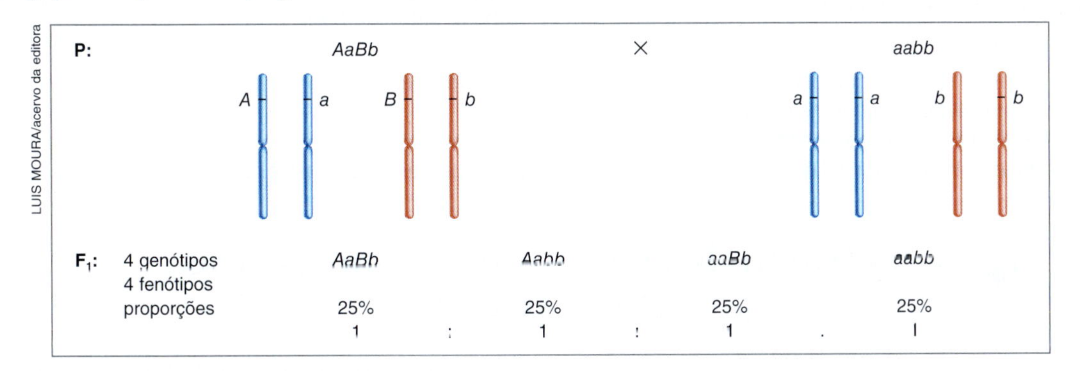

LUIS MOURA/acervo da editora

II. *Linkage* sem *crossing-over* (ausência de recombinantes)

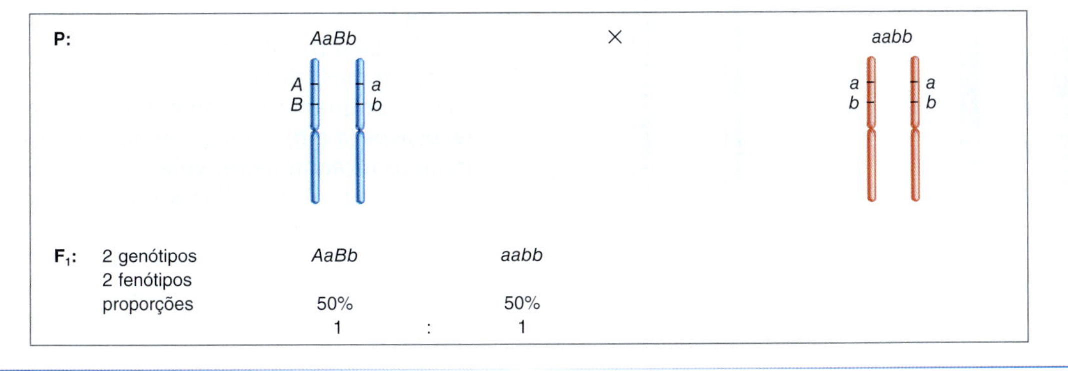

III. *Linkage* com *crossing-over*

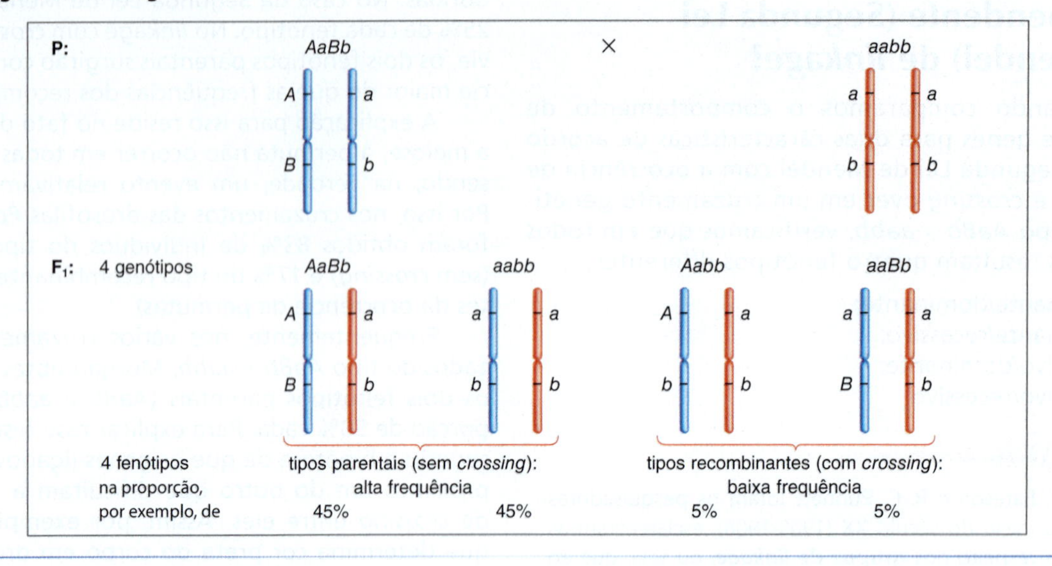

Estabelecendo conexões!

Transmissão de algumas doenças hereditárias

Algumas doenças são causadas por genes que se encontram em cromossomos diferentes e sua transmissão se dá ao acaso, constituindo exemplos de segregação independente (Segunda Lei de Mendel). É o caso, por exemplo, da

- doença humana conhecida como *fenilcetonúria* (PKU), devida a um gene localizado no par de cromossomos número 12.

  A PKU é uma doença na qual o corpo não processa metabolicamente o aminoácido fenilalanina, que se acumula, podendo provocar retardo mental;
- *fibrose cística*, devida a um gene localizado no par 7. O sintoma mais importante é a secreção de grande quantidade de muco no pulmão, o que pode levar o paciente à morte;
- *doença de Alzheimer*, devida a um gene localizado no par 14. Trata-se de uma doença neurodegenerativa, marcada por envelhecimento precoce;
- *doença de Huntington*, ligada a um gene localizado no par 4. É uma doença neurodegenerativa, que afeta as pessoas na faixa dos 40-50 anos.

Caso fossem analisadas simultaneamente as características da *hemofilia* e do *daltonismo*, teríamos um caso de *linkage*, pois os respectivos genes estão no mesmo cromossomo (cromossomo X).

- Pensando em segregação independente (Segunda Lei de Mendel), quantas características poderíamos estudar, no máximo, simultaneamente na espécie humana?
- A ervilha estudada por Mendel é $2n = 14$ cromossomos. Um estudante analisando simultaneamente oito características da ervilha conclui que se trata de um caso de Segunda Lei de Mendel. Isso é correto? Justifique sua resposta.

26-3. Ordem dos genes nos cromossomos: disposição CIS e TRANS

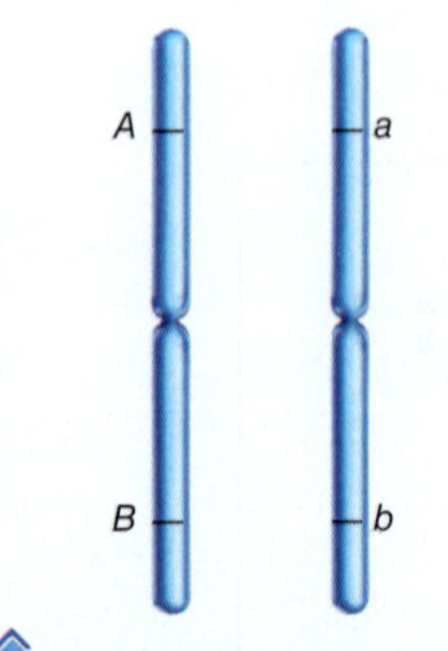

Figura 26-6. Genes em posição CIS nos cromossomos. (Cores-fantasia. Ilustrações fora de escala.)

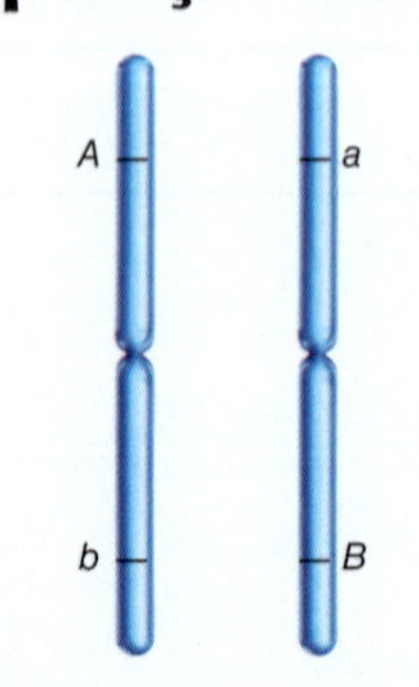

Figura 26-7. Genes em posição TRANS nos cromossomos. (Cores-fantasia. Ilustrações fora de escala.)

Se imaginarmos um duplo-heterozigoto *AaBb*, como devem estar dispostos os genes nos cromossomos?

Há duas possibilidades: na primeira, em um dos cromossomos, situam-se os dois genes dominantes (*A* e *B*), enquanto no homólogo localizam-se os dois recessivos (*a* e *b*), configurando a disposição CIS (do latim, *posição aquém*). Veja a Figura 26-6.

A segunda possibilidade é um gene dominante (*A*) estar acompanhado do recessivo do outro par alelo (*b*), enquanto no homólogo ficam o outro recessivo (*a*) e o dominante (*B*), configurando a disposição TRANS (do latim, *movimento para além de*). Veja a Figura 26-7.

Acompanhe este exercício

Um macho de genótipo *AaBb* foi cruzado com uma fêmea *aabb*, sendo obtidos descendentes nas seguintes proporções fenotípicas:

8% *aabb*
42% *Aabb*
8% *AaBb*
42% *aaBb*

a) Trata-se de um caso de segregação independente?
b) De que maneira estão dispostos (CIS ou TRANS) os genes nos cromossomos do macho heterozigoto? Justifique.

Resolução:

a) Não, é um caso de *linkage* com *crossing-over*, em virtude das proporções genotípicas obtidas.

b) O heterozigoto tem disposição TRANS, pois sua constituição é $\frac{A\quad b}{a\quad B}$. Isso é verificado pelo fato de ter produzido 42% de gametas $\underline{A\quad b}$ e 42% de $\underline{a\quad B}$. Além disso, produziu 8% de gametas $\underline{A\quad B}$ e 8% de $\underline{a\quad b}$, devido ao *crossing-over*, reforçando a suposição de disposição TRANS.

Caso a disposição fosse CIS, $\frac{A\quad B}{a\quad b}$, os gametas produzidos seriam 42% de $\underline{A\quad B}$, 42% de $\underline{a\quad b}$, 8% de $\underline{A\quad b}$ e 8% de $\underline{a\quad B}$.

26-4. Mapas genéticos

Um mapa genético mostra a localização dos genes em um cromossomo. A unidade-padrão convencionada para refletir a distância entre os genes é conhecida como *unidade de recombinação* (u.r.), também chamada de *morganídeo*, e corresponde a um intervalo no qual ocorre 1% de *crossing-over* (veja a Figura 26-8).

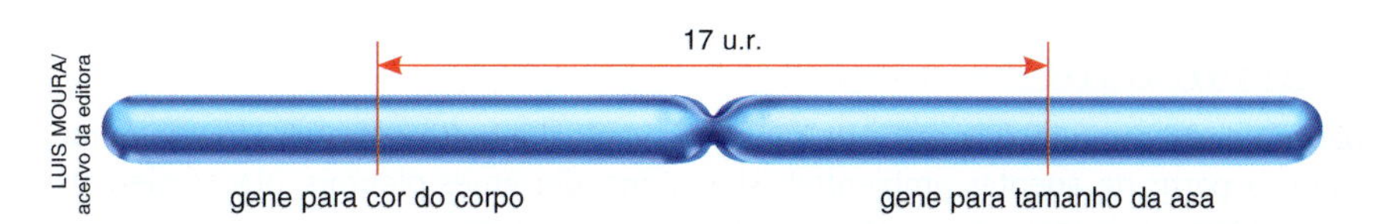

Figura 26-8. Distância entre os genes para cor do corpo de uma mosca e para tamanho da asa, cuja frequência relativa de *crossing* é 17%. (Cores-fantasia. Ilustrações fora de escala.)

Acompanhe este exercício

1. (FUVEST – SP) Um organismo homozigoto para os genes *ABCD*, todos localizados em um mesmo cromossomo, é cruzado com outro que é homozigoto recessivo para os mesmos genes. O retrocruzamento de F_1 (com o recessivo) mostra os seguintes resultados:

- não ocorreu permuta entre os genes *A* e *C*;
- ocorreu 20% de permuta entre os genes *A* e *B*;
- 30% de permuta entre os genes *A* e *D*;
- 10% de permuta entre os genes *B* e *D*.

a) Baseando-se nos resultados acima, qual é a sequência mais provável desses quatro genes no cromossomo, a partir do gene *A*?
b) Justifique sua resposta.

Resolução:

a) O enunciado deixa claro que houve cruzamento de heterozigoto de F_1 com recessivo e que os genes estão em *linkage*. Com base nos resultados, pode-se construir o mapa genético abaixo.

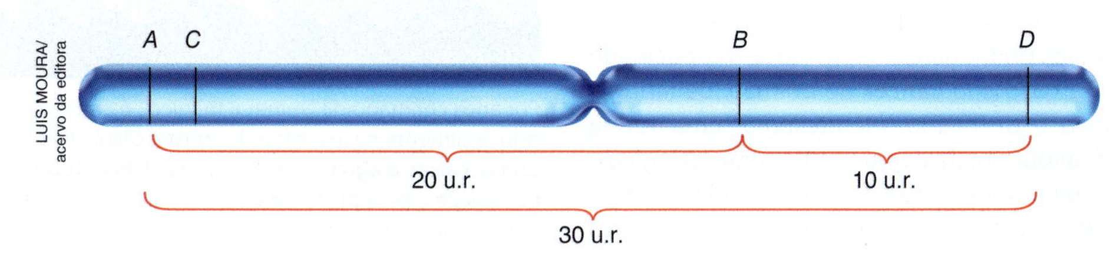

b) Sabendo-se que os genes estão dispostos linearmente no cromossomo; que a taxa de permuta reflete a distância que os separa; que 1% de permuta equivale a uma unidade de distância, conclui-se que:

- os genes *A* e *C* estão muito próximos e entre eles não houve *crossing*;
- o gene *A* está mais próximo de *B* do que de *D* (20% e 30%, respectivamente).

2. Diferentes cruzamentos em drosófilas entre di-híbridos e birrecessivos foram realizados, resultando nas distâncias entre 8 *loci* localizados no segundo cromossomo. As distâncias estão representadas na tabela ao lado.

Construa o mapa genético, incluindo os oito genes.

	d	*Dp*	*net*	*J*	*ed*	*ft*	*cl*	*ho*
D		18	31	10	20	19	14,5	27
DP			13	28	2	1	3,5	9
Net				41	11	12	16,5	4
41/11					30	29	24,5	37
ed						1	5,5	7
Ft							4,5	8
cl								12,5
ho								

Resolução:

Como os oito genes estão no mesmo cromossomo, trata-se de um caso de *linkage*. Vamos inicialmente achar os dois genes que estão mais afastados; para isso, basta procurar na tabela o maior número. Lembre-se de que 1 u.r. corresponde a 1% de indivíduos com fenótipo devido ao *crossing-over*, então 41 u.r. aparecem entre os genes *net* e *J*. Logo, são eles que estão mais afastados.

O mais próximo do *net* é o *ho*, 4 u.r.; depois, é o *ed*, 11 u.r., confirmado pela distância entre o *ho* e *ed*, que é de 7 u.r.

Entre *net* e *ft* existem 12 u.r., o que permite deduzir que existe 1 u.r. entre *ed* e *ft*, confirmado pela tabela.

Agora, continuando esse raciocínio, procure identificar a sequência dos três genes restantes.

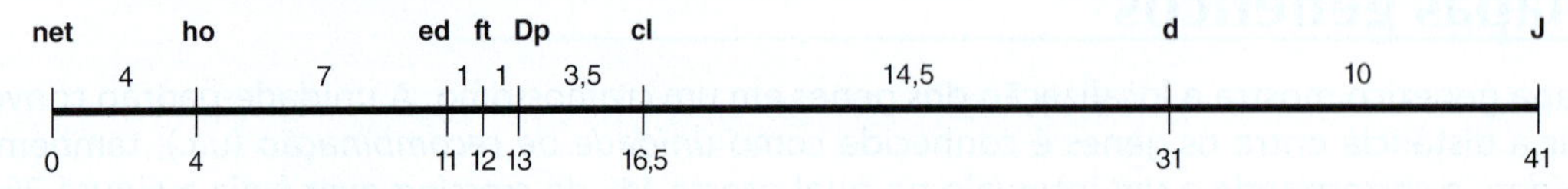

Questão socioambiental

Vimos, na abertura deste capítulo, que casos de câncer podem ser originados a partir de agentes ambientais. Um desses agentes, que causa várias doenças, entre elas o câncer, é o amianto.

Amianto (latim) ou asbesto (grego) são nomes genéricos de uma família de minérios encontrados profusamente na natureza e muito utilizados pelo setor industrial no último século. As rochas de amianto se dividem em dois grupos: as serpentinas e os anfibólios. As serpentinas têm como principal variedade a crisotila ou "amianto branco", que apresenta fibras curvas e maleáveis. Os anfibólios, que representam menos de 5% de todo o amianto explorado e consumido no mundo, estão banidos da maior parte do planeta.

O amianto foi intensivamente utilizado na indústria pela sua abundância e baixo custo de exploração. Considerado, por muito tempo, matéria-prima essencial por suas propriedades físico-químicas, tais como grande resistência mecânica e às altas temperaturas, ao ataque ácido, alcalino e de bactérias. É incombustível, durável, flexível, indestrutível, resistente, sedoso, facilmente tecido e tem boa qualidade isolante.(...)

Entre as principais doenças relacionadas ao amianto, temos a *asbestose*, causada pela deposição de fibras de asbesto nos alvéolos pulmonares, o que reduz a capacidade de realizar a troca gasosa; o **câncer** de pulmão, de laringe, do trato digestivo e de ovário; *mesotelioma*, uma forma rara de tumor maligno, mais comumente atingindo a pleura, membrana serosa que reveste o pulmão, mas também incidindo sobre o peritônio, pericárdio e a túnica vaginal e bolsa escrotal; espessamento na pleura e diafragma; derrames pleurais; placas pleurais e severos distúrbios respiratórios.

O uso do amianto já foi proibido em 62 países. No Brasil, apenas seis estados proibiram o seu uso: Espírito Santo, Mato Grosso, Pernambuco, Rio de Janeiro, Rio Grande do Sul e São Paulo.

Adaptado de: <https://www.inca.gov.br/en/node/1910>. *Acesso em:* 10 set. 2021.

ANDRII SYMONENKO/SHUTTERSTOCK

Por anos chamado de "mineral mágico", o amianto foi utilizado principalmente na indústria da construção civil (pisos vinílicos, telhas, caixas-d'água, divisórias, forros falsos, tubulações, vasos de decoração e para plantio e outros artefatos de cimento-amianto) e para isolamento acústico ou térmico.

Avalie as condições ambientais do local em que mora, da rua e do bairro em que você habita: há uso de substâncias que poluem o meio ambiente e que poderiam causar problemas de saúde? Por exemplo: são usadas telhas ou caixas d'água de amianto (asbesto) em sua residência? Caso você viva na zona rural, identifique, por exemplo, se há uso de agrotóxicos nas plantações e que destino é dado às embalagens depois de empregado o produto.

ATIVIDADES

A CAMINHO DO ENEM

1. (Enem) A visão normal e olhos escuros são determinados por genes dominantes *M* e *C* respectivamente. Os dois genes citados estão localizados em cromossomos não homólogos. Uma senhora de visão normal e olhos escuros, cujo pai é dotado de miopia e olhos claros e cuja mãe é de visão normal e olhos escuros, casa-se com um homem de visão normal e olhos claros, cujo pai é míope e de olhos escuros e a mãe de visão normal e olhos escuros. O casal deseja saber qual é a probabilidade de ter uma filha de visão normal e olhos claros.

a) 9/16 b) 3/8 c) 9/32 d) 3/16 e) 1/8

2. No homem, a habilidade para mão direita (destro) é um caráter devido a um gene dominante *D*. A polidactilia é uma anomalia no número de dedos, determinada por um gene dominante *P*. O gene para a habilidade manual e o número de dedos segregam-se independentemente. Um homem destro com polidactilia casa-se com uma mulher também destra, porém com um número normal de dedos. O casal tem um filho destro e normal.

De um segundo casamento, o homem destro com polidactilia casa-se com uma mulher destra e normal para o número de dedos. O casal tem um filho canhoto com polidactilia. Esse novo casal deseja saber qual é a possibilidade de vir a nascer um filho do sexo masculino, destro e com número normal de dedos.

a) 3/8 b) 3/16 c) 3/32 d) 9/16 e) 9/32

3. (Enem) Em um experimento em que são analisadas quatro características independentes, isto é, os genes não alelos encontram-se em cromossomos não homólogos, foi realizado um cruzamento entre *AaBbCcDd* x *AaBBCcDD*. A frequência esperada de indivíduos *AABBCcDD* será de:

a) 1/32. b) 3/32. c) 3/64. d) 1/16. e) 1/64.

TESTE SEUS CONHECIMENTOS

1. (UAM – SP) Importantes conclusões para explicar satisfatoriamente os mecanismos de previsão da herança dos caracteres só vieram à luz com os trabalhos de Gregor Mendel (1822-1884). Através da análise dos resultados obtidos pela autofecundação e cruzamentos entre di-híbridos (heterozigotos para dois caracteres), Mendel pôde enunciar a "Segunda Lei de Mendel". Segundo esse princípio,

a) nas células somáticas, os fatores (modernamente: genes) estão sempre aos pares. Durante a formação dos gametas, eles se separam.
b) genótipos idênticos, em meios diferentes, podem acompanhar-se de manifestações fenotípicas diferentes.
c) não há um gene plenamente dominante, nem um gene plenamente recessivo.
d) não ocorre disjunção cromossômica.
e) cada par de fatores (modernamente: alelos) age na manifestação do seu caráter, independentemente, como se os demais não existissem.

2. (UEPG – PR) De acordo com a Segunda Lei de Mendel e no que se refere ao cálculo referente aos tipos de gametas formados por um indivíduo, indique as alternativas corretas e dê sua soma ao final.

(01) Considerando-se um indivíduo *AaBbcc*, pode-se esperar que sejam produzidos cinco tipos de gametas diferentes.
(02) Considerando-se um indivíduo *AabbCc*, formam-se quatro tipos de gametas em iguais proporções: ¼ *AbC*, ¼ *Abc*, ¼ *abC* e ¼ *abc*.
(04) Quando se deseja saber apenas o número de tipos diferentes de gametas, pode-se utilizar a seguinte fórmula: 2^n, onde n = número de pares de alelos em heterozigose.
(08) Considerando-se um indivíduo *AaBbCc*, pode-se esperar que sejam produzidos oito tipos de gametas diferentes.
(16) Considerando-se um indivíduo *AaBb*, como esses pares de alelos segregam-se independentemente, um gameta tem de ter o alelo *A* e o outro o alelo *a*; tendo o alelo *A*, o outro alelo que pode ocorrer nesse gameta é o *B* ou o *b*. No indivíduo são formados, então, quatro tipos de gametas em iguais proporções: ¼ *AB*, ¼ *Ab*, ¼ *aB* e ¼ *ab*.

3. (UFSCar – SP) A tabela a seguir apresenta duas possibilidades de cruzamentos entre parentais cujos genótipos são constituídos por dois pares de alelos com segregação independente.

CRUZAMENTOS	♀	♂
I	*AaBB*	*AABb*
II	*aaBb*	*Aabb*

A partir dos cruzamentos propostos, é correto afirmar que, em F_1, a probabilidade de formação de um indivíduo duplo heterozigoto,

a) em I e II, é nula.
b) em II, é maior que em I.
c) em I, é maior que em II.
d) tanto em I como em II, é igual a 1/2.
e) tanto em I como em II, é igual a 1/4 .

4. (USS – RJ) Admita as seguintes condições:

- os genes *A* e *B*, localizados em cromossomos autossômicos distintos, apresentam segregação independente, de acordo com a Segunda Lei de Mendel;
- o cruzamento de um indivíduo de genótipo *AABb* com outro de genótipo *AaBB*.

A quantidade de genótipos diferentes na descendência desse cruzamento é igual a:

a) 2. b) 4. c) 6. d) 8.

5. (FMJU – SP) Em abóboras da espécie *Cucurbita pepo*, os alelos que condicionam o formato e a cor dos frutos segregam-se independentemente: o alelo *E* condiciona a forma discoide e é dominante sobre o alelo *e*, que condiciona a forma esférica; o alelo *B* determina a cor alaranjada do fruto e é dominante em relação ao alelo *b*, que condiciona a cor amarelada. Do cruzamento entre plantas duplo-heterozigotas, espera-se uma proporção fenotípica em que:

a) haverá o quádruplo de abóboras alaranjadas em relação às amareladas.
b) haverá a mesma proporção de abóboras discoides e abóboras alaranjadas.
c) haverá o triplo de abóboras esféricas em relação às discoides.
d) a maioria das abóboras serão discoides amareladas.
e) a minoria das abóboras serão esféricas alaranjadas.

6. (Fameca – SP) Em gatos, o alelo *M* em homozigose determina a presença de cauda, já em heterozigose determina a ausência de cauda. O alelo *m* em homozigose é letal. A polidactilia é determinada pelo alelo dominante *P*. Os alelos *M* e *P* são autossômicos e segregam-se independentemente.

a) Qual é a proporção fenotípica esperada para os filhotes resultantes do cruzamento entre gatos heterozigotos para o alelo *M*? Apresente os cálculos.
b) Qual é a probabilidade de nascer um gato polidáctilo e sem cauda do cruzamento entre gatos duplo-heterozigotos para os alelos *M* e *P*? Apresente os cálculos.

7. A capacidade de enrolar a língua deve-se a um gene dominante *I*. A habilidade manual destro deve-se também a um gene dominante *C*. Analise cuidadosamente o heredograma abaixo.

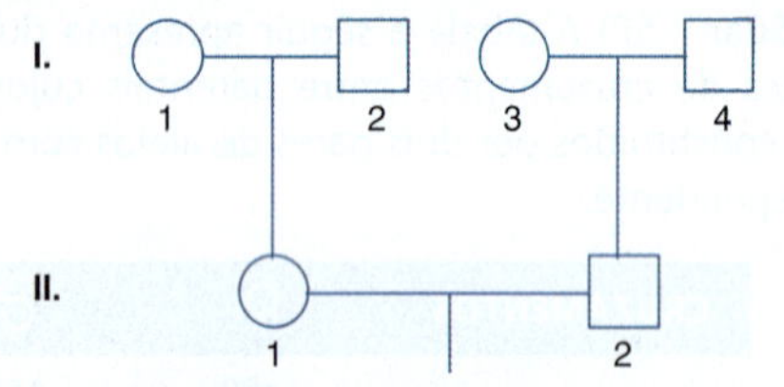

Sabendo que os fenótipos dos indivíduos I-1, I-2, I-3, I-4 são:

I-1. Enrola a língua (homozigoto) – canhota.
I-2. Enrola a língua (heterozigoto) – destro (homozigoto).
I-3. Incapacidade de enrolar a língua – destra (homozigota).
I-4. Enrola a língua (homozigoto) – destro (heterozigoto).

O casal II-1 x II-2 deseja saber qual é a probabilidade de nascer uma criança do sexo masculino com incapacidade de enrolar a língua e canhoto, sabendo que os genes para enrolar a língua e habilidade manual segregam-se independentemente:

a) 1/64. b) 3/16. c) 1/16. d) 3/32. e) 1/32.

8. (UNICAMP – SP) Considere duas linhagens homozigotas de plantas, uma com caule longo e frutos ovais e outra com caule curto e frutos redondos. Os genes para comprimento do caule e forma do fruto segregam-se independentemente. O alelo que determina caule longo é dominante, assim como o alelo para fruto redondo.

a) De que forma podem ser obtidas plantas com caule curto e frutos ovais a partir das linhagens originais? Explique indicando o(s) cruzamento(s). Utilize as letras *A*, *a* para comprimento do caule e *B*, *b* para forma dos frutos.
b) Em que proporção essas plantas de caule curto e frutos ovais serão obtidas?

9. (USCS – SP) Nos peixes-zebra, a cor vermelha do corpo é determinada pelo alelo *B* e a cor bege é determinada pelo alelo *b*. O alelo *S* determina nadadeira caudal longa e o alelo *s* determina nadadeira caudal curta. Sabe-se que esses genes segregam-se independentemente.

a) Qual é o fenótipo de um peixe-zebra cujo genótipo é *Bbss*? Quantos tipos de gametas diferentes produz um peixe cujo genótipo é *BbSs*?
b) Depois de um cruzamento entre dois peixes duplo-heterozigotos, centenas de ovos embrionados foram formados, mas somente 160 se desenvolveram em novos indivíduos. Entre esses novos indivíduos, quantos provavelmente apresentaram cor vermelha e nadadeira caudal curta? Ainda entre esses novos indivíduos, quantos provavelmente tinham o genótipo *bbss*?

10. (Unicentro – PR) Um indivíduo originado do cruzamento entre dois organismos, um com genótipo *SSTTUU* e outro com genótipo *ssttuu*, poderá apresentar, após uma meiose, o seguinte número de gametas distintos:

a) 1. b) 2. c) 4. d) 6. e) 8.

11. (Fameca – SP) Em uma célula cuja ploidia é $2n = 4$, os alelos *A*, *a*, *B* e *b* segregam-se independentemente na meiose. Na metáfase I, os cromossomos com os genes dominantes se dispuseram abaixo do equador celular. Durante a anáfase I, não houve a disjunção dos homólogos do alelo *A*. Na anáfase II não ocorreu disjunção somente dos alelos *B*.

Ao final da meiose, as quatro células formadas apresentaram a seguinte configuração alélica:

a) *ABB*, *Aaa*, *b* e *b*.
b) *AA*, *BB*, *ab* e *ab*.
c) *ABB*, *A*, *ab* e *ab*.
d) *AaBB*, *Aa*, *b* e *b*.
e) *AABB*, *a*, *ab* e *b*.

12. (UFRGS – RS) A mosca *Drosophila melanogaster* é um organismo modelo para estudos genéticos e apresenta alguns fenótipos mutantes facilmente detectáveis em laboratório. Duas mutações recessivas, observáveis nessa mosca, são a das asas vestigiais (*v*) e a do corpo escuro (*e*). Após o cruzamento de uma fêmea com asas vestigiais com um macho de corpo escuro, foi obtido o seguinte:

- F_1 – todos os machos e fêmeas com fenótipo selvagem;
- F_2 – 9/16 selvagem; 3/16 asas vestigiais, 3/16 corpo escuro; 1/16 asas vestigiais e corpo escuro.

Assinale com V (verdadeiro) ou F (falso) as afirmações abaixo, referentes aos resultados obtidos para o cruzamento descrito.

( ) As proporções fenótipicas obtidas em F_2 indicam ausência de dominância, pois houve alteração nas proporções esperadas.
( ) Os resultados obtidos em F_2 indicam um di-hibridismo envolvendo dois genes autossômicoscom segregação independente.
( ) As proporções obtidas em F_2 estão de acordo com a Segunda Lei de Mendel ou Principio dasegregação independente dos caracteres.
( ) Os pares de alelos desses genes estão localizados em cromossomos homólogos.

A sequência correta de preenchimento dos parênteses, de cima para baixo, é:

a) V – V – F – F
b) V – F – V – F
c) V – F – F – V
d) F – F – V – V
e) F – V – V – F

13. (UFPR) Admita que dois genes, *A* e *B*, estão localizados em um mesmo cromossomo. Um macho *AB/ab* foi cruzado com uma fêmea *ab/ab*. Sabendo que entre esses dois genes há uma frequência de recombinação igual a 10%, qual será a frequência de indivíduos com genótipo *Ab/ab* encontrada na descendência desse cruzamento?

a) 50%
b) 25%
c) 30%
d) 100%
e) 5%

14. (Unifesp) Os locos *M, N, O, P* estão localizados em um mesmo cromossomo. Um indivíduo homozigótico para os alelos *M, N, O, P* foi cruzado com outro, homozigótico para os alelos *m, n, o, p*. A geração F_1 foi então retrocruzada com o homozigótico *m, n, o, p*. A descendência desse retrocruzamento apresentou

- 15% de permuta entre os locos *M* e *N*;
- 25% de permuta entre os locos *M* e *O*;
- 10% de permuta entre os locos *N* e *O*;
- não houve descendentes com permuta entre os locos *M* e *P*.

Responda:

a) Qual é a sequência mais provável desses locos no cromossomo? Faça um esquema do mapa genético desse trecho do cromossomo, indicando as distâncias entre os locos.
b) Por que não houve descendentes recombinantes com permuta entre os locos *M* e *P*?

15. (Unesp) Um homem de genótipo *AaBb* em arranjo cis teve um filho com uma mulher duplo-homozigótica dominante para estes genes autossômicos. O gene *A* está distante 8 unidades de recombinação (u.r.) de *B*.

Há menor probabilidade de o genótipo dessa criança ser:

a) *AaBB* ou *AaBb*.
b) *AABB* ou *AABb*.
c) *AABB* ou *AaBB*.
d) *AABb* ou *AaBb*.
e) *AABb* ou *AaBB*.

16. (PUC – SP) O cruzamento entre um heterozigoto *AaBb* e um homozigoto recessivo *aabb* produziu uma descendência com as seguintes taxas:

- *AaBb* – 2,5%;
- *Aabb* – 47,5%;
- *aaBb* – 47,5%;
- *aabb* – 2,5%.

Em relação ao resultado obtido, foram feitas cinco afirmações. Assinale a única **INCORRETA**.

a) O resultado não está de acordo com a Segunda Lei de Mendel.
b) No caso de herança mendeliana, o resultado esperado seria de 25% para cada classe de descendente.
c) Os genes em questão localizam-se no mesmo cromossomo, a uma distância de 5 unidades de recombinação.
d) O heterozigoto utilizado no cruzamento produziu gametas *Ab* e *aB* por permutação ou *crossing-over*.
e) O heterozigoto utilizado no cruzamento apresenta constituição TRANS.

17. (UNESP) O albinismo e a miopia são anomalias recessivas. Os genes responsáveis por essas duas características estão localizados em cromossomos autossômicos e apresentam segregação independente.

Em um casal normal, heterozigoto para as duas características, a proporção fenotípica esperada de filhos com

a) pigmentação normal e miopia é de 4/16.
b) albinismo e miopia é de 3/16.
c) pigmentação normal e miopia é de 9/16.
d) pigmentação e visão normais é de 8/16.
e) albinismo e visão normal é de 3/16.

18. (UFRGS – RS) Se um caráter tem três alelos possíveis, podendo haver seis genótipos, e um segundo caráter apresenta oito genótipos possíveis, quando ambos forem estudados simultaneamente, poderão ocorrer:

a) 7 genótipos.
b) 12 genótipos.
c) 24 genótipos.
d) 48 genótipos.
e) 96 genótipos.

19. (UECE) Quando dois pares de genes estão no mesmo par de cromossomos homólogos, dizemos que ocorre:

a) ligação gênica, podendo os genes ligados ir para gametas diferentes em consequência de segregação independente.
b) ligação gênica, podendo os genes ligados ir para gametas diferentes por meio do *crossing-over*.
c) segregação independente dos genes, podendo se juntar no mesmo gameta por permutação.
d) segregação independente dos genes, os quais obrigatoriamente irão para gametas diferentes.
e) ligação gênica, de forma que os genes irão obrigatoriamente para o mesmo gameta.

20. (PSIU – UFPI) *Drosophila melanogaster* com corpo marrom e asas normais (*BbVgvg*) foram cruzadas com *Drosophila melanogaster* com corpo preto e asas vestigiais (*bbvgvg*). Os resultados esperados, segundo as leis de Mendel, eram *BbVgvg* (575); *bbvgvg* (575); *Bbvgvg* (575); *bbVgvg* (575); entretanto, os genótipos observados foram: *BbVgvg* (965); *bbvgvg* (944); *Bbvgvg* (206); *Vqvq* (185). Que conclusão é possível tirar do experimento?

a) O gene da cor do corpo e o gene da cor da asa em *Drosophila melanogaster* estão em cromossomos diferentes e se segregam independentemente.
b) Os genes para a cor do corpo e para o tamanho da asa em *Drosophila melanogaster* estão ligados no mesmo cromossomo e não se segregam independentemente.
c) Os genes para a cor do corpo e para o tamanho da asa em *Drosophila melanogaster* estão ligados no mesmo cromossomo e se segregam independentemente.
d) O gene da cor do corpo e o gene da cor da asa em *Drosophila melanogaster* estão em cromossomos diferentes e não se segregam independentemente.
e) Os genes para a cor do corpo e para o tamanho da asa em *Drosophila melanogaster* são resultados de recombinações, estão em cromossomos diferentes e se segregam independentemente.

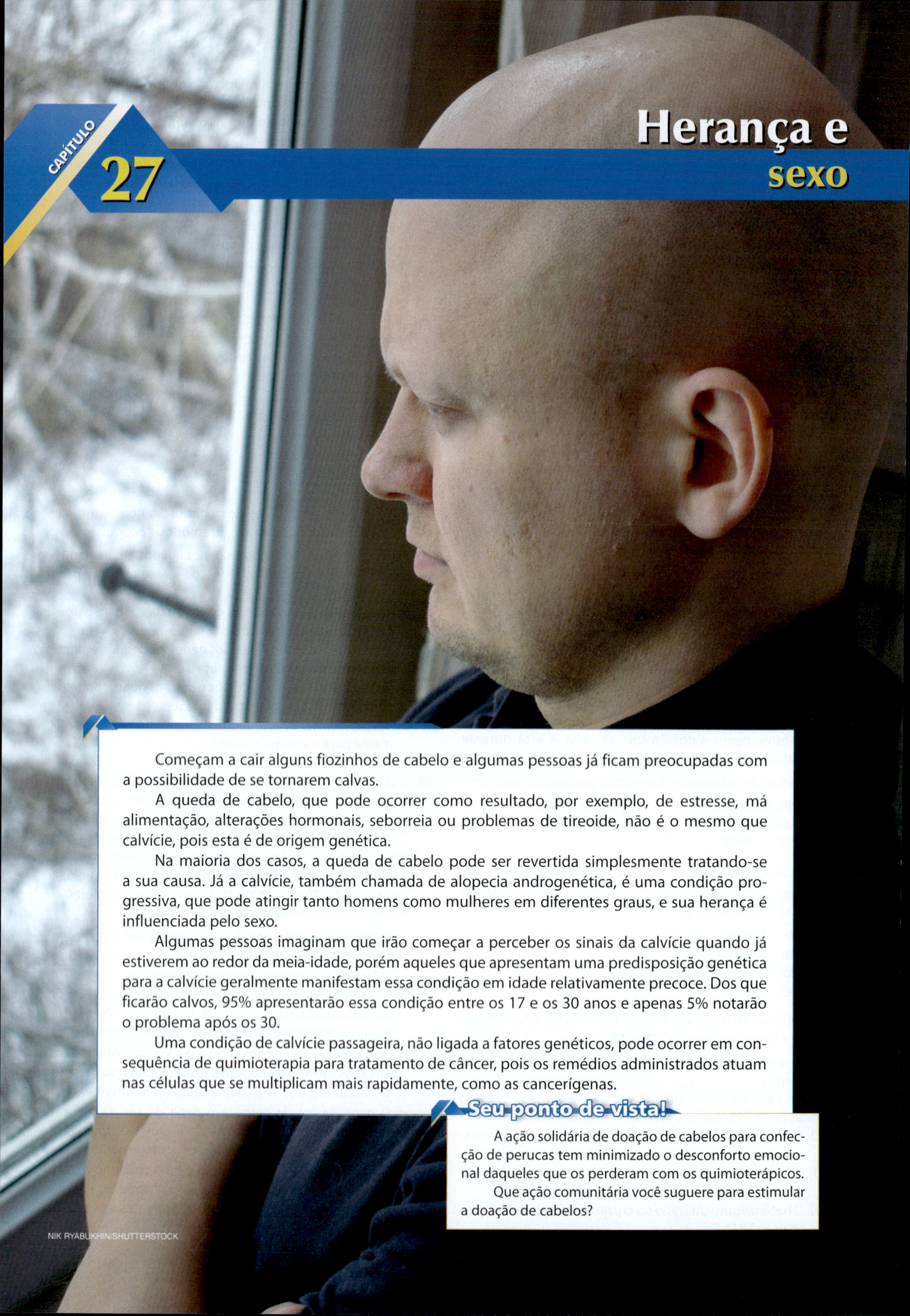

CAPÍTULO 27

Herança e sexo

Começam a cair alguns fiozinhos de cabelo e algumas pessoas já ficam preocupadas com a possibilidade de se tornarem calvas.

A queda de cabelo, que pode ocorrer como resultado, por exemplo, de estresse, má alimentação, alterações hormonais, seborreia ou problemas de tireoide, não é o mesmo que calvície, pois esta é de origem genética.

Na maioria dos casos, a queda de cabelo pode ser revertida simplesmente tratando-se a sua causa. Já a calvície, também chamada de alopecia androgenética, é uma condição progressiva, que pode atingir tanto homens como mulheres em diferentes graus, e sua herança é influenciada pelo sexo.

Algumas pessoas imaginam que irão começar a perceber os sinais da calvície quando já estiverem ao redor da meia-idade, porém aqueles que apresentam uma predisposição genética para a calvície geralmente manifestam essa condição em idade relativamente precoce. Dos que ficarão calvos, 95% apresentarão essa condição entre os 17 e os 30 anos e apenas 5% notarão o problema após os 30.

Uma condição de calvície passageira, não ligada a fatores genéticos, pode ocorrer em consequência de quimioterapia para tratamento de câncer, pois os remédios administrados atuam nas células que se multiplicam mais rapidamente, como as cancerígenas.

Seu ponto de vista!

A ação solidária de doação de cabelos para confecção de perucas tem minimizado o desconforto emocional daqueles que os perderam com os quimioterápicos.

Que ação comunitária você suguere para estimular a doação de cabelos?

NIK RYABUKHIN/SHUTTERSTOCK

27-1. Autossomos e heterossomos

Em condições normais, qualquer célula diploide humana contém 23 pares de cromossomos, isto é, $2n = 46$. Desses cromossomos, 44 são **autossomos** (relacionados a características comuns aos dois sexos) e 2 são os **cromossomos sexuais** (relativos a características próprias de cada sexo), também conhecidos como **heterossomos** (veja a Figura 27-1).

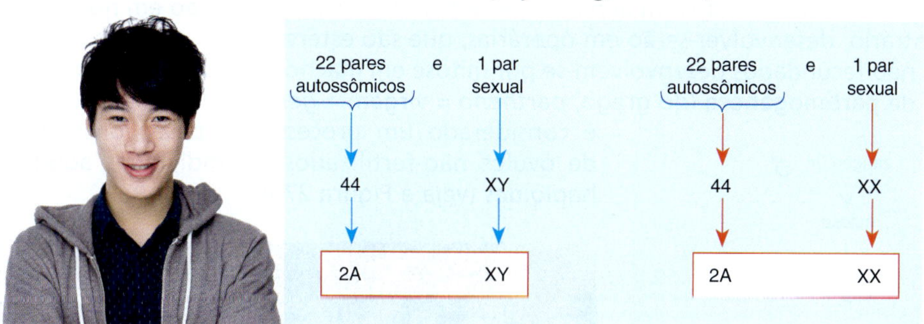

Figura 27-1. Na espécie humana, em indivíduos normais, o cromossomo Y é exclusivo do homem e encontra-se em dose única, enquanto na mulher o cromossomo X aparece em dose dupla.

O cromossomo **Y** é mais curto e possui menos genes que o cromossomo **X**, além de conter uma porção encurvada, em que existem genes exclusivos do sexo masculino. Observe na Figura 27-2 que uma parte do cromossomo **X** não possui alelos em **Y**, isto é, entre os dois cromossomos há uma região não homóloga.

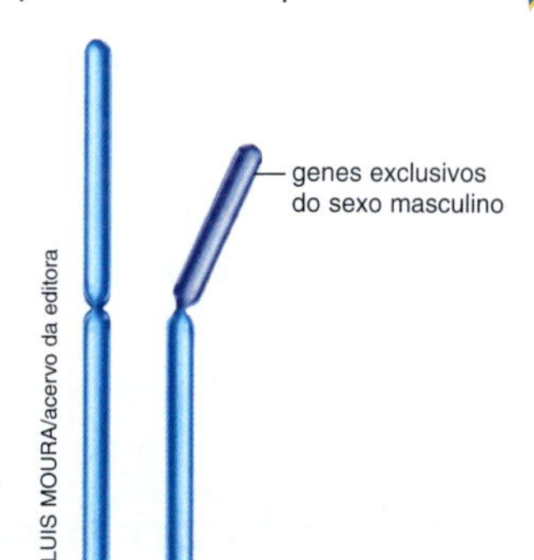

Figura 27-2. Representação dos cromossomos X e Y da espécie humana. (Cores-fantasia. Ilustrações fora de escala.)

BARR

Você sabia que é possível identificar o sexo celular do indivíduo por meio de um corpúsculo, chamado *corpúsculo de Barr*? Leia o QR Code abaixo e saiba onde ele se localiza. Conheça também um mecanismo chamado *compensação de dose*.

27-2. Determinação genética do sexo

- **Sistema XY** – próprio dos seres humanos e de algumas espécies de insetos; mulher é homogamética (apenas um tipo de gameta: 22X); homem é heterogamético (dois tipos de gameta: 22Y e 22X). Veja a Figura 27-3.

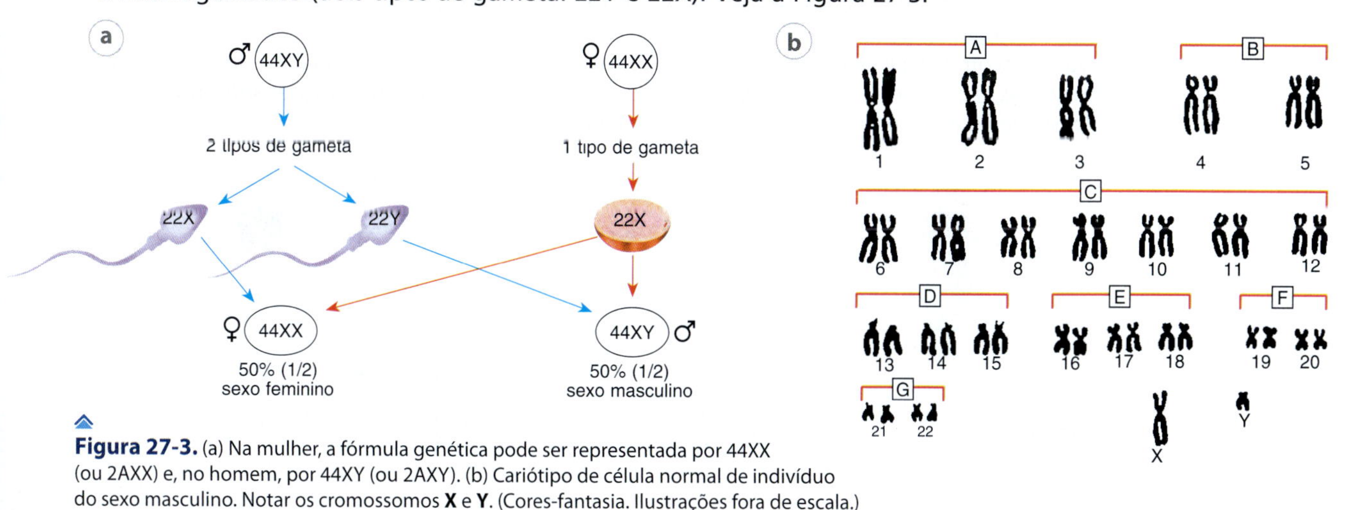

Figura 27-3. (a) Na mulher, a fórmula genética pode ser representada por 44XX (ou 2AXX) e, no homem, por 44XY (ou 2AXY). (b) Cariótipo de célula normal de indivíduo do sexo masculino. Notar os cromossomos **X** e **Y**. (Cores-fantasia. Ilustrações fora de escala.)

- **Sistema X0** – próprio de alguns insetos; ausência de cromossomo Y; fêmea é 2A + XX; macho é 2A + X0.
- **Sistema ZW** – característico de muitas aves; fêmea é 2A + ZW (heterogamética); macho é 2A + ZZ (homogamético).

Partenogênese em abelhas: um caso especial

Nas abelhas, a determinação sexual difere acentuadamente da que até agora foi estudada. Nesses insetos, o sexo não depende da presença de cromossomos sexuais, e sim da *ploidia*. Assim, *machos* (zangões) são sempre *haploides*, enquanto as fêmeas são *diploides*. A rainha é a única fêmea fértil da colmeia e, por meiose, produz centenas de óvulos, muitos dos quais serão fecundados. Óvulos fecundados originam zigotos que se desenvolvem em fêmeas. Se, na fase larval, essas fêmeas receberem alimentação especial, transformar-se-ão em novas rainhas. Caso contrário, desenvolver-se-ão em operárias, que são estéreis.

Os óvulos não fecundados desenvolvem-se por mitose em machos haploides. Esse processo é chamado de **partenogênese** (do grego, *partheno* = virgem + *génesis* = origem), ou seja, é considerado um processo de desenvolvimento de óvulos não-fertilizados em indivíduos adultos haploides (veja a Figura 27-4).

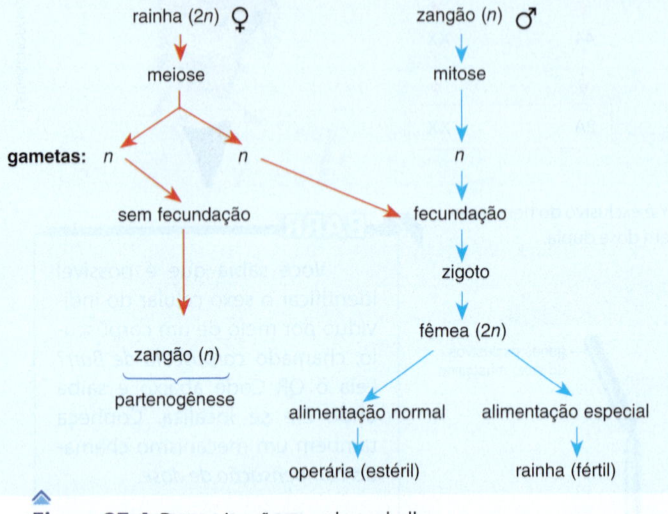

KUTTELVASEROVA STUCHELOV/SHUTTERSTOCK

Figura 27-4. Determinação sexual em abelhas.

27-3. Herança ligada ao sexo

Em 1910, ao estudar a herança da cor do olho em drosófila, T. H. Morgan (1866-1945) e seus colaboradores observaram um fato novo que lhes permitiu tirar conclusões muito importantes. Ao cruzar repetidamente moscas de olhos vermelhos, obtiveram, casualmente, descendentes de olhos brancos, provavelmente originados por mutação e que passaram a constituir uma linhagem pura.

Os experimentos de Morgan foram importantes para a determinação de que alguns caracteres são transmitidos às gerações seguintes por meio de genes que se encontram nos cromossomos sexuais.

Vamos acompanhar os cruzamentos realizados por Morgan quanto à herança da cor dos olhos em drosófilas, e como esse caráter – ligado ao cromossomo X – passa às gerações seguintes.

O primeiro cruzamento de Morgan envolvia:

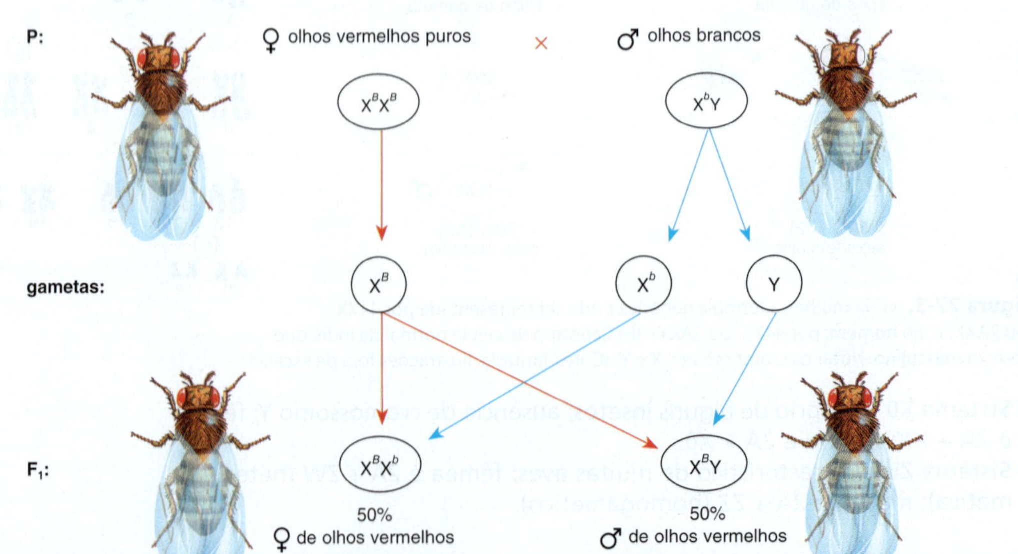

LUIS MOURA/acervo da editora

Cruzando fêmeas e machos de F_1, Morgan obteve em F_2:

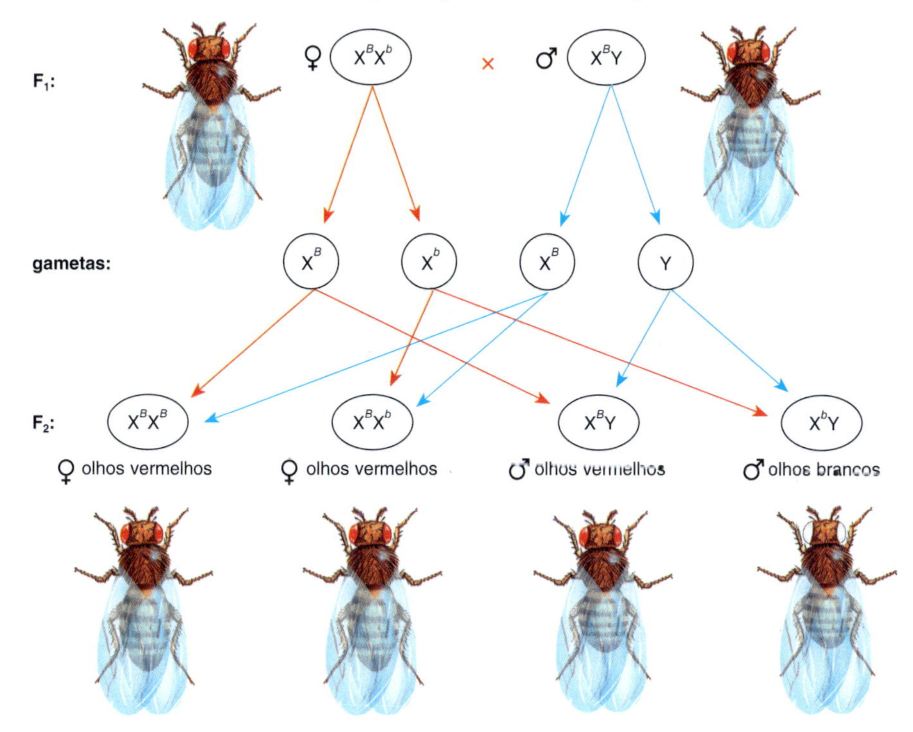

Note que em F_2 as fêmeas são todas de olhos vermelhos, X^BX^b ou X^BX^B (portanto, X^B é dominante). Os machos têm olhos vermelhos, X^BY, e olhos brancos, X^bY.

Não foi difícil para Morgan explicar a herança da cor dos olhos nas fêmeas: elas sempre possuem dois cromossomos X, um proveniente do pai e outro da mãe. Ora, se o pai da geração F_1 é X^BY, com certeza ele transmitirá o cromossomo X^B para todas as suas filhas, que nascerão com olhos vermelhos. Para que nascesse uma fêmea de olhos brancos, o pai teria de ser obrigatoriamente X^bY, independentemente de ser o genótipo materno X^BX^b ou X^bX^b. Observe:

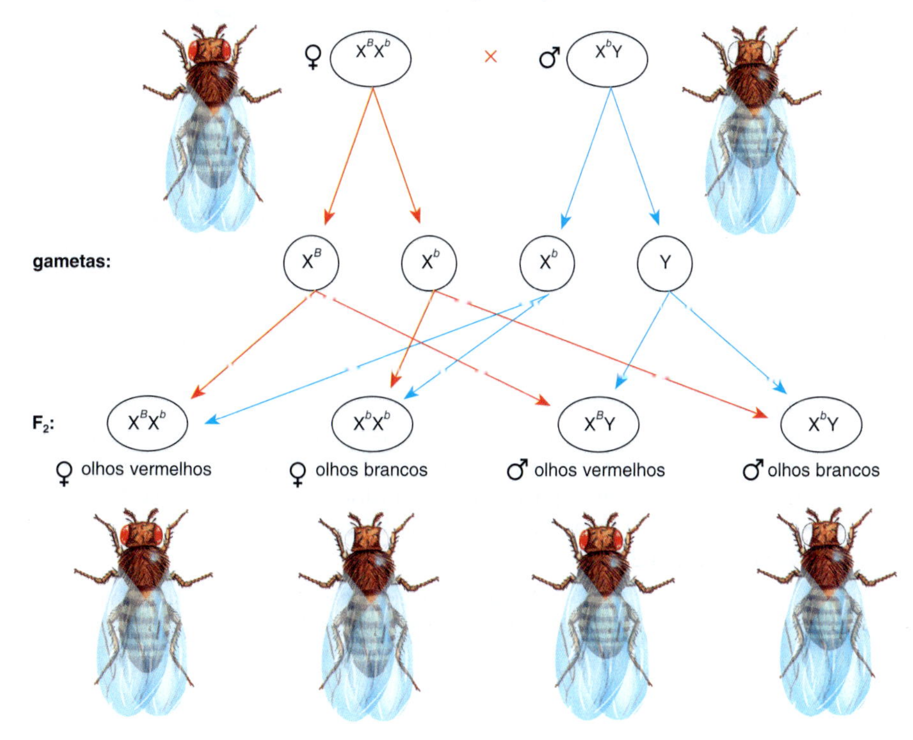

Graças às experiências realizadas por Morgan e colaboradores, foi possível explicar a herança de algumas anomalias ligadas ao sexo no homem, entre elas o **daltonismo**, a **hemofilia** e a **distrofia muscular de Duchenne**.

Acompanhe este exercício

Foram cruzadas duas drosófilas com asas transparentes normais. Na descendência, apareceram insetos com asas foscas. A prole foi a seguinte:

- 220 fêmeas de asas transparentes;
- 110 machos de asas transparentes;
- 110 machos de asas foscas.

Qual é a explicação genética para esses resultados? Dê os genótipos dos genitores e de todos os descendentes.

Resolução:

A primeira etapa é descobrir que tipo de asa se deve ao gene dominante e ao recessivo. Nesse caso, não há dúvida de que a asa transparente é determinada pelo gene dominante, pois o casal normal originou descendentes com asas foscas, que só podem ser recessivos, visto que recessivo × recessivo não pode originar um fenótipo dominante.

Em seguida, podemos pensar que se trata de um caso da Primeira Lei de Mendel, pois o cruzamento deve ter sido entre pais heterozigotos, uma vez que na descendência notamos a proporção de 3 : 1 (330 transparentes para 110 foscas).

No entanto, um fato chama a atenção: não temos nenhuma fêmea de asa fosca. Se os genes que determinam o tipo de asa estivessem em um cromossomo autossômico, alguma fêmea deveria ter asa fosca. Isso não aconteceu. Logo, descartamos que seja uma herança autossômica.

Trata-se de um caso de herança ligada ao sexo, em que podemos ter os seguintes genótipos com seus respectivos fenótipos:

- X^FX^F – fêmea de asas transparentes;
- X^FX^f – fêmea de asas transparentes heterozigota;
- X^fX^f – fêmea de asas foscas;
- X^FY – macho de asas transparentes;
- X^fY – macho de asas foscas.

Vejamos agora os genótipos e fenótipos dos pais e dos descendentes:

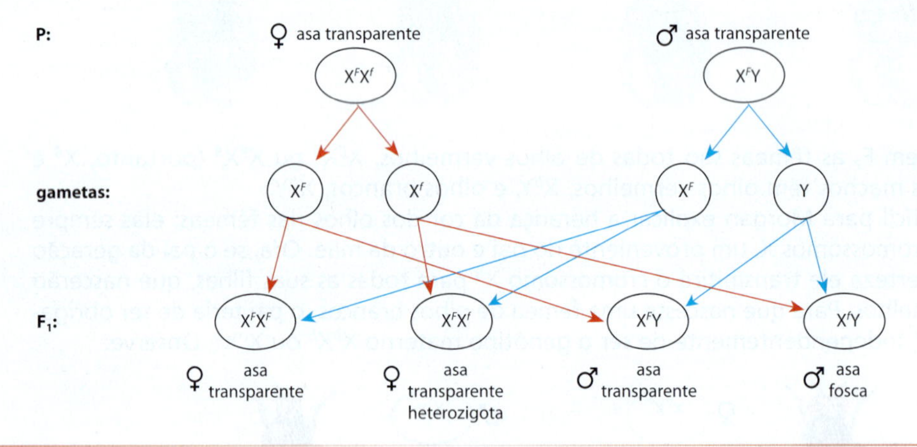

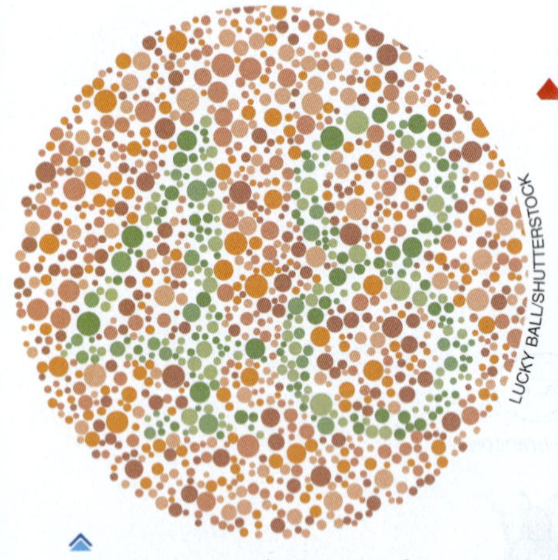

Se você consegue distinguir perfeitamente o número 48 entre as bolinhas da figura acima, então você não é daltônico.

Daltonismo

No **daltonismo**, também chamado de **cegueira parcial às cores**, o indivíduo é incapaz de distinguir – ou tem uma visão alterada de – uma ou algumas das cores primárias (vermelho, azul e verde).

Existem dois tipos de daltonismo: o **absoluto**, em que a pessoa percebe duas das cores primárias, em geral com dificuldades para distinguir o verde (*deuteranopia*) ou o vermelho (*protanopia*); e o **relativo**, em que o indivíduo é sensível às três cores fundamentais, porém tem alguma dificuldade para distingui-las. É uma anomalia determinada por gene recessivo ligado ao cromossomo X, representado pela letra X^d. O alelo dominante, X^D, condiciona visão normal para cores. A mulher só é daltônica se for homozigota recessiva (X^dX^d), mas basta o alelo X^d para que o homem seja daltônico. Veja a Tabela 27-1.

Tabela 27-1. Diferentes fenótipos para daltonismo, resultante da combinação de gametas.

Genótipo	Fenótipo
X^DX^D	mulher normal
X^DX^d	mulher normal portadora
X^dX^d	mulher daltônica
X^DY	homem normal
X^dY	homem daltônico

Anote!

A dificuldade para distinguir a cor azul não é uma herança ligada ao sexo, ou seja, o gene que determina essa anomalia não está ligado ao cromossomo X, mas sim a um autossomo.

Acompanhe estes exercícios

1. A genealogia abaixo representa uma família com alguns indivíduos daltônicos, os quais estão assinalados em preto. Determine os genótipos de todos os indivíduos envolvidos.

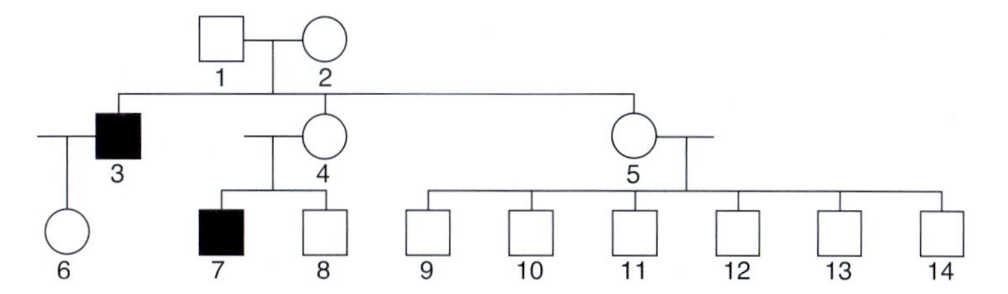

Resolução:

- O genótipo dos homens normais (1 e 8 a 14) é X^DY.
- O genótipo dos homens daltônicos (3 e 7) é X^dY.
- 3 e 7 herdaram, obrigatoriamente, o X^d de suas mães (2 e 4), as quais, sendo normais, devem ser portadoras (X^DX^d).
- A mulher 5, normal, teve seis filhos normais e, com grande probabilidade, seu genótipo é X^DX^D.
- A mulher 6, normal, é portadora do gene para o daltonismo (X^DX^d), já que seu pai, 3, é daltônico.

Veja, a seguir, a mesma genealogia com os genótipos:

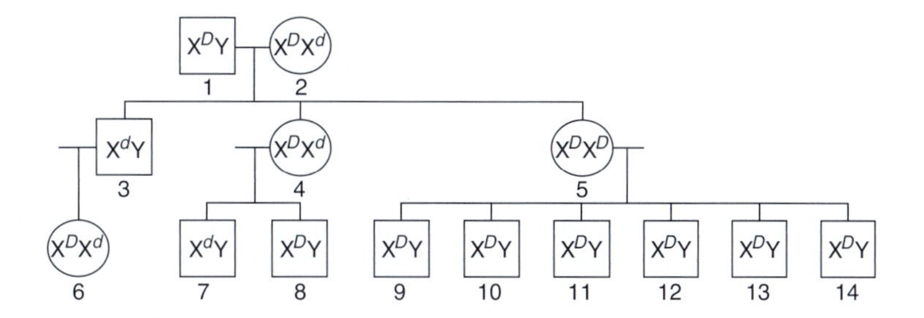

2. Analise cuidadosamente o heredograma abaixo: que tipo de transmissão para o fenótipo determinado pelo símbolo escuro está ocorrendo? Justifique sua resposta.

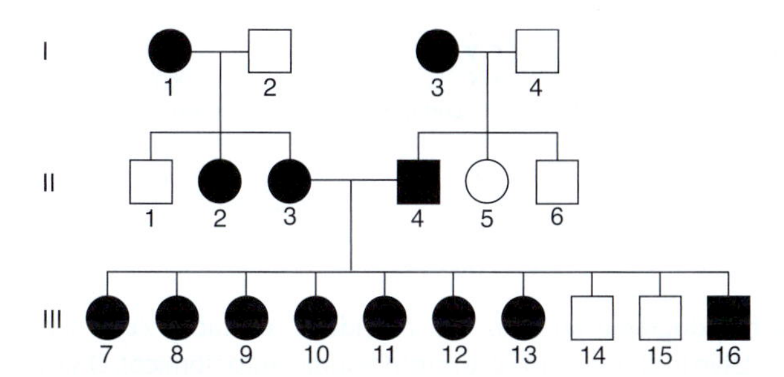

Inicialmente podemos concluir que o fenótipo designado pelo símbolo escuro é determinado por um gene dominante, pois o casal II-3 × II-4 originou indivíduos marcados com símbolo branco (III-14 e III-15) e, portanto, devem ser heterozigotos.

Ao analisarmos a geração III, chama a atenção que nasceram 7 filhas e 3 filhos, e que todas as filhas têm o mesmo fenótipo dos pais. Entre os filhos, 2 são marcados com símbolos brancos e 1, com símbolo escuro. Caso fosse uma herança autossômica, a probabilidade de nascer crianças com fenótipo designado pelos símbolos escuro e claro seria a mesma, independentemente do sexo. Logo, deveria ter nascido pelo menos uma filha designada pelo símbolo claro. Isso não aconteceu. Trata-se, então, de uma característica ligada ao sexo.

Assim,

Repare que II-3 é XX e II-4 é XY. Logo, todas as suas filhas receberam o X do pai; por isso, todas são marcadas pelo símbolo escuro. A mãe II-3 cedeu o X para o filho III-16 e X para os filhos III-14 e III-15. É claro que o Y desses três filhos veio do pai (II-4).

Para confirmar essa hipótese, repare que a filha II-5 é XX, sendo que um X veio da mãe I-3 (XX) e o outro veio do pai I-4 (XY). A mãe I-3 cedeu X para o filho II-6 (XY) e o X para o II-4 (XY).

Concluindo, o símbolo escuro representa uma característica determinada por um gene dominante ligado ao sexo.

Hemofilia

A hemofilia atinge cerca de 300 mil pessoas. É condicionada por gene recessivo, representado por *h*, localizado no cromossomo X. É uma anomalia genética em que o sangue apresenta grandes dificuldades de coagulação. Pode ocasionar a morte do indivíduo por hemorragia incontrolável, mesmo em ferimentos leves, o que explica o fato de as pessoas dificilmente atingirem a idade adulta.

Anote!

Na hemofilia tipo A, há uma deficiência na produção da globulina anti-hemofílica, que tem sido corrigida com o uso do "fator VIII", preparado a partir do plasma humano.

É pouco frequente o nascimento de mulheres hemofílicas, já que a mulher, para apresentar a doença, deve ser descendente de um homem doente (X^hY) e de uma mulher portadora (X^HX^h) ou hemofílica (X^hX^h). Como esse tipo de cruzamento é extremamente raro, acreditava-se que praticamente inexistiriam mulheres hemofílicas. No entanto, já foram relatados casos de hemofílicas, contrariando assim a noção popular de que essas mulheres morreriam por hemorragia após a primeira menstruação (a interrupção do fluxo menstrual deve-se à contração dos vasos sanguíneos do endométrio, e não à coagulação do sangue).

Acompanhe estes exercícios

1. Analise cuidadosamente o heredograma ao lado. O homem marcado com símbolo escuro é hemofílico (gene recessivo *h* ligado ao sexo) e os indivíduos marcados com símbolo claro são normais.

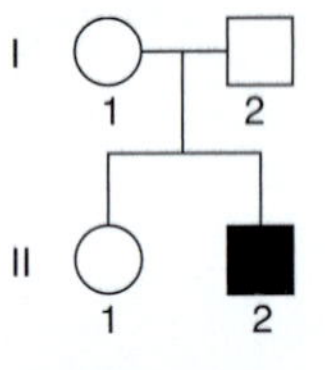

Qual é a probabilidade de o casal I-1 × I-2 vir a ter um outro filho hemofílico?

Resolução:

Inicialmente, devemos descobrir o genótipo do casal. O pai (I-2), sendo normal, só pode ser X^HY. A mãe (I-1), também normal, só pode ser X^HX^h, pois foi ela quem transmitiu o X^h para seu filho hemofílico (II-2), X^hY. Logo,

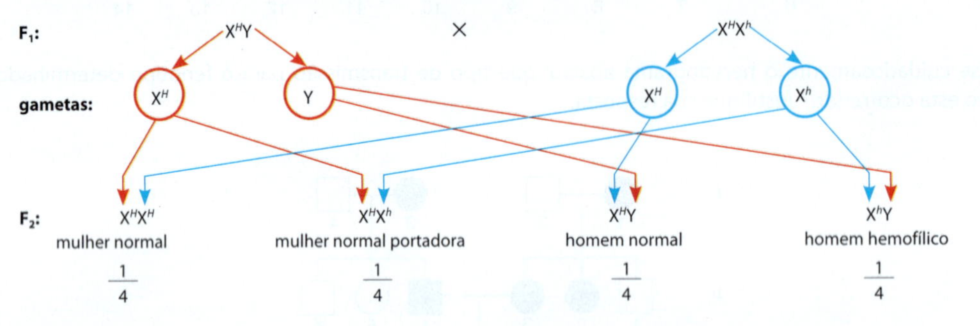

Portanto, a resposta é $\frac{1}{4}$.

2. Analise cuidadosamente o heredograma ao lado. Os indivíduos marcados com símbolo escuro são albinos (gene recessivo localizado em certo cromossomo autossômico). O símbolo claro representa uma pele normalmente pigmentada.

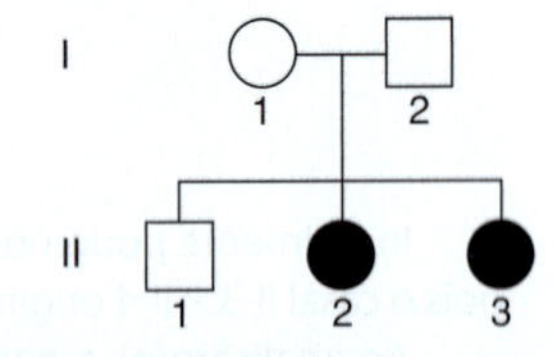

O casal I-1 × I-2 deseja saber qual é a probabilidade de vir a ter um filho albino.

Resolução:

Inicialmente, devemos descobrir o genótipo dos pais. Como eles têm pigmentação normal e tiveram duas filhas albinas (*aa*), só podem ser heterozigotos (*Aa*). Então,

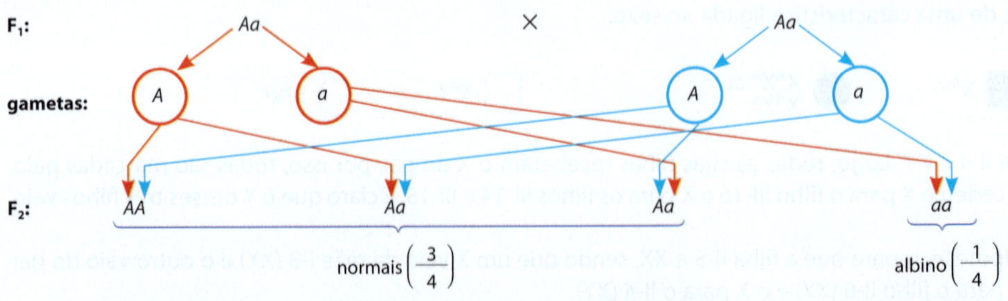

Comentário: Observe que, neste caso, multiplicamos por 1/2, pois o albinismo deve-se a um gene localizado em cromossomo autossômico, que é independente dos cromossomos sexuais. No problema anterior, referente à hemofilia, não há necessidade de multiplicar por 1/2, pois o gene já está localizado nos cromossomos sexuais.

A resposta é 1/4 para ser albino × 1/2 (probabilidade para ser do sexo masculino) = 1/8

Distrofia muscular de Duchenne

Disfunção de origem genética, caracterizada por degeneração dos músculos estriados (tanto os dos movimentos voluntários como o do coração), desde branda até severa, levando a uma incapacidade progressiva. Estima-se que essa síndrome acometa uma a cada 3.500 pessoas. É condicionada por um gene recessivo ligado ao cromossomo X, afetando todos os homens que carregam esse gene recessivo. Nas mulheres heterozigotas para esse caráter, a doença pode se apresentar de forma branda ou estar totalmente ausente, sendo que, nas homozigotas, ela se apresenta de forma severa.

27-4. Herança parcialmente ligada ao sexo

O cromossomo Y possui uma porção homóloga ao cromossomo X (veja a Figura 27-5). Nessa porção, são compartilhados vários genes alelos entre os dois cromossomos. Esses genes seguem o padrão da herança autossômica e caracterizam a **herança parcialmente ligada ao sexo**.

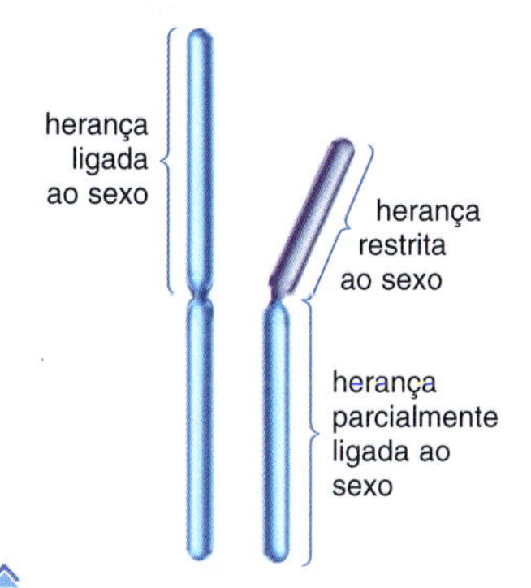

Figura 27-5. Nos cromossomos sexuais, a localização dos genes caracteriza determinado tipo de herança: a *ligada ao sexo*, no cromossomo X, na porção não homóloga ao Y; a *parcialmente ligada ao sexo*, na porção homóloga ao X e ao Y; e a *restrita ao sexo*, na região não homóloga do cromossomo Y. (Cores-fantasia. Ilustrações fora de escala.)

27-5. Herança restrita ao sexo

O cromossomo Y possui alguns genes que lhe são exclusivos, na porção encurvada que não é homóloga ao X. Esses genes, também conhecidos como **genes holândricos**, caracterizam a chamada **herança restrita ao sexo**.

27-6. Herança influenciada pelo sexo

Certos casos de herança autossômica sofrem influência dos hormônios sexuais. Na espécie humana, a calvície e o comprimento do dedo indicador são dois exemplos. O gene que condiciona a calvície, *C*, é dominante no homem. Na mulher, a calvície só se manifesta se o alelo dominante, *C*, estiver em homozigose. Assim, o genótipo heterozigoto resultará em fenótipos diferentes, influenciado pelo sexo do portador. Veja a Tabela 27-2 e a Figura 27-6.

Tabela 27-2. Calvície no homem e na mulher.

GENÓTIPO	NO HOMEM	NA MULHER
CC	calvo	calva
Cc	calvo	não calva
cc	não calvo	não calva

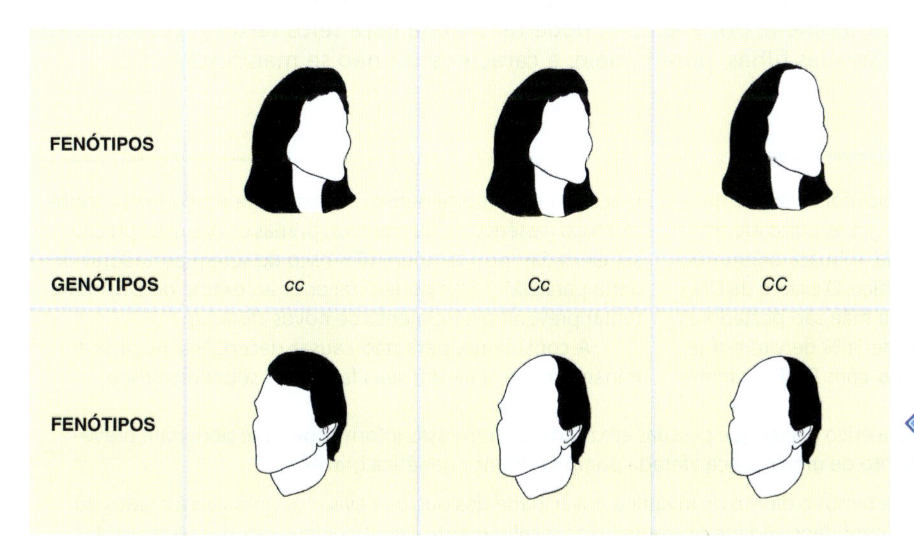

Figura 27-6. A calvície é um caso de herança influenciada pelo sexo. Nas mulheres, é uma característica que só se manifesta se o alelo dominante estiver em homozigose.

Outro exemplo é o comprimento do dedo indicador: dedo indicador mais longo que o anular é dominante nas mulheres e recessivo nos homens. Dedo indicador mais curto que o anular é dominante nos homens e recessivo nas mulheres.

Acompanhe este exercício

Na espécie humana, o comprimento do dedo indicador é uma característica influenciada pelo sexo. O dedo indicador curto é dominante nos homens e recessivo nas mulheres. Um casal heterozigoto para esta característica deseja saber as proporções fenotípicas esperadas entre seus descendentes.

Resolução:

Inicialmente, definiremos a expressão fenotípica dos três genótipos em cada sexo. O gene *L* determina dedo curto, o gene *l* determina dedo longo. Os indivíduos do sexo masculino LL e Ll terão dedos indicadores curtos, enquanto os homens *ll* terão dedos longos. Nas mulheres, a única possibilidade de terem o dedo indicador curto é serem homozigotas (*LL*).

GENÓTIPOS	HOMENS	MULHERES
LL	curto	curto
Ll	curto	longo
ll	longo	longo

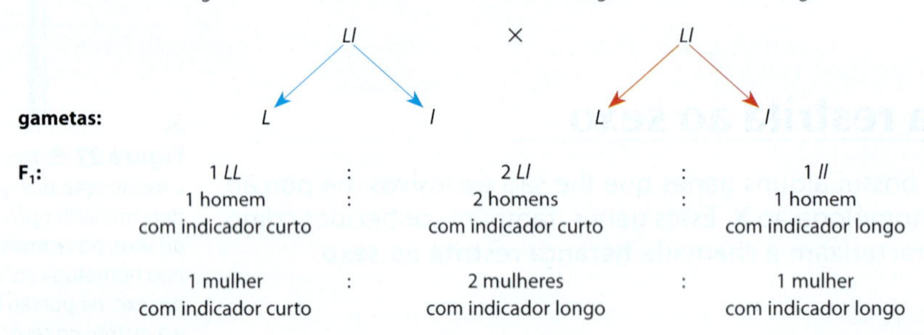

Nos homens, a proporção é de 3 com indicador curto : 1 com indicador longo e, nas mulheres, dá-se o oposto: 3 com indicador longo : 1 com indicador curto.

27-7. Herança limitada ao sexo

Alguns genes autossômicos, portanto não localizados nos cromossomos sexuais, têm sua manifestação determinada em apenas um sexo, muitas vezes em função da presença de alguns hormônios. O homem, por exemplo, pode ter o gene para seios fartos recebido de sua mãe e transmiti-lo às suas filhas, porém, nele, a característica não se manifesta.

Questão socioambiental

Uma senhora tem um filho afetado por distrofia muscular de Duchenne (DMD), doença letal grave, cujos afetados raramente ultrapassam a terceira década, e busca orientação em um serviço de aconselhamento genético. O exame de DNA revela que, tanto a consulente como sua mãe são portadoras do gene da DMD e, portanto, há risco de 50% de virem a ter outros descendentes do sexo masculino com DMD. Durante o aconselhamento genético, a consulente é informada sobre seu risco genético e que suas tias, primas e sobrinhas precisam ser alertadas, pois também têm risco de serem portadoras do gene para DMD. Elas podem recorrer ao exame de DNA para tentar prevenir o nascimento de novos afetados.

A consulente, para não causar decepções, nega-se terminantemente a alertar seus familiares sobre esse risco.

- Você considera ético deixar que pessoas em risco ignorem essas informações que poderiam prevenir o nascimento de uma criança afetada por uma doença genética grave?
- Por outro lado, temos o direito de invadir a privacidade dos outros e avisar os possíveis afetados ou o princípio da confidencialidade presente no aconselhamento genético deve sempre ser mantido?

ATIVIDADES

A CAMINHO DO ENEM

1. (Enem) Os olhos humanos normalmente têm três tipos de cones responsáveis pela percepção das cores: um tipo para tons vermelhos, um para tons azuis e outro para tons verdes. As diversas cores que enxergamos são o resultado da percepção das cores básicas, como indica a figura.

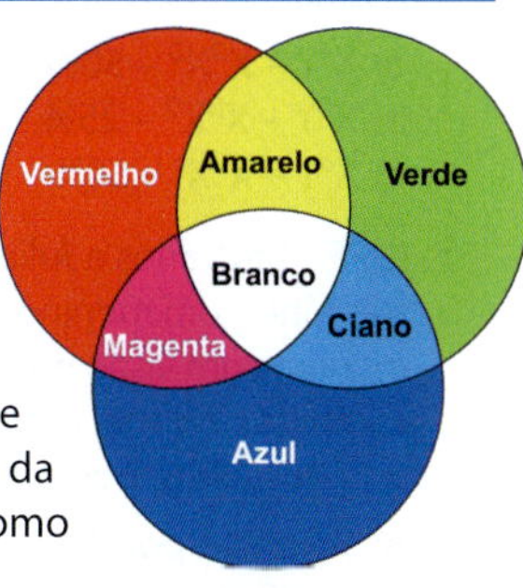

A protanopia é um tipo de daltonismo em que há diminuição ou ausência de receptores da cor vermelha. Considere um teste com dois voluntários: uma pessoa com visão normal e outra com caso severo de protanopia. Nesse teste, eles devem escrever a cor dos cartões que lhes são mostrados. São utilizadas as cores indicadas na figura.

Para qual cartão os dois voluntários identificarão a mesma cor?

a) vermelho
b) magenta
c) amarelo
d) branco
e) azul

2. Cefaleia ou cefalgia são nomes que significam dor de cabeça. As cefaleias são classificadas em primárias e secundárias. As primárias são as enxaquecas e as dores de cabeça de tensão, entre outras. As secundárias são causadas por alguma outra doença, como meningite, tumores cerebrais e AVC (acidente vascular cerebral). A enxaqueca é devida a um gene dominante (*A*).

Um homem que não sofre de enxaqueca e é capaz de distinguir as cores primárias leva seu filho e sua filha para uma consulta médica. O médico constata que o menino sofre de enxaqueca e é daltônico. A menina não sofre de enxaqueca e distingue perfeitamente todas as cores.

O que se pode inferir, respectivamente, com relação ao genótipo da mãe quanto à enxaqueca e ao daltonismo?

a) Aa; X^dX^d
b) Aa; X^DX^d
c) AA; X^DX^d
d) AA; X^DX^D
e) Aa; X^DX^D

3. O daltonismo, também chamado de cegueira parcial às cores, é uma anomalia em que o indivíduo é incapaz de distinguir uma ou algumas das cores primárias (vermelho, azul e verde). O daltonismo deve-se ao gene recessivo *d*, ligado ao sexo.

Um casal normal teve três filhos: uma menina normal, um menino normal e um menino daltônico. A filha normal casou-se com um homem também normal. Sabendo que o primeiro filho desse casal é daltônico, qual é a probabilidade de o segundo filho vir a ser daltônico?

a) 1/2
b) 1/16
c) 1/4
d) 1/8
e) 1/12

4. (Enem) Pesquisadores criaram um tipo de plaqueta artificial, feita com um polímero gelatinoso coberto de anticorpos, que promete agilizar o processo de coagulação quando injetada no corpo. Se houver sangramento, esses anticorpos fazem com que a plaqueta mude sua forma e se transforme em uma espécie de rede que gruda nas lesões dos vasos sanguíneos e da pele.

Adaptado de: MOUTINHO, S. *Coagulação acelerada*. *Disponível em:* <http://cienciahoje.uol.com.br>. *Acesso em:* 19 fev. 2013.

Qual é a doença cujos pacientes teriam melhora de seu estado de saúde com o uso desse material?

a) filariose
b) hemofilia
c) aterosclerose
d) doença de Chagas
e) Síndrome da Imunodeficiência Adquirida

5. (Enem) Distrofia muscular Duchenne (DMD) é uma doença causada por uma mutação em um gene localizado no cromossomo X. Pesquisadores estudaram uma família na qual gêmeas monozigóticas eram portadoras de um alelo mutante recessivo para esse gene (heterozigóticas). O interessante é que uma das gêmeas apresentava o fenótipo relacionado ao alelo mutante, isto é, DMD, enquanto a sua irmã apresentava fenótipo normal.

Adaptado de: RICHARDS, C. S. *et al. The American Journal of Human Genetics*, n. 4, 1990.

A diferença na manifestação da DMD entre as gêmeas pode ser explicada pela:

a) dominância incompleta do alelo mutante em relação ao alelo normal.
b) falha na separação dos cromossomos X no momento da separação dos dois embriões.
c) recombinação cromossômica em uma divisão celular embrionária anterior à separação dos dois embriões.
d) inativação aleatória de um dos cromossomos X em fase posterior à divisão que resulta nos dois embriões.
e) origem paterna do cromossomo portador do alelo mutante em uma das gêmeas e origem materna na outra.

TESTE SEUS CONHECIMENTOS

1. (Famerp – SP) As figuras ilustram células pertencentes a três indivíduos: uma criança e seus genitores. Em cada célula está representado um par de cromossomos sexuais, com os pares de alelos e seus respectivos locos. A distância entre os locos é de 26 u.r.

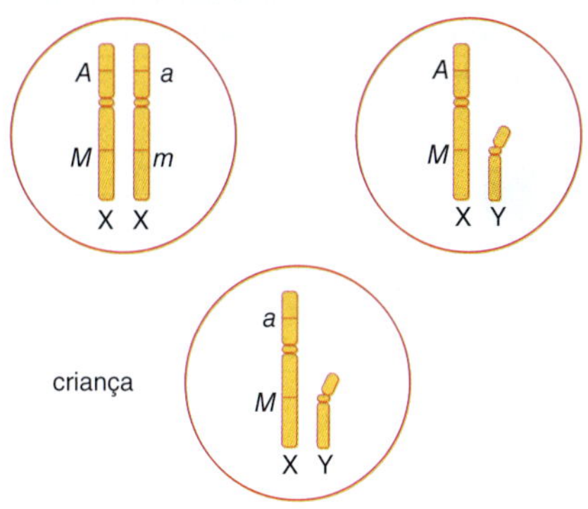

a) O alelo dominante no genótipo da criança foi herdado de qual dos seus genitores? Qual fenômeno permitiu que a composição genotípica da criança fosse diferente da dos genitores?

b) Com relação aos genes representados, qual a porcentagem esperada de ovócitos portadores apenas de alelos recessivos gerados pela mulher? Explique por que alocalização dos genes representados na célula da mulher não está relacionada à Segunda Lei de Mendel.

2. (UAM – SP) Na mosca *Drosophila melanogaster* ocorre um caso típico de herança ligada ao sexo com relação à coloração dos olhos, em que a cor vermelha é dominante sobre a cor branca. Apenas um par de alelos condiciona essa característica e está localizado na porção não homóloga do cromossomo X. A determinação sexual nesse inseto ocorre em função do sistema XY. Com base nessas informações, o cruzamento entre uma fêmea com olhos brancos e um macho com olhos vermelhos gerará:

a) 100% de fêmeas com olhos brancos, 50% de machos com olhos vermelhos e 50% de machos com olhos brancos.

b) 100% de fêmeas com olhos vermelhos e 100% de machos com olhos brancos.

c) 50% de fêmeas com olhos vermelhos, 50% de fêmeas com olhos brancos, 50% de machos com olhos vermelhos e 50% de machos com olhos brancos.

d) 50% de fêmeas com olhos vermelhos, 50% de fêmeas com olhos brancos e 100% de machos com olhos brancos.

e) 100% de fêmeas com olhos brancos e 100% de machos com olhos vermelhos.

3. (UFRGS – RS) Nas galinhas, existe um tipo de herança ligada ao cromossomo sexual que confere presença ou ausência de listras (ou barras) nas penas. Galos homozigotos barrados (Z^BZ^B) foram cruzados com galinhas não barradas (Z^bW), resultando em uma F_1 de galos e galinhas barradas.

Considerando uma F_2 de 640 aves, a proporção fenotípica esperada será de:

a) 480 galos barrados, 80 galinhas não barradas e 80 galinhas barradas.

b) 80 galos barrados, 80 galinhas não barradas e 480 galinhas barradas.

c) 40 galos barrados, 80 galinhas não barradas e 520 galinhas barradas.

d) 320 galos barrados, 160 galinhas não barradas e 160 galinhas barradas.

e) 160 galos barrados, 160 galinhas não barradas e 320 galinhas barradas.

4. (UERR) A genealogia ilustra uma família em que as pessoas destacadas apresentam daltonismo, uma doença hereditária. O homem I-3 é falecido.

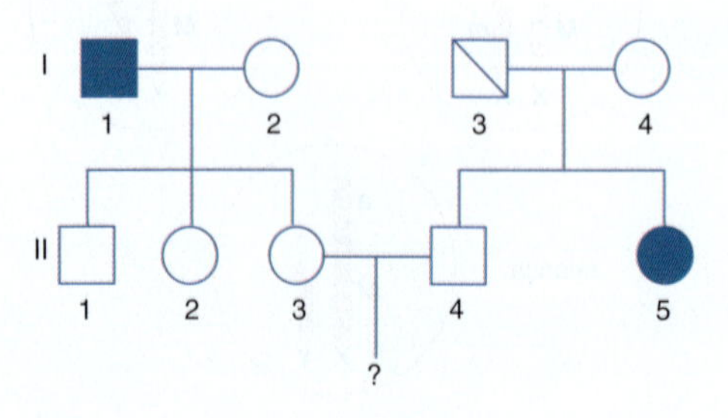

De acordo com os dados contidos na genealogia, é possível deduzir que o homem I-3 apresentava o genótipo __________ e que as mulheres II-2 e II-3 apresentam, entre si, o mesmo genótipo, que é __________. Caso a mulher II-3 esteja gestando um menino, a probabilidade de este ser daltônico é de __________.

Assinale a alternativa que preenche as lacunas do texto.

a) X^dY – X^DX^D – 50%

b) X^DY – X^DX^D – 25%

c) X^dY – X^DX^d – 50%

d) X^DY – X^DX^d – 50%

e) X^dY – X^DX^d – 25%

5. (UPF – RS) Carlos e Juliana, ambos com visão normal, tiveram três filhos: um menino daltônico com tipo sanguíneo AB, um menino com visão normal e tipo sanguíneo O e uma menina com visão normal e tipo sanguíneo B. Considerando o fenótipo dos filhos, podemos concluir que:

a) Juliana é portadora de um alelo recessivo do gene que codifica para o daltonismo e Carlos não tem esse alelo; Carlos tem tipo sanguíneo AB e Juliana tem tipo sanguíneo B.

b) Juliana é portadora de um alelo recessivo do gene que codifica para o daltonismo e Carlos não tem esse alelo; um deles tem tipo sanguíneo A e o outro tem tipo sanguíneo B.

c) Carlos tem um alelo recessivo do gene que codifica para o daltonismo e Juliana não tem esse alelo; um deles tem tipo sanguíneo A e o outro tem tipo sanguíneo B.

d) Carlos e Juliana têm um alelo recessivo do gene que codifica para o daltonismo; ambos têm tipo sanguíneo AB.

e) Juliana é portadora de um alelo recessivo do gene que codifica para o daltonismo e Carlos não tem esse alelo; Carlos tem tipo sanguíneo O e Juliana tem tipo sanguíneo AB.

6. (UFRGS – RS) O daltonismo é um tipo de cegueira nos seres humanos, referente às cores e condicionado por herança ligada ao X. O lobo solto da orelha, herança autossômica, é um fenótipo dominante em relação ao lobo aderido.

No heredrograma a seguir, estão representados os indivíduos com as respectivas características.

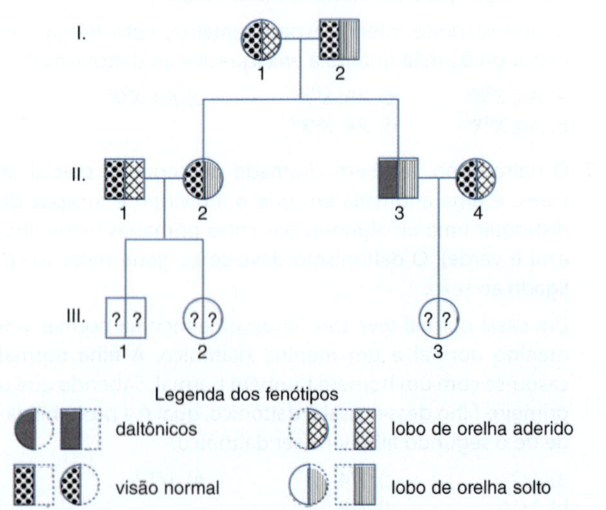

Considerando a genealogia apresentada e considerando que o indivíduo II-4 é heterozigoto para daltonismo, a probabilidade de os indivíduos **III-1**, **III-2** e **III-3** serem daltônicos e terem lobo da orelha solto, respectivamente, é:

a) 12,5% , 0% e 25%.
b) 0% , 12,5% e 25%.
c) 12,5% , 12,5% e 50%.
d) 25% , 0% e 50%.
e) 12,5% , 50% e 75%.

7. (USS – RJ) O daltonismo é uma alteração genética humana, conferida pela mutação em um único gene que causa o não reconhecimento de determinadas cores pelos indivíduos afetados.

Nesse caso, homens com cópia do alelo mutante são daltônicos, enquanto mulheres que possuem apenas uma cópia desse gene mutado apresentam visão normal.

a) Indique em qual cromossomo está o gene relacionado ao daltonismo e aponte se essa característica genética é dominante ou recessiva.
b) Indique se um casal com visão normal pode ter um filho do sexo masculino daltônico. Justifique sua resposta.

8. (UFSC) Em relação à determinação cromossômica do sexo e à herança de genes localizados nos cromossomos sexuais, indique as alternativas corretas e dê sua soma ao final.

(01) Na determinação cromossômica do sexo na espécie humana, o homem é representado como "XX" e a mulher como "XY", sendo ela, portanto, quem determina o sexo dos filhos.
(02) A hemofilia, doença caracterizada pela falha no sistema de coagulação do sangue, constitui-se em um exemplo de herança genética, cujo gene está localizado no cromossomo X.
(04) Nenhum dos genes localizados em cromossomos autossômicos tem influência sobre características determinadas por genes presentes em cromossomos sexuais.
(08) X e Y são apenas letras que representam os cromossomos sexuais; na prática, esses dois cromossomos são idênticos quanto aos genes que os compõem.
(16) O daltonismo, caracterizado pela dificuldade em distinguir cores, constitui-se em um exemplo de herança genética, cujo gene está localizado no cromossomo Y, por isso afeta mais os homens que as mulheres.
(32) A cromatina sexual corresponde a um dos cromossomos X, desativado durante o desenvolvimento embrionário feminino.

9. (Uniceub – DF) Um casal apresenta coagulação normal, mas o pai da mulher é hemofílico. O casal tem um filho hemofílico e, pensando em ter outro filho, procuraram um serviço de aconselhamento genético para saberem a probabilidade disso acontecer. A resposta foi a seguinte:

a) 100% de probabilidade de terem um filho ou uma filha hemofílicos.
b) 50% de probabilidade de terem um filho ou uma filha hemofílicos.
c) 50% de probabilidade de terem um filho hemofílico e nenhuma probabilidade de terem uma filha hemofílica.
d) 50% de probabilidade de terem uma filha hemofílica e 100% de probabilidade de terem um filho hemofílico.
e) não há probabilidade de terem um novo filho hemofílico, uma vez que já tiveram um filho com o problema.

10. (Unifunec – SP) A genealogia da família real inglesa indica que a partir da rainha Vitória (1819-1901) alguns de seus descendentes homens, inclusive pertencentes às famílias herdeiras de tronos de outros países, manifestaram hemofilia B, doença caracterizada pela ausência do fator IX do processo de coagulação sanguínea.

a) Quais são os elementos figurados sanguíneos responsáveis pelo processo de coagulação? Algumas das etapas desse processo exigem a presença de uma determinada vitamina. Que vitamina é essa?
b) Explique, sob o ponto de vista genético, por que a hemofilia B é mais comum nos homens e mais rara nas mulheres.

11. (Unifra – SP) Você já deve ter ouvido alguém falar: "Esse alimento contém fenilalanina, será que posso comer?". Algumas pessoas apresentam fenilcetonúria, doença autossômica recessiva, e não podem comer alimentos com fenilalanina (aminoácido essencial), porque não produzem a enzima necessária para transformá-la em tirosina (aminoácido não essencial), doença conhecida como autossômica recessiva.

Com base nessa informação, é possível afirmar que:

I. A pessoa com fenilcetonúria deve herdar um gene alterado da mãe e outro do pai.
II. A fenilcetonúria é uma doença genética ligada aos cromossomos sexuais.
III. A fenilalanina é um aminoácido sintetizado pelo organismo humano.

Está(ão) correta(s)

a) apenas I.
b) apenas II.
c) apenas III.
d) apenas I e II.
e) apenas II e III.

12. (FPS – PE) A doença de Huntington é uma enfermidade hereditária, cujos sintomas são causados pela degeneração celular em uma parte do cérebro. Este dano afeta a capacidade cognitiva, os movimentos e o equilíbrio emocional. O heredograma abaixo representa uma família que apresenta esta doença.

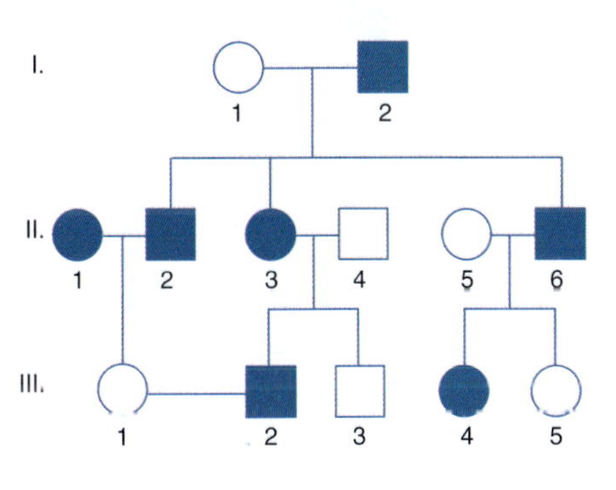

Pode-se concluir que a doença de Huntington apresenta herança:

a) autossômica dominante.
b) autossômica recessiva.
c) ligada ao X dominante.
d) ligada ao X recessiva.
e) ligada ao Y.

13. (Fuvest – SP) A genealogia a seguir representa uma família em que aparecem pessoas afetadas por adrenoleucodistrofia. A mulher III-2 está grávida e ainda não sabe o sexo do bebê.

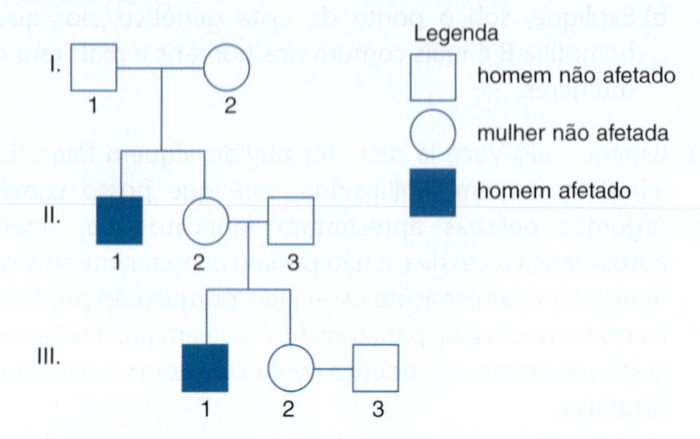

A relação correta entre o padrão de herança desta forma de adrenoleucodistrofia e a probabilidade de que a criança seja afetada é:

a)

Padrão de herança	Probabilidade de ser afetada
Ligado ao X recessivo	50% caso seja menino

b)

Padrão de herança	Probabilidade de ser afetada
Ligado ao X recessivo	25% caso seja menino

c)

Padrão de herança	Probabilidade de ser afetada
Ligado ao Y	100% caso seja menino

d)

Padrão de herança	Probabilidade de ser afetada
Autossômico recessivo	75% em qualquer caso

e)

Padrão de herança	Probabilidade de ser afetada
Autossômico recessivo	12,5% em qualquer caso

14. (Famerp – SP) Na genealogia a seguir, Valmir apresenta uma doença rara determinada por um alelo cuja herança é ligada ao sexo.

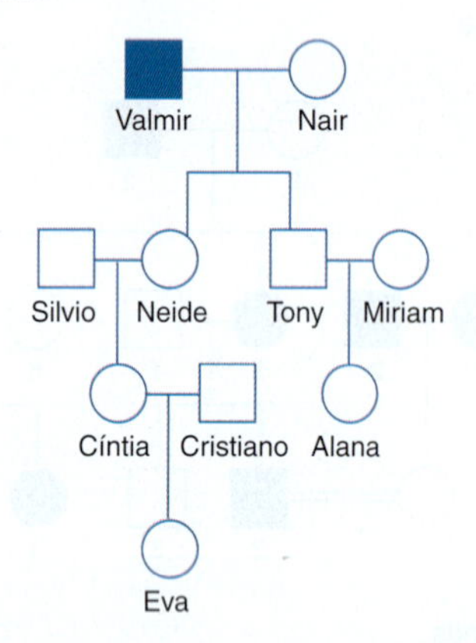

As probabilidades de Cíntia, Alana e Eva serem portadoras do mesmo alelo que determina a doença de Valmir são, respectivamente,

a) 25%, 0% e 50%.
b) 12,5%, 25% e 50%.
c) 50%, 0% e 25%.
d) 50%, 50% e 25%.
e) 25%, 25% e 12,5%.

15. (Unicentro – PR) Doença de Tay-Sachs em humanos.

Anomalias genéticas frequentemente causam problemas graves de saúde, podemos citar, por exemplo, a Doença de Tay-Sachs. A descoberta dessa anormalidade deve-se a dois médicos, Warren Tay e Bernard Sachs, que estudaram, em anos diferentes, alguns sintomas da doença que hoje leva os seus nomes. Esse distúrbio incurável é uma herança autossômica recessiva que leva a uma deficiência na enzima conhecida por hexosaminidase A. Essa doença tem ocorrência relativamente alta na população de judeus Ashkenazi (judeus da Europa Central e do Leste). A falta da hexosaminidase A faz com que o gangliosídeo GM2 (componente da membrana do neurônio) não seja hidrolisado, ficando assim acumulado no tecido nervoso. A consequência desse acúmulo é uma degeneração contínua desse tecido.

Adaptado de: SANTOS, V. S. dos. *Doença de Tay-Sachs.*
Disponível em: <https://brasilescola.uol.com.br/biologia/doenca-tay-sachs.htm>.
Acesso em: 11 ago. 2021.

A partir do texto acima e com os conhecimentos sobre hereditariedade, pode-se afirmar:

a) a homozigose, para a idiotia amaurótica infantil, é condição necessária para manifestação da doença.
b) os alelos envolvidos no caráter observado não apresentam dominância completa.
c) os recém-nascidos com Tay-Sachs são filhos de pais que expressam integralmente este caráter.
d) a permanência do gene da idiotia amaurótica infantil não depende da seleção natural.
e) o gene que condiciona essa doença está ligado ao sexo.

16. (Fuvest – SP) O heredograma a seguir mostra homens afetados por uma doença causada por um gene mutado que está localizado no cromossomo X.

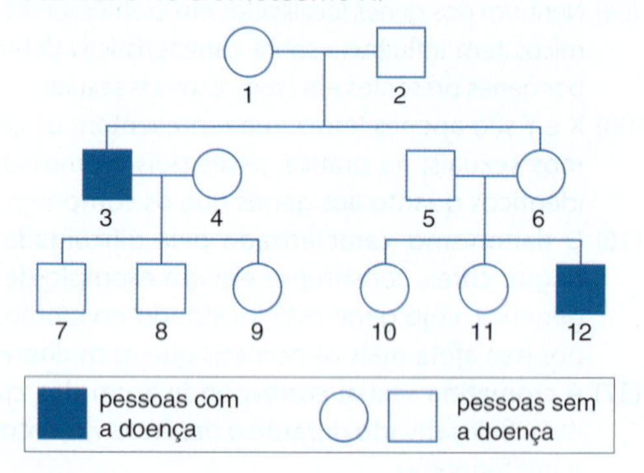

Considere as afirmações:

I – Os indivíduos **1**, **6** e **9** são certamente portadores do gene mutado.

II – Os indivíduos **9** e **10** têm a mesma probabilidade de ter herdado o gene mutado.

III – Os casais **3-4** e **5-6** têm a mesma probabilidade de ter criança afetada pela doença.

Está correto apenas o que se afirma em

a) I.
b) II.
c) III.
d) I e II.
e) II e III.

17. (UFLA – MG) A calvície é controlada por um par de alelos (*A*/*a*) que são influenciados pelo sexo. Dessa forma, o alelo (*A*), que causa a calvície, é dominante nos homens e recessivo nas mulheres. Um homem não calvo, casado com uma mulher não calva, deseja saber se é possível vir a ter um filho calvo. Demonstre, argumentando apenas do ponto de vista do genótipo, a possibilidade ou a impossibilidade disso acontecer.

Interação gênica e citogenética

CAPÍTULO 28

A evolução e o desenvolvimento das sociedades conduzem a uma crescente variabilidade e diversidade de atividades, culturas, ideologias etc. A agricultura não é exceção, pois desde a sua invenção há dez mil anos, vem produzindo uma série de inovações, em especial as tecnológicas.

Nunca houve tanta diversidade de atividades agrícolas, como as desenvolvidas nos últimos cem anos. Merecem destaque as inovações de natureza genética, como a heterose ou vigor de híbrido, iniciada com o advento do milho híbrido e depois ampliada para outras espécies. Outras significativas alterações genéticas, como a ploidia [conjunto de cromossomos de uma célula] induzindo mudanças numéricas nos cromossomos, indução artificial de mutações, desenvolvimento e utilização da esterilidade masculina em plantas, são relevantes.

Em função dessas inovações, milhares de novos cultivares [espécies de plantas que foram melhoradas pelo homem por meio da introdução e/ou modificação de uma característica] têm sido desenvolvidos, cultivados e adotados a fim de atender às preferências e conveniências dos variados setores da sociedade. A experiência mostra que essas diversidades têm sido não apenas desejáveis, pois têm contribuído para benefícios da sociedade, como têm coexistido sem dificuldades salientes.

Adaptado de: PATERNIANI, E. *Alterações genéticas nas plantas. Disponível em:* <https://ainfo.cnptia.embrapa.br/digital/bitstream/item/19308/1/Paterniani.pdf>. *Acesso em:* 11 set. 2021

Seu ponto de vista!

A citogenética, ramo da Genética que estuda, em síntese, a estrutura, a morfologia e as alterações cromossômicas em células, cada vez mais tem importância em outras áreas além da agricultura. Pesquise e identifique pelo menos uma área em que a citogenética tem sido aplicada.

TONELSON PRODUCTIONS/SHUTTERSTOCK

FOTOGRAFIAS: FABIO COLOMBINI
OLEGUSK/SHUTTERSTOCK

Há muitos casos em que vários genes, situados em cromossomos não homólogos, têm ação recíproca na determinação de uma mesma característica fenotípica, em uma verdadeira **interação gênica**.

28-1. Interação gênica simples

Forma da crista de galos e galinhas deve-se à ação de dois genes dominantes, *R* e *E* (veja a Tabela 28-1).

Tabela 28-1. Genótipos e fenótipos envolvidos na forma da crista de galinha.

GENÓTIPOS	*R_E_*	*R_ee*	*rrE_*	*rree*
FENÓTIPOS DA CRISTA	noz (os dois dominantes)	rosa (um dominante)	ervilha (um dominante)	simples (ausência de dominantes)

Acompanhe este exercício

Uma ave de crista simples foi cruzada com outra de crista ervilha, heterozigota. Qual será o resultado fenotípico esperado nos descendentes?

Resolução:

O genótipo da ave com crista simples é *rree*. Quanto à ave de crista ervilha, é preciso notar que, embora o enunciado diga tratar-se de heterozigota, seu genótipo não é *RrEe*, pois, se assim fosse, essa ave teria crista noz. Obrigatoriamente, então, seu genótipo é *rrEe*, em que o par *rr* interage com o par *Ee* (na verdade, este é que corresponde à situação de heterozigose). O cruzamento referido na questão pode ser assim esquematizado:

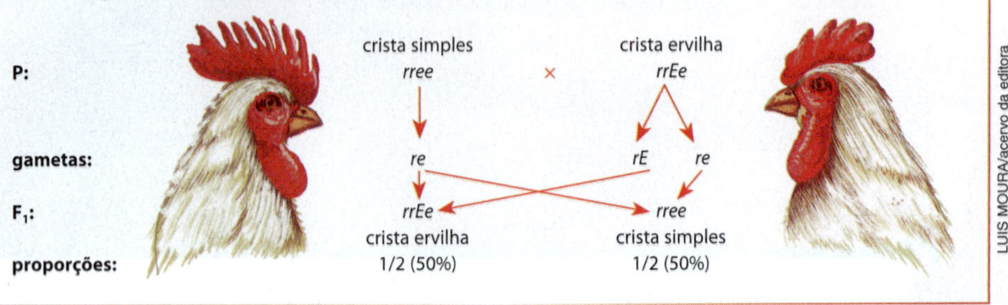

LUIS MOURA/acervo da editora

Outro exemplo de interação gênica é o que determina a forma dos frutos de abóbora, também condicionada por dois genes dominantes, *A* e *B* (veja a Tabela 28-2).

Tabela 28-2. Genótipos e fenótipos envolvidos na forma da abóbora.

GENÓTIPOS	*A_B_*	*A_bb*	*aaB_*	*aabb*
FENÓTIPOS	discoide (os dois dominantes)	esférica (um dominante)	esférica (um dominante)	alongada (ausência de dominantes)

Do cruzamento de duas plantas produtoras de abóboras esféricas de origens diferentes, obtiveram-se em F_1 somente abóboras discoides. As plantas da geração F_1, intercruzadas, produziram em F_2 a proporção de 9/16 abóboras discoides : 6/16 abóboras esféricas : 1/16 abóboras alongadas.

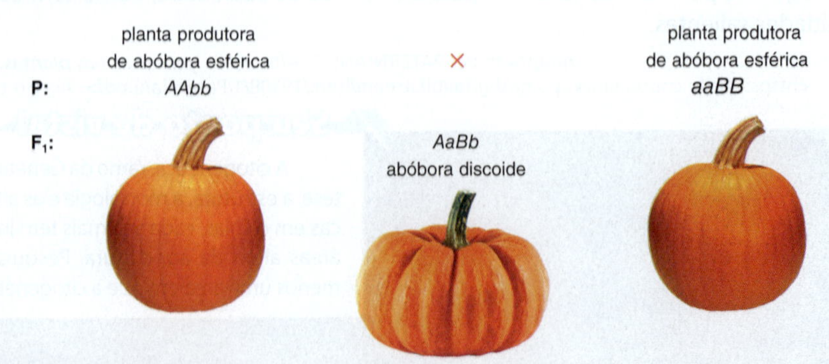

FOTOS: OLIVIER LE QUEINEC/SHUTTERSTOCK, SMILEUS/SHUTTERSTOCK

Cruzando os indivíduos de F_1, teremos os gametas produzidos e poderemos montar o quadro de cruzamentos e determinar os respectivos fenótipos:

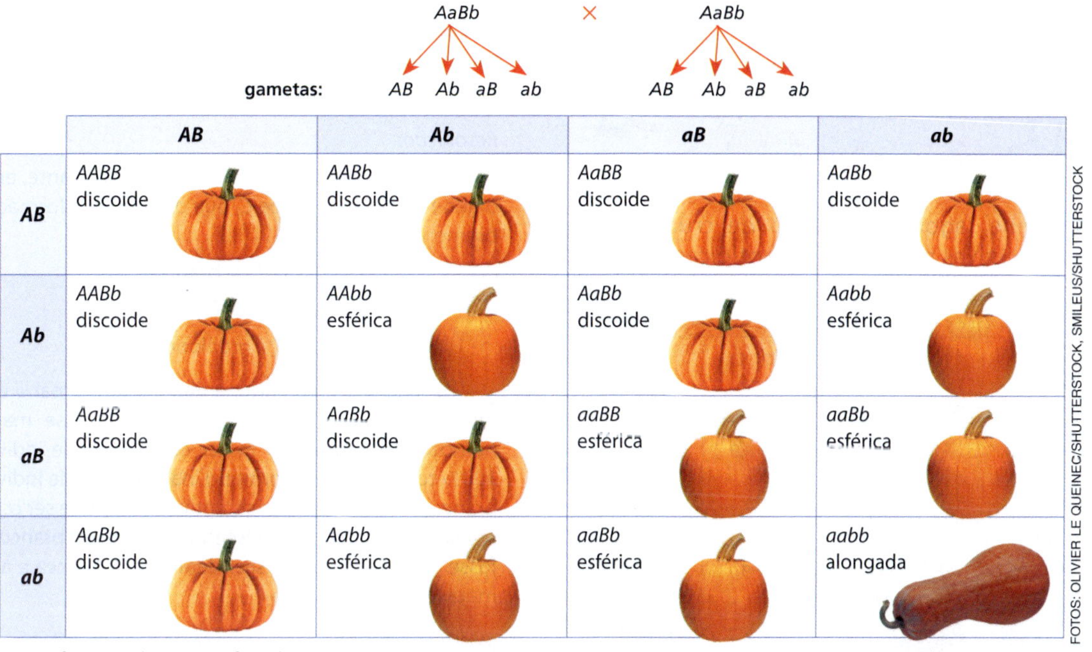

	AB	***Ab***	***aB***	***ab***
AB	*AABB* discoide	*AABb* discoide	*AaBB* discoide	*AaBb* discoide
Ab	*AABb* discoide	*AAbb* esférica	*AaBb* discoide	*Aabb* esférica
aB	*AaBB* discoide	*AaBb* discoide	*aaBB* esférica	*aaBb* esférica
ab	*AaBb* discoide	*Aabb* esférica	*aaBb* esférica	*aabb* alongada

(Cores-fantasia. Ilustrações fora de escala.)

Epistasia

É um caso especial de interação gênica, em que um par de genes bloqueia a ação do outro par, inibindo a sua manifestação. O par inibidor é chamado de ***epistático***; o par inibido é chamado de ***hipostático***.

Há dois tipos de epistasia:

- **dominante**: em que, no par epistático, é necessário apenas um gene dominante; e
- **recessiva**: quando o par epistático deverá estar em dose dupla.

Anote!

Epistasia (do grego, *epí* = posição superior; sobre + + *stásis* = parada; detenção) significa "que se sobrepõe". Nesse tipo de herança, um par de genes bloqueia a ação de outros pares. Assim, não basta saber o genótipo do par de genes que determinam uma característica; precisamos saber se há outro par de genes interferindo em sua manifestação.

Epistasia dominante em galinhas (13 : 3)

Um galo e uma galinha, ambos com penas brancas e de origens diferentes, foram cruzados, resultando em F_1 apenas aves de penas brancas. Intercruzados, os indivíduos de F_1 produziram a seguinte descendência: 13/16 aves de penas brancas : 3/16 aves de penas coloridas.

Trata-se, nesse caso, de um caso de interação gênica em que um dos pares de genes atua, inibindo o outro par. A existência de um gene dominante *C* condiciona a produção de pigmento, enquanto o seu alelo recessivo, *c*, é inoperante. Sobre esse par atua outro, cujo alelo dominante *I* inibe a ação do gene *C*, enquanto o alelo recessivo *i* não é atuante. Na verdade, a presença do alelo *C* determina a produção de certas enzimas que atuam na produção de pigmentos. A síntese dessas enzimas é inibida pela presença do gene *I*. Assim, a existência de coloração não depende apenas da presença do gene dominante *C*, mas também da presença simultânea do par *ii*. Se existir a condição *Ii* ou *II*, a coloração resultante é branca. Conclui-se, então, que o alelo *I* atua "inibindo" ou "mascarando" a ação do gene *C* (veja a Tabela 28-3).

Tabela 28-3. Genótipos e fenótipos envolvidos na cor das penas de galinha.

GENÓTIPOS	FENÓTIPOS
C_ii	penas coloridas
*ccI_* ou *ccii*	penas brancas
*C_I_*	penas brancas

Esquematizando o cruzamento indicado, temos:

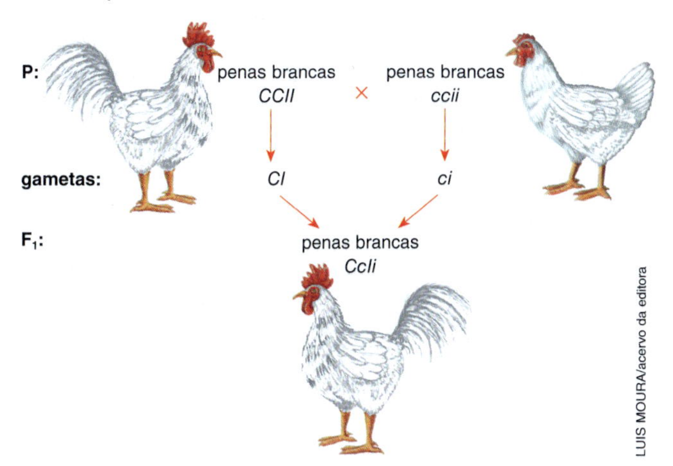

Intercruzando os descendentes de F_1, teremos:

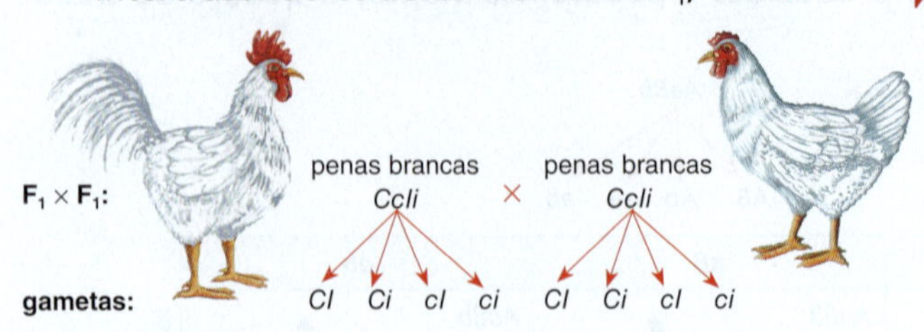

Acompanhe, agora, o quadro de cruzamentos com suas respectivas proporções fenotípicas:

	CI	*Ci*	*cI*	*ci*
CI	*CCII* branca	*CCIi* branca	*CcII* branca	*CcIi* branca
Ci	*CCIi* branca	*CCii* colorida	*CcIi* branca	*Ccii* colorida
cI	*CcII* branca	*CcIi* branca	*ccII* branca	*ccIi* branca
ci	*CcIi* branca	*Ccii* colorida	*ccIi* branca	*ccii* branca

Ilustrações: LUIS MOURA/acervo da editora

A proporção fenotípica nos descendentes é de 13/16 aves de penas brancas : 3/16 aves de penas coloridas.

Anote!

Não se deve confundir o conceito clássico de dominância com o de epistasia. Na dominância, estudada no capítulo referente à 1.ª Lei de Mendel, incluindo alelos múltiplos e herança ligada ao sexo, há uma relação entre genes alelos. Na epistasia, a relação é entre *pares* de genes *não alelos*, localizados em cromossomos distintos.

Acompanhe este exercício

Em galinhas, a cor branca deve-se a um gene recessivo *c*, que determina a não formação de pigmento, em contraposição a seu alelo *C*, que determina a formação de pigmento. Também é devida a um gene *I*, que impede a manifestação do gene *C*, cujo alelo *i* não impede a manifestação do gene *C*.

Uma galinha branca, cruzada com o macho colorido 1, produz 100% de descendentes coloridos. Quando cruzada com o macho colorido 2, 50% dos descendentes são coloridos e 50% são brancos.

Determine o genótipo dos três indivíduos.

Resolução:

Trata-se de um caso de epistasia dominante, em que o gene *I*, epistático, inibe *C*, que determina a formação de pigmento. Assim,

*C_I_* = branco

*ccI_* ou *ccii* = branco

C_ii = colorido

O macho 1 é colorido, então ele tem o par *ii* e, pelo menos, um gene *C*: pode-se dizer que esse macho é homozigoto para *C* por F_1 ser constituída de indivíduos 100% coloridos; caso contrário, haveria 50% de indivíduos brancos. A galinha é branca, então ela só pode ser *ccii*, pois se ela fosse *_II*, todos os descendentes seriam brancos, e se fosse *_Ii*, metade dos descendentes seria branca e a outra metade, colorida. Então,

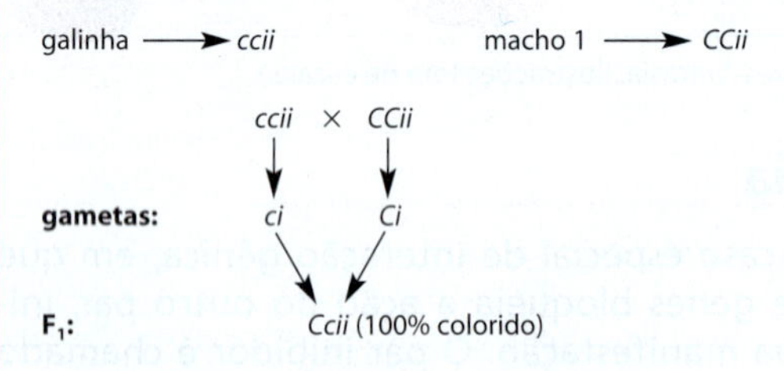

O macho 2 é colorido, logo, ele tem o par *ii* e, como a galinha é *ccii* e os seus descendentes são 50% coloridos e 50% brancos, o macho 2 só pode ser *Ccii*.

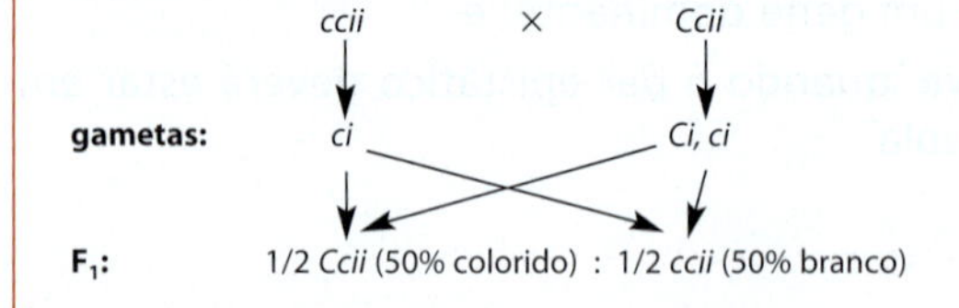

Epistasia dominante em cães (12 : 3 : 1)

Em cães, o gene *I* (dominante), que determina pelagem branca, é epistático e atua inibindo os genes *B* e *b* (hipostáticos). Na ausência do gene epistático *I*, o *B* e *b* se manifestam determinando, respectivamente, pelagem preta e marrom (veja a Tabela 28-4).

Tabela 28-4. Genótipos e fenótipos envolvidos na cor da pelagem de cães.

GENÓTIPOS	FENÓTIPOS
*B_I_*	branca
*bbI_*	branca
B_ii	preta
bbii	marrom

Do cruzamento de dois cães de pelagem branca, di-híbridos, temos:

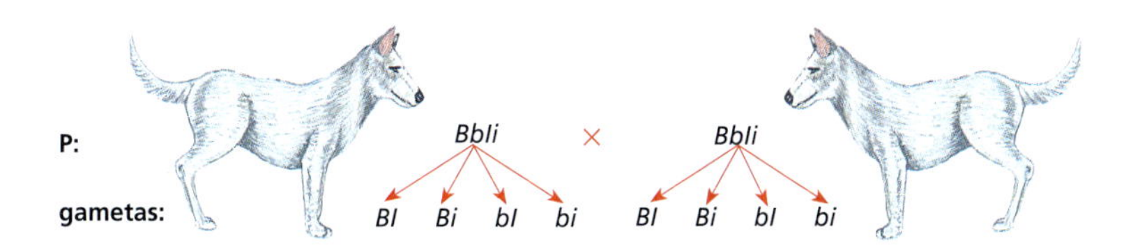

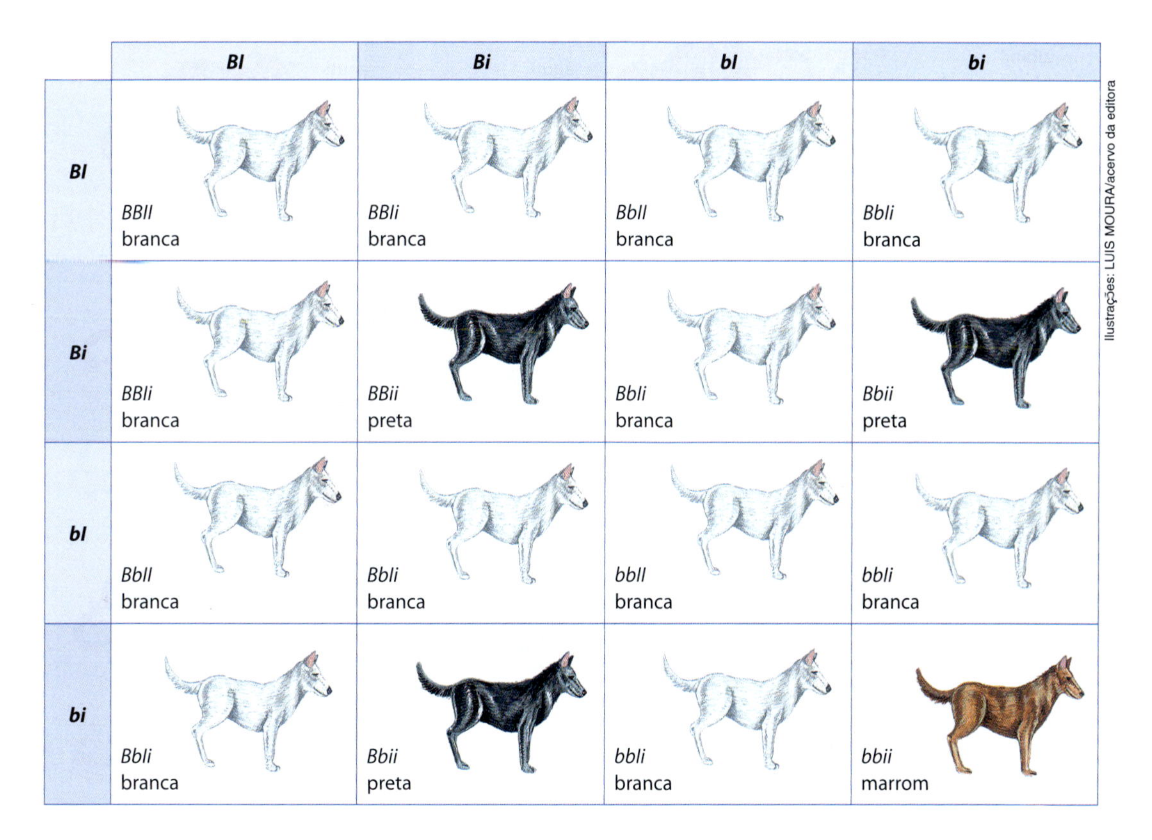

	BI	Bi	bI	bi
BI	BBII branca	BBIi branca	BbII branca	BbIi branca
Bi	BBIi branca	BBii preta	BbIi branca	Bbii preta
bI	BbII branca	BbIi branca	bbII branca	bbIi branca
bi	BbIi branca	Bbii preta	bbIi branca	bbii marrom

Ilustrações: LUIS MOURA/acervo da editora

A proporção fenotípica obtida é de $\frac{12}{16}$ cães de pelagem branca : $\frac{3}{16}$ cães de pelagem preta : $\frac{1}{16}$ cães de pelagem marrom.

Anote!

Nunca é demais lembrar que na epistasia os genes não alelos também se encontram em cromossomos diferentes (segregação independente); porém, novamente, não é um caso da Segunda Lei de Mendel, pois só está em questão uma única característica. Além disso, a epistasia requer um par gênico inibidor. Veja o esquema:

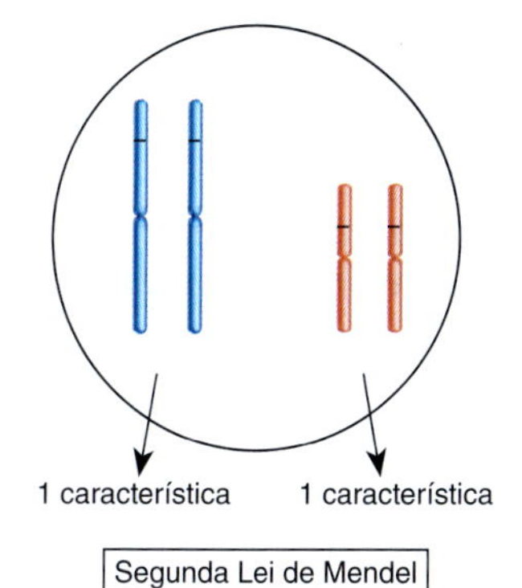

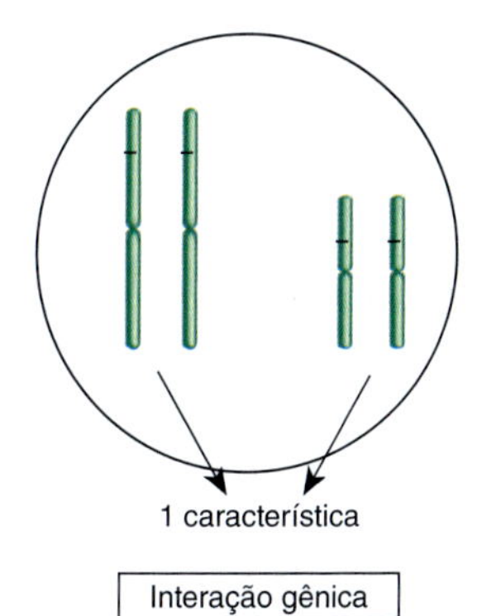

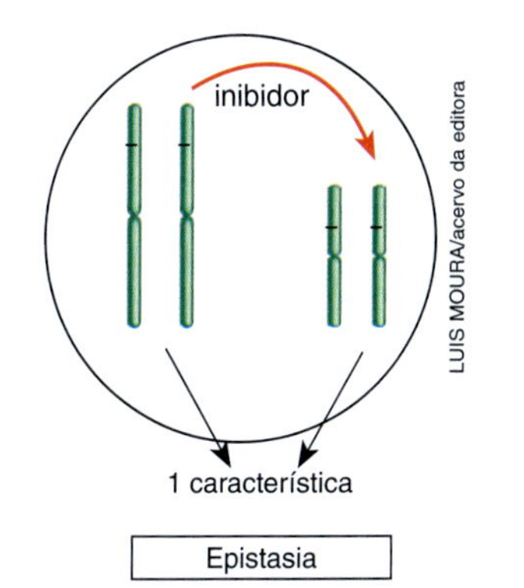

LUIS MOURA/acervo da editora

Epistasia recessiva em ratos (9 : 3 : 4)

Tabela 28-5. Genótipos e fenótipos envolvidos na coloração de pelagem de ratos.

GENÓTIPOS	FENÓTIPOS
*A_C_*	aguti
*aaC_*	preto
A_cc	albino
aacc	albino

Em ratos, os genes *A* e *a* são hipostáticos, determinando, respectivamente, a pelagem aguti e preta. No entanto, esses genes, na presença do par epistático recessivo *cc*, não se manifestam, e os ratos terão pelagem branca. Nesse caso, a epistasia é recessiva, o gene *C* não inibe o gene *A* nem o gene *a* (veja a Tabela 28-5).

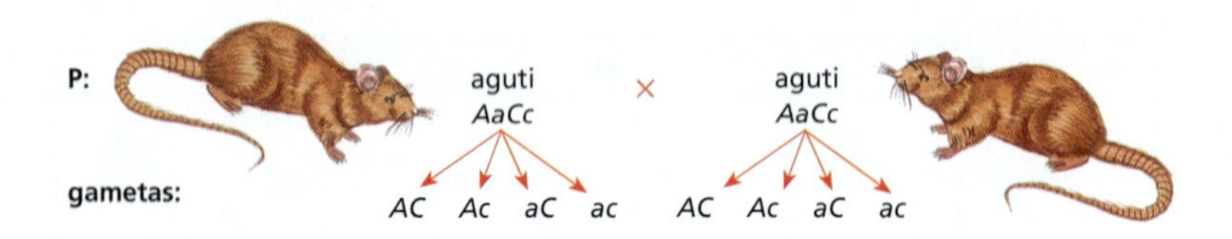

	AC	*Ac*	*aC*	*ac*
AC	*AACC* aguti	*AACc* aguti	*AaCC* aguti	*AaCc* aguti
Ac	*AACc* aguti	*AAcc* albino	*AaCc* aguti	*Aacc* albino
aC	*AaCC* aguti	*AaCc* aguti	*aaCC* preto	*aaCc* preto
ac	*AaCc* aguti	*Aacc* albino	*aaCc* preto	*aacc* albino

LUIS MOURA/acervo da editora

O cruzamento entre dois indivíduos di-híbridos (*AaCc* × *AaCc*) resultará na seguinte proporção fenotípica:

$$\frac{9}{16} \text{ agutis} : \frac{4}{16} \text{ albinos} : \frac{3}{16} \text{ pretos}$$

28-2. Interação gênica complementar

Bateson e Punnet descreveram outro caso de interação gênica ao analisarem a herança da cor da flor em plantas de ervilha-de-cheiro. As flores, nessas plantas, podem ter coloração branca ou púrpura.

Cruzando duas plantas de flores brancas de origens diferentes, obtiveram em F_1 somente plantas produtoras de flores púrpura. Esses indivíduos de F_1, intercruzados, produziram em F_2 dois tipos de fenótipo, na proporção de

9/16 plantas produtoras de flores púrpura	:	7/16 plantas produtoras de flores brancas

Tabela 28-6. Genótipos e fenótipos envolvidos na determinação da cor das flores de ervilha-de-cheiro.

GENÓTIPOS	FENÓTIPOS
*A_B_*	púrpura
A_bb	branca
*aaB_*	branca
aabb	branca

Nesse caso, também temos a interação de dois pares de genes na determinação de um caráter (cor da flor). A cor púrpura é condicionada pela interação dos dois genes dominantes, *A* e *B* (*A_ B_*).

Para a ocorrência de flores de cor branca, temos duas possibilidades:

- a presença de apenas um dos genes dominantes, *A* ou *B* (*A_bb* ou *aaB_*); ou
- a ausência dos dois genes dominantes (*aabb*). Veja a Tabela 28-6.

Detalhando os cruzamentos realizados com flores brancas de origens diferentes, temos:

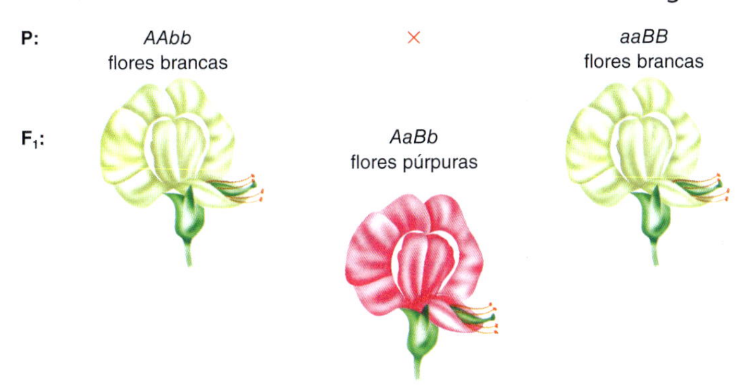

Do cruzamento de indivíduos de F_1, podemos determinar os gametas e montar o quadro de cruzamentos com suas proporções fenotípicas:

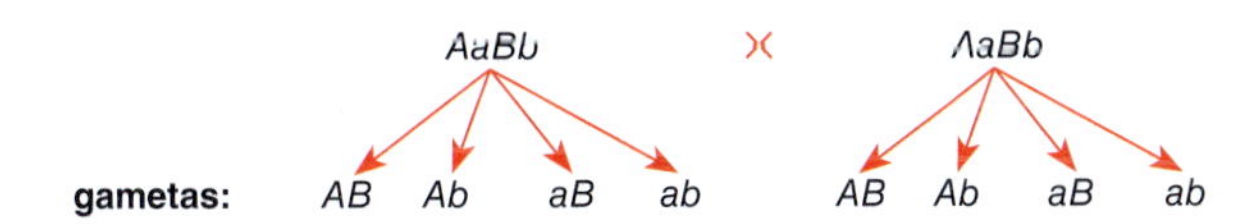

	AB	***Ab***	***aB***	***ab***
AB	*AABB* púrpura	*AABb* púrpura	*AaBB* púrpura	*AaBb* púrpura
Ab	*AABb* púrpura	*AAbb* branca	*AaBb* púrpura	*Aabb* branca
aB	*AaBB* púrpura	*AaBb* púrpura	*aaBB* branca	*aaBb* branca
ab	*AaBb* púrpura	*Aabb* branca	*aaBb* branca	*aabb* branca

Ilustrações: LUIS MOURA/acervo da editora

Neste caso de interação gênica, resultam dois fenótipos diferentes, nas proporções de 9/16 : 7/16. Para explicar esse resultado, foi postulado que para a produção de flores púrpuras a planta deve possuir alelos dominantes nos dois cromossomos não homólogos. Plantas com genes duplamente recessivos em qualquer um dos dois pares de cromossomos citados não terão nenhum pigmento, suas flores serão brancas. Isso nos leva a concluir que cada gene dominante controla uma etapa essencial na produção da cor púrpura. Naturalmente, se faltar um gene dominante, não haverá a produção do pigmento que determina essa cor. Esse mecanismo é conhecido como **ação gênica complementar**, pois os genes não alelos se completam para determinar a produção de certo fenótipo (veja a Figura 28-1).

Anote!

Alguns autores consideram a ação gênica complementar como um caso de epistasia com genes recessivos duplos. Dessa forma, o par de genes *aa* "inibe" a ação do outro par de alelos *B* e *b*, assim como *bb* inibe a ação dos alelos *A* e *a*. Logo, a única possibilidade de a flor ser púrpura é ser *A_B_*. Qualquer outra combinação dará como resultado flor branca.

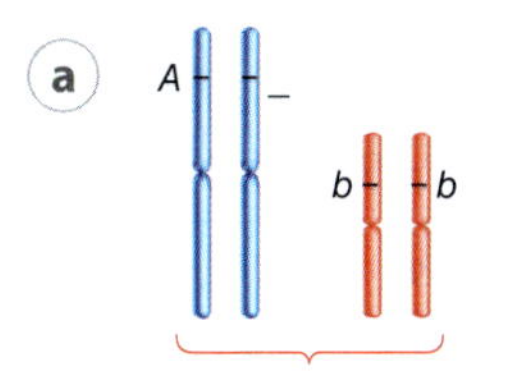

flores brancas: alelo dominante em apenas um dos cromossomos não homólogos

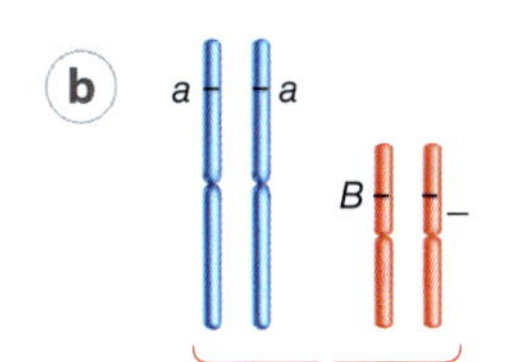

flores brancas: alelo dominante em apenas um dos cromossomos não homólogos

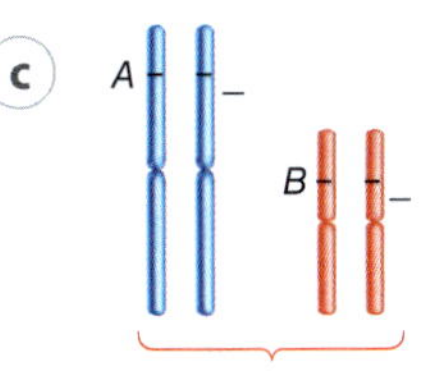

flores púrpuras: alelos dominantes nos dois cromossomos não homólogos

Figura 28-1. Em (a) e (b), as flores são brancas, pois temos apenas um dos genes não alelos dominantes. Já em (c), temos a presença de dois genes não alelos dominantes.

Acompanhe estes exercícios

1. Cruzando-se duas plantas de flores brancas de origens diferentes, obtiveram-se em F_1 somente plantas produtoras de flores púrpuras. O cruzamento de dois indivíduos de F_1 produziu 192 plantas, das quais 106 produziam flores púrpuras e 86 produziam flores brancas. Pergunta-se:

a. Como é determinada geneticamente a cor das flores dessa planta? Explique.

b. Quais são os genótipos prováveis das linhagens parentais?

Resolução:

a. Inicialmente, poderíamos pensar tratar-se de um caso explicado pela Primeira Lei de Mendel, pois do cruzamento de plantas produtoras de flores brancas (dominantes) nasceram em F_1 apenas plantas produtoras de flores púrpuras (recessivas). Nesse caso, deveríamos esperar como resultado em F_2 apenas flores de cor púrpura. Mas não foi isso o que aconteceu! Logo, descartamos a hipótese da Primeira Lei de Mendel.

Não seria também um caso explicado pela Segunda Lei de Mendel, pois estamos tratando de apenas uma característica.

Podemos pensar, então, em *interação gênica*, com dois pares de genes envolvidos, sendo os indivíduos de F_1 duplo-heterozigotos. Nesse caso, em F_2 teremos dezesseis casos possíveis e podemos afirmar:

$\left.\begin{matrix}\frac{86}{192}=\frac{x}{16}\\ x=7{,}2\end{matrix}\right\}$ em que x corresponde ao número de flores brancas em F_2

$\left.\begin{matrix}\frac{106}{192}=\frac{y}{16}\\ y=8{,}8\end{matrix}\right\}$ em que y corresponde ao número de flores púrpuras em F_2

Logo, temos 7,2 brancas : 8,8 púrpuras, ou seja, aproximadamente 7 : 9. Essa razão corresponde à **ação gênica complementar**, em que o duplo recessivo e o dominante para um *locus* apenas determinam a cor branca. A presença dos dois genes dominantes nos cromossomos não homólogos determina a cor púrpura. Assim,

$\left.\begin{matrix}A\_bb\\ aaB\_\\ aabb\end{matrix}\right\}$ brancas $\qquad$ $\left.A\_B\_\right\}$ púrpuras

b. Prováveis genótipos das linhagens parentais:

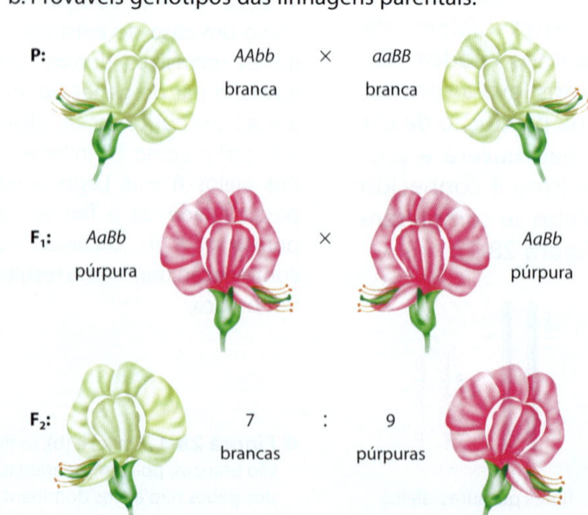

2. Na espécie humana, os genes *A* e *B*, localizados em cromossomos não homólogos, são responsáveis pela audição normal. Os genes recessivos *a* e *b* determinam surdez congênita. Se um indivíduo for homozigoto *aa* e/ou *bb*, será surdo-mudo. Pergunta-se:

a. Trata-se de um caso típico de Segunda Lei de Mendel?

b. Quais são os possíveis genótipos de um indivíduo com surdez congênita e de outro normal?

c. Qual a probabilidade de um casal *AaBb* × *Aabb* ter uma criança do sexo masculino, normal para audição?

Resolução:

a. Não, trata-se de ação gênica complementar, pois os dois alelos dominantes (*A* e *B*) participam para o indivíduo ter uma audição normal. Também é um caso de epistasia com genes recessivos duplos, visto que *aa* inibe o alelo dominante *B*, assim como *bb* inibe o alelo dominante *A*.

b. indivíduo normal: *A_B_*
surdez congênita: *aaB_*, *A_bb* e *aabb*

c. *AaBb* × *Aabb*
gametas: *AB, Ab, aB, ab* — *Ab, ab*

	AB	*Ab*	*aB*	*ab*
Ab	normal	surdez	normal	surdez
ab	normal	surdez	surdez	surdez

5/8 surdez : 3/8 normal

A probabilidade de ter uma criança do sexo masculino é de 1/2, então:

criança do sexo masculino e normal
1/2 × 3/8 = 3/16

3. Na ervilha-de-cheiro, a cor púrpura da corola é devida à presença de dois alelos dominantes *C* e *P*. A falta de qualquer um deles ou de ambos produz flor branca. Quais são as proporções fenotípicas para os cruzamentos abaixo?

a. *CcPp* × *ccpp*

b. *CcPP* × *CCpp*

c. *CcPP* × *ccpp*

d. *CcPp* × *ccPp*

Resolução:

*C_P_* = púrpura

C_pp / *ccP_* / *ccpp* = branca

a. *CcPp* × *ccpp*
gametas: *CP, Cp, cP, cp* — *cp*

	CP	*Cp*	*cP*	*cp*
cp	púrpura	branca	branca	branca

3/4 branca : 1/4 púrpura

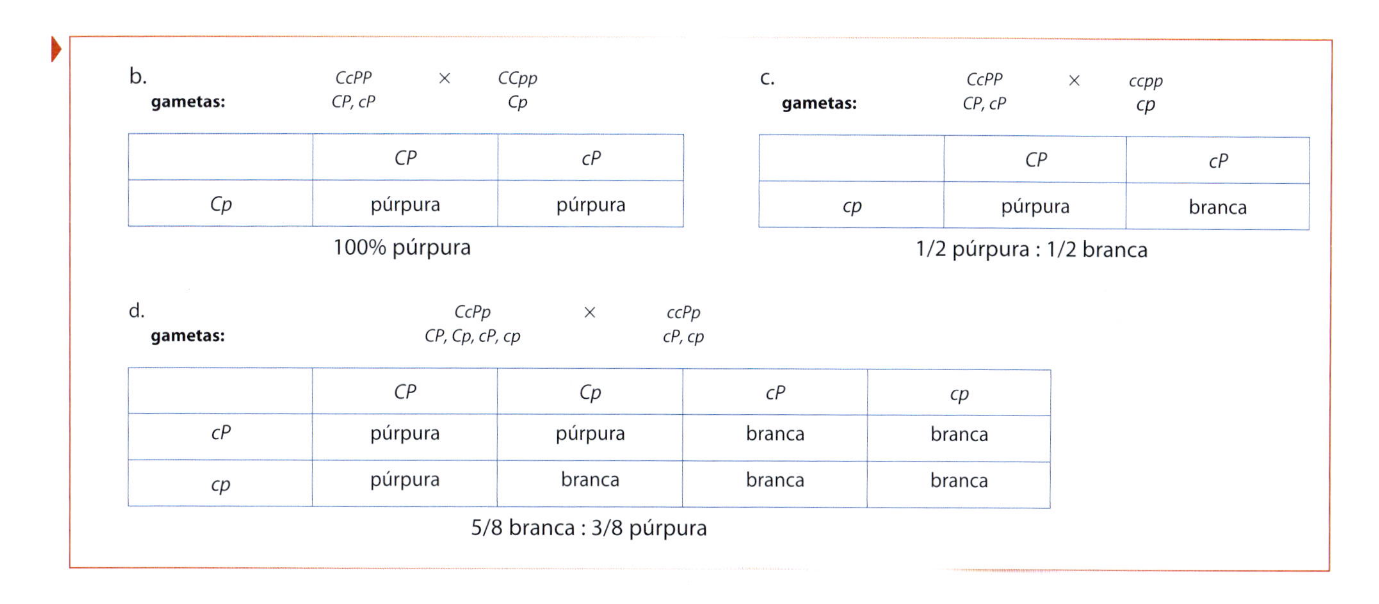
b.

gametas: *CcPP* × *CCpp*
CP, cP — *Cp*

	CP	*cP*
Cp	púrpura	púrpura

100% púrpura

c.

gametas: *CcPP* × *ccpp*
CP, cP — *cp*

	CP	*cP*
cp	púrpura	branca

1/2 púrpura : 1/2 branca

d.

gametas: *CcPp* × *ccPp*
CP, Cp, cP, cp — *cP, cp*

	CP	*Cp*	*cP*	*cp*
cP	púrpura	púrpura	branca	branca
cp	púrpura	branca	branca	branca

5/8 branca : 3/8 púrpura

Resumo dos possíveis resultados do cruzamento entre dois indivíduos duplo-heterozigotos (*AaBb* × *AaBb*)

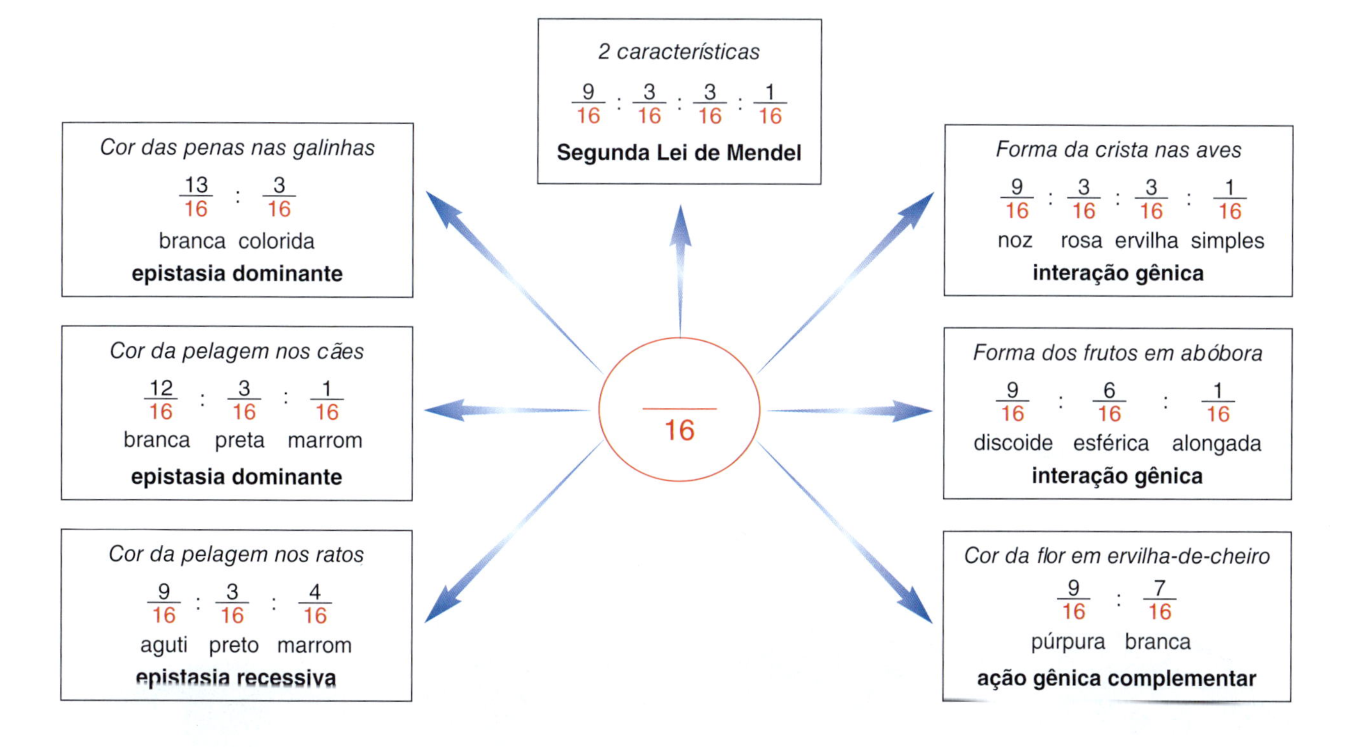

28-3. Herança quantitativa (ou poligênica)

A herança quantitativa também é um caso particular de interação gênica. Nesse caso, em que os diferentes fenótipos de uma dada característica não mostram variações expressivas, as variações são lentas e contínuas e mudam gradativamente, saindo de um fenótipo "mínimo" até chegar a um fenótipo "máximo". É fácil concluir, portanto, que na herança quantitativa (ou poligênica) os genes possuem efeito **aditivo**, recebendo o nome de **poligenes**.

A herança quantitativa é muito frequente na natureza. Algumas características de importância econômica, como produção de carne em gado de corte, produção de milho etc., são exemplos desse tipo de herança, que sofre grande influência do ambiente. Por exemplo, a estatura de humanos é um caso de herança quantitativa influenciada pelo padrão alimentar, condicionamento físico e meio ambiente salubre.

Vejamos a seguir um caso clássico de herança quantitativa, que é o da cor da pele em humanos.

Herança da cor da pele na espécie humana

Vimos que a melanina é o pigmento que dá cor à nossa pele. Segundo estudos, a quantidade de melanina na pele da espécie humana é resultante da ação de dois pares de genes com segregação independente e sem dominância. Vamos considerar que os alelos hipoteticamente chamados de *A* e *B* determinam a produção da mesma quantidade do pigmento melanina e possuem efeito aditivo, porém os alelos *a* e *b* praticamente seriam inativos (nada acrescentariam de melanina). Nessa situação, a presença de um maior número de alelos *A* e *B* determina uma maior presença de melanina na pele (veja a Tabela 28-7).

Tabela 28-7. Genótipos e fenótipos envolvidos na coloração da cor da pele dos seres humanos.

GENÓTIPOS	FENÓTIPOS
aabb	pele clara
Aabb, aaBb	mulato claro
AAbb, aaBB, AaBb	mulato médio
AABb, AaBB	mulato escuro
AABB	pele negra

aumento gradativo da quantidade de pigmento melanina na pele

Anote!

Alguns pesquisadores consideram que **três** ou até mesmo **quatro** pares de genes podem estar envolvidos na determinação da cor da pele humana, o que ampliaria a gama de genótipos, levando a uma maior quantidade de fenótipos intermediários. Outros estudos também avaliam que os alelos envolvidos não apresentam efeito aditivo de igual intensidade.

Lembre-se que a herança da cor da pele é um caso de herança em que *não há genes dominantes*. Para simplificar o aprendizado, vejamos um exemplo de cruzamento entre dois indivíduos duplo-heterozigotos para essa característica, supondo que apenas dois pares de genes estejam envolvidos e que os alelos atuam com igual intensidade.

mulato médio *AaBb* × mulato médio *AaBb*

	AB	***Ab***	***aB***	***ab***
AB	*AABB* negro	*AABb* mulato escuro	*AaBB* mulato escuro	*AaBb* mulato médio
Ab	*AABb* mulato escuro	*AAbb* mulato médio	*AaBb* mulato médio	*Aabb* mulato claro
aB	*AaBB* mulato escuro	*AaBb* mulato médio	*aaBB* mulato médio	*aaBb* mulato claro
ab	*AaBb* mulato médio	*Aabb* mulato claro	*aaBb* mulato claro	*aabb* branco

fenótipos: 1/16 branco : 4/16 mulato claro : 6/16 mulato médio : 4/16 mulato escuro : 1/16 negro

Estabelecendo conexões!

Um arco-íris em você

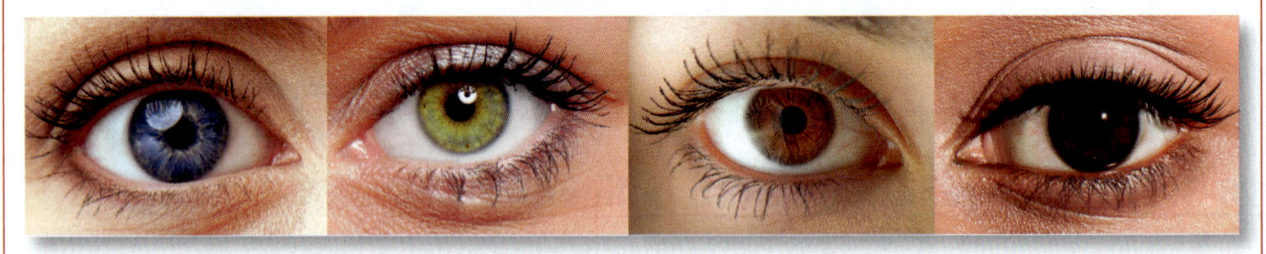

DENISNATA/NETFALLS - REMY MUSSER/VLADIMIR ARNDT/SANTYAGA/SHUTTERSTOCK

Uma curiosidade muito frequente entre os alunos é como ocorre a herança da cor dos olhos. Aparentemente, pode-se tratar essa característica genética como um tipo de herança mendeliana simples, cuja ocorrência é influenciada por um único par de genes associados com a produção de olhos escuros ou claros.

Essa explicação simplista, porém, não mostra como surge toda a imensa variedade de cores presente nos olhos e não esclarece por que pais de olhos castanhos podem ter filhos com olhos castanhos, azuis, verdes ou de qualquer outra tonalidade. A cor dos olhos é uma característica cuja herança é poligênica, um tipo de variação contínua em que os alelos de vários genes influem na coloração final dos olhos. Isso ocorre por meio da produção de proteínas que dirigem a proporção de melanina depositada na íris. Outros genes produzem manchas, raios, anéis e padrões de difusão dos pigmentos.

Adaptado de: BORGES, J. *Um Arco-íris em Você. Disponível em:* <http://cienciahoje.org.br/coluna/um-arco-iris-em-voce/>. *Acesso em:* 11 set. 2021.

As variações fenotípicas diferem caso sejam consequência de um caso de epistasia ou de herança quantitativa. Relacione seus conhecimentos de Genética e responda como são essas diferenças.

Saiba mais!

Pleiotropia

Vimos que na interação gênica vários genes atuam na determinação de uma única característica fenotípica. Um tipo de herança oposto à interação gênica é a **pleiotropia** (do grego, *pleion* = mais numeroso + *tropos* = afinidade), fenômeno em que um par de genes alelos condiciona o aparecimento de *várias características* no mesmo organismo. A pleiotropia mostra que a ideia mendeliana de que cada gene afeta apenas uma característica nem sempre é válida. Por exemplo, certos ratos nascem com costelas espessadas, traqueia estreitada, pulmões com elasticidade diminuída e narinas bloqueadas, o que fatalmente os levará à morte. Todas essas características são devidas à ação de apenas um par de genes; portanto, um caso de pleiotropia.

Na espécie humana, a síndrome de Laurence-Moon-Biedl é considerada como um caso de pleiotropia. Nela, a ação de um par de genes é responsável pela ocorrência simultânea de retardamento mental, obesidade e desenvolvimento anormal dos órgãos genitais.

28-4. Citogenética

O material genético das células pode sofrer alterações, chamadas genericamente de **mutações**. Há dois tipos de mutações: a **gênica** (alterações das bases nitrogenadas do DNA) e a **cromossômica** (mudança no número ou na estrutura do cromossomo).

Anomalias cromossômicas numéricas

- **Euploidia** – alterações em lotes haploides inteiros: $3n$, $4n$, $6n$, poliploidias. Devem-se a falhas na separação durante a divisão celular, principalmente na mitose.
- **Aneuploidia** – condição em que há falta de um cromossomo (monossomia) ou a presença de um extra (trissomia):
  - **aneuploidias autossômicas** – por exemplo, síndrome de Down (trissomina do 21, veja a Figura 28-2), síndrome de Edwards (trissomia do 18), síndrome de Patau (trissomia do 13);
  - **aneuploidias em cromossomos sexuais** – por exemplo, síndrome de Turner (mulheres, X0), síndrome de Klinefelter (homens, XXY), síndrome do duplo Y (homens, XYY), síndrome do triplo X (mulheres, XXX), ausência de X (portadores não sobrevivem, Y0). Veja a Tabela 28-8.

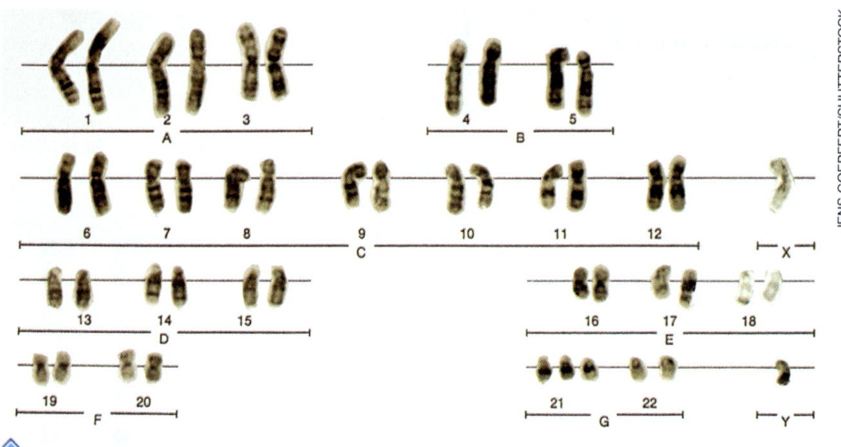

JENS GOEPFERT/SHUTTERSTOCK

Figura 28-2. Cariótipo de homem portador de síndrome de Down: observe os três cromossomos 21.

Tabela 28-8. Aneuploidias mais comuns nos seres humanos.

NOME COMUM	TIPO DE ANEUPLOIDIA	FÓRMULA CROMOSSÔMICA
Síndrome de Turner	monossomia	44A + X0 (óvulo sem X + espermatozoide com X)
Síndrome de Klinefelter	trissomia	44A + XXY (óvulo com XX + espermatozoide com Y)
Síndrome do triplo X	trissomia	44A + XXX (óvulo com XX + espermatozoide com X)
Síndrome do duplo Y	trissomia	44A + XYY (óvulo com X + espermatozoide com YY)
Ausência de X	monossomia	44A + Y0 (óvulo sem X + espermatozoide com Y) indivíduo inviável

Amniocentese

Um exame das células fetais pode auxiliar na determinação precoce de alguma anomalia genética. Conheça como é feito esse exame por meio do QR Code abaixo.

Anomalias cromossômicas estruturais

As anomalias estruturais que incidem nos cromossomos são de quatro tipos: deficiência, duplicação, inversão e translocação (veja a Figura 28-3).

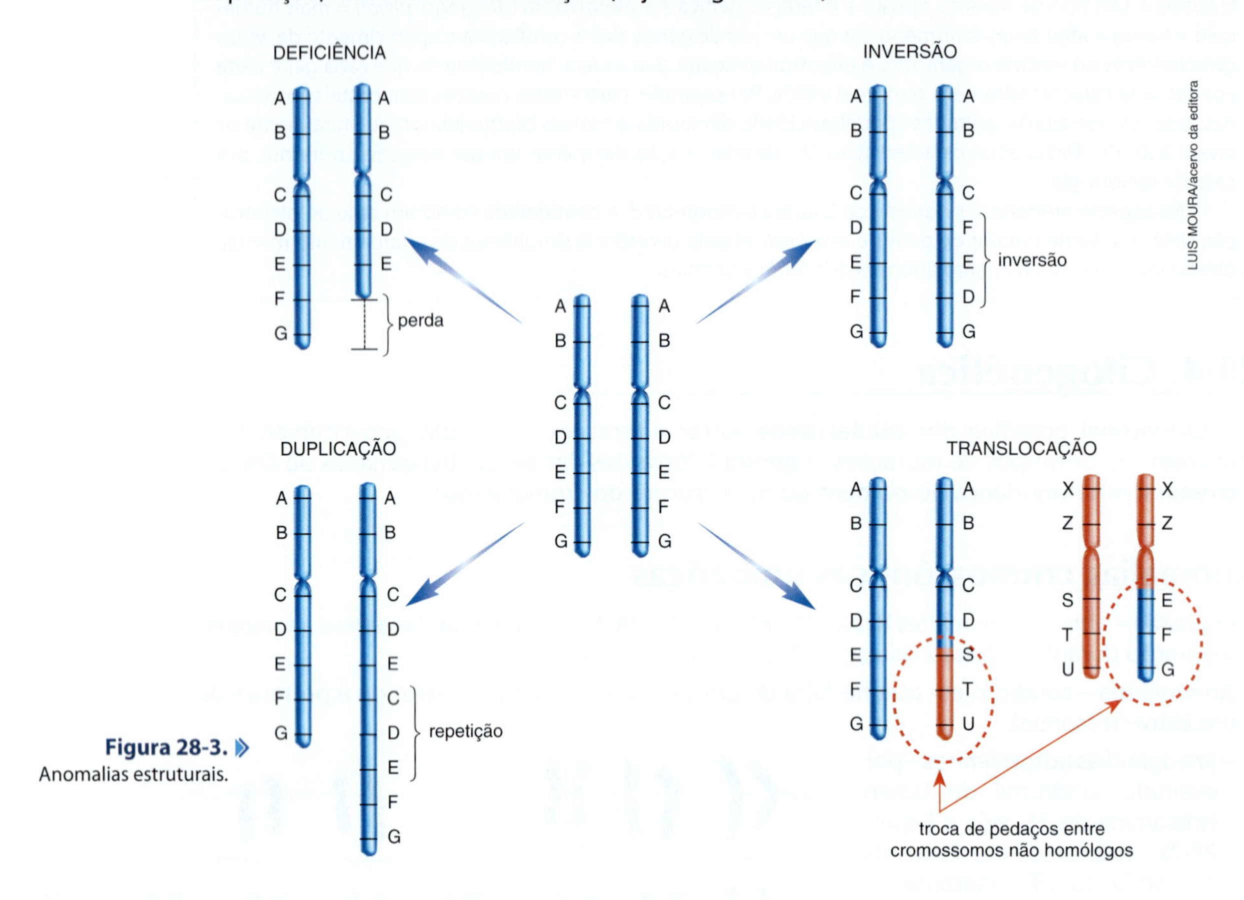

Figura 28-3. Anomalias estruturais.

ILUSTRAÇÕES: DESIGNUA/SHUTTERSTOCK

Na **deficiência (deleção)**, ocorre perda de um pedaço de cromossomo e dos genes que nele existem. É decorrente de uma quebra, que pode se dar na região do centrômero ou próxima a uma das extremidades do cromossomo.

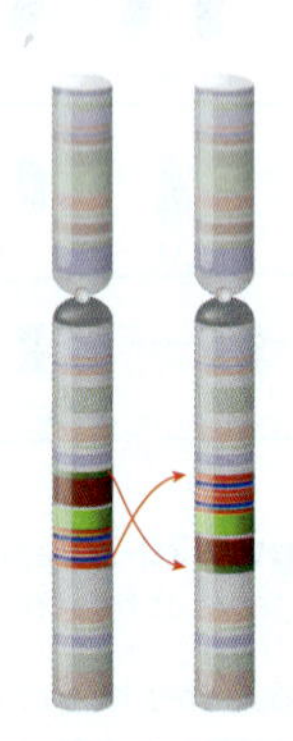

A **inversão** resulta da quebra do cromossomo em dois lugares e na reunião das partes com as extremidades trocadas, isto é, sofrem uma rotação de 180°. Como não há perda de material genético, os efeitos no fenótipo, de maneira geral, são pouco perceptíveis. Além disso, acredita-se que as inversões sejam importantes na evolução, por promover arranjos cromossômicos diferentes do original.

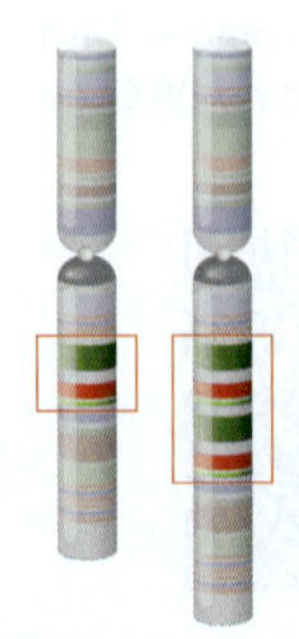

Na **duplicação**, há formação de um segmento adicional em um cromossomo. De modo geral, as consequências de uma duplicação são bem toleradas.

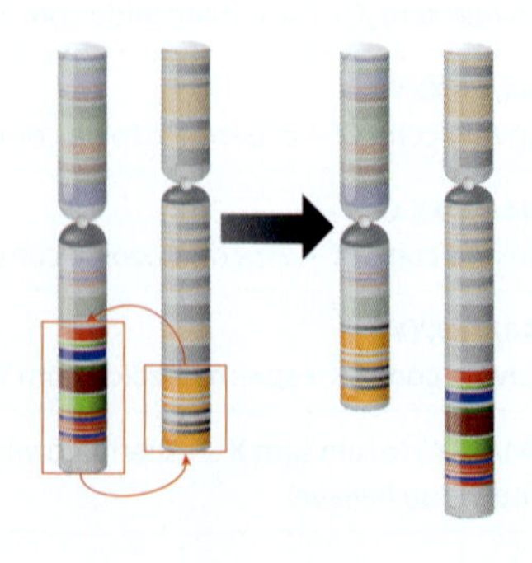

Na **translocação**, ocorrem quebras em cromossomos não homólogos, resultando em pedaços que são trocados entre si. Não confundir com *crossing-over*, que envolve troca de pedaços entre cromossomos homólogos.

Erros inatos do metabolismo e Genética

Vamos, agora, fazer uma rápida descrição de duas importantes doenças relacionadas à ação de genes "defeituosos": a **fenilcetonúria** e a **alcaptonúria**.

Fenilcetonúria (PKU)

A fenilcetonúria (PKU) é uma doença genética decorrente da ação de um gene recessivo que se manifesta em homozigose, cujas consequências podem ser evitadas. As pessoas com essa anomalia são incapazes de produzir uma enzima que atua na conversão do aminoácido fenilalanina no aminoácido tirosina. Sem essa conversão, a fenilalanina acumula-se no sangue e é convertida em substâncias tóxicas que provocam lesões no sistema nervoso, culminando com retardamento mental do portador. Uma dessas substâncias é o ácido fenilpirúvico, excretado pela urina, que explica o nome dado à doença. Uma criança recém-nascida, homozigota recessiva para PKU, tem início de vida saudável, uma vez que as enzimas produzidas pela mãe foram transferidas pela placenta, livrando-a do problema. No entanto, à medida que os dias passam, a enzima acaba e a fenilalanina vai se acumulando.

Na década de 1950, foram desenvolvidos testes bioquímicos para prevenir os sintomas da doença. Um simples exame de sangue (teste do pezinho) pode revelar a presença de excesso de fenilalanina. Reconhecida a existência da doença, as crianças passam a receber alimentação pobre em fenilalanina (lembre-se de que a fenilalanina é importante no metabolismo de construção, uma vez que faz parte da estrutura de muitas proteínas). Crianças assim tratadas chegam à vida adulta normalmente e, mesmo que nessa fase se alimentem de substâncias contendo fenilalanina, já não haverá mais riscos, uma vez que o desenvolvimento do sistema nervoso já estará finalizado.

Alcaptonúria

É outra doença metabólica decorrente de uma falha no metabolismo da fenilalanina. Durante as reações químicas desse metabolismo, forma-se o ácido homogentísico, uma substância que, por intermédio de uma enzima, é oxidada e se transforma em outra. Se essa enzima não existir, o ácido homogentísico acumula-se no sangue e passa a ser excretado pela urina. Esta, ao ser exposta ao ar, adquire rapidamente a coloração marrom, devido à transformação desse ácido em quinonas coloridas. A detecção de ácido homogentísico na urina é feita por um teste em que gotas de urina são adicionadas a uma solução diluída de cloreto férrico, resultando em coloração ligeiramente azulada, indicativa de sua presença.

Questão socioambiental

Proteína shank3, uma esperança para o autismo

Autistas são indivíduos que apresentam problemas no estabelecimento de relações sociais e comportamentos repetitivos. O autismo se manifesta em diferentes intensidades, indo desde situações de profunda perturbação até a síndrome de Asperger, em que o portador não apresenta qualquer atraso cognitivo.

Em artigo da revista *Nature*, cientistas publicaram os resultados de uma pesquisa com ratos em que foi alterada, por mutações nos genes que controlam sua produção, a quantidade da proteína shank3. Como resposta, os ratos apresentaram problemas de comportamento similares aos encontrados em autistas. Essa descoberta provavelmente desencadeará estudos para desenvolvimento de medicamentos eficazes no tratamento dessa doença.

Em nosso dia a dia, convivemos com diversas pessoas, com comportamentos, capacidade de aprendizado e níveis de atenção totalmente diferentes uns dos outros. Infelizmente, muitas vezes essas pessoas sofrem *bullying*. Você já presenciou uma situação dessas? Qual foi sua reação?

ATIVIDADES

A CAMINHO DO ENEM

1. (ENEM) Em 1999, a geneticista Emma Whitelaw desenvolveu um experimento no qual ratas prenhes foram submetidas a uma dieta rica em vitamina B_{12}, ácido fólico e soja. Os filhotes dessas ratas, apesar de possuírem o gene para obesidade, não expressaram essa doença na fase adulta. A autora concluiu que a alimentação da mãe, durante a gestação, silenciou o gene da obesidade. Dez anos depois, as geneticistas Eva Jablonka e Gal Raz listaram 100 casos comprovados de traços adquiridos e transmitidos entre gerações de organismos, sustentando, assim, a epigené-

tica, que estuda as mudanças na atividade dos genes que não envolvem alterações na sequência do DNA.

Adaptado de: A reabilitação do herege. *Época*, Rio de Janeiro, n. 610, 2010.

Alguns cânceres esporádicos representam exemplos de alteração epigenética, pois são ocasionados por

a) aneuploidia do cromossomo sexual X.
b) poliploidia dos cromossomos autossômicos.
c) mutação em genes autossômicos com expressão dominante.
d) substituição no gene da cadeia beta da hemoglobina.
e) inativação de genes por meio de modificações nas bases nitrogenadas.

2. (ENEM) Várias estratégias estão sendo consideradas para a recuperação da diversidade biológica de um ambiente degradado, dentre elas, a criação de vertebrados em cativeiro. Com esse objetivo, a iniciativa mais adequada, dentre as alternativas abaixo, seria criar:

a) machos de umas espécies e fêmeas de outras, para possibilitar o acasalamento entre elas e o surgimento de novas espécies.
b) muitos indivíduos da espécie mais representativa, de forma a manter a identidade e a diversidade do ecossistema.
c) muitos indivíduos de uma única espécie, para garantir uma população geneticamente heterogênea e mais resistente.
d) um número suficiente de indivíduos, do maior número de espécies, que garanta a diversidade genética de cada uma delas.
e) vários indivíduos de poucas espécies, de modo a garantir, para cada espécie, uma população geneticamente homogênea.

3. (ENEM) A cariotipagem é um método que analisa células de um indivíduo para determinar seu padrão cromossômico. Essa técnica consiste na montagem fotográfica, em sequência, dos pares de cromossomos e permite identificar um indivíduo normal (46, XX ou 46, XY) ou com alguma alteração cromossômica. A investigação do cariótipo de uma criança do sexo masculino com alterações morfológicas e comprometimento cognitivo verificou que ela apresentava fórmula cariotípica 47, XY, +18. A alteração cromossômica da criança pode ser classificada como

a) estrutural, do tipo deleção.
b) numérica, do tipo euploidia.
c) numérica, do tipo poliploidia.
d) estrutural, do tipo duplicação.
e) numérica, do tipo aneuploidia.

4. (ENEM) Apesar de belos e impressionantes, corais exóticos encontrados na Ilha Grande podem ser uma ameaça ao equilíbrio dos ecossistemas do litoral do Rio de Janeiro. Originários do Oceano Pacífico, esses organismos foram trazidos por plataformas de petróleo e outras embarcações, provavelmente na década de 1980, e disputam com as espécies nativas elementos primordiais para a sobrevivência, como espaço e alimento. Organismos invasores são a segunda maior causa de perda de biodiversidade, superados somente pela destruição direta de *habitats* pela ação do homem. As populações de espécies invasoras crescem indefinidamente e ocupam o espaço de organismos nativos.

Adaptado de: LEVY, I. *Disponível em:* <http://cienciahoje.uol.com.br>. *Acesso em:* 5 dez. 2011.

As populações de espécies invasoras crescem bastante por terem a vantagem de

a) não apresentarem genes deletérios no seu pool gênico.
b) não possuírem parasitas e predadores naturais presentes no ambiente exótico.
c) apresentarem características genéticas para se adaptarem a qualquer clima ou condição ambiental.
d) apresentarem capacidade de consumir toda a variedade de alimentos disponibilizados no ambiente exótico.
e) apresentarem características fisiológicas que lhes conferem maior tamanho corporal que o das espécies nativas.

TESTE SEUS CONHECIMENTOS

1. (UFPB) Recentemente, a Biologia Molecular vem passando por uma grande revolução na compreensão dos mecanismos genéticos, para o controle da expressão gênica. Essa revolução deve-se, principalmente, à descoberta da epigenética, conceituada como sendo mudanças herdáveis na expressão gênica, sem alteração na sequência do DNA, modificando, dessa forma, a expressão de certos grupos de genes. Hoje já existem evidências de que esse é um dos mecanismos envolvidos no desenvolvimento dos organismos.

Com base nos conhecimentos sobre genética, é correto afirmar que a epigenética é considerada um caso particular de:

a) epistasia.
b) co-dominancia.
c) dominância completa.
d) mutação.
e) penetrância.

2. (UEL – PR) Uma dada espécie de vegetal caracteriza-se por apresentar tanto indivíduos com flores brancas quanto indivíduos com flores amarelas. Ao estudar o padrão de herança associado a esse fenótipo, um pesquisador verificou que se tratava de um típico caso de epistasia dominante. Sabe-se que o gene *A* codifica enzima A, a qual catalisa a síntese do composto que dá a cor amarela às flores. Por outro lado, o gene epistático *B* codifica a proteína B, que atua como uma inibidora da reação catalisada pela enzima A, o que resulta em flores brancas. O pesquisador também verificou a existência de alelos recessivos *a* e *b*, os quais codificam proteínas que não apresentam suas respectivas atividades. Em seu laboratório, o pesquisador realizou cruzamentos entre indivíduos de flores brancas, heterozigotas para os dois pares de alelos (*AaBb*).

a) Qual proporção de indivíduos com flores amarelas é esperada na progênie do cruzamento realizado pelo pesquisador no laboratório? Demonstre como você chegou a esse resultado.
b) Apesar de o padrão de herança indicar predominância de flores brancas, ao observar na natureza o pesquisador verificou maior frequência de indivíduos de flores amarelas. Isso ocorre pelo fato de as flores amarelas serem mais atrativas para os insetos que atuam como agentes polinizadores. Quais benefícios esse processo de polinização (entomofilia) traz para ambas as espécies envolvidas?

3. (UFSE) A Genética é um ramo da Biologia que estuda a transmissão das características hereditárias de uma geração para outra. Analise as afirmativas a seguir e assinale V para as verdadeiras ou F para as falsas.

( ) Na descendência do cruzamento *PPVv* × *ppVv* espera-se que a proporção genotípica em F_1 seja de 50% de *PPVv* e 50% de *ppVv*.

( ) Uma pessoa foi informada de que não poderia doar sangue para seu pai que é do grupo sanguíneo B, nem para a sua mãe que é do grupo A. Conclui-se que o sangue dessa pessoa só pode ser do grupo AB.

( ) Um homem daltônico casa-se com uma mulher normal, não portadora dessa anomalia. Os filhos do sexo masculino serão daltônicos e as do sexo feminino serão portadoras.

( ) As células somáticas de determinada espécie de mamíferos têm 38 cromossomos. Sabendo-se que a determinação do sexo dessa espécie é do mesmo tipo que a da espécie humana, pode-se concluir que um gameta produzido por essa espécie tem 18 autossomos e 2 cromossomos sexuais.

( ) Na moranga, a cor dos frutos é condicionada pelas seguintes combinações de genes: *B_aa* = amarelo; *B_A_* = branco; *bbA_* = branco; *bbaa* = verde. Essas informações permitem concluir que há uma relação epistática entre os genes *A* e *B*.

4. (UPE) Na síndrome de Waardenburg, os afetados apresentam deficiência auditiva e discretas anomalias da face, além de modificação do pigmento (pele, cabelo, olho). Diferentes membros de uma mesma família podem exibir aspectos distintos da síndrome, podendo oscilar desde a perda moderada de audição e mecha branca no cabelo até a surdez profunda, acompanhada da heterocromia da íris (olho direito e esquerdo com cores diferentes) e grisalhamento precoce do cabelo.

Essa variabilidade, manifestada desde o fenótipo mais leve ao mais grave, em diferentes indivíduos, é denominada

a) dominância.
b) epistasia.
c) expressividade.
d) penetrância.
e) pleiotropia.

5. (Unichristus – CE) A altura dos espécimes de determinada planta encontrada no cerrado varia entre 12 cm e 108 cm. Os responsáveis por essa variação são três pares de genes com segregação independente, que interferem igualmente na altura da planta. Determine a altura, em centímetros, esperada para a primeira geração de um cruzamento entre dois indivíduos com os genótipos *AABBCC* e *aabbCC*.

a) 96 cm b) 86 cm c) 76 cm d) 66 cm e) 56 cm

6. (UFSC) Para explicar a herança da cor da pele nos humanos, existem dois modelos poligênicos. O primeiro se baseia na existência de dois genes com dois alelos cada um. O segundo admite a existência de três genes, cada um deles também com dois alelos. No primeiro modelo, indivíduos *AABB* seriam negros e *aabb* seriam brancos. No segundo modelo, *AABBCC* seriam negros e *aabbcc* seriam brancos. Em ambos os modelos, a ação dos genes e seus alelos seria aditiva, não existindo uma relação de dominância entre os alelos envolvidos. A cor da pele dependeria então da presença de alelos mais ou menos ativos na produção da melanina, sendo este um modelo típico de herança quantitativa.

Com relação à herança da cor da pele humana, indique as alternativas corretas e dê sua soma ao final.

(01) Em ambos os modelos, o padrão de herança é autossômico recessivo.
(02) No primeiro modelo, a chance de um casal duplo heterozigoto ter um descendente negro é de 6,25%.
(04) No segundo modelo, a chance de um casal triplo heterozigoto ter um descendente branco é de 3,12%.
(08) No primeiro modelo, há a possibilidade de existirem quatro classes fenotípicas diferentes.
(16) No segundo modelo, pode-se prever a existência de sete classes fenotípicas diferentes.
(32) Na herança de padrão quantitativo, as condições ambientais têm pouca influência nos fenótipos.
(64) O gráfico de distribuição das classes fenotípicas de uma herança quantitativa tende a apresentar uma distribuição contínua de suas classes.

7. (Unir – RO) Alterações no número e na morfologia dos cromossomos podem ser diagnosticadas por meio de análise citogenética, a exemplo da síndrome de Down. O melhor material para estudos citogenéticos, por apresentar os cromossomos em grau máximo de condensação, é constituído por células em fase de:

a) telófase.
b) metáfase.
c) prófase.
d) anáfase.
e) prometáfase.

8. (Uncisal) Alterações no número padrão de cromossomos podem resultar em problemas para o desenvolvimento do indivíduo. As síndromes de Down e de Klinefelter, causadas pela presença de um cromossomo a mais nos genomas celulares, e as síndromes de Turner e de Cri du Chat, relacionadas à falta de um cromossomo, são exemplos desses processos. Nesses casos, os indivíduos afetados apresentam uma série de alterações anatômicas, morfológicas e fisiológicas em seus organismos e têm o seu desenvolvimento e expectativa de vida afetados.

As alterações nos números de cromossomos podem acontecer em função de:

a) erros nos processos de divisão celular dos gametas.
b) produção e fecundação de dois óvulos por dois espermatozoides.
c) fecundaçao do óvulo por mais de um espermatozoide.
d) formação da mórula.
e) erros nos processos de *crossing-over*.

9. (UFT – TO) Uma criança apresenta em seu cariótipo três cromossomos sexuais, dois correspondem ao X e um ao Y. Podemos dizer que esta criança:

a) possui síndrome de Turner e é do sexo feminino.
b) possui síndrome de Klinefelter e é do sexo masculino.
c) possui síndrome de Turner e é do sexo masculino.
d) possui síndrome de Down e é do sexo feminino.
e) possui síndrome de Klinefelter e é do sexo feminino.

Capítulo 29

Biotecnologia e engenharia genética

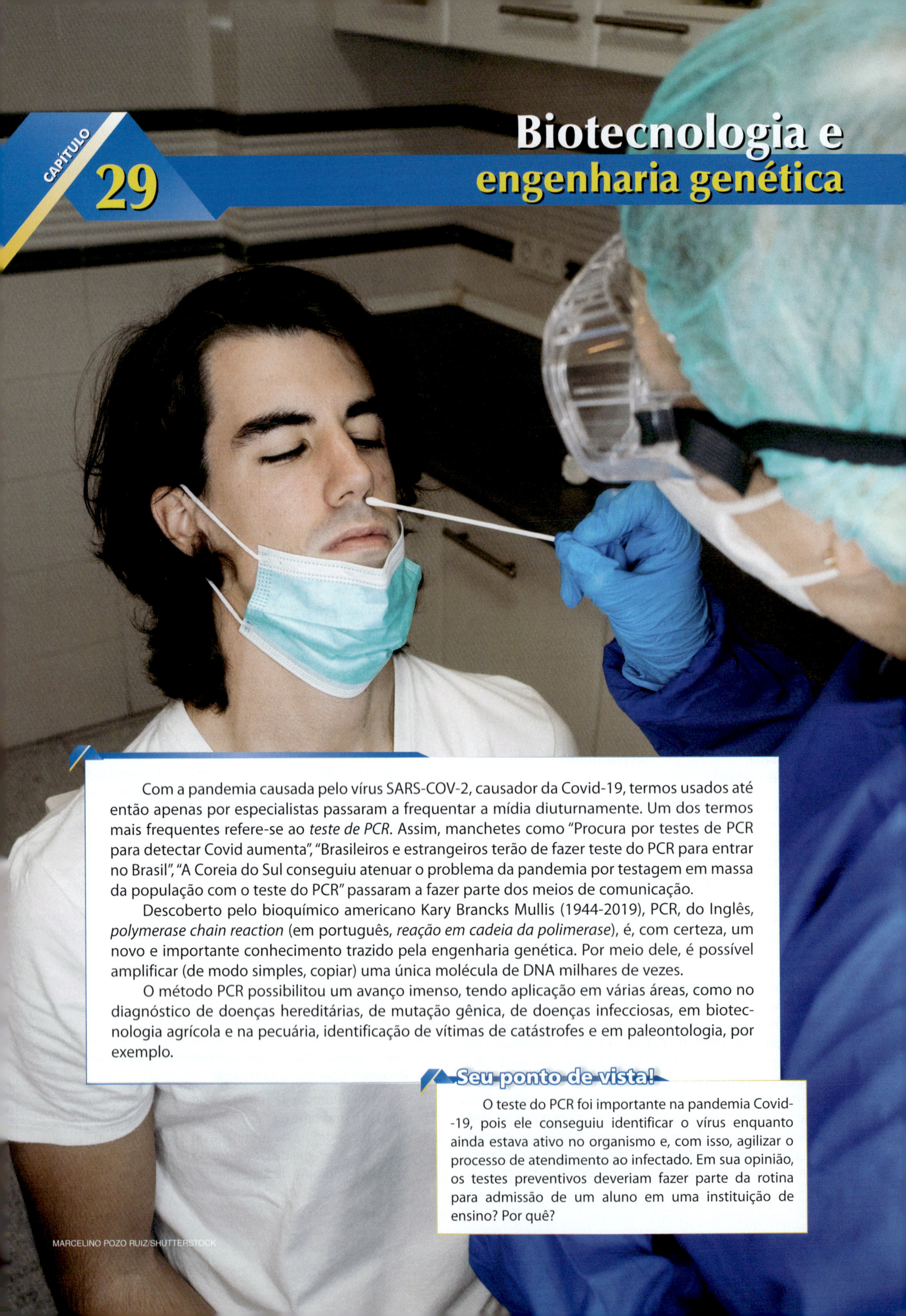

MARCELINO POZO RUIZ/SHUTTERSTOCK

Com a pandemia causada pelo vírus SARS-COV-2, causador da Covid-19, termos usados até então apenas por especialistas passaram a frequentar a mídia diuturnamente. Um dos termos mais frequentes refere-se ao *teste de PCR*. Assim, manchetes como "Procura por testes de PCR para detectar Covid aumenta", "Brasileiros e estrangeiros terão de fazer teste do PCR para entrar no Brasil", "A Coreia do Sul conseguiu atenuar o problema da pandemia por testagem em massa da população com o teste do PCR" passaram a fazer parte dos meios de comunicação.

Descoberto pelo bioquímico americano Kary Brancks Mullis (1944-2019), PCR, do Inglês, *polymerase chain reaction* (em português, *reação em cadeia da polimerase*), é, com certeza, um novo e importante conhecimento trazido pela engenharia genética. Por meio dele, é possível amplificar (de modo simples, copiar) uma única molécula de DNA milhares de vezes.

O método PCR possibilitou um avanço imenso, tendo aplicação em várias áreas, como no diagnóstico de doenças hereditárias, de mutação gênica, de doenças infecciosas, em biotecnologia agrícola e na pecuária, identificação de vítimas de catástrofes e em paleontologia, por exemplo.

Seu ponto de vista!

O teste do PCR foi importante na pandemia Covid-19, pois ele conseguiu identificar o vírus enquanto ainda estava ativo no organismo e, com isso, agilizar o processo de atendimento ao infectado. Em sua opinião, os testes preventivos deveriam fazer parte da rotina para admissão de um aluno em uma instituição de ensino? Por quê?

29-1. Melhoramento genético e seleção artificial

São inúmeras as novidades decorrentes da introdução de genes estranhos no genoma de animais e vegetais, levando à produção dos chamados organismos geneticamente modificados – seres **transgênicos**. Algumas dessas novidades são favoráveis aos organismos, como, por exemplo, a introdução, por meio da engenharia genética, de genes de bactérias em determinadas plantas, o que lhes confere maior resistência às pragas da lavoura.

Há séculos o homem utiliza a prática de **melhoramento** genético para aperfeiçoar espécies animais e vegetais de interesse. Tudo começou quando o homem passou a realizar cruzamentos, seguidos de **seleção artificial**, das variedades que mais lhe interessavam. Esse procedimento originou inúmeras raças de animais e variedades vegetais que, hoje, fazem parte de nosso dia a dia. Cavalos e jumentos são cruzados para produzir híbridos – mulas e burros – utilizados para serviços de tração; o gado leiteiro e o de corte são hoje muito mais produtivos que os de antigamente; plantas como milho, feijão e soja produzem atualmente grãos de excelente valor nutritivo.

Para preservar as qualidades das inúmeras variedades vegetais obtidas em cruzamentos, o homem aprendeu a fazer a **propagação vegetativa**, processo executado principalmente a partir do plantio de pedaços de caule (*estaquia*) ou de enxertos (*enxertia*) das plantas de boa qualidade. Bons exemplos desses processos são a estaquia, atualmente praticada pelo Instituto Florestal de São Paulo, de pedaços de galhos de eucalipto na propagação de variedades produtoras de madeira de excelente qualidade para a construção de casas, e a enxertia de inúmeras variedades de laranja, entre elas a laranja-da-baía, também conhecida como laranja-de-umbigo.

MARTYN F. CHILLMAID/SPL/LATINSTOCK

São inúmeros os programas de melhoramento genético, muitos deles associados a fruticultura, gado de corte, fármacos, cana-de-açúcar e grãos. As pesquisas buscam oferecer ao mercado consumidor produtos mais resistentes a pragas, ou de melhor qualidade, ou ainda a possibilidade de, no caso dos tomates, por exemplo, uma colheita mecanizada, aliada à maior resistência do produto durante o transporte. À esquerda, na foto acima, tomates comuns. À direita, a mesma espécie geneticamente modificada apresenta resistência ao transporte e armazenamento. Esse tipo de tomate foi o primeiro produto geneticamente modificado à venda no mercado em 1994, EUA.

Diferença entre biotecnologia e engenharia genética

Desde os tempos antigos, o homem aprendeu, por meio da observação e da experimentação, a praticar o melhoramento de espécies animais e vegetais que apresentassem algum interesse econômico, alimentar ou medicinal.

Essas bases deram início a uma tecnologia conhecida por **biotecnologia**, que pode ser definida como o conjunto de técnicas que utilizam organismos vivos ou partes deles para a produção de produtos ou processos para usos específicos.

Analisando a definição, podemos pensar que a biotecnologia já é praticada pelo homem há milhares de anos, quando ele aprendeu a utilizar, por exemplo, microrganismos fermentadores para a produção de pães, iogurtes e vinhos.

Depois do conhecimento da estrutura do DNA, na década de 1950, e do entendimento de seu processo de duplicação e da sua participação na produção de proteínas, surgiu uma vertente da biotecnologia conhecida como **engenharia genética**, que, por meio de técnicas de manipulação do DNA, permite a seleção e modificação de organismos vivos, com a finalidade de obter produtos úteis ao homem e ao meio ambiente.

29-2. Manipulação de genes

Com a elucidação da estrutura da molécula de DNA por Watson e Crick, em 1953, e o reconhecimento de que ela era o principal constituinte dos *genes*, o grande desafio para os cientistas consistia em fazer uma análise detalhada da sua composição nos diversos seres vivos. Sabia-se, também, que as bases nitrogenadas *adenina, timina, citosina* e *guanina*, componentes dos nucleotídeos, guardavam relação com o processo do código genético que comandava a produção de proteínas. Mas várias dúvidas ainda perturbavam os cientistas: onde começa e onde termina um gene? Qual sua sequência de nucleotídeos? Quantos genes existem em cada espécie de ser vivo?

A procura por respostas a essas perguntas gerou um intenso trabalho de pesquisa e originou um dos ramos mais promissores e espetaculares da Biologia atual: a engenharia genética. A manipulação dos genes, decorrente das pesquisas, conduziu à necessidade de compreender o significado de novos conceitos relacionados a essa área. Entre esses conceitos, estão os de *enzimas de restrição, sítios-alvo, eletroforese em gel, tecnologia do DNA recombinante, técnica do PCR, biblioteca de DNA, sondas, fingerprint* etc., que serão descritos ao longo deste capítulo. Uma pergunta que você poderia fazer é: por que eu devo conhecer todos esses conceitos e qual a utilidade deles para a minha vida? São comuns, hoje, na imprensa, os relatos da produção de seres transgênicos, de reconstituição de populações de animais em via de extinção e da pesquisa de paternidade. A cura de doenças e a produção de medicamentos e vacinas são eventos que recorrem aos conhecimentos modernos da genética molecular. A expectativa de todos nós é que esses conhecimentos contribuam para a melhoria do bem-estar da humanidade.

Enzimas de restrição

A partir da década de 1970, ficou mais fácil analisar a molécula de DNA com o isolamento das **enzimas de restrição** – também chamadas de *endonucleases de restrição*.

São enzimas normalmente produzidas por bactérias e que possuem a propriedade de defendê-las de vírus invasores. Essas substâncias "picotam" a molécula de DNA sempre em determinados pontos, levando à produção de fragmentos contendo pontas adesivas, que podem se ligar a outras pontas de moléculas de DNA que tenham sido cortadas com a mesma enzima.

Uma das primeiras enzimas de restrição a ser isolada foi a EcoRI, produzida pela bactéria *Escherichia coli*. Essa enzima reconhece apenas a sequência GAATTC e atua sempre entre o G e o primeiro A. O local do "corte", local de ação de uma enzima, é conhecido como **sítio-alvo**. Você pode perguntar: por que essa enzima não atua no DNA da própria bactéria? Isso não ocorre devido à existência de outras enzimas protetoras, que impedem a ação da enzima de restrição no material genético da bactéria (veja a Figura 29-1).

Anote!

Enzima de restrição atua na fragmentação de moléculas de DNA sempre em determinados pontos, conhecidos como sítios-alvos, levando à produção de fragmentos contendo pontas adesivas. Atuam como verdadeiras tesouras moleculares.

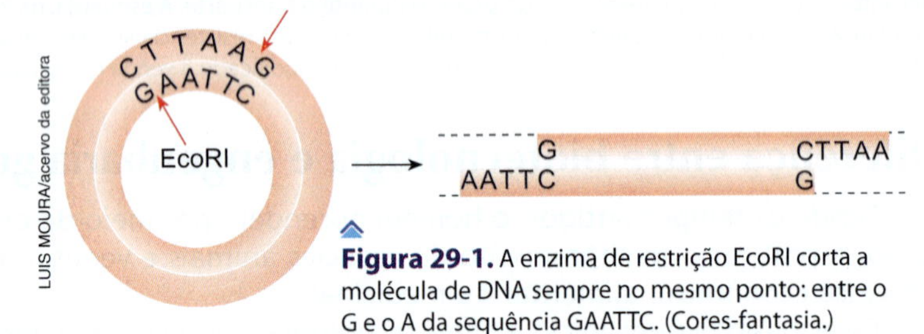

Figura 29-1. A enzima de restrição EcoRI corta a molécula de DNA sempre no mesmo ponto: entre o G e o A da sequência GAATTC. (Cores-fantasia.)

Lembre-se de que, até o momento, com exceção das bactérias, não se conhece *nenhum outro ser vivo* que produza enzimas de restrição.

Outra característica marcante do material genético dos seres vivos é que os mesmos sítios-alvos se repetem ao longo da molécula de DNA, o que permite que essa molécula seja cortada em vários pedaços de tamanhos diferentes, dependendo da quantidade de sítios (veja a Figura 29-2).

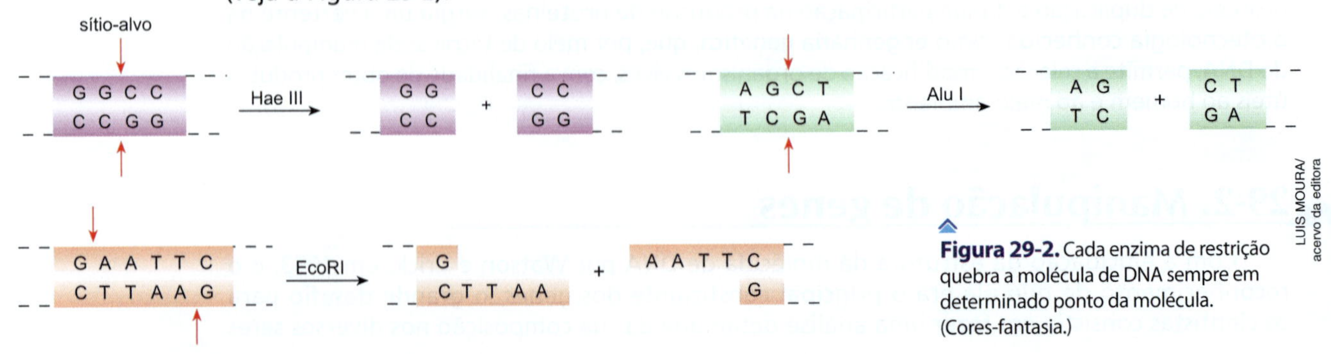

Figura 29-2. Cada enzima de restrição quebra a molécula de DNA sempre em determinado ponto da molécula. (Cores-fantasia.)

Estabelecendo conexões!

Edição de genes: o método CRISPR-Cas9

Qual é o significado de edição de genes? De certo modo, lembra a edição de um texto, ou seja, corrigir, cortar, colar ou redigir novo texto, e assim por diante. Relativamente aos genes, uma técnica recente desenvolvida por cientistas permite executar alterações precisas na sequência de bases da molécula de DNA no genoma por meio de um processo que recebeu a denominação de "edição de genes". O método tem como base o conhecimento prévio de mecanismos naturais existentes em bactérias que se protegem da ação de moléculas invasoras de DNA, principalmente vírus bacteriófagos. Por meio desse conhecido procedimento, é possível interferir na sequência de bases do DNA, alterando-a no sentido de corrigir informações danosas ou alterar um gene responsável pelo surgimento de um câncer, por exemplo. O método é conhecido pelo nome de CRISPR-Cas9.

A sigla CRISPR deriva da língua inglesa e significa: ***C****lustered* ***R****egularly* ***I****nterspaced* ***S****hort* ***P****alindromic* ***R****epeats* que, traduzido para a língua portuguesa, possui o significado de Repetições Palindrômicas Regularmente Espaçadas. O termo *palindrômicas* refere-se a leituras a que a sequência de bases de DNA está sujeita, da direita para a esquerda ou vice-versa. A sigla *Cas9* refere-se a uma enzima, a Cas (do inglês ***CRISPR as****sociated*, ou seja, enzima associada ao CRISPR*)* e o número 9 provavelmente refere-se à quantidade de enzimas que possuem o tipo de ação na edição de genes.

Na edição de genes pelo método CRISPR-Cas9, introduz-se em uma célula, cuja sequência de bases do DNA se deseja corrigir, uma molécula guia de RNA, juntamente com a enzima Cas9. A molécula de RNA introduzida orienta a ação da enzima Cas9 no sentido de "cortar", como se fosse uma tesoura, a sequência desejada, ocorrendo a seguir, com a ação do RNA, a síntese da sequência desejada e a correção da informação genética, ou seja, do gene. A enzima Cas9, dessa forma, atuaria como se fosse uma tesoura – atuaria como uma enzima-nuclease – ao cortar o fragmento de DNA que será corrigido. Com isso, ocorre a correção da sequência de bases e a informação genética passa a ser diferente da original. Segundo os cientistas que desenvolveram esse procedimento, o intuito não é apenas corrigir possíveis "defeitos" constantes da sequência de bases do DNA, mas, também, inserir informações novas ou novos genes no DNA alvo.

Um problema de natureza ética decorrente dessa metodologia é o temor de que tal procedimento poderá, no futuro, ser empregado na produção de organismos – incluindo seres humanos – com características desejáveis, e não apenas na correção de anomalias que afetam os genes, como, por exemplo, distúrbios do metabolismo, cânceres, doenças do envelhecimento (Alzheimer, Parkinson e outras) e demais situações que poderão ser beneficiadas com a interferência da informação contida nos genes.

Eletroforese em gel e separação dos fragmentos de DNA

Como vimos no item anterior, os fragmentos de DNA formados com a ação das enzimas de restrição possuem tamanhos diferentes. Para separá-los, e assim efetuar uma análise individual deles, usamos a técnica de **eletroforese em gel**.

Cada amostra contendo fragmentos de moléculas de DNA é colocada sobre um gel de agarose (substância proveniente de alga vermelha), uma ao lado da outra, em uma mesma linha imaginária. Sabe-se que a molécula de DNA possui carga elétrica negativa e, ao ser submetida a um campo elétrico, migra em direção ao eletrodo positivo (veja a Figura 29-3).

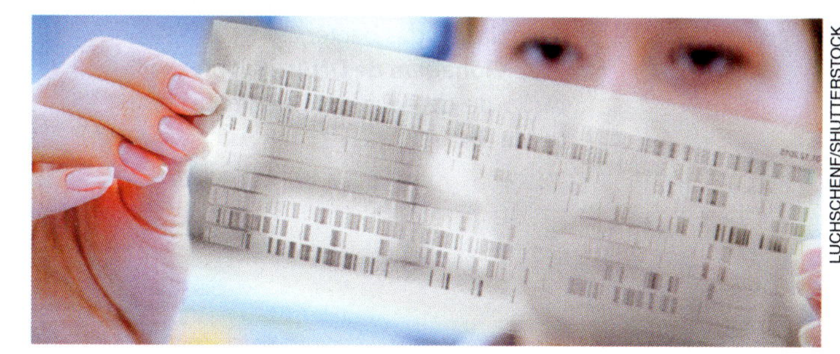
LUCHSCHENF/SHUTTERSTOCK

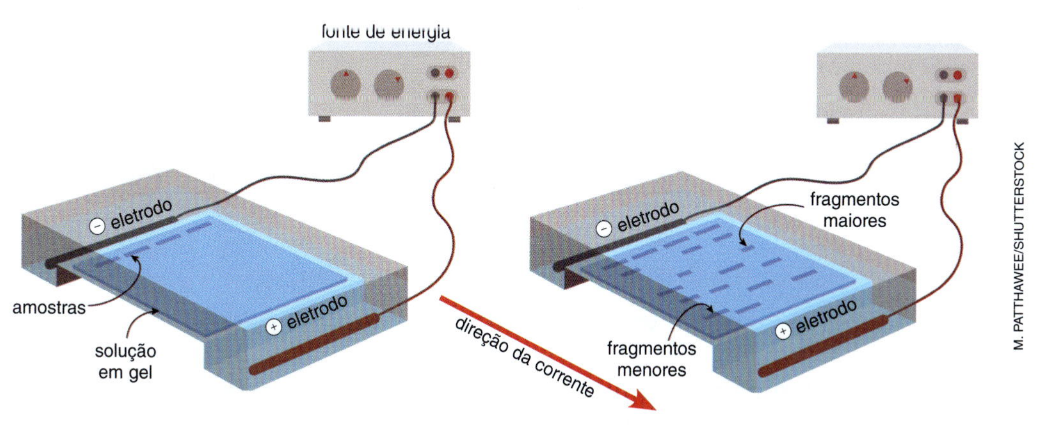

Figura 29-3. Na eletroforese em gel, fragmentos maiores movem-se mais lentamente que os menores, separando-se, desse modo, os pedaços de DNA, que possuem diferentes tamanhos. (Cores-fantasia. Ilustrações fora de escala.)

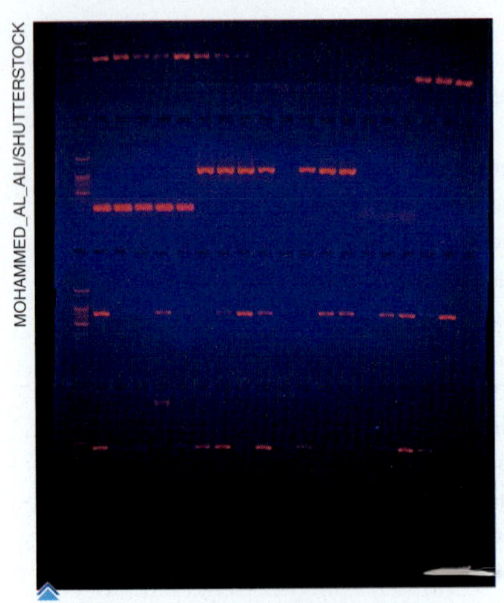
MOHAMMED_AL_ALI/SHUTTERSTOCK

Para visualizar os fragmentos de DNA separados, cora-se o material com brometo de etídio, que fluoresce sob luz ultravioleta, revelando as bandas de DNA.

Após a separação dos fragmentos moleculares de DNA surge um problema: como visualizá-los? Para isso, basta mergulhá-los em um corante, o brometo de etídio, que possui afinidade pelo DNA e fluoresce (fica visível) vivamente em contato com a luz ultravioleta. Dessa forma, pode-se localizar as bandas que correspondem ao DNA.

Outro método utilizado para visualizar as bandas de DNA é o da autorradiografia. Nele, antes de começar todo o processo, os fragmentos de DNA são marcados com radioisótopo P^{32} ou com um corante luminescente. Ao final do processo, o material sensibiliza um filme fotográfico colocado sobre o gel e, ao ser revelado, mostra a posição de todas as bandas.

Multiplicação dos fragmentos de DNA

Ocorrendo a fragmentação da molécula de DNA com o uso das enzimas de restrição e o seu reconhecimento pela técnica de eletroforese em gel, o próximo passo para **multiplicar (clonar)** os fragmentos obtidos é submetê-los à **tecnologia do DNA recombinante** ou, mais recentemente, ao emprego da **técnica do PCR** (*reação em cadeia da polimerase*).

Tecnologia do DNA recombinante

Para introdução, em uma célula, de um gene (por exemplo, humano) que se quer clonar é necessário seguir alguns passos. Simplificadamente, vamos conhecer esse processo por meio da Figura 29-4.

Anote!

Plasmídio: material genético (DNA) não ligado ao cromossomo e que fica espalhado pelo hialoplasma das bactérias.

Clonagem de DNA: multiplicação de determinados fragmentos de DNA.

DNA humano

1 a enzima de restrição "corta" o DNA

plasmídio bacteriano

gene humano

2 a enzima ligase conecta o gene humano ao plasmídio

3 DNA (plasmídio) recombinante

4 a bactéria hospedeira incorpora o plasmídio recombinado

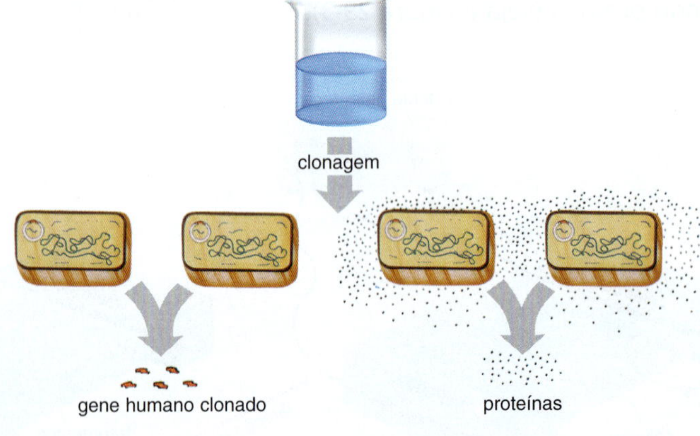

LUIS MOURA/acervo da editora

Figura 29-4. Um certo gene humano é inserido em plasmídio bacteriano. Inoculado na bactéria, ocorre a clonagem do gene inserido. Os cientistas, então, recolhem os genes ou as substâncias derivadas da sua expressão e os utilizam para estudo ou para fins terapêuticos – no caso de hormônios ou vacinas. (*Baseado em*: MADER, S. S. *Biology*. 4. ed. Iowa: Wm: C. Brown, 1993.) (Cores-fantasia. Ilustrações fora de escala.)

Técnica do PCR

Na década de 1980, passou-se a utilizar a técnica do PCR – reação em cadeia da polimerase (do inglês, *polymerase chain reaction)* – para fazer milhares de cópias de um único pedaço de DNA. Essa técnica pode ser realizada em tubos de ensaio e é mais vantajosa que a da tecnologia do DNA recombinante por não necessitar da produção de um plasmídio recombinante nem de bactérias para clonar os fragmentos de DNA.

Submetendo-se uma molécula de DNA, originada de uma célula humana, a altas temperaturas (cerca de 90 °C) ou a pHs extremos, desfazem-se as pontes de hidrogênio que unem suas fitas, em um processo conhecido como *desnaturação*. Ao recolocar essas fitas em um ambiente em que a temperatura seja a normalmente existente no organismo humano, ou em pH normalmente existente na célula, as fitas tendem a se unir novamente, ou seja, ocorre uma *renaturação*, que também é conhecida pelo nome de *hibridização*. É evidente que, para ocorrer hibridização, é necessário que as duas fitas possuam sequências complementares de bases que permitam o pareamento (veja a Figura 29-5).

Anote!

Desnaturação da molécula de DNA: separação das duas fitas de DNA, por ruptura das pontes de hidrogênio, por meio de alta temperatura ou pH extremo.

Hibridização do DNA: tendência dos filamentos de DNA a se unirem novamente, após o retorno das condições normais de temperatura ou pH. O mesmo que renaturação.

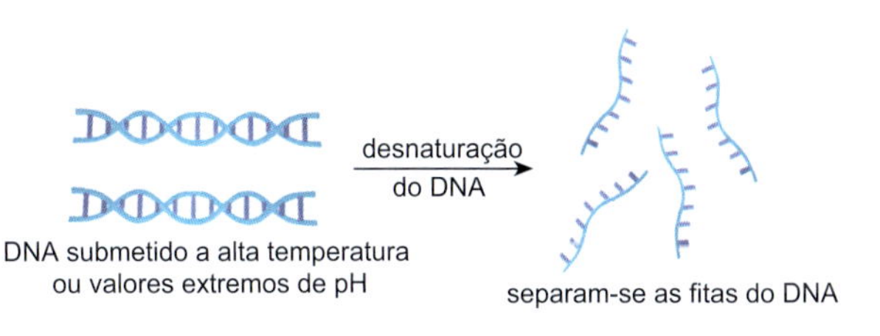

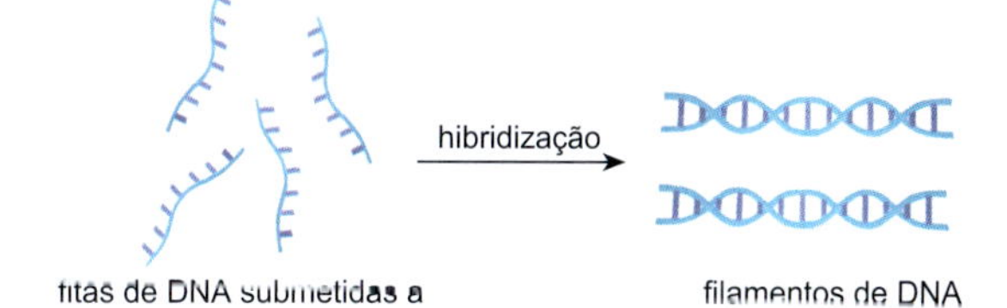

LUIS MOURA/
acervo da editora

Figura 29-5. Sob altas temperaturas ou pHs extremos ocorre a separação das fitas de DNA. Em condições favoráveis novamente, ocorre a hibridização das fitas. (Cores-fantasia. Ilustrações fora de escala.)

Estabelecendo conexões!

Dolly: a clonagem de um mamífero

No começo de 1997, um pequeno artigo na revista *Nature* virou manchete em todo o mundo. Dr. Ian Wilmut e seus associados do Rosin Institute, em Edimburgo, Escócia, fizeram o que muitos cientistas acreditavam impossível: a clonagem de um mamífero (uma ovelha, chamada Dolly), usando um núcleo retirado de célula de um tecido adulto.

Os pesquisadores já haviam descoberto que o núcleo de uma célula nas primeiras fases de seu desenvolvimento embrionário, antes de diferenciar-se, podia ser usado para substituir o núcleo de um óvulo. O núcleo dessa célula embrionária direcionaria o desenvolvimento de um novo indivíduo, sem a necessidade de fusão do óvulo com um espermatozoide.

As implicações da pesquisa que gerou Dolly foram impressionantes. (Embora tenham sido feitas 277 tentativas antes de se conseguir o nascimento da ovelha, a técnica é relativamente simples.) Os cientistas conseguiram provar que genes inativos por um longo período de tempo em células adultas especializadas podem se tornar funcionais de novo. Talvez neurônios de regiões afetadas pelo mal de Parkinson possam se dividir, substituindo os que foram danificados. Talvez mais genes para a produção de glóbulos vermelhos possam ser trocados em um paciente anêmico.

Quando Dolly foi clonada em 1997, a partir de genes de uma ovelha de 6 anos de idade, os pesquisadores se perguntavam como seria seu processo de envelhecimento e se sua vida seria mais curta do que a de outras ovelhas. Em 1999 já se constatava seu envelhecimento acelerado – a idade de seus cromossomos não era de 3 anos, mas de 9 anos. Em 14 de fevereiro de 2003, Dolly foi sacrificada, aos 6 anos de idade, por sofrer de uma doença pulmonar incurável. Apesar de Ian Wilmut afirmar que a doença de Dolly nada tinha a ver com a clonagem, esse animal – apesar da aparência exterior completamente normal – nasceu com anomalias cromossômicas.

Dr. Ian Wilmut e Dolly, o primeiro mamífero clonado.

GUSTOIMAGES/SCIENCE PHOTO LIBRARY/LATINSTOCK

Desde meados dos anos 80, os pesquisadores utilizam células embrionárias como fonte de material genético para a clonagem de ovelhas, vacas e outros mamíferos. Em 1997, um artigo na revista *Nature* assombrou o mundo: o nascimento da ovelha Dolly. O que torna Dolly especial?

29-3. *Fingerprint*: a impressão digital do DNA

Até bem pouco tempo, o estudo da herança dos grupos sanguíneos permitia esclarecer com razoável grau de certeza a exclusão da paternidade de determinada criança, ou seja, era possível dizer quem *não* era o pai de determinado recém-nascido. Atualmente, com os métodos de análise do DNA que você aprendeu neste capítulo, é possível resolver, com quase 100% de certeza, praticamente qualquer caso de identidade genética, a exemplo dos casos de paternidade duvidosa.

Cada ser humano possui uma composição genômica única, com exceção dos gêmeos univitelinos. Dizendo de outro modo, dois indivíduos até podem ter partes do material genético idêntico, porém, ao se fazer uma análise de todo o seu genoma, com certeza encontraremos diferenças. Por isso, a análise do DNA serve como uma verdadeira "impressão digital molecular", que é conhecida como *fingerprint do DNA* (do inglês, *fingerprint* = impressão digital).

Para a determinação do *fingerprint*, basta obter uma célula que possua o DNA intacto. Pode-se recorrer ao DNA das células da raiz de um fio de cabelo, células do sangue ou mesmo das que se encontram no esperma humano. A seguir, por meio da técnica do PCR, efetua-se a clonagem do DNA obtido.

VNTR: repetições que auxiliam

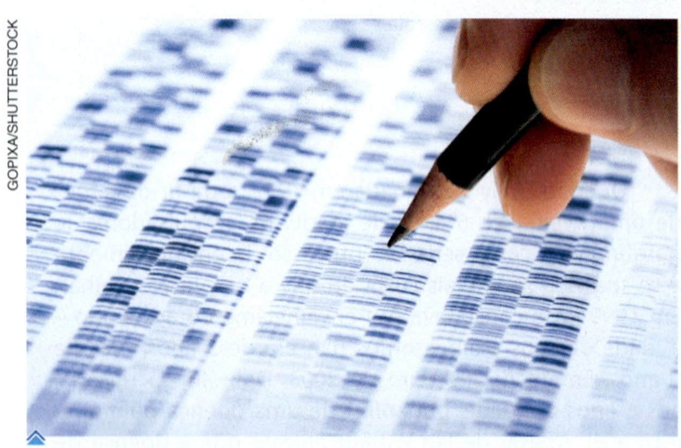

GOPIXA/SHUTTERSTOCK

Cientista analisando *fingerprint* do DNA. O padrão de bandas, obtido por meio de eletroforese em gel de fragmentos de DNA de um indivíduo, é único para cada pessoa, o que o torna uma espécie de "identidade". Pessoas de mesma família, como pais e filhos, possuem algumas bandas na mesma posição, fato usado para esclarecer dúvidas sobre paternidade, por exemplo.

Para a determinação da impressão digital molecular (*fingerprint*), os cientistas recorrem aos VNTR (do inglês, *Variable Number of Tandem Repeats*), que são repetições de pequenas sequências de nucleotídeos (entre 15 e 20 bases nitrogenadas) em determinado gene.

O número de repetições dessas bases, em cada gene, é altamente variável na população humana, constituindo-se de 4 até 40 repetições, dependendo do indivíduo analisado. Assim, ao comparar cromossomos homólogos de diferentes pessoas, é pouco provável que o número de repetições seja o mesmo – daí utilizar-se do VNTR como sendo único para cada indivíduo, à semelhança da impressão digital (veja a Figura 29-6).

Por meio das técnicas já descritas, podem-se visualizar as repetições em uma eletroforese, já que, tendo tamanhos diferentes, os fragmentos repetidos percorrerão distâncias diferentes (veja a Figura 29-7).

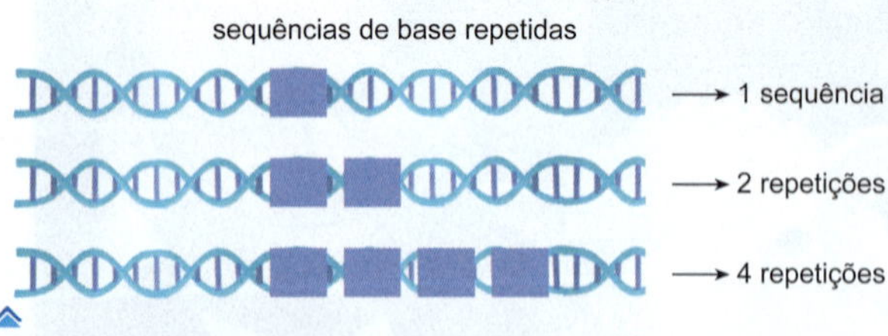

Figura 29-6. O número de repetições de sequências de bases nos genes é característico para cada indivíduo. (Cores-fantasia. Ilustrações fora de escala.)

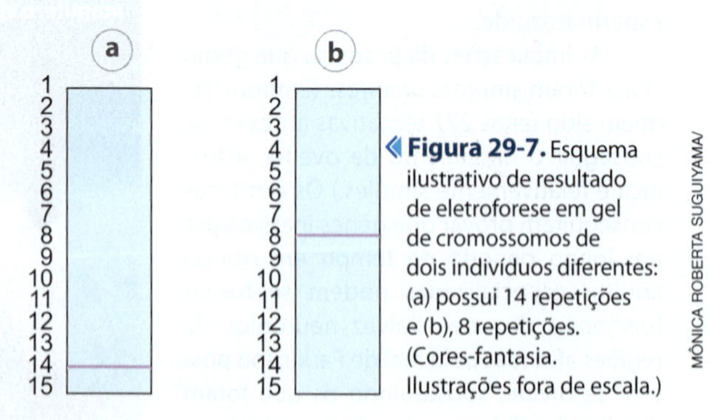

Figura 29-7. Esquema ilustrativo de resultado de eletroforese em gel de cromossomos de dois indivíduos diferentes: (a) possui 14 repetições e (b), 8 repetições. (Cores-fantasia. Ilustrações fora de escala.)

MÔNICA ROBERTA SUGUIYAMA/ acervo da editora

Exemplo de utilização do *fingerprint* na pesquisa de paternidade

Vejamos um exemplo de aplicação do *fingerprint* de DNA no esclarecimento de um caso de paternidade duvidosa.

Um casal tem 4 filhos. Anos depois do nascimento do último filho, suspeitou-se da ocorrência de troca de bebês na maternidade. Foi realizado o *fingerprint* dos pais e dos 4 filhos na tentativa de resolver o problema e obteve-se o resultado a seguir.

Analisando os VNTR de determinado par de cromossomos homólogos do pai, nota-se a existência de 4 sequências repetidas em um dos cromossomos e 6 no outro. Com relação à mãe, temos um cromossomo com 3 sequências repetidas e, no homólogo, 5 repetições.

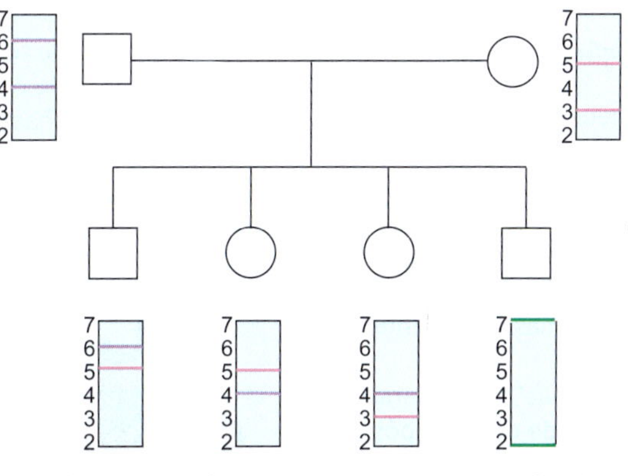

Ao fazer a análise dos *fingerprints* dos três primeiros filhos, contados da esquerda para a direita, nota-se que o primeiro tem 6 e 5 sequências (6 derivadas do pai e 5 da mãe); o segundo filho tem 5 e 4 sequências repetidas (4 provenientes do pai e 5 da mãe); o terceiro filho tem 4 e 3 sequências repetidas (4 que vieram do pai e 3 da mãe). O resultado permite concluir que, com relação aos 3 primeiros filhos, não houve troca de bebês na maternidade. A análise do *fingerprint* do quarto filho, porém, revela que ele possui 7 e 2 repetições. Esse resultado revela que o quarto filho não pertence ao casal, já que os pais não possuem esses VNTR.

Paternidade

O teste de DNA tem sido usado quando é necessário confirmar ou excluir a paternidade, Leia o QR Code abaixo e conheça as etapas desse teste.

Estabelecendo conexões!

Já são muitos os filmes policiais e as séries de TV em que a solução do crime está na mão de especialistas forenses. Meio detetives, meio cientistas, os "investigadores criminais" desses filmes são pesquisadores muito bem treinados, com amplo conhecimento, que analisam até os menores detalhes da cena de um crime – aqueles que poderiam passar despercebidos para um leigo – a fim de descobrir quem cometeu o delito.

A busca por algum fragmento de DNA do criminoso, por minúsculo que seja, está presente em praticamente todos os episódios. A partir da multiplicação desse fragmento e do sequenciamento de suas bases existe a possibilidade de estabelecer a identidade do criminoso – desde que seu DNA esteja arquivado em um banco de dados.

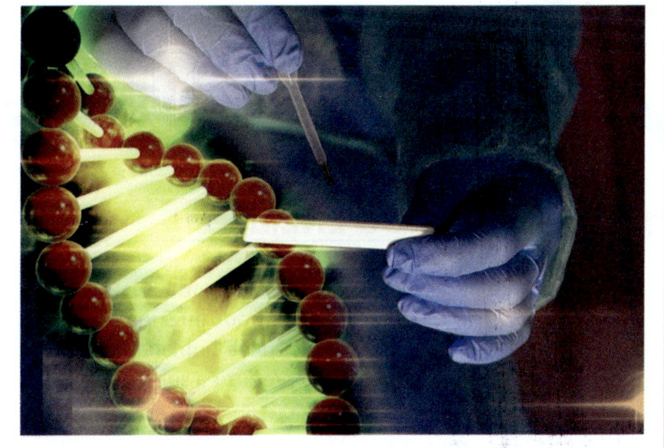
CI PHOTOS/SHUTTERSTOCK

Mas a investigação criminal por peritos com esse grau de conhecimento não é pura ficção. A Polícia Científica (ou Técnico-Científica) é uma realidade também em nosso país e tem participado ativamente para ajudar a esclarecer vários crimes. Se a tecnologia envolvida com o DNA pode indicar criminosos, ela também tem sido muito útil para inocentar pessoas acusadas injustamente.

29-4. Terapia gênica

Um dos sonhos dos cientistas moleculares é utilizar genes normais para substituir genes alterados causadores de diversas doenças humanas.

Uma primeira tentativa está sendo realizada na cura da Síndrome da Imunodeficiência Severa em recém-nascidos, doença provocada pela ausência da enzima adenosina deaminase, o que provoca falhas na resposta imunitária, conduzindo à morte. O gene que codifica para essa enzima foi clonado e injetado com sucesso em leucócitos retirados de crianças afetadas. Em seguida, essas células brancas foram reinjetadas no organismo das crianças. Os resultados são encorajadores, esbarrando, porém, em uma particularidade: glóbulos brancos possuem vida curta e, por esse motivo, a **terapia gênica** precisa ser constantemente repetida.

Terapia gênica é uma das esperanças dos cientistas em termos de cura e/ou tratamento para a AIDS, doença que, a exemplo da citada acima, incide no sistema imunitário dos pacientes afetados.

Diabete

Leia o QR Code abaixo e saiba como a engenharia genética pode auxiliar a quem tem diabete.

Questão socioambiental

A tecnologia a favor da seleção natural

A evolução das pesquisas em Genética tem permitido situações que, até pouco tempo atrás, seriam inimagináveis. No Reino Unido foi apresentado um método de fertilização *in vitro* que envolve três pais biológicos.

Existem alguns distúrbios cerebrais e cardiopatias que são transmitidos pelo DNA mitocondrial. Se, em um casal, a mãe é portadora de algum desses problemas, fatalmente seus filhos receberão essa carga genética.

A nova técnica prevê uma segunda "mãe", que doaria um óvulo a ser fertilizado pelo espermatozoide do pai. Após a fertilização, o núcleo desse óvulo é retirado e o núcleo do óvulo da mãe (também fertilizado) é inserido em seu lugar.

Desse modo, as mitocôndrias do óvulo da mãe não passam para o embrião, mas as informações como cor de olhos e cabelos passam. O embrião resultante herdará a maioria das características genéticas da mãe (que estão no DNA do núcleo do óvulo), mas não os genes defeituosos.

Técnicas como essa têm permitido a casais eliminarem de sua prole a chance de carregarem doenças genéticas dos pais, aumentando sua chance de sobrevivência.

Adaptado de: PASTORE, M.
Fertilização com duas mães e um pai é avaliada no Reino Unido.
Disponível em: <http://www1.folha.uol.com.br/equilibrioesaude/888499-fertilizacao-com-duas-maes-e-um-pai-e-avaliada-no-reino-unido.shtml>.
Acesso em: 21 set. 2021.

AVTK/SHUTTERSTOCK

Você diria que o desenvolvimento de técnicas como essa alteram o curso do processo de seleção natural? Por quê?

ATIVIDADES

A CAMINHO DO ENEM

1. (Enem) A palavra "biotecnologia" surgiu no século XX, quando o cientista Herbert Boyer introduziu a informação responsável pela fabricação da insulina humana em uma bactéria, para que ela passasse a produzir a substância.

Adaptado de: <www.brasil.gov.br>. *Acesso em:* 28 jul. 2012.

As bactérias modificadas por Herbert Boyer passaram a produzir insulina humana porque receberam:

a) a sequência de DNA codificante de insulina humana.
b) a proteína sintetizada por células humanas.
c) um RNA recombinante de insulina humana.
d) o RNA mensageiro de insulina humana.
e) um cromossomo da espécie humana.

2. (Enem) Instituições acadêmicas e de pesquisa no mundo estão inserindo genes em genomas de plantas que possam codificar produtos de interesse farmacológico. No Brasil, está sendo desenvolvida uma variedade de soja com um viricida ou microbicida capaz de prevenir a contaminação pelo vírus causador da AIDS. Essa leguminosa está sendo induzida a produzir a enzima cianovirina-N, que tem eficiência comprovada contra o vírus.

Disponível em: OLIVEIRA, M. Remédio na planta. *Pesquisa Fapesp*, São Paulo, n. 206, abr. 2013.

A técnica para gerar essa leguminosa é um exemplo de:

a) hibridismo.
b) transgenia.
c) conjugação.
d) terapia gênica.
e) melhoramento genético.

3. (Enem) Um estudante relatou que o mapeamento do DNA da cevada foi quase todo concluído e seu código genético desvendado. Chamou atenção para o número de genes que compõem esse código genético e que a semente da cevada, apesar de pequena, possui um genoma mais complexo que o humano, sendo boa parte desse código constituída de sequências repetidas. Nesse contexto, o conceito de código genético está abordado de forma equivocada.

Cientificamente, esse conceito é definido como:

a) trincas de nucleotídeos que codificam os aminoácidos.
b) localização de todos os genes encontrados em um genoma.
c) codificação de sequências repetidas presentes em um genoma.
d) conjunto de todos os RNAs mensageiros transcritos em um organismo.
e) todas as sequências de pares de bases presentes em um organismo.

4. (Enem) Fenômenos epigenéticos levam a modificações do DNA e das histonas, que influenciam o remodelamento da cromatina e, consequentemente, a disponibilização ou não de genes para a transcrição.

Adaptado de: ARRUDA, I. T. S. Epigenética. *Genética na Escola*, n. 1, 2015.

Esses fenômenos atuam na:

a) regulação da expressão gênica.
b) alteração nas sequências de bases.
c) correção de mutações em determinados genes.
d) associação dos ribossomos ao RNA mensageiro.
e) alteração nas sequências dos aminoácidos das histonas.

5. (Enem) Considere um banco de dados (Quadro 1) que apresenta sequências hipotéticas de DNA de duas áreas de extrativismo permitido (A1 e A2) e duas áreas de conservação (B1 e B2). Um órgão de fiscalização ambiental recebeu uma denúncia anônima de que cinco lojas moveleiras (1, 2, 3, 4 e 5) estariam comercializando produtos fabricados com madeira oriunda de áreas onde a extração é proibida. As sequências de DNA das amostras dos lotes apreendidos nas lojas moveleiras foram determinadas (Quadro 2).

Quadro 1

ÁREAS	SEQUÊNCIAS DE DNA
A1 – Extrativismo	TCC TAA TTG AAA
	TCC TAA CTG AGA
A2 – Extrativismo	TCC TAA TGT CAC
	TCC AAA TTG CAC
B1 – Conservação	TCC AAA TTT CAC
	TCC TAA TGT CAC
B2 – Conservação	TCC TAA CTG AGA
	TCC AAA TTT CAC

Quadro 2

AMOSTRAS	SEQUÊNCIAS DE DNA
1	TCC TAA CTG AGA
2	TCC TAA TTG AAA
3	TCC TAA TGT CAC
4	TCC AAA TTG CAC
5	TCC AAA TTT CAC

Adaptado de: MIRANDA, N. E. O.; ALMEIDA JÚNIOR, E. B. A.; COLLEVATTI, R. G. A genética contra os crimes ambientais: identificação de madeira ilegal proveniente de unidades de conservação utilizando marcador molecular. *Genética na Escola*, v. 9, n. 2, 2014.

Qual loja moveleira comercializa madeira exclusivamente de forma ilegal?

a) 1 b) 2 c) 3 d) 4 e) 5

6. (Enem) Considere, em um fragmento ambiental, uma árvore matriz com frutos (M) e outras cinco que produziram flores e são apenas doadoras de pólen (DP1, DP2, DP3, DP4 e DP5). Foi excluída a capacidade de autopolinização das árvores. Os genótipos da matriz, da semente (S1) e das prováveis fontes de pólen foram obtidos pela análise de dois locos (loco A e loco B) de marcadores de DNA, conforme a figura.

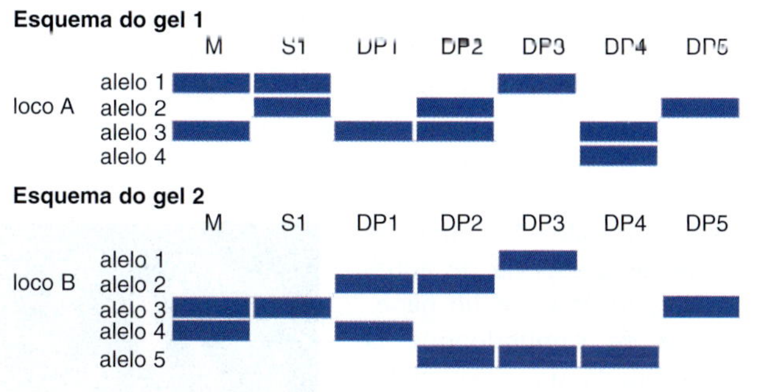

Adaptado de: COLLEVATTI, R. G.; TELLES, M. P.; SOARES, T. N. Dispersão do pólen entre pequizeiros: uma atividade para a genética do ensino superior. *Genética na Escola*, n. 1, 2013.

A progênie S1 recebeu o pólen de qual doadora?

a) DP1 b) DP2 c) DP3 d) DP4 e) DP5

7. (Enem) A reação em cadeia da polimerase (PCR, na sigla em inglês) é uma técnica de biologia molecular que permite replicação *in vitro* do DNA de forma rápida. Essa técnica surgiu na década de 1980 e permitiu avanços científicos em todas as áreas de investigação genômica. A dupla-hélice é estabilizada por ligações de hidrogênio, duas entre as bases adenina (A) e timina (T) e três entre as bases guanina (G) e citosina (C). Inicialmente, para que o DNA possa ser replicado, a dupla-hélice precisa ser totalmente desnaturada (desenrolada) pelo aumento da temperatura, quando são desfeitas as ligações de hidrogênio entre as diferentes bases nitrogenadas.

Qual dos segmentos de DNA será o primeiro a desnaturar totalmente durante o aumento da temperatura na reação de PCR?

a) G G C C T T C G
C C G G A A G C

b) C C T C G A C T
G G A G C T G A

c) 

d) T T A C G G C G
A A T G C C G C

e) C C T A G G A A
G G A T C C T T

8. (Enem) A terapia celular tem sido amplamente divulgada como revolucionária, por permitir a regeneração de tecidos a partir de células novas. Entretanto, a técnica de se introduzirem novas células em um tecido, para o tratamento de enfermidades em indivíduos, já era aplicada rotineiramente em hospitais.

A que técnica refere-se o texto?

a) vacina
b) biópsia
c) hemodiálise
d) quimioterapia
e) transfusão de sangue

9. (Enem) Em uma pesquisa estão sendo testados cinco quimioterápicos quanto à sua capacidade antitumoral. No entanto, para o tratamento de pacientes, sabe-se que é necessário verificar também o quanto cada composto agride células normais. Para o experimento, partiu-se de cultivos de células tumorais (colunas escuras na figura) e células normais (colunas claras) com o mesmo número de células iniciais. Dois grupos-controle não receberam quimioterápicos: controle de células tumorais (CT) e de células normais (CN). As colunas I, II, III, IV e V correspondem aos grupos tratados com os cinco compostos. O número de células viáveis após os tratamentos está representado pelas colunas.

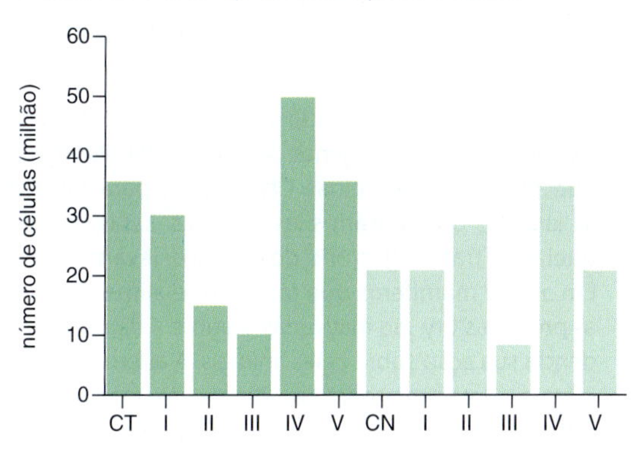

Qual quimioterápico deve ser escolhido para esse tipo de tumor?

a) I
b) II
c) III
d) IV
e) V

10. (Enem) Uma nova e revolucionária técnica foi desenvolvida para a edição de genomas. O mecanismo consiste em um sistema de reconhecimento do sítio onde haverá a mudança do gene combinado com um mecanismo de corte e reparo do DNA. Assim, após o reconhecimento do local onde será realizada a edição, uma nuclease corta as duas fitas de DNA. Uma vez cortadas, mecanismos de reparação do genoma tendem a juntar as fitas novamente, e nesse processo um pedaço de DNA pode ser removido, adicionado ou até mesmo trocado por outro pedaço de DNA.

Nesse contexto, uma aplicação biotecnológica dessa técnica envolveria o(a):

a) diagnóstico de doenças.
b) identificação de proteínas.
c) rearranjo de cromossomos.
d) modificação do código genético.
e) correção de distúrbios genéticos.

TESTE SEUS CONHECIMENTOS

1. (UFT - TO) Biotecnologia é a aplicação de conhecimentos da biologia para a produção de novas técnicas, materiais e compostos de uso farmacêutico, médico, agrícola, entre outros de interesses econômicos, ecológicos e éticos. Sobre tecnologia de manipulação genética é **CORRETO** afirmar que:

a) a tecnologia de DNA recombinante baseia-se na troca de pedaços de genes entre organismos de mesma espécie, formando um ser recombinante.
b) a base da clonagem é a tecnologia de transplante de núcleo, onde o núcleo de uma célula diploide é implantado em uma célula reprodutora haploide nucleada da mesma espécie, produzindo uma cópia genética do outro indivíduo.
c) enzimas de restrição são especializadas em cortar fragmentos de DNA em sítios aleatórios da molécula.
d) a tecnologia de amplificação de DNA, ou PCR (Reação em Cadeia da Polimerase), fundamenta-se na produção de muitas cópias de uma região específica do DNA (região-alvo).
e) plasmídios são moléculas circulares de DNA, de função desconhecida, presente no material genético de algumas bactérias.

2. (Fuvest - SP) Uma variedade de milho (Milho Bt) foi modificada com a inserção de genes da bactéria *Bacillus thuringiensis*, que produzem proteínas Cry, tóxicas para insetos como as lagartas que atacam suas lavouras. Essas proteínas bloqueiam o trato digestório dos insetos, levando-os à morte. Em aves e mamíferos que também se alimentam de milho, as proteínas Cry são inativadas durante a digestão ácida, perdendo sua ação sobre esses animais. A alternativa que indica corretamente um aspecto positivo e um negativo dos efeitos desta modificação genética do milho para o ser humano é:

	ASPECTO POSITIVO	ASPECTO NEGATIVO
a)	Aumento do valor nutricional do milho	Possibilidade de desenvolvimento de alergia à proteína Cry em pessoas vulneráveis
b)	Menor tempo de maturação dos grãos	Possibilidade de invasão da vegetação nativa pela planta transgênica
c)	Facilitação da polinização das plantas	Risco de extinção local de aves e mamíferos insetívoros
d)	Economia de água pela redução da irrigação	Maior exposição dos agricultores a agrotóxicos
e)	Maior produtividade das lavouras de milho	Possibilidade de surgimento de lagartas resistentes à proteína Cry

3. (UEPG - PR) Os organismos que recebem e incorporam genes de outra espécie são chamados de transgênicos. Sobre as características e os processos envolvidos na criação de um organismo geneticamente modificado, indique as alternativas corretas e dê sua soma ao final.

(01) Atualmente, os organismos geneticamente modificados estão descartados do mercado, visto que os benefícios prometidos durante a confecção dos transgênicos não foram atingidos. Por exemplo, os transgênicos de milho e soja, resistentes ao ataque de insetos, são inviáveis.
(02) As enzimas de restrição, obtidas a partir do genoma humano, são essenciais para as etapas de clonagem de genes de interesse em bactérias. As bactérias são os únicos organismos geneticamente modificados que tiveram sucesso em técnicas de transgenia, visto que são de fácil crescimento e manutenção em laboratório.
(04) Animais transgênicos são produzidos pela injeção de um gene de interesse em zigotos da espécie que se deseja transformar, logo após a fertilização. Esses embriões são então implantados no útero da fêmea onde se desenvolvem.
(08) A manipulação genética de plantas é mais simples que a de animais. O gene que se deseja introduzir na planta é ligado ao plasmídio Ti de *Agrobacterium tumefaciens*, que tem capacidade de integrar-se ao cromossomo da planta. Pode-se ainda introduzir DNA exógeno à planta, bombardeando-a com partículas contendo DNA aderido na superfície.
(16) A injeção de DNA geneticamente modificado (a partir de uma espécie "A") no núcleo de ovos de uma espécie "B", onde ele será implantado, permite a obtenção de um organismo transgênico totalmente diferente de "A" ou "B", chamado de organismo "C".

4. (São Camilo - SP) Um gene de uma espécie de água-viva foi inserido no genoma de camundongos. O resultado do experimento foi percebido quando esses roedores ficaram expostos à luz ultravioleta e, devido à presença de certas proteínas, brilharam.

Disponível em: <http://g1.globo.com>.

A técnica pode ser usada para marcar células cancerosas e com isso identificá-las no corpo de uma pessoa. De acordo com o experimento realizado e os desdobramentos dessa pesquisa, é correto afirmar que:

a) as proteínas sintetizadas pelo camundongo teriam que ser injetadas em um tumor e elas se difundiram para as demais células, permitindo marcá-las.
b) ocorreu a produção de proteínas, que ficam fluorescentes nas células do camundongo, revelando que houve expressão dos genes da água-viva.
c) houve a inserção de moléculas de RNA da água-viva no genoma do camundongo e elas se expressaram produzindo as proteínas fluorescentes.
d) os genes da água-viva promoveram a formação de ribossomos nas células do camundongo e estes conseguiram produzir proteínas fluorescentes.
e) as pessoas com câncer teriam que ingerir as proteínas fluorescentes para que fossem identificadas as células com tumores.

5. (Unicamp – SP) Nos últimos anos, foram desenvolvidos vários processos tecnológicos para a biodegradação dos plásticos PE (polietileno) e PET (polietilenotereftalato), amplamente utilizados na fabricação de embalagens. Em países desenvolvidos, apenas ¼ do total de PE produzido é reciclado; o restante é descartado em aterros sanitários ou queimado por combustão, resultando em enorme ônus ambiental.

Disponível em: BOMBELLI, P. *et al.* Polyethylene bio-degradation by caterpillars of the wax moth *Galleria mellonella*. *Current Biology*, Cambridge, v. 27, p. R283–R293, Apr. 2017.
AUSTIN, H. P. *et al.* Characterization and engineering of a plastic-degrading aromatic polyesterase. *Proceedings of the National Academy of Sciences of the USA*, Washington, v. 115, p. E4350-E4357, May 2018.
(Esse estudo teve a participação do grupo liderado pelo Prof. Dr. Munir Skaf, Pró-Reitor de Pesquisa da UNICAMP.)

a) Em um estudo inicial, verificou-se que lagartas vivas da mariposa *Galleria mellonella* são capazes de reduzir a massa de sacolas plásticas de PE. Posteriormente, lagartas dessa espécie foram maceradas para produzir um extrato líquido, que foi então depositado por 10 horas sobre um pedaço de PE. O gráfico abaixo mostra a massa restante por cm^2 de PE na ausência e na presença do extrato após 10 horas.

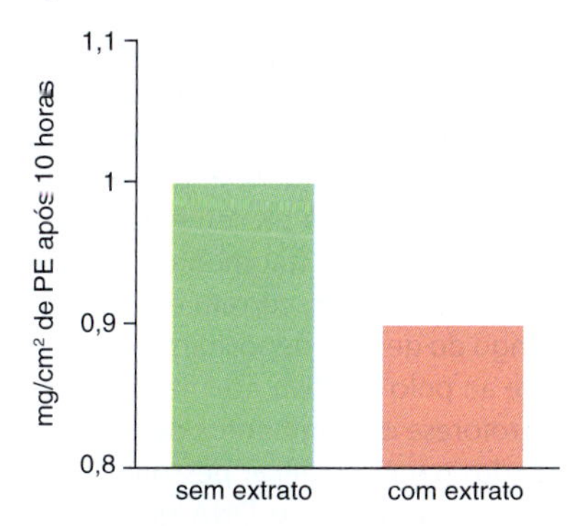

Por que os dados do gráfico confirmam que a redução da massa das sacolas plásticas causada pela presença das lagartas vivas não é resultado apenas da mastigação mecânica pelos insetos? Considerando que a taxa de degradação de PE definida no gráfico permanece constante, quantas horas seriam necessárias para uma quantidade suficiente de extrato degradar todo o pedaço de PE? Explique.

b) Mais recentemente, um grupo de pesquisadores descobriu uma bactéria encontrada em aterros sanitários no Japão, denominada *Ideonella sakaiensis*, capaz de fragmentar o PET em unidades menores, processo que depende de uma enzima específica, chamada PETase. Foi sugerido que o genoma da *I. sakaiensis* poderia ser utilizado para a criação de uma bactéria transgênica a ser empregada em processos industriais de reciclagem de resíduos plásticos. O que é transgenia? Para criar tal bactéria transgênica, que parte do genoma da *I. sakaiensis* seria essencial?

6. (Univag – MT – adaptada) As enzimas de restrição são amplamente utilizadas nas pesquisas biotecnológicas, pois são capazes de cortar a molécula de DNA em pontos específicos, denominados palíndromos. Palíndromos são palavras ou frases que se lidas da esquerda para a direita, sentido normal da leitura, ou da direta para a esquerda tem-se o mesmo significado.

Um trecho de dupla-fita de DNA correspondente a um palíndromo é:

a) TACTAC
ATGATG
b) AAACCC
TTTGGG
c) TTAAGG
AATTCC
d) GAATTC
CTTAAG
e) GAGAGA
CTCTCT

7. (FMP – RJ) Em julho de 1996, nascia a ovelha Dolly, o primeiro mamífero clonado por transferência nuclear de células somáticas (TNCS). O núcleo utilizado no processo de clonagem da ovelha Dolly foi oriundo de uma célula diploide de uma ovelha chamada Bellinda, da raça Finn Dorset. Outra ovelha, denominada Fluffy, da raça Scottish Blackface, foi doadora do óvulo que, após o processo de enucleação, foi usado para receber este núcleo. Uma terceira ovelha, Lassie, da raça Scottish Blackface foi quem gestou a ovelha Dolly.

O DNA mitocondrial da ovelha Dolly é proveniente da ovelha:

a) Fluffy, apenas.
b) Lassie, apenas.
c) Bellinda, apenas.
d) Fluffy e da ovelha Bellinda.
e) Bellinda e da ovelha Lassie.

8. (FCMSCSP) Analise as afirmações que indicam a formação de dois organismos transgênicos, obtidos por técnicas semelhantes, utilizando-se enzimas de restrição, ligases e células dos respectivos seres vivos.

I. Uma bactéria recebe, em seu cromossomo, um gene humano que tem informação para a síntese de insulina.
II. Um zigoto de uma cabra recebe um gene humano que tem informação para a síntese da proteína glucocerebrosidase. Esse zigoto se desenvolve e dá origem a uma cabra transgênica.

Caso a bactéria gere descendentes por bipartição e a cabra transgênica cruze com um macho não transgênico e gere um filhote, a probabilidade de esses descendentes também serem transgênicos, em ambos os casos, será de:

a) 50% e 50%, respectivamente.
b) 100% e 50%, respectivamente.
c) 50% e 25%, respectivamente.
d) 100% e 25%, respectivamente.
e) 100% e 100%, respectivamente.

9. (UEM – PR) Com relação à biotecnologia e à engenharia genética, assinale a alternativa correta.

a) As enzimas de restrição são encontradas no interior de qualquer célula viva e inibem a síntese de DNA a partir de RNA.
b) A utilização do conhecimento genético para obter organismos com características úteis à nossa espécie é chamada de clonagem.
c) Para a produção de organismos geneticamente modificados, o DNA gênico endógeno é inserido no núcleo das células hospedeiras por meio de plastídios funcionais.
d) O fato de o genoma humano ter sido sequenciado significa que foi determinada a sequência de nucleotídeos do DNA humano.
e) Os transgênicos são organismos geneticamente modificados exclusivamente por mutações.

10. (Unifesp) Em células-tronco embrionárias (CTEs), o potencial de pluripotência pode variar entre as células oriundas de um mesmo embrião. À medida que o embrião se desenvolve, as células-tronco alteram a quantidade de determinados microRNAs, pequenas moléculas de RNA que apresentam uma sequência de nucleotídeos complementar à de um RNA mensageiro. Os microRNAs degradam ou impedem a tradução dos RNAs mensageiros a que se associam e, dessa forma, contribuem para a manutenção da pluripotência das CTEs.

O entendimento desses mecanismos de regulação da pluripotência pode auxiliar as pesquisas com as CTEs e também com as células-tronco pluripotentes induzidas (iPS), obtidas a partir de células adultas de pacientes, modificadas em laboratório.

Adaptado de: <www.portaldaenfermagem.com.br>. Novos mecanismos que regulam a pluripotência em células-tronco embrionárias são desvendados. *Acesso em:* 18 ago. 2019.

a) Qual é a sequência de bases nitrogenadas no microRNA que se liga à sequência de bases CAGU de um RNA mensageiro? Cite outra molécula de RNA que pode se ligar ao RNA mensageiro.
b) No que consiste a pluripotência das CTEs? Qual é a vantagem do uso de células iPS na formação de tecidos para transplantes?

11. (UERJ) Determinadas sequências de DNA presentes no material genético variam entre os indivíduos. A análise dessa variação possibilita, por exemplo, a identificação dos pais biológicos de uma criança. Considere os esquemas a seguir de sequenciamentos de trechos de DNA, separados por gel de eletroforese, de uma família formada por um casal e quatro filhos.

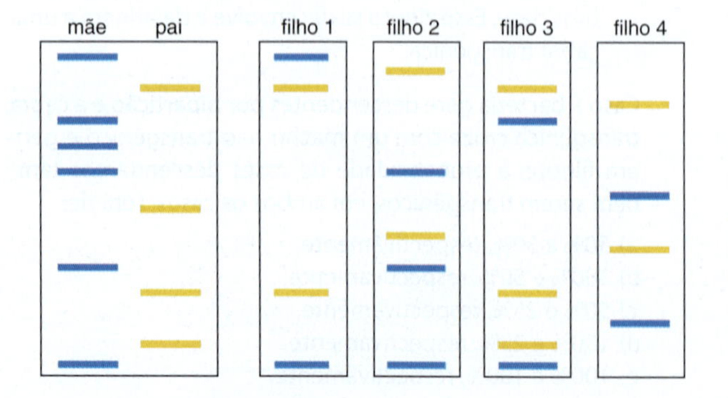

Com base nos sequenciamentos, o filho biológico dessa mãe com pai diferente do apresentado é o de número:

a) 1 b) 2 c) 3 d) 4

12. (Unicamp – SP) Para desvendar crimes, a polícia científica costuma coletar e analisar diversos resíduos encontrados no local do crime. Na investigação de um assassinato, quatro amostras de resíduos foram analisadas e apresentaram os componentes relacionados na tabela abaixo.

AMOSTRAS	COMPONENTES
1	clorofila, ribose e proteínas
2	ptialina e sais
3	quitina
4	queratina e outras proteínas

Com base nos componentes identificados em cada amostra, os investigadores científicos relacionaram uma das amostras a cabelo e as demais a artrópode, planta e saliva.

a) A qual amostra corresponde o cabelo? e a saliva? Indique qual conteúdo de cada uma das amostras permitiu a identificação do material analisado.
b) Sangue do tipo AB Rh^- também foi coletado no local. Sabendo-se que o pai da vítima tem o tipo sanguíneo O Rh^- e a mãe tem o tipo AB Rh^+, há possibilidade de o sangue ser da vítima? Justifique sua resposta.

13. (UFJF – MG) O jornal *Folha de S.Paulo*, em junho deste ano, publicou uma notícia com a seguinte manchete: "Polícia federal usa bituca de cigarro e DNA para apurar ataque de facção". A notícia tratava do uso da genética molecular para identificar criminosos por meio de identificação de DNAs presentes na cena de um crime. Sobre esse assunto é **CORRETO** afirmar que:

a) as mutações e a mitose (que embaralha as diferentes combinações genéticas) são os processos responsáveis pela geração de variabilidade genética na espécie humana, o que permite identificar cada pessoa como sendo única.
b) nós possuímos variabilidade genética, como, por exemplo, temos um número de cromossomos diferentes, o que permite, em uma análise genética de DNA presente na cena de um crime, identificar um criminoso.
c) a identificação de pessoas por meio de análise de DNA baseia-se no uso de enzimas de restrição, que são moléculas capazes de sequenciar o DNA, assim demonstrando de quem é o DNA presente na cena de um crime.
d) na eletroforese, os fragmentos de DNA maiores, por serem mais pesados, correm em uma maior velocidade ao longo do gel e se depositam, portanto, mais proximamente ao polo positivo no final do processo.
e) a eletroforese de fragmentos de DNA é um dos métodos utilizados para identificar pessoas. O uso de enzimas de restrição para cortar o DNA gera um padrão de fragmentos que é característico de cada pessoa (impressão digital molecular).

14. (Unespar – PR) Sobre genética e biotecnologia, assinale o que for **CORRETO**.

a) O material genético dos vírus é unicamente o DNA.
b) As células nervosas são diferentes das células musculares, porque contêm genes diferentes.

c) O tipo sanguíneo O é mais frequente e, por esse motivo, o alelo responsável por sua expressão é dominante sobre os demais.
d) Terapia gênica consiste em substituir o alelo anormal que causa doença pelo alelo normal.
e) Enzimas de restrição são fundamentais à Engenharia Genética porque permitem a passagem de DNA através da membrana celular.

15. (Acafe – SC) Células-tronco criadas em laboratório regeneram corações de macacos. Em um passo à frente, rumo à regeneração de órgãos, células-tronco desenvolvidas a partir de células da pele de macacos revitalizaram corações doentes de cinco animais.

"O experimento representa um avanço na direção da meta de se estabelecer uma fonte ampla e indiscutível de células revitalizadas para serem transplantadas em vítimas de ataques cardíacos", escreveram pesquisadores em um estudo publicado na revista científica *Nature*.

Disponível em: <http://g1.globo.com.br>. *Acesso em:* 10 out. 2016.

Nesse sentido, marque V para as afirmações verdadeiras e F para as falsas.

( ) Na divisão celular, o sistema actina-miosina auxilia na contração do citoplasma, levando à separação das células-filhas.

( ) As células-tronco têm a capacidade de se transformar, num processo também conhecido por diferenciação celular, em outros tipos celulares. Devido a essa característica, as células-tronco são importantes, principalmente, na aplicação terapêutica, sendo potencialmente úteis em terapias de combate a algumas doenças, tais como: cardiovasculares, neurodegenerativas, diabetes mellitus tipo 1, acidentes vasculares cerebrais e doenças hematológicas.

( ) Um batimento cardíaco completo é chamado ciclo cardíaco. Esse ciclo vai do final de uma contração cardíaca até o final da contração seguinte. Quando o coração relaxa, falamos que ocorreu a sístole e quando ele se contrai, falamos que houve a diástole. Graças a esses movimentos que ele faz, o sangue pode correr pelo nosso corpo, através dos vasos sanguíneos.

( ) A pesquisa com células-tronco tem-se tornado de grande importância para recuperação de órgãos lesionados que não têm capacidade de regeneração de suas células. A diferenciação celular ocorre devido à inibição ou à ativação de determinados grupos de genes responsáveis por definir a função da célula.

A sequência correta é:

a) F – V – F – V
b) V – V – F – V
c) F – V – V – F
d) V – F – F – V

16. (UEL – PR) Determinadas substâncias quimioterápicas utilizadas para o tratamento de indivíduos com câncer agem nas células impedindo a sua multiplicação, pois interferem na formação de microtúbulos.

A partir dessa informação, assinale a alternativa que apresenta, corretamente, a ação dessas substâncias nas células tumorais.

a) Bloquear a formação do fuso acromático coordenado pelos centrossomos.
b) Obstruir a permeabilidade seletiva da membrana plasmática.
c) Inibir a produção de enzimas dos peroxissomos.
d) Evitar a respiração celular que ocorre nas mitocôndrias.
e) Impedir o transporte de nutrientes no ergastoplasma.

17. (USS – RJ) Uma descoberta científica recente é a técnica de edição genética "Crispr-Cas9", que permite fazer alterações específicas no DNA genômico dos seres vivos, de forma precisa e metodologicamente simples. A técnica pode permitir a cura de doenças metabólicas humanas, decorrentes da incapacidade do organismo em produzir determinadas proteínas.

A doença que pode ser tratada por meio da tecnologia de edição gênica "Crispr-Cas9" é a:

a) talassemia.
b) hanseníase.
c) microcefalia.
d) síndrome de Down.

18. (Fuvest – SP) Um paciente, com câncer sanguíneo (linfoma) e infectado por HIV, fez quimioterapia e recebeu um transplante de células-tronco da medula óssea de um doador resistente ao HIV. Como resultado, tanto o câncer como o HIV retroagiram neste paciente. O receptor mais usado pelo HIV para entrar nas células do corpo é o CCR5. Um pequeno número de pessoas resistentes ao HIV tem duas cópias mutadas do gene do receptor CCR5. Isso significa que o vírus não pode penetrar nas células sanguíneas do corpo que costumam ser infectadas. O paciente recebeu células-tronco da medula óssea de um doador que tem essa mutação genética específica, o que fez com que também ficasse resistente ao HIV.

Adaptado de: <https://www.bbc.com/>. *Acesso em:* mar. 2019.

A terapia celular a que o texto se refere:

a) permitirá que eventuais futuros filhos do paciente transplantado também possuam células resistentes à infecção pelo HIV.
b) possibilitou a produção, pelas células sanguíneas do paciente após o transplante, de receptores CCR5 aos quais o vírus HIV não se liga.
c) promoveu mutações no gene CCR5 das células do paciente, ocasionando a produção de proteína à qual o HIV não se liga.
d) gerou novos alelos mutantes que interagem com o gene do receptor CCR5 do paciente, ocasionando a resistência à entrada do HIV nas células do paciente.
e) confirma que o alelo mutante que confere resistência à infecção pelo HIV é dominante sobre o alelo selvagem do gene CCR5.

INTEGRANDO CONHECIMENTOS

Sobre a BNCC

Competências gerais da BNCC: **4, 5, 7, 10**

Competências específicas de Ciências da Natureza e suas Tecnologias: **1, 3**

Habilidades específicas de Ciências da Natureza e suas Tecnologias: **EM13CNT104, EM13CNT301, EM13CNT302, EM13CNT304**

Riscos e benefícios da biotecnologia

As biotecnologias, em seu sentido mais amplo, compreendem a manipulação de microrganismos, plantas e animais, com vistas à obtenção de processos e produtos de interesse para a sociedade. A rigor, as biotecnologias não são novas, mas sim, usam novas ferramentas tecnológicas, baseadas no conhecimento científico e que, hoje, são empregadas nas diferentes disciplinas científicas da área biológica, como a genética, a bioquímica, a entomologia e a fisiologia, entre outras.

Há mais de cinco mil anos a espécie humana vem utilizando biotecnologias, notadamente as fermentações para a produção de alimentos e bebidas, como pão e vinho. A cultura de tecidos e células foi estabelecida em meados do século passado e por meio dela são produzidas no mundo milhões de mudas por ano de plantas clonais para uso agrícola, com impactos benéficos em termos de conservação de germoplasma [todo o recurso genético de uma espécie], fixação de ganhos genéticos e diminuição do uso de agrotóxicos. (...)

O termo biotecnologia, em sentido estrito, tem sido utilizado para referir-se às técnicas modernas de biologia molecular e celular, incluindo a engenharia genética. Atualmente, de todas as biotecnologias, a engenharia genética e a clonagem são as que causam maior perplexidade à população, particularmente pelos seus potenciais efeitos adversos à saúde humana e ao meio ambiente e suas implicações éticas.

Disponível em: <https://antigo.mma.gov.br/epanb/item/7510-biotecnologia.html>. *Acesso em:* 23 set. 2021

Vamos começar!!!

Este projeto integrador tem o objetivo de trabalhar uma das habilidades a serem desenvolvidas durante o Ensino Médio, que é reconhecer os benefícios, as limitações e os aspectos éticos da biotecnologia. Para isso, vamos conhecer um pouco mais das pesquisas e carreiras ligadas à área de biotecnologia.

Fase 1 – Formação de grupos de trabalho

O projeto será mais bem desenvolvido se seis grupos de trabalho forem estabelecidos. Como sempre, vale lembrar que em todos os grupos há participantes com diferentes características e habilidades pessoais, que devem ser muito valorizadas e respeitadas por todos do grupo, ou seja, é necessário manter o respeito às opiniões e discordâncias.

Fase 2 – Levantamento de dados

Divididos em grupos, cada um deverá levantar informações, destacando os riscos e os benefícios dos diferentes tipos de biotecnologia:

Grupo 1 – tecnologia de anticorpos monoclonais e bioprocessamento;

Grupo 2 – cultura de células e engenharia de tecidos e de enzimas;

Grupo 3 – tecnologia de biossensores e *chip* de DNA;

Grupo 4 – biotecnologia agrícola, animal e ambiental;
Grupo 5 – principais companhias de biotecnologia do Brasil;
Grupo 6 – profissões ligadas à área de biotecnologia.

Fase 3 – Apresentação dos resultados

Uma vez terminada a pesquisa, cada grupo deverá redigir um relatório. Não se esqueçam de preparar uma conclusão ao final do relatório, que deverá ser fruto da discussão entre os membros da equipe.

Finalização

Os dados do levantamento e as conclusões a que chegaram após a discussão devem ser apresentados para a classe. Se possível, incluam em seu levantamento fotos e/ou indiquem vídeos para ilustrar os acontecimentos.

Depois da apresentação dos resultados, é hora da abordagem final: quais são as principais questões éticas ligadas ao uso da biotecnologia e da engenharia genética?

DC STUDIO/SHUTTERSTOCK

KURIT AFSHEN/SHUTTERSTOCK

EVOLUÇÃO

unidade 10

CAPÍTULO 30

Os mecanismos da evolução

Quando nos deparamos com as diferentes espécies encontradas na natureza, ou seja, com a rica biodiversidade nos diversos ambientes terrestres, geralmente nos vêm à mente questões sobre a origem de tal variabilidade. O mesmo ocorre nos dias atuais, relativamente a uma questão desafiadora, a respeito da pandemia viral que atingiu nossa espécie, a Covid-19, causada pelo coronavírus SARS-CoV-2: por que muitas pessoas não desenvolvem os sintomas típicos e muitas vezes graves, enquanto grande parcela da população humana mundial não sobreviveu à virose?

Para os estudiosos dos mecanismos de evolução biológica, certamente a resposta a essa pergunta e também à existência da grande biodiversidade terrestre, encontra-se nas propostas e na teoria da evolução biológica desenvolvida por Charles Darwin e complementada por estudos de Gregor Mendel e os geneticistas que o sucederam. Para essa corrente de pensamento científico, a resposta tem como base a existência de uma variabilidade genética pré-existente que explica porque, em diferentes espécies de seres vivos, incluindo a nossa espécie, inúmeros representantes já seriam dotados de características adaptativas que os favorecem ao longo da vida.

Ocorrências como mudanças ambientais drásticas e a ameaça representada por novos microrganismos que afetam a saúde de seres humanos e outros seres vivos, com a perda de inúmeros seres e a sobrevivência de muitos outros, constituem exemplos da atuação da *seleção natural darwiniana*, que favorece os já dotados de adaptações a essas modificações ambientais. Claro que outras explicações evolucionistas surgiram, por exemplo a desenvolvida por Jean Baptiste Lamarck, mas de aceitação pouco convincente e suplantada pelas propostas de Darwin. Neste capítulo, estudaremos os mecanismos de evolução do ponto de vista da Ciência, transmitindo o conhecimento necessário acerca das teorias relacionadas ao tema.

Seu ponto de vista!

Covid-19 não foi a primeira pandemia que abalou a Humanidade, mas, tê-la vivido, que lições lhe deixou em termos de saúde ambiental e pessoal?

FELLOWNEKO/SHUTTERSTOCK

30-1. Tempo geológico

Para qualquer um de nós, 4,6 bilhões de anos, que é a idade aproximada da Terra, é um tempo inimaginável.

Com base em estudos de rochas e de fósseis, geólogos e paleontologistas construíram tabelas da escala do tempo para tentar traçar a história da Terra. Eles apresentam quatro **eras** geológicas (*Pré-Cambriano* – dividido em Proterozoico e Arqueano –, *Paleozoico*, *Mesozoico* e *Cenozoico*) que, por sua vez, são divididas em **períodos** e estes, em **épocas**. Atualmente, dá-se o nome de **eons** a grandes períodos da história da Terra, que englobam algumas eras.

As primeiras formas de vida teriam aparecido no Pré-Cambriano, há cerca de 3,5 bilhões de anos. Tanto as eras como os períodos geológicos não tiveram a mesma duração (veja a Tabela 30-1).

Tabela 30-1. Tabela do tempo geológico.

EON	ERA	PERÍODO	ÉPOCA	INÍCIO (MILHÕES DE ANOS)	PRINCIPAIS EVENTOS
Fanerozoico**	Cenozoica	*Quaternário*	Holoceno	0,01	surge o *Homo sapiens*
			Pleistoceno	2,58	última glaciação
		Neogeno	Plioceno	5,33	primeiros hominídeos
			Mioceno	23,0	expansão de mamíferos de grande porte
		Paleogeno (Terciário)	Oligoceno	33,9	primeiras plantas gramíneas
			Eoceno	56	evolução de espécies pastadoras
			Paleoceno	66	mamíferos começam a se diferenciar e ocupar espaços deixados pelos extintos dinossauros
	Extinção dos dinossauros				
	Mesozoica	*Cretáceo*		145	apogeu dos dinossauros
		Jurássico		202	Pangea começou a se dividir, domínio dos dinossauros e aves voadoras, primeiras angiospermas
		Triássico		252	primeiros dinossauros, primeiros mamíferos e as coníferas de grande porte
	Extinção de mais de 90% das espécies vivas				
	Paleozoica	*Permiano*		299	uma única massa continental Pangea, grande diversificação de animais
		Carbonífero		359	formação de muitas jazidas de carvão mineral, primeiros répteis, primeiras coníferas
		Devoniano		419	primeiros anfíbios, primeiros insetos e primeiras plantas terrestres (pré-gimnospermas)
		Siluriano		444	primeiros peixes com mandíbula, surgem animais e plantas em áreas continentais
		Ordoviciano		485	domínio de invertebrados marinhos, algas e primeiros peixes
		Cambriano		542	primeiras esponjas, vermes, equinodermos, moluscos, artrópodes e cordados
Explosão de vida multicelular nos oceanos					
Proterozoico*	Neoproterozoica			1.000	provável extinção em massa de animais
	Mesoproterozoica			1.600	forma-se o supercontinente Rodínia
	Paleoproterozoica			2.500	oceanos habitados por bactérias e primeiros eucariontes (algas)
Surgimento de oxigênio livre na atmosfera					
Arqueano				3.850	bactérias e cianobactérias, primeiras evidências de vida, rochas mais antigas conhecidas na Terra (3,8 bilhões de anos)
Hadeano				4.540	formação da Terra

Tempo (seta: ↑)

* Eons Proterozoico e Arqueano são reunidos sob a denominação Pré-Cambriano.

** É o eon atual, iniciado há 542 milhões de anos. Fanerozoico significa vida visível, por ser o eon em que houve a grande explosão de vida no nosso planeta

Fontes: (1) CPRM. *Breve história da Terra. Disponível em:* <http://www.cprm.gov.br/publique/CPRM-Divulga/Breve-Historia-da-Terra-1094.html>. *Acesso em:* 12 set. 2021.
(2) CSIRO; GSQ. *Interactive Geological Timescale. Disponível em:* <https://stratigraphy.org/timescale/>. *Acesso em:* 12 set. 2021.

Você na net!

Segundo a hipótese conhecida como "deriva continental", na era Mesoproterozoica a Terra teria sido constituída por um bloco único, a Rodínia, há 900 milhões de anos. No Permiano Superior, ocorreu a Pangea, suposto bloco terrestre único que, ao longo do tempo foi se partindo e os blocos resultantes foram se afastando, e formaram os continentes hoje existentes. Faça uma pesquisa na internet sobre como se deu essa separação dos continentes. Há bons vídeos que ilustram essa movimentação!

As grandes extinções

A Terra passou por vários períodos de extinção dos seres vivos. Dois deles chamam a atenção pela numerosa quantidade de espécies que desapareceram: o Permiano, durante o qual mais de 90% das espécies vivas da Terra desapareceram, e o Cretáceo, em que, acredita-se, foram extintos os dinossauros.

Das hipóteses levantadas para explicar a extinção dos dinossauros, a mais aceita atualmente é a do choque de um grande meteoro com a Terra. O choque teria provocado a formação de uma densa poeira, que escureceu a Terra, levando-a a um resfriamento pela impossibilidade de penetração da energia luminosa proveniente do Sol e impossibilitando a ocorrência de fotossíntese. Isso teria acarretado o desaparecimento de plantas e dos seres que delas dependiam, direta ou indiretamente, para sobreviver. Irídio – elemento extremamente raro na crosta terrestre, mas abundante em meteoros e cometas – foi encontrado em rochas que correspondem ao Cenozoico, o que confirma essa hipótese.

30-2. Evolução biológica

A adaptação dos seres vivos ao meio é um fato incontestável. A origem da adaptação, porém, sempre foi discutida.

Na Antiguidade, a ideia de que as espécies seriam *fixas* e *imutáveis* foi defendida pelos filósofos gregos. Os chamados **fixistas** propunham que as espécies vivas já existiam desde a origem do planeta e a extinção de muitas delas deveu-se a eventos especiais como, por exemplo, catástrofes, que teriam exterminado grupos inteiros de seres vivos. O filósofo grego Aristóteles, grande estudioso da natureza, não admitia a ocorrência de transformação das espécies. Acreditava que os organismos eram distribuídos segundo uma escala que ia do mais simples ao mais complexo. Cada ser vivo, nessa escala, tinha seu lugar definido. Essa visão aristotélica, que perdurou por cerca de 2 mil anos, admitia que as espécies eram **fixas** e **imutáveis**.

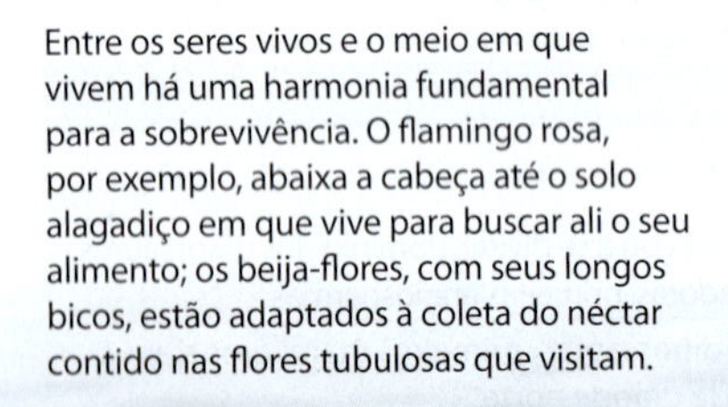

Entre os seres vivos e o meio em que vivem há uma harmonia fundamental para a sobrevivência. O flamingo rosa, por exemplo, abaixa a cabeça até o solo alagadiço em que vive para buscar ali o seu alimento; os beija-flores, com seus longos bicos, estão adaptados à coleta do néctar contido nas flores tubulosas que visitam.

GLOBE GUIDE MEDIA INC/SHUTTERSTOCK

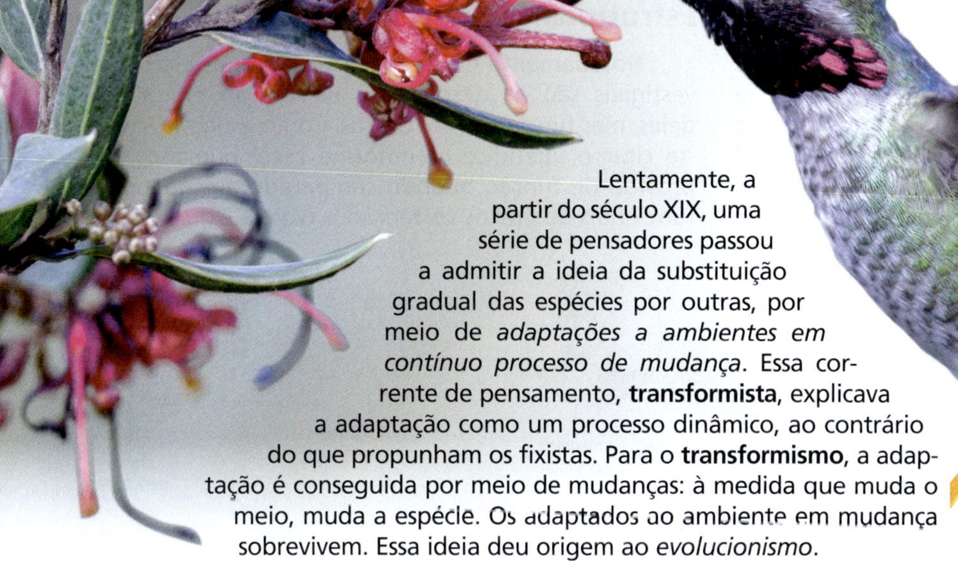

Lentamente, a partir do século XIX, uma série de pensadores passou a admitir a ideia da substituição gradual das espécies por outras, por meio de *adaptações a ambientes em contínuo processo de mudança*. Essa corrente de pensamento, **transformista**, explicava a adaptação como um processo dinâmico, ao contrário do que propunham os fixistas. Para o **transformismo**, a adaptação é conseguida por meio de mudanças: à medida que muda o meio, muda a espécie. Os adaptados ao ambiente em mudança sobrevivem. Essa ideia deu origem ao *evolucionismo*.

Evolução biológica é a adaptação das espécies a meios em contínua mudança. Nem sempre a adaptação implica aperfeiçoamento. Muitas vezes, leva a uma simplificação. É o caso, por exemplo, das tênias, vermes achatados parasitas: não tendo tubo digestório, estão perfeitamente adaptadas ao parasitismo no tubo digestório do homem e de outros vertebrados.

Anote!

Mais recentemente, surgiu uma nova concepção, mais próxima do criacionismo e que recebeu o nome de *design inteligente*. Para os defensores dessa tese, uma *mão divina* moldou o curso da evolução. Isso porque, dizem, alguns sistemas biológicos são tão complexos e as diferenças entre as espécies são enormes demais para serem explicadas apenas pelo mecanismo de evolução.

Evidências da evolução

O esclarecimento do mecanismo de atuação da evolução biológica somente foi concretamente conseguido a partir dos trabalhos de dois cientistas, o francês Jean Baptiste Lamarck (1744-1829) e o inglês Charles Darwin (1809-1882). A discussão evolucionista, no entanto, levanta grande polêmica. Por esse motivo, é preciso descrever, inicialmente, as principais *evidências da evolução utilizadas pelos evolucionistas em defesa de sua tese*. Entre as mais utilizadas destacam-se:

- os *fósseis*;
- a *semelhança embriológica e anatômica* existente entre os componentes de alguns grupos animais (notadamente os vertebrados);
- a existência de *estruturas vestigiais;* e
- as *evidências bioquímicas* relacionadas a determinadas moléculas comuns a muitos seres vivos.

Fósseis

Fósseis são restos ou vestígios de seres vivos de épocas remotas que ficaram preservados em rochas. Podem ser ossos, dentes, conchas ou até impressões, pegadas ou pistas deixadas por seres vivos.

A preservação de um fóssil depende da ocorrência de uma série de eventos. Se o animal morrer em leitos de água, a correnteza carrega sedimentos que podem cobri-lo, dificultando o ataque de outros organismos que poderiam destruí-lo, favorecendo, assim, sua preservação. A erupção de um vulcão pode levar à fossilização ao soterrar com cinzas os animais e vegetais que viviam nas proximidades. Os rios, ao correr por novos leitos, podem expor camadas contendo fósseis. Igualmente, a atividade erosiva e modeladora do vento, da chuva e do gelo favorece a exposição dos fósseis incluídos em rochas.

A maioria dos fósseis encontrados pelos paleontologistas não são restos de animais ou vegetais em si, mas "moldes" deixados nas rochas pela decomposição do ser vivo. O molde é preenchido por minerais dissolvidos em água. O mesmo pode ocorrer com pegadas e marcas deixadas por animais nos lugares por onde andaram, as quais foram cobertas de *lama*, que posteriormente endureceu. O gelo também atua como excelente material de preservação.

AKKHARAT JARUSILAWONG/SHUTTERSTOCK

Os fósseis nos dão informações sobre seres vivos já extintos, como o *Archaeopteryx*, considerado um animal com características tanto de répteis como de aves. Estima-se que tenha vivido há 150 milhões de anos.

YHELFMAN/SHUTTERSTOCK

Evidências anatômicas e embriológicas

Comparando-se os ossos presentes nos membros anteriores de alguns vertebrados, pode-se perceber a existência de uma semelhança estrutural, reveladora de uma origem comum, relativamente a um ancestral hipotético. Do mesmo modo, o estudo comparado de embriões de diferentes vertebrados, que passam pelas mesmas etapas ao longo do desenvolvimento, sugere que eles provavelmente se originaram de um ancestral comum (veja as Figuras 30-1 e 30-2).

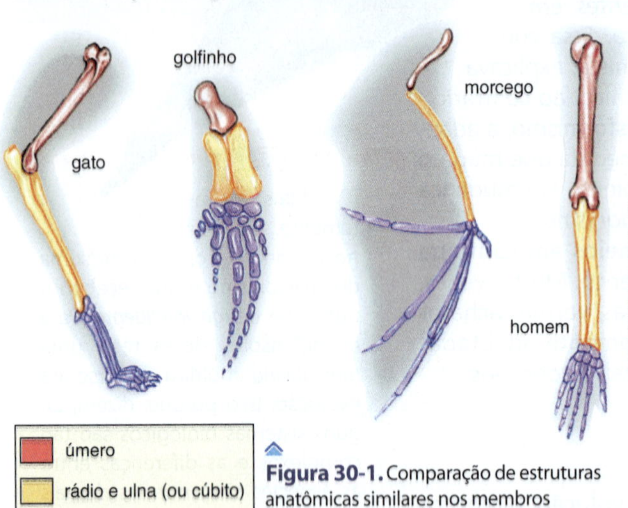

Figura 30-1. Comparação de estruturas anatômicas similares nos membros anteriores de vertebrados. (Cores-fantasia. Ilustrações fora de escala.)

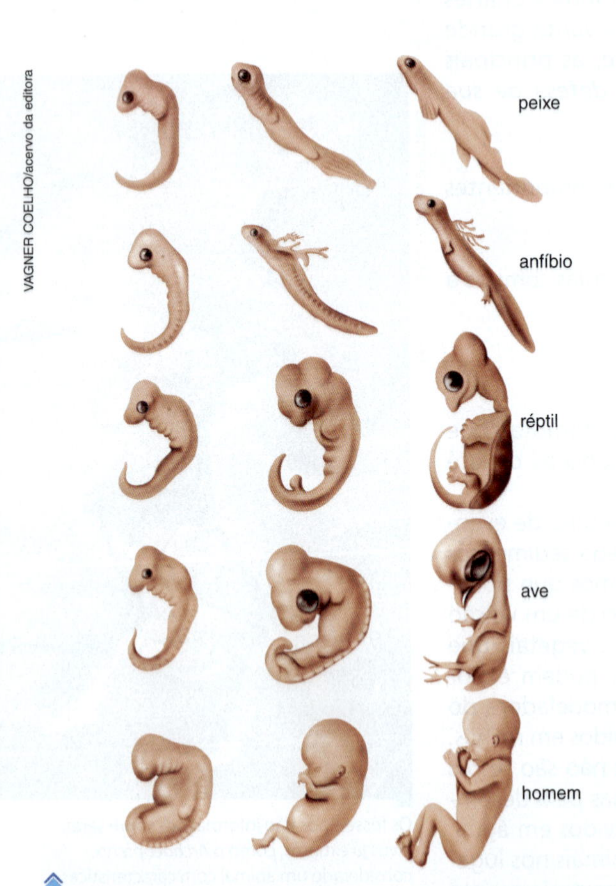

Figura 30-2. O desenvolvimento embrionário dos vertebrados, nas fases iniciais, é muito parecido. (Cores-fantasia. Ilustrações fora de escala.)

Estruturas vestigiais

Notadamente entre os vertebrados, as estruturas vestigiais são as desprovidas de função em alguns deles, mas funcionais em outros. Como exemplo, pode-se citar o apêndice vermiforme cecal humano, desprovido de função quando comparado aos apêndices funcionais de outros vertebrados (veja a Figura 30-3).

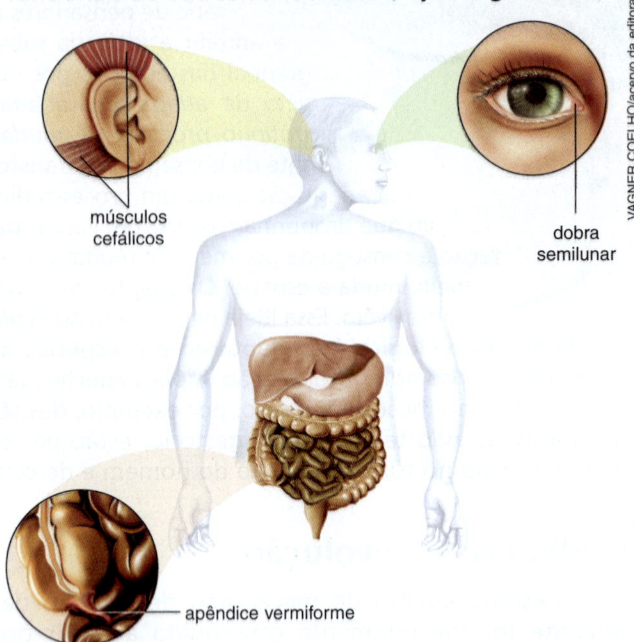

Figura 30-3. Estruturas vestigiais. O ceco presente em herbívoros não ruminantes está presente no homem como estrutura vestigial. Além dele, são considerados vestigiais os músculos cefálicos, que ficam atrás das orelhas, e a membrana nictitante (dobra semilunar). (Cores-fantasia. Ilustrações fora de escala.)

Evidências bioquímicas

Certas proteínas componentes do equipamento bioquímico dos vertebrados mostram-se extremamente semelhantes. É o caso do *citocromo C*, uma molécula participante da cadeia respiratória que ocorre nas mitocôndrias dos vertebrados. A análise da sequência de aminoácidos dessa proteína revelou que entre o homem e o macaco a diferença reside em apenas um aminoácido. Já entre o peixe e o homem, essa diferença sobe para 20 aminoácidos. Esse dado, associado a outras evidências, entre elas as anatômicas existentes entre esses organismos, é revelador da existência de um provável ancestral comum.

Mimetismo, camuflagem e coloração de advertência

Vimos que adaptação é a capacidade que os indivíduos apresentam de conseguir se adequar às mudanças ambientais ou até mesmo a um novo ambiente. São clássicos três casos de adaptação a essas mudanças e que estão relacionados com a seleção natural: **mimetismo, camuflagem** e **coloração de advertência**.

Mimetismo: organismos de uma espécie se parecem com os de outra espécie

Observe as imagens abaixo. A borboleta da direita é a monarca (*Danaus plexippus*), que possui gosto repugnante aos seus predadores. A da esquerda é a borboleta vice-rei (*Limenitis archippus*), de gosto agradável aos predadores. As duas são muito parecidas, não é mesmo? Acontece que, se um predador tentar se alimentar, primeiro, de uma monarca, ele registrará o gosto ruim dessa borboleta e, mesmo que ele veja uma borboleta vice-rei, a evitará, por serem as duas muito parecidas. Qual é a consequência disso para a sobrevivência das borboletas vice-rei? Ao se parecerem com as que possuem gosto ruim – as monarcas –, elas escapam de seus predadores.

Mimetismo batesiano

Mimetismo: organismos de uma espécie se parecem com os de outra.

Mimetismo é a situação em que os organismos de uma espécie se parecem com os de outra espécie, na forma, na cor ou em outra característica que lhes seja vantajosa. No caso das borboletas, a monarca é a espécie modelo e a vice-rei é a espécie mimética. Esse tipo de mimetismo de defesa é denominado de **batesiano** (lê-se *beitsiano*) por ter sido estudado e esclarecido pelo cientista William Bates, em 1857, ao longo de suas viagens pela Amazônia.

Conheça outro exemplo de mimetismo batesiano: a vespa (à esquerda) possui coloração típica, com faixas escuras e amarelas, e é dotada de ferrão inoculador de veneno. A mariposa (à direita), embora possua praticamente a mesma coloração da vespa, não tem ferrão, ou seja, não inocula veneno. Por ser parecida com a vespa, a mariposa fica protegida do ataque dos seus predadores.

Mimetismo batesiano em insetos. Note que ambos possuem padrão e coloração semelhantes, porém a vespa *Vespula germanica* (a) possui ferrão e a mariposa *Myathropa florea* (b) não. Um animal picado pela vespa registra na memória que insetos com aquele padrão de cor devem ser evitados, o que favorece a mariposa.

Mimetismo mülleriano

> **Anote!**
>
> No **mimetismo mülleriano**, todos os organismos pertencem a espécies diferentes e possuem a mesma característica adaptativa que lhes permite escapar de predadores.

Esse tipo de mimetismo foi descrito pelo cientista alemão Fritz Müller, em 1878. Um exemplo de mimetismo mülleriano é o da vespa (foto *a*) que possui ferrão e agride seus predadores quando estes tentam caçá-la. A abelha (foto *b*) também possui ferrão e uma coloração semelhante à da vespa. Pertencem a espécies diferentes, mas ambas são dotadas de adaptações semelhantes e conseguem escapar de seus predadores, caracterizando um exemplo de mimetismo mülleriano.

Mimetismo mülleriano em insetos. Tanto a vespa *Vespula vulgaris* (a) quanto a abelha *Apis mellifera* (b) possuem padrão e cores semelhantes e o mesmo mecanismo de defesa: o ferrão.

Camuflagem (coloração críptica ou protetora)

Veja a foto ao lado. Note que o animal representado possui a coloração do ambiente em que vive. Ou seja, o animal está camuflado no meio e assim consegue escapar de seus predadores. A esse tipo de interação entre seres vivos e o ambiente em que vivem denomina-se **camuflagem** ou **coloração protetora** ou, ainda, **coloração críptica** (do grego, *kriptós* = oculto, secreto).

Bicho-pau camuflado sobre galho de árvore.

> **Anote!**
>
> Sapos parecidos com folhas, bichos-paus semelhantes a gravetos, gafanhotos verdes (esperanças) com formato e cor de folhas verdes são exemplos de **camuflagem** ou **coloração críptica**.

Coloração apossemática ou de advertência

Veja a foto ao lado. O animal representado produz toxinas agressivas aos seus predadores. A coloração intensa e diversificada é uma advertência de que podem ser perigosos. Os predadores, assim, os evitam. Esse tipo de interação entre os seres vivos e o ambiente é denominado de **coloração de advertência** ou **apossemática**.

> **Anote!**
>
> **Apossemático:** (do grego, *apo* = contrário a, afastar-se de + *sema* = sinal), caráter distintivo, marca, ou seja, determinada característica (sinal, marca) de um organismo que se torna um meio de defesa contra predadores.

30-3. Lamarck e Darwin

A partir do século XIX, surgiram algumas tentativas para explicar a evolução biológica. Jean Baptiste Lamarck, francês, e Charles Darwin, inglês, foram os cientistas que elaboraram teorias sobre o mecanismo evolutivo de forma mais coerente. Darwin (1809-1882) elaborou um monumental trabalho científico que revolucionou a Biologia e que, até hoje, persiste como a **Teoria da Seleção Natural** das espécies.

CREATIVE COMMONS

Retrato de Jean-Baptiste Lamarck. Gravura de Jules Pizzetta, 1893.

As ideias de Lamarck

Um dos primeiros adeptos do transformismo foi o biólogo francês Lamarck. No mesmo ano em que nascia Darwin, Jean-Baptiste Lamarck (1744-1829) propôs uma ideia aparentemente bem elaborada e lógica. Segundo ele, uma grande mudança no ambiente provocaria em uma espécie a necessidade de se modificar, o que a levaria a mudar os seus hábitos.

Com base nessa premissa, postulou duas leis. A primeira, chamada **Lei do uso e desuso**, afirmava que, se para se adaptar melhor a determinado ambiente fosse necessário o emprego de certo órgão, os seres vivos de uma dada espécie tenderiam a valorizá-lo cada vez mais, utilizando-o com maior frequência, o que levaria esse órgão a se hipertrofiar. Ao contrário, o não uso de determinado órgão levaria à sua atrofia e ao desaparecimento completo depois de algum tempo.

A segunda lei recebeu o nome, dado por Lamarck, de **Lei da herança dos caracteres adquiridos**. Por meio dela, postulou que qualquer aquisição benéfica durante a vida dos seres vivos seria transmitida aos seus descendentes, que passariam a transmiti-la, por sua vez, às gerações seguintes.

Descartando as ideias de Lamarck

Ao analisarmos a **Lei do uso e desuso** de Lamarck, poderíamos deduzir que ela é válida apenas para órgãos musculares – como exemplo podemos citar os atletas profissionais, os quais, por meio de treinos constantes e intensos, mantêm sua musculatura hipertrofiada. Já a atrofia da musculatura pode ser observada em pessoas portadoras de deficiência física, que as impede de movimentar e exercitar seus membros.

Por outro lado, a primeira Lei de Lamarck, em inúmeros casos, não é válida. A cauda de um macaco sul-americano, por exemplo, não cresceu devido ao hábito de o animal se prender aos galhos de uma árvore. A informação para o tamanho da cauda já está presente nos genes desses animais e de modo algum é decorrente do uso continuado dessa estrutura em contato com os galhos. Do mesmo modo, é inimaginável que a atividade diária e continuada de estudos e leituras de textos, por parte de uma pessoa, promova o aumento de tamanho de seu cérebro!

Com relação à **Lei da herança dos caracteres adquiridos**, na realidade, eventos que ocorrem durante a vida de um organismo, alterando alguma característica somática, não podem ser transmitidos à geração seguinte. Assim, por exemplo, é praticamente improvável e inimaginável que a hipertrofia muscular adquirida por um atleta, por meio de exercícios físicos, influencie os genes existentes em seus gametas e passe para os descendentes.

O que uma geração transmite a outra são genes, e os genes transmissíveis já existem em um indivíduo a partir do momento em que houve a fecundação e formou-se o zigoto. Fatos que ocorram durante sua vida não influenciarão, muito menos alterarão, sua constituição genética, a menos que mutações gênicas ocorram em suas células somáticas.

Um argumento decisivo contra o lamarckismo reside na falta de comprovação científica. Todos os experimentos conhecidos, efetuados na tentativa de comprovar as teses lamarckistas, foram infrutíferos.

ERNI/SHUTTERSTOCK

Observe a cauda preênsil desse macaco-aranha-de-Geoffroy (*Ateles geoffroyi*). Adultos medem entre 31 e 63 cm.

Darwin e a teoria da seleção natural

CREATIVE COMMONS

Charles Darwin. Gravura publicada na coleção alemã Meyers Lexicon (1905-1909).

Imagine dois ratos, um cinzento e outro albino. Em muitos tipos de ambiente, os ratos cinzentos levam vantagem sobre os albinos: eles podem ficar camuflados entre as folhagens de uma mata, enquanto os albinos, mais visíveis, sofrem ataques por parte dos predadores com maior frequência. Com o tempo, a população de ratos cinzentos, menos visada pelos predadores, começa a aumentar, o que denota seu sucesso naquele ambiente. O ambiente, em casos como esse, favorece a sobrevivência dos indivíduos que dispõem de certas características para enfrentar os problemas oferecidos pelo meio.

A esse processo Darwin chamou **seleção natural**. Note que a seleção pressupõe a existência de uma *variabilidade* entre organismos da mesma espécie.

Darwin reconhecia a existência dessa variabilidade. Sabia também que, na natureza, a quantidade de nascimentos de indivíduos de certa espécie é superior à que o ambiente pode suportar. Além disso, o número de indivíduos de uma população tende a ficar sempre em torno de certa quantidade ótima, estável, devido, principalmente, a altas taxas de mortalidade. A mortalidade, no entanto, é maior entre indivíduos menos adaptados ao seu meio.

Saiba mais!

A ação do ambiente para Lamarck e para Darwin

Lamarck e Darwin foram evolucionistas. Ambos aceitavam a ocorrência de adaptação dos seres ao meio e, para ambos, o ambiente desempenha papel preponderante na adaptação. A diferença fundamental entre as teses por eles desenvolvidas, porém, é o mecanismo de atuação do meio. Para Lamarck, o meio atua induzindo a modificação nos seres vivos. Para Darwin, o meio apenas seleciona as variedades preexistentes que melhor ajustem a espécie ao ambiente de vida.

Uma longa caminhada rumo à seleção natural

Alguns fatos importantes, ocorridos durante a vida de Darwin, permitiram que ele fosse um grande cientista, responsável pela elaboração da teoria da seleção natural. Vamos relembrar que o trabalho de um cientista envolve a **observação** de fatos que ocorrem à sua volta, a elaboração de uma **hipótese** e a realização de **experimentos** que, caso confirmem a hipótese e sejam reprodutíveis, poderão dar origem a uma **teoria**. Darwin percorreu todos esses passos, conforme vamos relatar a seguir.

- **Observações durante a viagem a bordo do navio *Beagle* e a elaboração da hipótese da seleção natural**. Darwin partiu, como naturalista de bordo, em um navio da armada inglesa para dar a volta ao mundo (veja a Figura 30-4, na página seguinte). Durante a viagem, descobriu fósseis de tatus gigantes (diferentes dos pequenos tatus vivos que vira no Brasil!), além de encontrar conchas de moluscos fossilizadas em plena Cordilheira dos Andes (como teriam ido parar lá?). Ao estudar pássaros da família dos fringilídeos – também conhecidos como tentilhões de Darwin – no litoral do Equador e, depois, compará-los aos fringilídeos do arquipélago de Galápagos, Darwin iniciou o longo caminho rumo à elaboração de sua teoria.

  Os pássaros que observou nas ilhas eram parecidos com os que ele havia observado no continente, mas de espécies diferentes, próprias de cada ilha (atualmente, existem cerca de treze espécies diferentes de tentilhões em Galápagos). Como isso teria acontecido? Darwin supôs que, a partir do continente, os ancestrais dos pássaros teriam se dirigido para as novas ilhas e apenas aqueles já dotados de adaptações às novas características do meio sobreviveram. Estava nascendo aí a **hipótese da seleção**

Anote!

Darwin era **gradualista**. Não via a vida evoluindo abruptamente, aos saltos. Considerava as mudanças sofridas pelas espécies como resultantes do acúmulo lento e gradual de pequenas modificações.

natural. Progressivamente, ao longo do tempo, teriam se formado novas espécies. Ou seja, segundo sua **observação**, as espécies de pássaros fringilídeos encontradas em Galápagos pareciam "descendentes modificadas das espécies sul-americanas". Elaborada a **hipótese**, era necessário confirmá-la por meio de experimentos.

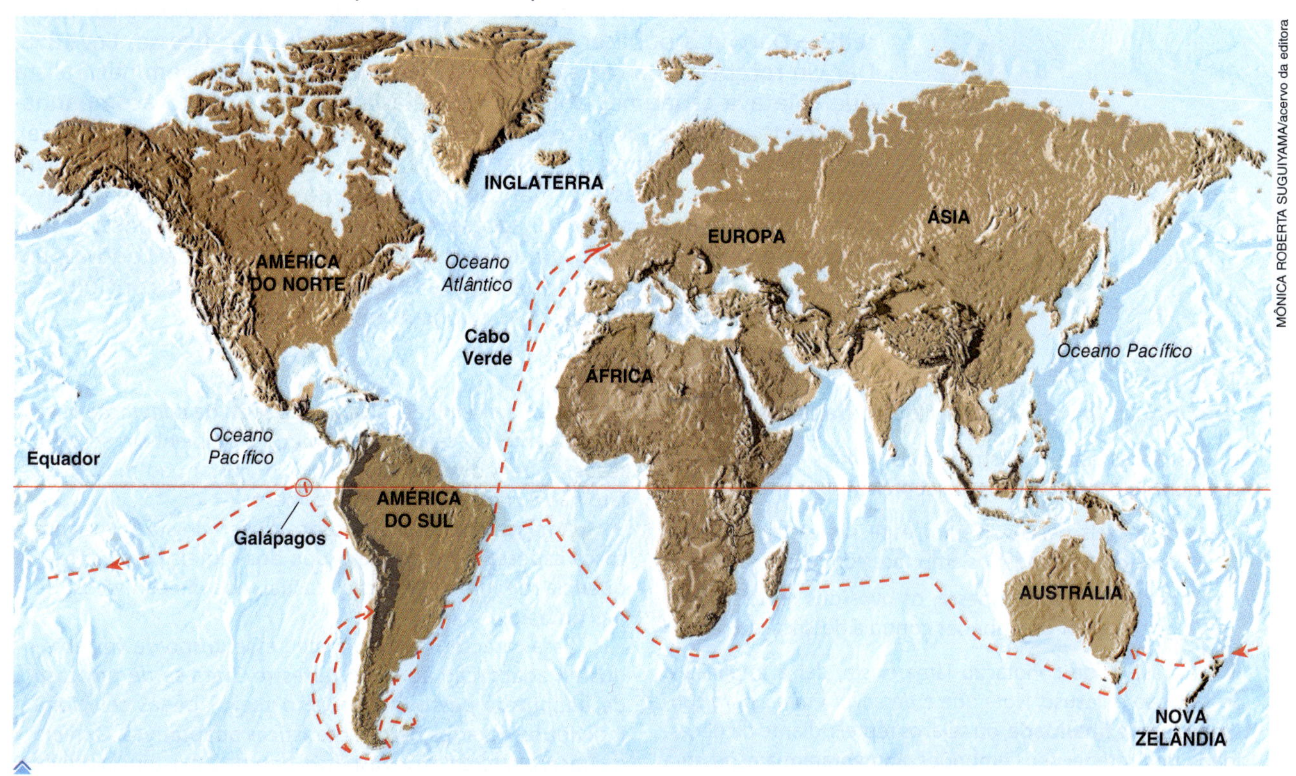

MÔNICA ROBERTA SUGUIYAMA/acervo da editora

Figura 30-4. A viagem do *Beagle*: o navio deixou a Inglaterra em dezembro de 1831 e chegou ao Brasil no final de fevereiro de 1832. Permaneceu cerca de três anos e meio percorrendo a costa sul-americana. A parada em Galápagos durou pouco mais de um mês. O restante da viagem ao longo do Pacífico – passando pela Austrália, Nova Zelândia, novamente Brasil, até a volta à Inglaterra – levou mais um ano.

- **Os experimentos de seleção artificial**. Darwin sabia que seria impossível efetuar experimentos de seleção natural, ou seja, experimentos relacionados a fatos já ocorridos. Sua engenhosidade e seu brilhantismo científico levaram-no a elaborar um modelo que simulasse a ação da natureza. Foi então que teve a ideia de recorrer aos chamados experimentos de seleção artificial. Há séculos, o homem percebeu que a variabilidade existente entre os descendentes de animais e plantas permitia-lhe selecionar os melhores, aprimorando e modificando as espécies. Pense nas diversas raças de cães, gado, cavalos e nas diferentes plantas usadas como alimentos, criadas pelo homem para melhor atender às suas necessidades. O próprio Darwin foi um grande criador de variedades de pombos-correio, e obtinha dados de experimentos semelhantes de criadores e de aprimoradores de diversas raças de animais e plantas. Assim, concluiu que, se o homem pode fazer essa seleção, ao modificar várias espécies de interesse em pouco tempo, a natureza, ao longo de milhões de anos e dispondo de uma ampla variabilidade entre os componentes de cada espécie, poderia fazer o mesmo. Assim, sua **hipótese da seleção natural** foi confirmada a partir de experimentos de seleção *artificial*.
- **A leitura de Thomas Malthus**. Faltava, porém, um dado fundamental. Será que o homem também está sujeito à ação da seleção natural? Thomas Malthus, (1766-1834) economista-clérigo inglês, em fins do século XVIII, escreveu um tratado no qual constava que a população humana crescia em progressão geométrica, enquanto a produção de alimentos pelo homem ocorria em progressão aritmética, ou seja, em ritmo mais lento. Haveria, assim, disputa pelo alimento, sobrevivendo apenas aqueles que tivessem acesso a ele. Darwin pensou então que, "se a população humana passa por um processo de seleção por causa de alimento, o mesmo deveria ocorrer na natureza com os demais seres vivos".

CREATIVE COMMONS

Thomas Robert Malthus.
(Autor do retrato desconhecido).

A publicação do ensaio de Darwin

Em 1844, Darwin escreveu um ensaio sobre a origem das espécies e a seleção natural. Enviou o trabalho ao amigo e geólogo Charles Lyell que, embora não convencido da ocorrência da evolução biológica, aconselhou Darwin a publicar o ensaio, antes que alguém o fizesse. Em 1858, Darwin recebeu uma carta de Alfred Russel Wallace, um jovem naturalista que coletava espécimes animais na Malásia. Um manuscrito acompanhava a carta, no qual Wallace desenvolvia uma "teoria" da seleção natural, essencialmente idêntica à de Darwin! Wallace pedia a opinião de Darwin, solicitando que enviasse o manuscrito a Lyell para julgamento e possível publicação. Lyell, no entanto, apresentou o manuscrito de Wallace, com o ensaio de Darwin, em uma reunião na Sociedade Lineana de Londres, em 1º de julho de 1858. Mais que rapidamente, então, Darwin concluiu seu livro, *A Origem das Espécies*, e o publicou no ano seguinte.

Saiba mais!

Distinguindo frases lamarckistas de darwinistas

As frases abaixo ilustram dois modos de explicar a espessura da casca dos ovos dos répteis:

Frase 1: os répteis desenvolveram espessas cascas em seus ovos para proteger os embriões contra a dessecação.

Frase 2: por terem casca espessa, os ovos dos répteis protegem melhor os embriões contra a dessecação.

A frase 1, de conotação lamarckista, deixa implícita a ideia de uso e desuso. Note que o *desenvolveram... para* contém a ideia de **finalidade**, ou seja, os répteis, diante da necessidade de proteger seus embriões, aumentaram a espessura das cascas dos ovos para enfrentar um ambiente hostil. Nesse caso, o meio ambiente teria induzido a modificação ocorrida com os ovos dos répteis.

O lamarckismo envolve a ocorrência de *adaptação ativa* ao ambiente, ou seja, quando muda o ambiente, o ser vivo reage, sofrendo modificações que o ajustam ao meio. Esse fato não é comprovado cientificamente.

A frase 2 expressa um conceito darwinista. Ovos com casca espessa surgiram no grupo dos répteis como consequência de uma alteração casual nos mecanismos de reprodução.

Essa característica favoreceu esse grupo de vertebrados na adaptação ao meio terrestre. Trata-se de um caso de *adaptação passiva*, ou seja, o meio apenas seleciona indivíduos dotados de características adaptativas. O início da frase, *por terem casca espessa*, denota a existência prévia de uma estrutura que contribuiu para o ajuste do grupo ao ambiente.

30-4. Teoria Sintética da Evolução

Neodarwinismo

O trabalho de Darwin despertou muita atenção, mas também suscitou críticas. A principal era relativa à origem da variabilidade existente entre os organismos de uma espécie. Darwin não tinha recursos para entender por que os seres vivos apresentavam diferenças individuais. Não chegou sequer a ter conhecimento dos trabalhos que Mendel realizava, cruzando plantas de ervilha.

O problema só foi resolvido a partir do início do século XX quando, na década de 1920, consolidou-se a teoria cromossômica da herança e iniciou-se o estudo dos genes. Só então ficou fácil entender que *mutações* e *recombinação gênica* são as duas importantes fontes de *variabilidade* entre indivíduos de uma mesma espécie. Sobre essa variabilidade resultará a seleção natural dos mais adaptados.

Assim, as ideias fundamentais de Darwin serviram de base para o **neodarwinismo**. Também chamado **Teoria Sintética da Evolução** (a partir da década de 1940), o neodarwinismo é a consequência da aplicação, pelos modernos evolucionistas, de conhecimentos provenientes da Paleontologia, Taxonomia, Biogeografia e Genética de Populações ao darwinismo.

NEODARWINISMO

mutações → VARIABILIDADE ← recombinação gênica

VARIABILIDADE → (seleção natural) → ADAPTAÇÃO

Neodarwinismo

Leia o QR Code abaixo e conheça alguns exemplos explicados pelo neodarwinismo.

Tipos de seleção

A seleção natural é o *processo* que resulta na adaptação de uma população ao meio de vida. O *mecanismo* de atuação da seleção natural, proposto por Darwin e Wallace, permite compreender como ocorre a evolução das espécies. A maioria das características (fenótipos) sobre as quais a seleção natural atua é determinada por muitos pares de genes localizados em diferentes locos gênicos. Nesse sentido, a distribuição dos diferentes fenótipos (que são, claro, determinados pelos genótipos) presentes em uma população pode ser colocada em um gráfico em que a curva tem o formato de sino (curva de Gauss).

A seleção natural é um processo dinâmico. Modificando-se as características do meio, altera-se a seleção. Assim, na dependência de ocorrerem variações nas características do ambiente, três tipos de seleção podem ser descritos, cada qual exercendo determinado efeito em uma população. Os tipos são: seleção direcional, seleção estabilizadora e seleção disruptiva.

Na **seleção direcional**, há o favorecimento de determinado fenótipo *extremo* em detrimento dos outros fenótipos, que são eliminados. É o que ocorre, por exemplo, na resistência de insetos ao se empregarem inseticidas de modo indiscriminado no seu controle e, também, na resistência de bactérias aos antibióticos inadequadamente utilizados no tratamento de infecções. Nesses casos, o fenótipo *extremo* é o constituído pela *variedade* que oferece *maior resistência* às drogas aplicadas.

Na **seleção estabilizadora**, o favorecimento ocorre nos fenótipos (e, como consequência, nos genótipos) *intermediários*, com eliminação dos fenótipos extremos. Um belo exemplo é o da mosca *Eurosta solidaginis*, cuja fêmea deposita ovos em determinada planta. Os ovos desenvolvem-se em larvas que provocam a formação de tumores (denominados *galhas*) na planta hospedeira. Larvas que provocam a formação de galhas pequenas servem de alimento a determinada vespa, enquanto larvas que se desenvolvem em galhas maiores servem de alimento a aves. Nesse caso, as larvas que se desenvolvem em galhas de tamanho intermediário são favorecidas. Quer dizer, as vespas atuam como agentes de seleção de um fenótipo extremo (larvas pequenas, em galhas pequenas), enquanto as aves são os agentes de seleção do outro fenótipo extremo (larvas grandes, em galhas grandes).

Na **seleção disruptiva**, ao contrário, são favorecidos os fenótipos *extremos*, com diminuição progressiva dos intermediários. É o que ocorre com caramujos da espécie *Cepaea nemoralis*, cujos indivíduos possuem conchas de dois tipos: marrom escuro e marrom com faixas amarelas. Em matas fechadas, pássaros alimentam-se preferencialmente de caramujos dotados de manchas amareladas nas conchas, mais visíveis, enquanto em locais abertos a preferência é pelos caramujos dotados de conchas marrons, que se destacam na vegetação rala. Então, em matas fechadas são favorecidos os caramujos dotados de conchas marrons, enquanto em locais de vegetação aberta os favorecidos são os de conchas listadas. Você acha que esse mecanismo pode resultar na formação de novas espécies? Pense nisso.

Os gráficos da Figura 30-5 ilustram os três tipos de seleção descritos.

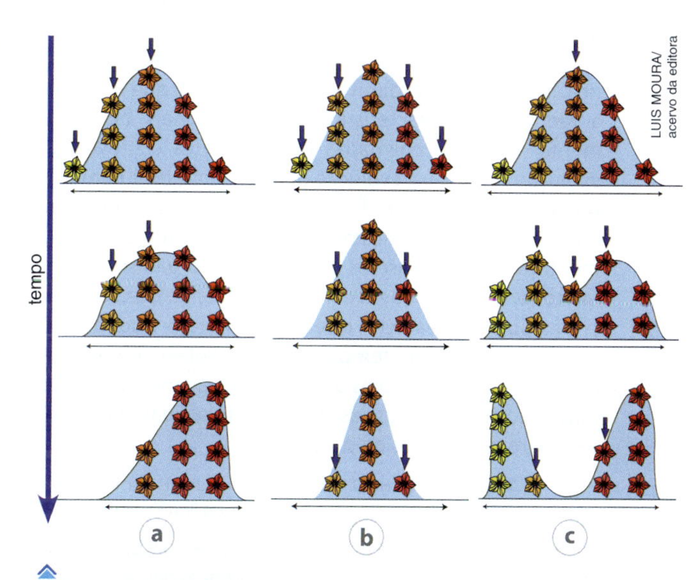

Figura 30-5. (a) Seleção direcional, (b) seleção estabilizadora e (c) seleção disruptiva. (Cores-fantasia.)

Caramujos da espécie *Cepaea nemoralis* com conchas de diferentes tonalidades.

ATIVIDADES

A CAMINHO DO ENEM

1. As características mais marcantes dos troglóbios [animais que habitam cavernas] são a regressão, chegando até a ausência total dos olhos e da pigmentação melânica cutânea. Modificações evolutivas desta natureza, que implicam a redução de características não funcionais biologicamente, têm sido chamadas por diferentes cientistas de evolução regressiva, evolução degenerativa, rudimentação ou redução estrutural. É importante ressaltar que esses termos se aplicam aos caracteres isoladamente (olhos, pigmentação, asas de insetos etc.), e não ao organismo como um todo, no qual podem conviver caracteres que sofreram regressão com caracteres que não a sofreram, podendo, ao contrário, ao mesmo tempo, até desenvolver-se mais. É o caso de insetos troglóbios que possuem, ao mesmo tempo, olhos reduzidos e antenas mais desenvolvidas que as de seus parentes epígios da superfície.

TRAJANO, E.; BICHUETTE, M. E. Biologia Subterrânea: introdução. *Redespeleo Brasil*, v. 1, p. 49, 2006.

Animais troglóbios são espécies restritas ao ambiente subterrâneo e em geral apresentam modificações associadas ao isolamento nesse ambiente. Sobre isso:

a) Como Lamarck explicaria a redução dos olhos nesses animais?
b) Como Darwin explicaria a redução dos olhos nesses animais?
c) Pode-se dizer que Darwin, na sua teoria original, soube explicar a origem das diferenças entre os indivíduos? Justifique.

2. Na costa do Equador, a expedição de Darwin fez escala no arquipélago de Galápagos, onde ele estudou, com particular interesse, os pássaros do grupo dos fringilídeos, observando nesses pássaros, principalmente, a relação do bico e o tipo de alimento utilizado.

a) Explique de acordo com a teoria sintética da evolução as diferenças entre os bicos desses pássaros.
b) Cite dois exemplos em que se aplica essa teoria.

TESTE SEUS CONHECIMENTOS

1. (Unifacig – MG) "Ideias sobre a evolução das espécies, nas quais o ambiente gera a necessidade de adaptação dos seres vivos, onde as partes do corpo mais utilizadas se desenvolvem e as menos empregadas acabam se reduzindo. Essa mudança ocorrida durante a vida do animal poderia ser transmitida aos seus descendentes, podendo caracterizar como um processo evolutivo."

Tais informações foram propostas por

a) Aristóteles.
b) Alfred Russel Wallace.
c) Jean-Baptiste Lamarck.
d) Charles Robert Darwin.

2. (UP – PR) "Quem veio primeiro, o ovo ou a galinha?". Essa pergunta clássica pode ser respondida com base na atual teoria da evolução biológica. O argumento que valida a resposta correta a essa pergunta é:

a) Uma nova característica só pode surgir a partir de outra preexistente.
b) Os processos de adaptação induzem organismos a modificarem suas características em função do ambiente.
c) Organismos que apresentam uma mesma característica passaram pelas mesmas pressões de seleção ambiental.
d) Novas características surgem nos organismos por processos que geram variabilidade e são selecionadas em função das pressões ambientais.
e) Uma característica surgida em uma espécie pode, em função de acaso e adaptação, permanecer em espécies oriundas dela.

3. (UEA – AM) Em condições adversas do meio, como temperatura extrema, falta de água e nutrientes, algumas espécies de bactérias formam esporos ou endósporos para sobreviver. Essa característica, que fica mais eficiente a cada geração, é uma forma de elas não serem eliminadas pelo ambiente.

O texto traz uma concepção evolutiva

a) fixista.
b) criacionista.
c) darwinista.
d) lamarckista.
e) neodarwinista.

4. (Santa Casa – SP) O zoólogo e paleontólogo Clive Finlayson defende que a água foi um verdadeiro motor para o desenvolvimento da espécie humana. *Segundo ele, o cérebro precisou se desenvolver para armazenar informações sobre as distintas localizações das reservas de água – especialmente durante os períodos de seca.* Um órgão maior, por sua vez, exigia um sistema eficiente de resfriamento, que pudesse manter a temperatura em adequados 37 graus. *Para se adaptarem àquela nova necessidade, nossos antepassados foram perdendo pelos do corpo e ganhando mais glândulas sudoríparas.* O *Homo sapiens*, portanto, teria sido uma resposta evolucionária à distribuição esparsa de água.

Adaptado de: ALLEGRETTI, F. Um espelho para a própria humanidade. *Veja*, São Paulo, 29 out. 2014.

Os trechos sublinhados no texto remetem às ideias elaboradas por

a) Charles Darwin.
b) Gregor Mendel.
c) Jean B. Lamarck.
d) Louis Pasteur.
e) Alfred R. Wallace.

5. (Uenp – PR) No século XIX, foram publicadas obras que apresentam uma novidade em relação aos seres vivos, pois trazem indícios de que as diferentes espécies se modificam ao longo do tempo. Nasciam, então, as bases da teoria evolucionista.

Com base nos conhecimentos sobre a evolução biológica, atribua V (verdadeiro) ou F (falso) às afirmativas a seguir.

( ) Segundo Darwin, as espécies atuais de seres vivos surgiram por sucessivas transformações de uma forma primitiva originada de matéria não viva.

( ) Segundo a teoria fixista defendida por Lamarck, os indivíduos que apresentam características vantajosas tendem a deixar, proporcionalmente, mais descendentes.

( ) A teoria da evolução tem por premissa que a totalidade dos indivíduos de uma população apresentam as mesmas características que influem na capacidade de explorar, com sucesso, os recursos naturais e deixar descendentes.

( ) Estruturas corporais com funções distintas, mas que se desenvolveram de modo semelhante em embriões de diferentes espécies, são denominadas órgãos homólogos.

( ) Estruturas corporais presentes em diferentes espécies que desempenham funções semelhantes, mas têm origens embrionárias totalmente distintas, são denominadas de órgãos análogos.

Assinale a alternativa que contém, de cima para baixo, a sequência correta.

a) V, V, V, F, F.
b) V, F, F, V, F.
c) F, V, V, V, F.
d) F, V, F, F, V.
e) F, F, F, V, V.

6. (FCMMG) Uma recente reportagem publicada em uma revista de ampla circulação indica que, pela análise genômica do coronavírus, há um padrão de mutações que o tornou mais infeccioso para nossa espécie. A reportagem afirma não ser tecnologia, mas, sim, seleção natural. Em relação ao processo de seleção natural, é CORRETO afirmar que:

a) as mutações ocorrem para propiciar ao indivíduo sucesso na seleção natural.
b) os indivíduos com mutações desfavoráveis são selecionados naturalmente.
c) toda mutação leva a uma mudança no padrão de seleção natural.
d) mutações são consequências da seleção natural.

7. (EBMSP – BA) Ao longo de sua vida, Darwin se referiu às suas teorizações sobre evolução como "minha teoria", no singular. No entanto, está agora bastante claro que o paradigma evolucionista de Darwin consiste em cinco teorias que são independentes umas das outras. A incapacidade de contemplar esta independência, infelizmente, conduziu Darwin, e outros que o seguiram, a várias interpretações erradas. Ninguém jamais entenderá a autonomia da Biologia se não entender a natureza das cinco teorias de Darwin.

MAYR, E. *Biologia, ciência única*. São Paulo, Companhia das Letras, 2005. p. 23.

Com base nas informações do texto e no conhecimento pertinente ao tema, é possível considerar, como exemplo legítimo de uma das cinco teorias implícitas no pensamento darwinista

a) a ancestralidade comum na qual todos os indivíduos descendem, de forma linear e progressista, dos mesmos ancestrais dentro de uma mesma linha evolucionista.
b) o material genético apoiado na molécula de DNA, como estrutura mantenedora e replicadora das informações genéticas próprias de cada espécie.
c) a hereditariedade capaz de transferir caracteres genéticos através de fatores que se segregam na formação dos gametas e se reencontram na fecundação.
d) a seleção natural que direciona os rumos do processo evolutivo a partir da manutenção dos indivíduos mais aptos para cada tipo de ambiente.
e) a luta pela sobrevivência na qual os maiores e mais fortes, cada vez organicamente mais complexos, serão os únicos responsáveis pela formação das novas gerações.

8. (Cesmac – AL) No Brasil, diferente de outros países ocidentais, a teoria evolutiva tem sido posta em xeque por grupos religiosos que apontam a ausência de provas do surgimento dos seres vivos no planeta, segundo defendeu Darwin em seu famoso livro *A Origem das Espécies*. Considerando esse tema, são evidências da evolução:

1) vestígios fósseis de seres vivos que ficaram preservados em rochas e outros materiais, indicando a existência de organismos no passado diferentes dos atuais;
2) características homólogas entre espécies, como a asa do morcego e o membro anterior humano, que apesar de ter funções diferentes, apresentam a mesma origem evolutiva, indicando que tais espécies são relacionadas do ponto de vista filogenético;
3) órgãos vestigiais, como o apêndice vermiforme, que apresenta tamanho reduzido e ausência de função no homem, mas é maior e funcional em diferentes espécies de mamíferos, indicando ancestralidade comum;
4) a comparação de genomas de algumas espécies de macacos e do homem, apontando mais de 98% de similaridade, o que demonstra parentesco evolutivo próximo entre si.

Estão corretas:

a) 1, 2 e 3 apenas.
b) 2 e 3 apenas.
c) 2, 3 e 4 apenas.
d) 3 e 4 apenas.
e) 1, 2, 3 e 4.

9. (Suprema – MG) A ilustração a seguir representa a teoria evolucionista conhecida como:

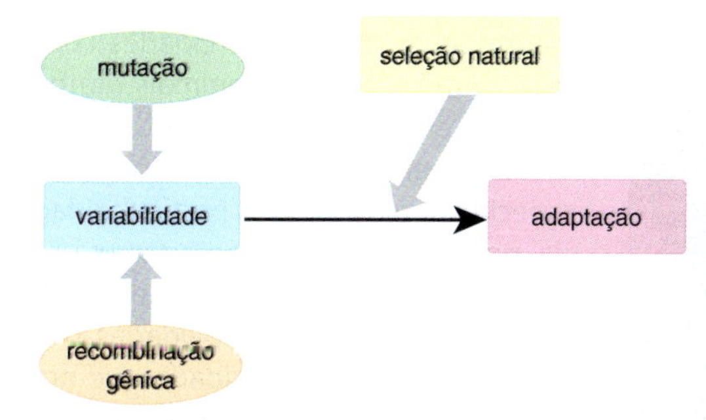

a) seleção artificial.
b) lamarckismo.
c) geração espontânea.
d) neodarwinismo.

10. (UFJF – MG) A Teoria Moderna da Evolução, também conhecida como Teoria Sintética, agrega à seleção natural compreensões sobre a origem da diversidade genética. A respeito dos processos que dão origem à diversidade genética, marque a alternativa CORRETA.

a) deriva genética
b) endogamia
c) polimorfismo
d) mutação
e) seleção sexual

CAPÍTULO 31

Genética de populações, especiação e evolução humana

Não é o tamanho de nosso cérebro que nos torna especiais. Outros animais, como o golfinho e o elefante, por exemplo, possuem cérebro mais pesado do que o nosso. Também não é a linguagem que nos diferencia, pois tanto em termos de emissão de sons quanto de linguagem gestual outros animais nos igualam. Nossa capacidade mental nos levou à produção de ferramentas, à construção de cidades com complexos sistemas de comunicação e de transporte, mas outras sociedades animais também possuem suas formas de comunicação e divisão de trabalho entre seus indivíduos.

Independentemente de como analisemos a origem e evolução das formas de vida, cada espécie animal tem suas particularidades. Cada uma delas é única, especial. O que nos diferencia, no entanto, nossa vantagem competitiva, é o pensamento simbólico – nossa capacidade para definir estratégias, planejar, solucionar problemas, recriar nosso conhecimento e aplicá-lo em um sem-número de atividades, modificando nossa realidade.

E é com essa capacidade que nos diferencia que encontraremos as soluções adequadas para, no que for possível, recuperar o meio ambiente das consequências prejudiciais das ações antrópicas e utilizar os recursos naturais de modo que nosso planeta continue sustentável para as próximas gerações.

Seu ponto de vista!

Pensamento simbólico é um processo de representação mental em que o indivíduo analisa determinado modelo concreto e, a partir dele, formula uma estratégia para a solução do problema. O método científico é uma forma de pensamento simbólico. Do seu ponto de vista, ao terminar determinado experimento científico em que os resultados confirmaram a hipótese, isso abre espaço para novo experimento? Justifique com argumento, sabendo que a ciência é uma atividade que se dá ao longo do tempo e que, em cada época, a ciência tem suas peculiaridades e suas características próprias. Seguramente, a ciência é uma ferramenta fundamental para auxiliar na manutenção da sustentabilidade do planeta.

MONKEY BUSINESS IMAGES/SHUTTERSTOCK

Em Genética, *população* é definida como um conjunto de indivíduos de uma mesma espécie, em determinado tempo e espaço. A população também pode ser definida em termos de seu *pool* de genes, ou seja, pelo conjunto de alelos de todos os genes de todos os indivíduos da população.

31-1. As características dominantes são as mais frequentes?

A braquidactilia, presença de dedos curtos, é devida a um gene dominante, enquanto dedos normais são condicionados pelo gene recessivo. Por que, então, na população humana, é raro observarmos indivíduos com seis dedos ou com dedos curtos? Por que os genes dominantes (*A*, *B*, *C* etc.) não eliminam os recessivos (*a*, *b*, *c* etc.) se, afinal, são dominantes?

A predominância de certas características em diferentes populações depende da *frequência* dos genes – dominantes e recessivos – nas populações consideradas.

Para definirmos as frequências dos genes de determinada característica, precisamos primeiramente entender o que é frequência de genes e como ela se relaciona com a frequência dos genótipos.

Acompanhe este exercício

Suponha, por exemplo, que a existência de pessoas albinas em uma população dotada de grande número de indivíduos, em que os cruzamentos ocorrem ao acaso, seja de 1%. Qual é a frequência do gene dominante *A* e do recessivo *a* nessa população? Qual é a probabilidade de encontrarmos um indivíduo homozigoto dominante *AA*? Lembre-se de que albinismo é determinado por gene recessivo: assim, indivíduos *AA* e *Aa* são normais e os *aa* são albinos.

Resolução:

Se *aa* = 1% da população, então, a^2 (ou $a \times a$) = 1% $\left(\text{ou } \frac{1}{100}\right)$.

Calculando a raiz quadrada, obteremos a frequência do alelo *a* na população. Assim:

$$\sqrt{a^2} = \sqrt{\frac{1}{100}}, \text{ em que } a = \frac{1}{10} \text{ ou 10\% ou 0,1}$$

Em uma população, a soma da frequência do alelo dominante com seu alelo recessivo é sempre 100%. Assim, sendo 10% a frequência de *a*, temos que a frequência do alelo *A* nessa população é de 90% (ou 0,9).

Para sabermos qual a probabilidade de encontrarmos um indivíduo *AA*, relembremos os possíveis genótipos que podem ser encontrados nessa população, com relação ao caráter que está sendo estudado: *AA*, *Aa*, *aA*, *aa*. Chamemos de *p* a frequência do alelo dominante na população e de *q* a frequência do alelo recessivo nessa mesma população. Então, matematicamente, esses genótipos correspondem a

$$(p + q)^2,$$

em que

$$(p + q)^2 = p^2 + 2pq + q^2$$

ou, no caso presente, $(A + a)^2 = A^2 + 2Aa + a^2$.

A soma $A^2 + 2Aa + a^2$ é sempre igual a 1, pois a soma das probabilidades de um indivíduo daquela população ser *AA* ou *Aa* ou *aA* ou *aa* é igual a 1 (100%), uma vez que não existe outra possibilidade genotípica.

Dessa forma, sabendo que na população *A* = 90% e *a* = 10%, podemos conlcuir que:

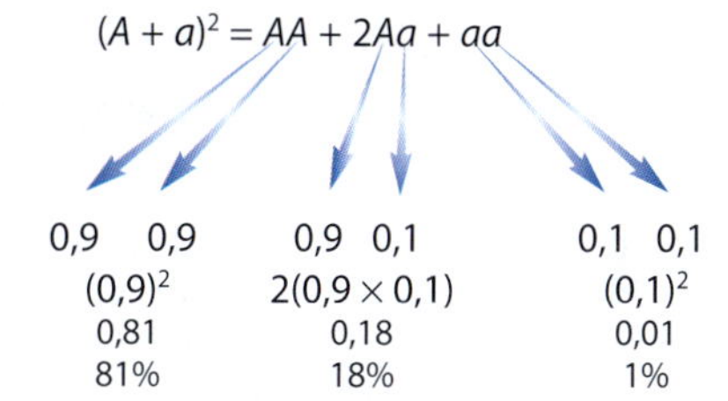

$(A + a)^2 = AA + 2Aa + aa$
0,9 0,9
$(0,9)^2$
0,81
81%
0,9 0,1
$2(0,9 \times 0,1)$
0,18
18%
0,1 0,1
$(0,1)^2$
0,01
1%

Portanto, a possibilidade de encontrarmos um indivíduo homozigoto dominante (*AA*) na população é de 81% (0,81).

31-2. Frequências gênicas em uma população ao longo do tempo

Verificamos, no problema da seção anterior, que as possibilidades de se encontrar indivíduos *AA*, *Aa* e *aa* em uma determinada população são, respectivamente, 81%, 18% e 1%. Será que na geração seguinte essas probabilidades seriam as mesmas?

A resposta a essa questão foi esclarecida pelos pesquisadores Hardy e Weinberg. Para eles, tudo depende do que acontecer com as frequências dos genes *A* e *a* na população. Se continuarem as mesmas, isto é, a frequência de *A* = 90% e a frequência de *a* = 10%, então nada mudará. Nesse caso, diz-se que a *população em questão* está em **equilíbrio**, ou seja, suas frequências genotípicas não estão se modificando.

Desvende & Avalie!

Leia o QR Code abaixo e faça a atividade de experimentação sobre sensibilidade ao PTC em uma população.

Os principais fatores que afetam a frequência gênica são:

- cruzamentos preferenciais – para uma população manter-se em equilíbrio, os indivíduos devem cruzar-se livremente e ao acaso, isto é, não deve haver nenhum tipo de segregação, de escolha preferencial. Em outras palavras, a população deve ser **panmítica** (do grego, *pan* = todo, e do latim, *miscere* = misturar);
- oscilação gênica – mudanças na frequência gênica em populações pequenas, devidas à ocorrência de fatores casuais, incluindo o ambiente, caracterizam o fenômeno conhecido como **oscilação gênica** ou **deriva gênica**. Quando a população é pequena, qualquer fator casual poderá alterar a frequência dos genes;
- migração – o deslocamento de indivíduos entre populações diferentes, pertencentes a uma mesma espécie, é um fato comum na natureza. A saída de indivíduos (emigração) ou a entrada de indivíduos (imigração) interfere na frequência gênica;
- mutação gênica – é uma alteração na sequência de bases da molécula de DNA, acarretando a transformação, por exemplo, de um gene *A* em seu alelo recessivo *a*. Se a mutação ocorrer em células da linhagem germinativa, formadoras dos gametas, indivíduos da geração seguinte poderão herdar o gene mutante, conduzindo a uma modificação da frequência gênica em relação à população original;
- seleção natural – o ambiente pode conduzir a alterações na frequência dos genes. Relembremos o clássico exemplo do melanismo industrial na Inglaterra, no século XIX, por ocasião da Revolução Industrial: mariposas de asas claras (facilmente detectáveis pelos predadores) foram gradativamente substituídas pela variedade melânica, de asas escuras, como consequência de mudanças na coloração do ambiente (para mais escuro), devido à poluição em áreas industriais.

Anote!

Muito provavelmente, as condições de equilíbrio de Hardy-Weinberg nunca serão alcançadas na natureza. Mutações acontecem com certa frequência e são casuais; migrações são inevitáveis; os cruzamentos muitas vezes são preferenciais; a seleção natural exerce constantemente sua ação. Devemos entender que a Lei de Hardy-Weinberg aplica-se apenas a populações teóricas, que não sofrem mudanças e, como consequência, não evoluem.

Lei de Hardy-Weinberg

Tendo estudado os principais fatores que podem alterar as frequências gênicas, podemos apresentar o enunciado completo da Lei de Hardy-Weinberg: "Uma população está em equilíbrio quando ela é **numerosa**, **panmítica**, não está sujeita a **migrações** nem a **mutações** e não sofre a influência da **seleção natural**". Uma população nessas condições obedece à expressão matemática $p^2 + 2pq + q^2 = 1$. Nessa situação, a frequência dos genes não se altera ao longo das gerações.

Estabelecendo conexões!

Hardy-Weinberg e Saúde Pública

Entre as várias aplicações da equação de Hardy-Weinberg, a aplicação em Saúde Pública é inestimável: usando essa equação, os cientistas podem estimar a frequência de alelos de determinada doença hereditária na população.

Uma delas é a fenilcetonúria (PKU), doença hereditária na qual os portadores não possuem a capacidade de decompor o aminoácido fenilalanina. Os pacientes de PKU sofrem de grave retardo mental.

Estimando a frequência do alelo que determina essa anomalia, as entidades de Saúde Pública podem elaborar programas para atender à população portadora dessa doença.

31-3. Especiação

Especiação é o nome dado ao *processo de surgimento de novas espécies* a partir de uma *espécie ancestral*. De modo geral, para que isso ocorra, é imprescindível que grupos da espécie original se separem e deixem de se cruzar. Consideramos dois tipos de especiação: a **geográfica** ou **alopátrica** e a **simpátrica**.

Especiação geográfica ou alopátrica (do grego, *allós* = outro + *patra* = pátria) é a que ocorre após o isolamento geográfico de populações da mesma espécie. É o tipo mais comum de especiação, que pode ter acontecido na origem das diversas espécies amazônicas, em resposta ao surgimento dos Andes.

Especiação simpátrica (do grego, *sún* = juntamente) é a que ocorre sem isolamento geográfico, ou seja, na mesma área geográfica em que os seres vivos se encontram. É comum em vegetais e pode, eventualmente, ocorrer em peixes, em que alguns indivíduos da espécie vivem na superfície, enquanto outros vivem em regiões profundas de um mesmo rio durante longo tempo.

O **isolamento geográfico**, ou seja, a separação física de organismos de uma mesma espécie, pode ocorrer com a *migração* de grupos de organismos para locais diferentes e distantes ou pelo surgimento súbito de *barreiras naturais intransponíveis*, como rios, vales, montanhas, ilhas etc., que impeçam o encontro dos indivíduos da espécie original.

A mudança de ambiente favorece a ação da seleção natural, o que pode levar a uma mudança inicial da composição dos grupos. Se, após longo tempo de isolamento geográfico, os descendentes dos grupos originais voltarem a se encontrar, pode não haver mais a possibilidade de reprodução entre eles. Nesse caso, eles constituem novas espécies.

Isso pode ser evidenciado por meio de diferenças no comportamento reprodutor, de incompatibilidade na estrutura e no tamanho dos órgãos reprodutores, de inexistência de descendentes ou, ainda, da esterilidade dos descendentes, caso existam. Acontecendo alguma dessas possibilidades, as novas espécies formadas estarão em **isolamento reprodutivo**. Veja a Figura 31-1.

ISOLAMENTO GEOGRÁFICO

um grupo de organismos da mesma espécie habita determinada região geográfica

uma barreira geográfica intransponível subitamente isola grupos da mesma espécie

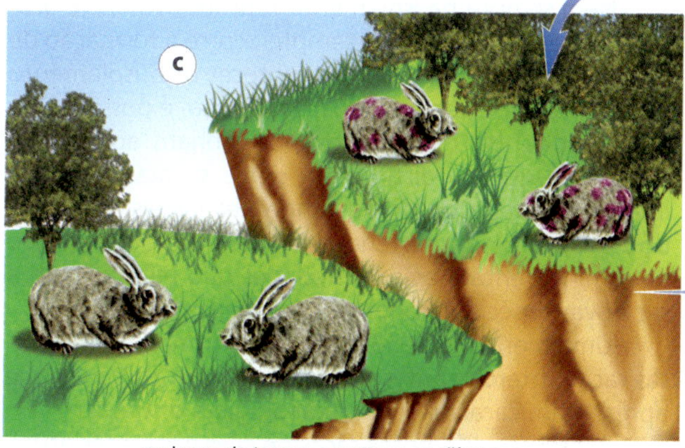

ao longo do tempo, acentuam-se diferenças como consequência de mutações e da ação da seleção natural

a barreira geográfica é desfeita; os descendentes dos grupos originais se reúnem

LUIS MOURA/acervo da editora

se houver cruzamento com descendentes férteis, os grupos ainda pertencerão à mesma espécie. Poderão, então, constituir diferentes RAÇAS

se não houver cruzamentos ou, havendo, não existirem descendentes, ou forem estéreis, então os grupos constituirão ESPÉCIES diferentes

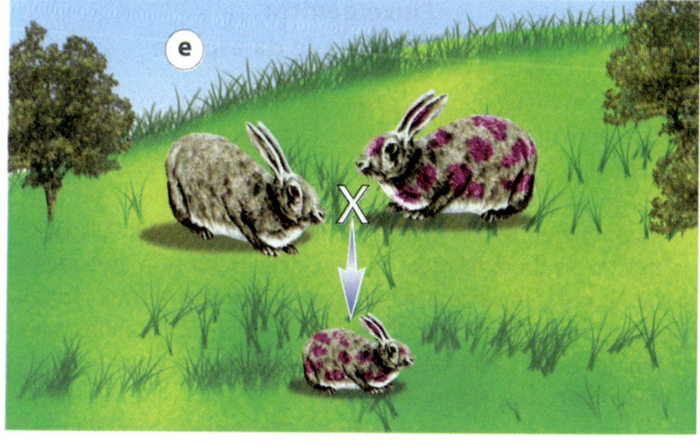

descendente fértil

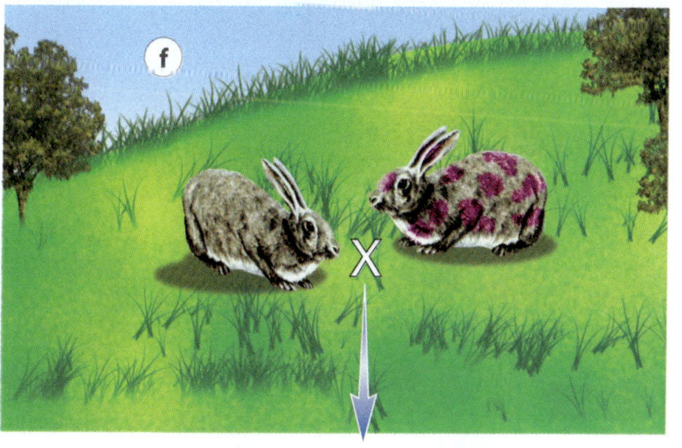

inexistência de cruzamentos ou de descendentes férteis

ISOLAMENTO REPRODUTIVO

Figura 31-1. Um modelo de especiação *alopátrica*, em que as novas espécies se formam em ambientes diferentes, isoladas geograficamente. (Cores-fantasia. Ilustrações fora de escala.)

Saiba mais!

Anagênese e cladogênese: processos geradores de diversidade biológica

Na evolução dos seres vivos, admite-se a ocorrência de dois grandes processos que atuam conjuntamente e são responsáveis pela geração de diversidade biológica (acompanhe pela Figura 31-2):

- **anagênese:** pequenas e graduais modificações – que podem ocorrer por mutações, por exemplo – que surgem em uma espécie e se propagam por todas as espécies dela descendentes;
- **cladogênese:** origem de espécies a partir de uma espécie ancestral, o que é possibilitado pela ocorrência de uma súbita barreira geográfica (construção de uma barragem, por exemplo) ou pela migração de grupos para locais diferentes.

Adaptado de: AMORIM, D. S. *Fundamentos de Sistemática Filogenética*. Ribeirão Preto: Holos Editora, 2002, p. 21 e 147.

MÔNICA ROBERTA SUGUIYAMA/acervo da editora

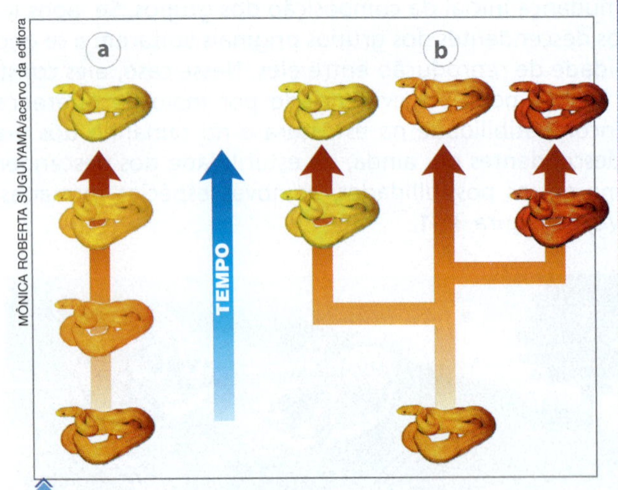

Figura 31-2. (a) A anagênese corresponde ao acúmulo de modificações herdáveis e que alteram as características de uma espécie. (b) A cladogênese corresponde às várias espécies originadas, de modo geral, por isolamento geográfico de grupos da espécie ancestral. (Cores-fantasia. Ilustrações fora de escala.)

STEVE BRUCKMANN/SHUTTERSTOCK

SERAV/SHUTTERSTOCK

O pequeno *yorkshire* e o grande pastor-alemão, apesar de raças diferentes, podem se intercruzar.

Nem sempre há isolamento reprodutivo entre grupos que se separam e nem sempre ocorre a formação de novas espécies. O que pode acontecer se o isolamento geográfico for interrompido? Nesse caso, é possível que os componentes dos dois grupos tenham acumulado diferenças que os distinguem entre si, mas que não impedem a geração de descendentes férteis, isto é, os dois grupos ainda pertencem à mesma espécie. Como denominar, então, essas variedades que não chegam a ser novas espécies? Podemos chamá-las de **raças**.

Uma mesma espécie poderá ser formada por diversas raças, **intercruzantes** (que cruzam entre si), mas que apresentam características morfológicas distintas.

Pense nas diferentes raças de cães existentes atualmente e essa ideia ficará bem clara.

Saiba mais!

Fluxo gênico: garantia da unidade da espécie

É inimaginável o cruzamento de um pequeno pincher com um cão dinamarquês. Diferenças no tamanho da genitália, além de possíveis problemas ligados ao desenvolvimento embrionário, poderão ocorrer. Como, então, garantir que os dois pertencem à mesma espécie? Isso é devido ao **fluxo gênico**. Embora os extremos de uma raça não consigam se cruzar, isso ocorre com os intermediários (pincher com pequinês, pequinês com pitbull, e assim por diante, até chegar ao dinamarquês), o que garante que todos pertencem à mesma espécie.

Isolamento reprodutivo

O isolamento reprodutivo corresponde a um mecanismo que bloqueia a troca de genes entre as populações das diferentes espécies existentes na natureza.

Não se esqueça de que o conceito de espécie baseia-se justamente na possibilidade de troca de genes entre os organismos, levando a uma descendência fértil. No caso de haver isolamento reprodutivo, ele se manifesta de dois modos:

- por meio do impedimento da formação do híbrido, e nesse caso diz-se que estão atuando os mecanismos de isolamento reprodutivo **pré-zigóticos**, ou seja, que antecedem o zigoto; e
- por meio de alguma alteração que acontece após a formação do zigoto; nesse caso, fala-se na atuação de mecanismos de isolamento reprodutivo **pós-zigóticos**.

Mecanismos pré-zigóticos

Os mecanismos pré-zigóticos mais usuais são:

1. **diferenças comportamentais relativas aos processos de acasalamento entre animais**, tais como cantos de aves, danças nupciais de mamíferos etc.;
2. **barreiras mecânicas**, como a incompatibilidade de tamanho entre os órgãos genitais externos de animais pertencentes a espécies diferentes;
3. **amadurecimento sexual em épocas diferentes**, válido tanto para animais como para vegetais;
4. **utilização de locais de vida (*habitats*) diferentes** de uma mesma área geográfica, o que impede o encontro dos animais.

JENS OTTE/SHUTTERSTOCK

As fragatas, aves oceânicas, possuem um método curioso de atração sexual: os machos inflam a região do papo, que fica bem avermelhado. Atraídas pela coloração dos papos, as fragatas fêmeas ficam receptivas para o acasalamento.

Mecanismos pós-zigóticos

Entre os mecanismos pós-zigóticos, podem ser citados:

1. **inviabilidade do híbrido:** ocorre morte nas fases iniciais do desenvolvimento;
2. **esterilidade dos híbridos:** embora nasçam, cresçam e muitas vezes sejam vigorosos, os híbridos interespecíficos são estéreis, o que revela incompatibilidade dos lotes cromossômicos herdados de pais de espécies diferentes, implicando, quase sempre, a impossibilidade de ocorrer meiose. Não havendo meiose, não há formação de gametas e, consequentemente, não há reprodução. O exemplo clássico é o do burro e da mula, híbridos interespecíficos resultantes do cruzamento de égua com jumento, pertencentes a duas espécies próximas, porém distintas. É o que ocorre também com o zebroide ou com o zébrulo (híbridos interespecíficos, respectivamente, de cavalo com zebra fêmea e de zebra macho com égua);
3. **esterilidade e fraqueza da geração F_2:** às vezes, híbridos interespecíficos acasalam-se com sucesso, mas originam descendentes fracos, degenerados, que, se não morrem cedo, são totalmente estéreis.

Irradiação adaptativa

Há muitos indícios de que a evolução dos grandes grupos de seres vivos foi possível a partir de um grupo ancestral cujos componentes, por meio do processo de especiação, possibilitaram o surgimento de espécies relacionadas.

Assim, a partir de uma espécie inicial, pequenos grupos passaram a conquistar novos ambientes, sofrendo processos de adaptação que lhes possibilitaram a sobrevivência nesses meios. Desse modo, teriam surgido novas espécies que apresentavam muitas características semelhantes com espécies relacionadas e com a ancestral. Esse fenômeno evolutivo é conhecido como **irradiação adaptativa**.

> **Anote!**
> No processo de irradiação, sempre há um parentesco próximo entre as espécies consideradas.

Para que a **irradiação** possa ocorrer, é preciso, em primeiro lugar, que os organismos já possuam em seu equipamento genético as condições necessárias para a ocupação do novo **meio**. Este, por sua vez, constitui-se um segundo fator importante, já que a seleção natural adaptará a composição do grupo ao meio de vida.

Convergência adaptativa

A observação de um tubarão e um golfinho evidencia muitas semelhanças morfológicas, embora os dois animais pertençam a grupos distintos. O tubarão é peixe cartilaginoso, respira por brânquias, e suas nadadeiras são membranas carnosas. O golfinho é mamífero, respira por pulmões, e suas nadadeiras escondem ossos semelhantes aos dos nossos membros superiores. Portanto, a semelhança morfológica existente entre os dois **não** revela parentesco evolutivo. De que maneira, então, adquiriram essa grande semelhança externa? Foi a atuação de um mesmo meio, o aquático, que selecionou nas duas espécies a forma corporal ideal (hidrodinâmica) ajustada à natação. Esse fenômeno é conhecido como **convergência adaptativa** ou **evolução convergente**.

ANDREA IZZOTTI/SHUTTERSTOCK

A forma corporal extremamente parecida do tubarão e do golfinho é um exemplo de convergência adaptativa.

Estabelecendo conexões!

Intolerância à lactose

Você é daquelas pessoas que não podem beber leite porque sente cólicas e tem diarreia? Pois é, isso acontece porque, em muitas pessoas, o gene para a produção da enzima lactase, que atua na digestão da lactose, açúcar natural existente no leite, para de funcionar após o desmame.

Agora, veja que interessante: 90% das pessoas na Europa conseguem digerir a lactose, o mesmo ocorrendo em pessoas que vivem no leste da África. No caso dos europeus, isso provavelmente ocorreu devido a uma mutação no gene da lactase, ocorrida há uns 7.000 anos, enquanto na população africana deve ter ocorrido entre 2.700 e 6.800 anos atrás.

Outra consequência interessante dessa descoberta é que a ocorrência de mutações no gene da lactase em povos distintos da Europa e da África ilustra um caso de evolução convergente (ou convergência adaptativa), situação em que, em populações distantes, o mesmo fenômeno ocorre, favorecendo os portadores de genes adaptativos.

Fontes:

- Beber leite é sinal de evolução. *O Estado de S. Paulo*, São Paulo, 27 dez. 2006, Caderno Vida, p. A12 (baseado em artigo de WADE, N., publicado no *The New York Times*, NY).
- KHAMSI, R. A taste for milk shows evolution in action. *New Scientist*, London, 3 Mar. 2007, v. 193, n. 2.593, p. 12.

O texto cita que a ocorrência de mutações no gene para a produção da enzima lactase em povos distintos foi um caso de convergência adaptativa e não de irradiação adaptativa. Com base em seus conhecimentos, justifique essa afirmação.

Homologia e analogia

Agora que sabemos o que é irradiação adaptativa e convergência adaptativa, fica fácil entender o significado dos termos **homologia** e **analogia**. Ambos são utilizados para comparar órgãos ou estruturas existentes nos seres vivos.

A **homologia** designa a *semelhança de origem* entre dois órgãos pertencentes a dois seres vivos de espécies diferentes, enquanto a **analogia** refere-se à *semelhança de função* executada por órgãos pertencentes a seres vivos de espécies diferentes. Dois órgãos homólogos poderão ser análogos, caso executem a mesma função.

Note que os casos de **homologia** revelam a atuação do processo de **irradiação adaptativa** e denotam um parentesco entre os seres comparados. Já os casos de **analogia** pura, não acompanhados de homologia, revelam a ocorrência de **convergência adaptativa** e não envolvem parentesco próximo entre os seres. Assim, as nadadeiras anteriores de um tubarão são análogas às de uma baleia e ambas são consequência de uma evolução convergente.

DANITA DELIMONT/SHUTTERSTOCK

ARTYOM GANTSEV/SHUTTERSTOCK

CHELSEA SAMPSON/SHUTTERSTOCK

BERND WOLTER/SHUTTERSTOCK

A cauda de um macaco-barrigudo e a cauda de um cachorro são estruturas *homólogas* (os dois animais são mamíferos), mas não são *análogas*, isto é, *não* desempenham a mesma função. Já as asas de um beija-flor (ave) e as de um morcego (mamífero) são *homólogas* para os evolucionistas, por terem a mesma origem reptiliana, e *análogas*, por desempenharem a mesma função.

31-4. Evolução humana

A origem dos primatas

A partir do Cretáceo, a irradiação dos mamíferos levou à origem de várias ordens, entre elas a dos primatas, na qual se insere o homem.

De habitantes do solo, gradativamente os primatas passaram a viver sobre as árvores, o que foi favorecido por uma modificação na posição dos olhos, que passaram a ser frontalmente situados. A visão binocular possibilitava uma vantagem adaptativa: uma boa noção de profundidade e distância. Acredita-se que sucessivas e várias mudanças ocorreram, levando a uma diminuição da importância do olfato na localização do alimento, andar ereto, aumento progressivo do volume cerebral e oposição do polegar aos demais dedos da mão. Essa última capacidade permite ao homem a manipulação de objetos para a confecção de ferramentas e a operação de máquinas e instrumentos de precisão, por exemplo. A redução no número de filhotes foi compensada pelo cuidado com a prole até longo tempo após o nascimento.

Do grupo primata ancestral, originaram-se dois outros: o dos prossímios (macacos primitivos do tipo társios e lêmures) e o dos antropoides (do grego, *ánthropos* = homem + *eidos* = aspecto).

Rumo à espécie humana

A ideia que se tenta passar para as pessoas é que o homem teria surgido no final de um longo processo de evolução, em que estágios sucessivamente mais complexos culminariam no *Homo sapiens* atual, em uma linha reta. Contudo, o mais provável é que algumas espécies com características humanas tenham coexistido, por vezes, na mesma época.

As características humanas atuais, como o grande volume cerebral e o andar bípede, também não teriam surgido simultaneamente. Pelos registros fósseis disponíveis, a maioria dos antropólogos concorda que alguns de nossos ancestrais teriam tido pequeno volume cerebral, embora já adotassem a postura ereta.

Por fim, é preciso esclarecer que chimpanzés e homens, como muitas pessoas ainda acreditam, não descendem um do outro. Na verdade, são espécies descendentes de um ancestral comum.

Anote!

Hominoides designa primatas com características físicas semelhantes às do homem. **Hominídeos** é a família a que pertence o homem atual. Hominídeos ancestrais são as espécies que antecederam a espécie humana, *Homo habilis* e *Homo erectus*, hoje extintas.

Saiba mais!

Um *design* especial

Os complexos comportamentos culturais desenvolvidos pela espécie humana ao longo da história evolutiva são, em grande parte, devidos ao *design* exclusivo das nossas características físicas, tais como:

a. o tamanho do cérebro. Tanto o aumento da capacidade craniana como a alteração de sua forma e o aumento do número e da profundidade das circunvoluções cerebrais contribuíram para que os seres humanos pudessem desenvolver um grau de inteligência superior ao encontrado em outras espécies, apesar de essa capacidade ter representado, em um primeiro momento, uma desvantagem em relação à necessidade de ingestão de maiores quantidades de proteína e a um maior controle da temperatura corpórea;

b. a postura ereta e o bipedalismo. A própria anatomia do esqueleto humano possibilitou a habilidade de caminhar ereto, sem precisar, para isso, do apoio das mãos. Os cientistas acreditam que o bipedalismo contribuiu para que o homem ocupasse com sucesso os ambientes de savana, os quais substituíram as florestas após os eventos que tornaram o clima mais seco;

c. a pele humana. A escassez de pelos e maior número de glândulas sudoríparas fizeram com que a pele humana passasse a funcionar como um dispositivo que auxilia a dissipação do calor, capacitando o homem a um esforço físico prolongado;

d. a mão humana. Na mão humana, o polegar é posicionado de maneira oposta aos demais dedos (oponência do polegar). Essa característica permitiu que a espécie humana pudesse desenvolver a capacidade de manipular objetos e de construir ferramentas com maior precisão.

Adaptado de: Evolução humana e aspectos socioculturais. Disponível em: <http://www2.assis.unesp.br/darwinnobrasil/humanev3.htm>. *Acesso em:* 13 set. 2021

Primeiros antropoides

Os fósseis mais antigos de macacos pertencem ao gênero *Aegyptopithecus*, que foram os iniciantes da linhagem antropoide, há 35 milhões de anos. Viviam em galhos de árvores e tinham o tamanho aproximado de um gato. Drásticas alterações climáticas, ocorridas há cerca de 20 milhões de anos, provocaram a contração das florestas africanas e asiáticas, fazendo com que esses macacos primitivos saíssem em busca de alimento nas savanas então existentes. Um desses grupos primitivos que viviam na África deve ter sido o originador da linhagem da qual surgiram os chimpanzés e os homens. Dados referentes à análise do DNA de ambos sugerem que eles devem ter divergido, a partir dessa espécie ancestral, há cerca de 5 milhões de anos.

Australopitecos

Em 1924, o antropólogo inglês Raymond Dart descobriu um crânio fossilizado na África do Sul e o chamou de *Australopithecus africanus*. Com a descoberta de outros fósseis, ficou claro que os australopitecos eram hominídeos de andar ereto e de mãos e dedos semelhantes aos dos homens. No entanto, o volume cerebral era cerca de um terço daquele do homem moderno. Há 3 milhões de anos, esses antropoides primitivos teriam habitado a savana africana. Estima-se que estiveram na região por cerca de 2 milhões de anos e que existiam dois tipos morfológicos: um mais robusto e outro mais franzino.

Em 1974, foi encontrada grande parte de um esqueleto de australopiteco na planície de Afar, na Etiópia. Foi chamado de Lucy, era pequeno (devia medir cerca de 1 metro) e tinha cabeça pouco volumosa. Lucy e fósseis semelhantes posteriormente encontrados foram denominados de *Australopithecus afarensis* e constituem a linhagem mais antiga de australopitecos. Alguns antropólogos acreditam que sejam os ancestrais comuns dos australopitecos e dos componentes do futuro gênero *Homo*. Provavelmente andavam eretos, postura que livrou as mãos e facilitou a procura de alimentos e o cuidado com a prole. A descoberta de pegadas em rochas de 3,5 milhões de anos em Laetoli, na Tanzânia, confirma essa suposição.

Anote!

Australopithecus africanus, *Australopithecus boisei* e *Australopithecus robustus* foram sucessores do *Australopithecus afarensis* e coexistiram durante certo tempo.

PUWADOL JATURAWUTTHICHAI/ SHUTTERSTOCK

Crânio de um *Australopithecus africanus*, datado de 2,5 milhões de anos (descoberto em 1924 na África do Sul).

GREG GRABOWSKI/SHUTTERSTOCK

Reconstrução artística de como seria a aparência de Lucy, uma *Australopithecus afarensis*. Museu da Evolução, Palácio da Cultura e Ciência, Varsóvia, Polônia.

Homo habilis

O aumento do volume craniano começa a ser detectado em fósseis de cerca de 2 milhões de anos. Com eles foram descobertas ferramentas simples de pedra. Esses indivíduos eram caçadores, comedores de carniça e colhedores de raízes e frutos. Os australopitecos desapareceram, enquanto o *Homo habilis* deve ter sido o precursor do *Homo erectus* e, a partir deste, teria surgido o *Homo sapiens*.

Anote!

Homo de Java, Homo de Pequim e os neandertais são considerados por muitos antropólogos como descendentes ou variedades de ***Homo erectus***. Essas variedades são, por vezes, agrupadas em ***Homo sapiens*** arcaico. Outros antropólogos consideram os neandertais como ***Homo sapiens neanderthalensis***.

Os descendentes do *Homo erectus*

Acredita-se que o *Homo erectus* tenha se originado na África e de lá se irradiado para a Ásia e Europa. Os fósseis conhecidos como *Homo de Java* e *Homo de Pequim* são considerados exemplares dessa espécie. A sobrevivência em climas frios não deve ter sido fácil. Para isso, os *erectus* tiveram de residir em cavernas ou cabanas, fazer fogueiras, cobrir-se com peles de animais que caçavam e criar ferramentas mais sofisticadas que as dos *habilis*.

Entre 130.000 e 35.000 anos atrás, viveram na Europa descendentes do *erectus* que foram denominados de "homens de Neanderthal" (em alusão ao Vale de Neander, na Alemanha, onde foram encontrados fósseis). Comparados com o homem atual, tinham fronte mais saliente e queixo menos proeminente. No entanto, o volume cerebral era maior que o nosso. Os neandertais eram hábeis construtores de ferramentas e participavam de cerimônias fúnebres e de outros rituais. Resta ainda uma dúvida, entre tantas: não se sabe se tinham equipamento anatômico para a fala.

O aparecimento do *Homo sapiens*

Anote!

A espécie humana recebe atualmente o nome científico de ***Homo sapiens*** e é composta de diversas etnias intercruzantes, distribuídas por todos os pontos da Terra.

Para muitos antropólogos, os *sapiens* arcaicos que povoaram várias partes da Terra foram os ancestrais do *Homo sapiens* moderno. Segundo essa hipótese, conhecida como **multirregional**, os seres humanos, como somos hoje, teriam evoluído paralelamente em várias partes do planeta.

Outra hipótese supõe que os seres humanos modernos teriam surgido em um só continente, a África, há aproximadamente 100.000 anos, a partir do *H. erectus*. Do continente africano, grupos de *H. sapiens* migraram para diversas partes da Terra, deslocando os neandertais e outros descendentes do *erectus* e originando as diversas etnias até hoje conhecidas. O achado de fósseis de crânio dos chamados homens de Cro-Magnon (assim chamados por terem sido descobertos na caverna francesa de mesmo nome) e outros fósseis descobertos em Israel são utilizados como argumentos para a confirmação dessa hipótese, conhecida como **monogenética**.

Anote!

Os homens de Cro-Magnon são considerados como pertencentes à espécie ***H. sapiens***.

As duas hipóteses mencionadas são hoje intensamente debatidas pelos especialistas em evolução humana. Sabe-se, no entanto, que houve ocasiões na história da evolução humana em que duas ou mais espécies de hominídeos teriam coexistido.

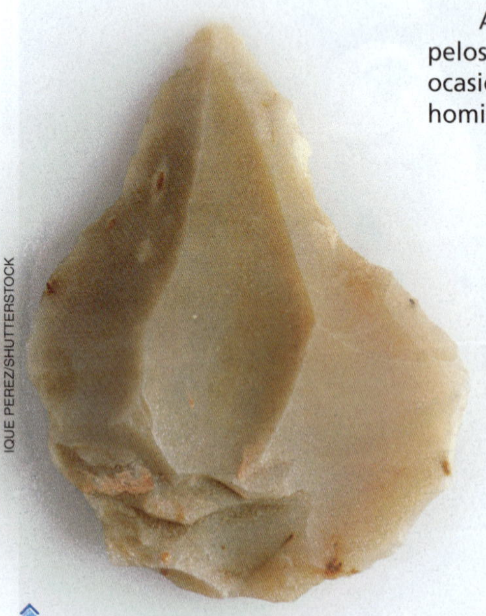

IQUE PEREZ/SHUTTERSTOCK

Ferramenta do Paleolítico inferior (de 2,5 milhões de anos a 250 mil anos a.C.), da cultura acheuliana (deserto do Saara), que se acredita serem seus membros os inventores de ferramentas de duas faces.

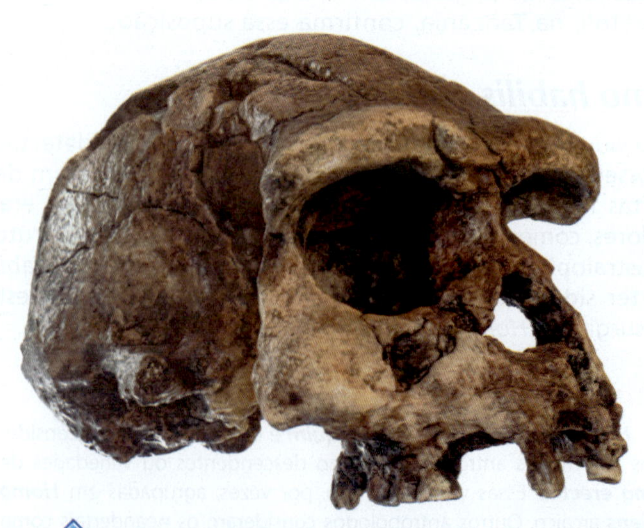

PUWADOL JATURAWUTTHICHAI/SHUTTERSTOCK

Vista lateral de crânio do *Homo erectus* (datado de 1 milhão de anos atrás), descoberto em 1969 em Sangiran, Java, Indonésia.

Primatas atuais

Atualmente, existem três grupos de primatas:

a. os lêmures de Madagascar e os lóris e potos da África tropical e do Sul da Ásia;

b. os társios do Sudeste da Ásia;

c. os antropoides, grupo que inclui os macacos (do Novo e do Velho Mundo) e os hominídeos (gibões, orangotangos, gorilas, chimpanzés, bonobos e o homem).

O registro fóssil indica que os antropoides começaram a apresentar diversificação em relação aos outros primatas há cerca de 50 milhões de anos. A linhagem que originou o homem deve ter se separado da dos outros hominídeos entre 5 milhões e 7 milhões de anos atrás (veja a Figura 31-3).

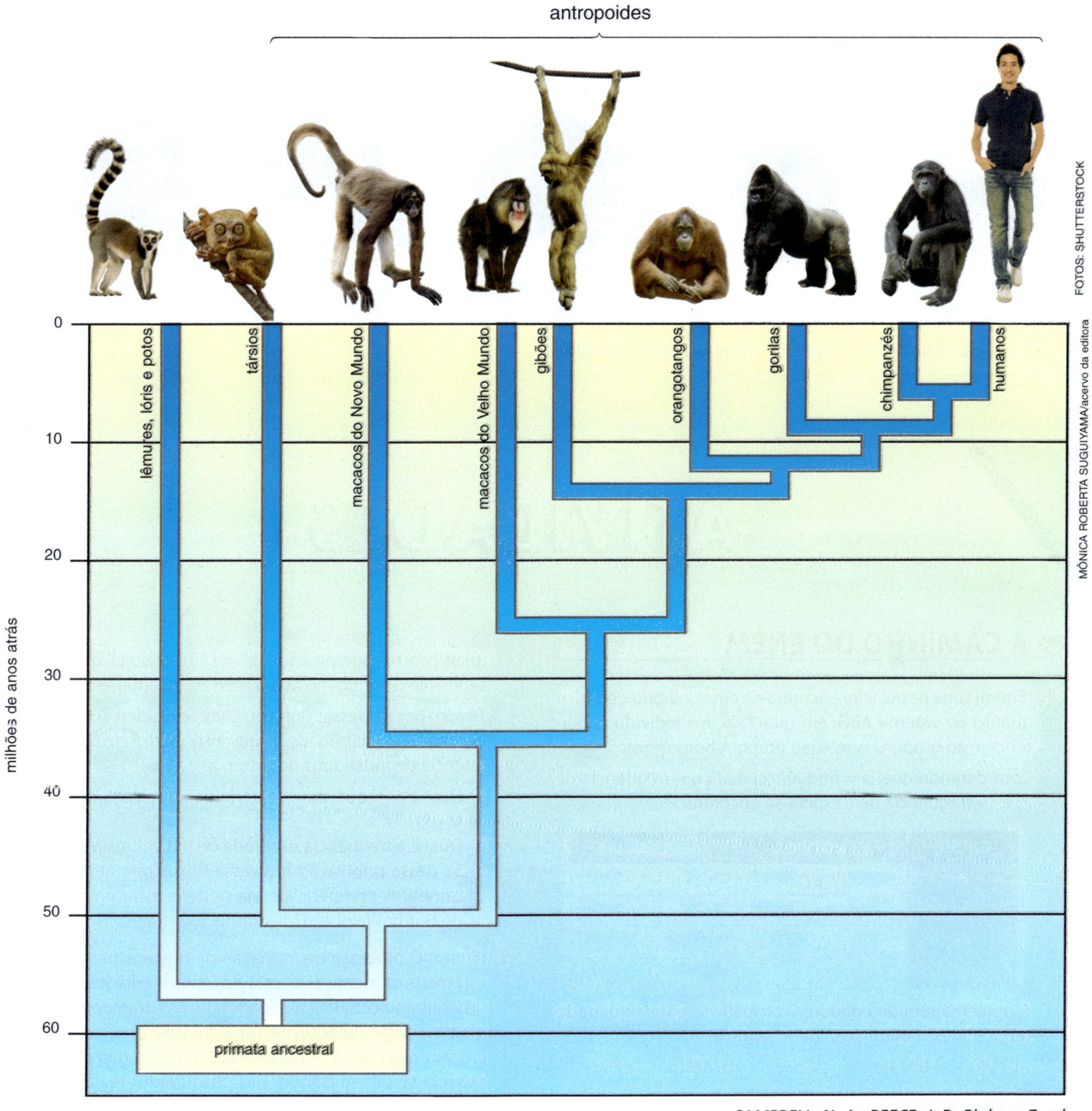

CAMPBELL, N. A.; REECE, J. B. *Biology*. 7. ed.
San Francisco: Pearson/Benjamin Cummings, 2005, p. 700.

Figura 31-3. Provável diversificação dos primatas. (Cores-fantasia. Ilustrações fora de escala.)

Saiba mais!

As novidades a respeito da evolução humana

Recentemente, paleontólogos franceses, trabalhando no Chade, África Central, encontraram restos fossilizados – fragmentos de ossos do crânio, restos de mandíbulas e alguns dentes – daquele que parece ser o ancestral mais antigo do homem moderno. Batizado de *Sahelanthropus tchadensis*, acredita-se que essa nova espécie tenha vivido entre 6 milhões e 7 milhões de anos atrás e represente, por enquanto, o elo que faltava para explicar a evolução dos hominídeos, que culminou com a origem do homem. Nem todos os cientistas, porém, aceitam que essa nova descoberta se relacione com a espécie humana. Para eles, trata-se apenas de um ancestral da linhagem que conduziu à origem do gorila, nada tendo em comum com a evolução humana.

Essa confusão pode ser explicada pelo fato de o registro fóssil ser muito fragmentado, isto é, os restos fossilizados disponíveis não são muitos, o que torna difícil estabelecer certezas a respeito da origem das diversas linhagens que conduziram à nossa espécie. O trabalho do paleontólogo é assim mesmo. Pacientemente, é preciso escavar locais em que se suspeita existirem indícios de fósseis e, aos poucos, ir montando o quebra-cabeça que poderá algum dia permitir responder às inúmeras dúvidas que ainda existem sobre a nossa origem por evolução biológica.

Hominid revelations from Chad. *Nature*, Washington, n. 418, p. 133 e 145-151, 11 July 2002.
An ancestor to call our own. *Scientific American*. USA, p. 50, Jan. 2003.

Homo sapiens

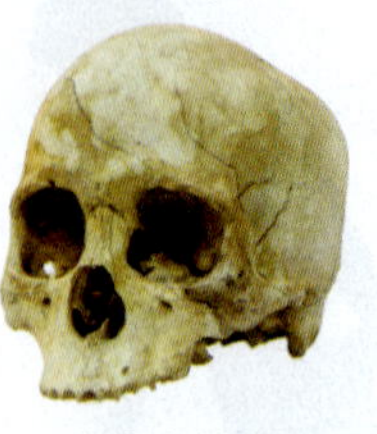

30.000-10.000 anos atrás

Homo neanderthalensis

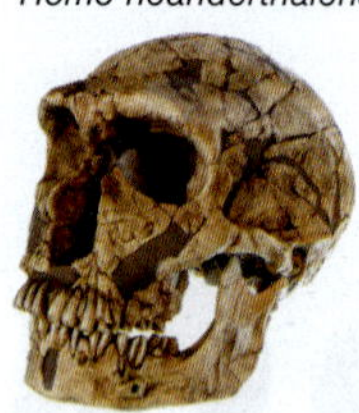

50.000 anos atrás

Homo erectus

1 milhão de anos atrás

Australopithecus africanus

2,5 milhões de anos atrás

Sahelanthropus tchadensis

6-7 milhões de anos atrás

PUWADOL JATURAWUTTHICHAI/SHUTTERSTOCK

Evolução do crânio dos principais hominídeos até hoje encontrados.

ATIVIDADES

A CAMINHO DO ENEM

1. (Enem) Uma população encontra-se em equilíbrio genético quanto ao sistema ABO, em que 25% dos indivíduos pertencem ao grupo O e 16%, ao grupo A homozigotos.

Considerando que: p = frequência de I^A; q = frequência de I^B; e r = frequência de i, espera-se encontrar:

GRUPO	GENÓTIPOS	FREQUÊNCIAS
A	I^AI^A e I^Ai	$p^2 + 2pr$
B	I^BI^B e I^Bi	$q^2 + 2qr$
AB	I^AI^B	$2pq$
O	ii	r^2

A porcentagem de doadores compatíveis para alguém do grupo B nessa população deve ser de:

a) 11%. b) 19%. c) 26%. d) 36%. e) 60%.

2. Na espécie humana, há certas proteínas no sangue que permitem classificar as pessoas como pertencentes ao tipo sanguíneo M, N ou MN. Trata-se de um caso de monoibridismo, em que os grupos sanguíneos do sistema MN são geneticamente condicionados por um par de alelos L^M e L^N, dentre os quais ocorre codominância ($L^M = L^N$). O alelo L^M determina a produção do antígeno M e o alelo L^N, do antígeno N.

Tendo posse dessas informações, considere uma população em equilíbrio de Hardy-Weinberg, em que a frequência de indivíduos do grupo M é 49%.

a) Qual é a frequência esperada de indivíduos dos grupos M e N?

b) Qual é a frequência esperada de indivíduos MN?

c) Se nessa população houvesse fluxos migratórios e cruzamentos preferenciais, ela poderia estar em equilíbrio de Hardy-Weinberg? Justifique.

3. (Enem) O processo de formação de novas espécies é lento e repleto de nuances e estágios intermediários, havendo uma diminuição da viabilidade entre cruzamentos. Assim, plantas originalmente de uma mesma espécie que não cruzam mais entre si podem ser consideradas como uma espécie se diferenciando. Um pesquisador realizou cruzamentos entre nove populações – denominadas de acordo com a localização onde são encontradas – de uma espécie de orquídea (*Epidendrum denticulatum*). No diagrama estão os resultados dos cruzamentos entre as populações. Considere que o doador fornece o pólen para o receptor.

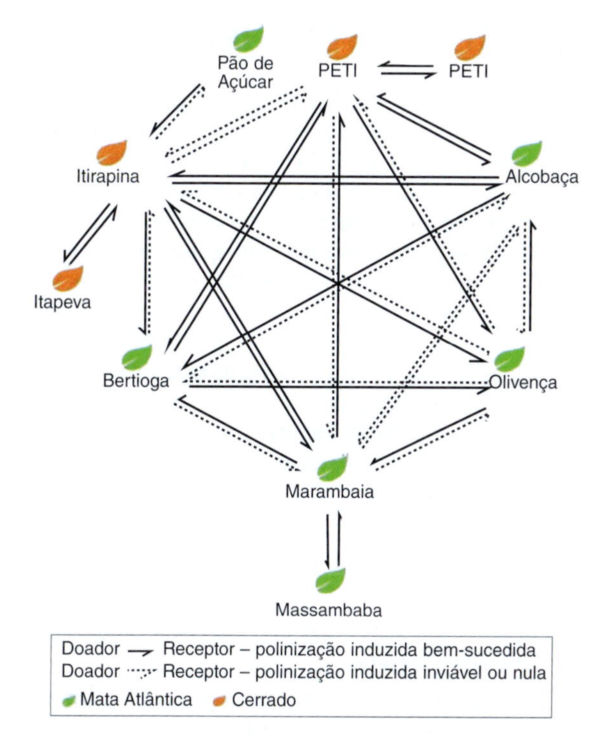

Adaptado de: FIORAVANTI, C. Os primeiros passos de novas espécies: plantas e animais se diferenciam por meio de mecanismos surpreendentes. *Pesquisa Fapesp*, São Paulo, out. 2013

Em populações de quais localidades se observa um processo de especiação evidente?

a) Bertioga e Marambaia; Alcobaça e Olivença.
b) Itirapina e Itapeva; Marambaia e Massambaba.
c) Itirapina e Marambaia; Alcobaça e Itirapina.
d) Itirapina e Peti; Alcobaça e Marambaia.
e) Itirapina e Olivença; Marambaia e Peti.

4. A charge a seguir refere-se à transição do meio aquático para o terrestre pelos vertebrados.

Disponível em: <www.bizarrocomics.com>.

Sobre ela, um aluno do nível médio fez as seguintes proposições:

I. A oportunidade de obter alimento em outro ambiente, fez com que as nadadeiras dessem origem a patas, que são estruturas eficientes para a locomoção fora do meio aquático. A partir da necessidade de locomoção em meio terrestre, ocorreu o processo de especiação dos grupos de vertebrados.

II. Mutações gênicas que ocorreram aleatoriamente foram favorecidas pela ação da seleção natural, o que permitiu a adaptação dos vertebrados em meio terrestre. Posteriormente, graças aos mecanismos típicos do processo de especiação alopátrica, ocorreu a origem de diversas espécies de vertebrados.

III. Os vertebrados que nasceram com patas tiveram a vantagem de se locomover sobre a terra e quanto mais esses vertebrados caminhavam, mais esses membros se desenvolviam, o que lhes proporcionou uma vantagem adaptativa e propiciou a ocorrência de especiação alopátrica.

Dentre as proposições qual(is) está(ão) de acordo com o conhecimento atual científico relacionado à evolução biológica e aos mecanismos de especiação?

a) Apenas I.
b) Apenas III.
c) I, II e III.
d) II e III.
e) Apenas II.

5. (Enem) Uma população (momento A) sofre isolamento em duas subpopulações (momento B) por um fator de isolamento (1). Passado um tempo, essas subpopulações apresentam características fenotípicas e genotípicas que as distinguem (momento C), representadas na figura pelas tonalidades de cor. O posterior desaparecimento do fator de isolamento 1 pode levar, no momento D, às situações D1 e D2.

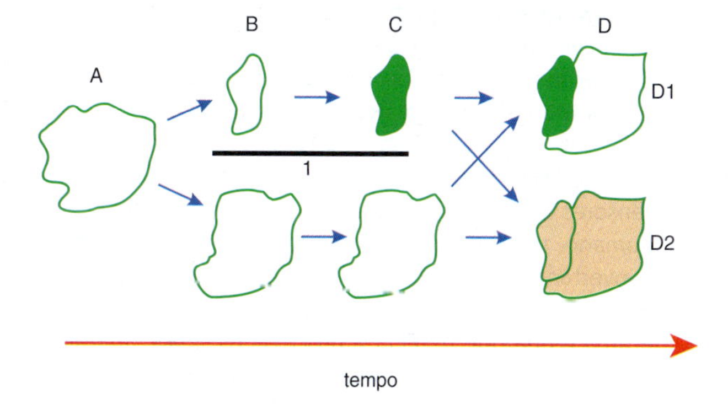

A representação indica que, no momento D, na situação:

a) D1 ocorre um novo fator de isolamento geográfico.
b) D1 existe uma única população distribuída em gradiente.
c) D1 ocorrem duas populações separadas por isolamento reprodutivo.
d) D2 coexistem duas populações com características fenotípicas distintas.
e) D2 foram preservadas as mesmas características fenotípicas da população original A.

6. O esquema a seguir corresponde à filogênese que ilustra a provável evolução de grandes primatas em relação a certo grupo de macacos (indicados, no esquema, pelo macaco verde). No esquema, também está indicada a provável região de origem dos primatas, exceto para o macaco verde.

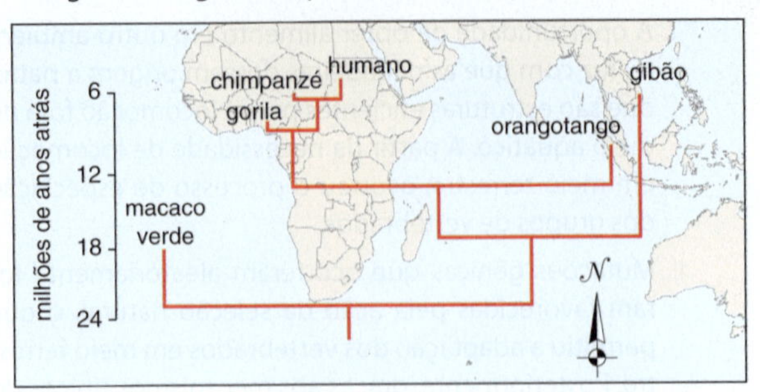

O´NEILL, M. J.; O´NEILL, R. J. Something to swing about. *Nature*, London, v. 513, n. 7517, p. 174, 11 Sept. 2014.

Pela leitura do esquema, é possível constatar que:

a) gorilas, chimpanzés e homens não guardam nenhum parentesco entre si por não compartilharem um ancestral comum.
b) macacos verdes são mais aparentados aos homens do que estes com os chimpanzés e gorilas.
c) a origem dos gibões, separando-se dos grandes primatas, deve ter ocorrido aproximadamente há 17 milhões de anos.
d) todos os grandes primatas e, inclusive, os gibões se originaram no continente africano.
e) não se constata a existência de um ancestral comum aos macacos verdes, gibões e grandes primatas.

7. (Enem) Algumas raças de cães domésticos não conseguem copular entre si devido à grande diferença em seus tamanhos corporais. Ainda assim, tal dificuldade reprodutiva não ocasiona a formação de novas espécies (especiação).

Essa especiação não ocorre devido ao(à):

a) oscilação genética das raças.
b) convergência adaptativa das raças.
c) isolamento geógrafico entre as raças.
d) seleção natural que ocorre entre as raças.
e) manutenção do fluxo gênico entre as raças.

8. (Enem) Acredita-se que os olhos evoluíram de órgãos sensores de luz para versões que formam imagens. O olho humano atua como uma câmera, coletando, focando e convertendo a luz em sinal elétrico, que é traduzido em imagens pelo cérebro. Mas em vez de um filme fotográfico, é uma retina que detecta e processa os sinais, utilizando células especializadas. Moluscos cefalópodes (como as lulas) possuem olhos semelhantes aos dos humanos, apesar da distância filogenética.

Adaptado de: LAMB, T. D. A fascinante evolução do olho: cientistas já têm uma visão clara de como surgiram nossos olhos tão complexos. *Scientific American* Brasil, ed. 111, ago. 2011.

A comparação dos olhos mencionada representa que tipo de evolução?

a) aleatória
b) homóloga
c) divergente
d) progressiva
e) convergente

TESTE SEUS CONHECIMENTOS

1. (Unesp) Em raças de gado existem três genótipos possíveis para a β-caseína A. O genótipo A_1A_1 determina que o animal produza apenas a β-caseína A_1. Vacas com o genótipo A_2A_2 produzem somente a β-caseína A_2, e vacas com o genótipo A_1A_2 produzem os dois tipos de β-caseína. Alguns levantamentos mostram que a frequência do alelo A_2 na população de animais da raça holandês varia de 24% a 62%.

Adaptado de: <www.revistaleiteintegral.com.br>.

Considere que em um rebanho da raça holandês esses alelos estejam distribuídos em conformidade com o equilíbrio de Hardy-Weinberg. Admitindo que a frequência do alelo A_2 nesse rebanho seja igual a 30%, a frequência de animais heterozigóticos será igual a:

a) 0,21.
b) 0,09.
c) 0,42.
d) 0,49.
e) 0,18.

2. (Acafe – SC) Acerca das informações a seguir, assinale a alternativa **correta**.

Por volta de 1900, o médico austríaco Karl Landsteiner verificou que, quando amostras de sangue de determinadas pessoas eram misturadas, em alguns casos as hemácias se aglutinavam. Essa aglutinação ocorre devido à reação de antígenos (aglutinogênio) presentes na membrana das hemácias e anticorpos (aglutininas) presentes no plasma sanguíneo. No sistema sanguíneo ABO, a presença do antígeno é condicionada por alelos múltiplos: I^A, I^B e i.

Em certa população, a frequência desses genes está assim distribuída: $I^A = 35\%$, $I^B = 5\%$ e $i = 60\%$.

a) Espera-se que menos de 1% da população (0,17%) seja do grupo sanguíneo AB.
b) Analisando-se a frequência do alelo *i*, pode-se dizer que o tipo sanguíneo mais frequente nessa população é o grupo sanguíneo O (*ii*).
c) Nessa população, a maioria das pessoas (54,25%) é do grupo sanguíneo A.
d) A frequência esperada de indivíduos do grupo sanguíneo B é de aproximadamente 0,25%.

3. (USS – RJ) Admita que, em uma população formada por 250 indivíduos e em equilíbrio de Hardy-Weinberg, a frequência do gene *B* é de 70% e a de seu alelo *b* é de 30%. O número de indivíduos heterozigotos nessa população é de:

a) 25
b) 55
c) 105
d) 125

4. (Unicentro – PR) Em certa população de africanos em equilíbrio gênico e genotípico, segundo Hardy-Weinberg, 9% nascem com anemia falciforme. O percentual da população que possui a vantagem heterozigótica é de

a) 9%.
b) 36%.
c) 42%.
d) 81%.
e) 91%.

5. (FCMSCSP) Em uma população em equilíbrio gênico, a frequência do alelo *a* é de 60%. No heredograma, Maria, que apresenta o fenótipo recessivo, se casa com Fred, que apresenta fenótipo dominante. Dois anos depois, ela está grávida.

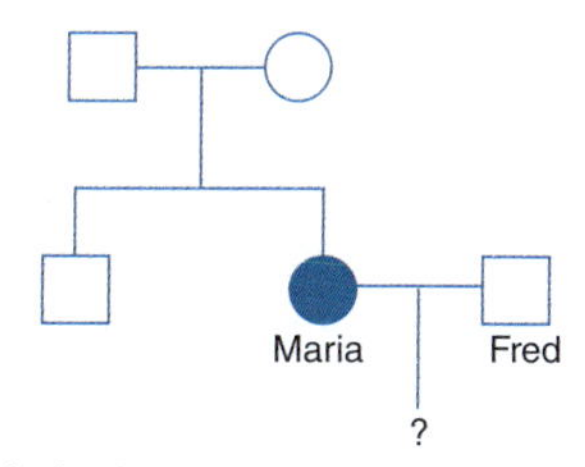

A probabilidade de Maria gerar, nessa gestação, uma criança com genótipo idêntico ao seu será de:

a) 12%.
b) 40%.
c) 48%.
d) 24%.
e) 50%.

6. (USS – RJ) Com exceção dos gêmeos monozigóticos, todos os demais seres humanos são geneticamente distintos entre si. A origem dessa variação genética ocorre por conta do seguinte motivo:

a) modificação epigenética.
b) recombinação gênica.
c) variação geográfica.
d) derivação genética.

7. (Unifra – SP) Lendo os versos abaixo, visualiza-se a biodiversidade, cuja riqueza se expressa dos genes às espécies e ecossistemas existentes no planeta.

> "Cordel" da Vida
>
> A prova começa agora
> expondo uma verdade
> o planeta é essência de vida
> tanta diversidade
> que vai do micro ao macro
> do gene à comunidade.
> (...)

Considerando o nível genético, é possível afirmar que:

I. As populações com reprodução assexuada apresentam alta variabilidade genética.
II. As mutações proporcionam variabilidade genética.
III. O risco de extinção é maior em espécies que apresentam baixa variabilidade genética.

Está(ão) correta(s)

a) apenas I.
b) apenas II.
c) apenas III.
d) apenas I e II.
e) apenas II e III.

8. (Fuvest – SP) Uma alteração genética é determinada por um gene com herança autossômica recessiva. O heredograma mostra famílias em que essa condição está presente.

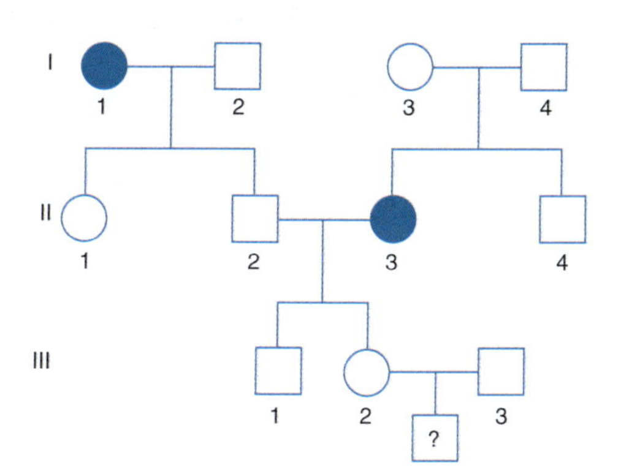

O casal III-2 e III-3 está esperando um menino. Considerando que, nessa população, uma em cada 50 pessoas é heterozigótica para essa alteração, a probabilidade de que esse menino seja afetado é:

a) 1/100.
b) 1/200.
c) 1/1.000.
d) 1/25.000.
e) 1/40.000.

9. (UFJF – MG) Um erro na rota metabólica da produção de melanina em humanos leva ao aparecimento de indivíduos albinos (condição recessiva). Considere uma determinada população na qual 16% desses indivíduos sejam albinos e faça o que se pede.

a) Calcule a frequência genotípica do gene que confere o albinismo nessa população, considerando que ela se encontra em equilíbrio de Hardy-Weinberg.
b) Explique o mecanismo de variação da cor da pele em humanos, considerando os aspectos genotípicos e fenotípicos.

10. (Unifip – PB) Em um desastre ecológico de grandes proporções, a sobrevivência de vidas pode ocorrer ao acaso, o que pode resultar, aleatoriamente, sobrevivência de alguns indivíduos de uma população, que passarão suas características hereditárias aos descendentes.

Esta compreensão nos leva a deduzir a ocorrência do fenômeno:

a) adaptação.
b) especiação.
c) anagênese.
d) deriva genética.
e) mutação gênica.

11. (FCMSCSP) Na América do Norte existem duas subespécies de corujas manchadas, a coruja manchada do norte (*Strix occidentalis caurina*) e a coruja manchada mexicana (*Strix occidentalis lucida*), que vivem em áreas geográficas diferentes. A imagem ilustra os locais onde essas duas subespécies são encontradas.

Disponível em: <https://bio.libretexts.org>.

a) Com base somente nas informações apresentadas no texto e na figura, qual tipo de especiação originou essas duas subespécies de corujas? O que caracteriza esse tipo de especiação?

b) Em um experimento, pesquisadores deixaram uma fêmea de coruja manchada do norte e um macho de coruja manchada mexicana no mesmo recinto. Então verificaram que o isolamento etológico não ocorria e que havia postura de ovos fecundados, porém sem o desenvolvimento de embriões. O que é o isolamento etológico? Cite o mecanismo de isolamento reprodutivo pós-zigótico que ocorreu nesses ovos.

12. (UVV – ES) A maior característica da história da vida é o legado de constante mudança, ainda que as espécies apresentem aspecto aparentemente estável. Incontáveis tipos de forma de vida, entre plantas, animais e outros organismos, têm surgido e desaparecido, às vezes, deixando indícios de sua existência em registros fósseis. Muitos desses, ainda que nem todos, possuem descendentes atuais que apresentam semelhança com seus ancestrais já extintos. As espécies têm sua origem na multiplicação de outras mais antigas que ocorrem durante o processo evolutivo e sobrevivem por períodos variáveis de tempo.

Disponível em: COLLEY, E.; FISCHER, M. L. Especiação e seus mecanismos: Histórico conceitual e avanços recentes. Rio de Janeiro: *História, Ciências da Saúde – Manguinhos*, v. 20, n. 4, 2013.

O texto apresenta uma abordagem sobre os conceitos de especiação e seus mecanismos.

Sobre esse tema, marque a alternativa correta.

a) As estruturas análogas derivam de estruturas existentes em um ancestral comum exclusivo, não podendo sofrer modificações para exercer sua função. Provêm de uma mesma programação embrionária e decorrem de irradiação adaptativa.
b) A irradiação adaptativa é o processo pelo qual várias espécies são formadas, adaptadas a ambientes diferentes e originadas de ancestrais distintos.
c) Na convergência adaptativa, observamos o caso de animais que vivem no mesmo ambiente, passam por processos de seleção natural semelhantes e possuem um ancestral comum.
d) Estruturas homólogas possuem a mesma origem embrionária e podem possuir funções distintas como os membros superiores do homem e os membros anteriores de uma baleia.
e) As asas dos insetos são análogas aos membros superiores dos homens.

13. (Unesp) O *Pezosiren portelli* foi um mamífero quadrúpede terrestre, ancestral das espécies de peixe-boi atuais, que viveu há 50 milhões de anos. Há 23 milhões de anos, havia na Amazônia um braço de mar, o Lago Pebas, habitado por peixes-boi de água salgada. Há 8 milhões de anos, este braço de mar fechou-se e confinou os animais em um ambiente de água doce. Ao longo da evolução, estes animais originaram o atual peixe-boi-da-amazônia.

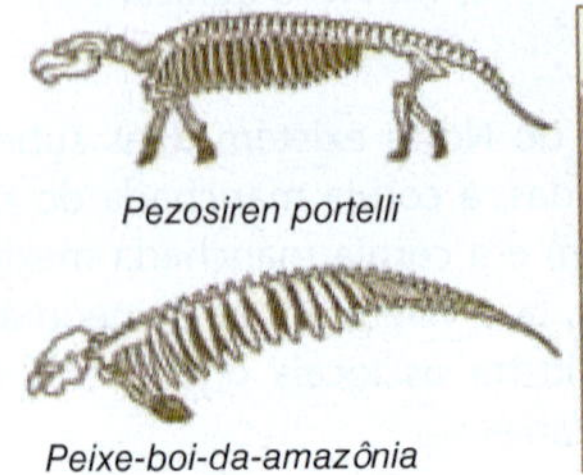

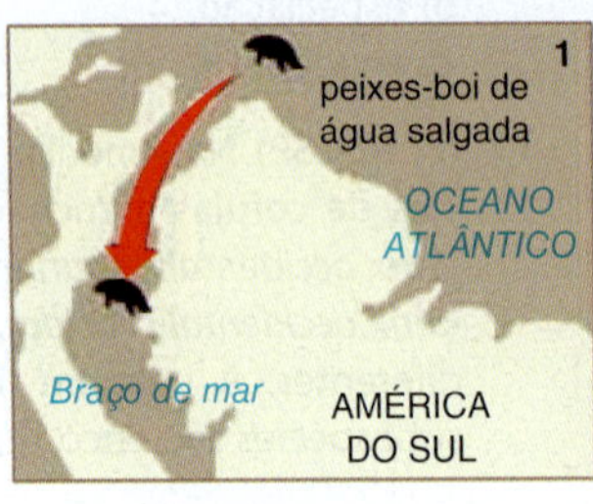

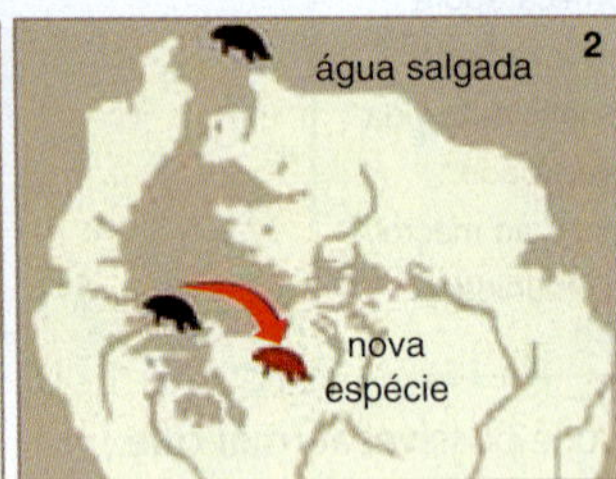

Adaptado de: <http://revistaepoca.globo.com>.

a) Comparando-se os esqueletos do *P. portelli* e do peixe-boi-da-amazônia, há semelhança na organização anatômica dos membros anteriores. Como são classificados estes órgãos quanto à origem embrionária? Por que esta comparação evidencia a divergência evolutiva entre o *P. portelli* e as espécies de peixe-boi atuais?
b) Justifique como o fechamento do braço de mar e o novo ambiente de água doce levaram à formação da espécie de peixe-boi na bacia do Rio Amazonas.

14. (UFC – CE) Um geneticista britânico afirmou que a humanidade está chegando ao fim de sua evolução. Segundo essa ideia, os avanços da tecnologia e da medicina são primordiais, em detrimento dos processos naturais, baseados na seleção natural, na mutação e nas mudanças aleatórias. De acordo com o geneticista, os fatores mais importantes que alteram a evolução humana são a diminuição do número de homens mais velhos que têm filhos e a diminuição da seleção natural devido aos avanços da medicina. "Hoje, em grande parte do mundo desenvolvido, 98% das crianças sobrevivem e chegam aos 21 anos", acrescenta o britânico. O tipo de seres humanos que encontramos hoje é o único que haverá; "os seres humanos não ficarão mais fortes, inteligentes ou saudáveis", garante o cientista. "Acho que todos estamos de acordo com o fato de a evolução ter funcionado de forma adequada para o ser humano no passado", conclui o britânico.

De acordo com o pensamento desse cientista, analise as assertivas a seguir e indique com **V** ou **F** conforme sejam verdadeiras ou falsas.

( ) Ao afirmar que "os seres humanos não ficarão mais fortes, inteligentes ou saudáveis", é de se esperar que, no futuro, os humanos encontrados sejam muito semelhantes genotipicamente aos encontrados atualmente.
( ) O cientista pauta sua teoria na diminuição de homens mais velhos, acima dos cinquenta anos, que se tornam pais. Nessa faixa etária, as possibilidades de mutação nos espermatozoides também diminuem.
( ) O cientista garante que a seleção natural, cada vez mais impedida pelo avanço da medicina, vem diminuindo.
( ) Com a diminuição dos processos naturais que promovem a evolução, de acordo com o cientista, ocorrerá a diminuição da segregação independente dos cromossomos e da permutação.
( ) Ao defender essas ideias, nas quais é possível identificar o desuso da teoria sintética da evolução para a ordem dos primatas, o cientista britânico mostra-se defensor do fixismo.

15. (Unesp) Há cerca de 40.000 anos, duas espécies do gênero *Homo* conviveram na área que hoje corresponde à Europa: *H. sapiens* e *H. neanderthalensis*. Há cerca de 30.000 anos, os neandertais se extinguiram, e tornamo-nos a única espécie do gênero.

No início de 2010, pesquisadores alemães anunciaram que, a partir de DNA extraído de ossos fossilizados, foi possível sequenciar cerca de 60% do genoma do neandertal. Ao comparar essas sequências com as sequências de populações modernas do *H. sapiens*, os pesquisadores concluíram que de 1 a 4% do genoma dos europeus e asiáticos é constituído por DNA de neandertais. Contudo, no genoma de populações africanas não há traços de DNA neandertal. Isto significa que

a) os *H. sapiens*, que teriam migrado da Europa e Ásia para a África, lá chegando entrecruzaram com os *H. neanderthalensis*.
b) os *H. sapiens*, que teriam migrado da África para a Europa, lá chegando entrecruzaram com os *H. neanderthalensis*.
c) o *H. sapiens* e o *H. neanderthalensis* não têm um ancestral em comum.
d) a origem do *H. sapiens* foi na Europa, e não na África, como se pensava.
e) a espécie *H. sapiens* surgiu independentemente na África, na Ásia e na Europa.

16. (FMJU – SP) A figura mostra uma hipótese sobre as relações filogenéticas entre as diferentes espécies de hominídeos.

Sobre a árvore filogenética, é correto afirmar que:

a) o *Homo habilis* era mais evoluído que o *Homo rudolfensis*, sendo que ambos foram contemporâneos.
b) as espécies do gênero *Paranthropus* coexistiram ao longo de milhões de anos.
c) o *Australopithecus africanus* é o ancestral comum mais recente das espécies dos gêneros *Paranthropus* e *Homo*.
d) o *Homo rudolfensis* é o ancestral comum das demais espécies do gênero *Homo*.
e) o *Homo heidelbergensis* era geneticamente mais próximo do *Homo neanderthalensis* do que do *Homo erectus*.

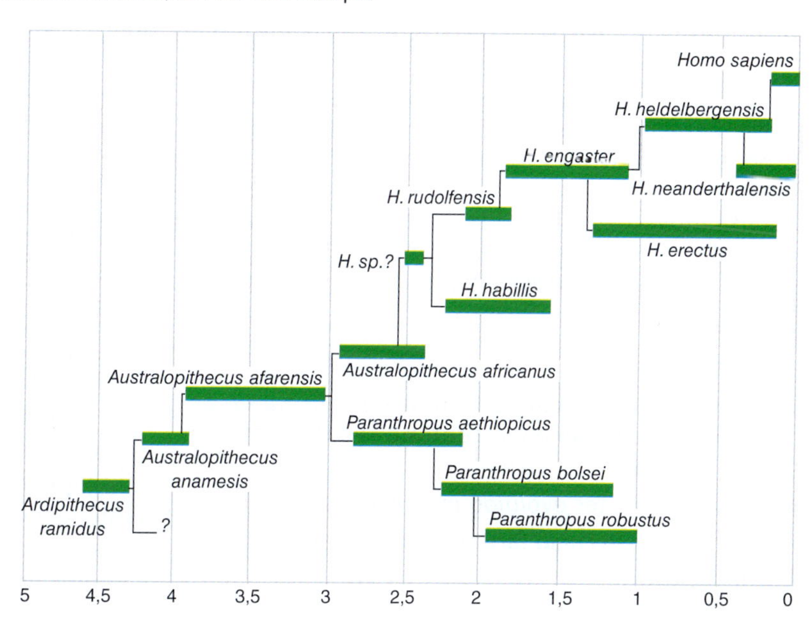

Adaptado de: <www.evolution-textbook.org>.

17. (UFRGS – RS) Observe a tira abaixo.

Disponível em: Zero Hora, 4 mar. 2019.

Assinale a alternativa que justifica corretamente o fato de dinossauros e humanos terem vivido em períodos distintos.

a) A extinção dos dinossauros ocorreu no período Cretáceo, e os primeiros representantes do gênero *Homo* surgiram há cerca de 3 milhões de anos.
b) Os dinossauros são do período Devoniano, e os primeiros hominídeos surgiram no Permiano.
c) A presença dos seres humanos é recente no planeta, e os primeiros hominídeos surgiram há aproximadamente 5 mil anos.
d) Os primeiros hominídeos viveram há aproximadamente 500 milhões de anos; e os dinossauros, há cerca de 700 milhões de anos.
e) A diversificação das linhagens de primatas que originaram os hominídeos ocorreu no período Carbonífero, logo após a extinção dos dinossauros.

INTEGRANDO CONHECIMENTOS

Sobre a BNCC

Competências gerais da BNCC: **1, 2, 5, 7**

Competência específica de Ciências da Natureza e suas Tecnologias: **3**

Habilidades específicas de Ciências da Natureza e suas Tecnologias: **EM13CNT301** e **EM13CNT309**

Evolução biológica e tipos de inteligência

Evoluir, em linguagem coloquial, indica desenvolvimento de uma ideia, de um costume, de um progresso coletivo ou pessoal. No sentido figurado, evoluído significa ser um indivíduo atualizado, que admite inovações, novas ideais etc. De maneira simplificada, podemos dizer que evoluir está de algum modo ligado a aperfeiçoamento. Veja as seguintes frases:

- Esse país é *evoluído*.
- Os contatos têm *evoluído* favoravelmente e a expectativa é que o Flamengo contrate rapidamente um novo goleiro.
- Eu gostaria de ter *evoluído* mais como pessoa.
- Participar desse curso fará com que eu *evolua* profissionalmente.

Já *evolução*, em termos biológicos, só passou a ser citada na segunda metade do século XIX, como consequência do darwinismo ou evolucionismo (teoria da seleção natural), proposta por Charles Robert Darwin (1822-1882). *Evolução biológica* é um processo em que os organismos existentes são fruto de modificações lentas e progressivas de organismos pré-existentes. A evolução biológica está intimamente ligada à *adaptação* das espécies a ambientes em contínua mudança.

O homem sábio

O nome científico de nossa espécie é *Homo sapiens*, que significa "homem sábio" ou "homem que sabe". Não somos melhores do que os outros seres vivos, mas temos características muito particulares que nos diferenciam deles, como, por exemplo:

- capacidade de submeter acontecimentos ao processo de raciocínio lógico;
- fazer uso da razão para entender, julgar, refletir etc.;
- habilidade de planejar, resolver problemas, criar imagens novas e originais, pensar de forma abstrata, compreender desafios complexos.

Enfim, poderíamos simplesmente sintetizar essas características que nos diferenciam em uma única palavra: *inteligência*.

Vamos começar!!!

Fase 1 – Organização em grupos de trabalho

Organizar as equipes para o trabalho em conjunto, se possível, que sejam formados nove grupos de trabalho com, no mínimo, três participantes cada.

Fase 2 – Levantamento de dados

Segundo o pesquisador Howard Gardner, em seu livro *Frames of Mind: the theory of multiple intelligences* (Basic Books, 2011), há nove tipos de inteligência, cada uma com características próprias e iguais em importância:

- inteligência lógica-matemática;
- inteligência linguística;
- inteligência visual-espacial;
- inteligência corporal-cinestésica;
- inteligência musical;
- inteligência interpessoal;
- inteligência intrapessoal;
- inteligência naturalista;
- inteligência existencial.

Cada grupo deverá pesquisar as características de um dos nove tipos de inteligência citados e associar sua aplicação ao mundo do trabalho. Ponderem sobre que carreiras possam se utilizar mais do tipo de inteligência analisado e façam um relatório a respeito de suas conclusões.

Fase 3 – Apresentação dos resultados

Os grupos deverão apresentar para a classe os dados do levantamento e as conclusões a que chegaram após a discussão. Se possível, façam sua apresentação utilizando recursos digitais.

Finalização

Depois da apresentação dos resultados, é hora da abordagem final: é importante destacar que não existe uma inteligência melhor do que outra. Ter um tipo de inteligência não significa que a pessoa não transite em outras inteligências. Além disso, é altamente improvável que uma pessoa tenha todos os tipos de inteligência, assim como é altamente improvável ter apenas um só tipo delas.

Lembre-se que sempre é possível por meio de estudo e esforço aprimorarmos características de inteligência menos desenvolvidas.

INTELIGÊNCIAS MÚLTIPLAS
naturalista
musical
interpessoal
lógica-
-matemática
corporal-
-cinestésica
visual-
-espacial
existencial
linguística
intrapessoal
SIMPLY VECTORS/
SHUTTERSTOCK
FISKES/
SHUTTERSTOCK

Bibliografia

ALBERTS, B. *et al. Molecular Biology of the Cell*. 5. ed. New York: Garland Science, 2007.

———. *Essential Cell Biology*. 3. ed. New York: Garland Science, 2009.

BRUSCA, R. C.; BRUSCA, G. J. *Invertebrados*. 2. ed. Rio de Janeiro: Guanabara Koogan, 2007.

BURNS, G. W. *The Science of Genetics:* an introduction to heredity. 5. ed. New York: Macmillan, 1983.

CAMPBELL, N. A. *Biology*. 9. ed. USA: Benjamin/Cummings, 2010.

———; REECE, J. B. *Biology*. 7. ed. San Francisco: Pearson, 2005.

———; REECE, J. B.; MITCHELL, L. G. *Biology*. 5. ed. Menlo Park: Benjamin/Cummings, 2005.

CHARBONNEAU, J. P. *et al. Enciclopédia de Ecologia*. São Paulo: EPU/Edusp, 1979.

COUTINHO, L. M. O cerrado e a ecologia do fogo. *Ciência Hoje*, Rio de Janeiro, p. 130-8, maio 1992.

———; BARNES, N. S. *Biology*. 5. ed. New York: Worth Publishers, 1989.

DAJOZ, R. *Ecologia Geral*. 4. ed. Trad. M. Guimarães Ferri. Petrópolis/São Paulo: Vozes/Edusp, 1983.

DARWIN, C. *A Origem das Espécies*. Trad. A. Soares. São Paulo: Univ. de Brasília/Melhoramentos, 1982.

———. *A Origem do Homem e a Seleção Sexual*. Trad. A. Cancian; E. N. Fonseca. São Paulo: Hemus, 2002.

DESMOND, A.; MOORE, J. *Darwin* – a vida de um evolucionista atormentado. Trad. G. Pereira *et al.* São Paulo: Geração Editorial, 1996.

DICIONÁRIO DE ECOLOGIA. [Herder Lexikon] Trad. M. L. A. Correa. São Paulo: Melhoramentos, 1980.

DOBZHANSKY, T. *Genética do Processo Evolutivo*. Trad. C. A. Mourão. São Paulo: Edusp/Polígono, 1970.

———. *O Homem em Evolução*. 2. ed. Trad. J. Manastersky. São Paulo: Edusp/Polígono, 1972.

EHRLICH, P. R. *et al. Ecoscience:* population, resources, environment. 3. ed. San Francisco: W. H. Freeman, 1978.

FERRI, M. G. *Ecologia:* temas e problemas brasileiros. Belo Horizonte/São Paulo: Itatiaia/Edusp, 1974.

———. *Vegetação Brasileira*. Belo Horizonte/São Paulo: Itatiaia/Edusp, 1980.

GONZAGA, M. O.; SANTOS, A. J.; JAPYASSÚ, H. F. *Ecologia e Comportamento de Aranhas*. Rio de Janeiro: Interciência, 2007.

GREEN, N. P. O. *et al. Biological Science*. 3. ed. Cambridge: Cambridge University Press, 1997. v. 1, 2.

GUYTON, A. C.; HALL, J. E. *Textbook of Medical Physiology*. 10. ed. Philadelphia: W. B. Saunders, 2010.

HARRISON, G. A. *et al. Human Biology* – an introduction to human evolution, variation, growth and adaptability. 3. ed. Oxford: Oxford University Press, 1988.

HARTL, D. L.; JONES, E. W. *Genetics:* analysis of genes and genomes. 7. ed. London: Jones and Bartlett, 2008.

HERSKOWITZ, I. H. *Principles of Genetics*. 2. ed. New York: Macmillan, 1978.

HICKMAN Jr., C. P. *et al. Integrated Principles of Zoology*. 12. ed. New York: McGraw-Hill, 2004.

JOLY, A. B. *Conheça a Vegetação Brasileira*. São Paulo: Edusp/Polígono, 1970.

LEAKEY, R. E.; LEWIN, R. *O povo do lago;* o homem: suas origens, natureza e futuro. 2. ed. Trad. N. Galanti. Brasília/São Paulo: Univ. de Brasília/Melhoramentos, 1988.

LEVINE, L. *Genética*. 2. ed. Trad. M. F. Soares Veiga. São Paulo: E. Blücher, 1977.

LODISH, H. *et al. Molecular Cell Biology*. 8. ed. New York: W. H. Freeman, 2016.

MADIGAN, M. T.; MARTINKO, J. M.; PARKER, J. *Biology of Microorganisms*. 13. ed. New Jersey: Prentice-Hall, 2010.

MALAJOVICH, M. A. *Biotecnologia*. Rio de Janeiro: Axcel Books, 2004.

MARGALEF, R. *Ecologia*. Barcelona: Ediciones Omega, 2005.

MARGULIS, L.; SCHWARTZ, K. V. *Cinco Reinos*. 3. ed. Rio de Janeiro: Guanabara Koogan, 2001.

MARZZOCO, A.; TORRES, B. B. *Bioquímica Básica*. 3. ed. Rio de Janeiro: Guanabara Koogan, 2007.

MAYR, E. *Populações, Espécies e Evolução*. Trad. H. Reichardt. São Paulo: Nacional/Edusp, 1970.

METTLER, L. E.; GREGG, T. G. *Genética de Populações e Evolução*. Trad. R. Vencovsky *et al.* São Paulo: Polígono, 1973.

MOODY, P. M. *Introdução à Evolução*. Trad. S. Walty. Rio de Janeiro: Univ. de Brasília/Livros Técnicos e Científicos, 1975.

NEBEL, B. J.; WRIGHT, R. T. *Environmental Science*. 8. ed. Englewood Cliffs: Prentice-Hall, 2002.

ODUM, E. P. *Ecologia*. Trad. K. G. Hell. São Paulo: Pioneira/Edusp, 1963.

———. *Fundamentos de Ecologia*. 7. ed. Trad. A. M. A. Gomes. Lisboa: Fundação Calouste Gulbenkian, 2004.

PEARCE, F. *O Efeito de Estufa*. Trad. J. Camacho. Lisboa: Edições 70, 1990.

PETIT, C.; PRÉVOST, G. *Genética e Evolução*. Trad. S. A. Gaeta & L. E. Magalhães. São Paulo: E. Blücher/Edusp, 1973.

POUGH, F. H.; HEISER, J. B.; JANIS, C. M. *A Vida dos Vertebrados*. 3. ed. São Paulo: Atheneu, 2003.

———. *Vertebrate Life*. 6. ed. New Jersey: Prentice-Hall, 2002.

PRESCOTT, L. M.; HARLEY, J. P.; KLEIN, D. A. *Microbiology*. 6. ed. New York: McGraw-Hill, 2005.

PURVES, W. K. *et al. Life,* the science of Biology. 7. ed. Sunderland: Sinauer Associates, 2003.

RAVEN, P. H. *Biology*. 10. ed. New York: McGraw-Hill, 2013.

———; EVERT, R. F.; EICHHORN, S. *Biologia Vegetal*. 7. ed. Rio de Janeiro: Guanabara Koogan, 2007.

———; *et al. Environment* – 1995 Version. Orlando: Saunders College Publishing/Harcourt Brace Publishers, 1995.

———. *Biologia Vegetal*. 7. ed. Rio de Janeiro: Guanabara Koogan, 2007.

SOLOMON, E. P. *et al. Biology*. 5. ed. Orlando: Saunders College Publishing, 1998.

STANSFIELD, W. D. *Genética*. Trad. O. Ágeda. São Paulo: McGraw-Hill, 1976.

STEBBINS, G. L. *Processos de Evolução Orgânica*. 2. ed. Trad. S. A. Rodrigues. Rio de Janeiro: Edusp/Livros Técnicos e Científicos, 1974.

STRICKBERGER, M. W. *Genética*. Trad. M. Aguadé. Barcelona: Ediciones Omega, 1976.

TATTERSALL, I. *The Human Odyssey:* four million years of human evolution. New York: Prentice-Hall General Reference, 1993.

WEINER, J. *O Bico do Tentilhão*; uma história da evolução no nosso tempo. Trad. T. M. Rodrigues. Rio de Janeiro: Rocco, 1995.